U0710645

本書出版得到國家古籍整理出版專項經費資助

商周金文總著録表

劉雨 沈丁 盧岩 王文亮 編著

中華書局

圖書在版編目(CIP)數據

商周金文總著録表/劉雨等編著. -北京:中華書局,2008.
11

ISBN 978-7-101-03216-1

Ⅰ.商…　Ⅱ.劉…　Ⅲ.金文-中國-商周時代-匯編
Ⅳ.K877.33

中國版本圖書館 CIP 數據核字(2002)第 002033 號

責任編輯：李聰慧　閻晉魯

商周金文總著録表

劉　雨　沈　丁
盧　岩　王文亮　編著

*

中華書局出版發行
(北京市豐臺區太平橋西里 38 號　100073)
http://www.zhbc.com.cn
E-mail:zhbc@zhbc.com.cn
北京瑞古冠中印刷廠印刷

*

787×1092 毫米 1/16・108¾印張
2008 年 11 月第 1 版　2008 年 11 月北京第 1 次印刷
印數:1-1500 册　定價:280.00 元

ISBN 978-7-101-03216-1

總　目

前　言

我國是世界青銅文化最發達的地區之一，我國青銅文化一個突出特點就是在青銅器上大量鑄刻銘文（通稱"金文"），到目前爲止，已知先秦有銘文的青銅器有一萬餘件，無銘文的青銅器大概十倍于這個數字。

學術研究當以目録爲先，金文研究也不例外，王國維治金文，先作《宋代金文著録表》和《國朝金文著録表》（兩表作于1914年5月和8月，後皆收入《王忠慤公遺書》）。在《宋表・序言》中，他爲《著録表》所定原則是"器以類聚，名從主人"，"惟《博古》所圖錢鏡，《嘯堂》所集古印"不取。這些原則規定了《著録表》的排列次序、有銘銅器的定名辦法以及收器的範圍。《國朝表》的《略例》云："此表所據諸家之書，以摹原器拓本者爲限，其僅録釋文或雖摹原文而變其行款大小者，皆不采録"，"其僞器及疑似之器則别附于後"，進一步規定了收器取捨的原則。《國朝表》收器4295件，除去漢以後器726件和僞及疑僞之器402件，實得先秦有銘青銅器3167件。王氏的兩《表》爲金文著録表創通了體例，積累了基礎數據，得到研讀金文諸學者的認可，郭沫若在《殷周青銅器銘文研究・序》中説："處理資料之方法，則以得力于王國維氏之著書者爲最多；其《金文著録表》與《説文諧聲譜》二書，余于述作時實未嘗須臾離也。"

在《國朝表》成書後十七年（1931），羅振玉命其子羅福頤增補修訂該表，于1933年編成《三代秦漢金文著録表》（墨緣堂石印本），收集的先秦有銘青銅器增至4279件。後羅振玉得鬱華閣全套拓本，加上自家所藏，于1937年編輯出版了《三代吉金文存》一書，收器增至4835件。其後，羅福頤又整理清宫藏器，編輯了《内府藏器著録表》（墨緣堂石印本，1933年），對乾隆年間皇室編輯的《西清古鑑》、《寧壽鑑古》、《西清續鑑甲編》、《西清續鑑乙編》四書作了初步清理。

容庚于1928年對王國維《宋表》逐器加以審定，重編了《宋代金文著録表》（《北平北海圖書館月刊》第一卷第五號）。1929年他又對乾隆年間的四種銅器書所收諸器的真僞存佚加以審定，編成《西清金文真僞存佚表》（《燕京學報》第五期）。容庚多年來校補案頭的《三代秦漢金文著録表》，并將該校補稿傳于其弟子孫稚雛，孫以容庚的校補稿爲基礎，收集了後世出土的金文資料，國外部分參考了陳夢家的《美帝國主義劫掠的我國殷周青銅器集録》等書，于1981年編輯了《金文著録簡目》一書，收器編7312號。

説到金文的《著録表》，還應該提到兩本書，一本是1939年美國人福開森主持編輯的《歷代著録吉金目》，該書收集了1935年以前出版的宋代、清代和民國以來的青銅器書籍八十種，由唐蘭作了器物分類：分樂器、酒器（盛器、飲器、三和器）、水器、食器、烹飪器、兵器、農器、度量衡、車馬飾、雜器、鏡、造像等十二大類，馬叙倫、容庚、齊思和、劉節等著名學者也都參與協助。該書收器十分廣泛，既不限于有銘文者，也不限于秦以前的銅器，凡是當時見到著録的青銅器（不包括錢幣），幾乎全部收入該書。書首列器名，其次列字數、釋文、著録等項，遇有時代可考者或有分歧的器類等，則加按語依次説明。收器齊全，體例嚴謹，使該書在學術界産生了較大影響，至今仍無可替代。另一本書是1977年由周法高主編的《三代吉金文存著録表》,該書綜合了多個著録表的研究成果,對《三代吉金文存》一書各器的著録作了系統地整理,是一部很有用的參考書。

中國社會科學院考古研究所根據當年郭沫若的倡議,由夏鼐親自指導,于1978年重新組建"《殷周金文集成》編輯小組",小組利用了陳夢家當年爲籌備編輯《集成》購置的大批善本金文書籍和大量的金文拓本,也利用了陳夢家收集的大量海外資料及其遺稿。在編書過程中,張亞初全面整理了宋代的金文資料,編成《宋代所見商周金文著録表》(收入《古文字研究》第十二輯,1985年),收先秦資料589件,其中僞器23件,無拓本、摹本的93件,得出宋代實際可以利用的金文資料有473件。劉雨全面清理了乾隆年間皇室的四部銅器資料書,四書收先秦有銘青銅器1142件,其中僞及疑僞之器388件,得實際可利用資料754件。小組還收集了當時可能見到的全部出土先秦有銘銅器數千件,總計用時十餘年,編成《殷周金文集成》一書。該書十八册,由中華書局于1984—1994年間陸續出版,收器達11983件。

其後,《集成》原編者之一劉雨與盧岩編輯出版了《近出殷周金文集録》一書,收集《集成》各册截稿以後新出的同類器1354件,《集録》收器截止到1999年5月底,《集成》與《集録》兩書合計收器13337件,可以説這個數字是到二十世紀末爲止,古今中外全部先秦金文資料的統計數字。本書就是集中了全部這些資料彙編而成的,應該説這是一部到目前爲止較爲齊備的殷周金文著録總表。

劉　雨

2001年12月1日

凡　例

一、本書以《殷周金文集成》和《近出殷周金文集録》兩書内容爲主,實際收録了 1999 年 5 月底以前發表的全部商周時代有銘青銅器的著録資訊,收器共計 13337 件。

二、本書序號以器類爲綱,每類器中按器上銘文字數由少到多爲序統一排列。

三、器上合文、重文不計字數,寫作"又重文×"、"合文×";銘文不清者,以能見者爲準,計爲"存×";編鐘編鎛按同組器中銘文最多者,排入此類器的相應位置;族徽文字,已識者按識數多少計,不識者暫按一字計;蓋器同銘、兩面同銘者不重復記數,不同銘則累計記數。

四、器名一般仍用《殷周金文集成》和《近出殷周金文集録》原書器名,不再改動。

五、本書收器的時代下限斷至秦統一以前,共分九期:

商代前期	成湯滅夏至盤庚遷殷	公元前 1600—1300 年
商代後期	盤庚遷殷至殷紂亡國	公元前 1300—1027 年
西周早期	武王伐紂至昭王	公元前 1027—966 年
西周中期	穆恭懿孝夷諸王	公元前 966—865 年
西周晚期	厲(共和)宣幽諸王	公元前 865—771 年
春秋前期	周平至周惠諸王	公元前 771—652 年
春秋後期	周襄至周敬諸王	公元前 652—476 年
戰國前期	周元至周烈諸王	公元前 476—369 年
戰國後期	周顯王至秦王政 26 年	公元前 369—221 年

六、"著録"項下列舉的是著録該器拓本(或摹本)的書刊,首列《殷周金文集成》和《近出殷周金文集録》兩書,其餘列後。没有拓本而僅作考釋的書刊和一般的通論性著作、綜合性文物圖録不予列舉。本書所用著録書刊一般用簡稱,書末附《本書引用書目及簡稱表》,以備檢索。

七、本書標明的"出土地"和"現藏"情況等項,均依考古報告或簡報、圖録等資料的説明,傳世品則括注其文獻依據,未註明者多依有關博物館藏品卡。《殷周金文集成》原書"出土地"項中只標明出土年月,未標明出土地的,一律放入備註;《殷周金文集成》原書"現藏地"中國名、地名已有變化者,均依原書,不作調整。

八、《殷周金文集成》一書出現的錯、訛、誤等情況,已經過校勘,《校記》列於書後,以便讀者查考。

商周金文總著録表

一、鐘鎛

序號	器名	字數	時代	著録	出土地	現藏地	備註
1	於殘鐘	存1	春秋後期	集成1 考古 1961 年 7 期 390 頁	1960 年江蘇吴江縣横塥墓葬	南京博物院	又名"越王殘鐘",《集成》目録爲"1"字
2	用享鐘	2	西周晚期	集成2 陝青 3.61	1966 年陝西扶風縣齊鎮	寶鷄市博物館	
3	其台鐘	2	春秋後期	集成3 三代 1.1.1		北京某氏	
4	永寶用鐘	3	西周晚期	集成4 三代 1.1.2 西清 36.25 貞松 1.1 武英 147 小校 1.3.1 故圖下下 469		臺北"中央博物院"	
5	玆其鐘	4	戰國前期	近出1 華夏考古 1988 年 3 期 8—9 頁	1985 年河南葉縣舊縣村墓葬 M1：41	葉縣文化館	
6	天尹鐘	5	西周晚期	集成5 三代 18.11.2 貞補中 31.1 十二契2 雙吉上 1.2 小校 1.33	傳河南洛陽(《分域》)	上海博物館	又名"天尹鈴";《集成》時代誤爲"春秋";《貞補》:于省吾、商承祚舊藏
7	天尹鐘	5	西周晚期	集成6	傳河南洛陽(《分域》)		
8	自作其走鐘	5	春秋	集成7 三代 1.1.3		遼寧省博物館	

序號	器名	字數	時代	著録	出土地	現藏地	備註
9	宋公戌鎛	6	春秋後期	集成 8 博古 22.27 薛氏 48 續考 4.1 復齋 28 嘯堂 84 積古 3.1 攈古 1.3.38 大系録 206	1104 年應天府崇福院(《續考》)		《復齋》:畢良史得之於盱眙榷場;同出六件
10	宋公戌鎛	6	春秋後期	集成 9 博古 22.28 薛氏 48 嘯堂 84 大系録 206.2	1104 年應天府崇福院(《續考》)		
11	宋公戌鎛	6	春秋後期	集成 10 博古 22.29 薛氏 48 嘯堂 84 大系録 206.3	1104 年應天府崇福院(《續考》)		
12	宋公戌鎛	6	春秋後期	集成 11 博古 22.30 薛氏 48 嘯堂 85 大系録 206.4	1104 年應天府崇福院(《續考》)		
13	宋公戌鎛	6	春秋後期	集成 12 博古 22.31 薛氏 48 嘯堂 85 大系録 206.5	1104 年應天府崇福院(《續考》)		
14	宋公戌鎛	6	春秋後期	集成 13 博古 22.32 薛氏 48 嘯堂 85 大系録 206.6	1104 年應天府崇福院(《續考》)		

序號	器名	字數	時代	著録	出土地	現藏地	備註
15	己侯虓鐘	6	西周晚期	集成 14 三代 1.2.1 積古 3.1.2 金索金 1.60.1 清愛 1 從古 10.8 攈古 1.3.38 愙齋 2.8.2 綴遺 1.32.2 奇觚 9.2 周金 1.73.2 簠齋 1 鐘 5 大系録 235 小校 1.4.2 海外吉 128 山東存紀 1 十鐘 4 日精華 4.350		日本京都泉屋博古館	《積古》:山東壽光縣人得之於紀侯臺下;《集成》:李廓、劉喜海、陳介祺舊藏
16	姍鎛	6	戰國	集成 15 三代 1.2.2 周金 1.72 夢郼上 1 小校 1.5.1			《集成》:鄒安、羅振玉舊藏
17	益公鐘	7	西周晚期	集成 16 三代 1.2.3 長安 1.1 攈古 2.1.1 綴遺 1.2 小校 1.6.2 山東存邾 9	1932 年鄒縣(《山東存》)	青島市博物館	《綴遺》、《小校》:劉喜海、葉東卿舊藏
18	麇侯鎛	7	戰國前期	集成 17 三代 1.3.1 周金 1.74 雙王 4 貞松 1.1 善齋 1.4 小校 1.5.3 善彝 17 故圖下下 462		臺北"中央博物院"	《集成》:劉體智舊藏

序號	器名	字數	時代	著録	出土地	現藏地	備註
19	魯邍鐘	8	西周晚期	集成 18 三代 1.3.2 懷米下 2 攈古 2.1.19 愙齋 2.9.2 綴遺 2.1 奇觚 18.27 周金 1.72.1 大系録 227 小校 1.8.1 山東存魯 4		上海博物館	《愙齋》、《羅表》:曹秋舫、顧子嘉、費念慈舊藏
20	旨賞鐘	8	春秋後期	集成 19 考古 1974 年 2 期 118 頁	1972 年江蘇六合縣程橋二號墓	南京博物院	同出七件,銘文都已銹蝕不清,此爲第六件
21	[illegible]鐘	8	西周晚期	集成 20 陝圖 124		陝西省博物館	又名"倗友鐘"
22	鄭井叔鐘	9(又合文 1)	西周晚期	集成 21 積古 3.2 金索金 1.46 攈古 2.1.47			
23	鄭井叔鐘	9(又合文 1)	西周晚期	集成 22 三代 1.3.3 愙齋 1.17 綴遺 2.1 周金 1.71.1 大系録 72 小校 1.10.1 寶鼎 P1.33 彙編 6.529		荷蘭萬孝臣處	《愙齋》、《周金》:潘祖蔭、三原許氏舊藏
24	中義鐘	10	西周晚期	集成 23 齊家村 32 陝青 2.142	1960 年陝西扶風縣齊家村窖藏	陝西省博物館	《集成》收"中義鐘"八枚
25	中義鐘	10	西周晚期	集成 24 齊家村 34 陝青 2.144	1960 年陝西扶風縣齊家村窖藏	陝西省博物館	

序號	器名	字數	時代	著録	出土地	現藏地	備註
26	中義鐘	10	西周晚期	集成25 齊家村33 陝青2.143	1960年陝西扶風縣齊家村窖藏	陝西省博物館	
27	中義鐘	10	西周晚期	集成26 齊家村35 陝青2.145	1960年陝西扶風縣齊家村窖藏	陝西省博物館	
28	中義鐘	10	西周晚期	集成27 齊家村36 陝青2.146	1960年陝西扶風縣齊家村窖藏	陝西省博物館	
29	中義鐘	10	西周晚期	集成28 齊家村37 陝青2.147	1960年陝西扶風縣齊家村窖藏	陝西省博物館	
30	中義鐘	10	西周晚期	集成29 齊家村38 陝青2.148	1960年陝西扶風縣齊家村窖藏	陝西省博物館	
31	中義鐘	10	西周晚期	集成30 齊家村39 陝青2.149	1960年陝西扶風縣齊家村窖藏	陝西省博物館	
32	内公鐘	10	西周晚期	集成31 三代1.4.1 西清36.6 貞續上1 藝展90 故宫23期 故圖下上239		臺北"故宫博物院"	
33	内公鐘鈎	8	西周晚期	集成32 三代18.1.1 貞松11.9.2 十二舊6		中國歷史博物館	
34	内公鐘鈎	8	西周晚期	集成33 筠清5.31 攈古2.1.19 周金6補			《攈古録》:何夙明舊藏

序號	器名	字數	時代	著録	出土地	現藏地	備註
35	董武鐘	10	戰國	集成 34 復齋 3—4 積古 1.1—2 攈古 2.1.46			
36	康樂鐘	10	戰國前期	近出 2 華夏考古 1988 年 3 期 8—9 頁	1985 年河南葉縣舊縣村墓葬 M1：45	葉縣文化館	
37	𪐀鐘	11(又重文 1)	西周中晚期	集成 35 三代 1.4.2 周金 1.66.2 貞松 1.2 大系録 69 希古 1.2 小校 1.19.2		故宫博物院	《周金》:吴大澂、費念慈舊藏;《大系》認爲本鐘與《集成》49“戭狄鐘”銘文相聯
38	㲋仲鐘	12	西周中期	集成 36		上海博物館	
39	秦王鐘	12	春秋後期	集成 37 文物 1974 年 6 期 86 頁、1980 年 10 期圖版叁: 4	1973 年湖北當陽縣季家湖楚城遺址	荆州地區博物館	
40	𨚕篙鐘	12	春秋後期	集成 38 文参 1958 年 1 期 4 頁	1957 年河南信陽市長臺關一號墓	中國歷史博物館	同出編鐘十三枚,此鐘爲其中最大一枚,其餘十二枚無銘文
41	叔旅魚父鐘	13	西周晚期	集成 39 文物 1964 年 9 期 36 頁		天津市歷史博物館	
42	眉壽鐘	13	西周晚期	集成 40 三代 1.4.3 攈古 2.1.78 綴遺 1.12.1 周金 1.70.2			《集成》收“眉壽鐘”兩枚;《考古所藏移林館拓本》題跋:葉東卿舊藏
43	眉壽鐘	13	西周晚期	集成 41 三代 1.5.1 攈古 2.1.78 綴遺 1.11.2 周金 1 補 小校 1.11.4			《周金》、《小校》:葉東卿、劉喜海舊藏

序號	器名	字數	時代	著録	出土地	現藏地	備註
44	楚公豕鐘	13(又重文2)	西周中晚期	集成42 三代1.5.2 從古13.3.1 攈古2.2.22 窓齋2.2.2—3.1 綴遺1.4 奇觚9.5.2—6.1 周金1.69.1 大系録178.4 小校1.17.2 海外吉130 簠齋1鐘7 十鐘6 彙編5.373		日本京都泉屋博古館	《集成》説明中字數誤爲12;《集成》收"楚公豕鐘"四枚,器名皆誤爲"楚公豪鐘";《從古》:陳介祺舊藏
45	楚公豕鐘	14	西周中晚期	集成43 三代1.6.1 攈古2.2.22 窓齋2.3.2 綴遺1.3.1 奇觚9.3.2 周金1.68.1 簠齋1鐘6 大系録178.2 小校1.14.1 海外吉129 十鐘5 彙編5.372		日本京都泉屋博古館	《從古》:陳介祺舊藏
46	楚公豕鐘	14(又重文2)	西周中晚期	集成44 三代1.6.2 窓齋2.1 綴遺1.5.1 奇觚9.4.2 周金1.69.2 簠齋1鐘8 海外吉131 大系録178.1 小校1.15.2 十鐘7 彙編5.371		日本京都泉屋博古館	《從古》:陳介祺舊藏

序號	器名	字數	時代	著録	出土地	現藏地	備註
47	楚公豙鐘	14(又重文2)	西周中晚期	集成45 三代1.7.1 攈古2.2.21 綴遺1.5.2 周金1補 大系録又177 小校1.16.1			
48	楚公豙鐘	15(又重文2)	西周晚期	近出3 考古1999年4期20—21頁	1998年7月17日陝西周原召陳村	陝西省周原博物館	
49	昆疕王鐘	14	西周晚期	集成46 三代1.7.2 周金1補 夢郼續1 小校1.13.2			《周金》:羅振玉舊藏
50	鑄侯求鐘	15(又重文2)	春秋	集成47 三代1.9.1 貞松1.4.1 貞圖上1 山東存鑄1			《貞松》:羅振玉舊藏
51	甹鐘	15	西周中晚期	集成48 考古圖7.13 博古22.21 薛氏54 嘯堂82			《考古圖》:河南寇準藏器
52	戲狄鐘	16(又重文4)	西周中晚期	集成49 三代1.11.2 愙齋2.17 周金1.66.1 大系録68 小校1.19.1 善齋1.10			《羅表》:潘祖蔭、吴大澂、費念慈、劉體智舊藏 又:《大系》認爲本鐘與《集成》35“䞣鐘”銘文相聯

序號	器名	字數	時代	著録	出土地	現藏地	備註
53	鼄君鐘	存16	春秋後期	集成50 三代1.8.1 貞松1.3 大系録218 山東存邾10			《集成》説明中字數誤爲"16";目録中器名寫爲"邾君鐘"
54	嘉賓鐘	17	春秋後期	集成51 三代1.8.2 綴遺2.12 周金1.67 貞松1.3 希古1.3 小校1.18.2 彙編5.353		美國華盛頓弗里爾美術陳列館	《周金》:劉鶚舊藏
55	莒公孫潮子編鎛	16	戰國前期	近出4 文物1987年12期49頁	1975年山東省諸城縣臧家莊墓葬	山東省諸城縣博物館	該組編鎛共出土七枚,《近出》收兩枚
56	莒公孫潮子編鎛	17	戰國前期	近出5 文物1987年12期49頁	1975年山東省諸城縣臧家莊墓葬	山東省諸城縣博物館	
57	莒公孫潮子編鐘	16	戰國前期	近出6 文物1987年12期49頁	1975年山東省諸城縣臧家莊墓葬	山東省諸城縣博物館	該組編鐘共出土九枚,《近出》收四枚
58	莒公孫潮子編鐘	17	戰國前期	近出7 文物1987年12期49頁	1975年山東諸城縣臧家莊墓葬	山東省諸城縣博物館	
59	莒公孫潮子編鐘	17	戰國前期	近出8 文物1987年12期49頁	1975年山東諸城縣臧家莊墓葬	山東省諸城縣博物館	
60	莒公孫潮子編鐘	17	戰國前期	近出9 文物1987年12期49頁	1975年山東諸城縣臧家莊墓葬	山東省諸城縣博物館	
61	王子嬰次鐘	18	春秋後期	集成52		故宫博物院	《集成》:頤和園舊藏

序號	器名	字數	時代	著録	出土地	現藏地	備註
62	楚王領鐘	19	春秋後期	集成 53 三代 1.9.2—1.10.1 貞松 1.4 貞圖上 2 大系録 182—183 彙編 5.322ab		《彙編》:日本某氏	《貞松》:長白寶氏、羅振玉舊藏
63	走鐘	20(又重文 2)	西周晚期	集成 54 考古圖 7.2 博古 22.23 薛氏 49 嘯堂 83 大系録 61			又名"周寶龢鐘";《考古圖》:景祐中修大樂,冶工給銅,更鑄編鐘,得古鐘,有銘於腹,因存而不毁,即寶龢鐘也;《集成》收"走鐘"五枚
64	走鐘	存 17(又重文 2)	西周晚期	集成 55 博古 22.24 薛氏 49 嘯堂 83			
65	走鐘	20(又重文 2)	西周晚期	集成 56 博古 22.25 薛氏 49 嘯堂 84			
66	走鐘	20(又重文 2)	西周晚期	集成 57 薛氏 49			
67	走鐘	20(又重文 2)	西周晚期	集成 58 薛氏 49			

序號	器名	字數	時代	著録	出土地	現藏地	備註
68	郘公敄人鐘	存20餘	春秋前期	集成59 三代1.10.2—1.11.1 綴遺1.31 周金1.60 貞松1.5 希古1.5 善齋1.14 大系録189 小校1.22		上海博物館	《周金》:常熟周左季得於山西
69	逆鐘	21	西周晚期	集成60 考古與文物1981年1期10頁	陝西永壽縣西南店頭公社好畤河	咸陽地區文物管理委員會	《集成》收"逆鐘"四枚
70	逆鐘	21	西周晚期	集成61 考古與文物1981年1期10頁	陝西永壽縣西南店頭公社好畤河	咸陽地區文物管理委員會	
71	逆鐘	21(又合文1)	西周晚期	集成62 考古與文物1981年1期10頁	陝西永壽縣西南店頭公社好畤河	咸陽地區文物管理委員會	
72	逆鐘	21	西周晚期	集成63 考古與文物1981年1期10頁	陝西永壽縣西南店頭公社好畤河	咸陽地區文物管理委員會	
73	𠯁大喪史仲高鐘	21(又重文2)	春秋後期	集成350	1977年山東沂水縣院東頭劉家店子	山東省文物考古研究所	此組編鐘同出九件,其中三件因銹蝕過重,無法施拓,《集成》收六枚
74	𠯁大喪史仲高鐘	21(又重文2)	春秋後期	集成351	1977年山東沂水縣院東頭劉家店子	山東省文物考古研究所	

序號	器名	字數	時代	著録	出土地	現藏地	備註
75	𨞓大喪史仲高鐘	21(又重文2)	春秋後期	集成352	1977年山東沂水縣院東頭劉家店子	山東省文物考古研究所	
76	𨞓大喪史仲高鐘	21(又重文2)	春秋後期	集成353	1977年山東沂水縣院東頭劉家店子	山東省文物考古研究所	
77	𨞓大喪史仲高鐘	21(又重文2)	春秋後期	集成354	1977年山東沂水縣院東頭劉家店子	山東省文物考古研究所	
78	𨞓大喪史仲高鐘	21(又重文2)	春秋後期	集成355 文物1984年9期6頁圖8	1977年山東沂水縣院東頭劉家店子	山東省文物考古研究所	
79	通录鐘	22	西周中晚期	集成64 三代1.12.1 積古3.5 兩罍3.2 從古10.7 窸齋2.18 攈古2.3.19 周金1.67 小校1.21 銅玉115 日精華4.347 彙編5.287		日本大阪江口治郎處	《積古》、《窸齋》:阮元、吴雲等舊藏
80	子犯編鐘	22	春秋後期	近出10 故宫文物月刊1995年145期4—29頁		臺北"故宫博物院"	此套編鐘出土兩組各八枚,共計十六枚,《近出》收十六枚(《近出》10—17爲第一組,18—25爲第二組)

序號	器名	字數	時代	著録	出土地	現藏地	備註
81	子犯編鐘	22	春秋後期	近出 11 故宫文物月刊 1995 年 145 期 4—29 頁		臺北“故宫博物院”	
82	子犯編鐘	22	春秋後期	近出 12 故宫文物月刊 1995 年 145 期 4—29 頁		臺北“故宫博物院”	
83	子犯編鐘	22	春秋後期	近出 13 故宫文物月刊 1995 年 145 期 4—31 頁		臺北“故宫博物院”	
84	子犯編鐘	12	春秋後期	近出 14 故宫文物月刊 1995 年 145 期 118—123 頁		臺北“故宫博物院”	
85	子犯編鐘	10	春秋後期	近出 15 故宫文物月刊 1995 年 145 期 118—123 頁		臺北“故宫博物院”	
86	子犯編鐘	10	春秋後期	近出 16 故宫文物月刊 1995 年 145 期 118—123 頁		臺北“故宫博物院”	
87	子犯編鐘	10(又重文 2)	春秋後期	近出 17 故宫文物月刊 1995 年 145 期 118—123 頁		臺北“故宫博物院”	
88	子犯編鐘	22	春秋後期	近出 18 故宫文物月刊 1995 年 145 期 118—123 頁; 2000 年 206 期 41—52 頁		臺北陳鴻榮夫婦	

序號	器名	字數	時代	著録	出土地	現藏地	備註
89	子犯編鐘	22	春秋後期	近出 19 故宫文物月刊 2000 年 206 期 41—52 頁		臺北陳鴻榮夫婦	
90	子犯編鐘	22	春秋後期	近出 20 故宫文物月刊 2000 年 206 期 41—52 頁		臺北陳鴻榮夫婦	
91	子犯編鐘	22	春秋後期	近出 21 故宫文物月刊 2000 年 206 期 41—52 頁		臺北陳鴻榮夫婦	
92	子犯編鐘	12	春秋後期	近出 22 故宫文物月刊 1995 年 145 期 118—123 頁		臺北“故宫博物院”	
93	子犯編鐘	10	春秋後期	近出 23 故宫文物月刊 1995 年 145 期 118—123 頁		臺北“故宫博物院”	
94	子犯編鐘	10	春秋後期	近出 24 故宫文物月刊 1995 年 145 期 118—123 頁		臺北“故宫博物院”	
95	子犯編鐘	10(又重文 1)	春秋後期	近出 25 故宫文物月刊 1995 年 145 期 118—123 頁		臺北“故宫博物院”	
96	鄬子受編鐘	27	春秋後期	近出 26 江漢考古 1995 年 1 期 47 頁	1990 年河南淅川縣和尚嶺墓葬		同出鎛八枚,紐鐘九枚,共十七枚,《近出》只收此一枚

序號	器名	字數	時代	著録	出土地	現藏地	備註
97	兮仲鐘	27(又重文2)	西周晚期	集成65 三代1.14.2 攈古2.3.43 綴遺1.27 周金1.62 小校1.27.1	《海外吉》:嘉慶乙亥歲江寧城外		《集成》收"兮仲鐘"七枚
98	兮仲鐘	27	西周晚期	集成66 攈古2.3.42 彙編5.248	《海外吉》:嘉慶乙亥歲江寧城外	美國舊金山亞洲藝術博物館布倫戴奇藏品	
99	兮仲鐘	存19	西周晚期	集成67 三代1.13.2 奇觚9.8	《海外吉》:嘉慶乙亥歲江寧城外		《集成》銘文字數誤爲"27"; 《三代》、《奇觚》皆缺左鼓拓; 《羅表》:李山農舊藏
100	兮仲鐘	27(又重文2)	西周晚期	集成68 三代1.12.2 筠清5.23 攈古2.3.41 綴遺1.28 愙齋1.6 周金1.63後 小校1.26	《海外吉》:嘉慶乙亥歲江寧城外	上海博物館	《羅表》:蔣鏡秋、李山農舊藏
101	兮仲鐘	27	西周晚期	集成69 三代1.13.1 清愛18 攈古2.3.43 愙齋1.5 綴遺1.26 奇觚9.7 周金1.63 簠齋1鐘4 小校1.25 海外吉133 十鐘3	《海外吉》:嘉慶乙亥歲江寧城外	日本京都泉屋博古館	《羅表》:劉喜海、陳介祺舊藏

序號	器名	字數	時代	著録	出土地	現藏地	備註
102	兮仲鐘	18	西周晚期	集成 70 三代 1.15.1 攈古 2.3.44 綴遺 1.29 周金 1.64 小校 1.27.2	《海外吉》:嘉慶乙亥歲江寧城外		《攈古録》:浙江嘉興姚六榆舊藏
103	兮仲鐘	27	西周晚期	集成 71 三代 1.14.1 貞松 1.7 希古 1.3	《海外吉》:嘉慶乙亥歲江寧城外		
104	楚王鐘	27(又重文 2)	春秋	集成 72 考古圖 7.12 薛氏 51 大系録 179	《考古圖》:得於錢塘		又名"楚邛仲嬭南龢鐘";《考古圖》:眉山蘇軾舊藏此器;《薛氏》:銘文"子孫"二字漏重文號;容庚《宋代吉金書籍述評》:《考古圖》7.12 之圖乃《博古》22.17 蛟篆鐘圖竄入者
105	敬事天王鐘	存 20	春秋後期	集成 73 考古 1981 年 2 期 123 頁	1978 年河南淅川下寺一號墓 M1:20	河南省文物研究所	《集成》收"敬事天王鐘"九枚,此組鐘銘文爲刻款,作器者名字被磨去
106	敬事天王鐘	22	春秋後期	集成 74 考古 1981 年 2 期 123 頁	1978 年河南淅川下寺一號墓 M1:21	河南省文物研究所	
107	敬事天王鐘	19	春秋後期	集成 75	1978 年河南淅川下寺一號墓 M1:22	河南省文物研究所	

序號	器名	字數	時代	著録	出土地	現藏地	備註
108	敬事天王鐘	17	春秋後期	集成76	1978年河南淅川下寺一號墓M1：23	河南省文物研究所	
109	敬事天王鐘	24	春秋後期	集成77	1978年河南淅川下寺一號墓M1：24	河南省文物研究所	
110	敬事天王鐘	28	春秋後期	集成78	1978年河南淅川下寺一號墓M1：25	河南省文物研究所	
111	敬事天王鐘	14	春秋後期	集成79	1978年河南淅川下寺一號墓M1：26	河南省文物研究所	
112	敬事天王鐘	21	春秋後期	集成80	1978年河南淅川下寺一號墓M1：27	河南省文物研究所	
113	敬事天王鐘	21	春秋後期	集成81	1978年河南淅川下寺一號墓M1：28	河南省文物研究所	
114	單伯昊生鐘	33(又合文1)	西周晚期	集成82 三代1.16.2 攈古2.3.78 窓齋2.13 綴遺1.30 敬吾上6 周金1.61 小校1.29 大系録103		上海博物館	《窓齋》、《敬吾》：直隸通州裘氏、潘祖蔭舊藏
115	楚王酓章鐘	34	戰國前期	集成83 薛氏53 復齋31 嘯堂下90 積古3.16 金索金1.63 攈古2.3.77 大系録179—180	《薛氏》：得之安陸		《薛氏》：方城范氏舊藏；《集成》收"楚王酓章鐘"兩枚

序號	器名	字數	時代	著録	出土地	現藏地	備註
116	楚王酓章鐘	21	戰國前期	集成 84 薛氏 54 金索金 1.54.2 大系録 180	《薛氏》:得之安陸		《薛氏》:方城范氏舊藏
117	鼄大宰鐘	34(又重文 2)	春秋	集成 86 三代 1.15.2—1.16.1 西甲 17.24 貞松 1.7 故宮 8 期 藝展 92 大系録 219 山東存邾 12.2 故圖下上 241 彙編 4.202		臺北"故宮博物院"	《彙編》誤將兩鉦間銘印反;《集成》目録中器名寫爲"邾大宰鐘"
118	鼄叔之伯鐘	34(又重文 2)	春秋	集成 87 三代 1.19.1 山東存邾 11.2		故宮博物院	《集成》:頤和園舊藏;《集成》目録中器名寫爲"邾叔之伯鐘"
119	𠭯鐘	35	西周中期	集成 88 三代 1.17.1 愙齋 2.10 綴遺 1.24 奇觚 9.11 周金 1.57 簠齋 1 鐘 2 海外吉 135 小校 1.28.1 山東存紀 4 十鐘 2 彙編 4.194		日本京都泉屋博古館	《愙齋》:陳介祺舊藏;《集成》收"𠭯鐘"五枚
120	𠭯鐘	35	西周中期	集成 89 三代 1.17.2 貞松 1.8 希古 1.6 尊古 1.2 小校 1.28.2 山東存紀 3		故宮博物院	

序號	器名	字數	時代	著録	出土地	現藏地	備註
121	𪒠鐘	12	西周中期	集成 90 三代 1.18.2 貞補上 1 周金 1 補 山東存紀 5			
122	𪒠鐘	6	西周中期	集成 91 三代 1.18.3 移林 1 周金 1.59.2 希古 1.1 小校 1.4.1 山東存紀 5			《希古》、《羅表》：丁麟年、溥倫舊藏
123	𪒠鐘	25	西周中期	集成 92 三代 1.18.1 攈古 2.3.33 愙齋 2.11 綴遺 1.25 奇觚 9.10 周金 1.59 海外吉 136 小校 1.23.2 簠齋 1 鐘 3 十鐘 10 山東紀 4 彙編 5.256		日本京都泉屋博古館	又名"𪒠伯鐘"；此鐘紋飾、銘文與其他四鐘有所不同；《海外吉》：袁理堂、陳介祺舊藏
124	減孫鐘	35（又重文 2）	春秋後期	集成 93 考古 1965 年 3 期 110 頁	1964 年江蘇六合縣程橋墓葬 M1：55	南京博物院	《集成》收"減孫鐘"九枚
125	減孫鐘	35（又重文 2）	春秋後期	集成 94 考古 1965 年 3 期 111 頁	1964 年江蘇六合縣程橋墓葬 M1：53	南京博物院	
126	減孫鐘	35（又重文 2）	春秋後期	集成 95 考古 1965 年 3 期 109 頁	1964 年江蘇六合縣程橋墓葬 M1：54	南京博物院	
127	減孫鐘	34（又重文 2）	春秋後期	集成 96 考古 1965 年 3 期 112 頁	1964 年江蘇六合縣程橋墓葬 M1：56	南京博物院	

序號	器名	字數	時代	著録	出土地	現藏地	備註
128	𫾄孫鐘	34(又重文2)	春秋後期	集成 97 考古 1965 年 3 期 111 頁	1964 年江蘇六合縣程橋墓葬 M1：59	南京博物院	
129	𫾄孫鐘	34(又重文2)	春秋後期	集成 98 考古 1965 年 3 期 110 頁	1964 年江蘇六合縣程橋墓葬 M1：58	南京博物院	
130	𫾄孫鐘	34(又重文2)	春秋後期	集成 99 考古 1965 年 3 期 110 頁	1964 年江蘇六合縣程橋墓葬 M1：61	南京博物院	
131	𫾄孫鐘	35(又重文2)	春秋後期	集成 100 考古 1965 年 3 期 110 頁	1964 年江蘇六合縣程橋墓葬 M1：57	南京博物院	
132	𫾄孫鐘	35(又重文2)	春秋後期	集成 101 考古 1965 年 3 期 110 頁	1964 年江蘇六合縣程橋墓葬 M1：60	南京博物院	
133	邾公釛鐘	36	春秋	集成 102 三代 1.19.2 愙齋 1.21 陶齋 1.15 周金 1.56 大系録 217 小校 1.30 山東存邾 9 上海 83 彙編 4.187		上海博物館	《羅表》:許延暄、丁麟年、端方舊藏
134	遅父鐘	36(又重文3)	西周晚期	集成 103 考古圖 7.5 博古 22.19 薛氏 55—56 嘯堂 83			《集成》:薛氏收維揚石本、博古録、考古圖、古器物銘四件,乃因摹寫各異而並録之

序號	器名	字數	時代	著録	出土地	現藏地	備註
135	昊生殘鐘	存10	西周晚期	集成104 攈古3.1.30 綴遺1.13 大系録103			《攈古録》:吕堯僊先得後段三十七字,式芬續於長安得前半下段十字;《集成》收"昊生殘鐘"兩枚,自《攈古》以來這兩鐘均被合二爲一,《集成》將其作兩鐘處理
136	昊生殘鐘	存37	西周晚期	集成105 攈古3.1.30 綴遺1.13 大系録104			
137	井叔采鐘	37	西周晚期	集成356 考古1986年1期25頁圖5	1984年陝西灃西M163:34	考古研究所	《集成》收"井叔采鐘"兩枚
138	井叔采鐘	38	西周晚期	集成357	1984年陝西灃西	考古研究所	
139	楚公逆鐘	39	西周晚期	集成106 薛氏52 復齋12(又33) 嘯堂91 大系録177	有云:"政和三年武昌太平湖所進古鐘";《復齋》:"趙明誠《古器物銘》云,獲於鄂州嘉魚縣"		此器名應爲"楚公逆鎛"
140	雁侯見工鐘	39(又合文2)	西周中晚期	集成107 文物1975年10期69頁 彙編3.86(a)	1974年陝西藍田縣紅星公社	藍田縣文化館	《集成》收的兩枚"雁侯見工鐘"合爲全銘

序號	器名	字數	時代	著録	出土地	現藏地	備註
141	雁侯見工鐘	30(又重文2,合文1)	西周中晚期	集成108 三代秦漢遺物上的銘刻 文物1977年8期27頁 彙編3.86(b)		日本東京書道博物館	
142	晉侯蘇編鐘	39	西周晚期	近出35 上海博物館集刊1996年7期3頁	山西省曲沃縣曲村鎮北趙村晉侯墓地	上海博物館	1992年12月,上海博物館從香港古玩街購得十四枚。晉侯蘇編鐘共計十六枚,另兩枚出土於晉侯墓地8號墓
143	晉侯蘇編鐘	39	西周晚期	近出36 上海博物館集刊1996年7期4頁	山西省曲沃縣曲村鎮北趙村晉侯墓地	上海博物館	
144	晉侯蘇編鐘	36	西周晚期	近出37 上海博物館集刊1996年7期5頁	山西省曲沃縣曲村鎮北趙村晉侯墓地	上海博物館	
145	晉侯蘇編鐘	24	西周晚期	近出38 上海博物館集刊1996年7期6頁	山西省曲沃縣曲村鎮北趙村晉侯墓地	上海博物館	
146	晉侯蘇編鐘	12	西周晚期	近出39 上海博物館集刊1996年7期7頁	山西省曲沃縣曲村鎮北趙村晉侯墓地	上海博物館	
147	晉侯蘇編鐘	10(又重文2)	西周晚期	近出40 上海博物館集刊1996年7期7頁	山西省曲沃縣曲村鎮北趙村晉侯墓地	上海博物館	

序號	器名	字數	時代	著録	出土地	現藏地	備註
148	晉侯蘇編鐘	4(又合文1)	西周晚期	近出41 上海博物館集刊1996年7期8頁	山西省曲沃縣曲村鎮北趙村晉侯墓地	上海博物館	
149	晉侯蘇編鐘	3	西周晚期	近出42 上海博物館集刊1996年7期8頁	山西省曲沃縣曲村鎮北趙村晉侯墓地	上海博物館	
150	晉侯蘇編鐘	40(又合文3)	西周晚期	近出43 上海博物館集刊1996年7期9頁	山西省曲沃縣曲村鎮北趙村晉侯墓地	上海博物館	
151	晉侯蘇編鐘	40(又合文1)	西周晚期	近出44 上海博物館集刊1996年7期10頁	山西省曲沃縣曲村鎮北趙村晉侯墓地	上海博物館	
152	晉侯蘇編鐘	39	西周晚期	近出45 上海博物館集刊1996年7期11頁	山西省曲沃縣曲村鎮北趙村晉侯墓地	上海博物館	
153	晉侯蘇編鐘	24(又重文1,合文1)	西周晚期	近出46 上海博物館集刊1996年7期12頁	山西省曲沃縣曲村鎮北趙村晉侯墓地	上海博物館	
154	晉侯蘇編鐘	10(又重文3)	西周晚期	近出47 上海博物館集刊1996年7期12頁	山西省曲沃縣曲村鎮北趙村晉侯墓地	上海博物館	
155	晉侯蘇編鐘	8(又重文1)	西周晚期	近出48 上海博物館集刊1996年7期13頁	山西省曲沃縣曲村鎮北趙村晉侯墓地	上海博物館	

序號	器名	字數	時代	著録	出土地	現藏地	備註
156	晋侯蘇編鐘	5(又重文2)	西周晚期	近出49 上海博物館集刊1996年7期13頁 文物1994年1期16、19頁	1992年10月16日山西省曲沃縣曲村鎮北趙村晋侯墓地M8:33	山西省考古研究所	
157	晋侯蘇編鐘	4	西周晚期	近出50 上海博物館集刊1996年7期13頁 文物1994年1期16、19頁	1992年10月16日山西省曲沃縣曲村鎮北趙村晋侯墓地M8:32	山西省考古研究所	
158	井人妄鐘	41(又重文3)	西周晚期	集成109 三代1.25.2—1.26.1 窸齋1.19 綴遺1.17 周金1.54 大系録141—142 小校1.39.1 上海61 彙編4.157		上海博物館	《羅表》:吴大澂、潘祖蔭舊藏; 《集成》收"井人妄鐘"四枚
159	井人妄鐘	40(又重文7)	西周晚期	集成110 三代1.26.2—1.27.1 窸齋1.20 陶續上1—2 周金1.55 大系録142—143 小校1.40.1 彙編4.158		日本東京書道博物館	《羅表》:潘祖蔭、端方舊藏

序號	器名	字數	時代	著録	出土地	現藏地	備註
160	井人安鐘	41（又重文3）	西周晚期	集成111 三代1.24.2—1.25.1 積古3.7 筠清5.28 綴遺1.14 攈古3.1.18 奇觚9.17 周金1.53 簠齋1鐘1 大系録140—141 小校1.35（又1.39.2） 海外吉132 十鐘1		日本京都泉屋博古館	《羅表》：劉喜海、陳介祺舊藏
161	井人安鐘	41（又重文8）	西周晚期	集成112 文物1972年7期12頁 陝青3.60	1966年陝西扶風縣齊鎮	寶雞市博物館	
162	子璋鐘	42（又重文4）	春秋後期	集成113 三代1.29.1 貞松1.14 希古1.11			《三代》此器拓片左右鼓倒置，《集成》已訂正； 《集成》收"子璋鐘"七枚
163	子璋鐘	42（又重文4）	春秋後期	集成114 三代1.27.2 筠清5.29 攈古3.1.28 愙齋2.5 周金1.52 大系録195 小校1.40.2			《羅表》：程木庵舊藏

序號	器名	字數	時代	著録	出土地	現藏地	備註
164	子璋鐘	42(又重文4)	春秋後期	集成 115 三代 1.28.1—1.28.2 從古 6.8 攈古 3.1.29 愙齋 2.6—7 綴遺 2.13 周金 1.50 清儀 1.21 小校 1.41 大系録 196—197		上海博物館	《清儀》:汪心農、張西齋、張廷濟舊藏
165	子璋鐘	42(又重文3)	春秋後期	集成 116 三代 1.30.2—1.31.1 善齋 1.19 小校 1.43 録遺 2.1—2 上海 84 彙編 4.151		上海博物館	
166	子璋鐘	42(又重文2)	春秋後期	集成 117 三代 1.29.2—1.30.1 周金 1 補 貞松 1.15 善齋 1.20 希古 1.12 小校 1.42 善彝 15 大系 194—195 故圖下下 468 彙編 4.152		臺北"中央博物院"	
167	子璋鐘	22(又重文2)	春秋後期	集成 118 三代 1.31.2—1.31.3 愙齋 2.7—8 西甲 17.26—27 周金 1.52 後 小校 1.44 大系録 198		上海博物館	

序號	器名	字數	時代	著録	出土地	現藏地	備註
168	子璋鐘	19(又重文2)	春秋晚期	集成119 寧壽14.1			
169	者沪鎛	存25	戰國前期	集成120 三代1.42.1—1.42.2 周金1.45(又1補) 貞松1.6 善齋1.16 大系録164 小校1.47.1 彙編3.51 文物1992年2期96頁		蘇州市博物館	《海外吉》:崔秀芬、丁樹楨、劉體智舊藏;1978年江蘇蘇州市陳侃如捐獻;《集成》收"者沪"鐘鎛十三枚;此器又名"者汈鐘"、"者污鐘"、"虘秉鐘"
170	者沪鐘	存15(又重文1)	戰國前期	集成121 三代1.40.2 泉屋3.122 貞補上2 海外吉137 戰國式96.2 日精華5.429 大系録161—162 彙編3.52		日本京都泉屋博古館	
171	者沪鐘	存42(又重文1)	戰國前期	集成122 三代1.39.2—1.40.1 愙齋2.15 周金1.42 大系録159—160 小校1.46 上海78 彙編3.53		上海博物館	

序號	器名	字數	時代	著録	出土地	現藏地	備註
172	者沪鐘	20	戰國前期	集成 123 録遺 13 彙編 3.63 金匱綜 92		故宫博物院	
173	者沪鐘	存 17	戰國前期	集成 124 日精華 5.433 左 録遺 12.1—2 金匱綜 90 彙編 3.62	《日精華》:傳出河南洛陽金村	日本神户東畑謙三處	
174	者沪鐘	存 23	戰國前期	集成 125 日精華 5.430 左 録遺 5 金匱綜 76 彙編 3.55		日本神户東畑謙三處	
175	者沪鐘	存 15	戰國前期	集成 126 日精華 5.431 右 録遺 9.1—2 金匱綜 84 彙編 3.59 金村 7 右		日本神户東畑謙三處	
176	者沪鐘	存 20	戰國前期	集成 127 日精華 5.432 左 録遺 10 金匱綜 86 金村 6 左 彙編 3.60		日本神户東畑謙三處	
177	者沪鐘	存 15	戰國前期	集成 128 日精華 5.433 右上 録遺 11 金匱綜 88 彙編 3.61		日本神户東畑謙三處	
178	者沪鐘	存 19(又重文 1)	戰國前期	集成 129 日精華 5.431 左 録遺 6 金匱綜 78 彙編 3.56 金村 7 左		日本神户東畑謙三處	

序號	器名	字數	時代	著録	出土地	現藏地	備註
179	者沪鐘	24	戰國前期	集成 130 日精華 5.432 右 録遺 7 金匱綜 80 金村 6 右 彙編 3.57		日本神户東畑謙三處	
180	者沪鐘	存 19	戰國前期	集成 131 日精華 5.433 右下 録遺 8 金匱綜 82 彙編 3.58		日本神户東畑謙三處	
181	者沪鐘	存 17	戰國前期	集成 132 三代 1.41.1—1.41.2 愙齋 2.16 攈古 2.3.25 從古 13.6 綴遺 2.30 奇觚 9.8—10 周金 1.44 簠齋 1 鐘 9 大系録 163 海外吉 138 小校 1.47.3—1.48.1 十鐘 8		日本京都泉屋博古館	《愙齋》:陳介祺舊藏;《集成》所收集十三鐘銘文之摹本兩件:其一爲郭沫若作,載《考古學報》1958 年 2 期;其二爲李棪齋作,載《金匱考古綜合刊》第一期
182	柞鐘	45(又重文 3)	西周晚期	集成 133 齊家村 24 陝青 2.156	1960 年陝西扶風縣齊家村窖藏	陝西省博物館	《集成》收"柞鐘"七枚
183	柞鐘	45(又重文 3)	西周晚期	集成 134 齊家村 25 陝青 2.157 文物 1961 年 7 期 59 頁	1960 年陝西扶風縣齊家村窖藏	陝西省博物館	

序號	器名	字數	時代	著録	出土地	現藏地	備註
184	柞鐘	45(又重文3)	西周晚期	集成135 齊家村26 陝青2.158	1960年陝西扶風縣齊家村窖藏	陝西省博物館	
185	柞鐘	45(又重文3)	西周晚期	集成136 齊家村27 陝青2.159	1960年陝西扶風縣齊家村窖藏	陝西省博物館	
186	柞鐘	20(又重文1)	西周晚期	集成137 齊家村28 陝青2.160	1960年陝西扶風縣齊家村窖藏	陝西省博物館	
187	柞鐘	15	西周晚期	集成138 齊家村29 陝青2.161	1960年陝西扶風縣齊家村窖藏	陝西省博物館	
188	柞鐘	5(又重文2)	西周晚期	集成139 齊家村30 陝青2.163	1960年陝西扶風縣齊家村窖藏	陝西省博物館	
189	郲公孫班鎛	45(又重文2)	春秋後期	集成140 三代1.35.1 周金1.48 夢鄣上3 小校1.45 山東存郲10			《周金》:常熟翁氏、鄒安、羅振玉舊藏
190	師臾鐘	48	西周晚期	集成141 文物1975年8期62頁 陝青3.107	1974年陝西扶風縣强家村窖藏	陝西省博物館	
191	𪒠編鐘	48	春秋後期	近出51 淅川下寺春秋楚墓277頁	1990年河南淅川下寺M10:66	河南省文物研究所	《近出》收"𪒠編鐘"九枚
192	𪒠編鐘	28	春秋後期	近出52 淅川下寺春秋楚墓279頁	1990年河南淅川下寺M10:70	河南省文物研究所	
193	𪒠編鐘	28(又重文1)	春秋後期	近出53 淅川下寺春秋楚墓280頁	1990年河南淅川下寺M10:67	河南省文物研究所	

序號	器名	字數	時代	著録	出土地	現藏地	備註
194	𪊲編鐘	22	春秋後期	近出 54 淅川下寺春秋楚墓 281 頁	1990 年河南淅川下寺 M10：69	河南省文物研究所	
195	𪊲編鐘	23	春秋後期	近出 55 淅川下寺春秋楚墓 283 頁	1990 年河南淅川下寺 M10：68	河南省文物研究所	
196	𪊲編鐘	12（又重文 1）	春秋後期	近出 56 淅川下寺春秋楚墓 284 頁	1990 年河南淅川下寺 M10：71	河南省文物研究所	
197	𪊲編鐘	14	春秋後期	近出 57 淅川下寺春秋楚墓 285 頁	1990 年河南淅川下寺 M10：72	河南省文物研究所	
198	𪊲編鐘	3	春秋後期	近出 58 淅川下寺春秋楚墓 286 頁	1990 年河南淅川下寺 M10：83	河南省文物研究所	
199	𪊲編鐘	6	春秋後期	近出 59 淅川下寺春秋楚墓 286 頁	1990 年河南淅川下寺 M10：84	河南省文物研究所	
200	虢季編鐘	51	西周晚期	近出 86 三門峽虢國墓上 73 頁	河南省三門峽市虢國墓地 M2001：45	河南省三門峽市文物工作隊	該組編鐘出土共八枚，《近出》收八枚
201	虢季編鐘	51	西周晚期	近出 87 三門峽虢國墓上 74 頁	河南省三門峽市虢國墓地 M2001：49	河南省三門峽市文物工作隊	
202	虢季編鐘	51	西周晚期	近出 88 三門峽虢國墓上 75 頁	河南省三門峽市虢國墓地 M2001：48	河南省三門峽市文物工作隊	
203	虢季編鐘	51	西周晚期	近出 89 三門峽虢國墓上 76 頁	河南省三門峽市虢國墓地 M2001：44	河南省三門峽市文物工作隊	
204	虢季編鐘	8	西周晚期	近出 90 三門峽虢國墓上 77 頁	河南省三門峽市虢國墓地 M2001：50	河南省三門峽市文物工作隊	

序號	器名	字數	時代	著録	出土地	現藏地	備註
205	虢季編鐘	8	西周晚期	近出 91 三門峽虢國墓上 78 頁	河南省三門峽市虢國墓地 M2001：51	河南省三門峽市文物工作隊	
206	虢季編鐘	4	西周晚期	近出 92 三門峽虢國墓上 78 頁	河南省三門峽市虢國墓地 M2001：46	河南省三門峽市文物工作隊	
207	虢季編鐘	4	西周晚期	近出 93 三門峽虢國墓上 78 頁	河南省三門峽市虢國墓地 M2001：47	河南省三門峽市文物工作隊	
208	齊鞄氏鐘	52（又重文 2）	春秋後期	集成 142 三代 1.42.3—1.43.1 貞松 1.15 大系録 252 山東存齊 10			
209	鮮鐘	52（又重文 2）	西周晚期	集成 143 陝圖 126		陝西省博物館	
210	越王者旨於賜鐘	52（又重文 2）	戰國前期	集成 144 薛氏 2—4 博古 22.17 嘯堂 82			《金石録》：藏宗室仲爰家；《嘯堂》95 商鐘銘文與此同，惟其行款字序均已變亂，殆即趙明誠《金石録》所云“後又得一鐘，銘文正同”之另一鐘，《集成》從略未録

序號	器名	字數	時代	著録	出土地	現藏地	備註
211	士父鐘	存54(又重文4)	西周晚期	集成145 三代1.43.2 積古3.6 從古8.3 金索金1.50 攈古3.1.57 綴遺1.9 奇觚9.25 周金1.39 大系録124 小校1.50.2			《羅表》:翁樹培、瞿穎山舊藏; 《集成》收"士父鐘"四枚
212	士父鐘	存54(又重文4)	西周晚期	集成146 三代1.44.1 攈古3.1.58 愙齋2.4 綴遺1.10 周金1.40 大系録125 小校1.49 文物1991年5期86—87頁		湖南省博物館	《綴遺》:葉東卿舊藏
213	士父鐘	存56(又重文4)	西周晚期	集成147 三代1.44.2 周金1.41 貞松1.17 大系録126 小校1.50.1		故宫博物院	《貞松》:趙時棡舊藏
214	士父鐘	存50(又重文5)	西周晚期	集成148 三代1.45.1		故宫博物院	《集成》:頤和園舊藏
215	鼄公牼鐘	56	春秋後期	集成149 三代1.48.2 攈古3.1.39 積古3.20 周金1.38 大系録215 山東存邾7		故宫博物院	《羅表》:阮元舊藏; 《集成》收"鼄公牼鐘"四枚; 《集成》目録中器名寫爲"邾公牼鐘"

序號	器名	字數	時代	著録	出土地	現藏地	備註
216	鼄公牼鐘	57	春秋後期	集成 150 三代 1.49.1 貞松 1.16 周金 1 補 大系録 213 綴遺 2.23 山東存邾 6 希古 1.13 彙編 3.125		南京博物院	《貞松》:此器吴中馮氏桂芬藏,後置之聖恩寺
217	鼄公牼鐘	57	春秋後期	集成 151 三代 1.49.2 兩罍 3.3 攈古 3.1.38 愙齋 1.22 懷米下 3 綴遺 2.21 陶齋 1.16 周金 1.36 大系録 214 小校 1.48 山東存邾 5 上海 81 彙編 3.124		上海博物館	《羅表》:曹秋舫、端方、吴雲舊藏
218	鼄公牼鐘	存 50 餘	春秋後期	集成 152 三代 1.50.1 貞松 1.17 周金 1.37 大系録 215 山東存邾 7			
219	鄦子盟自鎛	60(又重文 5)	春秋	集成 153 考古圖 7.7 薛氏 50 大系録 193	《考古圖》:得於潁川		《考古圖》:丹陽蘇頌藏;《集成》收“鄦子盟自鎛”兩枚
220	鄦子盟自鎛	60(又重文 5)	春秋	集成 154 薛氏 50—51 大系録 193	《考古圖》:得於潁川		《考古圖》:丹陽蘇頌藏

序號	器名	字數	時代	著録	出土地	現藏地	備註
221	能原鎛	60	春秋後期	集成155 三代1.37.3—1.39.2 周金1.33—1.35 奇觚9.22 善齋1.21—1.23 小校1.51—1.52 善彝16甲—丙 故圖下下471—472 彙編3.120a、b、c	《分域》:江西臨江縣	臺北"中央博物院"	《奇觚》、《善彝》:陸心源、劉體智舊藏;《集成》收"能原鎛"兩枚
222	能原鎛	48	春秋後期	集成156 三代1.35.2—1.37.2 奇觚9.19—9.21 周金1.45—1.47	《分域》:光緒庚寅(1890)瑞州東郭外錦江中漁人得之	故宫博物院	《奇觚》:熊方燧舊藏
223	屭羌鐘	61	戰國前期	集成157 三代1.32.1—1.32.2 貞續上1.2—2.1 善齋1.24.2 大系録又277 小校1.53.1 善彝1 尊古1.3 日精華5.423、424下 彙編3.110	《善彝》:1928—1931年間洛陽故城遺址	日本京都泉屋博古館	《善彝》:劉體智舊藏;《集成》收"屭羌鐘"十四枚,1928—1931年間同出於洛陽故城遺址
224	屭羌鐘	61	戰國前期	集成158 三代1.32.3—1.32.4 貞續上2.2—2.3 善齋1.25.2 大系録又277.3—4 小校1.53.3—4 善彝2 彙編3.111	《善彝》:1928—1931年間洛陽故城遺址	日本京都泉屋博古館	《善彝》:劉體智舊藏

序號	器名	字數	時代	著録	出土地	現藏地	備註
225	屭羌鐘	61	戰國前期	集成 159 三代 1.32.5—1.32.6 貞續上 3.1—2 善齋 1.26.2 大系録 278.1 小校 1.54.1—2 善彝 3 彙編 3.112	《善彝》:1928—1931 年間洛陽故城遺址	日本京都泉屋博古館	《善彝》:劉體智舊藏
226	屭羌鐘	61	戰國前期	集成 160 大系録 277 洛陽 502 彙編 3.114	《善彝》:1928—1931 年間洛陽故城遺址	加拿大多倫多皇家安大略博物館	《善彝》:懷履光舊藏
227	屭羌鐘	61	戰國前期	集成 161 三代 1.32.7—1.32.8 貞續上 3.3—4 善彝 1.27.2 大系録 278.2 小校 1.54.3—4 善彝 4 彙編 3.113	《善彝》:1928—1931 年間洛陽故城遺址	日本京都泉屋博古館	《善彝》:劉體智舊藏
228	屭氏鐘	4	戰國前期	集成 162 三代 1.33.1—1.33.2 貞續上 4.1—2 善齋 1.28.2 小校 1.55.1—2 善彝 5 日精華 5.427 右 彙編 7.857	《善彝》:1928—1931 年間洛陽故城遺址	日本京都泉屋博古館	《善彝》:劉體智舊藏
229	屭氏鐘	4	戰國前期	集成 163 三代 1.33.3—1.33.4 貞續上 4.3—4 善齋 1.29.2 小校 1.55.3—4 善彝 6 日精華 5.427 左 彙編 7.858	《善彝》:1928—1931 年間洛陽故城遺址	日本京都泉屋博古館	《善彝》:劉體智舊藏

序號	器名	字數	時代	著録	出土地	現藏地	備註
230	屭氏鐘	4	戰國前期	集成 164 貞補上 1 大系録 277 洛陽 501 彙編 7.865	《善彝》:1928—1931 年間洛陽故城遺址	加拿大多倫多皇家安大略博物館	《善彝》:懷履光舊藏
231	屭氏鐘	4	戰國前期	集成 165 三代 1.33.5—1.33.6 貞續上 5.1—2 善齋 1.30.2 小校 1.55.5—6 善彝 7 彙編 5.859	《善彝》:1928—1931 年間洛陽故城遺址	日本京都泉屋博古館	《善彝》:劉體智舊藏
232	屭氏鐘	4	戰國前期	集成 166 三代 1.33.7—1.33.8 貞續上 5.3—4 善齋 1.31.2 小校 1.55.7—8 善彝 8 彙編 5.8600	《善彝》:1928—1931 年間洛陽故城遺址	日本京都泉屋博古館	《善彝》:劉體智舊藏
233	屭氏鐘	4	戰國前期	集成 167 三代 1.34.1—1.34.2 貞續上 5.5—6 善齋 1.33.2 小校 1.56.1—2 善彝 9 彙編 7.861	《善彝》:1928—1931 年間洛陽故城遺址	日本京都泉屋博古館	《善彝》:劉體智舊藏
234	屭氏鐘	4	戰國前期	集成 168 三代 1.34.3—1.34.4 貞續上 6.1—2 善齋 1.33.2 小校 1.56.3—4 善彝 10 彙編 7.862	《善彝》:1928—1931 年間洛陽故城遺址	日本京都泉屋博古館	《善彝》:劉體智舊藏;《集成》著録:三代 1.34.3 誤爲 134.3

序號	器名	字數	時代	著録	出土地	現藏地	備註
235	𠫑氏鐘	4	戰國前期	集成 169 三代 1.34.5—1.34.6 貞續上 6.3—4 善齋 1.34.2 小校 1.56.5—6 善彝 11 彙編 7.863	《善彝》:1928—1931 年間洛陽故城遺址	日本京都泉屋博古館	《善彝》:劉體智舊藏
236	𠫑氏鐘	4	戰國前期	集成 170 三代 1.34.7—1.34.8 貞續上 6.5—6 善齋 1.36.2 小校 1.56.7—8 善彝 12 彝編 7.864	《善彝》:1928—1931 年間洛陽故城遺址	日本京都泉屋博古館	《善彝》:劉體智舊藏
237	之利鐘	64	戰國前期	集成 171 薛氏 4—5			又名“商鐘四”
238	𥫩叔之仲子平鐘	64(又重文4)	春秋後期	集成 172 學報 1978 年 3 期 332 頁圖十九.2	1975 年山東莒南縣大店鎮二號墓	山東省文物考古研究所	《集成》收“𥫩叔之仲子平鐘”九枚
239	𥫩叔之仲子平鐘	67(又重文4)	春秋後期	集成 173	1975 年山東莒南縣大店鎮二號墓	山東省文物考古研究所	
240	𥫩叔之仲子平鐘	66(又重文3)	春秋後期	集成 174 學報 1978 年 3 期 333 頁圖二〇.3	1975 年山東莒南縣大店鎮二號墓	山東省文物考古研究所	
241	𥫩叔之仲子平鐘	67(又重文4)	春秋後期	集成 175	1975 年山東莒南縣大店鎮二號墓	山東省文物考古研究所	
242	𥫩叔之仲子平鐘	68(又重文4)	春秋後期	集成 176	1975 年山東莒南縣大店鎮二號墓	山東省文物考古研究所	

序號	器名	字數	時代	著録	出土地	現藏地	備註
243	篖叔之仲子平鐘	67(又重文4)	春秋後期	集成177 學報1978年3期333頁圖二一.6	1975年山東莒南縣大店鎮二號墓	山東省文物考古研究所	
244	篖叔之仲子平鐘	67(又重文4)	春秋後期	集成178	1975年山東莒南縣大店鎮二號墓	山東省文物考古研究所	
245	篖叔之仲子平鐘	67(又重文5)	春秋後期	集成179	1975年山東莒南縣大店鎮二號墓	山東省文物考古研究所	
246	篖叔之仲子平鐘	65(又重文4)	春秋後期	集成180 學報1978年3期334頁圖二二.9	1975年山東莒南縣大店鎮二號墓	山東省文物考古研究所	
247	南宫乎鐘	67	西周晚期	集成181 考古與文物1980年4期20頁 陜青3.140	1979年陜西扶風縣豹子溝	陜西省扶風縣博物館	
248	遈邟編鎛	68(又重文4)	春秋前期	近出94 東南文化1988年3、4期25—27頁	1984年5月江蘇省丹徒縣北山頂墓葬M72—76(5號)	江蘇省丹徒考古隊	此套編鎛同出共五枚,《近出》收公佈的兩枚器,就是此套編鎛的第三枚和第四枚
249	遈邟編鎛	67(又重文4)	春秋前期	近出95 東南文化1988年3、4期25—27頁	1984年5月江蘇省丹徒縣北山頂墓葬M72—76(5號)	江蘇省丹徒考古隊	
250	遈六編鎛	68(又重文4)	春秋前期	近出96 東南文化1988年3、4期25—30頁	1984年5月江蘇省丹徒縣北山頂墓葬M72—76(5號)	江蘇省丹徒考古隊	此套編鐘同出共七枚,《近出》僅收公佈的第三枚

序號	器名	字數	時代	著録	出土地	現藏地	備註
251	楚公逆編鐘	68	西周晚期	近出 97 文物 1994 年 8 期 5—20 頁 考古 1995 年 2 期 170—178 頁	1993 年 9 月 11 日山西省曲沃縣曲村鎮北趙村天馬—曲村遺址 M64：93	山西省考古研究所	該組編鐘同出共八枚，《近出》僅收公佈的第一枚
252	徐王子旃鐘	71（又重文 5）	春秋	集成 182 録遺 4 金索金 1. 61—1. 62		故宫博物院	《金索》：孔荃溪在長安所得
253	余購逐兒鐘	73（又重文 1）	春秋後期	集成 183 三代 1. 50. 2—1. 51. 1 積古 3. 3—5 攈古 3. 1. 69 周金 1. 29—30 大系録 171—172 小校 1. 57—1. 58			又名"楚余義鐘"、"儔兒鐘"；《積古》：孫星衍舊藏；《集成》收"余購逐兒鐘"四枚
254	余購逐兒鐘	36（又重文 1）	春秋後期	集成 184 録遺 1		故宫博物院	
255	余購逐兒鐘	30	春秋後期	集成 185 三代 1. 51. 2—1. 52. 1 攈古 3. 1. 71 從古 13. 4—5 愙齋 2. 12—13 綴遺 2. 20 奇觚 9. 14—16 周金 1. 31 簠齋 1. 11 大系録 173 小校 1. 59 上海 79 彙編 4. 223		上海博物館	《綴遺》、《攈古》：陳介祺、孫星衍舊藏

序號	器名	字數	時代	著録	出土地	現藏地	備註
256	余購逐兒鐘	存10餘	春秋後期	集成186 三代1.52.2—1.53.3 周金1.32.1—2 貞松1.2—3 希古1.2 大系録174 小校1.60.1—2		上海博物館	《貞松》:潘祖蔭舊藏
257	㳄其鐘	70(又重文4)	西周晚期	集成187 録遺3.1—4 彙編3.75	《上海》:傳1940年陝西扶風縣法門寺任村		《集成》收"㳄其鐘"六枚
258	㳄其鐘	67(又重文7)	西周晚期	集成188	《上海》:傳1940年陝西扶風縣法門寺任村	上海博物館	
259	㳄其鐘	74(又重文4)	西周晚期	集成189 上海60 彙編3.74	《上海》:傳1940年陝西扶風縣法門寺任村	上海博物館	《文物》1959年5期:上海市文管會從上海冶煉廠所收廢銅中揀出
260	㳄其鐘	62(又重文7)	西周晚期	集成190 彙編4.143、5.295 歐遺珠圖114	《上海》:傳1940年陝西扶風縣法門寺任村	法國巴黎基美博物館	
261	㳄其鐘	40(又重文2)	西周晚期	集成191	《上海》:傳1940年陝西扶風縣法門寺任村	上海博物館	
262	㳄其鐘	40(又重文6)	西周晚期	集成192	《上海》:傳1940年陝西扶風縣法門寺任村	南京市博物館	《集成》191、192鐘銘文次序與前四鐘有異

序號	器名	字數	時代	著録	出土地	現藏地	備註
263	者減鐘	存33(又重文1)	春秋	集成193 西甲17.1 大系録叉153.1			《西甲》:乾隆二十有六年臨江民耕地得古鐘十一;此組編鐘最小者無銘,《西甲》所録銘文行款已變亂;《集成》收十枚
264	者減鐘	存32(又重文3)	春秋	集成194 西甲17.6 大系録叉153.2			
265	者減鐘	存55(又重文3)	春秋	集成195 西甲17.8 大系録叉153.3			
266	者減鐘	存56(又重文2)	春秋	集成196 西甲17.10 大系録叉153.4			
267	者減鐘	存72(又重文4,合文1)	春秋	集成197 三代1.46.2—1.47.1 西甲17.12 貞松1.12 善齋1.17 大系録叉153.5 小校1.31 善彝14 故圖下下465—466		臺北"中央博物院"	《羅表》:劉體智舊藏
268	者減鐘	存77(又重文4,合文2)	春秋	集成198 三代1.45.2—1.46.1 西甲17.14 故宫26期 藝展91 故圖下上240(乙) 大系録叉153.6		臺北"故宫博物院"	

序號	器名	字數	時代	著録	出土地	現藏地	備註
269	者㵒鐘	存13	春秋	集成199 西甲17.15			
270	者㵒鐘	存14(又重文2)	春秋	集成200 西甲17.16			
271	者㵒鐘	26(又重文2)	春秋	集成201 三代1.47.2 西甲17.17 周金1補 貞松1.13—1.14 大系録又154.1 小校1.32 冠斝上1		故宫博物院	
272	者㵒鐘	25(又重文2)	春秋	集成202 三代1.48.1 西甲17.18 周金1.65 貞松1.13 希古1.4 大系録又154.2 小校1.33.1 上海77 考古1979年1期63頁 彙編4.242		上海博物館	《貞松》:劉鶚舊藏
273	沇兒鎛	78(又重文4)	春秋後期	集成203 三代1.53.2—1.54.1 窸齋2.19 綴遺2.14 陶續上5 周金1.20 大系録165—167 小校1.65	《綴遺》:荆州	上海博物館	《羅表》:潘祖蔭、端方舊藏

序號	器名	字數	時代	著録	出土地	現藏地	備註
274	克鐘	39	西周晚期	集成204 三代1.21.2—1.22.1 周金1.26 貞松1.9 希古1.8 大系録93—94 小校1.62.2 彙編4.170	岐山縣法門寺任村	日本奈良寧樂美術館	《羅表》:光緒庚寅(1890年)岐山縣法門寺任村出土"克鐘鎛",《集成》收六枚(204—209);《貞松》:丁樹楨舊藏
275	克鐘	40(又重文2)	西周晚期	集成205 三代1.23.2 陶續上10 綴遺1.7 周金1.23、又1.24 大系録94—95 小校1.63.2、又1.64.1	岐山縣法門寺任村	日本京都藤井有鄰館	《周金》:潘祖蔭、端方舊藏
276	克鐘	40	西周晚期	集成206 三代1.20.2—1.21.1 綴遺1.6 奇觚9.13—14 陶續上8—9 周金1.25.1—2 大系録95—96 小校1.61.2—1.62.1	岐山縣法門寺任村	上海博物館	《羅表》:潘祖蔭、端方舊藏
277	克鐘	39(又重文2)	西周晚期	集成207 三代1.23.1 周金1.27 貞松1.10 希古1.9 大系録96 小校1.64.2	岐山縣法門寺任村	天津市藝術博物館	《羅表》:丁麟年舊藏

序號	器名	字數	時代	著録	出土地	現藏地	備註
278	克鐘	33	西周晚期	集成 208 三代 1.22.2 愙齋 1.18.1 周金 1.28.1—2 大系録 97 小校 1.63.1	岐山縣法門寺任村	上海博物館	《集成》:吴大澂、潘祖蔭、端方舊藏
279	克鐘	79	西周晚期	集成 209 三代 1.24.1 周金 1.22 貞松 1.11—12 希古 1.10 大系録 97 小校 1.61.1 文物 1972 年 6 期 15 頁	岐山縣法門寺任村	天津市藝術博物館	《貞松》:張燕謀舊藏
280	蔡侯紐鐘	79(又重文 2,合文 1)	春秋後期	集成 210 蔡侯墓圖版 52、53 五省圖版 56 學報 1956 年 1 期圖版 2	安徽壽縣西門蔡侯墓	安徽省博物館	《集成》收 1955 年安徽壽縣西門蔡侯墓"蔡侯鐘鎛"十五枚
281	蔡侯紐鐘	79(又重文 2,合文 1)	春秋後期	集成 211 蔡侯墓圖版 54、55 學報 1956 年 1 期圖版 3	安徽壽縣西門蔡侯墓	中國歷史博物館	
282	蔡侯紐鐘	6	春秋後期	集成 212 蔡侯墓圖版 56、57 學報 1956 年 1 期圖版 4:3	安徽壽縣西門蔡侯墓	安徽省博物館	
283	蔡侯紐鐘	6	春秋後期	集成 213 蔡侯墓圖版 58、59 學報 1956 年 1 期圖版 4:4	安徽壽縣西門蔡侯墓	安徽省博物館	

序號	器名	字數	時代	著録	出土地	現藏地	備註
284	蔡侯紐鐘	3	春秋後期	集成 214 蔡侯墓圖版 60、61	安徽壽縣西門蔡侯墓	安徽省博物館	
285	蔡侯紐鐘	3	春秋後期	集成 215 蔡侯墓圖版 62、63	安徽壽縣西門蔡侯墓	安徽省博物館	
286	蔡侯紐鐘	19（又重文 1）	春秋後期	集成 216 蔡侯墓圖版 64、65	安徽壽縣西門蔡侯墓	安徽省博物館	
287	蔡侯紐鐘	79（又重文 2，合文 1）	春秋後期	集成 217 蔡侯墓圖版 66、67 學報 1956 年 1 期圖版 4：1—2	安徽壽縣西門蔡侯墓	安徽省博物館	
288	蔡侯紐鐘	79（又重文 2，合文 1）	春秋後期	集成 218 蔡侯墓圖版 68、69	安徽壽縣西門蔡侯墓	安徽省博物館	
289	蔡侯鎛	79（又重文 2，合文 1）	春秋後期	集成 219 蔡侯墓圖版 44、45	安徽壽縣西門蔡侯墓	中國歷史博物館	此組編鎛共八枚，《集成》收四枚，其餘四枚銘文不清，未録
290	蔡侯鎛	79（又重文 2，合文 1）	春秋後期	集成 220 蔡侯墓圖版 46、47	安徽壽縣西門蔡侯墓	安徽省博物館	
291	蔡侯鎛	79（又重文 2，合文 1）	春秋後期	集成 221 蔡侯墓圖版 48、49 學報 1956 年 1 期圖版 1	安徽壽縣西門蔡侯墓	安徽省博物館	
292	蔡侯鎛	79（又重文 2，合文 1）	春秋後期	集成 222 蔡侯墓圖版 50、51 五省圖版 54	安徽壽縣西門蔡侯墓	安徽省博物館	

序號	器名	字數	時代	著録	出土地	現藏地	備註
293	蔡侯甬鐘	存40餘	春秋後期	集成223 蔡侯墓圖版42、43 五省圖版55	安徽壽縣西門蔡侯墓	中國歷史博物館	甬鐘同出十二枚,只此一枚有銘文,《集成》僅收此器(223)
294	蔡侯墓殘鐘四十七片		春秋後期	集成224 蔡侯墓圖版70—75	安徽壽縣西門蔡侯墓	安徽省博物館	
295	黝編鎛	76(又重文1)	春秋後期	近出98 淅川下寺春秋楚墓259—260頁	1990年河南省淅川下寺M10:73	河南省文物研究所	《近出》收"黝編鎛"八枚(98—105)
296	黝編鎛	77(又重文1)	春秋後期	近出99 淅川下寺春秋楚墓259—260頁	1990年河南淅川下寺M10:74	河南省文物研究所	
297	黝編鎛	80(又重文1)	春秋後期	近出100 淅川下寺春秋楚墓263—264頁	1990年河南淅川下寺M10:75	河南省文物研究所	
298	黝編鎛	46(又重文1)	春秋後期	近出101 淅川下寺春秋楚墓267—268頁	1990年河南淅川下寺M10:76	河南省文物研究所	
299	黝編鎛	30	春秋後期	近出102 淅川下寺春秋楚墓259—260頁	1990年河南省淅川下寺M10:77	河南省文物研究所	
300	黝編鎛	43(又重文1)	春秋後期	近出103 淅川下寺春秋楚墓271—272頁	1990年河南省淅川下寺M10:78	河南省文物研究所	
301	黝編鎛	36	春秋後期	近出104 淅川下寺春秋楚墓273—274頁	1990年河南省淅川下寺M10:79	河南省文物研究所	
302	黝編鎛	35(又重文1)	春秋後期	近出105 淅川下寺春秋楚墓275—276頁	1990年河南省淅川下寺M10:80	河南省文物研究所	

序號	器名	字數	時代	著録	出土地	現藏地	備註
303	郘黛鐘	84（又重文2）	春秋後期	集成225 三代1.55.1 攈古上3 愙齋1.9前 綴遺2.4.2 周金1.11下 大系録270 小校1.70、又1.78.2	《愙齋》：同治（1862—1874）初年山西榮河縣后土祠旁河岸	上海博物館	《集成》收同治（1862—1874）初年山西榮河縣后土祠旁河岸出土的"郘黛鐘"十三枚，《愙齋》：英蘭坡、潘祖蔭舊藏其中十枚（《集成》225—227、229—230、232、234—237）
304	郘黛鐘	84（又重文2）	春秋後期	集成226 三代1.55.2 攈古上1 恒軒上1 愙齋1.7 綴遺2.4.1 奇觚9.27 周金1.11上 大系録269 小校1.68		上海博物館	
305	郘黛鐘	84（又重文2）	春秋後期	集成227 三代1.55.2 愙齋1.11前 綴遺2.5.1 周金1.12 大系録271、又276.2 小校1.71		上海博物館	

序號	器名	字數	時代	著録	出土地	現藏地	備註
306	郘黛鐘	84(又重文2)	春秋後期	集成228 三代1.54.3 窸齋1.10前 綴遺2.6.1 周金1.17 希古1.16 善齋1.36 大系録274.1 小校1.72 善彝13 故圖下下463 彙編3.70		臺北"中央博物院"	
307	郘黛鐘	84(又重文2)	春秋後期	集成229 三代1.55.3 攈古上2 綴遺2.5.2 周金1.13 大系録272.1 小校1.69		上海博物館	
308	郘黛鐘	84(又重文2)	春秋後期	集成230 三代1.56.1 周金1.19 貞松1.19.2 希古1.15.2 大系録276.1 小校1.74		上海博物館	
309	郘黛鐘	84(又重文2)	春秋後期	集成231 周金1.14後 大系録273.1 小校1.67		上海博物館	
310	郘黛鐘	84(又重文2)	春秋後期	集成232 三代1.55.4 綴遺2.6.2 周金1.14前 貞松1.20 大系録272.2 小校1.76		上海博物館	

序號	器名	字數	時代	著録	出土地	現藏地	備註
311	邵黛鐘	84（又重文2）	春秋後期	集成233 三代1.56.2 綴遺2.7.1 周金1.15前 貞松1.18 希古1.15.1 大系録273.2 小校1.75 猷氏IIfig17		英國倫敦不列顛博物館	
312	邵黛鐘	84（又重文2）	春秋後期	集成234 三代1.56.3 綴遺2.7.2 周金1.15後 貞松1.19.3 大系録274.2 小校1.73		上海博物館	
313	邵黛鐘	84（又重文2）	春秋後期	集成235 三代1.56.4 窓齋1.10後 周金1.18 貞松1.19.1 希古1.15.3 大系録275.3、又276.3 小校1.78.1 上海80 彙編3.71		上海博物館	
314	邵黛鐘	84（又重文2）	春秋後期	集成236 三代1.57.1 恒軒1.2 攈古上4 窓齋1.11後 綴遺2.8 周金1.16後 大系録275.2 小校1.77.2		上海博物館	

序號	器名	字數	時代	著録	出土地	現藏地	備註
315	郘黛鐘	84(又重文2)	春秋後期	集成237 三代1.57.2 窓齋1.9後 周金1.16前 善齋1.37 大系録275.1 小校1.77.1			
316	虢叔旅鐘	86(又重文5)	西周晚期	集成238 三代1.57.3—1.58.1 積古3.11 攈古3.2.1 窓齋1.12 奇觚9.30 周金1.6 大系録118—119 小校1.79	《窓賸》:長安	故宫博物院	《窓齋》:阮元舊藏;《集成》收"長安河壖土中"出土"虢叔旅鐘"七枚
317	虢叔旅鐘	86(又重文5)	西周晚期	集成239 三代1.58.2—1.59.1 從古6.3 攈古3.2.4 窓齋1.13 綴遺1.18 周金1.7 清儀1.22 大系録119—120 小校1.81 彙編3.64	長安	日本東京書道博物館	《窓賸》:孫星衍、張叔未、沈仲復舊藏
318	虢叔旅鐘	86(又重文5)	西周晚期	集成240 三代1.59.2—1.60.1 筠清5.24 從古10.2 攈古3.2.3 綴遺1.19 周金1.8 大系録120—121 小校1.85	長安		《窓賸》:陳受笙、伊墨卿舊藏

序號	器名	字數	時代	著録	出土地	現藏地	備註
319	虢叔旅鐘	81(又重文5)	西周晚期	集成241 三代1.60.2—1.61.1 綴遺1.21 愙齋1.14 陶續1.3 周金1.9 大系録121—122 小校1.86 文物1981年9期35頁	長安	上海博物館	《集成》:潘祖蔭、端方、孫鼎舊藏
320	虢叔旅鐘	28(又重文2)	西周晚期	集成242 筠清5.26 攈古3.2.5 大系録122	長安		
321	虢叔旅鐘	26	西周晚期	集成243 三代1.61.2 清愛2 筠清5.27 攈古3.2.5 愙齋1.16 綴遺1.22 奇觚9.32 從古10.5 周金1.10 簠齋1鐘10 大系録123 小校1.88 海外吉134 十鐘9 高本漢1936PI.XLVII:1394 彙編4.171、又5.247	長安	日本京都泉屋博古館	《海外吉》:胡定生、劉喜海、陳介祺舊藏

序號	器名	字數	時代	著録	出土地	現藏地	備註
322	虢叔旅鐘	17(又重文1)	西周晚期	集成244 三代1.62.1 攈古3.2.6 愙齋1.16 從古10.6 綴遺1.23 周金1.10.2 大系録123 小校1.89.1	長安	山東省博物館	《文参》2卷8期99頁:曹秋舫、李山農、丁幹圃舊藏
323	五祀㝬鐘	89	西周晚期	集成358 人文雜誌1983年2期118頁	1982年陝西扶風縣白家村	陝西省博物館	
324	楚王酓章鎛(下二6)	31	戰國前期	集成85 文物1979年7期13頁 曾侯乙墓圖版240	1978年湖北隨縣曾侯乙墓	湖北省博物館	"器名項"下括注的是此鐘出土時的編號;《集成》收"曾侯乙墓鐘鎛"六十四枚,均爲1978年湖北隨縣擂鼓墩曾侯乙墓出土,現均藏於湖北省博物館
325	曾侯乙鐘(下一1)	66	戰國前期	集成286 曾侯乙墓圖版232	1978年湖北隨縣曾侯乙墓	湖北省博物館	《集成》:木架相應部位銘5字未收;銅掛件銘18字未收
326	曾侯乙鐘(下一2)	84	戰國前期	集成287 曾侯乙墓圖版233	1978年湖北隨縣曾侯乙墓	湖北省博物館	《集成》:木架相應部位銘5字未收;銅掛件銘19字未收

序號	器名	字數	時代	著録	出土地	現藏地	備註
327	曾侯乙鐘（下一3）	77	戰國前期	集成288 曾侯乙墓圖版234	1978年湖北隨縣曾侯乙墓	湖北省博物館	《集成》：木架相應部位銘5字未收；銅掛件銘19字未收
328	曾侯乙鐘（下二1）	76	戰國前期	集成289 曾侯乙墓圖版235	1978年湖北隨縣曾侯乙墓	湖北省博物館	《集成》：木架相應部位銘5字未收；銅掛件銘20字未收
329	曾侯乙鐘（下二2）	76	戰國前期	集成290 曾侯乙墓圖版236	1978年湖北隨縣曾侯乙墓	湖北省博物館	《集成》：木架相應部位銘5字未收；銅掛件銘18字未收
330	曾侯乙鐘（下二3）	73	戰國前期	集成291 曾侯乙墓圖版237	1978年湖北隨縣曾侯乙墓	湖北省博物館	《集成》：銅掛件銘17字未收
331	曾侯乙鐘（下二4）	90	戰國前期	集成292 曾侯乙墓圖版238	1978年湖北隨縣曾侯乙墓	湖北省博物館	《集成》：銅掛件銘23字未收
332	曾侯乙鐘（下二5）	90	戰國前期	集成293 曾侯乙墓圖版239	1978年湖北隨縣曾侯乙墓	湖北省博物館	《集成》：銅掛件銘21字未收
333	曾侯乙鐘（下二7）	75	戰國前期	集成294 曾侯乙墓圖版241	1978年湖北隨縣曾侯乙墓	湖北省博物館	《集成》：木架相應部位銘5字未收；銅掛件銘16字未收
334	曾侯乙鐘（下二8）	81	戰國前期	集成295 曾侯乙墓圖版242	1978年湖北隨縣曾侯乙墓	湖北省博物館	《集成》：木架相應部位銘5字未收；銅掛件銘21字未收

序號	器名	字數	時代	著録	出土地	現藏地	備註
335	曾侯乙鐘（下二9）	63	戰國前期	集成296 曾侯乙墓圖版243	1978年湖北隨縣曾侯乙墓	湖北省博物館	《集成》：木架相應部位銘5字未收；銅掛件銘20字未收
336	曾侯乙鐘（下二10）	70	戰國前期	集成297 曾侯乙墓圖版244	1978年湖北隨縣曾侯乙墓	湖北省博物館	《集成》：木架相應部位銘4字未收；銅掛件銘16字未收
337	曾侯乙鐘（中一1）	13	戰國前期	集成298 曾侯乙墓圖版245.1—3	1978年湖北隨縣曾侯乙墓	湖北省博物館	
338	曾侯乙鐘（中一2）	13	戰國前期	集成299 曾侯乙墓圖版245.4—6	1978年湖北隨縣曾侯乙墓	湖北省博物館	
339	曾侯乙鐘（中一3）	40	戰國前期	集成300 曾侯乙墓圖版246	1978年湖北隨縣曾侯乙墓	湖北省博物館	《集成》：木架相應部位銘5字未收；銅掛件銘17字未收
340	曾侯乙鐘（中一4）	51	戰國前期	集成301 曾侯乙墓圖版247	1978年湖北隨縣曾侯乙墓	湖北省博物館	《集成》：木架相應部位銘5字未收；銅掛件銘18字未收
341	曾侯乙鐘（中一5）	52	戰國前期	集成302 曾侯乙墓圖版248	1978年湖北隨縣曾侯乙墓	湖北省博物館	《集成》：木架相應部位銘5字未收；銅掛件銘19字未收
342	曾侯乙鐘（中一6）	56	戰國前期	集成303 曾侯乙墓圖版249	1978年湖北隨縣曾侯乙墓	湖北省博物館	《集成》：木架相應部位銘4字未收；銅掛件銘20字未收

序號	器名	字數	時代	著録	出土地	現藏地	備註
343	曾侯乙鐘（中一7）	55	戰國前期	集成304 曾侯乙墓圖版250	1978年湖北隨縣曾侯乙墓	湖北省博物館	《集成》：木架相應部位銘4字未收；銅掛件銘15字未收
344	曾侯乙鐘（中一8）	54	戰國前期	集成305 曾侯乙墓圖版251	1978年湖北隨縣曾侯乙墓	湖北省博物館	《集成》：木架相應部位銘4字未收；銅掛件銘15字未收
345	曾侯乙鐘（中一9）	60	戰國前期	集成306 曾侯乙墓圖版252	1978年湖北隨縣曾侯乙墓	湖北省博物館	《集成》：木架相應部位銘4字未收；銅掛件銘17字未收
346	曾侯乙鐘（中一10）	63	戰國前期	集成307 曾侯乙墓圖版253	1978年湖北隨縣曾侯乙墓	湖北省博物館	《集成》：木架相應部位銘5字未收；銅掛件銘17字未收
347	曾侯乙鐘（中一11）	69	戰國前期	集成308 曾侯乙墓圖版254	1978年湖北隨縣曾侯乙墓	湖北省博物館	《集成》：木架相應部位銘4字未收；銅掛件銘11字未收
348	曾侯乙鐘（中二1）	21	戰國前期	集成309 曾侯乙墓圖版255	1978年湖北隨縣曾侯乙墓	湖北省博物館	《集成》：木架相應部位銘5字未收；銅掛件銘19字未收
349	曾侯乙鐘（中二2）	39	戰國前期	集成310 曾侯乙墓圖版256	1978年湖北隨縣曾侯乙墓	湖北省博物館	《集成》：木架相應部位銘5字未收；銅掛件銘15字未收

序號	器名	字數	時代	著録	出土地	現藏地	備註
350	曾侯乙鐘(中二3)	40	戰國前期	集成311 曾侯乙墓圖版257	1978年湖北隨縣曾侯乙墓	湖北省博物館	《集成》:木架相應部位銘5字未收;銅掛件銘15字未收
351	曾侯乙鐘(中二4)	51	戰國前期	集成312 曾侯乙墓圖版258	1978年湖北隨縣曾侯乙墓	湖北省博物館	《集成》:木架相應部位銘5字未收;銅掛件銘15字未收
352	曾侯乙鐘(中二5)	52	戰國前期	集成313 曾侯乙墓圖版259	1978年湖北隨縣曾侯乙墓	湖北省博物館	《集成》:木架相應部位銘5字未收;銅掛件銘15字未收
353	曾侯乙鐘(中二6)	56	戰國前期	集成314 曾侯乙墓圖版260	1978年湖北隨縣曾侯乙墓	湖北省博物館	《集成》:木架相應部位銘4字未收;銅掛件銘18字未收
354	曾侯乙鐘(中二7)	55	戰國前期	集成315 曾侯乙墓圖版261	1978年湖北隨縣曾侯乙墓	湖北省博物館	《集成》:木架相應部位銘4字未收;銅掛件銘17字未收
355	曾侯乙鐘(中二8)	54	戰國前期	集成316 曾侯乙墓圖版262	1978年湖北隨縣曾侯乙墓	湖北省博物館	《集成》:木架相應部位銘4字未收;銅掛件銘17字未收
356	曾侯乙鐘(中二9)	60	戰國前期	集成317 曾侯乙墓圖版263	1978年湖北隨縣曾侯乙墓	湖北省博物館	《集成》:木架相應部位銘4字未收;銅掛件銘10字未收

序號	器名	字數	時代	著録	出土地	現藏地	備註
357	曾侯乙鐘（中二10）	61	戰國前期	集成318 曾侯乙墓圖版264	1978年湖北隨縣曾侯乙墓	湖北省博物館	《集成》：木架相應部位銘5字未收；銅掛件銘16字未收
358	曾侯乙鐘（中二11）	56	戰國前期	集成319 曾侯乙墓圖版265	1978年湖北隨縣曾侯乙墓	湖北省博物館	《集成》：木架相應部位銘5字未收；銅掛件銘15字未收
359	曾侯乙鐘（中二12）	69	戰國前期	集成320 曾侯乙墓圖版266	1978年湖北隨縣曾侯乙墓	湖北省博物館	《集成》：木架相應部位銘4字未收；銅掛件銘19字未收
360	曾侯乙鐘（中三1）	47	戰國前期	集成321 曾侯乙墓圖版267	1978年湖北隨縣曾侯乙墓	湖北省博物館	《集成》：木架相應部位銘4字未收；銅掛件銘16字未收
361	曾侯乙鐘（中三2）	58	戰國前期	集成322 曾侯乙墓圖版268	1978年湖北隨縣曾侯乙墓	湖北省博物館	《集成》：木架相應部位銘5字未收；銅掛件銘16字未收
362	曾侯乙鐘（中三3）	50	戰國前期	集成323 曾侯乙墓圖版269	1978年湖北隨縣曾侯乙墓	湖北省博物館	《集成》：木架相應部位銘5字未收；銅掛件銘17字未收
363	曾侯乙鐘（中三4）	54	戰國前期	集成324 曾侯乙墓圖版270	1978年湖北隨縣曾侯乙墓	湖北省博物館	《集成》：木架相應部位銘4字未收；銅掛件銘17字未收

序號	器名	字數	時代	著録	出土地	現藏地	備註
364	曾侯乙鐘（中三5）	62	戰國前期	集成325 曾侯乙墓圖版271	1978年湖北隨縣曾侯乙墓	湖北省博物館	《集成》：木架相應部位銘4字未收；銅掛件銘17字未收
365	曾侯乙鐘（中三6）	61	戰國前期	集成326 曾侯乙墓圖版272	1978年湖北隨縣曾侯乙墓	湖北省博物館	《集成》：木架相應部位銘5字未收；銅掛件銘15字未收
366	曾侯乙鐘（中三7）	79	戰國前期	集成327 曾侯乙墓圖版273	1978年湖北隨縣曾侯乙墓	湖北省博物館	《集成》：木架相應部位銘4字未收；銅掛件銘16字未收
367	曾侯乙鐘（中三8）	76	戰國前期	集成328 曾侯乙墓圖版274	1978年湖北隨縣曾侯乙墓	湖北省博物館	《集成》：木架相應部位銘4字未收；銅掛件銘15字未收
368	曾侯乙鐘（中三9）	79	戰國前期	集成329 曾侯乙墓圖版275	1978年湖北隨縣曾侯乙墓	湖北省博物館	《集成》：木架相應部位銘4字未收；銅掛件銘15字未收
369	曾侯乙鐘（中三10）	71	戰國前期	集成330 曾侯乙墓圖版276	1978年湖北隨縣曾侯乙墓	湖北省博物館	《集成》：木架相應部位銘4字未收；銅掛件銘15字未收
370	曾侯乙鐘（上一1）	3	戰國前期	集成331 曾侯乙墓圖版277.1	1978年湖北隨縣曾侯乙墓	湖北省博物館	
371	曾侯乙鐘（上一2）	4	戰國前期	集成332 曾侯乙墓圖版277.2	1978年湖北隨縣曾侯乙墓	湖北省博物館	

序號	器名	字數	時代	著録	出土地	現藏地	備註
372	曾侯乙鐘(上一3)	4	戰國前期	集成333 曾侯乙墓圖版277.3—4	1978年湖北隨縣曾侯乙墓	湖北省博物館	
373	曾侯乙鐘(上一4)	3	戰國前期	集成334 曾侯乙墓圖版277.5—6	1978年湖北隨縣曾侯乙墓	湖北省博物館	
374	曾侯乙鐘(上一5)	4	戰國前期	集成335 曾侯乙墓圖版277.7—8	1978年湖北隨縣曾侯乙墓	湖北省博物館	
375	曾侯乙鐘(上一6)	3	戰國前期	集成336 曾侯乙墓圖版278.1—2	1978年湖北隨縣曾侯乙墓	湖北省博物館	
376	曾侯乙鐘(上二1)	4	戰國前期	集成337 曾侯乙墓圖版278.3—4	1978年湖北隨縣曾侯乙墓	湖北省博物館	
377	曾侯乙鐘(上二2)	3	戰國前期	集成338 曾侯乙墓圖版278.5—6	1978年湖北隨縣曾侯乙墓	湖北省博物館	
378	曾侯乙鐘(上二3)	7	戰國前期	集成339 曾侯乙墓圖版278.7—9	1978年湖北隨縣曾侯乙墓	湖北省博物館	
379	曾侯乙鐘(上二4)	8	戰國前期	集成340 曾侯乙墓圖版279.1—3	1978年湖北隨縣曾侯乙墓	湖北省博物館	
380	曾侯乙鐘(上二5)	7	戰國前期	集成341 曾侯乙墓圖版279.4—6	1978年湖北隨縣曾侯乙墓	湖北省博物館	
381	曾侯乙鐘(上二6)	7	戰國前期	集成342 曾侯乙墓圖版279.7—9	1978年湖北隨縣曾侯乙墓	湖北省博物館	
382	曾侯乙鐘(上三1)	3	戰國前期	集成343 曾侯乙墓圖版280.1	1978年湖北隨縣曾侯乙墓	湖北省博物館	

序號	器名	字數	時代	著録	出土地	現藏地	備註
383	曾侯乙鐘(上三2)	4	戰國前期	集成344 曾侯乙墓圖版280.2—3	1978年湖北隨縣曾侯乙墓	湖北省博物館	
384	曾侯乙鐘(上三3)	7	戰國前期	集成345 曾侯乙墓圖版280.4—6	1978年湖北隨縣曾侯乙墓	湖北省博物館	
385	曾侯乙鐘(上三4)	7	戰國前期	集成346 曾侯乙墓圖版280.7—9	1978年湖北隨縣曾侯乙墓	湖北省博物館	
386	曾侯乙鐘(上三5)	8	戰國前期	集成347 曾侯乙墓圖版281.1—3	1978年湖北隨縣曾侯乙墓	湖北省博物館	
387	曾侯乙鐘(上三6)	7	戰國前期	集成348 曾侯乙墓圖版281.4—6	1978年湖北隨縣曾侯乙墓	湖北省博物館	
388	曾侯乙鐘(上三7)	7	戰國前期	集成349 曾侯乙墓圖版281.7—9	1978年湖北隨縣曾侯乙墓	湖北省博物館	
389	鼄公華鐘	91(又重文2)	春秋後期	集成245 三代1.62.2 積古3.18 攈古3.2.6 綴遺2.24 周金1.5 大系録216 小校1.90 山東存邾8 上海82 彙編3.48		中國歷史博物館	《綴遺》:紀昀、潘祖蔭舊藏;又曾藏上海博物館;《集成》目録中器名寫爲“邾公華鐘”
390	㾓鐘	100(又重文3)	西周中期	集成246 文物1978年3期16頁 陝青2.54	陝西扶風縣法門公社莊白大隊一號窖藏	扶風縣周原文物管理所	《集成》收1976年陝西扶風縣法門公社莊白大隊一號窖藏“㾓鐘”十四枚

序號	器名	字數	時代	著録	出土地	現藏地	備註
391	瘋鐘	100（又重文4）	西周中期	集成247 陝青2.55	陝西扶風縣法門公社莊白大隊一號窖藏	扶風縣周原文物管理所	
392	瘋鐘	100（又重文4）	西周中期	集成248 文物1978年3期13頁 陝青2.56	陝西扶風縣法門公社莊白大隊一號窖藏	扶風縣周原文物管理所	
393	瘋鐘	100（又重文4）	西周中期	集成249 陝青2.57	陝西扶風縣法門公社莊白大隊一號窖藏	扶風縣周原文物管理所	
394	瘋鐘	100（又重文4）	西周中期	集成250 陝青2.58	陝西扶風縣法門公社莊白大隊一號窖藏	扶風縣周原文物管理所	
395	瘋鐘	32（又合文1）	西周中期	集成251 文物1978年3期12頁 陝青2.59	陝西扶風縣法門公社莊白大隊一號窖藏	扶風縣周原文物管理所	
396	瘋鐘	31（又重文2，合文1）	西周中期	集成252 文物1978年3期12頁 陝青2.60	陝西扶風縣法門公社莊白大隊一號窖藏	扶風縣周原文物管理所	
397	瘋鐘	12	西周中期	集成253 文物1978年3期12頁 陝青2.61	陝西扶風縣法門公社莊白大隊一號窖藏	扶風縣周原文物管理所	
398	瘋鐘	12	西周中期	集成254 文物1978年3期12頁 陝青2.62	陝西扶風縣法門公社莊白大隊一號窖藏	扶風縣周原文物管理所	
399	瘋鐘	10	西周中期	集成255 文物1978年3期12頁 陝青2.63	陝西扶風縣法門公社莊白大隊一號窖藏	扶風縣周原文物管理所	

序號	器名	字數	時代	著録	出土地	現藏地	備註
400	瘐鐘	8	西周中期	集成256 文物1978年3期12頁 陝青2.64	陝西扶風縣法門公社莊白大隊一號窖藏	扶風縣周原文物管理所	
401	瘐鐘	8	西周中期	集成257 文物1978年3期12頁 陝青2.65	陝西扶風縣法門公社莊白大隊一號窖藏	扶風縣周原文物管理所	
402	瘐鐘	8	西周中期	集成258 陝青2.66	陝西扶風縣法門公社莊白大隊一號窖藏	扶風縣周原文物管理所	
403	瘐鐘	8	西周中期	集成259 陝青2.67	陝西扶風縣法門公社莊白大隊一號窖藏	扶風縣周原文物管理所	
404	王孫誥編鐘	108(又重文5)	春秋後期	近出60 淅川下寺春秋楚墓143頁	1990年河南省淅川下寺M2:1	河南省文物研究所	《近出》收1990年河南省淅川縣下寺"王孫誥編鐘"二十六枚
405	王孫誥編鐘	108(又重文5)	春秋後期	近出61 淅川下寺春秋楚墓144頁	1990年河南省淅川下寺M2:2	河南省文物研究所	
406	王孫誥編鐘	108(又重文5)	春秋後期	近出62 淅川下寺春秋楚墓145頁	1990年河南省淅川下寺M2:3	河南省文物研究所	
407	王孫誥編鐘	106(又重文5)	春秋後期	近出63 淅川下寺春秋楚墓146頁	1990年河南省淅川下寺M2:4	河南省文物研究所	
408	王孫誥編鐘	107(又重文5)	春秋後期	近出64 淅川下寺春秋楚墓148頁	1990年河南省淅川下寺M2:5	河南省文物研究所	

序號	器名	字數	時代	著録	出土地	現藏地	備註
409	王孫誥編鐘	108（又重文5）	春秋後期	近出65 淅川下寺春秋楚墓149頁	1990年河南省淅川下寺M2：6	河南省文物研究所	
410	王孫誥編鐘	108（又重文5）	春秋後期	近出66 淅川下寺春秋楚墓150頁	1990年河南省淅川下寺M2：7	河南省文物研究所	
411	王孫誥編鐘	108（又重文5）	春秋後期	近出67 淅川下寺春秋楚墓151頁	1990年河南省淅川下寺M2：8	河南省文物研究所	
412	王孫誥編鐘	108（又重文5）	春秋後期	近出68 淅川下寺春秋楚墓152頁	1990年河南省淅川下寺M2：9	河南省文物研究所	
413	王孫誥編鐘	108（又重文5）	春秋後期	近出69 淅川下寺春秋楚墓153頁	1990年河南省淅川下寺M2：10	河南省文物研究所	
414	王孫誥編鐘	108（又重文5）	春秋後期	近出70 淅川下寺春秋楚墓155—156頁	1990年河南省淅川下寺M2：11	河南省文物研究所	
415	王孫誥編鐘	108（又重文5）	春秋後期	近出71 淅川下寺春秋楚墓157頁	1990年河南省淅川下寺M2：12	河南省文物研究所	
416	王孫誥編鐘	74（又重文2）	春秋後期	近出72 淅川下寺春秋楚墓158頁	1990年河南省淅川下寺M2：13	河南省文物研究所	
417	王孫誥編鐘	34（又重文3）	春秋後期	近出73 淅川下寺春秋楚墓159頁	1990年河南省淅川下寺M2：14	河南省文物研究所	
418	王孫誥編鐘	40（又重文1）	春秋後期	近出74 淅川下寺春秋楚墓164頁	1990年河南省淅川下寺M2：15	河南省文物研究所	
419	王孫誥編鐘	49（又重文1）	春秋後期	近出75 淅川下寺春秋楚墓167頁	1990年河南省淅川下寺M2：16	河南省文物研究所	

序號	器名	字數	時代	著録	出土地	現藏地	備註
420	王孫誥編鐘	60（又重文1）	春秋後期	近出76 淅川下寺春秋楚墓161頁	1990年河南省淅川下寺M2：17	河南省文物研究所	
421	王孫誥編鐘	40（又重文1）	春秋後期	近出77 淅川下寺春秋楚墓163頁	1990年河南省淅川下寺M2：18	河南省文物研究所	
422	王孫誥編鐘	48（又重文3）	春秋後期	近出78 淅川下寺春秋楚墓162頁	1990年河南省淅川下寺M2：19	河南省文物研究所	
423	王孫誥編鐘	28	春秋後期	近出79 淅川下寺春秋楚墓165頁	1990年河南省淅川下寺M2：20	河南省文物研究所	
424	王孫誥編鐘	23（又重文2）	春秋後期	近出80 淅川下寺春秋楚墓169頁	1990年河南省淅川下寺M2：21	河南省文物研究所	
425	王孫誥編鐘	36（又重文2）	春秋後期	近出81 淅川下寺春秋楚墓168頁	1990年河南省淅川下寺M2：22	河南省文物研究所	
426	王孫誥編鐘	32（又重文1）	春秋後期	近出82 淅川下寺春秋楚墓171頁	1990年河南省淅川下寺M2：23	河南省文物研究所	
427	王孫誥編鐘	32（又重文1）	春秋後期	近出83 淅川下寺春秋楚墓172頁	1990年河南省淅川下寺M2：24	河南省文物研究所	
428	王孫誥編鐘	12（又重文2）	春秋後期	近出84 淅川下寺春秋楚墓173頁	1990年河南省淅川下寺M2：25	河南省文物研究所	
429	王孫誥編鐘	32（又重文1）	春秋後期	近出85 淅川下寺春秋楚墓170頁	1990年河南省淅川下寺M2：26	河南省文物研究所	

序號	器名	字數	時代	著録	出土地	現藏地	備註
430	㝬鐘	111（又重文9，合文2）	西周晚期	集成260 三代1.65.1—1.66.1 西清36.4 大系録25 故宫19期 故圖下上238 彙編2.28		臺北"故宫博物院"	又名"宗周鐘"；《攈古録》：陳廣寧舊藏
431	王孫遺者鐘	113（又重文4）	春秋後期	集成261 三代1.63—1.64 愙齋1.2 綴遺2.17 陶續補1 周金1.2—4 大系録167—170 小校1.91—1.93 尊古1.4 彙編2.31	《荆南萃古編》：湖北荆州宜都山中	《彙編》：美國舊金山亞洲藝術博物館布倫戴奇藏品	《周金》：曹秋舫、潘祖蔭、端方舊藏
432	逨編鐘	117（又重文11）	西周晚期	近出106 文博1987年2期17—20頁	1985年8月陝西省眉縣馬家鎮楊家村磚廠窖藏	陝西省眉縣文化館	此套編鐘同出共四枚，《近出》收四枚
433	逨編鐘	117（又重文11）	西周晚期	近出107 文博1987年2期17—20頁	1985年8月陝西省眉縣馬家鎮楊家村磚廠窖藏	陝西省眉縣文化館	
434	逨編鐘	117（又重文11）	西周晚期	近出108 文博1987年2期17—20頁	1985年8月陝西省眉縣馬家鎮楊家村磚廠窖藏	陝西省眉縣文化館	
435	逨編鐘	117（又重文2）	西周晚期	近出109 文博1987年2期17—20頁	1985年8月陝西省眉縣馬家鎮楊家村磚廠窖藏	陝西省眉縣文化館	

序號	器名	字數	時代	著録	出土地	現藏地	備註
436	秦公鐘	83(又重文2,合文1)	春秋前期	集成262 文物1978年11期2頁	1978年陝西寶雞縣楊家溝太公廟村	寶雞市博物館	《集成》收"秦公鐘鎛"九枚
437	秦公鐘	47(又重文2)	春秋前期	集成263 文物1978年11期2頁	1978年陝西寶雞縣楊家溝太公廟村	寶雞市博物館	
438	秦公鐘	45(又重文1,合文1)	春秋前期	集成264 文物1978年11期5頁	1978年陝西寶雞縣楊家溝太公廟村	寶雞市博物館	
439	秦公鐘	40(又重文1)	春秋前期	集成265 文物1978年11期5頁	1978年陝西寶雞縣楊家溝太公廟村	寶雞市博物館	
440	秦公鐘	24(又重文2)	春秋前期	集成266 文物1978年11期5頁	1978年陝西寶雞縣楊家溝太公廟村	寶雞市博物館	
441	秦公鎛	130(又重文4,合文1)	春秋前期	集成267 文物1978年11期4頁	1978年陝西寶雞縣楊家溝太公廟村	寶雞市博物館	
442	秦公鎛	130(又重文4,合文1)	春秋前期	集成268 文物1978年11期4頁	1978年陝西寶雞縣楊家溝太公廟村	寶雞市博物館	
443	秦公鎛	130(又重文4,合文1)	春秋前期	集成269 文物1978年11期5頁	1978年陝西寶雞縣楊家溝太公廟村	寶雞市博物館	
444	秦公鎛	135(又重文6,合文2)	春秋	集成270 考古圖7.9—11 薛氏56—58 大系録289—291			又名"秦銘勳鐘"、"盄龢鐘"、"秦公鐘";《東觀餘論》、《薛氏》:宋慶曆間葉清臣守長安時所得,藏在御府

序號	器名	字數	時代	著録	出土地	現藏地	備註
445	䋎鎛	172（又重文2，合文1）	春秋後期	集成271 三代1.66.2—1.68.2 攈古2.1 愙齋2.21 綴遺2.27 周金1.1 大系録251 小校1.96—1.97 山東存齊8 上海85	《攈古》：同治庚午（1870年）四月山西榮河縣后土祠旁	中國歷史博物館	又名“齊侯鎛”；尋氏、潘祖蔭、上海博物館舊藏
446	叔尸鐘	84（又合文1）	春秋後期	集成272 博古22.11 薛氏65—66 嘯堂79 大系録244	《金石録》：宣和五年（1123年）青州臨淄縣		《金石録》：宣和五年（1123年）青州臨淄縣民於齊故城耕地得古器物數十種，其間鐘十枚，有款識，尤奇，最多者幾五百字；《集成》收“叔尸鐘、鎛”共十四枚
447	叔尸鐘	76（又合文1）	春秋後期	集成273 薛氏66—67 大系録245	《金石録》：宣和五年（1123年）青州臨淄縣		
448	叔尸鐘	71（又合文1）	春秋後期	集成274 博古22.12 薛氏67—68 嘯堂79—80 大系録246	《金石録》：宣和五年（1123年）青州臨淄縣		《集成》中摹本缺字
449	叔尸鐘	67（又重文1，合文2）	春秋後期	集成275 薛氏68—69 大系録246—247	《金石録》：宣和五年（1123年）青州臨淄縣		

序號	器名	字數	時代	著録	出土地	現藏地	備註
450	叔尸鐘	81	春秋後期	集成276 博古22.13 薛氏70—71 嘯堂80 大系録247—248	《金石録》:宣和五年(1123年)青州臨淄縣		
451	叔尸鐘	70(又重文2)	春秋後期	集成277 博古22.14 薛氏71—72 嘯堂81 大系録248	《金石録》:宣和五年(1123年)青州臨淄縣		
452	叔尸鐘	41(又重文1)	春秋後期	集成278 薛氏72—73 大系録249	《金石録》:宣和五年(1123年)青州臨淄縣		
453	叔尸鐘	14	春秋後期	集成279 薛氏73	《金石録》:宣和五年(1123年)青州臨淄縣		
454	叔尸鐘	28(又重文1)	春秋後期	集成280 薛氏73	《金石録》:宣和五年(1123年)青州臨淄縣		
455	叔尸鐘	20	春秋後期	集成281 薛氏74	《金石録》:宣和五年(1123年)青州臨淄縣		
456	叔尸鐘	20	春秋後期	集成282 薛氏74	《金石録》:宣和五年(1123年)青州臨淄縣		
457	叔尸鐘	16	春秋後期	集成283 薛氏74—75	《金石録》:宣和五年(1123年)青州臨淄縣		

序號	器名	字數	時代	著録	出土地	現藏地	備註
458	叔尸鐘	14	春秋後期	集成 284 薛氏 75	《金石録》:宣和五年(1123年)青州臨淄縣		
459	叔尸鎛	480(又重文 6,合文 8)	春秋後期	集成 285 博古 22.5 薛氏 58—64 嘯堂 75 大系録 240—243	《金石録》:宣和五年(1123年)青州臨淄縣		

二、鐃

序號	器名	字數	時代	著録	出土地	現藏地	備註
460	鳶鐃	1	商代後期	集成 359 三代 18.6.1 綴遺 28.23 周金 1 補 貞松 1.22 續殷上 1.3			《綴遺》：潘祖蔭舊藏
461	[illegible]鐃	1	商代後期	集成 360 鄴三上 2	傳河南安陽		
462	[illegible]鐃	1	商代後期	集成 361 中國古代青銅器展觀第 44 次圖版六：36		日本京都黑川古文化研究所	
463	[illegible]鐃	1	商代後期	集成 362 三代 18.6.4 鄴初上 2 續殷上 1.6 綜覽 390 頁鉦 17	傳河南安陽	清華大學圖書館	《集成》收"[illegible]鐃"三件
464	[illegible]鐃	1	商代後期	集成 363 三代 18.6.3 鄴初上 3 續殷上 1.5 綜覽 390 頁鉦 18	傳河南安陽	清華大學圖書館	
465	[illegible]鐃	1	商代後期	集成 364 三代 18.6.2 鄴初上 4 續殷上 1.4 綜覽 391 頁鉦 19	傳河南安陽	清華大學圖書館	
466	匿鐃	1	商代後期	集成 365	傳河南安陽	故宫博物院	《集成》收"匿鐃"二件
467	匿鐃	1	商代後期	集成 366	傳河南安陽	故宫博物院	
468	中鐃	1	商代後期	集成 367 河南 1.231(右) 綜覽 390 頁鉦 11(右)	河南安陽殷墟西區 699 號墓	考古研究所安陽工作站	

序號	器名	字數	時代	著録	出土地	現藏地	備註
469	中鐃	1	商代後期	集成 368 河南 1.231(中) 綜覽 390 頁鉦 11(中) 學報 1979 年 1 期 83 頁	河南安陽殷墟西區 699 號墓	考古研究所安陽工作站	
470	中鐃	1	商代後期	集成 369 河南 1.231(左) 綜覽 390 頁鉦 11(左)	河南安陽殷墟西區 699 號墓	考古研究所安陽工作站	
471	中鐃	1	商代後期	集成 370 三代 18.5.2 奇觚 9.34 周金 1 補 續殷上 1.1			《奇觚》:潘祖蔭舊藏
472	中鐃	1	商代後期	集成 371			
473	史鐃	1	商代後期	集成 372		故宫博物院	
474	史鐃	1	商代後期	集成 373		上海博物館	
475	受鐃	1	商代後期	集成 374 三代 18.7.1 攈古 1.1.1 愙齋 2.26 綴遺 28.22 奇觚 9.34 周金 1 補 續殷上 1.2 小校 9.91.5 簠齋 1 鐸 1			《綴遺》:陳介祺舊藏
476	貯鐃	1	商代後期	集成 375 三代 18.7.7 十二貯 3 續殷上 1.11 綜覽 390 頁鉦 10			《十二》:王辰舊藏
477	舌鐃	1	商代後期	集成 376 中國圖符 3		美國舊金山岡普氏處	

序號	器名	字數	時代	著録	出土地	現藏地	備註
478	亞鐃	1	商代後期	集成377 三代18.6.7 鄴初上5 十二尊2 續殷上1.8			《集成》收“亞鐃”三件
479	亞鐃	1	商代後期	集成378 三代18.6.6 鄴初上7 十二尊4 續殷上1.9			
480	亞鐃	1	商代後期	集成379 三代18.6.5 鄴初上6 十二尊3 續殷上1.10			
481	古鐃	1	商代後期	近出110 考古1988年10期867—868頁	1983年6—10月河南省安陽市大司空村墓葬	中國社會科學院考古研究所安陽工作隊	此套“古鐃”同出三件，形制、花紋、銘文相同，大小相次，《近出》僅收此器
482	爰鐃	1	商代後期	近出111 考古學報1991年3期333—342頁	1984年10—11月河南省安陽市戚家莊東269號墓	河南省安陽市文物工作隊	《近出》收1984年10—11月河南省安陽市戚家莊東269號墓“爰鐃”三件
483	爰鐃	1	商代後期	近出112 考古學報1991年3期333—342頁	1984年10—11月河南省安陽市戚家莊東269號墓	河南省安陽市文物工作隊	
484	爰鐃	1	商代後期	近出113 考古學報1991年3期333—342頁	1984年10—11月河南省安陽市戚家莊東269號墓	河南省安陽市文物工作隊	

序號	器名	字數	時代	著録	出土地	現藏地	備註
485	亞矣鏡	2	商代後期	集成 380 鄴二上 1	傳河南安陽	故宫博物院	《集成》收“亞矣鏡”三件
486	亞矣鏡	2	商代後期	集成 381 鄴二上 2	傳河南安陽	故宫博物院	
487	亞矣鏡	2	商代後期	集成 382 三代 18.7.4 尊古 1.10 續殷上 1.7 綜覽 390 頁鉦 9		吉林大學歷史系	
488	亞弜鏡	2	商代後期	集成 383 婦好墓 57 頁圖 37.7 河南 1.172 綜覽 389 頁鉦 3（左）	1976 年河南安陽市殷墟婦好墓	中國歷史博物館	《集成》收“亞弜鏡”兩件
489	亞弜鏡	2	商代後期	集成 384 婦好墓 57 頁圖 37.6 綜覽 389 頁鉦 3（右）	1976 年河南安陽市殷墟婦好墓	中國歷史博物館	
490	亞夫鏡	2	商代後期	集成 385 鄴三上 3 綜覽 391 頁鉦 26	傳河南安陽	中國歷史博物館	
491	亞寠鏡	2	商代後期	集成 386 三代 18.7.5 西甲 17.30 貞松 1.23 小校 9.92.2			《貞松》：清宫舊藏，後歸徐乃昌
492	亞[illegible]鏡	2	商代後期	集成 387 鄴三上 1	傳河南安陽	故宫博物院	
493	北單鏡	2	商代後期	集成 388			《集成》收“北單鏡”三件
494	北單鏡	2	商代後期	集成 389			
495	北單鏡	2	商代後期	集成 390			

序號	器名	字數	時代	著録	出土地	現藏地	備註
496	[illegible][illegible]鐃	2	商代後期	集成 391 三代 18.9.1 十二貯 2 續殷上 2.5			《十二》:王辰舊藏
497	夫册鐃	2	商代後期	集成 392		上海博物館	
498	曩嗷鐃	2	商代後期	集成 393 三代 18.9.2 攈古 1.3.1 綴遺 28.24 續殷上 2.8			《集成》收"曩嗷鐃"兩件
499	曩嗷鐃	2	商代後期	集成 394 三代 18.9.3 攈古 1.3.1 綴遺 28.23 續殷上 2.9		天津市藝術博物館	
500	[illegible][illegible]鐃	2	商代後期	集成 395 三代 18.9.4—18.9.6 續殷上 3.1 小校 9.91.1 頌續 104 綜覽 389 頁鉦 5	傳河南安陽	廣州市博物館	《集成》收"[illegible][illegible]鐃"三枚,皆容庚舊藏;目録中器名均漏"[illegible]"字
501	[illegible][illegible]鐃	2	商代後期	集成 396 三代 18.9.7—18.9.9 續殷上 3.3 小校 9.91.2 頌續 105 綜覽 389 頁鉦 6	傳河南安陽	廣州市博物館	
502	[illegible][illegible]鐃	2	商代後期	集成 397 三代 18.10.1—18.10.3 續殷上 3.6 小校 9.91.3 頌續 106 綜覽 389 頁鉦 7	傳河南安陽	廣州市博物館	

序號	器名	字數	時代	著録	出土地	現藏地	備註
503	亞[illegible]鐃	2	商代後期	集成 398 三代 18.7.6 貞松 1.23 武英 151 續殷上 2.1 故圖下下 483		臺北"中央博物院"	《集成》:承德避暑山莊舊藏
504	亞[illegible]嫋鐃	3	商代後期	集成 399 三代 18.7.8—18.8.1 筠清 2.17 擄古 1.3.1 愙齋 2.26 綴遺 28.22 奇觚 9.35 周金 1 補 續殷上 2.6—7 小校 9.92.3		上海博物館	《綴遺》:葉東卿、潘祖蔭舊藏
505	𩁹見册鐃	3	商代後期	集成 400 綜覽 389 頁鉦 1（右）			《集成》收"𩁹見册鐃"三件
506	𩁹見册鐃	3	商代後期	集成 401 綜覽 389 頁鉦 1（中）			
507	𩁹見册鐃	3	商代後期	集成 402 綜覽 389 頁鉦 1（左）			
508	亞[illegible]左鐃	3	商代後期	集成 403 三代 18.8.2—18.8.3 貞松 1.24 尊古 1.11 續殷上 2.3 綜覽 390 頁鉦 13			

序號	器名	字數	時代	著録	出土地	現藏地	備註
509	隻𡴂子鐃	3	商代後期	集成404 三代18.7.3 貞松1.23 善齋1.38 續殷上2.2 小校9.92.1 善彝19 頌續107	《頌續》傳河南安陽	廣州市博物館	《貞松》:劉體智、容庚舊藏
510	亞㑀𡛕鐃	3	商代後期	集成405 學報1955年9册50頁 河南1.308(右) 綜覽389頁鉦4(右)	1953年河南安陽市大司空村312號墓	中國歷史博物館	《集成》收"亞㑀𡛕鐃"三件
511	亞㑀𡛕鐃	3	商代後期	集成406 河南1.308(中) 綜覽389頁鉦4(中)	1953年河南安陽市大司空村312號墓	中國歷史博物館	
512	亞㑀𡛕鐃	3	商代後期	集成407 河南1.308(左) 綜覽399頁鉦4(左)	1953年河南安陽市大司空村312號墓	中國歷史博物館	
513	魚正乙鐃	3	商代後期	集成408 三代18.10.4			《集成》收"魚正乙鐃"三件
514	魚正乙鐃	3	商代後期	集成409 三代18.10.5 冠斝中42			《集成》:榮厚舊藏
515	魚正乙鐃	3	商代後期	集成410 三代18.10.6 冠斝中41 綜覽391頁鉦28			《集成》:榮厚舊藏

序號	器名	字數	時代	著録	出土地	現藏地	備註
516	亞萬父己鐃	4	商代後期	集成411 善齋1.39 續殷上2.10 貯厂2 小校9.92.5 善彝18 故圖下下482 綜覽391頁鉦25		臺北"中央博物院"	《集成》:劉體智、王辰舊藏
517	亞㝬止鐃	4	商代後期	近出114 安陽殷墟郭家莊商代墓葬105頁	河南省安陽市殷墟郭家莊M160:22	中國社會科學院考古研究所	同出共三枚,形制、紋飾、銘文相同,大小相次;《近出》收三枚
518	亞㝬止鐃	4	商代後期	近出115 安陽殷墟郭家莊商代墓葬105頁	河南省安陽市殷墟郭家莊M160:23	中國社會科學院考古研究所	
519	亞㝬止鐃	4	商代後期	近出116 安陽殷墟郭家莊商代墓葬105頁	河南省安陽市殷墟郭家莊M160:41	中國社會科學院考古研究所	
520	匕辛鐃	5	商代後期	集成412 鄴三上4 綜覽389頁鉦2	傳河南安陽		

三、鐸

序號	器名	字數	時代	著録	出土地	現藏地	備註
521	王鐸	1	戰國	集成 418 巖窟下 67	《巖窟》:安徽壽縣三十一年(1942)冬		
522	□郢逨鐸	4	戰國	集成 419 三代 18.10.5 貞補中 30 頌齋 24 衡齋上 2		故宫博物院	《集成》:容庚舊藏
523	□外卒鐸	存 5	戰國	集成 420 頌續 122		故宫博物院	《集成》:容庚舊藏
524	㠱子伯鐸	6	春秋後期	近出 117 中原文物 1997 年 4 期 12—13 頁	1993 年 11 月—1994 年 2 月河南省桐柏縣月河鎮左莊村	河南省南陽市文物研究所	《近出》:兩面均有銘

四、鈴

序號	器名	字數	時代	著録	出土地	現藏地	備註
525	亞𠫑鈴	2	商代後期	集成 413	傳 1930 年前後河南安陽市大司空村南地	加拿大多倫多皇家安大略博物館	《集成》收"亞𠫑鈴"三件
526	亞𠫑鈴	2	商代後期	集成 414	傳 1930 年前後河南安陽市大司空村南地	加拿大多倫多皇家安大略博物館	
527	亞𠫑鈴	2	商代後期	集成 415 三代 18.10.9—10 十二雙 7 巖窟下 66 彙編 8.1041 寶鼎 PL132	傳河南安陽	荷蘭萬孝臣氏處	《集成》:于省吾、梁上椿舊藏;據梁上椿云,此鈴原爲一對,同形同銘。然各家著録之拓片皆係一器兩面之銘,另一器未見拓片
528	成周鈴	4	西周早期	集成 416 三代 18.11.1 貞補中 30 頌齋 25 小校 9.92.6 衡齋上 1 故圖下下 488		臺北"故宫博物院"	《集成》收"成周鈴"兩件,此器容庚舊藏
529	成周鈴	4	西周早期	集成 417		故宫博物院	

五、句鑃、鉦鋮

序號	器名	字數	時代	著録	出土地	現藏地	備註
530	其次句鑃	28(又重文2)	春秋後期	集成422 三代18.2.1 攈古2.3.65 綴遺28.26 周金1.81 小校1.98.1 大系録157	浙江武康山	故宫博物院	《綴遺》:器出浙江武康山,凡七枚,惟此與下一器有銘(即《集成》所收的兩器); 《羅表》:劉體智舊藏; 《集成》:經與考古所藏清代拓片校勘,知此器銘"考"、"用"二字原缺,後經補過
531	其次句鑃	29(又重文2)	春秋後期	集成421 三代18.1.2 攈古2.3.64 綴遺28.25 敬吾下76 周金1.80 大系録156 小校1.98.3			《攈古》:浙江海昌蘇花農舊藏; 《綴遺》:徐紫珊所藏器
532	姑馮昏同之子句鑃	37(又重文2)	春秋後期	集成424 三代18.2.2—18.3.1 攈古3.1.12 綴遺28.26 周金1.79 大系録158 小校1.99	《攈古》:乾隆五十三年江蘇常熟縣翼京門外		大田岸俞氏舊藏
533	配兒鉤鑃	存26	春秋後期	集成426 考古1983年4期372頁	1977年浙江紹興市西南狗頭山南麓	浙江省博物館	《集成》收"配兒鉤鑃"兩件

序號	器名	字數	時代	著録	出土地	現藏地	備註
534	配兒鉤鑃	存52	春秋後期	集成427 考古 1983 年 4 期372頁	1977 年浙江紹興市西南狗頭山南麓	浙江省博物館	
535	嵩君鉦鋮	32(又重文1)	春秋後期	集成423 文物 1964 年 7 期31頁	1962 年安徽宿縣蘆古城子	安徽省博物館	又名"無者俞鉦鋮"
536	郐鋮䜌尹征城	42	春秋	集成425 三代 18.3.2—18.4.1 周金 1.76—1.77 貞松 1.20 希古 1.16 大系録 175—176 小校 1.100	《分域》:江西高安縣	上海博物館	《集成》:潘祖蔭舊藏
537	冉鉦鋮	90(又重文2)	戰國	集成428 三代 18.4.2—18.5.1 貞松 1.21 希古 1.17 貞圖中36		旅順博物館	《集成》:羅振玉舊藏;此器又名"南疆鉦鋮"、"鉦鐵";《集成》説明中器又名"南疆鉦"

六、鼓座

序號	器名	字數	時代	著録	出土地	現藏地	備註
538	九里墩鼓座	150	春秋後期	集成429 學報1982年2期235圖六、236圖七	1980年安徽舒城縣九里墩村墓葬	安徽省文物工作隊	

七、鬲

序號	器名	字數	時代	著録	出土地	現藏地	備註
539	魚鬲	1	商代後期	集成 441 三代 5.13.1 貞松 4.1.1 武英 35 續殷上 27.1 小校 3.52.2 故圖下下 4		臺北"中央博物院"	《集成》:承德避暑山莊舊藏
540	東鬲	1	商代後期	集成 442 西乙 14.1 故圖下下 5		臺北"中央博物院"	
541	[illegible]鬲	1	商代後期	集成 443 三代 5.13.3 殷存上 9.1			《羅表》:丁彦臣舊藏
542	敉鬲	1	商代後期	集成 444 三代 5.13.2 續殷上 27.3 小校 3.52.4		旅順博物館	
543	[illegible]鬲	1	商代後期	集成 445 出光(十五週年)394 頁 12 彙編 8.1256(摹本)		日本東京出光美術館	
544	[illegible]鬲	1	商代後期	集成 446 積古 2.20.2 攈古 1.1.13.4			
545	[illegible]鬲	1	商代後期	集成 447 文物 1961 年 1 期 42 頁		中國歷史博物館	
546	史鬲	1	商代後期	集成 448 美集録 R 89 彙編 9.1780		美國納爾遜美術陳列館	此鬲與《集成》1084 鼎重出,據《美集録》A 42 圖此器應爲鼎
547	矤鬲	1	商代後期	集成 449		上海博物館	

序號	器名	字數	時代	著録	出土地	現藏地	備註
548	辛鬲	1	西周早期	集成 450			
549	[illegible]鬲	1	西周晚期	集成 451 陝青 2.127	1958 年陝西扶風縣齊家村窖藏	陝西省博物館	
550	[illegible]鬲	1	西周晚期	集成 452 陝青 2.126	1958 年陝西扶風縣齊家村窖藏	陝西省博物館	
551	鬲鬲	1	西周中晚期	集成 453 陝青 2.94	1976 年陝西扶風縣莊白一號窖藏	周原扶風縣文物管理所	《集成》:口沿上僅有銘文"鬲"字,其餘的字當爲範損脱鑄
552	共鬲	1	西周早期	近出 118 文博 1986 年 5 期 1 頁	1985 年 4 月陝西省藍田縣洩湖鎮車馬坑	陝西省藍田縣文物管理委員會	
553	[illegible]鬲	2	西周早期	集成 454 冠斝上 40			《集成》:榮厚舊藏
554	亞[illegible]鬲	2	西周早期	集成 455 三代 5.13.4 續殷上 27.2			《集成》説明中器名寫爲"亞[illegible]鬲"
555	亞微鬲	2	商代後期	集成 456 河北 81	1962 年河北豐寧縣	河北省博物館	
556	□鼎鬲	2	西周中期	集成 457	陝西寶鷄市竹園溝 4 號墓	寶鷄市博物館	
557	父丁鬲	2	西周早期	集成 458 三代 5.13.5 貞松 4.1.2 小校 3.52.3 續殷下 52.1			《貞松》:劉體智舊藏; 《續殷》:誤作"父丁觶"
558	父辛鬲	2	西周早期	集成 459 三代 5.13.6 貞續上 25.1 續殷上 27.4 故宫 37 期 故圖下上 1		臺北"故宫博物院"	《集成》:清宫舊藏

序號	器名	字數	時代	著録	出土地	現藏地	備註
559	癸父鬲	2	西周早期	集成 460 西甲 14.4			
560	冀母鬲	2	商代後期	集成 461 三代 5.13.8 貞松 4.1.4 武英 36 續殷上 27.6 小校 3.53.3 故圖下下 3		臺北"中央博物院"	《集成》:承德避暑山莊舊藏
561	寧母鬲	2	西周早期	集成 462 考古與文物 1983 年 6 期 7 頁圖 4 陝青 4.38	1968 年陝西寶鷄市姜城堡	寶鷄市博物館	
562	婦[illegible]鬲	2	商代後期	集成 463 擴古 1.2.37.3 小校 3.52.6			《擴古》:葉志詵舊藏
563	康侯鬲	2	西周早期	集成 464 寧壽 12.26			
564	伯作鬲	2	西周早期	集成 465 西清 31.6			
565	叔父鬲	2	西周中期	集成 466 綜覽 63 鬲 25 荷比 1.1			
566	[illegible]癸鬲	2	商代後期	集成 467 彙編 9.1481 聖路易 P1.7		美國聖路易市美術博物館	
567	史秦鬲	2	商代後期	集成 468 三代 5.13.7 貞松 4.1.3 希古 3.1.1 續殷上 27.5 高本漢(1949) 7.2 歐遺珠圖 82		瑞典斯德哥爾摩遠東古物館	《集成》:羅振玉舊藏

序號	器名	字數	時代	著録	出土地	現藏地	備註
568	作旅鬲	2	西周早期	集成 469 小校 3.53.1		上海博物館	
569	作𨞿鬲	2	西周中期	集成 470 文物 1972 年 10 期 23 頁圖 8	1964 年河南洛陽龐家溝 410 號墓	洛陽市文物工作隊	
570	作彝鬲	2	西周早期	集成 471			
571	旅鬲	2	西周晚期	近出 119 考古與文物 1993 年 5 期 8 頁	1988 年 9 月陝西省延長縣安溝鄉岔口村	陝西省延長縣文物管理委員會	
572	亞□其鬲	3	商代後期	集成 472 三代 5.13.9 貞松 4.2.1 小校 3.53.2			《貞松》、《羅表》:陳承裘、溥倫、劉體智舊藏
573	↥且癸鬲	3	商代後期	集成 473 西清 31.1			
574	乘父乙鬲	3	西周早期	集成 474		中國歷史博物館	《集成》目録中器名寫爲“[illegible]父乙鬲”
575	叔鬲	3	西周早期	近出 121 文物 1987 年 2 期 5—6 頁	1980 年山西省洪洞縣永凝堡村墓葬 M14：11	山西省洪洞縣文化館	
576	叔父乙鬲	3	西周早期	集成 475		浙江省博物館	
577	叔父癸鬲	3	商代後期	近出 120 文物 1992 年 3 期 93—95 頁	1984 年 10 月山東省新泰市府前街墓葬	山東省新泰市博物館	
578	鳥父乙鬲	3	商代後期	集成 476 三代 11.7.5 殷存上 9.2		北京師範學院歷史系	《三代》誤入尊類
579	[illegible]父乙鬲	3	西周早期	集成 477 彙編 9.1496	《懷履光》：1931 年以前出土於安陽	加拿大多倫多皇家安大略博物館	《懷履光(1956)》述及此鬲

序號	器名	字數	時代	著録	出土地	現藏地	備註
580	父乙鬲	3	西周	近出附1 考古與文物1991年1期3—13頁	1927年陝西寶鷄市金台區陳倉鄉戴家灣盜掘		
581	倲父丙鬲	3	商代後期	集成478 彙編8.1279		加拿大多倫多皇家安大略博物館	器名應爲"重父丙鬲"
582	[illegible]父丁鬲	3	西周早期	集成479 三代5.13.11 愙齋17.7.2 殷存上9.4 小校3.53.6			
583	[illegible]父丁鬲	3	西周中期	集成480 三代5.13.10 貞松4.2.2 善齋3.13 續殷上27.7 小校3.53.4 善彝46 故圖下下1		臺北"中央博物院"	《貞松》:劉體智舊藏
584	[illegible]父己鬲	3	商代後期	集成481 三代5.13.12 貞補上15.1 小校3.53.7 頌齋6 續殷上14.9 故圖下下2	《頌齋》:傳出於寶鷄	臺北"中央博物院"	《貞補》、《頌齋》:羅振玉、容庚舊藏
585	[illegible]父己鬲	3	商代後期	集成482 薛氏46.1			
586	[illegible]父癸鬲	3(蓋、器同銘)	商代後期	集成483 攈古1.2.36.4—37.1 筠清2.8			《攈古》:葉志詵舊藏
587	[illegible]母辛鬲	3	商代後期	集成484			

序號	器名	字數	時代	著録	出土地	現藏地	備註
588	亞[illegible]母鬲	3	商代後期	集成 485 文物 1977 年 9 期 92 頁圖 2	1972 年甘肅涇川莊底墓葬		
589	齊婦鬲	3	商代後期	集成 486 三代 5.14.5 恒軒 95 窸齋 17.7.1 續殷上 27.8 小校 3.53.8		上海博物館	《恒軒》:袁保恒(筱塢)舊藏
590	眉子鬲	3	商代後期	集成 487 文物 1972 年 5 期 4 頁圖 6	1964 年山東滕縣种寨村	山東省博物館	
591	[illegible]作彝鬲	3	西周早期	集成 488 三代 5.14.1			
592	叔作彝鬲	3	西周早期	集成 489 三代 5.14.3 擴古 1.2.37.2		故宫博物院	《擴古》:直隸通州李氏舊藏
593	麥作彝鬲	3	西周早期	集成 490 琉璃河西周燕國墓地 140 頁	1976 年北京琉璃河 251 號墓	首都博物館	
594	作隮彝鬲	3	西周早期	集成 491 三代 5.14.2 擴古 1.2.3.2 澂秋 9 希古 3.1.2 小校 2.23.6		故宫博物院	《集成》:陳承裘舊藏
595	作隮彝鬲	3	西周早期	集成 492		故宫博物院	
596	作寶彝鬲	3	西周早期	集成 493 三代 5.14.4 擴古 1.2.30.1 澂秋 10 彝編 7.884		故宫博物院	《擴古》誤作"寶彝尊";《集成》:陳承裘舊藏
597	伯作彝鬲	3	西周早期	集成 494		上海博物館	

序號	器名	字數	時代	著録	出土地	現藏地	備註
598	季作鬲	3	西周早期	集成495 博古19.15 薛氏157.2			《集成》誤把著録"博古19.15"、"薛氏157.2"歸入拓片項
599	鳥宁且癸鬲	3	商代後期	集成496		故宫博物院	
600	□□□鬲	存3	春秋	近出附2 中原文物1992年2期114—115頁	1983年河南確山縣竹溝鎮	河南確山縣文保所	
601	竟作父乙鬲	4	西周早期	集成497 懷履光(1956)5(A)—4(123頁) 彙編7.810 三代補594	《懷履光》:傳1926年或前一年洛陽邙山麓苗溝	加拿大多倫多皇家安大略博物館	《集成》:1926年冬懷履光在開封所得
602	竟作父乙鬲	4	西周早期	集成498 懷履光(1956)5(A)—3(123頁) 彙編7.809 三代補593	《懷履光》:傳1926年或前一年洛陽邙山麓苗溝	加拿大多倫多皇家安大略博物館	《集成》:1926年冬懷履光在開封所得
603	丂父丁鬲	4	商代後期	集成499 學報1979年1期圖58.1 河南1.254	1970年安陽西區1102號墓	考古研究所安陽工作站	
604	父丁鬲	4	西周早期	集成500 三代5.14.6 貞補上15.2 十二式9—10 續殷上27.9 小校3.54.1	《羅表》:傳洛陽		《集成》:衡水孫氏式古齋舊藏
605	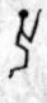糸父丁鬲	4	西周早期	集成501 三代5.14.7 貞松4.2.3 續殷上27.10 貞圖上26		故宫博物院	《集成》:羅振玉舊藏

序號	器名	字數	時代	著録	出土地	現藏地	備註
606	亞牧父戊鬲	4	商代後期	集成502 薛氏45.5			
607	亞獏父己鬲	4	商代後期	集成503		故宫博物院	
608	作父辛亢鬲	4	西周早期	集成504 美集録R252 歐精華2.95 彙編7.807 三代補252		美國哈佛大學福格美術博物館(美集録)	《美集録》:Higginson舊藏
609	亞㥶母乙鬲	4	商代後期	集成505 博古19.6—7 薛氏46.3 續考2.3 復齋7.4 積古2.20.1 攈古1.2.80.1			《續考》:王晋玉舊藏
610	北伯作彝鬲	4	西周早期	集成506 三代5.14.8 筠清4.35.1 古文審8.12.1 攈古1.2.53.4 窓齋17.17.3 綴遺4.14.2 周金2補14.3 小校3.54.5			《綴遺》:葉志詵舊藏;《攈古》名"北白彝",《綴遺》則云"北伯鬲鼎"
611	㺇伯鬲	4	西周早期	集成507 陝青4.58	1975年陕西寶鶏市茹家莊1號墓	寶鶏市博物館	《集成》説明中器名寫爲"㺇伯鬲"
612	丅㣈作彝鬲	4	西周早期	集成508 三代5.15.1 貞松4.2.4			《貞松》:日本某氏舊藏
613	仲作寶彝鬲	4	西周早期	集成509 西清31.7			

序號	器名	字數	時代	著録	出土地	現藏地	備註
614	仲姬作鬲	4	西周中期	集成 510 愙齋 17.18.1 善齋 3.15 頌續 23 小校 3.55.1	《頌續》:出於陝西		《頌續》云:"姬字之左半初爲銹掩,均誤釋爲汝。三代金文著録表以爲僞,非也";《集成》:劉體智、容庚舊藏
615	姬妊旅鬲	4	西周中期	集成 511 周金 2 補 27.3		上海博物館	
616	虢姞作鬲	4	西周晚期	集成 512 三代 5.14.9 貞松 4.3.1 小校 3.54.4 尊古 2.20			《貞松》:溥倫舊藏
617	左使車兵鬲	4	戰國後期	集成 513 文字編 129 頁	1974 年河北平山縣中山王嚳墓	河北省文物研究所	
618	夨伯鬲	5	西周早期	集成 514 文物 1988 年 3 期 20—24 頁 文物 1983 年 2 期 15 頁圖 7 寶鷄弜國墓地 37 頁	1981 年陝西寶鷄市紙坊頭 1 號墓	寶鷄市博物館	《集成》目録中器名誤作"矢伯鬲"
619	夨伯鬲	5	西周早期	集成 515 文物 1988 年 3 期 20—24 頁 寶鷄弜國墓地 37 頁	1981 年陝西寶鷄市紙坊頭 1 號墓	寶鷄市博物館	《集成》目録中器名誤作"矢伯鬲"
620	微伯鬲	5	西周中期	集成 516 文物 1978 年 3 期 9 頁圖 6 陝青 2.47 三代補 967	1976 年陝西扶風縣莊白一號窖藏	周原扶風縣文物管理所	

序號	器名	字數	時代	著録	出土地	現藏地	備註
621	微伯鬲	5	西周中期	集成 517 陝青 2.48	1976 年陝西扶風縣莊白一號窖藏	周原扶風縣文物管理所	
622	微伯鬲	5	西周中期	集成 518 陝青 2.45	1976 年陝西扶風縣莊白一號窖藏	周原扶風縣文物管理所	
623	微伯鬲	5	西周中期	集成 519 陝青 2.44	1976 年陝西扶風縣莊白一號窖藏	周原扶風縣文物管理所	
624	微伯鬲	5	西周中期	集成 520 陝青 2.46	1976 年陝西扶風縣莊白一號窖藏	周原扶風縣文物管理所	
625	微仲鬲	5	西周早期	集成 521 寶鷄強國墓地 155 頁	1980—1981 年陝西寶鷄市竹園溝 4 號墓 M4 ：75	寶鷄市博物館	
626	□伯鬲	5	西周早期	近出 122 考古與文物 1991 年 1 期 3—13 頁	1927 年陝西省寶鷄市金臺區陳倉鄉戴家灣盜掘		
627	同姜鬲	5	西周晚期	集成 522 三代 5.15.2 窓齋 17.14.2 陶齋 2.58 周金 2.85.4 小校 3.55.6			《集成》：端方舊藏
628	仲姜鬲	5	西周晚期	集成 523 攈古 1.3.31.2 敬吾下 51.2 綴遺 27.6.2 小校 3.56.1			《集成》：王國維疑僞，姑仍收入；《攈古》：吴式芬舊藏
629	虢叔鬲	5	西周晚期	集成 524 三代 5.15.3 十二式 9 小校 3.55.4			《集成》：衡水孫氏式古齋舊藏

序號	器名	字數	時代	著録	出土地	現藏地	備註
630	虢叔鬲	5	西周晚期	集成 525 考古圖 2.6 薛氏 158.3			
631	[illegible]姑鬲	5	西周晚期	集成 526 三代 5.15.5 貞松 2.26.4 彙編 7.746			《羅表》云:有耳,文作鼎,故松誤入鼎
632	夌姬鬲	5	西周早期	集成 527 文物 1976 年 4 期 56 頁圖 53 陜青 4.76	1974—1975 年陜西寶鷄茹家莊 2 號墓	寶鷄市博物館	
633	鼂鬲	5	西周早期	集成 528 三代 5.15.8 愙齋 17.17.2 綴遺 27.2.1 周金 2.85.3 小校 3.54.7			《綴遺》:潘祖蔭舊藏
634	雩人守鬲	5	西周早期	集成 529 三代 5.15.7 貞松 4.3.4 希古 3.1.3 小校 3.55.2		浙江省博物館	《集成》:劉鶚舊藏
635	伯[illegible]鬲	5	西周早期	集成 530 三代 5.16.1 貞松 4.3.2 武英 37 小校 3.55.3 故圖下下 6		臺北"中央博物院"	《集成》:承德避暑山莊舊藏
636	季鼎鬲	5	西周晚期	集成 531 三代 5.15.4 貞松 4.3.3 希古 3.2.3 十二契 28 美集録 R416 三代補 416		《美集録》:美國哈佛大學福格美術博物館	《美集録》:丁艮善、吴大澂、Higginson 舊藏

序號	器名	字數	時代	著録	出土地	現藏地	備註
637	旂姬鬲	5	西周中期	集成 532 貞續上 25.2 周金 2 補 26.1			
638	師□作寶鬲	5	西周晚期	集成 533 博古 19.12 薛氏 158.2 (又 16.5 重出)			
639	孟姒鬲	5	西周晚期	集成 534 小校 3.56.3 周金 2 補 34.2 (見卷 6)			
640	帛女鬲	5	西周晚期	集成 535 博古 19.11 薛氏 158.1(又 16.5 重出) 復齋 21 積古 7.20.2 攈古 1.3.31.1			
641	會姒鬲	5	西周晚期	集成 536 三代 5.15.6 貞補上 15.3 善齋 3.16 小校 3.55.5		故宫博物院	《集成》:劉體智舊藏
642	左使車工兵鬲	5	戰國後期	集成 537 文字編 129 頁	1974 年河北平山縣中山王譽墓	河北省文物研究所	
643	且辛父甲鬲	6	商代後期	集成 538 三代 5.18.3 貞續上 25 善齋 3.20 續殷上 27.11 小校 3.59.4		旅順博物館	《集成》:劉體智舊藏
644	亞从父丁鬲	6	商代後期	集成 539 彙編 8.997			

序號	器名	字數	時代	著録	出土地	現藏地	備註
645	大作嬀鬲	6	西周早期	集成 540 三代 5.18.2 貞續上 25.3 雙吉上 9		遼寧省博物館	
646	季[illegible]鬲	6	西周早期	集成 541		上海博物館	
647	椃叔㝬父鬲	6	西周早期	集成 542 文叢 3 輯 45 頁圖 19		洛陽市博物館	
648	苟作父丁鬲	6	西周早期	集成 543 文物 1980 年 4 期 42 頁圖 6.2 陝青 3.75	1976 年陝西扶風縣雲塘村 13 號墓	周原扶風縣文物管理所	
649	仲[illegible]父鬲	6	西周中期	集成 544 三代 5.18.1 周金 2.83.3 夢郼續 7 希古 3.2.2 小校 3.57.2			《周金》:程瑶田藏,《集成》:羅振玉舊藏
650	魯侯鬲	6	西周晚期	集成 545 三代 5.17.7 周金 2.84.1 貞松 4.5.1 希古 3.3.6 小校 3.57.1 山東存魯 2.2			《周金》:程洪溥舊藏
651	姬莽母鬲	6	西周晚期	集成 546 三代 5.16.3 陶齋 2.57 周金 2.84.2(又 2 補 9.2 重出) 小校 3.59.3		中國歷史博物館	《集成》:端方舊藏
652	仲姞鬲	6	西周晚期	集成 547 三代 5.16.6 貞松 4.4.2 希古 3.2.4		上海博物館	《貞松》:丁樹楨舊藏

序號	器名	字數	時代	著録	出土地	現藏地	備註
653	仲姞鬲	6	西周晚期	集成 548 周金 2 補 27.2		故宫博物院	
654	仲姞鬲	6	西周晚期	集成 549 周金 2 補 27.1		故宫博物院	
655	仲姞鬲	6	西周晚期	集成 550 三代 5.16.5 陶齋 2.59 周金 2.85.2 貞松 4.4.3 善齋 3.18 小校 3.58.3(又 3.59.2,3.58.4 重出)			《集成》:端方、劉體智舊藏
656	仲姞鬲	6	西周晚期	集成 551 三代 5.17.1 周金 2.85.1 希古 3.2.5 貞松 4.4.1 小校 3.57.3		故宫博物院	《周金》:潘祖蔭舊藏
657	仲姞鬲	6	西周晚期	集成 552 三代 5.17.2 希古 3.3.3		故宫博物院	
658	仲姞鬲	6	西周晚期	集成 553 三代 5.17.3 貞松 4.4.5 希古 3.3.4 小校 3.58.2 歐精華 2.96 下 美集録 R414 彙編 7.656 三代補 414		美國波斯頓美術博物館	《美集録》:盛昱舊藏
659	仲姞鬲	6	西周晚期	集成 554 三代 5.17.4 周金 2.84.3 希古 3.3.2 小校 3.58.1		上海博物館	《周金》:潘祖蔭舊藏

序號	器名	字數	時代	著録	出土地	現藏地	備註
660	仲姞鬲	6	西周晚期	集成555 三代5.17.5 周金2補26.2 希古3.3.1 小校3.59.1 古文字研究10輯262頁		湖南省博物館	
661	仲姞鬲	6	西周晚期	集成556 三代5.16.4 奇觚8.1.1 小校3.57.4			《集成》:盛昱舊藏
662	仲姞鬲	6	西周晚期	集成557 三代5.16.7 貞松4.4.6 希古3.3.5			《貞松》、《希古》:光緒年間出土
663	仲姞鬲	6	西周晚期	集成558 貞松4.4.4 海外吉8 泉屋7 彙編7.657		日本京都泉屋博古館	《貞松》云:"仲姞鬲六器同文,第三器黄縣丁氏陶齋藏,第四器今歸日本住友氏,餘皆不知藏何所。……生平所見墨本八器,前人著録才二器耳。"《集成》收十二器(547—558)
664	季右父鬲	6	西周晚期	集成559 三代5.17.6 貞補上16.1 十二雪4—5		故宫博物院	《集成》:孫壯舊藏
665	伯邦父鬲	6	西周晚期	集成560 齊家村7 陝青2.164	1960年陝西扶風縣齊家村窖藏	陝西省博物館	

序號	器名	字數	時代	著録	出土地	現藏地	備註
666	虢仲鬲	6	西周中期	集成 561 古文字研究 7 輯 185 頁	陝西岐山縣京當公社	寶鷄市博物館	
667	虢仲鬲	6	西周晚期	集成 562 澳銅選 6 彙編 7.655		澳大利亞買亞氏	
668	作[illegible]叔嬴鬲	6	西周晚期	集成 563 陝青 4.197	1976 年陝西洋縣張鋪		
669	□□作父癸鬲	存 6	西周早期	集成 564 考古與文物 1983 年 6 期 7 頁圖 4.2 陝青 4.37	1958 年陝西寶鷄市五里廟	寶鷄市博物館	
670	共宁Ⅱ鬲	6	商代後期	近出 123 文物 1992 年 3 期 93—95 頁	1984 年 10 月山東省新泰市府前街墓葬	山東省新泰市博物館	
671	長社鬲	6	西周晚期	近出 124 考古 1993 年 1 期 85 頁	1983 年河南省確山縣竹溝鎮	河南省確山縣文物管理所	
672	豳王鬲	6	西周晚期	近出 125 考古與文物 1990 年 5 期 26—43 頁	1978 年陝西省眉縣	陝西省西安市文物中心	
673	豳王鬲	6	西周晚期	近出 126 考古與文物 1990 年 5 期 26—43 頁	1978 年陝西省眉縣	陝西省西安市文物中心	
674	䆞事正鬲	6	西周早期	近出 127 考古與文物 1990 年 1 期 55—57 頁 中國文物報 1991 年 13 期 3 版	1985 年 7 月陝西省淳化縣鐵王鄉紅崖村	陝西省咸陽市博物館	

序號	器名	字數	時代	著録	出土地	現藏地	備註
675	吾作滕公鬲	7	西周早期	集成565 文物1979年4期89頁圖3	1978年山東滕縣莊里西村3號墓	滕縣博物館	
676	戒作莽宫鬲	7	西周早期	集成566 三代5.19.1 周金2.59.4 貞松4.5.3 善齋3.19 希古3.4.1 小校3.60.2			《周金》:李山農藏;《集成》:劉體智舊藏
677	𠭯𦒻作父癸鬲	7	西周早期	集成567 攈古1.3.59.1 求古15		上海博物館	《攈古録》:烏程陳抱之舊藏
678	玔作父乙鬲	7	西周早期	集成568 録遺107			
679	作寶彝鬲	7	西周中期	集成569 三代5.18.4 筠清4.39.1			
680	作寶彝鬲	7	西周中期	集成570 積古7.25.2 攈古2.1.13.3 奇觚18.20.2			《積古》:阮元舊藏
681	□戈母鬲	7	西周晚期	集成571 三代5.18.5 綴遺27.30 周金2.83.2 貞松4.5.2			《周金》:朱善旂舊藏
682	弭叔鬲	7	西周晚期	集成572 文物1960年2期7頁中	1959年陝西藍田寺坡	陝西省博物館	
683	弭叔鬲	7	西周晚期	集成573 文物1960年2期7頁上	1959年陝西藍田寺坡	陝西省博物館	

序號	器名	字數	時代	著録	出土地	現藏地	備註
684	弭叔鬲	7	西周晚期	集成 574 文物 1960 年 2 期 9 頁下	1959 年陝西藍田寺坡	陝西省博物館	
685	盨姬鬲	7	西周晚期	集成 575 三代 5.19.2 貞松 4.6.1 希古 3.4.2			《羅表》:端方舊藏
686	伯寡父鬲	7	西周晚期	集成 576 周金 2.83.1 小校 3.60.1			《周金》:劉鶚及吴興程氏舊藏
687	曾侯乙鬲	7	戰國前期	集成 577	1978 年湖北隨縣曾侯乙墓	湖北省博物館	
688	𣏟□作鬲	存 7	西周晚期	集成 578 薛氏 159.1(又 16.6)			《集成》:首字疑爲聿之誤
689	甬鬲	7	西周早期	近出 128 中原文物 1986 年 4 期 99 頁	1984 年河南省鞏縣小溝村		
690	鄭叔蒦父鬲	7	春秋前期	集成 579 三代 5.21.3 積古 7.22.3 攈古 2.1.13.2		上海博物館	《積古》:器見於山左
691	鄭丼叔蒦父鬲	8	春秋早期	集成 580 三代 5.22.1 周金 2.82.1 貞補上 16.2 小校 3.60.4		故宫博物院	《周金》、《貞補》:趙時棡舊藏;《集成》寫爲"鄭井叔蒦父鬲"
692	鄭丼叔蒦父鬲	8	春秋前期	集成 581		故宫博物院	《集成》寫爲"鄭井叔蒦父鬲"
693	𤇈子旅鬲	8	西周早期	集成 582		上海博物館	
694	𤇈子旅鬲	8	西周早期	集成 583 三代 5.21.2			

序號	器名	字數	時代	著録	出土地	現藏地	備註
695	王作親王姬鬲	8	西周晚期	集成 584 文叢 2 輯 60 頁圖 69 左	1976 年河南新鄭縣唐户 3 號墓	新鄭縣文物保管所	
696	王作親王姬鬲	8	西周晚期	集成 585 文叢 2 輯 60 頁圖 69 右	1976 年河南新鄭縣唐户 3 號墓	新鄭縣文物保管所	
697	倗作義丏妣鬲	8	西周早期	集成 586 三代 5.18.6 愙齋 17.16.2 綴遺 27.1 周金 2.82.2 小校 3.60.3			又名"義比鬲"、"鳳鬲";《綴遺》:潘祖蔭舊藏
698	䍙伯毛鬲	8	西周晚期	集成 587 録遺 108			
699	叔皇父鬲	8	西周晚期	集成 588 考古與文物 1981 年 1 期 10 頁圖 2.6	1975 年陝西長武縣方莊	長武縣文化館	《集成》説明中字數誤爲"7"
700	時伯鬲	8	西周晚期	集成 589 三代 5.20.1 山東存邿 2.1		中國歷史博物館	
701	時伯鬲	8	西周晚期	集成 590 三代 5.21.1 山東存邿 2.2		中國歷史博物館	
702	時伯鬲	8	西周晚期	集成 591 三代 5.20.2 山東存邿 3.1	《山東存》:寺白鬲四器(内一器文字漫滅)與郑義白鼎、孟弜父簋、京叔盤、孟嬴匜等同出滕縣安上村	中國歷史博物館	

序號	器名	字數	時代	著録	出土地	現藏地	備註
703	伯榖鬲	8	春秋前期	集成592 考古1984年6期512頁圖4	1975—1976年湖北隨縣萬店周家崗墓葬	襄陽地區博物館	《集成》:末二字刻銘不清楚,同出另一鬲的形制、花紋、大小同此器,但銘文被刮掉
704	魯姬鬲	8	春秋前期	集成593 三代5.22.3 山東存魯2.3			
705	衛姒鬲	8	春秋前期	集成594 三代5.23.1 貞補上16.3 善齋3.21 小校3.62.1 頌續21 巖窟上13	濬縣辛村	清華大學圖書館	《集成》:劉體智、容庚、梁上椿舊藏
706	衛夫人鬲	8(補刻4字未計)	春秋前期	集成595 辛村61.4	河南濬縣辛村傳5號墓	臺北"歷史語言研究所"	《集成》:南京市博物館藏同銘鬲二件,全銘15字;較此清晰
707	郳始鬲	8	春秋前期	集成596 三代5.23.2 從古16.10 攈古2.1.28.3 愙齋17.14.1 綴遺27.28.1 奇觚8.4.2 周金2.81.1 簠齋3鬲3 小校3.61.1 山東存郳16			《集成》:陳介祺舊藏

序號	器名	字數	時代	著録	出土地	現藏地	備註
708	鄭登伯鬲	8	春秋前期	集成597 三代5.22.2 清愛12 攈古2.1.29.1 愙齋17.15.1 綴遺27.27.1 奇觚8.4.1 敬吾下45.1 周金2.81.2 簠齋3鬲2 大系録200 小校3.60.5 尊古2.21		故宫博物院	《集成》:劉喜海、陳介祺舊藏
709	鄭登伯鬲	8	春秋前期	集成598		故宫博物院	《集成》:章乃器舊藏
710	鄭登伯鬲	8	春秋前期	集成599		南京博物院	
711	已侯鬲	存8(又重文2)	西周晚期	集成600 文物1983年12期8頁圖6	1963年山東黄縣舊城收集,據云是羣衆五十年代挖土時發現的	煙臺地區文物管理委員會	《集成》目録中字數誤爲“8”
712	宋眉父鬲	存8	春秋前期	集成601 三代5.25.2 攈古2.1.54.1 大系録205.3 小校3.61.2		上海博物館	《羅表》:孟廣均舊藏;《集成》目録中字數誤爲“8”
713	王作王母鬲	8	西周晚期	集成602 積古7.22.2 攈古2.1.28.2			《攈古録》云:積古齋録趙謙士摹本
714	虢叔鬲	8	春秋前期	集成603 考古圖2.14 薛氏158.4			又名“叔殷穀鬲”
715	聿造鬲	8	西周晚期	集成604 薛氏158.5			

序號	器名	字數	時代	著録	出土地	現藏地	備註
716	伯姜鬲	8	西周晚期	集成 605 綴遺 27.3.1 周金 2 補 13.3 小校 3.61.3			
717	伯榖鬲	存 8	西周晚期	近出 129 考古 1984 年 6 期 510—511 頁	1975—1976 年湖北省隨縣周家崗墓葬	湖北省隨州市博物館	
718	王伯姜鬲	9	西周晚期	集成 606 三代 5.24.4 擦古 2.1.41.4 愙齋 17.7.3 綴遺 27.15.1 小校 3.63.1		上海博物館	《綴遺》:潘祖蔭舊藏
719	王伯姜鬲	9	西周晚期	集成 607 三代 5.24.3 筠清 4.35.2 愙齋 17.7.4 綴遺 27.14.1 陶齋 2.56 周金 2.80.1—2 小校 3.62.3 美集録 R411 彙編 6.500 三代補 411		《美集録》:美國納爾遜美術陳列館	《筠清》、《周金》:葉志詵、潘祖蔭、端方舊藏
720	戈叔慶父鬲	9	春秋前期	集成 608 三代 5.24.2 愙齋 17.15.2 敬吾下 45.2 大系録 264.2 小校 3.63.2			
721	黄芇鬲	9	西周晚期	集成 609 文物 1972 年 2 期 47 頁圖 2	1966 年 7 月湖北京山縣坪壩蘇家壠	湖北省博物館	
722	黄芇鬲	9	西周晚期	集成 610 文物 1972 年 2 期 47 頁圖 2	1966 年 7 月湖北京山縣坪壩蘇家壠	湖北省博物館	《集成》:羊字倒書

序號	器名	字數	時代	著録	出土地	現藏地	備註
723	王作贊母鬲	9	春秋前期	集成 611 三代 5.25.1 陶齋 2.53 周金 2.80.3 小校 3.63.3	《陝西金石志》:光緒年間岐山		《集成》:端方舊藏
724	伯□子鬲	存 9	西周晚期	集成 612 綴遺 27.31.1			《集成》:見於揚州古肆;此爲《集成》630之摹本,重出
725	虢宫父鬲	9	西周晚期	近出 130 三門峽虢國墓上册 474 頁	河南省三門峽市虢國墓地 M2008	河南省三門峽市文物工作隊	
726	林𡚁鬲	10	西周早期	集成 613 三代 5.24.1 寧壽 12.27 貞續上 26.1 續殷上 27.12 小校 3.62.2		上海博物館	
727	叔鼏鬲	10	西周早期	集成 614 録遺 109			
728	伯試父鬲	10	西周中期	集成 615 三代 5.26.2 攈古 2.1.54.2 綴遺 27.10.1			又名"井姬鬲";《攈古録》:吴式芬舊藏
729	伯庸父鬲	10	西周中期	集成 616 學報 1962 年 1 期圖版 15 下 張家坡 2.1	1961 年陝西長安縣張家坡窖藏	陝西省博物館	
730	伯庸父鬲	10	西周中期	集成 617	1961 年陝西長安縣張家坡窖藏	陝西省博物館	
731	伯庸父鬲	10	西周中期	集成 618	1961 年陝西長安縣張家坡窖藏	陝西省博物館	

序號	器名	字數	時代	著録	出土地	現藏地	備註
732	伯庸父鬲	10	西周中期	集成619	1961年陝西長安縣張家坡窖藏	陝西省博物館	
733	伯庸父鬲	10	西周中期	集成620	1961年陝西長安縣張家坡窖藏	陝西省博物館	
734	伯庸父鬲	10	西周中期	集成621	1961年陝西長安縣張家坡窖藏	陝西省博物館	
735	伯庸父鬲	10	西周中期	集成622 張家坡2.2	1961年陝西長安縣張家坡窖藏	陝西省博物館	
736	伯庸父鬲	10	西周中期	集成623	1961年陝西長安縣張家坡窖藏	陝西省博物館	
737	黄子鬲	10	春秋前期	集成624 考古1984年4期320頁圖21.3	1983年河南光山縣寶相寺上官崗墓葬	信陽地區文物管理委員會	
738	曾子單鬲	10	春秋前期	集成625	湖北京山縣坪壩	京山縣博物館	
739	樊君鬲	10	西周晚期	集成626 三代5.26.1 夢郼續8 小校3.64.2			《集成》:羅振玉舊藏
740	孜父鬲	10(又重文2)	西周晚期	集成627 考古圖2.7 薛氏160.2	《考古圖》:熙寧中得於鳳翔盩厔		《考古圖》:河南張氏舊藏
741	姬趛母鬲	10	西周晚期	集成628 積古7.21.3 攈古2.1.53.3			
742	姬趛母鬲	10	西周晚期	集成629 積古7.22.1 攈古2.1.53.4			

序號	器名	字數	時代	著録	出土地	現藏地	備註
743	番伯□孫鬲	存10	春秋前期	集成630			此與《集成》612重出
744	父庚鬲	10	西周早期	近出131 考古與文物1990年5期25—38頁		陝西省西安市文物中心	陝西省西安市大白楊庫曾見
745	自作薦鬲	10(又重文2)	春秋後期	近出132 淅川下寺春秋楚墓125頁	1990年河南省淅川縣下寺M2:59	河南省文物研究所	同出兩件一對,另一件未修復,未收
746	遣鬲	11	西周早期	集成631 考古1984年4期336頁圖8	1982年山東滕縣莊里西村墓葬	滕縣博物館	
747	焚伯鬲	11	西周中期	集成632 三代5.28.2 愙齋17.16.1 綴遺27.22.2 奇觚8.3.1 周金2.79.1 簠齋3鬲1 小校3.68.2 日精華4.309上 彙編6.457	關中(據《簠齋》拓本批語)	《彙編》:日本東京根津美術館	又名“榮伯鬲”;《集成》:陳介祺舊藏
748	塱肈家鬲	11	西周中期	集成633 三代5.28.3 陶續1.48 周金2.79.2 小校3.67.2			《集成》目録中器名誤爲“舉肇家鬲”;端方舊藏
749	𤔲妏鬲	11	西周晚期	集成634 三代5.28.1 恒軒97 奇觚8.2.1 小校3.68.1 頌續19	《頌續》:陝西		《頌續》:李勤伯、容庚舊藏

序號	器名	字數	時代	著録	出土地	現藏地	備註
750	吕王鬲	11(又合文2)	西周晚期	集成635 三代5.30.1 綴遺27.11 貞松4.7.1 希古3.5.2 周金2.77.4—5 小校3.70.1		上海博物館	《綴遺》、《貞松》:金蘭坡、費念慈舊藏
751	吕雔姬鬲	11(又重文2)	西周晚期	集成636 録遺110 陝圖88		陝西省博物館	1952年歸陝西省博物館
752	庚姬鬲	11	西周中期	集成637 三代5.26.3 窓齋17.9.1 敬吾下46.1 綴遺27.15.2 移林9 周金2補23.1 小校3.65.2(又3.66.2重出)			《羅表》、《移林》:劉鶚、丁麟年舊藏
753	庚姬鬲	11	西周中期	集成638 三代5.27.1 攈古2.1.61.2 從古6.43.1 綴遺27.17.1 敬吾下45.3 周金2.78.2 小校3.67.1		上海博物館	《周金》:山西宋氏、嘉興張氏(沅)舊藏
754	庚姬鬲	11	西周中期	集成639 三代5.27.2 攈古2.1.62.1 窓齋17.9.2 綴遺27.16.1 周金2補23.2 小校3.66.1			《羅表》:南潯顧氏舊藏
755	庚姬鬲	11	西周中期	集成640		濟南市博物館	

序號	器名	字數	時代	著録	出土地	現藏地	備註
756	京姜鬲	11	西周中期	集成 641 博古 19.18—19 薛氏 160.1 復齋 21—22 積古 7.20—21 攈古 2.1.61.1 古文審 8.11			
757	曾伯鬲	存 11	春秋前期	近出 133 江漢考古 1994 年 2 期 39 頁	1993 年 6 月湖北省隨州市義地崗墓葬	湖北省隨州市考古隊	
758	畢伯碩父鬲	存 11	西周晚期	集成 642 攈古 2.2.9.2 綴遺 27.7.2			又名"叔娟鬲";《攈古録》:葉志詵舊藏;《集成》目録中字數爲"11"
759	瀕史鬲	12	西周早期	集成 643 三代 7.26.1 綴遺 26.28.1 周金 3.111.4(又 2.57.5) 貞續上 37.4		上海博物館	《周金》:姚觀光舊藏;《綴遺》、《積微》名"陝角",《周金》、《貞續》入簋類,前者又名"陵鼎",均誤,實爲鬲
760	伯上父鬲	12	西周晚期	集成 644 三代 5.28.5 綴遺 27.3.2 貞松 4.6.3 希古 3.5.1 善齋 3.22 小校 3.69.2 頌續 22			《集成》:劉體智、容庚舊藏

序號	器名	字數	時代	著録	出土地	現藏地	備註
761	王作番妃鬲	12	西周晚期	集成 645 綴遺 27.4.1 金索 1.78 攈古 2.1.74.1 積古 7.21.2			《綴遺》:葉志詵舊藏;《綴遺》云:"積古齋欵識有此銘而點畫小異疑一範所成而非一器。"查與其它諸書摹本並無明顯出入,故仍以一器計
762	王作姬□女鬲	12(又重文2)	西周晚期	集成 646 三代 5.30.2 愙齋 17.17.1 貞圖上 27 小校 3.69.3			《集成》:羅振玉舊藏
763	王伯姜鬲	12	西周晚期	集成 647 三代 5.24.5 貞松 4.6.2 希古 3.4.3			《貞松》:此器己未歲見之滬江
764	魯侯熙鬲	13	西周早期	集成 648 美集録 R442 斷代(三)83 頁圖 7 彙編 6.414 三代補 442		美國波斯頓美術博物館	《美集録》:美國盧芹齋舊藏
765	伯先父鬲	13(又重文2)	西周中期	集成 649 陝青 2.84	1976 年陝西扶風縣莊白一號窖藏	周原扶風縣文物管理所	《集成》目録中字數爲"12"
766	伯先父鬲	13(又重文2)	西周中期	集成 650 陝青 2.85 文物 1978 年 3 期 9 頁圖 5 三代補 986	1976 年陝西扶風縣莊白一號窖藏	周原扶風縣文物管理所	《集成》目録中字數爲"12"

序號	器名	字數	時代	著録	出土地	現藏地	備註
767	伯先父鬲	13(又重文2)	西周中期	集成651 陝青2.86	1976年陝西扶風縣莊白一號窖藏	周原扶風縣文物管理所	《集成》目録中字數爲“12”
768	伯先父鬲	13(又重文2)	西周中期	集成652 陝青2.87	1976年陝西扶風縣莊白一號窖藏	周原扶風縣文物管理所	《集成》目録中字數爲“12”
769	伯先父鬲	13(又重文2)	西周中期	集成653 陝青2.88	1976年陝西扶風縣莊白一號窖藏	周原扶風縣文物管理所	《集成》目録中字數爲“12”
770	伯先父鬲	13(又重文2)	西周中期	集成654 陝青2.89	1976年陝西扶風縣莊白一號窖藏	周原扶風縣文物管理所	《集成》目録中字數爲“12”
771	伯先父鬲	12(又重文2)	西周中期	集成655 陝青2.90	1976年陝西扶風縣莊白一號窖藏	周原扶風縣文物管理所	
772	伯先父鬲	12(又重文2)	西周中期	集成656 陝青2.91	1976年陝西扶風縣莊白一號窖藏	周原扶風縣文物管理所	
773	伯先父鬲	12(又重文2)	西周中期	集成657 陝青2.92	1976年陝西扶風縣莊白一號窖藏	周原扶風縣文物管理所	
774	伯先父鬲	12(又重文2)	西周中期	集成658 陝青2.93	1976年陝西扶風縣莊白一號窖藏	周原扶風縣文物管理所	《集成》:此器奪一個“父”字
775	鄭羌伯鬲	12	春秋前期	集成659 積古7.25.1 攈古2.1.74.2 周金2.78.1 小校3.69.1			《周金》:見於滬市
776	鄭羌伯鬲	12	春秋前期	集成660 三代5.29.1 夢郼上16 小校3.68.3			《集成》:羅振玉舊藏;容庚云:“夢郼16仿積古7.24僞,周金文存2.78真。”姑存疑

序號	器名	字數	時代	著録	出土地	現藏地	備註
777	虢季子緅鬲	12	春秋前期	集成 661 西甲 14.2			
778	侯氏鬲	12	西周晚期	近出附 3 華夏考古 1992 年 3 期 93—95 頁	1986 年以來河南平頂山市郊薛莊鄉北滍村滍陽嶺墓葬M95：21	河南省文物研究所	
779	虢季氏子緅鬲	13(又重文 2)	春秋前期	集成 662 巖窟上 14	傳河南新鄉	故宫博物院	《集成》:德人楊寧史舊藏;《集成》目録字數誤爲"12"
780	鼄伯鬲	13	西周晚期	集成 663 考古 1984 年 7 期 596 頁圖 6	1976 年山東日照崮河崖 1 號墓	山東省日照縣圖書館	同出四件,形制大小相同,《集成》收三件,另一件銘文不清
781	鼄伯鬲	13	西周晚期	集成 664	1976 年山東日照崮河崖 1 號墓	山東省日照縣圖書館	
782	鼄伯鬲	13	西周晚期	集成 665	1976 年山東日照崮河崖 1 號墓	山東省日照縣圖書館	
783	戲伯鬲	13(又重文 1)	西周晚期	集成 666 三代 5.31.1 積古 7.23.1 攈古 2.2.10.1 綴遺 27.13.1 敬吾下 48.1 周金 2.77.1 小校 3.70.3		上海博物館	《周金》:何溱、王味雪、鄒安、徐乃昌舊藏
784	戲伯鬲	13(又重文 2)	西周晚期	集成 667 海外吉 9 泉屋 8 日精華 4.308 彙編 5.396		日本京都泉屋博古館	《海外吉》:朝鮮大院君舊藏,伊藤博文使朝時贈之

序號	器名	字數	時代	著録	出土地	現藏地	備註
785	右戲仲嘎父鬲	13	春秋前期	集成 668 三代 5.35.1 周金 2 補 28.1 貞松 4.11.1 希古 3.6.1 小校 3.71.1		上海博物館	《周金》、《小校》:周夢坡、李國松舊藏
786	鼄伯鬲	13(又重文2)	西周中晚期	集成 669 三代 5.34.3 攈古 2.2.17.2—18.1 窓齋 17.8.2 十二舊 2—3 大系録 221.2 小校 3.75.1 山東存邾 1—2		中國歷史博物館	《羅表》:劉鏡古、許延暄、丁樹楨、方若舊藏
787	鼄來隹鬲	13	春秋前期	集成 670 三代 5.29.2 貞松 4.7.2—8.1 希古 3.5.3 山東存邾 14			
788	伯汃父鬲	13(又重文2)	西周中期	集成 671 攈古 2.2.18			《集成》:吴式芬舊藏
789	召仲鬲	13(又重文2)	西周晚期	集成 672 三代 5.34.1 (又 34.2 重出) 攈古 2.2.16.3—4 周金 2.74.1—2 小校 3.76.1 彙編 5.381			《集成》:劉喜海舊藏

序號	器名	字數	時代	著録	出土地	現藏地	備註
790	召仲鬲	13(又重文2)	西周晚期	集成673 長安1.25 攀古上51 恒軒94 擴古2.2.16.1—2 愙齋17.13.2 綴遺27.17.2 周金2.73.2—3 小校3.75.2(又75.3重出)			《綴遺》:劉喜海、潘祖蔭舊藏
791	叔牙父鬲	13(又重文2)	春秋前期	集成674			
792	樊夫人龍嬴鬲	13	春秋前期	集成675 文物1981年1期10頁圖4,圖版5.7	1978年河南信陽南山嘴1號墓	信陽地區文物管理委員會	
793	樊夫人龍嬴鬲	13	春秋前期	集成676	1978年河南信陽南山嘴1號墓	信陽地區文物管理委員會	
794	邔叔𣄰鬲	13(又重文2)	春秋前期	集成677 考古1981年2期122頁圖3.1	1978年河南淅川縣下寺1號墓		《集成》器名誤爲"邔叔𣄰鬲"
795	鄦大嗣攻鬲	存13(又重文2)	春秋前期	集成678 録遺112			
796	焚有嗣爯鬲	13	西周晚期	集成679 文物1976年5期43頁圖25 陝青1.179	1975年陝西岐山縣董家村窖藏	岐山縣博物館	
797	紀侯鬲	13(又重文2)	春秋前期	近出134 考古1991年10期915—916頁	50年代山東省黄縣和平村	山東省煙臺市文物管理委員會	

序號	器名	字數	時代	著録	出土地	現藏地	備註
798	成伯孫父鬲	14(又重文2)	西周晚期	集成680 文物1976年5期43頁圖28 陜青1.180 三代補938	1975年陜西岐山縣董家村窖藏	岐山縣博物館	
799	仲□父鬲	14(又重文2)	西周晚期	集成681 博古19.13—14 薛氏159.3			
800	伯家父鬲	14	西周晚期	集成682 三代5.30.4—5 陶齋2.55 周金2.77.2—3 小校3.76.4		故宫博物院	《集成》:端方舊藏
801	虢季氏子佼鬲	14(又重文2)	西周晚期	集成683 考古通訊1958年11期72頁圖2.1 文物1959年1期14頁左上 虢國墓32頁圖27 三代補856	1956年河南陜縣上村嶺1631號墓	中國歷史博物館	
802	鄭鑄友父鬲	14(又重文1)	西周晚期	集成684			
803	齊趫父鬲	14(又重文2)	春秋前期	集成685 文物1983年12期3頁圖7	1977年山東臨朐縣泉頭村墓葬	臨朐縣文化館	
804	齊趫父鬲	14(又重文2)	春秋前期	集成686 文物1983年12期3頁圖6	1977年山東臨朐縣泉頭村墓葬	臨朐縣文化館	
805	黄子鬲	14(又重文2)	春秋前期	集成687 考古1984年4期320頁圖21.5	1983年河南光山縣寶相寺上官崗墓葬	信陽地區文物管理委員會	

序號	器名	字數	時代	著録	出土地	現藏地	備註
806	彝作又母辛鬲	14	西周早期	集成 688 三代 5.20.3 攈古 2.2.32.2 綴遺 27.1.2 殷存上 9.5 小校 3.70.2			又名"亞[illegible]母辛鬲";《攈古》、《綴遺》:袁理堂、丁彦臣舊藏
807	萊伯武君鬲	14(又重文2)	春秋前期	近出 135 文物 1991 年 11 期 92 頁	1987 年 12 月安徽宿縣褚蘭區桂山鄉謝蘆村		
808	虢季鬲	14(又重文2)	西周晚期	近出 136 三門峽虢國墓上册 43 頁	河南省三門峽市虢國墓地 M2001:69	河南省三門峽市文物工作隊	同出一組八件,同銘
809	虢季鬲	14(又重文2)	西周晚期	近出 137 三門峽虢國墓上册 43 頁	河南省三門峽市虢國墓地 M2001:116	河南省三門峽市文物工作隊	
810	虢季鬲	14(又重文2)	西周晚期	近出 138 三門峽虢國墓上册 43 頁	河南省三門峽市虢國墓地 M2001:68	河南省三門峽市文物工作隊	
811	虢季鬲	14(又重文2)	西周晚期	近出 139 三門峽虢國墓上册 43 頁	河南省三門峽市虢國墓地 M2001:74	河南省三門峽市文物工作隊	
812	虢季鬲	14(又重文2)	西周晚期	近出 140 三門峽虢國墓上册 43 頁	河南省三門峽市虢國墓地 M2001:73	河南省三門峽市文物工作隊	
813	虢季鬲	14(又重文2)	西周晚期	近出 141 三門峽虢國墓上册 43 頁	河南省三門峽市虢國墓地 M2001:85	河南省三門峽市文物工作隊	
814	虢季鬲	14(又重文2)	西周晚期	近出 142 三門峽虢國墓上册 43 頁	河南省三門峽市虢國墓地 M2001:110	河南省三門峽市文物工作隊	
815	虢季鬲	14(又重文2)	西周晚期	近出 143 三門峽虢國墓上册 43 頁	河南省三門峽市虢國墓地 M2001:70	河南省三門峽市文物工作隊	

序號	器名	字數	時代	著録	出土地	現藏地	備註
816	魯伯愈父鬲	14	春秋前期	集成 690 三代 5.31.2 窓齋 17.11.2 綴遺 27.25 周金 2.75.1 大系録 230.1 小校 3.73.2 山東存魯 5 上海 64 彙編 5.380	《金索》:道光庚寅歲,滕縣人於鳳凰嶺之溝澗中掘出,劉超元守衛購得……此外,有盤、有簠、有鬲,皆以姬年繫之	上海博物館	《綴遺》、《周金》:許延暄、潘祖蔭舊藏;此器奪"父"字。《大系》云:"魯伯愈父諸器所見有鬲 5、簠 3、盤 3、匜 1";《集成》目録誤爲"15"字
817	魯伯愈父鬲	15	春秋前期	集成 691 三代 5.32.1 筠清 4.32—33 古文審 8.13 攈古 2.2.16.3—17.1 周金 2 補 24.2 希古 3.6.3 大系録 229.2 小校 3.73.1(又 74.1 重出) 山東存魯 6.2—7.1	《金索》:道光庚寅歲滕縣人得於鳳凰嶺		《攈古録》:山西陽城張子絜、諸城劉氏舊藏
818	魯伯愈父鬲	15	春秋前期	集成 692 三代 5.32.2 窓齋 17.11.1 綴遺 27.23 周金 2.75.2 小校 3.72.1(又 72.2) 大系録 230.2 山東存魯 8.2—9.1 彙編 5.379(a、b 兩拓)	《金索》:道光庚寅歲滕縣人得於鳳凰嶺	上海博物館	《綴遺》、《周金》:許延暄、潘祖蔭舊藏

序號	器名	字數	時代	著録	出土地	現藏地	備註
819	魯伯愈父鬲	15	春秋前期	集成693 三代5.33.1 綴遺27.26 周金2.76.1 貞松4.8.2—9.1 希古3.6.2 大系録229.1 小校3.74.2 山東存魯7.2—8.1	《金索》:道光庚寅歲滕縣人得於鳳凰嶺		《綴遺》、《周金》:丁彦臣舊藏
820	魯伯愈父鬲	15	春秋前期	集成694 三代5.33.2 綴遺27.24.1 周金2.74.2 貞松4.9.2—10.1 希古3.6.4 大系録228.2 小校3.71.2 山東存魯9.2—10.1	《金索》:道光庚寅歲滕縣人得於鳳凰嶺		《綴遺》、《周金》:潘祖蔭舊藏;《貞松》云:此鬲平生所見墨本凡五器,前人僅著録三器
821	魯伯愈父鬲	15	春秋前期	集成695	《金索》:道光庚寅歲滕縣人得於鳳凰嶺		
822	伯矩鬲	15(蓋器同銘)	西周早期	集成689 琉璃河西周燕國墓地140頁 文物1978年4期27頁圖14 銅器選26	1975年北京房山縣琉璃河251號墓M251:23	首都博物館	
823	夆伯鬲	15(又重文2)	西周中期	集成696		上海博物館	
824	弢伯鬲	15(又重文1)	西周中期	集成697 三代5.37.2 貞續上26.3			

序號	器名	字數	時代	著録	出土地	現藏地	備註
825	杜伯鬲	15(又重文2)	西周晚期	集成698 三代5.39.1 周金2補9.1 貞松4.13.2 希古3.8.3 大系録144.1 小校3.82.2 善齋3.25 彙編5.338		故宫博物院	《集成》:劉體智舊藏
826	曾伯宫父穆鬲	15	西周晚期	集成699 江漢考古1980年1期75頁圖4	宜屬湖北坑口	上海博物館	
827	善吉父鬲	14(又重文2)	西周晚期	集成700 考古1966年4期219頁圖1.5	傳陝西扶風	河南省博物館	
828	善夫吉父鬲	15(又重文2)	西周晚期	集成701		濟南市博物館	
829	善夫吉父鬲	15(又重文2)	西周晚期	集成702 陝圖87		陝西省博物館	
830	善夫吉父鬲	15(又重文2)	西周晚期	集成703 録遺111			
831	善夫吉父鬲	15(又重文2)	西周晚期	集成704			
832	陳侯鬲	15(又重文2)	春秋前期	集成705 周金2補25.1			
833	陳侯鬲	15(又重文2)	春秋前期	集成706 周金2補25.2		中國歷史博物館	《集成》:故宫博物院舊藏
834	魯宰駟父鬲	15	春秋前期	集成707 考古1965年11期546頁圖5		鄒縣文物保管所	

序號	器名	字數	時代	著録	出土地	現藏地	備註
835	虢仲鬲	15(又重文2)	春秋前期	集成708 三代5.36.3—4 懷米下15 攈古2.2.32.1—2 窓齋17.13.1 綴遺27.22.1 奇觚18.21.1—2 敬吾下47.1—2 周金2.70.2—3 小校3.76.2		上海博物館	《集成》:曹載奎舊藏
836	恒侯鬲	15	西周晚期	近出144 文博1996年4期86頁		陝西省三原縣博物館	1980年陝西省嵯峨馮村馮蘭英捐獻
837	膳夫吉父鬲	15(又重文2)	西周晚期	近出145 海岱考古第一輯321—322頁		山東省濟南市博物館	
838	虢伯鬲	16(又重文2)	西周晚期	集成709 三代5.41.1—2 小校3.85.2 綴遺27.21 周金2.88.1—2			
839	仲斟鬲	16(又重文2)	西周晚期	集成710 薛氏162.1			《集成》説明中器名誤爲"仲斯鬲"
840	内公鬲	16(又重文2)	西周晚期	集成711 三代5.40.1 西清31.2 恒軒96 窓齋17.10.1 綴遺27.18.1 周金2.69.2 小校3.84.2 彙編5.325		美國舊金山亞洲美術博物館布倫戴奇藏品	《集成》:清宫舊藏,後歸費念慈、吴大澂

序號	器名	字數	時代	著録	出土地	現藏地	備註
841	内公鬲	16(又重文2)	西周晚期	集成712 三代5.40.2 愙齋17.10.1 綴遺27.20 周金2.69.1 小校3.84.1			《愙齋》、《周金》:潘祖蔭、瞿中溶舊藏
842	袒仲鬲	16(又重文1)	春秋前期	集成713 三代5.36.1—2 貞松4.12.3 希古3.7.3 冠斝上43		故宫博物院	《集成》:羅振玉、榮厚舊藏
843	袒仲鬲	14(又重文1)	春秋前期	集成714 三代5.35.3 貞松4.12.2 希古3.7.2 小校3.76.3		故宫博物院	《羅表》:羅振玉、劉體智舊藏;《希古》除"子孫"二字外,餘字和《三代》方向相反,似爲摹寫之誤;《集成》目録中爲"存14"字
844	嬰士父鬲	16(又重文2)	西周晚期	集成715 文物1972年5期10頁圖20	1963年山東肥城縣小王莊	山東省博物館	
845	嬰士父鬲	16(又重文2)	西周晚期	集成716	1963年山東肥城縣小王莊	山東省博物館	
846	鼄友父鬲	16	春秋前期	集成717 三代5.36.5 從古7.24 攈古2.2.30—31 愙齋17.8.1 綴遺27.29 敬吾下49.1 周金2.27.1 大系録221.1 小校3.79.1 山東存邾16.1		故宫博物院	《周金》:夏之盛舊藏

序號	器名	字數	時代	著録	出土地	現藏地	備註
847	□季鬲	16	西周晚期	集成718 三代5.37.1 綴遺27.10 周金2.72.2 貞松4.11 希古3.8.1 小校3.78.2 山東存邿3.2		上海博物館	《綴遺》、《周金》:方濬益、中江李氏、鄒安舊藏
848	伯顋父鬲	17(又重文2)	西周晚期	集成719			
849	伯顋父鬲	17(又重文2)	西周晚期	集成720 三代5.41.5—6 清愛29 攈古2.2.75.1 窓齋17.12.1 綴遺27.8.1 周金2.68.1—2 小校3.82.1	《清愛》:乙亥冬得於都門;《小校・張廷濟題記》:道光乙巳六舟訪得於杭質庫中		又名"畢姬鬲";《綴遺》:劉喜海、潘伯寅舊藏
850	伯顋父鬲	17(又重文2)	西周晚期	集成721 三代5.41.7—8 貞松4.15.1 希古3.9.1		瑞典斯德哥爾摩遠東古物館	《集成》:羅振玉舊藏
851	伯顋父鬲	17(又重文2)	西周晚期	集成722 三代5.42.1—2 周金2.68.2—3 貞松4.14.3 希古3.9.2 小校3.81.1		上海博物館	《貞松》:潘祖蔭舊藏
852	伯顋父鬲	17(又重文2)	西周晚期	集成723 三代5.42.3—4 貞松4.15			

序號	器名	字數	時代	著録	出土地	現藏地	備註
853	伯顋父鬲	17(又重文2)	西周晚期	集成724 三代5.42.5—6 從古3.33.1 窓齋17.12.2 綴遺27.8.2 陶齋2.52 周金2.67.5—6 清儀1.46 小校3.80.4(又81.2)		故宫博物院	《集成》:張廷濟、端方、章乃器舊藏
854	伯顋父鬲	17(又重文2)	西周晚期	集成725		上海博物館	
855	伯顋父鬲	17(又重文2)	西周晚期	集成726 周金2.67.7—8		故宫博物院	《集成》:瞿中溶舊藏
856	伯顋父鬲	16(又重文2)	西周晚期	集成727 三代5.41.3—4 綴遺27.9.1 貞松4.14.2 希古3.9.3 小校3.80.3		上海博物館	《綴遺》:潘祖蔭舊藏
857	伯顋父鬲	15(又重文2)	西周晚期	集成728 綴遺27.9.2 小校3.80.2		南京大學考古教研室	
858	仲生父鬲	17(又重文2)	西周晚期	集成729 考古1985年4期349頁 考古與文物1983年3期10頁圖7.1	1981年甘肅寧縣湘樂玉村墓葬	寧縣文化館	
859	鄭伯筍父鬲	17(又重文2)	西周晚期	集成730 三代5.42.7—8		故宫博物院	《集成》:頤和園舊藏
860	鄭師□父鬲	17	春秋前期	集成731 三代5.38.2—3 西甲14.3 周金2.71.2—3 貞松4.13 希古3.8.2 小校3.80.1			《集成》:清宫舊藏,後歸潘祖蔭;《集成》説明中此器器名爲"鄭師蒦父鬲"

序號	器名	字數	時代	著録	出土地	現藏地	備註
861	番君酓伯鬲	17(又重文2)	春秋前期	集成732 三代5.38.4 從古3.32.1—2 攈古2.2.53.1—2 愙齋17.12.3 綴遺27.4.2 敬吾下50.1 陶續1.46 周金2.71.1 清儀1.47 善齋3.24 小校3.83.2			《綴遺》、《周金》:張廷濟、顧壽康、鄒安、劉體智舊藏
862	番君酓伯鬲	17(又重文2)	春秋前期	集成733 周金2補14.1		故宫博物院	
863	番君酓伯鬲	17	春秋前期	集成734		故宫博物院	
864	鑄子叔黑𦣞鬲	17	春秋前期	集成735			
865	虢文公子钕鬲	18	西周晚期	集成736 三代5.39.2—3 貞松4.14.1 貞圖上28			《貞松》:此器往歲見之津沽
866	單伯邍父鬲	18(又重文2)	春秋前期	集成737 三代5.43.1—2 長安1.24 攈古2.2.85.2 綴遺27.12 敬吾下47.3—4 周金2.67.2 小校3.85.3 彙編5.298		故宫博物院	《綴遺》、《周金》:劉喜海、李山農舊藏

序號	器名	字數	時代	著録	出土地	現藏地	備註
867	孟辛父鬲	19(又重文2)	西周晚期	集成738 三代5.43.5—6 陶齋2.54 周金2.67.1—2 小校3.86.2		中國歷史博物館	《集成》:端方舊藏;《考古研究所藏猗文閣拓本》題:此陶齋藏器往歲得之燕京
868	孟辛父鬲	18(又重文2)	西周晚期	集成739 三代5.43.3—4 貞松4.15.2 善齋3.27 善彝47 小校3.86.1 頌續20 雙古上8	《頌續》:光緒二十五年(1899)出於陝西岐山	中國歷史博物館	《集成》:劉體智、容庚、于省吾舊藏;《集成》目録誤爲“19”字
869	孟辛父鬲	18(又重文2)	西周晚期	集成740			《集成》目録誤爲“19”字
870	鄀鬲	存19	商代後期	集成741 三代5.38.1 貞松4.12 善齋3.26 小校3.79.2			《集成》:陶祖光、劉體智舊藏;文左讀
871	隮子鄭伯鬲	19(又重文2)	春秋前期	集成742 三代5.43.7—8 十二遐7—8 山東存曾8.1		故宫博物院	《集成》:葉恭綽舊藏
872	内公鬲	19(又重文2)	春秋前期	集成743 綴遺27.19			《集成》:金蘭坡舊藏
873	琱生作宫仲鬲	20(又重文2)	西周晚期	集成744 文物1965年7期22頁圖9	陝西麟遊、扶風、永壽交界處	陝西省博物館	
874	子碩父鬲	22(又重文2)	西周晚期	近出146 中國文物報1998年86期3版 三門峽虢國墓上册473頁	1989年末河南省三門峽市虢國墓地	廣東省深圳市博物館	同銘兩件

序號	器名	字數	時代	著録	出土地	現藏地	備註
875	子碩父鬲	22(又重文2)	西周晚期	近出147 三門峽虢國墓上册473頁	河南省三門峽市虢國墓地	河南省三門峽市文物工作隊	
876	師趛鬲	29	西周中期	集成745 三代4.10.3 從古12.2.1 攈古2.3.54.1 愙齋5.17.1 周金2.35.1 小校3.3.4		故宫博物院	《周金》:嘉興郭氏、秀水姚氏、嘉興方氏、武進費氏舊藏;《三代》誤以爲鼎
877	仲枏父鬲	36(又重文2,合文1)	西周中期	集成746 考古與文物1990年5期26—43頁		西安市文物管理委員會	《集成》説明中字數誤爲“37”
878	仲枏父鬲	36(又重文1)	西周中期	集成747 考古1979年2期119頁圖2 陝青4.181	1967年陝西永壽縣好畤河村	陝西省博物館	《集成》説明中誤爲“37”字
879	仲枏父鬲	36(又重文2,合文1)	西周中期	集成748 文物1965年1期圖版6.2		上海博物館	《集成》説明中誤爲“35”字
880	仲枏父鬲	36(又重文2,合文1)	西周中期	集成749 考古1979年2期120頁圖3 陝青4.182	1967年陝西永壽縣好畤河村	陝西省博物館	《集成》説明中誤爲“35”字
881	仲枏父鬲	36(又重文2,合文1)	西周中期	集成750 考古1979年2期120頁圖4 三代補995 陝青4.183	1967年陝西永壽縣好畤河村	陝西省博物館	《集成》説明中誤爲“35”字
882	仲枏父鬲	36(又重文2,合文1)	西周中期	集成751 考古與文物1985年4期2頁		武功縣文化館	《集成》説明中誤爲“37”字

序號	器名	字數	時代	著録	出土地	現藏地	備註
883	仲枏父鬲	36(又重文2,合文1)	西周中期	集成752 考古與文物1985年4期2頁		武功縣文化館	《集成》説明中誤爲"37"字,目録誤爲"32"字
884	公姞鬲	37(又合文1)	西周中期	集成753 美集録R400 斷代(五)120頁69 彙編4.176 三代補400		美國舊金山亞洲美術博物館布倫戴奇藏品	《斷代》:1947年見於紐約市古肆中;又名"公姞鼎"
885	尹姞鬲	64	西周中期	集成754 録遺97 美集録R399		美國奥爾勃來特美術陳列館	《集成》:美國盧芹齋舊藏;《集成》目録誤爲"65"字
886	尹姞鬲	64	西周中期	集成755 冠斝上12 斷代(五)119頁68 彙編3.99			《集成》目録誤爲"65"字;《斷代》:曾與公姞齊鼎(按:鬲)先後見之於紐約市;《集成》:榮厚舊藏;此器《疏要》以爲仿上器而僞作

八、甗

序號	器名	字數	時代	著録	出土地	現藏地	備註
887	好甗	1	商代後期	集成761 學報1977年2期66頁圖6.4 婦好墓48頁圖32.12 河南1.139	1976年河南安陽小屯5號墓(M5:870)	考古研究所	
888	好甗	1	商代後期	集成762 婦好墓48頁圖32.9(鬲),圖32.10(甑)	1976年河南安陽小屯5號墓	考古研究所	《集成》:圖1.甑部(M5:767),2.鬲部(M5:864)
889	好甗	1	商代後期	集成763 婦好墓48頁圖32.11	1976年河南安陽小屯5號墓(M5:764)	考古研究所	此爲汽柱甑形器
890	奄甗	1	西周早期	集成764 綴遺9.17.1			見於上海殘毀僅存上半段
891	戈甗	1	商代後期	集成765 三代5.1.1 冠斝上44		故宫博物院	
892	戈甗	1	商代後期	集成766 美集録R44 盧氏(1940)5 彙編9.1532 三代補44			《集成》:美國盧芹齋舊藏
893	戈甗	1	商代後期	集成767 陝圖50 陝青1.20	1955年陝西岐山縣賀家村	陝西省博物館	
894	戈甗	1	西周早期	集成768 西乙13.20			
895	𠇍甗	1	商代後期	集成769			

序號	器名	字數	時代	著録	出土地	現藏地	備註
896	[illegible]甗	1	西周早期	集成 770 博古 18.31.2 薛氏 44.2 嘯堂 64.4 積古 2.19.1 攈古 1.1.14			
897	[illegible]甗	1	西周早期	集成 771 博古 18.31.1 薛氏 44.1 嘯堂 64.3			
898	[illegible]甗	1	西周早期	集成 772 文物 1963 年 4 期 51 頁圖 4	山西翼城縣鳳家坡		
899	[illegible]甗	1	西周早期	集成 773 文物 1963 年 3 期 45 頁圖 2.9 陝青 4.144	陝西涇陽縣某地	陝西省博物館	涇陽縣文化館舊藏
900	[illegible]甗	1	商代後期	集成 774		故宫博物院	
901	[illegible]甗	1	西周早期	集成 775 濬縣 6 辛村 57.5	1932—1933 年河南濬縣辛村 60 號墓	臺北“歷史語言研究所”	陽文
902	[illegible]甗	1	商代後期	集成 776 學報 1981 年 4 期 496 頁圖 4.6	1976 年河南安陽小屯村墓葬	考古研究所安陽工作站	
903	[illegible]甗	1	商代後期	集成 777 三代 5.1.7			
904	[illegible]甗	1	商代後期	集成 778 西清 30.12			
905	[illegible]甗	1	商代後期	集成 779		中國歷史博物館	
906	[illegible]甗	1	商代後期	集成 780 美集録 R235 三代補 235			《集成》:美國盧芹齋舊藏

序號	器名	字數	時代	著録	出土地	現藏地	備註
907	木甗	1	商代後期	集成 781 西清 30.9			容庚疑僞
908	叔甗	1	商代後期	集成 782 西清 30.7			
909	入甗	1	西周早期	集成 783 三代 5.1.2 貞補上 17	《貞補》:己巳出洛陽		《貞補》:河南博物館舊藏
910	[illegible]甗	1	商代後期	集成 784 文物 1965 年 7 期 27 頁圖 1.6	1963 年山東蒼山縣東高堯	臨沂縣文物組	
911	[illegible]甗	1	商代後期	集成 785 文物 1972 年 12 期 8 頁圖 12 學報 1977 年 2 期 108 頁圖 8.3	1976 年甘肅靈臺縣白草坡 1 號墓	甘肅省博物館	
912	[illegible]甗	1	商代前期	集成 786 文物 1982 年 9 期 50 頁圖 4	山西長子縣北郊	長治市博物館	陽文;1976 年從廢銅中揀得
913	屮甗	1	西周早期	集成 787 文叢 3 輯 36 頁圖 9	1961 年河南鶴壁市東南郊龐村南斷崖墓	河南省博物館	
914	[illegible]甗	1	西周早期	集成 788 陝青 3.2	1976 年陝西岐山縣賀家村 113 號墓	周原岐山縣文物管理所	
915	쫓甗	1	商代後期	集成 789 日精華 3.205 彙編 8.1039 三代補 663		日本京都川合定治郎氏	
916	夲甗	1	商代後期	集成 790 三代 5.2.1			《集成》目録中器名爲“夲甗”
917	夲甗	1	商代後期	集成 791			《集成》目録中器名爲“夲甗”

序號	器名	字數	時代	著録	出土地	現藏地	備註
918	妻甗	1	商代後期	近出 148 文物 1985 年 3 期 2—5 頁	1983 年 12 月山東省壽光縣益都侯城故址	山東省壽光縣博物館	
919	戈甗	1	西周早期	近出 149 考古與文物 1990 年 5 期 26—43 頁		陝西省西安市文物管理委員會	
920	㚏甗	1	西周中期	近出 150 文物資料叢刊 1983 年 8 期 80 頁	1976 年春陝西省岐山賀家村 M113：4	陝西省周原考古隊	此銘爲由六位數字組成的易卦符號
921	宁䇂甗	2	商代後期	集成 792 内蒙古文物考古 2 期圖版 1.2;圖 1.1	1981 年内蒙古昭烏達盟翁牛特旗敖包村	赤峰市文物工作站	
922	婦好三聯甗	2	商代後期	婦好墓 48 頁圖 32.6(器身銘),圖 32.1—5(甑銘) 河南 1.141 學報 1977 年 2 期 66 頁圖 6.5	1976 年河南安陽小屯 5 號墓	中國歷史博物館借陳考古研究所藏品	
923	婦好分體甗	2	商代後期	集成 794 婦好墓 48 頁圖 32.8	1976 年河南安陽小屯 5 號墓	中國歷史博物館借陳考古研究所藏品	
924	秉婦甗	2	商代後期	集成 795 彙編 8.1163		香港趙不波氏	
925	叢叡甗	2	商代後期	集成 796 文物 1982 年 9 期 41 頁圖 33 右	傳山東費縣出土,1981 年北京市文物工作隊從廢銅中揀選	北京市文物工作隊	《文物》誤以同出卣銘爲甗銘

序號	器名	字數	時代	著録	出土地	現藏地	備註
926	戈⋈甗	2	商代後期	集成797 三代5.1.4 寶蘊38 貞松4.16.1 續殷上29.3 故圖下下9 彙編9.1813		臺北"中央博物院"	《集成》:瀋陽故宫舊藏
927	且丁甗	2	商代後期	集成798 西清30.1—2			
928	父乙甗	2	西周早期	集成799	陝西武功縣	武功縣文化館	
929	父乙甗	2	商代後期	集成800		中國歷史博物館	
930	父己甗	2	商代後期	集成801 文叢2輯圖版8.2		首都博物館	《集成》説明中器名寫爲"父巳甗"
931	𠧪辛甗	2	西周早期	集成802 三代5.1.3 西甲13.25 貞續上27.1 續殷上29.5 故宫37期 故圖下上6		臺北"故宫博物院"	《故宫》:清宫頤和軒舊藏
932	遽從甗	2	西周早期	集成803 三代5.1.6 貞續上27.2 十二居20—21		上海博物館	
933	木甗	2	商代後期	集成804 三代5.1.5 貞松4.16.2 善齋3.29 續殷上29.4 小校3.87.3			《貞松》:溥倫舊藏

序號	器名	字數	時代	著録	出土地	現藏地	備註
934	竇甗	2	西周中期	集成 805 學報 1957 年 1 期 79 頁圖 24 陝圖 37 五省 30.2	1954 年陝西長安縣斗門區普渡村長田墓	陝西省博物館	
935	亞矣甗	2	西周早期	近出 151 佳士得（1981, 12,16　310）			英國倫敦佳士得拍賣行曾見
936	且丁旅甗	3	西周早期	集成 806 三代 5.2.2 寧壽 12.1 貞松 4.16.3 續殷上 29.7 故宫 20 期 故圖下上 3		臺北"故宫博物院"	《集成》:清宫舊藏
937	戈父甲甗	3	西周早期	集成 807 琉璃河西周燕國墓地 147 頁	北京房山縣琉璃河村 251 號墓 M251：25	首都博物館	
938	□父乙甗	3	西周早期	集成 808 三代 5.2.4 寧壽 12.3 夢續 9 續殷上 29.10 小校 3.87.5			
939	共父乙甗	3	西周早期	集成 809 考古與文物 1984 年 1 期 55 頁圖 2.4 陝青 3.184	1978 年陝西鳳翔縣化原村	鳳翔縣雍城文管所	
940	□父乙甗	3	西周早期	集成 810		故宫博物院	
941	□父乙甗	3	西周早期	集成 811 寧壽 12.7			

序號	器名	字數	時代	著録	出土地	現藏地	備註
942	乙父入甗	3	西周早期	集成 812 文物 1979 年 11 期 3 頁圖 4.3 陝青 3.15	1978 年陝西扶風縣齊家村 19 號墓	周原扶風縣文物管理所	
943	守父丁甗	3	商代後期	集成 813 西清 30.6			
944	戈父戊甗	3	西周早期	集成 814 三代 5.2.8 陶續補遺 7 續殷上 29.12 小校 3.88.1 美集録 R49 彙編 9.1558 三代補 49		美國紐約羅勃兹氏	《集成》:端方舊藏
945	[illegible]父己甗	3	商代後期	集成 815 三代 5.3.2 擦古 1.2.37.4 綴遺 9.19.1 續殷上 30.1			《綴遺》:葉志詵舊藏
946	庴父己甗	3	商代後期	集成 816 文物 1977 年 12 期 84 頁圖 2 陝青 3.30	1974 年陝西扶風縣楊家堡遺址	扶風縣博物館	
947	[illegible]父己甗	3	西周早期	集成 817 三代 5.3.1 西甲 13.19 貞續上 27.3 續殷上 30.2 故宫 14 期			《故宫》:清宫鍾粹宫舊藏
948	見作甗	3	西周早期	集成 818 三代 5.3.6 貞松 4.17.2 善齋 3.31 續殷上 30.5 小校 3.88.5 善彝 51		上海博物館	《集成》:劉體智舊藏

序號	器名	字數	時代	著録	出土地	現藏地	備註
949	見父己甗	3	西周早期	集成 819 博古 18.24 薛氏 44.4(又 5.7) 嘯堂 63.3			《集成》:説明器名誤寫爲"見父巳甗"
950	[illegible]父辛甗	3	西周早期	集成 820 三代 5.3.4 貞松 4.17.1		旅順博物館	
951	[illegible]父辛甗	3	西周早期	集成 821 三代 5.3.3 愙齋 17.2.1 續殷上 30.3 小校 3.88.2			
952	[illegible]父癸甗	3	西周早期	集成 822 三代 5.3.5 攈古 1.3.32.3 綴遺 9.17.2 續殷上 30.4			《續殷》缺"[illegible]";《集成》:吴式芬舊藏
953	伕父癸甗	3	西周早期	集成 823		日本東京國立博物館	
954	爰父癸甗	3	商代後期	集成 824 西清 30.11		故宫博物院	《集成》:頤和園舊藏
955	司㚸母甗	3	商代後期	集成 825 復齋 20.1 積古 7.18.2—19 攈古 1.2.80.3—4			
956	[illegible]母癸甗	3	商代後期	集成 826 上海 31 彙編 8.1138 三代補 873 考古與文物 1991 年 1 期 3—13 頁	1927 年陝西寶鷄市金臺區陳倉鄉戴家港盜掘	上海博物館	

序號	器名	字數	時代	著録	出土地	現藏地	備註
957	亞豈衠甗	3	西周早期	集成 827 三代 5.1.8 十二契 10 續殷上 29.6			
958	亞□矣甗	3	西周早期	集成 828 文參 1957 年 11 期 68 頁圖 9 右下	1956 年河南上蔡田莊墓葬	河南省博物館	
959	伯作彝甗	3	西周早期	集成 829 三代 5.3.7 尊古 2.23			
960	伯作彝甗	3	西周早期	集成 830 濬縣 7 辛村 57.3	1932—1933 年河南濬縣辛村 29 號墓		
961	癹作彝甗	3	西周早期	集成 831 美集録 R205 歐精華 2.99 盧氏(1940)10.5 三代補 205		美國哈佛大學福格美術博物館	《集成》: Higginson 舊藏;《集成》器名爲“癹作彝甗”
962	作丙寶甗	3	西周早期	集成 832		故宫博物院	《集成》: 頤和園舊藏
963	作寶彝甗	3	西周早期	集成 833 三代 5.4.1(又 6.19.2 重出) 寧壽 12.14 從古 9.6 敬吾下 26.2 周金 2.91.4 小校 3.88.6			《周金》: 錢塘瞿氏舊藏
964	作寶彝甗	3	西周早期	集成 834 三代 5.3.8			
965	作從彝甗	3	西周早期	集成 835 三代 5.2.5 大系録 37b 懷履光(1956) 123 頁 V、2 彙編 7.886	傳 1926 年或 1925 年洛陽邙山麓苗灣	加拿大多倫多皇家安大略博物館	1926 年冬懷履光在開封所得

序號	器名	字數	時代	著録	出土地	現藏地	備註
966	作旅彝甗	3	西周中期	集成 836 彙編 7.885		日本京都黑川古文化研究所	
967	[illegible]作旅甗	3	西周中期	集成 837 文物 1976 年 6 期 58 頁圖 20 陝青 2.102	1975 年陝西扶風縣法門公社莊白村白家墓葬	周原扶風縣文物管理所	
968	[illegible]祖丁甗	3	西周早期	近出 152 文物 1998 年 10 期 39—40 頁	1972 年秋河南省洛陽市東郊機車工廠	河南省洛陽市博物館	
969	[illegible]父丁甗	3	西周早期	近出 153 高家堡戈國墓 23 頁	1991 年陝西省涇陽縣興隆鄉高家堡 M2：1	陝西省涇陽縣博物館	
970	戈父癸甗	3	西周早期	近出 154 高家堡戈國墓 63 頁	1991 年陝西省涇陽縣興隆鄉高家堡 M3：2	陝西省涇陽縣博物館	
971	子父乙甗	4	商代後期	集成 838 博古 18.27—28 薛氏 44.5 嘯堂 64.1			《集成》目録誤爲“3”字
972	宁戈乙父甗	4	西周早期	集成 839 三代 5.2.3 寧壽 12.13 貞松 4.16.4 續殷上 29.8 故宫 26 期 故圖下上 4		臺北“故宫博物院”	《集成》：清宫舊藏
973	亞[illegible]父丁甗	4	西周早期	集成 840 三代 5.2.6 攈古下 39 恒軒 98 窓齋 17.3.1 綴遺 9.18.2 殷存上 9.6 小校 3.87.6		上海博物館	《集成》：潘祖蔭舊藏

序號	器名	字數	時代	著録	出土地	現藏地	備註
974	丏亞父丁甗	4	西周早期	集成 841 三代 2.5.7 雙吉上 10 冠斝上 45	《雙吉》:出於安陽		
975	亞[illegible]父丁甗	4	西周早期	集成 842		南京大學考古教研室	
976	亞冀父己甗	4	西周早期	集成 843 三代 5.4.2 殷存上 9.7			此與《集成》1868 鼎銘重出,因無器形著録,故無法確定器類
977	得父已甗	4	商代後期	集成 844			
978	黽作父辛甗	4	商代後期	集成 845 美集録 R85 歐精華 2.98 彙編 7.811 三代補 85		美國波斯頓美術博物館	《美集録》:盛昱舊藏
979	箙戉父癸甗	4	商代後期	集成 846 三代 5.4.3 攀古上 55 恒軒 99 綴遺 9.18.1 窓齋 17.2.2 陶齋 2.61 殷存上 9.8 小校 3.88.7		故宫博物院	《集成》:潘祖蔭、端方舊藏
980	㠱北子甗	4	西周早期	集成 847 文物 1963 年 2 期 54 頁左中	1961 年湖北江陵縣萬城墓葬	湖北省博物館	《考古》1963 年 4 期 225 頁云:《文物》1963 年 2 期 53 頁謂這批銅器爲 1962 年 12 月 5 日出土,是錯誤的

序號	器名	字數	時代	著録	出土地	現藏地	備註
981	ㄚ射作隮甗	4	西周早期	集成 848 考古 1959 年 4 期 188 頁圖 3.2	洛陽東郊墓葬	洛陽市博物館	
982	猷作寶彝甗	4	西周早期	集成 849 文物 1979 年 9 期圖版 7.4	1975 年山西長子縣晋義村	長治市博物館	《集成》:長治市博物館收集,原簡報將出土地誤爲"景義村"
983	作戲隮彝甗	4	西周早期	集成 850 三代 5.5.2			
984	臤奴寶甗	4	西周早期	集成 851 三代 5.4.4 攈古 1.2.47.4 綴遺 9.25.1 貞續上 27.4			《綴遺》:蔡世松(友石)舊藏
985	命作寶彝甗	4	西周早期	集成 852 三代 5.4.5 貞松 4.17.4 希古 3.10.1			《貞松》:羅振玉及日本某氏舊藏
986	舟作隮彝甗	4	西周早期	集成 853 寧壽 12.6			
987	鬩作寶彝甗	4	西周早期	集成 855 三代 5.4.7 攈古 1.3.32.1 綴遺 9.24.1 周金 2.90.3 小校 3.88.8 尊古 2.24 冠斝上 46		故宫博物院	《集成》:孫壯、劉體智、榮厚舊藏
988	守作寶彝甗	4	西周早期	集成 855 三代 5.4.6 窓齋 17.6.2 綴遺 9.23.2 奇觚 8.7.1 周金 2.91.3 小校 3.89.1 三代補 795 出光 394 頁 6		日本東京出光美術館	《綴遺》:丁彦臣(筱農)舊藏

序號	器名	字數	時代	著録	出土地	現藏地	備註
989	彭女甗	4	商代後期	集成856 三代5.4.8 愙齋17.6.3 綴遺9.21.1 陶續2.1 周金2.91.2 續殷上30.6 小校3.89.2(又7.63.4)			《綴遺》、《周金》及《小校》題記:潘祖蔭、葉志詵、端方舊藏
990	伯作寶彝甗	4	西周早期	集成857 文物1983年2期4頁圖5	1980—1981年陝西寶鷄市竹園溝4號墓	寶鷄市博物館	
991	伯作旅甗	4	西周早期	集成858 考古1963年10期575頁圖5.3	1958年陝西寶鷄市東北郊五里廟墓葬	寶鷄市博物館	
992	仲作旅彝甗	4	西周早期	集成859 三代5.5.1 西甲13.23 貞松4.17.4 故宮6期 續殷上30.7 故圖下上9		臺北"故宮博物院"	《故宮》:清宮摛藻堂舊藏
993	仲作旅甗	4	西周中期	集成860 文物1982年1期88頁圖6	1975年陝西臨潼縣南羅村南	臨潼縣博物館	
994	龍作旅彝甗	4	西周早期	集成861 西清30.10			
995	叀甗	4	西周早期	集成862 十六3.6 積古7.19.1 攈古1.2.81			《集成》:錢坫舊藏
996	光作從彝甗	4	西周中期	集成863		上海博物館	

序號	器名	字數	時代	著録	出土地	現藏地	備註
997	中甗	存4	西周中期	集成864	1973年陝西長安縣馬王村	西安市文物管理委員會	《集成》:同出"衛鼎"、"衛簋"等器,簡報見《考古》1974年1期1—5頁;《集成》目録誤爲"4"字
998	䫉甗	4	西周中期	集成865 考古1981年1期16頁圖3.10	1978年陝西長安縣張家坡1號墓	考古研究所西安研究室	
999	作旅尊彝甗	存4	西周	近出附4 文物1983年12期7—8頁	1974年冬山東萊陽縣		
1000	子商甗	5	商代後期	集成866 積古2.19 攈古1.3.32.4 小校3.89.3 續殷上30.8			
1001	商婦甗	5	商代後期	集成867 三代5.6.2 長安1.26 筠清5.20.2 攈古2.1.14.1 綴遺9.21.2 敬吾下26.4 周金3.113.6 殷存上9.10 小校3.90.3			《集成》:劉喜海、潘祖蔭舊藏
1002	伯𢊾甗	5	西周早期	集成868 三代5.6.1 貞松4.18.3 善齋3.32 小校3.90.2 善彝49 頌續24	《頌續》:河南		《集成》:劉體智、容庚舊藏

序號	器名	字數	時代	著録	出土地	現藏地	備註
1003	伯乙甗	5	西周早期	集成869		中國歷史博物館	
1004	伯貞甗	5	西周早期	集成870 三代5.5.8 從古16.8 攈古1.3.59.3 愙齋17.4.1 綴遺9.26.1 奇觚8.6.2 周金2.90.2 簠齋3.2 小校3.89.5		故宮博物院	又名"伯貨甗";《集成》:葉志詵、陳介祺舊藏;《綴遺》、《簠齋》均云:殘存片銅
1005	夨伯甗	5	西周早期	集成871 録遺101 文物1986年3期93頁 中原文物1985年1期30:34頁		新鄉市博物館	
1006	湆伯甗	5	西周早期	集成872 彙編7.750(摹本) 寧樂譜17		日本奈良寧樂美術館	
1007	井伯甗	5	西周中期	集成873 三代5.5.6 貞補上17.2 海外吉13 泉屋1.14 彙編7.660		日本京都泉屋博古館	
1008	𠭯子甗	5	西周早期	集成874 録遺100			
1009	杳甗	5	西周早期	集成875			

序號	器名	字數	時代	著録	出土地	現藏地	備註
1010	雷甗	5	西周早期	集成 876 三代 5.5.5 筠清 4.37.2 從古 7.23 攈古 1.3.31.3 綴遺 9.24.2 敬吾下 26.1 周金 2.90.4 小校 3.89.6			《筠清》:夏之盛舊藏
1011	棄妊甗	5	商代後期	集成 877 三代 5.5.7 從古 16.9 攈古 1.3.32.2 簠齋 17.3.2 綴遺 9.25.2 奇觚 8.6.1 周金 2.91.1 簠齋 3.1 小校 3.89.4		故宫博物院	《集成》:陳介祺舊藏;《攈古》、《簠齋》均云:殘甗片
1012	㔾甗	5	商代後期	近出 155 佳士得(1987,6,4 9)			《集成》:英國倫敦佳士得拍賣行曾見
1013	戌人正甗	5	西周早期	近出 156 高家堡戈國墓 74 頁	1991 年陝西省涇陽縣興隆鄉高家堡 M4:7	陝西省涇陽縣博物館	
1014	應侯甗	5	西周中期	近出 157 文物 1998 年 9 期 7—11 頁	河南省平頂山市新華區薛莊鄉北滍村滍陽嶺應國墓葬 M84:89	河南省文物研究所	

序號	器名	字數	時代	著録	出土地	現藏地	備註
1015	並伯甗	5	西周早期	近出 158 考古與文物 1987 年 5 期 100—101 頁	1983 年 10 月甘肅省靈臺縣新集公社崖灣大隊東莊墓葬	甘肅省靈臺縣文化館	
1016	作且己甗	6	西周早期	集成 878 博古 18.29—30 薛氏 45.1			
1017	作且己甗	6	西周早期	集成 879 嘯堂 64.2			《集成》時代誤爲"西周中期"
1018	鼎作父乙甗	6	西周早期	集成 880 三代 5.6.3 西乙 13.18 寶蘊 39 貞松 4.18.4 續殷上 31.1 故圖下下 10		臺北"中央博物院"	《集成》:瀋陽故宮舊藏
1019	作父庚甗	6	西周早期	集成 881 三代 5.5.3—4 寧壽 12.8 貞松 4.18.1—2 續殷上 30.9—10 泉屋 1.13 海外吉 11 彙編 7.751		日本京都泉屋博古館	《集成》:清宫舊藏;第上一字作
1020	彀作父庚甗	6	西周早期	集成 882 三代 5.6.4 移林 9 殷存上 9.9 小校 3.90.5 冠斝上 47			《移林》:李佐賢、丁麟年舊藏;又名"彀父庚甗"、"彀作母庚甗"

序號	器名	字數	時代	著録	出土地	現藏地	備註
1021	雁監甗	6	西周早期	集成883 學報1960年1期圖版2 考古1960年2期44頁 三代補918	1958年江西余干縣黄金埠	江西省歷史博物館	
1022	師趣甗	6	西周早期	集成884 文叢3輯45頁圖14	1948年河南洛陽馬坡東北攔駕溝	洛陽市文物工作隊	
1023	何嫊⿸厂女甗	6	西周早期	集成885 文物1977年12期29頁圖14	1974年遼寧喀左縣山灣子窖藏	遼寧省博物館	
1024	亞龏作季隮彝甗	6	商代後期	集成886 西清30.14			
1025	[illegible]弗生甗	6	西周早期	集成887 三代5.7.3 攈古1.3.60.1 綴遺9.32 陶齋2.60 周金2.90.1 小校3.90.4	《陝西金石志》:道光時陝西咸陽		《攈古》《周金》:姜愛珊、潘祖蔭、端方舊藏;又名"西弗生甗"、"函弗生甗";《集成》説明中器名漏一"甗"字
1026	寡史⿰戈卂甗	6	西周早期	集成889 三代5.7.4 寧壽12.4 貞補上17.3 故宫9期 續殷上31.2 故宫下下8 彙編7.659(摹本)		臺北"故宫博物院"	《集成》:清宫舊藏
1027	田告甗	6	西周早期	集成889		上海博物館	

序號	器名	字數	時代	著録	出土地	現藏地	備註
1028	田農甗	6	西周早期	集成 890 録遺 102 美集録 R295 彙編 7.753 三代補 295		《彙編》:美國米里阿波里斯美術館	《美集録》:盧芹齋舊藏
1029	奄作婦姑甗	6	商代後期	集成 891 三代 5.7.7 從古 1.21 攈古 2.1.13.4 綴遺 9.20.1 敬吾下 26.3 周金 2.89.4(又 3.114.2) 續殷上 31.4 小校 3.90.7(又 3.90.8)			《綴遺》、《小校》:姚觀光(六榆)、張子祥、劉體智舊藏
1030	伯矩甗	6	西周早期	集成 892 西清 30.5			
1031	伯矩甗	6	西周早期	集成 893 文物 1977 年 12 期 24 頁圖 3	1974 年遼寧喀左縣山灣子窖藏	遼寧省博物館	
1032	夆伯甗	6	西周早期	集成 894 三代 5.6.7 貞松 4.19.1 善齋 3.33 小校 3.90.6 善彝 50 山東存下 10.2 故圖下下 12		臺北"中央博物院"	《集成》:劉體智舊藏
1033	強伯甗	6	西周早期	集成 895 文物 1976 年 4 期 56 頁圖 55	1974—1975 年陝西寶鷄市茹家莊 1 號墓乙	寶鷄市博物館	

序號	器名	字數	時代	著録	出土地	現藏地	備註
1034	束叔甗	6	西周早期	集成 896 布倫戴奇 140 頁圖 34 彙編 7.658		美國舊金山亞洲美術博物館布倫戴奇藏品	
1035	虢伯甗	6	西周中期	集成 897 三代 5.6.6 寧壽 12.11 貞續上 28.1 故宫 16 期			《集成》:清宫舊藏
1036	伯□甗	6	西周早期	集成 898 三代 5.7.2			
1037	甗	6	西周早期	集成 899 三代 5.7.1 尊古 2.25			
1038	伯□父甗	6	西周晚期	集成 900 薛氏 155.1			
1039	仲酉父甗	6	西周晚期	集成 901 薛氏 155.2			《集成》拓片器號誤爲"902",應爲"901"
1040	俞伯甗	6	西周早期	近出 159 富士比(1978,3,30 18)			英國倫敦富士比拍賣行曾見
1041	盂甗	6	西周早期	近出 160 保利藏金 59—61 頁		北京保利藝術博物館	第一横行兩字周章似刻款
1042	弜作父乙甗	7	西周早期	集成 902 三代 5.7.5 西清 30.3		故宫博物院	《集成》:頤和園舊藏;器口内後刻"南海陳鳴陽家藏"七字;《集成》拓片器號誤爲"901",應爲"902"

序號	器名	字數	時代	著録	出土地	現藏地	備註
1043	亞又作父乙甗	7	西周早期	集成 903		故宫博物院	
1044	亞無壽作父己甗	7	西周早期	集成 904 博古 18.25 薛氏 45.2 嘯堂 63.4			
1045	作父癸甗	7	西周早期	集成 905 西清 30.8 録遺 103		故宫博物院	《集成》:頤和園舊藏
1046	亞旃作父□甗	7	西周早期	集成 906 三代 5.6.5	《孫表》:陝西鳳翔		
1047	切作母戊甗	7	西周早期	集成 907 三代 5.7.6 寧壽 12.10 積古 1.27 攈古 2.1.23.1 續殷上 31.3 故宫 13 期 故圖下上 5		臺北"故宫博物院"	《集成》:清宫舊藏
1048	強伯甗	7	西周早期	集成 908 文物 1976 年 4 期 54 頁圖 43	1974—1975 年陝西寶鷄市茹家莊 2 號墓	寶鷄市博物館	
1049	叔䙴作寶甗	7	西周中期	集成 909 陝圖 90		陝西省博物館	
1050	孟姬安甗	7	西周中期	集成 910		上海博物館	
1051	𢽚仲雩父甗	7	西周晚期	集成 911 文物 1978 年 11 期 10 頁圖 24 陝青 2.115	1976 年陝西扶風縣莊白二號窖藏	周原扶風縣文物管理所	
1052	尹伯作且辛甗	8	西周早期	集成 912 三代 5.8.3 貞松 4.19.3 善齋 3.34 續殷上 31.6 小校 3.91.2 善彝 48			《集成》:劉體智舊藏

序號	器名	字數	時代	著録	出土地	現藏地	備註
1053	比甗	8	西周早期	集成 913 三代 5.8.1 貞松 4.19.2 澳銅選 64 頁圖 8 彙編 6.542		澳大利亞墨爾本國立維多利亞博物館	
1054	鑄[illegible]客甗	8	戰國後期	集成 914		上海博物館	
1055	大史友甗	9	西周早期	集成 915 三代 5.8.5 攈古 2.1.42.1 綴遺 9.22.1 周金 3.112.6 海外吉 12 小校 3.91.3(又 3.91.4) 斷代 3.54(90 頁) 泉屋 1.11 日精華 3.204 彙編 6.502	十八世紀末山東壽張梁山所出七器之一	日本京都泉屋博古館	《攈古》、《海外吉》等:鍾養田、李山農、潘祖蔭等舊藏
1056	[illegible]夫作且丁甗	9	西周早期	集成 916 三代 5.8.4 寧壽 12.2 貞補上 18.1 故宫 10 期 續殷上 31.5 故圖下上 7		臺北"故宫博物院"	《集成》:清宫舊藏
1057	諸女甗	9	西周早期	集成 917 三代 5.8.2 綴遺 9.20.2 陶續 2.2 周金 2.89.3 續殷上 31.7 小校 3.91.1			《綴遺》、《周金》:潘祖蔭、吴大澂、端方舊藏;此甗與《集成》9294.1 觥重出,據《陶齋》圖應爲觥

序號	器名	字數	時代	著録	出土地	現藏地	備註
1058	孚公㧊甗	9	西周中期	集成918 録遺104		故宫博物院	
1059	屖甗	存9(又重文2)	西周中期	集成919 齊家村23 陝青2.167	1960年陝西扶風縣齊家村窖藏	陝西省博物館	《齊家村》拓本缺首行二字
1060	歸𢦏甗	9	西周早期	集成920 文物1986年1期15頁圖37	1980年陝西長安縣花園村17號墓	陝西省文物管理委員會	
1061	作寶甗	存9	西周中期	集成921 録遺105		故宫博物院	此器僅存甑部,底原有孔,後修爲平底,耳亦修過。《通考》云:作器者之名挖去
1062	婦闋甗	10	商代後期	集成922 三代5.8.6 殷存上10.1(又上41.1重出) 日精華3.206 彙編6.470		日本大阪江口治郎氏	
1063	伯麦父甗	10	西周中期	集成923		上海博物館	
1064	乃子作父辛甗	10(甑鬲同銘)	西周早期	集成924 三代5.9.2—3 續殷上28.1—2 賸稿9(又8重出) 彙編6.503	洛陽	旅順博物館(甑),吉林大學歷史系(鬲)	《集成》圖1.甑部,2.圈足,3.鬲部。《歐精華》2.100所收拓本即《三代》5.9.2—3,但圖像和旅博、吉大所藏的不同,恐有誤。《賸稿》以爲是二器,同銘同坑所出,但拓本却用一器,容庚《通考》《通論》則認爲爲一器,此存疑

序號	器名	字數	時代	著録	出土地	現藏地	備註
1065	鄭伯筍父甗	10	西周晚期	集成 925 三代 5.9.1 愙齋 17.5.1 攈古 2.1.54.3 綴遺 9.30 周金 2.89.2 小校 3.92.1			《集成》:金蘭坡舊藏;《集成》目録中器名为"郑伯筍父甗"
1066	鄭丼叔甗	10	西周晚期	集成 926 綴遺 9.31.1			
1067	伯姜甗	10	西周晚期	集成 927 攈古 2.1.62.2 綴遺 9.28.2			《攈古》:葉志詵舊藏
1068	叔碩父甗	10(又重文2)	西周晚期	集成 928 三代 5.9.4 愙齋 17.5.1 綴遺 9.29.1 陶續 2.3 周金 2.89.1 小校 3.93.3 尊古 2.26	《通考》:同治二年(1863)山西吉縣安平村		《綴遺》:潘祖蔭、端方舊藏;又名"叔稽父甗"
1069	㲃父甗	10	西周晚期	集成 929 三代 5.9.5 積古 7.18.1 攈古 2.2.10.2 綴遺 9.28.1 周金 2.53.2 小校 3.94.2			《綴遺》:葉志詵舊藏
1070	𬀩子旅作且乙甗	12	西周早期	集成 930 三代 6.45.4 日精華 3.208 布倫戴奇 140 頁圖 35 彙編 6.428		美國舊金山亞洲美術博物館布倫戴奇藏品	《日精華》:日本蘆屋市川伶次郎舊藏

序號	器名	字數	時代	著録	出土地	現藏地	備註
1071	仲伐父甗	12	西周中期	集成 931 齊家村 12 陜青 2.137	1960 年陜西扶風縣齊家村窖藏	陜西省博物館	
1072	子邦父甗	12(又重文 2)	西周中期	集成 932 三代 5.9.6 愙齋 17.6.1 綴遺 9.29.2 周金 2.88.3 小校 3.93.4			《綴遺》、《周金》:潘祖蔭、費念慈、方濬益、顧壽康舊藏
1073	封仲甗	13(又重文 2)	春秋前期	集成 933 三代 5.10.1 貞松 4.20.1 小校 3.95.2	《貞松》:孟津出土,器形長方大於常甗,上下可分合		
1074	□作寶甗	14(又重文 2)	西周晚期	集成 934 薛氏 155.3	安陸之孝感		《集成》説明中器名缺"作寶"二字
1075	圉甗	14	西周早期	集成 935 琉璃河西周燕國墓地 147 頁	北京市房山縣琉璃河 253 號墓 M253:15	首都博物館	
1076	王后中官錡甗	13(頸部 11,腹部 2)	戰國	集成 936		上海博物館	此爲甗之下部;《集成》説明中缺總字數"13",目録中字數誤爲"14",且器名中缺"甗"字
1077	鄭大師小子甗	14	西周晚期	集成 937 三代 5.10.2 積古 7.19.2 攈古 2.2.19.1 小校 3.95.1		故宫博物院	《集成》:頤和園舊藏;甑部曾改制成方鼎,後除去四足,底後補

序號	器名	字數	時代	著録	出土地	現藏地	備註
1078	伯高父甗	15（又重文2）	春秋前期	集成938 三代5.10.3 窓齋17.4.2 善齋3.37 小校3.95.3		上海博物館	《羅表》：丁樹楨舊藏
1079	小子吉父方甗	存15	西周晚期	近出161 三門峽虢國墓上册44頁	河南省三門峽市虢國墓地M2001：65	河南省三門峽市文物工作隊	
1080	晋伯㒸父甗	15（又重文2）	西周晚期	近出162 上海博物館集刊1996年7期41—43頁	山西省曲沃縣曲村鎮北趙村晋侯墓地	上海博物館	1992年後香港古玩街曾見
1081	魯仲齊甗	16（又重文2）	春秋前期	集成939 曲阜魯國故城圖93.2	1977—1978年山東曲阜魯國故城48號墓	曲阜縣文物管理委員會	
1082	伯鮮甗	17	西周晚期	集成940 陝圖68		陝西省博物館	
1083	陳樂君甗	17	春秋後期	近出163 考古1996年9期4頁	1994年春山東省海陽縣磐石店鎮嘴子前村墓葬M4：87	山東省海陽縣博物館	
1084	孟狂父甗	19（又合文1）	西周中期	近出164 考古1989年6期524—525頁	1983—1986年陝西省長安縣張家坡村墓葬M183：3	中國社會科學院考古研究所澧西發掘隊	
1085	王人𠭯輔甗	19（又重文2）	西周中期	集成941 三代5.11.2 筠清4.38 古文審8.14 擴古2.3.14.1 綴遺9.26.2 陶續2.4 周金2.87.2 小校3.96.1	《分域》12.1：陝西長安縣		《筠清》、《綴遺》：秦敦夫、潘祖蔭、端方等舊藏；又名"寶甗"

序號	器名	字數	時代	著録	出土地	現藏地	備註
1086	仲信父甗	19(又重文2)	西周晚期	集成942 薛氏156.1			《集成》:器名暫從《薛氏》;咸平三年好畤令黄鄆獲是器詣闕以獻
1087	曾子仲誨甗	19(又重文2)	春秋前期	集成943 文物1973年5期15頁圖2	1971年河南新野縣城關鎮小西關	河南省博物館	
1088	作册般甗	20	西周早期	集成944 三代5.11.1 攈古2.2.86.1 綴遺9.22.2 殷存上10.2 澂秋11 小校3.95.4 彙編5.312		故宫博物院	又名"王宜人甗";《集成》:陳承裘舊藏
1089	邕子良人甗	存21(又合文1)	春秋前期	集成945 三代5.12.1 攈古2.3.14.2 綴遺9.33.1 小校3.96.2 頌續25			《攈古》云:器殘毁;《集成》:吴式芬、容庚舊藏
1090	王孫壽甗	33(又重文2)	春秋前期	集成946 録遺106			
1091	陳公子叔遵父甗	36(又重文2)	春秋前期	集成947 三代5.12.3 從古9.4 攈古3.1.9 綴遺9.31.2 敬吾下25 周金2.87.1 大系録203b 小校3.97			《周金》:瞿世瑛舊藏;《集成》器名爲"陳公子叔遵父甗"

序號	器名	字數	時代	著録	出土地	現藏地	備註
1092	遹甗	37	西周中期	集成948 三代5.12.2 周金2.31.1 貞松4.21.1 希古3.10.3 大系録32a 海外吉14 小校3.12.2 山東存下12.3 斷代(五)60(107頁) 泉屋1.12 彙編4.174	《貞松》:光緒二十二年出土於山東黄縣萊陰	日本京都泉屋博古館	《貞松》:丁樹楨舊藏
1093	中甗	100	西周早期	集成949 薛氏156.2 大系録8	《薛氏》:重和戊戌歲出於安陸之孝感縣		《薛氏》云:同出有方鼎三、圓鼎二、甗一,共六器,皆南宫中所作

九、匕

序號	器名	字數	時代	著録	出土地	現藏地	備註
1094	[illegible]匕	1	商代後期	集成 966		故宫博物院	
1095	上匕	1	戰國後期	集成 967	河北平山縣中山王墓地 6 號墓(M6:102)	河北省文物研究所	
1096	亞[illegible]匕	2(正反面同銘)	商代後期	集成 968 鄴二上 39.2		故宫博物院	《鄴二》正反面銘文俱録
1097	宰秦匕	2	戰國	集成 969 簠齋三雜器 6		中國歷史博物館	《集成》:舊讀爲秦宰,以爲是勺;吴式芬舊藏
1098	昶仲無龍匕	4	春秋	集成 970 三代 18.29.2 貞松 11.10.1 貞圖中 41	《通考》:與昶仲無龍鬲同出河南		
1099	左徒車工匕	5	戰國後期	集成 971 文字編 129 頁(摹)	1977 年河北平山縣中山王墓地 1 號墓(西庫 37)	河北省文物研究所	
1100	微伯瘐匕	5	西周中期	集成 972 文物 1978 年 3 期 17 頁圖 28 陝青 2.52	1976 年扶風縣莊白家 1 號窖藏(76FZ H1:73)	陝西周原扶風文管所	
1101	微伯瘐匕	5	西周中期	集成 973 陝青 2.53	1976 年扶風縣莊白家 1 號窖藏(76FZ H1:74)	陝西周原扶風文管所	
1102	曾侯乙匕	7	戰國前期	集成 974	1978 年湖北隨縣曾侯乙墓(C.169)	湖北省博物館	《集成》:出土時置於升鼎内,參《文物》1979 年 7 期圖版陸 3 及《隨縣曾侯乙墓》40。《隨縣曾侯乙墓》66 爲鬲匕,銘文相同,形體較小,銘文拓本未發表

序號	器名	字數	時代	著録	出土地	現藏地	備註
1103	但盤埜匕	7	戰國後期	集成975 三代18.28.1 寶楚勺乙 十二寶13—14	1933年安徽壽縣朱家集	天津市歷史博物館	《集成》:方焕經舊藏
1104	但盤埜匕	7	戰國後期	集成976 三代18.28.2 寶楚勺甲 十二寶15 楚展10	1933年安徽壽縣朱家集	天津市歷史博物館	《集成》:方焕經舊藏;另有"但史秦"三字似誤刻而刮磨掉,故筆劃不顯,今未計入字數内
1105	但紹圣匕	7	戰國後期	集成977 三代18.28.3 雙古上39 小校9.99.2 善齋度量衡2 頌續98	1933年安徽壽縣朱家集	廣州市博物館	《集成》:劉體智、容庚舊藏
1106	但紹圣匕	7	戰國後期	集成978 三代18.28.4 雙古上38 小校9.99.3 善齋度量衡3	1933年安徽壽縣朱家集	遼寧省博物館	《集成》:劉體智、于省吾舊藏
1107	仲枏父匕	8	西周中期	集成979 文物1964年7期21頁圖8圖6 陝青4.184	1962年陝西省永壽縣好畤河村	陝西省博物館	《集成》説明中"出土"項多"博物館"三字
1108	魚鼎匕	存36	戰國	集成980 三代18.30.1 貞松11.10.2 貞圖中42 小校9.98	《貞松》:山西渾源	遼寧省博物館	《集成》目録中字數寫爲"36";《集成》:柄殘,有缺字,銘文錯金。《集成》出版前未見拓本著録。羅振玉舊藏

十、鼎

序號	器名	字數	時代	著録	出土地	現藏地	備註
1109	且鼎	1	西周中期	集成984 綜覽一圖版鼎267		美國紐約薩克勒氏	《西清》1.1商祖鼎銘一且字,容庚疑僞
1110	父鼎	1	商代後期	集成985		故宫博物院	
1111	丁鼎	1	商代後期	集成986 河南1.328	1952年安陽	新鄉市博物館	
1112	𢉩鼎	1	商代後期	集成987 三代2.6.5 殷存上2.1 小校6.78.5		故宫博物院	《小校》誤作角;《羅表》:吴大澂舊藏
1113	𢉩鼎	1	商代後期	集成988 考古圖1.3 博古圖1.11 薛氏5.1 嘯堂2.4	《考古圖》:得於京師		《考古圖》:李伯時舊藏
1114	辛鼎	1	商代後期	集成989 考古圖1.3 薛氏5.2	《考古圖》:得於京師		《考古圖》:李伯時舊藏
1115	亐鼎	1	商代後期	集成990 三代2.6.6			
1116	天鼎	1	商代後期	集成991 三代2.1.1 冠斝上4 綜覽一圖版鼎66		故宫博物院	
1117	鼎	1	商代後期	集成992 文物1975年3期86頁圖18 陜青1.83 綜覽一圖版鼎23	陜西綏德墕頭村窖藏(七四81)	陜西省博物館	

序號	器名	字數	時代	著録	出土地	現藏地	備註
1118	[illegible]鼎	1	商代後期	集成 993 博古 3.15 薛氏 77.3 嘯堂 17.1			《集成》:銘爲側立人形,《博古》之人形與《薛氏》、《嘯堂》方向相反
1119	見鼎	1	商代後期	集成 994 綜覽一圖版鼎 135	傳出安陽	瑞典斯德哥爾摩遠東古物館	陳夢家《中國銅器綜録》稿本:A・H 舊藏
1120	矢鼎	1	西周	集成 995 筠清 2.5 攈古 1.1.2 綴遺 5.19 小校 2.4.3			《攈古録》:吴榮光舊藏
1121	[illegible]方鼎	1	商代後期或西周早期	集成 996		故宫博物院	
1122	[illegible]方鼎	1	商代後期或西周早期	集成 997		故宫博物院	
1123	婳鼎	1	商代後期或西周早期	集成 998			
1124	好鼎	1	商代後期	集成 999 婦好墓圖 29.8 綜覽一圖版鼎 15	1976 年安陽殷墟 5 號墓(M5:819)	考古研究所	
1125	竟鼎	1	商代後期	集成 1000 三代 2.1.7 殷存上 1.11			
1126	保鼎	1	商代後期	集成 1001 三代 2.1.12 貞松 2.4		故宫博物院	

序號	器名	字數	時代	著録	出土地	現藏地	備註
1127	保鼎	1	商代後期	集成 1002 三代 2.1.11 奇觚 6.1 殷存上 2 善齋 2.1 善彝 20 小校 2.3.2（又 4.4.3） 故圖下下 22		臺北"中央博物院"	《集成》:劉體智舊藏;《通考》上 220 頁云"銘疑僞刻。"《奇觚》、《小校》誤爲卣
1128	重鼎	1	商代後期	集成 1003 三代 2.2.3 西清 3.30 愙齋 7.3.2 移林 2 殷存上 1.3 小校 2.3.4（又 7.54.2） 文物 1964 年 4 期 52 頁圖 1		青島市博物館	《集成》:清宫、李佐賢、陳介祺、丁麟年舊藏;《愙齋》及《小校》7.54.2 誤作簋
1129	重鼎	1	商代後期	集成 1004 集録 R181 綜覽一圖版鬲鼎 8			《集成》:美國盧芹齋舊藏
1130	[illegible]鼎	1	商代後期	集成 1005 綴遺 5.12.2			
1131	[illegible]鼎	1	商代後期	集成 1006 三代 2.1.4 貞松 2.4 小校 2.3.5			《集成》:劉體智舊藏
1132	[illegible]鼎	1	商代後期	集成 1007 三代 2.1.3 從古 1.3 攈古 1.1.2 綴遺 5.12.1 續殷上 8.2			《從古》:沈濤舊藏

序號	器名	字數	時代	著録	出土地	現藏地	備註
1133	𡚬鼎	1	商代後期	集成 1008 三代 2.1.6 貞松 2.4.1			《集成》目録中器名寫爲“𡚬鼎”
1134	𡚬鼎	1	商代後期	集成 1009 三代 2.1.5			
1135	何鼎	1	商代後期	集成 1010 懷履光(1956)83頁3	安陽郭家灣北地	加拿大多倫多皇家安大略博物館	
1136	伐鼎	1	商代後期	集成 1011 彙編 8.1352		美國紐約某氏	
1137	鼎	1	商代後期	集成 1012		故宫博物院	
1138	鼎	1	商代後期	集成 1013 學報 1979 年 1 期 83 頁圖 60.9 綜覽一圖版鼎 33	河南安陽殷墟西區墓葬(M335：7)	考古研究所安陽工作站	
1139	化鼎	1	商代後期	集成 1014		上海博物館	
1140	文鼎	1	商代後期或西周早期	集成 1015		上海博物館	
1141	付鼎	1	商代後期	集成 1016 薛氏 8.2			
1142	鼎	1	商代後期	集成 1017 三代 2.2.4 西甲 2.10		故宫博物院	《集成》:頤和園舊藏
1143	鼎	1	商代後期	集成 1018	1973 年山東濟南市劉家莊墓葬	山東濟南市博物館	《集成》:與簋、卣等器同出,卣銘從二手,鼎銘右上角之手泐。器殘

序號	器名	字數	時代	著録	出土地	現藏地	備註
1144	鼎	1	商代後期或西周早期	集成 1019 三代 2.2.6 從古 13.7 攈古 1.2.4 綴遺 5.20 敬吾上 34 續殷上 4.11			《攈古録》:吕堯仙、陳介祺舊藏
1145	矣鼎	1	商代後期	集成 1020		故宫博物院	
1146	矣鼎	1	商代後期	集成 1021 三代 2.4.6 冠斝上 5 綜覽一圖版鼎 94			《集成》:榮厚舊藏
1147	矣鼎	1	商代後期	集成 1022 三代 2.4.7			
1148	矣鼎	1	商代後期	集成 1023 三代 2.4.5 頌續 3	河南	廣州市博物館	
1149	鼎	1	商代後期	集成 1024		中國歷史博物館	《集成》:銘爲陽文光字,下作直立人形
1150	光鼎	1	商代後期	集成 1025 三代 2.4.8 貞圖上 3 續殷上 7.12			
1151	觥鼎	1	西周早期	集成 1026	洛陽	故宫博物院	
1152	鼎	1	商代後期	集成 1027 三代 2.2.2			
1153	鼎	1	商代後期或西周早期	集成 1028 三代 2.2.1			
1154	鼎	1	商代後期	集成 1029			

序號	器名	字數	時代	著録	出土地	現藏地	備註
1155	先鼎	1	商代後期	集成 1030 巖窟上 6 綜覽一圖版鼎 68	1932 年河南安陽		《集成》：梁上椿舊藏
1156	鼎	1	商代後期	集成 1031 三代 2.4.9 雙吉上 5 十二貯 6 續殷上 7.1 綜覽一圖版鼎 98	河南安陽	旅順博物館	《集成》：于省吾、王辰舊藏
1157	鼎	1	商代後期	集成 1032 三代 2.5.8 十二貯 7 續殷上 8.1 綜覽一圖版鼎 30			《集成》：王辰舊藏
1158	鼎	1	商代後期	集成 1033 録遺 34			銘文中間爲髭之初文，其下尚有四點，今作一字計
1159	鼎	1	商代後期	集成 1034 録遺 27		北京師範學院歷史系	
1160	屰鼎	1	商代後期	集成 1035 美集録 R448 彙編 8.1107 綜覽一圖版鬲鼎 26		美國火奴魯魯美術學院	
1161	屰鼎	1	商代後期	集成 1036		故宫博物院	《集成》：頤和園舊藏
1162	兒鼎	1	西周中期	集成 1037	1974 年陝西寶鷄市茹家莊墓葬（M1 甲：1）	寶鷄市博物館	

序號	器名	字數	時代	著録	出土地	現藏地	備註
1163	兒鼎	1	西周中期	集成1038 文物1976年4期56頁圖56 綜覽一圖版鼎225	1974年陝西寶鷄市茹家莊墓葬(M1甲:3)	寶鷄市博物館	《綜覽》之器形爲M1甲:2
1164	兒鼎	1	西周中期	集成1039	1974年陝西寶鷄市茹家莊墓葬(M1甲:4)	寶鷄市博物館	
1165	丫鼎	1	西周	集成1040		中國歷史博物館	
1166	丫鼎	1	商代後期	集成1041 美集録R216 彙編9.1510			《集成》:盧芹齋舊藏;銘似有剔損
1167	子鼎	1	商代後期	集成1042 博古1.10 薛氏6.1 嘯堂2.3			
1168	子鼎	1	商代後期	集成1043 西甲1.40			《集成》:清宫舊藏;容庚曾質疑
1169	子鼎	1	商代後期	集成1044 懷履光(1956)40頁4 三代補556	河南安陽	加拿大多倫多皇家安大略博物館	1933—1934年懷履光在開封購得
1170	子鼎	1	商代後期	集成1045		故宫博物院	
1171	子鼎	1	西周	集成1046 三代2.5.10			
1172	囝鼎	1	商代後期	集成1047			
1173	囝鼎	1	商代後期	集成1048 録遺16			

序號	器名	字數	時代	著録	出土地	現藏地	備註
1174	[illegible]鼎	1	西周早期	集成 1049 學報 1980 年 4 期 468 頁圖 16.4	1967 年陝西長安縣張家坡墓葬（M54：1）	考古研究所西安研究室	
1175	出鼎	1	商代後期	集成 1050		中國歷史博物館	
1176	旋鼎	1	商代後期	集成 1051		故宫博物院	
1177	[illegible]鼎	1	商代後期	集成 1052 三代 2.5.9 續殷上 7.3 小校 2.4.5			
1178	[illegible]鼎	1	商代後期	集成 1053		故宫博物院	
1179	[illegible]鼎	1	商代後期	集成 1054		故宫博物院	
1180	[illegible]鼎	1	商代後期	集成 1055 録遺 21			
1181	[illegible]鼎	1	商代後期	集成 1056		故宫博物院	
1182	[illegible]鼎	1	商代後期	集成 1057	河南安陽	故宫博物院	
1183	[illegible]鼎	1	商代後期	集成 1058 録遺 19		故宫博物院	《集成》:楊寧史舊藏
1184	[illegible]鼎	1	商代後期	集成 1059 録遺 18		故宫博物院	《集成》:楊寧史舊藏
1185	正鼎	1	商代後期	集成 1060 侯家莊第二本圖版 242.2;245.2 古器物研究專刊第四本圖版 21 録遺 20 綜覽一圖版鼎 14	安陽侯家莊西北岡 1001 號大墓（HPKM1133：3 殉葬人器）	臺北"中央研究院歷史語言研究所"	
1186	正鼎	1	商代後期	集成 1061 西清 1.7			銘文倒鑄

序號	器名	字數	時代	著録	出土地	現藏地	備註
1187	徙鼎	1	商代後期	集成 1062			
1188	徙方鼎	1	商代後期	集成 1063 河南 1.336 綜覽一圖版方鼎 10	1968 年河南温縣小南張村	河南省博物館	《河南》銘文拓本倒置
1189	□鼎	1	商代後期	集成 1064 録遺 14		中國歷史博物館	《集成》:方若舊藏,銘爲方字象形
1190	○鼎	1	商代後期	集成 1065 録遺 15	傳出安陽	故宫博物院	銘文爲圓字象形
1191	得鼎	1	商代後期	集成 1066 美集録 R482 布倫戴奇(1977)圖 8 彙編 8.1372 三代補 482	《美集録》:傳安陽	《彙編》:美國舊金山亞洲美術博物館布倫戴奇藏品	《美集録》:甘浦斯舊藏
1192	得鼎	1	商代後期	集成 1067		上海博物館	
1193	妥鼎	1	商代後期	集成 1068 三代 2.5.11			
1194	奴鼎	1	商代後期	集成 1069		故宫博物院	
1195	羞鼎	1	商代後期	集成 1070 三代 2.5.6 筠清 2.7 擦古 1.1.2 窓齋 7.3.3 綴遺 5.19 敬吾上 34 續殷上 7.9 小校 2.2.3(又 7.54.3)			《攈古録》:葉志詵舊藏

序號	器名	字數	時代	著録	出土地	現藏地	備註
1196	差鼎	1	商代後期	集成 1071		英國私人收藏	
1197	差方鼎	1	商代後期	集成 1072 美集録 R449 彙編 8.1364		美國紐約布根博物館	《集成》:盧芹齋舊藏
1198	史鼎	1	商代後期	三代 2.4.12			
1199	史鼎	1	商代後期	集成 1074		英國倫敦不列顛博物館	《集成》:P. T. Brooke 舊藏
1200	史鼎	1	商代後期	集成 1075 西甲 1.19			《集成》:清宮舊藏;容庚曾質疑
1201	史鼎	1	商代後期	集成 1076 三代 2.5.1			
1202	史鼎	1	商代後期	集成 1077 三代 2.5.2 澳銅選 62 頁圖 5 彙編 9.1812 (8.1324 重出) 綜覽一圖版鼎 45		澳大利亞國立維多利亞博物館	《彙編》8.1324 誤作簋
1203	史鼎	1	商代後期	集成 1078 三代 2.5.3	器出安陽(考古所藏拓孫壯題跋)	故宮博物院	
1204	史鼎	1	商代後期	集成 1079 三代 2.5.4 西乙 1.22 寶蘊 13 貞松 2.3 續殷上 5.1 故圖下下 23 綜覽一圖版鼎 157		臺北"中央博物院"	瀋陽故宮舊藏

序號	器名	字數	時代	著録	出土地	現藏地	備註
1205	史鼎	1	商代後期	集成 1080 殷存上 1.9 續殷上 5.2			
1206	史鼎	1	商代後期	集成 1081		故宫博物院	
1207	史鼎	1	商代後期	集成 1082		故宫博物院	
1208	史鼎	1	商代後期	集成 1083		故宫博物院	
1209	史鼎	1	商代後期	集成 1084 三代 2.5.5 陶續 1.12 殷存上 1.8 小校 2.3.7 美集録 R89 三代補 89		美國堪薩斯納爾遜美術陳列館	《美集録》：潘祖蔭、端方、山中商會舊藏；此與《集成》448 鬲重出，據《美集録》A42 圖器形應爲鼎，彼誤
1210	史鼎	1	商代後期	集成 1085 倫敦圖版 1：216 綜覽一圖版鼎 97（又 123）		英格蘭費滋威廉博物館	《綜覽》鼎 97 與 123 形制、紋飾、銘文字體都相似，今作一器處理
1211	史鼎	1	商代後期	集成 1086 小校 2.4.1		英國倫敦不列顛博物館	Oppenhein Bequese 舊藏
1212	史鼎	1	商代後期	集成 1087 美集録 R516 三代補 516		美國 Komor 氏	史字上部泐
1213	史鼎	1	商代後期	集成 1088 西乙 1.21 故圖下下 24		臺北"中央博物院"	《集成》：清宫舊藏

序號	器名	字數	時代	著録	出土地	現藏地	備註
1214	鼎	1	商代後期	集成 1089 三代 2.4.11 筠清 2.4 攈古 1.1.22 愙齋 3.7 綴遺 5.8 奇觚 1.3 敬吾上 34 陶續 1.13 殷存上 1.12 小校 2.3.3 美集録 R72 三代補 72 彙編 8.1358		《美集録》:美國堪薩斯納爾遜美術陳列館	《筠清》、《奇觚》、《羅表》:李宗昉、潘祖蔭、端方、日本某氏舊藏
1215	义鼎	1	商代後期	集成 1090 三代 2.4.10		故宫博物院	
1216	奴鼎	1	商代後期或西周早期	集成 1091 西清 3.9			《集成》:清宫舊藏
1217	㱃方鼎	1	商代後期	集成 1092 美集録 R24 彙編 8.1381 綜覽一圖版方鼎 28		美國哈佛大學福格美術博物館	《集成》:美國盧芹齋舊藏
1218	嬰鼎	1	商代後期	集成 1093 博古 1.9 薛氏 8.1 嘯堂 2.2			
1219	嬰鼎	1	商代後期	集成 1094 鐃齋 2 綜覽一圖版鼎 122 歐遺珠圖 6		《綜覽》:德國慕尼黑民俗博物館	

序號	器名	字數	時代	著録	出土地	現藏地	備註
1220	叟鼎	1	商代後期	集成 1095 三代 2.5.7 從古 8.5 善齋 2.9 貞續上 7.3 續殷上 7.10 小校 2.8.7			《集成》:劉體智舊藏
1221	凡鼎	1	商代後期	集成 1096 文叢 1.160 頁圖 11	1976 年河北藁城縣前西關	石家莊地區文管會	
1222	左鼎	1(左右耳同銘)	商代後期	集成 1097		故宫博物院	銘文在耳外側,右耳銘文規整清晰
1223	[illegible]鼎	1	商代後期	集成 1098 學報 1979 年 1 期圖 58.12	河南安陽殷墟西區 907 號墓(M907:3)	考古研究所安陽工作站	銘文左半殘泐
1224	聿鼎	1	商代後期	集成 1099		英國 Ingrom 氏(陳夢家筆記)	
1225	專鼎	1	商代後期	集成 1100		故宫博物院	
1226	受鼎	1	商代後期	集成 1101 録遺 30		故宫博物院	
1227	牛方鼎	1	商代後期	集成 1102 侯家莊第五本圖版 116—117 插圖 47.2 古器物研究專刊第四本圖版 25 綜覽一圖版方鼎 7	1935 年河南安陽侯家莊西北岡 1004 號大墓	臺北“歷史語言研究所”	
1228	牛鼎	1	商代後期或西周早期	集成 1103		故宫博物院	

序號	器名	字數	時代	著録	出土地	現藏地	備註
1229	牛鼎	1（器蓋同銘）	西周早期	集成 1104 三代 2.2.7—8 尊古 1.12 小校 2.2.4 盧氏（1940）圖版17No.29 美集録 R183a、b 彙編 9.1637 綜覽一圖版鼎161		美國費城賓省大學博物館	《集成》：黄濬、盧芹齋舊藏
1230	羊鼎	1	商代後期	集成 1105 三代 2.2.9 貞松 2.1 小校 7.1.5			
1231	羊鼎	1	商代後期	集成 1106 三代 2.2.10 殷存上 1.4		蘇州市博物館	
1232	羍鼎	1	商代後期	集成 1107 上海 3 銅器選 8 三代補 860 彙編 9.1703 綜覽一圖版鼎138	安陽殷墟	上海博物館	
1233	羍鼎	1	商代後期	集成 1108 三代 2.13.5			
1234	羍鼎	1	商代後期	集成 1109 巴布選 194 頁圖4		巴黎基美博物館	
1235	鹿方鼎	1	商代後期	集成 1110 侯家莊第五本圖版 110—111 插圖 47.1 古器物研究專刊第四本圖版 29 綜覽一圖版方鼎8	1935 年河南安陽西北岡1004 號大墓	臺北"中央研究院歷史語言研究所"	

序號	器名	字數	時代	著録	出土地	現藏地	備註
1236	獸形銘鼎	1	西周早期	集成1111	滕縣東戈公社辛緒大隊	滕縣博物館	
1237	獸形銘鼎	1	商代後期或西周早期	集成1112 三代2.2.11 貞松2.1.3 續殷上4.3			《貞松》:溧陽濮氏舊藏
1238	豖鼎	1	商代後期	集成1113 三代2.1.8			
1239	豖鼎	1	商代後期	集成1114 三代2.1.9			
1240	豖鼎	1	商代後期	集成1115 三代2.1.10			
1241	豖鼎	1	商代後期	集成1116		清華大學圖書館	
1242	夒鼎	1	商代後期	集成1117		故宫博物院	
1243	夒鼎	1	商代後期	集成1118	傳安陽	故宫博物院	
1244	龍鼎	1	商代後期或西周早期	集成1119 三代2.3.2			
1245	鳥形銘鼎	1	商代後期	集成1120 三代2.3.1 西清4.6 貞松2.1.1 善齋2.2 續殷上4.1 小校2.2.2 彙編9.1667			《集成》:清宫、劉體智舊藏;此器容庚疑僞
1246	鳥形銘鼎	1	商代後期	集成1121 三代2.2.12 十二貯5 續殷上4.2 綜覽一圖版鼎106			《集成》:王辰舊藏

序號	器名	字數	時代	著録	出土地	現藏地	備註
1247	隻鼎	1	商代後期	集成 1122		日本東京國立博物館	
1248	鳶鼎	1	商代後期	集成 1123 美集録 R14 彙編 9.1684		美國哈佛大學福格美術博物館	
1249	鳶鼎	1	商代後期	集成 1124 美集録 R446 彙編 9.1683 綜覽一圖版鼎73		《彙編》:美國西雅圖美術博物館	《美集録》:羅比爾舊藏;此器形制、花紋、銘文和大小均同 A7(R14),疑同墓所出
1250	僉鼎	1	商代後期	集成 1125			
1251	魚鼎	1	商代後期	集成 1126 古器物研究專刊第四本圖版 8	河南安陽西北岡 1001 號大墓(HPKM 1889殉葬坑)	臺北"中央研究院歷史語言研究所"	
1252	魚鼎	1	商代後期	集成 1127 三代 2.3.3 貞松 2.2.1			
1253	[illegible]鼎	1	商代後期	集成 1128 三代 2.3.4 綴遺 5.14 貞續上 6.4 續殷上 4.4			
1254	[illegible]鼎	1	商代後期	集成 1129 録遺 26 綜覽一圖版鼎134		德國科隆東亞博物館	
1255	龜形銘鼎	1	商代後期	集成 1130 文物 1977 年 11 期 2 頁圖 4	1977 年北京市平谷縣劉家河二里崗期墓葬	北京市文物工作隊	
1256	奄鼎	1	商代後期	集成 1131 三代 2.12.11			

序號	器名	字數	時代	著録	出土地	現藏地	備註
1257	奄鼎	1	商代後期	集成 1132 西清 3.36		故宫博物院	《集成》:清宫舊藏
1258	萬鼎	1	商代後期或西周早期	集成 1133		陝西省博物館	
1259	萬鼎	1	商代後期	集成 1134 考古圖 1.11 博古 1.28 薛氏 6.4 嘯堂 4.3			
1260	朸鼎	1	商代後期	集成 1135 録遺 33 古器物研究專刊第四本圖版 24 綜覽一圖版鬲鼎 43	河南安陽西北岡 2020 號大墓	臺北"中央研究院歷史語言研究所"	
1261	鼎	1	商代後期	集成 1136 美集録 R271 彙編 9.1736 三代補 271		《彙編》:美國紐約大都會美術博物館	
1262	鼎	1	商代後期	集成 1137	傳 1933 年前安陽	加拿大多倫多皇家安大略博物館	
1263	鼎	1	商代後期	集成 1138		故宫博物院	
1264	郝鼎	1	戰國	集成 1139 古文字研究 10.279 圖 38.1 湖南考古輯刊 1.93 圖 3.9	長沙	湖南省博物館	
1265	鼎	1	商代後期	集成 1140 山東選 65 綜覽一圖版鼎 113	山東長清縣興復河	山東省博物館	同出兩件鼎,另一件殘,見《文物》1964 年 4 期 41 頁

序號	器名	字數	時代	著録	出土地	現藏地	備註
1266	章鼎	1	商代後期	集成 1141 三代 2.13.6 貞續上 9 後 小校 2.10.7 美集録 R40 皮斯柏圖 9 彙編 9.1688 綜覽一圖版鬲鼎 60		《美集録》、《彙編》:皮斯柏寄陳米里阿波里斯美術館	《集成》:美國盧芹齋舊藏
1267	倉鼎	1	商代後期	集成 1142 録遺 25			
1268	鼎	1	商代後期	集成 1143		上海博物館	
1269	亞鼎	1	西周中期	集成 1144 陝青 1.176 文物 1976 年 5 期 43 頁圖 27 綜覽一圖版鼎 280	1975 年陝西岐山縣董家村 1 號銅器窖藏	岐山縣博物館	
1270	亞鼎	1	商代後期	集成 1145 三代 2.7.10 西清 4.16 善齋 2.4 貞續上 8 後 續殷上 5.4 善彝 21 小校 2.4.9 彙編 8.1084		《彙編》:英格蘭雅士莫里博物館	《集成》:清宫、劉體智舊藏
1271	亞鼎	1	西周早期	集成 1146 三代 2.7.9 貞松 2.5.3 小校 2.4.10 武英 17 續殷上 5.3 故圖下下 16		臺北"中央博物院"	《續殷》拓本倒置;《貞松》:承德避暑山莊舊藏
1272	亞鼎	1	商代後期	集成 1147 美集録 R447			《集成》:盧芹齋舊藏

序號	器名	字數	時代	著録	出土地	現藏地	備註
1273	舟鼎	1	商代後期	集成 1148 中國考古學報第五册圖版肆伍 5 綜覽一圖版鬲鼎 33	1950 年河南安陽武官村墓葬（WKGM8）	中國歷史博物館	
1274	車鼎	1	西周晚期	集成 1149 文叢 2.24 圖 10 陝青 4.178	1970 年陝西乾縣薛禄鎮	陝西省博物館	
1275	車鼎	1	商代後期	集成 1150		故宫博物院	花紋、銘文皆填漆，銘文中一輪偏離右上角，爲錯範所致
1276	⊛鼎	1	商代後期	集成 1151 録遺 29			
1277	⊛鼎	1	商代後期	集成 1152 美集録 R23 彙編 9.1792 三代補 23		《彙編》：美國紐約大都會美術博物館	
1278	[illegible]鼎	1	商代後期	集成 1153 三代 2.7.4			
1279	凡鼎	1	西周早期	集成 1154 三代 2.7.5 小校 2.1.7		上海博物館	
1280	凡鼎	1	商代後期或西周早期	集成 1155 三代 2.7.6 小校 2.1.6			
1281	凡鼎	1	西周早期	集成 1156 陝青 3.162	1977 年陝西隴縣韋家莊墓葬	寶鷄市博物館	
1282	凡鼎	1	商代後期	集成 1157 日精華 3.200 彙編 9.1499 三代補 661			《集成》：日本東京文明商會舊藏

序號	器名	字數	時代	著録	出土地	現藏地	備註
1283	[illegible]鼎	1	商代後期	集成 1158 三代 2.7.2 陶齋 1.18 續殷上 7.6 美集録 R59 歐精華 2.88 銅玉圖 70r 柏景寒 149 頁 彙編 9.1486 綜覽一圖版鼎 119		美國芝加哥美術館	《美集録》:端方、盧芹齋舊藏
1284	[illegible]鼎	1	商代後期	集成 1159 三代 2.7.3 貞松 2.3.3			《羅表》:丁筱農舊藏
1285	[illegible]鼎	1	商代後期	集成 1160 美集録 R60 彙編 9.1487 綜覽一圖版鬲鼎 47		美國伏曼氏	《集成》:盧芹齋舊藏
1286	[illegible]鼎	1	商代後期	集成 1161 學報 1981 年 4 期 512 頁圖 15.1	河南安陽殷墟 17 號墓(M17:4)	考古研究所安陽工作站	
1287	[illegible]方鼎	1	商代後期	集成 1162 文叢 3 圖版 8.1	1976 年山西靈石縣旌介村墓葬(M1:2)	山西省考古研究所	
1288	[illegible]方鼎	1	商代後期	集成 1163 録遺 24		故宫博物院	《集成》:楊寧史舊藏
1289	冓方鼎	1	商代後期	集成 1164 美集録 R17 彙編 9.1518 綜覽一圖版方鼎 33 三代補 17		美國紐約大都會美術博物館	《集成》:盧芹齋舊藏
1290	冓鼎	1	商代後期	集成 1165	傳安陽	故宫博物院	扁足

序號	器名	字數	時代	著録	出土地	現藏地	備註
1291	宁鼎	1	商代後期	集成 1166 三代 2.7.8 冠斝上 3 綜覽一圖版鼎 77			《冠斝》銘文倒置
1292	貯鼎	1	商代後期	集成 1167 彙編 9.1519 布倫戴奇(1977)圖 5 三代補 828		美國舊金山亞洲美術博物館布倫戴奇藏品	
1293	買鼎	1	商代後期	集成 1168 三代 2.6.7 攈古 1.1.2 殷存上 1.4			《雙虞壺齋藏器目》:吴式芬舊藏
1294	[illegible]鼎	1	商代後期	集成 1169 三代 2.7.7			
1295	[illegible]鼎	1	商代後期	集成 1170 録遺 23			
1296	[illegible]鼎	1	商代後期	集成 1171 綜覽一圖版鼎 90			《集成》目録中器名寫爲“[illegible]鼎”
1297	[illegible]鼎	1	商代後期	集成 1172 美集録 R501(附) 彙編 9.1625 三代補 501		《美集録》、《彙編》:美國火奴魯魯美術學院	
1298	[illegible]鼎	1	商代後期	集成 1173 録遺 22		上海博物館	
1299	盇鼎	1	商代後期	集成 1174 三代 2.5.12			
1300	壴鼎	1	商代後期	集成 1175 三代 2.6.1 貞松 2.2.2 尊古 1.14			《羅表》:姚覲元舊藏

序號	器名	字數	時代	著録	出土地	現藏地	備註
1301	冓鼎	1	商代後期	集成 1176 古器物研究專刊第四本圖版 5 綜覽一圖版鼎 61	河南安陽西北岡 1550 號大墓	臺北"中央研究院歷史語言研究所"	
1302	冓鼎		商代後期或西周早期	集成 1177 出光(十五周年)394 頁 14 彙編 9.1464 三代補 786 綜覽一圖版鼎 129		日本東京出光美術館	
1303	冓鼎	1	商代後期	集成 1178 西清 3.8			《集成》:清宫舊藏
1304	冓鼎	1	商代後期	集成 1179 三代 2.6.8(又 11.40.1) 懷米上 3 攗古 1.1.3 綴遺 5.10.2 敬吾上 36.8 殷存上 1.1 小校 2.1.5(又 4.69.2)			《三代》、《小校》重出,誤作罍;《攗古録》、《綴遺》:曹秋舫、潘季玉舊藏
1305	冓鼎	1	商代後期	集成 1180 三代 2.6.9 貞續上 8.2 續殷上 7.4			《羅表》:劉體智舊藏
1306	冓鼎	1	商代後期	集成 1181 三代 2.7.1 陶齋 1.19 續殷上 7.5			《集成》:端方舊藏
1307	冓鼎	1(兩耳同銘)	商代後期	集成 1182 三代 2.6.11—12			
1308	冓鼎	1	西周早期	集成 1183			

序號	器名	字數	時代	著録	出土地	現藏地	備註
1309	冉鼎	1	西周早期	集成 1184 綜覽一圖版鼎 165			
1310	冉方鼎	1	西周早期	集成 1185 綜覽一圖版方鼎 68			
1311	冉鼎	1	西周早期	集成 1186 博古 3.7 薛氏 77.4 嘯堂 15			
1312	冉鼎	1	西周早期	集成 1187 薛氏 7.4			銘文倒鑄
1313	鼎鼎	1	商代後期	集成 1188 彙編 9.1610		日本奈良天理参考館?	
1314	鼎鼎	1	商代後期	集成 1189 三代 2.3.5 窓齋 3.2 奇觚 1.2 殷存上 1.2 簠齋 1 鼎 19 小校 2.1.1			《羅表》:陳介祺、李山農舊藏
1315	鼎鼎	1	商代後期	集成 1190 考古與文物 1982 年 4 期 23 頁圖 14.1	1979 年陝西鳳翔縣南指揮西村(79M42:5)	鳳翔雍城考古隊	
1316	[illegible]鼎	1	商代後期	集成 1191 三代 2.3.6 貞續上 7.2 續殷上 7.8 小校 2.1.1			《貞續》:徐乃昌舊藏
1317	車鼎	1	商代後期或西周早期	集成 1192 彙編 9.1587			

序號	器名	字數	時代	著録	出土地	現藏地	備註
1318	勺方鼎	1	商代後期	集成 1193 鄴三上 13 鏡齋 5 綜覽一圖版方鼎 12		德國科隆東亞博物館?	
1319	中鼎	1	西周早期	集成 1194 西甲 1.44			《集成》:清宫舊藏
1320	戈鼎	1	商代後期	集成 1195 美集録 R46 盧氏(1940)圖版 6(No.4)		《美集録》:美國赫伊特借陳柏弗羅科學博物館	《集成》:盧芹齋舊藏
1321	戈鼎	1	商代後期	集成 1196 三代 2.3.10 貞松 2.2.4 小校 2.2.6			
1322	戈鼎	1	商代後期	集成 1197 綜覽一圖版鼎 137		美國克里夫蘭美術博物館	
1323	戈鼎	1	西周早期	集成 1198 陝圖 72	《陝圖》:1949年前陝西涇陽縣北原發現		《分域》:陝西省圖書館舊藏
1324	戈鼎	1	商代後期	集成 1199 博古 1.40 薛氏 6.2 嘯堂 5			
1325	戈鼎	1	商代後期	集成 1200		故宫博物院	
1326	戈鼎	1	商代後期	集成 1201 三代 2.4.3 貞松 2.3			
1327	戈鼎	1	商代後期	集成 1202 三代 2.4.1 殷存上 1.7			

序號	器名	字數	時代	著録	出土地	現藏地	備註
1328	戈鼎	1	商代後期	集成 1203 三代 2.3.9 貞續上 7		故宫博物院	
1329	戈鼎	1	商代後期	集成 1204 三代 2.3.12 貞松 2.2.3 武英 20 續殷上 4.7 小校 2.2.7 故圖下下 25		臺北"中央博物院"	《集成》:承德避暑山莊舊藏
1330	戈鼎	1	西周早期	集成 1205	陝西寶鷄市竹園溝墓葬(M13:17)	寶鷄市博物館	
1331	戈鼎	1	商代後期	集成 1206 三代 2.4.2 綴遺 5.5.1 殷存上 1.6			《羅表》:丁筱農舊藏
1332	戈鼎	1	商代後期	集成 1207 三代 2.3.11 綴遺 5.4.2 貞松 2.3.1 續殷上 4.8		山東省博物館	《文參》1951年8期101頁王獻唐曾對此器作介紹;《集成》:溥倫、丁樹楨舊藏
1333	戜鼎	1	商代後期	集成 1208 雙古上 2			《集成》:于省吾舊藏
1334	戜鼎	1	商代後期或西周早期	集成 1209 弗里爾(1967)179頁 彙編 9.1542 三代補 533 綜覽一圖版鬲鼎 46		美國華盛頓弗里爾美術陳列館	
1335	戜鼎	1	商代後期	集成 1210 録遺 17		故宫博物院	《集成》:楊寧史舊藏

序號	器名	字數	時代	著録	出土地	現藏地	備註
1336	戠鼎	1	商代後期	集成 1211 婦好墓 57 頁圖 37.4 綜覽一圖版扁足鼎 5	1976 年安陽殷墟 5 號墓（M5：1173）	考古研究所借陳中國歷史博物館	
1337	爻鼎	1	商代後期	集成 1212		上海博物館	
1338	[illegible]鼎	1	商代後期	集成 1213 三代 2.3.7 貞圖上 4 續殷上 4.9			
1339	弓鼎	1	西周中期	集成 1214	陝西郿縣禮村	岐山縣博物館	
1340	箙鼎	1	商代後期	集成 1215 録遺 31		故宫博物院	
1341	箙鼎	1	商代後期	集成 1216 鄴三上 15 綜覽一圖版扁足鼎 12	傳安陽		
1342	箙鼎	1	商代後期	集成 1217 鄴三上 16 綜覽一圖版鼎 54	傳安陽		
1343	[illegible]鼎	1	商代後期或西周早期	集成 1218 録遺 32		首都博物館	《集成》：張瑋舊藏
1344	告鼎	1	春秋	集成 1219 考古 1973 年 1 期 30 頁圖 2 廣西出土文物説明 5 頁	廣西恭城縣秧家大隊	廣西僮族自治區博物館	
1345	舌方鼎	1	商代後期	集成 1220 三代 2.6.2 尊古 1.13 鄴二上 3 美集録 R2 中國圖符 6 彙編 9.1732	《通考》：安陽	《美集録》：美國納爾遜美術陳列館	《尊古》誤以爲圓鼎（《集成》1221）之拓

序號	器名	字數	時代	著録	出土地	現藏地	備註
1346	舌鼎	1	商代後期	集成1221 鄴二上4	傳安陽		
1347	耳鼎	1	商代後期	集成1222 使華2 彙編9.1428 三代補752 綜覽一圖版鼎133	安陽		耳字上有兩點,可能是鏽斑,今以一字計;《使華》:德人陶德曼舊藏
1348	耵鼎	1	商代後期	集成1223			
1349	鼎	1	商代後期	集成1224 鄴三上6	傳安陽		
1350	息鼎	1	商代後期	集成1225	1980年河南羅山縣蟒張墓葬(M28:10)	信陽地區文管會	
1351	息鼎	1	商代後期	集成1226 考古1981年2期118頁圖10.1	河南羅山縣蟒張墓葬(M5)	信陽地區文管會	
1352	息鼎	1	商代後期	集成1227 中原文物1981年4期7頁圖4.4	1980年河南羅山縣蟒張墓葬(M28:12)	信陽地區文管會	
1353	需鼎	1	商代後期	集成1228 三代2.6.3 續殷上4.6			《分域》:至德周氏舊藏
1354	需鼎	1	商代後期	集成1229 三代2.6.4 貞松2.5.1 善齋2.3 續殷上4.4 小校2.4.4 雙古上5 綜覽一圖版鼎158	《貞松》:洛陽		《集成》:劉體智、于省吾舊藏

序號	器名	字數	時代	著録	出土地	現藏地	備註
1355	[illegible]鼎	1	商代後期	集成 1230 古器物研究專刊第四本圖版 17 綜覽一圖版鼎 81	河南安陽侯家莊西北岡 1435 號大墓	臺北"中央研究院歷史語言研究所"	
1356	[illegible]鼎	1	西周早期	集成 1231 考古與文物 1991 年 1 期	1927 年陝西寶鷄市金臺區陳倉鄉戴家灣盗掘	故宫博物院	《集成》:李德全舊藏
1357	[illegible]鼎	1	西周早期	集成 1232		上海博物館	
1358	[illegible]方鼎	1	西周早期	集成 1233 陝青 3.167	1963 年陝西隴縣南村西周墓葬	陝西隴縣文化館	
1359	⋈鼎	1	商代後期或西周早期	集成 1234		上海博物館	
1360	主鼎	1	商代後期	集成 1235 美集録 R114			盧芹齋舊藏
1361	平鼎	1	戰國晚期	集成 1236 文物 1975 年 6 期 74 頁圖 12	陝西咸陽市塔兒坡	咸陽市博物館	銘文在一耳外側
1362	[illegible]鼎	1	商代後期	集成 1237 考古圖 1.23	得於鄴郡漳河之濱		《集成》:鄴郡李氏舊藏
1363	[illegible]方鼎	1	商代後期	集成 1238 西拾 3 寧壽 1.39			《集成》:清宫舊藏
1364	[illegible]鼎	1	西周早期	集成 1239 考古與文物 1984 年 5 期 10 頁圖 2.1	1956 年岐山縣賀家村	岐山縣博物館	

序號	器名	字數	時代	著録	出土地	現藏地	備註
1365	[illegible]鼎	1	西周早期	集成 1240		上海博物館	
1366	[illegible]鼎	1	春秋	集成 1241	傳西安	故宫博物院	《集成》説明中缺"時代"兩字;銘文在腹内底部,腹部及耳上均飾S紋
1367	[illegible]方鼎	1	西周早期	集成 1242 考古與文物 1983 年 6 期 7 頁圖 4.3;1991 年 1 期	1927 年陝西寶鷄市金臺區陳倉鄉戴家灣盗掘	寶雞市博物館	
1368	[illegible]鼎	1	西周早期	集成 1243 考古 1982 年 6 期 665 頁圖 2	山西屯留縣城郊	長治市博物館	
1369	亘鼎	1	商代後期	集成 1244 弗里爾(1967)163 頁 彙編 9.1728 三代補 532		美國華盛頓弗里爾美術陳列館	
1370	束鼎	1	商代後期	集成 1245		故宫博物院	《集成》:頤和園舊藏
1371	束鼎	1	商代後期	集成 1246 考古圖 1.4 博古 1.12 薛氏 5 嘯堂 3.1	《考古圖》:得於京師		《考古圖》:李伯時舊藏
1372	束鼎	1	商代後期	集成 1247		故宫博物院	
1373	[illegible]鼎	1	商代後期	集成 1248 三代 2.1.2 殷存上 1.10		故宫博物院	《羅表》:潘祖蔭舊藏
1374	[illegible]鼎	1	西周晚期或春秋前期	集成 1249 綜覽一圖版鼎 336			

序號	器名	字數	時代	著録	出土地	現藏地	備註
1375	愢鼎	1	戰國後期	集成 1250 金石書畫 71 期第四版左			《集成》:龍游余氏寒柯堂舊藏;另有一器與此同銘,未見著録。銘在脣部
1376	姍方鼎	1	商代後期	近出 165 文物 1999 年 8 期 92 頁		山東省濟南市博物館	1997 年 10 月山東省濟南市博物館從市文物商店徵集
1377	妣鼎	1	商代後期	近出 166 富士比(1978,7,11 10)			英國倫敦富士比拍賣行曾藏
1378	大鼎	1	商代後期	近出 167 考古學報 1986 年 2 期 161—172 頁	1979—1980 年河南省羅山縣蟒張鄉天湖村墓葬 41：2	河南省羅山縣文化館	
1379	盉鼎	1	商代後期	近出 168 富士比(1978,7,11 7)			英國倫敦富士比拍賣行曾藏
1380	欶鼎	1	商代後期	近出 169 考古 1989 年 2 期 133 頁	1984 年秋河南省安陽市殷墟苗圃北地墓葬 M123：01	中國社會科學院考古研究所安陽工作隊	
1381	邑鼎	1	商代後期	近出 170 文物 1986 年 11 期 14 頁	1985 年 1 月山西省靈石縣旌介村墓葬 M1：36	山西省靈石縣文化局	
1382	免鼎	1	商代後期	近出 171 富士比(1978,7,11 8)			英國倫敦富士比拍賣行曾藏

序號	器名	字數	時代	著録	出土地	現藏地	備註
1383	鼎	1	商代後期	近出 172 佳士得(1987,6,8 199)			英國倫敦佳士得拍賣行曾藏
1384	息鼎	1	商代後期	近出 173 考古學報 1986 年2期 161—172 頁	1979—1980 年河南省羅山縣蟒張鄉天湖村墓葬28：12	河南省羅山縣文化館	
1385	息鼎	1	商代後期	近出 174 考古學報 1986 年2期161—172 頁	1979—1980 年河南省羅山縣蟒張鄉天湖村墓葬28：11	河南省羅山縣文化館	
1386	息鼎	1	商代後期	近出 175 考古學報 1986 年2期161—172 頁	1979—1980 年河南省羅山縣蟒張鄉天湖村墓葬5：1	河南省羅山縣文化館	
1387	舌鼎	1	商代後期	近出 176 富士比(1984,12,11 13)			英國倫敦富士比拍賣行曾藏
1388	鼎	1	商代後期	近出 177 富士比(1973,11,27 6)			英國倫敦富士比拍賣行曾藏
1389	共鼎	1	商代後期	近出 178 考古 1993 年 4 期322 頁	1987 年 5 月河北薊縣張家園遺址 M2：1	天津市歷史博物館考古部	
1390	爰鼎	1	商代後期	近出 179 考古 1998 年 10 期38—40 頁	1995 年河南省安陽市郭家莊東南 86 號墓M26：29	中國社會科學院考古研究所安陽工作隊	

序號	器名	字數	時代	著録	出土地	現藏地	備註
1391	爰鼎	1	商代後期	近出 180 考古學報 1991 年 3 期 333—342 頁	1984 年 10—11 月河南省安陽市戚家莊東 269 號墓	河南省安陽市文物工作隊	
1392	爰鼎	1	商代後期	近出 181 考古學報 1991 年 3 期 333—342 頁	1984 年 10—11 月河南省安陽市戚家莊東 269 號墓	河南省安陽市文物工作隊	
1393	爰方鼎	1	商代後期	近出 182 考古學報 1991 年 3 期 333—342 頁	1984 年 10—11 月河南省安陽市戚家莊東 269 號墓	河南省安陽市文物工作隊	
1394	正鼎	1	商代後期	近出 183 富士比（1993, 12,7　7）			英國倫敦富士比拍賣行曾藏
1395	隻鼎	1	商代後期	近出 184 富士比(1984,6, 19　14)			英國倫敦富士比拍賣行曾藏
1396	子鼎	1	商代後期	近出 185 富士比(1973,6, 26　37)			英國倫敦富士比拍賣行曾藏
1397	子鼎	1	商代後期	近出 186 富士比（1970, 12,15　16）			英國倫敦富士比拍賣行曾藏
1398	巳鼎	1	商代後期	近出 187 文物 1989 年 12 期 91—92 頁	1981 年 5 月河南省武陟縣寧郭村	河南省武陟縣博物館	
1399	亞方鼎	1	商代後期	近出 188 考古 1988 年 10 期 876—878 頁	1987 年夏河南省安陽市郭家莊墓葬 M1：19	中國社會科學院考古研究所安陽工作隊	
1400	竈方鼎	1	商代後期	近出 189 文物 1997 年 12 期 29—33 頁	1996 年 4 月湖北省蘄春縣達城鄉新屋彎	湖北省蘄春縣博物館	

序號	器名	字數	時代	著録	出土地	現藏地	備註
1401	鼏方鼎	1	商代後期	近出 190 文物 1997 年 12 期 29—33 頁	1996 年 4 月湖北省蘄春縣達城鄉新屋彎	湖北省蘄春縣博物館	
1402	夆方鼎	1	西周早期	近出 191 文物 1996 年 12 月 7—10 頁	1985 年 5 月山東省濟陽縣姜集鄉劉臺子村墓葬 M6：22	山東省文物考古研究所	
1403	鼎	1	商代後期	近出 192 富士比（1979,12,11 25）			英國倫敦富士比拍賣行曾藏
1404	融方鼎	1	商代後期	近出 193 海岱考古第一輯 256—266 頁	1986 年春山東省青州市蘇埠屯墓葬 M8：13	山東省青州市博物館	
1405	鼎	1	商代後期	近出 194 考古學報 1992 年 3 期 354—356 頁	1960 年秋河北武安縣趙窑村墓葬 M10：7	河北省文物研究所	
1406	弓鼎	1	西周中期	近出 195 考古與文物 1994 年 3 期 31 頁	1957 年陝西省岐山縣京當鄉禮村	陝西省岐山縣博物館	
1407	弓鼎	1	西周中期	近出 196 考古與文物 1984 年 5 期 9 頁	1957 年陝西省岐山縣京當鄉禮村	陝西省岐山縣博物館	
1408	卜鼎	1	商代後期	近出 197 文物 1995 年 6 期 89 頁 中國文物報 1993 年 21 期 4 版	1992 年 10 月河北遷安縣夏官營鎮馬哨村		

序號	器名	字數	時代	著録	出土地	現藏地	備註
1409	酋方鼎	1	商代後期	近出198 文物1997年12期29—33頁	1996年4月湖北省蘄春縣達城鄉新屋灣	湖北省蘄春縣博物館	
1410	向鼎	1	商代後期	近出199 考古1992年2期187頁	1990年5月河南省安陽市梅園莊墓葬M1：5	中國社會科學院考古研究所安陽工作隊	
1411	[illegible]鼎	1	商代後期	近出200 考古與文物1990年5期 25—38頁	陝西省西安市大白楊庫	陝西省西安市文物中心	
1412	[illegible]鼎	1	商代後期	近出201 文物1986年11期14頁	1985年1月山西省靈石縣旌介村墓葬M2：38	山西省靈石縣文化局	
1413	[illegible]鼎	1	西周早期	近出202 考古與文物1990年5期 26—43頁	1980年陝西省長安縣灃西鄉馬王村	陝西省西安市文物中心	
1414	[illegible]鼎	1	商代後期	近出203 沃森PL·15a 佳士得（1988,12,1 142）			英國倫敦佳士得拍賣行曾藏
1415	邢鼎	1	西周	近出附5 文物1990年7期32—33頁	1984—1985年陝西長安張家坡邢叔家族墓地M152	陝西省考古研究所	
1416	夆方鼎	1	西周	近出附6 文物1996年12期7—10頁	1985年5月山東濟陽縣姜集鄉劉臺子村墓葬M6：21	山東省考古研究所	

序號	器名	字數	時代	著録	出土地	現藏地	備註
1417	□鼎	1	西周	近出附7 文物資料叢刊1983年8期80頁	1976年春陝西岐山賀家村	陝西周原考古隊	
1418	且乙鼎	2	商代後期	集成1251 三代2.10.2 殷存上2.7 小校2.7.1			《小校》:潘祖蔭舊藏
1419	且乙鼎	2	商代後期	集成1252 筠清2.1 攈古1.1.21			《集成》:吴榮光舊藏
1420	且戊鼎	2	商代後期	集成1253 三代2.10.3 夢郼上5 續殷上8.6 小校2.7.2			《集成》:羅振玉舊藏
1421	且辛鼎	2	商代後期或西周早期	集成1254 彙編7.930		美國紐約私人收藏	
1422	父丁鼎	2	商代後期	集成1255 三代2.10.4 貞補上3.1			《貞補》:萍鄉文氏寅齋舊藏
1423	父丁鼎	2	西周	集成1256		上海博物館	
1424	父戊鼎	2	商代後期	集成1257 三代2.10.5 殷存上2.9			《集成》:王懿榮舊藏
1425	父戊鼎	2	商代後期	集成1258 三代2.11.5 貞續上9.4			
1426	父戊方鼎	2	商代後期	集成1259 三代2.10.6 奇觚1.16 殷存上2.8 小校2.7.4			《奇觚》:潘祖蔭舊藏

序號	器名	字數	時代	著録	出土地	現藏地	備註
1427	父己鼎	2	商代後期	集成1260 三代2.10.7 西乙1.1 寶蘊6 貞松2.7.3 續殷上8.8 故圖下下39		臺北"中央博物院"	《貞松》:瀋陽故宫舊藏
1428	父己鼎	2	西周早期或中期	集成1261 三代2.10.8 善齋2.7 續殷上8.9 小校2.7.6			《集成》:劉體智舊藏
1429	父己鼎	2	西周早期	集成1262 三代2.10.9 移林3 續殷上8.7 小校2.7.5			《集成》:丁麟年舊藏
1430	父己鼎	2	商代後期或西周早期	集成1263 三代2.10.10 殷存上2.10 善齋2.6 小校2.7.7			《集成》:劉體智舊藏
1431	父己鼎	2	商代後期	集成1264 鄴三上10 綜覽一圖版鼎59	傳安陽	首都博物館	
1432	父己方鼎	2	商代後期	集成1265 文博1988年3期3頁 中原文物1985年1期26—29頁 考古1964年11期592頁圖1.3 河南1.324 綜覽一圖版方鼎20	安陽	新鄉市博物館	

序號	器名	字數	時代	著録	出土地	現藏地	備註
1433	父己鼎	2	商代後期	集成 1266		故宫博物院	
1434	父辛鼎	2	商代後期	集成 1267 三代 2.10.12 愙齋 3.13.2 綴遺 3.4.1 續殷上 8.10 小校 2.8.2		中國歷史博物館	《綴遺》:器新出,見於蘇州;《羅表》:徐士愷舊藏
1435	父辛鼎	2	商代後期	集成 1268 鄴初上 8 十二尊 5 綜覽一圖版鼎 50	傳安陽		
1436	父辛鼎	2	商代後期	集成 1269		故宫博物院	
1437	父辛方鼎	2	西周早期	集成 1270 三代 2.10.11 愙齋 3.7.2 奇觚 1.5.3 殷存上 2.11 小校 2.8.1			《奇觚》:潘祖蔭舊藏
1438	父辛方鼎	2	西周早期	集成 1271 陝青 3.190 綜覽一圖版方鼎 49	1957 年陝西郿縣鳳池村	郿縣文化館	
1439	壬父鼎	2	商代後期	集成 1272 三代 2.11.1 善齋 3.8 貞續上 10.1 續殷上 8.12 小校 2.8.3			《集成》:劉體智舊藏
1440	父癸鼎	2	西周早期	集成 1273 三代 2.11.3 綴遺 3.4.2 貞續上 10.2 小校 2.8.4			《集成》:劉體智舊藏

序號	器名	字數	時代	著録	出土地	現藏地	備註
1441	父癸鼎	2	西周早期	集成 1274 彙編 7.929		美國卡特氏	
1442	父癸方鼎	2	商代後期	集成 1275 三代 2.11.2 攈古 1.1.20 綴遺 3.5.1 殷存上 2.12			《雙虞壺齋藏器目》：吴式芬舊藏
1443	父癸鼎	2	商代後期	集成 1276 鄴二上 7	安陽		
1444	父癸鼎	2	商代後期或西周早期	集成 1277		上海博物館	
1445	父癸鼎	2	西周早期	集成 1278 三代 2.11.4 奇觚 1.3.2 續殷上 9.1 小校 2.8.5（又 7.56.2）			《小校》重出誤作簋
1446	父癸鼎	2	西周早期	集成 1279 琉璃河西周燕國墓地 102 頁、117 頁、圖版五四.2	1975 年北京市琉璃河 251 號墓	首都博物館	
1447	文父方鼎	存 2	商代後期	集成 1280 蘇黎世（1975—1976）4		瑞士蘇黎世瑞列堡博物館	
1448	母乙鼎	2	商代後期	集成 1281 三代 3.16.11 小校 2.9.3			
1449	癸母鼎	2	商代後期	集成 1282		故宫博物院	
1450	乙鼎	2	西周	集成 1283 薛氏 8.4			

序號	器名	字數	時代	著録	出土地	現藏地	備註
1451	乙丰鼎	2	商代後期	集成 1284 考古圖 1.22 博古 1.14—15 薛氏 1.8 嘯堂 3 續考 2.13	《考古圖》:得於鄴郡亶甲城		《考古圖》:河南文氏舊藏
1452	酉乙鼎	2	商代後期	集成 1285 三代 2.11.12 美集録 R204 中國圖符 48 皮斯柏圖 8 三代補 204 綜覽一圖版鼎 87		美國皮斯柏寄陳米里阿波里斯美術館	《集成》:盧芹齋舊藏
1453	酉乙鼎	2	商代後期	集成 1286 美集録 R243 三代補 243 彙編 8.1603		美國哈佛大學福格美術博物館	《集成》:美國山中商會舊藏
1454	乙戎鼎	2	商代後期	集成 1287 三代 2.31.2 貞補上 6.1 小校 2.21.5 彙編 9.1550 綜覽一圖版鼎 65	《貞補》:往歲出洛陽,近在都市;《羅表》:河南彰德	《彙編》:美國卡特氏	
1455	丁鼎	2	商代後期	集成 1288 三代 2.12.10 貞補上 3.2			
1456	丁韋鼎	2	商代後期	集成 1289 三代 2.31.3 西清 3.37 殷存上 5.3			《集成》:清宫、王錫棨舊藏
1457	弔丁鼎	2	商代後期	集成 1290 三代 2.12.1 鄴初上 11 續殷上 9.6	傳安陽	英國	

序號	器名	字數	時代	著録	出土地	現藏地	備註
1458	[illegible]戊鼎	2	商代後期	集成 1291		故宫博物院	
1459	己𦎧鼎	2	商代後期	集成 1292 寧壽 1.1			《集成》:清宫舊藏
1460	戈己鼎	2	商代後期或西周早期	集成 1293 三代 2.12.2 貞續上 10.3 續殷上 11.2			
1461	己[illegible]鼎	2	商代後期	集成 1294 三代 2.12.3 西乙 1.31 寶蘊 5 貞松 2.8 故圖下下 27		臺北"中央博物院"	《貞松》:瀋陽故宫舊藏
1462	[illegible]己鼎	2	商代後期	集成 1295			
1463	辛𦎧鼎	2	商代後期或西周早期	集成 1296 三代 2.15.10 西清 3.38			《集成》:清宫舊藏
1464	𦎧青鼎	2	商代後期	集成 1297 西甲 1.27			《集成》:此器容庚疑僞。青字所摹疑有筆誤;清宫舊藏
1465	[illegible]辛鼎	2	商代後期	集成 1298 三代 2.12.5 貞松 2.7.4		上海博物館	
1466	[illegible]壬鼎	2	西周早期	集成 1299 考古 1976 年 1 期 42 頁圖 5.3 綜覽一圖版鼎 163	甘肅靈臺縣洞山 1 號墓(M1:6)	靈臺縣文化館	
1467	正癸鼎	2	商代後期	集成 1300 三代 2.12.8 冠斝上 8			《集成》:榮厚舊藏;《集成》説明中誤爲"1"字

序號	器名	字數	時代	著録	出土地	現藏地	備註
1468	子妥鼎	2	商代後期	集成 1301 三代 2.11.9 續殷上 9.4 十二尊 5—6 鄴初上 9 彙編 7.923 綜覽一圖版鼎 79	安陽		《集成》:黄濬舊藏
1469	子妥鼎	2	商代後期	集成 1302 三代 2.11.10			
1470	子妥鼎	2	商代後期	集成 1303 巴布選 191 頁圖 1		法國巴黎基美博物館	
1471	子妥鼎	2	商代後期	集成 1304		故宫博物院	
1472	子妥鼎	2	商代後期	集成 1305		北京師範學院歷史系	
1473	子龏鼎	2	商代後期	集成 1306 録遺 37			
1474	子龏鼎	2	商代後期	集成 1307 録遺 38			
1475	子龏鼎	2	商代後期	集成 1308 懷履光(1956)150 頁 A 綜覽一圖版鼎 125	河南輝縣	加拿大多倫多皇家安大略博物館	
1476	子⿱𢆶女鼎	2	商代後期	集成 1309 使華 5 彙編 8.1215 綜覽一圖版扁足鼎 19 三代補 753	《使華》:安陽		《使華》:德國陶德曼

序號	器名	字數	時代	著録	出土地	現藏地	備註
1477	子廟鼎	2	商代後期或西周早期	集成 1310 三代 2.11.8 貞松 2.8 綴遺 5.21			《羅表》:日本小川氏舊藏
1478	子韋鼎	2	商代後期	集成 1311 三代 2.11.7 貞松 2.8.3 貞圖上 8 續殷上 9.2 彙編 7.926		首都博物館	《集成》:羅振玉舊藏
1479	子韋鼎	2	商代後期	集成 1312 美集録 R511 三代補 511		美國紐約 Herbert Weinmann	
1480	子豪鼎	2	商代後期	集成 1313 三代 2.11.6 西乙 1.38 貞松 2.8.2 寶蘊 17 續殷上 9.3 藝展 9 故圖下下 46		臺北"中央博物院"	《集成》:瀋陽故宫舊藏
1481	子豪方鼎	2	商代後期	集成 1314	陝西寶鷄市竹園溝墓藏	寶鷄市博物館	
1482	子乙鼎	2	商代後期	集成 1315 美集録 R108 彙編 8.1226 三代補 108 綜覽一圖版鼎 120		美國火奴魯魯美術學院	
1483	子戊鼎	2	商代後期	集成 1316 録遺 36			
1484	子癸鼎	2	商代後期	集成 1317		遼寧省博物館	

序號	器名	字數	時代	著録	出土地	現藏地	備註
1485	[illegible]鼎	2	商代後期或西周早期	集成 1318 文物 1959 年 2 期 36 頁	1958 年長子縣西旺村	山西省博物館	
1486	子[illegible]鼎	2	商代後期	集成 1319 銅玉圖 70e 中銅 74 頁 出光(十五周年)394 頁 8 彙編 8.1220 三代補 783 綜覽一圖版鼎 128	《銅玉》:傳洛陽	日本東京出光美術館	
1487	婦好鼎	2	商代後期	集成 1320	1976 年安陽殷墟 5 號墓(M5:754)	考古研究所安陽工作站	
1488	婦好鼎	2	商代後期	集成 1321	1976 年安陽殷墟 5 號墓(M5:755)	考古研究所	
1489	婦好鼎	2	商代後期	集成 1322 婦好墓 40 頁圖 27.4	1976 年安陽殷墟 5 號墓(M5:756)	考古研究所安陽工作站	
1490	婦好鼎	2	商代後期	集成 1323	1976 年安陽殷墟 5 號墓(M5:758)	考古研究所安陽工作站	
1491	婦好鼎	2	商代後期	集成 1324 婦好墓 40 頁圖 27.8	1976 年安陽殷墟 5 號墓(M5:760)	考古研究所	
1492	婦好鼎	2	商代後期	集成 1325 婦好墓 42 頁圖 27.9	1976 年安陽殷墟 5 號墓(M5:761)	考古研究所	《集成》説明中此器器名誤爲"婦好墓"
1493	婦好鼎	2	商代後期	集成 1326 婦好墓 40 頁圖 27.6 綜覽一圖版鼎 72	1976 年安陽殷墟 5 號墓(M5:762)	考古研究所	

序號	器名	字數	時代	著録	出土地	現藏地	備註
1494	婦好鼎	2	商代後期	集成 1327 婦好墓 42 頁圖 27.5	1976 年安陽殷墟 5 號墓（M5：814）	考古研究所	《集成》説明中此器器名誤爲"婦好墓"
1495	婦好鼎	2	商代後期	集成 1328 婦好墓 40 頁圖 27.7	1976 年安陽殷墟 5 號墓（M5：815）	考古研究所	
1496	婦好鼎	2	商代後期	集成 1329 學報 1977 年 2 期 65 頁圖 5.10 婦好墓 40 頁圖 27.3	1976 年安陽殷墟 5 號墓（M5：821）	考古研究所安陽工作站	《集成》説明中此器器名誤爲"婦好墓"
1497	婦好鼎	2	商代後期	集成 1330 婦好墓 43 頁圖 29.1	1976 年安陽殷墟 5 號墓（M5：816）	考古研究所	《集成》説明中此器器名誤爲"婦好墓"
1498	婦好鼎	2	商代後期	集成 1331 婦好墓 43 頁圖 29.2	1976 年安陽殷墟 5 號墓（M5：831）	考古研究所	《集成》説明中此器器名誤爲"婦好墓"
1499	婦好鼎	2	商代後期	集成 1332 婦好墓 43 頁圖 29.3 綜覽一圖版鼎 13	1976 年安陽殷墟 5 號墓（M5：775）	考古研究所安陽工作站	
1500	婦好鼎	2	商代後期	集成 1333 婦好墓 43 頁圖 29.4 綜覽一圖版鼎 38	1976 年安陽殷墟 5 號墓（M5：835）	考古研究所借陳中國歷史博物館	《集成》説明中此器器名誤爲"婦好墓"
1501	婦好鼎	2	商代後期	集成 1334 婦好墓 43 頁圖 29.5	1976 年安陽殷墟 5 號墓（M5：776）	考古研究所	

序號	器名	字數	時代	著録	出土地	現藏地	備註
1502	婦好鼎	2	商代後期	集成 1335 婦好墓 43 頁圖 29.6	1976 年安陽殷墟 5 號墓（M5：817）	考古研究所	《集成》説明中此器器名誤爲"婦好墓"
1503	婦好鼎	2	商代後期	集成 1336 婦好墓 43 頁圖 29.7 綜覽一圖版扁足鼎 8	1976 年安陽殷墟 5 號墓（M5：1150）	考古研究所	
1504	婦好方鼎	2	商代後期	集成 1337 學報 1977 年 2 期 65 頁圖 5.9 婦好墓 40 頁圖 27.1 綜覽一圖版扁足鼎 11	1976 年安陽殷墟 5 號墓（M5：813）	考古研究所	
1505	婦好方鼎	2	商代後期	集成 1338 婦好墓 40 頁圖 27.2 綜覽一圖版方鼎 3	1976 年安陽殷墟 5 號墓（M5：834）	考古研究所借陳中國歷史博物館	
1506	婦好帶流鼎	2	商代後期	集成 1339 婦好墓 43 頁圖 29.9	1976 年安陽殷墟 5 號墓（M5：763）	考古研究所	此器有流有鋬耳,形似匜,或可稱匜鼎
1507	婦旋鼎	2	商代後期	集成 1340 録遺 43			
1508	婦[illegible]鼎	2	商代後期或西周早期	集成 1341 三代 2.31.8			
1509	婦[illegible]鼎	2	商代後期或西周早期	集成 1342 三代 2.32.1 積古 1.7.2 攈古 1.2.2 綴遺 3.9.2 奇觚 16.2.1 周金 2.66.6 小校 2.10.4			《周金》:潘祖蔭舊藏

序號	器名	字數	時代	著録	出土地	現藏地	備註
1510	婦[illegible]鼎	2	商代後期或西周早期	集成 1343 周金 2.66.5		清華大學圖書館	《集成》:潘祖蔭舊藏
1511	盘婦鼎	2	商代後期	集成 1344 三代 2.16.1			
1512	[illegible]公鼎	2	戰國	集成 1345 貞續上 12.4			
1513	向公鼎	2	戰國	集成 1346			
1514	公[illegible]鼎	2	戰國	集成 1347 三代 2.16.6 貞松 2.9.3 希古 2.1			又名"公乘鼎"
1515	國子鼎	2(器蓋同銘)	戰國前期	集成 1348 考古通訊 1958 年 6 期 51 頁圖 4	山東省臨淄縣姚王村	山東省博物館	同出八鼎、六豆、二壺等。《考古通訊》所發拓本倒置
1516	向斿子鼎	2(又合文 1,蓋耳同銘)	戰國後期	集成 1349 三代 2.16.7—8 貞補上 4.1—2 尊古 3.47			斿子合文或釋爲孝子
1517	保[illegible]鼎	2	商代後期	集成 1350		上海博物館	
1518	尹臾鼎	存 2	西周早期	集成 1351 文物 1972 年 6 期 25 頁圖 1 陝青 1.153 綜覽一圖版鬲鼎 80	1966 年陝西岐山縣賀家村西壕墓葬(七二 202)	陝西省博物館	全銘似有四字,二字泐,《集成》目録誤爲"2"字
1519	尹臾鼎	2	西周早期	集成 1352			
1520	史番鼎	2	戰國	集成 1353			字刻在耳上
1521	史次鼎	2	西周早期	集成 1354 三代 2.10.5 貞補上 4.2 十二式 5 小校 2.11.5	《羅表》:洛陽	故宫博物院	銘爲耳上刻款,次或以爲次字;《集成》:孫政舊藏

序號	器名	字數	時代	著録	出土地	現藏地	備註
1522	⿸广寿册鼎	2	商代後期	集成 1355 綴遺 5.32			
1523	册⿱東大鼎	2	商代後期	集成 1356 從古 11.3			
1524	⿰戈卂册鼎	2	商代後期	集成 1357 三代 2.13.2 寧壽 1.23 續殷上 10.5 故宫 38 期 故圖下上 28		臺北"故宫博物院"	《集成》:清宫舊藏
1525	⿱⿰止止⿰止止⿱册攴鼎	2	商代後期	集成 1358 三代 2.13.7 小校 2.4.6			
1526	陸册鼎	2	商代後期或西周早期	集成 1359 西甲 1.43			《集成》:清宫舊藏
1527	叀册鼎	2	商代後期	集成 1360		故宫博物院	
1528	美宁鼎	2	商代後期	集成 1361 美集録 R173 海外銅 4 中國圖符 37 彙編 9.1569 綜覽一圖版鼎 71		美國納爾遜美術陳列館	
1529	鄉宁鼎	2	商代後期	集成 1362 美集録 R30 布倫戴奇(1977)圖 3 彙編 8.1288	《美集録》:1930 年安陽	美國舊金山亞洲美術博物館布倫戴奇藏品	《集成》:盧芹齋舊藏
1530	鄉宁鼎	2	商代後期	集成 1363		瑞典斯德哥爾摩遠東古物館	
1531	鄉宁鼎	2	商代後期	集成 1364			
1532	劦宁鼎	2	商代後期	集成 1365		上海博物館	

序號	器名	字數	時代	著録	出土地	現藏地	備註
1533	西宁鼎	2	商代後期	集成 1366 鄴三上 5 使華 1 彙編 9.1521 三代補 751 綜覽一圖版鼎 118	安陽		《使華》:德人陶德曼舊藏
1534	父宁鼎	2	商代後期	集成 1367		故宫博物院	
1535	告宁鼎	2	商代後期	集成 1368 學報 1979 年 1 期 81 頁圖 58.10 綜覽一圖版鼎 46	1969—1977 年河南安陽殷墟西區墓葬(M1118:1)	考古研究所安陽工作站	
1536	㚔旅鼎	2	西周早期	集成 1369 三代 2.2.5 西清 1.31 貞續上 7.4 續殷上 7.11		故宫博物院	《集成》:清宫舊藏
1537	㚔旅鼎	2	商代後期	集成 1370		故宫博物院	《集成》:楊寧史舊藏
1538	㚔旅方鼎	2	商代後期	集成 1371 彙編 8.1315		美國紐約布根博物館	
1539	左敉鼎	2	商代後期	集成 1372 彙編 8.1365		法國巴賽爾諾什博物館?	
1540	㬥册鼎	2	商代後期	集成 1373 三代 2.41.3 善齋 2.40 貞續上 19.1 小校 2.27.6			《集成》:劉體智舊藏
1541	㬥册鼎	2	商代後期	集成 1374		故宫博物院	
1542	㬥册鼎	2	商代後期	集成 1375		英國 Ingrom 氏	據考古所銅器檔案應爲簋,《集成》誤收入鼎

序號	器名	字數	時代	著録	出土地	現藏地	備註
1543	冡册鼎	2	商代後期	集成1376 三代2.41.4 貞松2.24.4 小校2.27.5			《集成》:劉體智舊藏
1544	射女鼎	2	商代後期	集成1377 三代2.15.11 西清3.14		故宫博物院	《集成》:頤和園舊藏
1545	射女鼎	2	商代後期	集成1378 三代2.32.3 西清3.13 貞松2.17 故宫12期 續殷上17.12 藝展5 故圖下上27 倫敦圖版2.11		臺北"故宫博物院"	《集成》:清宫舊藏
1546	射女鼎	2	商代後期	集成1379		上海博物館	
1547	[illegible]鼎	2	商代後期或西周早期	集成1380 文物1982年9期39頁圖10	傳1981年山東費縣	北京市文物工作隊	另一同銘鼎僅存殘片,口徑25.7cm,比此器大
1548	[illegible]鼎	2	商代後期	集成1381 三代2.13.11 綴遺5.11.2 貞松2.9.1 彙編9.1467		上海博物館	《集成》:吴大澂、吴湖帆舊藏
1549	[illegible]鼎	2	商代後期	集成1382 雙古上1 綜覽一圖版鼎69		英國私人收藏	《集成》:于省吾舊藏
1550	[illegible]鼎	2	商代後期	集成1383 美集録R67 鄴三上9 綜覽一圖版鬲鼎39(又59)	傳安陽	美國伏克氏	《集成》:黄濬舊藏

序號	器名	字數	時代	著録	出土地	現藏地	備註
1551	冉[illegible]鼎	2	商代後期	集成 1384 録遺 41			
1552	乙冉鼎	2	商代後期	集成 1385 三代 2.11.11			
1553	丁冉方鼎	2	商代後期	集成 1386 三代 2.6.10 綴遺 5.11.1 貞續上 8.1 小校 2.1.4		上海博物館	《集成》: 據《小校》定方鼎;劉體智舊藏
1554	己冉鼎	2	西周早期或中期	集成 1387 三代 2.12.4 陶齋 1.21 小校 2.9.4			《集成》:端方舊藏
1555	己冉鼎	2	商代後期	集成 1388 考古 1963 年 12 期 648 頁圖 4 湖南省博物館 13	《考古》:1962 年湖南寧鄉張家坳;《湖南省博物館》:1963 年寧鄉黄材水塘灣	湖南省博物館	
1556	冉辛鼎	2	商代後期	集成 1389 三代 2.12.6 白鶴 2 白鶴撰 15 日精華 3.199 彙編 9.1482 綜覽一圖版鼎 24		日本神户白鶴美術館	
1557	冉辛鼎	2	商代後期	集成 1390 西清 3.2			《集成》:清宫舊藏;容庚疑僞
1558	癸冉方鼎	2	商代後期	集成 1391 布倫戴奇(1977)圖 37 彙編 9.1480		美國舊金山亞洲美術博物館布倫戴奇藏品	

序號	器名	字數	時代	著録	出土地	現藏地	備註
1559	癸[illegible]方鼎	2	商代後期	集成 1392 文物 1979 年 12 期 73 頁圖 1 彙編 9. 1479 綜覽一圖版方鼎 21		美國西雅圖美術博物館	
1560	亞弜鼎	2	商代後期	集成 1393 西清 4. 15			《集成》:清宮舊藏
1561	亞弜鼎	2	商代後期	集成 1394 三代 2. 14. 9 續殷上 9. 11			
1562	亞弜鼎	2	商代後期	集成 1395 三代 2. 14. 10 貞續上 11. 1			
1563	亞弜鼎	2	商代後期	集成 1396 三代 2. 14. 11			
1564	亞弜鼎	2	商代後期	集成 1397 三代 2. 14. 12			
1565	亞弜鼎	2	商代後期	集成 1398 美集録 R128 三代補 128			《集成》:美國盧芹齋舊藏
1566	亞弜鼎	2	商代後期	集成 1399 小校 2. 12. 1			《集成》:此器銘文筆劃與《西清》4. 15 近似,今作二器處理;王辰舊藏
1567	亞弜鼎	2	商代後期	集成 1400 學報 1977 年 2 期 66 頁圖 6. 10 婦好墓 57 頁圖 37. 5 綜覽一圖版鼎 74	1976 年安陽殷墟 5 號墓(M5:808)	考古研究所借陳中國歷史博物館	

序號	器名	字數	時代	著録	出土地	現藏地	備註
1568	亞豖鼎	2	商代後期	集成 1401 三代 2.15.1 貞圖上 7		故宫博物院	
1569	亞[illegible]鼎	2	商代後期	集成 1402 侯家莊第二本圖版 242.1、245.1 古器物研究專刊第四本圖版 7 綜覽一圖版鼎 27	河南安陽侯家莊西北岡 1001 號大墓（HPKM1133 ：4 殉葬坑）	臺北“中央研究院歷史語言研究所”	
1570	亞□鼎	2	商代後期或西周早期	集成 1403		故宫博物院	《集成》：亞中之字不清晰，似爲父字
1571	[illegible]亞鼎	2	商代後期	集成 1404		上海博物館	
1572	亞絴鼎	2	商代後期	集成 1405		開封市文物商店	
1573	亞舟鼎	2	商代後期	集成 1406		故宫博物院	此器銘文或以爲僞
1574	亞舟鼎	2	商代後期	集成 1407 美集録 R123 中國圖符 1 弗里爾（1967）175 頁 彙編 8.1030 綜覽一圖版鼎 105	《美集録》：傳安陽	美國華盛頓弗里爾美術陳列館	《集成》：盧芹齋舊藏
1575	亞天鼎	2	商代後期或西周早期	集成 1408 三代 2.8.3 窸齋 3.4.1 殷存上 2.3 小校 2.5.4			《羅表》：李山農舊藏
1576	亞厷方鼎	2	商代後期	集成 1409 三代 2.8.4 筠清 2.6 攈古 1.1.22 殷存上 2.4 小校 2.5.8			《攈古録》：龔自珍舊藏

序號	器名	字數	時代	著録	出土地	現藏地	備註
1577	亞告鼎	2	商代後期	集成1410 三代2.8.5 貞續上8.4 續殷上6.10 小校2.5.6			《集成》:劉體智舊藏;此鼎與《集成》6972 觚重出,據《善齋》圖應爲觚
1578	亞告鼎	2	商代後期	集成1411 三代2.8.6 貞補上2.4 小校2.5.7 尊古1.15.2		故宫博物院	
1579	亞□鼎	2	商代後期或西周早期	集成1412 三代2.8.7			
1580	亞卯方鼎	2	商代後期	集成1413 三代2.8.8 貞續上9.1 續殷上6.9 善齋3.2 小校2.5.5 雙古上6		英國	唐蘭藏拓題跋:李山農、劉鶚、劉體智、于省吾舊藏
1581	亞明鼎	2	西周	集成1414 三代2.8.9			此器銘文真僞待酌,暫收於此
1582	亞夒鼎	2	西周早期	集成1415 三代2.8.10 彙編8.1021 綜覽一圖版鼎171		《彙編》:日本私人收藏	
1583	亞龠鼎	2	商代後期	集成1416 録遺52			
1584	亞龠鼎	2	商代後期	集成1417 辨僞録27頁		故宫博物院	

序號	器名	字數	時代	著録	出土地	現藏地	備註
1585	亞[illegible]鼎	2	商代後期	集成 1418 三代 2.8.11 貞圖上 5 綜覽一圖版鼎 78	《通論》:安陽		
1586	亞[illegible]鼎	2	商代後期	集成 1419 三代 2.9.1			
1587	亞[illegible]鼎	2	商代後期	集成 1420 三代 2.8.12 尊古 1.16.2			
1588	亞[illegible]鼎	2	商代後期	集成 1421 三代 2.9.3 積古 1.9.1 攈古 1.2.4 綴遺 5.3.2 彙編 8.1076			《攈古録》:蔣生沐舊藏
1589	亞[illegible]鼎	2	商代後期	集成 1422 三代 2.9.2 貞松 2.5.4 續殷上 5.9 武英 10 小校 2.6.3 故圖下下 21		臺北"中央博物院"	《貞松》:承德避暑山莊舊藏
1590	亞寠鼎	2	商代後期	集成 1423 三代 2.9.4			銘文筆劃疲軟,真僞待酌
1591	亞[illegible]鼎	2	商代後期	集成 1424 三代 2.15.4 攈古 1.2.49 綴遺 5.2.2 續殷上 6.6 小校 2.6.1 海外吉 1 泉屋 1.1 日精華 3.184 彙編 8.1015		日本京都泉屋博物館	《羅表》:吴式芬、李佐賢舊藏

序號	器名	字數	時代	著録	出土地	現藏地	備註
1592	亞[illegible]鼎	2	商代後期或西周早期	集成 1425 三代 2.9.5			
1593	亞矣鼎	2	商代後期	集成 1426 三代 2.8.1 夢郼續 2 續殷上 5.5 小校 2.6.7 綜覽一圖版鼎 108			
1594	亞矣鼎	2	商代後期	集成 1427 三代 2.8.2		遼寧省旅順博物館	
1595	亞矣鼎	2	商代後期	集成 1428 録遺 40			
1596	亞矣鼎	2	商代後期	集成 1429 美集録 R141 三代補 141		美國魏格氏	《集成》: Kleijkamp 舊藏; 此器《集成》6156 誤收爲觶
1597	亞矣鼎	2	商代後期	集成 1430 日精華 87 美集録 R124		美國波士頓麥克里奥特氏	此器舊稱亞蚊鼎,蚊字所釋有誤
1598	亞矣鼎	2	商代後期	集成 1431		故宫博物院	
1599	亞矣方鼎	2	商代後期	集成 1432 三代 2.7.11 筠清 4.9 攈古 1.1.20 綴遺 5.30.1 敬吾上 36.1 續殷上 5.6 小校 2.6.6 日精華 3.195 彙編 8.1035	傳安陽	日本奈良寧樂美術館	《筠清》、《攈古録》: 吴式芬、韓芸舫舊藏

序號	器名	字數	時代	著録	出土地	現藏地	備註
1600	亞醜鼎	2	商代後期	集成 1433 三代 2.9.9 懷米上 5 攈古 1.2.49 綴遺 5.2 殷存上 2.6 小校 2.5.1			《集成》:曹秋舫舊藏
1601	亞醜鼎	2	商代後期	集成 1434 三代 2.10.1 西乙 1.42 貞松 2.7.2 故圖下下 17		臺北"中央博物院"	《集成》:清宫舊藏
1602	亞醜鼎	2	商代後期	集成 1435 西清 4.14		故宫博物院	《集成》:清宫舊藏
1603	亞醜鼎	2	商代後期	集成 1436 西甲 2.17			《集成》:清宫舊藏;容庚曾疑僞
1604	亞醜鼎	2	商代後期	集成 1437			
1605	亞醜方鼎	2	商代後期	集成 1438 三代 2.9.6 貞松 2.7.1 武英 5 續殷上 6.2 小校 2.5.3 故圖下下 19		臺北"中央博物院"	《貞松》:承德避暑山莊舊藏
1606	亞醜方鼎	2	商代後期	集成 1439 西清 4.18			《集成》:清宫舊藏;容庚曾疑僞
1607	亞醜方鼎	2	商代後期	集成 1440 三代 2.9.8 寧壽 1.32 貞續上 9.2 續殷上 5.11 故圖下上 14 故宫 40 期		臺北"故宫博物院"	《集成》:清宫舊藏;容庚曾疑僞

序號	器名	字數	時代	著録	出土地	現藏地	備註
1608	亞醜方鼎	2	商代後期	集成 1441 西清 4.13			《集成》:清宫舊藏
1609	亞醜方鼎	2	商代後期	集成 1442 三代 2.9.10 貞松 2.6.2 武英 7 續殷上 5.12 小校 2.5.2 故圖下下 18		臺北"中央博物院"	《集成》:承德避暑山莊舊藏
1610	亞醜方鼎	2	商代後期	集成 1443 巖窟上 4	傳安陽		《集成》:梁上椿舊藏
1611	亞醜方鼎	2	商代後期	集成 1444 三代 2.9.11 貞松 2.6.1 續殷上 6.1 故圖下上 15		臺北"故宫博物院"	《集成》:清宫舊藏
1612	亞醜方鼎	2	商代後期	集成 1445		故宫博物院	
1613	亞[illegible]鼎	2	商代後期	集成 1446	陝西長安縣灃西墓葬	考古研究所西安研究室	
1614	亞戈鼎	2	商代後期	集成 1447 巴洛(1963)143頁 三代補 727		英國阿倫或巴洛氏	《巴洛》係摹本,拓本未見著録
1615	戈宁鼎	2	西周晚期	集成 1448 三代 2.4.4 貞圖上 6 貞松 2.5 續殷上 6.12			《集成》:羅振玉舊藏;容庚云"與器形不合,僞",不確
1616	弓𦎫方鼎	2	商代後期	集成 1449 中國圖符 69 皮斯柏圖 3 録遺 35 美集録 R39 三代補 39 彙編 9.1571 綜覽一圖版方鼎 26		《美集録》:皮斯柏寄陳米里阿波里斯美術館	《集成》:盧芹齋舊藏

序號	器名	字數	時代	著録	出土地	現藏地	備註
1617	冬刃鼎	2	商代後期	集成 1450 中國歷史博物館館刊 1982 年 4 期 91 頁圖 2	傳安陽	中國歷史博物館	
1618	冬刃鼎	2	商代後期	集成 1451		故宫博物院	
1619	冬刃鼎	2	商代後期	集成 1452 鄴三上 8	傳安陽		
1620	矢宁鼎	2	商代後期	集成 1453 小校 2.10.6 善齋 2.12	唐蘭藏拓題跋:鄴下	上海博物館	
1621	合中鼎	2	商代後期	集成 1454			
1622	車[illegible]鼎	2	商代後期	集成 1455 日精華 3.177 三代補 657 彙編 9.1596 綜覽一圖版鼎 136		日本奈良寧樂美術館	
1623	車[illegible]鼎	2	商代後期	集成 1456		故宫博物院	
1624	舟尹鼎	2	西周早期或中期	集成 1457 小校 2.10.3 善齋 2.11.1			《集成》:劉體智舊藏;舟尹或釋爲一字,今暫取二字説
1625	尹舟鼎	2	商代後期	集成 1458 彙編 8.1345 三代補 544 綜覽一圖版鼎 96		美國聖路易市美術館	
1626	[illegible]舟鼎	2	商代後期	集成 1459 美集録 R170 彙編 8.1267 綜覽一圖版鼎 58		《彙編》:美國紐約私人收藏	《集成》:盧芹齋舊藏

序號	器名	字數	時代	著録	出土地	現藏地	備註
1627	女鼎	2	商代後期或西周早期	集成1460 博古2.31 薛氏78.1 嘯堂12 復齋14 積古4.3—4 攈古1.1.20—21			《積古》、《攈古》據《復齋》摹入
1628	女鼎	2	商代後期或西周早期	集成1461 三代2.12.9 攈古1.1.21 綴遺5.13 殷存上3.1			《綴遺》:李方赤舊藏
1629	耶鼎	2	商代後期	集成1462 録遺39			
1630	羊鼎	2	商代後期	集成1463 鄴三上7 録遺42 綜覽一圖版鼎99	傳安陽	上海博物館	
1631	魚羌鼎	2	商代後期或西周早期	集成1464 三代2.13.10 續殷上11.4			
1632	魚從鼎	2	西周早期	集成1465 三代2.13.9 善齋2.13 貞續上10.4 小校2.11.1 頌續13 綜覽一圖版鼎145	《通考》:洛陽		《集成》:劉體智舊藏
1633	鼎	2	商代後期	集成1466		故宫博物院	
1634	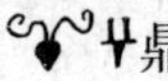鼎	2	商代後期	集成1467	1958年河南安陽大司空村墓葬(M51:3)	河南省文物研究所	《考古通訊》1958年10期55頁文中提及此器銘文,但未附拓本

序號	器名	字數	時代	著録	出土地	現藏地	備註
1635	弔龜鼎	2	商代後期	集成 1468 三代 2.12.12 續殷上 11.3 鄴初上 10 綜覽一圖版鼎 80	安陽	故宫博物院	
1636	弔龜鼎	2	商代後期	集成 1469 鄴二上 6 綜覽一圖版鼎 31	安陽		
1637	[illegible]戒鼎	2	商代後期	集成 1470		故宫博物院	
1638	己[illegible]鼎	2	商代後期	集成 1471 録遺 364 彙編 9.1698		陳夢家筆記:英國 Ingrom 氏;《彙編》:美國哈佛大學福格美術博物館	《録遺》誤作觶,銘文拓本倒置
1639	大禾方鼎	2	商代後期	集成 1472 文物 1960 年 10 期 57 頁 湖南省文物圖録圖版四 湖南省博物館 11 綜覽一圖版方鼎 29	湖南寧鄉	湖南省博物館	
1640	笅伕鼎	2	戰國	集成 1473		故宫博物院	
1641	[illegible][illegible]鼎	2	商代後期	集成 1474 文博 1988 年 3 期 3—4 頁 中原文物 1985 年 1 期 26—29 頁 考古 1965 年 5 期 225 頁圖 1.1 河南 1.356	1952 年河南輝縣褚丘村	河南新鄉市博物館	

序號	器名	字數	時代	著録	出土地	現藏地	備註
1642	守雩鼎	2	商代後期	集成 1475 録遺 28			
1643	得鼎	2	商代後期	集成 1476 薛氏 78.2 復齋 14 積古 4.3 攈古 1.1.19			《積古》:《攈古》據《復齋》摹入
1644	又宁鼎	2	商代後期	集成 1477 三代 2.15.8		故宫博物院	
1645	宁又鼎	2	商代後期	集成 1478		故宫博物院	
1646	皿丶鼎	2	商代後期	集成 1479 三代 2.14.1 綴遺 5.22.1 續殷上 9.9 彙編 8.1369			《集成》:方濬益舊藏
1647	皿丶鼎	2	商代後期	集成 1480 三代 2.14.2 攈古 1.2.5 續殷上 9.8 小校 2.10.5			《攈古録》:李璋煜舊藏
1648	交鼎鼎	2	商代後期	集成 1481			《集成》目録器名誤爲"文鼎鼎"
1649	告田鼎	2	商代後期	集成 1482 三代 2.15.9 周金 2 補 14.2 貞松 2.9.2 希古 2.1 小校 3.52.5			《小校》稱告田鬲
1650	告田鼎	2	商代後期	集成 1483		故宫博物院	
1651	東宫方鼎	2	西周早期	集成 1484 考古圖 1.13 薛氏 78.3	《考古圖》:得於扶風		容庚曾以爲僞;《集成》:扶風乞伏氏舊藏

序號	器名	字數	時代	著録	出土地	現藏地	備註
1652	◇單鼎	2	西周中期	集成 1485 陝青 3.112 考古與文物 1980 年 4 期 22 頁圖 21.3 綜覽一圖版鼎 234	1964 年陝西扶風縣柳東村	扶風縣博物館	
1653	✦⊔鼎	2	西周	集成 1486 彙編 9.1718		美國舊金山亞洲美術博物館布倫戴奇藏品	
1654	◇⊗鼎	2	商代後期	集成 1487		故宫博物院	
1655	婌鼎	2	商代後期	集成 1488 三代 2.13.1 窓齋 12.4.1 綴遺 5.27.2 續殷上 9.10 小校 7.60.2			《綴遺》、《羅表》:金蘭坡、李山農舊藏
1656	榖鼎	2	西周早期	集成 1489 三代 2.14.8 貞補上 3.4		遼寧省博物館	唐蘭曾疑僞;《貞補》:日本某氏藏,近見之遼東
1657	徹鼎	2	商代後期	集成 1490 三代 2.13.4 綴遺 3.6 十二雙 1—2			《集成》:于省吾舊藏
1658	聳鼎	2	西周早期	集成 1491 三代 2.13.3 貞松 2.9.4 貞圖上 9 續殷上 11.6 小校 2.13.3			《集成》:羅振玉舊藏
1659	遽從鼎	2	西周早期	集成 1492 三代 2.14.3 貞續上 11.3 小校 2.10.1		上海博物館	

序號	器名	字數	時代	著録	出土地	現藏地	備註
1660	遽從鼎	2	西周早期	集成 1493 三代 2.14.4 貞續上 11.2 小校 2.10.2		上海博物館	
1661	遽從鼎	2	西周早期	集成 1494 三代 2.14.5 貞續上 11.4 小校 2.9.8			
1662	遽從鼎	2	西周早期	集成 1495 三代 2.14.6			
1663	遽從鼎	2	西周早期	集成 1496 三代 2.14.7			
1664	周登鼎	2	戰國	集成 1497 録遺 44		故宫博物院	
1665	襄鼎	2	商代後期	集成 1498 三代 2.15.7 鄴初上 12 續殷上 17.10	傳安陽	瑞典斯德哥爾摩遠東古物館	
1666	[illegible]徒鼎	2	戰國	集成 1499		故宫博物院	銘文在耳上端
1667	正昜鼎	2(器蓋同銘)	戰國後期	集成 1500 考古 1963 年 9 期 467 頁圖 12 古文字研究 10.277 圖 36.2 湖南考古輯刊 1.93 圖 3.7 圖 4.1	1958 年湖南常德德山 26 號墓	湖南省博物館	銘文在蓋沿内外及器身口沿,共三處,均係刻款
1668	冊鼎	2	商代後期	集成 1501 三代 2.15.12			
1669	滁鼎	2	戰國	集成 1502 三代 2.16.9 貞補上 4.4 善齋 2.15 小校 2.9.6		故宫博物院	《集成》説明中器名爲"滁鼎"

序號	器名	字數	時代	著録	出土地	現藏地	備註
1670	西官鼎	2	戰國	集成1503		故宫博物院	
1671	作鼎鼎	2	西周	集成1504 考古與文物1983年6期 7頁圖4.4		寶鷄市博物館	
1672	作寶鼎	2	西周	集成1505 薛氏8.5			
1673	作用鼎	2	西周	集成1506		故宫博物院	
1674	半齋鼎	2	戰國	集成1507		故宫博物院	
1675	私官鼎	2（又合文1）	戰國	集成1508 文物1966年1期9頁圖5	1956年陕西臨潼縣斜口地窖村	陕西省博物館	
1676	杍氏鼎	2	戰國後期	集成1509		天津市歷史博物館	
1677	祖癸鼎	2	西周早期	近出204 高家堡戈國墓91頁	1991年陕西省涇陽縣興隆鄉高家堡M4：19	陕西省涇陽縣博物館	
1678	父庚鼎	2	西周早期	近出205 考古與文物1990年5期 26—43頁		陕西省西安市文物中心	陕西省西安市大白楊庫曾藏
1679	戈乙鼎	2	商代後期	近出206 江漢考古1998年3期 92—93頁	1986年湖北省武漢地區新洲縣陽邏鎮架子山		
1680	己竝鼎	2	商代後期	近出207 文物1985年3期2—5頁	1983年12月山東省壽光縣益都侯城故址	山東省壽光縣博物館	
1681	己竝鼎	2	商代後期	近出208 文物1985年3期2—5頁	1983年12月山東省壽光縣益都侯城故址	山東省壽光縣博物館	

序號	器名	字數	時代	著録	出土地	現藏地	備註
1682	己並鼎	2	商代後期	近出209 文物1985年3期2—5頁	1983年12月山東省壽光縣益都侯城故址	山東省壽光縣博物館	
1683	秉己鼎	2	商代後期	近出210 富士比(1970,7,14 54)			英國倫敦富士比拍賣行曾藏
1684	冓辛鼎	2	商代後期	近出211 中原文物1998年2期111—113頁		河南省鄭州大學文博學院	
1685	辛守鼎	2	商代後期	近出212 歐遺珠圖版7		德國斯圖加特國立民間藝術博物館:林登博物館	
1686	子燕方鼎	2	商代後期	近出213 文物1989年7期43—44頁	1973年四川省銅梁縣土橋鄉八村墓葬	四川省銅梁縣文化館	
1687	亞址鼎	2(蓋器同銘)	商代後期	近出214 安陽殷墟郭家莊商代墓葬80頁	河南省安陽市殷墟郭家莊M160:32	中國社會科學院考古研究所	
1688	亞址方鼎	2	商代後期	近出215 安陽殷墟郭家莊商代墓葬80頁	河南省安陽市殷墟郭家莊M160:134	中國社會科學院考古研究所	
1689	亞址鼎	2	商代後期	近出216 安陽殷墟郭家莊商代墓葬80頁	河南省安陽市殷墟郭家莊M160:62	中國社會科學院考古研究所	
1690	亞盤鼎	2(蓋器同銘)	西周早期	近出217 富士比(1985,12,10 7)			英國倫敦富士比拍賣行曾藏
1691	疋未鼎	2	商代後期	近出218 考古學報1991年3期333—342頁	1984年10—11月河南省安陽市戚家莊東269號墓	河南省安陽市文物工作隊	

序號	器名	字數	時代	著録	出土地	現藏地	備註
1692	紳葡鼎	2	商代後期	近出 219 華夏考古 1991 年 1 期 37 頁	1985—1987 年河南省安陽市梯家口村墓葬 M3：5	河南省安陽市博物館	
1693	敎象鼎	2	商代後期	近出 220 考古 1986 年 12 期 1068 頁	1983 年河南省安陽市薛家莊墓葬	中國社會科學院考古研究所安陽工作隊	
1694	冊融鼎	2	商代後期	近出 221 海岱考古第一輯 256—266 頁	1986 年春山東省青州市蘇埠屯墓葬 M8：17	山東省青州市博物館	
1695	冊融方鼎	2	商代後期	近出 222 海岱考古第一輯 256—266 頁	1986 年春山東省青州市蘇埠屯墓葬 M8：15	山東省青州市博物館	
1696	㓞登方鼎	2	商代後期	近出 223 歐遺珠圖版 9 富士比（1989，12,12 11）	河南省安陽市		英國倫敦富士比拍賣行曾藏
1697	矢宁鼎	2	商代後期	近出 224 富士比（1984，12,11 16）			英國倫敦富士比拍賣行曾藏
1698	*双鼎	2	西周早期	近出 225 考古與文物 1991 年 1 期 3—13 頁	1927 年陝西省寶鷄市金臺區陳倉鄉戴家灣盗掘		
1699	女心鼎	2	商代後期	近出 226 富士比（1986，12,9 8）			A. Wood 夫人舊藏：英國倫敦富士比拍賣行曾藏
1700	巫囶鼎	2	商代後期	近出 227 考古 1992 年 12 期 1142 頁	1981 年河南省正陽縣傅寨鄉伍莊村		

序號	器名	字數	時代	著録	出土地	現藏地	備註
1701	散之鼎	2	戰國後期	近出228 文物1985年5期44頁	1979年初陝西省旬邑縣		
1702	父乙鼎	2	西周	近出附8 中國文物報1988年4月29日2版	1987年5月天津薊縣許家台鄉張家園村墓葬		
1703	束嚮鼎	2	商代後期	近出附9 中原文物1985年1期26—29頁	1952年河南安陽市	河南新鄉市博物館	
1704	[illegible]且丁鼎	3	商代後期或西周早期	集成1510 三代2.17.3 續殷上11.10 故宫28期 故圖下上16		臺北"故宫博物院"	《故宫》:清宫養心殿舊藏
1705	戈且辛鼎	3	商代後期	集成1511 三代2.17.5 西清1.13 綴遺5.6.1 貞松2.10.3 續殷上12.3			《羅表》:清宫舊藏,後歸丁筱農
1706	象且辛鼎	3	商代後期	集成1512 三代2.17.4 愙齋3.3.1 續殷上12.2 小校2.12.6			此器銘文與《小校》5.7.6象且辛尊同銘,銘文字體相近,今作兩器處理;《羅表》:許延暄、盛昱舊藏
1707	戈且癸鼎	3	商代後期	集成1513 三代2.18.1 西清1.19 綴遺5.5.2 貞松2.10.4 續殷上12.4 小校2.12.7			《集成》:清宫舊藏

序號	器名	字數	時代	著録	出土地	現藏地	備註
1708	戈且癸鼎	3	西周早期	集成1514 三代2.18.2			
1709	戈匕辛鼎	3	商代後期	集成1515 三代2.31.1 陶續補4 續殷上17.8			
1710	乘匕癸方鼎	3	西周早期	集成1516 出光(十五週年)394頁1 彙編8.1158 銅玉圖70 中銅(1966)80		日本東京出光美術館	《出光》(十五週年)名作饕餮文方鼎,《彙編》誤作父癸鼎
1711	戈父甲鼎	3	商代後期或西周早期	集成1517 博古1.41 薛氏8 嘯堂6.1			
1712	戈父甲方鼎	3	西周早期	集成1518 美集録R48、R491(P) 彙編9.1554		美國哈佛大學福格美術博物館	《集成》:盧芹齋舊藏
1713	戈父甲方鼎	3	西周早期	集成1519 彙編9.1553 三代補719 沃森70頁圖5:10(摹本) 塞利格曼(57)42頁圖1		英國倫敦不列顛博物館	
1714	咸父甲鼎	3	西周早期	集成1520 三代2.18.4 懷米上1 攈古1.2.50 綴遺5.9.1 小校2.12.8			《集成》:曹秋舫舊藏

序號	器名	字數	時代	著録	出土地	現藏地	備註
1715	㠱父甲鼎	3	商代後期	集成 1521 三代 2.18.5 甲骨學 12 號圖一、4C、4D		日本東京湯島孔廟斯文會	父甲倒稱爲甲父
1716	□父甲鼎	3	商代後期	集成 1522 録遺 46		故宫博物院	
1717	㠱父乙方鼎	3	商代後期	集成 1523 西甲 1.4			《集成》:清宫舊藏
1718	㠱父乙方鼎	3	商代後期	集成 1524 三代 2.20.6 十二式 1—3 續殷上 13.3 小校 2.15.1		故宫博物館	《集成》:孫秋帆舊藏
1719	㠱父乙鼎	3	商代後期	集成 1525 三代 2.20.4 續殷上 13.4			
1720	㠱父乙鼎	3	商代後期	集成 1526 三代 2.20.3 貞松 2.11.4 武英 18 續殷上 13.5 小校 2.15.2 故圖下下 32 彙編 8.1146		臺北"中央博物院"	《集成》:承德避暑山莊舊藏
1721	㠱父乙鼎	3	商代後期	集成 1527		故宫博物院	《集成》:頤和園舊藏
1722	□父乙鼎	3	西周早期	集成 1528		故宫博物院	
1723	□父乙方鼎	3	西周早期	集成 1529 綜覽一圖版方鼎 43		英國倫敦不列顛博物館	
1724	光父乙方鼎	3	西周早期	集成 1530 中銅(1966)84 出光(十五週年)394 頁 7 彙編 8.1253		日本東京出光美術館	

序號	器名	字數	時代	著録	出土地	現藏地	備註
1725	父乙鼎	3	西周早期	集成 1531 三代 2.19.8 貞補上 4	1929 年洛陽馬坡		《貞補》:萍鄉文氏寅齋舊藏
1726	父乙欠鼎	3	西周早期	集成 1532 善齋 2.17 續殷上 13.6 小校 2.13.5 善彝 29 故圖下下 29		臺北"中央博物院"	《集成》:劉體智舊藏
1727	父乙鼎	3	商代後期	集成 1533 學報 1979 年 1 期 81 頁 圖 58.4	殷墟西區 284 號墓葬(M284:1)	考古研究所安陽工作站	
1728	子父乙鼎	3	西周早期	集成 1534 西清 1.2			《集成》:清宫舊藏
1729	息父乙鼎	3	商代後期	集成 1535 考古 1981 年 2 期 117 頁圖 8.1	1979 年河南羅山縣蟒張 6 號墓	河南省信陽地區文物管理委員會	、
1730	关父乙鼎	3	商代後期	集成 1536 三代 2.19.5 綴遺 5.10.1 貞松 2.11.3 續殷上 12.6		故宫博物院	
1731	父乙鼎	3	商代後期	集成 1537 綴遺 5.22.2 小校 2.14.1		上海博物館	又名"權衡形父乙鼎"、"成父乙鼎"
1732	紟父乙鼎	3	西周早期	集成 1538 文参 1955 年 4 期 50 頁圖 5	1954 年山西洪趙縣坊堆	山西省博物館	
1733	犓父乙鼎	3	商代後期	集成 1539 美集録 R53 蘇黎世(75)31 頁 彙編 9.1578		《彙編》:瑞士蘇黎世瑞列堡博物館	《集成》:盧芹齋舊藏

序號	器名	字數	時代	著録	出土地	現藏地	備註
1734	㚔父乙鼎	3	西周早期	集成 1540		故宫博物院	《集成》:㚔下似有筆劃,可能是旅字,全銘或許有四字,今暫作三字處理;頤和園舊藏
1735	[illegible]父乙鼎	3	商代後期	集成 1541 三代 2.19.1 貞續上 13.1 續殷上 13.1 小校 2.13.1		上海博物館	
1736	[illegible]父乙鼎	3	西周早期	集成 1542 三代 2.19.2 窸齋 3.10.2 續殷上 13.2			
1737	冎父乙方鼎	3	西周早期	集成 1543 三代 2.18.8 小校 2.13.2		故宫博物院	又名"冎父乙鼎"、"炳父乙鼎";《綴遺》:器見京師
1738	[illegible]父乙鼎	3	西周早期	集成 1544 三代 2.19.3 續殷上 12.5.5 故圖下上 33		臺北"故宫博物院"	
1739	父乙[illegible]鼎	3	商代後期	集成 1545 三代 2.19.4			
1740	父乙𣪕方鼎	3	商代後期	集成 1546 録遺 48			
1741	父乙𣪕鼎	3	商代後期	集成 1547 録遺 49 彙編 8.1386		《彙編》:香港趙不波氏	此器與《集成》1546 同銘,形制未詳
1742	[illegible]父乙鼎	3	商代後期	集成 1548			《集成》説明缺"時代"二字
1743	具父乙鼎	3	西周早期	集成 1549		故宫博物院	

序號	器名	字數	時代	著録	出土地	現藏地	備註
1744	析父乙鼎	3	西周早期	集成 1550 善齋 2.18 續殷上 12.10 小校 2.14.2 頌續 2	《頌續》:洛陽	廣州市博物館	又名"枚父乙鼎";《集成》:劉體智、容庚舊藏;在花紋及文字内皆填黑漆
1745	魚父乙鼎	3	西周早期	集成 1551 三代 2.18.6 貞松 2.11.2 續殷上 12.8		故宫博物院	《集成》:徐乃昌、馮恕舊藏
1746	魚父乙鼎	3	商代後期	集成 1552 雙古上 4			《集成》:于省吾舊藏
1747	魚父乙鼎	3	西周早期	集成 1553 三代 2.18.7 貞松 2.11.1 續殷上 12.9 小校 2.14.3			《小校》:徐乃昌舊藏
1748	奄父乙鼎	3	西周早期	集成 1554 三代 2.37.4 貞續上 18.2		浙江省博物館	
1749	奄父乙鼎	3	商代後期或西周早期	集成 1555 三代 2.37.5 窸齋 3.9.4 殷存上 5.5 小校 2.14.5 彙編 8.1170			
1750	奄父乙鼎	3	商代後期	集成 1556		天津市藝術博物館	
1751	奄父乙鼎	3	商代後期	集成 1557 三代 2.37.6 續殷上 18.8 貞續上 18.1 小校 2.14.4			《羅表》:劉體智舊藏

序號	器名	字數	時代	著録	出土地	現藏地	備註
1752	奄父乙鼎	3	商代後期	集成 1558 三代 2.37.7 殷存上 5.4 綴遺 3.3.1			《綴遺》:吴大澂舊藏
1753	奄父乙方鼎	3	西周早期	集成 1559 綜覽一圖版方鼎 30		日本東京國立博物館	
1754	𢦏父乙方鼎	3	商代後期	集成 1560 考古與文物 1980 年 4 期 13 頁圖 8.6 陝青 3.65	《陝青》:1950 年扶風縣雲塘村	陝西省扶風縣博物館	
1755	山父乙鼎	3	西周早期	集成 1561		故宫博物院	
1756	未父乙鼎	3	西周中期	集成 1562		故宫博物院	《集成》:德人楊寧史舊藏
1757	祺父乙鼎	3	西周早期	集成 1563 博古 1.44 薛氏 9.1 嘯堂 6.3			又名"綦鼎"
1758	作父乙鼎	3	西周	集成 1564		上海博物館	
1759	犬父丙鼎	3	商代後期	集成 1565 三代 2.21.1 冠斝上 7			《集成》:榮厚舊藏
1760	𠦪父丙鼎	3	商代後期	集成 1566 三代 2.20.7 恒軒上 7 窸齋 3.6.3 續殷上 13.8 小校 2.15.4 歐精華 2.91 彙編 9.1470		美國波士頓美術博物館	又名"舉父丙鼎";《恒軒》:蒲城楊氏舊藏;《歐精華》以爲銘文後刻
1761	父丙𠣪鼎	3	商代後期或西周早期	集成 1567 續殷上 13.9			

序號	器名	字數	時代	著録	出土地	現藏地	備註
1762	[illegible]父丙鼎	3	西周早期	集成 1568 三代 2.20.8 續殷上 13.7		遼寧省博物館	
1763	龜父丙鼎	3	商代後期	集成 1569 三代 2.21.2 攈古 1.2.4 綴遺 5.15.2 敬吾上 36.7 殷存上 3.4 小校 2.15.5			《集成》:吴式芬舊藏
1764	㠱父丁鼎	3	商代後期或西周早期	集成 1570 薛氏 10.2			
1765	㠱父丁鼎	3	商代後期或西周早期	集成 1571 薛氏 10.3			
1766	㠱父丁鼎	3	商代後期	集成 1572 三代 2.23.4 殷存上 5.6			
1767	㠱父丁方鼎	3	商代後期	集成 1573 貞松 2.12.4 故圖下下 35		臺北"中央博物院"	《集成》:承德避暑山莊舊藏
1768	[illegible]父丁鼎	3	西周早期	集成 1574 三代 2.21.8 貞松 2.12.2 武英 21 續殷上 13.10 小校 2.15.8 故圖下下 34		臺北"中央博物院"	又名"舉父丁鼎";《集成》:承德避暑山莊舊藏
1769	[illegible]父丁鼎	3	商代後期	集成 1575 陶齋 1.22 小校 2.15.7			《集成》:端方舊藏;又名"舉父丁鼎"
1770	父丁[illegible]鼎	3	商代後期或西周早期	集成 1576		上海博物館	

序號	器名	字數	時代	著録	出土地	現藏地	備註
1771	父丁鼎	3	西周早期	集成 1577 三代 2.22.4			
1772	父丁方鼎	3	商代後期	集成 1578 三代 2.22.5 攈古 1.2.5 綴遺 5.23.1 敬吾上 35.6 雙王 6 小校 2.15.6 山東存附 17.4			《攈古録》、《羅表》:劉喜海、周鴻孫舊藏
1773	父丁方鼎	3	商代後期	集成 1579 三代 2.22.6 西清 1.9 殷存上 3.6 貞續上 13.3 續殷上 14.2 故宫 14 期 故圖下上 21 山東存附 17.5		臺北"故宫博物院"	《集成》:清宫舊藏
1774	父丁鼎	3	商代後期	集成 1580		中國歷史博物館	
1775	父丁方鼎	3	商代後期	集成 1581 三代 2.23.3 綜覽一圖版方鼎 42		日本京都黑川古文化研究所	
1776	豙父丁鼎	3	商代後期	集成 1582 三代 2.21.4 寧壽 1.2 貞續上 14.1 故宫 16 期 續殷上 19.5 故圖下上 20		臺北"故宫博物院"	《集成》:清宫舊藏

序號	器名	字數	時代	著録	出土地	現藏地	備註
1777	黽父丁鼎	3	西周早期	集成 1583 三代 2.21.6 恒軒 1.8 綴遺 5.16.1 殷存上 3.9 小校 2.16.1			《集成》:吴大澂舊藏;此器又名"詹諸父丁鼎"
1778	黽父丁鼎	3	商代後期	集成 1584 三代 2.21.7 貞松 2.12.3 續殷上 14.5			
1779	魚父丁鼎	3	西周早期	集成 1585 三代 2.21.5 殷存上 3.10			《羅表》:丁筱農舊藏
1780	鼻父丁鼎	3	商代後期或西周早期	集成 1586 中國歷史博物館館刊 1982 年 4 期 92 頁	傳河南安陽	中國歷史博物館	
1781	⿰弔阝父丁鼎	3	西周中期	集成 1587 澳銅選 61 頁圖 2 彙編 9.1649		澳大利亞墨爾本國立維多利亞博物館	又名"叔父丁鼎"
1782	⿰弔阝父丁鼎	3	西周中期	集成 1588 澳銅選 61 頁圖 3 彙編 9.1648		澳大利亞墨爾本國立維多利亞博物館	又名"叔父丁鼎";形制同《集成》1587,通高 36.5cm,口徑 31.5cm
1783	⿰弔阝父丁鼎	3	西周中期	集成 1589 綜覽一圖版鼎 244			
1784	大父丁鼎	3	商代後期或西周早期	集成 1590 薛氏 9.2			
1785	何父丁方鼎	3	商代後期	集成 1591		故宫博物院	

序號	器名	字數	時代	著録	出土地	現藏地	備註
1786	□父丁鼎	3	西周早期	集成 1592 三代 2.21.3 積古 1.8 攈古 1.2.5 殷存上 3.5			《選青閣藏器目》：王錫棨舊藏；此器又名"荷貝父丁鼎"
1787	丫父丁方鼎	3	西周早期	集成 1593 三代 2.22.1 續殷上 14.6 弗里爾(67)199 頁 彙編 9.1511		美國華盛頓弗里爾美術陳列館	《弗里爾》與《三代》拓本字口略異
1788	□父丁鼎	3	商代後期	集成 1594 三代 2.22.3 西乙 1.43 寶蘊 4 貞松 2.12.1 續殷上 13.12 故圖下下 33		臺北"中央博物院"	《集成》：瀋陽故宫舊藏
1789	□父丁鼎	3	商代後期或西周早期	集成 1595 三代 2.22.2 貞松 2.13.1 續殷上 13.11			《貞松》：往歲見之都肆；此器又名"延父丁鼎"
1790	子父丁鼎	3	商代後期	集成 1596		上海博物館	
1791	□父丁鼎	3	商代後期或西周早期	集成 1597 三代 2.23.2 寧壽 1.3 貞續上 13.4 續殷上 14.1 故宫 31 期			《故宫》：清宫永壽宫舊藏
1792	息父丁鼎	3	西周早期	集成 1598	1980 年陝西岐山縣京當公社王家嘴西周墓葬(M1)	陝西周原岐山文物管理所	

序號	器名	字數	時代	著録	出土地	現藏地	備註
1793	戈父丁鼎	3	商代後期	集成 1599 三代 2.22.7 續殷上 14.4 彙編 9.1556		《彙編》:美國賓夕法尼亞李察布氏	
1794	𡧍父丁鼎	3	商代後期	集成 1600 上海 4 銅器選 9 彙編 9.1422		上海博物館	《上海》:吴清漪舊藏
1795	凡父戊鼎	3	西周中期	集成 1601 三代 2.23.7 貞補上 5.1 賸稿 4	《賸稿》:河南洛陽	河南省博物館?	《集成》:河南博物館舊藏
1796	大父己鼎	3	商代後期	集成 1602 故圖下下 37		臺北"中央博物院"	
1797	𦥑父己鼎	3	商代後期或西周早期	集成 1603 三代 2.25.5 懷米上 2 綴遺 3.5 攈古 1.3.7 續殷上 15.4			《集成》:曹秋舫舊藏
1798	𦍒父己鼎	3	商代後期	集成 1604 彙編 8.1144 綜覽一圖版鬲鼎 70		美國紐約薩克勒氏	
1799	𡚬父己鼎	3	商代後期	集成 1605 三代 2.25.1 貞松 2.14.1 善齋 2.22 續殷上 14.12 小校 2.17.4			《集成》:劉體智舊藏;《集成》説明中器名誤爲"𡚬父已鼎"
1800	戈父己鼎	3	西周早期	集成 1606 三代 2.24.2 貞續上 14.3 續殷上 15.2 小校 2.17.3			

序號	器名	字數	時代	著録	出土地	現藏地	備註
1801	□父己鼎	3	商代後期	集成 1607 考古圖 2.5 薛氏 46.2	《考古圖》:得於郏城		
1802	□父己鼎	3	商代後期或西周早期	集成 1608 三代 2.24.6 貞續上 14.4 續殷上 15.1 藝展 7 故宫 35 期 故圖下上 22 倫敦圖版 2.23		臺北"故宫博物院"	《集成》:清宫舊藏
1803	□父己鼎	3	商代後期	集成 1609 小校 2.16.8(又 4.19.8) 奇觚 6.3.2			又名"炳父己鼎";《奇觚》6.3.2 與《小校》4.19.8 稱卣,《小校》2.16.8 稱鼎
1804	□父己方鼎	3	商代後期	集成 1610 西拾 1			《集成》:頤和園舊藏
1805	□父己鼎	3	商代後期	集成 1611 小校 2.17.1		上海博物館	上博拓本與《小校》拓本筆劃略異
1806	□父己鼎	3	商代後期	集成 1612 三代 2.24.3 貞松 2.13.4 武英 11 續殷上 14.11 小校 2.17.6 故圖下下 38		臺北"中央博物院"	又名"卿父己鼎";《集成》:承德避暑山莊舊藏
1807	□父己鼎	3	商代後期	集成 1613 西甲 1.2			《羅表》:清宫舊藏,後歸丁筱農、李山農
1808	□父己鼎	3	商代後期	集成 1614 三代 2.24.7			

序號	器名	字數	時代	著録	出土地	現藏地	備註
1809	[illegible]父己鼎	3	商代後期	集成 1615 三代 2.24.8 殷存上 3.11 雙吉上 7			《集成》：于省吾舊藏
1810	舌父己鼎	3	商代後期	集成 1616 三代 2.25.4			
1811	[illegible]父己鼎	3	商代後期	集成 1617 西清 2.41		故宫博物院	又名"周社鼎"；《集成》：清宫舊藏
1812	耒父己鼎	3	西周中期	集成 1618 三代 2.24.4 奇觚 1.5.1 移林 4 殷存上 3.12 小校 2.17.5			《集成》：丁麟年舊藏；又名"聿父己鼎"，《集成》説明中器名寫爲"耒父己鼎"，目録中器名爲"耒父己鼎"
1813	秝父己鼎	3	西周早期	集成 1619 博古 1.21 薛氏 9.4 嘯堂 3			又名"秝父己鼎"
1814	作父己鼎	3	西周中期	集成 1620 三代 2.25.2 貞松 2.13.3 善齋 2.23 小校 2.17.7 頌續 5 續殷上 14.10	《頌續》：陜西鳳翔		《集成》：溥倫、劉體智、容庚舊藏
1815	子父己鼎	3	商代後期或西周早期	集成 1621 三代 2.24.5			
1816	父己車鼎	3	商代後期	集成 1622 美集録 R163、R487(P)		美國布拉馬氏	

序號	器名	字數	時代	著録	出土地	現藏地	備註
1817	史父庚鼎	3	商代後期	集成 1623 三代 2.26.1 窓齋 3.7 小校 2.18.4			
1818	史父庚鼎	3	西周早期	集成 1624 三代 2.25.8 移林 5 殷存上 4.1 小校 2.18.5		故宫博物院	《集成》:丁麟年舊藏
1819	𠦪父庚鼎	3	商代後期	集成 1625 三代 2.26.5 西清 1.12 續殷上 15.5 澳銅選圖 1 彙編 9.1579		《彙編》:澳大利亞墨爾本買亞氏	《澳銅選》:清宫舊藏,後流至英國
1820	伞父庚鼎	3	商代後期或西周早期	集成 1626 三代 2.26.6 陶續 1.14 善齋 2.25 續殷上 15.8 小校 2.18.6 雙古上 3			《集成》:端方、劉體智、于省吾舊藏
1821	羊父庚鼎	3	商代後期或西周早期	集成 1627 三代 2.26.2 西清 4.3 窓齋 3.10.4 殷存上 4.2 小校 2.18.2 盧氏(1924)圖版 14 美集録 R57 彙編 9.1724		《彙編》:美國紐約某氏	《美集録》:清宫、溥倫、盧芹齋舊藏
1822	父庚[illegible]鼎	3	商代後期	集成 1628 寧壽 1.4			《集成》:清宫舊藏;容庚《西清金文真僞存佚表》疑僞

序號	器名	字數	時代	著録	出土地	現藏地	備註
1823	虎父庚鼎	3	西周	集成 1629 小校 2.18.1			
1824	虤父庚鼎	3	西周中期	集成 1630 三代 2.26.3 貞松 2.14.3 善齋 2.24 續殷上 15.7 小校 2.18.3		故宫博物院	《集成》:劉體智舊藏;又名“葬父庚鼎”
1825	亞父辛鼎	3	商代後期	集成 1631 考古與文物 1982 年 4 期 23 頁圖 14.2	1980 年陝西鳳翔縣南指揮西村 112 號墓(M112:1)	鳳翔縣雍城考古隊	
1826	旅父辛鼎	3	商代後期或西周早期	集成 1632 小校 2.19.2			
1827	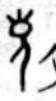父辛鼎	3	西周早期	集成 1633 三代 2.27.3 小校 2.20.3	河南洛陽	故宫博物院	銘文字内填漆;又名“光父辛鼎”
1828	父辛鼎	3	商代後期	集成 1634 中國歷史博物館館刊 1982 年 4 期 92 頁右上		中國歷史博物館	
1829	父辛鼎	3	商代後期	集成 1635 三代 2.27.2 綴遺 3.2.2 殷存上 4.8 小校 2.19.4			《綴遺》:器見京師;《羅表》:王錫棨舊藏;又名“子父辛鼎”
1830	父辛鼎	3	商代後期	集成 1636 殷存上 4.9			《羅表》:潘祖蔭舊藏
1831	𡖊父辛鼎	3	西周早期	集成 1637 三代 2.28.5 貞松 2.15.2			《貞松》:此器往歲見之津沽

序號	器名	字數	時代	著録	出土地	現藏地	備註
1832	戈父辛鼎	3	西周早期	集成 1638 三代 2.27.5 貞補上 5 續殷上 15.12 十二式 3—4			《集成》:孫秋帆舊藏
1833	戈父辛鼎	3	西周早期	集成 1639 三代 2.27.4 貞松 2.14.4		中國歷史博物館	《貞松》:此器往歲見之津沽,後歸方若
1834	𤞷父辛鼎	3	商代後期	集成 1640 筠清 4.18 攈古 1.3.8			第一字爲獸字繁體,字形與《集成》1641 略異
1835	𤞷父辛鼎	3	商代後期或西周早期	集成 1641 三代 2.48.2 西清 4.8 寧壽 1.7 奇觚 1.5.2 貞松 2.26.3 續殷上 16.5 小校 2.19.7 故宫 13 期			《故宫》:清宫玉粹軒舊藏;又名"商父辛鼎"、"犴鼎"
1836	田父辛方鼎	3	商代後期	集成 1642 三代 2.27.7 貞松 2.15 董盦 1 日精華 3.196 彙編 9.1702	《日精華》:1918 年山東長清縣	日本大阪齋藤悦藏氏	
1837	魚父辛鼎	3	西周早期	集成 1643		故宫博物院	
1838	㹊父辛鼎	3	商代後期	集成 1644 三代 2.28.6 愙齋 3.14.2 殷存上 4.4 小校 2.19.6		上海博物館	《羅表》:潘祖蔭舊藏;又名"宰牲形文辛鼎"

序號	器名	字數	時代	著録	出土地	現藏地	備註
1839	父辛豸鼎	3	商代後期	集成 1645 西清 4.9			
1840	丙父辛鼎	3	西周早期	集成 1646 三代 2.28.3 積古 2.20.4 攈古 1.2.36 殷存上 22.6 善齋 2.27 小校 2.18.8			《選青閣藏器目》、《羅表》：王錫棨、劉體智舊藏；又名"父辛鬲"、"炳父辛鼎"；《殷存》誤作尊，《積古》、《攈古》誤作鬲
1841	丙父辛鼎	3	商代後期	集成 1647 三代 14.46.6 續殷下 59.6			《三代》、《續殷》作觶，陳邦懷記録爲鼎，今從陳説
1842	亢父辛鼎	3	西周早期	集成 1648		中國歷史博物館	
1843	亢父辛鼎	3	西周早期	集成 1649		故宫博物院	《集成》：頤和園舊藏
1844	舉父辛鼎	3	西周早期	集成 1650 三代 2.26.8 愙齋 3.7.1 續殷上 15.10 小校 2.19.1			又名"舉父辛鼎"
1845	舉父辛鼎	3	商代後期	集成 1651 考古 1974 年 6 期 366 頁圖 3.3	1973 年遼寧喀左縣北洞村 2 號窖藏	遼寧省博物館	
1846	舉父辛鼎	3	商代後期	集成 1652 三代 2.26.7 西乙 1.45 寶藴 21 貞松 2.15.3 續殷上 15.11 故圖下下 41		臺北"中央博物院"	《寶藴》、《貞松》：瀋陽故宫舊藏

序號	器名	字數	時代	著録	出土地	現藏地	備註
1847	□父辛鼎	3	西周早期或中期	集成 1653 甲骨學 12 號圖一、9C、9D		日本東京湯島孔廟斯文會	
1848	木父辛鼎	3	商代後期	集成 1654 三代 2.27.6 殷存上 4.5 小校 2.20.2			《羅表》:劉鄂舊藏
1849	敳父辛鼎	3	西周早期	集成 1655 三代 2.27.8 殷存上 4.10			《羅表》:潘祖蔭舊藏
1850	□父辛鼎	3	商代後期	集成 1656 三代 2.28.1 懷米上 4 筠清 2.3 擟古 1.2.3 綴遺 5.25			《集成》:曹秋舫舊藏;又名"壺形父辛鼎"、"豆父辛鼎"
1851	耶父辛鼎	3	商代後期	集成 1657 三代 2.28.4 續殷上 16.3 美集録 R223 彙編 9.1427		美國柏弗羅科學博物館	
1852	□父辛鼎	3	商代後期	集成 1658 從古 11.4 綴遺 5.25.2			《從古》:平湖孟乙清攜視器;又名"句鼎"
1853	束父辛鼎	3	西周早期	集成 1659 濬縣 4 辛村圖版 55.4	1933 年河南濬縣辛村 60 號墓	臺北"歷史語言研究所"	
1854	串父辛鼎	3	西周早期	集成 1660 三代 2.28.2 西甲 1.21 貞續上 15.2 續殷上 16.1 故宫 39 期 故圖下上 23		臺北"故宫博物院"	《故宫》:清宫擒藻堂舊藏

序號	器名	字數	時代	著録	出土地	現藏地	備註
1855	子父辛鼎	3	商代後期	集成 1661 三代 2.27.1 殷存上 4.7 小校 2.19.3			《羅表》:劉鶚舊藏
1856	父辛戔鼎	3	商代後期	集成 1662 吉志 3.26 續殷上 16.2			
1857	作父辛鼎	3	商代後期	集成 1663 巖窟上 11	《巖窟》:河南安陽;《右輔環寶留珍》:1929 年寶鷄祀鷄臺		
1858	□父辛鼎	3	商代後期	集成 1664 考古與文物 1983 年 6 期 7 頁圖 4.6		寶鷄市博物館	第一字字形不清晰
1859	木父壬鼎	3	商代後期	集成 1665 三代 2.29.2 殷存上 4.11			《羅表》:許延暄舊藏
1860	重父壬鼎	3	商代後期	集成 1666	1982 年河南安陽小屯西地墓葬（M1：11）	考古研究所安陽工作站	
1861	大父癸鼎	3	商代後期	集成 1667		故宫博物院	
1862	[illegible]父癸鼎	3	商代後期或西周早期	集成 1668 綜覽一圖版鼎 150		丹麥哥本哈根國家博物館民族學研究部	
1863	厺父癸鼎	3	商代後期	集成 1669 薛氏 10.5 嘯堂 6.2 續考 4.23			
1864	乘父癸方鼎	3	商代後期	集成 1670 西甲 1.17			《集成》:清宫舊藏

序號	器名	字數	時代	著録	出土地	現藏地	備註
1865	□父癸方鼎	3	西周早期	集成 1671 三代 2.29.8 續殷上 17.6 美集録 R196 彙編 9.1694		美國哈佛大學福格美術博物館	
1866	□父癸鼎	3	商代後期或西周早期	集成 1672 賽爾諾什 10 頁 三代補 733		法國巴黎賽爾諾什博物館	
1867	□父癸鼎	3	商代後期	集成 1673 彙編 9.1490 綜覽一圖版鼎 92			
1868	□父癸鼎	3	西周早期	集成 1674 西清 3.4			《集成》:清宫舊藏
1869	□父癸鼎	3	西周	集成 1675 彙編 9.1472		日本奈良天理參考館	
1870	戈父癸鼎	3	商代後期	集成 1676 三代 2.30.6 積古 1.3 攈古 1.2.1 奇觚 16.1			《積古》等三書著録的字形與《三代》稍有區别,且《攈古》有器銘、蓋銘,它們與《三代》是否一器,尚無法判别,今暫以一器計
1871	□父癸方鼎	3	商代後期	集成 1677 三代 2.30.4 殷存上 5.1 小校 2.21.3			《羅表》:丁麟年舊藏
1872	弓父癸鼎	3	西周早期	集成 1678 三代 2.30.5 貞松 2.16.2 善齋 2.29 續殷上 17.4 小校 2.21.2			《集成》:劉體智舊藏

序號	器名	字數	時代	著録	出土地	現藏地	備註
1873	酉父癸鼎	3	商代後期	集成 1679 三代 2.29.5 西乙 1.13 寶蘊 19 貞松 2.16.3 續殷上 16.8			《集成》:瀋陽故宫舊藏
1874	父癸方鼎	3	商代後期	集成 1680 三代 2.29.6 夢郼續 3 殷存上 4.12 小校 2.20.6 山東存附 17.7		瑞典斯德哥爾摩遠東古物館	又名"尊父癸鼎"、"酉父癸鼎";《石泉書屋藏器》、《羅表》:李佐賢、丁樹楨、羅振玉舊藏
1875	父癸鼎	3	商代後期	集成 1681 三代 2.30.1 貞續上 16.1 續殷上 17.3 善齋 2.28 小校 2.21.1 故圖下下 42 彙編 9.1619		臺北"中央博物院"	《集成》:劉體智舊藏;又名"皿父癸鼎"
1876	奄父癸鼎	3	商代後期	集成 1682 綴遺 3.3			
1877	奄父癸鼎	3	商代後期	集成 1683 三代 2.39.7 西甲 1.3		故宫博物院	《集成》:頤和園舊藏
1878	奄父癸方鼎	3	西周早期	集成 1684 三代 2.39.8 西乙 1.2 寶蘊 16 貞松 2.21.4 續殷上 20.2 故圖下下 44		臺北"中央博物院"	《集成》:瀋陽故宫舊藏

序號	器名	字數	時代	著録	出土地	現藏地	備註
1879	鳥父癸鼎	3	商代後期	集成 1685 三代 2.29.4 貞松 2.16.1 續殷上 16.7		故宫博物院	《貞松》：蕭山陸氏慎齋舊藏
1880	魚父癸方鼎	3	西周早期	集成 1686 三代 2.29.3 長安 1.2 攈古 1.2.1 綴遺 5.15			《羅表》：劉喜海、許閣舊藏
1881	[illegible]父癸鼎	3	商代後期	集成 1687 西清 3.10		故宫博物院	《集成》：清宫舊藏
1882	瞿父癸鼎	3	商代後期	集成 1688 西甲 2.20			《集成》：清宫舊藏；又名“周瞿鼎”
1883	瞿父癸鼎	3	商代後期	集成 1689 三代 2.30.2 西甲 2.19 貞續上 15.3 續殷上 17.1 故圖下上 25		臺北“故宫博物院”	《集成》：清宫舊藏；又名“商瞿鼎”
1884	瞿父癸鼎	3	西周早期	集成 1690 三代 2.30.3 貞續上 15.4 續殷上 17.2 故宫 22 期 故圖下上 26		臺北“故宫博物院”	《集成》：清宫舊藏；第一字爲瞿字省寫
1885	目父癸鼎	3	西周早期	集成 1691	陝西寶鷄市（M7：2）	寶鷄市博物館	目字異於通常寫法
1886	銜父癸鼎	3	商代後期或西周早期	集成 1692 盧目（1940）15 圖版六 美集録 R197 彙編 9.1412		《彙編》：美國紐約某氏	《集成》：盧芹齋舊藏；《美集録》與《彙編》拓本字體肥瘦略異，第一字爲徙字

序號	器名	字數	時代	著録	出土地	現藏地	備註
1887	串父癸鼎	3	商代後期	集成 1693 三代 2.29.7 西乙 1.32 寶蘊 7 貞松 2.16.4 續殷上 16.6			《集成》:瀋陽故宫舊藏
1888	父癸巛鼎	3	商代後期	集成 1694	湖北江陵縣五三農場	荆州地區博物館	第三字似可隸定爲川或巛
1889	[illegible]父癸鼎	3	商代後期	集成 1695 博古 1.26 薛氏 9.5 復齋 5 嘯堂 4.1 積古 1.5 攗古 1.2.1			又名"成父癸鼎";《積古》以後諸書皆據宋本摹翻
1890	[illegible]父□鼎	3	西周中期	集成 1696 三代 2.23.8 貞補上 5.2 賸稿 3	《賸稿》:河南洛陽	河南省博物館	父下一字或釋戊,或釋甲,銘泐僅剩一形,不能確釋
1891	子父癸鼎	3	商代後期或西周早期	集成 1697 博古 3.33 薛氏 78.4 嘯堂 18.4			《集成》目録中器名爲"子arrow鼎"
1892	庚戈父鼎	3	商代後期	集成 1698 湖南省博物館 12		湖南省博物館	1974 年從長沙市廢銅倉庫收集
1893	鄉乙宁鼎	3	商代後期	集成 1699 日精華 3.178 彙編 8.1298		《彙編》:日本箱根美術館	
1894	鄉宁癸方鼎	3	商代後期	集成 1700 彙編 8.1300		美國紐約某氏	
1895	鄉癸宁鼎	3	商代後期	集成 1701 彙編 8.1301		澳大利亞墨爾本國立維多利亞博物館	

序號	器名	字數	時代	著録	出土地	現藏地	備註
1896	乙■車方鼎	3	商代後期	集成 1702 美集録 R157		美國紐約梅益氏	《集成》:美國紐約 Komor 氏舊藏
1897	亞乙丁鼎	3	商代後期或西周早期	集成 1703 貞松 2.10.2 小校 2.11.6			《集成》:劉體智舊藏;《貞松》和《小校》的拓本方向相反
1898	甫母丁鼎	3	西周早期	集成 1704 三代 2.31.4 十二契 18 續殷上 17.9			《集成》:商承祚舊藏
1899	作戊鼎	3	商代後期或西周早期	集成 1705 續殷上 18.3			容庚《金文編》881 頁曾録用此器,或以爲僞,因無器形可參考,無法判別,暫收於此
1900	司母戊方鼎	3	商代後期	集成 1706 録遺 50 學報第七册圖版 43	1939 年河南安陽武官村	中國歷史博物館	《集成》:南京博物院舊藏
1901	司母辛方鼎	3	商代後期	集成 1707 婦好墓 37 頁圖 25.1	1976 年春安陽殷墟 5 號墓(M5:789)	考古研究所安陽工作站	
1902	司母辛方鼎	3	商代後期	集成 1708 學報 1977 年 2 期 63 頁圖 4.3 考古 1977 年 3 期 153 頁圖 3.2 婦好墓 37 頁圖 25.2	1976 年春安陽殷墟 5 號墓(M5:809)	考古研究所借陳中國歷史博物館	

序號	器名	字數	時代	著録	出土地	現藏地	備註
1903	[illegible]婦姃鼎	3	商代後期或西周早期	集成 1709 西清 3.6			《集成》:清宫舊藏;第二字從字形看,應爲婡,有可能是婦字摹誤
1904	婦姘告鼎	3	商代後期	集成 1710 巖窟上 7	1940 年河南安陽		《集成》:梁上椿舊藏;出土兩器,同形同銘,著録者一器
1905	奄帚方鼎	3	商代後期	集成 1711 録遺 57 美集録 R87 布倫戴奇(1977)圖 36 彙編 8.1169		美國舊金山亞洲美術博物館布倫戴奇藏品	
1906	辛女彝鼎	3	西周早期	集成 1712			《西甲》2.4 爲與此同銘之鼎,但字劃欠佳
1907	舟册婦鼎	3	商代後期	集成 1713			
1908	中婦鼎	3	西周早期	集成 1714 三代 2.31.7 攈古 2.14 愙齋 6.16 恒軒上 6 綴遺 3.8 續殷上 17.11 小校 2.22.5 美集録 R262 彙編 7.881		美國紐約某處	《集成》:潘祖蔭、盧芹齋舊藏
1909	子[illegible]鼎	3	商代後期	集成 1715 三代 2.32.6			

序號	器名	字數	時代	著録	出土地	現藏地	備註
1910	子□鼎	3	商代後期	集成 1716 三代 2.32.5 鄴二 1.5 美集録 R113 彙編 8.1207		《彙編》:美國紐約大都會美術博物館	
1911	子雨己鼎	3	商代後期	集成 1717 三代 2.31.5 貞補上 6 小校 2.23.8 美集録 R116		美國紐約穆爾氏	《貞補》:劉體智舊藏;《美集録》與《三代》拓本字體肥瘦略異
1912	屰子干鼎	3	商代後期	集成 1718			第三字從陳邦懷先生釋干
1913	北子鼎	3	西周中期	集成 1719 文物 1963 年 2 期 54 頁 考古 1963 年 4 期 224 頁	《考古》:1961 年湖北江陵縣萬城西周墓葬	湖北省博物館	《文物》以爲 1962 年出土
1914	伯作鼎	3	西周早期或中期	集成 1720 文物 1986 年 1 期 11 頁圖 17	1981 年陝西長安縣花園村 17 號墓	陝西省文物管理委員會	
1915	伯作鼎	3	西周中期	集成 1721 貞續上 16 希古 2.2 美集録 R384 弗里爾(67)188 頁 彙編 7.882		美國華盛頓弗里爾美術陳列館	
1916	伯作鼎	3	西周早期	集成 1722 考古與文物 1980 年 1 期 15 頁圖 5.1 陝青 4.33	1971 年寶鷄市茹家莊橋樑廠西周墓葬	寶鷄市博物館	《集成》説明著録項内容“陝青 4.33”誤入出土項
1917	伯作鼎	3	西周早期	集成 1723			
1918	伯作鼎	3	西周早期	集成 1724		故宫博物院	

序號	器名	字數	時代	著録	出土地	現藏地	備註
1919	伯作寶鼎	3	西周早期	集成 1725 陜青 3.48	1972 年陜西扶風縣劉家村豐姬墓	陜西省博物館	
1920	伯作䵼鼎	3	西周早期	集成 1726 薛氏 79.3			
1921	伯作彝鼎	3	西周早期	集成 1727 攈古 1.2.2			《攈古録》:吕堯仙舊藏
1922	伯作彝鼎	3	西周早期	集成 1728 三代 2.33.5 攈古 1.2.3 愙齋 6.18.1 奇觚 1.4.2 周金 2.66.2 簠齋 1 鼎 11 小校 2.22.8			《集成》:陳介祺舊藏;又名"伯鼎";《愙賸》吴大澂云:"疑刻文非鑄文,當亦晚周之器",因原器未見,無由驗证吴説
1923	伯作彝鼎	3	西周早期	集成 1729	陜西寶鷄市竹園溝墓葬(M4:10)	寶鷄市博物館	
1924	伯旅鼎	3	西周早期	集成 1730 三代 2.33.6 貞松 2.17 希古 2.2			《集成》:羅振玉舊藏
1925	仲作齋鼎	3	西周早期	集成 1731 三代 2.34			
1926	叔作寶鼎	3	西周早期	集成 1732 美集録 R383 彙編 7.878		美國哈佛大學福格美術博物館	
1927	𠦪叔鼎	3	西周早期	集成 1733 考古 1976 年 1 期 42 頁圖 5.1	1972 年甘肅靈臺縣姚家河西周墓葬	甘肅省博物館	

序號	器名	字數	時代	著録	出土地	現藏地	備註
1928	成王方鼎	3	西周早期	集成 1734 綴遺 4.1.2 小校 2.21.6 盧氏(1940)30 美集録 R370 周金 2 補 8 銅玉圖 71i 彙編 7.875		美國堪薩斯納爾遜美術陳列館	《美集録》:沈秉成、盧芹齋舊藏;于省吾先生對此銘文曾致疑
1929	大保方鼎	3	西周早期	集成 1735 三代 2.32.4 攈古 1.2.5 愙齋 7.6.1 綴遺 4.2.1 奇觚 1.14.1 敬吾下 51.3 小校 2.21.7 斷代(二)圖版拾式(三)86 文物 1959 年 11 期 59 頁	山東壽張縣所出梁山七器之一	天津市藝術博物館	《攈古録》、《奇觚》、《綴遺》:鍾養田、張筱農、李山農舊藏;《斷代〈二〉》:鍾、李、丁彦臣、端方曾藏;《愙齋》誤作敦,《敬吾》誤作鬲
1930	□史己鼎	3	商代後期	集成 1736		故宫博物院	《集成》:德人楊寧史舊藏;史上一字作梯形
1931	册[illegible]宅鼎	3	商代後期	集成 1737			
1932	左癸敹鼎	3	商代後期	集成 1738 巖窟上 5	河南安陽		《集成》:梁上椿舊藏
1933	又癸敹鼎	3	商代後期	集成 1739 出光(十五週年)394 頁 3		日本東京出光美術館	
1934	亞受方鼎	3	商代後期	集成 1740 三代 2.32.7 貞松 2.19.3 武英 1 續殷上 18.2 小校 2.25.1 故圖下下 20		臺北"中央博物院"	《集成》:承德避暑山莊舊藏

序號	器名	字數	時代	著録	出土地	現藏地	備註
1935	亞魚鼎	3	商代後期	集成 1741 三代 2.13.8 續殷上 10.1			
1936	亞憂鼎	3	西周早期	集成 1742 三代 2.15.5 綴遺 5.17.1 貞松 2.10.1 小校 2.6.8 續殷上 9.12		故宫博物院	又名“亞形鹿鼎”、“亞夋鼎”；憂或當釋夔；《貞松》：丁樹楨舊藏
1937	亞豈鼎	3	西周早期	集成 1743 三代 2.15.2 十二契 7—8 續殷上 10.7			《集成》：商承祚舊藏
1938	亞豈鼎	3	西周早期	集成 1744 三代 2.15.3 十二契 6—7 續殷上 10.6			《集成》：商承祚舊藏
1939	亞㠱矣鼎	3	西周早期	集成 1745			
1940	亞矣辛方鼎	3	西周早期	集成 1746 三代 2.15.6 陶續 1.15 續殷上 10.8 彙編 8.1042		美國堪薩斯納爾遜美術陳列館	《集成》：端方舊藏
1941	北單戈鼎	3	商代後期	集成 1747 日精華 3.179 彙編 8.1310		日本奈良寧樂美術館	
1942	北單戈鼎	3	商代後期	集成 1748 日精華 3.193 彙編 8.1312		日本京都藤井有鄰館	
1943	北單戈鼎	3	商代後期	集成 1749 布倫戴奇（1977年）圖 4		美國舊金山亞洲美術博物館布倫戴奇藏品	
1944	北單戈鼎	3	商代後期	集成 1750		故宫博物院	

序號	器名	字數	時代	著録	出土地	現藏地	備註
1945	貞鼎	3	西周中期	集成 1751 三代 2.33.1 貞松 2.19.1 善齋 2.30 小校 2.22.2			《集成》:劉體智舊藏;又名"員鼎"
1946	[illegible]聑鼎	3	商代後期	集成 1752 三代 2.16.2—3 十二貯 3—4 續殷上 11.7	《通考》:安陽		《集成》:王辰舊藏
1947	遣鼎	3(器蓋同銘)	西周早期	集成 1753 綜覽一圖版鼎 198		美國紐約薩克勒氏	
1948	遣鼎	3	西周早期	集成 1754 三代 2.33.3 貞松 2.19.2 貞續上 16.3			
1949	遣鼎	3	西周早期	集成 1755 三代 2.33.4 貞續上 16.2			《三代》2.33.3—4 分爲二器,然據《綜覽》之器看,器蓋同銘,故《集成》1754、1755 有可能是一器之二拓,未見器形,暫分爲二器
1950	[illegible]亐方鼎	3	西周早期	集成 1756 三代 2.17.1 奇觚 6.4.1 小校 2.11.2 寶鼎 104 頁 彙編 9.1567		荷蘭萬孝臣氏	《羅表》:潘祖蔭舊藏;《集成》目録中器名爲"[illegible]亐方鼎";《奇觚》誤作卣
1951	者◇鼎	3	西周早期	集成 1757		上海博物館	以數字組成的重卦符號按一字計

序號	器名	字數	時代	著録	出土地	現藏地	備註
1952	亞□丁鼎	3	商代後期	集成 1758 録遺 53 美集録 R129 布倫戴奇（1977年）圖 2 彙編 8.1050		《彙編》：美國舊金山亞洲美術博物館布倫戴奇藏品	《集成》：盧芹齋舊藏
1953	□止亞方鼎	3	西周早期	集成 1759 三代 2.16.10 愙齋 3.4.2 殷存上 3.2 小校 2.11.7		故宫博物院	《愙齋》：李山農舊藏
1954	力鼎	3	商代後期	集成 1760 鄴三上 11 録遺 51 綜覽一圖版鼎 70	傳河南安陽	瑞典某氏	
1955	册戈鼎	3	西周晚期	集成 1761 考古 1983 年 3 期 218 頁圖 2.4	1982 年陝西長安縣灃西新旺村窖藏	考古研究所西安研究室	
1956	蠢見册鼎	3	商代後期	集成 1762		故宫博物院	
1957	耳秉中鼎	3	商代後期	集成 1763 博古 1.30 薛氏 11.2 復齋 25 嘯堂 4 積古 1.6 攈古 1.1.22			《積古》、《攈古》據《復齋》摹入。第三字即毌字
1958	秉□□鼎	3	商代後期	集成 1764 綴遺 5.24.1		上海博物館	又名“秉中戊形鼎”；第二字爲毌，第三字似爲戊字
1959	□□鼎	3	商代後期或西周早期	集成 1765 三代 2.32.2			

序號	器名	字數	時代	著録	出土地	現藏地	備註
1960	月魚鼎	3	西周早期或中期	集成1766 博古1.37—38 薛氏9.6 嘯堂5.2			
1961	ᔕ作尊方鼎	3	西周早期	集成1767 文物1972年12期8頁圖15 學報1977年2期108頁圖8.13	1967年甘肅靈臺縣白草坡西周墓葬	甘肅省博物館	
1962	鴋簋方鼎	3	西周早期	集成1768 三代2.31.6 長安1.3 攈古1.2.6 敬吾上28.3 周金2.66.1 小校2.22.3	道光年間得於長安	上海博物館	《集成》:劉喜海舊藏;又名"鴋簋方鼎"、"揚簋方鼎"
1963	尚方鼎	3	西周早期	集成1769 筠清4.23.2 古文審2.15 從古8.8 攈古1.2.2 敬吾上28 周金2.65 小校2.22.1			《攈古録》、《小校》:瞿世瑛、李國松舊藏;又名"冋鼎"、"尚齋"
1964	羞鼎	3	西周中期	集成1770 三代2.32.8 西乙1.33 貞松2.17.3 寶蘊30 故圖下下77		臺北"中央博物院"	《集成》:瀋陽故宫舊藏
1965	覃鼎	3	西周	集成1771 西甲1.41 録遺60		故宫博物院	《集成》:頤和園舊藏;又名"車鼎"
1966	弜作旅鼎	3	西周早期	集成1772		故宫博物院	

序號	器名	字數	時代	著録	出土地	現藏地	備註
1967	作旅鼎	3	西周中期	集成 1773 三代 2.33.7 求古上 19 綴遺 3.17			《集成》:陳經舊藏
1968	作旅鼎	3	西周中期	集成 1774 三代 2.33.8 愙齋 6.17 綴遺 3.17 小校 2.23.4			
1969	作旅鼎	3	西周中期	集成 1775 三代 2.34.1 攈古 1.2.51 綴遺 3.16 小校 2.23.3			《攈古録》:洪小筠舊藏
1970	□作旅鼎	3	西周早期	集成 1776 三代 2.34.8			首字不清,有可能是伯字
1971	作旅鼎	3	西周中期	集成 1777 文物 1979 年 11 期 3 頁圖 4.1 陝青 3.16	陝西扶風縣齊家村 19 號墓(M19:27)	陝西周原扶風文物管理所	
1972	作旅鼎	3	西周中期	集成 1778 陝青 3.17	陝西扶風縣齊家村 19 號墓(M19:28)	陝西周原扶風文物管理所	
1973	作寶鼎	3	西周早期	集成 1779 三代 2.34.3 貞松 2.18.1 希古 2.1.3			《羅表》:丁筱農舊藏
1974	作寶鼎	3	西周早期	集成 1780 三代 2.34.4 貞松 2.18.2 希古 2.1.4			
1975	作寶鼎	3	西周早期	集成 1781 三代 2.34.5 貞松 2.18.3 希古 2.1.5		故宫博物院	《貞松》:劉鶚舊藏

序號	器名	字數	時代	著録	出土地	現藏地	備註
1976	作寶鼎	3	西周中期	集成 1782 恒軒上 20 小校 2.23.1 周金 2 補 22.2			《集成》:吴大澂舊藏
1977	作寶鼎	3	西周中期	集成 1783 三代 2.34.6 頌齋 3 貞續上 17.1 希古 2.2.1 小校 2.23.2 故圖下下 71	《頌齋》:山西長子縣	臺北"中央博物院"	《集成》:容庚舊藏
1978	作寶鼎	3	西周	集成 1784 彙編 7.876		美國紐約某氏	
1979	作寶鼎	3	西周早期	集成 1785		故宫博物院	
1980	作寶鼎	3	西周中期	集成 1786 陝圖 28 五省圖版叁拾 1 學報 1957 年 1 期 79 頁圖 2.2 圖版叁 1	陝西長安縣斗門鎮墓葬	陝西省博物館	
1981	作寶鼎	3	西周中期	集成 1787		瑞典斯德哥爾摩遠東古物館	
1982	作旅彝鼎	3	西周中期	集成 1788			
1983	作旅彝鼎	3	西周中期	集成 1789 三代 2.33.2			
1984	作旅寶鼎	3	西周中期	集成 1790 三代 2.34.2 貞松 2.18.4 善齋 2.31 小校 2.23.5			《羅表》:劉鶚、劉體智舊藏
1985	作寶彝方鼎	3	西周中期	集成 1791 陝青 4.42	1974 年陝西寶鷄市茹家莊 1 號墓乙(M1 乙:16)	寶鷄市博物館	

序號	器名	字數	時代	著録	出土地	現藏地	備註
1986	作寶彝鼎	3	西周早期	集成 1792 學報 1980 年 4 期 468 頁圖 16.8	1967 年陝西長安縣張家坡西周 87 號墓(M87：1)	考古研究所	
1987	作寶彝方鼎	3	西周早期	集成 1793		故宫博物院	此器有可能是 1929 年寶鷄祀鷄臺出土銅器之一,参《右輔環寶留珍》
1988	作寶彝方鼎	3(器蓋同銘)	西周早期	集成 1794		故宫博物院	《集成》説明中器名誤爲“作寶鼎方鼎”
1989	作寶彝鼎	3	西周早期	集成 1795			
1990	作寶彝鼎	3	西周早期	集成 1796			
1991	作從彝方鼎	3	西周早期	集成 1797		上海博物館	《集成》説明中器名寫爲“作从彝方鼎”;器形未見著録,爲方鼎
1992	子[illegible]氏鼎	3	戰國	集成 1798 巖窟上 10	1942 年春安徽壽縣		《集成》:梁上椿舊藏
1993	[illegible]鼎蓋	3	戰國	集成 1799 三代 2.35.1 貞續上 17		故宫博物院	又名“掌鼎蓋”
1994	長咅鼎	3	戰國晚期	集成 1800 美集録 R435(P) 彙編 7.883		美國西雅圖美術博物館	《集成》説明中器名爲“長倉鼎”
1995	右圣刃鼎	3	戰國	集成 1801 楚展 68 湖南考古輯刊一圖版拾肆 10—11	1949 年前湖南長沙	湖南省博物館	鼎蓋近環處、鼎蓋内面、鼎内各刻同銘三字

序號	器名	字數	時代	著録	出土地	現藏地	備註
1996	[illegible]頙官鼎	3（器蓋同銘）	戰國晚期	集成 1802		故宫博物院	
1997	客豐愍鼎	3	戰國晚期	集成 1803 三代 2.35.3 小校 2.24.2 楚録 8	1933 年安徽壽縣朱家集	安徽省博物館	或以爲《三代》2.35.3 與 2.36.1 爲一器，器蓋同銘
1998	客豐愍鼎	3	戰國晚期	集成 1804 三代 2.35.2 小校 2.24.1 安徽金石 1.7.3	1933 年安徽壽縣朱家集	安徽省博物館	《安徽金石》：安徽省立圖書館舊藏
1999	客豐愍鼎	3	戰國晚期	集成 1805 三代 2.35.4 小校 2.24.3 安徽金石 1.7.2	1933 年安徽壽縣朱家集	安徽省博物館	《安徽金石》：安徽省立圖書館舊藏
2000	客豐愍鼎	3	戰國晚期	集成 1806 三代 2.36.1 小校 2.24.4	1933 年安徽壽縣朱家集		或以爲《三代》2.35.3 與 2.36.1 爲一器，器蓋同銘
2001	集脰鼎	3	戰國晚期	集成 1807 楚録 9	1933 年安徽壽縣朱家集	安徽省博物館	又名"大子鼎"；現器上有大子二字，係後刻，故未録
2002	四分鼎	存 3	戰國晚期	集成 1808 三代 2.36.2 武英 33 小校 2.36.8			《集成》：承德避暑山莊舊藏
2003	秉父辛鼎	存 3	西周早期	集成 1809 寶鷄弜國墓地 51 頁	陝西寶鷄市竹園溝西周墓葬（M13：18）	寶鷄市博物館	第二字殘泐不清，秉或釋禾

序號	器名	字數	時代	著録	出土地	現藏地	備註
2004	文方鼎	存3	西周早期	集成1810 三代2.36.4 貞松2.25 武英8 小校2.30.7 藝展10 故圖下下47		臺北"中央博物院"	《貞松》:承德避暑山莊舊藏
2005	責祖□鼎	3	商代後期	近出229 考古與文物1990年5期 25—38頁		陝西省西安市文物中心	陝西省西安市大白楊庫曾見
2006	息父乙鼎	3	商代後期	近出230 考古學報1986年2期161—172頁	1979—1980年河南省羅山縣蟒張鄉天湖村墓葬6:2	河南省羅山縣文化館	
2007	息父丁鼎	3	西周早期	近出231 文博1985年5期4頁	1980年陝西省岐山縣京當鄉王家嘴墓葬M1:1		
2008	弜父丁鼎	3	商代後期	近出232 富士比(1985,12,10 10)			英國倫敦富士比拍賣行曾藏
2009	父丁鼎	3	商代後期	近出233 富士比(1984,6,19 19)			柏林H. Hardf舊藏;英國倫敦富士比拍賣行曾藏
2010	屰父庚方鼎	3	商代後期	近出234 富士比(1978,3,30 12)			英國倫敦富士比拍賣行曾藏
2011	息父辛鼎	3	商代後期	近出235 考古學報1986年2期161—172頁	1979—1980年河南省羅山縣蟒張鄉天湖村墓葬28:10	河南省羅山縣文化館	

序號	器名	字數	時代	著録	出土地	現藏地	備註
2012	冀父癸鼎	3	商代後期	近出236 華夏考古1997年2期17—18頁	1983—1986年河南省安陽市劉家莊M9：70	河南省安陽市文物工作隊	
2013	㠱父癸鼎	3	商代後期	近出237 考古1990年10期879—881頁	1988年7月陝西省麟遊縣九成官鎮後坪村	陝西省麟遊縣博物館	
2014	叔父癸鼎	3	商代後期	近出238 文物1992年3期93—95頁	1984年10月山東省新泰市府前街墓葬	山東省新泰市博物館	
2015	卬父癸鼎	3	商代後期	近出239 富士比(1958,6,24 90)			英國倫敦富士比拍賣行曾藏
2016	得父癸方鼎	3	商代後期	近出240 沃森9b 富士比(1983,6,21 21)			英國倫敦富士比拍賣行曾藏
2017	明亞乙鼎	3	商代後期	近出241 海岱考古第一輯320—324頁		山東省濟南市博物館	
2018	宁戈册鼎	3	西周晚期	近出242 考古與文物1990年5期26—43頁	陝西省長安縣馬王鎮新旺村	陝西省西安市文物中心	
2019	宁戈册鼎	3	西周晚期	近出243 考古與文物1990年5期26—43頁	陝西省長安縣馬王鎮新旺村	陝西省西安市文物中心	
2020	宁戈册鼎	3	西周晚期	近出244 考古與文物1990年5期26—43頁	陝西省長安縣馬王鎮新旺村	陝西省西安市文物中心	

序號	器名	字數	時代	著録	出土地	現藏地	備註
2021	亞𡨦址方鼎	3	商代後期	近出 245 安陽殷墟郭家莊商代墓葬 83 頁	河南省安陽市殷墟郭家莊 M160：21	中國社會科學院考古研究所	
2022	亞𡨦止鼎	3	商代後期	近出 246 安陽殷墟郭家莊商代墓葬 83 頁	河南省安陽市殷墟郭家莊 M160：135	中國社會科學院考古研究所	
2023	亞𡨦止鼎	3	商代後期	近出 247 安陽殷墟郭家莊商代墓葬 83 頁	河南省安陽市殷墟郭家莊 M160：123	中國社會科學院考古研究所	
2024	𦅫窄伯鼎	3	西周中期	近出 248 文博 1991 年 2 期 71—74 頁		陝西省韓城市博物館	
2025	邢叔鼎	3	西周中期	近出 249 文物 1990 年 7 期 32—33 頁	1984—1985 年陝西省長安縣張家坡邢叔家族墓 M152	陝西省考古研究所	
2026	旨鼎	3	西周中期	近出 250 文物 1996 年 7 期 54—68 頁	1964—1972 年河南省洛陽市北窑村西龐家溝墓葬		
2027	𨭉作彝鼎	3	西周早期	近出 251 富士比(1972,3,14 13)			1953 年在科隆中國青銅器展覽展出；英國倫敦富士比拍賣行曾藏
2028	𡚬◇者方鼎	3	西周早期	近出 252 文物 1992 年 6 期 76—77 頁	1991 年 4 月陝西省岐山縣京當鄉雙庵村	陝西省岐山縣博物館	
2029	作册兄鼎	3	商代後期	近出 253 安陽殷墟郭家莊商代墓葬 38 頁	河南省安陽市殷墟郭家莊 M50：6	中國社會科學院考古研究所	

序號	器名	字數	時代	著録	出土地	現藏地	備註
2030	伯作寶方鼎	3	西周早期	近出254 文物1988年3期20—24頁	1981年9月陝西省寶鷄市西關紙坊頭村墓葬	陝西省寶鷄市博物館	
2031	伯鼎	3	西周中期	近出255 考古與文物1989年2期53頁	1971年陝西省咸陽市渭城區正陽鄉向家嘴村	陝西省咸陽市博物館	
2032	伯鼎	3	西周早期	近出256 考古與文物1990年5期26—43頁	1976年4月陝西省長安縣銅網廠	陝西省西安市文物中心	
2033	作寶鼎	3	西周中期	近出257 歐遺珠圖版106		瑞典斯德哥爾摩遠東古物博物館	
2034	作尊彝鼎	3	西周早期	近出258 考古1997年4期58頁 中國文物報1988年9月23日2版	1984年8月河北遷安縣小山東省莊M1：4	河北遷安縣文物管理所	
2035	王子耶鼎	3	商代後期	近出259 佳士得(1987,12,10 3)			英國倫敦佳士得拍賣行曾藏
2036	□□彝鼎	3	西周早期	近出260 高家堡戈國墓74頁	1991年陝西省涇陽縣興隆鄉高家堡M4：5	陝西省涇陽縣博物館	
2037	工師厚子鼎	3(又合文1)	戰國後期	近出261 文物1997年6期16—18頁	1992年山東省臨淄市商王村M1：105	山東省淄博市博物館	
2038	保□鼎		商代後期	近出附10 中原文物1985年1期26—31頁		河南省新鄉市博物館	腹内底有銘,原文未交待字數

序號	器名	字數	時代	著録	出土地	現藏地	備註
2039	□□□鼎	3	西周	近出附 11 文物資料叢刊 1983 年 8 期 80 頁	1976 年春陝西岐山賀家村	陝西周原考古隊	
2040	父癸鼎	3	西周	近出附 12 中原文物 1984 年 3 期 76 頁	1980 年 3 月洛陽東關林校	河南洛陽市文物工作隊	
2041	作父辛鼎	3	西周	近出附 13 考古與文物 1991 年 1 期 3—13 頁	1927 年陝西寶鷄市金台區陳倉鄉戴家灣盜掘		
2042	王且甲方鼎	4	西周早期	集成 1811 三代 2.46.3 陶齋 1.23 續殷上 11.9 小校 2.12.3 美集録 R241			《集成》:端方舊藏;又名"雙獸形王且甲鼎"
2043	作且丁鼎	4	商代後期或西周早期	集成 1812		上海博物館	
2044	且丁癸□鼎	4	商代後期	集成 1813 三代 2.36.5 小校 2.38.3 貞續上 17.3			
2045	作且戊鼎	4	西周早期	集成 1814 三代 2.36.6 貞松 2.19 善齋 2.33 續殷上 18.4 小校 2.25.2 善彝 26 頌續 4			《集成》:劉體智舊藏
2046	且己父癸鼎	4	商代後期或西周早期	集成 1815 三代 2.37.1 綴遺 3.1 貞續上 17.4		故宫博物院	

序號	器名	字數	時代	著録	出土地	現藏地	備註
2047	朋亞且癸鼎	4	商代後期或西周早期	集成1816 三代2.37.2 貞松2.20 續殷上18.5 貞圖上10			《集成》:羅振玉舊藏
2048	亞鳥父甲鼎	4	商代後期	集成1817 攈古1.2.49 綴遺5.17			
2049	亞[illegible]父乙鼎	4	商代後期	集成1818 美集録R152 柏景寒147頁		美國芝加哥美術館	
2050	亞龖父乙鼎	4	商代後期	集成1819 三代2.20.2 西清1.5 貞續上13.2 故圖下上18		臺北"故宫博物院"	《集成》:清宫舊藏;《故圖》云:父乙二字疑僞
2051	亞㪣父乙鼎	4	商代後期	集成1820		故宫博物院	
2052	[illegible]册父乙方鼎	4	商代後期	集成1821 三代2.47.5 十六1.1 積古1.3 從古10.9 攈古1.3.39			《積古》:阮元舊藏;第一字爲扶字。《羅表》在五字册册父乙方鼎下誤將《兩罍》、《窓齋》及《奇觚》之僞器收作一器
2053	天册父乙鼎	4	商代後期或西周早期	集成1822		故宫博物院	
2054	[illegible]父乙鼎	4	商代後期或西周早期	集成1823 三代2.19.7 窓齋3.10.1 綴遺5.28.1 續殷上12.7 小校2.13.7			《窓齋》:徐子静舊藏;又名"鷺刀父乙鼎"

序號	器名	字數	時代	著録	出土地	現藏地	備註
2055	鄉宁父乙方鼎	4	商代後期	集成 1824 鄴三 1.14 美集録 R36 中國圖符 15.16 録遺 54	傳安陽	《美集録》:美國紐約凡特畢爾特夫人處	
2056	矢宁父乙方鼎	4	商代後期	集成 1825 基建圖版五五 陝圖 1 陝青 1.15	陝西岐山縣禮村	中國歷史博物館	
2057	子刀父乙方鼎	4	商代後期	集成 1826 攈古 1.2.45 綴遺 5.29			《攈古録》:韓崇舊藏
2058	子□父乙鼎	4	西周	集成 1827		上海博物館	第二字僅可見下部之皿,上部已泐
2059	子䵼父乙鼎	4	商代後期	集成 1828		清華大學圖書館	
2060	䧹父乙乙鼎	4	商代後期	集成 1829 三代 2.38.1 奇觚 1.6 小校 2.25.4			《小校》:潘祖蔭舊藏
2061	[illegible]父乙鼎	4	商代後期或西周早期	集成 1830 三代 2.37.8 續殷上 18.10			《集成》説明中器名誤爲“[illegible]父丁鼎”
2062	[illegible][illegible]父乙鼎	4	商代後期或西周早期	集成 1831 西清 3.5 頌續 1		廣州市博物館	《集成》:清宫舊藏,後歸容庚
2063	[illegible]作父乙鼎	4	西周早期	集成 1832			
2064	父乙㸚□鼎	4	商代後期或西周早期	集成 1833 西清 1.4			《集成》:清宫舊藏

序號	器名	字數	時代	著録	出土地	現藏地	備註
2065	耳衡父乙鼎	4	商代後期	集成 1834 三代 2.47.1 貞續上 18 美集録 R190 布倫戴奇(1977)圖 6		美國舊金山亞洲美術博物館布倫戴奇藏品	《集成》:美國紐約辛科維奇舊藏
2066	耳衡父乙鼎	4	商代後期	集成 1835 三代 2.47.3			
2067	宁羊父丙鼎	4	西周早期	集成 1836 琉璃河西周燕國墓地 102 頁	北京房山縣琉璃河 253 號墓 M253∶21	首都博物館	
2068	亞醜父丙方鼎	4	商代後期	集成 1837 西拾 2			《集成》:頤和園舊藏
2069	父丁鼎	4	商代後期	集成 1838			
2070	亞醜父丁方鼎	4	商代後期	集成 1839 三代 2.23.5 愙齋 3.5 奇觚 1.7 殷存上 3.7 小校 2.16.5		故宫博物院	《奇觚》:潘祖蔭舊藏;銘文曾有致疑者
2071	亞醜父丁方鼎	4	商代後期	集成 1840 三代 2.23.6 殷存上 3.8 善齋 3.3 小校 2.16.6 善彝 40			《集成》:劉體智舊藏
2072	亞獏父丁鼎	4	商代後期	集成 1841 美集録 R146e			《集成》:美國盧芹齋舊藏
2073	亞獏父丁鼎	4	商代後期	集成 1842 三代 2.38.5 綴遺 5.18 夢郼續 4 續殷上 19.4 小校 2.16.7			《羅表》:丁樹楨、羅振玉舊藏

序號	器名	字數	時代	著録	出土地	現藏地	備註
2074	亞獏父丁鼎	4	商代後期	集成 1843 彙編 8.994			此與《集成》5413.1 卣重出
2075	亞獏父丁鼎	4	商代後期	集成 1844 三代 2.38.6 續殷上 19.3 鐃齋 1 頁 3	傳安陽		
2076	亞犬父丁方鼎	4	商代後期	集成 1845 博古 1.17 薛氏 10.1 嘯堂 1			
2077	亞旐父丁鼎	4	商代後期	集成 1846 美集録 R148 中國圖符 9			《集成》:美國盧芹齋舊藏
2078	亞西父丁鼎	4	商代後期	集成 1847 彙編 8.1078		美國紐約某氏處	
2079	亞豈父丁鼎	4	西周早期	集成 1848 三代 14.43.1 貞松 9.19.4 小校 2.26.3			《三代》、《貞松》作觶,《小校》稱鼎,今從《小校》
2080	田告父丁鼎	4	商代後期或西周早期	集成 1849		上海博物館	
2081	子羊父丁鼎	4	商代後期	集成 1850 三代 2.38.4			
2082	宁母父丁方鼎	4	商代後期	集成 1851 三代 2.38.2 愙齋 3.14 綴遺 3.9 奇觚 1.7 敬吾上 1 殷存上 5.7 小校 2.26.2			《綴遺》:朱爲弼、潘祖蔭舊藏;《敬吾》誤作盤

序號	器名	字數	時代	著録	出土地	現藏地	備註
2083	臤父丁鼎	4	商代後期或西周早期	集成1852 三代2.38.3 彙編9.1676 綜覽一圖版扁足鼎28	1929年黨毓坤由寶鷄祀鷄臺盜掘	《綜覽》:美國紐約薩克勒氏	《集成》:美國布倫戴奇舊藏
2084	耳銜父丁鼎	4	商代後期	集成1853 三代2.38.8 從古7.5 攈古1.3.39 綴遺3.2 敬吾上35 續殷上19.2 小校2.32.2			《攈古録》、《敬吾》:瞿穎山、夏松如舊藏
2085	耳夆父丁鼎	4	西周早期	集成1854 西清1.8			《集成》:清宫舊藏;按器形、銘文相合,但銘文摹寫甚劣
2086	庚豩父丁方鼎	4	商代後期	集成1855	1982年河南安陽小屯西地墓葬(M1:44)	考古研究所安陽工作站	
2087	㬥父丁册方鼎	4	商代後期	集成1856 三代3.1.8 冠斝上10			《集成》:榮厚舊藏
2088	尹舟父丁鼎	4	商代後期	集成1857 三代2.23.1 攈古1.2.50 綴遺5.28.2 敬吾上36.4 續殷上14.8 小校2.16.2			又名"般父丁鼎";尹舟或以爲一字,今暫取二字説
2089	父丁册方鼎	4	商代後期	集成1858 文物1964年4期49頁圖1		中國歷史博物館	

序號	器名	字數	時代	著録	出土地	現藏地	備註
2090	弓韋父丁方鼎	4	商代後期	集成 1859 三代 2.47.7 攈古 1.3.8 綴遺 5.23 澂秋 1 續殷上 14.7 美集録 R38 皮斯柏圖 1 中國圖符 5 彙編 9.1572	《攈古録》:長安	美國皮斯柏寄陳米里阿波里斯美術館	《澂秋》:陳承裘舊藏;弓韋或釋一字,以爲即弴,今暫取二字說
2091	作父丁[illegible]方鼎	4	西周早期	集成 1860		故宫博物院	
2092	[illegible]父丁鼎	4	西周	集成 1861			
2093	季父戊子鼎	4	商代後期	集成 1862 彙編 8.1234 出光(十五年)394 頁 2		日本東京出光美術館	
2094	亞[illegible]父戊鼎	4	商代後期或西周早期	集成 1863 三代 2.24.1 西清 1.10 貞補上 5 故宫 18 期			《集成》:清宫舊藏;《故宫》以爲銘文係後刻
2095	角戊父字鼎	4	商代後期	集成 1864 録遺 58 弗里爾(1967年)169 頁 彙編 9.1807		美國華盛頓弗里爾美術陳列館	
2096	亞[illegible]父己鼎	4	商代後期	集成 1865 彙編 8.1019 荷、比 84 頁圖版 2NO.2		荷蘭某氏處	《集成》説明中缺時代、字數
2097	亞[illegible]父己鼎	4	商代後期	集成 1866 三代 2.25.7 彙編 8.1018		日本京都黑川古文化研究所	

序號	器名	字數	時代	著録	出土地	現藏地	備註
2098	父己亞覷方鼎	4	商代後期	集成 1867 三代 2.25.6		故宫博物院	
2099	亞巽父己鼎	4	商代後期	集成 1868 三代 2.39.2 愙齋 3.5 綴遺 5.31 小校 2.26.7			《集成》:方濬益舊藏;此器與《集成》843甗重出,因無器形著録,無法確定器類
2100	亞戈父己鼎	4	商代後期	集成 1869 美集録 R150 皮斯柏圖 4 彙編 8.1069		美國皮斯柏寄陳米里阿波里斯美術館	《集成》:美國盧芹齋舊藏;《彙編》誤作方鼎
2101	亞獸父己鼎	4	商代後期	集成 1870 考古與文物 1980 年 2 期 16 頁	1975 年陝西渭南縣陽郭公社南堡村墓葬	渭南縣圖書館?	《集成》目録中誤爲"3"字
2102	亞旐父己鼎	4	商代後期	集成 1871		故宫博物院	《集成》目録中誤爲"3"字
2103	亞父己鼎	4	西周早期	集成 1872 三代 2.25.3 貞松 2.14.2 武英 13 續殷上 15.3 小校 2.17.8 故圖下下 36		臺北"中央博物院"	《集成》:承德避暑山莊舊藏;《集成》目録中誤爲"3"字
2104	子申父己鼎	4	西周早期	集成 1873 文參 1957 年 5 期 85 頁 文叢 345 頁圖 12		洛陽市博物館	1957 年洛陽專區文物普查隊在伊川寺後村收集
2105	小子父己方鼎	4	商代後期	集成 1874 中國歷史博物館館刊 1982 年 4 期 91 頁	傳河南安陽	中國歷史博物館	

序號	器名	字數	時代	著録	出土地	現藏地	備註
2106	又敉父己鼎	4	商代後期	集成1875 三代2.39.1 十二貯7—8 小校2.32.4	傳安陽		《集成》:王辰舊藏
2107	弓𦎫父己鼎	4	商代後期	集成1876 三代2.47.8 愙齋3.6 殷存上5.8 小校2.26.6			
2108	遽作父己鼎	4	西周中期	集成1877 三代2.36.3 善齋2.34 小校2.26.5 貞松2.21.1 續殷上19			《集成》:劉體智舊藏;遽字已不清晰
2109	作父己[illegible]鼎	4	商代後期或西周早期	集成1878 三代2.39.3 貞松2.20.4 善齋2.35 續殷上19.6 小校2.26.4 彙編7.799			《集成》:劉體智舊藏
2110	子[illegible]父己鼎	4	商代後期或西周早期	集成1879 博古1.23 薛氏9.3 嘯堂3			又名"持刀父己鼎"、"子父己鼎";第二字或可釋刀字
2111	亞得父庚鼎	4	商代後期	集成1880 三代2.26.4 貞續上15.1 小校2.18.7 尊古1.17		故宫博物院	《集成》:劉體智舊藏
2112	子刀父辛鼎	4	西周早期	集成1881		故宫博物院	

序號	器名	字數	時代	著録	出土地	現藏地	備註
2113	子刀父辛方鼎	4	商代後期	集成 1882 三代 2.39.6 擦古 1.2.46 愙齋 3.7 綴遺 5.29 敬吾上 35 續殷上 19.10 小校 2.26.8			《擦古録》:程洪溥舊藏
2114	亞[鹵皿]父辛鼎	4	商代後期或西周早期	集成 1883 三代 2.28.8 西清 1.14 綴遺 5.4 殷存上 4.6			《綴遺》:清宫舊藏,後歸丁筱農;《小校》2.20.4 乃仿此僞作
2115	亞[酉兒]父辛鼎	4	商代後期	集成 1884 三代 2.29.1 敬吾上 36.4 殷存上 4.3 小校 2.20.5			
2116	虎重父辛鼎	4	西周早期	集成 1885		故宫博物院	
2117	[丙形]作父辛鼎	4	商代後期或西周早期	集成 1886 三代 2.39.4 貞松 2.21 善齋 2.36 小校 2.27.2			《集成》:劉體智舊藏
2118	父辛[象形字]册鼎	4	西周早期	集成 1887 三代 2.48.1 貞松 2.26		旅順博物館	《貞松》誤記爲方鼎
2119	逆[土弓]父辛鼎	4	西周早期	集成 1888 三代 2.39.5 善齋 2.37 續殷上 19.9 小校 2.27.1 故圖下下 40		臺北"中央博物院"	

序號	器名	字數	時代	著録	出土地	現藏地	備註
2120	䨻父辛鼎	4	商代後期	集成 1889 三代 2.28.7 貞松 2.15 善齋 2.26 續殷上 16.4 小校 2.19.5 故圖下下 28		臺北"中央博物院"	《集成》:劉體智舊藏
2121	父辛夨鼎	4	西周早期	集成 1890 文物 1977 年 8 期 16 頁	1976 年河南襄縣丁營公社霍莊村墓葬	河南省博物館	
2122	子[illegible]父癸鼎	4	商代後期	集成 1891 三代 2.40.1 續殷上 20.3			
2123	亞[illegible]父癸鼎	4	西周	集成 1892			
2124	何父癸鼎	4	商代後期	集成 1893 三代 2.40.4 貞松 2.21.3 善齋 2.39 續殷上 20.4 小校 2.27.4			《集成》:劉體智舊藏
2125	何父癸鼎	4	商代後期	集成 1894 三代 2.40.5 貞補上 6 續殷上 20.5 小校 2.27.3 善齋 2.38.1 彙編 7.924			《集成》:劉體智舊藏
2126	射獸父癸鼎	4	商代後期	集成 1895 博古 1.25 薛氏 10.4 嘯堂 4 復齋 6 積古 1.5 攈古 1.2.51			《積古》、《攈古》據《復齋》本摹入

序號	器名	字數	時代	著録	出土地	現藏地	備註
2127	衎天父癸鼎	4	商代後期	集成 1896 西清 1.21			《集成》:清宫舊藏
2128	册⿸广冓父癸鼎	4	商代後期	集成 1897 三代 2.48.4 綴遺 5.33 續殷上 20.7 小校 2.32.6			
2129	册父癸鼎	4	商代後期	集成 1898 三代 2.48.3 攈古 1.3.3 綴遺 5.33 敬吾上 35.2 殷存上 5.10 小校 2.32.7 尊古 1.19 甲骨學 12 號圖一3C、3D		《甲骨學》:日本東京湯島孔廟斯文會	《攈古録》:劉喜海舊藏
2130	允册父癸鼎	4	西周早期或中期	集成 1899		故宫博物院	
2131	父癸疋册鼎	4	商代後期	集成 1900 録遺 55 綜覽一圖版扁足鼎 114		美國紐約大都會美術博物館	
2132	作父癸鼎	4	西周早期	集成 1901 三代 2.40.3 續殷上 20.6 尊古 1.18.1 使華 6 彙編 7.804	《使華》:傳洛陽		《集成》:德國陶德曼舊藏
2133	父癸鼎	4	西周早期	集成 1902 三代 2.40.2 續殷上 20.1			
2134	作母嫌彝鼎	4	西周	集成 1903		故宫博物院	

序號	器名	字數	時代	著録	出土地	現藏地	備註
2135	聑[illegible]婦[illegible]鼎	4	商代後期	集成 1904 中原文物 1985 年 1 期 30 頁 文物 1978 年 5 期 95 頁圖 9 河南 1.348	1952 年河南輝縣褚邱	新縣市博物館	
2136	奄婦未于方鼎	4	商代後期	集成 1905 録遺 56 彙編 8.1168 澳銅選 62 頁圖 4		《彙編》、《澳銅選》:澳洲墨爾本買亞氏	《集成》目録中器名爲"奄婦朱于方鼎"
2137	司母㠯康方鼎	4	商代後期或西周早期	集成 1906 文物 1978 年 2 期 95 頁圖 4 陝青 1.51	1975 年陝西扶風縣白龍村墓葬	扶風縣博物館	此器司母㠯康或可釋[illegible]母康及[illegible]康,今暫作四字計
2138	彭女彝鼎	4	西周早期	集成 1907 三代 2.41.1 窸齋 6.17.1 周金 3.117 小校 2.30.6 續殷上 20.9 彙編 7.803 綜覽一圖版鼎 115		《彙編》:美國普林斯頓大學博物館卡特氏藏器	《窸齋》:潘祖蔭舊藏
2139	彭女彝鼎	4	西周早期	集成 1908 三代 2.41.2 貞松 2.24.1			此與《集成》5110 卣重出,器形爲卣,此誤
2140	亞[illegible]女子鼎	4	商代後期	集成 1909 三代 2.40.8 殷存上 5.2			《羅表》:丁筱農舊藏

序號	器名	字數	時代	著録	出土地	現藏地	備註
2141	子鼻君妻鼎	4	商代後期或西周早期	集成 1910 三代 6.22.5 貞松 4.35 希古 4.2 續殷上 41.1 小校 2.30.5		上海博物館	《集成》：潘祖蔭舊藏；妻下似有皿，此字可隸定作䀈
2142	北伯作䵼鼎	4	西周早期	集成 1911 三代 2.41.8 貞松 2.22 希古 2.3.3	《貞松》：光緒十六年(1890年)直隸淶水張家窪出土古器十餘，皆有北白字，此鼎其一也		
2143	伯作寶方鼎	4	西周	集成 1912		故宫博物院	
2144	或伯鼎	4	西周早期	集成 1913 三代 2.41.7 筠清 2.3.2 攈古 1.2.47 綴遺 4.24.2			《雙虞壺齋藏器目》：吴式芬舊藏；又名"臧伯鼎"；據上海博物館藏《三代》容庚眉批云是鬲，因未見器形，暫仍稱作鼎
2145	伯作寶鼎	4	西周早期	集成 1914 三代 2.43.1 愙齋 6.18.2 周金 2.65.3 小校 2.29.7		清華大學圖書館	《周金》、《羅表》：丁筱農、許延暄舊藏
2146	伯作旅鼎	4	西周中期	集成 1915 三代 2.44.1 冠斝上 9		故宫博物院	《集成》：榮厚舊藏；旅字省一人
2147	伯作旅彝鼎	4	西周早期或中期	集成 1916 録遺 59			

序號	器名	字數	時代	著録	出土地	現藏地	備註
2148	伯作寶彝鼎	4	西周早期	集成 1917 三代 2.44.7			
2149	伯作寶彝鼎	4	西周早期	集成 1918 三代 2.44.8 希古 2.2.5 貞松 2.24.3			
2150	伯作寶彝鼎	4	西周早期	集成 1919 三代 2.45.1 貞松 2.24.2 武英 15 故圖下下 63 小校 2.29.6		臺北"中央博物院"	《集成》:承德避暑山莊舊藏;《故圖》上下爲 63,《故圖》下下作 62
2151	伯作寶彝鼎	4	西周早期	集成 1920		清華大學圖書館	
2152	伯作旅鼎	4	西周中期	集成 1921 三代 2.44.5		旅順博物館	首字經刮磨,原爲伯字,筆劃猶依稀可辨
2153	仲作旅鼎	4	西周早期	集成 1922 積古 4.2 攈古 1.3.2 求古 1.17			《攈古録》:陳經、素夢蟾舊藏
2154	叔作寶彝鼎	4	西周	集成 1923			
2155	内叔作鼎	4	西周中期	集成 1924 積古 3.18 薛氏 79.1 嘯堂 17			
2156	叔尹作旅方鼎	4	西周早期	集成 1925 文物 1977 年 12 期 28 頁圖 13	1974 年遼寧喀左縣山灣子村西周窖藏	遼寧省博物館	

序號	器名	字數	時代	著録	出土地	現藏地	備註
2157	叔作穌子鼎	4	春秋前期	集成 1926 考古通訊 1958 年 11 期 72 頁 虢國墓 35 頁	1957 年河南陝縣上村嶺虢國墓地 1753 號墓（M1753：1）	中國歷史博物館	
2158	叔作隮鼎	4	西周早期	集成 1927 三代 2.42.2 貞續上 19.2 善齋 2.43 小校 2.29.8 頌續 7	《頌續》：洛陽	廣州市博物館	《集成》：劉體智、容庚舊藏
2159	叔作旅鼎	4	西周中期	集成 1928 學報 1954 年第八册圖版捌 陝圖 9	1954 年陝西長安縣斗門鎮普渡村 2 號墓	陝西省博物館	
2160	叔作旅鼎	4	西周早期或中期	集成 1929		故宫博物院	
2161	叔我鼎	4	西周早期	集成 1930 三代 2.41.6 筠清 4.19 古文審 2.5 擴古 1.2.48 愙齋 6.16 敬吾上 38.2 小校 2.30.2			《平安館藏器目》：葉志詵舊藏
2162	季作寶彝鼎	4	西周早期	集成 1931 文物 1981 年 9 期 20 頁圖 4	1979 年山東濟陽縣劉臺子 2 號墓	濟陽縣圖書館	
2163	師公鼎	4	戰國後期	集成 1932	清華大學圖書館		
2164	中脯王鼎	4	戰國後期	集成 1933 湖南考古輯刊一 93 頁圖 3.8 古文字研究 10.277 圖 36.3	1976 年湖南漵浦縣馬田坪 26 號墓	湖南省博物館	

序號	器名	字數	時代	著録	出土地	現藏地	備註
2165	公鼎	4	西周早期	集成 1934		故宫博物院	《集成》:德人楊寧史舊藏
2166	國子鼎	4(器蓋各2字)	戰國前期	集成 1935 考古通訊 1958年6期51頁圖4	1956年山東臨淄姚王村	山東省博物館	同銘八器,此其一
2167	懋史繇鼎	4	西周中期	集成 1936 小校 2.27.8			
2168	大祝禽方鼎	4	西周早期	集成 1937 十六 1.15 積古 4.4—5 金索 1.33 攈古 1.2.47 周金 2.65.2 小校 2.27.7			《十六》、《積古》、《周金》:錢坫、阮元、江寧胡氏舊藏;此與《三代》2.41.5 並非一器,過去各家均誤合爲一
2169	大祝禽方鼎	4	西周早期	集成 1938 三代 2.41.5 尊古 1.24 鏡齋 6		聯邦德國科隆東亞美術博物館	《集成》:德國艾克舊藏;《十六》、《積古》等著録乃另一同銘方鼎,一真一僞,抑或一對真品,因未驗原器不能定。今暫作二器處理
2170	又敉父癸鼎	4	商代後期	集成 1939 三代 2.40.6			
2171	更鼎	4	西周早期或中期	集成 1940 文物 1986年1期11頁圖18	1981年陝西長安縣普渡村14號墓葬	陝西省文物管理委員會	
2172	劦册乀(辛鼎	4	商代後期	集成 1941		山東省博物館	《集成》:丁樹楨舊藏

序號	器名	字數	時代	著録	出土地	現藏地	備註
2173	臣辰册方鼎	4	西周早期	集成 1942 彙編 9.1429		加拿大多倫多士楝夫人處	《彙編》1429、1430 二器，銘文字體與它器有别，因未見原器難以定真僞，姑收於此以待考定
2174	臣辰册方鼎	4	西周早期	集成 1943 彙編 9.1430		加拿大多倫多士楝夫人處	
2175	亞㝬[illegible][illegible]方鼎	4	商代後期	集成 1944 録遺 61		故宫博物院	
2176	徸公右自鼎	4	戰國	集成 1945		故宫博物院	某華僑捐獻，1957 年文化部文物局撥交故宫博物院；器已殘。第二字係公字。第四字爲官字。《中原文物》1981 年 4 期 41 頁有徸公右官鼎摹本
2177	公朱右自鼎	4	戰國後期	集成 1946		中國歷史博物館	
2178	滑斿子鼎	4（又合文 1）	戰國後期	集成 1947		中國歷史博物館	又名"滑孝子鼎"
2179	戈作寶鼎	4	西周中期	集成 1948 三代 2.43.5 攈古 1.2.48 清愛 19 愙齋 3.2 綴遺 3.12 敬吾上 38.4 小校 2.29.1 三代補 734 賽爾諾什 18 頁	《清愛》：丙戌三月得于邗上	法國巴黎賽爾諾什博物館	《集成》：劉喜海舊藏

序號	器名	字數	時代	著録	出土地	現藏地	備註
2180	甲作寶方鼎	4	西周早期	集成 1949 三代 2.43.6 貞續上 18.4			
2181	[illegible]作寶鼎	4	西周中期	集成 1950 三代 2.42.5 積古 4.4 攈古 1.2.46 周金 2.65.4 小校 2.28.2			又名"束鼎"
2182	車作寶鼎	4	西周中期	集成 1951 三代 2.43.3 周金 2.65.7 貞松 2.22 善齋 2.42 小校 2.28.6			《集成》:劉體智舊藏
2183	車作寶方鼎	4	西周中期	集成 1952		故宫博物院	
2184	舟作寶鼎	4	西周中期	集成 1953 西清 4.19			《集成》:清宫舊藏
2185	舟作寶鼎	4	西周中期	集成 1954		故宫博物院	
2186	鼎之伐鼎	4	春秋	集成 1955	湖北天門縣黄檀	荆州地區博物館	
2187	右作旅鼎	4	西周早期	集成 1956 三代 2.44.2 周金 2 補 夢郼上 6 小校 2.29.3 彙編 7.805		瑞典斯德哥爾摩遠東古物館	《集成》:盛昱、羅振玉舊藏
2188	中作寶鼎	4	西周早期	集成 1957 博古 2.16 薛氏 79.2 嘯堂 7	《金石録》:重和戊戌(1118年)安州孝感縣民耕地得之		此爲安州六器之一
2189	員作用鼎	4	西周早期或中期	集成 1958		中國歷史博物館	

序號	器名	字數	時代	著録	出土地	現藏地	備註
2190	舌臣鼎	4	商代後期	集成 1959		故宫博物院	
2191	毛作寶鼎	4	西周中期	集成 1960 三代 2.43.4 貞松 2.23.1 善齋 2.41 小校 2.28.8		故宫博物院	《集成》:劉體智舊藏;第一字與一般毛字寫法不同,暫從舊説釋毛
2192	益作寶鼎	4	西周中期	集成 1961 博古 2.34 薛氏 78.5 嘯堂 12			
2193	興作寶鼎	4	西周中期	集成 1962 三代 2.42.4 恒軒 19 小校 2.28.5	陝西鳳翔		《集成》:潘祖蔭舊藏
2194	興作寶鼎	4	西周中期	集成 1963 陝青 2.119	1977 年陝西扶風縣齊家村 1 號墓	陝西周原扶風文物管理所	
2195	竄作寶鼎	4	西周早期或中期	集成 1964 三代 2.42.8 貞松 2.22.3 希古 2.3.1 小校 2.28.7			《貞松》:羅振玉舊藏
2196	𩁹作寶鼎	4(器蓋同銘)	西周中期	集成 1965 三代 2.42.7 積古 4.5 攈古 1.3.2 周金 2 補 小校 2.30.1		上海博物館	《愙齋》:吴大澂舊藏;《三代》僅録一拓本;《攈古》録二銘
2197	旟作寶鼎	4	西周早期	集成 1966 三代 2.42.6 筠清 4.24 攈古 1.2.46 敬吾上 27 小校 2.28.3			《選青閣藏器目》、《考古所藏拓題跋》、《羅表》:陳介祺、王錫棨、李璋煜舊藏

序號	器名	字數	時代	著録	出土地	現藏地	備註
2198	[illegible]作寶䵼鼎	4	西周中期	集成 1967 三代 2.43.2		故宫博物院	
2199	寡長方鼎	4	西周早期	集成 1968 三代 2.43.7 擴古 1.2.47 周金 2.65.5 小校 2.28.4			《羅表》:金蘭坡舊藏
2200	樂作旅鼎	4	西周中期	集成 1969 三代 2.44.3 貞松 2.23 希古 2.2			
2201	樂作旅鼎	4	西周中期	集成 1970 三代 2.44.4			
2202	攸作旅鼎	4	西周早期	集成 1971 考古 1979 年 1 期 24 頁圖 2	1978 年河北元氏縣西張村西周墓葬	河北省文物研究所	
2203	[illegible]作寶彝鼎	4	西周早期	集成 1972 三代 6.23.1 筠清 4.34 擴古 1.2.55 綴遺 27.6			《筠清》:葉志詵舊藏;此器《三代》稱彝,《筠清》、《綴遺》稱鬲,容庚以爲鼎,此從容氏定爲鼎
2204	[illegible]作寶彝鼎	4	西周中期	集成 1973 三代 2.44.6 周金 2 補 貞松 2.23 希古 2.3.2 小校 2.29.5 貞圖上 11		故宫博物院	《希古》、《貞松》:盛昱、羅振玉舊藏
2205	𢍰作寶器鼎	4	西周中期	集成 1974 三代 2.45.2 窓齋 6.13 夢郼續 5 小校 2.30.3 彙編 7.873			《羅表》:丁樹楨、李山農、羅振玉舊藏

序號	器名	字數	時代	著録	出土地	現藏地	備註
2206	雁□作旅鼎	4	西周早期	集成 1975 三代 2.45.4 奇觚 1.6 周金 2.65.6 小校 2.29.2			《奇觚》:潘祖蔭舊藏
2207	戠禾作旅鼎	4	西周早期	集成 1976 三代 2.45.5			
2208	考作寶鼎	4	西周中期	集成 1977 三代 2.42.3 陶齋 1.33 小校 2.28.1			《集成》:端方舊藏
2209	□作旅鼎	4	西周中期	集成 1978	1974 年北京房山縣琉璃河 209 號墓	首都博物館	
2210	𢦏作旅鼎	4	西周早期	集成 1979 攈古 1.2.46	得之汴梁		《集成》:楊石卿舊藏
2211	邵之飤鼎	4	戰國前期	集成 1980 文物 1981 年 6 期 7 頁圖 14.2	1980 年四川新都縣馬家公社晒壩墓葬	四川省博物館	
2212	作訊从彝方鼎	4	商代後期或西周早期	集成 1981 中國考古學報第二册圖版二 4	1931 年山東益都蘇埠屯墓葬	山東省博物館	《集成》:山東省圖書館舊藏;《集成》説明中器名爲“作訊從彝方鼎”
2213	作訊从彝鼎	4	西周早期	集成 1982		故宫博物院	
2214	作寶障彝鼎	4	西周早期	集成 1983 三代 2.45.3			
2215	作寶障彝鼎	4	西周早期	集成 1984		山東省博物館	《集成》:丁樹楨舊藏
2216	作寶障彝方鼎	4(器蓋同銘)	西周	集成 1985			

序號	器名	字數	時代	著録	出土地	現藏地	備註
2217	作寶䵼彝鼎	4	西周早期	集成 1986		英國倫敦不列顛博物館	《集成》:英國布魯克舊藏
2218	辛作寶彝鼎	4	西周中期	集成 1987 小校 2.29.4			
2219	明我作鼎	4	西周早期或中期	集成 1988 三代 2.42.1 筠清 4.16 擴古 1.2.48 敬吾上 38 小校 2.30.4			《雙虞壺齋藏器目》:吴式芬舊藏
2220	眉壽作彝鼎	4	西周早期	集成 1989		故宫博物院	
2221	敂之行鼎	4	春秋	集成 1990 江漢考古 1983 年 1 期 75 頁圖 2 左	1976 年湖北隨縣義地岡	湖北省博物館	
2222	昜兒鼎	4	戰國後期	集成 1991 三代 2.45.6 西清 7.3 貞松 2.25.3			《貞松》:清宫舊藏,後歸容庚;兼字不清,該器年代下限有可能稍晚;《集成》目録中器名誤爲"易兒鼎"
2223	宜陽右蒼鼎	4	戰國	集成 1992			
2224	今永里鼎	4	戰國後期	集成 1993 三代 2.45.7 陶齋 5.7 小校 2.31.2			《集成》:端方舊藏;此器年代下限較晚
2225	巨荳十九鼎	4	戰國後期	集成 1994 文參 1957 年 7 期 83 頁	1955 年安徽蚌埠市東郊	安徽省博物館	
2226	安氏私官鼎	4	戰國	集成 1995		上海博物館	

序號	器名	字數	時代	著録	出土地	現藏地	備註
2227	月𡡉祖丁鼎	4	商代後期	近出262 文物1987年1期48頁			1985年河北新樂縣中同村曾見
2228	亞㽙父乙鼎	4	西周早期	近出263 考古1984年9期781頁	1983年陝西省長安縣張家坡村墓葬	中國社會科學院考古研究所灃西發掘隊	
2229	册𢊁父丁鼎	4	商代後期	近出264 富士比(1969,11,4 18)			《集成》:英國倫敦富士比拍賣行曾藏
2230	子父戊子鼎	4	商代後期	近出265 富士比(1986,12,9 3)			《集成》:英國倫敦富士比拍賣行曾藏
2231	秉毌父辛鼎	4	西周早期	近出266 寶鷄𢐗國墓地(上)60頁	陝西省寶鷄市竹園溝13號墓M13:18	陝西省寶鷄市博物館	
2232	伯鼎	4	西周中期	近出267 高本漢(1952)24 富士比(1984,6,19 5)			《集成》:Oeder舊藏:英國倫敦富士比拍賣行曾藏
2233	伯鼎	4	西周中期	近出268 文博1986年5期67—68頁	1985年11月陝西省扶風縣法門鄉官務窑院村墓葬	陝西省扶風縣博物館	
2234	伯鼎	4	西周早期	近出269 中原文物1988年1期21頁	1985年4月河南省平頂山市薛莊鄉北滍村	河南省平頂山市文物管理委員會	
2235	員鼎	4	西周早期	近出270 考古1984年5期413—414頁	1981—1983年北京琉璃河西周燕國墓地M1026:2	北京市文物研究所琉璃河考古隊	

序號	器名	字數	時代	著録	出土地	現藏地	備註
2236	皇鼎	4	西周早期	近出 271 保利藏金 55 頁		北京保利藝術博物館	
2237	奄鼎	4	西周中期	近出 272 文物 1996 年 7 期 54—68 頁	1964—1972 年河南省洛陽市北窑村西龐家溝墓葬 M112：1		
2238	應侯鼎	4	西周中期	近出 273 文物 1998 年 9 期 7—11 頁	河南省平頂山市新華區薛莊鄉北滍村滍陽嶺應國墓葬 M84：76	河南省文物研究所	
2239	庸伯方鼎蓋	4	西周中期	近出 274 考古與文物 1990 年 5 期 26—43 頁		陝西省西安市文物中心	陝西省西安市大白楊庫曾見
2240	夆方鼎	4	西周早期	近出 275 文物 1996 年 12 月 7—10 頁	1985 年 5 月山東省濟陽縣姜集鄉劉臺子村墓葬 M6：19	山東省文物考古研究所	
2241	鳥母寏鼎	4	商代後期	近出 276 考古 1988 年 10 期 876—878 頁	1987 年夏河南省安陽市郭家莊墓葬 M1：24	中國社會科學院考古研究所安陽工作隊	
2242	下官鼎	4	戰國後期	近出 277 文物 1985 年 5 期 44 頁	1979 年初陝西省旬邑縣		
2243	平安少府鼎足	4	戰國後期	近出 278 歐遺珠圖版 175			英國倫敦埃斯肯納齊拍賣行曾藏
2244	倗鼎	4	春秋後期	近出 279 淅川下寺春秋楚墓 105 頁	1990 年河南省淅川縣下寺 M2：47	河南省文物研究所	器已殘

序號	器名	字數	時代	著録	出土地	現藏地	備註
2245	倗鼎	4	春秋後期	近出 280 淅川下寺春秋楚墓 105 頁	1990 年河南省淅川縣下寺 M2：43	河南省文物研究所	
2246	倗鼎	4	春秋後期	近出 281 淅川下寺春秋楚墓 108 頁	1990 年河南省淅川縣下寺 M2：42	河南省文物研究所	器已殘
2247	倗鼎	4	春秋後期	近出 282 淅川下寺春秋楚墓 108 頁	1990 年河南省淅川縣下寺 M2：48	河南省文物研究所	器已殘
2248	倗鼎	4	春秋後期	近出 283 淅川下寺春秋楚墓 108 頁	1990 年河南省淅川縣下寺 M2：44	河南省文物研究所	
2249	倗鼎	4（蓋器同銘）	春秋後期	近出 284 淅川下寺春秋楚墓 216 頁	1990 年河南省淅川縣下寺 M3：12	河南省文物研究所	
2250	毛伯鼎	4	西周	近出附 14 考古與文物 1991 年 1 期 3—13 頁	1927 年陝西寶鷄市金台區陳倉鄉戴家灣盗掘		
2251	盩且庚父辛鼎	5	商代後期	集成 1996 三代 2.46.4 貞補上 6 續殷上 20.10			《貞補》:萍鄉文氏寅齋舊藏
2252	木且辛父丙鼎	5	商代後期或西周早期	集成 1997 考古 1984 年 9 期 786 頁圖 3.2	1961 年陝西長安縣張家坡一工區墓葬(M106：3)	考古研究所西安研究室	
2253	亞[illegible]覃父甲鼎	5	商代後期	集成 1998 積古 1.18 綴遺 5.29 敬吾上 36 續殷上 20.11 小校 2.30.8（又 5.17.1）			又名“西宫父甲鼎”;《小校》5.17.1 據《積古》誤作尊

序號	器名	字數	時代	著録	出土地	現藏地	備註
2254	作父甲鼎	5	商代後期或西周早期	集成 1999 三代 2.46.5 十二契 17—18 貞補上 7 續殷上 20.12			《集成》:商承祚舊藏
2255	馬羊[illegible]父乙鼎	5	商代後期	集成 2000 録遺 47 塞利格曼 A2 彙編 8.1172		英國倫敦不列顛博物館	《集成》:英國塞利格曼舊藏
2256	西單光父乙鼎	5	商代後期	集成 2001 博古 2.32—33 薛氏 79 嘯堂 12			又名"單冏父乙鼎"
2257	辰行奚父乙鼎	5	商代後期	集成 2002 三代 2.47.2 貞松 2.25 續殷上 18.12			
2258	臣辰父乙鼎	5	西周早期	集成 2003 三代 2.46.7 貞補上 7 賸稿 5	《羅表》:洛陽		《羅表》:河南博物館舊藏
2259	臣辰父乙鼎	5	西周早期	集成 2004 三代 2.46.8	洛陽		
2260	臣辰父乙鼎	5	西周早期	集成 2005	洛陽	中國歷史博物館	
2261	父乙臣辰鼎	5	西周早期	集成 2006 懷履光(1956)140 頁 4	洛陽	加拿大多倫多皇家安大略博物館	
2262	作父乙鼎	5	商代後期或西周早期	集成 2007 三代 2.46.6 從古 3.7 愙齋 3.9 清儀 1.25 續殷上 21.1 小校 2.31.4			《清儀》:張廷濟道光癸未購於郡城

序號	器名	字數	時代	著録	出土地	現藏地	備註
2263	作父乙[illegible]鼎	5	商代後期	集成2008	傳河南安陽	故宫博物院	
2264	旁父乙鼎	5	商代後期或西周早期	集成2009 三代2.47.4 西乙1.14 寶蘊18 貞松2.26 續殷上18.9 故圖下下31		臺北"中央博物院"	《集成》:瀋陽故宫舊藏
2265	辛[illegible]宔父丁鼎	5	西周早期	集成2010 三代2.47.6 清愛13 攈古1.3.7 綴遺3.14 續殷上21.2			《集成》:劉喜海舊藏
2266	[illegible]作父戊鼎	5	商代後期	集成2011 巴布選191頁圖2		法國巴黎基美博物館	
2267	[illegible]作父戊鼎	5	西周早期	集成2012 考古1981年6期558頁圖3.3	1976年甘肅靈臺縣鄭家窪大隊垙窪墓地(M2:1)	靈臺縣文化館	
2268	黿作父戊方鼎	5	商代後期或西周早期	集成2013 三代3.2.2 愙齋3.9 奇觚1.16 殷存上6.1 小校2.32.3		上海博物館	《羅表》:潘祖蔭舊藏
2269	父己亞斋史鼎	5	商代後期或西周早期	集成2014 陝青1.145 考古與文物1982年2期7頁圖2.2	1975年陝西岐山縣北寨子	岐山博物館	

序號	器名	字數	時代	著録	出土地	現藏地	備註
2270	小子作父己鼎	5	商代後期	集成 2015 盧目(1941)23 美集録 R209			《集成》:美國盧芹齋舊藏
2271	小子作父己方鼎	5	商代後期	集成 2016 彙編 7.741		美國聖路易市美術館	
2272	子册父辛鼎	5	商代後期	集成 2017 攈古 1.3.3 綴遺 3.7			
2273	子作鼎盥彝鼎	5	商代後期	集成 2018			又名"子刄鼎";《集成》:汪硯山舊藏;第二字或釋刄
2274	𡖊兄戊父癸鼎	5	商代後期	集成 2019 三代 2.40.7 貞松 2.22 小校 2.33.2			《貞松》:粵中某氏舊藏
2275	𡖊母㑹父癸鼎	5	商代後期	集成 2020 三代 2.48.7			
2276	孔作父癸鼎	5	西周中期	集成 2021 三代 2.48.5 愙齋 6.14 綴遺 3.12 奇觚 1.10 簠齋 1 鼎 9 殷存上 6.4 小校 2.33.1 山東存附 17			《集成》:陳介祺舊藏
2277	[illegible]父鼎	5	西周早期	集成 2022 西甲 1.24			《集成》:清宮舊藏;又名"執父鼎"
2278	嬖父方鼎	5	西周早期或中期	集成 2023 陝青 3.84 文物 1980 年 4 期 42 頁圖 6.1	1976 年陝西扶風縣雲塘村 10 號墓	陝西周原扶風縣文物管理所	

序號	器名	字數	時代	著録	出土地	現藏地	備註
2279	考⿰厶司鼎	5	西周早期或中期	集成 2024 三代 2.50.7 貞松 2.28.2 周金 2 補 22.5 希古 2.4.1		故宫博物院	又名"孝司鼎";考字不清,待酌
2280	己方鼎	5	西周早期	集成 2025 陝圖 12 陝青 4.101	1955 年陝西寶鷄縣虢鎮	陝西省博物館	
2281	母鼎	5	商代後期	集成 2026 三代 2.52.7 西乙 1.36 寶蘊 20 貞松 2.30 續殷上 21.5 故圖下下 45		臺北"中央博物院"	又名"尊形每鼎"、"周山鼎";《集成》:瀋陽故宫舊藏
2282	嬴氏鼎	5	西周中期	集成 2027 三代 2.49.7 窓齋 6.14.2 周金 2 補 20.3 小校 2.34.1 夢郼上 7			《夢郼》、《羅表》:盛昱、羅振玉舊藏
2283	䆠姜鼎	5	西周中期	集成 2028 三代 2.50.5 貞松 2.27 希古 2.4.3 小校 2.34.6			
2284	散姬方鼎	5	西周中期	集成 2029 三代 2.51.1 貞松 2.28 小校 2.33.4			《羅表》:劉體智舊藏
2285	王伯鼎	5	西周早期	集成 2030 博古 2.12 薛氏 79 嘯堂 7 續考 4.10			《續考》:松島吴衍舊藏

序號	器名	字數	時代	著録	出土地	現藏地	備註
2286	王季作鼎彝鼎	5	西周早期或中期	集成 2031	1979 年山東濟陽縣劉臺子 3 號墓	濟陽縣圖書館	
2287	小臣鼎	5	西周	集成 2032 三代 2.51.7 愙齋 6.14 周金 2.64.8 小校 2.36.1			《羅表》:潘祖蔭舊藏
2288	亞㠱鼎	5	商代後期	集成 2033 博古 1.16 薛氏 12 嘯堂 1 商拾上 5			又名“召夫鼎”
2289	亞伯禾鼎	5	商代後期或西周早期	集成 2034 三代 2.45.8 貞續上 19.3 小校 2.31.1		上海博物館	《集成》説明中器名爲“亞白禾鼎”
2290	亞㠱矣鼎	5	西周早期	集成 2035 琉璃河西周燕國墓地 111 頁 M253:24	1975 年北京房山縣琉璃河 253 號墓	首都博物館	《集成》出土項中誤爲“251”號墓
2291	史昳鼎	5	西周中期	集成 2036 文物 1972 年 10 期 23 頁圖 7	1964 年河南洛陽市龐家溝西周墓(M410:3)	洛陽市博物館	
2292	㲃鼎	5	西周早期	集成 2037 考古 1980 年 1 期 38 頁圖 7.2	1975 年山東滕縣金莊墓葬	滕縣博物館	
2293	伯員鼎	5	西周	集成 2038 薛氏 80			
2294	伯申鼎	5	西周早期	集成 2039 博古 1.39 薛氏 11 復齋 6 嘯堂 5(又 96) 積古 1.6 攈古 1.3.7			《積古》、《攈古》據《復齋》摹入

序號	器名	字數	時代	著録	出土地	現藏地	備註
2295	伯旂鼎	5	西周中期	集成2040 三代2.49.3 移林6 周金2補12.6 小校2.34.3			《集成》:丁麟年舊藏
2296	閟伯鼎	5	西周早期	集成2041 三代2.49.1 筠清5.18 攈古1.3.7			《羅表》:李璋煜、王錫棨、葉志詵舊藏;《攈古録》:筠清館録葉眉洲搨本誤彝
2297	閟伯鼎	5	西周早期	集成2042	陝西扶風縣北吕西周148號墓	扶風縣博物館	
2298	戲伯鼎	存5	西周晚期	集成2043 周金2.57.7			《集成》目録誤爲"5"字
2299	[illegible]伯鼎	5	西周中期	集成2044 三代2.49.2 貞松2.27.3 周金2補8.5 希古2.5.1	《分域》:山東黄縣萊陰		
2300	樢仲鼎	5	西周早期	集成2045 三代2.51.2			
2301	仲自父鼎	5	西周中期	集成2046 攈古1.3.4 敬吾上28.8 周金2.63 小校2.35.2			《攈古録》:蔣生沐舊藏;又名"中皁父鼎"
2302	仲作寶鼎	5	西周	集成2047		上海博物館	
2303	仲作旅寶鼎	5	西周中期	集成2048 三代2.49.4 積古4.1 攈古1.3.2 周金2.63.7 小校2.34.5			《攈古録》:長白素夢蟾舊藏

序號	器名	字數	時代	著録	出土地	現藏地	備註
2304	叔攸作旅鼎	5	西周	集成2049 三代2.49.5 周金2補 貞松2.27 希古2.4.4 小校2.35.5			
2305	叔伐父作鼎	5	西周晚期	集成2050 古文字研究9.324	1979年山西芮城縣柴邨廟後溝	芮城縣文化館	
2306	叔作懿宗方鼎	5	西周	集成2051 三代2.49.5 奇觚1.17 周金5.103 希古2.7.3 小校2.36.6			
2307	叔鼎	5(器蓋同銘)	西周早期	集成2052 彙編7.739 綜覽一圖版鼎222		《綜覽》:美國紐約薩克勒氏處	《彙編》:美國布倫戴奇舊藏
2308	叔作寶隮彝鼎	5	西周早期	集成2053 琉璃河西周燕國墓地120頁M251:20	1964年北京市房山縣琉璃河	首都博物館	
2309	叔作寶隮彝鼎	5	西周早期	集成2054 考古1963年10期575頁圖5.4 陝青4.35	1958年羣衆在寶鷄市東北郊五里廟	寶鷄市博物館	
2310	單光方鼎	5	西周早期	集成2055 考古圖4.9 薛氏111.4	《考古圖》:河南河清		又名"單從方鼎";僅存器身,四足殘失
2311	單光方鼎	5	西周早期	集成2056 博古3.5—6 薛氏86 嘯堂15	河南河清		又名"單從鼎"

序號	器名	字數	時代	著録	出土地	現藏地	備註
2312	良季鼎	5	西周晚期	集成 2057	傳出陝西扶風、岐山間,與函皇父諸器同出		
2313	竟鼎	5	商代後期或西周早期	集成 2058 三代 2.52.1 貞松 2.29 善齋 2.44 續殷上 21.6 小校 2.36.5			《集成》:劉體智舊藏
2314	丂隻鼎	5	西周早期	集成 2059 三代 2.51.6 西乙 1.35 寶蘊 12 貞松 2.29.1 續殷上 21.7 故圖下下 62		臺北"中央博物院"	《集成》:瀋陽故宮舊藏
2315	䨻鼎	5	西周早期	集成 2060 三代 2.51.3 愙齋 6.15.1 奇觚 1.9.1 周金 2.64.1 綴遺 4.18.1 小校 2.36.4			《奇觚》、《羅表》:張筱農、丁筱農舊藏
2316	腹鼎	5	西周早期	集成 2061 三代 2.50.1 貞松 2.27.1 希古 2.5.3			
2317	作寶障彝方鼎	5	西周早期	集成 2062 江漢考古 1982 年 2 期 45 頁圖 6.7	1978 年湖北黄陂縣魯臺山墓葬(M30:6)	湖北省博物館	《集成》著録中"江漢考古"誤爲"汉漢考古"

序號	器名	字數	時代	著録	出土地	現藏地	備註
2318	𪏴鼎	5	西周早期或中期	集成 2063 三代 2.49.8 攈古 1.3.4 筠清 4.23.1 周金 2.65.1 小校 2.33.7 清愛 11 攀古 1.16.1 恒軒 18			《攈古録》、《羅表》:劉喜海、陳介祺、潘祖蔭舊藏
2319	[illegible]鼎	5	西周早期	集成 2064 綴遺 4.1			器見京師
2320	莽鼎	5	西周中期	集成 2065 三代 2.50.2 夢鄣上 8 小校 2.34.4			《集成》:羅振玉舊藏;第一字待考,暫隸定作此形
2321	訴啓鼎	5	西周中期	集成 2066 三代 2.50.6 貞松 2.28.1 小校 2.35.5 希古 2.4.2 善齋 2.46.1 頌續 9	《頌續》:傳洛陽	廣州市博物館	《羅表》:溥倫、劉體智、容庚舊藏
2322	鼇鼎	5(器蓋同銘)	西周早期或中期	集成 2067 三代 2.50.3—4 愙齋 6.9.2—3 攈古 1.3.4 簠齋 1 鼎 7.1—2 奇觚 1.10.1—2 周金 2.64.4—5 小校 2.35.3—4		上海博物館	《集成》:陳介祺舊藏
2323	姚鼎	5	西周中期	集成 2068 三代 2.50.8 貞補上 7.3 小校 2.35.1 尊古 1.21.1		故宫博物院	《羅表》:劉體智舊藏

序號	器名	字數	時代	著録	出土地	現藏地	備註
2324	立鼎	5	西周中期	集成 2069 三代 2.51.4 貞續上 19.4 小校 2.34.8 善齋 2.47.1 頌續 8		廣州市博物館	《集成》:劉體智、容庚舊藏
2325	遱鼎	5	西周早期或中期	集成 2070 三代 2.51.5 小校 2.35.7 貞松 2.29—30 善齋 2.48 頌續 10 彙編 7.745			又名"農鼎";《集成》:劉體智、容庚舊藏
2326	旁庫鼎	5	西周	集成 2071 三代 2.52.2 攈古 1.3.3 愙齋 6.15.4 簠齋 1 鼎 16 奇觚 1.9.2 從古 13.17.1 敬吾上 28.7 周金 2.64.6 小校 2.35.7		上海博物館	又名"旁肇鼎";《集成》:陳介祺舊藏
2327	圓鼎	5	西周早期	集成 2072 三代 2.52.3 西乙 1.34 寶蘊 10 續殷上 21.4 貞松 2.29.3 故圖下下 53		臺北"中央博物院"	又名"宜鼎";《集成》:瀋陽故宮舊藏
2328	[illegible]建鼎	5	西周中期	集成 2073 三代 2.52.5 貞松 2.30 續殷上 21.8			《貞松》:溥倫舊藏

序號	器名	字數	時代	著録	出土地	現藏地	備註
2329	𢦏鼎	5	西周中期	集成 2074 陝青 2.101 文物 1976 年 6 期 58 頁圖 19	1975 年陝西扶風縣莊白村墓葬	扶風縣博物館	
2330	[illegible]鼎	5	西周中期	集成 2075		故宫博物院	
2331	觀夆鼎	5	西周	集成 2076		故宫博物院	
2332	龏鼎	5	西周中期	集成 2077 陝青 1.170 陝圖 83	1962 年陝西岐山縣高店	陝西省博物館	
2333	事作小旅鼎	5	西周早期	集成 2078 小校 2.36.3 美集録 R345 彙編 7.768			此據《小校》誤以爲鼎,後查得《美集録》A439 器形,應入尊
2334	鼎	5	西周早期	集成 2079 博古 1.31 薛氏 11 嘯堂 1			
2335	□作[illegible]鼎	5	西周	集成 2080 三代 2.52.8			
2336	本鼎	5	西周中期	集成 2081 攈古 1.3.5			
2337	虘北鼎	5	春秋前期	集成 2082 三代 2.46.2 西乙 1.30 寶蘊 31 貞松 2.25 故圖下下 88		臺北"中央博物院"	《集成》:瀋陽故宫舊藏
2338	連迁鼎	5	春秋	集成 2083 考古 1982 年 2 期 143 頁圖 3.9	1975 年湖北隨縣均川劉家崖	隨州市博物館	

序號	器名	字數	時代	著録	出土地	現藏地	備註
2339	連迂鼎(殘耳)	5	春秋	集成 2084 考古 1982 年 2 期 143 頁圖 3.7—8	1975 年湖北隨縣均川劉家崖	隨州市博物館	據原報告稱,形制相同的三件耳外均鑄相同的銘文,此其一。又,迂字誤作迁
2340	𪕁鼎	5(器蓋同銘)	春秋後期	集成 2085 湖北京山縣		荆州地區博物館	
2341	君子之弄鼎	5	春秋後期或戰國前期	集成 2086	傳河南輝縣	吉林大學歷史系陳列室	曾在北京,後歸東北人民大學
2342	㤘子鼎	5	春秋後期或戰國前期	集成 2087 癡盦下 9 録遺 62		故宫博物院	銘文在蓋上圈形捉手内,㤘殆即蔡之借
2343	左使車工[illegible]鼎	5	戰國後期	集成 2088 文字編 122 頁	1974 年河北平山縣中山王墓(M1 東庫 1)	河北省文物研究所	《集成》目録中器名爲"左使車工[illegible]鼎"
2344	左使車工[illegible]鼎	5	戰國後期	集成 2089 文字編 122 頁	1974 年河北平山縣中山王墓(M1 東庫 2)	河北省文物研究所	
2345	左使車工[illegible]鼎	5	戰國後期	集成 2090 文字編 122 頁	1974 年河北平山縣中山王墓(M1 東庫 3)	河北省文物研究所	《集成》目録中器名爲"左使車工[illegible]鼎"
2346	左使車工㬎鼎	5	戰國後期	集成 2091 文字編 127 頁	1974 年河北平山縣中山王墓(M1 西庫 3)	河北省文物研究所	
2347	左使車工北鼎	5	戰國後期	集成 2092 文字編 127 頁	1974 年河北平山縣中山王墓(M1 西庫 5)	河北省文物研究所	

序號	器名	字數	時代	著録	出土地	現藏地	備註
2348	左徳車工蔡鼎	5	戰國後期	集成 2093 文字編 127 頁	1974 年河北平山縣中山王墓（M1 西庫 7）	河北省文物研究所	
2349	左徳車工蔡鼎	5	戰國後期	集成 2094 文字編 127 頁	1974 年河北平山縣中山王墓（M1 西庫 10）	河北省文物研究所	此爲流鼎。東庫 1—3 爲小鼎。西庫 3、5、7 爲升鼎
2350	集脰大子鼎	5（左耳 2，右耳 3）	戰國後期	集成 2095 三代 2.55.2—3 小校 2.37.2—4 安徽金石 1.7.5	1933 年安徽壽縣朱家集	安徽省博物館	《安徽金石》：安徽省立國書館舊藏
2351	集脰大子鼎	5（蓋）	戰國後期	集成 2096 三代 2.55.1 小校 2.37.5 安徽金石 1.7.4 楚録 7	1933 年安徽壽縣朱家集		《集成》：安徽省立圖書館舊藏
2352	王后鼎	5	戰國後期	集成 2097			此契齋拓本，與《十二契》22—23 及《三代》2.54.3 内容相似，但非一器
2353	無臭鼎	5（器蓋同銘）	戰國後期	集成 2098 三代 2.53.1—2 長安 1.12 攈古 1.23.6 貞圖上 12 大系録 199			《集成》：劉喜海舊藏；《貞圖》上 12 後拓本爲器銘
2354	無臭鼎	5（器蓋同銘）	戰國後期	集成 2099 三代 2.53.3—4 小校 2.33.5 周金 2.64.2—3			

序號	器名	字數	時代	著録	出土地	現藏地	備註
2355	半斗鼎	5(蓋 2,器3)	戰國後期	集成 2100 文物 1975 年 6 期 75 頁圖 13.3—4	1966 年陜西咸陽市塔兒坡墓葬	咸陽市博物館	
2356	三斗鼎	5	戰國	集成 2101 三代 2.54.2 小校 2.44.4 陶齋 5.6			《集成》:端方舊藏
2357	中厶官鼎	5(器蓋同銘)	戰國	集成 2102 三代 2.53.10—11 貞續上 20.1			
2358	眉脒鼎	5	戰國	集成 2103 三代 2.54.1 愙齋 6.18.3 奇觚 11.8.1 周金 2.64.7(又 2.66.9) 簠齋 1 鼎 20 小校 2.38.2			《集成》:陳介祺舊藏;蓋銘"商"字乃漢後人所刻,未予收録
2359	上[illegible]床鼎	5(又合文1)	戰國後期	集成 2104 文物 1959 年 8 期 61 頁圖 1			《集成》目録中器名誤爲"上[illegible]鼎"
2360	上樂床鼎	5(又合文1)	戰國後期	集成 2105 三代 2.53.7 貞松 2.30	傳河南洛陽金村	故宫博物院	《貞松》:加拿大明義士舊藏
2361	君夫人鼎	5(器蓋同銘)	戰國	集成 2106		上海博物館	器上銘文模糊
2362	寧女方鼎	存 5	西周早期	集成 2107 綜覽一圖版方鼎 51			《集成》目録中誤爲"5"字
2363	裦閂鼎	5(又合文1)	戰國	集成 2108		上海博物館	

序號	器名	字數	時代	著録	出土地	現藏地	備註
2364	[illegible]父丁鼎	5	商代後期	近出 285 中原文物 1988 年 1 期 15—19 頁	1985 年 5 月河南省羅山縣蟒張鄉後李村墓葬 M44：2	河南省羅山縣文物管理委員會	
2365	亞夫父辛鼎	5	西周早期	近出 286 高家堡戈國墓 23 頁	1991 年陝西省涇陽縣興隆鄉高家堡 M2：3	陝西省涇陽縣博物館	
2366	王季鼎	5	西周早期	近出 287 文物 1985 年 12 期 17—18 頁	1982 年冬山東省濟陽縣姜集公社劉臺子村墓葬 M3	山東省德州地區文化局文物組	
2367	應事鼎	5	西周中期	近出 288 文物 1984 年 12 期 29 頁	1982 年 11 月河南省平頂山市郊滍陽鎮西門外墓葬	河南省平頂山市文物管理委員會	
2368	王后鼎	5	戰國前期	近出 289 保利藏金 153—154 頁		北京保利藝術博物館	
2369	俖侯慶鼎	存 5	春秋前期	近出 290 考古學報 1991 年 4 期 467—478 頁	1984 年 10—11 月山東省滕州市薛國故城墓葬 M2：103	山東省濟寧市文物管理局	鼎蓋及腹内均有銘文，因銹蝕過甚，大部分不清楚，只清理出蓋頂部分的銘文
2370	辛卯羊鼎	6	商代後期	近出 291 歐遺珠圖版 11		比利時布魯塞爾皇家藝術與歷史博物館	

序號	器名	字數	時代	著録	出土地	現藏地	備註
2371	□作寶尊彝鼎	5	西周早期	近出附15 琉璃河西周燕國墓地126—127頁	1973—1977年北京房山縣琉璃河M251：20	北京市文物研究所	
2372	[illegible]伯鼎	6	西周早期	集成2109 三代5.16.2 貞補上15.4 彙編7.654		日本奈良寧樂美術館	《三代》稱鬲，陳邦懷先生以爲鼎，因未見圖像著録，暫作鼎處理
2373	[illegible]作且丁鼎	6	西周早期	集成2110 三代3.1.1 西清2.29 殷存上5.11		上海博物館	《集成》：清宫舊藏
2374	且辛禹方鼎	6	商代後期	集成2111 文物1964年4期46頁圖11	1975年山東長清縣興復河北岸(附1)	山東省博物館	
2375	且辛禹方鼎	6	商代後期	集成2112 文物1964年4期46頁圖12	1975年山東長清縣興復河北岸(附2)	山東省博物館	
2376	犬且辛且癸鼎	6	商代後期	集成2113 三代3.1.3 續殷上21.9			
2377	般作父乙方鼎	6	商代後期	集成2114 美集録R101		美國紐約康恩氏	《集成》：盧芹齋舊藏
2378	臣辰册父乙鼎	6	西周早期	集成2115 三代3.1.4 小校2.39.1 美集録R310	傳1929年洛陽馬坡	美國紐約魏格氏	《美集録》：美國紐約Kleij Kamp舊藏
2379	臣辰册父乙鼎	6	西周早期	集成2116	傳1929年洛陽馬坡	中國歷史博物館	《集成》：侯外廬舊藏

序號	器名	字數	時代	著録	出土地	現藏地	備註
2380	介犬犬魚父乙鼎	6	商代後期	集成 2117 三代 3.1.5 綴遺 5.18 續殷上 19.1 十二鏡 2 小校 2.26.1		故宫博物院	《集成》:張瑋舊藏;此器銘文似經酸處理,或以爲僞
2381	疋作父丙鼎	6	商代後期	集成 2118 三代 3.1.6 擴古 1.3.38 綴遺 3.7 殷存上 5.12			《擴古録》:吴式芬舊藏
2382	作父丙殘鼎	6	西周早期	集成 2119			寶隮彝三字字形殘缺
2383	韋作父丁鼎	6	西周早期	集成 2120 三代 3.2.1 西清 3.31		故宫博物院	《集成》:清宫舊藏
2384	歸作父丁鼎	6	西周早期或中期	集成 2121 三代 3.1.7 貞松 2.31.1 貞圖上 13 彙編 7.643	《貞松》:此器與兹且壬鼎同出洛陽	故宫博物院	《羅表》:羅振玉、容庚舊藏
2385	[illegible]作父丁隮鼎	6	西周早期或中期	集成 2122	陝西武功縣	武功縣文化館	第一字下部殘泐
2386	涉作父丁鼎	6	西周	集成 2123 薛氏 12 續考 4.13			《續考》:曾藏張才元處;首字字形不清,暫釋涉字
2387	[illegible]日戊鼎	6	商代後期或西周早期	集成 2124 三代 2.52.4			
2388	束册作父己鼎	6	商代後期或西周早期	集成 2125 三代 3.2.3 擴古 1.3.43 殷存上 6.2			《擴古録》:吴式芬舊藏

序號	器名	字數	時代	著録	出土地	現藏地	備註
2389	[illegible]作父己鼎	6	西周早期	集成 2126		上海博物館	
2390	[illegible]作父庚鼎	6	商代後期或西周早期	集成 2127 三代 3.2.5 殷存上 6.3		故宫博物院	
2391	具作父庚鼎	6	西周中期	集成 2128 三代 3.2.4 陶齋 1.28 小校 2.39.2		故宫博物院	《集成》:端方舊藏
2392	作父辛方鼎	6	西周早期	集成 2129 三代 3.2.6 貞續上 20.2 續殷上 21.11 海外吉 5 彙編 7.647		日本神户白鶴美術館	
2393	作父辛方鼎	6	西周早期	集成 2130 白鶴 3 日精華 3.197 彙編 7.646		日本神户白鶴美術館	
2394	木作父辛鼎	6	西周早期	集成 2131 録遺 63		故宫博物院	
2395	匚賓父癸鼎	6	西周早期	集成 2132 録遺 64 綜覽一圖版鼎 215	傳陕西	瑞典斯德哥爾摩遠東古物館	
2396	或作父癸方鼎	6	西周早期	集成 2133 上海 30 彙編 6.637		上海博物館	
2397	或作父癸方鼎	6	西周早期	集成 2134		上海博物館	
2398	臣辰父癸鼎	6	西周早期	集成 2135 三代 3.8.7 貞圖上 16	1929 年洛陽馬坡	旅順博物館	《集成》:羅振玉舊藏

序號	器名	字數	時代	著録	出土地	現藏地	備註
2399	子父癸鼎	6	商代後期	集成 2136 三代 3.2.8 貞松 2.31.2 續殷上 22.1 十二雪 1—2		故宫博物院	《集成》:孫壯舊藏
2400	奄婦姑鼎	6	商代後期	集成 2137 三代 3.10.4 從古 3.8 攈古 2.1.3 綴遺 3.11.2 窸齋 5.21 周金 2.60.5 清儀 1.24 小校 2.43.1			《攈古録》:張廷濟舊藏
2401	奄婦姑方鼎	6	商代後期	集成 2138 綴遺 3.11.1			《清儀》:斌笠耕觀察藏
2402	㚇癸婦鼎	6	商代後期或西周早期	集成 2139 西甲 2.9			《集成》:清宫舊藏
2403	冈婦方鼎	6	商代後期或西周早期	集成 2140 三代 3.7.3 窸齋 3.5.3 續殷上 22.4 小校 2.42.7 彙編 7.645		美國普林斯頓大學美術館卡特氏藏品	《羅表》:王懿榮、劉鶚舊藏
2404	犾父鼎	6	西周早期	集成 2141 三代 3.5.5 貞松 2.34 希古 2.6.2		故宫博物院	
2405	安父鼎	6	西周早期	集成 2142 攈古 1.3.46 綴遺 4.11 小校 2.42.3			《攈古録》:吴式芬舊藏;《綴遺》云"據僧六舟手拓本摹入"

序號	器名	字數	時代	著録	出土地	現藏地	備註
2406	鮮父鼎	6	西周早期	集成 2143 三代 3.4.5 貞松 2.35 十二雪 2—3 彙編 6.638		故宫博物院	《貞松》、《十二》:溥倫、孫壯舊藏
2407	旂父鼎	6	西周早期	集成 2144 三代 3.5.1 綴遺 4.10 貞松 2.34 小校 2.43.3			《貞松》:上海陳氏舊藏
2408	田告母辛方鼎	6(器蓋同銘)	西周早期	集成 2145 三代 3.3.1—2 續殷上 22.2—3 尊古 1.25	《分域》:傳陝西寶鷄	故宫博物院	《分域》:南皮張氏舊藏
2409	員母鼎	6	西周早期	集成 2146 陝青 3.54	1971 年陝西扶風縣齊鎮 1 號墓	寶鷄市博物館	
2410	王作仲姬方鼎	6	西周早期	集成 2147 陝青 1.137	1949 年後陝西岐山縣禮村	岐山縣博物館	
2411	齊姜鼎	6	西周早期	集成 2148	陝西長安縣灃西墓葬	考古研究所西安研究室	
2412	夨王方鼎蓋	6	西周早期	集成 2149 三代 3.3.6 貞松 2.31 希古 2.7.1 十二居 5 彙編 7.641		上海博物館	《集成》:丁樹楨舊藏,後歸至德周氏居貞草堂
2413	雁公方鼎	6	西周早期	集成 2150 三代 3.3.3 綴遺 4.22 周金 2.51.3 貞松 2.35 小校 2.41.4			《羅表》:平湖韓氏舊藏

序號	器名	字數	時代	著録	出土地	現藏地	備註
2414	雁公方鼎	6	西周早期	集成 2151		故宫博物院	《集成》:頤和園舊藏
2415	豐公鼎	6	西周早期	集成 2152	陝西寶鷄市竹園溝墓葬(M7:3)	寶鷄市博物館	
2416	康侯丰鼎	6	西周早期	集成 2153 三代 3.3.4 筠清 4.5 攈古 1.3.40 愙齋 6.2 綴遺 3.18 奇觚 1.1(又 16.1) 敬吾上 29 周金 2.61.4 小校 2.43.4 故圖下下 60 彙編 7.642		臺北"中央博物院"	《攈古録》:國子監舊藏
2417	滕侯方鼎	6(器蓋同銘)	西周早期	集成 2154 考古 1984 年 4 期 335 頁圖 4	1982 年山東滕縣莊里西村西周墓	滕縣博物館	
2418	堇伯鼎	6	西周早期	集成 2155 三代 3.3.5 愙齋 6.10 綴遺 3.15 奇觚 1.18 周金 2.63.6 簠齋 1 鼎 18 續殷上 22.5 小校 2.42.8			《集成》:陳介祺舊藏
2419	堇伯鼎	6	西周早期	集成 2156		上海博物館	
2420	大保方鼎	6	西周早期	集成 2157 三代 3.6.4 西甲 1.10 貞補上 7 山東存下 5.2	傳山東壽張縣梁山下		《集成》:清宫舊藏

序號	器名	字數	時代	著録	出土地	現藏地	備註
2421	大保方鼎	6	西周早期	集成 2158 三代 3.6.5 西甲 1.12 積古 5.30 攈古 1.3.43 奇觚 1.14 陶續 1.16 小校 2.42.6 山東存下 5.3	傳山東壽張縣梁山下		《攈古録》、《羅表》:清宫舊藏,後先後歸潘祖蔭、端方、吴榮光;此器舊誤作彝
2422	大保方鼎	6	西周早期	集成 2159 三代 3.6.6 山東存下 5.4 綜覽一圖版扁足鼎 34	傳山東壽張縣梁山下	瑞典斯德哥爾摩遠東古物館	《集成》:瑞典卡爾貝克氏(Orvar Karlbeck)舊藏;陳夢家先生以爲瑞典藏器爲《三代》3.6.5
2423	𨺅伯方鼎	6	西周早期	集成 2160	1972 年甘肅靈臺縣城西北三十里白草坡(M2:2)	甘肅省博物館	
2424	𨺅伯方鼎	6	西周早期	集成 2161 學報 1977 年 2 期 108 頁圖 8.19	1972 年甘肅靈臺縣城西北三十里白草坡(M2:1)	甘肅省博物館	
2425	大丏方鼎	6	西周早期	集成 2162 三代 3.7.4 貞松 2.36.1 希古 2.5	《貞松》:器出近畿		《羅表》:羅振玉舊藏
2426	大丏方鼎	6	西周早期	集成 2163 三代 3.7.5 貞松 2.35.4 希古 2.5	《貞松》:器出近畿		《集成》:羅振玉舊藏
2427	史[illegible]方鼎	6	西周早期	集成 2164 文物 1972 年 6 期 26 頁圖 3 陝青 1.154	1966 年陝西岐山縣賀家村西周墓葬	陝西省博物館	又名"史迹方鼎"

序號	器名	字數	時代	著録	出土地	現藏地	備註
2428	史⿺辶丞方鼎	6	西周早期	集成 2165 陝青 1.155	1966 年陝西岐山縣賀家村西周墓葬	陝西省博物館	又名“史迹方鼎”
2429	散史鼎	6	西周早期	集成 2166 考古 1974 年 5 期 313 頁圖 9 琉璃河西周燕國墓地 117 頁	1973 年北京房山縣琉璃河 54 號墓（M54：27）	首都博物館	
2430	伯卿鼎	6	西周早期	集成 2167 三代 3.3.8 西清 2.26 愙齋 6.15 綴遺 4.20 周金 2.61.5 小校 2.41.6			《羅表》：清宫舊藏，後歸丁筱農
2431	伯魚鼎	6	西周早期	集成 2168 三代 3.3.7 攈古 1.3.43 愙齋 6.16.3 簠齋 1 鼎 15 奇觚 1.15 從古 13.14.1 周金 2.63.5 綴遺 4.19.2 小校 2.41.7	《羅表》：河北易州		《集成》：陳介祺舊藏
2432	史戎鼎	6	西周早期	集成 2169 三代 3.6.1 周金 2.63.1 貞松 2.31.4 小校 2.41.1			史字寫作事
2433	伯矩鼎	6	西周早期	集成 2170 三代 11.22.4 周金 2.63.4 小校 2.42.2			《小校》：潘祖蔭舊藏

序號	器名	字數	時代	著録	出土地	現藏地	備註
2434	嬴霝德鼎	6	西周早期	集成2171 三代3.6.3 貞松2.32		故宮博物院	《貞松》、《羅表》:武進陶祖光舊藏;《貞松》云:"此鼎特小,異乎常器"
2435	雁叔鼎	6	西周早期	集成2172 三代3.4.3 攈古1.3.40 從古7.25 綴遺4.24 敬吾上28.1 小校2.41.5			《攈古録》、《羅表》:何夙明、瞿世瑛、夏之盛舊藏
2436	北單從鼎	6	西周早期	集成2173 三代2.52.6 十二鏡1		故宮博物院	《集成》:張瑋舊藏
2437	田農鼎	6	西周早期	集成2174 録遺66		上海博物館	
2438	[illegible]舀作旅鼎	6	西周早期	集成2175 録遺68			
2439	鳥壬侜鼎	6	西周早期	集成2176 陝青1.148	1970年陝西岐山縣	岐山縣博物館	
2440	[illegible]遙鼎	6	西周早期	集成2177 三代3.5.6			
2441	[illegible]遙鼎	6	西周早期	集成2178 録遺67 日精華3.201 彙編7.648 有鄰館精華圖版2 綜覽一圖版鼎192	傳河南濬縣	日本京都藤井有鄰館	
2442	吹作檇妊鼎	6	西周早期	集成2179 三代3.9.2 貞圖上14			《集成》:羅振玉舊藏

序號	器名	字數	時代	著録	出土地	現藏地	備註
2443	向方鼎	6	西周早期	集成 2180 寧壽 1.30		故宫博物院	《集成》:清宫舊藏
2444	作公隮彝鼎	6	西周早期	集成 2181 三代 3.10.6 小校 2.42.4			此與《集成》5219.1卣重出,器形爲卣,此誤
2445	作□寶隮彝鼎	6	西周早期	集成 2182 綴遺 3.13			又名"封鼎";《集成》:宜都曹氏舊藏
2446	才僁父鼎	6	西周中期	集成 2183 三代 3.5.2 西甲 1.23		故宫博物院	《集成》:頤和園舊藏
2447	霸姞鼎	6(器蓋同銘)	西周早期或中期	集成 2184 三代 3.5.7—8 從古 7.27 攈古 1.3.42 綴遺 4.16 奇觚 1.29 周金 2.61.2—3 小校 2.44.3	《攈古録》:海寧陳受笙得之都中		本所藏拓本與《三代》相符,與《小校》器蓋銘相反
2448	伯矧方鼎	6	西周早期或中期	集成 2185 文物 1976 年 4 期 55 頁圖 48 陝青 4.41	1974 年陝西寶鷄市茹家莊西周墓(M1乙:15)	寶鷄市博物館	
2449	外叔鼎	6	西周早期或中期	集成 2186 文物 1959 年 10 期 84 頁 陝青 1.138	《陝青》:1952 年陝西岐山縣丁童家南壕	陝西省博物館	
2450	叔旟鼎	6	西周早期或中期	集成 2187 三代 3.4.1 貞補上 8 十二雪 3—4			《集成》:孫壯舊藏

序號	器名	字數	時代	著録	出土地	現藏地	備註
2451	考作各父鼎	6	西周早期或中期	集成 2188 三代 3.5.4 筠清 4.19 攈古 1.3.41 小校 2.40.1			又名"友父鼎";《攈古録》:葉志詵舊藏
2452	史昔鼎	6	西周早期或中期	集成 2189 三代 3.6.2 貞松 2.33.1 貞圖上 15			《集成》:羅振玉舊藏
2453	伯趞方鼎	6	西周早期	集成 2190		旅順博物館	
2454	王作仲姜鼎	6	西周中期	集成 2191 考古與文物 1982 年 2 期 6 頁圖 4	1981 年陝西鄠縣油房堡西周窖藏	寶鷄市博物館	
2455	彊作井姬鼎	6	西周中期	集成 2192 文物 1976 年 4 期 54 頁圖 40 陝青 4.81	1974 年陝西寶鷄市茹家莊西周墓(M2:1)	寶鷄市博物館	
2456	鬳姛鼎	6	西周中期	集成 2193 三代 3.7.2 貞松 2.35.2 彙編 7.653			《貞松》:此器往歲見之都肆,不知歸何所
2457	[illegible]父鼎	6	西周中期	集成 2194 中原文物 1982 年 4 期 65 頁圖 4		河南省博物館?	又名"桼父鼎";1976 年河南文物商店從洛陽市廢品中選得
2458	伯遅父鼎	6	西周中期	集成 2195 録遺 69 攈古 1.3.42 巖窟上 9	傳河南		《攈古録》:葉志詵舊藏
2459	史盄父鼎	6	西周晚期	集成 2196 三代 3.5.3			

序號	器名	字數	時代	著録	出土地	現藏地	備註
2460	伯咸父鼎	6	西周	集成 2197 薛氏 81 嘯堂 91			《薛氏》:全椒吴氏舊藏
2461	陵叔鼎	6	西周中期	集成 2198 三代 3.4.2 陶齋 1.27 小校 2.40.2			《集成》:端方舊藏
2462	井季㚤鼎	6	西周中期	集成 2199 貞松 2.33 希古 2.6.1			《希古》:羅氏雪堂藏器,宣統辛亥航載至海東,殘破不復可拓,但存墨本
2463	鯀還鼎	6	西周	集成 2200 三代 3.7.1 貞松 2.32.1 希古 2.7.4			
2464	弄敀鼎	6	西周中期	集成 2201 三代 3.7.6 貞松 3.32.4		旅順博物館	《貞松》:此器往歲見之都肆
2465	孟爿鼎	6	西周	集成 2202 復齋 29.1 積古 4.8 攈古 1.3.39			《復齋》:畢良史得古器於盱眙榷場,摹十五種以納秦熺,此鼎其一也;《積古》、《攈古》據《復齋》摹入
2466	史宋鼎	6	西周	集成 2203		上海博物館	
2467	羌鼎	6	西周	集成 2204		上海博物館	
2468	鶾叓父鼎	6	西周	集成 2205		上海博物館	
2469	燮子鼎	6	西周	集成 2206		上海博物館	

序號	器名	字數	時代	著録	出土地	現藏地	備註
2470	仲義父鼎	6	西周晚期	集成 2207 三代 3.4.7 貞松 2.32	此器光緒中葉與克鼎同出扶風縣法門寺	上海博物館	
2471	仲義父鼎	6	西周晚期	集成 2208	光緒中葉與克鼎同出扶風縣法門寺	上海博物館	
2472	仲義父鼎	6	西周晚期	集成 2209 小校 2.40.4 周金 2 補 癡盦 1.1	光緒中葉與克鼎同出扶風縣法門寺	故宫博物院	《集成》:李泰棻舊藏
2473	仲義父鼎	6	西周晚期	集成 2210	光緒中葉與克鼎同出扶風縣法門寺	故宫博物院	《集成》:清宫舊藏
2474	仲義父鼎	6	西周晚期	集成 2211 小校 2.40.5	光緒中葉與克鼎同出扶風縣法門寺	上海博物館	
2475	遣叔鼎	6	西周晚期	集成 2212 三代 3.4.4 金索 1.30 貞松 2.33.2 善齋 2.50.1 小校 2.41.2	《金索》:得於山東任城	故宫博物院	《金索》、《羅表》:馮晏海、劉體智舊藏
2476	孟洴父鼎	6	西周晚期	集成 2213 三代 3.4.6 長安 1.10 攈古 1.3.40			《集成》:劉喜海舊藏
2477	尹小叔鼎	6	春秋前期	集成 2214 虢國墓 37 頁圖 34 考古通訊 1958 年 11 期 72 頁圖 2.3	1957 年河南三門峽市上村嶺虢國墓地(M1819:5)	中國歷史博物館	

序號	器名	字數	時代	著録	出土地	現藏地	備註
2478	蔡侯𪔂	6	春秋後期	集成 2215 五省圖版三八 蔡侯墓圖版叁壹 2	1955 年安徽壽縣蔡侯墓(2.1)	安徽省博物館	《蔡侯墓》報告云:"𪔂 7 件,依次略小,均殘破",銘文"見於 3 件,其它 4 件均殘缺"。報告只發表了鼎 2∶1 的拓本、圖像,其餘情況不詳
2479	蔡侯𪔂	6	春秋後期	集成 2216 五省圖版三七 蔡侯墓圖版叁壹 1	1955 年安徽壽縣蔡侯墓	安徽省博物館	此器形體較大
2480	蔡侯鼎	6(器蓋同銘)	春秋後期	集成 2217 五省圖版三九 蔡侯墓圖版叁壹 3(蓋銘)叁式 1(器銘)	1955 年安徽省壽縣蔡侯墓(3∶1)	安徽省博物館	《蔡侯墓》云:"鼎共 9 件(3∶1—3∶9),均殘破,已修復較大的三件",報告只發表了鼎 3∶1,其餘的情況不詳。陳夢家云:"有蓋,6 器成三對,大小不同,最大的一對(高 48.5cm),蓋器銘六字;其它 3 器不成對,大小不同"(《學報》1956 年 2 期 95 頁)

序號	器名	字數	時代	著録	出土地	現藏地	備註
2481	蔡侯殘鼎	6	春秋後期	集成 2218	1955 年安徽壽縣蔡侯墓	安徽省博物館	考古所藏蔡侯殘鼎銘文拓本共十二紙,選用銘文完整清晰者八紙,有器,有蓋,器蓋搭配情況已不詳
2482	蔡侯殘鼎	6	春秋後期	集成 2219	1955 年安徽壽縣蔡侯墓	安徽省博物館	
2483	蔡侯殘鼎	6	春秋後期	集成 2220	1955 年安徽壽縣蔡侯墓	安徽省博物館	
2484	蔡侯殘鼎蓋	6	春秋後期	集成 2221	1955 年安徽壽縣蔡侯墓	安徽省博物館	
2485	蔡侯殘鼎蓋	6	春秋後期	集成 2222	1955 年安徽壽縣蔡侯墓	安徽省博物館	
2486	蔡侯殘鼎蓋	6	春秋後期	集成 2223	1955 年安徽壽縣蔡侯墓	安徽省博物館	
2487	蔡侯殘鼎蓋	存 2	春秋後期	集成 2224	1955 年安徽壽縣蔡侯墓	安徽省博物館	
2488	蔡侯殘鼎蓋	6	春秋後期	集成 2225	1955 年安徽壽縣蔡侯墓	安徽省博物館	
2489	蔡侯殘鼎	存 4	春秋後期	集成 2226	1955 年安徽壽縣蔡侯墓	安徽省博物館	
2490	取它人鼎	6	春秋	集成 2227 三代 3.7.7 周金 2.62.2 希古 2.7.2 善齋 2.51 小校 2.41.3 貞松 2.34.2 山東存魯 21			《貞松》:劉鶚、劉體智舊藏
2491	中敃鼎	6	戰國前期	集成 2228 文物 1975 年 6 期 70 頁圖 13.5—6	1966 年陝西咸陽市塔兒坡	咸陽市博物館	

序號	器名	字數	時代	著録	出土地	現藏地	備註
2492	沖子鼎	6	戰國前期	集成 2229 三代 3.7.8 貞松 2.33.4			《貞松》:李放舊藏
2493	□子鼎	存 6	戰國	集成 2230 三代 2.46.1 貞松 2.36.2			《集成》目録中誤爲"6"字
2494	楚子趆鼎	6	春秋後期	集成 2231 江漢考古 1983 年 1 期 81 頁圖 1	1974 年湖北當陽縣趙家湖墓葬	宜昌地區博物館	
2495	右卜朕鼎	6	戰國後期	集成 2232 三代 2.53.8—9 陶齋 5.4 小校 2.36.7 尊古 3.48		故宫博物院	《集成》:端方舊藏
2496	宋公䜌鼎蓋	6	春秋後期	集成 2233 博古 3.35 薛氏 80 嘯堂 19 大系録 206	《金石録》:元祐間得於南都,藏秘閣		
2497	鄧尹疾鼎	6(器蓋同銘)	春秋後期	集成 2234	1972 年湖北襄陽縣余岡公社	襄陽地區博物館	鄧尹或釋鄧子
2498	鄧子午鼎	6	春秋後期	集成 2235 江漢考古 1983 年 2 期 36 頁圖 2		武漢市文物商店	武漢市文物商店從廢品中收集,原失蓋;後在廢品中找到一蓋,恰合。但蓋器上作器者不同,是否原爲一器,已無法查明,兹分爲兩件處理。蓋銘爲 7 字(《集成》2286)

序號	器名	字數	時代	著録	出土地	現藏地	備註
2499	王氏官鼎蓋	6	戰國	集成 2236		中國歷史博物館	
2500	王䕭鼎	6	戰國後期	集成 2237 三代 2.16.4 貞續上 12.3 小校 2.31.3—4 故圖下下 10		臺北"中央博物院"	《貞續》:容庚舊編;《貞續》及《三代》只録左耳"王䕭"二字,右耳及蓋銘乃經容庚氏去銹後顯出
2501	須盂生鼎蓋	6	戰國	集成 2238 三代 3.8.1 貞松 2.34.1 十二舊 2		中國歷史博物館	《集成》:方若舊藏
2502	[illegible]子[illegible]鼎	6	戰國	集成 2239		故宫博物院	失蓋
2503	十年弗官容齋鼎	6	戰國後期	集成 2240 中國古代度量衡圖集 167		中國歷史博物館	
2504	東陲鼎蓋	6	戰國後期	集成 2241 録遺 70.1—2		浙江省博物館	疑爲壽縣出土楚器之一
2505	垣上官鼎	6	戰國	集成 2242		上海博物館	《集成》説明中字數誤爲"5"
2506	[illegible][illegible]鼎	6	戰國前期	集成 2243 文物 1980 年 8 期 25 頁圖 2	1977 年安徽貴池縣徽家冲	安徽省博物館	銘文反書;又名"楚弩鼎"
2507	陵鼎	6	西周早期	近出 292 文物季刊 1996 年 3 期 54—55 頁		山西省曲沃縣博物館	1987—1994 年山西省曲沃縣公安局繳獲
2508	秦公鼎	6	春秋前期	近出 293 上海博物館集刊 1996 年 7 期 23—29 頁	1987 年後甘肅省禮縣大堡子山秦國墓地	上海博物館	1993 年 10 月購於香港古玩街

序號	器名	字數	時代	著録	出土地	現藏地	備註
2509	秦公鼎	6	春秋前期	近出 294 上海博物館集刊 1996 年 7 期 23—29 頁	1987 年後甘肅省禮縣大堡子山秦國墓地	上海博物館	1993 年 10 月購於香港古玩街
2510	秦公鼎	6	春秋前期	近出 295 上海博物館集刊 1996 年 7 期 23—29 頁	1987 年後甘肅省禮縣大堡子山秦國墓地	上海博物館	1993 年 10 月購於香港古玩街
2511	秦公鼎	6	春秋前期	近出 296 上海博物館集刊 1996 年 7 期 23—29 頁	1987 年後甘肅省禮縣大堡子山秦國墓地	上海博物館	1993 年 10 月購於香港古玩街
2512	𠕡監鼎	6	西周早期	近出 297 文物 1991 年 5 期 84—85 頁	1964 年 10 月山東省龍口市蘆頭鎮韓欒村	山東省煙臺市博物館	
2513	鄧公鼎	6	西周中期	近出 298 考古與文物 1990 年 5 期 26—43 頁		陝西省西安市文物中心	陝西省西安市大白楊庫曾見
2514	曾孫定鼎	6（蓋器同銘）	春秋後期	近出 299 江漢考古 1990 年 1 期 9—10 頁	1988 年 1 月湖北省隨州市安居鎮徐家嘴村墓葬	湖北省隨州市博物館	
2515	師𦣞父鼎	6	西周中期	近出 300 考古 1986 年 11 期 977—979 頁	1984 年陝西省長安縣灃西鄉大原村墓葬 M304：1	中國社會科學院考古研究所灃西發掘隊	
2516	䜌彝且乙鼎	7	西周早期	集成 2244 三代 3.8.2 窸齋 6.2 殷存上 6.6 小校 2.45.1			《小校》：潘祖蔭舊藏

序號	器名	字數	時代	著録	出土地	現藏地	備註
2517	亞艅曆作且己鼎	7	商代後期或西周早期	集成 2245 三代 3.1.2 西甲 1.1 山東存附 4		故宫博物院	《集成》:清宫舊藏,後存頤和園
2518	木工册作匕戊鼎	7	西周早期	集成 2246 三代 3.8.8 積古 4.1.1 金索首 2 攈古 2.1.1 愙齋 3.9 殷存上 6.10 小校 2.45.4 彙編 6.587		山東曲阜縣文物管理委員會	《積古》:清乾隆欽頒内府周器十事在曲阜孔廟,此其一
2519	[illegible][illegible]作父乙鼎	7	西周早期	集成 2247 考古 1983 年 3 期 218 頁圖 2.3 245 頁圖 1.1	1982 年陝西長安縣灃西新旺村窖藏	考古研究所西安研究室	
2520	亞[illegible]作父乙鼎	7	西周早期	集成 2248 琉璃河西周燕國墓地 102 頁	1975 年北京房山縣琉璃河 251 號墓 M251 : 17	首都博物館	
2521	或作父丁鼎	7	西周早期	集成 2249		遼寧省博物館	《集成》:瀋陽故宫舊藏
2522	[illegible]作父丁鼎	7	西周早期	集成 2250			
2523	穆作父丁鼎	7	西周	集成 2251 復齋 7.3 積古 1.7 攈古 2.1.2 奇觚 16.3			《積古》、《奇觚》之器《羅表》疑僞。按,《積古》諸書之器皆據《復齋》,如《復齋》不僞,則阮氏諸書之器亦不能視爲僞

序號	器名	字數	時代	著録	出土地	現藏地	備註
2524	作父己鼎	7	西周早期	集成 2252 三代 3.8.4 愙齋 6.15 奇觚 1.17 殷存上 6.7 小校 2.45.2		故宫博物院	《小校》:潘祖蔭舊藏
2525	[illegible]父辛鼎	7	西周早期	集成 2253	陝西寶鷄市竹園溝 13 號墓(M13:13)	寶鷄市博物館	
2526	奄𦊆作父辛鼎	7	西周早期	集成 2254 西清 2.34			《集成》:清宫舊藏
2527	𢀜作父辛鼎	7	西周早期	集成 2255 琉璃河西周燕國墓地 117 頁	1975 年北京房山縣琉璃河 209 號墓 M209:28	首都博物館	
2528	昜作父辛鼎	7	西周早期	集成 2256		故宫博物院	銘文倒鑄
2529	䀠作父癸鼎	7	西周早期	集成 2257 三代 3.8.6 清愛 9 攈古 2.1.2 綴遺 3.14 殷存上 6.9 小校 4.48.5			《綴遺》、《小校》、《羅表》:劉喜海、王錫棨、瞿世瑛舊藏;通高七寸,口徑六寸五分,重四十五兩。此器不知下落,今録《清愛》尺寸重量以供參考
2530	[illegible]父癸鼎	存 7	西周	集成 2258		上海博物館	《集成》目録中誤爲"7"字
2531	册作父癸鼎	7	西周	集成 2259		上海博物館	

序號	器名	字數	時代	著録	出土地	現藏地	備註
2532	亞[illegible]作母丙鼎	7	西周早期	集成 2260 綜覽一圖版鼎 155			
2533	王作康季鼎	7	西周早期	集成 2261 考古 1964 年 9 期 472 頁圖 1	陝西岐山縣周家橋程家村		1944 年西京籌備委員會購得;僅存殘片,重 18 斤,圖像未見著録
2534	亞㠱侯[illegible]作母癸鼎	7	商代後期	集成 2262 巖窟上 8 録遺 65	傳 1941 年河南安陽	故宫博物院	《集成》:梁上椿舊藏
2535	曰[illegible]亩姑鼎	7	商代後期或西周早期	集成 2263		故宫博物院	《集成》:頤和園舊藏
2536	自作隁仲方鼎	7	西周早期	集成 2264 三代 3.9.6 寧壽 1.27 積古 5.30 貞松 2.37.2 故宫 7 期 故圖下上 45 彙編 6.589		臺北"故宫博物院"	《集成》:清宫舊藏;《積古》誤作彝
2537	自作隁仲方鼎	7	西周早期	集成 2265 三代 3.9.7 西清 2.36 綴遺 4.19 貞續上 20 故圖下上 46		臺北"故宫博物院"	《集成》:清宫舊藏
2538	自作隁仲方鼎	7	西周早期	集成 2266 三代 3.9.8 愙齋 6.13 奇觚 1.13 周金 2.60.1 小校 2.46.6		上海博物館	《奇觚》、《愙齋》:潘祖蔭舊藏

序號	器名	字數	時代	著録	出土地	現藏地	備註
2539	自作㽙仲方鼎	7	西周早期	集成2267 三代3.10.1 攈古2.1.2 周金3.114.4(又2補) 夢郼上9 小校2.46.5			《夢郼》:沈秉成、羅振玉舊藏
2540	周公作文王方鼎	7	西周早期	集成2268 博古2.3 薛氏81 嘯堂7.2			《金石録》:紹聖間宗室仲忽獲此器以獻;又名"魯公鼎"、"文王鼎";清代著録同銘鼎十餘件,均爲仿宋僞作
2541	匽侯旨作父辛鼎	7	西周早期	集成2269 三代3.8.5 攀古1.14 恒軒16 愙齋6.2 綴遺4.10 殷存上6.8 小校2.45.3			《綴遺》、《羅表》:潘祖蔭、王懿榮舊藏
2542	叔作單公方鼎	7	西周早期	集成2270 彙編6.585		澳大利亞墨爾本國立維多利亞博物館	《文物》1979年12期有文介紹此器
2543	子咸鼎	7	西周早期	集成2271		故宫博物院	
2544	[illegible]小子鼎	7	西周早期	集成2272 三代3.10.2 貞松2.36 善齋2.52 小校2.46.7			《集成》:劉體智舊藏

序號	器名	字數	時代	著録	出土地	現藏地	備註
2545	王作[illegible]姬鼎	7	西周	集成 2273 三代 3.9.4 從古 5.3 周金 2.60 希古 2.8.2 小校 2.45.5			《從古》:葛嵩舊藏;又名"垂姬鼎"
2546	侯作父丁鼎	7	西周	集成 2274			銘文倒鑄
2547	豊方鼎	7	西周	集成 2275 博古 3.30 薛氏 80.4 嘯堂 18.3			
2548	強伯鼎	7	西周中期	集成 2276	1974 年陝西寶鷄市茹家莊 1 號墓(M1 乙:13)	寶鷄市博物館	《文物》1976 年 4 期 37 頁只録銘文的釋文,無銘拓及圖像
2549	彊伯作井姬方鼎	7	西周中期	集成 2277	1974 年陝西寶鷄市茹家莊 2 號墓(M2:5)	寶鷄市博物館	
2550	彊伯作井姬鼎	7	西周中期	集成 2278 文物 1976 年 4 期 54 頁圖 41 陝青 4.83	1974 年陝西寶鷄市茹家莊 2 號墓(M2:6)	寶鷄市博物館	又名"獨柱帶盤鼎"
2551	仲義昬鼎	7	春秋	集成 2279 積古 5.37 攈古 2.1.4 奇觚 17.11.4 小校 7.36.1			《集成》説明中著録的"著"字誤爲"目"
2552	[illegible]鼎	7	西周中期	集成 2280 三代 3.10.5 貞松 2.37.3 善齋 2.53 小校 2.46.3 善彝 30 故圖下下 68		臺北"中央博物院"	《集成》:劉體智舊藏

序號	器名	字數	時代	著録	出土地	現藏地	備註
2553	師閔鼎	7	西周	集成 2281		上海博物館	
2554	尹叔作[illegible]姞鼎	7	西周中期	集成 2282 三代 3.9.5 貞松 2.37 周金 2.60.6 希古 2.8.1			
2555	皐汩君光鼎	7	春秋後期	集成 2283 博古 3.9 薛氏 81.3 嘯堂 16.1			汩或即汲字
2556	喬夫人鼎	7	春秋前期	集成 2284	1970 年安徽合肥市烏龜崗墓葬	安徽省博物館	《文化大革命期間出土文物》99 頁及《文物》1972 年 1 期 77 頁僅有圖像和釋文,未附拓本
2557	子陜□之孫鼎	存 7	春秋	集成 2285 三代 3.13.3 貞松 2.39 善齋 2.68 小校 2.76 善彝 39 頌續 16		廣州市博物館	《集成》:劉體智、容庚舊藏;《集成》目録中誤爲"7"字;陜疑爲陕字
2558	盅子[illegible]鼎蓋	7	春秋後期	集成 2286 江漢考古 1983 年 2 期 36 頁圖 1		武漢市文物商店	收集時,與鄧子午鼎配成一器,是否原配無法肯定,現暫作二器處理。鄧子午鼎 6 字(《集成》2235)

序號	器名	字數	時代	著録	出土地	現藏地	備註
2559	歖侯之孫𨻰鼎	7	春秋	集成 2287 三代 3.11.2 貞松 2.38.1 貞圖上 17 小校 2.47.1		吉林大學歷史系陳列室	《集成》:羅振玉舊藏
2560	卲王之諻鼎	7	春秋後期	集成 2288 三代 3.11.3 周金 2 補 貞松 2.37 希古 2.8.3 小校 2.45.6			
2561	王子⿱申土鼎	7(器蓋同銘)	春秋後期或戰國前期	集成 2289 戰國式 37 美集録 R426 彙編 7.651		美國耶魯大學美術館陳列室	《戰國式》:日本大阪山中商會舊藏;又名"王子姪鼎";《戰國式》蓋、器銘皆爲照片,《美集録》只録器銘照片,《彙編》録器、蓋銘的摹本
2562	曾侯乙鼎	7	戰國前期	集成 2290	1979 年湖北隨縣曾侯乙墓(中室 96)	湖北省博物館	鼎共出 22 件(3 件無銘),有無蓋大鼎 2、束腰平底鼎 9、蓋鼎 9(2 無銘)、小口提梁鼎 1、匜鼎 1(無銘)。此爲兩件無蓋大鼎中的一件
2563	曾侯乙鼎	7	戰國前期	集成 2291	1979 年湖北隨縣曾侯乙墓(中室 90)	湖北省博物館	此爲形制相同的九件束腰平底鼎之一

序號	器名	字數	時代	著録	出土地	現藏地	備註
2564	曾侯乙鼎	7(器蓋同銘)	戰國前期	集成2292	1979年湖北隨縣曾侯乙墓(中室102)	湖北省博物館	此爲形制相同的五件蓋鼎之一
2565	曾侯乙鼎	7(器蓋同銘)	戰國前期	集成2293	1979年湖北隨縣曾侯乙墓(中室103)	湖北省博物館	此爲形制與前不同的一件蓋鼎
2566	曾侯乙鼎	7(器蓋同銘)	戰國前期	集成2294	1979年湖北隨縣曾侯乙墓(中室101)	湖北省博物館	此爲形制與前不同的又一蓋鼎
2567	曾侯乙鼎	7(器蓋同銘)	戰國前期	集成2295	1979年湖北隨縣曾侯乙墓(中室185)	湖北省博物館	此爲小口鼎
2568	鑄客鼎	7(器5,左耳2)	戰國前期	集成2296 三代2.54.6—7 小校2.37.4 安徽金石1.10.2 楚録5	1933年安徽壽縣朱家集	安徽省博物館	《集成》:安徽省圖書館舊藏;容庚先生以爲2字在耳上,《三代》誤以爲在器。右耳有一刻劃符號△
2569	鑄客爲集脰鼎	7	戰國後期	集成2297 三代3.13.1 小校2.48.1 安徽金石1.10.2 楚録6	1933年安徽壽縣朱家集	安徽省博物館	《安徽金石》:安徽省圖書館舊藏;失蓋
2570	鑄客爲集脰鼎	7	戰國後期	集成2298 三代3.13.2 小校2.48.2 安徽金石1.10.1 楚録10	1933年安徽壽縣朱家集	安徽省博物館	《安徽金石》:安徽省圖書館舊藏;《集成》説明中器名誤爲"鑄容爲集脰鼎"
2571	鑄客爲集□鼎	7	戰國後期	集成2299 三代3.12.6 小校2.47.4 安徽金石1.10.4	1933年安徽壽縣朱家集	安徽省博物館	

序號	器名	字數	時代	著録	出土地	現藏地	備註
2572	鑄客爲集□鼎	7(器蓋各7字)	戰國後期	集成2300 三代3.12.7—8 小校2.47.3 安徽金石1.9.4	1933年安徽壽縣朱家集	日本東京國立博物館	
2573	巨荁王鼎	7	戰國後期	集成2301 文參1957年7期83頁	1955年安徽蚌埠市東郊	安徽省博物館	又名"巨蒼鼎"
2574	膉所偖鼎	7	戰國後期	集成2302 三代3.12.5 貞松2.38 武英32 小校2.47.2 故圖下下95		臺北"中央博物院"	《貞松》:承德避暑山莊舊藏
2575	□公上□鼎	7(器7、耳6,又合文2)	戰國後期	集成2303 三代3.11.5—6 陶齋5.9 小校2.63.1			《集成》:端方舊藏;又名"襄公鼎"、"寇公鼎"
2576	㠯詢侯鼎	7(又合文1)	戰國	集成2304 恒軒22			《集成》:吴大澂舊藏;又名"梁鼎蓋"
2577	墉夜君成鼎	7	戰國	集成2305 三代3.11.4 筠清4.5 古文審2.12 攈古2.1.1 窓齋5.22 敬吾上39 小校2.46.1			《小校》:葉志詵舊藏;又名"坪夜君鼎"
2578	筡鼎	7	戰國	集成2306		故宫博物院	銘文在兩耳下邊
2579	右□公鼎	7	戰國	集成2307 貞續上20.1 録遺71			

序號	器名	字數	時代	著録	出土地	現藏地	備註
2580	半齋鼎	7	戰國	集成 2308 三代 3.12.2—4 西乙 4.15 寶藴 33 貞松 2.38 故圖下下 111		臺北"中央博物院"	《集成》:瀋陽故宮舊藏
2581	☐廙鼎	存 7	戰國後期	集成 2309 三代 3.12.1 寶藴 32 貞松 2.38 故圖下下 96		臺北"中央博物院"	《集成》:瀋陽故宮舊藏;又名"之左鼎";《西乙》4.23 失録銘文;《集成》目録中誤爲"7"字
2582	備作父乙鼎	7	西周早期	近出 301 富士比(1988,6,7 10)			《集成》:英國倫敦富士比拍賣行曾藏
2583	尹覭鼎	7	西周早期	近出 302 高家堡戈國墓 74 頁	1991 年陝西省涇陽縣興隆鄉高家堡 M4:4	陝西省涇陽縣博物館	
2584	尹覭鼎	7	西周早期	近出 303 高家堡戈國墓 63 頁	1991 年陝西省涇陽縣興隆鄉高家堡 M3:5	陝西省涇陽縣博物館	
2585	㑥戊作父辛鼎	7	西周早期	近出 304 寶鷄弫國墓地(上)60 頁	陝西省寶鷄市竹園溝 13 號墓 M13:13	陝西省寶鷄市博物館	
2586	叔䍙父鼎	7	西周晚期	近出 305 文物 1999 年 9 期 20、22—33 頁	1997 年河南省洛陽市東郊邙山南楊文鎮交通部二局四處家屬院内	河南省洛陽市文物工作隊	

序號	器名	字數	時代	著録	出土地	現藏地	備註
2587	迖作且丁鼎	8	西周早期	集成 2310 三代 3.14.1 貞補上 8 貞圖上 18			《貞補》、《貞圖》:羅振玉、容庚舊藏;又名"谻且丁鼎"
2588	咸[illegible]子作且丁鼎	8	商代後期	集成 2311 三代 3.14.2 貞松 2.40 續殷上 22.6 小校 2.51.3			《集成》:吳大澂舊藏;《愙齋先生所藏古器物目》:得之粤東;第二、四字或以爲一字,今暫以二字計
2589	堇臨作父乙方鼎	8	西周早期	集成 2312 三代 3.14.5 西清 2.40 攈古 2.1.47 愙齋 3.11 綴遺 3.15 奇觚 1.19 簠齋 1 鼎 4 續殷上 22 小校 2.49			《攈古録》、《簠齋》:清宫舊藏,後歸阮元、陳介祺;第二字或釋臨字
2590	作父乙鼎	8	西周早期	集成 2313 西清 4.11			《集成》:清宫舊藏
2591	士作父乙方鼎	8	西周早期	集成 2314 西甲 1.15			《集成》:清宫舊藏
2592	亞豚作父乙鼎	8	西周早期	集成 2315 三代 3.14.3 殷存上 72 小校 2.49.2			亞内兩點如果是一字,則此器應算 9 字
2593	亳作父乙方鼎	8	西周早期	集成 2316 攈古 2.1.20 綴遺 3.10			《攈古録》:劉喜海舊藏

序號	器名	字數	時代	著録	出土地	現藏地	備註
2594	亞□作父丁鼎	8	西周早期	集成 2317 三代 3.8.3 貞松 2.36		故宫博物院	
2595	引作文父丁鼎	8	商代後期	集成 2318 三代 3.14.6 窓齋 3.13 殷存上 7 小校 2.49.4 故宫 24 期 故圖下上 9		臺北"故宫博物院"	《集成》目録中器名爲"引作文父丁鼎"
2596	□作父丁鼎	8	西周早期	集成 2319 文物 1957 年 8 期 43 頁	山西洪趙縣永凝東堡	山西省博物館	
2597	晉子旅作父戊鼎	8	西周早期	集成 2320		上海博物館	此與《集成》582 鬲重出
2598	□作父辛鼎	8	西周早期	集成 2321 文物 1975 年 5 期 89 頁圖 4	1972 年長武縣棗園村	陝西省博物館	
2599	作父辛方鼎	8	西周早期	集成 2322 三代 3.15.1 西清 4.12 藝展 8 故宫 29 期 故圖下上 24		臺北"故宫博物院"	《集成》:清宫舊藏;《集成》説明中器名誤爲"作文辛方鼎";《倫敦》圖版 6.12 誤以爲尊銘
2600	粹作父癸鼎	8	西周早期	集成 2323 薛氏 17 續考 1.18			《續考》:張才元所得;《薛氏》稱尊,《續考》稱彝,今查器形乃鼎
2601	□作父癸鼎	8	西周早期	集成 2324 三代 3.15.3 貞松 2.41 小校 2.49.6 雙吉上 6 尊古 1.20 巴洛 142 頁	《雙吉》:傳洛陽	英國倫敦阿倫及巴洛氏	《羅表》、《雙吉》:劉體智、于省吾舊藏

序號	器名	字數	時代	著録	出土地	現藏地	備註
2602	[illegible]季作父癸方鼎	8	西周早期	集成 2325 三代 3.15.2 懷米上 6 攈古 2.1.19 綴遺 4.6 彙編 6.535		《彙編》:美國聖格氏	《攈古録》:曹秋舫舊藏
2603	史造作父癸鼎	8	西周中期	集成 2326 西清 3.23			《集成》:清宫舊藏
2604	易貝作母辛鼎	8	西周早期	集成 2327 三代 3.9.1 綴遺 3.10 貞續上 21.1 續殷上 22.8			
2605	册木工作母辛鼎	8	商代後期或西周早期	集成 2328 三代 3.17.4 窓齋 3.8.2 續殷上 23.1 小校 2.53.3			《小校》:潘祖蔭舊藏
2606	北子作母癸方鼎	8	西周早期	集成 2329 三代 6.42.4 攈古 2.1.22 殷存上 18.4			《攈古録》:劉鏡古舊藏;《斷代》:1955年見原器
2607	姞曶母方鼎	8	西周早期	集成 2330 三代 3.15.6 小校 2.50.3 彙編 6.531 洛爾 180 頁 NO. 55		《彙編》:丹麥哥本哈根裝飾藝術博物館	
2608	穆父作姜懿母鼎	8	西周中期	集成 2331 三代 3.15.4 貞補上 9 善齋 2.55 小校 2.50.2 頌續 11	《貞補》:傳洛陽	廣州市博物館	《集成》:劉體智、容庚舊藏

序號	器名	字數	時代	著録	出土地	現藏地	備註
2609	穆父作姜懿母鼎	8	西周中期	集成 2332 三代 3.15.5 貞補上 9 十二式 5 頌續 12	《貞補》:傳洛陽		《集成》:孫秋帆舊藏
2610	姬作氒姑日辛鼎	8	西周早期	集成 2333 賸稿 6	見於廠肆,傳河南出	旅順博物館	或云銘文後刻
2611	衰[illegible]父作朁姁鼎	8	西周	集成 2334 三代 3.16.8 小校 2.50.4 周金 2 補 32.2		故宫博物院	《周金》:合肥李木公新得;章乃器捐獻;《周金》以爲方鼎
2612	亞醜季作兄己鼎	8	西周早期	集成 2335 三代 3.9.3 續殷上 23.2			
2613	伯䧹方鼎	8	西周早期	集成 2336 使華 7 三代補 754 彙編 6.533	《使華》:傳河南濬縣出土		《集成》:德人陶德曼舊藏
2614	伯六[illegible]方鼎	8	西周早期	集成 2337 三代 3.16.2 貞松 2.40 善齋 3.7 小校 2.50.8 美集録 R358 彙編 6.532		美國舊金山亞洲美術博物館布倫戴奇藏品	《集成》:劉體智舊藏;《集成》説明著録中《美集録》誤爲"R538"
2615	義仲方鼎	8	西周早期	集成 2338 三代 3.18.5 貞松 2.41.1 貞圖上 19			《集成》:羅振玉舊藏
2616	公大史作姬荃方鼎	8	西周早期	集成 2339 江漢考古 1982 年 2 期 45 頁圖 6.2	1977—1978 年湖北黄陂縣魯臺山墓葬(M30:3)	湖北省博物館	

序號	器名	字數	時代	著録	出土地	現藏地	備註
2617	季盨作宫伯方鼎	8	西周早期	集成 2340 三代 3.16.1 貞松 2.40 周金 2 補 希古 2.8.4 善齋 3.6 小校 2.51.1 美集録 R451 皮斯柏圖 4 彙編 6.534		美國皮斯柏寄陳米里阿波里斯美術館	《小校》、《美集録》:盛昱、劉體智、盧芹齋舊藏
2618	叔具鼎	8	西周早期	集成 2341 三代 3.15.7 貞補上 8 小校 2.50.6		中國歷史博物館	《貞補》:此鼎見之遼東
2619	叔[illegible]作南宫鼎	8	西周早期	集成 2342 三代 3.15.8 貞續上 22.2			
2620	叔虎父作叔姬鼎	8	西周	集成 2343 攈古 2.1.20	見於長安		
2621	[illegible]涾伯逘鼎	8	西周早期	集成 2344 三代 3.16.3			
2622	殷子作亮圃宫鼎	8	西周早期	集成 2345 三代 3.16.7			第一字或釋解
2623	勅圉作丁侯鼎	8	西周早期	集成 2346 三代 3.18.6 貞松 2.41.3 小校 2.50.7 善齋 2.56 善彝 23 故圖下下 74		臺北"中央博物院"	《集成》:劉體智舊藏
2624	斿鼎	8	西周早期或中期	集成 2347 文物 1981 年 9 期 18 頁圖 1	1979 年山東濟陽縣劉臺子	山東濟陽縣圖書館	

序號	器名	字數	時代	著録	出土地	現藏地	備註
2625	作長鼎	8	西周早期或中期	集成 2348 三代 3.16.4 貞補上 9 十二式 6 續殷上 23.3		上海博物館	《集成》:孫秋帆舊藏;又名"長日戊鼎"
2626	戜鼎	8	西周中期	集成 2349 考古 1974 年 1 期 2 頁圖 3.2	1973 年陝西長安縣灃西馬王村窖藏	西安市文物管理委員會	
2627	作寶鼎	8(又重文 1)	西周中期	集成 2350 三代 3.18.7 貞松 2.42.1 周金 2 補 8 希古 2.9.1 小校 2.53.6 録遺 75		故宫博物院	
2628	小臣氏樊尹鼎	8	西周早期或中期	集成 2351 三代 3.16.6 西乙 1.26 寶藴 28 貞松 2.40 故圖下下 69		臺北"中央博物院"	《集成》:瀋陽故宫舊藏
2629	汽作鼎	8	西周	集成 2352			
2630	師奐父作季姞鼎	8	西周晚期	集成 2353 博古 3.25 薛氏 82 嘯堂 17			
2631	魯内小臣床生鼎	8	西周晚期或春秋前期	集成 2354 三代 3.16.5 攈古 1.18 愙齋 6.14 周金 2.59.3 小校 2.50.5 山東存魯 18			《集成》:潘祖蔭舊藏

序號	器名	字數	時代	著録	出土地	現藏地	備註
2632	洜叔之行鼎	8	春秋	集成 2355 考古 1982 年 2 期 145 頁圖 6.2	1980 年湖北隨縣劉家崖 1 號墓	隨州市博物館	《集成》説明中"時代"兩字誤爲"春秋"
2633	蟲之嶸鼎	8	春秋	集成 2356 考古 1982 年 2 期 145 頁圖 6.1 江漢考古 1983 年 1 期 13 頁圖 14	1980 年湖北隨縣劉家崖 1 號墓	隨州市博物館	
2634	楚叔之孫倗鼎	8	春秋後期	集成 2357 淅川下寺春秋楚墓 57 頁 考古 1981 年 2 期 122 頁圖 3.6	1978 年河南淅川縣下寺 1 號墓 M1：65	河南省博物館	
2635	宋君夫人鼎蓋	8	春秋後期	集成 2358 考古圖 1.21 博古 3.37 薛氏 82 嘯堂 19	《考古圖》:得於京兆		《考古圖》:秘閣舊藏
2636	吴王孫無土鼎	8(器蓋同銘)	春秋後期	集成 2359 文物 1981 年 1 期圖版陸 2	1977 年陝西鳳翔縣高王寺窖藏	鳳翔縣雍城文物管理所	
2637	王后左相室鼎	8(蓋 5、器 8)	戰國後期	集成 2360 三代 2.54.4—5 十二契 22—23			《集成》:商承祚舊藏
2638	公朕右自鼎	8(器蓋同銘)	戰國後期	集成 2361		上海博物館	
2639	盂方鼎	8	商代後期	近出 306 文物 1997 年 12 期 29—33 頁	1996 年 4 月湖北省蘄春縣達城鄉新屋灣	湖北省蘄春縣博物館	

序號	器名	字數	時代	著録	出土地	現藏地	備註
2640	盂方鼎	8	商代後期	近出307 文物1997年12期29—33頁	1996年4月湖北省蘄春縣達城鄉新屋灣	湖北省蘄春縣博物館	
2641	王姛鼎	8	西周早期	近出308 文物1996年12月7—10頁	1985年5月山東省濟陽縣姜集鄉劉臺子村墓葬M6：23	山東省文物考古研究所	
2642	王太后右和室鼎	8	戰國後期	近出309 考古與文物1994年3期 100頁	陝西省澄城縣		
2643	公朱右官鼎	8（蓋器同銘）	戰國後期	近出310 中國文字新廿三期（抽印本）73—78頁	傳河南省洛陽市金村	萍廬	
2644	楚叔之孫倗鼎	8（蓋器同銘）	春秋後期	近出311 淅川下寺春秋楚墓56頁	1990年河南省淅川縣下寺M1：66	河南省文物研究所	器已殘
2645	楚叔之孫倗鼎	8（蓋器同銘）	春秋後期	近出312 淅川下寺春秋楚墓57頁	1990年河南省淅川縣下寺M1：65	河南省文物研究所	《集成》2357器僅收蓋銘
2646	楚叔之孫倗鼎	8（蓋器同銘）	春秋後期	近出313 淅川下寺春秋楚墓112頁	1990年河南省淅川縣下寺M2：56	河南省文物研究所	
2647	亞㠱鄉宁鼎	9	商代後期	集成2362 録遺72.1—2 鄴三上12		中國歷史博物館	器内口下前後分别鑄二字及七字
2648	亞父庚且辛鼎	9	商代後期或西周早期	集成2363 三代3.19.3 恒軒上5 愙齋3.3 綴遺5.31 續殷上23.5 小校2.48.3		上海博物館	《集成》：三原劉氏、潘祖蔭、吴大澂舊藏

序號	器名	字數	時代	著録	出土地	現藏地	備註
2649	亞父庚且辛鼎	9	商代後期或西周早期	集成2364		上海博物館	此與《集成》3683 簋重出，據上博器形，應爲簋，此誤
2650	歸作且壬鼎	9	西周早期或中期	集成2365 三代3.17.2 貞松2.39.2	《貞松》：洛陽		《貞松》：容庚舊藏
2651	褱作父丁鼎	9	西周早期	集成2366 日精華3.203 白鶴撰23	《白鶴撰》：傳河南洛陽	日本神户白鶴美術館	
2652	䜌監父己鼎	9	西周中期	集成2367		上海博物館	
2653	盩婦方鼎	9	西周早期	集成2368 三代3.17.1 窓齋3.13.3 奇觚1.20 陶續1.17 續殷上23.4 小校2.51.2 美集録R164 彙編6.494		美國紐約某氏	《羅表》：徐士愷、端方舊藏；又名"帝己且丁父癸鼎"
2654	長子狗鼎	9	西周早期	集成2369 江漢考古1982年2期45頁圖6.8	1977—1978年湖北黄陂縣魯臺山墓葬（M30：1）	湖北省博物館	
2655	公大史作姬崟方鼎	9	西周早期	集成2370 江漢考古1982年2期45頁圖6.1	1977—1978年湖北黄陂縣魯臺山墓葬（M30：4）	湖北省博物館	
2656	公大史作姬崟方鼎	9	西周早期	集成2371 江漢考古1982年2期45頁圖6.3	1977—1978年湖北黄陂縣魯臺山墓葬（M30：5）	湖北省博物館	

序號	器名	字數	時代	著録	出土地	現藏地	備註
2657	大保𦓚作宗室方鼎	9	西周早期	集成 2372 三代 6.42.8—9 攈古 2.1.33 從古 11.7 小校 7.38.3 彙編 6.497 綜覽一圖版方鼎 57		《綜覽》:日本京都黑川古文化研究所	《攈古録》:陳楓崖、嘉善蔡氏舊藏;《三代》以爲彝,實爲鼎。《彙編》拓較其他書多出作器者名一字
2658	𠁩斿父鼎	9	西周早期	集成 2373 三代 3.18.4 綴遺 4.13 貞松 2.42.2		故宫博物院	又名"史斿父鼎"、"中斿父鼎";首字史省又。銘文末尾占筮之單卦符號以一字計
2659	𡇨鼎	9	西周早期	集成 2374 文物 1983 年 11 期 65 頁圖 5	1982 年北京順義縣牛欄山金牛村墓葬	北京市文物工作隊	
2660	遂敀諆鼎	9	西周早期	集成 2375 三代 3.18.3 攈古 2.1.32 愙齋 6.13.4 綴遺 4.15 周金 2.58.2	《羅表》:道光末年出秦中	江蘇鎮江市博物館	《綴遺》:葉志詵舊藏
2661	乙公鼎	9(又重文 2)	西周中期	集成 2376 博古 3.22 薛氏 83 嘯堂 16.2			
2662	薛侯鼎	9	西周	集成 2377 攈古 2.1.32 綴遺 4.16 大系録 212			《攈古録》:吴雲舊藏

序號	器名	字數	時代	著録	出土地	現藏地	備註
2663	季悆作旅鼎	9	西周	集成 2378 三代 3.18.2 攈古 2.1.34 敬吾上 28.5 周金 2.59.1 小校 2.51.7 攀古 1.20 長安 1.9		故宫博物院	《集成》:劉喜海、潘祖蔭舊藏
2664	雔𢆶鼎	9	西周	集成 2379 録遺 73			
2665	亘鼎	9(又重文1)	西周中期或晚期	集成 2380 陜圖 80 陜青 4.153	1956 年陜西醴泉縣黄平村	陜西省博物館	
2666	鮇衛妃鼎	9	西周晚期	集成 2381 三代 3.17.7 陶續 1.19.1 恒軒 15		山東省博物館	《集成》:潘祖蔭、端方舊藏
2667	鮇衛妃鼎	9	西周晚期	集成 2382 三代 3.17.6 貞松 2.41.2 澂秋 3 小校 2.51.5 周金 2.58.3 彙編 6.498		故宫博物院	《集成》:陳承裘舊藏
2668	鮇衛妃鼎	9	西周晚期	集成 2383 三代 3.17.8 攈古 2.1.33 敬吾上 26.3 周金 2.58.4 長安 1.8 大系録 281			《集成》:劉喜海舊藏
2669	鮇衛妃鼎	9	西周晚期	集成 2384 三代 3.18.1 攈古 2.1.33 小校 2.51.6		中國歷史博物館	《攈古録》:葉志詵舊藏

序號	器名	字數	時代	著録	出土地	現藏地	備註
2670	至作寶鼎	9	西周晚期	集成 2385 三代 3.19.4 西清 2.35 攈古 1.22 周金 2 補 小校 2.53.5			《集成》:清宫舊藏,後歸潘祖蔭
2671	絲𩣡父鼎	9	西周晚期	集成 2386 博古 3.28 薛氏 82.4 嘯堂 18.2			《集成》説明中器名寫爲"絲駒父鼎"
2672	内公鼎	9	春秋前期	集成 2387 三代 3.19.1 西清 2.8 貞續上 21.2 藝展 15 故宫 15 期 故圖下上 49		臺北"故宫博物院"	《集成》:清宫舊藏
2673	内公鼎	9	春秋前期	集成 2388 三代 3.19.2 西清 6.1 貞續上 22.1 故宫 20 期 故圖下上 50		臺北"故宫博物院"	《集成》:清宫舊藏
2674	内公鼎	9	春秋前期	集成 2389 三代 3.18.8 西清 3.19 窸齋 6.5 小校 2.57.4		瑞典斯德哥爾摩遠東古物館	《集成》:清宫舊藏;《小校》認爲用字下還有一享字
2675	郳子汆鼎	9	春秋後期	集成 2390 考古 1983 年 2 期 188 頁圖 1	山東費縣上冶公社臺子溝	費縣圖書館	
2676	江小仲母生鼎	9	春秋前期	集成 2391 基建圖版 143 上 文參 1954 年 3 期 61 頁左下 文參 1954 年 5 期 40 頁右下 録遺 74	1953 年河南郟縣太僕鄉	河南省博物館	

序號	器名	字數	時代	著録	出土地	現藏地	備註
2677	叔姬作陽伯鼎	9	春秋前期	集成2392 周金2.59.2		上海博物館	《集成》:費念慈舊藏;《集成》説明中器名爲“叔姬鼎”
2678	鑄客爲王句小廣鼎	9	戰國後期	集成2393 三代3.19.6 安徽金石1.9.1(又18.6) 小校2.52.1 金石書畫71期第四版右	1933年安徽壽縣朱家集	安徽省博物館	《金石書畫》:龍游余氏寒柯堂舊藏;又名“王句七府鼎”
2679	鑄客爲王句小廣鼎	9	戰國後期	集成2394		上海博物館	同銘之鼎共三器,另一件現藏安徽省博物館,均爲同時出土之器。小字或釋七,或釋十
2680	鑄客爲大句脰官鼎	9	戰國後期	集成2395 三代3.19.5 小校2.52.2 安徽金石1.9.2	1933年安徽壽縣朱家集	安徽省博物館	
2681	公朱右自鼎	9(又合文1)	戰國後期	集成2396 美集録R434		美國紐約康恩氏	
2682	壽春鼎	9	戰國後期	集成2397 文物1964年9期36頁圖5上		天津市歷史博物館	《集成》:天津市文化局文物組收集
2683	[illegible]鼎	存9	西周早期	集成2398 西清2.31			《集成》:清宫舊藏;又名“醧鼎”;《集成》目録中字數誤爲“9”

序號	器名	字數	時代	著録	出土地	現藏地	備註
2684	言鼎	存9	西周	集成 2399 博古 2.28 薛氏 83.1 嘯堂 12.1			《集成》目録中字數誤爲“9”;其下缺永字,全銘約爲十字
2685	亞若癸鼎	10	商代後期	集成 2400 三代 3.10.7 西清 1.28 窓齋 3.3 續殷上 22.9 小校 2.49.7			《集成》:清宫舊藏;同銘之《西清》1.25、1.27 兩鼎摹寫失真
2686	亞若癸鼎	10	商代後期	集成 2401 博古 1.32 薛氏 12.5 嘯堂 2.1 商拾上 4			
2687	亞若癸鼎	10	商代後期	集成 2402 三代 3.11.1 貞補上 8.2 續殷上 22.10 善齋 2.54 小校 2.49.8		上海博物館	《集成》:劉體智舊藏;亞若癸器銘文字數難定,今暫以十字計
2688	婦[illegible]鼎	10	商代後期	集成 2403 三代 3.20.3 殷存上 7.4		上海博物館	
2689	伯[illegible]方鼎	10	西周早期	集成 2404 三代 3.20.4 攈古 2.1.49 敬吾上 39.3 小校 2.54.4			
2690	德鼎	10(又合文1)	西周早期	集成 2405 文物 1959 年 7 期封里 上海 27 銅器選 31 三代補 870 彙編 6.455		上海博物館	《彙編》誤作德方鼎

序號	器名	字數	時代	著録	出土地	現藏地	備註
2691	戈父辛鼎	10	西周早期	集成2406 三代3.20.2 貞補上9.4 小校2.53.2			《羅表》:劉體智舊藏
2692	伯䴤鼎	10	西周早期	集成2407		故宫博物院	《集成》目録中器名漏一“鼎”字
2693	禽鼎	10	西周早期或中期	集成2408 文物1986年1期11頁圖16	1981年陝西長安縣普渡村15號墓(M15:02)	陝西省文物管理委員會	
2694	大師作叔姜鼎	10	西周中期	集成2409 三代3.21.1 十二契21			《集成》:商承祚舊藏
2695	甚諆臧鼎	10	西周中期	集成2410 三代3.20.1 攈古2.1.48 愙齋5.21.1 綴遺4.9.2 奇觚1.19.2 殷存上7.3 簠齋1鼎8 小校2.53.1			《集成》:陳介祺舊藏
2696	叔師父鼎	10	西周中期	集成2411 積古4.23.3 攈古2.1.48 奇觚16.5.2 希古2.9.2		故宫博物院	《攈古録》:吴式芬舊藏
2697	叔𢀜父鼎	10	西周	集成2412 三代3.20.7 清愛14 從古1.4 攈古2.1.48 敬吾上28.6 周金2.57.6 小校2.54.1			《攈古録》、《小校》:文後山、劉喜海舊藏

序號	器名	字數	時代	著録	出土地	現藏地	備註
2698	雚鼎	10	西周	集成 2413 三代 3.20.5 貞松 2.42.3 周金 2 補		故宫博物院	
2699	伯旬鼎	10	西周	集成 2414 録遺 76	《分域續》:山東泰安		《集成》:山東省圖書館舊藏
2700	鄭同媿鼎	10	西周	集成 2415 三代 3.20.6 攈古 2.1.47 愙齋 6.6.2 簠齋 1 鼎 5 奇觚 1.20.2 從古 13.12.1 周金 2.58.1 小校 2.54.3			《集成》:陳介祺舊藏
2701	子遹鼎	10(又重文 2)	西周晚期	集成 2416 三代 3.24.1 求古 1.21 敬吾上 26.1 小校 2.56.1			
2702	廟孱鼎	10(又重文 2)	西周晚期	集成 2417 文物 1976 年 5 期 41 頁圖 20 陕青 1.185 三代補 931	1975 年陝西岐山縣董家村 1 號窖藏	岐山縣博物館	
2703	已華父鼎	10(又重文 1)	西周晚期	集成 2418 文物 1972 年 5 期 9 頁圖 16—17 考古 1983 年 4 期 290 頁圖 3.2	1969 年山東煙臺市上夼村西周墓	煙臺地區文物管理委員會	

序號	器名	字數	時代	著録	出土地	現藏地	備註
2704	欒鼎	10	西周晚期	集成2419 三代3.20.8 奇觚1.21.1 周金2補 小校2.53.4 尊古1.22		清華大學圖書館	
2705	陽鼎	10	西周	集成2420 積古4.7.2 攈古2.1.47 金索1.20.4			
2706	鄭子石鼎	10(又重文2)	春秋前期	集成2421 三代3.24.7 貞松2.45.3 希古2.12.1 小校2.56.6		天津市藝術博物館	
2707	郜艦鼎	10(又重文2)	春秋前期	集成2422 三代3.24.5 周金2.56.3 貞松2.45.2 希古2.12.3 小校2.56.4 大系録223.3 山東存郜6	《大系》、《山東存》:清光緒間出土於山東東平縣		
2708	曾侯仲子斿父鼎	10	春秋前期	集成2423 文物1972年2期53頁圖12 三代補886	1966年湖北京山縣蘇家壠	湖北省博物館	
2709	曾侯仲子斿父鼎	10	春秋前期	集成2424	1966年湖北京山縣蘇家壠	湖北省博物館	
2710	乙未鼎	存10	商代後期或西周早期	集成2425 三代3.21.2 綴遺4.12.1 貞松2.42.4 希古2.15.2 小校2.55.1			《窓齋先生所藏古器物目》:吴大澂舊藏

序號	器名	字數	時代	著録	出土地	現藏地	備註
2711	龕[illegible]鼎	10(又重文2)	春秋前期	集成2426 三代3.23.8 攈古2.1.65 周金2.56.1 大系録222.2 小校2.56.5 山東存邾15			《集成》目録中器名又名“辛中姬皇母鼎”
2712	亞㚅鼎	存10	商代後期	集成2427 博古1.19 薛氏12.4			《集成》目録中字數誤爲“10”；又名“册命鼎”
2713	□子每氏鼎	存10	春秋前期	集成2428 三代3.22.7 綴遺9.27 貞松2.45.1 希古2.9.3			《集成》目録中字數誤爲“10”
2714	鬳仲鼎	存10	西周晚期	集成2429 彙編6.469		上海博物館	《集成》目録中字數誤爲“10”
2715	殘隮鼎	存10	春秋	集成2430		故宫博物院	《集成》目録中字數誤爲“10”
2716	乃孫作且己鼎	11	商代後期或西周早期	集成2431 三代3.21.3 續殷上24.1 故宫27期 故圖下上17		臺北“故宫博物院”	《故宫》27期：原藏重華宫
2717	無敄鼎	11	商代後期	集成2432 三代2.21.4 貞松2.44.4 續殷上23.8 尊古1.26		上海博物館	又名“無務鼎”

序號	器名	字數	時代	著録	出土地	現藏地	備註
2718	𢀖婤方鼎	11	商代後期或西周早期	集成 2433 録遺 77 美集録 R505 三代補 505	傳河南	美國紐約羅比爾氏	
2719	𢀖婤方鼎	11	商代後期或西周早期	集成 2434 美集録 R450 懷履光(1956年)157 頁 A 三代補 450	傳河南		《集成》:美國盧芹齋舊藏
2720	從鼎	11(又合文1)	西周中期	集成 2435 三代 2.21.6 十二式 7—8			《愙齋先生所藏古器物目》、《十二》:吴大澂、孫秋帆舊藏
2721	剌攺宁鼎	11	西周早期	集成 2436		中國歷史博物館	
2722	[illegible]虎鼎	11	西周	集成 2437 考古 1985 年 3 期 286 頁圖 3 上右	河南平頂山	平頂山市文物管理委員會	《集成》説明中器名誤爲"朩虎鼎"
2723	伯□作障鼎	11	西周中期	集成 2438		故宫博物院	第一行四字被刮磨,因而不清
2724	庚兹鼎	11	西周早期或中期	集成 2439 考古 1976 年 1 期 34 頁圖 5.1 陝青 1.160	1973 年岐山縣賀家村 5 號墓(M5:1)	陝西省博物館	
2725	叔□父鼎	11	西周晚期	集成 2440 齊家村 8	1960 年陝西扶風縣齊家村窖藏	陝西省博物館	
2726	蔡侯鼎	11	西周晚期	集成 2441 三代 3.21.7 攈古 2.1.58 周金 2.57.1 小校 2.55.2	《攈古録》:見於長安		

序號	器名	字數	時代	著録	出土地	現藏地	備註
2727	仲宦父鼎	11(又重文1)	西周晚期	集成2442 三代3.23.3 周金2.54.3 陶續1.18 小校2.56.3		上海博物館	《周金》:顧壽康、端方舊藏;《集成》説明中器名誤爲“仲宧父鼎”
2728	伯氏鼎	11	西周晚期或春秋前期	集成2443 三代3.22.3 周金2補7.2 貞松2.43.3 希古2.10.1 小校2.55.4		蘇州市博物館	《貞松》:劉喜海舊藏
2729	伯氏鼎	11	西周晚期或春秋前期	集成2444 三代3.22.5 貞松2.43.4—44.1 周金2補7.1 希古2.10.2 小校2.55.3		蘇州市博物館	《貞松》:劉喜海舊藏
2730	伯氏鼎	11	西周晚期或春秋前期	集成2445 三代3.22.6 貞松2.44.3 希古2.10.3			《貞松》:盛昱舊藏
2731	伯氏鼎	11	西周晚期或春秋前期	集成2446 三代3.22.4 貞松2.44.2 希古2.10.4			
2732	伯氏鼎	11	西周晚期或春秋前期	集成2447		濟南市博物館	
2733	内大子鼎	11	西周晚期或春秋前期	集成2448 三代2.22.1 貞松2.43.2 周金2.57.2 希古2.11.1		上海博物館	

序號	器名	字數	時代	著録	出土地	現藏地	備註
2734	内大子鼎	11	西周晚期或春秋前期	集成2449 三代3.22.2 周金2.57.3 貞松2.43.1 雙吉上8 冠斝上11			《集成》:于省吾、榮厚舊藏
2735	曾子伯誩鼎	11	春秋前期	集成2450		上海博物館	誩字倒書;《集成》説明中器名漏一"伯"字
2736	梁上官鼎	11(又合文2)	戰國後期	集成2451 三代2.53.5—6 攈古1.3.41 愙齋6.19 簠齋1鼎22 奇觚11.8.2—3 周金2.63.2—3 小校2.37.1—2		故宫博物院	《攈古録》、《愙齋先生所藏古器物目》:陳介祺、吴大澂舊藏
2737	吴買鼎	11	春秋	集成2452 三代3.21.5 攈古2.1.58			《攈古録》:山東沂水袁氏舊藏;又名"䧹隹鼎"
2738	七年□合陽王鼎	11	戰國後期	近出314 湖南考古輯刊1988年4期25—26頁	1985年8月湖南桃源縣三汊巷鄉三元村墓葬	湖南桃源縣文化局	
2739	[illegible]父鼎	12	西周早期	集成2453 三代3.24.2 西清3.29 貞松2.47.1 故宫5期 藝展12 大系録82 故圖下上44 彙編6.421		臺北"故宫博物院"	《集成》:清宫舊藏

序號	器名	字數	時代	著録	出土地	現藏地	備註
2740	□父鼎	12	西周早期	集成 2454 三代 3.24.4 西清 3.25 愙齋 6.12.2 周金 2.54.4—55 大系録 82 小校 2.64.1			《集成》:清宫舊藏
2741	□父鼎	12	西周早期	集成 2455 三代 3.24.3 西清 3.27 綴遺 4.11.2 奇觚 1.22.2 小校 2.64.2			《奇觚》:清宫舊藏,後歸潘祖蔭
2742	伯矩鼎	12	西周早期	集成 2456 三代 3.23.2 筠清 4.15.2 從古 8.7.1 攈古 2.1.66 周金 2.56.2 小校 2.58.1			《小校》:錢塘何氏舊藏
2743	繇侯鼎	12	西周早期	集成 2457 考古 1964 年 10 期 448 頁圖 2.1	1964 年陝西長安縣張家坡墓葬	考古研究所西安研究室	
2744	中作且癸鼎	12	西周早期	集成 2458 三代 3.23.1 殷存上 7.5			
2745	交鼎	12	西周早期	集成 2459 三代 3.23.6 奇觚 5.10.2 周金 5.11.2 貞松 2.47.2 小校 5.31.2			此器《三代》、《貞松》名交從鼎、交鼎,其餘均曰交尊,今從《三代》,收在鼎内

序號	器名	字數	時代	著録	出土地	現藏地	備註
2746	[illegible]伯鼎	12	西周中期	集成 2460 三代 3.23.5 貞松 2.46.1 武英 23 小校 2.55.5 故圖下下 80 彙編 6.427		臺北"中央博物院"	《貞松》:承德避暑山莊舊藏
2747	从鼎	12(又重文 2)	西周早期或中期	集成 2461 三代 3.28.3 奇觚 1.22.1 周金 2 補 小校 2.57.3		上海博物館	
2748	倗仲鼎	12	西周中期	集成 2462 三代 2.23.4 貞松 2.46.4 希古 2.11.3			
2749	仲殷父鼎	12(又重文 1)	西周晚期	集成 2463 三代 3.29.4		故宫博物院	《集成》:頤和園舊藏
2750	仲殷父鼎	12(又重文 1)	西周晚期	集成 2464 三代 3.29.5 擹古 2.2.1 小校 2.64.5			《擹古録》:浙江臨海洪小筠舊藏
2751	伯軓父鼎	12(又重文 2)	西周晚期	集成 2465 三代 3.30.2 貞補上 10.2 善齋 2.60 小校 2.65.1	《頌續》:西安		《集成》:劉體智、容庚舊藏
2752	溓俗父鼎	12(又重文 2)	西周晚期	集成 2466 三代 3.30.4 愙齋 6.11.1 周金 2 補 21.1 小校 2.66.1			
2753	鄭姜伯鼎	12(又重文 2)	西周晚期	集成 2467 三代 3.28.4 貞松 3.1.2 希古 2.13		上海博物館	

序號	器名	字數	時代	著録	出土地	現藏地	備註
2754	㰱生隺鼎	12	西周晚期	集成 2468 三代 3.23.7 貞松 2.46.2 武英 26 小校 2.57.1 故圖下下 86		臺北"中央博物院"	《集成》:承德避暑山莊舊藏
2755	大師人鼎	12(又重文1)	西周晚期	集成 2469 三代 3.28.2 周金 2 補 貞松 3.2.1 希古 2.13.1 小校 2.63.5		天津市藝術博物館	《貞松》:劉鶚舊藏
2756	焚有嗣爯鼎	12	西周晚期	集成 2470 考古 1976 年 1 期 34 頁圖 5.2 陝青 1.164	1973 年冬岐山縣賀家村 3 號墓	陝西省博物館	
2757	圏□鼎	12(又重文1)	西周	集成 2471		故宫博物院	《集成》:頤和園舊藏
2758	虢姜鼎	12	西周晚期	集成 2472 復齋 15—17 積古 4.9.1 攈古 2.1.65 奇觚 16.6.1			《積古》、《攈古》、《奇觚》諸書皆據《復齋》摹入
2759	史喜鼎	12	西周	集成 2473 録遺 78			
2760	[illegible]寇鼎	12	春秋	集成 2474			
2761	内公鼎	12	西周晚期或春秋前期	集成 2475 三代 3.24.6 貞松 2.12.2 周金 2.56.4(又補 19) 小校 2.57.2 出光(十五周年)394 頁 9 彙編 6.425		日本東京出光美術館	

序號	器名	字數	時代	著録	出土地	現藏地	備註
2762	專車季鼎	12(又重文2)	春秋前期	集成2476 文物1964年12期66頁圖2		江西省博物館	《集成》:1956年江西省文管會在南昌市廢銅中收集
2763	[illegible]司君鼎	12	春秋後期	集成2477 録遺79			
2764	鎬鼎	存12	春秋	集成2478 三代3.26.5 貞松2.47.3 小校2.58.2			《集成》:徐乃昌舊藏;《集成》目録中字數誤爲“12”
2765	楚王酓肯釶鼎	12	戰國後期	集成2479 三代3.25.1—4 小校2.60.1—3 安徽金石1.10.4(又18.6) 大系録補 藝展105 楚器7頁左	1933年安徽壽縣朱家集	安徽省博物館	《通考》:安徽省圖書館舊藏;肯字或可釋胐
2766	鑄客鼎	12	戰國後期	集成2480 三代3.26.1—3 小校2.61.1—3 大系録補 學報1972年1期81頁 文物天地1981年2期16頁 安徽金石1.8.3(又18.5) 楚録1	1933年安徽壽縣朱家集	安徽省博物館	《安徽金石》:安徽省圖書館舊藏;《文物天地》:足部另有二字,未經著録;今暫歸入十二字内
2767	二年寍鼎	12(又合文1)	戰國後期	集成2481 三代3.24.8 貞松2.48.1			

序號	器名	字數	時代	著録	出土地	現藏地	備註
2768	四年昌國鼎	12(又合文1)	戰國後期	集成2482 世界美術全集(7)中國1圖版14			
2769	壴生鼎	存12	西周早期或中期	集成2483		英國倫敦不列顛博物館	
2770	舟鼎	存12	西周中期或晚期	集成2484 西甲1.42			《集成》:清宫舊藏;《集成》目録中誤爲"存13"字
2771	剌觀鼎	13	西周早期	集成2485 三代3.27.3 貞補上10.1 海外吉3 泉屋1.3 彙編6.413		日本京都泉屋博古館	
2772	禽鼎	13(又重文2)	西周早期或中期	集成2486 文物1986年1期11頁圖15	1981年陝西長安縣花園村15號墓(M15:13)	陝西省文物管理委員會	
2773	伯𢌳父鼎	13	西周中期	集成2487 三代3.28.1 貞圖上21			《集成》:羅振玉舊藏
2774	右伯鼎	13(又重文2)	西周早期或中期	集成2488		故宫博物院	
2775	伯衛父鼎	13(又重文2)	西周中期	集成2489			
2776	叀鼎	13	西周中期	集成2490 考古圖1.12 博古3.23 薛氏83 嘯堂17			《考古圖》所摹銘文不全;又名"娟氏鼎"

序號	器名	字數	時代	著録	出土地	現藏地	備註
2777	居郝騤鼎	13	西周中期或晚期	集成2491 考古與文物1982年2期8頁圖2.3	1981年陝西岐山縣北郭公社曹家溝	岐山縣博物館	
2778	虢叔大父鼎	13	西周晚期	集成2492 三代3.27.5 貞松3.1.1 貞圖上20			《集成》:羅振玉舊藏
2779	鄭饔原父鼎	13	春秋前期	集成2493 三代3.27.4 攈古2.1.80 愙齋5.20.2 敬吾上30 小校2.63.4			《平安館藏器目》:葉志詵舊藏
2780	杞伯每氏鼎	13(又重文2,器蓋同銘)	西周晚期或春秋前期	集成2494 三代3.34.1—2 貞松3.5 澂秋5—6 周金2.50.2—2.51.1 小校2.68.4—69.1 大系録231 山東存杞1	《山東存》:道光、光緒間山東新泰縣	故宫博物院	《集成》:陳承裘舊藏;故宫博物院云銘有剔損
2781	杞伯每氏鼎	14(又重文2)	西周晚期或春秋前期	集成2495 三代3.33.3 攈古2.2.24 愙齋5.19 奇觚1.24 周金2.50.3 簠齋1鼎17 小校2.69.2 大系録232 山東存杞1 日精華4.315 彙編5.362	《山東存》:道光、光緒間山東新泰縣	《日精華》:日本京都小川睦之輔氏	《集成》:陳介祺舊藏

序號	器名	字數	時代	著録	出土地	現藏地	備註
2782	内大子白鼎	13	西周晚期或春秋前期	集成 2496 西清 2.24		天津市藝術博物館	《集成》:清宫舊藏
2783	黄君孟鼎	13	春秋前期	集成 2497 考古 1984 年 4 期 310 頁圖 10	河南光山縣寶相寺上官崗磚瓦廠 1 號墓(G1 : A1)	信陽地區文物管理委員會	
2784	鄦子莫𡙇鼎	13(器蓋同銘)	春秋後期或戰國前期	集成 2498 録遺 80		旅順博物館(失蓋)	
2785	𢆶父丁鼎	存 13(又合文 1)	西周早期	集成 2499 三代 3.26.4 攈古 2.2.2 綴遺 4.8.1 續殷上 24.2			《攈古録》:劉鏡古舊藏;又名"彥鼎"
2786	伯𢉅父鼎	存 13	西周	集成 2500 録遺 81			《集成》目録中字數誤爲"13"
2787	𤔲工殘鼎	存 13	西周晚期	集成 2501 考古與文物 1980 年 4 期 22 頁圖 21.1	1973 年陝西扶風縣太白公社長命寺大隊早楊生産隊窖藏	扶風縣博物館	《集成》目録中字數誤爲"13"
2788	䢼君鼎	存 13	春秋前期	集成 2502 三代 3.22.8 積古 4.4.1 攈古 2.2.1 奇觚 16.4.2 周金 2.54.1 小校 2.64.3			又名"包君鼎";《集成》:阮元舊藏;《集成》目録中字數誤爲"13"
2789	晋侯蘇鼎	13	西周晚期	近出 315 文物 1994 年 1 期 16、19 頁	1992 年 10 月 16 日山西省曲沃縣曲村鎮北趙村天馬—曲村遺址 M8 : 28	山西省考古研究所	

序號	器名	字數	時代	著録	出土地	現藏地	備註
2790	晋侯蘇鼎	13	西周晚期	近出 316 文物季刊 1996 年 3 期 54—55 頁		山西省曲沃縣博物館	1987—1994 年山西省曲沃縣公安局繳獲
2791	晋侯蘇鼎	13	西周晚期	近出 317 文物季刊 1996 年 3 期 54—55 頁		山西省曲沃縣博物館	1987—1994 年山西省曲沃縣公安局繳獲
2792	晋侯蘇鼎	13	西周晚期	近出 318 上海博物館集刊 1996 年 7 期 40—42 頁	1991—1992 年山西省曲沃縣曲村鎮北趙村晋侯墓地 M8	上海博物館	1992 年後購於香港古玩街
2793	王后鼎	13	戰國後期	近出 319 考古 1984 年 8 期 761 頁	陝西省子長縣伍家園發現	陝西省清澗縣文化館	
2794	中鼎	13	春秋	近出附 16 考古與文物 1990 年 4 期 109 頁	1983 年 8 月陝西永壽縣渠子鄉永壽坊村	陝西永壽縣文化館	
2795	𣪕子旅鼎	14	西周早期	集成 2503 三代 3.29.3 善齋 2.59 小校 2.65.4		上海博物館	《集成》：劉體智舊藏
2796	作册□鼎	14	西周早期	集成 2504 三代 3.30.3			
2797	圉方鼎	14（器蓋同銘）	西周早期	集成 2505 文物特刊 5 期 琉璃河西周燕國墓地 101 頁	1975 年北京房山縣琉璃河黄土坡 253 號墓（M253：12）	首都博物館	

序號	器名	字數	時代	著録	出土地	現藏地	備註
2798	㬎作且乙鼎	14	西周早期	集成 2506 三代 3.29.1 綴遺 4.6.1 陶齋 1.26 續殷上 24.3 小校 2.64.4			《綴遺》:器見於上海;《集成》:端方舊藏
2799	復鼎	14(又合文1)	西周早期	集成 2507 考古 1974 年 5 期 314 頁圖 10.2 琉璃河西周燕國墓地 101 頁	1974 年北京房山縣琉璃河 52 號墓(M52:15)	首都博物館	
2800	伯考父鼎	14(又重文1)	西周中期或晚期	集成 2508 三代 3.32.4 貞松 3.6 周金 2 補 7 希古 2.15.3 小校 2.66.3			
2801	屯鼎	14	西周中期	集成 2509 三代 3.27.1 貞續上 23.1 小校 2.63.2 善齋 2.57 善彝 24 故圖下下 75		臺北"中央博物院"	《集成》:劉體智舊藏
2802	屯鼎	14	西周中期	集成 2510 三代 3.27.2 貞續上 23.2 善齋 2.58 小校 2.63.3 善彝 25 故圖下下 76 彙編 6.412		臺北"中央博物院"	《集成》:劉體智舊藏
2803	叔荈父鼎	14	西周晚期	集成 2511 三代 3.31.1 攈古 2.2.2 周金 2.53.4 小校 2.65.2	《攈古録》:見於長安		《小校》:徐乃昌舊藏

序號	器名	字數	時代	著録	出土地	現藏地	備註
2804	吉父鼎	14(又重文1)	西周晚期	集成2512 考古與文物1980年4期13頁圖8.3	1940年今陝西扶風縣法門公社任村西周銅器窖藏出土,同出善夫吉父組、梁其組銅器百餘件	上海博物館	
2805	伯筍父鼎	14(又重文1)	西周晚期或春秋前期	集成2513 三代2.32.2 西清2.25 故宫1期 貞松3.6 故圖下上43		臺北"故宫博物院"	《集成》:清宫舊藏
2806	伯筍父鼎	14(又重文2)	西周晚期或春秋前期	集成2514 三代3.32.3			
2807	史宜父鼎	14(又重文2)	西周晚期	集成2515 三代3.30.1		故宫博物院	
2808	[illegible]娟鼎	14(又重文1)	西周晚期	集成2516 文物1973年11期79頁圖5	1972年陝西寶鷄市康家村	扶風縣博物館	原報告以爲此與函皇父器羣同出,後經掩埋保藏者;又名"會娟鼎"
2809	内子仲□鼎	14(又重文2)	西周晚期或春秋前期	集成2517 三代3.39.2 清愛3 攈古2.2.38 敬吾上27.4—5 周金2.49.2 小校2.71.1		上海博物館	《小校》翁大年跋:此鼎道光初元劉燕庭喜海官閩,以重金購置;《敬吾》:後歸葉志詵
2810	蔡生鼎	14(又重文2)	西周晚期	集成2518 博古3.27 薛氏83 嘯堂18			

序號	器名	字數	時代	著録	出土地	現藏地	備註
2811	君季鼎	存 14	西周晚期或春秋前期	集成 2519 薛氏 84.3			《集成》:李成季舊藏;《集成》目録中字數誤爲"14"
2812	鄭戚句父鼎	14(又重文 2)	春秋前期	集成 2520 大系録 200			器形爲匜鼎
2813	雍作母乙鼎	14(又重文 1)	西周晚期或春秋前期	集成 2521 三代 3.31.4 貞松 3.4 故宫 4 期 故圖下上 51		臺北"故宫博物院"	《集成》:清宫舊藏
2814	武生鼎	14(又重文 2)	春秋前期	集成 2522 三代 3.35.3 周金 2.52.4 貞松 3.8 善齋 2.61 善彝 32 小校 2.68.3		上海博物館	《集成》:盛昱、王辰、劉體智舊藏
2815	武生鼎	14(又重文 2)	春秋前期	集成 2523 三代 3.35.4 貞松 3.8.1 周金 2.52.3 希古 2.14.2 善齋 2.61.2 小校 2.68.2 善彝 33		上海博物館	《集成》:盛昱、王辰、劉體智舊藏
2816	媢[illegible]生鼎	14	春秋前期	集成 2524 山東選 42 頁圖 97	山東棲霞縣桃莊	棲霞縣文物管理所	又名"竇弁生鼎"
2817	郳伯御戎鼎	14(又重文 2)	春秋	集成 2525 三代 3.37.1 攈古 2.2.24 大系録 222 山東存郳 1			《攈古録》:劉鏡古舊藏

序號	器名	字數	時代	著録	出土地	現藏地	備註
2818	穌冶妊鼎	14(又重文2)	春秋前期	集成2526 三代3.36.1 積古4.9 金索1.33 古文審2.11 攈古2.2.23 夢郼上11 周金2.52.1 小校2.70.4 大系録280			《羅表》:費念慈、羅振玉舊藏
2819	卅年鼎	14(又合文1,器脣及器身14字同銘)	戰國後期	集成2527 小校2.98.1 録遺522			又名"卅年安令癰鼎",拓本字多不清;《小校》作鼎,《録遺》作釜,此據《小校》作鼎處理
2820	弄□仲方鼎	存14	西周早期	集成2528 三代3.31.2 貞松3.3.2 善彝41 善齋3.10 小校2.65.3			《集成》:劉體智舊藏;《集成》目録中字數誤爲"14"
2821	仲爯父鼎	存14(又重文1)	西周晚期	集成2529 中原文物1984年4期13頁圖1.5,1992年2期87頁	1980年河南南陽郊區磚瓦廠	南陽市博物館	據同出之仲爯父簋知此鼎亦爲仲爯父所作
2822	王子中府鼎	存14	戰國	集成2530 小校2.57.6—7 善齋28.11		上海博物館	又名"秦王子鼎"
2823	仲□父鼎	14	西周晚期	近出320 富士比(1984,12,11 18)			英國倫敦富士比拍賣行曾見

序號	器名	字數	時代	著録	出土地	現藏地	備註
2824	師湯父鼎	14	西周中期	近出 321 考古 1999 年 4 期 18—19 頁	1991 年陝西省周原齊家東壕 M1 墓地	陝西省周原博物館	
2825	膳夫吉父鼎	14(又重文 2)	西周晚期	近出 322 考古與文物 1990 年 5 期 26—43 頁	1940 年 2 月陝西省扶風縣任家村	陝西省西安市文物商店	
2826	叔商父鼎	14(又重文 2)	西周晚期	近出 323 中原文物 1992 年 2 期 87 頁		河南省南陽市博物館	河南省南陽地區廢品公司揀選
2827	□□鼎	不清	西周早期	近出附 19 考古與文物 1990 年 5 期 26—43 頁		陝西西安市文物中心	陝西西安市大白楊庫曾見
2828	雍伯鼎	15	西周早期	集成 2531 三代 3.31.3 周金 2 補 夢郼上 10 小校 2.66.4			《羅表》:盛昱、羅振玉舊藏;又名"雝白鼎"
2829	乃𢡚子鼎	15	西周早期	集成 2532 西清 2.32		故宫博物院	《集成》:清宫舊藏
2830	仲𠇷父鼎	15(又重文 2)	西周中期	集成 2533 文物 1976 年 5 期 43 頁圖 26 陝青 1.186 三代補 932	1975 年陝西岐山縣董家村西周窖藏	岐山縣博物館	又名"仲涿父鼎"
2831	屖伯魚父鼎	15(又重文 2)	西周	集成 2534 三代 3.37.4 攈古 2.2.36 愙齋 5.16.2 簠齋 1 鼎 6 奇觚 1.25 從古 13.13.1 周金 2.49.4 小校 2.73.3			《集成》:陳介祺舊藏

序號	器名	字數	時代	著録	出土地	現藏地	備註
2832	伯[illegible]父鼎	15(又重文2)	西周	集成2535 小校2.74.4			
2833	鄭登伯鼎	15(又重文2)	西周晚期	集成2536 録遺86 彙編5.376		故宫博物院	
2834	静叔鼎	15	西周	集成2537 三代3.32.1 貞松3.4 希古2.14			又名"静叔作旅鼎"
2835	伯[illegible]鼎	15(又重文2)	西周晚期	集成2538 文物1979年11期14頁圖5 陝青3.7	1978年陝西岐山縣京當公社鳳雛村西周窖藏	周原岐山文管所	又名"伯尚鼎"
2836	[illegible]鼎	15(又重文2)	西周	集成2539 薛氏85.2	湖北安陸之孝感		又名"圓寶鼎二"
2837	[illegible]鼎	15(又重文2)	西周	集成2540 薛氏85.1	湖北安陸之孝感		又名"圓寶鼎一"
2838	仲義父鼎	15(又重文2)	西周晚期	集成2541 三代3.38.1 貞松3.9.1 希古2.17.2 小校2.72.3	光緒中葉扶風縣法門寺	上海博物館	《貞松》:劉鶚舊藏;仲義父鼎15字者五器,可能是一組列鼎,另有6字者七器,可能是另一組列鼎
2839	仲義父鼎	15(又重文2)	西周晚期	集成2542 三代3.38.4 貞松3.9.3 周金2補 小校2.71.3	光緒中葉扶風縣法門寺	上海博物館	
2840	仲義父鼎	15(又重文2)	西周晚期	集成2543 三代3.38.2 貞松3.9.2 希古2.17.1 貞圖上22 小校2.72.5	光緒中葉扶風縣法門寺	故宫博物院	《集成》:羅振玉舊藏

序號	器名	字數	時代	著録	出土地	現藏地	備註
2841	仲義父鼎	15(又重文2)	西周晚期	集成2544 三代3.39.1 美集録R415 陶齋1.30 周金2.49.1 小校2.72.4 文美1 彙編5.335 三代補415	光緒中葉扶風縣法門寺		《集成》:端方舊藏;《美集録》:曾藏紐約古董商魏格處
2842	仲義父鼎	15(又重文2)	西周晚期	集成2545 三代3.38.3 希古2.16.3	光緒中葉扶風縣法門寺		此器容庚疑僞。《善齋》2.64、《小校》2.72.2是一拓本,據《善齋》2.64圖,必僞無疑;《三代》3.38.3、《希古》2.16.3是另一拓本,前者或仿此而僞作
2843	輔伯雁父鼎	15(又重文1)	西周晚期	集成2546 三代3.34.3 貞松3.7 周金2補 希古2.16.1 小校2.69.3—4		故宫博物院	《羅表》:王懿榮舊藏;《小校》2.69.3—4所謂鼎一、鼎二,疑是同一個拓本
2844	華季益鼎	15(又重文2)	西周晚期	集成2547			
2845	函皇父鼎	15(又重文2)	西周晚期	集成2548 録遺82 陝圖62 三代補810	1933年陝西扶風縣康家村	陝西省博物館	《録遺》82銘拓無下排三字

序號	器名	字數	時代	著録	出土地	現藏地	備註
2846	𥂴男鼎	15(又重文1)	西周晚期	集成2549 考古與文物1984年1期66頁圖2	1967年陝西長安縣馬王村西周窖藏	西安市文物管理委員會	
2847	曾伯從寵鼎	15	春秋前期	集成2550 文物1965年7期53頁圖2 三代補885		武漢市文物管理處	1965年武漢市文物商店清理銅器時發現
2848	褱鼎	15(器蓋同銘)	春秋後期	集成2551 三代3.33.1—2 愙齋5.19—20 周金2.53.3 小校2.67.1		上海博物館	《愙齋》、《羅表》:吴雲、潘祖蔭舊藏
2849	師麻孝叔鼎	15(又重文2)	春秋	集成2552 三代3.40.2 貞松3.10.2 周金2.50.2 小校2.74.3 希古2.16.2	清同治末年與一簠一甗同出於陝西鳳翔(文參1951年8期102頁王獻唐文)	山東省博物館	《集成》:丁麟年舊藏;銘文有剔損,容庚曾疑僞
2850	魯侯鼎	15	西周晚期	近出324 文物1986年4期12—14頁	1982年10月山東省泰安市城前村墓葬	山東省泰安市文物局	同出兩件,形制相同
2851	晉侯邦父鼎	15(又重文1)	西周晚期	近出325 文物1994年8期5—20頁	1993年9月11日山西省曲沃縣曲村鎮北趙村天馬—曲村遺址M64:130	山西省考古研究所	
2852	仲再父鼎	15(又重文2)	西周晚期	近出326 中原文物1992年2期87頁	河南省南陽市北郊磚瓦廠	河南省南陽市博物館	

序號	器名	字數	時代	著録	出土地	現藏地	備註
2853	雁公鼎	16	西周早期	集成 2553 三代 3.36.2 古文審 2.10 攈古 2.2.25 綴遺 4.23 周金 2 補 小校 2.70.3 彙編 5.361		《彙編》:紐約私人收藏	《攈古録》:長山袁理堂舊藏
2854	雁公鼎	16	西周早期	集成 2554 三代 3.36.3 筠清 4.14 攈古 2.2.25 從古 8.6 綴遺 4.23.1 敬吾上 26 前 周金 2.51.2 小校 2.70.1			《筠清》:瞿世瑛舊藏
2855	旂鼎	16	西周早期	集成 2555 三代 3.34.3 愙齋 3.12.2 殷存上 7.6 小校 2.68.1			《羅表》:李山農舊藏;又名“旂作父戊鼎”
2856	小臣䢅鼎	16(又合文1)	西周早期	集成 2556 録遺 85 斷代(二)94			《集成》第五册 13 頁 2556 B 誤爲 2656 B; 2556B 爲《斷代》所用摹本
2857	師𠂤鼎	16(又重文2)	西周中期	集成 2557 三代 3.42.2 小校 2.80.2 愙齋 6.12 周金 2.47.1			《羅表》:李山農舊藏

序號	器名	字數	時代	著録	出土地	現藏地	備註
2858	師賸父鼎	16(又重文2)	西周中期	集成2558 考古與文物1982年1期108頁圖3	1976年陕西勉縣老道寺	漢中市博物館	
2859	雍伯原鼎	16(又重文2)	西周晚期	集成2559 三代3.42.3 小校2.80.3 希古2.18.2 貞松3.12		中國歷史博物館	《貞松》:往歲見之都肆
2860	王伯姜鼎	16	西周晚期	集成2560 考古與文物1982年2期8頁圖2.1	1978年陕西岐山縣吴家莊	岐山縣博物館	
2861	善夫伯辛父鼎	16(又重文1)	西周晚期	集成2561 文物1976年5期41頁圖19 陕青1.188 三代補934	1975年陕西岐山縣董家村西周窖藏	岐山縣博物館	
2862	叔姬鼎	16	西周晚期	集成2562 復齋10 積古4.17 攈古2.2.23			《復齋》:梁伯謨舊藏;《積古》據《復齋》,《攈古》據《積古》摹入
2863	曾者子鼎	16(又重文1)	春秋前期	集成2563 三代3.39.3 攈古2.2.37 敬吾上40 雙王9 周金2補 善齋2.63 小校2.74.2 善彝34 山東存曾7 故圖下下78		臺北"中央博物院"	《木庵藏器目》、《周金》、《善齋》:程洪溥、盛昱、劉體智舊藏

序號	器名	字數	時代	著録	出土地	現藏地	備註
2864	曾仲子敔鼎	16	春秋前期	集成2564 文物1982年9期84頁圖3	1979年湖北襄樊市文管處從廢品回收公司收集	襄樊市文物管理處	
2865	黄季鼎	16	春秋前期	集成2565 文物1973年5期22頁圖2 三代補894	1972年湖北隨縣均川區熊家老灣	湖北省博物館	
2866	黄子鼎	16	春秋前期	集成2566 考古1984年4期319頁圖20.2	1983年河南光山縣寶相寺上官崗磚瓦廠春秋墓葬(G2：A2)	信陽地區文管會	
2867	黄子鼎	16	春秋前期	集成2567 考古1984年4期319頁圖20.1	1983年河南光山縣寶相寺上官崗磚瓦廠春秋墓葬(G2：A1)	信陽地區文管會	《集成》中爲"14"字
2868	鑄叔作嬴氏鼎	16	春秋	集成2568			
2869	瘵鼎	16(又重文1)	春秋	集成2569 三代3.37.2 周金2補 貞續上23後			
2870	昶鼎	16(又重文1)	春秋	集成2570 三代3.35.2 貞松3.7.1 希古2.18.1 彙編5.358		《彙編》:加拿大多倫多皇家安大略博物館	《貞松》:同出者盤一、鬲二、鍑二,鼎與盤、鬲曾歸於貞松堂,鍑不知何適
2871	昶鼎	16(又重文1)	春秋	集成2571		上海博物館	

序號	器名	字數	時代	著録	出土地	現藏地	備註
2872	交君子鼎	16	春秋	集成 2572 三代 3.35.1 周金 2 補 貞松 3.3.1 希古 2.15.1 小校 2.67.2			《貞松》:邱崧生、劉鶚舊藏
2873	鄧公乘鼎	16(器蓋同銘)	春秋後期	集成 2573 江漢考古 1983 年 1 期 53 頁圖 5—6	湖北襄陽山灣楚墓	湖北省博物館	
2874	郾孝子鼎	16(器蓋同銘)	戰國後期	集成 2574 三代 3.36.5(蓋)3.36.4(器) 貞補上 10.3 十二契 21—22 小校 2.67.3		故宫博物院	《集成》:商承祚舊藏
2875	事□鼎	存 16	西周早期	集成 2575 録遺 83 小校 2.66.2			又名“白鼎”、“事晨鼎”
2876	平宫鼎	16	戰國	集成 2576		上海博物館	
2877	十七年平陰鼎蓋	16(又合文 2)	戰國	集成 2577 考古 1985 年 7 期 633 頁		浙江省博物館	
2878	蔡侯鼎	16(又重文 2)	春秋後期	近出 327 中國文字新廿二期(抽印本)151—164 頁		美國紐約某氏	
2879	虢季鼎	16(又重文 2)	西周晚期	近出 328 三門峽虢國墓上册 39 頁	河南省三門峽市虢國墓地 M2001:72	河南省三門峽市文物工作隊	
2880	虢季鼎	16(又重文 2)	西周晚期	近出 329 三門峽虢國墓上册 38 頁	河南省三門峽市虢國墓地 M2001:71	河南省三門峽市文物工作隊	

序號	器名	字數	時代	著録	出土地	現藏地	備註
2881	虢季鼎	16(又重文2)	西周晚期	近出330 三門峽虢國墓上册37頁	河南省三門峽市虢國墓地M2001:106	河南省三門峽市文物工作隊	
2882	虢季鼎	16(又重文2)	西周晚期	近出331 三門峽虢國墓上册36頁	河南省三門峽市虢國墓地M2001:83	河南省三門峽市文物工作隊	
2883	虢季鼎	16(又重文2)	西周晚期	近出332 三門峽虢國墓上册35頁	河南省三門峽市虢國墓地M2001:82	河南省三門峽市文物工作隊	
2884	虢季鼎	16(又重文2)	西周晚期	近出333 三門峽虢國墓上册34頁	河南省三門峽市虢國墓地M2001:66	河南省三門峽市文物工作隊	
2885	虢季鼎	16(又重文2)	西周晚期	近出334 三門峽虢國墓上册33頁	河南省三門峽市虢國墓地M2001:390	河南省三門峽市文物工作隊	
2886	孋作父庚鼎	17	商代後期或西周早期	集成2578 陝圖71	《考古》1962年1期37頁:1937年前陝西扶風縣任家村與伯鮮、梁其諸器同出	陝西省博物館	1952年歸陝西省博物館;又名"商孋鼎"、"商娉鼎";7字鑄,10字刻
2887	嫢方鼎	17(又合文1)	商代後期或西周早期	集成2579 三代3.40.3 西甲2.7 貞松3.12.3 小校2.73.5 善齋3.9 善彝42 續殷上24.5		上海博物館	《羅表》:清宫舊藏,後歸溥倫;復歸劉體智;又名"周婦鼎"、"嫢鼎"、"婺鼎"、"女婺鼎"
2888	伯莀父鼎	17(又合文1,重文2)	西周	集成2580		上海博物館	

序號	器名	字數	時代	著録	出土地	現藏地	備註
2889	小臣逋鼎	17	西周早期	集成 2581 録遺 84(照片) 斷代(二)110 頁(照片)		清華大學圖書館	1949 年前後清華大學購於北京廠肆
2890	辛中姬皇母鼎	17(又重文1)	西周晚期	集成 2582 三代 3.41.2 貞松 3.12 希古 2.18.3		蘇州市博物館	又名"辛中姬鼎"
2891	辛中姬皇母鼎	存10	西周晚期	集成 2583 西清 2.30		故宫博物院	《集成》:清宫舊藏;《集成》收"辛中姬皇母鼎"兩件(《集成》2582、2583)
2892	伯夏父鼎	17(又重文2)	西周晚期	集成 2584 陝青 3.5	1974 年陝西岐山縣賀家村西周窖藏	陝西省文物管理委員會	
2893	𥂴季鼎	17(又重文1)	西周晚期	集成 2585 三代 3.41.3 貞松 3.11 武英 24 小校 2.80.1 故圖下下 87		臺北"中央博物院"	《集成》:承德避暑山莊舊藏;又名"䍃季鼎"
2894	齊弁史喜鼎	17(又重文2)	西周晚期	集成 2586 博古 3.20 薛氏 86.2 嘯堂 16			
2895	鑄子叔黑𦣞鼎	17	春秋前期	集成 2587 三代 3.40.1 周金 2.48.2 貞松 3.10 希古 2.17.3 小校 2.73.1 山東存鑄 2	《貞松》:光緒初青州		《貞松》:光緒初青州出土,同出者有數簠,不知尚有他器否

序號	器名	字數	時代	著録	出土地	現藏地	備註
2896	趫亥鼎	17(又重文2)	春秋後期	集成2588 三代3.44.3 長安1.11 攈古2.2.67 窸齋5.15.2 敬吾上30 周金2.45.2 大系録205 小校2.81.4			《攈古》、《長安》:陳介祺、劉喜海舊藏;又名"宋公鼎"、"宋䊸公鼎"
2897	弗奴父鼎	17	春秋前期	集成2589 文物1974年1期76頁圖2.1 三代補998	1972年山東鄒縣邾國故城址	鄒縣文物管理所	又名"弗敏父鼎"
2898	十三年上官鼎	17	戰國後期	集成2590 三代3.40.4 窸齋6.20 陶齋5.10 周金2.47.2 小校2.75.2 尊古3.49		故宫博物院	《羅表》:許延暄、端方舊藏
2899	□□宰兩鼎	17(又重文2)	春秋前期	集成2591 三代3.42.4 周金2.44.2 貞松3.11.2 希古2.21.1 小校2.78.3		中國歷史博物館	《貞松》:潘祖蔭舊藏;此器銘文"顛倒相間,草率多不辨"
2900	魯大左嗣徒元鼎	存17	春秋	集成2592 録遺87			傳1932年曲阜林前村出魯大司徒元所作豆、簠等器,未知此鼎是否屬於該組
2901	臣高鼎	17(又合文1)	西周早期	近出335 考古與文物1990年5期26—43頁		陝西省西安市文物中心	陝西省西安市大白楊庫曾見

序號	器名	字數	時代	著録	出土地	現藏地	備註
2902	□鼎	18	戰國	近出附17 考古與文物1994年4期5頁	山西臨汾縣	陝西西安市文物中心	
2903	魯大左嗣徒元鼎	18(内1字殘泐)	春秋	集成2593		上海博物館	
2904	戊寅作父丁方鼎	18	商代後期	集成2594 三代3.37.3 積古1.10 攈古2.2.56 從古10.10 奇觚16.6 殷存上7.7			《集成》:阮元舊藏
2905	臣卿鼎	18	西周早期	集成2595 三代3.41.1 攈古2.2.59 綴遺3.21 澂秋4 小校2.77.2		天津市歷史博物館	《集成》:吴式芬、陳承裘舊藏;又名"臣卿作父乙鼎";《愙齋》將簋銘誤爲鼎
2906	叔碩父鼎	18(又重文2)	西周中期	集成2596 筠清4.10 攈古2.2.79			此器過去僅見摹本,猗文閣所收拓本甚爲可貴;又名"新宫叔碩父鼎"
2907	伯郄父鼎	18	西周晚期	集成2597 博古3.13 薛氏84.1 嘯堂上15 大系録267			又名"伯郄父鼎"
2908	小子𧊒鼎	18(又重文1,合文1)	西周晚期	集成2598 三代3.47.2 攈古2.2.80 從古13.15.1 澂秋7 小校2.83.1			《攈古》、《澂秋》:陳介祺、蘇兆年、陳承裘舊藏;又名"寒姒鼎"

序號	器名	字數	時代	著録	出土地	現藏地	備註
2909	鄭虢仲鼎	18(又重文1)	春秋前期	集成2599 小校2.81.3 希古2.19			《希古》:潘祖蔭舊藏
2910	吴王姬鼎	18(又重文2)	西周晚期	集成2600 周金2補17 小校2.85.1		西安市文物管理委員會	
2911	邿伯鼎	18(又重文2)	春秋前期	集成2601 三代3.46.1—2 西乙1.47 積古4.14 攈古2.2.58 寶蘊25 希古2.21.2 大系録224 山東存邿1 故圖下下82 倫敦圖版24.88		臺北"中央博物院"	《集成》:瀋陽故宫舊藏;又名"周孟姬鼎"
2912	邿伯祁鼎	18(又重文1,合文1)	春秋前期	集成2602 三代3.49.1—2 小校2.84 貞松3.15 周金2.42.1 大系録224 山東存邿1 希古2.22		故宫博物院	《貞松》、《周金》:李香巖、倪雨田舊藏;又名"邿伯祀鼎"、"邿伯鼎"
2913	奚子宿車鼎	18(蓋16、器18)	春秋	集成2603 中原文物1981年4期19頁圖2.1—2	1975年河南羅山縣高店春秋墓葬	羅山縣文化館	又名"奚子宿車鼎"
2914	奚子宿車鼎	18(蓋16、器18)	春秋	集成2604	1975年河南羅山縣高店春秋墓葬	羅山縣文化館	又名"奚子宿車鼎"
2915	鄦大邑魯生鼎	18	春秋	集成2605 三代3.39.4 窓齋5.18 周金2.48.3 小校2.75.1 大系録199		上海博物館	《羅表》:潘祖蔭、許延暄舊藏;又名"魯生鼎"、"壽母鼎"

序號	器名	字數	時代	著録	出土地	現藏地	備註
2916	曾孫無嬰鼎	18	春秋後期	集成 2606 三代 3.41.4 貞松 3.13 善齋 2.67 小校 2.75.3 善彝 37 故圖下下 93		臺北"中央博物院"	《集成》:劉體智舊藏;又名"曾孫無錤鼎"
2917	乙鼎	18	春秋後期	集成 2607 三代 6.48.2 攈古 2.2.60 筠清 5.12 奇觚 17.15		故宫博物院	又名"七月丁亥鼎"、"乙彝";《三代》誤訂爲彝
2918	十一年庫嗇夫鼎	18	戰國後期	集成 2608 三代 3.43.1 貞續上 24.1 貞圖上 23			《集成》:羅振玉舊藏
2919	廿七年大梁司寇鼎	18	戰國後期	集成 2609 三代 3.43.2 攈古 2.2.57 筠清 5.53.1—2 周金 2.46.1 小校 2.79.1—2		旅順博物館	《筠清》、《選青閣藏器目》、《攈古》、《周金》:李璋煜、王錫棨、吴大澂舊藏;又名"廿七年肖亡智鼎";筠清館訂爲漢器,誤
2920	卅五年鼎	18(器蓋同銘)	戰國	集成 2611		故宫博物院	
2921	䨼甘𨟻鼎	18(又重文2)	西周晚期	近出 336 文物 1989 年 6 期 68 頁	山東省章丘縣明水鎮垓莊	山東省章丘縣文物管理所	
2922	吴王姬鼎	18(又重文2)	西周晚期	近出 337 考古與文物 1990 年 5 期 35—41 頁	陝西省西安市南郊	陝西省西安市文物中心	

序號	器名	字數	時代	著録	出土地	現藏地	備註
2923	珝方鼎	19	西周早期	集成 2612 三代 3.46.4 綴遺 4.4.2 貞松 3.14 續殷上 24.7 彙編 5.311 賨鼎 106 頁		《彙編》:日本東京國立博物館	《綴遺》:金蘭坡舊藏;又名"揚鼎"、"珝作父庚鼎";《集成》目録誤爲"18"字
2924	珝方鼎	18	西周早期	集成 2613 三代 3.46.3 愙齋 5.14.1 簠齋 1 鼎 12 奇觚 1.26.1 小校 2.77.3 殷存上 7.8 綴遺 4.4.1 彙編 5.310		上海博物館	《分域》:簠齋藏古目鈐簠齋山左土物印記;《集成》:陳介祺舊藏;《集成》目録誤爲"19"字
2925	曆方鼎	19	西周早期	集成 2614 三代 3.45.1 攈古 2.2.68 綴遺 4.12 周金 2.45.1 小校 2.82.1		上海博物館	《懷米山房藏器目》、《綴遺》、《小校》及《考古所藏拓跋》:曹秋舫、沈仲復、徐問渠、長白張氏舊藏
2926	鳿叔鼎	19	西周早期	集成 2615 薛氏 84.2 復齋 29 積古 4.16—17 攈古 2.2.68	《復齋》:畢良史少董得於盱眙榷場		又名"唯叔鼎"、"唯叔鬲鼎"、"隹叔鼎";《薛氏》云:"形制未傳,但得其銘於古器物銘耳,言鬲鼎,則謂鼎足中空,《爾雅》所謂款足曰鬲也。"又《積古》據《復齋》,《攈古》據《積古》摹入

序號	器名	字數	時代	著録	出土地	現藏地	備註
2927	衛鼎	19(又重文2)	西周中期	集成2616 考古1974年1期2頁圖3.1 三代補913	1973年陝西長安縣馬王村(3號鼎)	西安市文物管理委員會	
2928	番昶伯者君鼎	19	春秋前期	集成2617 文物1980年1期43頁圖4右	1979年河南信陽縣楊河春秋墓葬(鼎Ⅱ)	信陽地區文管會	
2929	番昶伯者君鼎	19	春秋前期	集成2618 文物1980年1期43頁圖4左	1979年河南信陽縣楊河春秋墓葬(鼎Ⅰ)	信陽地區文管會	
2930	善夫旅伯鼎	19(又重文2)	西周晚期	集成2619 文物1976年5期30頁圖22 陝青1.187 三代補993	1975年陝西岐山縣董家村西周窖藏	岐山縣博物館	同坑出土銅器37件,有銘者30件
2931	曾子仲謱鼎	19(又重文2)	春秋前期	集成2620 考古1975年4期223頁圖3.1	1972年湖北棗陽縣茶庵	襄陽地區博物館	又名"曾子仲誨鼎"
2932	浞伯鼎	19	春秋	集成2621 三代3.45.2 周金2補 貞松3.13 希古2.20	《希古》:此器近年出土,在都肆		《貞松》:劉體智舊藏
2933	昶伯䕭鼎	19(又重文2)	春秋	集成2622 三代3.45.3 貞松3.14 希古2.19.2	《貞松》、《羅志》:河南		又名"昶伯鼎"
2934	楚王酓肯鼎	19	戰國後期	集成2623 三代3.43.3—44.2 小校2.59 大系録185 楚器7頁右 藝展105 安徽金石1.11	1933年安徽壽縣朱家集	故宫博物館	《安徽金石》所摹銘文不全

序號	器名	字數	時代	著録	出土地	現藏地	備註
2935	樊季氏孫仲鼎	存19(内4字殘泐,器蓋同銘)	戰國	集成2624		上海博物館	
2936	孟狂父鼎	19(又合文1)	西周中期	近出338 考古1989年6期524—525頁	1983—1986年陝西省長安縣張家坡村墓葬M183:4	中國社會科學院考古研究所灃西發掘隊	
2937	豊作父丁鼎	存20(又合文1)	西周早期	集成2625 三代3.44.3 陶齋1.25 小校2.81.2 續殷上24			《集成》:端方舊藏;又名"豐鼎"
2938	獻侯鼎	20	西周早期	集成2626 三代3.50.2 寶藴8 故圖下下52 西乙1.6 貞松3.15 大系録15 彙編5.296		臺北"中央博物院"	《集成》:瀋陽故宫舊藏;又名"獻侯作丁侯鼎"、"成王鼎"
2939	獻侯鼎	20(其中數字殘泐不清)	西周早期	集成2627 三代3.50.3 綴遺3.20 敬吾上25後			《綴遺》:金蘭坡舊藏
2940	匽侯旨鼎	20(又合文1)	西周早期	集成2628 三代3.50.1 貞松3.16.1 大系録266 周金2補22 海外吉2 泉屋2 彙編5.289		日本京都泉屋博古館	《分域》:7字匽侯旨鼎爲北京城外出土

序號	器名	字數	時代	著録	出土地	現藏地	備註
2941	舍父鼎	20(又重文2)	西周早期	集成 2629 三代 3.51.4 周金 2.42.2 貞松 3.17 希古 2.22.2 小校 2.89.4		故宫博物院	《周金》:元和顧氏舊藏;又名"辛宫鼎"
2942	伯陶鼎	20(又重文2)	西周中期	集成 2630 三代 3.51.1 貞續上 24.2 小校 2.89.2 頌齋 2 故圖下下 72 彙編 5.286		臺北"中央博物院"	《頌齋》:與作寶鼎同出於山西長子縣;《頌齋》作寶鼎釋文云:廿一年秋,與伯陜鼎同購於大泉山房;又名"伯陵鼎";《集成》説明中著録"貞續"誤爲"貞續"
2943	南公有嗣鼎	20(又重文2)	西周晚期	集成 2631 周金 2.40.3 小校 2.89.1 善齋 2.71.1		上海博物館	《周金》:海鹽汪氏舊藏;又名"南公有司猷鼎"
2944	□者生鼎	20(又重文2)	春秋	集成 2632 三代 3.52.2 小校 2.90.2 貞續上 22		上海博物館	《集成》説明中著録"貞續"誤爲"貞續"
2945	□者生鼎	20(又重文2)	春秋	集成 2633 三代 3.52.1 周金 2 補 小校 2.90.1 貞松 3.17		上海博物館	
2946	虢文公子鈠鼎	20(又重文1)	西周晚期	集成 2634		故宫博物院	《集成》:頤和園舊藏

序號	器名	字數	時代	著録	出土地	現藏地	備註
2947	虢文公子𣪘鼎	20	西周晚期	集成 2635 三代 3.48.1 陶續 1.20 周金 2.41.2 夢郼上 13 小校 2.87.2 大系録 283		旅順博物館	《集成》:端方、羅振玉舊藏;《集成》説明中著録"陶續"誤爲"陶績"
2948	虢文公子𣪘鼎	20(又重文2)	西周晚期	集成 2636 三代 3.48.2 攈古 2.3.1 奇觚 16.1 懷米下 5 敬吾上 25 前 周金 2.41.1 小校 2.88.1 大系録 282 彙編 5.297		《彙編》:法國巴黎賽爾諾什博物館	《集成》:曹秋舫舊藏
2949	虢宣公子白鼎	20(又重文2)	西周晚期	集成 2637 録遺 90		北京頤和園管理處	
2950	員侯弟鼎	20(又重文2)	西周中晚期	集成 2638 文物 1972 年 5 期 6 頁圖 12 考古 1983 年 4 期 290 頁	1969 年煙臺市上夼村	煙臺地區文物管理委員會	又名"員侯弟叟鼎"
2951	魯仲齊鼎	20(又重文2)	春秋前期	集成 2639 曲阜魯國故城圖 93.1 圖版 75.2	1977 年山東曲阜縣魯國故城 48 號墓(M48:23)	曲阜縣文物管理委員會	另有一同銘鼎,銘文内填黑色物,不能施拓
2952	郳□白鼎	20(又重文2)	春秋前期	集成 2640 三代 3.52.3 山東存郳 3	《分域》:1933 年春滕縣安上村土城	中國歷史博物館	又名"郳義白鼎",《集成》收同出"郳□白鼎"兩件(《集成》2640、2641)

序號	器名	字數	時代	著録	出土地	現藏地	備註
2953	郳□白鼎	存17(又重文2)	春秋前期	集成2641 三代3.53.1 山東存郳2	《分域》:1933年春滕縣安上村土城	中國歷史博物館	又名"郳義白鼎";《集成》目録誤爲"20"字
2954	杞伯每氏鼎	20(又重文1)	春秋前期	集成2642 文物1978年4期95頁圖2 三代補898	1966年秋山東滕縣東臺村西南薛河故道旁	滕縣博物館	
2955	伯氏始氏鼎	20	西周晚期或春秋前期	集成2643 三代3.47.1 陶齋1.29 夢郼上12 小校2.83.2 大系録191下 周金2.44.1	《分域》:光緒中武功		《集成》:端方、羅振玉舊藏;又名"弄鼎";《集成》説明中著録"陶齋"誤爲"陶齊"
2956	鄬季白歸鼎	20(又重文1)	春秋前期	集成2644 考古1984年6期510頁圖4上左	1976年湖北隨縣周家崗	襄陽地區博物館	
2957	鄬季白歸鼎	20(又重文2)	春秋前期	集成2645	1976年湖北隨縣周家崗	襄陽地區博物館	
2958	叔夜鼎	20	春秋前期	集成2646 薛氏86.1 嘯堂93 續考5.15			《續考》所録銘文不全
2959	巍鼎	20(蓋5、器15)	戰國	集成2647		故宫博物院	
2960	廿七年大梁司寇鼎	20	戰國後期	集成2610 文物1972年6期23頁圖6		上海博物館	1966年上海博物館徵集品

序號	器名	字數	時代	著録	出土地	現藏地	備註
2961	小子𦎫鼎	21（器蓋同銘）	商代後期	集成2648 筠清4.3—4 擄古2.3.20 綴遺18.17 敬吾上40 續殷上25 小校2.85			《平安館藏器目》：葉志詵舊藏；又名“小子射鼎”、“小子畢鼎”；《集成》説明中著録“續殷”誤爲“績殷”；《綴遺》以爲尊
2962	伯頵父鼎	21（又重文2）	西周晚期	集成2649 三代4.1.1 小校2.93.3 擄古2.3.20 兩罍3.6—7 筠清4.17—18 愙齋5.16 懷米下6 周金2.39.4		中國歷史博物館	《懷米山房藏器目》、《兩罍軒藏器目》及《羅表》：曹秋舫、吴雲、陸心源舊藏
2963	陳侯鼎	21（内1字殘泐不清）	春秋前期	集成2650 三代3.49.3 擄古2.3.2 愙齋5.18.1 簠齋1鼎14 奇觚1.28.1 從古13.16.1 周金2.43.1 小校2.87.1		故宫博物院	《分域》：簠齋藏古目鈐簠齋山左土物印記；《簠齋藏器目》及《羅表》：陳介祺、孫壯舊藏；又名“陳侯作嬀四母鼎”
2964	三年詔事鼎	21（内1字殘泐不清）	戰國後期	集成2651 文物1982年9期27頁圖9		首都博物館	北京市文物工作者從廢銅器中選得
2965	郐大子鼎	存21	春秋	集成2652 江漢考古1984年1期101頁	湖北枝江縣文安關廟山	宜昌地區博物館	又名“余大子鼎”

序號	器名	字數	時代	著録	出土地	現藏地	備註
2966	亞魚鼎	21	商代後期	近出 339 考古 1986 年 8 期 705—706 頁	1984 年河南省安陽市商代後期殷墟 1713 號墓葬	中國社會科學院考古研究所安陽工作隊	
2967	小臣伯鼎	21	西周早期	近出 340 考古 1988 年 6 期 571 頁		四川省綿竹縣文物管理所	1985 年冬四川省綿竹縣清理楊鋭遺物時發現
2968	楚叔之孫倗鼎	21	春秋後期	近出 341 淅川下寺春秋楚墓 219 頁	1990 年河南省淅川縣下寺 M3：4	河南省文物研究所	
2969	小臣缶方鼎	22	商代後期	集成 2653 三代 3.53.2		故宫博物院	又名"小臣缶方鼎"
2970	亳鼎	22	西周早期	集成 2654 三代 4.2.2 貞松 3.17.3	《分域續》：河南開封縣		《貞松》：此鼎往歲見之都肆
2971	先獸鼎	22	西周早期	集成 2655 三代 3.51.3 筠清 4.17 攈古 2.3.9 愙齋 6.4 奇觚 16.8 敬吾上 27 周金 2.40.4 小校 2.89.3			又名"旅犭單鼎"、"犭單鼎"；《木庵藏器目》：程洪溥舊藏
2972	伯吉父鼎	22（又重文 1）	西周晚期	集成 2656 文物 1974 年 11 期 86 頁圖 4 陝青 3.99	1972 年陝西扶風縣北橋西周窖藏	扶風縣博物館	
2973	叔單鼎	22（又重文 1）	春秋前期	集成 2657 三代 4.1.2 西乙 1.24 積古 4.14.1 攈古 2.3.11 寶蘊 23 故圖下下 81 藝展 17 大系録 187 彙編 5.268		臺北"中央博物院"	《集成》：瀋陽故宫舊藏；又名"單鼎"、"周單鼎"；《積古》據趙太常本編入，《攈古》與《積古》本相同，是一個來源

序號	器名	字數	時代	著録	出土地	現藏地	備註
2974	卅六年私官鼎	22(蓋2、器20)	戰國後期	集成2658 文物1975年6期75頁圖13.1—2	1966年咸陽市塔兒坡	咸陽市博物館	
2975	嗣鼎	存22	西周早期	集成2659 三代3.47.3 賸稿7 貞補上11	《貞補》:己巳(1929年)出洛陽	故宫博物院	《賸稿》:河南博物館舊藏;又名“嗣父鼎”;器殘破成六塊
2976	晉侯對鼎	22	西周晚期	近出342 文物1995年7期6—23頁	1994年5—10月山西省曲沃縣曲村鎮北趙村天馬—曲村遺址M92:9	山西省考古研究所	
2977	辛鼎	23(又重文2)	西周早期	集成2660 周金2.40 小校2.92.2 録遺89			《周金》:李香巖舊藏
2978	德方鼎	23(又合文2)	西周早期	集成2661 上海28 文物1959年7期封里 彙編5.258 三代補871		上海博物館	
2979	或者鼎	23	西周中期	集成2662 三代4.2.1 積古4.12.1 攈古2.3.19 愙齋5.15.1 周金2.40.1 小校2.92.1			《平安館藏器目》、《攈古録》、《愙齋》:葉志詵、李山農舊藏;又名“國諸鼎”、“國書鼎”、“戎者鼎”、“戎都鼎”

序號	器名	字數	時代	著録	出土地	現藏地	備註
2980	伯鮮鼎	23(又重文2)	西周晚期	集成2663 三代4.4.3	1949年前陝西周原地區發現的一組窖藏	故宫博物院	《美集録》A255説明:癸酉(1933年)四月岐山清化鎮出土許多銅器,一羣是函皇父組,一羣是白鮮組
2981	伯鮮鼎	23(又重文2)	西周晚期	集成2664 文叢2圖版拾4 三代補999	1949年前陝西周原地區發現的一組窖藏	陝西省博物館	1959年陝西省博物館徵集入藏
2982	伯鮮鼎	23(又重文2)	西周晚期	集成2665	1949年前陝西周原地區發現的一組窖藏	上海博物館	
2983	伯鮮鼎	23(又重文2)	西周晚期	集成2666 陝圖67	1949年前陝西周原地區發現的一組窖藏	陝西省博物館	1951年陝西省博物館徵集入藏
2984	鄭伯士叔皇父鼎	23(又重文2)	春秋	集成2667			《集成》説明中器名"士"誤爲"氏"
2985	鐘伯侵鼎	23(又重文1)	春秋	集成2668 三代4.3.2 周金4.22 貞松3.18 希古2.22.2 善齋2.72 小校2.93.2 頌續15 彙編5.259	《頌續》、《通考》:陝西	廣州市博物館	《集成》:劉體智舊藏,後歸容庚;《周金》誤作匜

序號	器名	字數	時代	著録	出土地	現藏地	備註
2986	叔液鼎	23	春秋前期	集成 2669 博古 3.3 薛氏 85.4 嘯堂 14			
2987	子具鼎	23(又重文2)	春秋前期	近出 344 文物 1994 年 3 期 40 頁	1992 年 3 月四川省茂縣南新鄉牟托村墓葬		
2988	㝬父鼎	存 23	西周早期	集成 2672 復齋 12 積古 4.16 攈古 2.3.26 奇觚 16.18	《積古》:湖北麻城		又名"周麻城鼎"
2989	旂鼎	24	西周早期	集成 2670 三代 4.3.1 積古 1.13.1 攈古 2.3.40 窓齋 3.11.1 奇觚 16.4.1 敬吾上 37.1 殷存上 8.1 雙王 5 夢郼上 14 小校 2.93.1 彙編 5.260			《集成》:李山農、多慧、羅振玉舊藏
2990	㝬父鼎	24	西周早期	集成 2671 復齋 11 積古 4.15 攈古 2.3.26 奇觚 16.18			又名"周麻城鼎";《積古》:此器舊題爲周麻城鼎,蓋得自麻城者
2991	羌鼎	存 24	西周	集成 2673 積古 4.13 攈古 2.3.34			

序號	器名	字數	時代	著録	出土地	現藏地	備註
2992	征人鼎	24	西周早期	集成 2674 三代 4.4.1 積古 5.32 從古 13.8 攈古 2.3.35 愙齋 5.14 綴遺 4.3 奇觚 2.2 殷存上 8 簠齋 1 鼎 13 小校 2.94.1 日精華 3.187 彙編 5.249		《日精華》:日本京都小川睦之輔氏	又名"天君鼎";《集成》:陳介祺舊藏;《積古》作"父丁彝",誤。《奇觚》乃翻本
2993	郐王𪔉鼎	24(又重文3)	春秋前期	集成 2675 三代 4.9.1 貞松 3.21.1 小校 2.98.3 善齋 2.74 大系録 164 善彝 36			《集成》:劉體智舊藏
2994	鄧小仲方鼎	24	西周早期	近出 343 歐遺珠圖版 81		瑞士蘇黎世利特堡博物館	
2995	強伯鼎	25	西周中期	集成 2676 文物 1976 年 4 期 54 頁圖 42	1974 年陝西寶鷄市茹家莊 2 號墓(M2:3)	寶鷄市博物館	
2996	強伯鼎	25	西周中期	集成 2677 文物 1976 年 4 期 54 頁圖 44	1974 年陝西寶鷄市茹家莊 2 號墓(M2:2)	寶鷄市博物館	

序號	器名	字數	時代	著録	出土地	現藏地	備註
2997	小臣鼎	25	西周中期	集成 2678 三代 4.4.2 攈古 2.3.36 周金 2.39 善齋 2.73 小校 2.94.2 頌續 6	《頌續》:山西		《周金》:洪洞劉鏡古、錢塘王氏及劉體智舊藏;後歸容庚;又名“昜鼎”
2998	譱叔樊鼎	25(又重文1)	西周晚期或春秋前期	集成 2679 三代 4.6.1 十二居 6	《分域》:山西長治縣	遼寧省博物館	《十二》:周季木舊藏;唐蘭云銘係後刻嵌入,容庚、商承祚不以爲僞
2999	諶鼎	25(又重文1)	西周晚期	集成 2680 三代 4.6.2 周金 2.37.2 貞松 3.20.1 希古 2.24 小校 2.97.3			《貞松》:丁樹楨舊藏
3000	姬鼎	25(又重文2)	西周晚期	集成 2681 三代 4.9.2 周金 2.36.2 貞松 3.20 澂秋 8 希古 2.24.2 小校 3.2.1		故宫博物館院	《集成》:陳承裘舊藏;又名“姬䵼彝鼎”;《貞松》:其文僅存後半,殆一文分鑄二器若編鐘然
3001	新邑鼎	存 25	西周早期	集成 2682 文物 1963 年 3 期圖版捌 4	傳 1940 年同梁其器一起出土於扶風任家村	陝西省博物館	1961 年歸陝西省博物館;又名“柬鼎”

序號	器名	字數	時代	著録	出土地	現藏地	備註
3002	宗婦鄁嬰鼎	25	春秋	集成 2683 小校 2.96.2	陝西鄠縣		《集成》:吴大澂舊藏《集成》2684 器中《小校》引吴大澂篆書題跋云:宗婦鼎同時出土有四簋、七鼎、二壺、一盤。皆大澂視學關中時所得。後以二鼎二簋歸潘伯寅師。《通考》云"七鼎、六簋、一盤、兩壺,銘文均同"。《集成》依陳邦懷先生藏恒軒拓本之吴大澂篆書標號順序編列
3003	宗婦鄁嬰鼎	25	春秋	集成 2684 三代 4.4.4 周金 2.37.3(又 2 補) 貞松 3.19.1 小校 2.95.3 大系録 152.1	《通考》:陝西鄠縣		《小校》:吴大澂、潘祖蔭舊藏
3004	宗婦鄁嬰鼎	25	春秋	集成 2685 三代 4.5.3 愙齋 6.8 周金 2 補 大系録 151.2 小校 2.96.3	陝西鄠縣		《集成》:吴大澂舊藏

序號	器名	字數	時代	著録	出土地	現藏地	備註
3005	宗婦鄁嬰鼎	25	春秋	集成 2686 愙齋 6.9 小校 2.95.1(又 2.96.4) 周金 2.38.2 大系録 151.3	陝西鄠縣	上海博物館	《周金》:吴大澂、徐乃昌舊藏
3006	宗婦鄁嬰鼎	25	春秋	集成 2687 三代 4.5.1 周金 2 補 貞松 3.19.2 小校 8.21.3 大系録 152.2	陝西鄠縣	上海博物館	《集成》:吴大澂、徐乃昌舊藏,上海冶煉廠選揀所得;《小校》誤作簋蓋
3007	宗婦鄁嬰鼎	25	春秋	集成 2688 三代 4.5.2 小校 2.95.2	陝西鄠縣	上海博物館	《小校》:吴大澂、潘祖蔭舊藏
3008	宗婦鄁嬰鼎	25	春秋	集成 2689 小校 8.21.4	陝西鄠縣		《集成》:吴大澂舊藏;《小校》誤作簋
3009	弌叔朕鼎	25(又重文 2)	春秋前期	集成 2690 三代 4.8.1 周金 2.36.3 貞松 3.21.3 善齋 2.75 大系録 263.1			《貞松》、《周金》:方焕經、費念慈、劉體智舊藏
3010	弌叔朕鼎	25(又重文 2)	春秋前期	集成 2691 三代 4.8.2 歐遺珠圖版 115 西清 2.33 周金 2.37.1 貞松 3.22 大系録 263.2 小校 3.1.2 沃森 75 頁(摹本)		丹麥哥本哈根工藝美術博物館	《貞松》、《周金》:清宫、徐乃昌、劉鶚舊藏

序號	器名	字數	時代	著録	出土地	現藏地	備註
3011	弋叔朕鼎	25(又重文2)	春秋前期	集成2692 三代4.7.3 攈古2.3.45 愙齋5.17 周金2.36.4 大系録262 小校3.1.3			《攈古録》:浙江秀水金蘭坡得之徽州,携如杭州,未知歸誰氏
3012	廿三年𦵃朝鼎	25	戰國	集成2693		上海博物館	
3013	叔□父鼎	25(又重文2)	西周晚期	近出345 考古與文物1990年5期26—43頁	陝西省長安縣灃鎬遺址	陝西省西安市文物中心	
3014	史惠鼎	25(又重文2)	西周晚期	近出346 文博1985年3期89頁	1980年3月陝西省長安縣灃西新旺村	陝西省博物館	
3015	焂戒鼎	25	西周晚期	近出347 第三屆國際中國古文字學研討會論文集321頁			
3016	以鄧鼎	25(蓋器同銘)	春秋後期	近出348 淅川下寺春秋楚墓8頁	1990年河南省淅川縣下寺M8:8	河南省文物研究所	
3017	敔鼎	25(又重文2)	西周晚期	近出附18 華夏考古1992年3期93—95頁	1986年以來河南平頂山市郊薛莊鄉北滍村滍陽嶺墓葬M95:102	河南省文物研究所	
3018	戍鼎	26(又合文1)	商代後期	集成2694 三代4.7.2 愙齋6.5(又12.2) 殷存上8.3 小校3.2.3		中國歷史博物館	《羅表》:李山農舊藏;後歸故宫博物院;又名“俎子鼎”、“宜子鼎”

序號	器名	字數	時代	著録	出土地	現藏地	備註
3019	員方鼎	26	西周中期	集成 2695 三代 4.5.4 窓齋 6.8.1 綴遺 4.7.2 大系録又 14 小校 2.97.1		上海博物館	又名“父甲鼎”
3020	𣏟鼎	26	西周中期	集成 2696 三代 4.7.1 貞補上 11 頌齋釋 1 小校 2.97.2		故宫博物院	《集成》:容庚舊藏,後歸北平圖書館;又名“内史龏鼎”、“非余鼎”
3021	㮣伯車父鼎	26(又重文 1)	西周晚期	集成 2697 文物 1972 年 6 期 30 頁圖 1 陝青 3.113	1960 年陝西扶風縣召陳村西周窖藏	陝西省博物館	又名“散伯車父鼎”
3022	㮣伯車父鼎	26(又重文 2)	西周晚期	集成 2698 陝青 3.114	1960 年陝西扶風縣召陳村西周窖藏	陝西省博物館	又名“散伯車父鼎”
3023	㮣伯車父鼎	26(又重文 1)	西周晚期	集成 2699 陝青 3.115	1960 年陝西扶風縣召陳村西周窖藏	陝西省博物館	又名“散伯車父鼎”;《陝青》3.115 散伯車父鼎(丙)尺寸與《文物》1972 年 6 期 31 頁圖 2 合,但《文物》圖 2 拓本,《陝青》鼎(丁),即《集成》2700 號器,兹仍以《陝青》拓本(即 3.115)爲準

序號	器名	字數	時代	著録	出土地	現藏地	備註
3024	楙伯車父鼎	26(又重文1)	西周晚期	集成2700 文物1972年6期31頁 陝青3.116 三代補907	1960年陝西扶風縣召陳村西周窖藏	陝西省博物館	又名"散伯車父鼎"
3025	公朱左自鼎	26(蓋4、腹22,又合文1)	戰國後期	集成2701 文物1965年7期54頁圖5—6	1960年陝西臨潼縣出土	臨潼縣文化館	
3026	厤方鼎	27(腹壁23、腹内底4,又合文1)	西周早期	集成2702 考古1974年6期366頁圖3.1—2 銅器選29	1973年遼寧喀左縣北洞村2號窖藏	遼寧省博物館	
3027	堇鼎	27	西周早期	集成2703 文物1978年4期27頁圖13 銅器選25 琉璃河西周燕國墓地101頁	1975年北京房山縣琉璃河黄土坡253號墓(M253:12)	首都博物館	
3028	旟鼎	27(又重文1)	西周早期	集成2704 陝青3.192 文物1972年7期圖版伍3 三代補911	1972年陝西郿縣楊村西周窖藏	陝西省博物館	
3029	䆜鼎	27(又合文1)	西周中期	集成2705 三代4.10.1 愙齋4.20 奇觚2.3.1 周金2.35.2 小校3.3.2 恒軒3 陶齋1.24	《愙齋》:光緒中鳳翔	南京博物院	吴大澂舊藏,後由吴湖帆捐獻;又名"愙鼎"、"師眢鼎"、"微子鼎"、"眉鼎"
3030	麥方鼎	27(又重文1,合文1)	西周早期	集成2706 大系録21 録遺91	《籀高述林》:光緒丙申三月得此鼎於永嘉	浙江省博物館	《集成》:孫詒讓舊藏

序號	器名	字數	時代	著録	出土地	現藏地	備註
3031	右使車嗇夫鼎	27(又合文1)	戰國後期	集成2707 文物1980年9期12頁圖5	1979年陝西鳳翔縣高莊1號墓	鳳翔縣雍城文管所	
3032	戍嗣鼎	28(又合文1)	商代後期	集成2708 學報1960年1期圖版貳 三代補849	1959年安陽後崗殉葬圓坑	考古研究所安陽工作站	又名"戍嗣子鼎"
3033	邐方鼎	28	商代後期	集成2709 三代4.10.2 恒軒4 愙齋6.3 綴遺4.7 奇觚2.4 續殷上25.2 小校3.2.4		英國倫敦不列顛博物館	《集成》:吳大澂、費念慈舊藏;又名"乙亥父丁鼎"、"尹光方鼎"
3034	帚嫠鼎	28	商代後期	集成2710 博古1.7 薛氏13.1 嘯堂1			又名"父乙鼎";宋代所録爲真器,其他各書著録者都是仿宋僞作
3035	作册豊鼎	28	商代後期	集成2711 博古2.26 薛氏88.3 復齋13 嘯堂14 積古4.17 攈古2.3.44			《復齋》:張詔舊藏;此器《復齋》録二銘,云乃"安州六器",誤;又名"作冊豊鼎"、"父巳鼎"
3036	乃子克鼎	28(又合文1)	西周早期	集成2712 小校2.86.2 癡盦3 録遺88		吉林大學歷史系陳列室	《癡盦》3銘末録僞刻"簋辛"、"年永用鼎"6字。《小校》和《録遺》均有缺文,可互相參照補足

序號	器名	字數	時代	著録	出土地	現藏地	備註
3037	師趛鼎	28	西周中期	集成 2713 三代 4.11.1 貞松 3.22.2 貞圖上 24			《集成》:羅振玉舊藏;《三代》4.10.3 之同銘鼎爲鬲形,歸入鬲類
3038	鄁公鼎	28(又重文 2)	春秋前期	集成 2714 考古 1982 年 2 期 140 頁圖 2.2	1974 年湖北隨縣三里崗公社尚店	隨州市博物館	
3039	庚兒鼎	存 28	春秋後期	集成 2715 考古 1963 年 5 期 236 頁圖 9	1961 年山西侯馬市上馬村 13 號墓	山西省博物館	
3040	徐大子伯辰鼎	28	春秋前期	近出 349 江漢考古 1991 年 1 期 53 頁	1978 年湖北省枝江縣問安鎮關廟山	湖北省枝江縣博物館	
3041	晉侯對鼎	28(又重文 2)	西周晚期	近出 350 上海博物館集刊 1996 年 7 期 34—43 頁	1991—1992 年山西省曲沃縣曲村鎮北趙村晉侯墓地	上海博物館	1992 年後購於香港古玩街
3042	庚兒鼎	29	春秋後期	集成 2716 考古 1963 年 5 期 237 頁圖 10	1961 年山西侯馬市上馬村 13 號墓	山西省博物館	
3043	王子吴鼎	29(又重文 2)	春秋後期	集成 2717 考古圖 1.19 薛氏 88.1	《考古圖》:得於京兆		《考古圖》:河南文氏潞公舊藏
3044	寓鼎	30	西周早期或中期	集成 2718		故宫博物院	

序號	器名	字數	時代	著録	出土地	現藏地	備註
3045	公貿鼎	30(又合文1)	西周中期	集成2719 三代4.12.2 貞松3.23 小校3.7.2(又3.7.1) 周金2.34.2			《小校》3.7.1與《周金》2.34.2拓本清晰,或有致疑者。兩拓與《三代》4.12.2、《小校》3.7.2行款字數相同,若干斑痕相似,可能是已剔未剔之别。《小校》分爲二器,今暫作一器處理
3046	井鼎	30	西周早期或中期	集成2720 三代4.13.2 貞松3.23		上海博物館	《貞松》:此器往歲見之都肆,不知歸何所
3047	𩰫鼎	30(又合文1)	西周中期	集成2721 三代4.13.3 愙齋6.11.2 周金2.31.2 夢郼續6 小校3.6.2 山東存附12.4 大系録31	《通考》317:光緒二十二年與遇甗同出於黄縣萊陰		《愙齋》、《夢郼》:李山農、羅振玉舊藏;又名"師雝父鼎"
3048	寬兒鼎	30	春秋後期	集成2722 三代4.13.1 貞松3.24.1 周金2補 善齋2.77 小校3.5.2 善彝38 大系録282 安徽金石1.11.3 故圖下下92 彙編4.218		臺北"中央博物院"	《貞松》:劉體智舊藏

序號	器名	字數	時代	著録	出土地	現藏地	備註
3049	師艅鼎	31(又重文1)	西周早期	集成2723 復齋17.2 積古4.18 攈古2.3.65			《積古》、《攈古》、《羅表》疑僞,實爲摹本。孫字下奪重文號
3050	毛公旅方鼎	31	西周早期	集成2724 三代4.12.1 愙齋12.10 奇觚2.51 周金2.5 小校3.5.1		上海博物館	《奇觚》、《周金》:姚覲元、端方舊藏
3051	歸𢧁方鼎	31	西周早期	集成2725 文物1986年1期	陝西長安縣普渡村17號墓	陝西省文物管理委員會	《集成》説明中著録《文物》"1986年1期",誤爲"1985年8期"
3052	歸𢧁方鼎	31	西周早期	集成2726 文物1986年1期	陝西長安縣普渡村15號墓	陝西省文物管理委員會	《集成》説明中著録《文物》"1986年1期",誤爲"1985年8期"
3053	師器父鼎	31(又重文2)	西周中期	集成2727 三代4.16.3 長安1.7 筠清4.21 攈古2.3.72 奇觚16.8 周金2.33.2 小校3.8.3			《攈古録》、《羅表》:劉喜海、孫汝梅舊藏
3054	旅鼎	32(又合文1)	西周早期	集成2728 三代4.16.1 攈古2.3.80 綴遺4.2 大系録12 山東存附11	《山東存》:光緒二十二年丙申黄縣萊陰	中國歷史博物館	《斷代》:福建長樂梁章鉅(茝林)舊藏,1954年夏見於上海羅伯昭處;在父字下或以爲奪一丁字

序號	器名	字數	時代	著録	出土地	現藏地	備註
3055	𥂴 𤔲方鼎	32	西周早期	集成 2729 斷代(二)107 頁圖 11 録遺 92 布倫戴奇(1977)圖 38 彙編 4.203		美國舊金山亞洲美術博物館布倫戴奇藏品	又名"逐己公方鼎"
3056	厚趠方鼎	32(又重文 1)	西周早期	集成 2730 三代 4.16.2 薛氏 87.2 續考 4.17 從古 13.10 攈古 2.3.73 愙齋 5.13 綴遺 3.21.2 奇觚 2.5 周金 2.33.1 簠齋 1 鼎 3 大系録 14 小校 3.8.1 文物 1981 年 9 期 30 頁圖版叁 4		上海博物館	《集成》:陳介祺舊藏;又名"趠鼎"、"趠齋"、"父辛鼎";《集成》目録中"厚"字誤爲"原"字;另容庚云:"濰縣陳氏簠齋藏器。《續考古圖》(四:十七)著録,繪圖全不相似"(《通考》309 頁)。兩器同銘,但形制不同,有可能是另一器
3057	寷鼎	32(又重文 1)	西周中期	集成 2731 十六 1.17 積古 4.23 攈古 2.3.79 奇觚 16.5 大系録 8			《集成》:錢坫舊藏
3058	簷大史申鼎	32	春秋後期	集成 2732 三代 4.15.1 愙齋 6.7 周金 2.33.3 大系録 187 小校 3.7.3 山東存莒 2 彙編 4.204			又名"簷鼎"

序號	器名	字數	時代	著録	出土地	現藏地	備註
3059	衛鼎	32	西周中期	集成 2733 三代 4.15.2 貞松 3.24 善齋 2.78 小校 3.8.2 善彝 28 故圖下下 73 彙編 4.205		臺北"中央博物院"	《集成》:劉體智舊藏
3060	應侯之孫丁兒鼎蓋	32	春秋後期	近出 351 中原文物 1992 年 2 期 87—90 頁 華夏考古 1994 年 2 期 111 頁 文物 1993 年 3 期 93 頁		河南省南陽市博物館	河南省南陽地區廢品公司揀選
3061	仲[illegible]父鼎	33(又重文 2)	西周中期	集成 2734 博古 3.16 薛氏 87.1 復齋 15 嘯堂 15 古文審 2.6 積古 4.22 攈古 2.3.84 奇觚 16.20.1			又名"仲偁父鼎";《復齋》行款與宋代他本異。《積古》等清代諸書均據《復齋》
3062	不栺方鼎	33(又合文 1)	西周中期	集成 2735 陝青 3.58	1971 年陝西扶風縣齊鎮村 3 號墓	扶風縣博物館	
3063	不栺方鼎	33(又合文 1)	西周中期	集成 2736 陝青 3.59 文物 1972 年 7 期 12 頁圖 8 三代補 903	1971 年陝西扶風縣齊鎮村 3 號墓	扶風縣博物館	

序號	器名	字數	時代	著録	出土地	現藏地	備註
3064	曾子仲宣鼎	33(又重文2)	春秋前期	集成 2737 三代 4.15.3 貞松 3.25.1 希古 2.25 大系録 210 山東存曾 4			《大系》拓本跋:曾鼎山房舊藏
3065	蔡大師鼎	33(又重文2)	春秋後期	集成 2738 三代 4.18.3 貞續上 24.3 大系録 192			
3066	塱方鼎	34(又合文1)	西周早期	集成 2739 厤朔 1.10 斷代(一)圖版玖 布倫戴奇(1977年)圖 39 彙編 4.190 考古與文物 1991 年 1 期	《斷代》:傳 1924 年陜西鳳翔西四十里之靈山	美國舊金山亞洲美術博物館布倫戴奇藏品	又名"周公鼎"、"周公東征鼎"、"豐伯塱鼎";《集成》目録中誤爲"33"字
3067	寍鼎	35	西周早期	集成 2740 三代 4.18.1 貞補上 12.2 小校 3.9.2 大系録 14			《貞補》:見之都肆;《集成》收"寍鼎"兩件
3068	寍鼎	35	西周早期	集成 2741 三代 4.18.2 貞補上 12.1 小校 3.9.1			《貞補》:見之都肆
3069	痶鼎	35	西周中期	集成 2742 薛氏 88.2 嘯堂 98			又名"文王命癘鼎"

序號	器名	字數	時代	著録	出土地	現藏地	備註
3070	仲師父鼎	35(又重文1)	西周晚期	集成2743 三代4.19.1 陶續1.23 周金2.31.3 夢郼上15 小校3.10.2			《羅表》、《周金》:潘祖蔭、端方、羅振玉舊藏
3071	仲師父鼎	35(又重文1)	西周晚期	集成2744 三代4.19.2 攈古3.1.1 愙齋6.7.2 奇觚2.6 周金2.32.1 小校3.10.1			《攈古録》、《周金》:李宗昉、潘祖蔭舊藏
3072	函皇父鼎	35(又重文2)	西周晚期	集成2745 陝圖61	1933年陝西扶風縣康家村	陝西省博物館	又名"函皇父鼎"
3073	梁十九年亡智鼎	35	戰國	集成2746 文物1981年10期66頁圖6		上海博物館	
3074	師秦宫鼎	存35	西周中期	集成2747 博古3.31 薛氏92.2 嘯堂19			銘文有缺行
3075	庚嬴鼎	36(又合文1)	西周早期	集成2748 西清3.39 大系録22			
3076	寔鼎	37(又重文2)	西周早期	集成2749 攈古2.3.50 綴遺4.9 周金2補4 小校3.4 斷代(三)88頁圖9 録遺94	《分域》:梁山七器之一	清華大學圖書館	《斷代》:鍾養田、李山農舊藏

序號	器名	字數	時代	著録	出土地	現藏地	備註
3077	上曾大子鼎	37(又重文1)	春秋前期	集成2750 文物1983年12期4頁圖13	1981年山東臨朐縣嵩山泉頭村墓葬(M乙:1)	臨朐縣文化館	
3078	中方鼎	39	西周早期	集成2751 博古2.18 薛氏90.2 嘯堂11 大系録6	《金石録》:重和戊戌歲(1118年)安州孝感縣民耕地得之		又名"南宫中鼎二"、"中齋"
3079	中方鼎	39	西周早期	集成2752 博古2.19 薛氏90.3 嘯堂11 復齋29 積古4.21 攈古3.1.14 奇觚16.9 大系録7	《金石録》:重和戊戌歲安州孝感縣民耕地得之		又名"南宫中鼎三"、"中齋";《積古》、《攈古》、《奇觚》、《大系録》皆據《復齋》
3080	都公諴鼎	39(又重文2)	春秋前期	集成2753 考古圖1.9 博古2.29 薛氏91.2 嘯堂14 大系録190	《集古録》跋尾:陝西商雒		又名"商雒鼎"
3081	吕方鼎	存40(又重文2,合文1)	西周中期	集成2754 三代4.22.1 周金2補4 貞松3.27 希古2.25.2 貞圖上25 小校3.15.1 尊古1.27 大系録30		旅順博物館	《集成》:羅振玉舊藏;又名"吕齋"

序號	器名	字數	時代	著録	出土地	現藏地	備註
3082	𤞷鼎	40(又重文2)	西周中期	集成2755 三代4.21.2 愙齋6.6.1 周金2.30.2 小校3.14.2		上海博物館	《周金》、《羅表》:丁麟年、端方舊藏
3083	寓鼎	40(又合文1)	西周早期或中期	集成2756 三代3.51.2 周金2補 貞松3.16		上海博物館	《貞松》:吴大澂舊藏
3084	曾子斿鼎	存40	春秋前期	集成2757 文物1964年7期圖版貳2		上海博物館	上海文物倉庫清理所得
3085	作册大方鼎	41	西周早期	集成2758 三代4.20.5 貞松3.26.2 弗里爾(1967年)195頁圖版34 彙編4.164	《斷代》:傳1929年出於河南洛陽邙山麓之馬坡	美國華盛頓弗里爾美術博物館	又名“大盉”、“作册大齋”《集成》目録誤爲“40”字;傳世“作册大方鼎”共四器,三器41字,一器40字,大小相近
3086	作册大方鼎	40	西周早期	集成2759 三代4.20.3 貞松3.25.2 善齋3.12 善彝44 小校3.13.1(3.13.2) 大系録17 故圖下下65 彙編4.165	《斷代》:傳1929年出於河南洛陽邙山麓之馬坡	臺北“中央博物院”	《集成》:劉體智舊藏;又名“大盉”、“作册大齋”;《集成》目録爲“41”字,誤。《善彝》之拓或有致疑者。《小校》3.13.2爲3.13.1之未剔本

序號	器名	字數	時代	著録	出土地	現藏地	備註
3087	作册大方鼎	41	西周早期	集成 2760 三代 4.20.4 貞松 3.26.1 善齋 3.11 小校 3.14.1 大系録 17 善彝 43 故圖下下 64 彙編 4.166	《斷代》:傳 1929 年出於河南洛陽邙山麓之馬坡	臺北"中央博物院"	《集成》:劉體智舊藏;"作册大鬲"
3088	作册大方鼎	41	西周早期	集成 2761 録遺 93 彙編 4.167	《斷代》:傳 1929 年出於河南洛陽邙山麓之馬坡	《彙編》:美國諾福克赫美地基金會	又名"作册大鬲"
3089	史顯鼎	41(又重文 2)	西周晚期	集成 2762 博古 2.10 薛氏 93.2 嘯堂 9			又名"史頙父鼎";《薛氏》子下奪重文號,《博古》、《嘯堂》不誤
3090	我方鼎	42(又合文 1,器蓋同銘)	西周早期	集成 2763 三代 10.43.2(蓋)、4.21.1(器) 貞續中 4(蓋) 貞補上 13(器) 善齋 3.39(器) 小校 3.98.2(器) 續殷上 25.4(蓋)26.1(器) 尊古 2.19(蓋)、2.18(器) 善彝 45(器) 故圖下下 48(器) 彙編 4.161	洛陽	臺北"中央博物院"(器)	又名"我甗"、"禦鼎"、"禦簋";《善彝》:此器出洛陽,初由虹光閣購得,僅殘銅數片,轉售於尊古齋,補綴成今形,後其蓋復出;器形是根據殘銅片修復而成的。器舊誤作甗,蓋舊誤作簋(盨)。蓋銘或有致疑者,因未驗原器,暫收於此

序號	器名	字數	時代	著録	出土地	現藏地	備註
3091	卅二年坪安君鼎	存42(又合文2)	戰國後期	集成2764 三代4.20.1—20.2 恒軒21 窸齋6.19.2 小校3.11—12.1 文物1972年6期23頁圖7—8		上海博物館	又名"平安鼎";卅三年銘《窸齋》、《小校》誤作蓋銘。蓋銘全銘10字,可辨認者4字
3092	睘鼎	42(又重文1,合文2)	西周中期	近出352 上海博物館集刊1993年6期153頁		上海博物館	1990年7月購於香港古玩街
3093	蒷陽鼎	44	戰國後期	近出353 文物1995年11期75頁		陝西省西安市私人收藏	
3094	蝺鼎	44(又重文2)	西周中期	集成2765 文物1979年9期圖版柒2	1975年從山西長子縣晋義村徵集	長治市博物館	晋義村舊誤作景義村
3095	[illegible][illegible]尹[illegible]鼎	44(器蓋同銘)	戰國前期	集成2766 文物1984年1期12—13頁圖4—5	1981年浙江紹興市坡塘獅子山西麓306號墓(M306:採3)	浙江省文物考古研究所	
3096	𠭯叔鼎	46(又重文1)	西周中期	集成2767 文物1976年1期94頁圖1—2 三代補914	1973年陝西藍田縣草坪	藍田縣文物管理委員會	
3097	洌其鼎	46(又重文2)	西周晚期	集成2768 陝圖69 三代補808	1949年前陝西扶風縣法門寺任村	陝西省博物館	
3098	洌其鼎	46(又重文2)	西周晚期	集成2769	1949年前陝西扶風縣法門寺任村	陝西省博物館	

序號	器名	字數	時代	著録	出土地	現藏地	備註
3099	洌其鼎	46（又重文2）	西周晚期	集成2770 録遺96	《美集録》A699説明：傳1940年扶風縣法門寺任村		
3100	鄀公平侯鼎	46（又重文2）	春秋前期	集成2771 三代4.23.1 周金2.29.1 貞松3.27 小校3.15.2 大系録190			《貞松》、《周金》：陶北溟、顧壽松舊藏；又名"鄀公敦"、"鄀公錳"
3101	鄀公平侯鼎	46（又重文2）	春秋前期	集成2772 三代4.22.2 愙齋11.23 周金2.29.2 小校3.16 金石書畫67期		中國歷史博物館	《周金》、《金石書畫》：錢塘吴氏、淮陰陳氏石墨樓舊藏；又名"鄀公敦"、"鄀公錳"；《愙齋》誤作簠
3102	信安君鼎	46（又合文3）	戰國後期	集成2773 考古與文物1981年2期20頁圖3	1979年陝西武功縣浮沱村墓葬	武功縣文化館	
3103	帥隹鼎	47	西周中期	集成2774 綴遺4.13.1			方氏云："據儀徵阮梅叔（亨）手拓本摹入"，此拓左下角有"阮梅未印"，彌足珍貴
3104	甚六鼎	47	春秋前期	近出354 東南文化1988年3、4期21—35頁	1984年5月江蘇省丹徒縣北山頂墓葬M：20	江蘇省丹徒考古隊	

序號	器名	字數	時代	著録	出土地	現藏地	備註
3105	鄭臧公之孫鼎	47(蓋器同銘)	春秋後期	近出355 考古1991年9期783—792頁	1988年10—11月湖北省襄樊市郊余崗村團山墓葬M1:1	湖北省襄樊市博物館	
3106	小臣夌鼎	48	西周早期	集成2775 博古2.14 薛氏91.1 續考4.5 復齋11 嘯堂上10 積古4.21 攈古3.1.31 奇觚16.7			《續考》:趙承規舊藏;又名"季娟鼎";《復齋》、《嘯堂》比《薛氏》、《博古》、《續考》少一賜字,且貝字摹作鼎字,未知是摹誤,抑爲另外一器。《積古》、《攈古》、《奇觚》均據《復齋》
3107	剌鼎	48(又重文2,合文2)	西周中期(穆王)	集成2776 三代4.23.3 愙齋4.21—22 綴遺4.17 周金2.28.2 大系録31 小校3.18.2		廣州市博物館	《斷代》:姚觀元、方濬益、徐乃昌、容庚舊藏;又名"剌作黄公鼎";孫字下重文號不清
3108	史伯碩父鼎	48(又重文2)	西周晚期	集成2777 博古2.8—9 薛氏92.3 嘯堂9	《廣川書跋》:至和元年(1054年)虢州得之		宋代史伯碩父鼎共出兩器,著録者僅見一器

序號	器名	字數	時代	著録	出土地	現藏地	備註
3109	史獸鼎	50	西周早期	集成 2778 三代 4.23.2 綴遺 4.5 周金 2 補 雙王 9 貞松 3.29 希古 2.27 善齋 2.79 小校 3.18.1 善彝 27 故圖下下 70 彙編 4.134		臺北"中央博物院"	《羅表》:金蘭坡、劉體智舊藏
3110	師同鼎	51(又重文 2,合文 1)	西周晚期	集成 2779 文物 1982 年 12 期 45 頁圖 8	1981 年陝西扶風縣下務子村窖藏	陝西周原扶風文管所	
3111	師湯父鼎	52(又重文 2)	西周中期	集成 2780 三代 4.24.1 長安 1.6 攈古 3.1.35 愙齋 4.28.2—29.1 周金 2.28.1 善齋 2.80 小校 3.19.1 大系録 39 善彝 35 故圖下下 79 彙編 3.127		臺北"中央博物院"	《集成》:劉喜海、劉體智舊藏
3112	庚季鼎	53(又重文 2)	西周中期	集成 2781 三代 4.24.2 攈古 3.1.36 周金 2.27.2 大系録 98 小校 3.19.2 彙編 3.125		故宫博物院	《雙虞壺齋藏器目》:吴式芬舊藏;又名"白裕父鼎"、"白俗父鼎"、"南季鼎";三足後配

序號	器名	字數	時代	著録	出土地	現藏地	備註
3113	哀成叔鼎	54(又重文3)	春秋後期	集成2782 文物1981年7期66頁圖4	1966年河南洛陽市玻璃廠439號墓	洛陽市博物館	
3114	七年趞曹鼎	56	西周中期	集成2783 三代4.24.3 周金2.26.2 貞松3.30.1 希古2.28 大系録38 小校3.20.1 上海44 彙編3.123		上海博物館	《羅表》:吴大澂、費念慈舊藏
3115	十五年趞曹鼎	57	西周中期	集成2784 三代4.25.1 周金2.27.1 貞松3.31 希古2.29 小校3.20.2 大系録39 上海45 彙編3.122		上海博物館	《羅表》:吴大澂舊藏
3116	中方鼎	57	西周早期	集成2785 博古2.19 薛氏89.2 嘯堂10 大系録6	《金石録》:重和戊戌歲(1118年)安州孝感縣民耕地得之		又名"南宫中鼎一"、"南中鼎"、"中甗";此爲安州六器之一。同出者有方鼎三、圓鼎一、甗一、觶一。另兩件方鼎各39字,圓鼎銘4字。銘文末尾兩個重卦數字符號以2字計

序號	器名	字數	時代	著録	出土地	現藏地	備註
3117	康鼎	60(又重文2)	西周中期或晚期	集成2786 三代4.25.2 寧壽1.17.1 積古4.27.1—2 攈古3.1.51.1—52.1 貞補上14.1—2 大系録71 故宫6期 藝展13 故圖下上40 彙編3.108		臺北“故宫博物院”	《集成》:清宫舊藏
3118	史頌鼎	61(又重文2)	西周晚期	集成2787 三代4.26.1 攀古1.10 攈古3.1.52 恒軒上14 簠清3.31.2 窸齋4.25.1 奇觚16.19.1 周金2.25.2 大系録44 上海50 小校3.21.2(又8.54) 彙編3.104		上海博物館	《木庵藏器目》、《窸齋》:程洪溥、潘祖蔭舊藏;《簠清》3.31.2作史頌敦,誤。《奇觚》爲翻刻本
3119	史頌鼎	61(又重文2)	西周晚期	集成2788 三代4.26.2 西清3.21 貞松3.31.2—32.1 希古2.30 小校3.21.1 古文審1.9 文物1981年9期33頁圖7		上海博物館	《集成》:清宫舊藏

序號	器名	字數	時代	著録	出土地	現藏地	備註
3120	㺇方鼎	63(又重文2,器蓋同銘)	西周中期	集成2789 陝青2.99 文物1976年6期57頁圖16 三代補941	1975年陝西扶風縣莊白村西周墓葬	扶風縣博物館	
3121	微䜌鼎	63(又重文1)	西周晚期	集成2790 薛氏94 續考4.19 大系録115	《續考》:崇寧初商州得古鼎		
3122	伯姜鼎	64	西周早期	集成2791 文物1986年1期	陝西長安縣普渡村17號墓	陝西省文物管理委員會	《集成》説明中著録《文物》"1986年1期"誤爲"1985年8期"
3123	大矢始鼎	存64(又重文2)	西周中期	集成2792 薛氏89.1 續考4.3 嘯堂92	《續考》:得於永興醴泉之甘北		《續考》:趙承規舊藏;又名"大夫始鼎";此器王國維、容庚、郭沫若曾以爲僞,陳夢家以爲真。"大矢"從陳説
3124	坪安君鼎	64(又合文11,其中蓋34又合文6,器30又合文5)	戰國後期	集成2793 文物1980年9期18頁圖7	1978年河南泌陽縣官莊北崗墓葬	駐馬店地區文物管理委員會	又名"平安君鼎"

序號	器名	字數	時代	著録	出土地	現藏地	備註
3125	楚王酓忎鼎	66(蓋33、器33)	戰國後期	集成2794 三代4.17 十二寶1—7 小校2.90.3—91 寶楚圖1 壽縣圖8 大系録184 楚展2	《十二》:1933年安徽壽縣朱家集	天津市歷史博物館	《集成》:方焕經舊藏;《集成》收"楚王酓忎鼎"兩件(2794、2795)
3126	楚王酓忎鼎	存60(蓋存31、器29)	戰國後期	集成2795 楚展圖1	1933年安徽壽縣朱家集	中國歷史博物館	《楚展》:安徽省博物館蕪湖分館舊藏
3127	伯唐父鼎	66	西周中期	近出356 考古1989年6期524—525頁	1983—1986年陝西省長安縣張家坡村墓葬M183:5	中國社會科學院考古研究所灃西發掘隊	
3128	小克鼎	70(又重文2)	西周晚期	集成2796 三代4.29.1 愙齋5.5 周金2.17.2 小校3.37.2(又38.1) 大系録115又 上海48 彙編3.89	《貞松》3.34:清光緒十六年(1890年)陝西扶風縣法門寺任村	上海博物館	《集成》:吴大澂舊藏;《集成》收"小克鼎"七件(2796—2802)。《上海》48說明:"克鼎共有七器,這是其中較大的一器"。這一組70字的列鼎通常稱爲小克鼎,另有281字的克鼎,即大克鼎

序號	器名	字數	時代	著録	出土地	現藏地	備註
3129	小克鼎	存66(又重文2)	西周晚期	集成2797 三代4.28.2 陶續1.25 周金2.14.1 大系録114.2 小校3.35 彙編3.90 黑川古文化研究所要覽圖版二七	清光緒十六年陝西扶風縣法門寺任村	日本京都黑川古文化研究所	《周金》:潘祖蔭、端方舊藏
3130	小克鼎	70(又重文2)	西周晚期	集成2798 三代4.28.1 陶齋1.38 周金2.14.2 小校3.38.2 大系録114.1	清光緒十六年陝西扶風縣法門寺任村	故宫博物院	《周金》:潘祖蔭、端方舊藏
3131	小克鼎	70(又重文2)	西周晚期	集成2799 三代4.30.1 周金2.16.2 貞松3.34 希古2.34 小校3.36.1 大系録113.1 銅玉13頁圖14 日精華4.311 彙編3.88 有鄰館精華圖版三	清光緒十六年陝西扶風縣法門寺任村	日本京都藤井有鄰館	
3132	小克鼎	70(又重文2)	西周晚期	集成2800 三代4.29.2 移林7 周金2.17.1 希古2.33 大系録113.2 小校3.39.1—2 彙編3.91	清光緒十六年陝西扶風縣法門寺任村	天津市藝術博物館	《集成》:丁麟年舊藏

序號	器名	字數	時代	著録	出土地	現藏地	備註
3133	小克鼎	70(又重文2)	西周晚期	集成2801 三代4.31.1 綴遺4.32 陶齋1.36 周金2.15.1 大系録115.1 小校3.40.2 彙編3.87	清光緒十六年陝西扶風縣法門寺任村	《彙編》:日本東京書道博物館	《集成》:端方舊藏
3134	小克鼎	70(又重文2)	西周晚期	集成2802 三代4.30.2 綴遺4.33 陶齋1.34 周金2.15.2 大系録115.2 小校3.40.1	清光緒十六年陝西扶風縣法門寺任村	南京大學歷史系考古教研室	《集成》:端方舊藏;《通考》云:通耳高九寸一分。按,此在同銘七器中屬最小的一件。雖然它與《陶齋》尺寸稍有出入,應是一器
3135	令鼎	70	西周早期	集成2803 三代4.27.1 筠清4.1 攈古3.1.67 愙齋5.12 古文審2.2 奇觚16.13 周金2.25.1 大系録14 小校3.22.1 彙編3.93	《分域》:山西芮城縣		《攈古録》:夏松如舊藏;又名"大蒐鼎"、"耤田鼎"、"諆田鼎"
3136	利鼎	70	西周中期	集成2804 三代4.27.2 周金2.26.1 貞松3.33 希古2.31 大系録62 小校3.23.1		北京師範學院歷史系陳列室	《羅表》:劉鶚、徐乃昌舊藏

序號	器名	字數	時代	著録	出土地	現藏地	備註
3137	南宫柳鼎	77(又重文2)	西周晚期	集成2805 録遺98 陝圖79	《陝圖》:陝西寶鷄縣虢鎮	中國歷史博物館	1952年陝西省博物館收集
3138	大鼎	存47(又合文1)	西周中期	集成2806 西清2.19			同組鼎凡三器(《集成》2806—2808),全銘78字。按器形大小,這是三器中最大的一件;又名"己伯鼎"
3139	大鼎	78(又重文3)	西周中期	集成2807 三代4.32.2 懷米下8 筠清4.8 攈古3.1.77 愙齋5.11 奇觚16.15 周金2.24.2 小校3.24.2 文物1959年10期32頁圖2		故宫博物院	《集成》:曹秋舫舊藏。上海市文物保管委員會從廢銅中揀獲
3140	大鼎	78(又重文3)	西周中期	集成2808 三代4.33.1 西清2.17 貞松3.35 故宫2期 大系録75 藝展14 故圖下上42 彙編3.73		臺北"故宫博物院"	《集成》:清宫舊藏
3141	静方鼎	78	西周早期	近出357 文物1998年5期85頁		日本出光美術館	

序號	器名	字數	時代	著録	出土地	現藏地	備註
3142	師旂鼎	79	西周中期	集成 2809 三代 4.31.2 善齋 2.81 小校 3.24.1 大系録 12 善彝 31 雙古上 7		故宫博物院	《集成》:劉體智舊藏,後歸于省吾;又名"弘鼎"、"師旅鼎"
3143	噩侯鼎	存 79	西周晚期	集成 2810 三代 4.32.1 愙齋 5.8 奇觚 2.7 簠齋 1 鼎 2 小校 3.23.2 周金 2.24.1 大系録 90 文物 1981 年 9 期 33 頁圖 8		上海博物館	《奇觚》、《文物》:陳介祺、陳大年舊藏;又名"馭方鼎"、"王南征鼎"、"噩侯馭方鼎";《集成》目録中誤爲"79"字
3144	王子午鼎	85(又重文 3,器 81、蓋 4)	春秋後期	集成 2811 文物 1980 年 10 期圖版壹 2 淅川下寺春秋楚墓 125 頁	1979 年河南淅川縣下寺 2 號墓(M2:40)	河南省文物研究所	本著録表共收"王子午鼎"七件
3145	王子午鼎	85(又重文 5,蓋 4 器 81)	春秋後期	近出 358 淅川下寺春秋楚墓 116—117 頁	1990 年河南省淅川縣下寺 M2:38	河南省文物研究所	
3146	王子午鼎	存 12	春秋後期	近出 359 淅川下寺春秋楚墓 118 頁	1990 年河南省淅川縣下寺 M2:36	河南省文物研究所	
3147	王子午鼎	81(又重文 5)	春秋後期	近出 360 淅川下寺春秋楚墓 119 頁	1990 年河南省淅川縣下寺 M2:30	河南省文物研究所	該器形制與 M2:38 同
3148	王子午鼎	81(又重文 5)	春秋後期	近出 361 淅川下寺春秋楚墓 120 頁	1990 年河南省淅川縣下寺 M2:32	河南省文物研究所	

序號	器名	字數	時代	著録	出土地	現藏地	備註
3149	王子午鼎	85(又重文5,蓋4、器81)	春秋後期	近出362 淅川下寺春秋楚墓116頁、121頁	1990年河南省淅川縣下寺M2:28	河南省文物研究所	該器形制與M2:38同
3150	王子午鼎	81(又重文5,蓋4)	春秋後期	近出363 淅川下寺春秋楚墓116頁、123頁	1990年河南省淅川縣下寺M2:34	河南省文物研究所	器已殘
3151	師望鼎	91(又重文3)	西周中期	集成2812 三代4.35.1 愙齋5.7 周金2.22 大系録63 小校3.27.2 金匱58頁 金石書畫64期 彙編3.50	《周金》:相傳爲左宗棠征新疆時所得		《周金》、《金匱》:左宗棠、胡雪巖、沈秉成、程霖生、陳仁濤舊藏
3152	師奎父鼎	92(又重文1)	西周中期	集成2813 三代4.34.1 筠清4.20 長安1.5.2 恒軒上13.2 攈古3.2.9 愙齋4.26.2 周金2.23.2 小校3.26.2 上海46 大系録61 彙編3.47	《愙齋》:此鼎關中出土	上海博物館	又名"寶父鼎";《攈古録》、《筠清》、《周金》:劉喜海、吴大澂、費念慈、徐乃昌舊藏
3153	無叀鼎	93(又合文1)	西周晚期	集成2814 三代4.34.2 積古4.28 攈古3.2.8 從古2.2(又10.11) 金索1.29 愙齋4.22 奇觚2.10 周金2.23 大系録143 小校3.27.1		鎮江市博物館	《集成》:鎮江焦山定慧寺舊藏;又名"無専鼎"、"鄦専鼎"、"焦山鼎"

序號	器名	字數	時代	著録	出土地	現藏地	備註
3154	趩鼎	95(又重文2)	西周晚期	集成2815 上海博物館集刊(1982年)25頁		中國歷史博物館	《集成》:上海博物館舊藏
3155	伯䴡鼎	97(又重文1,合文2)	西周中晚期	集成2816 三代4.36.1 筠清4.11 懷米3.7 古文審1.11 攈古3.2.17 愙齋5.6 奇觚16.10.1 敬吾上31 周金2.20 大系録99—100 小校3.29			《集成》:曹秋舫舊藏;又名"韓侯白䴡鼎"
3156	師䴡鼎	存97(又重文2,合文1)	西周中期	集成2817 攈古3.2.21 大系録99			
3157	鬲攸从鼎	98(又重文4)	西周晚期	集成2818 三代4.35.2 積古4.31 攈古3.2.18 奇觚2.15 陶齋1.40 周金2.21 小校3.28 大系録118 日精華4.314 彙編3.46		《日精華》:日本京都黑川古文化研究所	《羅表》:陸心源、端方舊藏;又名"鬲比鼎"、"鬲攸比鼎";《集成》目録中器名爲"䍙攸從鼎"
3158	袁鼎	100	西周晚期	集成2819 薛氏95 大系録117			又名"伯姬鼎"

序號	器名	字數	時代	著録	出土地	現藏地	備註
3159	善鼎	110（又重文1，合文1）	西周中期	集成2820 三代4.36.2 攈古3.2.49 周金2.19.2 大系録36 小校3.30.2 賽爾諾什22頁	《周金》：劉喜海得於長安	法國巴黎賽爾諾什博物館	《攈古録》：劉喜海舊藏；又名"宗室鼎"
3160	此鼎	110（又重文1）	西周晚期	集成2821 陝青1.196 文物1976年5期36頁圖12 三代補929	1975年陝西岐山縣董家村1號窖藏	岐山縣博物館	
3161	此鼎	110（又重文2）	西周晚期	集成2822 陝青1.197	1975年陝西岐山縣董家村1號窖藏	岐山縣博物館	
3162	此鼎	110（又重文1）	西周晚期	集成2823 陝青1.198	1975年陝西岐山縣董家村1號窖藏	岐山縣博物館	
3163	𢦏方鼎	113（又重文3）	西周中期	集成2824 陝青2.100 文物1976年6期58頁圖18 三代補942	1975年陝西扶風縣莊白家村西周墓葬	扶風縣博物館	
3164	善夫山鼎	119（又重文2）	西周晚期	集成2825 文物1965年7期21頁圖6	1949年前在麟游、扶風、永壽交界處（即扶風北岐山一帶）的某溝	陝西省博物館	
3165	晉姜鼎	121	春秋前期	集成2826 考古圖1.6 博古2.7 薛氏96 嘯堂8商拾下11 大系録267	《考古圖》：得於韓城		《考古圖》：劉原父舊藏；又名"韓城鼎"、"乙亥鼎"

序號	器名	字數	時代	著録	出土地	現藏地	備註
3166	頌鼎	149（又重文2）	西周晚期	集成2827 三代4.37.1 西甲1.31 積古4.32 攈古3.3.5 奇觚2.17		故宫博物院	《集成》:清宫舊藏
3167	頌鼎	149（又重文2）	西周晚期	集成2828 三代4.38 西甲1.28 貞松3.36 故宫3期 大系録46 故圖下上41 彙編2.19		臺北"故宫博物院"	《集成》:清宫舊藏
3168	頌鼎	149（又重文2）	西周晚期	集成2829 三代4.39.1—2 攈古3.3.3 愙齋4.23 周金2.18 大系録45 小校3.31 上海49 彙編2.18		上海博物館	《周金》、《羅表》:李香巖、費念慈舊藏;傳世頌鼎三器(《集成》2827—2829),此爲最大的一件
3169	吴虎鼎	163（又重文2）	西周晚期	近出364 考古與文物1998年3期69—71頁	1992年陝西省長安縣申店鄉徐家寨村	陝西省長安縣文物管理委員會	
3170	師𩛥鼎	190（又重文1,合文6）	西周中期	集成2830 陝青3.105 文物1975年8期61頁圖3 三代補919	1974年陝西扶風縣强家村西周窖藏	陝西省博物館	

序號	器名	字數	時代	著録	出土地	現藏地	備註
3171	九年衛鼎	191(又重文1,合文3)	西周中期	集成2831 陝青1.174 文物1976年5期39頁圖16 三代補926	1975年陝西岐山縣董家村西周窖藏	岐山縣博物館	
3172	五祀衛鼎	201(又重文5,合文1)	西周中期	集成2832 陝青1.173 文物1976年5期38頁圖15 三代補925	1975年陝西岐山縣董家村西周窖藏	岐山縣博物館	
3173	禹鼎	204(又重文3)	西周晚期	集成2833 録遺99 陝圖78 學報1959年3期圖版貳	傳1942年陝西扶風縣任家村	中國歷史博物館	《集成》:陝西省博物館舊藏;《集成》收"禹鼎"兩件(2833—2834)
3174	禹鼎	存156	西周晚期	集成2834 博古2.21 薛氏97—99 嘯堂13 大系録91	《博古》:得於華陰		又名"穆公鼎"、"成鼎"
3175	多友鼎	275(又重文1,合文1)	西周晚期	集成2835 人文雜誌1981年4期116頁	1980年陝西長安縣斗門公社下泉村	陝西省博物館	
3176	大克鼎	281(又重文7,合文2)	西周晚期	集成2836 三代4.40.1—41.2 窸齋5.1 綴遺4.25 奇觚2.28 周金2.12 大系録110—111 小校3.32—33 上海47 彙編2.9	《通考》:光緒十六年陝西扶風縣法門寺任村	上海博物館	《上海》:潘祖蔭舊藏,1951年潘達于捐獻;《貞松》3.35:當時出土凡百二十餘器,克鐘、克鼎及中義父鼎并在一窖中;又名"善夫克鼎"

序號	器名	字數	時代	著録	出土地	現藏地	備註
3177	大盂鼎	286（又合文5）	西周早期	集成2837 三代4.42.1—43.2 從古16.31 恒軒9.2 攈古3.3.31 窸齋4.12 綴遺3.22 奇觚2.34—36 周金2.10 小校3.41 大系録18 上海29 彙編2.8	《窸齋》：道光初年出郿縣禮邨溝岸中	中國歷史博物館	《斷代》：先後經邑紳郭氏、周廣盛、左宗棠、潘祖蔭等人收藏。潘氏罷官以後，舁歸蘇州宅中，一直保存到1951年，由潘氏後人潘達于先生捐獻政府，今陳列在上海博物館
3178	曶鼎	約存376（又重文4）	西周中期	集成2838 三代4.45.2—46.1 積古4.35 攈古3.3.46 窸齋4.17 奇觚2.21（又16.20） 周金2.6 大系録83 小校3.45 彙編2.4	《積古》：畢秋帆得於西安		《積古》、《奇觚》：畢沅舊藏，後燬於兵火；或認爲此器係扶風所出；《集成》目録中器名爲"𦣞鼎"、字數爲"存376"
3179	小盂鼎	存390	西周早期	集成2839 三代4.44.1—45.1 攈古3.3.42 綴遺3.27 大系録19 小校3.43 斷代（四）圖版拾 彙編2.3	《攈古録》：器出陝西岐山縣，安徽宣城李文翰令岐山時得之。《觀堂別集補遺》：此鼎與大盂鼎同出陝西郿縣禮邨		《斷代》：傳説此器亡佚於太平天國之際，而別一説則以爲項城袁氏實藏此器，重埋入土，今不知所在

序號	器名	字數	時代	著録	出土地	現藏地	備註
3180	中山王嚳鼎	457（又重文10，合文2）	戰國後期	集成2840 文物1979年1期13頁圖15—20 三代補991	1977年河北平山縣三汲公社1號墓	河北省文物研究所	
3181	毛公鼎	479（又重文9、合文9）	西周晚期	集成2841 三代4.46.2—49 從古16.18 攈古3.3.51 愙齋4.2 奇觚2.41 周金2.1 簠齋1鼎1 大系録131 小校3.47 故圖下下83—85 銅玉173頁 彙編2.2a—b 董作賓先生全集11	道光末年出土於陝西岐山縣	臺北"中央博物院"	《集成》：陳介祺、端方、葉恭綽、陳詠仁舊藏

十一、簋

序號	器名	字數	時代	著録	出土地	現藏地	備註
3182	甲簋	1	西周早期	集成 2911 上海 33 考古與文物 1991 年 1 期	1925 年陝西寶鷄市鬭鷄臺	上海博物館	
3183	天簋	1	商代後期	集成 2912 西甲 7.8			清宫舊藏
3184	天簋	1	商代後期	集成 2913		故宫博物院	頤和園舊藏
3185	天簋	1	商代後期	集成 2914 文物 1975 年 5 期 90 頁圖 10	1969 年陝西長武縣劉主河村	長武縣文化館	
3186	簋	1	西周早期	集成 2915 文参 1955 年 8 期圖版 5：右 録遺 117	1955 年遼寧凌源縣馬廠溝小轉山子	遼寧省博物館	河北省博物館舊藏
3187	簋	1	商代後期	集成 2916 三代 6.1.2 綴遺 6.3 續殷上 32.7 善齋 8.1 小校 7.3.1		故宫博物院	劉體智舊藏
3188	簋	1	商代後期	集成 2917 西清 13.41 貞松 4.23.1			清宫舊藏
3189	簋	1	商代後期	集成 2918		故宫博物院	章乃器舊藏
3190	簋	1	商代後期	集成 2919 三代 6.1.5 攈古 1.1.4.4 從古 15.6.1 綴遺 6.3.2 愙齋 7.6.2 簠齋 3 敦 23 奇觚 3.1.2 周金 3.100.1 殷存上 14.9 小校 7.55.7		故宫博物院	陳介祺舊藏；除《三代》、《小校》外，各書銘文多倒置

序號	器名	字數	時代	著録	出土地	現藏地	備註
3191	簋	1	商代後期	集成 2920 綜覽 141 頁小型盂 38		丹麥哥本哈根美術博物館	
3192	簋	1	西周早期	集成 2921 文物 1965 年 7 期 27 頁圖 1：5	1963 年山東蒼山縣東高堯村窖藏	臨沂市博物館	
3193	婦簋	1	商代後期	集成 2922 雙古 1.21		故宫博物院	于省吾舊藏
3194	好簋	1	商代後期	集成 2923 學報 1977 年 2 期 66 頁圖 6：1 婦好墓圖 35：6 河南 1.142	1976 年河南安陽市殷墟 5 號墓	考古研究所	
3195	嫂簋	1	商代後期	集成 2924		中國歷史博物館	
3196	簋	1	商代後期	集成 2925 日精華 2.93 綜覽 141 頁小型盂 40		日本京都太田貞造氏	
3197	母簋	1	西周早期	集成 2926 三代 6.4.8		日本兵庫縣黑川古文化研究所	
3198	重簋	1	商代後期	集成 2927 鄴三上 25 鐃齋 10 綜覽 137 頁小型盂 3	傳安陽		
3199	何簋	1	商代後期	集成 2928 三代補 81 頁 R570	傳河南安陽市郊郭家灣北地	加拿大多倫多皇家安大略博物館	
3200	簋	1	商代後期	集成 2929 學報 1979 年 1 期 83 頁圖 60：10 河南 1.220	1969—1977 年河南安陽市殷墟西區 355 號墓	考古研究所安陽工作站	

序號	器名	字數	時代	著録	出土地	現藏地	備註
3201	文簋	1	西周早期	集成2930 陝青1.74	1977年陝西清澗縣解家溝	綏德縣博物館	
3202	[illegible]簋	1	商代後期	集成2931	山東濟南市劉家莊	濟南市博物館	
3203	[illegible]簋	1	西周早期	集成2932 三代6.4.4 貞松4.24.4	《貞松》:傳洛陽		
3204	[illegible]簋	1	西周早期	集成2933		故宫博物院	
3205	[illegible]簋	1	西周早期	集成2934 三代6.4.5 貞松4.24.2 善齋8.11 續殷上34.2 小校7.4.2 頌續30	《貞松》:傳洛陽		劉體智、容庚舊藏
3206	[illegible]簋	1	西周早期	集成2935 三代6.4.6 貞松4.24.3 善齋8.10 續殷上34.1 小校7.4.3 頌續29	《貞松》:傳洛陽		劉體智、容庚舊藏
3207	[illegible]簋	1	商代後期	集成2936 録遺114			
3208	[illegible]簋	1	商代後期	集成2937 録遺113		故宫博物院	
3209	兒簋	1	西周中期	集成2938	1974年陝西寶鷄市茹家莊1號墓	寶鷄市博物館	寶鷄市博物館提供
3210	兒簋	1	西周中期	集成2939 寶鷄𢐗國墓地280頁	1974年陝西寶鷄市茹家莊1號墓	寶鷄市博物館	

序號	器名	字數	時代	著録	出土地	現藏地	備註
3211	兒簋	1	西周中期	集成 2940 寶鷄強國墓地 280 頁	1974 年陝西寶鷄市茹家莊 1 號墓	寶鷄市博物館	
3212	㚔簋	1	商代後期	集成 2941 日精華 2.94 安陽遺寶 31 彙編 8.1142 綜覽 84 頁簋 18	傳安陽	日本大阪廣海二三郎氏	
3213	㚔簋	1	商代後期	集成 2942	傳河南安陽	故宫博物院	
3214	𢍰簋	1	西周早期	集成 2943 綜覽 93 頁簋 107			
3215	𣦍簋	1	商代後期	集成 2944 三代 6.3.11 夢續 23 小校 7.4.7			羅振玉舊藏
3216	𡇒簋	1	商代後期	集成 2945 西拾 10 綜覽 144 頁小型盂 70			頤和園舊藏
3217	𡇒簋	1	商代後期	集成 2946		首都博物館	張效彬舊藏
3218	𡇒簋	1	商代後期	集成 2947		安陽市博物館	
3219	歮簋	1	商代後期	集成 2948 上海 7		上海博物館	
3220	歮簋	1	商代後期	集成 2949 三代 6.3.10 移林 10 小校 7.4.1		中國歷史博物館	丁麟年舊藏
3221	徙簋	1	商代後期	集成 2950 文物 1975 年 2 期 89 頁圖 2 河南 1.343	1968 年河南温縣小南張村墓葬	河南省博物館	

序號	器名	字數	時代	著録	出土地	現藏地	備註
3222	□簋	1	商代後期	集成 2951 泉屋 40 海外吉 26 三代補 108 頁 R769 綜覽 84 頁簋 17		日本京都泉屋博古館	
3223	⊠簋	1	西周早期	集成 2952 西清 28.1			清宫舊藏
3224	⊕簋	1	商代後期	集成 2953 西乙 7.36 寶藴 47 續殷上 33.12 故圖下下 123		臺北"中央博物院"	瀋陽故宫舊藏
3225	[illegible]簋	1	西周	集成 2954 三代 7.2.2—3 攈古 1.1.42.4—1.1.43.1			
3226	叝簋	1	西周早期	集成 2955 布倫戴奇 Fig40 彙編 8.1354 三代補 130 頁 R827		美國舊金山亞洲美術博物館布倫戴奇藏品	
3227	叝簋	1	商代後期	集成 2956 三代 6.3.6 善齋 8.2 貞松 4.22.4 小校 7.3.2 冠斝上 16 續殷上 32.9		故宫博物院	劉體智、榮厚舊藏
3228	史簋	1	商代後期	集成 2957 布倫戴奇 Fig11 彙編 8.1325 綜覽 87 頁簋 43		美國舊金山亞洲美術博物館布倫戴奇藏品	

序號	器名	字數	時代	著録	出土地	現藏地	備註
3229	史簋	1	商代後期	集成 2958 三代 11.1.6(誤作尊) 日精華 2.98 續殷上 50.9(誤作尊) 彙編 8.1329 綜覽 85 頁簋 27 三代補 104 頁 R736 賽爾諸什 20 歐遺珠圖版 16		法國巴黎賽爾諸什博物館	《集成》説明中著録"賽爾諸什 20"誤爲"12"
3230	史簋	1	商代後期	集成 2959 美集録 R90 彙編 8.1322(誤作卣)		美國米里阿波里斯美術館	皮斯柏舊藏
3231	史簋	1	商代後期	集成 2960 三代 6.3.7 武英 47 貞松 4.26.1 續殷上 32.8 小校 7.4.5 故圖下下 125		臺北"中央博物院"	承德避暑山莊舊藏
3232	史簋	1	商代後期	集成 2961 三代 6.3.8 積古 1.24.4 攗古 1.1.6 周金 3.118.2		故宫博物館	方若舊藏
3233	史簋	1	商代後期	集成 2962 三代 11.1.2(誤作尊) 攗古 1.1.12.4(誤作尊)		故宫博物院	頤和園舊藏
3234	史簋	1	西周早期	集成 2963 西清 13.37 綴遺 6.1.2			清宫舊藏

序號	器名	字數	時代	著録	出土地	現藏地	備註
3235	𠂤簋	1	商代後期	集成2964 三代6.2.12 貞松4.23.3 小校7.4.4 續殷上32.10 善齋8.4 善彝53 故圖下下124		臺北"中央博物院"	劉體智舊藏
3236	𠂤簋	1	商代後期	集成2965 美集録R25		美國哈佛大學福格美術博物館	
3237	𠂤簋	1	商代後期	集成2966		上海博物館	
3238	守簋	1	商代後期	集成2967 三代6.3.9 貞續上28.3 小校9.95.2		故宫博物院	劉體智、張效彬舊藏
3239	守簋	1	商代後期	集成2968		上海博物館	
3240	未簋	1	商代後期	集成2969 三代6.3.3 殷存上14 小校7.3.5 美集録R236			美國盧芹齋舊藏
3241	刹簋	1	商代後期	集成2970 三代6.3.1 貞續上28.4 續殷上34.9			容庚舊藏
3242	㱿簋	1	商代後期	集成2971 三代6.3.2 鄴二上13	傳安陽		
3243	逐簋	1	西周早期	集成2972 三代6.3.12 貞松4.26.2 善齋8.12 小校7.4.6			劉體智舊藏

序號	器名	字數	時代	著録	出土地	現藏地	備註
3244	牛簋	1	商代後期	集成 2973 布倫戴奇 Fig52 彙編 9.1638		美國舊金山亞洲美術博物館布倫戴奇藏品	
3245	虎簋	1	西周晚期	集成 2974 三代 7.1.1—2 恒軒 23 愙齋 7.13.1—2 綴遺 6.4.1—2 小校 7.54.5—6	據吴大澂題跋:傳陝西扶風縣法門寺	《綜覽》:MOA美術館	《恒軒》:蒲城楊氏舊藏
3246	虎簋	1	西周晚期	集成 2975 日精華 4.321	據吴大澂題跋:傳陝西扶風縣法門寺	日本神奈川箱根美術館	日本武内金平、安宅英一舊藏
3247	虎簋	1	西周晚期	集成 2976 三代 7.1.3(蓋) 愙齋 7.12.2(蓋) 殷存上 10.7(蓋) 小校 7.54.8(蓋) 上海 56.1—2(蓋、器)	據吴大澂題跋:傳陝西扶風縣法門寺	上海博物館	蓋舊爲吴大澂收藏,後歸蘇州市文物保管委員會
3248	虎簋蓋	1	西周晚期	集成 2977 三代 7.1.4 愙齋 7.12.3 殷存上 10.6 小校 7.54.7	據吴大澂題跋:傳陝西扶風縣法門寺		吴大澂舊藏
3249	虎簋	1	商代後期	集成 2978 録遺 116			
3250	鳥形銘簋	1	西周早期	集成 2979 三代 6.1.11 貞松 4.21.2 小校 7.1.7 善齋 8.7 續殷上 32.1 頌續 36	傳西安	故宫博物院	劉體智、容庚舊藏

序號	器名	字數	時代	著録	出土地	現藏地	備註
3251	鳥形銘簋	1	西周早期	集成 2980 三代 6.1.12 貞補上 18.2 小校 7.1.8 善齋 8.6			劉體智舊藏;銘在鋬内
3252	鳶簋	1	商代後期	集成 2981 美集録 R13		美國哈佛大學福格美術博物館	
3253	魚簋	1	西周早期	集成 2982 三代 6.2.3 貞松 4.22.1 貞圖上 29 續殷上 32.4		遼寧省博物館	羅振玉舊藏
3254	魚簋	1	西周中期	集成 2983 文物 1963 年 3 期 45 頁圖 2：8		陝西省博物館	西安市文物管理委員會收集品
3255	魚簋	1	西周中期	集成 2984 文物 1963 年 3 期圖版 8：3		陝西省博物館	西安市文物管理委員會收集品
3256	黿簋	1	西周早期	集成 2985 三代 6.9.4 貞松 4.29.1 武英 71 續殷上 36.2 小校 7.7.1 故圖下下 128		臺北“中央博物院”	承德避暑山莊舊藏
3257	啚簋	1	商代後期	集成 2986		故宫博物院	
3258	啚簋	1	西周早期	集成 2987 三代 7.1.5 窓齋 7.2.2 簠齋 3 敦 22.1 綴遺 6.2.2 奇觚 3.1.1 殷存上 10.5 小校 7.54.1			陳介祺舊藏

序號	器名	字數	時代	著録	出土地	現藏地	備註
3259	車簋	1	商代後期	集成 2988		故宫博物院	清宫舊藏
3260	奞簋	1	商代後期	集成 2989 美集録 R162 弗里爾 345 頁		美國華盛頓弗里爾美術陳列館	
3261	亢簋	1	商代後期	集成 2990 三代 6.5.8 西乙 6.45 寶蘊 58 貞松 4.23.4 續殷上 33.10 故圖下下 119		臺北"中央博物館"	瀋陽故宫舊藏
3262	亢簋	1	商代後期	集成 2991 綜覽 84 頁簋 16	傳河南安陽	瑞典斯德哥爾摩遠東古物館	
3263	亢簋	1	商代後期	集成 2992 文博 1986 年 1 期 95 頁	1982 年陝西武功縣游鳳鄉黄南窖村墓葬	武功縣文化館	
3264	亢簋	1	西周早期	集成 2993 善齋 8.5 小校 7.1.3 頌續 28	傳河南洛陽		劉體智、容庚舊藏
3265	𠔁簋	1	商代後期	集成 2994 三代 7.2.1 殷存上 10.3			
3266	𠔁簋	1	商代後期	集成 2995 三代 7.1.8 殷存上 10.8 貞松 4.25.3			
3267	𠔁簋	1	商代後期	集成 2996		故宫博物院	
3268	𠔁簋	1	商代後期	集成 2997 西拾 6			頤和園舊藏
3269	𠔁簋	1	商代後期	集成 2998 西拾 9			頤和園舊藏

序號	器名	字數	時代	著録	出土地	現藏地	備註
3270	丙簋	1	商代後期	集成 2999 三代 6.5.6 攈古 1.1.5 小校 7.1.1 殷存上 14.8			《攈古録》:直隸通州李氏舊藏
3271	丙簋	1	商代後期	集成 3000 三代 6.5.7 西乙 6.42 寶藴 42 貞松 4.25.4 故圖下下 121		臺北“中央博物院”	瀋陽故宫舊藏
3272	[illegible]簋	1	商代後期	集成 3001		故宫博物院	
3273	[illegible]簋	1	商代後期	集成 3002	傳安陽	故宫博物院	此器應爲甗,《集成》9941已收,此處誤重收
3274	皿簋	1	西周晚期	集成 3003		中國歷史博物館	
3275	皿簋	1	西周晚期	集成 3004		中國歷史博物館	
3276	圖簋	1	西周早期	集成 3005 彙編 8.986		美國紐約某私人收藏	
3277	圖簋	1	西周早期	集成 3006 考古與文物 1983 年 6 期 7 頁 圖 4:5(銘倒)		寶鷄市博物館	
3278	[illegible]簋	1	商代後期	集成 3007 美集録 R20		美國紐約朋太姆氏	
3279	[illegible]簋	1	商代後期	集成 3008 三代 6.5.4 美集録 R508(附)			美國紐約羅比爾舊藏

序號	器名	字數	時代	著録	出土地	現藏地	備註
3280	[illegible]簋	1	商代後期	集成 3009 三代 6.5.5 十二遐 7			葉恭綽舊藏
3281	[illegible]簋	1	商代後期	集成 3010 雙古 23			于省吾舊藏
3282	[illegible]簋	1	商代後期	集成 3011		故宫博物院	
3283	[illegible]簋	1	西周早期	集成 3012 寧壽 6.14 故圖下上 62		臺北"故宫博物院"	清宫舊藏
3284	[illegible]簋	1	西周早期	集成 3013		上海博物館	
3285	[illegible]簋	1	西周早期	集成 3014 三代 6.5.3 貞松 4.25.2 武英 61 小校 7.1.2 續殷上 33.4 故圖下下 117		臺北"中央博物院"	承德避暑山莊舊藏
3286	鼎簋	1	商代後期	集成 3015 三代 6.2.4 西乙 6.43 寶蘊 46 貞松 4.27.4 續殷上 33.2 故圖下下 118		臺北"中央博物院"	瀋陽故宫舊藏
3287	[illegible]簋	1	商代後期	集成 3016 西甲 7.19			清宫舊藏
3288	[illegible]簋	1	西周早期	集成 3017 文物 1963 年 3 期 45 頁圖 2：7 陝青 1.126	1959 年陝西武功縣游鳳鎮滹沱村	陝西省博物館	
3289	戈簋	1	商代後期	集成 3018		河南安陽市博物館	

序號	器名	字數	時代	著録	出土地	現藏地	備註
3290	戈簋	1	商代後期	集成 3019 三代 6.2.7(又 11.1.12 重出,誤作尊) 殷存上 19.5(又下 35.3 重出,誤作尊) 小校 9.95.1(誤作盦)		上海博物館	潘祖蔭舊藏
3291	戈簋	1	商代後期	集成 3020 三代 14.33.2(誤作觶) 貞松 9.10.1(誤作觶) 續殷下 49.8(誤作觶) 小校 7.2.3(作彝) 綜覽 139 頁小型盂 22		美國紐約薩克爾氏(M. Sackler)	
3292	戈簋	1	商代後期	集成 3021 三代 6.2.8 貞松 4.24.1 小校 7.24 續殷上 32.11 武英 69 故圖下下 126		臺北"中央博物院"	承德避暑山莊舊藏
3293	戈簋	1	商代後期	集成 3022 西清 13.40			清宫舊藏
3294	戈簋	1	商代後期	集成 3023 考古 1982 年 1 期 107 頁圖1:3	1974 年陝西銅川市紅土鎮	銅川市文化館	
3295	戈簋	1	西周早期	集成 3024	陝西寶鷄祀鷄臺		

序號	器名	字數	時代	著録	出土地	現藏地	備註
3296	戠簋	1	商代後期	集成 3025 三代 6.8.5 小校 7.8.4 彙編 9.1546		加拿大多倫多皇家安大略博物館	
3297	𠄡簋	1	商代後期	集成 3026		故宫博物院	頤和園舊藏
3298	𠄡簋	1	西周早期	集成 3027 考古圖 4.19			
3299	[illegible]簋	1	西周晚期	集成 3028 三代 7.1.6 愙齋 7.13 恒軒上 24 續殷上 34.3 小校 7.55.4 日精華 4.320		日本京都藤井有鄰館	《恒軒》:三原劉氏舊藏
3300	尹簋	1	西周早期	集成 3029 文物 1977 年 12 期 29 頁圖 22	1974 年遼寧喀左縣山灣子窖藏	喀左縣博物館	
3301	受簋	1	商代後期	集成 3030 文物 1974 年 11 期 94 頁圖 19 河北 74	1966 年河北磁縣下七垣村墓葬	河北省博物館	
3302	受簋	1	商代後期	集成 3031 西清 14.33			清宫舊藏
3303	山簋	1	西周早期	集成 3032 考古 1976 年 1 期 34 頁圖 5：4	1973 年陝西岐山縣賀家村墓葬	陝西省博物館	
3304	[illegible]簋	1	商代後期	集成 3033 三代 6.4.1 西清 13.35 殷存上 14 小校 7.1.4			清宫舊藏

序號	器名	字數	時代	著録	出土地	現藏地	備註
3305	簋	1	西周	集成 3034 三代 6.4.11 攈古 1.1.4.1 筠清 5.22.2 愙齋 7.14.4 攀古下 35 恒軒 45 綴遺 6.4.2 周金 3.100.2 續殷上 34.7 小校 7.5.4			潘祖蔭舊藏;此字郭沫若考爲"須句"
3306	簋	1	商代後期	集成 3035 三代 6.5.1 彙編 9.1790			
3307	簋	1	西周中期	集成 3036 三代 6.5.2 貞松 5.1.2 善齋 8.3 小校 7.3.6 頌續 27			劉體智、容庚舊藏
3308	簋	1	商代後期	集成 3037 綜覽 137 頁小型盂 1			
3309	簋	1	商代後期	集成 3038 録遺 610(原作不知名器)		故宫博物院	
3310	簋	1	商代後期	集成 3039 録遺 115 綜覽 138 頁小型盂 13		美國紐約薩克爾氏(M. Sackler)	
3311	簋	1	商代後期	集成 3040 西清 13.33			清宫舊藏
3312	啓簋	1	商代後期	集成 3041 寧壽 6.15			清宫舊藏

序號	器名	字數	時代	著録	出土地	現藏地	備註
3313	□簋	1	商代後期	集成 3042 西乙 6.28 寶蘊 52 故圖下下 120		臺北"中央博物院"	瀋陽故宫舊藏
3314	□簋	1	西周早期	集成 3043 美集録 R268			
3315	□簋	1	商代後期	集成 3044 三代 7.2.4 貞松 5.1.1 續殷上 34.4 美集録 R231		美國紐約乃布氏	
3316	□簋	1	商代後期	集成 3045		上海博物館	
3317	□簋	1	西周晚期	集成 3046 博古 17.3 薛氏 118.1—2 嘯堂 58.2—3			《薛氏》:舊藏御府
3318	□簋	1	西周晚期	集成 3047 博古 17.4 薛氏 118.3—4 嘯堂 58.4—5			《薛氏》:舊藏御府
3319	□簋	1	西周晚期	集成 3048 博古 17.5 薛氏 118.5 嘯堂 58.6	《薛氏》:宣和間獲於長安水中		
3320	天簋	1	商代後期	近出 365 考古 1993 年 4 期 322 頁	1987 年 5 月河北薊縣張家園遺址 M4:2	天津市歷史博物館考古部	
3321	□簋	1	商代後期	近出 366 富士比(1967,5,16 42)			英國倫敦富士比拍賣行曾見
3322	見簋	1	商代後期	近出 367 考古 1988 年 10 期 867—868 頁	1983 年 6—10 月河南省安陽市大司空村墓葬 M663:38	中國社會科學院考古研究所安陽工作隊	

序號	器名	字數	時代	著録	出土地	現藏地	備註
3323	爰簋	1	商代後期	近出368 考古學報1991年3期333—342頁	1984年10—11月河南省安陽市戚家莊東269號墓	河南省安陽市文物工作隊	
3324	伊簋	1	商代後期	近出369 富士比(1970,7,14 56)			J. Homberg舊藏;英國倫敦富士比拍賣行曾見
3325	散簋	1	商代後期	近出370 中原文物1998年2期111—113頁		河南省鄭州大學文博學院	
3326	正簋	1	商代後期	近出371 文物1985年8期82—84頁		北京首都博物館	張效彬先生捐贈
3327	正簋	1	商代後期	近出372 文物1986年8期73頁		河南省安陽市博物館	
3328	子簋	1	西周早期	近出373 歐遺珠圖版84		德國科隆東亞藝術博物館	
3329	騾簋	1	商代後期	近出374 文物1986年11期14頁	1985年1月山西省靈石縣旌介村墓葬M1:35	山西省靈石縣文化局	
3330	融簋	1	商代後期	近出375 海岱考古第一輯256—266頁	1986年春山東省青州市蘇埠屯墓葬M8:12	山東省青州市博物館	
3331	[illegible]簋	1	商代後期	近出376 富士比(1977,12,13 216)			英國倫敦富士比拍賣行曾見

序號	器名	字數	時代	著録	出土地	現藏地	備註
3332	[illegible]簋	1	商代後期	近出 377 文物 1986 年 11 期 14 頁	1985 年 1 月山西省靈石縣旌介村墓葬 M2：39	山西省靈石縣文化局	
3333	[illegible]簋	1	商代後期	近出 378 考古與文物 1990 年 5 期 25—38 頁	陝西省渭南市	陝西省西安市文物中心	
3334	[illegible]簋	1	商代後期	近出 379 文物 1995 年 6 期 89 頁 中國文物報 1993 年 21 期 4 版	1992 年 10 月河北遷安縣夏官營鎮馬哨村		
3335	[illegible]簋	1（蓋器同銘）	西周早期	近出 380 寶鷄𢐗國墓地(上)192 頁	陝西省寶鷄市竹園溝 20 號墓 M20：3	陝西省寶鷄市博物館	
3336	[illegible]簋	1	西周晚期	近出 381 富士比（1984,12,11　2）			英國倫敦富士比拍賣行曾見
3337	亞簋	1	商代後期	近出 382 富士比（1972,11,14　229）			英國倫敦富士比拍賣行曾見
3338	戈簋	1	商代後期	近出 383 文物 1986 年 8 期 73 頁		河南省安陽市博物館	
3339	戈簋	1	西周早期	近出 384 考古與文物 1990 年 5 期 26—43 頁	甘肅省慶陽地區	陝西省西安市文物中心	
3340	[illegible]簋	1	春秋前期	近出 385 文物 1990 年 11 期 66 頁	1975 年 12 月安徽壽縣蕭嚴湖	安徽壽縣博物館	

序號	器名	字數	時代	著録	出土地	現藏地	備註
3341	[illegible]簋	1	西周晚期	近出 386 富士比(1947,3,25 83)			英國倫敦富士比拍賣行曾見
3342	◇簋	1	商代後期	近出 387 考古 1992 年 2 期 187 頁	1990 年 5 月河南省安陽市梅園莊墓葬 M1：6	中國社會科學院考古研究所安陽工作隊	
3343	鳥簋	1	西周早期	近出附 20 中原文物 1985 年 1 期 31 頁		河南新鄉市博物館	
3344	且乙簋	2	商代後期	集成 3049 三代 7.2.6 殷存上 11.2			
3345	且戊簋	2	商代後期	集成 3050 貞續上 32.3			
3346	且辛簋	2	西周早期	集成 3051 彙編 7.950	傳 1930 年河南洛陽近郊	加拿大多倫多皇家安大略博物館	
3347	父乙簋	2	西周早期	集成 3052 三代 6.7.1 西乙 6.38 貞松 4.28.1 續殷上 35.4 寶蘊 51 故圖下下 133		臺北"中央博物院"	瀋陽故宮舊藏
3348	父丁簋	2	西周早期	集成 3053 三代 6.7.2 綴遺 6.16 陶齋 1.46 續殷上 35.5 小校 7.7.3	傳陝西長安斗門鎮張村		端方舊藏
3349	父丁簋	2	西周早期	集成 3054 陝青 4.162	1969 年陝西鄠縣孫家磑	陝西鄠縣文化館	

序號	器名	字數	時代	著録	出土地	現藏地	備註
3350	父戊簋	2	西周早期	集成3055 三代6.7.3 殷存上15.7 文物1964年4期52頁圖2		青島市博物館	山東黄縣丁樹楨舊藏
3351	父戊簋	2	西周早期	集成3056		上海博物館	1956年收集品
3352	父己簋	2	商代後期	集成3057 文叢3.36頁圖8(銘倒)	1961年河南鶴壁市龎村	河南省博物館	
3353	父己簋	2	商代後期	集成3058 薛氏43.4			
3354	父辛簋	2	商代後期	集成3059 三代7.2.6—7.3.1 小校7.7.5—6 貞松5.1.3—4			劉體智舊藏
3355	父辛簋	2	西周早期	集成3060 三代6.7.4 積古1.23.2 十六1.3 攈古1.1.23.2 殷存上15.8 小校7.7.4		上海博物館	阮元、錢坫、徐乃昌舊藏
3356	[illegible]乙簋	2	商代後期	集成3061 學報1979年1期83頁圖60：12	1969—1977年河南安陽市殷墟西區墓葬	考古研究所安陽工作站	
3357	乙戈簋	2	商代後期	集成3062 鄴三上27			
3358	乙魚簋	2	商代後期	集成3063		山東省博物館	山東黄縣丁樹楨舊藏

序號	器名	字數	時代	著録	出土地	現藏地	備註
3359	[illegible]丁簋	2	商代後期	集成 3064 三代 6.7.9 西乙 6.24 貞補上 18.4 寶蘊 50 續殷上 35.7 故圖下下 129		臺北"中央博物院"	瀋陽故宫舊藏
3360	何戊簋	2	商代後期	集成 3065 三代 6.8.1 從古 15.7 攈古 1.1.24.2 愙齋 7.3.1 綴遺 6.7.1 奇觚 3.2.1 殷存上 15.5 小校 7.8.1 簠齋 3 敦 20.1 冠斝上 17	《攈古》:傳岐山	故宫博物院	陳介祺、榮厚舊藏
3361	戈己簋	2	商代後期	集成 3066 三代 6.8.2 貞松 4.28.3 續殷上 35.9		故宫博物院	《貞松》:溥倫舊藏
3362	天己簋	2	商代後期	集成 3067 薛氏 43.5—6			《薛氏》:南豐曾氏舊藏
3363	辛[illegible]簋	2	商代後期	集成 3068 文物 1963 年 3 期 45 頁圖 2∶5 陝青 1.125	1959 年陝西武功縣溽霑村	陝西省博物館	
3364	辛[illegible]簋	2	商代後期	集成 3069 三代 6.8.7 殷存上 15.4 小校 9.95.3(誤作盦) 美集録 R454 布倫戴奇 Fig10		美國舊金山亞洲美術博物館布倫戴奇藏品	

序號	器名	字數	時代	著録	出土地	現藏地	備註
3365	癸山簋	2	西周早期	集成 3070 三代 6.8.4 從古 15.3 攈古 1.1.24.1 愙齋 7.2.1 綴遺 6.6.1 奇觚 3.2.2 殷存上 15.2 簠齋 3 敦 21 小校 7.8.2 美集録 R199	《攈古録》: 傳岐山		陳介祺舊藏
3366	子癸簋	2	商代後期	集成 3071 銅玉 Fig70：1 彙編 8.1227 綜覽 87 頁簋 42		英國倫敦不列顛博物館	
3367	子簋	2	商代後期	集成 3072 考古 1964 年 11 期 592 頁圖 1：1 河南 1.325 中原文物 1985 年 1 期 30 頁圖 2：10 文博 1990 年 3 期 15 頁	1950 年河南安陽市郊區	新鄉市博物館	
3368	子妻簋	2	商代後期	集成 3073			故宫舊藏
3369	子妻簋	2	商代後期	集成 3074		故宫博物院	
3370	子妥簋	2	商代後期	集成 3075		故宫博物院	
3371	子簋	2	商代後期	集成 3076 博古 8.10 薛氏 19.3 嘯堂 27			
3372	子昔簋	2	商代後期	集成 3077		天津市歷史博物館	《集成》目録中器名爲"子昔簋"

序號	器名	字數	時代	著録	出土地	現藏地	備註
3373	冀子簋	2	商代後期	集成 3078 録遺 122			
3374	子刀簋	2	西周早期	集成 3079 三代 6.8.8 西甲 7.7 澂秋 12 殷存上 14.10 小校 7.8.3		故宫博物院	清宫舊藏，後歸陳承裘
3375	子刀簋	2	西周早期	集成 3080		上海博物館	
3376	帚[illegible]簋	2	商代後期	集成 3081 綜覽 83 頁簋 10		荷蘭阿姆斯特丹亞洲藝術博物館	
3377	守婦簋	2	商代後期	集成 3082 三代 6.10.1 西乙 7.13 寶蘊 59 貞松 4.29.2 續殷上 35.10 故圖下下 127		臺北"中央博物院"	瀋陽故宫舊藏
3378	冀女簋	2	商代後期	集成 3083 録遺 121(又 340 重出，誤作觚) 布倫戴奇 Fig9		美國舊金山亞洲美術博物館布倫戴奇藏品	
3379	女丫簋	2	商代後期	集成 3084 三代 6.10.4 西甲 7.13 貞補上 18.3 小校 7.56.7			清宫舊藏，後歸劉鶚
3380	康母簋	2	西周早期	集成 3085		上海博物館	
3381	乙[illegible]簋	2	商代後期	集成 3086 美集録 R455		美國舊金山亞洲美術博物館布倫戴奇藏品	

序號	器名	字數	時代	著録	出土地	現藏地	備註
3382	[illegible]丁簋	2	商代後期	集成 3087 三代 6.7.8 貞松 4.28 善齋 8.16 續殷上 35.8 小校 7.7.8		故宫博物院	劉體智舊藏
3383	己[illegible]簋	2	商代後期	集成 3088 博古 8.7 薛氏 17.4 嘯堂 26			
3384	癸[illegible]簋	2	商代後期	集成 3089	傳河南安陽	故宫博物館	
3385	亞矣簋	2	商代後期	集成 3090 三代 6.5.11 攈古 1.37 筠清 5.14.1 恒軒 42 愙齋 7.14.3 綴遺 6.6.2 攈古 1.1.22.4 殷存上 15.1 小校 7.56.2			韓芸舫、潘祖蔭舊藏
3386	亞矣簋	2	商代後期	集成 3091		安陽市博物館	
3387	亞矣簋	2	西周早期	集成 3092		上海博物館	
3388	亞奚簋	2	商代後期	集成 3093 三代 6.6.1 雙吉上 18 續殷上 34.12	《雙吉》:傳安陽	故宫博物院	于省吾舊藏
3389	亞缶簋	2	商代後期	集成 3094 三代 6.6.3 貞續上 29.1 續殷上 34.11 小校 7.6.1 頌齋 7 故圖下下 116	《頌齋》:1930年出於安陽	臺北"中央博物院"	容庚舊藏

序號	器名	字數	時代	著録	出土地	現藏地	備註
3390	亞醜簋	2	西周早期	集成 3095 三代 6.6.4 貞松 4.27.1 善齋 8.15 續殷上 33.9 小校 7.6.3			劉體智舊藏
3391	亞醜簋	2	商代後期	集成 3096 三代 6.6.5 貞松 4.27.2 武英 40 續殷上 33.7 小校 7.6.5 故圖下下 115		臺北"中央博物院"	承德避暑山莊舊藏
3392	亞醜簋	2	商代後期或西周早期	集成 3097 三代 6.6.6 窓齋 7.15.1 殷存上 11.1 小校 7.56.1			吴大澂舊藏
3393	亞醜方簋	2	商代後期	集成 3098 三代 7.2.5 西甲 7.18 故宫 14 期 故圖下上 57		臺北"故宫博物院"	清宫舊藏
3394	亞醜簋	2	商代後期	集成 3099 西清 14.1			清宫舊藏
3395	亞盥簋	2	商代後期	集成 3100 殷虚青銅器拓片圖 62：8	河南安陽苗圃 172 號墓	考古研究所安陽工作站	
3396	亞[illegible]簋	2	商代後期	集成 3101 三代 14.39.6 綴遺 6.3.1 貞續中 33.3 續殷下 50.9		故宫博物院	《綴遺》:器見蘇州;《三代》誤作觶;《貞續》、《續殷》誤作彝
3397	亞獏簋	2	商代後期	集成 3102		故宫博物院	1964 年收購

序號	器名	字數	時代	著録	出土地	現藏地	備註
3398	亞夫簋	2	商代後期	集成 3103 沃森 Fig6：7 綜覽 137 頁小型盂 7			
3399	亞光簋	2	西周早期	集成 3104 考古與文物 1984 年 1 期 55 頁圖2：1(銘倒)	1973 年陝西鳳翔縣河北村墓葬	鳳翔縣文化館	
3400	亞登簋	2	西周早期	集成 3105 三代 6.5.12 貞松 4.26.3		旅順博物館	
3401	尹舟簋	2	商代後期	集成 3106 三代 6.3.4 貞松 4.22.3 尊古 1.38 中國歷史博物館館刊 1982 年 4 期 94 頁		中國歷史博物館	清華大學舊藏
3402	尹舟簋	2	商代後期	集成 3107		故宫博物院	
3403	䍜册簋	2	商代後期	集成 3108 彙編 9.1420		英國雅士莫里博物館	此器《集成》第五册 1375 誤收爲鼎
3404	册光簋	2	商代後期	集成 3109 巖窟上 62(誤作鑑) 録遺 517(誤作鎗)	傳 1940 年河南安陽		梁上椿舊藏
3405	[illegible]册簋	2	商代後期	集成 3110 三代 6.5.9 西乙 7.10(銘倒) 寶藴 41 貞松 4.29.3 續殷上 36.3 故圖下下 122		臺北"中央博物院"	瀋陽故宫舊藏

序號	器名	字數	時代	著録	出土地	現藏地	備註
3406	鄉宁簋	2	商代後期	集成 3111 皇儲 102.1 綜覽 137 頁小型盂 4 彙編 8.1291		瑞典斯德哥爾摩皇宫	
3407	㠱歔簋	2	商代後期	集成 3112 文物 1982 年 9 期 39 頁圖 14	傳山東費縣	北京市文物研究所	
3408	㠱逆簋	2	商代後期	集成 3113 三代 6.10.7 攈古 1.2.51.3 綴遺 6.19.2 續殷上 35.12			《攈古録》:陝西長安某氏藏
3409	㠱[illegible]簋	2	商代後期	集成 3114 古器物研究專刊第五本 R1078 録遺 120	河南安陽市侯家莊西北崗 1601 號墓	臺北"中央研究院歷史語言研究所"	
3410	立[illegible]簋	2	商代後期	集成 3115 積古 2.17.2 攈古 1.2.36.1			
3411	弔龜簋	2	商代後期	集成 3116 塞利格曼 Fig12 彙編 9.1662 三代補 103 頁 R725		英國倫敦不列顛博物館	英國塞利格曼舊藏;各家著録皆爲摹本
3412	[illegible]萬簋	2	商代後期	集成 3117		故宫博物院	
3413	[illegible]大簋	2	商代後期	集成 3118		故宫博物院	
3414	[illegible]簋	2	商代後期	集成 3119 彙編 8.1270 三代補 82 頁 R579 懷履光(1956)99 頁 3 綜覽 101 頁簋 167	傳河南安陽郭家灣北地	加拿大多倫多皇家安大略博物館	

序號	器名	字數	時代	著録	出土地	現藏地	備註
3415	北單簋	2	商代後期	集成 3120 三代 6.1.7 擄古 10.2.10.1 綴遺 6.5.1 敬吾下 32.1 續殷上 33.6 小校 7.3.4			《綴遺》:葉東卿舊藏
3416	秉毌簋	2	商代後期	集成 3121		故宫博物院	
3417	禾㑌簋	2	商代後期	集成 3122 録遺 118			
3418	鼎[illegible]簋	2	商代後期	集成 3123 録遺 119			
3419	聑䍙簋	2	商代後期	集成 3124			
3420	[illegible][illegible]簋	2	西周早期	集成 3125 文物 1975 年 3 期 73 頁圖 5	1970 年陝西寶鷄市峪泉村墓葬	寶鷄市博物館	
3421	車徙簋	2	商代後期	集成 3126 考古 1964 年 11 期 592 頁圖 1:4—5	1949 年前後河南安陽郊區	新鄉市博物館	器外底有人面紋
3422	𧗿侯簋	2	商代後期	集成 3127 學報 1981 年 4 期 496 頁圖4:7	1976 年河南安陽小屯村殷墟 18 號墓	考古研究所安陽工作站	
3423	魚從簋	2	商代後期	集成 3128 三代 6.10.3 貞續上 29.2 小校 7.8.7		故宫博物院	
3424	魚從簋	2	商代後期	集成 3129		故宫博物院	
3425	夆彝簋	2	西周早期	集成 3130 文物 1981 年 9 期 20 頁圖 5	1979 年山東濟陽縣劉台子二號墓	德州地區文物室	此墓出同銘簋兩件,因銹蝕嚴重,僅録其一

序號	器名	字數	時代	著録	出土地	現藏地	備註
3426	夆彝簋	2	西周早期	集成 3131 文物 1985 年 12 期 18 頁圖 8：2	1982 年山東濟陽縣劉台子三號墓	濟陽縣圖書館	
3427	遽從簋	2	西周早期	集成 3132		故宫博物院	
3428	作彝簋	2	西周早期	集成 3133 三代 6.10.8 小校 7.8.8 陶齋 1.52			端方舊藏
3429	乇𪉩簋	2	戰國	集成 3134 小校 7.57.1			
3430	父戊簋	2	西周早期	近出 388 富士比(1973,6,26 5)			英國倫敦富士比拍賣行曾見
3431	㚔旅簋	2	商代後期	近出 389 歐遺珠圖版 13			英國倫敦戴迪野拍賣行曾見
3432	秉毌簋	2	西周早期	近出 390 富士比（1979,12,11 40）			S. N. Ferris Luboshcz舊藏；英國倫敦富士比拍賣行曾見
3433	作彝簋	2	西周早期	近出 391 富士比（1990,12,11 3）			英國倫敦富士比拍賣行曾見
3434	𠬝且丁簋	3	商代後期	集成 3135 三代 6.11.1 殷存下 35.4 小校 7.57.3 尊古 1.39		故宫博物院	溥倫舊藏
3435	門且丁簋	3	商代後期	集成 3136 三代 6.11.2 武英 52 貞松 4.29.4 續殷上 36.5 小校 7.9.1 故圖下下 130		臺北“中央博物院”	承德避暑山莊舊藏

序號	器名	字數	時代	著録	出土地	現藏地	備註
3436	竹且丁簋	3	商代後期	集成 3137 西清 13.3 綴遺 6.15		故宫博物院	清宫舊藏
3437	且丁簋	3	西周早期	集成 3138 美集録 R282		美國波斯頓美術博物館	
3438	戈且己簋	3	商代後期	集成 3139 録遺 45		故宫博物院	
3439	且己簋	3	西周早期	集成 3140 綜覽 103 頁簋 185		英國雅士莫里博物館	
3440	且辛簋	3	商代後期	集成 3141 布倫戴奇 Fig41 彙編 9.1770		美國舊金山亞洲美術博物館布倫戴奇藏品	
3441	田父甲簋	3	商代後期	集成 3142 三代 6.11.3 貞松 4.30.2 董盦 2 綜覽 88 頁簋 60		日本東京松岡美術館	日本齋藤氏舊藏
3442	戈父甲簋	3	商代後期	集成 3143 博古 8.12 薛氏 18.4 嘯堂 27			
3443	父甲簋	3	西周早期	集成 3144 文物 1977 年 12 期 29 頁圖 16	1974 年遼寧省喀左縣山灣子窖藏	喀左縣博物館	
3444	䢅父乙簋	3	商代後期	集成 3145 三代 6.12.7 積古 2.17.4 攈古 1.3.10.4 愙齋 7.18.2 續殷上 37.1 小校 7.10.3		上海博物館	葉東卿舊藏

序號	器名	字數	時代	著録	出土地	現藏地	備註
3445	冀父乙簋	3	商代後期	集成 3146 三代 6.12.8 愙齋 7.18.1 綴遺 6.17.2 殷存上 12.8 續殷上 36.10 小校 7.57.6			吴大澂舊藏
3446	冀父乙簋	3	商代後期	集成 3147 三代 7.3.2 西甲 6.37 綴遺 6.18.1 小校 7.57.5			原藏清宫,後歸潘祖蔭
3447	冀父乙簋	3	商代後期	集成 3148 三代 2.20.5(誤作鼎)		故宫博物院	頤和園舊藏
3448	共父乙簋	3	商代後期	集成 3149 考古與文物 1980 年 2 期 16 頁圖二	1975 年陝西渭南縣陽郭公社南堡村墓葬	渭南縣圖書館	
3449	咸父乙簋	3	商代後期	集成 3150 貞續上 29.3 小校 7.9.4 録遺 123			
3450	[illegible]父乙簋	3	商代後期	集成 3151 三代 6.12.1 積古 1.25.1 攈古 1.2.7 續殷上 36.8 十二雪 6 尊古 1.44 三代補 128 頁 R822		《三代補》:美國舊金山亞洲美術博物館布倫戴奇藏品	孫壯舊藏
3451	[illegible]父乙簋	3	商代後期	集成 3152 蘇黎世 Fig13a		瑞士蘇黎世瑞列堡博物館	

序號	器名	字數	時代	著録	出土地	現藏地	備註
3452	[illegible]父乙簋	3	商代後期	集成 3153 三代 6.12.3 十二遐 6		故宫博物院	葉恭綽舊藏
3453	父乙[illegible]簋	3	商代後期	集成 3154 三代 6.12.6 貞續上 29.4 小校 7.10.1		故宫博物院	
3454	奄父乙簋	3	商代後期	集成 3155 三代 7.6.1 窓齋 7.20.1 殷存上 12.7 續殷上 40.3 小校 7.57.4		故宫博物院	
3455	戈父乙簋	3	商代後期	集成 3156		故宫博物院	
3456	筩父乙簋	3	商代後期	集成 3157		故宫博物院	
3457	天父乙簋	3	西周早期	集成 3158 美集録 R95(同銘兩拓)		美國紐約市美術博物館	
3458	天父乙簋	3	西周早期	集成 3159 西清 13.1			清宫舊藏
3459	[illegible]父乙簋	3	西周早期	集成 3160 湖南省文物圖録圖版 7：2 綜覽 107 頁簋 228 湖南省博物館 164 頁	傳湖南石門縣	湖南省博物館	
3460	魚父乙簋	3	西周早期	集成 3161 考古 1984 年 6 期 513 頁圖五右	1975 年湖北隨縣羊子山	湖北隨州市博物館	
3461	魚父乙簋	3	西周早期	集成 3162		故宫博物院	頤和園舊藏

序號	器名	字數	時代	著録	出土地	現藏地	備註
3462	交父乙簋	3	商代後期	集成 3163 三代 6.11.5 恒軒上 44 殷存上 11.4			李勤伯舊藏
3463	交父乙簋	3	西周早期	集成 3164 三代 7.3.3 殷存上 11.3 綜覽 109 頁篕 243			
3464	[illegible]父乙簋	3	西周早期	集成 3165 蘇黎世 Fig12a	傳洛陽馬坡	瑞士蘇黎世瑞列堡博物館	
3465	[illegible]父乙簋	3	西周早期	集成 3166 三代 6.11.6 貞松 4.30.3 小校 7.9.7 綜覽 109 頁篕 237	傳洛陽馬坡	美國舊金山亞洲美術館布倫戴奇藏品	
3466	父乙[illegible]簋	3	西周早期	集成 3167 三代 6.11.7(又 14.42.4 重出,誤作觶) 善齋 8.18 小校 7.9.8	傳河南洛陽馬坡		劉體智舊藏
3467	木父丙簋	3	西周早期	集成 3168 三代 6.13.1 貞松 4.31.2 海外吉 17 續殷上 37.2 泉屋 1.35		日本京都泉屋博古館	
3468	龔父丁簋	3	商代後期	集成 3169 三代 6.14.5 窓齋下 18.3 陶齋 1.47 續殷上 38.1 小校 7.11.5		故宫博物院	楊信卿、吴大澂舊藏

序號	器名	字數	時代	著録	出土地	現藏地	備註
3469	㠱父丁簋	3	商代後期	集成 3170 三代 6.14.6 綴遺 6.19.1 愙齋 7.20.2 殷存上 11.9 續殷上 38.2 小校 7.11.6			吴大澂舊藏
3470	戈父丁簋	3	西周早期	集成 3171 三代 6.13.2 殷存上 11.5 小校 7.57.7		上海博物館	潘祖蔭舊藏
3471	戈父丁簋	3	商代後期	集成 3172 三代 6.13.3 綴遺 6.7 殷存上 11.6 小校 7.10.6		上海博物館	吴大澂舊藏
3472	戈父丁簋	3	商代後期	集成 3173 三代 7.3.5 續殷上 37.4		故宫博物院	頤和園舊藏
3473	𠘧父丁簋	3	商代後期	集成 3174 三代 6.13.5 西乙 6.44 寶蘊 48 貞松 4.32.2 故圖下下 134		臺北"中央博物院"	瀋陽故宫舊藏
3474	父丁[illegible]簋	3	商代後期	集成 3175 録遺 125			
3475	父丁□簋	3	西周早期	集成 3176 文物 1977 年 12 期 29 頁圖 17	遼寧省喀左縣山灣子	朝陽地區博物館	
3476	[illegible]父丁簋	3	商代後期	集成 3177 三代 6.13.8 貞松 4.31.4 武英 72 續殷上 37.8 小校 7.10.7			承德避暑山莊舊藏

序號	器名	字數	時代	著録	出土地	現藏地	備註
3477	覷父丁簋	3	商代後期	集成 3178 三代 6.14.2 窸齋 7.17.4 續殷上 37.5 小校 7.11.1			《窸齋》:福山王廉生舊藏
3478	鼀父丁簋	3	商代後期	集成 3179 三代 6.20.8 窸齋 7.19.3 綴遺 24.2.2(作觶) 殷存上 16.10 小校 7.59.1			潘祖蔭舊藏
3479	保父丁簋	3	西周早期	集成 3180 三代 7.3.4 恒軒上 40 綴遺 6.8.3 殷存上 11.7		旅順博物館	吴大澂舊藏
3480	爻父丁簋	3	西周早期	集成 3181 三代 6.14.1 貞松 4.31.3 武英 67 續殷上 37.7 小校 7.10.5 藝展 28 故圖下下 136		臺北“中央博物院”	承德避暑山莊舊藏
3481	亞父丁簋	3	西周早期	集成 3182 文物 1983 年 7 期 93 頁圖四		盩厔縣文化館	陝西盩厔縣文化館收集
3482	赫父丁簋	3	西周中期	集成 3183 三代 7.6.3—4 貞續上 34.2—3 善齋 8.55 續殷上 38.7—8 小校 7.58.3—4			劉體智舊藏

序號	器名	字數	時代	著録	出土地	現藏地	備註
3483	⿰赤朩父丁簋	3	西周中期	集成 3184 三代 7.6.5—6 貞續上 33.4—34.1 善齋 8.54 續殷上 38.5—6 小校 7.58.1—2 蘇黎世 PL.17		瑞士蘇黎世瑞列堡博物館	劉體智舊藏
3484	父戊簋	3	商代後期	集成 3185		天津市歷史博物館	
3485	子父戊簋	3	商代後期	集成 3186 三代 6.14.8 西乙 7.12 寶蘊 44 貞松 4.32.3 續殷上 38.9 故圖下下 139		臺北“中央博物院”	瀋陽故宫舊藏
3486	父戊黿簋	3	商代後期	集成 3187 三代 7.3.6 綴遺 6.17.1 貞松 5.2.1 續殷上 40.7 小校 7.59.3			潘祖蔭、劉體智舊藏
3487	𠂤父戊簋	3	商代後期	集成 3188 三代 7.4.3 攈古 1.2.52.3 愙齋 7.17.3 綴遺 6.13.1 敬吾下 32.2 續殷上 39.8 小校 7.11.8			程木庵舊藏
3488	⿰矢又父戊簋	3	商代後期	集成 3189 三代 17.2.2 貞松 10.25.2 善齋 9.48 續殷下 74.7 小校 9.69.2		故宫博物院	劉體智、馮恕舊藏;據故宫實物知此乃簋而改作盤者

序號	器名	字數	時代	著録	出土地	現藏地	備註
3489	[illegible]父戊簋	3	西周早期	集成 3190 文物 1977 年 12 期 28 頁圖 12	1974 年遼寧喀左縣山灣子村窖藏	遼寧省博物館	
3490	[illegible]父己簋	3（銘在兩耳）	商代後期	集成 3191		故宫博物院	
3491	[illegible]父己簋	3	商代後期	集成 3192 三代 6.15.4—5 雙吉上 19	安陽		于省吾舊藏
3492	京父己簋	3	商代後期	集成 3193		山東省博物館	山東省圖書館舊藏
3493	車父己簋	3	商代後期	集成 3194 録遺 126 綜覽 88 頁簋 54 甲骨學第十二號 196 頁圖 45		丹麥哥本哈根美術博物館	
3494	[illegible]父己簋	3	商代後期	集成 3195 三代 6.15.3 鄴初上 16 續殷上 18.11	安陽		
3495	[illegible]父己簋	3	商代後期	集成 3196		中國歷史博物館	
3496	[illegible]父己簋	3	西周早期	集成 3197 河南賸稿 10	安陽薛家莊	浙江省博物館	原安陽古物保存委員會舊藏
3497	[illegible]父己簋	3	西周早期	集成 3198	陝西武功縣	武功縣文化館	
3498	[illegible]父辛簋（殘圈足）	3	商代後期	集成 3199 三代 6.16.4 恒軒下 89			吴大澂舊藏
3499	[illegible]父辛簋	3	西周早期	集成 3200 三代 6.16.2 綴遺 6.10.2 小校 7.12.4		故宫博物院	

序號	器名	字數	時代	著録	出土地	現藏地	備註
3500	鳶父辛簋	3	商代後期	集成3201 三代6.16.3 積古1.16.2 攈古1.2.28.4 愙齋7.16.2 綴遺6.9.1 小校7.20.3 殷存上16.2		故宫博物院	《集成》:潘祖蔭舊藏;《集成》器名爲"鳶父辛簋"
3501	枚父辛簋	3	商代後期	集成3202 三代6.16.7 西甲6.18		故宫博物院	頤和園舊藏
3502	串父辛簋	3	商代後期	集成3203 三代6.16.5 西甲6.43 殷存上15.11 小校7.12.5			清宫舊藏,後歸劉鶚
3503	串父辛簋	3	商代後期	集成3204 西清13.15		故宫博物院	清宫舊藏
3504	𠘧父辛簋	3	商代後期	集成3205 西甲6.19			清宫舊藏
3505	帆父辛簋	3	西周早期	集成3206 三代6.16.1 貞松4.32.4 海外吉21 續殷上39.2 泉屋1.38 帝博13 綜覽116頁篁291		日本東京帝室博物館	劉體智舊藏
3506	㚤父辛簋	3	西周早期	集成3207 學報1954年8期圖版15:1 陝圖6	1953年陝西長安縣普渡村無量廟墓葬	陝西省博物館	

序號	器名	字數	時代	著録	出土地	現藏地	備註
3507	禼父辛簋	3	西周早期	集成3208 三代6.15.6 恒軒26 愙齋7.21.1 殷存上12.3 小校7.59.5		故宫博物院	吴大澂舊藏
3508	責父辛簋	3	西周早期	集成3209		故宫博物院	
3509	西父癸簋	3	商代後期	集成3210 三代11.11.5 (誤作尊) 續殷上55.2 銅器選11		上海博物館	
3510	父癸簋	3	商代後期	集成3211 三代6.17.3(蓋) 積古1.15.2—3 攈古1.2.9 綴遺6.8.1—2 奇觚17.9 續殷上39.3—4 小校7.13.4—5			葉東卿舊藏
3511	獸父癸簋	3	商代後期	集成3212		上海博物館	
3512	臤父癸簋	3	商代後期	集成3213 三代7.4.1 愙齋7.7.1 奇觚3.3.1 小校7.59.6 續殷上39.5			陳介祺舊藏
3513	父癸簋	3	西周早期	集成3214 文物1959年11期72頁	1958年陝西寶鷄地區青姜河桑園堡	陝西省博物館	
3514	父癸簋	3	西周早期	集成3215 三代7.4.2 恒軒25 綴遺6.10 殷存上12.5			吴大澂舊藏

序號	器名	字數	時代	著録	出土地	現藏地	備註
3515	魚父癸簋	3	西周早期	集成 3216 文参 1955 年 8 期圖版四 録遺 127 五省圖版 21	遼寧凌源海島營子村	遼寧省博物館	
3516	父癸簋	3	西周早期	集成 3217 三代 6.17.4 西清 13.24 貞續上 30.2 續殷上 39.6 故宫 13 期 故圖下上 59		臺北“故宫博物院”	清宫舊藏
3517	父癸簋	3	西周早期	集成 3218 彙編 9.1471 綜覽 97 頁簋 136		美國紐約薩克爾氏	
3518	父癸簋	3	西周早期	集成 3219 考古與文物 1981 年 1 期 10 頁圖 2：5 陝青 4.169	1974 年陝西盩厔縣豆村	咸陽地區文物管理委員會	
3519	𢍰母乙簋	3	西周早期	集成 3220		上海博物館	
3520	戈母丁簋	3（銘在兩耳内）	商代後期	集成 3221 文物 1963 年 3 期 45 頁圖 2：1	陝西武功縣柴家嘴	陝西省博物館	
3521	母己簋	3	商代後期	集成 3222 殷虚青銅器拓片圖 84：11	1978 年河南安陽市殷墟西區第八墓區	考古研究所安陽工作站	

序號	器名	字數	時代	著録	出土地	現藏地	備註
3522	豙匕辛簋	3	商代後期	集成 3223 三代 6. 22. 3 長安 1. 15 恒軒 41 攈古 1. 2. 51 愙齋 7. 22. 3 綴遺 6. 12. 2 奇觚 5. 17. 2 敬吾下 33. 4 殷存上 16. 9 小校 7. 20. 6			劉燕庭、王懿榮舊藏
3523	[illegible]母辛簋	3	商代後期	集成 3224 三代 11. 12. 4（誤作尊） 綴遺 6. 18 續殷上 55. 9			潘祖蔭舊藏
3524	史母癸簋	3	西周早期	集成 3225 美集録 R91		美國紐約唐訶納氏	
3525	𣏟母癸簋	3	西周早期	集成 3226 録遺 129			
3526	[illegible]女鳶簋	3	商代後期	集成 3227		故宫博物院	1962 年收購；《集成》器名爲"㔾女鳶簋"
3527	帚女旌簋	3	商代後期	集成 3228 綜覽 83 頁 11 歐遺珠圖版 14		德國科隆東亞藝術博物館	
3528	婦酉咸簋	3	商代後期	集成 3229 三代 6. 18. 4 貞續上 31. 2 續殷上 39. 9 陶齋 1. 50 小校 7. 22. 8		故宫博物院	端方舊藏

序號	器名	字數	時代	著録	出土地	現藏地	備註
3529	作己姜簋	3	西周早期	集成 3230 三代 7.4.4 愙齋 7.21 小校 7.60.1(又 2.22.4 重出,誤作鼎)		故宫博物院	
3530	[illegible]父寶簋	3	西周早期	集成 3231		故宫博物院	頤和園舊藏
3531	㫃乙[illegible]簋	3	商代後期	集成 3232		故宫博物院	
3532	天己丁簋	3	商代後期	集成 3233 博古 16.22 考古圖 3.31 薛氏 43 嘯堂 51	《考古圖》:得於龍游		洛陽曾氏舊藏
3533	[illegible]止子簋	3	商代後期	集成 3234		上海博物館	
3534	亞保酉簋	3	西周早期	集成 3235 三代 6.6.2 殷存上 15.6 尊古 1.46			
3535	弦作肇簋	3	西周早期	集成 3236 三代 7.4.5 小校 7.60.3		上海博物館	
3536	戈亳册簋	3	商代後期	集成 3237		清華大學圖書館	
3537	辰帚出簋	3	商代後期	集成 3238 殷虚青銅器拓片圖 62:5	河南安陽市殷墟大司空村 539 號墓	考古研究所安陽工作站	
3538	北單戈簋	3	商代後期	集成 3239 學報 1951 年 5 册圖版 45:1 河南 1.274	1950 年河南安陽市殷墟	中國歷史博物館	
3539	作女皿簋	3	商代後期	集成 3240		英國某私人收藏	
3540	[illegible]丞豋簋	3	商代後期	集成 3241 録遺 129			

序號	器名	字數	時代	著録	出土地	現藏地	備註
3541	□伯陪簋	3	西周早期	集成 3242 三代 6.18.6 十二居 8 續殷上 40.1		吉林省博物館	周季木舊藏
3542	西隻單簋	3	商代後期	集成 3243 博古 8.17 薛氏 111.1 嘯堂 28			
3543	虢叔簋	3	西周中期	集成 3244 考古圖 4.27 薛氏 111.2	《考古圖》:得於京兆		京兆田概舊藏
3544	亞□□簋	3	西周早期	集成 3245 文物 1977 年 12 期 29 頁圖 20	1974 年遼寧喀左縣山灣子村窖藏	喀左縣博物館	
3545	亞胄衎簋	3	西周早期	集成 3246 三代 6.10.2 十二絜 9			商承祚舊藏
3546	作旅簋	3	西周早期	集成 3247 三代 7.5.8 貞松 5.3.1 善齋 8.21 頌齋 7 小校 7.18.8			劉體智、容庚舊藏
3547	作旅簋	3	西周早期	集成 3248 美集録 R372		美國客蘭布羅克美術學院博物館	
3548	作旅簋	3	西周中期	集成 3249 文物 1979 年 11 期 3 頁圖 4:2 陝青 3.18	1978 年陝西扶風縣齊家村 19 號墓	陝西周原扶風縣文物管理所	
3549	作旅簋	3	西周中期	集成 3250 陝青 3.19	1978 年陝西扶風縣齊家村 19 號墓	陝西周原扶風縣文物管理所	

序號	器名	字數	時代	著録	出土地	現藏地	備註
3550	作寶簋	3	西周早期	集成 3251 三代 7.5.5 愙齋 12.22.2 周金 3.99.5 小校 7.60.7			潘祖蔭舊藏
3551	作寶簋	3	西周早期	集成 3252 三代 7.5.3 積古 6.1.3 攈古 1.2.36.2 周金 3.99.6 小校 7.60.4			吴大澂舊藏
3552	作寶簋	3	西周早期	集成 3253 西清 28.19 綜覽 116 頁 簋 296		美國普林斯頓大學美術博物館卡特氏寄陳藏品	清宫舊藏
3553	作寶簋	3	西周早期	集成 3254		故宫博物院	
3554	作寶簋	3	西周早期	集成 3255 三代 7.5.6 貞松 5.2.2 善齋 8.53 善彝 69 小校 7.18.4(又 7.60.5 重出)		臺北"中央博物院"	劉體智舊藏
3555	作寶簋	3	西周中期	集成 3256 三代 7.5.4 愙齋 12.22.1 小校 7.60.8			
3556	作寶簋	3	西周中期	集成 3257 三代 7.5.7 貞松 5.2.4 希古 3.11.1			潘祖蔭舊藏
3557	作寶簋	3	西周中期	集成 3258 文物 1983 年 7 期 93 頁圖二		盩厔縣文化館	1978 年陕西盩厔縣文化館收集品

序號	器名	字數	時代	著録	出土地	現藏地	備註
3558	作寶簋	3	西周中期	集成 3259 韋森 PL9		瑞典斯德哥爾摩韋森氏	
3559	作寶簋	3	西周中期	集成 3260 三代 7.5.2 貞續上 33.3 故宫 29 期			清宫舊藏
3560	作旅彝簋	3	西周早期	集成 3261		故宫博物院	
3561	作旅彝簋	3	西周早期	集成 3262		故宫博物院	
3562	作旅彝簋	3	西周中期	集成 3263 三代 6.19.5 貞續上 30.4 小校 7.18.2			
3563	作寶彝簋	3	西周早期	集成 3264 西甲 7.3 奇觚 5.16.3 周金 3.117.7 小校 7.18.1		南京大學歷史系	清宫舊藏
3564	作寶彝簋	3	西周早期	集成 3265 陝青 3.73	1976 年陝西扶風縣雲塘村 20 號墓	陝西周原扶風縣文物管理所	
3565	作寶彝簋	3	西周早期	集成 3266		故宫博物院	頤和園舊藏
3566	作寶彝簋	3	西周早期	集成 3267		故宫博物院	北京藝術學校舊藏
3567	作寶彝簋	3	西周早期	集成 3268		故宫博物院	
3568	作寶彝簋	3	西周早期	集成 3269		故宫博物院	
3569	作寶彝簋	3	西周早期	集成 3270 三代 6.19.3 西清 14.7 愙齋 7.11.3 小校 7.61.2 美集録 R363			清宫舊藏,後歸吴大澂,美國紐約盧芹齋

序號	器名	字數	時代	著録	出土地	現藏地	備註
3570	作寶彝簋	3	西周早期	集成 3271 三代 7.4.8 窓齋 7.11.2 周金 3.99.7 小校 7.61.1 貞續上 32.4 貞圖上 30			吴大澂、羅振玉舊藏
3571	作寶彝簋	3	西周早期	集成 3272 三代 7.4.7			
3572	作寶彝簋	3	西周早期	集成 3273 三代 7.5.1 窓齋 7.11.1 周金 3.99.8 小校 7.60.10			陳介祺、潘祖蔭舊藏
3573	作寶彝簋	3	西周早期	集成 3274 博古 8.22 薛氏 110.5 嘯堂 29.3			
3574	作寶彝簋	3	西周早期	集成 3275 博古 8.24 薛氏 110.6 嘯堂 29.4			
3575	作寶彝簋	3	西周早期	集成 3276 博古 8.14 嘯堂 94.2			
3576	作寶彝簋	3	西周早期	集成 3277 考古圖 4.20 薛氏 19.2 嘯堂 27.3	新鄭		盧江李伯時舊藏
3577	作寶彝簋	3	西周早期	集成 3278 西乙 7.1			瀋陽故宫舊藏
3578	作寶彝簋	3	西周早期	集成 3279 西乙 7.4			瀋陽故宫舊藏

序號	器名	字數	時代	著録	出土地	現藏地	備註
3579	作從彝簋	3	西周早期	集成3280 三代6.20.2 貞松4.34		旅順博物館	
3580	作從彝簋	3	西周早期	集成3281 三代6.20.1 攈古1.2.7 貞松4.33 希古4.1.3 小校7.18.5		武漢市文物商店	劉體智舊藏
3581	作隮彝簋	3	西周早期	集成3282 美集録R367		美國紐約克丁氏	
3582	作隮彝簋	3	西周早期	集成3283 綜覽112頁簋262		日本東京國立博物館	
3583	作隮簋彝	3	西周早期	集成3284		故宫博物院	
3584	伯作彝簋	3	西周早期	集成3285 文物1984年12期35頁圖一		首都博物館	
3585	伯作彝簋	3	西周早期	集成3286 西拾7			頤和園舊藏
3586	伯作彝簋	3	西周早期	集成3287 文叢(二)22頁圖1：2	1971年陝西白水縣		
3587	伯作彝簋	3	西周早期	集成3288 寶鷄弓魚國墓地	1974年陝西寶鷄市茹家莊1號墓	寶鷄市博物館	
3588	伯作彝簋	3	西周早期	集成3289 三代6.18.7(又7.4.6重出) 積古5.23.3 金索1.35 攈古1.2.9 愙齋7.10.4 奇觚17.9.3 敬吾下32.3 小校7.15.2			陳介祺舊藏

序號	器名	字數	時代	著録	出土地	現藏地	備註
3589	伯作彝簋	3	西周早期	集成 3290 西乙 6.27			瀋陽故宫舊藏
3590	伯作彝簋	3	西周早期	集成 3291 寧壽 6.13			清宫舊藏
3591	伯作彝簋	3	西周早期	集成 3292 小校 7.15.7			清宫舊藏
3592	伯作簋	3	西周中期	集成 3293		故宫博物院	
3593	[illegible]作彝簋	3	西周早期	集成 3294 西甲 7.9 西拾 5			頤和園舊藏
3594	作用簋	3	西周早期	集成 3295 蘇黎世 Fig15a 綜覽 145 頁小型盂 78		瑞士蘇黎世瑞列堡博物館	
3595	[illegible]祖丁簋	3	西周早期	近出 392 文物 1998 年 10 期 39—40 頁	1972 年秋河南省洛陽市東郊機車工廠	河南省洛陽市博物館	
3596	[illegible]父乙簋	3	西周早期	近出 393 考古與文物 1990 年 5 期 26—43 頁	1975—1976 年陝西省長安縣灃西鄉	陝西省西安市文物中心	
3597	子父丁簋	3	商代後期	近出 394 佳士得(1987,6,4　8)			英國倫敦佳士得拍賣行曾見
3598	戈父己簋	3	西周早期	近出 395 高家堡戈國墓 74 頁	1991 年陝西省涇陽縣興隆鄉高家堡 M4：20	陝西省涇陽縣博物館	
3599	光父辛簋	3	西周早期	近出 396 考古 1985 年 12 期 1141 頁	1984 年底河南省臨汝縣騎嶺鄉大張村	河南省臨汝縣文化館	

序號	器名	字數	時代	著録	出土地	現藏地	備註
3600	八父辛簋	3	西周早期	近出 397 富士比(1984,6,19 12)			柏林R. Weismann 舊藏;英國倫敦富士比拍賣行曾見;巴納·張光裕《中日歐美澳》1508 收一觶銘文與此同
3601	鼎父癸簋	3	西周早期	近出 398 考古與文物 1990 年 5 期 26—43 頁		陝西省西安市文物中心	陝西省西安市大白楊庫曾見
3602	𠬝父癸簋	3	西周中期	近出 399 考古與文物 1990 年 5 期 26—43 頁		陝西省西安市文物中心	陝西省西安市大白楊庫曾見
3603	伯作彝簋	3	西周早期	近出 400 考古與文物 1990 年 5 期 26—43 頁	陝西省長安縣灃西毛紡廠	陝西省西安市文物中心	
3604	伯作彝簋	3	西周早期	近出 401 富士比(1990,12,11 4)			英國倫敦富士比拍賣行曾見
3605	作寶彝簋	3	西周早期	近出 402 富士比(1974,12,2 13)			E. Morse舊藏;英國倫敦富士比拍賣行曾見
3606	作寶彝簋	3	西周早期	近出 403 寶鷄弖國墓地(上)108 頁	陝西省寶鷄市竹園溝 7 號墓 M7:4	陝西省寶鷄市博物館	
3607	作寶彝簋	3	西周早期	近出 404 寶鷄弖國墓地(上)108 頁	陝西省寶鷄市竹園溝 7 號墓 M7:5	陝西省寶鷄市博物館	

序號	器名	字數	時代	著録	出土地	現藏地	備註
3608	作寶簋	3	西周中期	近出405 富士比（1986，12，9 14）			英國倫敦富士比拍賣行曾見
3609	耳伯陪簋	3	西周早期	近出406 富士比（1979，12，11 41）			英國倫敦富士比拍賣行曾見；吉林省博物館藏一簋（《集成》3242）與此器同銘
3610	亞㝬址簋	3	商代後期	近出407 安陽殷墟郭家莊商代墓葬83頁	河南省安陽市殷墟郭家莊M160：33	中國社會科學院考古研究所	
3611	辰寑出簋	3	商代後期	近出408 考古1992年6期510—514頁	1980年冬河南省安陽市大司空村墓葬	中國社會科學院考古研究所安陽工作隊	
3612	□簋	3	商代後期	近出附21 華夏考古1997年2期17—18頁	1983—1986年河南安陽市劉家莊M9：19	河南安陽市文物工作隊	
3613	戈簋	3	西周早期	近出附22 歐遺珠圖版86		德國慕尼黑國立民間藝術博物館	
3614	且癸父丁簋	4	西周早期	集成3296 三代6.20.3 攈古1.2.53.2 綴遺6.16.2 殷存上16.3 小校7.18.9（又4.27.5重出，作卣） 綜覽99頁簋152		英國倫敦不列顛博物館	萬廉山、司馬承紀舊藏

序號	器名	字數	時代	著録	出土地	現藏地	備註
3615	亞[illegible]父乙簋	4	商代後期	集成 3297 三代 2.20.1（誤作鼎）			
3616	父乙亞矢簋	4	商代後期	集成 3298 三代 6.12.5 貞補上 19.5 海外吉 20 續殷上 36.11 泉屋 1.37		日本京都泉屋博古館	
3617	亞[illegible]父乙簋	4	西周早期	集成 3299 文物 1977 年 12 期 33 頁圖 56	遼寧喀左縣山灣子	遼寧省博物館	
3618	亞[illegible]父乙簋	4	西周早期	集成 3300 西甲 6.36			清宫舊藏
3619	亞□父乙簋	4	西周早期	集成 3301 文物 1975 年 5 期 89 頁圖五	1972 年陝西長武縣張家溝	長武縣文化館	
3620	[illegible]𤰈父乙簋	4	商代後期	集成 3302 録遺 124			
3621	[illegible]册父乙簋	4	商代後期	集成 3303 三代 6.27.1 積古 1.27.3 攈古 1.3.11.1 小校 7.24.1		故宫博物院	
3622	[illegible]册父乙簋	4	西周早期	集成 3304 三代 7.6.2 愙齋 7.22 殷存上 12.6 小校 7.61.5			
3623	[illegible]作父乙簋	4	西周早期	集成 3305		上海博物館	
3624	作父乙[illegible]簋	4	西周早期	集成 3306 續殷上 40.4 美集録 R311	1929 年河南省洛陽馬坡	美國聖路易市浦才耳氏	

序號	器名	字數	時代	著録	出土地	現藏地	備註
3625	□作父乙簋	4	西周早期	集成 3307 三代 6.12.4 貞松 4.30.4 善齋 8.22 善彝 66 小校 7.19.2			劉體智舊藏
3626	亞束父丁簋	4	商代後期	集成 3308 三代 6.14.4 貞續上 30.1 善齋 8.19 小校 7.11.2 續殷上 37.11 頌續 26			《集成》:劉體智、容庚舊藏;《集成》説明中器名爲"亞東父丁簋"
3627	亞豈父丁簋	4	商代後期	集成 3309		故宫博物院	
3628	亞覷父丁簋	4	商代後期	集成 3310 小校 7.58		故宫博物院	
3629	豖馬父丁簋	4	商代後期	集成 3311			
3630	文暊父丁簋	4	商代後期	集成 3312 美集録 R68		美國紐約康恩氏	
3631	[illegible]父丁簋	4	商代後期	集成 3313		故宫博物院	
3632	[illegible]父丁簋	4	商代後期	集成 3314 録遺 487 美集録 R56			美國紐約盧芹齋舊藏;録遺誤作盤
3633	[illegible]父丁簋	4	西周早期	集成 3315 文物 1977 年 12 期 84 頁圖 4 陝青 3.31	1974 年陝西扶風縣楊家堡	扶風縣博物館	
3634	[illegible]父丁簋	4	商代後期	集成 3316		故宫博物院	
3635	宁戈父丁簋	4	西周早期	集成 3317 倫敦圖版7:10			北平古物陳列所舊藏

序號	器名	字數	時代	著録	出土地	現藏地	備註
3636	宁矢父丁簋	4	西周早期	集成 3318 小校 7.19.3		故宫博物院	
3637	册劦父丁簋	4	西周早期	集成 3319 三代 2.22.8 貞松 2.13.2 續殷上 14.3 綜覽 102 頁簋 174			
3638	㬪父丁册簋	4	西周早期	集成 3320 三代 6.33.4 窓齋 7.22.2 殷存上 13.2 小校 7.67.1 賽爾諾什 P35		法國巴黎賽爾諾什博物館	王懿榮、日本東京川合氏舊藏
3639	□□父丁簋	4	商代後期	集成 3321 兩罍 1.8			吴雲舊藏
3640	子[illegible]父丁簋	4	西周早期	集成 3322 美集録 R245		美國華盛頓斯美孫寧學社	
3641	[illegible]册父戊簋	4	西周早期	集成 3323 三代 6.15.1 冠斝上 20			榮厚舊藏
3642	北[illegible]父己簋	4	商代後期	集成 3324 三代 7.3.7 窓齋 7.14.1 殷存上 11.10 小校 7.59.4			潘祖蔭舊藏
3643	尹舟父己簋	4	商代後期	集成 3325		故宫博物院	此簋底銘 4 字,兩耳内各有銘 2 字
3644	亞䙴父己簋	4	商代後期	集成 3326 美集録 R151 歐精華 109		美國芝加哥美術館	英國倫敦 A. W. Barl 舊藏

序號	器名	字數	時代	著録	出土地	現藏地	備註
3645	亞戈父已簋	4	西周早期	集成 3327 三代 6.15.2 夢郼上 19 續殷上 38.10 小校 7.12.2			羅振玉舊藏；此簋僅殘存圈足部份
3646	聿作父已簋	4	西周早期	集成 3328 三代 6.21.4 貞松 4.34.3 小校 7.20.1 善齋 8.24 續殷上 40.8			劉體智舊藏
3647	又牧父已簋	4	西周早期	集成 3329 三代 6.21.5 十二貯 9 續殷上 42.8			王辰舊藏
3648	亞䢅父辛簋	4	商代後期	集成 3330		北京師範學院歷史系	
3649	亞醜父辛簋	4	商代後期	集成 3331 三代 7.3.8 殷存上 12.1			《集成》5085.2 卣與此重出，器類不明
3650	亞醜父辛簋	4	商代後期	集成 3332 三代 6.17.2 尊古 1.47 鏡齋圖版 11			
3651	亞醜父辛簋	4	商代後期	集成 3333 三代 6.17.1 西清 28.16 夢續 10 小校 3.88.3 殷存上 12.2			清宫舊藏，後歸丁樹楨、羅振玉；《西清》蓋銘真、器銘僞
3652	亞[illegible]父辛簋	4	西周早期	集成 3334 陝青 4.110	1972 年陝西武功縣渠子村	武功縣文化館	

序號	器名	字數	時代	著録	出土地	現藏地	備註
3653	責作父辛簋	4	西周早期	集成3335 三代6.21.7 小校7.61.6 貞續中7.3(誤作尊)	《小校》:出南陽		
3654	作父辛彝簋	4	西周早期	集成3336 西乙6.39			瀋陽故宫舊藏
3655	鄉父癸宁簋	4	商代後期	集成3337 美集録R35 布倫戴奇Fig12		美國舊金山亞洲美術博物館布倫戴奇藏品	
3656	亞弜父癸簋	4	商代後期	集成3338 三代6.17.7 西清13.2 愙齋7.13.3 綴遺6.14.1 殷存上12.4 小校7.59.7			清宫舊藏
3657	亞共父癸簋	4	商代後期	集成3339 三代6.18.1 尊古1.48			
3658	銜天父癸簋	4	商代後期	集成3340 三代6.22.1 奇觚3.3.2 續殷上39.7			
3659	何父癸□簋	4	西周早期	集成3341 三代6.21.8 貞松4.35.1 善齋8.25 小校7.20.4 續殷上40.9 頌續34	洛陽		劉體智、容庚舊藏

序號	器名	字數	時代	著録	出土地	現藏地	備註
3660	作父癸[illegible]簋	4	西周早期	集成 3342 三代 6.22.2 貞補上 20.2 善齋 8.26 續殷上 40.10 小校 7.20.5 善彝 55 頌續 33	洛陽		劉體智、容庚舊藏
3661	彭女彝[illegible]簋	4	商代後期	集成 3343 三代 7.7.6—7 攈古 1.2.78—79 續殷上 41.7—8 小校 7.63.5—6			
3662	王妊作簋	4	西周早期	集成 3344 考古與文物叢刊(二)123 頁圖 2	1964 年河南洛陽市北瑶龐家溝 37 號墓	洛陽市文物工作隊	
3663	耳[illegible]婦婡簋	4	西周早期	集成 3345 文物 1978 年 5 期 95 頁圖三 河南 1.353 中原文物 1985 年 1 期 30 頁	1952 年河南輝縣褚邱	新鄉市博物館	
3664	考母作緊簋	4	西周早期	集成 3346 文物 1972 年 10 期 23 頁圖 10	河南洛陽龐家溝	洛陽市文物工作隊	
3665	女[illegible]作簋	4	西周早期	集成 3347 三代 7.8.2			端方舊藏;《集成》説明中器名誤爲"女女作簋"
3666	吕姜作簋	4	西周早期	集成 3348 考古 1976 年 1 期 42 頁圖 5:2	1972 年甘肅靈臺縣西嶺墓葬	甘肅省博物館	

序號	器名	字數	時代	著録	出土地	現藏地	備註
3667	作母隮彝簋	4	西周早期	集成3349 三代6.23.4 貞松4.37.1 善齋8.27 小校7.20.7 頌續31	《頌續》:洛陽		劉體智、容庚舊藏
3668	伯姬作㇕簋	4	西周中期	集成3350 三代7.8.4 貞續上34.4 善齋8.56 小校7.63.3		上海博物館	劉體智舊藏
3669	伯作旅簋	4	西周早期	集成3351 三代6.26.1 貞松5.4.4 善齋8.30 小校7.22.6 善彝65 故圖下下155		臺北"中央博物院"	劉體智舊藏
3670	伯作旅簋	4	西周早期	集成3352 陝青3.51 考古與文物1980年4期13頁	1973年陝西扶風縣劉家村墓葬	扶風縣博物館	
3671	伯作寶簋	4	西周早期	集成3353 三代6.25.7 西乙12.27 寶蘊56 貞松5.4.3 故圖下下153		臺北"中央博物院"	瀋陽故宫舊藏
3672	伯作寶簋	4	西周早期	集成3354 三代6.25.8 小校7.22.7 周金3.91.4 夢郼上20			羅振玉舊藏

序號	器名	字數	時代	著録	出土地	現藏地	備註
3673	伯作寶簋	4	西周早期	集成3355 三代7.8.8 攈古1.2.78.2 周金3.91.3 希古3.11.4 小校7.62.5			
3674	伯作寶簋	4	西周早期	集成3356 三代7.9.1 積古6.1 攈古1.2.78.1 筠清3.53 愙齋7.10 周金3.91.2 小校7.62.3			阮元舊藏
3675	伯作寶簋	4	西周早期	集成3357 西清27.24			清宫舊藏
3676	伯作寶彝簋	4	西周早期	集成3358 三代6.23.7 懷米上20 攈古1.2.55.2 敬吾下37.4 小校7.22.3			曹秋舫舊藏
3677	伯作寶彝簋	4	西周早期	集成3359 三代7.8.7 澂秋13		故宫博物院	陳承裘舊藏
3678	伯作寶彝簋	4	西周早期	集成3360 文叢(三)36頁圖10	1961年河南鶴壁市東南郊龐村	河南省博物館	
3679	伯作寶彝簋	4	西周早期	集成3361		故宫博物院	
3680	伯[illegible]作寶簋	4	西周早期	集成3362	甘肅西峰鎮	中國歷史博物館	

序號	器名	字數	時代	著録	出土地	現藏地	備註
3681	槁仲作簟簋	4	西周中期	集成3363 三代6.25.5—6 貞松4.35.3—4 尊古1.49		上海博物館	
3682	仲作寶簋	4	西周中期	集成3364 三代7.8.6 斷代二100圖八		考古研究所	陳夢家先生舊藏
3683	叔作姒隮簋	4	西周早期	集成3365 三代6.25.4 西清13.26 周金3.116.5 貞松4.36.1 小校7.28.1 希古4.2.3		中國歷史博物館	清宫舊藏,後歸劉鶚、程木庵
3684	晨作寶)(簋	4	西周早期	集成3366		故宫博物院	
3685	晨作寶簋	4	西周早期	集成3367 綜覽117頁簋305		美國普林斯頓大學美術博物館寄陳Dale和卡特氏藏品	
3686	戟作寶簋	4	西周早期	集成3368 三代7.7.2 貞松5.3.2 武英59 小校7.63.1 故圖下下161		臺北"中央博物院"	承德避暑山莊舊藏
3687	戟作寶簋	4	西周早期	集成3369 西甲12.50			清宫舊藏
3688	央作寶簋	4	西周早期	集成3370	北京房山縣琉璃河劉家店墓葬	首都博物館	
3689	旅作寶簋	4	西周早期	集成3371 三代7.6.7 貞松5.3			

序號	器名	字數	時代	著録	出土地	現藏地	備註
3690	奪作寶簋	4	西周中期	集成 3372 三代 7.7.4—5 愙齋 8.19 小校 7.62.2—3			
3691	舍作寶簋	4	西周中期	集成 3373 三代 7.7.3 周金 3.99.4 貞松 5.4 希古 3.11.2 小校 7.21.3			徐乃昌舊藏
3692	霝作寶飤簋	4	西周中期	集成 3374 三代 7.7.1 擴古 1.2.55			
3693	舟作寶簋	4	西周中期	集成 3375 三代 7.6.8 西清 28.18 故宫 28 期 故圖下上 71		臺北"故宫博物院"	清宫舊藏
3694	閔作肈簋	4	西周早期	集成 3376 三代 7.8.1 西清 31.8 愙齋 12.4.2 周金 3.98.3 小校 7.63.2 美集録 R339 彙編 7.818 綜覽 108 頁簋 235 出光 10		日本東京出光美術館	原藏清宫,後歸美國盧芹齋
3695	中作肈簋	4	西周中期	集成 3377 陝青 1.169	1974 年陝西岐山縣蔡家坡	岐山縣博物館	
3696	彧作旅簋	4	西周中期	集成 3378 文物 1986 年 8 期 60—61 頁	陝西扶風縣黄堆村 16 號墓	陝西周原扶風縣文物管理所	

序號	器名	字數	時代	著録	出土地	現藏地	備註
3697	殷作寶彝簋	4	西周早期	集成3379 文物1963年4期51頁圖6	1962年山西翼城縣鳳家坡墓葬	翼城縣文化館	
3698	[illegible]作寶彝簋	4	西周早期	集成3380 三代6.23.2 貞松4.36.2 彙編7.813			
3699	勻作寶彝簋	4	西周早期	集成3381 三代6.23.6 周金3.117.3 小校7.22.1 寶鼎PL21 彙編7.814			吴大澂、荷蘭萬孝臣舊藏
3700	卲作寶彝簋	4	西周早期	集成3382			端方舊藏;《集成》器名誤爲"邵作寶彝簋"
3701	戈作肇彝簋	4	西周早期	集成3383 三代6.18.8 善齋8.29 小校7.21.5 貞續上30.3			劉體智舊藏
3702	戈作肇彝簋	4	西周早期	集成3384 善齋8.28 頌續32 小校7.21.4			劉體智舊藏
3703	旾作旅彝簋	4	西周	集成3385 三代6.24.1 從古3.25 攈古1.2.54 窓齋7.10.1 清儀1.34 周金3.117.5 小校7.21.1			錢天樹、張廷濟舊藏

序號	器名	字數	時代	著録	出土地	現藏地	備註
3704	[illegible]作從彝簋	4	西周早期	集成 3386 冠斝補 1			榮厚舊藏
3705	豐作從彝簋	4	西周中期	集成 3387 三代 6.25.1 貞補上 20.4 貞圖上 31			羅振玉舊藏
3706	德作隮彝簋	4	西周早期	集成 3388			
3707	王作鬻彝簋蓋	4	西周晚期	集成 3389 考古與文物 1982 年 4 期 106 頁	1981 年陝西扶風縣南陽公社魯馬大隊溝原生產隊灰坑	扶風縣博物館	
3708	見作寶隮簋	4	西周早期	集成 3390		首都博物館	
3709	尹作寶隮簋	4	西周早期	集成 3391 三代 6.25.3 貞松 7.9.1 貞續上 31.3 海外吉 18 泉屋續 180		日本京都泉屋博古館	潘祖蔭舊藏
3710	作矩父簋	4	西周中期	集成 3392 攈古 1.2.77.4			
3711	亞[illegible]黿□簋	4	商代後期	集成 3393 録遺 130 彙編 8.1097 韋森 Fig1		瑞典斯德哥爾摩韋森氏	《録遺》與《彙編》、《韋森》所録拓本相反
3712	戈罟作匕簋	4	商代後期	集成 3394 三代 6.22.6			

序號	器名	字數	時代	著録	出土地	現藏地	備註
3713	戈器作匕簋	4	商代後期	集成3395 三代6.22.7—8 積古2.17 攈古1.2.57 愙齋7.12 綴遺6.12 清愛3 敬吾下32 續殷上41.3 小校7.62.1(又4.31.6重出,誤作卣),5.62.5(誤作觚)			李芝齡、趙晋齋舊藏
3714	戈器作匕簋	4	商代後期	集成3396 敬吾下9.2 續殷上41.4 小校7.61.7			
3715	臣辰[illegible]册簋	4	西周早期	集成3397 彙編9.1432 三代補85頁R599 懷履光(1956)140頁3 綜覽100頁簋164	1929年河南洛陽	加拿大多倫多皇家安大略博物館	
3716	宜陽右倉簋	4	戰國	集成3398 文物1987年11期93—95頁		首都博物館	
3717	作寶隮彝簋	4	西周早期	集成3399 三代6.26.4 貞松4.37.2 武英48 小校7.23.1 故圖下下159		臺北"中央博物院"	承德避暑山莊舊藏

序號	器名	字數	時代	著録	出土地	現藏地	備註
3718	作寶隮彝簋	4	西周早期	集成3400 三代6.26.5 西甲7.2 積古1.26.2 攈古1.2.54.2			清宫舊藏
3719	作寶隮彝簋	4	西周早期	集成3401 三代6.26.6—7 貞松4.37.3—4 小校7.64.1 彙編7.817 綜覽113頁簋269		美國華盛頓弗里爾美術博物館	
3720	作寶隮彝簋	4	西周早期	集成3402		中國歷史博物館	
3721	作寶隮彝簋	4	西周早期	集成3403 彙編7.815 綜覽108頁簋232		美國普林斯頓大學美術博物館卡特氏藏品	卡特氏舊藏
3722	作寶隮彝簋	4	西周早期	集成3404 綜覽105頁簋208		美國紐約薩克爾博士	
3723	作寶隮彝簋	4	西周早期	集成3405 美集録R365 彙編7.816		美國紐約克來斯勒氏	盧芹齋舊藏
3724	作寶隮彝簋	4	西周早期	集成3406 文物1977年12期29頁圖18	1974年遼寧喀左縣山灣子	遼寧省博物館	
3725	作寶隮彝簋	4	西周早期	集成3407 陝青3.147	1974年陝西麟游縣蔡家河	麟游縣文化館	
3726	作寶隮彝簋	4	西周早期	集成3408 考古1986年11期978頁圖一:1	1984年陝西長安縣灃西	考古研究所	

序號	器名	字數	時代	著録	出土地	現藏地	備註
3727	作寶隮彝簋	4	西周早期	集成3409 考古1974年6期366頁圖三:4	1973年遼寧喀左縣北洞村二號窖藏	遼寧省博物館	
3728	作寶隮彝簋	4	西周早期	集成3410 西乙7.3			瀋陽故宫舊藏
3729	作寶隮彝簋蓋	4	西周早期	集成3411 考古圖4.21			京兆田氏舊藏
3730	作寶隮簋	4	西周早期	集成3412 文物1977年11期14頁圖8	陝西岐山縣京當公社賀家村	陝西周原岐山縣文物管理所	銘文内填朱
3731	作寶用簋	4	西周早期	集成3413 陝青3.1	1976年陝西岐山縣賀家村112號墓	陝西周原岐山縣文物管理所	
3732	用作寶彝簋	4	西周早期	集成3414 三代6.23.5 希古4.2 移林11 小校7.22.2		故宫博物院	劉鶚、丁麟年舊藏
3733	作旅簋	4	西周早期	集成3415 三代7.8.5			
3734	作旅簋	4	西周早期	集成3416 三代7.8.3			《集成》目録中誤爲“5”字
3735	夅旅祖丁簋	4	西周早期	近出409 考古與文物1989年1期21頁		1984年3月陝西省扶風縣黄甫鄉唐家河西源村墓葬	
3736	月鼎父乙簋	4	商代後期	近出410 中原文物1986年3期118—119頁		河南省安陽市博物館	

序號	器名	字數	時代	著録	出土地	現藏地	備註
3737	冊玄父癸簋	4	商代後期	近出411 富士比(1947,3,25 84)			英國倫敦富士比拍賣行曾見
3738	亞獏母辛簋	4	商代後期	近出412 佳士得(1986,6,5 47)			英國倫敦佳士得拍賣行曾見
3739	鳥寏簋	4	商代後期	近出413 考古1988年10期876—878頁	1987年夏河南省安陽市郭家莊墓葬M1：16	中國社會科學院考古研究所安陽工作隊	
3740	作寶尊彝簋	4	西周早期	近出414 考古1993年10期952頁	1984年4月湖南株洲縣廢舊金屬庫	湖南株洲縣文物單位	
3741	作寶尊彝簋	4	西周早期	近出415 湖南考古輯刊1988年4期172頁	1976年冬湖南株洲縣南陽橋鄉鐵西村	湖南省博物館	
3742	作寶用簋	4	西周中期	近出416 文物資料叢刊1983年8期80頁	1976年春陝西省岐山賀家村M112：1	陝西省周原考古隊	
3743	作寶尊彝簋	4	西周	近出附23 中國文物報1989年10期2版	1984年4月湖南株洲縣南陽橋鄉		
3744	[illegible]單匽且己簋	5	商代後期	集成3417 三代6.26.8 西乙6.32 寶蘊43 貞松4.38 續殷上36.6 故圖下下131		臺北"中央博物院"	瀋陽故宫舊藏
3745	庚豕馬父乙簋	5	商代後期	集成3418 殷虚青銅器拓片88：3	1982年河南安陽殷墟墓葬	考古研究所安陽工作站	

序號	器名	字數	時代	著録	出土地	現藏地	備註
3746	亞共覃父乙簋	5	商代後期	集成 3419 三代 6.20.7 貞松 4.38 武英 56 續殷上 56.3 小校 7.10.2 故圖下下 135		臺北"中央博物院"	承德避暑山莊舊藏
3747	子眉■父乙簋	5	商代後期	集成 3420 三代 6.27.3 續殷上 40.2	陝西鳳翔	故宫博物院	
3748	秉冊册父乙簋	5	商代後期	集成 3421 三代 6.31.6 貞松 4.42.1 小校 7.28.4(又 2.38.4 重出,誤作鼎) 美集録 R105 考古與文物 1991 年 1 期	1927 年陝西寶鷄市金臺區陳倉鄉戴家灣盜掘		徐乃昌、加拿大明義士舊藏
3749	臣辰父乙簋(殘底)	5	西周早期	集成 3422	河南洛陽	故宫博物院	
3750	臣辰父乙簋	5	西周早期	集成 3423 三代 7.9.3—2 續殷上 42.4—5 歐精華 2.119 美集録 R308a、b 彙編 9.1435		美國哈佛大學福格美術博物館	
3751	臣辰父乙簋	5	西周早期	集成 3424 美集録 R307		美國哈佛大學福格美術博物館	
3752	䎽作父乙簋	5	西周早期	集成 3425 三代 6.27.2 綴遺 6.20 小校 7.64.4			

序號	器名	字數	時代	著録	出土地	現藏地	備註
3753	弔龜父丙簋	5	西周早期	集成3426 三代7.9.5 綴遺6.22.2			
3754	弔龜父丙簋	5	西周早期	集成3427 三代7.9.6 筠清3.43.2 窓齋7.22.4 攈古1.3.30.1 綴遺6.22.1 續殷上42.6 敬吾下3.1 小校7.64.4			葉東卿舊藏
3755	戈亳册父丁簋	5	商代後期	集成3428 録遺131			
3756	✦⌣父丁簋	5	商代後期	集成3429 三代6.27.4 貞松4.38 武英73 續殷上42.8 小校7.24.3 故圖下下138		臺北"中央博物院"	承德避暑山莊舊藏
3757	⺁父丁簋	5	西周早期	集成3430 西甲7.15			清宫舊藏
3758	劦册竹父丁簋	5	西周早期	集成3431		中國歷史博物館	
3759	劦册竹父丁簋	5	西周早期	集成3432 三代6.21.2 西清28.12 善齋7.23.1 小校7.10.8 雙古上22		故宫博物院	清宫舊藏,後歸劉體智、于省吾
3760	天工册父己簋	5	西周早期	集成3433 三代6.34.2 西甲6.39 尊古1.45			清宫舊藏

序號	器名	字數	時代	著録	出土地	現藏地	備註
3761	冀父辛簋	5	西周早期	集成3434 博古8.9 薛氏21.1 復齋26 嘯堂24			此器《集成》5171誤收爲卣
3762	囝父辛簋	5	西周早期	集成3435 三代6.27.7 西甲6.38 殷存上13.1 小校7.64.6			清宫舊藏,後歸潘祖蔭
3763	父癸簋	5	西周早期	集成3436 三代6.28.1 恒軒35 綴遺6.23			吴大澂舊藏
3764	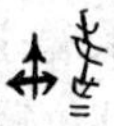簋	5	西周早期	集成3437 三代6.30.6 小校7.27.4 彙編7.762		上海博物館	
3765	皿屖簋	5	西周早期	集成3438 陝青3.161	1977年陝西隴縣韋家莊墓葬	寶鷄市博物館	
3766	新𡨦簋	5	西周早期	集成3439 文物1979年4期89頁圖4	1978年山東滕縣莊里西村	滕縣博物館	
3767	新𡨦簋	5	西周早期	集成3440	1978年山東滕縣莊里西村	滕縣博物館	
3768	𥹴單簋	5	西周早期	集成3441 考古圖4.11 續考3.3	河南河清		
3769	雁事簋	5	西周早期	集成3442 文物1984年12期32頁圖6	1982年河南平頂山市郊滍陽鎮西門外	平頂山市文物管理委員會	

序號	器名	字數	時代	著録	出土地	現藏地	備註
3770	□細簋	5	西周中期	集成 3443 三代 7.11.3 周金 3.99.2 貞松 5.5 希古 3.12.3			《集成》説明中器名爲“□細簋”
3771	季隻簋	5	西周中期	集成 3444 三代 7.10.7 貞松 5.6.4 希古 3.12.2 小校 7.66.3 彙編 7.760		上海博物館	
3772	舟虔簋	5	西周中期	集成 3445 博古 17.22 薛氏 118.6 續考 4.7 嘯堂 61.1			《續考》:張才元舊藏
3773	舟虔簋	5	西周中期	集成 3446 博古 17.23 薛氏 119.1 續考 4.9 嘯堂 61.2			《續考》:王晋玉舊藏
3774	仲州簋	5	西周	集成 3447 考古與文物 1984 年 5 期 11 頁圖 4:3		岐山縣博物館	1949 年前陝西岐山縣京當一帶購得
3775	季楚簋	5	西周中期	集成 3448 三代 7.10.6 貞松 5.6.2		故宫博物院	
3776	叔仲子日乙簋	5	西周早期	集成 3449 三代 6.36.1 貞松 4.39.1 善齋 8.38 續殷上 43.6 小校 7.26.1 美集録 R385 彙編 9.1654			劉體智、盧芹齋舊藏

序號	器名	字數	時代	著録	出土地	現藏地	備註
3777	作姬簋	5	西周早期	集成 3450 三代 6.30.5 貞松 4.40 周金 3.115.5 善齋 8.34 小校 7.26.8 頌續 35			劉體智、鄒安、容庚舊藏
3778	㚤簋	5	西周早期	集成 3451 三代 6.30.3 貞松 4.40 續殷上 43.4 小校 7.26.5			商承祚舊藏
3779	姜□簋	5	西周早期	集成 3452 三代 7.11.7			
3780	作豸商簋	5	西周早期	集成 3453 文參 1957 年 8 期 43 頁圖 4	1957 年山西洪趙縣永凝堡墓葬	山西省文物管理委員會	
3781	作車簋	5	西周早期	集成 3454 美集録 R350			
3782	作任氏簋	5	西周早期	集成 3455 三代 6.31.3 貞松 4.39 善齋 8.33 小校 7.28.2 善彝 63 頌續 37	《貞松》:河南洛陽		劉體智、容庚舊藏
3783	作任氏簋	5	西周早期	集成 3456 貞續上 35.3			
3784	大丏簋	5	商代後期	集成 3457 考古 1961 年 2 期 74 頁圖 13 河南 1.314	1958—1959 年河南安陽市殷墟西區	考古研究所	

序號	器名	字數	時代	著録	出土地	現藏地	備註
3785	豙馬簋	5	西周早期	集成3458 三代6.26.2 小校7.23.6 貞續上35.1 善齋8.32 善彝60 續殷上41.5			劉體智舊藏
3786	豙馬簋	5	西周早期	集成3459 三代6.26.3 貞續上35.2 善齋8.31 續殷上41.6 小校7.23.7 善彝59 故圖下下142		臺北"中央博物院"	劉體智舊藏
3787	王作又簋	5	西周早期	集成3460 三代6.29.1 懷米上19 攈古1.3.9 愙齋7.9 周金3.115.6 續殷上43.3 小校7.25.1		上海博物館	曹秋舫舊藏
3788	農父簋	5	西周早期	集成3461		上海博物館	
3789	睘父簋	5	西周早期	集成3462 三代7.11.2 貞松5.5			
3790	事父簋	5	西周早期	集成3463 三代6.29.4 貞續上31 頌齋9 小校7.27.1(又5.18.6重出,誤作尊) 故圖下下163		臺北"中央博物院"	容庚舊藏

序號	器名	字數	時代	著録	出土地	現藏地	備註
3791	[illegible]父簋	5	西周早期	集成 3464 三代 6.29.5 周金 3.116.1 貞松 4.39 小校 7.27.7			
3792	隲簋	5	西周早期	集成 3465 考古圖 4.18 博古圖 8.6 薛氏 19.5 嘯堂 26			新平張氏舊藏
3793	[illegible]簋	5	西周早期	集成 3466		四川省博物館	
3794	[illegible]簋	5	西周早期	集成 3467 博古 8.20 薛氏 112.5 嘯堂 29			
3795	御簋	5	西周早期	集成 3468 美集録 R294		美國哈佛大學福格美術博物館	
3796	[illegible]簋	5	西周早期	集成 3469 愙齋 8.9.1 陶齋 1.48 周金 3.113.7 小校 7.26.2 山東存附 3.1 美集録 R291 彙編 7.757	《美集録》:山東肥城	美國紐約姚叔來通運公司	許延暄、端方舊藏
3797	畢簋	存 5	西周早期	集成 3470 三代 6.28.2 筠清 3.54.1 攈古 2.1.52.3 小校 7.61.4 彙編 6.60			《攈古録》:道光丙申見於京師;《集成》目録中誤爲"5"字,著録中"彙編 6.60",誤爲"6.600"

序號	器名	字數	時代	著録	出土地	現藏地	備註
3798	文簋	5	西周早期	集成 3471		故宫博物院	
3799	文簋	5	西周早期	集成 3472 三代 7.11.4 貞續上 35 頌齋 8 小校 7.27.2 故圖下下 162		臺北"中央博物院"	容庚舊藏
3800	□□□寶彝簋	5	西周早期	集成 3473 美集録 R354 弗里爾 367 頁 綜覽 96 頁簋 130		美國華盛頓弗里爾美術陳列館	
3801	果簋	5	西周中期	集成 3474 三代 7.11.5—6 尊古 1.50		旅順博物館	
3802	䏁簋	5	西周中期	集成 3475 三代 7.10.8 西甲 7.14 積古 6.2 攈古 1.3.30.3 小校 7.64.5			清宫舊藏，後歸潘祖蔭
3803	闌簋	5	西周中期	集成 3476 三代 6.29.8		上海博物館	
3804	雁公簋	5	西周早期	集成 3477 三代 6.29.2 西清 13.18 窓齋 9.4 周金 3.115.1 小校 7.66.5 故宫 44 期			清宫舊藏
3805	雁公簋	5	西周早期	集成 3478 西清 13.19		故宫博物院	清宫舊藏
3806	公簋	5	西周中期	集成 3479 西清 13.20			清宫舊藏
3807	𢐗伯簋	5	西周早期	集成 3480	陝西扶風縣北吕墓地	扶風縣博物館	

序號	器名	字數	時代	著録	出土地	現藏地	備註
3808	縈伯簋	5	西周中期	集成3481 三代7.11.1 貞松5.6 希古3.12.1			
3809	卂伯簋	5	西周早期	集成3482 録遺132 小校7.65.2 塞利格曼 Fig11(摹本) 三代補103頁R724(摹本) 綜覽112頁簋266		英國倫敦不列顛博物館	英國倫敦塞利格曼氏舊藏
3810	夷伯簋	5	西周中期	集成3483 西清27.21			清宮舊藏
3811	□伯簋	5	西周中期	集成3484 文物1979年9期圖版7：5	1975年山西長子縣晋義村	長治市博物館	
3812	叔[illegible]簋	5	西周早期	集成3485 三代6.28.4 貞松5.5.2 十二雪7 彙編7.761		故宫博物院	孫壯舊藏
3813	叔京簋	5	西周早期	集成3486	1980年山東滕縣莊里西村	滕縣博物館	
3814	叔皈簋	5	西周中期	集成3487 三代7.10.4 貞松5.5 希古3.11.5 小校7.66.3		上海博物館	潘祖蔭舊藏
3815	伯翻簋	5	西周早期	集成3488 三代7.10.3 貞松5.7 小校7.66.1		故宫博物院	

序號	器名	字數	時代	著録	出土地	現藏地	備註
3816	伯㦰簋	5	西周中期	集成3489 文物1976年6期58頁圖23 陝青2.103	1975年陝西扶風縣白家村墓葬	扶風縣博物館	
3817	伯𠨘簋	5	西周中期	集成3490 三代7.10.1—2 兩罍6.33.1—2 筠清3.46 愙齋8.19.1—2 擵古1.2.29.3—4 周金3.99.3—1 小校7.65.4—3		故宫博物院	《小校》題跋：僧六舟、張廷濟、吴雲舊藏
3818	伯尚簋	5	西周中期	集成3491 西清27.7			清宫舊藏
3819	伯簋	5	西周早期	集成3492 考古與文物1980年1期15頁圖五：2 陝青4.34	陝西寶鷄市茹家莊	寶鷄市博物館	
3820	伯簋蓋	5	西周早期	集成3493		中國歷史博物館	
3821	伯簋	5	西周早期	集成3494 文物1984年5期3頁圖6	1982年江蘇丹徒縣母子墩墓葬	江蘇鎮江市博物館	
3822	伯簋	5	西周早期	集成3495 西甲7.5 貞補上21 泉屋36 海外吉23		日本京都泉屋博古館	清宫舊藏
3823	伯簋	5	西周早期	集成3496 日精華2.107 綜覽115頁簋284		日本東京山本氏	

序號	器名	字數	時代	著録	出土地	現藏地	備註
3824	伯簋	5	西周中期	集成 3497 積古 6.2 攈古 1.3.30			
3825	伯簋	5	西周早期	集成 3498 文叢（二）22 頁圖 1：1	1971 年陝西白水縣	陝西省博物館	
3826	伯作南宫簋	5	西周早期	集成 3499 文物 1976 年 4 期 56 頁圖 54 陝青 4.77	1974 年陝西寶鷄市茹家莊二號墓	寶鷄市博物館	
3827	亞𣪕父丁𡖊簋	5	商代後期	近出 417 海岱考古第一輯 320—324 頁		山東省濟南市博物館	
3828	恒父簋	5	西周早期	近出 418 文物 1987 年 2 期 5—6 頁	1980 年山西省洪洞縣永凝堡村墓葬 M14：10	山西省洪洞縣文化館	
3829	師隻簋	5	西周早期	近出 419 文物 1992 年 6 期 76—77 頁	1991 年 4 月陝西省岐山縣京當鄉雙庵村	陝西省岐山縣博物館	
3830	作父辛簋	5	西周	近出附 24 考古與文物 1991 年 1 期 3—13 頁	1927 年陝西寶鷄市金臺區陳倉鄉戴家灣盜掘		
3831	文簋	5	西周早期	近出 420 富士比（1977，12，13　215）			英國倫敦富士比拍賣行曾見
3832	齊仲簋	5	西周中期	近出 421 考古 1994 年 4 期 377 頁	1958 年春山東省招遠縣東曲城村	山東省招遠縣文物管理所	同出兩件，同銘
3833	夨叔簋	5	西周中期	近出 422 考古與文物 1990 年 1 期 50—51 頁	1984 年秋陝西省岐山縣青化鄉丁童村	陝西省岐山縣博物館	

序號	器名	字數	時代	著録	出土地	現藏地	備註
3834	秦公簋	5	春秋前期	近出 423 上海博物館集刊 1996 年 7 期 23—29 頁	1987 年後甘肅省禮縣大堡子山秦國墓地	上海博物館	1993 年 10 月購於香港古玩街
3835	秦公簋	5	春秋前期	近出 424 上海博物館集刊 1996 年 7 期 23—29 頁	1987 年後甘肅省禮縣大堡子山秦國墓地	上海博物館	1993 年 10 月購於香港古玩街
3836	作且戊簋	6	西周早期	集成 3500 三代 6.31.4 貞松 4.41 續殷上 44.2 小校 7.66.6	《貞松》:河南洛陽		容庚舊藏
3837	作且戊簋	6	西周早期	集成 3501 三代 6.31.5 貞松 4.41 善齋 8.35 續殷上 44.1 小校 7.28.3 善彝 54 故圖下下 132		臺北"中央博物院"	劉體智舊藏
3838	文父乙簋	6	商代後期	集成 3502 三代 6.32.4 從古 15.4 擄古 1.3.45 窓齋 8.3 綴遺 6.23 簠齋 3 敦 26 奇觚 3.6 敬吾下 38.3 殷存上 23.8 小校 5.20.2			陳介祺舊藏
3839	戈作父乙簋	6	西周早期	集成 3503 西清 13.39			清宫舊藏

序號	器名	字數	時代	著録	出土地	現藏地	備註
3840	亞㠱侯矣父乙簋	6	西周早期	集成3504 三代6.32.2 西清13.17 貞松5.10.4 澂秋14 續殷上42.3			清宫舊藏,後歸盛昱、陳承裘
3841	亞㠱矣作父乙簋	6	西周早期	集成3505 三代7.9.3 寧壽6.8 貞松5.7 續殷上42.2 藝展29 故宫10 故圖下上58		臺北"故宫博物院"	清宫舊藏;《集成》説明中著録"故圖10"應爲"故宫10"
3842	臣辰[illegible]册父乙簋	6	西周早期	集成3506		上海博物館	
3843	用作父乙簋	6	西周早期	集成3507 文物1980年4期42頁圖6:3 陝青3.74	1976年陝西扶風縣雲塘村20號墓	陝西周原扶風縣文物管理所	
3844	令作父乙簋	6	西周早期	集成3508 西清13.34 小校7.66.7			清宫舊藏
3845	作父乙簋	6	西周早期	集成3509 三代7.11.8 殷存上13			
3846	作父乙簋	6	西周中期	集成3510 三代6.33.2 小校7.28.6 美集録R297		美國西點克林克氏	
3847	作父乙簋	6	西周中期	集成3511 三代6.33.3 小校7.28.5			
3848	[illegible]作父丁簋	6	西周早期	集成3512 西甲6.33		故宫博物院	清宫舊藏

序號	器名	字數	時代	著録	出土地	現藏地	備註
3849	亞曩侯矣父戊簋	6	西周早期	集成 3513 三代 7.9.7			
3850	作父戊簋	6	西周早期	集成 3514 三代 6.33.8 西甲 6.21 積古 1.26 攈古 1.3.45		故宫博物院	清宫舊藏
3851	Y人作父己簋	6	西周早期	集成 3515 三代 6.34.1 西乙 6.23 寶藴 45 貞松 4.42 續殷上 46.2 故圖下下 140		臺北"中央博物院"	瀋陽故宫舊藏;《集成》説明中誤把"Y人"當成一字"[illegible]"
3852	[illegible]作父庚簋	6	西周早期	集成 3516		上海博物館	
3853	斁作父庚簋	6	西周早期	集成 3517 三代 6.34.3 殷存上 17.4 小校 5.21 美集録 R299 彙編 7.661		美國波斯頓美術博物館	盛昱舊藏
3854	䰜作父辛簋(殘底)	6	西周早期	集成 3518 三代 6.34.4 奇觚 5.6.1 夢郼上 21 續殷上 44.9 小校 5.21.5(又 7.28.7 重出)		旅順博物館	羅振玉舊藏
3855	□作父辛簋	6	西周早期	集成 3519 美集録 R346		美國波斯頓美術博物館	
3856	虘作父辛簋	6	西周早期	集成 3520 陝青 3.43	1972 年陝西扶風縣劉家村墓葬	陝西省文物管理委員會	

序號	器名	字數	時代	著録	出土地	現藏地	備註
3857	□作父癸簋	6	西周早期	集成 3521 三代 6.34.7 奇觚 5.8 殷存上 17.9 小校 7.67.3	山西聞喜縣南王村	上海博物館	
3858	臣辰□册父癸簋	6	西周早期	集成 3522 三代 7.16.1—2 貞續上 37.1—2			
3859	臣辰□册父癸簋	6	西周早期	集成 3523 三代 7.16.3—4 貞續上 36.3—4			
3860	隱伯簋	6	西周早期	集成 3524 學報 1977 年 2 期 107 頁圖 8：14	1967 年甘肅靈臺縣白草坡墓葬	甘肅省博物館	
3861	隱伯簋	6	西周早期	集成 3525	1967 年甘肅靈臺縣白草坡墓葬	甘肅省博物館	
3862	亶伯簋	6	西周早期	集成 3526 文物 1977 年 12 期 29 頁圖 15	1974 年遼寧喀左縣山灣子村	遼寧省博物館	
3863	𢐗伯簋	6	西周早期	集成 3527 文物 1983 年 2 期 14 頁圖 4	1981 年寶鷄市紙坊頭 1 號墓	寶鷄市博物館	
3864	𢐗伯簋	6	西周早期	集成 3528	1981 年寶鷄市紙坊頭 1 號墓	寶鷄市博物館	
3865	𢐗伯簋	6	西周早期	集成 3529	1981 年寶鷄市紙坊頭 1 號墓	寶鷄市博物館	
3866	充伯簋	6	西周早期	集成 3530 美集録 R362 彙編 7.666		美國哈佛大學福格美術博物館	

序號	器名	字數	時代	著録	出土地	現藏地	備註
3867	旅伯簋	6	西周早期	集成3531 三代7.13.7 貞松5.7 小校7.67.7			劉體智舊藏
3868	伯矩簋	6	西周早期	集成3532 三代7.12.4 筠清5.18 攈古1.3.43 周金3.97.2			王味雪舊藏
3869	伯矩簋	6	西周早期	集成3533 愙齋9.4 攀古上23 恒軒31 周金5.104.2 小校7.29.4		《美集録》A207:美國紐約侯希泰特	潘祖蔭舊藏
3870	伯魚簋	6	西周早期	集成3534 三代7.12.1 攈古1.3.56.3 愙齋10.3 從古15.30.1 奇觚3.5.1 簠齋3敦18上 周金3.96.5 小校7.71.2	傳易州	故宫博物院	陳介祺舊藏
3871	伯魚簋	6	西周早期	集成3535 三代7.12.2—3 攈古1.3.56 愙齋10.2 從古15.29.1—2 奇觚3.4 簠齋3敦18下—19上 貞松5.9 小校7.70.7—8		上海博物館	陳介祺舊藏

序號	器名	字數	時代	著録	出土地	現藏地	備註
3872	伯[illegible]簋	6	西周早期	集成 3536 三代 6.35.5 尊古 1.41.1 荷比 102 頁 PL11 彙編 7.664		荷蘭某氏	
3873	伯要簋	6	西周早期	集成 3537 三代 7.12.5—6 攈古 1.3.56.1—2 愙齋 8.18.2—3 敬吾下 3 周金 3.97.3 小校 7.69.1—2			朱善旂舊藏
3874	伯丂庚簋	6	西周早期	集成 3538 琉璃河西周燕國墓地 147 頁	北京房山縣琉璃河墓葬 M251∶13	首都博物館	
3875	伯丂庚簋	6	西周早期	集成 3539 琉璃河西周燕國墓地 147 頁	北京房山縣琉璃河墓葬 M251∶12	首都博物館	
3876	伯作乙公簋	6	西周早期	集成 3540 銅器選 27	1974 年北京房山縣琉璃河墓葬 M209∶1	北京市文物研究所	
3877	伯簋	6	西周早期	集成 3541 周金 3.91.1 小校 7.67.6 尊古 2.1 彙編 7.667		澳大利亞維多利亞美術館	
3878	伯簋	6	西周早期	集成 3542 三代 7.13.1 貞松 5.8.4 彙編 7.668 布倫戴奇 Fig44		美國舊金山亞洲美術博物館布倫戴奇藏品	《貞松》:溥倫舊藏

序號	器名	字數	時代	著録	出土地	現藏地	備註
3879	仲雙父簋	6	西周早期	集成 3543 三代 7.13.3 積古 6.6 兩罍 6.42 從古 3.30 攈古 1.3.55 愙齋 9.4 敬吾上 52 清儀 1.34 周金 3.98 小校 7.68.1 彙編 7.674			張廷濟、吴雲舊藏
3880	仲僘簋	6	西周早期	集成 3544 三代 13.18.6（誤作卣） 愙齋 19.10.2 周金 5.102.1 小校 4.42.2		上海博物館	
3881	仲自父簋	6	西周中期	集成 3545 三代 7.13.2 恒軒上 38 周金 3.97 小校 7.70.3		上海博物館	吴大澂舊藏
3882	仲□父簋	6	西周中期	集成 3546 三代 6.35.7 小校 7.29.7 貞補上 24.2 善齋 8.39			劉體智舊藏
3883	仲酉父簋	6	西周晚期	集成 3547 博古 17.26 薛氏 119.2 嘯堂 61			
3884	仲言父簋	6	西周晚期	集成 3548 考古圖 3.21			劉原父舊藏

序號	器名	字數	時代	著録	出土地	現藏地	備註
3885	㮚仲簋	6	西周中期	集成 3549 文叢(二)23 頁圖 7 陝青 4.161	1969 年陝西長武縣	陝西省博物館	
3886	敔仲簋	6	西周中期	集成 3550		遼寧省博物館	
3887	城虢仲簋	6	西周晚期	集成 3551 三代 7.14.1 恒軒 37 愙齋 10.13 周金 3.97.7 小校 7.70.1		上海博物館	吴大澂舊藏
3888	叔虢簋	6	西周中期	集成 3552 三代 7.13.4 愙齋 12.3.1 周金 3.98.1 小校 7.69.3		故宫博物院	錢獻之、潘祖蔭舊藏
3889	叔虢簋	6	西周中期	集成 3553 三代 7.13.5 從古 1.16 攈古 1.3.57.2			徐乃昌舊藏
3890	叔虢簋	6	西周中期	集成 3554 周金 3.98.2 小校 7.69.4			徐同柏舊藏
3891	叔若父簋	6	西周晚期	集成 3555 攈古 1.3.55.2			
3892	季屖簋	6	西周早期	集成 3556 三代 6.36.2 清愛 11 攀古上 24 恒軒 46 攈古 1.3.55 愙齋 8.11 敬吾下 34.3 周金 3.115 小校 7.29.8	《清愛》:傳易州	上海博物館	劉喜海、潘祖蔭舊藏

序號	器名	字數	時代	著録	出土地	現藏地	備註
3893	季姒簋	6	西周早期	集成 3557 録遺 136			
3894	嬴季簋	6	西周早期	集成 3558 三代 6.36.3 貞補上 21.3 續殷上 45.3 彙編 7.672			
3895	麫父簋	6	西周早期	集成 3559		故宮博物院	
3896	□父簋	6	西周早期	集成 3560		上海博物館	
3897	安父簋	6	西周早期	集成 3561 三代 6.36.5 攈古 1.3.46.1 敬吾下 35.3 小校 7.29.1 彙編 7.676			吴式芬舊藏
3898	[illegible]父簋	6	西周早期	集成 3562 西甲 7.1			清宫舊藏
3899	姑□父簋	6	西周早期	集成 3563 三代 7.14.4 貞松 5.7			
3900	員父簋	6	西周中期	集成 3564 攈古 1.3.54 筠清 1.30 敬吾下 9			吴式芬舊藏
3901	霸姑簋	6	西周早期	集成 3565 三代 6.37.4 積古 5.29 攈古 1.3.46 希古 4.2.4 小校 7.31.1		故宮博物院	
3902	[illegible]敀簋	6	西周早期	集成 3566 考古 1959 年 11 期 634 頁圖 1	1949 年後出土於陝西岐山縣雙庵村	岐山縣博物館	

序號	器名	字數	時代	著録	出土地	現藏地	備註
3903	矗𡞞簋	6	西周早期	集成3567 三代6.37.1 貞松4.43 美集録R290 歐精華2.112	《貞松》:洛陽	美國紐約沃森氏	
3904	雄𡞞簋	6	西周早期	集成3568 三代6.36.6 陶齋1.51 周金3.115.4 小校7.30.1 尊古2.2 美集録R348 彙編7.677			端方、溥倫舊藏
3905	𤇈姬簋	6	西周中期	集成3569 三代7.14.6 攈古1.3.44 希古3.12.4			
3906	王作姜氏簋	6	西周晚期	集成3570 文物1975年7期91頁圖2.3	1974年陝西盩厔縣城關公社墓葬	盩厔縣文化館	
3907	姜林母簋	6	西周晚期	集成3571 三代7.14.5 西甲13.9 頌續39 綜覽39頁雜5			原藏清宫,後歸容庚
3908	向簋	6	西周早期	集成3572 三代6.37.6 貞松4.43.2 希古3.14 尊古1.42 續殷上45.4 小校7.32.1			黄濬、溥倫舊藏
3909	師蘿簋	6	西周早期	集成3573 三代7.14.7 攈古1.3.57 懷米上24			曹載奎舊藏

序號	器名	字數	時代	著録	出土地	現藏地	備註
3910	𩰫叔簋	6	西周早期	集成 3574 文物 1959 年 10 期 32 頁圖 1 上海 32 銅器選 32		上海博物館	
3911	農簋	6	西周早期	集成 3575 三代 6.31.1—2 西乙 7.9 寶蘊 54 貞松 4.40 故圖下下 152		臺北“中央博物院”	瀋陽故宫舊藏
3912	田農簋	6	西周早期	集成 3576 録遺 135			
3913	卜孟簋	6	西周早期	集成 3577 録遺 134.1—2 美集録 R343			美國盧芹齋舊藏
3914	陽尹簋	6	西周	集成 3578		上海博物館	
3915	年[illegible]簋	6	西周早期	集成 3579		故宫博物院	
3916	利簋	6	西周早期	集成 3580 使華 9.1 三代補 107 頁 R756 彙編 7.663			德國陶德曼氏舊藏
3917	長由簋	6	西周中期	集成 3581 斷代(五)(學報 1956 年 3 期 122 頁圖三下左) 學報 1957 年 1 期 79 頁圖 2:7 五省圖版 29 陝圖 34	1954 年陝西長安縣普渡村墓葬	陝西省博物館	

序號	器名	字數	時代	著録	出土地	現藏地	備註
3918	長由簋	6	西周中期	集成 3582 斷代(五)(學報 1956 年 3 月 122 頁圖三下右) 學報 1957 年 1 期 79 頁圖 2：8 陝圖 35	1954 年陝西長安縣普渡村墓葬	陝西省博物館	
3919	史𣪕簋	6	西周	集成 3583		故宫博物院	
3920	㸚子旅簋	6	西周中期	集成 3584 三代 7.14.2—3			
3921	嬴霝悳簋	6	西周中期	集成 3585 三代 7.15.1 貞松 5.8 善齋 8.57 續殷上 45 小校 7.70.2 善彝 85 頌續 41	傳河南洛陽		陶祖光、劉體智、容庚舊藏
3922	段金歸簋	6	西周中期	集成 3586 三代 6.37.7 貞松 5.8.2 小校 7.70.6	洛陽		劉體智舊藏
3923	段金歸簋	6	西周中期	集成 3587 三代 6.38.1 貞松 5.8.1 小校 7.70.5	傳洛陽	丹麥哥本哈根某私人收藏	《貞松》：容庚舊藏
3924	□作𩰫伯簋	6	西周中期	集成 3588 三代 7.13.8 雙吉上 13 頌續 40	《雙吉》：傳河北順義縣牛狼山		于省吾、容庚舊藏
3925	㚔侯簋	6	西周晚期	集成 3589 三代 7.13.6 從古 8.34 攈古 1.3.57.4 愙齋 8.7 周金 3.97.5 小校 7.68.4			朱善旂舊藏

序號	器名	字數	時代	著録	出土地	現藏地	備註
3926	鄧公牧簋	6	春秋前期	集成3590 文物1982年9期86頁圖8		湖北襄樊市文物管理處	
3927	鄧公牧簋	6	春秋前期	集成3591		湖北襄樊市文物管理處	
3928	蔡侯𬪩簋	6	春秋後期	集成3592 蔡侯墓圖版33：1 五省圖版43	1955年安徽壽縣西門内墓葬	安徽省博物館	
3929	蔡侯𬪩簋	6	春秋後期	集成3593	1955年安徽壽縣西門内墓葬	安徽省博物館	
3930	蔡侯𬪩簋	6	春秋後期	集成3594	1955年安徽壽縣西門内墓葬	安徽省博物館	
3931	蔡侯𬪩簋	6	春秋後期	集成3595	1955年安徽壽縣西門内墓葬	安徽省博物館	
3932	蔡侯𬪩簋	6	春秋後期	集成3596	1955年安徽壽縣西門内墓葬	安徽省博物館	
3933	蔡侯𬪩簋	6	春秋後期	集成3597	1955年安徽壽縣西門内墓葬	安徽省博物館	
3934	蔡侯𬪩簋	6	春秋後期	集成3598	1955年安徽壽縣西門内墓葬	安徽省博物館	
3935	蔡侯𬪩簋	6	春秋後期	集成3599	1955年安徽壽縣西門内墓葬	安徽省博物館	

序號	器名	字數	時代	著録	出土地	現藏地	備註
3936	矩爵簋	6	西周早期	近出 425 考古 1997 年 4 期 58 頁 中國文物報 1988 年 9 月 23 日 2 版	1984 年 8 月河北遷安縣小山東省莊 M1：1	河北遷安縣文物管理所	
3937	叔[illegible]父簋	6	西周早期	近出 426 富士比(1982,6,15　113)			英國倫敦富士比拍賣行曾見
3938	作魚母子簋	6	西周早期	近出 427 富士比(1982,12,14　13)			F. Luboshez 舊藏;英國倫敦富士比拍賣行曾見
3939	伯魚簋	6	西周早期	近出 428 富士比(1972,7,11　276)			1968 年在瑞典斯德哥爾摩遠東藝術館展出;英國倫敦富士比拍賣行曾見
3940	王作姜氏簋	6	西周晚期	近出 429 文物 1999 年 9 期 85—86 頁		北京保利藝術博物館	
3941	孟狂父簋	6	西周中期	近出 430 考古 1989 年 6 期 524—525 頁	1983—1986 年陝西省長安縣張家坡村墓葬 M183：2	中國社會科學院考古研究所灃西發掘隊	
3942	高奴簋	6	戰國後期	近出 431 文物 1985 年 5 期 44 頁	陝西省旬邑縣		
3943	[illegible]作且丁簋	7	西周早期	集成 3600 攈古 2.1.5.2 善齋 8.40 小校 7.33 善彝 58			葉東卿、劉體智舊藏

序號	器名	字數	時代	著録	出土地	現藏地	備註
3944	㑴[illegible]作且癸簋	7	商代後期	集成3601 三代6.38.3 貞松4.43 海外吉19 泉屋1.42 帝博12 彙編6.597		日本京都泉屋博古館	《泉屋》:此彝原在土佐藩主山内容堂侯處,後歸町田久成君
3945	作父乙簋	7	商代後期	集成3602 三代7.15.2—3 貞續上36 小校7.71.5—6 彙編6.593			
3946	天禾作父乙簋	7	西周早期	集成3603 三代6.38.5 貞續上32 善齋8.36 續殷上44.5 小校7.34.2		上海博物館	劉體智舊藏
3947	宓父丁簋	7	商代後期	集成3604 三代6.43.2 貞補上23	《貞補》:洛陽	故宫博物院	
3948	叔作父丁簋	7	西周早期	集成3605 三代7.15.4 續殷上45.8			潘祖蔭舊藏
3949	⿰食隹作文父日丁簋	7	西周早期	集成3606 西清13.16			清宫舊藏
3950	古作父丁簋	7	西周早期	集成3607 博古8.11 薛氏21.3 嘯堂27			
3951	罕□作父丁簋	7	西周早期	集成3608 三代6.38.6 貞松4.43.4 善齋8.41 續殷上45.7 小校7.34.4		中國歷史博物館	劉體智舊藏

序號	器名	字數	時代	著録	出土地	現藏地	備註
3952	休作父丁簋	7	西周中期	集成3609 三代6.38.7 西清28.3 攈古45 恒軒36 愙齋7.9 殷存上13 小校7.71.6		故宫博物院	清宫舊藏,後歸潘祖蔭
3953	〈作父戊簋	7	西周	集成3610 録遺139		故宫博物院	
3954	廣作父己簋	7	西周早期	集成3611 三代6.39.2 清愛4 筠清5.4 攈古2.1.3 綴遺18.7 殷存上17 小校7.35.1		故宫博物院	劉喜海舊藏
3955	衛作父庚簋	7	西周早期	集成3612 考古1976年1期34頁圖5:5 陝青1.159	1973年陝西岐山縣賀家村墓葬	陝西省博物館	
3956	䀠作父辛簋	7	西周早期	集成3613 三代7.15.5 彙編6.594		日本兵庫縣黑川古文化研究所	
3957	匽侯簋	7	西周早期	集成3614		山東濟南市博物館	
3958	覩敄伯簋	7	西周早期	集成3615 美集録R382 彙編6.595		美國華盛頓弗里爾美術陳列館	
3959	𢐗伯簋	7	西周早期	集成3616 文物1976年4期55頁圖49 寶鷄𢐗國墓地368頁 陝青4.56	1974年陝西寶鷄市茹家莊墓葬	寶鷄市博物館	

序號	器名	字數	時代	著録	出土地	現藏地	備註
3960	強伯簋	7	西周早期	集成 3617 文物 1976 年 4 期 54 頁圖 39	1974 年陝西寶鷄市茹家莊墓葬	寶鷄市博物館	
3961	強伯簋	7	西周早期	集成 3618 文物 1976 年 4 期 55 頁圖 50 陝青 4.55	1974 年陝西寶鷄市茹家莊墓葬	寶鷄市博物館	
3962	義伯簋	7	西周	集成 3619 三代 7.16.4 貞松 5.10 希古 3.13.1		上海博物館	《希古》:吴大澂舊藏
3963	嫘仲簋	7	西周晚期	集成 3620 三代 7.17.2—3 貞松 5.10			《集成》説明中器名爲“媛仲簋”
3964	陸婦簋	7	西周早期	集成 3621 陝圖 95	1949 年前陝西岐山縣周公廟	陝西省博物館	
3965	召父簋	7	西周早期	集成 3622 博古 8.18 薛氏 112 嘯堂 28			
3966	杯[illegible]簋	7	西周	集成 3623 三代 7.16.5 窓齋 8.9 奇觚 3.5 簠齋 3 敦 9 周金 3.96.3 小校 7.67.4		故宫博物院	陳介祺舊藏
3967	叔單簋	7	西周早期	集成 3624 日精華 2.102 彙編 6.592 三代補 92 頁 R639 綜覽 102 頁簋 180		日本東京松岡美術館	日本京都川合定治郎舊藏

序號	器名	字數	時代	著録	出土地	現藏地	備註
3968	[illegible]簋	7	商代後期	集成 3625 三代 6.39.7 陶齋 1.49 周金 3.114 續殷上 46.4 小校 7.36.2			端方舊藏
3969	[illegible]簋	7	西周早期	集成 3626 琉璃河西周燕國墓地 131 頁	北京房山縣琉璃河 251 號墓葬 M251：10	首都博物館	
3970	[illegible]簋	7	西周早期	集成 3627 琉璃河西周燕國墓地 131、146 頁	北京房山縣琉璃河 251 號墓葬 M251：11	首都博物館	
3971	旅簋	7	西周早期	集成 3628 三代 7.17.4 貞松 5.9 小校 7.72.5 彙編 6.601			劉體智舊藏
3972	[illegible]簋	7	西周早期	集成 3629 三代 6.40.1 小校 7.72.1 彙編 6.591		美國舊金山亞洲美術博物館布倫戴奇藏品	
3973	[illegible]簋	7	西周	集成 3630 三代 7.16.7 愙齋 8.2.2 奇觚 3.7 周金 3.96.2 小校 7.72.4			
3974	伊生簋	7	西周早期	集成 3631 三代 6.39.8 西甲 6.28 貞松 4.44 希古 4.3.1		故宫博物院	清宫舊藏，後流出，1962 年收購

序號	器名	字數	時代	著録	出土地	現藏地	備註
3975	寧遹簋	7	西周	集成 3632 三代 7.17.1 攈古 2.1.12.3 周金 3.96.1			《攈古》:江蘇吴江凌氏藏
3976	大師簋	7	西周晚期	集成 3633 考古與文物 1981 年 1 期圖版 5:5	1972 年陝西盩厔縣下倉峪村	盩厔縣文化館	
3977	邵王之諻簋	7	戰國	集成 3634 三代 7.17.5 愙齋 9.3 小校 7.72.2			潘祖蔭舊藏
3978	邵王之諻簋	7	戰國	集成 3635 三代 7.17.6 十二遐 4 金匱 70		上海博物館	葉恭綽、陳仁濤舊藏
3979	曾侯乙簋	7	戰國前期	集成 3636	1978 年湖北隨縣曾侯乙墓	湖北省博物館	
3980	曾侯乙簋	7	戰國前期	集成 3637	1978 年湖北隨縣曾侯乙墓	湖北省博物館	
3981	曾侯乙簋	7	戰國前期	集成 3638	1978 年湖北隨縣曾侯乙墓	湖北省博物館	
3982	曾侯乙簋	7	戰國前期	集成 3639	1978 年湖北隨縣曾侯乙墓	湖北省博物館	
3983	曾侯乙簋	7	戰國前期	集成 3640	1978 年湖北隨縣曾侯乙墓	湖北省博物館	
3984	曾侯乙簋	7	戰國前期	集成 3641	1978 年湖北隨縣曾侯乙墓	湖北省博物館	

序號	器名	字數	時代	著録	出土地	現藏地	備註
3985	曾侯乙簋	7	戰國前期	集成3642	1978年湖北隨縣曾侯乙墓	湖北省博物館	
3986	曾侯乙簋	7	戰國前期	集成3643	1978年湖北隨縣曾侯乙墓	湖北省博物館	
3987	𠨍簋	7	西周中期	近出432 文物1996年7期54—68頁	1964—1972年河南省洛陽市北窑村西龐家溝墓葬M452：2		
3988	父乙簋	7	西周早期	近出433 歐遺珠圖版85		德國科隆東亞藝術博物館	
3989	叔簋	7	西周早期	近出434 富士比(1988,6,7 1)			應讀爲叔作父乙寶尊彝;英國倫敦富士比拍賣行曾見
3990	作父丁簋	7	西周早期	近出435 考古1989年1期10—18頁	1986年8月河南省信陽縣溮河港鄉溮河灘	河南省信陽市文物管理委員會	
3991	作父丁簋	7	西周早期	近出436 考古1989年1期10—18頁	1986年8月河南省信陽縣溮河港鄉溮河灘	河南省信陽市文物管理委員會	
3992	匽侯簋	7	西周早期	近出437 海岱考古第一輯321—322頁		山東省濟南市博物館	
3993	伯簋	7	西周中期	近出438 考古與文物1990年5期26—43頁		陝西省西安市文物中心	陝西省西安市大白楊庫曾見

序號	器名	字數	時代	著録	出土地	現藏地	備註
3994	虢季簋	7（蓋銘不清）	西周晚期	近出439 三門峽虢國墓上册50頁	河南省三門峽市虢國墓地M2001：75	河南省三門峽市文物工作隊	
3995	虢季簋	7（蓋器同銘）	西周晚期	近出440 三門峽虢國墓上册50頁	河南省三門峽市虢國墓地M2001：94	河南省三門峽市文物工作隊	
3996	虢季簋	7（蓋器同銘）	西周晚期	近出441 三門峽虢國墓上册50頁	河南省三門峽市虢國墓地M2001：86	河南省三門峽市文物工作隊	
3997	史梅兕作且辛簋	8	西周早期	集成3644 三代6.40.3 筠清5.5.1 擵古2.1.20.3 殷存上13.6 小校7.36.5 美集録R356 歐精華2.115 弗里爾15.102 彙編6.547		美國華盛頓弗里爾美術陳列館	李山農舊藏
3998	[illegible]作且癸簋	8	西周早期	集成3645 三代6.40.4 積古1.28.3 擵古2.1.34.4 奇觚17.9.5 殷存上18.6		故宫博物院	丁彦臣舊藏；《集成》説明中器名缺"[illegible]"字
3999	史述作父乙簋	8	西周早期	集成3646 美集録R388		美國哈佛大學福格美術博物館奥斯古藏品	美國紐約姚叔來舊藏
4000	堇臨作父乙簋	8	西周早期	集成3647 三代6.40.5 西甲6.32 續殷上22.11		故宫博物院	清宫舊藏；現藏地"故宫博物院"《集成》誤爲"故宫博物館"

序號	器名	字數	時代	著録	出土地	現藏地	備註
4001	堇臨作父乙簋蓋	8	西周早期	集成 3648 三代 3.14.4(誤作鼎) 積古 1.14 兩罍 3.9 窸齋 3.12 奇觚 6.14 續殷上 22.12 小校 2.49.2		上海博物館	阮元、吴雲舊藏
4002	◆乚作父丁簋	8	西周早期	集成 3649 三代 6.40.7 窸齋 12.3 尊古 1.40 小校 7.73.1 蘇黎世 Fig14a(摹本)		瑞士蘇黎世某私人收藏	許延暄舊藏
4003	◆乚作父丁簋	8	西周早期	集成 3650 三代 6.40.8 冠斝上 21			榮厚舊藏
4004	牧共作父丁簋	8	西周早期	集成 3651 三代 7.18.1 窸齋 11.15 奇觚 3.7 殷存上 13 小校 7.72.6			吴大澂舊藏
4005	龠作父丁簋	8	西周早期	集成 3652 考古與文物 1984 年 3 期圖版 2:3		廣東省博物館	上海文物管理委員會舊藏
4006	子阱作父己簋	8	西周早期	集成 3653 録遺 140		故宫博物院	
4007	鼎作父壬簋	8	西周早期	集成 3654		故宫博物院	

序號	器名	字數	時代	著録	出土地	現藏地	備註
4008	亞高作父癸簋	8	西周早期	集成 3655 三代 6.39.4 長安 1.16 攈古 2.1.23 攀古上 26 愙齋 12.3 敬吾下 37 殷存上 18 小校 7.71.7 美集録 R97			劉喜海、潘祖蔭舊藏,後存盧芹齋
4009	集曆作父癸簋	8	西周早期	集成 3656 三代 7.18.3—4 十二遐 2			葉恭綽舊藏
4010	集曆作父癸簋	8	西周早期	集成 3657 三代 6.41.6 懷米上 21 筠清 5.8 攈古 2.1.21 愙齋 10.4(又 19.11 重出) 奇觚 17.11 敬吾下 37 殷存上 18 小校 4.53.2(誤作卣)		遼寧省博物館	曹載奎、郭止亭、潘祖蔭舊藏
4011	集曆作父癸簋	8	西周早期	集成 3658 綜覽 96 頁簋 127		日本東京松岡美術館	
4012	子令作父癸簋	8	西周早期	集成 3659 三代 6.42.2 寧壽 6.10 貞松 5.11 續殷上 46.7 故宮 34 期 故圖下上 70		臺北"故宮博物院"	清宮舊藏

序號	器名	字數	時代	著録	出土地	現藏地	備註
4013	𣪘作父癸簋	8	西周早期	集成 3660 三代 7.18.2			
4014	𣪘作父癸簋	8	西周早期	集成 3661 布倫戴奇 140 頁 Fig43 彙編 6.545		美國舊金山亞洲美術博物館布倫戴奇藏品	
4015	𣪘作父癸簋	8	西周早期	集成 3662		上海博物館	
4016	[illegible]作父癸簋	8	西周早期	集成 3663 三代 6.41.6 積古 1.26 攈古 2.1.22 夢郼上 23 殷存上 18.2 小校 7.36.6		旅順博物館	羅振玉舊藏;器外底及圈足有"父癸"、"戈"三字,僞,不録
4017	無敄簋	8	西周早期	集成 3664 日精華 2.99 彙編 6.544			日本東京廣田熙氏舊藏
4018	戈肙作兄日辛簋	8	商代後期	集成 3665 三代 7.18.7 西清 28.2 貞松 5.11 小校 7.73.5			《貞松》:清宫舊藏,後歸日本住友氏
4019	木工册作母日甲簋	8(又合文 1)	西周早期	集成 3666 西甲 6.44			清宫舊藏
4020	倗丂簋	8	西周早期	集成 3667 文物 1977 年 12 期圖版 1:4	1974 年遼寧喀左縣山灣子村	遼寧省博物館	
4021	噩侯㞢季簋	8	西周早期	集成 3668 文叢(三)45 頁圖 20		洛陽市博物館	
4022	噩季奞父簋	8	西周早期	集成 3669 文物 1964 年 7 期 15 頁圖 4		上海博物館	

序號	器名	字數	時代	著録	出土地	現藏地	備註
4023	滕侯簋	8	西周早期	集成 3670 考古 1984 年 4 期 336 頁圖 8 左	1982 年山東滕縣莊里西村墓葬	滕縣博物館	
4024	旗嗣土梳簋	8	西周早期	集成 3671 三代 7.19.1 筠清 3.51 攈古 2.1.28 窓齋 8.14 敬吾下 2 小校 7.73.4			
4025	北伯邑辛簋	8	西周早期	集成 3672		故宫博物院	
4026	□作厥母簋	8	西周早期	集成 3673 録遺 141			
4027	伯作諆子簋	8	西周	集成 3674 三代 6.42.7 攈古 2.1.24 窓齋 7.10 敬吾下 34 小校 7.37.2			朱善旂舊藏
4028	戜者簋	8	西周中期	集成 3675 三代 6.42.5 窓齋 8.12 周金 3.95.6(又 5.13 重出,誤作尊) 小校 7.74.1			潘祖蔭舊藏
4029	旟簋	8	西周中期	集成 3676 陜青 1.168	1970 年陜西岐山縣小營原村	岐山縣博物館	
4030	睘簋	8	西周中期	集成 3677 筠清 3.47 攈古 2.1.27 小校 7.73.6			吴式芬舊藏

序號	器名	字數	時代	著録	出土地	現藏地	備註
4031	伯蔡父簋	8	西周中期	集成3678 文物1964年9期36頁圖5下右		天津市歷史博物館	
4032	伯嘉父簋	8	西周晚期	集成3679 文物1982年4期40頁圖1	1981年河南靈寶縣	靈寶縣文物管理委員會	
4033	伯嘉父簋	8	西周晚期	集成3680 考古1984年7期590頁	1981年河南靈寶縣	首都博物館	
4034	叡簋	8	西周晚期	集成3681 西甲12.36			清宫舊藏
4035	大師小子師望簋	8(又合文1)	西周晚期	集成3682 博古17.12 薛氏121.3 嘯堂60			
4036	虢季簋	8(蓋器同銘)	西周晚期	近出442 三門峽虢國墓上册50頁	河南省三門峽市虢國墓地M2001:146	河南省三門峽市文物工作隊	
4037	虢季簋	8(蓋器同銘)	西周晚期	近出443 三門峽虢國墓上册50頁	河南省三門峽市虢國墓地M2001:67	河南省三門峽市文物工作隊	
4038	虢季簋	8(蓋器同銘)	西周晚期	近出444 三門峽虢國墓上册50頁	河南省三門峽市虢國墓地M2001:95	河南省三門峽市文物工作隊	
4039	㸚辟簋	8	西周早期	近出445 富士比(1977,12,13 214)			該簋傳世兩件一對,形制、紋飾、銘文相同;英國倫敦富士比拍賣行曾見

序號	器名	字數	時代	著録	出土地	現藏地	備註
4040	芮公叔簋	8（蓋器同銘）	西周早期	近出446 文物1986年8期69—71頁	1980—1981年山東省黄縣莊頭村墓葬		兩件,大小、形制、花紋、銘文相同
4041	誎簋	8	西周晚期	近出447 中原文物1988年3期6頁	1979年河南省禹縣吴灣墓葬	河南省禹縣文物管理委員會	
4042	亞保且辛簋	9	西周早期	集成3683		上海博物館	
4043	劏圅作且戊簋	9	西周早期	集成3684 三代6.43.1 清愛15 筠清3.45 攈古2.1.41.1 殷存上13.8 夢續16 小校7.37.3 彙編6.504			劉喜海、羅振玉舊藏
4044	見作父己簋	9	西周早期	集成3685		上海博物館	
4045	珊□冀作父癸簋	9	西周早期	集成3686 三代6.43.7 十二雪8 貞松4.45.1			孫壯舊藏
4046	[illegible]婦簋	9	西周早期	集成3687 録遺143		上海博物館	
4047	遹□作父癸簋	9	西周早期	集成3688		故宫博物院	
4048	亞曩吴作母辛簋	9	西周早期	集成3689 三代11.29.1—2（誤作尊） 殷存上24.4、上26.1 小校5.21.8、5.26.5		上海博物館（器）	

序號	器名	字數	時代	著録	出土地	現藏地	備註
4049	伯簋	9（又重文2）	西周中期	集成 3690 三代 7.24.5 雙王 11 善齋 8.60 貞松 5.14 周金 3.90.7 小校 7.80.1			劉體智舊藏;《集成》説明中字數缺“（又重文2）”
4050	伯好父簋	9	西周晚期	集成 3691 考古與文物 1984 年 5 期 11 頁圖 4：1	1981 年陜西岐山縣劉家村	岐山縣博物館	
4051	伯𦬁簋蓋	9	西周中期	集成 3692 録遺 144.1		故宫博物院	
4052	伯𦬁簋蓋	9	西周中期	集成 3693 録遺 144.2		故宫博物院	
4053	叔脊簋	9	西周中期	集成 3694 三代 7.19.6 筠清 3.46 攈古 2.1.41 敬吾下 42 殷存上 13 小校 7.75.3			勞小山舊藏
4054	妹叔昏簋	9	西周早期	集成 3695 美集録 R293 皮斯柏 35 彙編 6.506		美國米里阿波里斯美術館寄陳皮斯柏藏品	
4055	嗣土嗣簋	9	西周早期	集成 3696 三代 6.43.6 西甲 6.22 積古 5.31 攈古 2.1.34 奇觚 17.12		故宫博物院	清宫舊藏

序號	器名	字數	時代	著録	出土地	現藏地	備註
4056	嗣土嗣簋	9	西周早期	集成3697 窓齋8.14 周金3.112 小校7.74.4			潘祖蔭舊藏
4057	朿人□父簋	9	西周早期	集成3698 綜覽110頁簋252			
4058	□大□簋	9	西周早期	集成3699 江漢考古1982年2期45頁圖6：6	1977年湖北黄陂縣魯台山墓葬	黄陂縣文化館	
4059	虢簋	9	西周中期	集成3700 三代6.43.8 西乙12.28 積古6.4.1 寶藴60			瀋陽故宫舊藏
4060	虢簋	9	西周中期	集成3701 三代6.44.1 兩罍6.28 從古11.30 攈古2.1.39 窓齋8.2 周金3.95 小校7.75.4			朱筱漚、吴雲舊藏
4061	彔簋	9	西周中期	集成3702 三代7.19.4(蓋) 攈古2.1.40.1—2 筠清1.31.2—1 窓齋9.5.1(蓋) 從古11.28.1—2 貞續上37.3(蓋) 周金3.81.2(蓋) 小校7.74.5		蓋藏上海博物館,器佚	《從古》、《筠清》、《窓齋》:黄安濤、吴大澂、孟乙清舊藏

序號	器名	字數	時代	著録	出土地	現藏地	備註
4062	同自簋	9	西周中期	集成 3703 三代 7.20.1—2 西乙 12.36 寶藴 62 貞松 5.12.3—4 故圖下下 175 彙編 6.499		臺北"中央博物院"	瀋陽故宫舊藏
4063	孟恚父簋	9	西周晚期	集成 3704 三代 7.19.5 貞松 5.12 善齋 8.59 小校 7.75.1		上海博物館	劉體智舊藏
4064	師窦父簋	9	西周晚期	集成 3705 三代 7.20.5 攈古 2.1.41.3 愙齋 8.8.2 敬吾下 12.1 小校 7.74.6		上海博物館	劉鏡古、潘祖蔭舊藏
4065	師窦父簋	9	西周晚期	集成 3706 三代 7.20.3—4 西乙 12.29 寶藴 68 貞松 5.13 故圖下下 182(蓋)		臺北"中央博物院"	瀋陽故宫舊藏
4066	内公簋蓋	9	西周晚期	集成 3707 西清 27.8			清宫舊藏
4067	内公簋蓋	9	西周晚期	集成 3708 三代 7.20.6 西清 27.9 貞松 5.13 故宫 1 期 故圖下上 77		臺北"故宫博物院"	清宫舊藏
4068	内公簋蓋	9	西周晚期	集成 3709 西清 27.10			清宫舊藏

序號	器名	字數	時代	著録	出土地	現藏地	備註
4069	西替簋	9	戰國	集成 3710	1958 年江蘇邳縣劉林墓葬	南京博物院	
4070	恒父簋	9（蓋 4 器 5）	西周早期	近出 448 文物 1987 年 2 期 5—6 頁	1980 年山西省洪洞縣永凝堡村墓葬 M9：20	山西省洪洞縣文化館	
4071	比簋	9	西周早期	近出 449 保利藏金 64 頁		北京保利藝術博物館	
4072	王母簋(殘)	存 9	西周中期	近出 450 文物 1996 年 7 期 54—68 頁	1964—1972 年河南省洛陽市北窑村西龐家溝墓葬 M352：1		
4073	鄬子倗簋	存 9	春秋後期	近出 451 淅川下寺春秋楚墓 134 頁	1990 年河南省淅川縣下寺 M2：63	河南省文物研究所	
4074	且乙告田簋	10	西周早期	集成 3711 三代 6.44.3 愙齋 7.9 奇觚 3.10 殷存上 18 小校 7.76.1		上海博物館	
4075	鳳作且癸簋	10	西周早期	集成 3712 三代 7.21.1 貞松 5.13 故宫 30 期			清宫舊藏
4076	亞若癸簋	10	商代後期	集成 3713 三代 6.40.2 綴遺 28.5 愙齋 7.15.2 奇觚 1.11 續殷上 46.6 小校 7.72.3（又 9.95.4 重出） 美集録 R453 皮斯柏 Fig44 彙編 8.1027		美國米里阿波里斯美術館寄陳皮斯柏藏品	潘祖蔭舊藏

序號	器名	字數	時代	著録	出土地	現藏地	備註
4077	辨作文父己簋	10	西周早期	集成3714 三代6.43.3 貞松4.44.4 善齋8.43 小校7.37.4 續殷上47.2 善圖61 故圖下下185	《貞松》:洛陽	臺北"中央博物院"	劉體智舊藏
4078	辨作文父己簋	10	西周早期	集成3715 三代6.43.4 貞松4.44.3 善齋8.44 小校7.37.5 續殷上47.3 善圖62 故圖下下186	《貞松》:洛陽	臺北"中央博物院"	劉體智舊藏
4079	辨作文父己簋	10	西周早期	集成3716 録遺142			《集成》説明中器名"父"字誤爲"公"字
4080	戈册父辛簋	10	商代後期	集成3717 積古1.29 攈古2.1.66			曹秋舫舊藏
4081	伯簋	10(又重文2)	西周中期	集成3718 西甲7.6		故宫博物院	清宫舊藏;《集成》説明中字數缺"(又重文2)"
4082	𠃞伯簋	10	西周早期	集成3719 博古8.25 薛氏113.2 嘯堂29			
4083	康伯簋	10	西周中期	集成3720 彙編6.471		新加坡某私人收藏	

序號	器名	字數	時代	著録	出土地	現藏地	備註
4084	康伯簋蓋	10	西周中期	集成 3721 考古與文物 1984 年 3 期 7 頁 圖二		廣東省博物館	上海文物管理委員會舊藏
4085	彝伯簋	10(又重文2)	西周晚期	集成 3722		天津市歷史博物館	《集成》説明中字數缺"(又重文2)"
4086	仲簋	10	西周早期	集成 3723 三代 7.21.2 從古 15.5 攈古 2.1.48 愙齋 8.4 奇觚 3.9 敬吾下 34 簠齋 3 敦 17 周金 3.94.1 小校 7.39.1 彙編 6.473			陳介祺舊藏
4087	叔宝簋	10	西周早期	集成 3724 三代 7.21.3 周金 3.91.5 貞松 5.14 希古 3.14.3 小校 7.77.1		中國歷史博物館	文後山、潘祖蔭舊藏
4088	叔友父簋蓋	10	西周中期	集成 3725 三代 7.21.4 攈古 2.1.52 十二居 20			周季木舊藏
4089	友父簋	10(又重文2)	西周中期	集成 3726 齊家村 14 陝青 2.154	1960 年陝西扶風縣齊家村墓葬	陝西省博物館	《集成》説明中字數缺"(又重文2)"
4090	友父簋	10(又重文2)	西周中期	集成 3727 齊家村 15 陝青 2.155	1960 年陝西扶風縣齊家村墓葬	陝西省博物館	

序號	器名	字數	時代	著録	出土地	現藏地	備註
4091	叔妃簋蓋	10	西周中期	集成 3728 攈古 2.1.52.2		故宫博物院	
4092	叔妃簋	10	西周中期	集成 3729		山東省博物館	
4093	季骰簋	10	西周中期	集成 3730 三代 7.21.5 西清 28.5 恒軒 34 攀古下 36 窓齋 8.11 周金 3.93 小校 7.77.2		上海博物館	清宫舊藏,後歸潘祖蔭
4094	以簋	10	西周早期	集成 3731 三代 6.44.4 貞松 5.14			
4095	鼒簋	10	西周早期	集成 3732 三代 7.21.7(器) 積古 6.3 十六 2.13 攈古 2.1.51.4—3 奇觚 16.27.2—3 周金 3.95.1;3.95.3 小校 7.76.5—6 大系録 26.3—4 文物 1959 年 12 期 59 頁(器)		中國歷史博物館	錢坫舊藏
4096	德簋	10	西周早期	集成 3733 美集録 R321 歐精華 2.110 沃森 PL37a 斷代(2)圖 13		美國哈佛大學福格美術博物館	

序號	器名	字數	時代	著録	出土地	現藏地	備註
4097	辰簋蓋	10(又重文2)	西周中期	集成3734 美集録R397a			藏家誤將此蓋與妊小簋(4123)扣在一起
4098	旂簋蓋	10(又重文2)	西周中期	集成3735		故宫博物院	頤和園舊藏
4099	旂簋蓋	10(又重文2)	西周中期	集成3736 三代7.26.3 從古6.42 攈古2.1.73 周金3.90.6 小校7.81.6		中國歷史博物館	《攈古》、《小校》:何夙明、王幾舊藏
4100	沓簋	10(又重文2)	西周中期	集成3737 三代7.26.2 攈古2.1.73		中國歷史博物館	劉鏡古舊藏
4101	啻簋	10	西周中期	集成3738 三代7.22.1 窓齋12.5 周金3.93.4 小校7.77.3			
4102	穌公簋	10	西周晚期	集成3739 三代7.21.6 金索金1.50 恒軒32 窓齋12.5 奇觚3.8 小校7.76.2 大系録280			《金索》:孔荃溪、潘祖蔭舊藏
4103	齊史逗簋	10	西周中期	集成3740 三代7.20.4 貞補上24 小校7.75.2			

序號	器名	字數	時代	著録	出土地	現藏地	備註
4104	作寶簋	10	西周早期	集成 3741 三代 6.44.6 貞松 5.14 希古 3.14.2 尊古 2.3		中國歷史博物館	
4105	作寶障簋	10(又重文2)	西周中期	集成 3742 三代 7.24.5 奇觚 3.9 周金 3.91.6 小校 7.80.4			潘祖蔭舊藏
4106	保侃母簋蓋	11	西周早期	集成 3743 三代 7.23.2 貞松 5.15.4 雙吉上 12 小校 7.80.2	《雙吉》:河北	故宫博物院	劉體智、于省吾舊藏
4107	保侃母簋	11	西周早期	集成 3744 綜覽 106 頁簋 221		意大利羅馬國立東方藝術博物館	或疑此與《集成》3743 器原爲一器,後失散
4108	欶簋	11	西周早期	集成 3745 三代 7.23.4 窓齋 8.2.4 陶續 1.31 周金 3.92.1 雙吉上 14 小校 7.79.2			《窓齋》:顧子嘉、端方、于省吾舊藏
4109	敳琭敼簋	11	西周早期	集成 3746 三代 7.23.3 貞松 5.15.3 武英 63 續殷上 47.7 小校 7.80.3 故圖下下 143		臺北"中央博物院"	承德避暑山莊舊藏

序號	器名	字數	時代	著録	出土地	現藏地	備註
4110	仲爯簋	11	西周早期	集成 3747 三代 6.45.2 貞松 4.45 續殷上 47.5 小校 7.39.4 美集録 R292 歐精華 2.111 彙編 6.460		美國芝加哥美術館	
4111	伯者父簋	11	西周早期	集成 3748 美集録 R288 高本漢(1936)E40 弗里爾(1946)20 彙編 6.459		美國華盛頓弗里爾美術陳列館	
4112	[illegible]簋	11	西周早期	集成 3749 三代 6.45.3 續殷上 47.6 十二貯 10			《貯盦》:北平王辰舊藏
4113	[illegible]見駒簋	11	西周早期	集成 3750 三代 6.45.1 西甲 6.40 殷存上 19.1			清宫舊藏
4114	[illegible]父甲簋	11	西周	集成 3751 三代 7.22.2		故宫博物院	頤和園舊藏
4115	[illegible]侯簋	11	西周	集成 3752 三代 7.24.3 貞補上 25			
4116	仲自父簋	11	西周中期	集成 3753 美集録 R393 盧氏(1924)13		美國紐約何母斯氏	
4117	仲自父簋	11	西周中期	集成 3754 三代 7.22.3 西清 28.10 從古 1.17 攈古 2.1.60.4 周金 3.93.1 小校 7.79.1		上海博物館	《從古》、《美集録》:清宫舊藏,後歸文後山、姚觀光

序號	器名	字數	時代	著録	出土地	現藏地	備註
4118	中友父簋	11(又重文1)	西周晚期	集成3755 齊家村圖10 陝青2.150	1960年陝西扶風縣齊家村窖藏	陝西省博物館	
4119	中友父簋	11(又重文2)	西周晚期	集成3756 齊家村圖11 陝青2.151	1960年陝西扶風縣齊家村窖藏	陝西省博物館	
4120	仲⋈父簋蓋	11	西周晚期	集成3757 三代7.22.4 兩罍6.40 長安1.22 愙齋8.5.1 周金3.92.3 小校7.78.2		北京師範學院歷史系	劉喜海、吴雲舊藏
4121	仲⋈父簋蓋	11	西周晚期	集成3758 三代7.22.5 愙齋8.5.2 攈古2.1.60.2 周金3.92.2 小校7.78.2		故宫博物院	《愙齋》:孫春山舊藏
4122	仲⋈父簋	11	西周晚期	集成3759 三代7.23.1 攈古2.1.60.3			
4123	叔臨父簋	11(又重文2)	西周晚期	集成3760 金索1.31		上海博物館	馮雲鵷得於任城
4124	[illegible]簋蓋	11(又重文2)	西周晚期	集成3761 三代7.27.1 積古6.4 金索1.40 愙齋9.5 小校7.83.3 周金3.89.3			《金索》:馮雲鵷、吴大澂、曲阜顔氏舊藏

序號	器名	字數	時代	著録	出土地	現藏地	備註
4125	伯奞父簋	11(又重文2)	西周	集成3762 三代7.27.3 攈古2.1.83 愙齋8.6 從古15.28 奇觚3.10 周金3.89.1 簠齋3敦16 小校7.83.4			陳介祺舊藏
4126	單簋	11	西周晚期	近出452 海岱考古第一輯314—315頁	1986年6月山東省黄縣石良鎮東營周家村墓葬M1:8	山東省黄縣博物館	同出兩件,大小、形制、紋飾相同
4127	𨻰伯睘簋	12(又合文2)	西周早期	集成3763 三代6.46.2 西甲12.39 攈古2.2.3.2 愙齋8.14.3 奇觚17.11.2 敬吾下39.1 周金3.110.4 小校7.40.1 彙編5.400			《愙齋》、《攈古》:清宫舊藏,後歸郭承勳、顧子嘉
4128	叔杲父簋	12(又重文2)	西周早期	集成3764 西甲6.25 積古6.3 攈古2.2.6 奇觚16.23		故宫博物院	清宫舊藏;《積古》據"趙太常摹本",《攈古》、《奇觚》皆據《積古》摹本
4129	伯幾父簋	12(又重文2)	西周中期	集成3765	1980年陝西扶風縣黄堆雲塘强家一號墓	扶風縣博物館	

序號	器名	字數	時代	著録	出土地	現藏地	備註
4130	伯幾父簋	12(又重文2)	西周中期	集成3766 文博1987年4期9—10頁	1980年陝西扶風縣黄堆雲塘强家一號墓	扶風縣博物館	
4131
㝬造簋	12	西周中期	集成3767		故宫博物院	
4132
㝬造簋	12	西周中期	集成3768 三代7.26.4 西清28.20 周金3.90.3 美集録R394		《美集録》:美國紐約盧芹齋	《美集録》:清宫舊藏,後歸潘祖蔭
4133	乎簋	12(又重文2)	西周中期	集成3769 三代7.30.2—3 貞續上38.3—4 小校7.84.3—4 歐精華2.118 美集録R402a、b 彙編5.397		美國波士頓美術博物館	
4134	降人皭簋	12(又重文2)	西周中期	集成3770 三代7.30.1 攈古2.2.8.1 小校7.86.3		旅順博物館	《攈古》:劉喜海舊藏
4135	晋人簋	12	西周中期	集成3771 陝圖13 陝青4.102	1956年陝西寶鷄縣虢鎮	陝西省博物館	
4136	己侯簋	12(又重文1)	西周中期	集成3772 三代7.27.4—5 從古15.24 攈古2.1.82.2—3 愙齋12.16.1—2 奇觚3.11.1—3.12.1 周金3.88.3—4 大系録235.2—3 簠齋3敦15 小校7.84.1—2 山東存紀1.1—2		上海博物館	陳介祺舊藏

序號	器名	字數	時代	著録	出土地	現藏地	備註
4137	伯闢簋	12(又重文2)	西周中期	集成3773 三代6.46.4 愙齋10.12.2 簠齋3敦14 奇觚3.12.2 周金3.87.5 小校7.86.5			陳介祺舊藏
4138	伯闢簋	12(又重文2)	西周中期	集成3774 三代6.46.5 貞松5.17.2 周金3.88.1 善齋8.45 小校7.40.4			劉體智舊藏
4139	鄧公簋	12	西周晚期	集成3775 考古1981年4期370頁圖二	1979年河南平頂山市郊滍陽鎮	平頂山市文物管理委員會	
4140	鄧公簋	12	西周晚期	集成3776 考古與文物1983年1期109頁圖二	1979年河南平頂山市郊滍陽鎮	平頂山市文物管理委員會	
4141	散伯簋	12	西周晚期	集成3777 蓋:三代7.25.2 小校7.80.7 美集録R392a 器:三代7.25.1 周金3補 美集録R391b		美國哈佛大學福格美術博物館	
4142	散伯簋	12	西周晚期	集成3778 蓋:小校7.81.1 貞松5.16.3 周金3.90.1 希古3.16.1 雙古上24(左) 器:三代7.25.3 貞續上38.1 小校7.80.8 雙古上24(右)			于省吾舊藏

序號	器名	字數	時代	著録	出土地	現藏地	備註
4143	散伯簋	12	西周晚期	集成3779 蓋:三代7.25.4 小校7.81.2(又7.80.5重出) 貞松5.16.4 希古3.16.2 周金3.90.2 美集録R391a、R486p 彙編6.429.1 綜覽124頁簋354左 器:小校7.80.6 美集録R392b 彙編6.429.2 綜覽124頁簋354右		美國哈佛大學福格美術博物館	《貞松》:蓋曾藏南陵徐乃昌氏
4144	散伯簋	12	西周晚期	集成3780 三代7.25.5—6 貞松5.16.1—2 小校7.81.3—4 上海55.1—2 彙編6.430.1—2		上海博物館	
4145	侯氏簋	12	西周晚期	集成3781 文物1982年9期86頁圖十	湖北襄陽縣	襄陽地區博物館	1979年湖北襄樊市文管會從廢銅中揀選出來
4146	侯氏簋	12	西周晚期	集成3782	1972年湖北襄陽縣團山磚瓦廠	襄陽地區博物館	
4147	仲競簋	12(又重文1)	西周晚期	集成3783 三代7.28.3 貞續上38.2 小校7.82.1 頌齋釋6			容庚舊藏

序號	器名	字數	時代	著録	出土地	現藏地	備註
4148	伯鬩簋	12(又重文1)	西周晚期	集成 3784 三代 7.26.5 恒軒 33 小校 7.83.5		故宫博物院	《恒軒》:李勤伯大守藏
4149	叡孞妊簋	12(又重文1)	西周晚期	集成 3785 三代 7.26.6 積古 6.2.4 攈古 2.1.73.1 周金 3.89.4 夢郼上 26 小校 7.83.7			羅振玉舊藏
4150	史窢簋	12(又重文2)	西周晚期	集成 3786 三代 7.28.6—5 懷米下 23 筠清 3.31.1 愙齋 8.17.2—8.18.1 攈古 2.2.6.1—2 周金 3.78.3—4 小校 7.86.1—2		上海博物館	《愙齋》、《小校》:劉喜海、曹秋舫、潘祖蔭舊藏
4151	保子達簋	12(又重文2)	西周晚期	集成 3787 三代 7.28.1—2 攈古 2.1.83.2—3 十二居 12 小校 7.83.6(器)		上海博物館	《十二》:吴式芬、周季木舊藏
4152	達簋	12	西周	集成 3788 薛氏 119.3			《薛氏》:舊藏永興軍駐泊都監曹佚家
4153	史䛒父簋蓋	12	西周晚期	集成 3789 博古 17.25 薛氏 121.1 嘯堂 61			

序號	器名	字數	時代	著録	出土地	現藏地	備註
4154	侯氏簋	12	春秋前期	近出 453 文物 1986 年 4 期 15 頁	1981 年湖北省襄陽縣伙牌公社陸寨大隊蔡坡	湖北省襄樊市博物館	同出兩件,大小、形制相同
4155	寢魚簋	12	商代後期	近出 454 考古 1986 年 8 期 705—706 頁	1984 年河南省安陽市商代後期殷墟 1713 號墓葬	中國社會科學院考古研究所安陽工作隊	
4156	晨簋	12	西周早期	近出 455 考古 1989 年 1 期 10—18 頁	1986 年 8 月河南省信陽縣浉河港鄉浉河灘	河南省信陽市文物管理委員會	
4157	叔各父簋	12	西周晚期	近出 456 考古與文物 1993 年 5 期 8 頁	1988 年 9 月陝西省延長縣安溝鄉岔口村	陝西省延長縣文物管理委員會	
4158	鄧公簋	12(蓋器同銘)	西周晚期	近出 457 考古 1985 年 3 期 284 頁	1984 年 4 月河南省平頂山市滍陽鎮義學港	河南省平頂山市文物管理委員會	
4159	鄧公簋	12(蓋器同銘)	西周晚期	近出 458 考古 1985 年 3 期 284 頁	1984 年 4 月河南省平頂山市滍陽鎮義學港	河南省平頂山市文物管理委員會	
4160	臣梱殘簋	13	西周早期	集成 3790 三代 6.45.6 周金 3.111.1 小校 7.39.5 山東存附 7		故宮博物院	鄒安、羅振玉舊藏
4161	[illegible]君簋	13	西周早期	集成 3791		武漢市文物商店	湖北省廢品公司揀選出
4162	伯莽簋	13(又重文 2)	西周中期	集成 3792 三代 7.30.6 窓齋 9.6.2 小校 7.87.3		上海博物館	

序號	器名	字數	時代	著録	出土地	現藏地	備註
4163	伯沕父簋	13(又重文2)	西周晚期	集成3793 學報1962年1期圖版12(下右) 張家坡圖版19(左)	1961年陝西長安縣張家坡窖藏	陝西省博物館	以上僅録蓋銘,器銘未見著録
4164	伯沕父簋	13(又重文2)	西周晚期	集成3794 張家坡圖版18.1—2	1961年陝西長安縣張家坡窖藏	陝西省博物館	
4165	伯沕父簋	13(又重文2)	西周晚期	集成3795 學報1962年1期圖版12(下左) 張家坡圖版19(右)	1961年陝西長安縣張家坡窖藏	陝西省博物館	以上僅録器銘,蓋銘未見著録
4166	伯沕父簋	13	西周晚期	集成3796	1961年陝西長安縣張家坡窖藏	陝西省博物館	
4167	歸叔山父簋	13	西周晚期	集成3797 陝青3.125(器)	1960年陝西扶風縣召陳村窖藏	陝西省博物館	蓋銘未見著録
4168	歸叔山父簋	13	西周晚期	集成3798 陝青3.126	1960年陝西扶風縣召陳村窖藏	陝西省博物館	
4169	歸叔山父簋	13	西周晚期	集成3799 陝青3.127(蓋)	1960年陝西扶風縣召陳村窖藏	陝西省博物館	《集成》説明中時代誤爲"西同晚期";器銘因銹蝕過甚,無法施拓
4170	歸叔山父簋	13	西周晚期	集成3800		陝西扶風縣博物館	1981年扶風縣徵集品
4171	歸叔山父簋	13	西周晚期	集成3801		陝西扶風縣博物館	1981年扶風縣徵集品

序號	器名	字數	時代	著録	出土地	現藏地	備註
4172	叔倂父簋	13（又重文2）	西周晚期	集成3802 三代7.32.5 周金3補 小校7.90.3		故宫博物院	
4173	叔倂父簋	13（又重文2）	西周晚期	集成3803 三代7.32.6 愙齋11.14 周金3補 小校7.90.4（又7.90.5重出） 彙編5.385		故宫博物院	
4174	姑衍簋蓋	13（又重文2）	西周晚期	集成3804 三代7.34.1 攈古2.2.15.1 小校7.91.4			《攈古録》：都門鄂泉山舊藏
4175	害叔簋	13（又重文2）	西周晚期	集成3805 三代7.33.1—2 愙齋12.18.1—2 周金3.83.4—3.84.1 小校7.91.1—2		上海博物館	《小校》：潘祖蔭舊藏
4176	害叔簋	13（又重文2）	西周晚期	集成3806 三代7.33.4 奇觚3.13.1 陶齋2.3（左） 支美24（下） 小校7.90.7 美集録R396b 彙編5.382（下）		美國堪薩斯納爾遜美術陳列館	端方舊藏；《美集録》：陳夢家云：蓋銘（R396a）當是僞刻
4177	叡先伯簋	13	西周晚期	集成3807 三代7.27.2 貞松5.17.1 小校9.70.4			《貞松》：丁樹楨舊藏

序號	器名	字數	時代	著録	出土地	現藏地	備註
4178	兮仲簋	13（又重文2）	西周晚期	集成3808 蓋:三代7.31.2 愙齋10.8.2（又10.7.2重出） 從古3.29.1 清儀1.43 小校7.89.5 周金3.85.3 器:三代7.31.5 愙齋10.6.3 奇觚3.13.2 小校7.89.3	《清儀》:何曉山、文廷誥客西安時所得	故宫博物院	《愙齋》:顧子嘉、張廷濟舊藏
4179	兮仲簋	13（又重文2）	西周晚期	集成3809 蓋:三代7.31.3 積古6.5.2 愙齋10.8.1 從古8.32.1 十六2.6.2 周金3.85.1 小校7.88.1 器:三代7.31.6 積古6.5.3 愙齋10.5.1 從古8.32.2 攈古2.2.14.1 十六2.6.1 周金3.85.2 小校7.88.2			《攈古録》:錢獻之、瞿穎山舊藏

序號	器名	字數	時代	著録	出土地	現藏地	備註
4180	兮仲簋	13(又重文2)	西周晚期	集成3810 蓋:三代7.31.4 窸齋10.7.1 奇觚3.13.3 周金3.86.3 小校7.89.4 器:三代7.32.3 窸齋10.6.1 陶續1.34 周金3.86.3 小校7.89.1		故宫博物院	《奇觚》:蓋舊藏鮑年康;《窸齋》、《陶齋》:器舊藏顧子嘉、端方
4181	兮仲簋	13(又重文2)	西周晚期	集成3811 三代7.32.1 窸齋10.5.2			《窸齋》:潘祖蔭舊藏
4182	兮仲簋	13(又重文2)	西周晚期	集成3812 三代7.32.2 窸齋10.6.2 周金3.85.4 小校7.88.4(又7.89.2重出) 弗里爾(1967)80 彙編5.384		美國華盛頓費里爾美術陳列館	《窸齋》:顧子嘉舊藏
4183	兮仲簋蓋	13(又重文2)	西周晚期	集成3813 三代7.32.4 攈古2.2.14.3 希古3.16.4 周金3.86.1 彙編5.383			《攈古録》:山東利津李竹朋舊藏
4184	兮仲簋	13(又重文2)	西周晚期	集成3814 小校7.88.3			李山農舊藏
4185	𠻍侯簋	13	西周晚期	集成3815 文物1977年8期5頁圖14	1976年陝西臨潼縣零口公社西段大隊窖藏	臨潼縣博物館	
4186	齊嫸姬簋	13(又重文1)	西周晚期	集成3816 録遺146			

序號	器名	字數	時代	著録	出土地	現藏地	備註
4187	寺季故公簋	13(又重文2)	西周晚期	集成3817 三代7.33.6 從古1.18 攈古2.2.13.3 周金3.84.3 小校7.92.1 大系録222.2 山東存邿4.1			《從古》、《攈古》:江蘇江寧甘氏、嘉興李金瀾舊藏
4188	寺季故公簋	13(又重文2)	西周晚期	集成3818 三代7.33.7 積古6.4 金索1.47.2 攈古2.2.13.2 奇觚16.29.2 周金3.84.2 小校7.92.2 山東存邿4.2 大系録222.4		故宫博物院	《攈古録》:吴式芬舊藏
4189	叔旦簋	13(又重文2)	西周晚期	集成3819 薛氏119.4			
4190	虢姜簋	13	西周晚期	集成3820 復齋19.1 積古6.4 攈古2.1.82.1 奇觚16.25.2			
4191	湋伯簋	13(又重文2)	西周晚期	集成3821		故宫博物院	《集成》目録中器名寫爲"湋伯簋"
4192	效父簋	14	西周早期	集成3822 三代6.46.3 懷米上22 攈古2.2.4.3 奇觚17.13.2 彙編5.399b			曹秋舫舊藏

序號	器名	字數	時代	著録	出土地	現藏地	備註
4193	效父篋	14	西周早期	集成 3823 日精華 2.106 彙編 5.399		日本奈良寧樂美術館	
4194	[illegible]篋	14	西周早期	集成 3824	遼寧喀左縣小波汰溝	遼寧省博物館	
4195	圉篋	蓋銘 14、器銘 6	西周早期	集成 3825 琉璃河西周燕國墓地 134 頁	北京市房山縣琉璃河墓葬 M253：14	首都博物館	
4196	㠯匕戣篋	存 14	西周早期	集成 3826 録遺 145			《集成》目録中誤爲“14”字；拓片上方“皇且公父于”五字乃僞刻
4197	敔篋	14	西周早期	集成 3827 三代 6.46.1 十二鏡 4		首都博物館	張效彬舊藏
4198	媵虎篋	14	西周中期	集成 3828 三代 7.29.1 夢鄣上 27 小校 7.86.6 大系録 212.1 山東存滕 1.2			羅振玉舊藏
4199	滕虎篋	14	西周中期	集成 3829 三代 7.29.2 山東存滕 1.3		故宫博物院	頤和園舊藏
4200	滕虎篋蓋	14	西周中期	集成 3830 三代 7.29.3 雙吉上 27 山東存滕 2.1 大系録 211.3		故宫博物院	于省吾舊藏

序號	器名	字數	時代	著録	出土地	現藏地	備註
4201	滕虎簋	14	西周中期	集成 3831 三代 7.29.4 攈古 2.2.5.4 貞圖上 34 周金 3.110.3 小校 7.40.2 大系録 211.4 山東存滕 2.2			羅振玉舊藏
4202	滕虎簋	14	西周中期	集成 3832 貞松 4.45.3 小校 7.40.3			羅振玉舊藏
4203	伯賓父簋	14(又重文 2)	西周中期	集成 3833 文物 1965 年 7 期 20 頁圖五	傳 1949 年前陝西扶風縣北岐山某溝出	陝西省博物館	
4204	伯賓父簋	14(又重文 2)	西周中期	集成 3834 文物 1965 年 7 期 20 頁圖三、四	傳陝西扶風縣北岐山	陝西省博物館	
4205	革簋	14(又重文 2)	西周中期	集成 3835 録遺 149		故宫博物院	
4206	衛㚸簋蓋	14(又重文 2)	西周	集成 3836 録遺 148		故宫博物院	
4207	伯喜父簋	14	西周晚期	集成 3837		湖南省博物館	1959 年在長沙收集,據説出自河南
4208	伯喜父簋	14	西周晚期	集成 3838 考古 1963 年 12 期 680 頁圖二:2		湖南省博物館	1959 年在長沙收集,據説出自河南
4209	伯喜父簋	14	西周晚期	集成 3839 考古 1963 年 12 期 680 頁圖二:1		湖南省博物館	1959 年在長沙收集,據説出自河南

序號	器名	字數	時代	著録	出土地	現藏地	備註
4210	[illegible]簋	14(又重文2)	西周晚期	集成3840 蓋:三代7.40.1 貞松5.20.2 十二尊7.1 小校7.95.1 器:三代7.40.3 貞松5.20.2 十二尊9.2 小校7.95.2		故宫博物院	
4211	[illegible]簋	14(又重文2)	西周晚期	集成3841 蓋:三代7.40.2 貞松5.20.3 十二尊9.1 小校7.95.4 器:三代7.39.5 貞松5.20.1 十二尊7.2 小校7.95.3		故宫博物院	
4212	孟鄭父簋	14(又重文2)	西周晚期	集成3842 三代7.35.4 西乙12.31 貞松5.21.3 寶蘊70 故圖下下184 彙編5.367		臺北"中央博物院"	瀋陽故宫舊藏
4213	孟鄭父簋	14(又重文2)	西周晚期	集成3843 三代7.35.5 貞補上25.2		故宫博物院	
4214	孟鄭父簋	14(又重文2)	西周晚期	集成3844 三代7.35.6 攈古2.2.29.2 周金3.87.1 小校7.87.4		上海博物館	《攈古録》、《小校》:袁理堂、潘祖蔭舊藏

序號	器名	字數	時代	著録	出土地	現藏地	備註
4215	㚤[illegible]每簋	12(又重文2)	西周晚期	集成3845 三代7.38.1 從古11.29 愙齋8.7.1 攈古2.2.28.3 奇觚3.14.1 簠齋3敦25 周金3.80.1 善齋8.62 小校7.96.1 善彝67			《從古》《愙齋》、《攈古録》:胡介亭、陳介祺、李璋煜、劉體智舊藏;《集成》説明中字數誤爲“12”字
4216	訇伯簋蓋	14(又重文2)	西周晚期	集成3846 三代7.35.3 陶齋2.19 周金3.79.4 夢續18 小校7.94.5			端方、羅振玉舊藏
4217	倗伯簋蓋	14	西周晚期	集成3847 三代7.31.1 周金3.86.4 希古3.16.3 貞松5.17.3 小校7.87.2		上海博物館	《周金》:方濬益舊藏
4218	遣小子䢅簋	14	西周晚期	集成3848 三代7.28.4 積古6.8.3 從古5.14.1(又12.17.1重出) 金索1.48.1 攈古2.2.7.1 愙齋12.4.3 奇觚16.27.1 清儀1.40 周金3.87.2 小校7.85.1 山東存邿6			《清儀》:張廷濟舊藏

序號	器名	字數	時代	著録	出土地	現藏地	備註
4219	叔向父簋	14(又重文2)	西周晚期	集成3849 三代7.36.3—4 大系録129.3(蓋)			
4220	叔向父簋	14(又重文2)	西周晚期	集成3850 三代7.37.1—2 周金3補 大系録129.2(器)			
4221	叔向父簋	14(又重文2)	西周晚期	集成3851 三代7.37.3 窸齋12.21.1 小校7.93.1			《小校》:潘祖蔭舊藏
4222	叔向父簋	14(又重文2)	西周晚期	集成3852 三代7.37.4 窸齋12.21.2 殷存上14.1 小校7.93.2		上海博物館	《小校》:潘祖蔭舊藏
4223	叔向父簋	14(又合文2)	西周晚期	集成3853 貞松5.23.3—4 彙編5.366 綜覽129頁𣪘381		日本奈良寧樂美術館	
4224	叔向父簋	14(又重文2)	西周晚期	集成3854		故宫博物院	
4225	叔向父簋	14(又重文2)	西周晚期	集成3855 貞松5.23.1—2 小校7.93.3—4		故宫博物院	
4226	伯考父簋蓋	14(又重文2)	西周中期	近出459 考古與文物1985年4期1頁	1962年陝西省永壽縣好時河	陝西省武功縣文化館	
4227	伯考父簋	14(又重文2)	西周晚期	近出460 考古與文物1990年5期26—43頁		陝西省西安市文物中心	陝西省西安市大白楊庫曾見

序號	器名	字數	時代	著録	出土地	現藏地	備註
4228	叔向父簋	14(又重文2)	西周晚期	近出461 富士比(1994,12,6 7)			英國倫敦富士比拍賣行曾見
4229	許季姜方簋	14(又重文1)	西周晚期	近出462 文物1995年5期7、10頁 中國文物報1994年24期3版	1985年内蒙古自治區寧城縣甸子鄉小黑石溝村墓葬	内蒙古自治區寧城縣文物管理所	
4230	史惠簋	14(又重文2,蓋器同銘)	西周晚期	近出463 文博1985年3期89頁	1980年3月陝西省長安縣灃西新旺村	陝西省博物館	
4231	伯家父簋	14(又重文2)	西周晚期	集成3856 三代7.36.1—2 周金3.80.2—3 希古3.17.1—2 貞松5.24.1—2 小校7.92.4(器) 美集録R410	《小校》:秦中	《美集録》:美國魯本斯氏	《美集録》:鄒安、程洪溥舊藏;《集成》目録中誤爲"15"字
4232	伯家父簋	14(又重文2)	西周晚期	集成3857 巖窟上17 貞續上39.1—2	傳陝西		梁上椿舊藏;《集成》目録中誤爲"15"字
4233	鄧公簋	14	西周晚期	集成3858			《集成》目録中誤爲"15"字
4234	辛叔皇父簋	14	西周晚期	集成3859 西清28.6			清宫舊藏;《集成》目録中誤爲"15"字

序號	器名	字數	時代	著録	出土地	現藏地	備註
4235	雁侯簋	14	西周晚期	集成 3860 考古圖 3.17 博古 17.11 薛氏 122 嘯堂 60			《考古圖》:扶風乞伏氏舊藏;《集成》目録中誤爲"15"字
4236	作父己簋	15	商代後期	集成 3861 鄴三上 26 録遺 147.1—2	傳河南洛陽	故宫博物院	
4237	[illegible]父乙簋	15	西周早期	集成 3862 三代 6.47.1 西清 13.36 古文審 5.11 殷存上 19.2 小校 7.42.1			《小校》:清宫舊藏,後歸潘祖蔭
4238	彔簋	15(又重文1)	西周早期	集成 3863 三代 7.35.2 周金 3.81.1 貞松 5.21			《周金》、《貞松》:烏程顧氏、日本小川氏舊藏
4239	伯簋	存 15	西周早期	集成 3864		山東曲阜縣文物管理委員會	《集成》目録中誤爲"15"字
4240	戜且庚簋	15(又重文2)	西周中期	集成 3865		上海博物館	
4241	城虢遣生簋	15	西周中期	集成 3866 三代 7.34.2 從古 15.22 攈古 2.2.13.4 窸齋 10.13.1 奇觚 3.14.2 敬吾上 58.2 周金 3.83.3 簠齋 3 敦 13 小校 7.91.3			陳介祺舊藏

序號	器名	字數	時代	著録	出土地	現藏地	備註
4242	洹秦簋	15(又耳内重文1)	西周中期	集成3867 三代7.30.4—5 貞松5.18.3 善齋8.46 善彝56 小校7.40.5 彙編5.386		上海博物館	劉體智舊藏
4243	且辛簋	15(又重文2)	西周中期	集成3868 三代7.40.4 積古6.27.3 從古5.13 攈古2.2.42.2 奇觚16.24.1 小校7.92.3			《積古》:張季勤舊藏
4244	大僕簋	15(又重文2)	西周中期	集成3869 三代7.35.1 貞松5.21.1 希古3.18.1			
4245	叔向父爲備簋	15(又合文1)	西周晚期	集成3870 古文字研究9輯321頁	1979年山西芮城縣柴村墓葬	山西芮城縣博物館	
4246	夨王簋蓋	15(又重文2)	西周晚期	集成3871 文物1982年2期53頁圖11 文物1984年6期18頁圖3 考古與文物1983年6期6頁圖2:1 陝青4.104	1974年陝西寶鷄縣賈村塬上官村	寶鷄市博物館	
4247	旅仲簋	15(又重文2)	西周晚期	集成3872 文物1976年5期41頁圖23 陝青1.189	1975年陝西岐山縣董家村一號窖藏	岐山縣博物館	

序號	器名	字數	時代	著録	出土地	現藏地	備註
4248	𩰫簋	15(又重文2)	西周晚期	集成3873 考古與文物1983年6期6頁圖二:2 文物1984年6期19頁圖六	1974年陝西寶鷄縣賈村塬上官村	寶鷄市博物館	
4249	旛嫼簋蓋	15(又重文2)	西周晚期	集成3874 三代7.46.1 小校7.101.3 夢續19			羅振玉舊藏
4250	旛嫼簋蓋	15(又重文2)	西周晚期	集成3875 三代7.46.2 周金3.79.1(又3.79.3重出) 小校7.101.1 陶齋2.21(又2.23重出)			端方舊藏
4251	旛嫼簋蓋	15(又重文2)	西周晚期	集成3876 三代7.46.3 陶齋2.22 周金3.79.2 小校7.101.2			端方舊藏
4252	季□父簋蓋	15(又重文2)	西周晚期	集成3877 三代7.45.2 貞松5.24.3 希古3.18.2 小校7.94.4			蕭山陸氏慎齋舊藏
4253	鄭牧馬受簋蓋	15(又重文2)	西周晚期	集成3878 録遺150		中國歷史博物館	侯外廬舊藏
4254	鄭牧馬受簋蓋	15(又重文2)	西周晚期	集成3879 斷代(六)84 圖版陸(上左)	傳陝西	中國歷史博物館	羅伯昭舊藏
4255	鄭牧馬受簋蓋	15(又重文2)	西周晚期	集成3880		故宫博物院	

序號	器名	字數	時代	著録	出土地	現藏地	備註
4256	㪔車父簋	15(又重文2)	西周晚期	集成3881 陝青3.118	1960年陝西扶風縣召陳村莊白大隊窖藏	陝西省博物館	
4257	栘車父簋	15(又重文2)	西周晚期	集成3882 文物1972年6期31頁圖三(蓋) 陝青3.119	1960年陝西扶風縣召陳村莊白大隊窖藏	陝西省博物館	
4258	栘車父簋	15(又重文2)	西周晚期	集成3883 陝青3.120(器)	1960年陝西扶風縣召陳村莊白大隊窖藏	陝西省博物館	蓋銘銹蝕嚴重,故未録
4259	栘車父簋	15(又重文2)	西周晚期	集成3884 陝青3.121	1960年陝西扶風縣召陳村莊白大隊窖藏	陝西省博物館	《集成》説明中缺字數"15",另缺"時代"二字
4260	栘車父簋	存7	西周晚期	集成3885	1960年陝西扶風縣召陳村莊白大隊窖藏	陝西省博物館	《集成》目録中誤爲"15"字
4261	栘車父簋	15(又重文2)	西周晚期	集成3886		扶風縣博物館	陝西扶風縣博物館1981年徵集
4262	伯遳父簋蓋	15(又重文2)	西周晚期	集成3887 三代7.47.1 攈古2.2.42 愙齋12.6.1 小校7.99.3			《愙齋》:沈秉成舊藏
4263	敿簋	15(又重文2)	西周晚期	集成3888 三代7.44.3—4 懷米下24 攈古2.2.41 愙齋8.16.2—8.17.1 周金3.78.1—2 小校7.99.5—6		上海博物館	《愙齋》:曹秋舫、潘祖蔭舊藏

序號	器名	字數	時代	著録	出土地	現藏地	備註
4264	䱷簋	15(又重文2)	西周晚期	集成3889 三代7.45.1 積古6.15.1 擴古2.2.42.1 奇觚16.28.1 周金3.78.3 夢郼上28 小校7.100.1			《積古》、《夢郼》:阮元、劉鶚、羅振玉舊藏
4265	廣簋蓋	15(又重文2)	西周晚期	集成3890 三代7.44.2 擴古2.2.42.4 窓齋8.10.1 敬吾下10.2 周金3補 小校7.100.3			《擴古録》:葉東卿舊藏
4266	井□叔安父簋	15	西周晚期	集成3891 西清27.26			清宫舊藏;《集成》説明中器名誤爲"井□叔安父殷"
4267	師昊父簋	15(又重文1)	西周晚期	集成3892 三代7.24.4 周金3.78.4 希古3.17.3		上海博物館	《集成》説明中器名誤爲"師昊父殷";《周金》、《希古》所録拓本首行乃僞刻
4268	齊巫姜簋	15(又重文1)	西周晚期	集成3893 三代7.38.2 擴古2.2.29.1 敬吾下12.2 周金3.80.4 小校7.95.5 山東存齊5.1	《山東存》:青川	上海博物館	《小校》:潘祖蔭舊藏
4269	斆父簋	15	西周晚期	集成3894 薛氏125.2			

序號	器名	字數	時代	著録	出土地	現藏地	備註
4270	鼄仲鄭父簋	15(又重文2)	西周晚期	集成3895 博古17.20 薛氏121.1 嘯堂60			
4271	共姜大宰巳簋	15(又重文2)	春秋前期	集成3896 社會科學戰綫1980年3期221頁 内蒙古文物考古1982年2期6頁圖三:3圖版貳(下)	1974年内蒙古自治區哲里木盟札魯特旗巴雅爾吐胡碩公社	内蒙古自治區哲里木盟博物館	
4272	杞伯每氏簋	15(又重文2)	春秋前期	集成3897 三代7.41.2 攈古2.2.45.1 周金3.82.1 十二居15 山東存杞3.1 大系録232.3	《山東存》:道光、光緒間出土於新泰縣	中國歷史博物館	《攈古録》、《十二》:吴式芬、周季木舊藏
4273	杞伯每氏簋	15(又重文2)	春秋前期	集成3898 三代7.41.3—7.42.1 攈古2.2.43.2—2.2.44.1 周金3.83.1—2 小校7.98.3—2 大系録233.3—4 山東存杞2.2,4.2	《山東存》:道光、光緒間於新泰縣		《山東存》杞4.2銘文印反,《小校》蓋與器倒

序號	器名	字數	時代	著録	出土地	現藏地	備註
4274	杞伯每氏簋	15(又重文2)	春秋前期	集成3899 三代7.42.2—7.43.1 攈古2.2.43.1(器) 窓齋10.11.1—2 周金3.82.3(蓋) 小校7.97.2—3 山東存杞3.2—4.1 大系録233.2—1	《山東存》:道光、光緒間於新泰縣	上海博物館	《窓齋》、《小校》:陳介祺、潘祖蔭舊藏
4275	杞伯每氏簋蓋	14(又重文1)	春秋前期	集成3900 三代7.43.2 攈古2.2.45.2 周金3.82.2 貞松5.19.2 大系録232.4 山東存杞5.2	《山東存》:道光、光緒間於新泰縣		《集成》目録中誤爲"15"字
4276	杞伯每氏簋	15(又重文1)	春秋前期	集成3901 三代7.44.1 攈古2.2.44.2 窓齋10.12.1 周金3.82.4 小校7.98.1 山東存杞5.1 大系録232.2 彙編5.342	《山東存》:道光、光緒間於新泰縣		《窓齋》:潘祖蔭舊藏
4277	杞伯每氏簋	15(又重文2)	春秋前期	集成3902 文物1962年10期58頁		武漢市文物商店	此爲器銘,蓋銘未著録

序號	器名	字數	時代	著録	出土地	現藏地	備註
4278	𠰉侯作嘉姬簋	15(又重文2)	春秋前期	集成3903 三代6.47.4 西甲6.24 積古6.6.2 攈古2.2.40.2 愙齋9.6.1 小校7.96.2 上海65 彙編5.343		上海博物館	清宫舊藏
4279	筆簋	15	西周中期	近出464 彙編4·344 富士比(1986,12,9 9)			英國倫敦富士比拍賣行曾見
4280	小子䍙簋	16(又合文2)	商代後期	集成3904 三代7.47.2 愙齋7.4 奇觚3.20 簠齋3敦10 續殷上48.2 小校8.3.3			陳介祺舊藏
4281	𢦏父丁簋	16	西周早期	集成3905 三代6.46.6 西乙7.7 寶蘊49 貞松4.46.1 續殷上47.8 故圖下下160 彙編5.339		臺北"中央博物院"	瀋陽故宫舊藏
4282	攸簋	16(又合文1)	西周早期	集成3906 琉璃河西周燕國墓地126頁 考古1974年5期314頁圖10:3	1974年北京房山縣琉璃河鎮黄土坡村53號墓M53:8	首都博物館	

序號	器名	字數	時代	著録	出土地	現藏地	備註
4283	過伯簋	16	西周早期	集成 3907 三代 6.47.3 周金 3.109.2 夢郼上 24 小校 7.40.6 大系録 26		旅順博物館	《周金》：劉鶚、鄒安、羅振玉舊藏
4284	量侯簋	16（又重文 1）	西周早期	集成 3908 三代 6.47.5 攈古上 42 恒軒 30 愙齋 11.13.2 周金 3.75.2 小校 7.96.3			潘祖蔭舊藏
4285	[illegible]簋	16（又重文 1）	西周早期	集成 3909 考古 1984 年 9 期 786 頁圖三：1		考古研究所西安研究室	1961 年在陝西長安縣馬王村徵集，據説出於墓葬
4286	是要簋	16	西周中期	集成 3910 考古 1974 年 1 期 4 頁圖五：2 著録	1973 年陝西長安縣灃西馬王村窖藏	西安市文物管理委員會	此爲器銘，蓋銘未著録
4287	是要簋	16	西周中期	集成 3911 考古 1974 年 1 期 4 頁圖五：1	1973 年陝西長安縣灃西馬王村窖藏	西安市文物管理委員會	此爲器銘，蓋銘未著録
4288	再簋	16（又重文 2）	西周	集成 3912 三代 6.48.3 筠清 5.13 從古 12.7 攈古 2.2.68.2		故宫博物院	《攈古録》：曹秋舫舊藏
4289	再簋	16（又重文 2）	西周	集成 3913 三代 6.48.4 愙齋 12.6.2 周金 3.108.3 小校 8.2.3			《周金》：曹秋舫、長洲王氏舊藏

序號	器名	字數	時代	著録	出土地	現藏地	備註
4290	大自事良父簋蓋	16(又重文2)	西周	集成3914 三代7.49.1 周金3.76.3		蘇州市博物館	《周金》:費念慈舊藏;《集成》目録中器名缺"蓋"字
4291	周[illegible]生簋	16(又重文2)	西周	集成3915 三代7.48.2 筠清3.40 攈古2.2.62.2 愙齋8.13.2 奇觚3.15.2 敬吾上56.1 周金3.75.1 小校8.1.3			《筠清》、《愙齋》:李芝齡、潘祖蔭舊藏
4292	姞氏簋	16(又重文2)	西周	集成3916 三代7.48.3—4 攈古2.2.64.1—2 敬吾上56.3—4 周金3.76.1—2 小校8.1.4—8.2.1			《周金》:朱善旂、李山農、劉鶚舊藏
4293	是𩣡簋	16(又重文2)	西周中期	集成3917 三代7.47.3 西清27.13 周金3.75.3 貞松5.26.1 希古3.18.3 小校7.101.4		上海博物館	《小校》:清宫舊藏,後歸潘祖蔭;《西清》收器、蓋兩拓,餘皆僅收一器拓
4294	陻仲孝簋	16(又重文2)	西周中期	集成3918 三代6.47.6 冠斝上22		故宫博物院	榮厚舊藏
4295	[illegible]公昏簋	16(又重文2)	西周	集成3919 三代7.48.1 愙齋12.11.1 小校8.4.1		上海博物館	

序號	器名	字數	時代	著録	出土地	現藏地	備註
4296	伯百父簋	16	西周中期	集成 3920 考古圖 3.19.2 博古 16.39 薛氏 120.3 嘯堂 53.3 復齋 27.3	《考古圖》:得於驪山白鹿原		薛氏引《先秦古器記》:此敦得於藍田;《考古圖》:劉原父舊藏
4297	叔叡父簋	16	西周晚期	集成 3921 考古與文物 1984 年 5 期 11 頁圖四:2	1981 年陝西岐山縣劉家村	岐山縣博物館	
4298	叔叡父簋	16(又重文 2)	西周晚期	集成 3922		上海博物館	《集成》説明中字數缺"又重文 2"
4299	豐丼叔簋	16(又重文 2)	西周晚期	集成 3923 文物 1979 年 4 期 91 頁圖八 陝青 3.139	1978 年陝西扶風縣齊村	扶風縣博物館	
4300	束仲□父簋蓋	16	西周晚期	集成 3924 文物 1966 年 4 期 4 頁圖 11		湖南省博物館	
4301	命父諆簋	16(又重文 2)	西周晚期	集成 3925		天津市歷史博物館	
4302	命父諆簋	16	西周晚期	集成 3926		天津市歷史博物館	
4303	伯田父簋	16(又重文 2)	西周晚期	集成 3927 三代 7.47.4 奇觚 3.16.1 周金 3.74.2 小校 8.2.2 陶齋 2.1 美集録 R417 支美 23 彙編 5.328		美國堪薩斯納爾遜美術陳列館	《奇觚》、《陶齋》:丁麟年、端方舊藏

序號	器名	字數	時代	著録	出土地	現藏地	備註
4304	噩侯簋	16（又重文1）	西周晚期	集成3928 三代7.45.3 貞松5.25.1 故宫6期 大系録90.2 故圖下上69 彙編5.340		臺北"故宫博物院"	清宫舊藏
4305	噩侯簋	16（又重文1）	西周晚期	集成3929 三代7.45.4 貞松5.25.2 武英75 小校7.96.5 大系録90.3 故圖下下183 彙編5.341		臺北"中央博物院"	承德避暑山莊舊藏
4306	噩侯簋	16（又重文1）	西周晚期	集成3930 三代7.45.5 筠清3.21.1 攈古2.2.40.1 奇觚16.24.2 敬吾下2.3 周金3.77.2 小校7.96.4（又7.97.1重出）			《攈古録》：葉東卿舊藏
4307	毳簋	16	西周晚期	集成3931 三代7.38.3—4 貞松5.22.1—2	《貞松》：洛陽	故宫博物院	《三代》器蓋顛倒，《集成》正之
4308	毳簋	16	西周晚期	集成3932 三代7.38.5—6 貞續上40.1—2 小校7.93.5—6		故宫博物院	

序號	器名	字數	時代	著録	出土地	現藏地	備註
4309	𩛥簋	16	西周晚期	集成3933 三代7.39.1—2 貞松5.22.3（蓋） 貞續上40.3（器） 小校7.94.1—2 善齋8.64 善彝77 故圖下下174（蓋） 彙編5.365	《貞松》：洛陽	臺北"中央博物院"	劉體智舊藏
4310	𩛥簋	16	西周晚期	集成3934 三代7.39.3—4 貞松5.22.4 小校7.94.3—4 善齋8.63 善彝76 故圖下下173（器） 彙編5.364	《貞松》：洛陽	臺北"中央博物院"	劉體智舊藏
4311	[illegible]生[illegible]簋	16	西周晚期	集成3935 薛氏123.2			
4312	仲駒父簋蓋	16（又重文1）	西周晚期	集成3936 博古16.33 薛氏125.1 嘯堂53.2			
4313	仲駒父簋	16（又重文2）	西周晚期	集成3937 博古16.30 薛氏124.1—2 嘯堂54.1—2 續考4.24			《續考》：趙周臣所藏
4314	仲駒父簋	16（又重文2）	西周晚期	集成3938 博古16.32 薛氏124.3—4 嘯堂54.3—4			

序號	器名	字數	時代	著録	出土地	現藏地	備註
4315	禾簋	16	春秋後期	集成3939 三代6.47.2 貞松4.46.2 小校7.42.2		上海博物館	
4316	喪史𥃝簋	16(又重文2)	春秋前期	近出465 考古1988年8期766頁,1989年4期310—311頁	1984年河南省商水縣朱集村墓葬	河南省商水縣文物管理委員會	
4317	亞𠣞作且丁簋	17	商代後期	集成3940 三代7.34.6 愙齋7.16.1 奇觚3.15.1 續殷上48.1 小校7.87.1		故宫博物院	《愙齋》:吴大澂舊藏
4318	𡨦敄簋	17(又合文1)	商代後期	集成3941 録遺151			
4319	叔德簋	17	西周早期	集成3942 美集録R320 文物1959年7期封里(下中) 彙編5.326 斷代(二)109頁圖十二(學報第十册)		美國哈佛大學福格美術博物館	《集成》説明中器名誤爲"叔德殷"
4320	伯簹簋	17	西周	集成3943 三代7.41.1 筠清3.50.1 攈古2.2.40.3 周金3.77.1 小校7.100.2			《筠清》:嘉興張以銘藏器;《集成》説明中器名誤爲"伯簹殷"
4321	鑄子叔黑𦣞簋	17	西周晚期	集成3944	《文参》1951年8期:清光緒初年山東桓臺縣	山東省博物館	山東黄縣丁幹圃舊藏

序號	器名	字數	時代	著録	出土地	現藏地	備註
4322	鵤姬簋蓋	17(又重文2)	西周晚期	集成3945 三代7.46.4 陶齋2.20 周金3.69.2 善齋8.69 小校8.7.2 雙古上25			端方、劉體智、于省吾舊藏
4323	中伯簋	17(又重文2)	西周晚期	集成3946 西甲12.48			清宫舊藏;《集成》説明中器名誤爲“中伯殷”
4324	中伯簋	16	西周晚期	集成3947 西清27.23			清宫舊藏;《集成》説明中器名誤爲“中伯殷”
4325	叔豊簋	17(又重文2,蓋器同銘)	西周中期	近出466 保利藏金68—72頁		北京保利藝術博物館	
4326	叔豊簋	17(又重文2,蓋器同銘)	西周中期	近出467 保利藏金68—72頁		北京保利藝術博物館	
4327	臣卿簋	18	西周早期	集成3948 三代6.48.1 歐遺珠圖版87 攈古2.2.61 窓齋6.4 周金3補 澂秋15		丹麥哥本哈根國立博物館	陳承裘舊藏
4328	季魯簋	18(又重文2)	西周中期	集成3949 三代6.48.6 西清13.29 貞松4.47 小校7.44.1			清宫舊藏;《集成》説明中器名誤爲“季魯殷”
4329	琟叔簋	18	西周中期	集成3950 文物1986年1期12頁圖23	1980年陝西長安縣花園村墓葬	陝西省文物管理委員會	又名“諆簋”

序號	器名	字數	時代	著録	出土地	現藏地	備註
4330	隹叔簋	18	西周中期	集成3951	1980年陕西長安縣花園村墓葬	陕西省文物管理委員會	又名"諆簋"
4331	格伯作晋姬簋	18(又重文2)	西周中期	集成3952 三代8.5.4 攈古2.2.83.2 愙齋8.6.2 奇觚3.18.1 從古15.25.1 周金3.67.2 簠齋3敦12 小校8.8.1 雙吉上16 大系録67.1		故宫博物院	陳介祺、于省吾舊藏
4332	辰在寅簋	存18	西周中期	集成3953 三代8.5.3 貞松5.26 希古3.18.4 小校8.7.3			《集成》目録中誤爲"18"字
4333	仲幾父簋	18	西周晚期	集成3954 三代7.50.2 攈古2.2.62 陶齋2.5 小校8.3.1			《攈古録》:陳介祺、端方舊藏
4334	兑簋	18(又重文2)	西周晚期	集成3955 三代8.6.4 貞松5.28.1 武英77 小校8.7.4 故圖下下177 彙編5.301		臺北"中央博物院"	承德避暑山莊舊藏
4335	仲叀父簋	18(又重文2)	西周晚期	集成3956 三代8.6.1—2 西清28.8 攈古2.2.84 貞松5.28 小校8.9.1 癡續17			《攈古録》:清宫舊藏,後歸袁理堂、李泰棻

序號	器名	字數	時代	著録	出土地	現藏地	備註
4336	仲叀父簋	18（又重文2）	西周晚期	集成3957 三代8.6.3 愙齋12.7 周金3補 小校8.9.2 美集録R406		美國波士頓美術博物館	《美集録》：潘祖蔭、盛昱舊藏
4337	叔角父簋蓋	18（又重文2）	西周晚期	集成3958 攈古2.3.4.2			《攈古録》：江蘇陽湖吕堯仙藏
4338	叔角父簋	18	西周晚期	集成3959 三代8.7.1 攈古2.2.63 愙齋12.8 奇觚3.16 周金3.76 小校8.3.2			
4339	孟弭父簋	14（又重文2）	西周晚期	集成3960 三代7.34.3—4 山東存邾4.4—5.1	《山東存》：1933年春滕縣東北安上村	中國歷史博物館	山東省圖書館舊藏
4340	孟弭父簋	14（又重文2）	西周晚期	集成3961 三代7.34.5 山東存邾5.2	《山東存》：1933年春滕縣東北安上村	中國歷史博物館	山東省圖書館舊藏
4341	孟弭父簋	18（又重文2）	西周晚期	集成3962 三代7.50.1 山東存邾4.1	《山東存》：1933年春滕縣東北安上村	中國歷史博物館	山東省圖書館舊藏
4342	孟弭父簋	蓋銘18，器銘16（又各重文2）	西周晚期	集成3963 三代7.49.3—2 山東存邾4.3—2	《山東存》：1933年春滕縣東北安上村	中國歷史博物館	山東省圖書館舊藏；《三代》、《山東存》誤將器、蓋互倒

序號	器名	字數	時代	著録	出土地	現藏地	備註
4343	仲殷父簋	18(又重文1)	西周晚期	集成3964 三代8.3.3—2 愙齋11.11.1—11.10 周金3.70.3—3.71.2 小校8.10.1—2		上海博物館	
4344	仲殷父簋	18(又重文1)	西周晚期	集成3965 三代8.4.1—2 筠清3.44 擴古2.2.73.1—2 愙齋11.12.2—11.13.1 希古3.19.1 小校8.11.1—2			《筠清》:葉東卿舊藏
4345	仲殷父簋	18(又重文1)	西周晚期	集成3966 三代8.4.3—4 擴古2.2.73.3 愙齋11.12.1—11.11.2 奇觚3.17.1—2 周金3.70.4—3.71.1 小校8.10.3—4		上海博物館	
4346	仲殷父簋	18(又重文2)	西周晚期	集成3967 三代8.5.1—2 奇觚16.38.2(器) 貞松5.27 希古3.19.2(蓋) 周金3.70.1(器) 小校8.9.4—5 尊古2.4		故宫博物院	《奇觚》:潘祖蔭舊藏

序號	器名	字數	時代	著録	出土地	現藏地	備註
4347	仲殷父簋	18(又重文2)	西周晚期	集成3968 積古6.8 攈古2.2.73.4 周金3.70.2 小校8.11.3			
4348	仲殷父簋	18(又重文1)	西周晚期	集成3969 文物1964年4期52頁圖三		青島市博物館	陳介祺舊藏;《集成》説明中器名誤爲"仲殷父殷"
4349	仲殷父簋	18(又重文1)	西周晚期	集成3970		上海博物館	
4350	虢季氏子組簋	18(又重文2)	西周晚期	集成3971 三代8.7.2 筠清3.42.2 從古8.31 攈古2.2.70 敬吾上56.2 周金3.67.3 小校8.5.2			《小校》:徐問渠、吴式芬舊藏
4351	虢季氏子組簋	18(又重文2)	西周晚期	集成3972 三代8.8.1 敬吾上56.4 陶續上35 周金3.68.1(又3.68.2重出) 小校8.6.1(又8.6.3重出) 大系録284.2		《甲骨學》12號172頁:英國倫敦維多利亞和艾伯特博物館	端方舊藏;《集成》説明中器名誤爲"虢季氏子組殷"
4352	虢季氏子組簋	18(又重文2)	西周晚期	集成3973 三代8.8.2 敬吾上56.3 周金3.69.1 小校8.6.2 大系録284.3		上海博物館	

序號	器名	字數	時代	著録	出土地	現藏地	備註
4353	魯伯大父作季姬婧簋	18	春秋前期	集成 3974 文物 1973 年 1 期 64 頁圖二	山東歷城北草溝	濟南市博物館	
4354	邐簋	19(又合文 1)	商代後期	集成 3975 三代 6.49.1 貞松 4.47 續殷上 48.4 小校 7.43.3		故宫博物院	又名"耶簋"
4355	犾駿簋	19	西周中期	集成 3976 小校 7.43.2 大系録 26			
4356	己侯貉子簋蓋	19	西周中期	集成 3977 三代 8.2.2 窓齋 11.25 周金 3.74 夢續 20 小校 8.7.1 大系録 234 山東存紀 1		《甲骨學》12 號 197 頁:瑞典斯德哥爾摩遠東古物館	《窓齋》、《周金》:李山農、丁樹楨、羅振玉舊藏
4357	溓姬簋	19	西周中期	集成 3978 三代 8.1.1 筠清 3.52 攗古 2.2.72 窓齋 9.3 小校 8.3			《攗古録》:葉東卿舊藏
4358	吕伯簋	19	西周中期	集成 3979 西清 27.11			清宫舊藏
4359	吴彭父簋	19(又重文 2)	西周晚期	集成 3980 三代 8.10.4—8.10.1 澂秋上 17—18 貞松 5.31.1—5.30.2 希古 3.21.2—3 小校 8.12.3(器) 大系録 287.1—287.4		故宫博物院	陳承裘舊藏

序號	器名	字數	時代	著録	出土地	現藏地	備註
4360	吴彭父簋	19(又重文2)	西周晚期	集成 3981 三代 8.10.2—3 澂秋上 19、上 16 貞松 5.30.1、5.30.3 希古 3.20.3—3.21.1 小校 8.12.4 大系録 287.3—2		故宫博物院	陳承裘舊藏
4361	吴彭父簋	19(又重文2)	西周晚期	集成 3982 三代 8.11.1 攈古 2.3.5 周金 3.65.4 十二居 19 大系録 286.3		上海博物館	《攈古録》、《十二》:吴式芬、周進舊藏
4362	伯庶父簋	19	西周晚期	集成 3983 考古圖 3.13 薛氏 120.1	《集古録》:嘉祐中劉原父得於扶風		
4363	陽飤生簋蓋	19(又重文2)	西周晚期	集成 3984 文物 1986 年 4 期 15—20 頁 考古 1987 年 5 期 412—413 頁	湖北棗陽縣資川王城	襄陽地區博物館	
4364	陽飤生簋蓋	19(又重文2)	西周晚期	集成 3985	湖北棗陽縣資川王城	襄陽地區博物館	
4365	德克簋	19(又重文2)	西周晚期	集成 3986 三代 8.11.2 貞松 5.29 希古 3.19.3 貞圖上 35 小校 8.13.2	《貞松》:出山西大同之豐鎮		羅振玉舊藏

序號	器名	字數	時代	著録	出土地	現藏地	備註
4366	魯大宰遼父簋	19	春秋前期	集成 3987 三代 8.3.1 筠清 3.22 攈古 2.2.69 奇觚 16.34 敬吾下 13 周金 3.72.2 小校 8.5.1 山東存魯 3 大系録 226			
4367	叔豊簋	19	西周中期	近出 468 保利藏金 65—67 頁		北京保利藝術博物館	
4368	叔豊簋	19	西周中期	近出 469 保利藏金 65—67 頁		北京保利藝術博物館	
4369	曩侯簋	19(又重文 2)	西周晚期	近出 470 第三屆國際中國古文字學研討會論文集 328 頁		上海博物館	此器是簋蓋倒置,後配高圈足;郭鶴年先生捐贈
4370	魯伯大父作孟□姜簋	19	春秋前期	集成 3988 三代 8.1.2 西乙 12.32 積古 6.10 攈古 2.2.71 寶蘊 64 山東存魯 4 大系録 228 故圖下下 180		臺北"中央博物院"	瀋陽故宫舊藏
4371	魯伯大父作仲姬俞簋	19	春秋前期	集成 3989 三代 8.2.1 從古 6.41 攈古 2.2.71 周金 3.71.3 善齋 8.68 小校 8.4.2 山東存魯 5 大系録 227		故宫博物院	《從古》、《善齋》:王幾、劉體智舊藏

序號	器名	字數	時代	著録	出土地	現藏地	備註
4372	亞酈父乙簋	20	商代後期	集成3990 三代6.48.5 從古11.20.1 攈古2.3.3.1 奇觚3.20 敬吾下37.1 續殷上48.3 小校7.43.1			《攈古録》:浙江嘉善蔡氏舊藏
4373	且日庚簋	20(又重文1)	西周早期	集成3991 三代8.11.3 窓齋7.7 奇觚3.19 周金3.67 簠齋3敦11 小校8.12.1		上海博物館	陳介祺舊藏
4374	且日庚簋	20(又重文1)	西周早期	集成3992 三代8.12.1 窓齋7.8 小校8.12.2 日精華2.110 彙編5.290 綜覽118簋310頁		日本奈良天理參考館	陳介祺、日本川合定治郎舊藏
4375	𠂤簋	20(又重文2)	西周早期	集成3993 文物1963年2期54頁	1961年湖北江陵縣萬城	荆州地區博物館	
4376	𠂤簋	20(又重文2)	西周早期	集成3994	1961年湖北江陵縣萬城	荆州地區博物館	
4377	伯□父簋	20(又重文2)	西周晚期	集成3995 録遺153		中國歷史博物館	
4378	害客簋	20(又重文2)	西周晚期	集成3996 録遺154			

序號	器名	字數	時代	著録	出土地	現藏地	備註
4379	伯喜簋	20(又重文2)	西周晚期	集成3997 學報1962年1期圖版11(蓋)圖四(器) 張家坡圖版21.1—2	1961年陝西長安縣張家坡	陝西省博物館	
4380	伯喜簋	20(又重文2)	西周晚期	集成3998	1961年陝西長安縣張家坡	陝西省博物館	
4381	伯喜簋	20(又重文2)	西周晚期	集成3999	1961年陝西長安縣張家坡	陝西省博物館	
4382	伯喜簋	20(又重文2)	西周晚期	集成4000	1961年陝西長安縣張家坡	陝西省博物館	
4383	豐兮夷簋	20(又重文2)	西周晚期	集成4001 三代8.13.3—4 積古6.9—10 從古3.27.1—2 攈古2.3.11.2—2.3.12.1 奇觚3.21.1;16.28 周金3.64 夢郼上29 小校8.14.1—2		上海博物館	《積古》:張廷濟舊藏
4384	豐兮夷簋	20(又重文2)	西周晚期	集成4002 三代8.14.1—2 從古15.23 攈古2.3.12.2—2.3.13.1 愙齋12.14 奇觚3.22.1(器) 周金3.65.1—2 簠齋3敦8 小校8.15			陳介祺舊藏

序號	器名	字數	時代	著録	出土地	現藏地	備註
4385	豐兮夷簋	20(又重文2)	西周晚期	集成4003 古文字研究10輯265頁圖十一		湖南省博物館	
4386	叔多父簋	20(又重文2)	西周晚期	集成4004 三代8.15.2 攈古2.3.23.2 周金3.62.2 小校8.19.1			李山農舊藏
4387	叔多父簋	20(又重文2)	西周晚期	集成4005 三代8.15.3—4 懷米下22 攈古2.3.22.1—2 愙齋8.15.2—8.16.1 周金3.63.1—2 小校8.19.3—2		上海博物館	《愙齋》:曹秋舫、潘祖蔭舊藏
4388	叔多父簋	20(又重文2)	西周晚期	集成4006 三代8.16.1 愙齋8.15.1 小校8.19.2		上海博物館	
4389	浂伯寺簋	20(又重文2)	西周晚期	集成4007 三代8.13.2 陶齋2.6 周金3.65 小校8.16.1			端方舊藏
4390	兮吉父簋	20(又重文2)	西周晚期	集成4008 西清27.25 録遺155		故宫博物院	清宫舊藏
4391	毛伯簋	20(又重文2)	西周晚期	集成4009 三代8.13.1 西乙12.16 積古6.9 攈古2.3.4.1 寶藴72 故圖下下179		臺北"中央博物院"	瀋陽故宫舊藏

序號	器名	字數	時代	著録	出土地	現藏地	備註
4392	及偖生簋	20(又重文2)	西周晚期	集成4010 薛氏123.2 嘯堂98			
4393	復公子簋	20	西周晚期	集成4011 三代8.9.2 貞松5.27.1 希古3.20.1 周金3補 小校8.8.2		上海博物館	
4394	復公子簋	20	西周晚期	集成4012 三代8.9.3 攈古2.2.83			
4395	復公子簋	20	西周晚期	集成4013 積古6.11.1—2 攈古2.2.82.2—1			
4396	鮇公子簋	20(又重文2)	春秋前期	集成4014 三代8.12.2 筠清3.39.1 從古8.30.1 攈古2.3.11.1 敬吾上54.1 周金3.63.3 小校8.16.2			《攈古録》:瞿穎山舊藏;《集成》説明中器名誤爲“鮇公子殷”
4397	鮇公子簋	20(又重文2)	春秋前期	集成4015 三代8.12.3 西乙12.37 寶藴66 貞松5.29 故圖下下181 彙編5.282		臺北“中央博物館”	《貞松》:瀋陽故宫舊藏
4398	鄁公簋	20(又重文2)	春秋	集成4016 考古1982年2期140頁圖二:1	1974年湖北隨州市三里崗鄉尚店	隨州市博物館	

序號	器名	字數	時代	著録	出土地	現藏地	備註
4399	鄁公簋	20(又重文2)	春秋	集成4017	1974年湖北隨州市三里崗鄉尚店	隨州市博物館	
4400	卓林父簋蓋	20(又重文2)	春秋前期	集成4018 三代8.14.3 筠清3.37 攈古2.3.10 敬吾下16 周金3.64.1 小校8.17.1 大系録265		旅順博物館	《攈古録》:葉東卿舊藏
4401	曹伯狄簋	20(又重文2)	春秋	集成4019 文物1980年5期67頁	山東	天津市歷史博物館	
4402	仲𤔲簋	20(又重文2)	西周中期	近出471 文物1996年7期54—68頁	1964—1972年河南省洛陽市北窑村西龐家溝墓葬		
4403	天君簋	21	西周早期	集成4020 西清27.5			清宫舊藏
4404	寧簋蓋	21	西周早期	集成4021 斷代5.63 學報1956年3期		中國歷史博物館	易縣陳氏舊藏
4405	寧簋蓋	21	西周早期	集成4022 録遺152 斷代(六)圖版陸(上右) 學報1956年4期		中國歷史博物館	易縣陳氏舊藏

序號	器名	字數	時代	著録	出土地	現藏地	備註
4406	伯中父簋	21	西周中期	集成 4023 三代 6.49.3 西甲 12.42 陶續 1.37 周金 3.66.1 小校 8.13.1 美集録 R395 彙編 5.291		美國堪薩斯納爾遜美術陳列館	清宫舊藏,後歸端方
4407	鄭虢仲簋	21(又重文2)	西周晚期	集成 4024 三代 8.17.3—4 西清 27.28 貞松 5.33.2—1 周金 3.60.2—3 尊古 2.5 大系録 201 彙編 5.275		日本東京書道博物館	《貞松》:李山農舊藏
4408	鄭虢仲簋	21(又重文2)	西周晚期	集成 4025 三代 8.18.1—2 貞松 5.32.2—1 周金 3.61.2—1 小校 8.18.4(蓋) 大系録 201		上海博物館	李山農舊藏
4409	鄭虢仲簋	21(又重文2)	西周晚期	集成 4026 三代 8.18.3 冠斝上 23			榮厚舊藏
4410	伯莪父簋	21(又重文2)	西周晚期	集成 4027 三代 8.19.4 西甲 12.49		故宫博物院	清宫舊藏
4411	毛畀簋	21(又重文2)	西周晚期	集成 4028 三代 8.15.1 貞松 5.31 周金 3.60 善齋 8.70 小校 8.20.3			劉體智舊藏

序號	器名	字數	時代	著録	出土地	現藏地	備註
4412	明公簋	22	西周早期	集成 4029 三代 6.49.2 西清 13.9 貞松 7.17 周金 5.8 小校 5.35.1 山東存魯 1.1 大系録 4		上海博物館	清宫舊藏；又名"魯侯尊"
4413	史諳簋	22（又合文 1）	西周早期	集成 4030 文物 1972 年 6 期圖五 陝青 1.152	1966 年陝西岐山縣賀家村墓葬	陝西省博物館	
4414	史諳簋	22（又合文 1）	西周早期	集成 4031 三代 6.50.2 筠清 5.11.1 攈古 2.3.21.2 周金 3.107.1 大系録 22 考古 1972 年 5 期 47 頁圖三		故宫博物院	頤和園舊藏
4415	官夌父簋	22（又重文 2）	西周晚期	集成 4032 三代 8.22.1 貞松 5.35			
4416	向□簋	22（又重文 1）	西周晚期	集成 4033 三代 8.20.1 貞松 5.34 善齋 8.71 善彝 79 小校 8.17.3		上海博物館	劉體智舊藏
4417	向□簋	22（又重文 1）	西周晚期	集成 4034 三代 8.20.2 貞松 5.34 善齋 8.72 善彝 80 小校 8.17.4		上海博物館	劉體智舊藏

序號	器名	字數	時代	著録	出土地	現藏地	備註
4418	伯吉父簋	22（又重文1）	西周晚期	集成4035 文物1974年11期85頁圖三 陜青3.100	1972年陝西扶風縣北橋	扶風縣博物館	
4419	筥小子簋	22（又重文2）	西周晚期	集成4036 三代6.51.2 攈古2.3.38 山東存莒2		故宫博物院	
4420	筥小子簋	22（又重文2）	西周晚期	集成4037 三代6.51.3 攈古2.3.38 十二居9 山東存莒1			
4421	章叔淵簋	22（又重文1）	西周晚期	集成4038		故宫博物院	
4422	[illegible]同簋蓋	22（又重文2）	西周晚期	集成4039 三代8.21.2 貞松5.35 希古3.24 周金3.59 大系録187.3		故宫博物院	《貞松》：歸安姚覲元舊藏
4423	鄀甏簋	22（又重文2）	春秋早期	集成4040 三代8.20.3—8.21.1 西甲12.37 積古6.6 從古11.26 金索1.47 攈古2.3.28 愙齋9.2（器） 敬吾下17 周金3.59.2—3 小校8.20.5—4 善齋8.73.2—8.74.1 山東存鄀4.3—5.1 大系録223.2—1			《金索》、《攈古録》：清宫舊藏，後歸斌備卿、多智友、劉體智

序號	器名	字數	時代	著録	出土地	現藏地	備註
4424	禽簋	23	西周早期	集成4041 三代6.50.1 十六2.3 積古5.28 清愛10 從古10.30 擴古2.3.22 敬吾下42.2 周金3.108.2 小校7.45.1 大系録4		中國歷史博物館	錢坫、劉喜海、王蘭谿舊藏
4425	昜朩簋	23(又合文1)	西周早期	集成4042 三代6.51.1 擴古2.3.27.2 從古12.5.1 敬吾下39.2 周金3.107.2 小校7.46.1		故宫博物院	《擴古録》、《從古》、《周金》:郭止亭、方蓮卿、劉鶚舊藏;又名"小臣簋"
4426	昜朩簋	23(又合文1)	西周早期	集成4043 録遺156			又名"小臣簋"
4427	御正衛簋	23	西周早期	集成4044 三代6.49.6 貞松4.47.3 小校7.44.4 武英57 大系録11.2 故圖下下156 彙編5.274		臺北"中央博物院"	《貞松》:承德避暑山莊舊藏
4428	雁侯簋	23(又重文2)	西周中期	集成4045 小校8.23.3 録遺158			
4429	叜簋	23	西周中期	集成4046 三代8.19.3 貞松5.33 小校8.18.3		上海博物館	劉體智舊藏

序號	器名	字數	時代	著録	出土地	現藏地	備註
4430	叏貯簋	23	西周中期	集成 4047 西清 27.30 大系録 85			清宫舊藏
4431	琱伐父簋	23(又重文 2)	西周晚期	集成 4048 考古 1963 年 10 期 575 頁圖五:1 文博 1984 年創刊號 38 頁	器於 1961 年出於扶風縣齊家村窖藏,蓋於 1984 年出於原窖藏北 30 米處,現合而爲一	陝西省考古研究所	
4432	琱伐父簋	23(又重文 2)	西周晚期	集成 4049 考古 1963 年 10 期 575 頁圖五:2	陝西扶風縣齊家村窖藏	陝西省博物館	
4433	琱伐父簋	23(又重文 2)	西周晚期	集成 4050 陝青 2.169 文叢 2 圖版 11	陝西扶風縣齊家村窖藏	陝西省博物館	此爲器銘,蓋銘未著録
4434	曾伯文簋	23(又重文 2)	西周晚期	集成 4051 文物 1973 年 5 期 25 頁圖八	1970 年湖北隨縣熊家老灣	襄陽地區博物館	
4435	曾伯文簋	23(又重文 2)	西周晚期	集成 4052	1970 年湖北隨縣熊家老灣	襄陽地區博物館	
4436	曾伯文簋	23(又重文 2)	西周晚期	集成 4053	1970 年湖北隨縣熊家老灣	襄陽地區博物館	此簋器底銹蝕過重,無法施拓,故僅録蓋銘
4437	曾大保簋	存 20	西周晚期	集成 4054 考古 1984 年 6 期 512 頁圖四(上右)	1976 年湖北隨縣萬店公社塔兒灣周家崗墓葬	隨州市博物館	《集成》目録中爲“23”字

序號	器名	字數	時代	著録	出土地	現藏地	備註
4438	鄧公簋蓋	23	西周晚期	集成 4055 三代 8.16.2 陶齋 2.18.1 周金 3.62 夢續 21 小校 8.17.2 大系録 191		中國歷史博物館	端方、羅振玉舊藏
4439	叔噩父簋	23(蓋),8(器)	西周晚期	集成 4056 蓋:三代 8.16.3 貞松 5.34.4 周金 3 補 小校 8.20.2 彙編 5.272(上) 器:三代 7.19.2 貞松 5.11.3 希古 3.13 彙編 6.548		中國歷史博物館	上海博物館舊藏
4440	叔噩父簋	23(蓋),8(器)	西周晚期	集成 4057 蓋:三代 8.17.1 貞松 5.34.3 彙編 5.273 器:三代 7.19.3 小校 7.74.2 彙編 5.572(下)		上海博物館	
4441	叔噩父簋	23(蓋),8(器)	西周晚期	集成 4058 蓋:三代 8.17.2 歐遺珠圖版 107 愙齋 12.7.1 小校 8.20.1 彙編 5.271(上) 綜覽 125 頁簋 356 器:彙編 5.271(下)		《彙編》:英國牛津雅士莫里博物館	

序號	器名	字數	時代	著録	出土地	現藏地	備註
4442	琱我父簋蓋	23(又重文2)	西周晚期	近出472 考古與文物1985年1期17頁	1984年3月陝西省扶風縣齊家村窖藏	陝西省周原扶風文物管理所	以上三件簋蓋與1961年同地出土三件簋身可合爲三套,此爲扣合後之圖片(見《考古》1963年10期)
4443	琱我父簋蓋	23(又重文2)	西周晚期	近出473 考古與文物1985年1期17頁	1984年3月陝西省扶風縣齊家村窖藏	陝西省周原扶風文物管理所	
4444	琱我父簋蓋	23(又重文2)	西周晚期	近出474 考古與文物1985年1期17頁	1984年3月陝西省扶風縣齊家村窖藏	陝西省周原扶風文物管理所	
4445	濬嗣土逘簋	24	西周早期	集成4059 録遺157 斷代(一)圖版陸(學報1955年第九册)	《斷代》:出土之地有三種説法:汲縣、濬縣、輝縣固圍村	英國倫敦不列顛博物館	《海外銅》:倫敦馬爾孔氏舊藏;又名"康侯簋"
4446	不壽簋	24	西周早期	集成4060 西甲6.34 録遺159		故宫博物院	頤和園舊藏
4447	畢鮮簋	24(又重文2)	西周中期	集成4061 三代8.26.1 攈古2.3.41 敬吾下16 周金3.55 小校8.25.3			程木庵舊藏
4448	䜌叔䜌姬簋	24(又重文2)	西周晚期	集成4062 陝青4.128	1978年陝西武功縣任北村窖藏	武功縣文化館	此爲蓋銘,器銘未著録

序號	器名	字數	時代	著録	出土地	現藏地	備註
4449	㝬叔㝬姬簋	24(又重文1)	西周晚期	集成4063 陝青4.130	1978年陝西武功縣任北村窖藏	武功縣文化館	此爲蓋銘,器銘未著録
4450	㝬叔㝬姬簋	24(又重文1)	西周晚期	集成4064 陝青4.129	1978年陝西武功縣任北村窖藏	武功縣文化館	此爲蓋銘,器銘未著録
4451	㝬叔㝬姬簋	蓋24(又重文1),器20(又重文2)	西周晚期	集成4065 陝青4.131(蓋)、4.124(器)	1978年陝西武功縣任北村窖藏	武功縣文化館	又名"内叔𨚏父簋";《集成》4065、4066、4067三簋,蓋銘與器銘不同,因出土時扣在一起,故作一器處理
4452	㝬叔㝬姬簋	蓋24,器20(又各重文2)	西周晚期	集成4066 考古1981年2期131頁圖七(蓋) 陝青4.132(蓋)、4.125(器)	1978年陝西武功縣任北村窖藏	武功縣文化館	又名"内叔𨚏父簋"
4453	㝬叔㝬姬簋	蓋24(又重文1),器20(又重文2)	西周晚期	集成4067 考古1981年2期130頁圖六(器) 陝青4.127(蓋)、4.126(器)	1978年陝西武功縣任北村窖藏	武功縣文化館	又名"内叔𨚏父簋"
4454	叔䭣父簋	24(又重文2)	西周晚期	集成4068 三代8.26.2—3 貞松5.37.3—5.38.1 小校8.25.2—1 善齋8.76	《雙吉》15:陝西鳳翔		

序號	器名	字數	時代	著録	出土地	現藏地	備註
4455	叔㖨父簋蓋	24（又重文2）	西周晚期	集成4069 三代8.27.1 貞松5.38.2 小校8.25.3 雙吉15	《雙吉》15：陝西鳳翔		于省吾舊藏
4456	叔㖨父簋蓋	24（又重文2）	西周晚期	集成4070 三代8.27.2 貞松5.37.2	《雙吉》15：陝西鳳翔	中國歷史博物館	
4457	孟姬洍簋	24	西周晚期	集成4071		襄陽地區博物館	1977年湖北棗陽縣資川公社王城收購站收集
4458	孟姬洍簋	24	西周晚期	集成4072 文物1986年4期15—20頁 考古1987年5期412—413頁		襄陽地區博物館	1977年湖北棗陽縣資川公社王城收購站收集
4459	鬵休簋	24（又重文1）	西周晚期	近出475 文物1994年8期5—20頁	1993年9月11日山西省曲沃縣曲村鎮北趙村天馬—曲村遺址M64：109	山西省考古研究所	
4460	伯䰠簋	25（又重文2）	西周早期	集成4073 三代6.52.1 尊古2.6			
4461	遹簋	25（又重文2）	西周晚期	集成4074 三代8.30.1			
4462	遹簋	25（又重文2）	西周晚期	集成4075 清儀1.38 積古6.17 兩罍6.30—31 從古3.26 攈古2.3.47 奇觚16.25 周金3.54.4 小校8.27.2		上海博物館	《清儀》：嘉慶七年購於京師内城隆福寺集；《積古》：張廷濟舊藏

序號	器名	字數	時代	著録	出土地	現藏地	備註
4463	宗婦鄁嬰簋蓋	25	春秋	集成 4076 三代 8.22.2 愙齋 12.20.1 周金 3.56.3 十二居 18 大系録 152.3	《通考》:光緒年間陝西鄠縣		《十二》:周季木舊藏
4464	宗婦鄁嬰簋	25	春秋	集成 4077 三代 8.22.3 十二居 17	《通考》:光緒年間陝西鄠縣		《十二》:周季木舊藏
4465	宗婦鄁嬰簋	25	春秋	集成 4078 三代 8.23.2 周金 3.57.2	《通考》:光緒年間陝西鄠縣	上海博物館	
4466	宗婦鄁嬰簋	25	春秋	集成 4079 三代 8.23.3 (又 8.23.1 重出) 愙齋 12.19.2 周金 3.56.1 小校 8.23.2	《通考》:光緒年間陝西鄠縣	上海博物館	
4467	宗婦鄁嬰簋	25	春秋	集成 4080 三代 8.23.4 愙齋 12.20.2 陶續 2.2.1 善齋 8.75 善圖 82 周金 3.56.4 頌續 38 小校 8.23.1 大系録 152.4	《通考》:光緒年間陝西鄠縣		端方、劉體智舊藏
4468	宗婦鄁嬰簋	25	春秋	集成 4081 三代 8.24.1 貞松 5.36.2 希古 3.25.1 周金 3.58.1 小校 8.22.3 大系録 153.3	《通考》:光緒年間陝西鄠縣	上海博物館	《集成》目録中器名爲"宗婦鄁嬰簋蓋"

序號	器名	字數	時代	著録	出土地	現藏地	備註
4469	宗婦鄁嬰簋	25	春秋	集成4082 三代8.24.3 周金3.58.3 小校8.22.1	《通考》:光緒年間陝西鄠縣	上海博物館	
4470	宗婦鄁嬰簋	25	春秋	集成4083 三代8.24.2 周金3.58.2 小校8.22.4	《通考》:光緒年間陝西鄠縣		
4471	宗婦鄁嬰簋	25	春秋	集成4084 三代8.24.4 小校8.22.2	《通考》:光緒年間陝西鄠縣		潘祖蔭舊藏
4472	宗婦鄁嬰簋	25	春秋	集成4085 三代8.25.1 周金3.57.3	《通考》:光緒年間陝西鄠縣		
4473	宗婦鄁嬰簋	25	春秋	集成4086 蓋:三代8.25.4 周金3.56.2(又2.37.4重出,誤作鼎) 小校2.96.1(誤作鼎) 器:三代8.25.3 周金3.57.1	《通考》:光緒年間陝西鄠縣		吴大澂、潘祖蔭舊藏
4474	宗婦鄁嬰簋	25	春秋	集成4087 三代8.25.2 愙齋12.19.1 周金3.57.4	《通考》:光緒年間陝西鄠縣	考古研究所藏	
4475	敔簋	25(又重文2)	西周晚期	近出附25 華夏考古1992年3期93—95頁	1986年以來河南平頂山市郊薛莊鄉北滍村滍陽嶺墓葬M95:100	河南省文物研究所	

序號	器名	字數	時代	著録	出土地	現藏地	備註
4476	沯簋	26	西周早期	集成 4088 三代 6.51.4 愙齋 8.13.1 奇觚 5.17.3 小校 7.46.3 (又 8.26.1 重出)			潘祖蔭舊藏
4477	事族簋	26(又重文 2)	西周晚期	集成 4089 三代 8.30.4—3 愙齋 12.17 攈古 2.3.51—52 奇觚 3.23 陶續 1.36(蓋) 夢續 22(蓋) 周金 3.54.2(器) 小校 8.29		蓋藏中國歷史博物館	端方、羅振玉舊藏
4478	叔皮父簋	26(又重文 1)	西周晚期	集成 4090 三代 8.30.2 貞松 5.39 小校 8.28.1			
4479	伯椃虘簋	26(又重文 2)	西周晚期	集成 4091 博古 17.7 薛氏 122.3 嘯堂 59.1 復齋 28.1 積古 6.7.3			
4480	伯椃虘簋	26(又重文 2)	西周晚期	集成 4902 博古 17.8 薛氏 123.1 嘯堂 59.2			
4481	伯椃虘簋	26(又重文 2)	西周晚期	集成 4093 攈古 2.3.51.1 奇觚 16.29.1 周金 3.55.1 小校 8.28.3		遼寧省博物館	《周金》:錢棨溪藏器

序號	器名	字數	時代	著録	出土地	現藏地	備註
4482	伯椃虘簋	26（又重文2）	西周晚期	集成4094 文物1980年5期62頁圖二		首都博物館	
4483	食生走馬谷簋	26	春秋前期	集成4095 帝室28 彙編4.243		日本東京帝室博物館	
4484	陸逆簋	26	戰國前期	集成4096 三代8.28.1 攈古2.3.40 敬吾下11 小校8.24.2 山東存齊17			葉東卿舊藏
4485	晉侯斷簋	26	西周晚期	近出477 上海博物館集刊1996年7期41—42頁	山西省曲沃縣曲村鎮北趙村晉侯墓地	上海博物館	1992年後購於香港古玩街
4486	晉侯斷簋	26	西周晚期	近出476 文物1994年1期16、19頁	1992年10月16日山西省曲沃縣曲村鎮北趙村天馬—曲村遺址M8：33	山西省考古研究所	
4487	窖簋	27（又合文1）	西周早期	集成4097 三代8.31.3 愙齋12.11 小校8.28.2		上海博物館	
4488	𢦏簋	27（又重文2）	西周中期	集成4098 三代8.32.4 從古8.29 愙齋12.9 攈古2.3.55 周金3.54 小校8.31.3			

序號	器名	字數	時代	著録	出土地	現藏地	備註
4489	戴簋	27(又合文1)	西周中期	集成4099 冠斝上24 録遺160.1—2		故宫博物院	榮厚舊藏
4490	生史簋	27	西周中期	集成4100	陜西扶風縣黄堆公社八號墓	周原扶風縣文物保管所	
4491	生史簋	27	西周中期	集成4101 文物1986年8期60—61頁	陜西扶風縣黄堆公社八號墓	周原扶風縣文物保管所	
4492	仲叡父簋	27(又重文2)	西周中期	集成4102 三代8.32.2 愙齋9.7.1 小校8.30.4		故宫博物院	《愙齋》:潘祖蔭舊藏
4493	仲叡父簋	27(又重文2)	西周中期	集成4103 三代8.32.3 貞松5.39 周金3.51.2 希古3.26.1 小校8.30.3		上海博物館	《小校》:南陵徐乃昌舊藏
4494	賢簋	27	西周中期	集成4104 三代8.28.3—4 愙齋9.7.2—9.8.1 綴遺12.31.1(蓋) 周金5.69.1—5.68 小校8.27.1—2 大系録261.3—4	《羅表》:光緒戊子河南	蓋在上海博物館	《綴遺》:吴大澂舊藏
4495	賢簋	27	西周中期	集成4105 三代8.29.1—2 愙齋9.8.2—9.1 小校8.26.3—4 大系録265.1—2		上海博物館	

序號	器名	字數	時代	著録	出土地	現藏地	備註
4496	賢簋	27	西周中期	集成 4106 三代 8.29.3 貞補上 26.1			
4497	豐伯車父簋	27	西周晚期	集成 4107 攈古 2.3.48—49 敬吾下 13			《攈古録》:孫家良舊藏;此器王國維疑僞
4498	叔□孫父簋	27(又重文2)	西周晚期	集成 4108 博古 17.18 薛氏 128 嘯堂 55			
4499	内伯多父簋	27(又重文2)	西周晚期	集成 4109 三代 8.33.1 攈古 2.3.55 周金 3.53.2—3			
4500	魯士商戲簋	27(又重文2)	西周晚期	集成 4110 三代 8.32.1 攈古 2.3.56 周金 3.51 山東存魯 19 大系録 231			《攈古録》:浙江海寧蔣沐藏
4501	魯士商戲簋	27(又重文2)	西周晚期	集成 4111 西清 28.4		故宫博物院	清宫舊藏
4502	命簋	28	西周早期	集成 4112 三代 8.31.2—1 小校 8.30.1—2 歐精華 2.117 柏景寒 153 頁 美集録 R379a、b 彙編 4.230		美國芝加哥美術館	
4503	幵南伯簋	28(又重文2)	西周中期	集成 4113 小校 8.26.2		上海博物館	劉體智舊藏

序號	器名	字數	時代	著録	出土地	現藏地	備註
4504	仲辛父簋	28（又重文1）	西周中期	集成4114 三代8.31.4 周金3.53.1 貞松5.40.1 小校8.32.1			
4505	伯𢦏簋	29（又重文2）	西周中期	集成4115 攈古2.3.61 小校8.32 大系録35			
4506	師害簋	29（又重文2）	西周晚期	集成4116 三代8.33.3—4 從古15.18 攈古2.3.62 愙齋12.12—13 奇觚3.24.1—3.25.2 敬吾下18.1 周金3.49.2—3.50.1 簠齋3敦6—7 小校8.33.1—8.34.2			《愙齋》：陳介祺舊藏
4507	師害簋	29（又重文2）	西周晚期	集成4117 三代8.34.1—2 攈古2.3.61.2 筠清3.41.1 從古15.16.1—2 愙齋12.12.2—12.13 簠齋3敦7—6 奇觚3.24.2—3.25.1 周金3.49.3—3.50.2 小校8.34.1—8.33.2			《愙齋》：陳介祺舊藏

序號	器名	字數	時代	著録	出土地	現藏地	備註
4508	宴簋	29（又重文3）	西周晚期	集成4118 三代8.36.3—4 擴古2.3.71 奇觚3.22 周金3補 小校8.35.2—3			《奇觚》：蕭山陸氏、盛昱舊藏
4509	宴簋	29（又重文2）	西周晚期	集成4119 三代8.37.1（器） 擴古2.3.70（器） 周金3.106.2（蓋）—3補（器） 小校8.36.1（器）			《擴古録》：浙江慈溪葉夢漁舊藏
4510	眚仲之孫簋	29（又重文2）	春秋前期	集成4120 西清27.27			清宫舊藏
4511	焚簋	30	西周早期	集成4121 三代6.49.5 西甲6.42		故宫博物院	清宫舊藏；又名"艾簋"
4512	录作辛公簋	30（又重文2）	西周中期	集成4122 三代8.35.2—3 從古15.20 擴古2.3.69 愙齋12.15 奇觚3.27 周金3.48 簠齋3敦5 大系録34 海外吉24 泉屋3.105 日精華2.108 彙編4.206		日本京都泉屋博古館	陳介祺得之都市
4513	妊小簋	30（又重文2）	西周晚期	集成4123 美集録R398 盧氏（1940）9 彙編4.201 綜覽圖版130篋385		美國紐約薩克勒氏處	美國紐約盧芹齋舊藏；藏家將此器與美集録R397辰簋蓋誤合爲一

序號	器名	字數	時代	著録	出土地	現藏地	備註
4514	尌仲簋蓋	30(又重文2)	西周晚期	集成4124 三代8.38.2 攈古2.3.68 愙齋11.18 周金3.48 小校8.37.2			《集成》説明中器名爲“仲簋蓋”
4515	大簋蓋	30	西周晚期	集成4125	1978年陝西鄠縣楊家坡	咸陽地區文物管理委員會	
4516	梂季簋	30(又重文2)	西周晚期	集成4126 考古圖3.3 博古16.25 薛氏126 嘯堂52	《考古圖》:得於乾之永壽		《金石録》:藏長安吕微仲丞相家;又名“寶敦”;《集成》目録爲“梂季簋蓋”
4517	鑄叔皮父簋	30(又重文2)	春秋前期	集成4127 三代8.38.1 筠清3.38 攈古2.3.67 愙齋11.20 奇觚3.26 敬吾下1 周金3.49 小校8.36.4 山東存鑄5			朱善旂、王雪樵舊藏
4518	復公仲簋蓋	30	春秋後期	集成4128		故宫博物院	
4519	□叔買簋	31(又重文2)	西周晚期	集成4129 三代8.39.1 周金3.47.2 貞松5.41 希古3.26.2 小校8.38.1		中國歷史博物館	《周金》:吴縣潘氏、江陰奚氏;又名“買簋”

序號	器名	字數	時代	著録	出土地	現藏地	備註
4520	[illegible]叔簋蓋	31(又重文2)	西周晚期	集成4130 三代8.37.2 筠清3.54 攈古2.3.74 愙齋12.10 小校8.36.5			《攈古》:湖北漢陽葉氏舊藏
4521	大師小子𢍰簋	31(又重文2)	西周晚期	近出478 考古與文物1990年5期26—43頁	陝西省長安縣灃鎬遺址	陝西省西安市文物中心	
4522	大師小子𢍰簋	31(又重文2)	西周晚期	近出479 考古與文物1990年5期26—43頁	陝西省長安縣灃鎬遺址	陝西省西安市文物中心	
4523	大師小子𢍰簋	31(又重文2)	西周晚期	近出480 考古與文物1990年5期26—43頁	陝西省長安縣灃鎬遺址	陝西省西安市文物中心	
4524	利簋	32	西周早期(武王)	集成4131 文物1977年8期2頁圖2	1976年陝西臨潼縣零口公社西段大隊	臨潼縣博物館	
4525	叔簋	32	西周早期	集成4132 斷代(三)圖版1 録遺161甲 故宫博物院院刊2期184頁		故宫博物院	《斷代》:1951年7月見於杭州浙江省文物管理委員會,共一對;又名"史叔隋器"、"叔卣";此器形制特異,各家定名不一,此從陳夢家説

序號	器名	字數	時代	著録	出土地	現藏地	備註
4526	叔簋	32	西周早期	集成 4133 斷代(三)圖版 1 録遺 161 乙		故宫博物院	《斷代》:1951年7月見於杭州;又名"史叔隋器"、"叔卣"
4527	御史競簋	32	西周早期	集成 4134 三代 8.36.1 貞松 5.40.2 大系録 37 斷代(五)圖版 6:上左 彙編 4.208	1926(或 1925)年河南洛陽邙山廟溝墓葬	加拿大多倫多皇家安大略博物館	加拿大懷履光舊藏;《集成》説明中器名誤爲"御史競毁"
4528	御史競簋	32	西周早期	集成 4135 三代 8.36.2 貞松 5.41.1 斷代(五)圖版 6:上右 彙編 4.207		加拿大多倫多皇家安大略博物館	加拿大懷履光舊藏
4529	相侯簋	32	西周早期	集成 4136 三代 8.28.2 窸齋 12.9 周金 3.46 小校 8.38.3		上海博物館	《窸齋》:潘祖蔭舊藏
4530	叔妣簋	32(又重文 1)	西周晚期	集成 4137 三代 8.39.2 奇觚 3.30 周金 3 補		上海博物館	
4531	小子罶簋	33	商代後期	集成 4138 三代 8.33.2 續殷上 49.2 小校 8.40.2		聯邦德國某氏	又名"文父丁簋"
4532	樵侯簋蓋	33	西周早期	集成 4139 日精華 4.304 彙編 4.200	《日精華》:傳保定	日本東京書道博物館	又名"方簋"

序號	器名	字數	時代	著録	出土地	現藏地	備註
4533	大保簋	34	西周早期	集成4140 三代8.40.1 攈古2.3.82 愙齋7.5 奇觚3.32 尊古2.7 周金3.47 大系録13.1 小校8.38.2 山東存下7.2 彙編4.195 考古與文物1980年4期27頁圖2	傳出山東壽張縣梁山下，梁山七器之一	美國華盛頓弗里爾美術博物館	鍾養田、李山農、溥倫及美國 Agnes E. Meyer舊藏
4534	函皇父簋	34	西周晚期	集成4141 三代8.40.2—8.41.1 從古15.26 攈古3.1.4—5 愙齋10.14 奇觚3.30 周金3.46 簠齋3敦4 銅玉26 日精華4.324 大系録128 小校8.39.3—4 彙編4.182	傳1870年前後陝西扶風縣	日本奈良天理參考館	陳介祺舊藏；又名"周娟簋"
4535	函皇父簋	34（又重文2）	西周晚期	集成4142 三代8.41.2 攈古3.1.5 小校8.39.1（又8.39.2重出）	傳1870年前後陝西扶風縣		《攈古録》：陝西長安孫氏曾藏
4536	函皇父簋	34（又重文2）	西周晚期	集成4143 録遺162 陝圖64	《陝圖》：傳1933年陝西扶風縣康家村窖藏	陝西省博物館	

序號	器名	字數	時代	著録	出土地	現藏地	備註
4537	肄作父乙簋	35(又合文1)	商代後期	集成4144 三代6.52.2 攈古2.3.86 美集録R153 彙編4.191		美國華盛頓弗里爾美術博物館	舊藏美國盧芹齋、加拿大明義士、紐約薩克萊爾氏;又名"戊辰彝"
4538	墜侯午簋	36	戰國前期	集成4145 三代8.42.3 西乙12.44 寶藴74 貞松5.42.2 大系録260 山東存齊19 故圖下下189 彙編4.184		臺北"中央博物院"	瀋陽故宫舊藏
4539	緐簋(殘底)	存36(又重文1,合文1)	西周早期	集成4146		故宫博物院	《集成》目録中誤爲"36"字;説明中器名誤爲"緐簋殘底簋"
4540	善夫沙其簋	36(又重文4)	西周晚期	集成4147 録遺164(器) 彙編4.172		澳大利亞觀寶氏	
4541	善夫沙其簋	36(又重文5)	西周晚期	集成4148		中國歷史博物館	
4542	善夫沙其簋	36(又重文5)	西周晚期	集成4149 弗里爾(1967)429頁 彙編4.173		美國華盛頓弗里爾美術博物館	
4543	善夫沙其簋	36(又重文3)	西周晚期	集成4150		上海博物館	
4544	善夫沙其簋	35(又重文3)	西周晚期	集成4151		上海博物館	

序號	器名	字數	時代	著録	出土地	現藏地	備註
4545	鄦侯少子簋	36(又合文1)	春秋	集成4152 三代8.43.1 攈古3.1.8 周金3補 大系録188 小校8.40.1 貞圖上36 山東存莒2			羅振玉舊藏
4546	夷伯簋	36(又重文2,蓋器同銘)	西周中期	近出481 文博1987年4期9—10頁	1981年8月陝西省扶風縣黄堆鄉强家村墓葬M1:5	陝西省周原扶風文物管理所	
4547	𦥑簋	37(又重文1)	西周晚期	集成4153 考古圖3.7 博古17.14 嘯堂51 薛氏127	《考古圖》:得於盩厔		臨江劉氏原父舊藏;又名"龔伯彝"
4548	仲柟父簋	37(又重文1)	西周晚期	集成4154 考古1979年2期119頁圖一	1967年陝西永壽縣好畤河	陝西省博物館	
4549	仲柟父簋	37(又重文2	西周晚期	集成4155 文物1965年11期46頁圖二(蓋)		故宫博物院	器銘未見著録;1964年於北京收購
4550	伯家父簋蓋	38	西周晚期	集成4156 三代8.43.2 貞松5.43.1 貞圖上37			羅振玉舊藏
4551	鼄乎簋	38	西周晚期	集成4157	1966年湖北京山縣蘇家壠	湖北省博物館	
4552	鼄乎簋	38	西周晚期	集成4158 文物1972年2期53頁圖十三	1966年湖北京山縣蘇家壠	湖北省博物館	

序號	器名	字數	時代	著録	出土地	現藏地	備註
4553	鼂簋	38（又合文1，重文1）	西周中期	集成4159 録遺163		故宫博物院	
4554	伯康簋	39（又重文1）	西周晚期	集成4160 三代8.45.1 貞松6.2 善齋8.79 小校8.40.3 善彝72		上海博物館	劉體智舊藏
4555	伯康簋	39（又重文1）	西周晚期	集成4161 三代8.45.2 貞松6.1 善齋8.80 小校8.40.4 善彝73		上海博物館	劉體智舊藏
4556	孟簋	40（又重文2）	西周中期	集成4162 學報1962年1期圖版2 張家坡圖版5	1961年陝西長安縣張家坡窖藏	陝西省博物館	
4557	孟簋	40（又重文2）	西周中期	集成4163 學報1962年1期3頁 張家坡圖版6	1961年陝西長安縣張家坡窖藏	陝西省博物館	
4558	孟簋	40（又重文2）	西周中期	集成4164	1961年陝西長安縣張家坡窖藏	陝西省博物館	
4559	大簋	40	西周中期	集成4165 三代8.44.3 西甲12.40（器蓋兩銘）		故宫博物院	
4560	敔簋	40（器）蓋僅殘存九字	西周	集成4166 三代8.44.1—2 從古6.10 攈古3.1.15—16 周金3.45.2 大系録92 小校8.41.1—2			張讓木、劉鐵雲舊藏

序號	器名	字數	時代	著録	出土地	現藏地	備註
4561	㝨簋	41	西周中期	集成4167 三代6.52.3 積古5.33.1 攈古3.1.16.2 周金3.106.1			孫星衍舊藏；諸書皆稱此器爲“彝”，今依猗文閣拓本題跋定爲簋
4562	鬳兑簋	41（又重文2）	西周晚期	集成4168 三代8.46.1 小校8.42.2 尊古2.8		故宫博物院	潘祖蔭、黄鏡涵舊藏
4563	章伯䀠簋	42（又重文2，合文1）	西周早期	集成4169 三代8.50.4 貞補上26 皮斯柏 Fig43 彙編4.149	傳西安	美國皮斯柏寄陳米里阿波里斯美術館	
4564	㾓簋	42（又重文2）	西周中期	集成4170 陝青2.33	1976年陝西扶風縣莊白一號窖藏	陝西周原扶風文物管理所	
4565	㾓簋	42（又重文2）	西周中期	集成4171 陝青2.34(蓋) 文物1978年3期11頁圖14(器)	1976年陝西扶風縣莊白一號窖藏	陝西周原扶風文物管理所	
4566	㾓簋	42（又重文2）	西周中期	集成4172 陝青2.35(器)	1976年陝西扶風縣莊白一號窖藏	陝西周原扶風文物管理所	蓋銘未見著録
4567	㾓簋	42（又重文2）	西周中期	集成4173 陝青2.36(蓋)	1976年陝西扶風縣莊白一號窖藏	陝西周原扶風文物管理所	器銘未見著録
4568	㾓簋	42（又重文2）	西周中期	集成4174 陝青2.37(器)	1976年陝西扶風縣莊白一號窖藏	陝西周原扶風文物管理所	蓋銘未見著録
4569	㾓簋	42（又重文2）	西周中期	集成4175 陝青2.38(蓋)	1976年陝西扶風縣莊白一號窖藏	陝西周原扶風文物管理所	器銘未見著録

序號	器名	字數	時代	著録	出土地	現藏地	備註
4570	瘨簋	42(又重文2)	西周中期	集成4176 陝青2.39(蓋)	1976年陝西扶風縣莊白一號窖藏	陝西周原扶風文物管理所	器銘未見著録
4571	瘨簋	42(又重文2)	西周中期	集成4177 陝青2.40(器)	1976年陝西扶風縣莊白一號窖藏	陝西周原扶風文物管理所	蓋銘未見著録
4572	君夫簋蓋	42(又重文2)	西周中期	集成4178 三代8.47.2 從古15.15 攈古3.1.24 窸齋11.4 奇觚4.1 簠齋3敦2 周金3.42 大系録30 小校8.44.3		天津市藝術博物館	陳介祺舊藏
4573	小臣守簋	42(又重文3)	西周	集成4179 三代8.47.3			
4574	小臣守簋	42(又重文3)	西周	集成4180 三代8.48.1 窸齋10.9 奇觚4.2 周金3.44.2 小校8.44.1		上海博物館	潘祖蔭、漢陽葉氏舊藏
4575	小臣守簋蓋	42(又重文3)	西周	集成4181 三代8.48.2 筠清3.20 攈古3.1.26 奇觚16.31 周金3.44.1 小校8.44.2			葉氏舊藏
4576	虢姜簋蓋	42(又重文2)	西周晚期	集成4182 考古圖3.18 薛氏128—129 大系録283			《考古圖》:睢陽王氏仲至舊藏

序號	器名	字數	時代	著録	出土地	現藏地	備註
4577	上鄀公敄人簋蓋	42(又重文2)	春秋前期	集成4183 三代8.47.1 積古6.16 攈古3.1.23—24 從古11.23—24 周金3.42 大系録189 小校8.43.1		中國歷史博物館	秦敦甫、劉喜海舊藏
4578	公臣簋	43	西周晚期	集成4184 文物1976年5期40頁圖18 陝青1.192	1975年陝西岐山縣董家村一號窖藏	岐山縣博物館	
4579	公臣簋	43	西周晚期	集成4185 陝青1.193	1975年陝西岐山縣董家村一號窖藏	岐山縣博物館	
4580	公臣簋	43	西周晚期	集成4186 陝青1.194	1975年陝西岐山縣董家村一號窖藏	岐山縣博物館	
4581	公臣簋	43	西周晚期	集成4187 陝青1.195	1975年陝西岐山縣董家村一號窖藏	岐山縣博物館	
4582	仲爯父簋	42(又重文2)	西周晚期	集成4188 中原文物1984年4期15頁圖四(器)	1981年河南南陽市郊磚瓦廠内墓葬	南陽市博物館	蓋銘未著録
4583	仲爯父簋	43(又重文2)	西周晚期	集成4189 中原文物1984年4期15頁圖五(蓋)	1981年河南南陽市郊磚瓦廠内墓葬	南陽市博物館	器銘未著録

序號	器名	字數	時代	著録	出土地	現藏地	備註
4584	陳肪簋蓋	43	戰國前期	集成 4190 三代 8.46.2 擄古 3.1.21 周金 3.45 善齋 8.81 大系録 257 小校 8.42.1 善彝 87 山東存齊 16 故圖下下 188 彙編 4.159		臺北"中央博物院"	劉喜海、劉體智舊藏
4585	鮮簋	43(又合文 1)	西周中期	近出 482 殷周金文集成第 16 册 10166 器(誤作盤) 歐遺珠圖版 108			英國倫敦埃斯肯納各拍賣行曾見
4586	穆公簋蓋	44(又合文 1)	西周中期	集成 4191 考古與文物 1981 年 4 期 27 頁圖一		甘肅慶陽縣文化館	
4587	𤔲簋	44	西周中期	集成 4192 三代 8.49.1—2 兩罍 6.24 從古 6.23 清儀 1.37 擄古 3.1.22 愙齋 11.14 小校 8.45.2		故宫博物院	吴雲、張廷濟舊藏；又名"封敦"、"桂簋"、"艾伯彝"
4588	𤔲簋	44	西周中期	集成 4193 三代 8.50.1 攀古下 34 恒軒 29 周金 3.43		故宫博物院	潘祖蔭舊藏

序號	器名	字數	時代	著録	出土地	現藏地	備註
4589	吝簋	44(又重文1)	西周中期	集成4194 三代8.51.2 西清27.1(器蓋兩銘) 奇觚4.4 周金3補 善齋8.83 小校8.46.1 善彝68 故圖下下176 彙編4.144		臺北"中央博物院"	舊藏清宫,後歸潘祖蔭、劉體智;又名"丁卯簋"、"友簋";《西清》以外各書著録皆缺蓋銘
4590	敔簋蓋	44	西周中期	近出483 考古與文物1991年6期63—69頁	1982年秋陝西省周至縣竹峪鄉鳳凰嶺村	陝西省周至縣文物管理所	
4591	㝬簋	45	西周中期	集成4195 三代8.50.2—3 貞松6.2 善齋8.84—85 小校8.45.3—4 善彝78		上海博物館	劉體智舊藏
4592	保員簋	45(又重文1)	西周早期	近出484 考古1991年7期649—652頁		上海博物館	1991年8月發現
4593	師毛父簋	46(又重文2)	西周中期	集成4196 博古17.16 薛氏127—128 嘯堂52 大系録60			又名"毛父敦"、"井伯敦"
4594	部[illegible]簋	48(又重文2)	西周晚期	集成4197 録遺165		廣州博物館	

序號	器名	字數	時代	著録	出土地	現藏地	備註
4595	蔡姞簋	48（又重文2）	西周晚期	集成4198 三代6.53.1 愙齋11.22 奇觚5.18 周金3.105 大系録192 小校7.49.1 山東存附11	《山東存》：傳山東蓬萊縣		《集成》：潘祖蔭舊藏；又名"尨姞彝"
4596	恒簋蓋	49（又重文2）	西周中期	集成4199 文物1975年8期圖版9：3、62頁圖10 陝青3.108	1974年陝西扶風縣强家村窖藏	陝西省博物館	
4597	恒簋蓋	49（又重文2）	西周中期	集成4200 文物1975年8期62頁圖9 陝青3.109	1974年陝西扶風縣强家村窖藏	陝西省博物館	
4598	小臣宅簋	51（又重文1）	西周早期	集成4201 三代6.54.1 周金3補 貞松4.48 大系録12 貞圖上32 文參1955年3期146頁		中國歷史博物館	羅振玉舊藏，1955年旅順博物館由廢銅中揀出
4599	㓤簋	51（又重文2）	西周晚期	集成4202 續考3.25 嘯堂97 大系録106			《續考》：榮詢之所收；又名"何簋"、"寶敦"
4600	曾仲大父蝨簋	51（又重文2）	西周晚期	集成4203 文物1973年5期25頁圖9	1972年湖北隨縣熊家老灣	湖北省博物館	
4601	曾仲大父蝨簋	51（又重文2）	西周晚期	集成4204	1972年湖北隨縣熊家老灣	湖北省博物館	

序號	器名	字數	時代	著録	出土地	現藏地	備註
4602	獻簋	52	西周早期	集成 4205 三代 6.53.2 夢郼上 25 周金 3.105 大系録 23 小校 7.49.2	《夢郼》:保安		羅振玉舊藏;又名"樢伯簋";《周金》云:初見衹殘銅一片,旋成器,是否原璧不可知
4603	小臣傳簋	52	西周早期	集成 4206 三代 8.52.1 積古 6.12 攈古 3.1.37 愙齋 13.11 綴遺 17.28 周金 5.80 小校 5.39.2 山左 1.12			又名"師田父敦";《山左》:摹之於歷城肆中;《綴遺》:吴雲舊藏;《綴遺》、《小校》作尊,《周金》作卣,《山左》云:"形如《博古》16.23 巳丁敦",今依此暫定爲簋
4604	遹簋	53(又重文 5)	西周中期(穆王)	集成 4207 三代 8.52.2 貞松 6.3 周金 3.40.2 善齋 8.86 小校 8.51.1 大系録 27 善彝 83	《小校》:庚戌年秦中		端方、劉體智舊藏
4605	段簋	55(又重文 2)	西周中期	集成 4208 三代 8.54.1 筠清 3.23 古文審 6.15 攈古 3.1.41 愙齋 11.19 奇觚 4.6 敬吾下 11.2 周金 3.36.1 大系録 24 小校 8.47.1		上海博物館	漢陽葉氏、吴縣潘氏舊藏;又名"畢敦"、"畢中孫子敦"、"畢段簋"

序號	器名	字數	時代	著録	出土地	現藏地	備註
4606	衛簋	55(又重文3)	西周中期	集成4209 考古 1974 年 1 期3 頁圖4	1973 年陝西長安縣馬王村窖藏	西安市文物管理委員會	
4607	衛簋	55(又重文3)	西周中期	集成4210	1973 年陝西長安縣馬王村窖藏	西安市文物管理委員會	
4608	衛簋	55(又重文3)	西周中期	集成4211	1973 年陝西長安縣馬王村窖藏	西安市文物管理委員會	
4609	衛簋	55(又重文3)	西周中期	集成4212	1973 年陝西長安縣馬王村窖藏	西安市文物管理委員會	
4610	屖敖簋蓋	55(又重文2)	西周晚期	集成4213 三代8.53.1 周金3.41.1 夢郼上30 小校8.46.2 考古 1973 年 2 期66 頁		故宫博物院	羅振玉舊藏;郭沫若先生考定此器爲齊桓公時物
4611	爯簋	55(又合文 2,蓋器同銘)	西周中期	近出485 文物 1999 年 9 期83—84 頁 保利藏金 73—76 頁		北京保利藝術博物館	
4612	師遽簋蓋	56(又合文1)	西周中期	集成4214 三代8.53.2 積古6.15 攈古下33 恒軒39 攈古3.1.40 愙齋11.21 奇觚4.7 周金3.36.2 大系録69 小校8.47.2	《隴右金石録》1.3:傳陝西岐山	上海博物館	《周金》、《斷代》:徐乃昌、吴大澂、潘祖蔭舊藏

序號	器名	字數	時代	著録	出土地	現藏地	備註
4613	虘鼠篕	56(又重文2)	西周晚期	集成4215 三代9.4.1—2 貞補上27 善齋8.88 大系録104 小校8.50.2 善彝81 故圖下下178		臺北"中央博物院"	又名"虘龍篕"
4614	五年師旋篕	57(又重文2)	西周晚期	集成4216 張家坡圖版14(蓋)、15(器)	1961年陝西長安縣張家坡窖藏	陝西省博物館	
4615	五年師旋篕	57(又重文2)	西周晚期	集成4217 張家坡圖版16(蓋) 學報1962年1期圖版8(蓋)	1961年陝西長安縣張家坡窖藏	陝西省博物館	器銘未見著録
4616	五年師旋篕	57(又重文2)	西周晚期	集成4218	1961年陝西長安縣張家坡窖藏	陝西省博物館	
4617	追篕	58(又重文2)	西周中期	集成4219 三代9.5.1 彙編3.118b		故宫博物院	《美集録》:承德避暑山莊;頤和園舊藏
4618	追篕	58(又重文2)	西周中期	集成4220 三代9.5.2 貞松6.4 故宫18期 故圖下上68 彙編3.117		臺北"故宫博物院"	
4619	追篕	58(又重文2)	西周中期	集成4221 三代9.6.1 積古6.14 金索1.27 攈古3.1.43—44 小校8.51.2 奇觚4.10 周金3.35.2 美集録R404 彙編3.116		美國舊金山亞洲美術博物館布倫戴奇藏品	何天衢、馮雲鵬、吴縣吴氏、費念慈、盧芹齋舊藏

序號	器名	字數	時代	著録	出土地	現藏地	備註
4620	追簋蓋	58（又重文2）	西周中期	集成4222 三代9.6.2 從古6.39—40 懷米下25 攈古3.1.42—43 敬吾上55 周金3.35.1 清儀1.44 銅玉117 彙編3.115		日本東京書道博物館	曹秋舫、張廷濟舊藏
4621	追簋	58（又重文2）	西周中期	集成4223 西清27.20 銅器選44（器） 彙編3.118（器）		故宮博物院	
4622	追簋	58（又重文2）	西周中期	集成4224 西清27.18			清宮舊藏
4623	無曩簋	58	西周晚期	集成4225 三代9.1.1—2 愙齋9.10.2—11.1 周金3.37 夢郼上31 大系録107 小校8.49.1		中國歷史博物館	故宮博物院舊藏
4624	無曩簋	58（又重文2）	西周晚期	集成4226 三代9.2.1—2 奇觚4.5.1—2 周金3.38 大系録108 小校8.48.1—2		上海博物館	潘祖蔭舊藏
4625	無曩簋蓋	58	西周晚期	集成4227 三代9.3.1 貞松6.3 周金3.40.1 善齋8.87 小校8.50.1 大系録109.1		中國歷史博物館	劉體智、上海博物館舊藏

序號	器名	字數	時代	著録	出土地	現藏地	備註
4626	無㠱簋蓋	58	西周晚期	集成4228 三代9.3.2 窓齋9.9 周金3.39.1 (又3.39.2重出) 大系録109.2 小校8.49.2		上海博物館	
4627	史頌簋	60(又重文2,合文1)	西周晚期	集成4229 三代9.7.1—2 恒軒上27.2—28.1 窓齋10.17.1—2 奇觚4.8 大系録40.1—2 小校8.56.1—2 彙編3.107		日本東京書道博物館	
4628	史頌簋	60(又重文2,合文1)	西周晚期	集成4230 三代9.8.1 筠清3.32.1 從古2.15 攈古3.1.53 周金3.32.2 窓齋10.18.1 清儀1.38.2 大系録41.1 小校8.57.1			《周金》:張廷濟舊藏
4629	史頌簋蓋	60(又重文2,合文1)	西周晚期	集成4231 三代9.8.2 攈古3.1.55.1 周金3.34.2 大系録43.2 小校8.58.1		上海博物館	《周金》:金蘭坡、徐乃昌、程木庵舊藏

序號	器名	字數	時代	著録	出土地	現藏地	備註
4630	史頌簋	60（又重文2，合文1）	西周晚期	集成4232 三代9.10.2（蓋）、9.9.1（器） 兩罍6.36（蓋） 攈古3.1.54（蓋）、3.1.55.2（器） 愙齋10.15.1—2 敬吾下15（蓋） 周金3.34.1（蓋）、3.33.2（器） 大系録41.2（蓋） 小校8.55.1—2		器在上海博物館，蓋不知現藏何處	《兩罍》、《愙齋》：吴雲、吴大澂、劉省三舊藏；此據《愙齋》將器、蓋合而爲一
4631	史頌簋	60（又重文2，合文1）	西周晚期	集成4233 三代9.9.2 貞松6.5 大系録42.1 故宫22期 故圖下上67 彙編3.105		臺北"故宫博物院"	
4632	史頌簋	60（又重文2，合文1）	西周晚期	集成4234 三代9.10.1 澂秋20 攈古3.1.54.2 大系録42.2 小校8.57.2			陳承裘舊藏
4633	史頌簋	60（又重文2，合文1）	西周晚期	集成4235 西清27.16			清宫舊藏
4634	史頌簋	60（又重文2，合文1）	西周晚期	集成4236 日精華4.323（蓋） 出光41（蓋）		日本東京出光美術館	日本京都小川睦之輔舊藏；器銘未著録

序號	器名	字數	時代	著録	出土地	現藏地	備註
4635	臣諫簋	存62	西周中期	集成4237 考古1979年1期25頁圖4	1978年河北元氏縣西張村墓葬	河北省文物研究所	
4636	小臣謎簋	64	西周早期	集成4238 三代9.11.1—2 貞松6.6 善齋8.91—92 大系録10 小校8.59.1—2 善彝71 故圖下下172 彙編3.102	傳1931年浚縣	臺北"中央博物院"	劉體智舊藏;又名"白懋父簋"
4637	小臣謎簋	64	西周早期	集成4239 三代9.12.1(蓋) 貞輔上28(蓋) 善齋8.90(器) 大系録9(器) 小校8.59.3(器) 善彝70(器) 故圖下下171(器) 彙編3.103(器、蓋)		臺北"中央博物院"	蓋舊藏臺北"中央研究院歷史語言研究所",器舊藏劉體智
4638	免簋	64	西周中期	集成4240 三代9.12.2 筠清3.18 攈古3.1.56 愙齋9.16.2 奇觚16.32 敬吾上57 周金3.32 大系録79 小校8.58.2		上海博物館	葉志詵、潘祖蔭舊藏;器身已殘,僅存器底

序號	器名	字數	時代	著録	出土地	現藏地	備註
4639	㷭作周公簋	67（又合文1）	西周早期	集成4241 三代6.54.2 貞松4.48 大系録20 小校7.50.1 歐精華2.103 猷氏PL13.14 沃森（1962）PL39Fig9 彙編3.96		美國倫敦不列顛博物館	又名“周公簋”、“井侯簋”
4640	叔向父禹簋	存65	西周晚期	集成4242 三代9.13.1 攈古3.1.59 愙齋11.9 周金3.31 大系録129 小校8.60.1		上海博物館	潘祖蔭舊藏
4641	𣪘簋蓋	67（又重文2）	西周中期	集成4243 文物1979年2期94頁圖一		天津市文物管理處	在天津電解銅廠廢銅中揀選出；又名“救簋蓋”；陳邦懷先生釋器名爲“鳺簋”
4642	走簋	存67（又重文2）	西周晚期	集成4244 西甲12.44 大系録61			清宫舊藏；又名“徒敦”
4643	三兒簋	存67（又重文2）	春秋	集成4245 録遺166.1—2			
4644	楚簋	69（又重文2）	西周晚期	集成4246	1978年陝西武功縣任北村窖藏	武功縣文化館	

序號	器名	字數	時代	著録	出土地	現藏地	備註
4645	楚簋	69(又重文2)	西周晚期	集成4247 考古1981年2期130頁圖五(器)	1978年陝西武功縣任北村窖藏	武功縣文化館	蓋銘未見著録
4646	楚簋	69(又重文2)	西周晚期	集成4248	1978年陝西武功縣任北村窖藏	武功縣文化館	
4647	楚簋	69(又重文2)	西周晚期	集成4249	1978年陝西武功縣任北村窖藏	武功縣文化館	
4648	即簋	70(又重文2)	西周中期	集成4250 文物1975年8期61頁圖六 陝青3.106	1974年陝西扶風縣强家村窖藏	陝西省博物館	
4649	大師虘簋	70	西周中期	集成4251	傳1941年西安	故宫博物院	
4650	大師虘簋	70	西周中期	集成4252 上海52 彙編3.95	傳1941年西安	上海博物館	
4651	弭叔師察簋	70(又重文2)	西周晚期	集成4253 文物1960年2期7頁	1959年陝西藍田縣寺坡村	藍田縣文物管理委員會	
4652	弭叔師察簋	70(又重文2)	西周晚期	集成4254 文物1960年2期9頁	1959年陝西藍田縣寺坡村	藍田縣文物管理委員會	
4653	諆簋	70(又重文2)	西周晚期	集成4255 考古圖3.22 薛氏129 嘯堂93 大系録143	《考古圖》:得於扶風		河南張氏景元舊藏;又名"京叔彝"
4654	廿七年衛簋	71(又重文2)	西周中期	集成4256 文物1976年5期36頁圖13(蓋) 陝青1.171(器)	1975年陝西岐山縣董家村一號窖藏	岐山縣博物館	

序號	器名	字數	時代	著録	出土地	現藏地	備註
4655	弭伯師耤簋	71(又重文2)	西周晚期	集成4257 文物1966年1期6頁圖二	1963年陝西藍田縣輞川公社新村	藍田縣文物管理委員會	
4656	害簋	72(又重文2)	西周晚期	集成4258 博古16.42 薛氏130 嘯堂56			《考古圖》:内藏;又名"宰闢父敦"、"周敦"
4657	害簋	72(又重文2)	西周晚期	集成4259 博古16.44 薛氏131 嘯堂57			《考古圖》:内藏
4658	害簋	72(又重文2)	西周晚期	集成4260 考古圖3.15 博古16.45 薛氏132 嘯堂58			《考古圖》:内藏
4659	柞伯簋	74	西周早期	近出486 文物1998年9期53頁	1993年初河南省平頂山市應國墓地	河南省文物研究所	
4660	天亡簋	77(又合文1)	西周早期	集成4261 三代9.13.2 從古15.8 攈古3.2.72 愙齋11.15.2 奇觚4.11 周金3.31.1 簠齋3敦1 小校8.60.2 大系録1	關中	中國歷史博物館	陳介祺舊藏,1956年故宫博物院於北京"振寰閣"收購;又名"大豐簋"、"毛公聃季簋"、"朕簋"

序號	器名	字數	時代	著録	出土地	現藏地	備註
4661	格伯簋	77(又重文2)	西周中期	集成4262 三代9.14.1—2 筠清3.25.1—3.26.1 攈古3.1.78.1—79.1 奇觚16.38.1(蓋) 敬吾下5.1—6.1 周金3.28.1—2 大系録64.2—65.1 小校8.61.1—2			《筠清》:杭州朱彦甫舊藏
4662	格伯簋	63(又重文2)	西周中期	集成4263 三代9.15.1 十六2.1.1 懷米下28 攈古3.1.82.2 愙齋9.16.1 敬吾下8 周金3.30.1 大系録66.2 小校8.64.2		故宫博物院	錢坫、曹秋舫舊藏
4663	格伯簋	77(又重文2)	西周中期	集成4264 三代9.15.2—9.16.1 攈古3.1.81.1—2 愙齋9.15.2(蓋) 敬吾下7.1、下8.2 周金3.29.1—2 大系録65.2—66.1 小校8.62—8.63.1 夢郼上33(器)		上海博物館	《敬吾》、《周金》:蓋舊藏多智友、潘祖蔭;《敬吾》、《夢郼》:器舊藏方鐵珊、劉喜海、羅振玉;《集成》説明中“流傳”誤爲“流行”兩字;此器蓋據上博藏品合而爲一

序號	器名	字數	時代	著録	出土地	現藏地	備註
4664	格伯簋	77(又重文2)	西周中期	集成4265 三代9.16.2 積古7.15 擴古3.1.80 奇觚16.36 周金3.37.2 大系録64 小校8.63.2		中國歷史博物館	阮元舊藏,後歸故宫;《集成》説明著録中"擴古"漏"擴"字
4665	趞簋	80	西周中期	集成4266 三代4.33.2 愙齋5.10 周金2補 大系録29 小校3.25.2 安徽金石1.20.3 彙編3.72		日本東京書道博物館	《愙齋》:李山農舊藏;又名"趞鼎";《三代》等書誤作鼎,今依書道博物館器形照片改正
4666	殷簋	80(又重文2)	西周中期	近出487 考古與文物1986年4期4—5頁	1984年陝西省耀縣丁家溝村窖藏	陝西省銅川市博物館	同出兩件,大小、形制、紋飾相同
4667	殷簋	80(又重文2)	西周中期	近出488 考古與文物1986年4期4—5頁	1984年陝西省耀縣丁家溝村窖藏	陝西省銅川市博物館	
4668	申簋蓋	82(又重文2)	西周中期	集成4267 考古與文物1983年2期18頁圖三	江蘇鎮江市博物館		
4669	王臣簋	85	西周中期	集成4268 文物1980年5期64頁(蓋)	1977年陝西澄城縣南串業村墓葬	澄城縣文物管理所	器銘未見著録

序號	器名	字數	時代	著録	出土地	現藏地	備註
4670	縣妃簋	86(又重文2)	西周中期	集成4269 三代6.55.1 西甲6.26 積古5.36 古文審5.13 攈古3.1.86 愙齋11.17 周金3.101 大系録38 善齋8.50 善彝57 安徽金石1.21 故圖下下157 彙編3.68		臺北"中央博物院"	清宫舊藏,後歸劉體智;又名"稽伯彝"、"縣伯彝"、"媢妃彝"
4671	同簋蓋	87(又重文4)	西周中期	集成4270 三代9.17.2 西甲6.29 周金3補 貞松6.8 希古3.28 大系録74			清宫舊藏
4672	同簋	87(又重文4)	西周中期	集成4271 三代9.18.1 周金3補 貞松6.7 希古3.27 大系録73.2		故宫博物院	劉鶚、方若舊藏
4673	望簋	蓋87(又重文2),器81(又重文1)	西周中期	集成4272 筠清3.48—49 攈古3.1.83—84 大系録62			

序號	器名	字數	時代	著録	出土地	現藏地	備註
4674	静簋	88(又重文2)	西周中期	集成4273 三代6.55.2 西清27.14 愙齋11.5 周金3.26 大系録27 貞圖上33 小校8.65.1 彙編3.67			清宫舊藏,後歸李山農、羅振玉
4675	元年師兑簋	89(又重文2)	西周晚期	集成4274 三代9.32.2—9.33.1 貞松6.17.1(蓋) 希古3.33.2(器) 善齋8.95—96 大系録147.1—2 小校8.81.2—3 善彝75			劉體智舊藏;《通考》上219:容庚云"蓋僞"
4676	元年師兑簋	89(又重文2)	西周晚期	集成4275 三代9.31.2—9.32.1 貞松6.17.2—6.18.2 周金3補(蓋) 小校8.80.2—8.81.1 大系録146.1—2 希古3.31.2—3.33.1 善齋8.93—94 善彝74		上海博物館	《貞松》:溥倫、劉體智舊藏

序號	器名	字數	時代	著録	出土地	現藏地	備註
4677	史密簋	91(又重文2,合文1)	西周中期	近出489 考古與文物1989年3期7—9頁 文物1989年7期64—65頁	1986年陝西省安康市安康縣王家壩	陝西省安康地區博物館	
4678	豆閉簋	92	西周中期	集成4276 三代9.18.2 愙齋10.10 奇觚4.15 周金3.26 大系録60 小校8.65.2 冠斝上25	傳西安	故宫博物院	《愙齋》、《奇觚》、《周金》:潘祖蔭、盛昱、多智友、榮厚等舊藏
4679	師𩛥簋蓋	97	西周晚期	集成4277 三代9.19.1 攈古3.2.15 愙齋9.17 大系録100 小校8.66.1			《斷代》:沈濤舊藏
4680	鬲比簋蓋	97(又重文4)	西周晚期	集成4278		中國歷史博物館	故宫舊藏
4681	元年師旋簋	蓋96、器97(又重文2)	西周晚期	集成4279 張家坡圖版8(蓋) 學報1962年1期5頁圖二(蓋)	1961年陝西長安縣張家坡窖藏	陝西省博物館	器銘未見著録
4682	元年師旋簋	蓋96、器97(又重文2)	西周晚期	集成4280 張家坡圖版9(器)圖版10(蓋) 學報1962年1期圖版5(器)	1961年陝西長安縣張家坡窖藏	陝西省博物館	

序號	器名	字數	時代	著録	出土地	現藏地	備註
4683	元年師旋簋	97(又重文2)	西周晚期	集成4281 張家坡圖版11	1961年陝西長安縣張家坡窖藏	陝西省博物館	
4684	元年師旋簋	蓋96、器97(又重文2)	西周晚期	集成4282	1961年陝西長安縣張家坡窖藏	陝西省博物館	
4685	師痕簋蓋	100(又重文3)	西周中期	集成4283 文物1964年7期26頁	1963年陝西武功縣北坡村	陝西省博物館	
4686	師痕簋蓋	100(又重文3)	西周中期	集成4284 文物1964年7期27頁	1963年陝西武功縣北坡村	陝西省博物館	
4687	諫簋	100(又重文2) 器銘少一字	西周晚期	集成4285 三代9.19.2—9.20.1 陶齋2.10 周金3.25 大系録101 小校8.66.2—8.67.1	傳陝西扶風	故宫博物院	端方、馮恕舊藏
4688	輔師嫠簋	100(又重文2)	西周晚期	集成4286 學報1958年2期圖版2	1957年陝西長安縣兆元坡	中國歷史博物館	
4689	伊簋	102(又重文2)	西周晚期	集成4287 三代9.20.2 周金3.23 貞松6.9 希古3.29 大系録11.6 小校8.67.2 日精華4.326 彙編3.44			日本京都小川睦之輔氏舊藏

序號	器名	字數	時代	著録	出土地	現藏地	備註
4690	師酉簋	104	西周中期	集成4288 三代9.21.2—9.22.1 積古6.23.1(蓋) 攈古3.2.28.2—29.1(器) 二百3.1(器) 兩罍6.15.1(蓋)、6.17.1(器) 窓齋9.12.1(器) 奇觚4.22.1—2(蓋)、4.24.2(器) 古文審7.11 周金3.20.2(蓋) 大系録76.1—77.2 小校8.69.2—70.2		故宫博物院	《兩罍》:阮元、吴雲、金香圃舊藏
4691	師酉簋	104(又重文2)	西周中期	集成4289 三代9.22.2—9.23.1 積古6.24.1(器) 攈古3.2.27.1—2(器)、3.2.30.2—31.1(蓋) 兩罍6.17.2(蓋) 窓齋9.13.2(蓋) 周金3.20.1—3.21.1 小校8.70.1—8.71.1 大系録76.2—77.1		中國歷史博物館	《兩罍》:阮元、吴雲、陳受笙、朱筱漚舊藏,後歸故宫

序號	器名	字數	時代	著録	出土地	現藏地	備註
4692	師酉簋	104（又重文2）	西周中期	集成4290 三代9.23.2 積古6.26.1 攈古3.2.32.2—33.1 周金3.22.2 陶齋2.14 奇觚4.23.2—24.1 大系録78.1 小校8.72.1		故宫博物院	《周金》：端方、顧壽康、馮恕舊藏
4693	師酉簋	104（又重文2）	西周中期	集成4291 三代9.24.1 攈古3.2.31.2—32.1 周金3.22.1 大系録78.2 小校8.69.1 癡盦16		故宫博物院	《小校》：朱筱漚、徐乃昌舊藏
4694	五年召伯虎簋	104	西周晚期	集成4292 攈古3.2.25 大系録133 盧氏(1924)11 美集録R419 彙編3.39		美國紐約穆爾處	《攈古録》3.18：見洛陽市中，後歸山西馬氏；《美集録》：盧芹齋舊藏；又名"琱生簋"
4695	六年召伯虎簋	104	西周晚期	集成4293 三代9.21.1 攈古3.2.24 大系録135 小校8.68		中國歷史博物館	多智友舊藏
4696	揚簋	104（又重文3）	西周晚期	集成4294 三代9.24.2 攈古3.2.33 敬吾上53 周金3.19.2 大系録102.2			葉志詵舊藏

序號	器名	字數	時代	著録	出土地	現藏地	備註
4697	揚簋	104（又重文3）	西周晚期	集成4295 三代9.25.1 窓齋11.16 周金3.24.1 大系録102.1 小校8.72.2		故宫博物院	
4698	鄦簋蓋	104（又重文2）	西周晚期	集成4296 考古圖3.10.1 薛氏134 大系録148	傳陝西扶風		《集成》：劉原父舊藏；又名“郝敦”、“毛伯敦”
4699	鄦簋	104（又重文2）	西周晚期	集成4297 考古圖3.10.2 薛氏134—135 大系録149	傳陝西扶風		《考古圖》：藏於京兆孫氏
4700	大簋蓋	105（又重文2）	西周晚期	集成4298 三代9.25.2 西甲12.46 古文審6.1 貞松6.10—6.11.1 周金3.19.1 大系録74.1 小校8.74.1 希古3.30 善齋8.97 安徽金石1.23 皇儲106		瑞典王宫	清宫舊藏，後歸劉鶚、劉體智
4701	大簋蓋	106（又重文2）	西周晚期	集成4299 三代9.26.1 攗古3.2.35.1—2 筠清3.33.1—2 周金3.18.2 大系録75.1 小校8.73.1		中國歷史博物館	《攗古録》：孫星衍、多智友舊藏；後歸故宫

序號	器名	字數	時代	著録	出土地	現藏地	備註
4702	作册夨令簋	107(又重文2,合文1)	西周早期	集成4300 三代9.26.2 貞松6.11 大系録2 小校8.74.2 歐精華1.12 彙編3.34	《斷代》:1929年,出土於洛陽邙山的馬坡	法國巴黎威爾氏處	《集成》説明中器名誤爲"作册矢令簋";《斷代》(二):自來著録諸書誤以兩銘爲一器一蓋,不知實是二器,並無蓋銘
4703	作册夨令簋	107(又重文2,合文1)	西周早期	集成4301 三代9.27.1 貞松6.12 小校8.75.1 彙編3.35	《斷代》:1929年洛陽邙山的馬坡	法國巴黎威爾氏處	《集成》説明中器名誤爲"作册矢令簋"
4704	录伯𢦏簋蓋	109(又重文2,合文1)	西周中期	集成4302 三代9.27.2 攈古3.2.51 愙齋11.2 奇觚4.16 周金3.18.1 大系録35 小校8.75.2			吕堯仙舊藏
4705	此簋	110(又重文2)	西周晚期	集成4303 陝青1.199(器)	1975年陝西岐山縣董家村一號窖藏	岐山縣博物館	蓋銘未見著録
4706	此簋	110(又重文2)	西周晚期	集成4304 陝青1.200(器)	1975年陝西岐山縣董家村一號窖藏	岐山縣博物館	蓋銘未見著録
4707	此簋	110(又重文2)	西周晚期	集成4305 陝青1.201	1975年陝西岐山縣董家村一號窖藏	岐山縣博物館	
4708	此簋	110(又重文2)	西周晚期	集成4306 陝青1.202	1975年陝西岐山縣董家村一號窖藏	岐山縣博物館	《集成》説明中缺"時代"項

序號	器名	字數	時代	著録	出土地	現藏地	備註
4709	此簋	110（又重文2）	西周晚期	集成4307 陝青1.203 文物1976年5期40頁圖17	1975年陝西岐山縣董家村一號窖藏	岐山縣博物館	
4710	此簋	110（又重文2）	西周晚期	集成4308 陝青1.204	1975年陝西岐山縣董家村一號窖藏	岐山縣博物館	
4711	此簋	110（又重文2）	西周晚期	集成4309 陝青1.205	1975年陝西岐山縣董家村一號窖藏	岐山縣博物館	
4712	此簋	107（又重文2）	西周晚期	集成4310 陝青1.206	1975年陝西岐山縣董家村一號窖藏	岐山縣博物館	
4713	師𩛥簋	110（又重文2）	西周晚期	集成4311 博古16.27 薛氏138 續考5.6 嘯堂53 大系録98			《續考》：趙周臣所收；又名"毁簋"、"伯龢父敦"
4714	師頯簋	110（又重文2）	西周晚期	集成4312 彙編2.33			陳承修猗文閣舊藏；商承祚認爲此器乃翻砂僞作
4715	師寰簋	蓋111（又重文2），器115（又重文2）	西周晚期	集成4313 三代9.28.1—2 筠清3.35.1—3.36 攈古3.2.52.2—54 窸齋9.14 奇觚4.25.1—26.2 敬吾下14.1—2 周金3.16.2—17.1 大系録135.2；136.2 小校8.76 上海53 彙編2.30		上海博物館	《窸齋》、《周金》：葉志詵、三原許氏、潘祖蔭舊藏

序號	器名	字數	時代	著録	出土地	現藏地	備註
4716	師寰簋	115（又重文1）	西周晚期	集成4314 三代9.29.1 陶齋2.12 周金3.17.2 大系録137 小校8.78.1 美集録R418 支古25 彙編2.32		美國堪薩斯市納爾遜美術陳列館	端方舊藏
4717	秦公簋	120（又重文3）	春秋前期	集成4315 三代9.33.2—9.34.3 貞松6.13 大系録288—289 小校8.78.2—8.79 安徽金石1.24（又18.8重出） 銅玉174	《通考》：民國初，出於甘肅秦州	中國歷史博物館	《貞松》：舊藏皖中張氏
4718	師虎簋	121（又重文3）	西周中期	集成4316 三代9.29.2 攈古3.2.58.2 愙齋11.7.1 敬吾上58.1 周金3.16.1 小校8.80.1 大系録58 上海51		上海博物館	《周金》：潘祖蔭、丁麟年舊藏
4719	㝬簋	122（又重文1，合文1）	西周晚期（厲王）	集成4317 文物1979年4期90頁 陝青3.138	1978年陝西扶風縣齊村窖藏	扶風縣博物館	

序號	器名	字數	時代	著録	出土地	現藏地	備註
4720	三年師兑簋	器124(又重文3,合文1),蓋存84(又重文1,合文1)	西周晚期	集成4318 三代9.30.1(器)、9.31.1(蓋) 貞松6.19(器)、6.20.2—21.1(蓋) 希古3.34.2(器)、3.36.2(蓋) 大系録150.2(蓋) 周金3.15.1(蓋) 小校8.82.1—2		上海博物館	《貞松》、《小校》:丁樹楨、丁麟年舊藏;據上海博物館藏品合二爲一
4721	三年師兑簋	124(又重文3,合文1)	西周晚期	集成4319 三代9.30.2 貞松6.20.1 周金3.15.2 希古3.35.2—36.1 大系録151.1			《貞松》:丁樹楨舊藏
4722	宜侯夨簋	126(又合文2)	西周早期	集成4320 文參1955年5期60頁圖版3 録遺167 斷代(一)圖版8(又(四)圖版2) 五省圖版11 江蘇省出土文物選集圖70;71	1954年江蘇丹徒縣煙墩山	中國歷史博物館	原藏江蘇省文物管理委員會
4723	宰獸簋	128(又重文1)	西周中期	近出490 文物1998年8期83頁	1997年7月下旬陝西省扶風縣段家鄉大同村	陝西省周原博物館	

序號	器名	字數	時代	著録	出土地	現藏地	備註
4724	訇簋	131（又重文2）	西周晚期	集成4321 文物1960年2期8頁	1959年陝西藍田縣寺坡村	藍田縣文物管理委員會	
4725	㦱簋	132（又重文2）	西周中期	集成4322 文物1976年6期57頁 陝青2.104	1975年陝西扶風縣白家村墓葬	扶風縣博物館	
4726	敔簋	134（又重文2，合文4）	西周晚期	集成4323 博古16.36 薛氏141—142 嘯堂55 大系録92			
4727	師嫠簋	器138(又重文4)，蓋121(又重文4)	西周晚期	集成4324 三代9.35.1—2 愙齋9.17 周金3.13 大系録138—139 小校8.85—86		上海博物館	《周金》：潘祖蔭舊藏
4728	師嫠簋	器138(又重文4)，蓋121(又重文4)	西周晚期	集成4325 三代9.36.1—2 愙齋9.19 周金3.14 大系録139—140 小校8.83—84		上海博物館	《周金》：吴大澂、費念慈舊藏
4729	番生簋蓋	139（又重文1）	西周晚期	集成4326 三代9.37.1 陶齋2.16 周金3.12.2 大系録130 小校8.102 美集録R401 支古26 彙編2.22		美國堪薩斯市納爾遜美術陳列館	吴雲、端方舊藏

序號	器名	字數	時代	著録	出土地	現藏地	備註
4730	卯簋蓋	148（又重文2，合文1）	西周中期	集成4327 三代9.37.2 懷米下26 從古6.36 古文審7.14 攈古3.3.8 周金3.11 大系録73 小校8.88			曹秋舫舊藏
4731	不嬰簋	148（又重文2）	西周晚期	集成4328 文物1981年9期26頁圖三	1980年山東滕縣後荆溝西周殘墓	滕縣博物館	
4732	不嬰簋蓋	148（又重文3，合文1）	西周晚期	集成4329 三代9.48.2 從古10.36 攈古3.3.20 奇觚4.30 周金3.1 夢郼上34—35 大系録89 小校8.101		中國歷史博物館	《夢郼》、《周金》：吴康甫、吴興陸氏、新昌俞氏、杭州鄒氏、羅振玉舊藏
4733	沈子它簋蓋	149（又重文1）	西周早期	集成4330 三代9.38.1 貞補上29 大系録23 小校8.87.1 善齋8.98 善彝84 安徽金石1.27	傳洛陽		《斷代》五：劉體智舊藏，後歸前中央博物館籌備處；據張光裕云此器現藏比利時皇家藝術歷史博物館
4734	𦍌伯歸夆簋	149（又合文1）	西周晚期	集成4331 愙齋11.22 周金3.11 大系録137 小校8.87 上海54 彙編2.21		中國歷史博物館	《愙齋》：潘祖蔭舊藏；後歸上海博物館；又名“羧伯簋”、“乖伯簋”、“羌伯簋”

序號	器名	字數	時代	著録	出土地	現藏地	備註
4735	頌簋	150（又重文2）	西周晚期	集成4332 三代9.38.2—9.40.1 從古6.26.1;28.1—30.2 攈古3.3.11—13.1 愙齋10.22.2—24.1 陶齋2.7.2—9.2 周金3.3.1—2 大系録48 小校8.95—96 美集録R420 彙編2.15		美國堪薩斯市納爾遜美術陳列館	張廷濟、沈仲復、端方舊藏
4736	頌簋	150（又重文2）	西周晚期	集成4333 三代9.40.2—9.42.1 攈古3.3.13.2—15.1 愙齋10.20.1—22.1 從古12.9.1—13.1 周金3.2.1—2;3.4.1—2 大系録47、55 小校8.93.1—2;8.97.1—2 彙編2.16			《從古》、《周金》:方蓮卿、王夢麟、姚觀光舊藏
4737	頌簋	150（又重文2）	西周晚期	集成4334 三代9.42.2—9.43.1 攈古3.3.9.1—10.1 金索1.45.1 敬吾下4.1 周金3.6.1—2 大系録52 小校8.98.1—2 清愛5		山東省博物館	劉喜海舊藏

序號	器名	字數	時代	著録	出土地	現藏地	備註
4738	頌簋	150（又重文2）	西周晚期	集成4335 三代9.43.2—9.44.1 貞松6.21.2—22.1 希古3.37 大系録54 周金3.9.1—2 小校8.99.1—2		故宫博物院	《貞松》:劉鶚舊藏
4739	頌簋蓋	150（又重文2）	西周晚期	集成4336 三代9.44.2—9.45.1 貞松6.23.1—2 周金3.10.1—2 大系録53 彙編2.17		日本京都黑川古文化研究所	顧壽康、鄒安舊藏
4740	頌簋	150（又重文2）	西周晚期	集成4337 三代9.45.2—9.46.1 積古6.20.1—21.1 奇觚4.21.1—2 周金3.5.1—2 小校8.91.1—2 大系録50			
4741	頌簋蓋	150（又重文2）	西周晚期	集成4338 三代9.46.2—9.47.1 攈古3.3.15.2—16.1 愙齋10.18.2—3 簠齋3敦3 奇觚4.20.1—2 從古15.12.1—15.13.2 周金3.7.1—2 大系録51 小校8.100.1—2 善齋8.99.1 善彝86		上海博物館	陳介祺、姚覲光、劉體智舊藏

序號	器名	字數	時代	著録	出土地	現藏地	備註
4742	頌簋	150（又重文2）	西周晚期	集成4339 三代9.47.2—9.48.1 攈古3.3.16.2—17.1 愙齋10.24.2—25.1 奇觚4.18.1—19.1 周金3.8.1—2 大系録49 小校8.94.1—2		上海博物館	吴式芬舊藏
4743	蔡簋	157（又重文2）	西周晚期	集成4340 薛氏133 大系録87 書道72			又名"尨簋"
4744	虎簋蓋	158（又重文1）	西周中期	近出491 考古與文物1997年3期78—79頁	1996年8月陝西省丹鳳縣鳳冠區西河鄉山溝村		
4745	班簋	195（又重文2）	西周中期	集成4341 西清31.12 古文審5.1—6 大系録9 文物1972年9期2頁		首都博物館	原藏清宫，1972年北京市物資回收公司有色金屬供應站從廢銅中揀出；又名"毛伯彝"
4746	師訇簋	210（又重文3）	西周晚期	集成4342 薛氏137 大系録152			又名"師訇簋"、"師𩛥敦"
4747	牧簋	存219(又重文2)	西周中期	集成4343 考古圖3.24 薛氏139—140 大系録59	得於扶風		京兆范氏巽之舊藏

十二、盨

序號	器名	字數	時代	著録	出土地	現藏地	備註
4748	攸䚗盨	5	西周晚期	集成4344 三代10.27.1 西清29.22		故宫博物院	清宫、頤和園舊藏
4749	應伯盨	5（蓋器同銘）	西周晚期	近出附26 華夏考古1992年3期93—95頁	1986年以來河南平頂山市郊薛莊鄉北滍村滍陽嶺墓葬M95：81	河南省文物研究所	
4750	伯李父盨	6	西周晚期	集成4345 文物1973年11期78頁圖2 陝青3.130	1949年陝西扶風縣七里橋	扶風縣博物館	
4751	餱伯盨	6	西周晚期	集成4346 考古與文物1983年3期10頁圖7	1981年甘肅寧縣湘樂公社玉村墓葬	甘肅慶陽地區博物館	
4752	[illegible]伯盨	6	西周晚期	集成4347 三代10.27.3 愙齋15.17 綴遺25.1 小校9.24.2		上海博物館	吴大澂舊藏
4753	師奐父盨	6	西周晚期	集成4348 考古圖3.36.1 薛氏149.1	扶風		河南張景先舊藏
4754	師奐父盨	6	西周晚期	集成4349 考古圖3.36.3 薛氏149.2			開封劉伯玉舊藏
4755	伯筍父盨	6	西周晚期	集成4350 三代10.27.2 愙齋15.17.2 小校9.24.3			

序號	器名	字數	時代	著録	出土地	現藏地	備註
4756	叔倉父盨	6	西周晚期	集成 4351 三代 10.27.4 攈古 1.3.63 綴遺 9.5 周金 3.164.1 小校 9.24.4			吴式芬舊藏;《攈古》、《綴遺》尚録有蓋銘
4757	仲姞盨	6	西周	近出附 27 考古 1985 年 4 期 349 頁	1983 年 9 月甘肅寧縣宇村墓葬	甘肅慶陽地區博物館	
	[illegible]女盨蓋	7	西周晚期	集成 4352 考古與文物 1983 年 6 期 6 頁圖 2:3	陜西寶鷄縣賈村塬上官村	寶鷄市博物館	
4759	夨賸盨	8	西周晚期	集成 4353 考古與文物 1984 年 4 期 107 頁圖 3	1983 年陜西寶鷄縣賈村塬扶托村墓葬	寶鷄市博物館	器形類似方鼎
4760	師望盨	8	西周晚期	集成 4354 考古圖 3.38 博古 18.9 薛氏 150 嘯堂 62			丹陽蘇子容舊藏
4761	中伯盨	8	西周晚期	集成 4355 三代 10.27.5 西清 29.19 愙齋 15.19.1 小校 9.24.6			清宫舊藏
4762	中伯盨	8	西周晚期	集成 4356 三代 10.27.6 愙齋 15.19.2 綴遺 9.8 善齋 9.11 小校 9.24.5 善彝 89			劉體智舊藏

序號	器名	字數	時代	著録	出土地	現藏地	備註
4763	諫盨	8	西周晚期	近出492 中原文物1988年3期6頁	1979年河南省禹縣吴灣墓葬	河南省禹縣文物管理委員會	
4764	虢季盨	8（蓋器同銘）	西周晚期	近出493 三門峽虢國墓上册56頁	河南省三門峽市虢國墓地M2001：81	河南省三門峽市文物工作隊	
4765	虢季盨	8（蓋器同銘）	西周晚期	近出494 三門峽虢國墓上册56頁	河南省三門峽市虢國墓地M2001：91	河南省三門峽市文物工作隊	
4766	虢季盨	8（蓋器同銘）	西周晚期	近出495 三門峽虢國墓上册56頁	河南省三門峽市虢國墓地M2001：79	河南省三門峽市文物工作隊	
4767	虢季盨	8（蓋器同銘）	西周晚期	近出496 三門峽虢國墓上册56頁	河南省三門峽市虢國墓地M2001：97	河南省三門峽市文物工作隊	
4768	召伯虎盨	8（蓋器同銘）	西周晚期	近出497 考古1995年9期790頁	1993年7月河南省洛陽市東郊墓葬M906：5	河南省洛陽市文物工作隊	
4769	彔盨	9	西周晚期	集成4357 考古與文物1983年2期24頁圖3：1(蓋)	1982年西安市三店村西漢墓葬	陝西省博物館	
4770	彔盨	9	西周晚期	集成4358 考古與文物1983年2期圖版5：4(器)	1982年西安市三店村西漢墓葬	陝西省博物館	
4771	彔盨	9	西周晚期	集成4359 考古與文物1983年2期24頁圖3：2(蓋)	1982年西安市三店村西漢墓葬	陝西省博物館	
4772	彔盨	9	西周晚期	集成4360 考古與文物1983年2期24頁圖3：3(器)	1982年西安市三店村西漢墓葬	陝西省博物館	

序號	器名	字數	時代	著録	出土地	現藏地	備註
4773	伯鮮盨	9	西周晚期	集成 4361 美集録 R407a、b 彙編 6.510(蓋)—6.509(器)	傳 1933 年陝西岐山清化鎮	美國米里阿波里斯美術館(皮斯柏寄陳)	
4774	伯鮮盨	9	西周晚期	集成 4362 美集録 R408a. b 彙編 6.509(蓋)—6.510(器)	傳 1933 年陝西岐山清化鎮	美國米里阿波里斯美術館(皮斯柏寄陳)	
4775	伯鮮盨	9	西周晚期	集成 4363 日精華 4. 329(蓋) 彙編 6. 508(蓋器摹本)	傳寶鷄	《日精華》: 日本神户白鶴美術館	
4776	伯鮮盨	9	西周晚期	集成 4364 白鶴撰圖 29(蓋) 彙編 6. 507	傳寶鷄	日本神户白鶴美術館	
4777	立盨	9(又重文 2)	西周晚期	集成 4365 三代 10. 28. 4 積古 7. 11 十六 2. 11 攈古 2. 1. 64 敬吾下 20 周金 3. 164 小校 9. 25. 5 彙編 6. 462			《小校》: 器在武林許氏
4778	史夐盨	9	西周晚期	集成 4366 三代 10. 28. 1 攈古 2. 1. 44. 1 愙齋 15. 23 綴遺 9. 4 敬吾下 19. 1 小校 9. 24. 7			《攈古録》: 葉東卿舊藏

序號	器名	字數	時代	著録	出土地	現藏地	備註
4779	史𩛥盨	9	西周晚期	集成 4367 積古 7.13 攗古 2.1.43.2—3 奇觚 17.29(蓋)			浙江嘉善陳氏舊藏
4780	叔元父盨蓋	9	西周晚期	近出 498 文博 1991 年 2 期 71—74 頁		陝西省韓城市博物館	
4781	伯多父盨	10	西周晚期	集成 4368 陝青 3.86(蓋)	1976 年陝西扶風縣雲塘村一號窖藏	周原扶風縣文物管理所	器銘未著録
4782	伯多父盨	10	西周晚期	集成 4369 陝青 3.88(器)	1976 年陝西扶風縣雲塘村一號窖藏	周原扶風縣文物管理所	蓋銘未著録
4783	伯多父盨	10	西周晚期	集成 4370 文物 1978 年 11 期 9 頁圖 16(蓋) 陝青 3.87(蓋)	1976 年陝西扶風縣雲塘村一號窖藏	周原扶風縣文物管理所	器銘未著録
4784	伯多父盨	10	西周晚期	集成 4371 陝青 3.89(蓋)	1976 年陝西扶風縣雲塘村一號窖藏	周原扶風縣文物管理所	器銘未著録
4785	仲彡盨	10(又重文 2)	西周晚期	集成 4372 考古與文物 1980 年 4 期 13 頁圖 8:4(器) 陝青 3.132(器)	1973 年陝西扶風縣五郡西村窖藏	扶風縣博物館	蓋銘未著録
4786	仲彡盨	10(又重文 2)	西周晚期	集成 4373 考古與文物 1980 年 4 期 13 頁圖 8:5(蓋) 陝青 3.131(蓋)	1973 年陝西扶風縣五郡西村窖藏	扶風縣博物館	器銘未著録
4787	苗寏盨	10(又重文 2)	西周晚期	集成 4374 西清 29.21			清宮舊藏

序號	器名	字數	時代	著録	出土地	現藏地	備註
4788	叔謙父盨	10	西周晚期	集成 4375 三代 10.28.2—3 貞續中 3.2—3 小校 9.25.1—2		上海博物館	
4789	叔謙父盨	10	西周晚期	集成 4376 彙編 6.475	傳 1925 年孟津	加拿大多倫多皇家安大略博物館	
4790	叔賓父盨	10(又重文 2)	西周晚期	集成 4377 三代 10.30.4 攈古 2.1.77.3 綴遺 9.9.2 敬吾下 21.3 周金 3.162.3 小校 9.26.5 大系録 203.2			《攈古録》:李山農姚六榆舊藏
4791	[illegible]叔盨	10(又重文 2)	西周晚期	集成 4378 三代 10.30.4 兩罍 7.4 攈古 2.1.77 愙齋 15.24 綴遺 9.4 周金 3.162.4		中國歷史博物館	《攈古録》:吴雲、何方穀舊藏
4792	陳姬小公子盨	10(又重文 1)	春秋	集成 4379		上海博物館	《集成》説明中字數缺“又重文 1”
4793	周駱盨	11(又重文 2)	西周晚期	集成 4380 三代 10.31.3 愙齋 15.25.2 周金 3.162.1 小校 9.28.1			
4794	京叔盨	11	西周晚期	集成 4381 博古 18.11 薛氏 149 嘯堂 62.4			

序號	器名	字數	時代	著録	出土地	現藏地	備註
4795	伯車父盨	11	西周晚期	集成4382 陝青1.166	1973年陝西岐山縣賀家村	陝西省博物館	《集成》説明中字數爲"12"字
4796	伯車父盨	12	西周晚期	集成4383 考古1976年1期34頁圖5：3 陝青1.165	1973年陝西岐山縣賀家村	陝西省博物館	
4797	伯公父盨蓋	11(又重文2)	西周晚期	集成4384 文物1978年11期9頁圖15 陝青3.91	1976年陝西扶風縣云塘村窖藏	周原扶風縣文物管理所	《集成》説明中字數缺"又重文2"
4798	弭叔盨	11	西周晚期	集成4385 文物1960年2期8頁	陝西藍田縣寺坡村	陝西省博物館	
4799	仲義父盨	11	西周晚期	集成4386 三代10.29.1—2 周金3.163.3(蓋) 小校9.26.3—4 貞松6.35.1—2 希古4.11.2—4			吴大澂舊藏
4800	仲義父盨	11(蓋10)	西周晚期	集成4387 三代10.29.3—4 小校9.26.1—2 希古4.12.1(器) 貞松6.35.3—4			
4801	叔姞盨	11	西周晚期	集成4388 三代10.28.5 窸齋10.25.1 周金3.163.4 小校9.25.3	山西吉州安平村	上海博物館	潘祖蔭舊藏

序號	器名	字數	時代	著録	出土地	現藏地	備註
4802	虢叔盨	11（又重文2）	西周晚期	集成4389 三代10.31.2 攈古2.1.85.2 綴遺9.13.1 奇觚17.28.1 周金3.162.2 小校9.28.4			《周金》：金蘭坡舊藏
4803	昜叔盨	12（又重文2）	西周晚期	集成4390 三代10.32.2 攈古2.2.12.1 綴遺9.9.1 敬吾下21.2		上海博物館	《攈古録》：劉喜海舊藏
4804	鄭義伯盨	12（又重文2）	西周晚期	集成4391 三代10.31.4 小校9.27.1 貞松6.36.1 武英81 故圖下下206		臺北“中央博物院”	承德避暑山莊舊藏
4805	鄭義羌父盨	12（又重文2）	西周晚期	集成4392 三代10.31.5 筠清3.15 攈古2.2.12.2 愙齋15.20.2 綴遺9.16 奇觚17.31.2 周金3.161.2 小校9.29.5			《攈古録》：葉東卿舊藏
4806	鄭義羌父盨	12（又重文2）	西周晚期	集成4393 三代10.31.6 周金3.161.3 小校9.29.4 夢郼上17			羅振玉舊藏

序號	器名	字數	時代	著録	出土地	現藏地	備註
4807	伯大師盨	12	西周晚期	集成 4394 三代 10.30.1—2 綴遺 9.7.1—2 陶齋 2.49.1—2 周金 3.163.1—2 小校 9.27.2—3 美集録 R405 彙編 6.434		美國西雅圖美術博物館	端方舊藏
4808	伯大師盨	12	西周晚期	集成 4395 三代 10.30.3 筠清 3.12 愙齋 15.23.2 攈古 2.1.77.1 奇觚 17.30.3 小校 9.27.4			《攈古録》:葉東卿舊藏;《集成》説明中字數誤爲"2"
4809	鄭㚤叔盨	12(又重文2)	西周晚期	集成 4396 三代 10.32.1 周金 3 補 小校 9.29.6 貞松 6.37.2 希古 4.12.2 大系録 200 彙編 5.402(誤作盤)			
4810	仲大師小子休盨	12(又合文1)	西周晚期	集成 4397 文物 1978 年 11 期 9 頁圖 18 陝青 2.117	1976 年陝西扶風縣莊白村二號窖藏	周原扶風縣文物管理所	
4811	仲閔父盨	12(又重文2)	西周晚期	集成 4398 小校 9.29.1—2			
4812	仲鑠盨	13	西周中期	集成 4399 三代 10.31.1 綴遺 9.1.2 小校 9.28.3 貞松 6.36.2 希古 4.12.4		故宫博物院	李山農舊藏

序號	器名	字數	時代	著録	出土地	現藏地	備註
4813	鄭井叔康盨	13(又重文2)	西周中期	集成4400 三代10.33.3 從古8.35 攈古2.2.20 綴遺9.15 敬吾下21 周金3.160.3 小校9.30.3 大系録71.2			《攈古録》:瞿穎山舊藏
4814	鄭井叔康盨	13(又重文2)	西周中期	集成4401 三代10.33.4 周金3.160.4 小校9.30.4 大系録71.3		上海博物館	
4815	圃盨	13(又重文2)	西周晚期	集成4402		故宫博物院	
4816	圃盨	13(又重文2)	西周晚期	集成4403		故宫博物院	
4817	伯大師釐盨	13	西周晚期	集成4404		上海博物館	
4818	鬲叔興父盨	13(又重文2)	西周晚期	集成4405 三代10.32.3(器) 積古7.11.2—3 攈古2.2.21.1—2 奇觚17.29.2—3 小校9.31.2(器) 周金3補(器)			南海李少韓舊藏
4819	爲甫人盨	存13	春秋前期	集成4406 三代10.30.7 貞松6.37 善齋9.12 小校9.28.2 善彝92 頌續45	《貞松》:西安		劉體智、容庚舊藏;《集成》目録中誤爲"13"字

序號	器名	字數	時代	著録	出土地	現藏地	備註
4820	伯孝[illegible]盨	14(又重文1)	西周晚期	集成4407 三代10.32.4—5 筠清3.13.2—3 從古3.31.2—1 愙齋15.21.1—2 清儀1.45 攈古2.2.35.2—1 奇觚17.30.2—1 綴遺9.2.1—2 周金3.160.2—1 小校9.32.2—1(又9.33.1—2重出) 布倫戴奇Fig55 彙編5.387		美國舊金山亞洲美術博物館布倫戴奇藏品	《愙古録》、《綴遺》:張叔未、海寧蔣氏舊藏;《集成》説明字數項中誤爲"又重文2"
4821	伯孝[illegible]盨	14(又重文2)	西周晚期	集成4408 小校9.32.3—4 善齋9.13 善彝91		故宫博物院	劉體智舊藏;此器容庚先生疑僞
4822	叔良父盨	14(又重文2)	西周晚期	集成4409 考古圖3.32(器) 薛氏150.3—4	《考古圖》:得於扶風		《考古圖》:臨江劉原父舊藏
4823	伯庶父盨蓋	14(又重文2)	西周晚期	集成4410 三代10.34.1 綴遺9.6.2 陶續1.45 周金3.159.4 夢郼上18 小校9.29.3			端方、羅振玉舊藏
4824	瓓㻎盨	14(又重文2)	西周晚期	集成4411 三代10.35.1 筠清3.14 攈古2.2.34.3 愙齋15.20.1 綴遺9.6.1 奇觚17.32.1 敬吾下19.2 小校9.33.3			《筠清》:葉東卿舊藏

序號	器名	字數	時代	著録	出土地	現藏地	備註
4825	華季益盨	14(又重文2)	西周晚期	集成4412 三代7.33.5 貞松5.19 武英83 小校7.91.5 故圖下下205		臺北"中央博物院"	承德避暑山莊舊藏
4826	諫季獻盨	14(又重文2)	西周晚期	集成4413 三代10.34.3—4 西甲13.6 貞松6.38.2—3 故宫11期 故圖下上90		臺北"故宫博物院"	清宫舊藏
4827	改盨	15(又重文2)	西周中期	集成4414 三代10.35.4 攈古2.2.56 綴遺9.10			《攈古録》:吴式芬舊藏
4828	魯嗣徒伯吴盨	15	西周中期	集成4415 三代10.33.2—1 貞松5.18 善齋9.14 小校9.30.1 冠斝上30 山東存魯14		中國歷史博物館	劉體智、榮厚舊藏
4829	遣叔吉父盨	15(又重文2)	西周中期	集成4416 三代10.35.2 筠清3.13.1 攈古2.2.34.2 奇觚5.30.1 周金3.159.3 小校9.34.4		上海博物館	《善彝》:潘祖蔭舊藏
4830	遣叔吉父盨	15(又重文2)	西周中期	集成4417 三代10.35.3 貞松6.39 小校9.34.2 善齋9.15 善彝90 故圖下下204		臺北"中央博物院"	劉體智舊藏

序號	器名	字數	時代	著録	出土地	現藏地	備註
4831	遣叔吉父盨	15（又重文1）	西周中期	集成4418 録遺175.1—2		上海博物館	
4832	伯多父作成姬盨	15	西周晚期	集成4419 三代10.34.2 綴遺8.3 貞松6.38 希古4.12.3 小校9.31.1			丁筱農舊藏
4833	虘孟延盨	16（又重文2）	西周中期	集成4420 三代10.36.4—5 奇觚5.31.1—2 小校9.35.2；9.34.5	《分域續》9.32引丁少山拓本題識：光緒辛卯七月汜水西五里虎牢東隔	故宫博物院	
4834	虘孟延盨	16（又重文2）	西周中期	集成4421 三代10.37.1—2 奇觚5.30.2；5.31.3 周金3.158.3—4（又3補重出） 小校9.35.1—9.34.6	《分域續》9.32引丁少山拓本題識：光緒辛卯七月汜水西五里虎牢東隔		
4835	筍伯大父盨	16（又重文1）	西周晚期	集成4422 三代10.35.6—5 綴遺9.11.1—2 周金3.158.1—2 貞松6.40.1—2 希古4.13.2—3 小校9.34.1—2		上海博物館	《綴遺》：松江金氏舊藏
4836	鑄子叔黑臣盨	16	春秋前期	集成4423 三代10.36.1 貞松6.39.1 希古4.14.1 小校9.12.1 山東存鑄4.2		上海博物館	潘祖蔭舊藏

序號	器名	字數	時代	著録	出土地	現藏地	備註
4837	單子白盨	16(又重文2)	春秋前期	集成4424 三代10.36.2 積古7.12 攈古2.2.66 奇觚17.31 周金3.159.2 小校9.35.4			
4838	伯敢畀盨蓋	蓋16(又重文2),器12	西周中期	近出499 保利藏金91—95頁		北京保利藝術博物館	
4839	伯敢畀盨	蓋16(又重文2),器12	西周中期	近出500 保利藏金91—95頁		北京保利藝術博物館	
4840	奐叔盨	18	西周晚期	集成4425 三代10.36.3 愙齋15.24 攈古2.2.66 綴遺9.12 周金3.159.1 小校9.35.3		上海博物館	潘祖蔭舊藏
4841	兮伯吉父盨	18(又重文2)	西周晚期	集成4426 巖窟下18	《陝西通志·金石志》:道光戊戌年間陝西寶鷄縣	故宫博物院	梁上椿舊藏
4842	食仲走父盨	18(又重文2)	西周晚期	集成4427 周金3補 貞松6.40.4 小校9.36.2		上海博物館	
4843	滕侯穌盨	19(又重文1)	春秋前期	集成4428 三代8.9.1 攈古2.2.86 周金3補 大系録211		上海博物館	《攈古録》:吴式芬舊藏
4844	師趛盨	21(又重文1)	西周中期	集成4429 三代10.38.1—2 小校9.36.3—4		蘇州市博物館	

序號	器名	字數	時代	著録	出土地	現藏地	備註
4845	弭叔作叔班盨蓋	21(又重文2)	西周晚期	集成4430 三代10.39.4 綴遺9.14 貞松6.41 希古4.14.2		故宫博物院	《綴遺》:王錫棨舊藏
4846	曼龔父盨蓋	21(又重文2)	西周晚期	集成4431 三代10.39.1 窓齋15.18.2 奇觚5.32.1 周金3.156.3 小校9.37.3		上海博物館	潘祖蔭、孫壯舊藏
4847	曼龔父盨	20(又重文2)	西周晚期	集成4432 三代10.39.2 積古7.12 清愛31 懷米下25 兩罍7.12 攈古2.3.18.1 綴遺9.13 陶續1.44 周金3.156.2 小校9.37.4			《綴遺》:曹秋舫、吴雲、端方舊藏;《集成》目録中誤爲"21"字
4848	曼龔父盨	20(又重文2)	西周晚期	集成4433 三代10.39.3 攈古2.3.18.2 周金3.157.1 小校9.38.1			《攈古録》:劉喜海舊藏
4849	曼龔父盨	21(又重文2)	西周晚期	集成4434		上海博物館	
4850	虢仲盨蓋	22	西周晚期	集成4435 三代10.37.3 貞松6.41 十二雪11 大系録105		考古研究所	孫壯、陳夢家舊藏

序號	器名	字數	時代	著録	出土地	現藏地	備註
4851	遅盨	22(又重文1)	西周晚期	集成4436 三代10.40.1—2 十六2.9 積古7.13—14 清愛7 擵古2.3.24 愙齋15.22 綴遺9.3 奇觚5.32—33(又17.28重出) 敬吾下20 周金3.157 簠齋3簠1 小校9.37.2—1		山東省博物館	《擵古録》:錢坫、劉喜海、陳介祺舊藏
4852	晉侯對盨	22(又重文2,蓋器同銘)	西周晚期	近出501 上海博物館集刊1996年7期38—39頁	1991—1992年山西省曲沃縣曲村鎮北趙村晉侯墓地	上海博物館	1992年購於香港古玩街
4853	乘父士杉盨	23	西周晚期	集成4437 山東選41頁圖96上	山東泰安縣黄家嶺	泰安縣岱廟	
4854	伯寬父盨	25(又重文2)	西周晚期	集成4438 文物1979年11期14頁圖10—11 陜青3.10(器)	1978年岐山縣京當公社賀家大隊鳳雛村	周原岐山縣文物管理所	
4855	伯寬父盨	25(又重文2)	西周晚期	集成4439 文物1979年11期14頁圖9(器) 陜青3.11(器) 蓋銘未著録	1978年岐山縣京當公社賀家大隊鳳雛村	周原岐山縣文物管理所	

序號	器名	字數	時代	著録	出土地	現藏地	備註
4856	魯嗣徒仲齊盨	26(又重文2)	春秋	集成4440 曲阜魯國故城149頁圖95.1—2	1977年山東曲阜縣魯國故城墓葬	曲阜縣文物管理委員會	
4857	魯嗣徒仲齊盨	26(又重文2)	春秋	集成4441 曲阜魯國故城149頁圖3—4	1977年山東曲阜縣魯國故城墓葬	曲阜縣文物管理委員會	
4858	曩伯子宼父盨	26	春秋	集成4442 録遺176.1—2 黄縣曩器47頁(器);40頁(蓋)	1951年山東黄縣南埠村墓葬	山東省博物館	
4859	曩伯子宼父盨	26	春秋	集成4443 録遺177.1—178.2 黄縣曩器22頁(器);20頁(蓋)	1951年山東黄縣南埠村墓葬	山東省博物館	
4860	曩伯子宼父盨	26	春秋	集成4444 録遺178.1—179.2 黄縣曩器43頁(蓋)至44頁(器)	1951年山東黄縣南埠村墓葬	山東省博物館	
4861	曩伯子宼父盨	26	春秋	集成4445 録遺179.1—177.2 黄縣曩器46頁(蓋)至47頁(器)	1951年山東黄縣南埠村墓葬	山東省博物館	
4862	應侯再盨	28	西周中期	近出502 文物1998年9期7—11頁	河南省平頂山市新華區薛莊鄉北滍村滍陽嶺應國墓葬M84：68	河南省文物研究所	

序號	器名	字數	時代	著録	出土地	現藏地	備註
4863	伯汾其盨	29(又重文2)	西周晚期	集成4446 録遺180.1—2	1940年陝西扶風縣法門寺任村	上海博物館	
4864	伯汾其盨	29(又重文2)	西周晚期	集成4447 上海57	1940年陝西扶風縣法門寺任村	上海博物館	
4865	杜伯盨	30	西周晚期	集成4448 三代10.40.3 周金3.154.1 小校9.38.2 貞續中4.1 大系録145.4	《陝西金石志》:光緒廿年出土於陝西韓城澄城交界處		
4866	杜伯盨	29	西周晚期	集成4449 三代10.41.1 周金3.156.1 小校9.39.2 貞松6.43.3 大系録145.3	《陝西金石志》:光緒廿年出土於陝西韓城澄城交界處	上海博物館	丁樹楨舊藏(考古研究所拓本藏器印);《集成》目録中誤爲"30"字
4867	杜伯盨	30	西周晚期	集成4450 三代10.41.2—10.42.1 周金3.155.1—2 小校9.40.2—9.41.1 貞松6.42.1—2 希古4.14.3(器) 尊古2.17 大系録145.1—2	《陝西金石志》:光緒廿年出土於陝西韓城澄城交界處	故宫博物院	
4868	杜伯盨	30	西周晚期	集成4451 三代10.42.2 周金3補 小校9.40.1 貞松6.43 希古4.15.1 大系録144.2	《陝西金石志》:光緒廿年出土於陝西韓城澄城交界處	上海博物館	《貞松》:徐乃昌舊藏

序號	器名	字數	時代	著録	出土地	現藏地	備註
4869	杜伯盨	30	西周晚期	集成4452 三代10.43.1 周金3.154.2 小校9.30.1 貞松6.43.2 希古4.15.2 大系録144.3	《陝西金石志》:光緒廿年出土於陝西韓城澄城交界處	上海博物館	《貞松》:徐乃昌舊藏
4870	晉侯對盨	30(蓋器同銘)	西周晚期	近出503 上海博物館集刊1996年7期34—43頁	1991—1992年山西省曲沃縣曲村鎮北趙村晉侯墓地2號墓	上海博物館	1992年後購於香港古玩街
4871	晉侯對盨	30(蓋器同銘)	西周晚期	近出504 上海博物館集刊1996年7期34—43頁	1991—1992年山西省曲沃縣曲村鎮北趙村晉侯墓地2號墓	上海博物館	1992年後購於香港古玩街
4872	晉侯對盨	30(蓋器同銘)	西周晚期	近出505 上海博物館集刊1996年7期34—43頁	1991—1992年山西省曲沃縣曲村鎮北趙村晉侯墓地2號墓	上海博物館	1992年後購於香港古玩街
4873	仲自父盨	33	西周晚期	集成4453 三代10.38.3 陶齋2.50 周金3.152.2			端方舊藏
4874	叔尃父盨	37(又重文2)	西周晚期	集成4454 考古1965年9期448頁圖2(器);449頁圖1(蓋)	1964年陝西長安縣張家坡村墓葬	考古研究所西安研究室	
4875	叔尃父盨	37(又重文2)	西周晚期	集成4455 考古1965年9期449頁圖3:4—5	1964年陝西長安縣張家坡村墓葬	考古研究所西安研究室	

序號	器名	字數	時代	著録	出土地	現藏地	備註
4876	叔尃父盨	37(又重文2)	西周晚期	集成4456 考古1965年9期449頁圖3:2	1964年陝西長安縣張家坡村墓葬	考古研究所西安研究室	蓋銘未著録
4877	叔尃父盨	37(又重文2)	西周晚期	集成4457 考古1965年9期449頁圖3:3、6	1964年陝西長安縣張家坡村墓葬	考古研究所西安研究室	
4878	魯伯悆盨	37	春秋	集成4458 曲阜魯國故城148頁圖94	1977年山東省曲阜縣魯國故城墓葬	曲阜縣文物管理委員會	
4879	達盨蓋	40	西周中期	近出506 文物1990年7期32—33頁	1984—1985年陝西省長安縣張家坡邢叔家族墓地M152	陝西省考古研究所	
4880	翏生盨	50	西周晚期	集成4459 考古1979年1期61頁圖1		上海博物館	
4881	翏生盨	50	西周晚期	集成4460 三代10.44.1	旅順博物館		
4882	翏生盨	50	西周晚期	集成4461		鎮江市博物館	
4883	癲盨	62(又重文2)	西周中期	集成4462 文物1978年3期5頁圖3 陝青2.27	1976年陝西扶風縣莊白村一號窖藏	周原扶風縣文物管理所	
4884	癲盨	62(又重文2)	西周中期	集成4463 陝青2.28	1976年陝西扶風縣莊白村一號窖藏	周原扶風縣文物管理所	
4885	駒父盨蓋	81(又合文1)	西周晚期	集成4464 文物1976年5期94頁圖2 陝青4.133	1974年陝西武功縣回龍村周代遺址	武功縣文化館	

序號	器名	字數	時代	著録	出土地	現藏地	備註
4886	善夫克盨	100（又重文2）	西周晚期	集成4465 三代10.44.2（器）—10.45.1（蓋） 愙齋15.18（蓋） 周金3.153.1—2 小校9.42.1—9.41.2 大系録112 歐精華2.122（蓋） 美集録R403a、b 柏景寒P154 彙編3.40	《貞松》：傳光緒十六年（1890）陝西扶風縣法門寺任村窖藏	美國芝加哥美術館	丁麟年、日本某氏舊藏
4887	尉比盨	存121	西周晚期	集成4466 三代10.45.2 周金3.152 小校9.43.1 澂秋22 貞松6.44.1—2 希古4.16 大系録116		故宫博物院	劉鶚、陳承裘舊藏；《集成》目録中誤爲"121"字
4888	師克盨	141（又重文3，蓋器同銘）	西周晚期	集成4467 文物1959年3期64頁（器） 文物1962年6期封裏上、下		故宫博物院	
4889	師克盨蓋	141（又重文3）	西周晚期	集成4468 文物1962年6期8頁圖3 陝圖102		陝西省博物館	清代熊步龍舊藏
4890	師克盨	146（又重文2）	西周晚期	近出507 考古1994年1期70頁		美國聖路易斯市（Saint Louis）私家收藏	蓋銘疑僞刻

序號	器名	字數	時代	著録	出土地	現藏地	備註
4891	塱盨	151（又重文2，合文1）	西周晚期	集成4469 考古圖3.34 薛氏151 大系録132	《考古圖》：得於京兆		《考古圖》：睢陽王仲至舊藏；又名“寅簋”；《集成》目録中誤爲“154”字

十三、簠

序號	器名	字數	時代	著録	出土地	現藏地	備註
4892	鑄簠	1	春秋	集成 4470 三代 10.1.1 貞松 6.24			《考古研究所藏拓題跋》：徐蘭如舊藏
4893	倗之簠	3	春秋後期	集成 4471 考古 1981 年 2 期 112 頁圖三：4 淅川下寺春秋楚墓 66 頁	1978 年河南淅川縣下寺墓葬 M1：44		
4894	□之簠蓋	3	春秋	集成 4472		上海博物館	
4895	倗簠	3（蓋器同銘）	春秋後期	近出 508 淅川下寺春秋楚墓 66 頁	1990 年河南省淅川縣下寺 M1：45	河南省文物研究所	
4896	倗簠	3（蓋器同銘）	春秋後期	近出 509 淅川下寺春秋楚墓 66 頁	1990 年河南省淅川縣下寺 M1：44	河南省文物研究所	《集成》第 4 册 4471 僅收蓋銘
4897	史利簠	4	西周晚期	集成 4473 考古圖 3.45 薛氏 143.1			得於扶風乞伏氏
4898	史利簠	4	西周晚期	集成 4474 薛氏 143.2			
4899	[illegible]簠	4	春秋後期	集成 4475 録遺 169			
4900	大腐簠	4	戰國後期	集成 4476 三代 10.1.2 小校 9.1.1 安徽金石 1.28.1	安徽壽縣朱家集	安徽省博物館	安徽省立圖書館舊藏
4901	左使車工簠	5	戰國後期	集成 4477	1977 年河北平山中山王墓	河北省文物研究所	

序號	器名	字數	時代	著録	出土地	現藏地	備註
4902	左徒車工簠	5	戰國後期	集成 4478	1977 年河北平山中山王墓	河北省文物研究所	
4903	射南簠	6	西周晚期	集成 4479 考古 1965 年 11 期 543 頁圖二：1	1965 年山東鄒縣七家峪	鄒縣文物管理所	
4904	射南簠	6	西周晚期	集成 4480 考古 1965 年 11 期 543 頁圖二：2	1965 年山東鄒縣七家峪	鄒縣文物管理所	
4905	史頌簠	6	西周晚期	集成 4481 三代 10.1.4 擴古 1.3.62.4 澂秋 21 小校 9.1.5		故宫博物院	陳承裘舊藏
4906	仲其父簠	6	西周晚期	集成 4482 考古 1979 年 2 期 120 頁圖 5：1	1974 年陝西藍田縣指甲灣	藍田縣文物管理委員會	
4907	仲其父簠	6	西周晚期	集成 4483 考古 1979 年 2 期 120 頁圖五：2	1974 年陝西藍田縣指甲灣	藍田縣文物管理委員會	
4908	㓷伯簠	6	春秋	集成 4484 三代 10.1.3 周金 3.151 夢續 11 小校 9.1.4			羅振玉舊藏
4909	般仲㞒簠	6	西周晚期	集成 4485		上海博物館	
4910	[illegible][illegible]簠	6	春秋	集成 4486 三代 10.2.1 擴古 1.3.63.1 小校 9.2.1		上海博物館	吴式芬舊藏

序號	器名	字數	時代	著録	出土地	現藏地	備註
4911	樊君簠	6	春秋	集成 4487 三代 10.1.7 綴遺 8.6.1 周金 3.150.2 貞松 6.24.2 希古 4.4.1 十二居 25 小校 9.1.3		上海博物館	周季木、金蘭坡舊藏
4912	曾子遝簠	6	春秋後期	集成 4488 三代 10.1.5 貞松 6.24.3 希古 4.4.2 山東存曾 7.2 大系録 209.4 彙編 7.678			
4913	曾子遝簠	6	春秋後期	集成 4489 三代 10.1.6 小校 9.1.2 貞補上 30 山東存曾 7.3 安徽金石 1.28.2		蘇州市博物館	
4914	蔡侯簠	6	春秋後期	集成 4490 蔡侯墓圖版 32：2—3 五省圖版 44（蓋）	1955 年安徽壽縣蔡侯墓	中國歷史博物館	
4915	蔡侯簠	6	春秋後期	集成 4491 學報 1956 年 1 期圖版 5：2	1955 年安徽壽縣蔡侯墓	中國歷史博物館	
4916	蔡侯簠	6	春秋後期	集成 4492	1955 年安徽壽縣蔡侯墓	安徽省博物館	
4917	蔡侯簠	6	春秋後期	集成 4493 文参 1955 年 8 期 29 頁(器) 學報 1956 年 1 期圖版 5：3（器）	1955 年安徽壽縣蔡侯墓	安徽省博物館	蓋銘未著録

序號	器名	字數	時代	著録	出土地	現藏地	備註
4918	盛君縈簠	6	戰國前期	集成 4494 文物 1985 年 1 期 23 頁圖 15	1981 年湖北隨州市擂鼓墩二號墓	隨州市博物館	
4919	郘子大簠	6(蓋器同銘)	春秋後期	近出 510 富士比(1990,6,12 15)			英國倫敦富士比拍賣行曾見
4920	曾侯乙簠	7	戰國前期	集成 4495 新中國的考古發現和研究 300 頁圖 78	1977 年湖北隨州市曾侯乙墓	湖北省博物館	
4921	曾侯乙簠	7	戰國前期	集成 4496	1977 年湖北隨州市曾侯乙墓	湖北省博物館	曾侯乙簠共出四件、文物 1979 年 7 期 9 頁尚著録一件
4922	曾都尹定簠	7	春秋後期	近出 511 江漢考古 1990 年 1 期 9—10 頁	1988 年 1 月湖北省隨州市安居鎮徐家嘴村墓葬	湖北省隨州市博物館	
4923	函交仲簠	8	西周晚期	集成 4497 録遺 170 陝圖 66	1933 年陝西扶風縣康家村	陝西省博物館	
4924	虢叔作叔殷穀簠蓋	8	西周晚期	集成 4498 三代 10.2.2 愙齋 15.6.2 小校 9.2.2		上海博物館	潘祖蔭舊藏
4925	衛子叔□父簠	8	春秋前期	集成 4499 三代 10.2.3 長安 1.23 攈古 2.1.29.4 綴遺 8.16.2			劉喜海、王錫棨舊藏
4926	蔡公子義工簠	8	春秋後期	集成 4500 文物 1980 年 1 期圖版五:5	1966 年河南潢川縣隆古公社高稻場生産隊	河南省博物館	

序號	器名	字數	時代	著録	出土地	現藏地	備註
4927	王孫霝簠	8	春秋後期	集成 4501 江漢考古 1986 年 2 期 93—94 頁 考古學報 1988 年 4 期 495—496 頁 文物 1986 年 4 期 10—11 頁	1974 年湖北當陽縣趙家湖	宜昌地區博物館	
4928	慶孫之子峠簠	8	春秋後期	集成 4502 三代 10.2.4—10.3.1 十二遐 9—10			葉恭綽舊藏
4929	西替簠	8	戰國	集成 4503 考古 1960 年 3 期 27 頁圖 2 江蘇省出土文物選集圖 98：7	1958 年江蘇邳縣劉林村墓葬	南京博物院	
4930	虢季簠	8（蓋器同銘）	西周晚期	近出 512 三門峽虢國墓上册 57 頁	河南省三門峽市虢國墓地 M2001：78	河南省三門峽市文物工作隊	同出兩件，大小、形制、紋飾與銘文均相同
4931	京叔姬簠	9	春秋前期	集成 4504 寧壽 11.26			清宫舊藏
4932	大嗣馬簠	9	春秋前期	集成 4505 三代 10.3.2—3 尊古 2.15 冠斝上 27		中國歷史博物館	榮厚舊藏
4933	鑄客簠	9	戰國前期	集成 4506 三代 10.3.4 十二寶 11	1933 年安徽壽縣朱家集李三孤堆墓葬	天津市歷史博物館	方焕經舊藏
4934	鑄客簠	9	戰國後期	集成 4507 三代 10.4.1 十二寶 10 楚展 3	1933 年安徽壽縣朱家集李三孤堆墓葬	天津市歷史博物館	方焕經舊藏

序號	器名	字數	時代	著録	出土地	現藏地	備註
4935	鑄客簠	9	戰國後期	集成 4508 三代 10.4.2 小校 9.3.2 倫敦 PL99	1933 年安徽壽縣朱家集李三孤堆墓葬	安徽省博物館	安徽省立圖書館舊藏
4936	鑄客簠	9	戰國後期	集成 4509 三代 10.4.3 小校 9.2.3	1933 年安徽壽縣朱家集李三孤堆墓葬	安徽省博物館	安徽省立圖書館舊藏
4937	鑄客簠	9	戰國後期	集成 4510 三代 10.4.4 小校 9.3.1	1933 年安徽壽縣朱家集李三孤堆墓葬	安徽省博物館	安徽省立圖書館舊藏
4938	鑄客簠	9	戰國後期	集成 4511 録遺 171.1—2	1933 年安徽壽縣朱家集李三孤堆墓葬	故宫博物院	
4939	鑄客簠	9	戰國後期	集成 4512 録遺 172.1—2	1933 年安徽壽縣朱家集李三孤堆墓葬		
4940	鑄客簠	9	戰國後期	集成 4513	1933 年安徽壽縣朱家集李三孤堆墓葬	上海博物館	
4941	虢叔簠	10	西周晚期	集成 4514 三代 10.4.5 從古 16.4.1 攈古 2.1.56.2 愙齋 15.6.1 綴遺 8.11.2 奇觚 5.20 周金 3.149.2 簠齋 3 簠 4 小校 9.4.6 文物 1964 年 4 期圖 4		青島市博物館	陳介祺舊藏

序號	器名	字數	時代	著録	出土地	現藏地	備註
4942	虢叔簋	10	西周晚期	集成4515 三代10.4.6 攈古2.1.56.3 綴遺8.11.1 周金3.150.1 小校9.5.1		上海博物館	曹秋舫、烏容高、鄒安舊藏
4943	[illegible]簋	10(又重文2)	西周晚期	集成4516 齊家村圖20 陝青2.168	1960年陝西扶風縣齊家村窖藏	陝西省博物館	
4944	魯士浮父簋	10	春秋前期	集成4517 三代10.5.1—2 愙齋15.9 綴遺8.12.2—8.13.1 周金3.147 小校9.4.1 山東存魯18.3—4		南京博物院	《綴遺》、《周金》:孫春山、潘祖蔭舊藏
4945	魯士浮父簋	10	春秋前期	集成4518 三代10.5.3 愙齋15.8.2 綴遺8.12.1 奇觚5.21.1 周金3.149.1 小校9.4.4 尊古2.16 山東存魯19.1	《綴遺》:器出兖州	故宫博物院	潘祖蔭、溥倫、李山農、丁樹楨、劉體智舊藏
4946	魯士浮父簋	10	春秋前期	集成4519 三代10.5.4 愙齋15.10.1 綴遺8.13.2 周金3.148.2 善齋9.2 小校9.4.3 山東存魯19.2			劉鶚、許延暄、劉體智舊藏

序號	器名	字數	時代	著録	出土地	現藏地	備註
4947	魯士虖父簠	10	春秋前期	集成 4520 三代 10.6.1 愙齋 15.10.2 周金 3.148.1 善齋 9.1 小校 9.4.5 山東存魯 18.2			許延暄、劉體智舊藏
4948	[illegible]侯[illegible]逆簠	10	戰國前期	集成 4521 三代 10.6.2 貞松 6.24 貞圖上 38		旅順博物館	羅振玉舊藏
4949	自作簠	存 10（又重文 2，蓋器同銘）	春秋後期	近出 513 淅川下寺春秋楚墓 221 頁	1990 年河南省淅川縣下寺 M3：14	河南省文物研究所	
4950	自作簠	存 10（又重文 2，蓋器同銘）	春秋後期	近出 514 淅川下寺春秋楚墓 221 頁	1990 年河南省淅川縣下寺 M3：15	河南省文物研究所	
4951	自作簠	存 10（又重文 2，蓋器同銘）	春秋後期	近出 515 淅川下寺春秋楚墓 223 頁	1990 年河南省淅川縣下寺 M3：16	河南省文物研究所	
4952	自作簠	存 10（又重文 2，蓋器同銘）	春秋後期	近出 516 淅川下寺春秋楚墓 223 頁	1990 年河南省淅川縣下寺 M3：18	河南省文物研究所	
4953	㝅姒簠	11（又重文 2）	西周晚期	集成 4522 文物 1978 年 11 期 9 頁圖 17 陝青 2.114	1976 年陝西扶風縣莊白村二號窖藏	周原扶風縣文物管理所	
4954	史䏍簠	11	西周晚期	集成 4523 日精華 4.330 彙編 6.461 三代補 R676b		日本京都藤井有隣館	

序號	器名	字數	時代	著録	出土地	現藏地	備註
4955	塞簋	11(又重文2)	西周晚期	集成4524 三代10.8.1 積古7.1 金索金8 攈古2.1.76.3 愙齋15.13.2 綴遺8.1 奇觚17.19 小校9.5.6 彙編6.433		山東曲阜縣文物管理委員會	《金索》:乾隆三十六年欽頒孔府寶藏銅器十事之一
4956	伯旅魚父簠	11	春秋前期	集成4525 三代10.7.2 貞松6.25 希古4.4.3 善齋9.3 小校9.5.2		故宫博物院	劉體智舊藏
4957	伯彊簠	11	春秋	集成4526 三代10.7.3			
4958	吴王御士叔緐簠	11	春秋	集成4527 西甲13.1 文物1958年5期72頁		首都博物館	原藏清宫,1957年於北京海淀區東北旺發現
4959	曾子⿰馬簠	11	春秋後期	集成4528 三代10.6.3—4 周金3.145.2—3.146.1 小校9.5.4—3 貞松6.25 大系録209.1;209.3 山東存曾5		中國歷史博物館	諸書皆將此簠器蓋分爲兩器,現依中國歷史博物館合而爲一
4960	曾子⿰馬簠	11	春秋後期	集成4529 三代10.7.1 周金3補 貞松6.26 大系録209.2 山東存曾5.3		中國歷史博物館	諸書著録皆爲蓋銘,器銘未見著録

序號	器名	字數	時代	著録	出土地	現藏地	備註
4961	善夫吉父簠	12	西周晚期	集成 4530 録遺 173 彙編 6.432			
4962	内公簠	12	西周晚期	集成 4531 考古圖 3.40 薛氏 144.1	咸平年同州民湯善德獲於河濱		宋代内府所藏
4963	青簠	12(又重文2)	西周晚期	集成 4532 考古 1965 年 11 期 543 頁圖二:3	1965 年山東鄒縣七家峪	山東省鄒縣文物管理所	
4964	□𧦝簠	12	西周晚期	集成 4533 考古學集刊 3 (1983 年) 104 頁圖八	1973 年山東鄒縣匡莊公社灰城子	鄒縣文物管理所	
4965	[illegible]仲簠	12(又重文2)	春秋	集成 4534 曲阜魯國故城 145 頁圖 93.3	山東曲阜魯國故城墓葬	曲阜縣文物管理委員會	《集成》説明中字數缺"又重文 2"
4966	伯□父簠	12	春秋	集成 4535 三代 10.7.4 西甲 13.3 愙齋 15.16 綴遺 8.2 周金 3.146.2 小校 9.5.5			清宫舊藏,後歸丁筱農
4967	楚子棄疾簠	12	春秋後期	近出 517 中原文物 1992 年 2 期 87—90 頁	河南省南陽市西關汽車發動機廠	河南省南陽市博物館	
4968	伯𠴸父簠	13	西周晚期	集成 4536 考古與文物 1982 年 2 期 12 頁圖 8	1981 年陝西扶風縣黄堆公社齊鎮村窖藏	周原扶風縣文物管理所	

序號	器名	字數	時代	著録	出土地	現藏地	備註
4969	内大子白簠蓋	13(又重文1)	西周晚期	集成4537 三代10.10.2 兩罍7.9 擦古2.2.11.2 愙齋15.13 綴遺8.4.2 周金3.143.1 小校9.6.2		故宫博物院	《綴遺》:金蘭坡、吴雲、李眉生舊藏
4970	内大子白簠蓋	13(又重文1)	西周晚期	集成4538 三代10.10.3 周金3.143.2		故宫博物院	費念慈舊藏
4971	奞虎簠	13(又重文1)	春秋前期	集成4539 三代10.9.2—1 周金3補 小校9.7.2—1 貞松6.27.2—3		上海博物館	
4972	旅虎簠	13(又重文1)	春秋前期	集成4540 三代10.9.3 愙齋15.15 奇觚5.21 周金3.142.2 小校9.6.3			潘祖蔭舊藏
4973	旅虎簠	13(又重文1)	春秋前期	集成4541 三代10.9.4—10.10.1 周金3補(蓋) 貞松6.26.3(蓋) 小校9.6.5—4		故宫博物院	
4974	都于子斯簠	8	春秋前期	集成4542 薛氏143.3			《薛氏》:藏宗室仲爰家
4975	都于子斯簠	13	春秋前期	集成4543 薛氏143.4			

序號	器名	字數	時代	著録	出土地	現藏地	備註
4976	叔𠦃父簠蓋	存13	春秋後期	集成4544		上海博物館	《集成》目録中誤爲“13”字
4977	鄦子簠	13	春秋後期	集成4545 癡盦20		遼寧省博物館	李泰棻舊藏
4978	楚王酓肯簠	14	戰國後期	集成4549 三代10.8.3 十二尊19—20 小校9.7.3 大系録補 國學季刊4卷1號圖7：1 楚器5	1933年安徽壽縣朱家集李三孤堆墓葬	故宮博物院	國立北平圖書館舊藏
4979	楚王酓肯簠	13	戰國後期	集成4550 三代10.8.4 十二尊17 小校9.7.4 大系録補 國學季刊4卷1號圖7：2 楚器6	1933年安徽壽縣朱家集李三孤堆墓葬	故宮博物院	國立北平圖書館舊藏
4980	楚王酓肯簠	13	戰國後期	集成4551 三代10.8.5 十二尊21 小校9.7.5 大系録補 國學季刊4卷1號圖7：3 楚器7	1933年安徽壽縣朱家集李三孤堆墓葬	故宮博物院	國立北平圖書館舊藏
4981	薛子仲安簠	14（又重文1）	春秋前期	集成4546 文物1978年4期96頁圖9	1973年山東滕縣官橋公社狄莊大隊薛城遺址	滕縣博物館	

序號	器名	字數	時代	著録	出土地	現藏地	備註
4982	薛子仲安簠	14(又重文2)	春秋前期	集成4547	1973年山東滕縣官橋公社狄莊大隊薛城遺址	滕縣博物館	
4983	薛子仲安簠	14(又重文2)	春秋前期	集成4548	1973年山東滕縣官橋公社狄莊大隊薛城遺址	滕縣博物館	
4984	甝叔簠	15(又重文1)	西周晚期	集成4552 三代10.10.4 周金3.142.1 小校9.8.3 貞松6.28 希古4.6.2		上海博物館	張鈞衡舊藏
4985	尹氏貯良簠	15(又重文2)	西周晚期	集成4553 三代10.13.1 窓齋15.5 綴遺8.6 奇觚5.34 周金3.138.1 小校9.13.2			潘祖蔭舊藏
4986	伯勇父簠	15(又重文2)	西周晚期	集成4554 貞松6.30			羅振玉舊藏
4987	師麻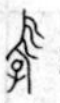叔簠	15(又重文2)	西周晚期	集成4555 三代10.13.2 奇觚5.34 周金3.137.1 小校9.12.4			吴大澂、劉體智舊藏
4988	走馬薛仲赤簠	15(又重文2)	春秋前期	集成4556 文物1978年4期96頁圖8	1973年山東滕縣官橋公社狄莊大隊薛城遺址	滕縣博物館	

序號	器名	字數	時代	著録	出土地	現藏地	備註
4989	商丘叔簠	15(又重文2)	春秋前期	集成 4557 三代 10.12.2 愙齋 15.7.2 綴遺 8.10.2 周金 3.139.1 小校 9.10.2			《愙齋》:潘祖蔭舊藏
4990	商丘叔簠	15(又重文2)	春秋前期	集成 4558 三代 10.12.3 愙齋 15.7.1 綴遺 8.10.1 奇觚 5.22.2 周金 3.138.2 小校 9.10.3		上海博物館	《愙齋》:潘祖蔭舊藏
4991	商丘叔簠	15(又重文2)	春秋前期	集成 4559 三代 10.12.4—5 陶齋 2.46—47 周金 3.139.2—3.140.1 希古 4.7.2—1 小校 9.11.1(又 9.11.2 重出)—9.11.3 美集録 R421ab 彙編 5.346.2—1		美國堪薩斯納爾遜美術陳列館	端方舊藏
4992	鑄叔作嬴氏簠	15	春秋	集成 4560 録遺 174.1—2			
4993	[illegible]侯簋	15(又重文2)	春秋前期	集成 4561 三代 10.14.3 周金 3.134.2 夢續 13 希古 4.7.2 小校 9.11.5 彙編 5.347			羅振玉舊藏
4994	[illegible]侯簋	15(又重文2)	春秋前期	集成 4562 周金 3.133.2 小校 9.11.4		旅順博物館	

序號	器名	字數	時代	著録	出土地	現藏地	備註
4995	魯侯簋	15(蓋器同銘)	西周晚期	近出518 文物1986年4期12—14頁	1982年10月山東省泰安市城前村墓葬	山東省泰安市文物局	
4996	曾子義行簋	15(蓋器同銘,蓋銘缺自字)	春秋後期	近出519 東南文化1991年1期204—211頁	1988年1月1日江蘇省六合縣程橋中學	江蘇省南京市博物館	
4997	虢碩父簋	15(又重文2,蓋器同銘)	西周晚期	近出520 三門峽虢國墓上册483頁	河南省三門峽市虢國墓地	河南省三門峽市文物工作隊	
4998	季良父簋	16(又重文2)	西周晚期	集成4563 三代10.14.4 西清29.1 攈古1.46 恒軒下91 窓齋15.11.1 綴遺8.8 奇觚5.22 周金3.132.1 小校9.13.3		上海博物館	《綴遺》:清宫舊藏,後歸潘祖蔭
4999	季良父簋	16(又重文2)	西周晚期	集成4564 三代10.15.1 窓齋15.11.2 陶續1.42 周金3.133.1 雙吉上11 小校9.13.4		故宫博物院	端方舊藏
5000	交君子宊簋	16	西周晚期	集成4565 三代10.12.1—10.11.4 周金3.140.2(蓋) 小校9.8.1—2 貞松6.28.2—6.29.1 希古4.5.2—4.6.1(又4.5.3重出)		中國歷史博物館	丁樹楨舊藏

序號	器名	字數	時代	著録	出土地	現藏地	備註
5001	魯伯俞父簠	16	春秋前期	集成 4566 三代 10.11.1 筠清 3.11 攈古 2.2.33 綴遺 8.15.1 小校 9.9.1(又9.9.2、9.9.4 兩處重出) 善齋 8.4 山東存魯 10		中國歷史博物館	《綴遺》、《攈古録》:馮晏海、張子絜、劉喜海、王錫棨、劉體智等舊藏
5002	魯伯俞父簠	16	春秋前期	集成 4567 三代 10.11.2 愙齋 15.12.2 綴遺 8.15.1 周金 3.141.1 小校 9.8.3 山東存魯 11.2			《綴遺》、《周金》:馮晏海、吴大澂舊藏
5003	魯伯俞父簠	16	春秋前期	集成 4568 三代 10.11.3 兩罍 7.10 攈古 2.2.34 愙齋 15.12.1 綴遺 8.14 二百 3.3 周金 3.141 小校 9.9.3(又9.10.1 重出) 山東存魯 11.1		上海博物館	《攈古録》、《綴遺》:王子梅、汪慈喜、吴雲舊藏
5004	都公簠蓋	16(又重文 3)	春秋前期	集成 4569		中國歷史博物館	上海博物館舊藏
5005	鑄子叔黑臣簠	17	春秋前期	集成 4570 三代 10.13.3—10.14.1 周金 3.135.1—2 希古 4.9.2—4.8.3 貞松 6.29 十二雪 8—10 小校 9.11.7—8 山東存鑄 3.1;3.3	傳光緒初年山東桓臺	故宫博物院	孫壯舊藏

序號	器名	字數	時代	著録	出土地	現藏地	備註
5006	鑄子叔黑叵簋	17	春秋前期	集成4571 三代10.14.2—10.13.4 窸齋15.15.1 綴遺8.17.1 周金3.136 希古4.8.1 小校9.12.2—3 大系録238 山東存鑄3.2	傳光緒初年山東桓臺	上海博物館	潘祖蔭舊藏
5007	季宫父簠	18(又重文2)	西周晚期	集成4572 三代10.17.1 周金3補 貞松6.30 小校9.14.4 癡盦19			李泰棻舊藏;《集成》説明中字數缺"又重文2"
5008	曾子原彝簠	18	春秋	集成4573 江漢考古1980年1期77頁圖6	1975年湖北隨縣涢陽鰱魚嘴	湖北省博物館	
5009	鑄公簠蓋	19(又重文2)	春秋前期	集成4574 三代10.17.2 西清29.3 周金3.130.2 貞松6.31 希古4.10.1 大系録237 小校9.15.1 山東存鑄1	《山東存》:傳出齊東縣	上海博物館	
5010	楚子睱簠	19	戰國前期	集成4575 三代10.15.2 陶齋2.44 周金3.131.1 小校9.14.3 大系録183.2			端方舊藏

序號	器名	字數	時代	著録	出土地	現藏地	備註
5011	楚子𣪘簠	19	戰國前期	集成 4576 三代 10.15.3 陶齋 2.45 周金 3.131 小校 9.14.2 大系録 183.3 美集録 R425 彙編 5.315		美國堪薩斯納爾遜美術陳列館	端方舊藏
5012	楚子𣪘簠	19	戰國前期	集成 4577 三代 10.15.4 貞續中 1 貞圖上 39 彙編 5.315			羅振玉舊藏
5013	申王之孫簠	19（蓋器同銘）	春秋後期	近出 521 考古 1998 年 4 期 43—45 頁	1990 年 4 月 6 日湖北省鄖縣五峰鄉肖家河村	湖北省鄖陽地區博物館	
5014	羌仲虎簠	20（又重文 2）	西周晚期	集成 4578 三代 10.16.1		故宫博物院	頤和園舊藏
5015	史免簠	20（又重文 2）	西周晚期	集成 4579 三代 10.19.1—2 愙齋 15.16（器） 攈古 2.3.16（器） 綴遺 8.2 陶續上 43（蓋） 小校 9.15.2—3 周金 3.127（蓋），3 補（器） 大系録 79（器）		器在山東省博物館（蓋不知下落）	金蘭坡舊藏
5016	叔邦父簠	20（又重文 2）	西周晚期	集成 4580 博古 18.7 薛氏 144.2 嘯堂 62			

序號	器名	字數	時代	著録	出土地	現藏地	備註
5017	伯其父簠	20（又重文2）	春秋前期	集成4581 三代10.18.4 筠清3.10 積古7.3 攈古2.3.15 奇觚17.19 周金3.128 夢續14 小校9.17.2			劉鏡古、劉喜海、羅振玉舊藏
5018	番君召簠	19（又重文2）	春秋後期	集成4582 三代10.17.4 積古7.2.1 攈古2.3.8.2 綴遺8.9 奇觚17.20.1 敬吾下23.1 周金3.129 （又3.130重出） 希古4.10.2 小校9.16.2 安徽金石1.28.4			阮元舊藏
5019	番君召簠	20（又重文2）	春秋後期	集成4583 三代10.18.1 小校9.16.4			
5020	番君召簠	20（又重文2）	春秋後期	集成4584 三代10.18.2 窸齋15.14 小校9.16.3			許延暄舊藏
5021	番君召簠蓋	20（又重文2）	春秋後期	集成4585 三代10.18.3 周金3.128.2 小校9.16.1 貞松6.32		故宫博物院	
5022	番君召簠	20（又重文2）	春秋後期	集成4586			

序號	器名	字數	時代	著録	出土地	現藏地	備註
5023	番君召簠	存11	春秋後期	集成4587 積古7.2.2 愙古2.3.9.1 奇觚17.20.2			
5024	曾子□簠	20(又重文2)	春秋後期	集成4588 三代10.16.2 貞松6.31 武英38 小校9.14.5 山東存曾6 大系録209 故圖下下203		臺北"中央博物院"	承德避暑山莊舊藏
5025	宋公緣簠	20	春秋後期	集成4589	1978—1979年河南固始縣侯古堆一號墓	河南省文物研究所	《文物》1981年1期曾作文字報導
5026	宋公緣簠	20	春秋後期	集成4590	1978—1979年河南固始縣侯古堆一號墓	河南省文物研究所	
5027	曾孫史夷簠	20	戰國	集成4591		上海博物館	
5028	鼄叔豸父簠	21(又重文2)	春秋前期	集成4592	1976年山東平邑縣東陽公社蔡莊墓葬	平邑縣文物管理站	
5029	曹公簠	21(又重文2)	春秋後期	集成4593 中原文物1981年2期59頁圖三	1973年河南淮陽縣堌堆李莊	淮陽縣太昊陵文物保管所	
5030	叔簠	21(又重文2)	西周晚期	近出522 考古1986年4期366—367頁	1976年12月山東省平邑縣蔡莊村墓葬	山東省平邑縣文物部門	

序號	器名	字數	時代	著録	出土地	現藏地	備註
5031	子季嬴青簠	22（又重文2）	春秋後期	集成4594 江漢考古1983年2期8頁圖11	1972年湖北襄陽縣山灣墓地	湖北省博物館	
5032	齊陸曼簠	22	戰國前期	集成4595 三代10.19.2 西清29.6 貞松6.33 大系録258.1 故宫7期 藝展26 山東存齊23.2 故圖下上89 彙編5.283		臺北"故宫博物院"	清宫舊藏
5033	齊陸曼簠	22	戰國前期	集成4596 三代10.20.1 攈古2.3.17.1 愙齋15.8.1 綴遺8.28.1 奇觚5.23.1 敬吾下24.2 周金3.126.2 小校9.15.4 大系録258 山東存齊23.1		上海博物館	《周金》:葉東卿舊藏
5034	發孫虜簠	22	春秋後期	近出523 文物1994年4期79頁		湖北省棗陽市博物館	
5035	仲妃衛簠	22（又重文2）	春秋後期	近出524 淅川下寺春秋楚墓33頁	1990年河南省淅川縣下寺M7：9	河南省文物研究所	同出一對
5036	仲妃衛簠	22（又重文2）	春秋後期	近出525 淅川下寺春秋楚墓33頁	1990年河南省淅川縣下寺M7：10	河南省文物研究所	

序號	器名	字數	時代	著録	出土地	現藏地	備註
5037	邿召簠	23	西周晚期	近出 526 考古 1998 年 9 期 13—14 頁	1995 年 3—5 月山東省長清縣僊人臺 M3：9	山東大學考古系	
5038	敶公子仲慶簠	23（又重文 2）	春秋	集成 4597 文物 1980 年 1 期 35 頁圖四	1979 年湖北隨縣城郊季氏梁	隨州市博物館	
5039	曾侯簠	24（又重文 2）	西周晚期	集成 4598 三代 10.20.2 周金 3.124 小校 9.17.3 希古 4.11.1 貞松 6.33.2 大系録 179 安徽金石1.29.1			丁樹楨舊藏；又名“叔姬霝簠”
5040	鄀伯受簠	24（又重文 2）	春秋	集成 4599 文物 1982 年 10 期 17 頁圖 2	1970 年湖北江陵縣紀南公社岳山大隊	荊州地區博物館	
5041	蔡侯簠	24（蓋器同銘）	春秋後期	近出 527 中國文字新廿二期（抽印本）151—164 頁			
5042	蔡侯簠	24	春秋後期	近出 528 中國文字新廿二期（抽印本）151—164 頁			
5043	蛕公諴簠	25（又重文 2）	西周晚期	集成 4600 三代 10.21.2 攈古 2.3.49 愙齋 15.5 綴遺 8.16 奇觚 5.24 簠齋 3 簠 3 周金 3.125.2 小校 9.18.4 大系録 191		上海博物館	《綴遺》：李璋煜、陳介祺舊藏

序號	器名	字數	時代	著録	出土地	現藏地	備註
5044	召叔山父簠	26(又重文2)	春秋前期	集成4601 三代10.22.1 筠清3.7 從古12.19 攈古2.3.53 綴遺8.21 奇觚17.25 周金3.124.2 小校9.19.1 大系録202.1			《周金》:陳廣寧舊藏
5045	召叔山父簠	26(又重文2)	春秋前期	集成4602 三代10.22.2 寧壽11.24 貞松6.34 故宫21期 藝展25 大系録202 故圖下上88		臺北"故宫博物院"	清宫舊藏
5046	嗽侯作王仲嬀𡚱簠	26	春秋	集成4603 彙編4.244	傳出於洛陽、鞏縣之間	加拿大多倫多皇家安大略博物館	
5047	嗽侯作王仲嬀𡚱簠	26	春秋	集成4604 三代10.20.3—4 貞續中1.2—2.1 善齋9.8—9 小校9.18.1—2		上海博物館	劉體智舊藏
5048	嘉子伯昜□簠	26(又重文2)	春秋後期	集成4605 貞續中2.2—3.1			
5049	嗽侯作孟姜𡢁簠	27	春秋	集成4606 三代10.21.3 愙齋15.3 周金3.125.1 夢續15 小校9.18.3 大系録204		旅順博物館	李山農、丁樹楨、羅振玉舊藏

序號	器名	字數	時代	著録	出土地	現藏地	備註
5050	鰍侯作孟姜㛰簠	27	春秋	集成4607 西清29.5			清宫舊藏
5051	考叔㝬父簠	28(又重文2)	春秋前期	集成4608 文物1972年3期68頁圖8(蓋)	1969年湖北枝江縣王家崗	湖北省博物館	器銘未著録
5052	考叔㝬父簠	28(又重文2)	春秋前期	集成4609 文物1972年3期68頁圖7(蓋) 江漢考古1980年2期圖版2下	1969年湖北枝江縣王家崗	湖北省博物館	
5053	䣄公彭宇簠	29(又重文2)	春秋	集成4610 中原文物1992年2期87—90頁	1975年河南南陽市西關煤場墓葬	南陽市博物館	
5054	䣄公彭宇簠	29(又重文2)	春秋	集成4611 中原文物1982年1期40頁圖2	1975年河南南陽市西關煤場墓葬	南陽市博物館	
5055	楚屈子赤角簠蓋	29(又重文2)	春秋後期	集成4612 江漢考古1980年2期圖版1下	1975年湖北隨縣鰱魚嘴	湖北省博物館	
5056	上鄀府簠	29(又重文2)	春秋後期	集成4613 江漢考古1983年1期51頁圖3.4	湖北襄陽縣山灣墓地	襄陽地區博物館	
5057	曾□□簠	29(又重文2)	春秋後期	集成4614 三代10.21.1 貞松6.34.1		《羅表》:日本某氏	
5058	蔡大膳夫趣簠	29(又重文2,蓋器同銘)	西周晚期	近出529 考古1989年11期1041—1043頁 中國文物報1988年1月1日2版	1987年8月湖北省襄樊市宜城縣朱市鄉磚瓦廠	湖北省襄樊市博物館	

序號	器名	字數	時代	著録	出土地	現藏地	備註
5059	原氏仲簠	30	春秋前期	近出530 考古1988年8期766—767頁 考古1989年4期310—311頁	1977年10月河南省商水縣練集鄉楊莊村墓葬	河南省周口市博物館	
5060	原氏仲簠	30	春秋前期	近出531 考古1989年4期310—311頁	1984年河南省商水縣朱集村	河南省商水縣文物管理委員會	器已殘
5061	原仲簠	31	春秋前期	近出532 考古1989年4期310—311頁	1984年河南省商水縣朱集村	河南省商水縣文物管理委員會	器已殘
5062	叔家父簠	31	春秋前期	集成4615 三代10.22.3 筠清3.9 攈古2.3.63 綴遺8.7 奇觚17.34 周金3.124.1 小校9.19.2			《攈古録》、《綴遺》:素夢蟾、丁麟年舊藏
5063	鄦子妝簠	31(又重文2)	春秋	集成4616 三代10.23.1 筠清3.8 從古16.2 攈古2.3.76 愙齋15.4 綴遺8.24 奇觚5.25 敬吾下24.1 簠齋3簠2 周金3.123.2 善齋9.10 善彝52 小校9.19.3 大系録194 安徽金石1.29.2		上海博物館	陳介祺、劉體智舊藏;《集成》目録器名爲"鄦子妝簠蓋"

序號	器名	字數	時代	著録	出土地	現藏地	備註
5064	何次簠	32(又重文2)	春秋後期	近出533 淅川下寺春秋楚墓11頁	1990年河南省淅川縣下寺M8:2	河南省文物研究所	
5065	何次簠	28(又重文2,蓋銘27)	春秋後期	近出534 淅川下寺春秋楚墓11頁	1990年河南省淅川縣下寺M8:3	河南省文物研究所	同出兩件,大小、形制、紋飾相同
5066	何次簠	28(又重文2,蓋器同銘)	春秋後期	近出535 淅川下寺春秋楚墓14頁	1990年河南省淅川縣下寺M8:4	河南省文物研究所	
5067	盤公買簠	32(又重文2,合文1)	春秋後期	集成4617 江漢考古1983年2期37頁圖3		武漢市文物商店	
5068	欒子簠	32(又重文2)	春秋後期	集成4618 文物1964年7期16頁圖8		上海博物館	
5069	孫叔左簠	32(又重文2)	戰國前期	集成4619 頌續43			容庚舊藏
5070	叔朕簠	34(又重文2)	春秋前期	集成4620 三代10.23.2 積古7.4 張藏4 攈古3.1.6 愙齋15.14 綴遺8.5 奇觚17.21 周金3.123.1 十二居23 大系録264 小校9.20.1		上海博物館	《積古》、《十二》:阮元、周季木舊藏
5071	叔朕簠	34(又重文2)	春秋前期	集成4621 彙編4.192			
5072	叔朕簠	存28	春秋前期	集成4622		故宫博物院	《集成》目録中字數爲“存23”

序號	器名	字數	時代	著録	出土地	現藏地	備註
5073	上都公簠	34(又重文2,蓋器同銘)	春秋後期	近出536 淅川下寺春秋楚墓10頁	1990年河南省淅川縣下寺M8:1	河南省文物研究所	
5074	鼄大宰簠	36(又重文2)	春秋前期	集成4623 三代10.24.2 攈古3.1.11 綴遺8.22 周金3.122.2 小校9.21.1 大系録220.2 文物1959年10期36頁圖12		上海博物館	《綴遺》:劉喜海舊藏
5075	鼄大宰簠	37(又重文2)	春秋前期	集成4624 三代10.24.1 筠清3.5 攈古3.1.1 綴遺8.23 奇觚17.22 敬吾下22 周金3.122.1 小校9.20.2 大系録220.1 山東存邾13.2			《綴遺》:葉夢得、金蘭坡、徐壽蘅舊藏
5076	長子沬臣簠	37(又重文2)	春秋後期	集成4625 文物1964年7期17頁圖九、18頁圖10		上海博物館	
5077	免簠	44	西周中期	集成4626 三代6.52.4 積古7.3 攈古3.1.25 奇觚4.3(又17.23重出) 敬吾下23 周金3.121.2 小校9.21.2 大系録79			阮元、丁樹楨舊藏

序號	器名	字數	時代	著録	出土地	現藏地	備註
5078	弭仲簠	51	西周晚期	集成4627 考古圖3.42 薛氏145 復齋19 積古7.5 攈古3.1.33 奇觚17.23	《薛氏》:得於驪山白鹿原		劉原父舊藏
5079	伯公父簠	59(又重文2)	西周晚期	集成4628 文物1982年6期88頁圖4—5 陝青3.94	1977年陝西扶風縣黄堆公社雲塘村二號窖藏	周原扶風縣文物管理所	
5080	陳逆簠	75(又重文2)	戰國前期	集成4629 積古7.9 攈古3.1.73 奇觚17.26 大系録257 彙編3.76 綴遺8.26 彙編3.77			汪仲窓舊藏;《綴遺》所録顯係另一拓本,然亦不便另行分出,姑附於此
5081	陳逆簠	75(又重文2)	戰國前期	集成4630 三代10.25.2 周金3.121 小校9.22.1 山東存齊17 彙編3.80			
5082	曾伯霥簠	88(又重文4)	春秋前期	集成4631 三代10.26.1 積古7.7 攈古3.2.11 綴遺8.17 奇觚17.25 周金3.119 小校9.23.1 大系録207.1 山東存曾1		山東省博物館	山東濰坊市古代文物管理委員會舊藏

序號	器名	字數	時代	著録	出土地	現藏地	備註
5083	曾伯霥簠	86(又重文2)	春秋前期	集成4632 三代10.26.2 從古2.19 攈古3.2.12 愙齋15.3 綴遺8.20 奇觚5.26 周金3.120 簠齋3簠1 小校9.22.2 大系録207.2 山東存曾2		山東省博物館	周小崖、陳介祺舊藏,後歸山東濰坊市古代文物管理委員會

十四、敦

序號	器名	字數	時代	著録	出土地	現藏地	備註
5084	右冶君敦	3	戰國後期	集成 4633 河北 149	1957 年河北赤城縣龍關	河北省博物館	
5085	滕侯敦	6	春秋後期	集成 4635 考古 1984 年 4 期 336 頁圖 8：右	1982 年山東滕縣洪緒公社杜莊	滕縣博物館	
5086	楚子敦	7	春秋後期	集成 4637 江漢考古 1983 年 3 期 7 頁圖 12	1972—1773 年湖北襄陽縣山灣墓葬	湖北省博物館	
5087	齊侯敦	11	春秋	集成 4638 三代 7.23.5 攈古 2.1.60.1 愙齋 8.8.1 敬吾下 2.2 周金 3.111.5 小校 7.77.4 山東存齊 1.2			《攈古録》：葉東卿舊藏
5088	齊侯敦	11	春秋	集成 4639 三代 7.24.1—2 周金 3.112.1 貞松 5.15.1—2 希古 3.15.3—2 山東存齊 1.3—4			《周金》：中江李氏舊藏
5089	歸父敦	11	春秋	集成 4640 文物 1985 年 6 期 15 頁圖 3	河北唐縣東崗龍村	滄州地區文化局	滄州地區文化局文物組徵集
5090	𨻰公克敦	11	春秋後期	集成 4641 金文叢考 383 頁 彙編 6.453			
5091	荆公孫敦	15	春秋	集成 4642		故宫博物院	
5092	荆公孫敦	15	春秋後期	近出 537 考古 1989 年 6 期 565 頁	光緒年間山東省膠南縣六汪鎮山周村	山東省膠南縣博物館	

序號	器名	字數	時代	著録	出土地	現藏地	備註
5093	拍敦	26	春秋	集成 4644 三代 11.33.3 積古 8.9.1(誤作盤) 攈古 2.3.47.1(誤作尊蓋) 奇觚 8.11.2(誤作盤) 周金 4.33.1(誤作舟) 小校 5.36(誤作尊)			《奇觚》:吴式芬舊藏
5094	宋右師延敦	29(又重文 3,蓋器同銘)	春秋後期	近出 538 文物 1991 年 5 期 88—89 頁		河南省南陽市博物館	20 世纪 60 年代河南省南陽市博物館徵集
5095	齊侯作孟姜敦	30(又重文 4)	春秋後期	集成 4645 三代 8.35.1(誤作殷) 奇觚 3.29 周金 4.20.2(誤作匜) 齊侯 4 小校 8.35.1 山東存齊 2.2 大系録 25.4.1 歐精華 3.203 美集録 R422	《大系》:傳光緒十九年(1893)直隸易州	美國紐約市美術博物館	《美集録》:盛昱、美國人福開森舊藏
5096	宋右師敦	32(又重文 3,蓋器同銘)	春秋後期	近出附 28 中原文物 1992 年 2 期 87—90 頁		河南南陽市博物館	河南南陽市博物館徵集

序號	器名	字數	時代	著録	出土地	現藏地	備註
5097	十四年塦侯午敦	36	戰國後期	集成 4646 攈古 3.1.7.1 武英 80 十二居 13 山東存齊 18.1 大系録 258.3(又 259.1 重出)		中國歷史博物館	《攈古録》:吴式芬、周季木舊藏
5098	十四年塦侯午敦	36	戰國後期	集成 4647 三代 8.42.2 貞松 5.42.1 武英 79 小校 8.32.2 陳侯 2 山東存齊 18.2 大系録 259.2 藝展 22 故圖下下 191		臺北"中央博物院"	《貞松》:承德避暑山莊舊藏
5099	十年塦侯午敦	38	戰國後期	集成 4648 録遺 168			容庚舊藏
5100	塦侯因資敦	79(又重文 2)	戰國後期	集成 4649 三代 9.17.1 從古 15.31 攈古 3.1.75 愙齋 9.11.2 奇觚 4.13 敬吾下 36.1 周金 3.30.2 簠齋 3 敦 24 陳侯 4 善齋 2.82 善彝 88 小校 3.25.1 安徽金石 1.14 大系録 260.2			陳介祺、劉體智舊藏

十五、豆

序號	器名	字數	時代	著録	出土地	現藏地	備註
5101	[illegible]豆	1	商代後期	集成4651		故宫博物院	
5102	𢍰𢿧豆	2	商代後期	集成4652 文物1982年9期39頁圖11	傳山東費縣	北京市文物工作隊	1981年從廢銅中揀出
5103	亞矣豆	2	商代後期	集成4653 三代10.46.4			
5104	公豆	2	春秋	集成4654 文物1984年9期5頁圖6	1977年山東沂水縣劉家店子一號墓	山東省文物考古研究所	
5105	公豆	2	春秋	集成4655	1977年山東沂水縣劉家店子一號墓	山東省文物考古研究所	
5106	公豆	2	春秋	集成4656	1977年山東沂水縣劉家店子一號墓	山東省文物考古研究所	
5107	公豆	2	春秋	集成4657	1977年山東沂水縣劉家店子一號墓	山東省文物考古研究所	
5108	史父乙豆	3	西周早期	近出539 寶鷄㢠國墓地(上)60頁	陝西省寶鷄市竹園溝13號墓M13：23	陝西省寶鷄市博物館	
5109	𢍰父癸豆	3	商代後期	近出540 考古與文物1990年5期25—38頁	陝西省西安市東郊老牛坡	陝西省西安市文物中心	
5110	[illegible][illegible]父丁豆	4	商代後期	集成4658 三代6.46.5 積古1.22.2 攈古1.2.56.2 愙齋17.18 綴遺25.2 殷存下35.5 小校9.93.44			《積古》、《攈古録》、《綴遺》：江寧司馬達夫、葉東卿、潘祖蔭舊藏

序號	器名	字數	時代	著録	出土地	現藏地	備註
5111	穌貉簠	4	春秋	集成 4659 上村嶺 39 頁圖 36：2	1956—1957 年河南陝縣上村嶺墓葬	中國歷史博物館	
5112	郘方豆	4	春秋	集成 4660	湖北隨縣	隨州市博物館	
5113	郘方豆	4	春秋	集成 4661	湖北隨縣	隨州市博物館	
5114	訇方豆	4	春秋後期	集成 4662	1979 年河南固始侯古堆一號墓	河南省文物研究所	《文物》1981 年 1 期有文字報導
5115	哀成叔豆	5	春秋後期	集成 4663 文物 1981 年 7 期 65 頁圖 2	1966 年河南洛陽市玻璃廠墓葬	洛陽博物館	
5116	左使車工豆	5	戰國後期	集成 4664	1977 年河北平山縣中山王墓	河北省文物研究所	
5117	左使車工豆	5	戰國後期	集成 4665	1977 年河北平山縣中山王墓	河北省文物研究所	
5118	衛始豆	6	西周晚期	集成 4666 録遺 137. 1—2		故宫博物院	
5119	衛始豆	6	西周晚期	集成 4667 録遺 138. 1—2		故宫博物院	
5120	蔞圙窑里豆	6	戰國後期	集成 4668 綴遺 25. 6. 1		旅順博物館	
5121	降叔簠	7	西周晚期	集成 4669 西清 29. 44			清宫舊藏
5122	曾侯乙豆	7	戰國前期	集成 4670	1978 年湖北隨縣曾侯乙墓	湖北省博物館	
5123	曾侯乙豆	7	戰國前期	集成 4671	1978 年湖北隨縣曾侯乙墓	湖北省博物館	

序號	器名	字數	時代	著録	出土地	現藏地	備註
5124	單吴生豆	8	西周晚期	集成 4672 博古 18.15 薛氏 152 嘯堂 63			又名"周疑生豆"
5125	曾仲斿父簠	8	春秋前期	集成 4673 文物 1972 年 2 期 53 頁圖 11	1966 年湖北京山縣蘇家壠	湖北省博物館	
5126	曾仲斿父簠	8	春秋前期	集成 4674	1966 年湖北京山縣蘇家壠	湖北省博物館	
5127	虢季豆	8(又重文2)	西周晚期	近出 541 三門峽虢國墓上册 60 頁	河南省三門峽市虢國墓地 M2001:105	河南省三門峽市文物工作隊	
5128	虢季豆	8(又重文2)	西周晚期	近出 542 三門峽虢國墓上册 60 頁	河南省三門峽市虢國墓地 M2001:148	河南省三門峽市文物工作隊	
5129	鑄客豆	9	戰國後期	集成 4675 三代 10.46.6 十二寶 12 壽縣 4 楚展 5 寶楚豆甲	1933 年安徽壽縣朱家集李三孤堆墓葬	天津市歷史博物館	方焕經舊藏
5130	鑄客豆	9	戰國後期	集成 4676 三代 10.47.1 十二寶 13 寶楚豆乙	1933 年安徽壽縣朱家集李三孤堆墓葬	天津市歷史博物館	方焕經舊藏
5131	鑄客豆	9	戰國後期	集成 4677 三代 10.47.2 十二尊 22 壽縣 6 圖 15 楚器 3 小校 9.94.2	1933 年安徽壽縣朱家集李三孤堆墓葬	故宫博物院	《楚器》:北平圖書館金石部舊藏;《集成》説明中現藏地誤爲"中國歷史博物館"

序號	器名	字數	時代	著録	出土地	現藏地	備註
5132	鑄客豆	9	戰國後期	集成4678 三代10.47.3 十二尊23 壽縣6 楚器4 小校9.94.1	1933年安徽壽縣朱家集李三孤堆墓葬	中國歷史博物館	《楚器》:北平圖書館金石部舊藏
5133	鑄客豆	9	戰國後期	集成4679	1933年安徽壽縣朱家集李三孤堆墓葬	旅順博物館	
5134	鑄客豆	9	戰國後期	集成4680	1933年安徽壽縣朱家集李三孤堆墓葬		《集成》目録中字數誤爲"10"
5135	微伯瘐⿱竹甫	10	西周中期	集成4681 文物1978年3期9頁圖9 陝青2.51	1976年陝西扶風縣莊白一號窖藏	周原扶風縣文物管理所	
5136	周生豆	10	西周晚期	集成4682 文物1980年9期4頁圖10 陝青4.106	1978年陝西寶鷄縣西高泉村墓葬	寶鷄縣圖書館	
5137	周生豆	10	西周晚期	集成4683 三代10.47.4 清愛16 攈古2.1.56.1 愙齋17.19 綴遺25.4 周金3.166 小校9.94.3			《攈古録》:劉喜海舊藏
5138	[illegible]公⿱竹甫	10	西周晚期	集成4684 考古圖3.46 博古18.20 薛氏143.5 嘯堂63.2			《薛氏》:盧江李伯時舊藏;又名"杜嬬鋪"

序號	器名	字數	時代	著録	出土地	現藏地	備註
5139	康生豆	10	西周	集成 4685 考古 1988 年 7 期 616—617 頁		山西省博物館	陳邦懷先生拓本題跋:從太原銅廠揀選出來;未見器形,《古文字研究》第八期《金文著録表》收録
5140	黄君孟豆	13	春秋前期	集成 4686 考古 1984 年 4 期 311 頁圖 12∶2	1983 年河南光山縣寶相寺上官崗墓葬	信陽地區文物管理委員會	同墓出同銘豆兩件,現僅録其一
5141	黄子豆	16	春秋前期	集成 4687 考古 1984 年 4 期 319 頁圖 20∶4	1983 年河南光山縣寶相寺上官崗墓葬	信陽地區文物管理委員會	同墓出同銘豆兩件,現僅録其一
5142	梁伯可忌豆	20(又合文 1)	戰國後期	近出 543 考古 1990 年 11 期 1045 頁	1987 年 8 月山東省淄博市臨淄區白兔丘村東淄河灘	山東省齊國故城遺址博物館	
5143	上官豆	22	戰國	集成 4688 綴遺 25.8 周金 3.167.1		故宫博物院	《綴遺》、《周金》:金蘭坡、顧子嘉舊藏;又名"富子登"
5144	魯大嗣徒厚氏元簠	23	春秋	集成 4689 三代 10.48.1 山東存魯 17.2	《山東存》:1932 年山東曲阜林前村		
5145	魯大嗣徒厚氏元簠	23(又重文 2)	春秋	集成 4690 三代 10.48.2—10.49.1 冠斝上 28 山東存魯 15.2—16.2(又 16.1 重出)	《山東存》:1932 年山東曲阜林前村	故宫博物院	榮厚舊藏;《集成》説明"字數 23(又重文 2)"缺最後一個"2"字

序號	器名	字數	時代	著録	出土地	現藏地	備註
5146	魯大嗣徒厚氏元箭	23(又重文2)	春秋	集成4691 三代10.49.2—10.50.1 冠斝上29 山東存魯17.1(器)	1932年山東曲阜林前村	故宫博物院	榮厚舊藏
5147	大師盧豆	28	西周晚期	集成4692 三代10.47.5 筠清3.1 古文審8.10 攈古2.3.52.2 綴遺25.3 奇觚18.20.1 周金3.165.1 小校9.94.7			《筠清》:吴榮光舊藏
5148	姬寏母豆	30	春秋	集成4693 考古圖5.15 薛氏152.2 金索1.72	《考古圖》:熙寧中得於扶風		《考古圖》:河南張景先舊藏;又名"齊豆"
5149	鄦陵君王子申豆	30	戰國後期	集成4695 文物1980年8期32頁圖2左	1973年江蘇無錫市前洲公社高瀆灣	南京博物院	《集成》目録中誤爲"53"字
5150	鄦陵君王子申豆	53(豆盤口外壁30字、外底23字)	戰國後期	集成4694 文物1980年8期30頁圖1右上;圖2右	1973年江蘇無錫市前洲公社高瀆灣	南京博物院	

十六、卣

序號	器名	字數	時代	著録	出土地	現藏地	備註
5151	戈卣	1	商代後期	集成 4701 三代 12.37.5—6 貞補中 1.1—2 續殷上 68.2—3 泉屋 2.70 海外吉 57 彙編 9.1527 綜覽 287.3		日本京都泉屋博古館	
5152	戈卣	1	商代後期	集成 4702 三代 12.37.7—8 貞續中 13.1—2		故宫博物院	
5153	戈卣	1	商代後期	集成 4703 三代 12.37.9 綴遺 10.2.3 殷存上 27.8 小校 4.3.7			《綴遺》:潘祖蔭舊藏
5154	戈卣	1	西周早期	集成 4704 博古 9.21 薛氏 23.7 嘯堂 32.3			
5155	戈卣	1	商代後期	集成 4705 三代 12.37.10—11 窸齋 18.13.1—2 陶齋 2.24 綴遺 17.2.2(器) 殷存上 27.6—7 夢郼上 37 小校 4.3.5—6	陝西鳳翔		端方、羅振玉舊藏;《綴遺》誤入尊類
5156	戈卣	1	西周早期	集成 4706		故宫博物院	

序號	器名	字數	時代	著録	出土地	現藏地	備註
5157	戈卣	1	商代後期	集成 4707 銅器選 21 文物 1972 年 1 期 6 頁圖 1 綜覽 266.93	1970 年湖南寧鄉王家墳	湖南省博物館	
5158	戈卣	1	西周早期	集成 4708 美集録 R270 三代補 270		美國紐約侯希蘭氏處	
5159	戈卣	1	西周早期	集成 4709 彙編 9.1536 綜覽 270.118		日本東京國立博物館	
5160	戈卣	1	西周早期	集成 4710 綜覽 278.178		日本兵庫縣黑川古文化研究所	
5161	[illegible]卣	1	商代後期	集成 4711		上海博物館	
5162	[illegible]卣	1	商代後期	集成 4712 三代 12.39.6 殷存上 28.3			
5163	[illegible]卣	1	商代後期	集成 4713			
5164	[illegible]卣	1	商代後期	集成 4714 三代 12.39.7—8 西甲 8.20 貞松 8.2.4—5			
5165	[illegible]卣	1	商代後期	集成 4715 三代 12.39.9—10 小校 4.1.5—6 善齋 4.4 雙古上 27			劉體智舊藏
5166	[illegible]卣	1	商代後期	集成 4716		故宫博物院	
5167	[illegible]卣	1	商代後期	集成 4717 日精華 1.38 彙編 9.1485 三代補 630 綜覽 287.2	河南安陽殷墟	日本神户廣海二三郎氏處	

序號	器名	字數	時代	著録	出土地	現藏地	備註
5168	[illegible]卣	1	商代後期	集成 4718 陝青 1.24 綜覽 261.53	1973 年陝西岐山縣賀家村墓葬	岐山縣博物館	
5169	[illegible]卣	1	商代後期	集成 4719			
5170	[illegible]卣	1	商代後期	集成 4720 文叢 3 期圖版 8.4	1976 年山西靈石縣旌介村	山西省博物館	
5171	史卣	1	商代後期	集成 4721 殷青 62.1	1979 年河南安陽殷墟西區 2575 號墓	考古研究所安陽工作站	
5172	史卣	1	商代後期	集成 4722 綴遺 10.2.1—2 周金 5.114.1—2 續殷上 68.8—9 小校 4.6.4—5			
5173	史卣	1	商代後期	集成 4723 三代 12.36.7—8 西清 16.23 續殷上 68.10—11 故圖下上 132		臺北“故宫博物院”	清宫舊藏
5174	史卣	1	商代後期	集成 4724		故宫博物院	
5175	史卣蓋	1	商代後期	集成 4725		故宫博物院	
5176	史卣	1	商代後期	集成 4726 博古 10.18 薛氏 23.8 嘯堂 36.2			
5177	[illegible]卣	1	商代後期	集成 4727		故宫博物院	
5178	[illegible]卣蓋	1	商代後期	集成 4728		故宫博物院	《西甲》8.19 似即此器
5179	[illegible]卣	1	商代後期	集成 4729 美集録 R63 彙編 9.1458 三代補 63		加拿大多倫多斯通夫人處	

序號	器名	字數	時代	著録	出土地	現藏地	備註
5180	[illegible]卣	1	商代後期	集成 4730 西清 16.14			清宫舊藏
5181	[illegible]卣	1	商代後期	集成 4731 彙編 9.1459 (摹) 綜覽 266.91			
5182	子卣	1	商代後期	集成 4732 三代 12.35.7 西乙 8.11 貞松 8.1.3 續殷上 66.1 寶蘊 97		中國歷史博物館	瀋陽故宫舊藏
5183	竝卣	1	商代後期	集成 4733 三代 12.35.1—2 殷存上 27.10 (蓋) 續殷上 69.3—4 貞補中 1.3—4 小校 4.4.4—5 善齋 4.1			
5184	奚卣	1	商代後期	集成 4734 三代 12.35.3—4 夢鄣續 26 續殷上 67.1—2 小校 4.4.7—8 彙編 8.1164 綜覽 261.49			羅振玉舊藏
5185	[illegible]卣	1	商代後期	集成 4735 三代 12.35.8—12.36.1 貞松 8.2.2—3		日本奈良天理參考館	《貞松》:見之津沽
5186	[illegible]卣	1	商代後期	集成 4736 鄴二上 14 綜覽 287.1			

序號	器名	字數	時代	著録	出土地	現藏地	備註
5187	受卣	1	商代後期	集成 4737 文物 1974 年 11 期 93 頁圖 11 河北 72	1967 年河北磁縣下七垣	河北省文物研究所	
5188	爰卣	1	商代後期	集成 4738 三代 12.36.2 西清 16.28 攈古上 33 恒軒 62 窓齋 18.8.4 綴遺 10.3.2 陶續 1.38 殷存上 28.2 小校 4.6.3 獲古 8 美集録 R219 彙編 8.1390 三代補 219			美國納爾遜美術陳列館;《西清》有蓋,後失
5189	守卣	1	商代後期	集成 4739		上海博物館	
5190	魚卣	1	商代後期	集成 4740		故宫博物院	冀朝鼎舊藏;銘在蓋内
5191	鼻卣	1	商代後期	集成 4741 三代 12.36.3—4 續殷上 66.4—5		故宫博物院	
5192	鼻卣	1	商代後期	集成 4742 布倫戴奇 139 頁圖 19(蓋) 彙編 8.1377		美國舊金山亞洲美術博物館布倫戴奇藏品	
5193	[illegible]卣	1	商代後期	集成 4743 三代 12.36.5—6 貞松 8.3.3—4 續殷上 67.5—6			《貞松》:諸城王氏舊藏

序號	器名	字數	時代	著録	出土地	現藏地	備註
5194	亞卣	1	商代後期	集成 4744 三代 12.36.10—11 窓齋 18.11.1—2 綴遺 10.5.1—2 殷存上 27.9—28.1 小校 4.10.5—6		上海博物館	
5195	鼎卣	1	西周早期	集成 4745 三代 12.37.1—2 陶齋 1.3 續殷上 67.7—8 小校 4.1.3—4 美集録 R275 彙編 9.1611a(蓋) 三代補 275 綜覽 266.94	《陶齋》:光緒辛丑(1901年)秋陝西鳳翔府寶鷄縣三十里鬬鶏臺	美國紐約大都會美術博物館	端方舊藏
5196	鼎卣	1	西周早期	集成 4746 三代 12.37.3—4 陶齋 1.4 續殷上 67.9—10 小校 4.1.1—2 美集録 R274 彙編 9.1613 三代補 274 綜覽 267.95	《陶齋》:光緒辛丑(1901年)秋陝西鳳翔府寶鷄縣三十里鬬鶏臺	美國紐約大都會美術博物館	端方舊藏
5197	[illegible]卣	1	商代後期	集成 4747 三代 12.38.1—2 西清 16.11 貞松 8.3.1—2 故宫 7 續殷上 67.11—12 藝展 62 故圖下上 125		臺北“故宫博物院”	清宫舊藏

序號	器名	字數	時代	著録	出土地	現藏地	備註
5198	卣	1	商代後期	集成 4748 三代 12.37.12 續殷上 68.1			此器現藏日本松崗美術館,應爲尊
5199	卣	1	商代後期	集成 4749 三代 12.38.2 殷存上 27.11 小校 4.3.8 雙古上 29			于省吾舊藏;失蓋
5200	禾卣	1	商代後期	集成 4750 青山莊 17 彙編 9.1749		日本東京根津美術館	
5201	卣	1	商代後期	集成 4751 三代 12.38.4—5			
5202	萬卣	1	西周早期	集成 4752 三代 12.38.7—8 貞松 8.1.1—2 善齋 4.3 續殷上 67.3—4 小校 4.3.1—2		瑞典斯德哥爾摩遠東古物館	劉體智舊藏;羅福頤以爲可疑
5203	敹卣	1	商代後期	集成 4753 三代 12.39.1—2 續殷上 68.12(器)		首都博物館	
5204	嫂卣	1	商代後期	集成 4754 三代 12.39.3—4		故宫博物院	
5205	嫂卣	1	商代後期	集成 4755 録遺 238			
5206	酉卣	1	商代後期或西周早期	集成 4756 三代 12.39.5 貞松 8.1.4 續殷上 69.12		故宫博物院	失蓋,後配
5207	酉卣	1	商代後期或西周早期	集成 4757 積古 1.32.2—3 攈古 1.1.41.1—2 奇觚 18.1.1—2			

序號	器名	字數	時代	著録	出土地	現藏地	備註
5208	辜卣	1	商代後期	集成 4758			
5209	【】卣	1	商代後期	集成 4759 三代 12.40.7—8 攈古 1.40(蓋), 2.17(器) 周金 5.112.1—2 殷存上 33.3—4 愙齋 7.18.4(器) 小校 4.8.1—2(7.56.3 重器)			潘祖蔭舊藏;《愙齋》7.18.4,《小校》7.56.3 誤入簋類
5210	奄卣	1	商代後期	集成 4760 三代 12.42.10—11 西甲 8.15 綴遺 10.10.3(蓋) 殷存上 29.9(蓋) 小校 4.7.4(蓋)		中國歷史博物館(蓋)	清宫舊藏,後歸潘祖蔭
5211	奄卣	1	商代後期	集成 4761 録遺 240.1—2		故宫博物院	
5212	嬉卣蓋	1	西周早期	集成 4762		故宫博物院	
5213	嬉卣	1	西周早期	集成 4763 三代 12.44.4 愙齋 18.21.1 綴遺 11.13.2 續殷上 66.6 小校 4.8.5			
5214	【】卣	1	商代後期	集成 4764 陝圖 51 陝青 1.21	1955 年陝西岐山縣賀家村	陝西省博物館	
5215	【】卣	1	商代後期	集成 4765		上海博物館	失蓋

序號	器名	字數	時代	著録	出土地	現藏地	備註
5216	入卣	1	西周早期	集成 4766 美集録 R251 彙編 9.1498 三代補 251		美國紐約奥爾勃來特美術陳列館	
5217	舌卣	1	商代後期	集成 4767 尊古 2.10 中國圖符 68 倫敦 12.199 美集録 R1 三代補 1		美國烏士特美術博物館	
5218	舌卣	1	商代後期	集成 4768 青山莊 15 彙編 9.1730	1933—1934 年間,河南安陽附近	日本東京根津美術館	
5219	天卣	1	商代後期	集成 4769 考古 1981 年 2 期 114 頁圖五 2 綜覽 257.20	1979 年河南羅山蟒張墓葬	信陽地區文物管理委員會	
5220	天卣	1	商代後期	集成 4770 文物 1978 年 10 期 94 頁圖七 綜覽 267.98	1974 年廣西武鳴勉嶺山麓	廣西僮族自治區博物館	
5221	天卣	1	商代後期	集成 4771 彙編 8.1102		日本兵庫縣黑川古文化研究所	
5222	天卣	1	商代後期	集成 4772 西甲 8.12			
5223	[illegible]卣	1	商代後期	集成 4773 博古 11.55 薛氏 104.1 嘯堂 40.5			
5224	[illegible]卣	1	商代後期或西周早期	集成 4774 彙編 8.1284		美國紐約某氏處	
5225	[illegible]卣	1	商代後期	集成 4775 綜覽 257.19		美國紐約薩克勒氏處	

序號	器名	字數	時代	著録	出土地	現藏地	備註
5226	卣	1	商代後期	集成 4776	1973 年山東濟南劉家莊	濟南市博物館	
5227	戠卣	1	商代後期	集成 4777 録遺 235.1—2			
5228	徙卣	1	商代後期	集成 4778 録遺 239.1—2			此器與《集成》9829 方彝重出，器藏中國歷史博物館，應爲方彝，此誤
5229	衛卣	1	商代後期	集成 4779 學報 5 册圖版 45.2 河南 1.275 綜覽 256.4	1950 年河南安陽武官村大墓 E9	中國歷史博物館	
5230	俞卣	1	商代後期	集成 4780 録遺 236.1—2			
5231	俞卣	1	商代後期	集成 4781 巴布選 6 綜覽 256.5		法國巴黎基美博物館	
5232	卣	1	商代後期	集成 4782 録遺 234			
5233	卣	1	商代後期	集成 4783 學報 1979 年 1 期 81 頁圖 58.17	1969—1977 年河南安陽殷墟西區 907 號墓	考古研究所安陽工作站	殘碎
5234	卣	1	商代後期	集成 4784 文物 1972 年 4 期 63 頁圖 4 山西 58 綜覽 257.16	1971 年山西保德林遮峪	山西省考古研究所	
5235	卣	1	商代後期	集成 4785 山東選 36 頁圖 87 右 綜覽 260.87	1954 年山東濱縣藍家村	山東省博物館	

序號	器名	字數	時代	著録	出土地	現藏地	備註
5236	弔卣	1	商代後期	集成 4786 三代 12.38.6 續殷上 66.12 小校 4.14.2 善齋 4.11 志存 3.27			劉體智舊藏;器銘僞,未收
5237	鳶卣	1	商代後期	集成 4787 美集録 R.15 弗里爾(1946)16 彙編 9.1680 三代補 15 綜覽 261.48		美國華盛頓弗里爾美術陳列館	
5238	隻卣	1	商代後期	集成 4788 青山莊 16 彙編 9.1672		日本東京根津美術館	
5239	豪卣	1	商代後期	集成 4789		故宫博物院	
5240	牛首形銘卣	1	商代後期	集成 4790 美集録 R.184 中國圖符 57 三代補 184		美國紐約杜克氏處	
5241	[illegible]卣	1	商代後期	集成 4791 美集録 R.217 中國圖符 61 皮斯柏 fig.30 彙編 8.1321 三代補 217		美國米里阿波里斯美術館寄陳皮斯柏氏藏品	《彙編》誤作簋,《美集録》缺蓋銘
5242	臤卣	1	商代後期	集成 4792 西清 16.21			
5243	⊠卣	1	西周早期	集成 4793		上海博物館	
5244	徙卣	1	商代後期	集成 4794 三代 11.1.10—11 愙齋 14.8.3—4 奇觚 6.2.1—2 殷存上 20.8—9 小校 5.2.1—2		上海博物館	《奇觚》:張筱農舊藏;鴞形。《三代》、《殷存》、《小校》誤爲尊,《愙齋》誤爲壺

序號	器名	字數	時代	著録	出土地	現藏地	備註
5245	得卣	1	商代後期	集成 4795		上海博物館	
5246	東卣	1	商代後期	集成 4796		上海博物館	
5247	丅卣	1	商代後期	集成 4797 小校 4.4.2			
5248	霝卣	1	商代後期	集成 4798 懷履光(1956)P.40.10 三代補 561	河南安陽	加拿大多倫多皇家安大略博物館	
5249	[illegible]卣	1	商代後期	集成 4799 中國歷史博物館館刊 4 期 94 頁		中國歷史博物館	
5250	[illegible]卣	1	商代後期	集成 4800 彙編 9.1517 綜覽 262.63			《彙編》誤作方壺
5251	[illegible]卣	1	商代後期	集成 4801 筠清 2.46 攈古 1.1.13.3			
5252	丞卣	1	商代後期	集成 4802 西乙 8.9 故圖下下 264		臺北"中央博物院"	清宫舊藏
5253	册卣	1	商代後期	集成 4803 博古 9.34 薛氏 23.3—4 嘯堂 33.6—7 復齋 26	畢良史得之盱眙榷場		
5254	亖卣	1	西周早期	集成 4804 博古 9.17 薛氏 24.1—2 嘯堂 32.1—2			
5255	天卣	1	商代後期	近出 544 考古學報 1986 年 2 期 161—172 頁	1979—1980 年河南省羅山縣蟒張鄉天湖村墓葬 1：24	河南省羅山縣文化館	

序號	器名	字數	時代	著録	出土地	現藏地	備註
5256	䀠卣	1	商代後期	近出 545 富士比(1972,11,14 227)			C. Alorse 先生舊藏;英國倫敦富士比拍賣行曾見
5257	徐卣	1	商代後期	近出 546 富士比(1993,12,7 2)			英國倫敦富士比拍賣行曾見
5258	羊卣	1	商代後期	近出 547 考古 1991 年 10 期 903—907 頁	1986 年底河南省安陽市郭莊村北墓葬 M6:29	河南省安陽市文物工作隊	
5259	黽卣	1	商代後期	近出 548 考古學報 1986 年 2 期 161—172 頁	1979—1980 年河南省羅山縣蟒張鄉天湖村墓葬 11:3	河南省羅山縣文化館	
5260	融卣	1	商代後期	近出 549 海岱考古第一輯 256—266 頁	1986 年春山東省青州市蘇埠屯墓葬 M8:11	山東省青州市博物館	
5261	明卣	1(蓋器同銘)	商代後期	近出 550 文物 1986 年 11 期 14 頁	1985 年 1 月山西省靈石縣旌介村墓葬 M2:40	山西省靈石縣文化局	
5262	○卣	1	商代後期	近出 551 考古 1990 年 10 期 879—881 頁	1988 年 7 月陝西省麟遊縣九成官鎮後坪村	陝西省麟遊縣博物館	
5263	丹卣	1	商代後期	近出 552 文物 1986 年 8 期 76—80 頁	1969 年 7 月河南省安陽市豫北紡織廠	河南省安陽市博物館	
5264	丙卣	1(蓋器同銘)	商代後期	近出 553 文物 1986 年 11 期 14 頁	1985 年 1 月山西省靈石縣旌介村墓葬 M1:33	山西省靈石縣文化局	同出兩件,形制、紋飾、銘文基本相同,大小有異

序號	器名	字數	時代	著録	出土地	現藏地	備註
5265	㔾卣	1	商代後期	近出 554 富士比(1980,4,15 7)			英國倫敦富士比拍賣行曾見
5266	亢卣	1(蓋器同銘)	西周早期	近出 555 高家堡戈國墓 91 頁	1991 年陝西省涇陽縣興隆鄉高家堡 M4:17	陝西省涇陽縣博物館	
5267	亢卣	1	西周早期	近出 556 高家堡戈國墓 74 頁	1991 年陝西省涇陽縣興隆鄉高家堡 M4:28	陝西省涇陽縣博物館	
5268	亞伐卣	2	商代後期	集成 4805 文叢 5 輯 118 頁	河北靈壽西木佛村	正定縣文物保管所	《集成》目録中字數誤爲"存 1"
5269	亞䰙卣	2	商代後期	集成 4806 三代 12.40.4 擴古 1.2.70.4 綴遺 10.12.1 小校 4.6.6			《擴古》:劉喜海舊藏
5270	亞䰙卣	2	商代後期	集成 4807 三代 12.40.5 擴古 1.2.70.3 綴遺 10.12.2 殷存上 28.6 續殷上 66.9 小校 4.6.7		上海博物館	《擴古》:劉喜海舊藏;失蓋
5271	亞䰙卣	2	商代後期	集成 4808 三代 12.40.6 擴古 1.2.71.1—2 綴遺 10.13.2—3 殷存上 28.7 善齋 4.5(蓋) 續殷上 66.7.10 小校 4.7.3(蓋)			劉體智舊藏

序號	器名	字數	時代	著録	出土地	現藏地	備註
5272	亞醜卣	2	商代後期	集成 4809 綴遺 10. 13. 1(蓋)		故宫博物院	冀朝鼎舊藏;器銘未見著録
5273	亞醜卣	2	商代後期	集成 4810 三代 12. 1. 7 西乙 8. 39 寶蘊 84 貞松 7. 23. 1 故圖下下 275		臺北"中央博物院"	清宫舊藏;諸書均入壺類;《集成》拓片漏器號"4810";説明中"字數"誤爲"數字"
5274	亞醜卣	2	商代後期	集成 4811 彙編 8. 993		日本東京書道博物館	
5275	亞奚卣	2	商代後期	集成 4812 録遺 237. 1—2			
5276	亞矣卣	2	商代後期	集成 4813 彙編 8. 1040(摹) 三代補 777(摹) 綜覽 258. 24	河南安陽侯家莊西北崗	日本神户白鶴美術館	
5277	亞丏卣	2	商代後期	集成 4814 三代 12. 43. 7—8(11. 5. 8 重)			
5278	亞屰卣	2	商代後期	集成 4815 冠斝上 53			榮厚舊藏
5279	亞屰卣	2	商代後期	集成 4816 三代 12. 43. 5—6		旅順博物館	
5280	亞異卣	2	商代後期	集成 4817	1948 年河南安陽	故宫博物院	《集成》説明中缺"著録"項;同出有方尊和爵等
5281	亞□卣	2	商代後期	集成 4818 文物 1957 年 11 期 67 頁圖 5	1956 年河南上蔡田莊村墓葬	河南省文物研究所	

序號	器名	字數	時代	著録	出土地	現藏地	備註
5282	亞□卣	2	商代後期	集成 4819 殷青 67.1	1963 年河南安陽苗圃北地 172 號墓	考古研究所安陽工作站	
5283	□亞卣	2	商代後期	集成 4820 三代 12.43.11 貞補中 2.1 海外吉 42 續殷上 70.6		日本京都川合定治郎氏處	《彙編》8.1052 與此相似，摹本倒置
5284	且辛卣	2	商代後期	集成 4821 河南 1.367 中原文物 1985 年 1 期 30 頁圖 2.30	1965 年河南輝縣褚邱	新鄉市博物館	
5285	父乙卣	2	商代後期或西周早期	集成 4822 三代 12.40.9 殷存上 29.10 續殷下 51.10 小校 4.8.3			《續殷》誤入觶類
5286	□乙卣	2	商代後期	集成 4823 三代 12.40.10—11 貞松 8.4.3—4 善齋 4.6 續殷上 69.6—7 小校 4.8.6—7			劉體智舊藏
5287	□丙卣	2	商代後期	集成 4824 三代 12.41.3—4 貞松 8.5.1—2 續殷上 70.1—2 小校 4.9.3—4		上海博物館	
5288	丁丰卣	2	商代後期	集成 4825 三代 12.41.9 西清 16.12		故宫博物院	清宫舊藏

序號	器名	字數	時代	著録	出土地	現藏地	備註
5289	丁犬卣	2	商代後期	集成 4826 三代 12.41.5—6 續殷上 70.9—10			
5290	丁卣	2	商代後期	集成 4827 續考 2.1			失蓋
5291	丁卣	2	商代後期	集成 4828 三代 12.41.7—8 愙齋 18.11.3—4 續殷上 69.10—11 小校 4.9.5—6			
5292	己卣	2	商代後期	集成 4829 綴遺 10.7.1—2 攈古 1.1.39.4—40.1			《攈古》:葉志詵舊藏;二書著録器銘稍異
5293	己卣蓋	2	商代後期	集成 4830 三代 12.41.10 綴遺 10.9.1 奇觚 5.1.3 殷存上 29.4 小校 4.9.7(又 5.5.3 重出)		故宫博物院	方濬益舊藏;《小校》以此與《集成》4831 爲一器
5294	己卣	2	商代後期	集成 4831 三代 12.42.1 愙齋 18.8.3 續殷上 71.7 小校 4.9.8 尊古 2.11			劉體智舊藏
5295	己卣	2	商代後期	集成 4832 三代 12.42.2—3 續殷上 70.7—8		南京大學歷史系考古教研室	
5296	己卣	2	商代後期	集成 4833 復齋 8.1			原署"商舉己卣二",或以爲二器

序號	器名	字數	時代	著録	出土地	現藏地	備註
5297	辛[illegible]卣	2	商代後期	集成 4834 筠清 1.6 擴古 1.1.39.3 綴遺 10.6.1 布倫戴奇 141.47 彙編 9.1477		美國舊金山亞洲美術博物館布倫戴奇藏品	吴榮光舊藏
5298	父辛卣	2	商代後期	集成 4835		中國歷史博物館	
5299	父癸卣	2	商代後期	集成 4836 美集録 R.286 彙編 7.956 三代補 286			曾在美國紐約盧芹齋處
5300	父癸卣	2	商代後期	集成 4837 西甲 8.6			清宫舊藏
5301	癸[illegible]卣	2	商代後期	集成 4838 考古 1963 年 12 期 646 頁圖 1.2—3	1963 年湖南寧鄉黄村	湖南省博物館	
5302	癸[illegible]卣	2	商代後期	集成 4839 三代 12.42.4—5 殷存上 28.10—11 書道 18c 彙編 8.1272 三代補 830(蓋)		《三代補》:美國紐約戴潤齋	
5303	癸[illegible]卣	2	商代後期	集成 4840 三代 12.42.6—7 愙齋 18.4.1—2 綴遺 10.17.1—2 小校 4.10.1—2			此與《集成》4839 器酷似,姑仍作二器處理
5304	豕癸卣	2	商代後期或西周早期	集成 4841 薛氏 23.1—2 嘯堂 32.4—5			
5305	[illegible]卣	2	商代後期	集成 4842 録遺 233			

序號	器名	字數	時代	著録	出土地	現藏地	備註
5306	[illegible]母卣	2	商代後期	集成 4843 白鶴撰 7 三代補 780 綜覽 260. 47		日本神户白鶴美術館	
5307	㠱婦卣	2	商代後期	集成 4844 三代 12. 45. 7—8 愙齋 7. 19. 1—2 綴遺 11. 10. 1—2 殷存上 35. 9—10 小校 4. 14. 4—5 (7. 57. 2 重蓋)			《綴遺》:潘祖蔭舊藏;《愙齋》誤入簋類
5308	婦[illegible]卣	2	商代後期	集成 4845 三代 12. 58. 3—4 從古 3. 13 攈古 1. 2. 33. 3—4 綴遺 11. 14. 1—2 敬吾下 68. 1—2 周金 5. 112. 3—4 清儀 1. 9 小校 4. 12. 5—6			《綴遺》:清宫舊藏,後歸張廷濟、梁小嘐
5309	婦[illegible]卣	2	商代後期	集成 4846 三代 12. 58. 5—6 奇觚 6. 1. 4(蓋) 善齋 4. 15(蓋) 小校 4. 13. 1—2			潘祖蔭舊藏;《西乙》8. 14 或即此,該器現藏臺北"中央博物院"(《故圖》上下 170 頁)
5310	子侯卣	2	商代後期	集成 4847 三代 12. 35. 5—6 攈古 1. 1. 42. 1—2 綴遺 10. 4. 2—3 續殷上 71. 3—4		故宫博物院	吴式芬舊藏

序號	器名	字數	時代	著録	出土地	現藏地	備註
5311	子▮卣	2	商代後期	集成 4848 三代 12.42.8—9 陶齋 2.28 綴遺 10.11.1—2 續殷上 70.4—5 小校 4.10.3—4 彙編 8.1217			端方舊藏
5312	子臭卣	2	商代後期或西周早期	集成 4849 三代 12.57.2 貞松 8.11.2			
5313	子𢏚卣	2	商代後期	集成 4850		上海博物館	
5314	女魚卣	2	商代後期	集成 4851 巖窟上 21	1940 年河南安陽	上海博物館	
5315	竹□卣	2	商代後期	集成 4852 三代 12.43.1—2 殷存上 29.7—8 小校 4.4.6—7		上海博物館	
5316	魚從卣	2	西周早期	集成 4853 三代 12.43.3—4 貞續中 13.4—14.1 善齋 4.10 小校 4.12.3—4 雙古上 30 綜覽 271.124		故宫博物院	劉體智舊藏;《集成》説明中時代誤爲“殷”
5317	戈⋈卣	2	西周早期	集成 4854 文物 1972 年 7 期 6 頁圖 3 陝青 4.138 高家堡戈國墓 23 頁圖 18.5、6	1971 年陝西涇陽高家堡墓葬	陝西省博物館	
5318	□鱻卣	2	商代後期	集成 4855		上海博物館	

序號	器名	字數	時代	著録	出土地	現藏地	備註
5319	卣	2	商代後期	集成 4856 三代 12.44.1—2 西清 16.16 攀古 2.19 恒軒 58 愙齋 18.11.5—12.1 綴遺 10.6.2—3 殷存上 29.2 小校 4.11.1—2		上海博物館	清宫舊藏,後歸潘祖蔭
5320	卣	2	商代後期	集成 4857		上海博物館	此與《集成》4856 器酷似,姑作二器處理
5321	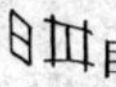卣	2	商代後期或西周早期	集成 4858 三代 12.38.9—10 綴遺 10.1.1—2 奇觚 6.1.1—2 周金 5.113.3—4 續殷上 68.4.6 小校 4.5.3—4 綜覽 267.100			潘祖蔭、徐乃昌舊藏
5322	卣	2	商代後期或西周早期	集成 4859 三代 12.38.11—12 陶齋 2.27 周金 5.113.5—6 續殷上 68.5.7 小校 4.5.5—6 猷氏 fig22			端方舊藏

序號	器名	字數	時代	著録	出土地	現藏地	備註
5323	冂㕣卣	2	商代後期	集成 4860 三代 12.39.11—12 筠清 1.8.1—2 攈古 1.1.41.3—4 愙齋 14.7.3—4 綴遺 10.10.1—2 殷存上 29.5—6 小校 4.2.1—2			《愙齋》誤入壺類
5324	冂㕣卣	2	商代後期	集成 4861 三代 12.40.1—2 小校 4.1.7—8			
5325	冂㕣卣	2	商代後期	集成 4862 博古 9.10 薛氏 26.1—2 嘯堂 31.1—2			
5326	[illegible]卣	2	商代後期	集成 4863 三代 12.44.5—6 貞松 8.6.1—2 武英 129 續殷上 71.1—2 小校 4.11.78 故圖下下 266(蓋)		臺北"中央博物院"	承德避暑山莊舊藏
5327	[illegible]木卣	2	商代後期	集成 4864 三代 12.44.3 西清 15.26 攈古上 35 恒軒上 61 愙齋 18.7.3 綴遺 10.9.2 陶續 1.39 殷存上 29.1 小校 4.12.1 獲古 7 彙編 9.1795			清宫舊藏,後歸潘祖蔭、端方;《西清》有蓋,其餘均失

序號	器名	字數	時代	著録	出土地	現藏地	備註
5328	[illegible]刀卣	2	商代後期	集成 4865 三代 12.45.3—4 冠斝上 55		故宫博物院	榮厚舊藏
5329	[illegible]卣	2	商代後期	集成 4866 三代 12.44.9—10 貞松 8.6.3—4 小校 4.11.5—6 倫敦 Pl. 14. No. 196 荷、比 Pl. 14. No. 18 彙編 8.1302		荷蘭 W. Van der Mandele 氏處	劉體智舊藏
5330	[illegible]卣	2	商代後期	集成 4867 三代 12.44.11—12 西甲 8.27 愙齋 18.3.1—2 奇觚 6.2.3—4 殷存上 28.8—9 小校 4.11.3—4		上海博物館	清宫舊藏,後歸吴大澂
5331	[illegible]召卣	2	西周早期	集成 4868 三代 12.45.1 貞續中 13.3 續殷上 70.3 故宫 32 故圖下上 126		臺北"故宫博物院"	清宫舊藏
5332	[illegible]戈卣	2	商代後期	集成 4869 三代 12.45.2 貞松 8.5.3 小校 4.12.2			《集成》5582 誤收爲尊
5333	册[illegible]卣	2	商代後期	集成 4870 録遺 241.1—2			

序號	器名	字數	時代	著録	出土地	現藏地	備註
5334	嬰册卣	2	商代後期	集成 4871 三代 13.6.1—2 貞補中 6.1—2 彙編 9.1421		美國舊金山亞洲美術陳列館布倫戴奇藏品	
5335	册告卣	2	商代後期	集成 4872 美集録 R475 三代補 475		美國納爾遜美術館寄陳布恰德藏品	
5336	[illegible][illegible]卣	2	商代後期	集成 4873 洛爾 P. 177. No. 16(摹) 布倫戴奇 fig18 彙編 9.1407 三代補 762		美國舊金山亞洲美術陳列館布倫戴奇藏品	
5337	買車卣	2	商代後期	集成 4874 録遺 242.1—2 巖窟上 23	河南安陽	故宫博物院	
5338	[illegible][illegible]卣	2	商代後期或西周早期	集成 4875 録遺 243.1—2			
5339	뿎徵卣	2	商代後期	集成 4876		上海博物館	
5340	叡뿎卣	2	商代後期	集成 4877 文物 1982 年 9 期 41 頁圖 33	山東費縣	北京市文物研究所	《文物》誤爲甗
5341	叡뿎卣	2	商代後期	集成 4878 文物 1982 年 9 期 41 頁圖 30	山東費縣	北京市文物研究所	
5342	叡뿎卣	2	商代後期	集成 4879 文物 1982 年 9 期 41 頁圖 29	山東費縣	北京市文物研究所	
5343	朋[illegible]卣	2	商代後期	集成 4880 録遺 244			
5344	[illegible]安卣	2	商代後期	集成 4881		上海博物館	
5345	牏貝卣	2	商代後期	集成 4882		故宫博物院	
5346	[illegible][illegible]卣	2	西周早期	集成 4883		故宫博物院	

序號	器名	字數	時代	著録	出土地	現藏地	備註
5347	用征卣	2	西周早期	集成 4884 倫敦 4.9 彙編 7.959 綜覽 277.168		日本兵庫縣黑川古文化研究所	
5348	馬永卣	2	西周	集成 4885 青銅器下 58		中國歷史博物館	此卣有喙,或入盉類
5349	作彝卣	2	西周	集成 4886 貞松 8.5			
5350	作旅卣	2	西周	集成 4887 奇觚 6.4.2 小校 4.13.4(又 7.56.8 重出)			
5351	旅彝卣	2	西周早期	集成 4888 三代 12.45.5—6 貞松 8.5.4 小校 4.13.5—6 希古 5.8.3—4 彙編 7.964 綜覽 280.167		美國紐約薩克勒氏處	《貞松》:劉鶚舊藏;《彙編》作觶
5352	父乙卣	2	西周早期	近出 557 富士比(1984,12,11 15)			英國倫敦富士比拍賣行曾見
5353	父戊卣	2(蓋器同銘)	西周早期	近出 558 考古與文物 1990 年 5 期 26—43 頁	陝西省長安縣灃西工程配件廠墓葬	陝西省西安市文物中心	
5354	𠬝辛卣	2	西周早期	近出 559 富士比(1993,12,7 4)			英國倫敦富士比拍賣行曾見
5355	亞醜卣	2	商代後期	近出 560 富士比(1980,12,16—17:410)			英國倫敦富士比拍賣行曾見

序號	器名	字數	時代	著録	出土地	現藏地	備註
5356	亞址卣	2(蓋器同銘)	商代後期	近出561 安陽殷墟郭家莊商代墓葬80頁	河南省安陽市殷墟郭家莊M160:172	中國社會科學院考古研究所	
5357	龔子卣	2	西周早期	近出562 富士比(1976,4,6 9)			英國倫敦富士比拍賣行曾見
5358	隹壺卣	2(蓋器同銘)	西周早期	近出563 富士比(1984,6,19 7)			Jau, Oeder舊藏;英國倫敦富士比拍賣行曾見
5359	𤇾門卣	2(蓋器同銘,此爲器銘)	商代後期	近出564 海岱考古第一輯313—314頁	1985年春山東省濰坊市坊子區院上水庫南崖	山東省濰坊市博物館	
5360	己並卣	2	商代後期	近出附29 文物1985年3期2—5頁	1983年12月山東壽光縣"益都侯城"故址	山東壽光縣博物館	
5361	用徒卣	2	西周	近出附30 考古與文物1991年1期3—13頁	1927年陝西寶鷄市金台區陳倉鄉戴家灣盜掘		
5362	□□卣	2	商代後期	近出附31 華夏考古1997年2期22頁	1983—1986年河南安陽市劉家莊M9:22	河南安陽市文物工作隊	
5363	□□卣	存2	商代後期	近出附32 考古與文物1991年1期3—13頁	1927年陝西寶鷄市金台區陳倉鄉戴家灣盜掘		
5364	鳥且甲卣	3	商代後期	集成4889 三代12.45.9 殷存上29.12 愙齋18.13.3(又7.19重出) 小校4.14.6(又7.52.2重出)			

序號	器名	字數	時代	著録	出土地	現藏地	備註
5365	且乙卣	3	商代後期	集成4890 三代12.46.1—2 攀古上32 恒軒上57 愙齋18.5.3—6.1 綴遺10.21.1—2 陶齋2.25 殷存上30.1—2 小校4.26.5—6 獲古6 青山莊32 日精華1.60(蓋) 彙編8.1121(蓋拓,器摹)		日本東京根津美術館	潘祖蔭、端方舊藏
5366	子且丁卣蓋	3	商代後期	集成4891 三代12.46.3 陶齋2.41 殷存上21.11 小校4.14.7 冠斝上54			端方、榮厚舊藏;《殷存》誤入尊類
5367	且戊卣	3	商代後期	集成4892 綴遺10.25.1			《綴遺》:鳳陽柳西園舊藏
5368	且戊卣	3	商代後期	集成4893 三代12.46.4—5 擄古1.2.34.1(蓋) 綴遺10.29.1—2 殷存上30.3—4 日精華1.67(蓋) 彙編9.1687		日本京都横田正治郎氏處	

序號	器名	字數	時代	著録	出土地	現藏地	備註
5369	子且己卣	3	商代後期	集成 4894 三代 12.46.6—7 愙齋 18.9.1—2 綴遺 10.30.3—4 殷存上 30.5—6 小校 4.14.8—9			《愙齋》:潘祖蔭舊藏
5370	史且庚卣蓋	3	西周早期	集成 4895 博古 10.26.2 薛氏 25.3 嘯堂 36.9			
5371	竟且辛卣	3	西周早期	集成 4896 三代 12.46.8(蓋) 續殷上 71.11(蓋) 賸稿 25 歐精華 1.85 美集録 R.83 彙編 8.1282 三代補 83		美國紐約大都會美術博物館	《彚編》誤將《日精華》1.40 同銘鴞卣(《集成》未收)作爲此卣器銘
5372	爲且辛卣	3	商代後期	集成 4897 三代 12.47.1 西甲 8.17 續殷上 72.1		故宫博物院	清宫舊藏;器銘未著録
5373	子且壬卣	3	西周早期	集成 4898 美集録 R.272 三代補 272		美國紐約羅勃兹氏處	
5374	且癸𠙵卣	3	商代後期	集成 4899 三代 12.47.2—3 筠清 1.7.3—4 從古 7.7 攈古 1.2.32.1—2 綴遺 11.2.3—4 敬吾下 72.5—6 續殷上 72.2—3 小校 4.15.1—2			《攈古》:夏松如舊藏

序號	器名	字數	時代	著録	出土地	現藏地	備註
5375	曩且癸卣	3	商代後期	集成 4900 筠清 1.7.1—2 從古 7.8 攈古 1.3.26.1—2 綴遺 11.8.3—4			《攈古》:夏松如舊藏
5376	子且癸卣	3	商代後期	集成 4901			此器應爲觚,誤收爲卣。《集成》7085 已收
5377	鳥父甲卣	3	商代後期	集成 4902 三代 12.47.4 窸齋 18.14.1 殷存上 30.7 小校 4.15.3			《窸齋》:李山農舊藏
5378	甲父田卣	3	商代後期	集成 4903 三代 12.47.5—6 貞松 8.7.3—4 董盦 3 山東下 2.5—6 彙編 9.1701	《董盦》:1918 年山東長清崮山驛	《彙編》:日本大阪齋藤悦藏氏處	
5379	[illegible]父甲卣	3	商代後期	集成 4904 三代 12.47.7—8 貞補中 2.2—3		《貞補》:河南博物館	
5380	[illegible]父甲卣	3	商代後期	集成 4905 彙編 9.1754 綜覽 266.89		日本京都某氏處	
5381	敄父甲卣	3	商代後期	集成 4906 録遺 245			
5382	舟父甲卣	3	西周早期	集成 4907 文物 1977 年 12 期圖版 1.3	1974 年遼寧喀左山灣子窖藏	遼寧省博物館	失蓋

序號	器名	字數	時代	著録	出土地	現藏地	備註
5383	天父乙卣	3	商代後期	集成 4908 三代 12. 48. 1 (蓋) 貞續中 14. 2 (蓋) 小校 4. 16. 2—3			
5384	天父乙卣	3	商代後期	集成 4909 文物 1978 年 10 期 94 頁圖 6	1976 年廣西興安揀選	廣西僮族自治區博物館	
5385	何父乙卣	3	商代後期	集成 4910 三代 12. 48. 2 貞松 8. 8. 1			《貞松》:粤人某氏
5386	父乙卣	3	西周早期	集成 4911 綜覽 263. 69		瑞典斯德哥爾摩遠東古物館	
5387	束父乙卣	3	西周早期	集成 4912 續殷上 73. 1			
5388	册父乙卣	3	商代後期	集成 4913 三代 12. 48. 3—4 積古 5. 5. 1(蓋) 金索首 6 攈古 1. 2. 34. 2 (蓋) 愙齋 13. 22. 3—4 綴遺 6. 14. 2 續殷上 72. 9—10 小校 4. 17. 1—2 (又 5. 7. 7 重出)		曲阜縣文物管理委員會	《積古》:欽頒曲阜孔廟之器;《愙齋》作尊,《綴遺》作敦
5389	魚父乙卣	3	商代後期	集成 4914 録遺 248			
5390	魚父乙卣	3	商代後期	集成 4915 續殷上 73. 7 小校 4. 15. 7 善齋 4. 12			劉體智舊藏;失蓋

序號	器名	字數	時代	著録	出土地	現藏地	備註
5391	魚父乙卣	3	商代後期	集成 4916 三代 12. 48. 6(蓋) 續殷上 77. 1(蓋)、73. 5(器) 小校 4. 15. 5—6			劉體智舊藏
5392	魚父乙卣	3	商代後期	集成 4917 續殷上 73. 6			
5393	[illegible]父乙卣	3	商代後期	集成 4918 録遺 247. 1—2			
5394	[illegible]父乙卣	3	商代後期	集成 4919 山西 50	1958 年山西洪趙	山西省博物館	
5395	[illegible]父乙卣蓋	3	商代後期	集成 4920		故宫博物院	
5396	凡父乙卣	3	西周早期	集成 4921 美集録 R. 254 彙編 9. 1502 三代補 254		美國哈佛大學福格美術館	
5397	奄父乙卣	3	商代後期	集成 4922 三代 13. 1. 5—6 攈古 1. 2. 73. 1—2 殷存上 34. 1—2			
5398	奄父乙卣	3	商代後期	集成 4923 三代 13. 1. 7—8 貞松 8. 14. 5—6 武英 127 續殷上 77. 2—3 小校 4. 18. 4—5 故圖下下 267(蓋)		臺北"中央博物院"	承德避暑山莊舊藏

序號	器名	字數	時代	著録	出土地	現藏地	備註
5399	奄父乙卣	3	商代後期	集成 4924 三代 13.2.1—2 續殷上 77.4—5			《集成》4924.1 與 9267.2 觥重出，器類不明；《集成》4924.2 與 9267.1 觥重出，器類不明
5400	父乙卣	3	商代後期	集成 4925 三代 12.49.5—6 西清 16.18 綴遺 10.20.1—2 殷存上 29.3(蓋) 貞松 8.8.2—3 小校 4.16.7—8		上海博物館	清宮舊藏
5401	父乙卣	3	商代後期	集成 4926 三代 12.49.8 貞續中 15.2 善齋 4.13 續殷上 73.2 小校 4.18.6—7 善彝 115 故圖下下 268		臺北"中央博物院"	盛昱、劉體智舊藏
5402	父乙卣	3	商代後期	集成 4927 巖窟上 22	1942 年河南安陽		失蓋
5403	父乙卣	3	商代後期	集成 4928 三代 12.49.7 貞續中 15.1 小校 4.15.4			
5404	史父乙卣	3	商代後期	集成 4929		故宮博物院	
5405	父乙卣	3	商代後期	集成 4930 三代 12.48.7—8 窓齋 18.4.3—4 綴遺 10.28.1—2 殷存上 30.10—31.1 小校 4.16.5—6			潘祖蔭舊藏

序號	器名	字數	時代	著録	出土地	現藏地	備註
5406	𢼄父乙卣	3	商代後期	集成 4931 録遺 246.1—2			
5407	㕣父乙卣	3	商代後期	集成 4932 綴遺 10.19.1—2			
5408	亞父乙卣	存 3	商代後期	集成 4933 博古 11.11 薛氏 26.6—7 嘯堂 40.1—2			《集成》目録誤爲"3"字
5409	㕣父乙卣	3	商代後期	集成 4934 攈古 1.2.34.4 筠清 1.4			
5410	㢑父乙卣	3	西周早期	集成 4935 文物 1972 年 12 期 8 頁圖 20 學報 1977 年 2 期 108 頁圖 8.17	1967 年甘肅靈臺白草坡墓	甘肅省博物館	僅蓋内有銘
5411	枚父丙卣	3	商代後期	集成 4936 三代 12.50.5 殷存上 34.4 澂秋 32 小校 4.18.7			陳承裘舊藏
5412	牧父丙卣	3	商代後期	集成 4937 三代 13.2.6 殷存上 34.3 小校 4.27.7			此器應爲觚，誤收爲卣，《集成》7104 已收
5413	㠱父丁卣	3	商代後期	集成 4938 三代 12.50.7—8 攈古 1.3.27.3—4 愙齋 18.16.3—4 綴遺 11.8.1—2 奇觚 6.6.4—7.1 殷存上 36.4—5 簠齋二卣 8 續殷上 73.8—9 小校 4.19.4—5			《綴遺》：葉東卿、陳介祺舊藏

序號	器名	字數	時代	著録	出土地	現藏地	備註
5414	䙴父丁卣	3	商代後期	集成 4939 三代 14.4.3—4 貞松 8.40.4—5 澂秋 49			陳承裘舊藏;《三代》誤入盉類
5415	凡父丁卣	3	西周早期	集成 4940 三代 6.13.6 續殷上 73.10 (上 37.6 重) 歐精華 1.82 (蓋) 彙編 9.1506 三代補 616 蘇黎世 69.28 (摹)		瑞士蘇黎世瑞列堡博物館	
5416	史父丁卣	3	商代後期	集成 4941 三代 12.50.6 (14.43.3 重) 西甲 8.10			清宫舊藏;此器與《集成》9502 壺重出,器形爲壺,此誤;《西甲》有蓋銘,未録
5417	爵父丁卣	3	西周早期	集成 4942 博古 9.24.2 薛氏 24.5 嘯堂 32.6			
5418	子父丁卣	3	商代後期	集成 4943		上海博物館	
5419	束父丁卣	3	商代後期	集成 4944		故宫博物院	
5420	耒父丁卣	3	商代後期	集成 4945		故宫博物院	失蓋
5421	耒父丁卣	3	商代後期	集成 4946 博古 10.10 薛氏 24.3—4 嘯堂 35.4—5			
5422	酉父丁卣	3	商代後期	集成 4947 綴遺 10.29.3—4			

序號	器名	字數	時代	著録	出土地	現藏地	備註
5423	父丁爻卣	3	商代後期	集成 4948 山東選 30 頁圖 75	1958 年山東滕縣井亭煤礦	山東省博物館	
5424	[illegible]父丁卣	3	商代後期	集成 4949 西清 15.1			清宮舊藏
5425	奄父戊卣	3	商代後期	集成 4950 三代 13.4.1 西清 16.27 愙齋 7.19.4 殷存上 34.8 小校 7.59.2			清宮舊藏;失蓋
5426	酉父己卣	3	西周早期	集成 4951 復齋 27.1	畢良史得之於盱眙榷場		
5427	酉父己卣	3	商代後期	集成 4952 三代 12.52.4(器) 貞松 8.8.5(器) 小校 4.20.1—2			劉體智舊藏;羅福頤疑僞
5428	[illegible]父己卣	3	商代後期	集成 4953 三代 12.52.1—2 愙齋 18.10.1—2 綴遺 10.27.2—3 殷存上 31.4—5 小校 4.20.3—4			《綴遺》:潘祖蔭舊藏
5429	戈父己卣	3	商代後期	集成 4954 三代 12.52.3 綴遺 10.18.1 貞松 8.8			
5430	戈父己卣	3	商代後期	集成 4955 考古圖 4.33 博古 10.5 薛氏 25.5 嘯堂 34.5	《考古圖》:得於龍游		

序號	器名	字數	時代	著録	出土地	現藏地	備註
5431	父己卣	3	商代後期	集成 4956 三代 12.51.1—2 續殷 4.20.5—6 小校 4.20.5—6 彙編 8.1131			羅福頤以爲蓋真器僞
5432	犬父己卣	3	商代後期	集成 4957 三代 12.51.3—4 綴遺 10.26.1—2 奇觚 6.3.1(蓋) 殷存上 31.6—7 小校 4.21.1—2			李佐賢、潘祖蔭舊藏
5433	受父己卣	3	商代後期	集成 4958 三代 12.51.5—6 愙齋 18.5.1—2 綴遺 10.30.1—2 殷存上 31.8—9 小校 4.21.5—6			《綴遺》:潘季玉舊藏;《集成》4958 説明中器名漏"己"字
5434	遽父己卣	3	商代後期	集成 4959 三代 12.51.7—8 貞松 8.9.1—2 續殷上 74.7—8 小校 4.21.3—4 綜覽 270.119		日本大阪市立博物館	劉體智舊藏
5435	父己卣	3	商代後期	集成 4960 三代 12.52.6—7 寧壽 7.2 貞補中 3.3—4 續殷上 74.9—10 故宫 6 故圖上下 128		臺北"故宫博物院"	清宫舊藏
5436	父己卣	3	商代後期	集成 4961 考古圖 4.24 薛氏 20.4—5	《考古圖》:得於壽陽紫金山,其蓋得於維之硤石下		廬江李氏舊藏

序號	器名	字數	時代	著録	出土地	現藏地	備註
5437	⺁父己卣	3	商代後期	集成 4962 積古 1.33.3 求古 1.2 愙齋 18.20.1 敬吾下 67.1 殷存上 31.10 續殷上 74.3 小校 4.19.7			《敬吾》:陳抱之舊藏;此卣有喙,舊入盉類
5438	父己卣	3	商代後期	集成 4963 彙編 9.1473 綜覽 263.67		美國紐約薩克勒氏處	
5439	萬父己卣	3	西周早期	集成 4964 文物 1963 年 4 期 51 頁圖 2(器) 考古 1963 年 4 期 225 頁圖 2(蓋)	1962 年山西翼城鳳家坡墓葬	翼城縣博物館	
5440	父己卣	3	商代後期	集成 4965 奇觚 6.3.2 貞補中 3.1—2 續殷上 74.5(6 重) 小校 4.19.8			除《貞補》外,他書僅收器銘
5441	父己卣	3	商代後期	集成 4966 三代 12.52.5 續殷上 74.4 故宫 33 故圖下上 129		臺北"故宫博物院"	
5442	䵼父庚卣	3	商代後期	集成 4967 三代 14.5.3 貞松 8.41.1 故宫 3 藝展 63 倫敦 14.22 故圖下上 130		臺北"故宫博物院"	此卣有喙,舊入盉類

序號	器名	字數	時代	著録	出土地	現藏地	備註
5443	弓父庚卣	3	商代後期	集成 4968 三代 12.53.1—2 長安 1.21 攈古 1.2.33.1—2 綴遺 10.19.3—4 殷存上 31.12—32.1 小校 4.22.1(器)			劉喜海舊藏
5444	子父庚卣	3	商代後期	集成 4969 三代 12.53.3—4 貞補中 4.1—2		遼寧省博物館	
5445	父庚戠卣	3	西周早期	集成 4970		故宫博物院	
5446	責父辛卣	3	西周早期	集成 4971 三代 12.53.7—8 綴遺 10.31.1—2 殷存上 32.7—8 小校 4.22.6—7		上海博物館	
5447	[illegible]父辛卣	3	商代後期	集成 4972 三代 12.54.1—2 綴遺 11.3.3—4 殷存上 32.3—4 小校 4.22.2—3		上海博物館	《綴遺》:潘祖蔭舊藏
5448	[illegible]父辛卣	3	商代後期	集成 4973 三代 12.54.3—4 殷存上 32.5—6			
5449	[illegible]父辛卣蓋	3	西周早期	集成 4974 文物 1972 年 5 期 6 頁圖 10	1969 年山東黄縣歸城小劉莊	山東省博物館	原文又稱"盉蓋",未見圖像,暫入卣類
5450	[illegible]父辛卣蓋	3	商代後期	集成 4975		故宫博物院	

序號	器名	字數	時代	著録	出土地	現藏地	備註
5451	天父辛卣	3	商代後期	集成 4976 三代 12.54.5—6 貞續中 16.1—2 善齋 4.14 續殷上 75.4—5 小校 4.22.4—5		故宫博物院	劉體智舊藏
5452	忄凡父辛卣	3	商代後期	集成 4977 文物 1975 年 3 期 73 頁圖 2 陝青 4.10	1970 年陝西寶鷄峪泉村墓葬	寶鷄市博物館	
5453	奄父辛卣	3	商代後期	集成 4978 録遺 254.1—2		故宫博物院	
5454	父辛黽卣	3	商代後期	集成 4979 三代 12.55.4 攀古 1.41 恒軒 63 綴遺 10.24.1 殷存上 32.2 小校 4.23.1		上海博物館	潘祖蔭舊藏;失蓋
5455	㠱父辛卣蓋	3	商代後期	集成 4980 三代 12.55.6 殷存上 36.7 澂秋 35 小校 4.23.3		故宫博物院	陳承裘舊藏
5456	弔父辛卣	3	商代後期	集成 4981 三代 12.55.1—2 西甲 8.13 積古 1.17.2 (器) 攈古 1.2.29.1 貞松 8.10.1—2 故宫 4 故圖上下 133		臺北"故宫博物院"	清宫舊藏;《積古》誤爲尊
5457	几父辛卣	3	西周早期	集成 4982		上海博物館	

序號	器名	字數	時代	著録	出土地	現藏地	備註
5458	辛父卣□	3	商代後期	集成 4983 博古 10.17 薛氏 25.4 嘯堂 35.3			
5459	□父辛卣蓋	3	西周早期	集成 4984	1984 年陝西長安張家坡 163 號墓	考古研究所西安研究室	
5460	□父辛卣	3	商代後期	集成 4985 三代 12.53.5—6 西清 16.26 貞松 8.9.3—4 澂秋 33 續殷上 75.6—7		故宫博物院	清宫舊藏,後歸陳承裘
5461	□父辛卣	3	商代後期	集成 4986 貞補中 5.1—2 美集録 R66 三代補 66		美國哈佛大學福格美術館	
5462	父辛酉卣	3	商代後期	集成 4987 三代 12.55.4 鄴初上 19 續殷上 75.2		故宫博物院	《集成》:此卣失蓋,後與 5082 之蓋誤合爲一
5463	爵父癸卣蓋	3	商代後期	集成 4988 三代 12.55.7 二百 1.6 兩罍 1.6 攈古 1.2.8.4 愙齋 18.6.2 綴遺 10.27.1 續殷上 75.8 小校 4.23.5			吴雲舊藏
5464	□父癸卣	3	商代後期	集成 4989 三代 13.5.1—2 恒軒上 56 愙齋 18.12.2—3 續殷上 79.1—2 小校 4.31.1—2			《愙齋》:三原劉氏舊藏

序號	器名	字數	時代	著録	出土地	現藏地	備註
5465	史父癸卣	3	西周早期	集成 4990 美集録 R476 三代補 476			曾在美國紐約盧芹齋處
5466	戉父癸卣	3	西周早期	集成 4991 博古 9.8 薛氏 26.8—9 嘯堂 30.3—4			
5467	串父癸卣	3	商代後期	集成 4992 西清 16.9			清宫舊藏
5468	奄父癸卣	3	商代後期	集成 4993 三代 13.5.3 愙齋 13.19.3 奇觚 6.6.1 綴遺 11.7.3 殷存上 35.4 簠齋二卣 9 小校 4.24.3(5.11.7 重)			陳介祺舊藏;《愙齋》誤爲尊
5469	取父癸卣	3	商代後期	集成 4994 西清 15.6 録遺 250.1—2		故宫博物院	清宫舊藏
5470	父癸卣	3	商代後期	集成 4995 三代 12.56.1—2 西清 16.34 愙齋 18.8.1(器) 綴遺 11.1.1 殷存上 33.1—2 小校 4.24.2		故宫博物院	清宫舊藏
5471	父癸卣	3	西周早期	集成 4996 博古 10.11.2 薛氏 24.6 嘯堂 35.6			

序號	器名	字數	時代	著録	出土地	現藏地	備註
5472	魚父癸卣	3	商代後期	集成 4997 三代 11.11.6 綴遺 10.23.1 弗里爾(1967)P.318 彙編 9.1644		美國華盛頓弗里爾美術陳列館	《三代》誤入尊類
5473	[illegible]父癸卣	3	商代後期	集成 4998 録遺 251		故宫博物院	
5474	魚母乙卣	3	西周早期	集成 4999 西清 16.3			清宫舊藏
5475	[illegible]母己卣	3	商代後期	集成 5000 三代 12.56.4—5 綴遺 11.9.1—2 敬吾下 73.1—2 續殷上 76.1—2 小校 4.25.5—6			《綴遺》:葉志詵舊藏
5476	[illegible]母辛卣	3(蓋 2 器 3)	西周早期	集成 5001 博古 9.15 薛氏 25.1—2 嘯堂 31.5—6			《續考》5.1 與此同銘,蓋、器分别多“|||”和“|¦¦|”
5477	[illegible]兄丁卣	3	西周早期	集成 5002 美集録 R281 彙編 8.1135 三代補 281		美國哈佛大學福格美術博物館	
5478	[illegible]兄丁卣	3	西周早期	集成 5003 美集録 R280 彙編 8.1134 三代補 280		美國哈佛大學福格美術博物館	缺器銘
5479	子辛[illegible]卣	3	商代後期	集成 5004 三代 12.56.8 殷存上 29.11			

序號	器名	字數	時代	著録	出土地	現藏地	備註
5480	子廞圖卣	3	西周早期	集成 5005 三代 12.57.3—4 攈古 1.2.32.3—4 愙齋 19.20.3—4 綴遺 10.16.1—2 續殷上 76.5 (蓋) 小校 4.25.3—4		上海博物館	
5481	劦册竹卣	3	商代後期	集成 5006 三代 12.44.7—8 西清 16.15 貞松 8.7.1—2 善齋 4.7 續殷上 76.7—8 小校 4.5.1—2 善彝 110 故圖下下 265 (蓋)		臺北"中央博物院"	清宫舊藏,後歸劉體智
5482	西隻單卣	3	商代後期	集成 5007 復齋 18.2—3 積古 5.5.2 攈古 1.2.31.2—3 奇觚 18.1—2			
5483	秉毌丁卣	3	商代後期或西周早期	集成 5008 三代 12.56.7 貞松 8.11.1 綴遺 23.12.2			《貞松》:爲程周氏舊藏
5484	丁[illegible][illegible]卣	3	商代後期	集成 5009 三代 12.56.6 綴遺 10.11.3 貞松 8.11.2 續殷上 76.6 泉屋 2.72 海外吉 40 彙編 9.1466		日本京都泉屋博古館	

序號	器名	字數	時代	著録	出土地	現藏地	備註
5485	[illegible]娶癸卣	3	商代後期	集成 5010 三代 12. 36. 12, 12. 57. 1 續殷上 69. 5, 71. 8 歐精華 1. 74 彙編 9. 1409 三代補 743 賽爾諾什 48		法國巴黎賽爾諾什博物館	
5486	㠯[illegible]卣	3（蓋 2 器 3）	商代後期	集成 5011 山東選 24. 66	山東長清興復河	山東省博物館	
5487	証其卣	3	商代後期	集成 5012		上海博物館	
5488	林亞艅卣	3	商代後期	集成 5013 續殷上 70. 11—12			
5489	亞豈衎卣	3	商代後期	集成 5014 三代 12. 43. 9—10 十二契 12 續殷上 71. 5—6		旅順博物館	商承祚舊藏
5490	亞其卣	3	商代後期	集成 5015 三代 12. 43. 12 奇觚 6. 3. 3 周金 5. 100. 1 殷存上 28. 12 小校 4. 14. 1			《周金》: 潘祖蔭舊藏
5491	[illegible][illegible]卣	3	商代後期	集成 5016		中國歷史博物館	
5492	[illegible]畀卣	3	商代後期	集成 5017 懷履光（1956）99. 1—2 三代補 578	傳河南安陽郭家灣北地	加拿大多倫多皇家安大略博物館	

序號	器名	字數	時代	著録	出土地	現藏地	備註
5493	大保卣	3	西周早期	集成 5018 銅玉圖 70e 三代補 799 綜覽 288. 12	傳河南濬縣	日本神户白鶴美術館	
5494	ㄟ田舌卣	3	商代後期	集成 5019 賸稿 24			《賸稿》: 安陽古物保存會舊藏
5495	讆仲卣	3	西周早期	集成 5020 西清 15. 32			清宫舊藏
5496	公作彝卣	3	西周早期	集成 5021 考古與文物 1980 年 1 期 15 頁圖 5 (器) 陝青 4. 30 (器)	1971 年陝西寶鷄茹家莊墓葬	寶鷄市博物館	蓋銘未著録
5497	伯作彝卣	3	西周早期	集成 5022 綴遺 11. 28. 1—2			吴大澂舊藏
5498	伯寶彝卣	3	西周早期	集成 5023 中銅 150 三代補 794(摹) 出光 395. 39		日本東京出光美術館	
5499	員作夾卣	3	西周早期	集成 5024 美集録 R. 387 録遺 252 三代補 387		美國紐約奥爾勃來特美術陳列館	
5500	作彝卣	3	西周早期	集成 5025 三代 12. 57. 5—6 貞松 8. 12. 1—2 小校 4. 25. 5—6			《貞松》: 劉體智舊藏
5501	從作彝卣	3	西周早期	集成 5026 三代 12. 59. 8—60. 1 貞松 8. 13. 4—5			劉體智舊藏

序號	器名	字數	時代	著録	出土地	現藏地	備註
5502	作從彝卣	3	西周早期	集成 5027 三代 12.59.5—6 貞松 8.13.2—3 小校 4.26.3—4			《貞松》:劉體智舊藏
5503	作從彝卣	3	西周早期	集成 5028		故宫博物院	
5504	作旅彝卣	3	西周早期	集成 5029 文物 1980 年 4 期 42 頁圖 6.4 陝青 3.70	1976 年陝西扶風雲塘村 20 號墓	陝西周原扶風文物管理所	
5505	作旅彝卣	3	西周早期	集成 5030 美集録 R371 彙編 7.905 三代補 371		美國哈佛大學福格美術博物館	
5506	作旅彝卣	3	西周早期	集成 5031 三代 12.59.3—4 西清 16.25 貞松 8.12.5—13.1 武英 130 小校 4.26.1—2 故圖下下 272(器)		臺北"中央博物院"	承德避暑山莊舊藏
5507	作旅彝卣	3	西周早期	集成 5032 美集録 R.369(摹) 三代補 369(摹)		美國紐約乃布氏處	
5508	作旅弓卣	3	西周早期	集成 5033		故宫博物院	
5509	作寶彝卣	3	西周早期	集成 5034 三代 12.58.7—8 恒軒上 67 擦古 1.2.35.1—2(3—4 重) 綴遺 11.15.1—2 希古 5.9.3—4			吴大澂舊藏

序號	器名	字數	時代	著録	出土地	現藏地	備註
5510	作寶彝卣	3	西周早期	集成5035	北京房山琉璃河253號西周燕國墓253：5	首都博物館	
5511	作寶彝卣	3	西周早期	集成5036		故宫博物院	
5512	作寶彝卣	3	西周早期	集成5037		故宫博物院	
5513	作寶彝卣蓋	3	西周早期	集成5038		故宫博物院	
5514	作寶彝卣	3	西周早期	集成5039 西清17.5			清宫舊藏
5515	作障彝卣	3	西周中期	集成5040 文物1986年1期16頁圖43	1981年陝西長安花園村17號墓	陝西省文物管理委員會	
5516	作障彝卣	3	西周早期	集成5041		故宫博物院	
5517	西作旅卣	3	西周早期	集成5042 三代12.59.7 殷存上33.5 小校4.25.7 寶鼎98 彙編7.907			荷蘭萬孝臣氏舊藏
5518	作宗彝卣	3	西周早期	集成5043 三代12.59.1—2 周金5.110.3—111.1 貞松8.12.3—4 小校4.25.8—9 弗里爾(1967)P.330		美國華盛頓弗里爾美術陳列館	《貞松》:四明周氏雪盦舊藏
5519	光祖乙卣	3	商代後期	近出565 考古1991年2期132—134頁	1987年8—12月河南省安陽市梅園莊南地墓葬M92：3	河南省安陽市文物工作隊	

序號	器名	字數	時代	著録	出土地	現藏地	備註
5520	象祖辛卣	3（蓋器同銘）	西周早期	近出 566 富士比（1985，6，18　211）			英國倫敦富士比拍賣行曾見
5521	[illegible]父乙卣	3	商代後期	近出 567 考古 1990 年 10 期 879—881 頁	1988 年 7 月陝西省麟遊縣九成官鎮後坪村	陝西省麟遊縣博物館	
5522	疰父乙卣	3	西周早期	近出 568 考古 1989 年 1 期 10—18 頁	1986 年 8 月河南省信陽縣浉河港鄉浉河灘	河南省信陽市文物管理委員會	
5523	[illegible]父乙卣	3（蓋器同銘）	西周早期	近出 569 考古與文物 1990 年 5 期 26—43 頁	1975—1976 年陝西省長安縣灃西鄉	陝西省西安市文物中心	
5524	[illegible]父丁卣	3（蓋器同銘）	西周早期	近出 570 考古與文物 1990 年 5 期 26—43 頁	陝西省長安縣灃西工程配件廠墓葬	陝西省西安市文物中心	
5525	[illegible]父丁卣	3	西周早期	近出 571 考古 1989 年 1 期 10—18 頁	1986 年 8 月河南省信陽縣浉河港鄉浉河灘	河南省信陽市文物管理委員會	
5526	申父庚卣	3（蓋器同銘）	西周早期	近出 572 考古與文物 1990 年 5 期 26—43 頁	1975—1976 年陝西省長安縣灃西鄉	陝西省西安市文物中心	
5527	[illegible]父辛卣	3	商代後期	近出 573 考古 1990 年 10 期 879—881 頁	1988 年 7 月陝西省麟遊縣九成官鎮後坪村	陝西省麟遊縣博物館	
5528	戈父癸卣	3（蓋器同銘）	西周早期	近出 574 高家堡戈國墓 63 頁	1991 年陝西省涇陽縣興隆鄉高家堡 M3：6	陝西省涇陽縣博物館	

序號	器名	字數	時代	著録	出土地	現藏地	備註
5529	从丁癸卣	3	商代後期	近出 575 佳士得(1982,6,17　5)			英國倫敦佳士得拍賣行曾見
5530	羊日羊卣	3(蓋器同銘)	商代後期	近出 576 文物 1984 年 12 期 33 頁	1982 年 1 月河北正定縣新城鋪村墓葬	河北正定縣文物保管所	
5531	夭作彝卣	3	西周中期	近出 577 富士比(1973,6,26　4)			英國倫敦富士比拍賣行舊藏
5532	作旅彝卣	3	西周早期	近出 578 歐遺珠圖版 110		英國格拉斯哥博物館美術館巴萊爾氏藏品	
5533	且丁父己卣	4	西周早期	集成 5044 陜青 3.157	1977 年陜西隴縣韋家莊墓葬	寶鷄市博物館	
5534	䍐册且丁卣	4	商代後期	集成 5045 考古圖 4.22			
5535	䍐册且丁卣	4	商代後期	集成 5046 博古 9.30 薛氏 29.2—3 嘯堂 33.4—5			此與《集成》5045 器銘同形異
5536	戉[illegible]且乙卣	4	商代後期	集成 5047 三代 13.1.1—2 貞續中 17.1—2 小校 4.26.4 彙編 9.1586			
5537	[illegible]且己卣	4	商代後期	集成 5048 敬吾下 67.3—4 續殷上 71.9—10 小校 4.27.3—4			

序號	器名	字數	時代	著録	出土地	現藏地	備註
5538	亞覍父甲卣	4	商代後期	集成 5049 三代 14.50.6(器) 貞松 9.25(器) 續殷上 72.4—5			《三代》誤爲觶
5539	陸册父甲卣	4	商代後期	集成 5050 三代 2.37.3 貞松 2.20 續殷上 18.6		天津師範大學歷史系	《貞松》:丁樹楨舊藏;失蓋,後配蓋銘未收
5540	父乙[illegible][illegible]卣	4	商代後期	集成 5051 三代 13.2.5 鄴初上 18 續殷上 72.8			失蓋
5541	陸册父乙卣	4	商代後期	集成 5052 三代 13.2.3—4 攈古 1.2.73.3(蓋) 綴遺 11.6.1(蓋) 小校 4.27.6(蓋)			
5542	亞[illegible]父乙卣	4	商代後期	集成 5053 三代 12.50.1—2 綴遺 10.14.2—3 奇觚 5.3.1—2 殷存上 33.7—8 小校 5.8.4—5			《綴遺》:潘祖蔭舊藏;《小校》誤爲尊
5543	亞紷父乙卣	4	商代後期	集成 5054 三代 12.49.3—4 續殷上 73.3—4 小校 4.18.1—2(3 重) 山東下 4.3—4			《集成》5054.2 應爲觶,《集成》6379 已收,此誤
5544	亞厷父乙卣	4	商代後期	集成 5055 綴遺 10.28.3 綜覽 263.66			《綴遺》:器見於蘇州

序號	器名	字數	時代	著録	出土地	現藏地	備註
5545	田告父乙卣	4	商代後期	集成 5056 三代 13.1.3 貞續中 17.3			
5546	子[illegible]父乙卣	4	商代後期	集成 5057 出光 395.35		日本東京出光美術館	
5547	耶冃父乙卣	4	商代後期	集成 5058 彙編 9.1426		日本神户白鶴美術館	
5548	[illegible]父乙卣	4	商代後期	集成 5059 録遺 249.1—2		故宫博物院	
5549	[illegible]父乙卣	4	商代後期	集成 5060 三代 12.50.3(蓋) 殷存上 30.8—9 貞補中 2.4(蓋)		旅順博物館(蓋)	現此卣之蓋與《集成》“[illegible]父戊卣”5076 之器誤合爲一
5550	夲旅父乙卣	4	西周早期	集成 5061 三代 12.49.1—2 綴遺 10.22.1 貞續中 14.3—4 續殷上 72.6—7 小校 4.16.1—2 美集録 R.154 三代補 154			方濬益舊藏,曾在美國紐約盧芹齋處
5551	豖馬父丁卣	4	西周早期	集成 5062 考古 1984 年 12 期 1132 頁圖 1.3	1982 年安徽潁上王崗區鄭家灣	潁上縣文物工作組	
5552	豖馬父丁卣	4	西周早期	集成 5063 日精華 1.49 彙編 8.1175 三代補 632		日本奈良寧樂美術館	

序號	器名	字數	時代	著録	出土地	現藏地	備註
5553	立[illegible]父丁卣	4	商代後期	集成 5064 三代 13.3.1—2 懷米上 26.1—2 攈古 1.3.28.1—2 綴遺 11.1.2—3 敬吾下 72.1—2 殷存上 34.5—6 續殷上 77.6—7 小校 4.28.1—2 美集録 R.92 三代補 92		美國羅賓生氏處	曹載奎舊藏
5554	立[illegible]父丁卣	4	商代後期	集成 5065 三代 13.3.3—4 陶齋 2.30 善齋 4.16(蓋) 續殷上 77.8—9 小校 4.28.3 彙編 8.1112		美國納爾遜美術陳列館	端方、劉體智舊藏;《美集録》A558 有圖像無拓片
5555	[illegible]作父丁卣	4	西周早期	集成 5066 三代 13.3.8 陶齋 2.31 續殷上 78.3 小校 4.27.8			端方舊藏
5556	狣父丁卣	4	商代後期	集成 5067 三代 13.3.5—6 西清 15.2 貞松 8.15.1—2 善齋 4.17 續殷上 78.1—2 小校 4.28.4—5 尊古 2.12		上海博物館	清宫舊藏,後歸劉體智
5557	串[illegible]父丁卣	4	商代後期	集成 5068 續殷上 78.4			

序號	器名	字數	時代	著録	出土地	現藏地	備註
5558	串雋父丁卣	4	商代後期	集成5069 文物1977年12期圖版1.3左	1974年遼寧喀左山灣子窖藏	遼寧省博物館	
5559	子廟父丁卣	4	商代後期	集成5070 西清15.3			清宫舊藏
5560	[illegible]父丁卣	4	西周早期	集成5071 文物1964年7期11頁		上海博物館	失蓋
5561	[illegible]父丁卣	4	西周早期	集成5072 學報1980年4期468頁圖16.5	1976年陝西長安張家坡墓葬	考古研究所西安研究室	
5562	舟丙父丁卣	4	商代後期	集成5073 三代13.3.7 擴古1.2.77.3 愙齋13.18.2 綴遺10.32.2 奇觚6.6.3 殷存上34.7 小校4.28.8 簠齋二卣10			陳介祺舊藏;《愙齋》誤爲尊
5563	帆公父丁卣	4	商代後期	集成5074 三代13.2.7—8 貞續中15.3—4 續殷上74.1(蓋) 小校4.19.1—2		北京師範學院歷史系	
5564	釆作父丁卣	4	西周早期	集成5075 積古5.6.1 擴古1.2.73.4			《集成》説明中時代誤爲"殷"
5565	[illegible]父戊卣	4	商代後期	集成5076 三代12.50.4 貞補中2.4		旅順博物館	失蓋,現與《集成》"[illegible]父乙卣"5060之蓋誤合爲一

序號	器名	字數	時代	著録	出土地	現藏地	備註
5566	又羖父己卣	4	商代後期	集成 5077 三代 13.4.2—3 續殷上 78.5—6		上海博物館	
5567	亞𠓊父己卣	4	西周早期	集成 5078 文物 1983 年 11 期 66 頁圖 16.1	1982 年北京順義牛欄山	北京市文物研究所	
5568	亞[illegible]父己卣	4	西周早期	集成 5079 考古圖 4.25 薛氏 20.2—3	《考古圖》:得於京兆		
5569	子刀父庚卣	4	西周早期	集成 5080 美集録 R109 柏景寒 152 彙編 8.1231 三代補 109		美國芝加哥美術館	
5570	陸册父庚卣	4	商代後期	集成 5081 三代 13.11.1—2 從古 6.15 攈古 1.3.36.3—4 愙齋 19.21.1—2 綴遺 11.5.1—2 續殷上 78.7—8 小校 4.35.5—6			《愙齋》:張廷濟舊藏
5571	家戈父庚卣	4	商代後期	集成 5082 三代 13.4.4(蓋) 西甲 8.16 愙齋 18.7.2(蓋) 綴遺 10.24.2(蓋) 奇觚 6.5.3(蓋) 殷存上 35.1(蓋) 小校 4.29.1—2 西拾 12(器)		故宫博物院(蓋)	清宫舊藏;此卣之蓋,現與《集成》4987 誤合爲一

序號	器名	字數	時代	著録	出土地	現藏地	備註
5572	隻婦父庚卣蓋	4	商代後期	集成 5083 三代 12.52.8 貞補中 4.3 鄴初上 19.1 續殷上 75.1 藝展 63.1		故宫博物院	現此蓋與《集成》4979 誤合爲一
5573	夲父辛卣蓋	4	商代後期	集成 5084 三代 11.15.2 續殷上 56.8 弗里爾(1967)55		美國華盛頓弗里爾美術陳列館	《三代》、《續殷》誤爲尊
5574	亞覷父辛卣	4	商代後期	集成 5085 三代 12.55.6 西清 16.30 綴遺 10.14.1 貞松 8.10.3 小校 4.23.2			清宫舊藏,後歸潘祖蔭;《集成》5085.2 與 3331 簋重出,器類不清;除《西清》外,諸書僅收器銘
5575	亞獏父辛卣	4	商代後期	集成 5086 西清 16.22			
5576	令父辛卣	4	商代後期	集成 5087 三代 13.4.5—6 殷存上 35.2—3 澂秋 34 小校 4.30.7(蓋)		故宫博物院	陳承裘舊藏
5577	觶貝父辛卣	4	西周早期	集成 5088 博古 10.8 薛氏 27.4—5 嘯堂 35.1—2			
5578	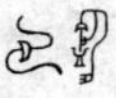父辛卣	4	商代後期	集成 5089		北京師範學院歷史系	

序號	器名	字數	時代	著録	出土地	現藏地	備註
5579	㚔旅父辛卣	4	西周早期	集成 5090 三代 12.54.7—8 貞續中 16.3—4 皮斯柏 56.25 美集録 R.159 彙編 8.1320 三代補 159		美國米里阿波里斯美術館寄陳皮斯柏藏品	
5580	何父癸卣	4	商代後期	集成 5091 三代 13.5.3—4 貞松 8.15.4—16.1 善齋 4.20 續殷上 79.3(蓋) 小校 4.30.5—6			劉體智舊藏
5581	作父癸[illegible]卣	4	商代後期	集成 5092 録遺 255.1—2			
5582	行天父癸卣	4	商代後期	集成 5093 西清 16.7			
5583	亞得父癸卣	4	商代後期	集成 5094 三代 12.56.3 西甲 8.9 續殷下 59.10		故宫博物院	失蓋;《續殷》誤爲觶
5584	[illegible]册父癸卣	4	西周早期	集成 5095 薛氏 28.1			
5585	[illegible]父癸卣	4(蓋 1 器 3)	商代後期	集成 5096 録遺 222.1—2		故宫博物院	蓋、器或原非一器;《録遺》誤爲壺
5586	亞醜杞婦卣	4	商代後期	集成 5097 三代 12.60.2—3 貞松 8.14.3—4 續殷上 76.3—4 故宫 30 故圖下上 131		臺北"故宫博物院"	

序號	器名	字數	時代	著録	出土地	現藏地	備註
5587	䀠[illegible]婦[illegible]卣	4	商代後期	集成 5098 文物 1978 年 5 期圖版 8.2 河南 1.354 中原文物 1985 年 1 期 30 頁圖 2.17	1952 年河南輝縣褚邱	新鄉市博物館	
5588	婦聿䏍卣	4	商代後期	集成 5099 三代 12.57.7—8 恒軒 60 攈古 1.3.25.1（蓋,2 重） 愙齋 18.18.1—2 綴遺 11.7.1—2 奇觚 6.4.3—4 敬吾下 68.3—4 續殷下 79.5—6 小校 4.33.6—7 青山莊 33		日本東京根津美術館	吴大澂舊藏
5589	亞㠱皇廡卣	4（蓋 3 器 4）	商代後期	集成 5100 文物 1986 年 5 期 89 頁圖 2	1985 年江西遂川泉江鎮洪門村	遂川縣博物館	
5590	戉葡卣	4（蓋、器各 2）	商代後期	集成 5101 西清 16.39 上海 9 彙編 9.1582 三代補 862		上海博物館	清宫舊藏
5591	王作[illegible]弄卣	4	商代後期	集成 5102 美集録 R.188 三代補 188		美國紐約乃布氏處	
5592	伯壴父卣	4	西周早期	集成 5103 美集録 R.386,490（照） 三代補 386		美國陀里多美術館	

序號	器名	字數	時代	著録	出土地	現藏地	備註
5593	伯作隮彝卣	4	西周早期	集成 5104 文物 1976 年 6 期 65 頁圖 14.15 陝青 3.32(器)	1975 年陝西扶風召李村 1 號墓	扶風縣博物館	
5594	伯作寶彝卣	4	西周早期	集成 5105 寧壽 7.7			清宫舊藏
5595	伯作寶彝卣	4	西周早期	集成 5106		故宫博物院	失蓋後配
5596	伯作寶彝卣	4	西周早期	集成 5107 貞續中 17.4			
5597	叔作旅彝卣	4	西周早期	集成 5108 三代 13.6.5—6 貞松 8.17.1—2 善齋 4.23 小校 4.33.2—3 善彝 120			劉體智舊藏
5598	叔作寶彝卣	4	西周早期	集成 5109 三代 13.6.4 周金 5.109.1 小校 4.33.1			失蓋
5599	彭女卣	4	商代後期	集成 5110 三代 2.41.2 貞松 2.24 續殷上 79.8 雙古 28			《三代》、《貞松》誤入鼎類,《集成》第四册誤收(1908)。《雙古》所收缺蓋,疑《三代》2.41.1 或即其蓋
5600	埶母彝卣	4	商代後期	集成 5111 三代 12.58.1—2 攈古 1.2.74.1—2 愙齋 18.18.3—4 綴遺 11.12.2—3 殷存上 35.7—8 小校 4.25.1—2		上海博物館	葉志詵、潘祖蔭舊藏

序號	器名	字數	時代	著録	出土地	現藏地	備註
5601	戈罟卣	4	西周早期	集成 5112 三代 13.6.3 懷米上 25 攈古 1.2.72.2—3 綴遺 10.18.2—3 小校 4.31.6—7			曹載奎舊藏
5602	[illegible]作障彝卣	4	西周早期	集成 5113 文物 1956 年 10 期 79 頁		洛陽市博物館?	
5603	[illegible]作障彝卣	4	商代後期	集成 5114 三代 13.5.6 貞松 8.16.2 善齋 4.21 小校 4.32.4 善彝 112 頌續 50			劉體智、容庚舊藏;失蓋
5604	登作障彝卣	4	西周早期	集成 5115 考古 1972 年 2 期 36 頁圖 2.1	河南洛陽鐵路二中 26 號墓	洛陽市博物館	
5605	辛作寶彝卣	4	西周早期	集成 5116 攈古 1.2.74 筠清 1.5 綴遺 12.21.1—2 小校 4.32.1—2			葉志詵舊藏;羅福頤以爲蓋僞器真
5606	耒作寶彝卣	4	西周早期	集成 5117		上海博物館	
5607	騗作旅彝卣	4	西周早期	集成 5118 西清 10.19 故宫 45 録遺 257.1—2		故宫博物院	"騗"字後刻
5608	[illegible]作旅彝卣	4	西周早期	集成 5119 三代 13.7.1—2 窓齋 19.18.3—4 周金 5.107.3—4 小校 4.32.7—8 日精華 1.78		日本京都川合定治郎氏	

序號	器名	字數	時代	著録	出土地	現藏地	備註
5609	作旅彝卣	4	西周早期	集成 5120 三代 13.7.5—6 寧壽 7.13 貞松 8.18.2—3 故宫 8 故圖下上 140		臺北"故宫博物院"	清宫舊藏
5610	作旅寶彝卣	4	西周早期	集成 5121 三代 13.7.3—4 (6.25.2 重) 敬吾下 67.7—8 攈古 1.2.75.1—2 愙齋 19.2—3 綴遺 11.18.2—3 貞松 4.36 周金 5.108.1—2 小校 4.34.3—4			
5611	作宗寶彝卣	4	西周早期	集成 5122 上海 40 彙編 7.843 三代補 878		上海博物館	
5612	作從彝卣	4	西周早期	集成 5123 三代 13.7.7—8 貞補中 5.3—4			
5613	作從彝卣	4	西周早期	集成 5124 三代 13.21.6—7 倫敦 4.11 彙編 7.844 綜覽 277.169		日本兵庫縣黑川古文化研究所	
5614	從彝卣	4	西周早期	集成 5125 三代 13.6.8 續殷上 79.9			一拓未著録

序號	器名	字數	時代	著録	出土地	現藏地	備註
5615	作寶隩彝卣	4	西周早期	集成 5126 三代 13. 9. 3（器） 綴遺 11. 16. 1—2 貞松 8. 14. 1—2 希古 5. 9. 1 海外吉 51 泉屋 1. 66 彙編 7. 907 三代補 771 綜覽 279. 180		日本京都泉屋博古館	《綴遺》：丁筱農舊藏
5616	作寶隩彝卣	4	西周早期	集成 5127 三代 13. 8. 3—4 綴遺 11. 15. 3—4 奇觚 6. 5. 1—2 周金 5. 108. 4（蓋），5. 100. 2（器） 小校 4. 33. 8—9 續殷上 79. 7 美集録 R. 474 三代補 474			潘祖蔭舊藏，曾在美國紐約盧芹齋處
5617	作寶隩彝卣	4	西周早期	集成 5128 三代 13. 8. 7—8 貞松 8. 17. 5—6 海外吉 50 泉屋 2. 59 彙編 7. 841a		日本京都泉屋博古館	
5618	作寶隩彝卣	4	西周早期	集成 5129 西清 17. 4			清宫舊藏
5619	作寶隩彝卣	4	西周早期	集成 5130 三代 13. 8. 6			
5620	作寶隩彝卣	4	西周早期	集成 5131 博古 9. 26. 2 薛氏 27. 1 嘯堂 33. 1			

序號	器名	字數	時代	著録	出土地	現藏地	備註
5621	作寶障彝卣	4	西周早期	集成 5132 西清 17.3 攈古 1.2.76.1—2 綴遺 11.16.3—4			清宫舊藏
5622	作寶障彝卣	4	西周早期	集成 5133 博古 9.28 薛氏 27.2—3 嘯堂 33.2—3			
5623	作寶障彝卣	4	西周早期	集成 5134 文物 1979 年 11 期 3 頁圖 4—5 陝青 3.23(器)	1978 年陝西扶風齊家村 19 號墓	陝西周原扶風縣文管所	
5624	作寶障彝卣	4	西周早期	集成 5135 三代 13.8.1—2 攈古 1.2.75.3—4 故圖下上 139		臺北“故宫博物院”	
5625	作寶障彝卣	4	西周早期	集成 5136 貞松 8.17.4			
5626	作寶障彝卣	4	西周早期	集成 5137 考古與文物 1980 年 4 期 13 頁圖 8.2 陝青 3.53	1949 年陝西扶風縣齊鎮	扶風縣博物館	
5627	作寶障彝卣	4	西周早期	集成 5138 綴遺 11.17.2			
5628	作寶障彝卣	4	西周早期	集成 5139 賽爾諾什 174 彙編 7.838 三代補 745		法國巴黎賽爾諾什博物館	

序號	器名	字數	時代	著録	出土地	現藏地	備註
5629	作寶隮彝卣	4	西周早期	集成5140 三代13.8.5 綴遺11.17.1 貞松8.17.3 希古5.9.5 小校4.34.1			潘祖蔭舊藏
5630	戈作旅彝卣	4	西周早期	集成5141 美集録R.349 三代補349	《美集録》:傳河南洛陽	美國司丹佛大學美術陳列館	同銘三器(簋二、尊一),善齋舊藏
5631	眀子弓觰卣	4	商代後期	集成5142 三代12.5.2 續殷上64.10 日精華1.47 彙編1416		日本東京程琦氏處	銘在外底,《三代》入壺類
5632	遽册卣	4	西周早期	集成5143 善齋4.26 小校4.36.1—2 善彝114		上海博物館	劉體智舊藏
5633	作戲卣	4	西周早期	集成5144 三代13.5.7—8 貞松8.16.3—4 善齋4.22 小校4.33.4—5 善彝119 頌續51			劉體智、容庚舊藏
5634	□且己父己卣	4(蓋器各4,字有差異)	商代後期	集成5145 三代14.28.8(蓋),6.21.6(器) 貞續中29.2(蓋) 續殷上76.9(蓋) 小校7.19.4—5 蘇黎世65.26.1—2(摹) 彙編8.1122(摹)		瑞士蘇黎世瑞列堡博物館	《三代》誤爲觚、彝,《貞續》誤爲觚,《小校》誤爲彝

序號	器名	字數	時代	著録	出土地	現藏地	備註
5635	小姓卣	4（又合文1）	西周早期	近出584 中原文物1988年1期21頁	1985年4月河南省平頂山市薛莊鄉北滍村	河南省平頂山市文物管理委員會	
5636	作寶尊彝卣	4	西周早期	近出585 寶鷄弜國墓地（上）180頁	陝西省寶鷄市竹園溝8號墓M8：5	陝西省寶鷄市博物館	
5637	作寶尊彝卣	4	西周早期	近出586 寶鷄弜國墓地（上）180頁	陝西省寶鷄市竹園溝8號墓M8：6	陝西省寶鷄市博物館	
5638	作寶尊彝卣	4	西周早期	近出587 佳士得（1985，12，2 75）			英國倫敦佳士得拍賣行曾見
5639	作寶尊彝卣	4（蓋器同銘）	西周中期	近出588 考古1991年10期912—917頁	1965年山東省黄縣歸城遺址墓葬M1：6	山東省煙臺市文物管理委員會	
5640	馬豖父丁卣	4	商代後期	近出579 文物1986年8期73頁		河南省安陽市博物館	
5641	嬰父丁卣	4（蓋1器3）	西周早期	近出580 考古與文物1990年5期26—43頁	1965年陝西省長安縣大原村	陝西省西安市文物中心	
5642	剢冊父癸卣	4（蓋器同銘）	商代後期	近出581 文物1990年7期36—37頁	1973年6月山東省兗州縣嵫山區李宫村	山東省兗州縣博物館	
5643	□疛父癸卣	4	西周早期	近出582 文博1987年3期82—83頁	1986年7月甘肅省隴縣牙科鄉梁甫村		

序號	器名	字數	時代	著録	出土地	現藏地	備註
5644	作从彝卣	4	西周早期	近出 583 富士比(1978,3,30 7) 歐遺珠圖版 94			A. F. Philips博士舊藏;英國倫敦富士比拍賣行曾見
5645	□且己父辛卣	5	商代後期	集成 5146 三代 13.9.6—7 從古 13.24.1—2 攈古 1.3.28.3—4 愙齋 18.15.2—3 綴遺 11.3.1—2 奇觚 6.7.2—3 殷存上 36.2—3 簠齋 2 卣 7 小校 4.34.5—6		中國歷史博物館	陳介祺舊藏
5646	柦父乙卣	5	商代後期	集成 5147 三代 12.6.3 續殷上 65.1		故宫博物院	《三代》誤爲壺
5647	糞作父乙卣	5	商代後期	集成 5148 三代 13.10.3—4 愙齋 18.16.1—2 綴遺 11.10.3—4 奇觚 6.9.1—2 殷存上 37.5—6 簠齋二卣 6 小校 4.35.1—2 日精華 1.61(蓋) 彙編 7.782		日本京都小川睦之輔氏處	陳介祺舊藏
5648	臣辰父乙卣	5	西周早期	集成 5149	約 1929 年洛陽馬坡	故宫博物院	

序號	器名	字數	時代	著録	出土地	現藏地	備註
5649	臣辰父乙卣	5	西周早期	集成 5150 三代 13.10.1—2 十二尊 16 美集録 R. 306(蓋) 三代補 306(蓋)	約 1929 年洛陽馬坡	美國梅葉爾氏處	
5650	臣辰父乙卣	5	西周早期	集成 5151	1929 年前後洛陽馬坡	上海博物館	
5651	臣辰父乙卣	5	西周早期	集成 5152 懷履光(1956)P. 140.5 三代補 601	1929 年前後洛陽馬坡	加拿大多倫多皇家安大略博物館	
5652	父乙臣辰卣	5	西周早期	集成 5153 三代 13.9.8 續殷上 80.1 賸稿 26 歐精華 1.84 美集録 R. 309 彙編 9.1436 三代補 309	約 1929 年洛陽馬坡	美國哈佛大學福格美術館	
5653	競作父乙卣	5	西周早期	集成 5154 三代 13.10.5(器) 大系録 37.2 懷履光(1956)P. 123.6—7 彙編 7.780 三代補 596	約 1926 年洛陽廟溝	加拿大多倫多皇家安大略博物館	
5654	[illegible][illegible]父丁卣	5	商代後期	集成 5155 美集録 R. 69 彙編 9.1727 三代補 69		美國哈佛大學福格博物館	
5655	西單中父丁卣	5	商代後期	集成 5156 美集録 R. 80 三代補 80		美國紐約侯希蘭氏處	

序號	器名	字數	時代	著録	出土地	現藏地	備註
5656	作旅父丁卣	5	西周早期	集成5157 三代13.10.6 陶齋2.42 續殷上80.4 小校4.32.3			端方舊藏
5657	册劦竹父丁卣	5	西周早期	集成5158 陝青3.33	1975年陝西扶風縣召李村1號墓	扶風縣博物館	此誤收,與《集成》9546壺重出,應爲壺
5658	作父戊卣	5	西周早期	集成5159 倫敦Pl：13.203			德國H.G.Oeder,Altmark氏舊藏
5659	作父戊卣	5	西周早期	集成5160 白鶴撰24(蓋) 三代補774(摹)、798(拓) 綜覽275.154	傳河南洛陽北窑鎮	日本神户白鶴美術館	
5660	[illegible]父戊卣	5	商代後期	集成5161 録遺253.1—2		故宫博物院	
5661	亞雀父己卣	5	西周早期	集成5162 文物資料叢刊3.36頁圖3.6	1961年河南鶴壁龐村	河南省博物館	
5662	羐父己母癸卣蓋	5	商代後期	集成5163 三代13.10.8 西清16.33 綴遺11.9.3 殷存上39.1 小校4.35.4			清宫舊藏,後歸潘祖蔭;《西清》將此與5309合爲一器
5663	[illegible]作父己卣	5	西周早期	集成5164 三代13.10.7 窓齋19.10.3 敬吾下72.4 殷存上36.6 小校4.35.3(2.32.5重)			朱善旂舊藏;《小校》2.32.5誤作鼎

序號	器名	字數	時代	著録	出土地	現藏地	備註
5664	北子[illegible]父辛卣	5(蓋5,器3)	商代後期	集成5165 三代13.4.7—8(12.55.3重) 貞松8.9.5(器),8.15.3(蓋) 貞補中5(器) 續殷上75.3(器) 善齋4.19.1(蓋),7.2.51(器) 善彝111(蓋) 小校4.30.3—4			劉體智舊藏
5665	丙木父辛卣	5	商代後期	集成5166 三代13.11.5—6			
5666	翼叔父辛卣	5	商代後期	集成5167 三代13.11.3(蓋) 攈古2.1.8.2—3 綴遺11.11.1—2		中國歷史博物館	
5667	亞其戈父辛卣	5	商代後期	集成5168 善齋4.18 小校4.30.1—2			劉體智舊藏
5668	觵册戊父辛卣	5	商代後期	集成5169 綴遺11.6.2—3			
5669	守宫作父辛卣	5	西周早期	集成5170 三代13.11.4 貞松8.18.4 小校4.35.8 彙編7.786(摹)			劉體智舊藏
5670	翼作父辛卣	5	商代後期	集成5171 復齋26.3 積古1.31.2	《復齋》:畢良史得之於盱眙榷場		此器應爲簋,《集成》第六册3434已收

序號	器名	字數	時代	著録	出土地	現藏地	備註
5671	爨父癸母䀇卣	5	商代後期	集成 5172 三代 13.11.7—8 貞補中 6.3—4 美集録 R.70 弗里爾（1967）R.323 彙編 8.1161 三代補 70		美國華盛頓弗里爾美術陳列館	
5672	册父癸卣	5	商代後期	集成 5173 三代 13.12.1—2 續殷上 75.9—10			
5673	又敄癸卣	5	商代後期	集成 5174		上海博物館	
5674	小子作母己卣	5	商代後期	集成 5175 録遺 258.1—2			
5675	小子作母己卣	5	商代後期	集成 5176 美集録 R.111 盧氏(1941)30 三代補 111		美國舊金山亞洲美術博物館布倫戴奇藏品	
5676	雁公卣	5	西周早期	集成 5177 西清 16.1			
5677	伯作寶障彝卣	5	西周早期	集成 5178 周金 5.106.4—107.1 小校 4.36.8			潘祖蔭舊藏
5678	伯作寶障彝卣	5	西周早期	集成 5179 綴遺 11.28.3—4			
5679	伯作寶障彝卣	5	西周早期	集成 5180 博古 11.4 薛氏 104.2—3 嘯堂 39.2—3 續考 5.10			

序號	器名	字數	時代	著録	出土地	現藏地	備註
5680	伯作寶隮彝卣	5	西周早期	集成 5181 博古 11.6 薛氏 104.4—105.1 嘯堂 39.4—5			
5681	伯作寶隮彝卣	5	西周早期	集成 5182 博古 11.8 薛氏 105.2—3 嘯堂 39.6—7			
5682	伯作寶隮彝卣	5	西周早期	集成 5183 寧壽 7.6			清宫舊藏
5683	仲作寶隮彝卣蓋	5	西周	集成 5184 三代 13.13.1 愙齋 19.19.3 綴遺 12.24.1 周金 5.106.1 小校 4.36.9		上海博物館	
5684	叔作寶隮彝卣	5	西周早期	集成 5185 美集録 R.296 三代補 296		美國紐約羅勃兹氏處	
5685	允册卣	5	商代後期	集成 5186		上海博物館	
5686	㚸卣	5	西周中期	集成 5187 三代 13.12.5—6 十六 2.19 積古 5.6.2—3 兩罍 6.7 攈古 1.3.25.1—2 愙齋 19.13.3—4 奇觚 18.2.1—2 敬吾下 67.5 周金 5.105.2—3 泉屋 2.65 海外吉 47 小校 4.36.3—4 彙編 7.783		日本京都泉屋博古館	阮元舊藏

序號	器名	字數	時代	著録	出土地	現藏地	備註
5687	頮卣	5	西周早期	集成 5188 三代 13.12.7—8 寧壽 7.8		故宫博物院	清宫舊藏
5688	輂卣	5	西周早期	集成 5189 三代 13.13.2 愙齋 19.9.2 綴遺 11.12.1 周金 5.107.2 續殷上 81.2 小校 4.36.5		上海博物館	潘祖蔭舊藏;失蓋
5689	胷卣蓋	5	西周早期	集成 5190 青山莊 35 彙編 7.784(摹)		日本東京根津美術館	《集成》拓片中器名缺"蓋"字
5690	豐卣	5	西周早期	集成 5191 三代 13.13.5—6		中國歷史博物館(蓋)	
5691	[illegible]卣蓋	5	西周早期	集成 5192 三代 13.13.8 愙齋 19.6.1 綴遺 11.13.1 陶齋 2.43 續殷上 80.7 小校 4.37.3 山東下 3.2	《山東》:山東泰安泰山脚下	中國歷史博物館	端方舊藏;《集成》拓片中器名缺"蓋"字
5692	[illegible]卣	5	西周早期	集成 5193 三代 13.13.7 貞續中 18.1 續殷上 81.1 小校 4.37.4			
5693	師隻卣蓋	5	西周早期	集成 5194 文物 1964 年 9 期 55 頁圖 1	1963 年河南洛陽龐家溝墓葬	洛陽市博物館	
5694	單子卣	5	西周早期	集成 5195 琉璃河西周燕國墓地 183 頁圖 108a	北京房山琉璃河 251 號墓 251:6	首都博物館	

序號	器名	字數	時代	著録	出土地	現藏地	備註
5695	見作寶隮彝卣	5	西周早期	集成 5196 泉屋新 244 三代補 772(摹) 綜覽 271.138		日本京都泉屋博古館	
5696	狽作寶隮彝卣蓋	5	西周早期	集成 5197		浙江省博物館	第一字疑爲後刻
5697	[illegible]作寶隮彝卣	5	西周早期	集成 5198 三代 13.9.1—2 愙齋 18.21.3—4 周金 5.108.3(器),5.113.2(梁) 小校 4.36.6—7		上海博物館	《愙齋》:許延暄舊藏;後歸葉恭綽
5698	[illegible]臣辰祖乙卣	5	西周早期	近出 589 富士比(1965,5,11 105)			英國倫敦富士比拍賣行曾見
5699	册啚般卣	5	商代後期	近出 590 富士比(1972,3,14 12)			P. Lago 舊藏;英國倫敦富士比拍賣行曾見
5700	守宫卣	5	西周早期	近出 591 富士比(1982,12,14 6)			H. Lngram 爵士舊藏;英國倫敦富士比拍賣行曾見
5701	寶尊彝卣	5(蓋器同銘)	西周早期	近出 592 保利藏金 103—107 頁		北京保利藝術博物館	
5702	亞共且乙父己卣	6	商代後期	集成 5199 三代 13.9.4—5 攈古 1.3.52.1—2 綴遺 11.2.1—2 殷存上 35.11—12			

序號	器名	字數	時代	著録	出土地	現藏地	備註
5703	觥作且戊卣	6	西周中期	集成 5200 實鼎 12 彙編 7.700 三代補 710 綜覽 282.201			荷蘭萬孝臣氏舊藏
5704	㠱且辛卣	6	商代後期	集成 5201 文物 1964 年 4 期 47 頁圖 13.14	1957 年山東長清興復河	山東省博物館	
5705	作父乙卣	6	商代後期	集成 5202 三代 6.32.3 續殷下 73.5 雙古上 19			于省吾舊藏;《三代》作彝,《續殷》入盉,《雙古》稱壺。除《雙古》外,均僅收蓋
5706	亞父乙卣	6	商代後期	集成 5203 美集録 R. 138 皮斯柏 P. 46, fig. 21 彙編 8.1089 三代補 138		美國米里阿波里斯美術館寄陳皮斯柏藏品	
5707	作父乙卣	6	西周早期	集成 5204 美集録 R. 240 三代補 240		美國紐約乃布氏處	
5708	作父乙卣	6	商代後期	集成 5205 三代 13.14.1—2 西清 15.28 故宫 1 貞松 8.18.5—19.1 續殷上 80.2—3 故圖下上 127		臺北"故宫博物院"	清宫舊藏
5709	亞矢望父乙卣	6	商代後期	集成 5206 續殷下 63.7			此器與《集成》9565 壺重出

序號	器名	字數	時代	著録	出土地	現藏地	備註
5710	[illegible]作父乙卣	6	西周早期	集成 5207 博古 11.13 薛氏 105.4—5 嘯堂 40.3—4			
5711	父丙卣	6	商代後期	集成 5208 博古 10.4 薛氏 28.4—5 嘯堂 34.3—4			
5712	壴作父丁卣	6	西周早期	集成 5209 三代 13.14.5 殷存上 36.8—9			此器與《集成》9289.2 觥重出,應爲觥,此誤
5713	作父丁卣	6	西周早期	集成 5210 録遺 259.1,260.2		故宫博物院	
5714	作丁[illegible]卣	6	商代後期	集成 5211 積古 1.33.1—2 奇觚 18.2.3—4 攈古 2.1.10.3—4			
5715	大中作父丁卣	6	西周早期	集成 5212 博古 11.16.2 薛氏 105.6 嘯堂 40.6			
5716	[illegible]作父庚卣	6	西周早期	集成 5213 文物 1955 年 8 期 23 頁圖版 9 右 五省 25.2 録遺 261	1955 年原熱河省(現屬遼寧)凌源縣海島營子	遼寧省博物館	蓋無銘
5717	詵作父戊卣	6	西周早期	集成 5214 三代 13.14.6—7 貞松 8.19.4—5 善齋 4.27 續殷上 81.3—4 小校 4.37.7—8 善齋 122	《善彝》:河南洛陽	上海博物館	劉體智舊藏

序號	器名	字數	時代	著録	出土地	現藏地	備註
5718	亞古父己卣	6	商代後期	集成 5215 上海 10 彙編 5.1088 三代補 863		上海博物館	
5719	考作父辛卣	6	西周早期	集成 5216 三代 13.14.8—15.1 奇觚 6.8.2(蓋) 殷存上 37.2—3 小校 4.38.3—4 彙編 7.785			
5720	作父辛卣	6	西周早期	集成 5217 三代 13.15.2—3 攀古 1.29 恒軒上 59 愙齋 19.19.2 綴遺 11.21.1—2 殷存上 25.3—4 小校 4.31.2,4.38.1		上海博物館	潘祖蔭舊藏
5721	集作父癸卣	6	西周早期	集成 5218 三代 13.15.4—5 求古 1.1 綴遺 11.19.1—2 貞補中 7.3—4 續殷上 81.5—6			陳抱之舊藏
5722	作公隮彝卣	6	西周早期	集成 5219 美集録 R.273 彙編 7.699 三代補 273		美國紐約康恩氏處	
5723	雁公卣	6	西周早期	集成 5220 三代 12.7.4—5 貞松 7.26 故圖下上 138		臺北"故宫博物院"	諸書均入壺類

序號	器名	字數	時代	著録	出土地	現藏地	備註
5724	龣伯卣	6	西周早期	集成 5221 三代 13.17.1—2 攈古 1.3.53.1—2 愙齋 19.12.3—4 綴遺 12.14.1—2 奇觚 6.7.4—6.8.1 陶齋 2.33 周金 5.100.3(蓋) 小校 4.40.1—2			《綴遺》:器舊在關中,李如山云鄧襄哉司馬所藏也,今歸姚彦侍方伯;《愙齋》:後歸潘祖蔭
5725	觮伯卣	6	西周早期	集成 5222 三代 13.16.5—6 山東下 4.8—9 冠斝上 56 録遺 263.1(263.2 重出,蓋)			榮厚舊藏
5726	汪伯卣	6	西周早期	集成 5223 三代 13.16.7—8 從古 3.13 攈古 1.3.52.4(器) 綴遺 12.16.1—2 敬吾下 70.1—2 周金 5.101.1—2 清儀 1.26 小校 4.39.3—4			張廷濟舊藏
5727	㶣伯卣	6	西周早期	集成 5224 學報 1977 年 2 期 108 頁圖 8.5	1967 年甘肅靈臺白草坡 2 號墓	甘肅省博物館	
5728	㶣伯卣	6	西周早期	集成 5225	1967 年甘肅靈臺白草坡 2 號墓	甘肅省博物館	

序號	器名	字數	時代	著録	出土地	現藏地	備註
5729	濦伯卣	6	西周早期	集成5226 文物1972年12期8頁圖17.18	1967年甘肅靈臺白草坡2號墓	甘肅省博物館	
5730	濦伯卣	6	西周早期	集成5227 文物1972年12期8頁圖13 學報1977年2期108頁圖8.18	1967年甘肅靈臺白草坡2號墓	甘肅省博物館	
5731	伯矩卣	6	西周早期	集成5228 三代13.17.6—7 攈古1.3.54.3(器) 貞松8.21.2—3 希古5.10.4—5 周金5.104.3—4 美集録R.445 三代補445		美國紐約莫爾根圖書館	李宗岱舊藏;《西清》16.4與此器相似
5732	伯矩卣蓋	6	西周早期	集成5229 三代13.17.4 愙齋19.20.2 綴遺11.29.2 小校4.41.5			潘祖蔭舊藏
5733	伯矩卣蓋	6	西周早期	集成5230 三代6.35.2 小校7.29.5			
5734	伯各卣	6	西周早期	集成5231 文物1983年2期14頁圖5 寶鷄強國墓地113頁圖90.1、2	1980年陝西寶鷄竹園溝墓葬(M7:7)	寶鷄市博物館	
5735	伯各卣	6	西周早期	集成5232 寶鷄強國墓地113頁圖90.3、4	1980年陝西寶鷄竹園溝墓葬	寶鷄市博物館	
5736	伯貉卣	6	西周早期	集成5233 三代13.18.4—5			

序號	器名	字數	時代	著録	出土地	現藏地	備註
5737	伯魚卣	6	西周早期	集成 5234 三代 13.17.3 西清 16.2 愙齋 19.20.1 綴遺 11.29.1 周金 5.100.4 小校 4.42.1		上海博物館	《綴遺》:丁筱農舊藏;除《西清》外,諸書僅存蓋銘
5738	力伯卣	6	西周早期	集成 5235 出光 395.29 綜覽 271.121		日本東京出光美術館	
5739	仲𢿃卣	6	西周早期	集成 5236 三代 13.18.7—8 攈古 1.3.54.1—2 綴遺 12.16.3—4 敬吾下 71.1—2 周金 5.103.4—104.1 貞松 8.20.3—4 希古 5.11.3 小校 4.42.3—4 美集録 R.342(蓋) 三代補 342(蓋)		美國羅賓生氏處	
5740	叔截卣	6	西周早期	集成 5237 三代 13.19.1—2 愙齋 6.16.1 綴遺 12.17.3—4 周金 5.102.2(器) 貞補中 8.3—4 希古 5.11.4—5 小校 4.42.5—6 彙編 7.703			潘祖蔭舊藏;《愙齋》誤爲鼎
5741	亞醜作季卣	6	商代後期	集成 5238 三代 13.13.3—4 續殷上 80.5—6		中國歷史博物館	

序號	器名	字數	時代	著録	出土地	現藏地	備註
5742	井季㚖卣	6	西周中期	集成 5239 三代 13.19.3—4 西清 16.8 愙齋 19.14.3—4 綴遺 12.19.3—4 奇觚 6.8.3—4 周金 5.101.3—4 小校 4.42.7—8 泉屋 2.67 海外吉 52 彙編 7.707		日本京都泉屋博古館	《綴遺》:清宫舊藏,後歸丁筱農
5743	嬴季卣	6	西周中期	集成 5240 三代 13.19.5—6 寧壽 7.10 貞松 8.20.1—2 故宫 9 故圖下上 137		臺北"故宫博物院"	清宫舊藏
5744	㢸季卣	6	西周中期	集成 5241 文物 1983 年 2 期圖版一右	1980 年陝西寶鷄竹園溝墓葬(M4:1)	寶鷄市博物館	
5745	衛父卣	6	西周早期	集成 5242 三代 13.19.7—8 西清 15.27 攈古上 31 恒軒上 66 愙齋 19.18.1—2 綴遺 11.31.1—2 周金 5.102.3—4 小校 4.40.3—4		故宫博物院	清宫舊藏,後歸潘祖蔭
5746	䰠父卣	6	西周早期	集成 5243 三代 13.20.1—2 西甲 8.7 貞補中 7.1—2 故宫 19 故圖下上 135		臺北"故宫博物院"	清宫舊藏
5747	正父卣	6(蓋 5 器 6)	西周早期	集成 5244 中原文物 1982 年 4 期圖版 9.6—7		河南省文物商店	1976 年由許昌廢品站選出

序號	器名	字數	時代	著録	出土地	現藏地	備註
5748	夆莫父卣	6	西周早期	集成 5245 上海 39 文物 1959 年 10 期 34 頁 彙編 7.705 三代補 877		上海博物館	
5749	仲自父卣	6	西周中期	集成 5246 西清 16.5 綜覽 281.192			清宫舊藏
5750	安父卣蓋	6	西周早期	集成 5247 綴遺 12.5.2 敬吾下 73.5 小校 4.43.5			葉志詵舊藏
5751	臯卣	6	西周早期	集成 5248 辛村 60.3	1933 年河南濬縣辛村 60 號墓	臺北"歷史語言研究所"	
5752	獵卣	6	西周早期	集成 5249 三代 13.21.1—2 貞補中 8.1—2		遼寧省博物館	
5753	向卣	6	西周早期	集成 5250 三代 13.20.7—8 積古 5.31.1(蓋) 筠清 2.43.1—2 清愛 8.1—2(14.1—2 重) 攈古 2.1.27.1—2 愙齋 19.14.1—2 綴遺 11.25.3—4 奇觚 6.10.3(器) 敬吾下 69.3—4 周金 5.98.1—2 續殷上 82.4—5 小校 4.44.1—2 彙編 7.706		《彙編》:香港大學	劉喜海、潘祖蔭舊藏

序號	器名	字數	時代	著録	出土地	現藏地	備註
5754	鼎益卣	6	西周早期	集成 5251 三代 13.21.3—4 貞續中 18.2—3 小校 4.41.3—4 歐精華 83 彙編 7.698			曾在美國紐約山中商會
5755	買王卣	6(蓋 5 器 6)	西周早期	集成 5252 三代 13.21.8—22.1 貞松 8.19.2—3 善齋 4.25 小校 4.37.1—2 善彝 113			劉體智舊藏
5756	竟卣	6	西周早期	集成 5253 三代 13.21.5			
5757	猷卣	存 6	西周早期	集成 5254 三代 13.22.2 貞補中 9.1 賸稿 28			《集成》目録誤爲"6"字;失蓋
5758	米宫卣	6	西周早期	集成 5255		上海博物館	
5759	燮子旅卣	6	西周中期	集成 5256 白鶴撰 26(蓋) 日精華 1.74(照) 彙編 7.708(摹) 三代補 634(摹)		日本神户白鶴美術館	
5760	盥弘卣	6	西周早期	集成 5257 攈古 1.3.52.3 筠清 2.45 敬吾下 73.6 綴遺 12.5.1 小校 4.39.2			葉志詵舊藏

序號	器名	字數	時代	著録	出土地	現藏地	備註
5761	卿卣	6	西周早期	集成5258 三代13.20.3(蓋),5(器) 貞松8.22.1(蓋) 澂秋36.1—2 小校4.43.1—2 彙編7.701		美國李察布氏處	陳承裘舊藏
5762	宁月卣	6(蓋器同銘)	商代後期	近出593 文物1989年6期67—68頁	1974年山東省章丘縣明水鎮東澗西村墓葬	山東省章丘縣文物管理所	
5763	公卣	6	西周早期	近出594 江西文物1989年1期66頁		江西廣豐縣博物館	1987年9月江西廣豐縣排汕鄉卅八都村徵集
5764	散卣	6	西周早期	近出595 富士比(1975,12,9 6)			英國倫敦富士比拍賣行曾見
5765	卿卣	7(蓋6,器7)	西周早期	集成5259 三代13.20.4(蓋),6(器) 愙齋8.2.3(蓋) 貞松8.22.2(器) 澂秋37.1—2 小校4.43.3(4重),7.35.2(3重) 希古5.12.3(器) 美集録R.319 彙編6.619 三代補319		美國哈佛大學福格美術館	陳承裘舊藏;《愙齋》8.2.3誤爲敦,《小校》7.35.2—3誤爲彝

序號	器名	字數	時代	著録	出土地	現藏地	備註
5766	遺作且乙卣	7	西周中期	集成 5260 三代 13.22.3—4 貞松 8.22.3—4 善齋 4.28.1—2 小校 4.45.1—2 美集録 R.331 三代補 331		美國斯賓飛德爾美術博物館寄陳畢德威爾藏品	劉體智舊藏
5767	鮰作且乙卣	7	西周中期	集成 5261 文物 1976 年 4 期 55 頁圖 45 陝青 4.44	1975 年陝西寶鷄茹家莊強國墓葬(M1 乙:3)	寶鷄市博物館	
5768	作且乙卣	7	西周早期	集成 5262 博古 9.6 薛氏 28.6—29.1 嘯堂 30.1—2			
5769	作且丁卣	7	西周早期	集成 5263 三代 13.22.5—6 綴遺 11.22.1—2 奇觚 5.7.2(蓋) 貞松中 9.2—3 殷存上 37.4(蓋) 續殷上 58.6(蓋) 小校 4.45.4—5(3 重) 美集録 R.333 三代補 333			潘祖蔭舊藏,曾在美國紐約盧芹齋處;《奇觚》、《續殷》誤爲尊
5770	且辛卣	7	西周早期	集成 5264 博古 9.18 薛氏 29.4 嘯堂 31.7			

序號	器名	字數	時代	著録	出土地	現藏地	備註
5771	且丁父癸卣	7	商代後期	集成 5265 三代 13.22.7—8 窓齋 18.17.1—2 殷存上 39.7—8 十二尊 15 小校 4.44.5—6 鏡齋 14a、c		德國科隆東洋博物館	
5772	輂作妣癸卣	7	商代後期	集成 5266 録遺 266.1—2		故宫博物院	
5773	羊作父乙卣	7	西周早期	集成 5267 三代 13.23.3—4 筠清 2.41 擴古 2.1.9.3—4 綴遺 11.25.1—2 續殷上 83.1—2			
5774	小臣作父乙卣	7	西周早期	集成 5268 文物 1963 年 2 期 54 頁(器) 考古 1963 年 4 期 224 頁 綜覽 286.228	1962 年湖北江陵萬城墓葬	湖北省博物館	蓋銘未著録
5775	[illegible]作父乙卣	7	西周早期	集成 5269 美集録 R.521 三代補 521		美國	
5776	[illegible]作父乙卣	7	西周早期	集成 5270 文物 1958 年 5 期 73 頁	1951 年河南魯山倉頭村	河南省博物館	
5777	亞㠱父丁卣	7	商代後期	集成 5271 三代 13.12.3—4 鄴初上 20		故宫博物院	
5778	戟作父丁卣	7	西周早期	集成 5272 窓齋 18.20.2 綴遺 11.19.3—4 殷存上 37.7 小校 4.46.1			《綴遺》:潘祖蔭舊藏

序號	器名	字數	時代	著録	出土地	現藏地	備註
5779	田告父丁卣	7	西周早期	集成 5273		故宫博物院	
5780	子[illegible]作父丁卣	7	西周早期	集成 5274 録遺 264.1—2 中銅 154 出光 395.36 綜覽 269.110		日本東京出光美術館	
5781	敓作父丁卣	7	西周早期	集成 5275 復齋 27.2 積古 1.31.3 攈古 2.1.26.2	畢良史得之於盱眙榷場		
5782	[illegible]作父丁卣	7	西周早期	集成 5276 文物 1965 年 5 期 17 頁圖 13 河北 78 綜覽 271.129	傳河北東鹿	河北省博物館	
5783	[illegible]作父戊卣	7	西周早期	集成 5277 三代 6.38.8(蓋),13.24.3(器) 筠清 2.42.1(蓋) 長安 1.19 攈古 2.1.26.3—4 綴遺 11.33.1—2 周金 5.99.4 殷存上 38.5(器) 小校 4.47.3(蓋)		故宫博物院(器)	劉喜海舊藏;《綴遺》:右惠卣并蓋銘各七字,器爲劉燕庭方伯所藏,載《長安獲古編》,蓋則金蘭坡所藏也,本一器,出土時散佚,今據拓本合摹編入

序號	器名	字數	時代	著録	出土地	現藏地	備註
5784	狽元作父戊卣	7	商代後期或西周早期	集成 5278 三代 13.24.1—2 積古 1.31.4—32.1 二百 1.5 兩罍 1.5 從古 10.15 攈古 2.1.11.3—4 奇觚 18.4.1—2 殷存上 38.2—3 小校 4.47.1—2			阮元、吴雲舊藏
5785	卣作父己卣	7	西周早期	集成 5279 三代 13.25.1 窓齋 19.7.1 綴遺 11.23.2 殷存上 38.6(7重) 小校 4.48.1 彙編 6.627			《綴遺》:潘祖蔭舊藏
5786	尸作父己卣	7	商代後期	集成 5280 三代 13.24.4—5 從古 11.10 攈古 2.1.10.1—2 窓齋 18.19.1—2 綴遺 11.4.1—2 殷存上 36.10—37.1 小校 4.47.4—5			
5787	業父己卣	7	商代後期	集成 5281 三代 13.25.2—3 西清 16.37 陶續 1.40 續殷上 83.5—6 彙編 6.620			《羅表》:清宫舊藏,後歸端方、劉鶚

序號	器名	字數	時代	著録	出土地	現藏地	備註
5788	[illegible]作父己卣	7	西周早期	集成 5282 博古 10.20 薛氏 30.1—2 嘯堂 36.7—8			
5789	責作父辛卣	7	西周早期	集成 5283 三代 13.25.4—5 奇觚 6.9.4(器) 殷存上 39.3—4 小校 4.48.2(器),5.24.3(蓋)		上海博物館	《羅表》:潘祖蔭舊藏;《小校》5.24.3 誤爲尊
5790	徽作父辛卣	7	西周中期	集成 5284 三代 13.25.6—7 貞補中 10.1—2 海外吉 46 續殷上 46.3,上 59.3 泉屋 2.64 彙編 6.623 綜覽 279.181		日本京都泉屋博古館	《續殷》誤爲簋和尊
5791	[illegible]作父辛卣	7	商代後期	集成 5285 三代 13.26.1 篘清 2.42.2 金索 1.21 擴古 2.1.12.1 山東下 15.5	《山東》:山東長山		馮雲鵬舊藏
5792	竟作父辛卣蓋	7	西周早期	集成 5286		上海博物館	《集成》5286 説明中時代誤爲"殷"
5793	敟作父辛卣	7	西周早期	集成 5287 考古圖 4.15(蓋) 博古 10.25 薛氏 30.3—4 嘯堂 37.3—4			《考古圖》:宋秘閣舊藏

序號	器名	字數	時代	著録	出土地	現藏地	備註
5794	史戌作父壬卣	7	西周早期	集成 5288 文物 1955 年 8 期 22 頁圖版 8 五省 25.1 録 265 綜覽 274.145	1955 年遼寧喀左馬廠溝	遼寧省博物館	
5795	作父壬卣	7	商代後期	集成 5289		上海博物館	
5796	責作父癸卣	7	西周早期	集成 5290 中原文物 1984 年 3 期 77 頁圖 2		洛陽市文物工作隊	
5797	矢伯隻作父癸卣	7	西周早期	集成 5291 三代 13.26.5—6 擴古 2.1.9.1—2 愙齋 18.14.2—15.1 綴遺 11.24.2—3 奇觚 6.10.1—2 殷存上 39.5—6 簠齋二卣 5 山東下 14.5—6 小校 4.48.3—4 聖路易 P.66 彙編 6.624 綜覽 265.83	《山左金石志》:山東臨朐柳山寨	美國聖路易市美術博物館	陳介祺舊藏
5798	亞其矣作母辛卣	7	商代後期	集成 5292 三代 13.15.6—7 綴遺 11.11.3(蓋) 陶齋 2.34 續殷上 81.7—8 小校 4.38.5—6 美集録 R.144 弗里爾(1967) No.53 彙編 7.704 三代補 144 綜覽 275.153		美國華盛頓弗里爾美術陳列館	端方舊藏

序號	器名	字數	時代	著録	出土地	現藏地	備註
5799	亞其𠑹作母辛卣	7	商代後期	集成5293 三代13.16.3—4 續殷上82.2—3			
5800	亞其𠑹作母辛卣	7	商代後期	集成5294 三代13.16.1—2 陶齋2.35 續殷上81.9—82.1			端方舊藏
5801	𡨦作母癸卣	7	商代後期	集成5295 録遺262.1—2		中國歷史博物館	
5802	尹舟作兄癸卣	7	西周早期	集成5296 三代13.53.2—3 積古5.17.2—3 攈古2.1.17.2,30.2 奇觚7.32(器) 綴遺11.14.3(器) 窓齋19.10(器) 殷存下31(器) 續殷下66(器) 小校4.39.1(器)		故宮博物院	除《窓齋》、《綴遺》、《小校》外,他書均誤爲斝
5803	䦆作𥦚伯卣蓋	7	西周早期	集成5297 三代13.26.8 積古5.8.2 攈古2.1.12.2 周金3.113.2			《攈古》:梁章鉅舊藏
5804	䦆作𥦚伯卣	7	西周早期	集成5298 綴遺12.23.1 周金5.99.1 小校4.48.6			《綴遺》:潘祖蔭舊藏;此與《集成》5297或爲一器

序號	器名	字數	時代	著録	出土地	現藏地	備註
5805	北伯戣卣	7	西周早期	集成 5299 三代 13.26.7 貞松 8.23.4 希古 5.12.2 歐精華 1.77 美集録 R.341 彙編 6.622 三代補 341 綜覽 273.14.1	《貞松》:1890 年,河北淶水張家窪	美國波斯頓美術博物館	盛昱舊藏;《美集録》A617 説明:此器《三代》11.26.2 誤以爲尊,《小校》2.46.4 誤以爲鼎。諸書著録此器,均僅收蓋銘,無法證實其説
5806	散伯卣蓋	7	西周早期	集成 5300 録遺 267			
5807	散伯卣	7	西周早期	集成 5301 三代 13.27.1—2 貞松 8.24.1—2 希古 5.12.1—2 録遺 268.1—2		故宫博物院	《貞松》:漢軍許氏舊藏
5808	叔夫册卣	7	西周早期	集成 5302 三代 13.27.3—4 積古 7.25.3 從古 8.11 攈古 2.1.11.1—2 綴遺 12.15.2—3			《攈古》:瞿穎山舊藏
5809	朿叔卣	7	西周早期	集成 5303 彙編 6.621 綜覽 271.125(蓋)		日本奈良寧樂美術館	
5810	[illegible]矢卣	7	西周早期	集成 5304 文物 1977 年 8 期 16 頁圖 14 綜覽 265.87	1976 年河南襄縣霍莊墓葬	河南省博物館	此爲蓋銘。器銘鏽蝕,未能施拓

序號	器名	字數	時代	著録	出土地	現藏地	備註
5811	史見卣	7	西周早期	集成 5305 三代 13.23.1—2 善齋 4.29 續殷上 82.7—8 小校 4.45.6—7 美集録 R.334 彙編 6.625 三代補 334 綜覽 263.71		美國舊金山亞洲美術博物館布倫戴奇藏品	劉體智舊藏
5812	乃子卣	存 7	西周早期	集成 5306 猷氏 24 三代補 695 綜覽 265.86		英國倫敦維多利亞和阿爾伯特博物館	《集成》目録中誤爲“7”字
5813	觭□卣	7	商代後期	近出 596 富士比(1976,7,6 4)			R. H. R. Palmer夫人舊藏;1951 年曾在英國東方瓷器學會中國早期青銅器展覽展出。《目録》8;英國倫敦富士比拍賣行曾見
5814	□作且癸卣	8	西周早期	集成 5307 三代 13.27.5 窓齋 13.18.1 綴遺 11.24.1 奇觚 6.11.1 殷存上 40.1 簠齋二卣 4 小校 4.49.1			陳介祺舊藏;《窓齋》誤爲尊

序號	器名	字數	時代	著録	出土地	現藏地	備註
5815	蘁作父甲卣	8	西周早期	集成5308 三代13.27.6—7 西清15.19 恒軒上69(蓋) 綴遺11.26.3—4 周金5.99.2(蓋) 殷存上40.2—3 善齋4.30 小校4.49.2—3 善彝117 故圖下下270(器) 綜覽283.204		臺北"中央博物院"	清宫舊藏,後歸王錫棨、潘祖蔭、劉體智
5816	無憂作父丁卣	8	西周早期	集成5309 三代13.23.6 西清16.33 殷存上38.1 小校4.46.2 美集録R.515 日精華1.63 三代補515		日本大阪山中商會	清宫舊藏;除後三書外,餘僅著録器銘。《西清》將此合於《集成》5163卣蓋,或原非一件
5817	枚家作父戊卣	8	西周早期	集成5310 三代13.29.1 綴遺11.23.1 殷存上38.4 小校4.49.4			《綴遺》:潘祖蔭舊藏
5818	覌作父戊卣	8	西周早期	集成5311 三代13.28.6—7 貞松8.26.1—2	《貞松》:河南洛陽		陳邦懷先生曾藏
5819	鈇作父戊卣	8(器7蓋1)	西周早期	集成5312 文物1972年7期6頁圖6 陝青4.137 綜覽271.127	1971年陝西涇陽高家堡墓葬	陝西省博物館	

序號	器名	字數	時代	著録	出土地	現藏地	備註
5820	窒作父辛卣	8	西周早期	集成5313 三代13.26.2 西乙8.8 貞松8.23.1 寶蘊98 故圖下下269		臺北"中央博物院"	瀋陽故宫舊藏;蓋後配,未録
5821	夾作父辛卣	8	西周早期	集成5314 三代13.26.3—4 貞松8.23.2—3 續殷上83.7—8 美集録R.265(蓋)		美國華盛頓賽車爾氏處	
5822	散作父癸卣	8	西周早期	集成5315		上海博物館	
5823	伯作文公卣	8	西周早期	集成5316 三代13.39.3—4 窓齋19.12.1—2 周金5.98.3—4(3.113.3重) 小校4.52.1—2 彙編6.569(蓋)			李山農、潘祖蔭舊藏
5824	𠦪伯罰卣	8	西周早期	集成5317 三代13.29.2 攈古2.1.27.3 綴遺11.32.1 奇觚6.9.3 周金5.99.3 小校4.50.2			《綴遺》:丁筱農舊藏
5825	自丞卣	8	西周早期	集成5318 三代13.28.3—4 西清15.24 貞松8.25.3—4 小校4.52.7—8 美集録R.191 彙編6.517 三代補191 綜覽273.138		美國波斯頓美術博物館	清宫舊藏,後歸劉體智

序號	器名	字數	時代	著録	出土地	現藏地	備註
5826	[illegible]高卣	8	西周早期	集成 5319 三代 13. 30. 1 (蓋) 彙編 6. 570 考古與文物 1991 年 1 期 3—13 頁	1927 年陝西寶鷄市金臺區陳倉鄉戴家灣盗掘	澳大利亞墨爾本國立維多利亞博物館	
5827	小夫卣	8	西周早期	集成 5320		故宫博物院	
5828	交卣	8	西周早期	集成 5321		鎮江市博物館	失蓋
5829	闞卣	8	西周早期	集成 5322 文物 1980 年 4 期 42 頁圖 6. 5 陕青 3. 76	1976 年陝西扶風雲塘 13 號墓	陝西周原扶風文管所	失蓋
5830	衛卣	8	西周早期	集成 5323 歐精華 1. 78 彙編 6. 572 三代補 614 綜覽 278. 172		英國倫敦不列顛博物館	
5831	戎佩玉人卣	8	西周早期	集成 5324 文物 1986 年 1 期 16 頁圖 41	1981 年陝西長安花園村 15 號墓	陝西省文物管理委員會	銘文欠清晰，器名暫依發掘簡報
5832	匽侯弟厝季卣	8	西周早期	集成 5325 文物 1964 年 7 期 12 頁 綜覽 269. 112		上海博物館	
5833	伯[illegible]卣	8	西周早期	集成 5326 三代 13. 29. 5—6 攈古 1. 27 恒軒上 65 愙齋 19. 17. 3—4 綴遺 12. 18. 1—2 小校 4. 51. 1—2 美集録 R. 329 三代補 329			潘祖蔭舊藏，曾在美國紐約盧芹齋處

序號	器名	字數	時代	著録	出土地	現藏地	備註
5834	伯□卣	9(蓋8,器9)	西周早期	集成5327 三代13.29.7—8 從古13.26 攈古2.1.39.1—2 愙齋19.17.1—2 綴遺12.19.1—2 奇觚6.11.2—3 周金5.97.3—4 簠齋二卣3 小校4.50.3—4 美集録R.330 彙編6.522 三代補330		美國舊金山亞洲美術博物館布倫戴奇藏品	陳介祺、劉體智舊藏,曾在美國紐約盧芹齋處;《集成》目録中字數誤爲“8”
5835	守卣	8	西周早期	近出597 佳士得(1990,12,10 2)			D. Mal colm舊藏;英國倫敦佳士得拍賣行曾見
5836	小夫卣	8(蓋器同銘)	西周早期	近出598 文物1986年8期69—71頁	1980—1981年山東省黄縣莊頭村墓葬		
5837	辟卣	8(蓋器同銘)	西周早期	近出599 考古與文物1990年5期26—43頁	陝西省長安縣灃西銅網廠	陝西省西安市文物中心	
5838	對作父乙卣	9	西周早期	集成5328 三代13.27.8—28.1 貞松8.24.3—4 尊古2.13 彙編6.573 綜覽281.196		《彙編》:日本大阪市立博物館	《貞松》:劉體智舊藏
5839	畕作父乙卣	9	西周早期	集成5329 白鶴13 彙編6.520		日本神户白鶴美術館	

序號	器名	字數	時代	著録	出土地	現藏地	備註
5840	奪作父丁卣	9	西周早期	集成5330		故宫博物院	器殘甚,修復。器銘後刻,未録
5841	奪作父丁卣	9	西周早期	集成5331		故宫博物院	
5842	𠦪作父丁卣	9	西周早期	集成5332 三代13.28.2—3 貞松8.25.1—2 小校4.52.5—6 日精華1.81 彙編6.571		日本東京川合定治郎氏處	
5843	束作父辛卣	9	西周早期	集成5333 三代13.30.4—5 貞補中10.3—4 山東下12.1—2	《山東》:光緒二十二年(1896)黄縣萊陰		《貞松》:丁樹楨舊藏
5844	㬜作父癸卣	9	西周早期	集成5334 三代13.30.6 積古1.34.3 攈古2.1.51.1 窓齋19.11.2 綴遺11.22.3 奇觚18.3.2 敬吾下67.2 續殷上83.9 小校4.53.2			潘祖蔭舊藏
5845	𢆶作文考癸卣	9	西周早期	集成5335 三代13.31.1—2 貞續中18.4—19.1 小校4.53.3—4			
5846	述作兄日乙卣	9	西周早期	集成5336 彙編6.521 綜覽282.197		日本東京某氏	

序號	器名	字數	時代	著録	出土地	現藏地	備註
5847	屯作兄辛卣	9	西周早期	集成 5337 三代 7.18.5—6 續殷上 46.9 賸稿 27 歐精華 1.81 美集録 R.377 三代補 377 綜覽 284.212		美國底特律美術館	《三代》誤入簋類
5848	剌作兄日辛卣	9	商代後期	集成 5338 三代 13.30.7—8 西清 15.25 殷存上 40.4—5 小校 4.51.3—5 中銅 144 彙編 6.574 出光 395.32(蓋) 綜覽 268.106		日本東京出光美術館	清宫舊藏
5849	𣏟作兄日壬卣	9	商代後期	集成 5339 綴遺 11.30.1 續殷上 60.5(上 84.3 重) 敬吾下 73.7—8 攈古 2.1.38.1—2			吴式芬舊藏
5850	伯𠤳卣	9	西周早期	集成 5340 三代 13.31.7—8 貞松 8.27.1—2			《貞續》中 12.3—4 與此近似
5851	仲作好旅彝卣	9	西周中期	集成 5341 三代 13.31.3—4 陶齋 2.38 周金 5.97.1—2 (3.112.5 重器) 小校 4.53.5—6		故宫博物院	《周金》:端方、馮恕舊藏
5852	仲作好旅彝卣	9	西周中期	集成 5342 三代 13.31.5—6 貞松 8.27.3—4 貞圖上 45			羅振玉舊藏

序號	器名	字數	時代	著録	出土地	現藏地	備註
5853	参卣蓋	9	西周早期	集成 5343 三代 13.32.1 貞補中 11.1 十二雪 13		故宫博物院	孫壯舊藏
5854	盠嗣土幽卣	9	西周早期	集成 5344 三代 13.30.2—3 貞松 8.26.3—4 善齋 4.31 小校 4.52.3—4			
5855	令鼏高卣	9	西周早期	集成 5345 歐精華 1.80（照） 三代補 615（摹） 彙編 6.519（摹）		法國巴黎 L. Wannieck 氏處	
5856	豐卣	9	西周早期	集成 5346		上海博物館	失蓋
5857	應父卣	9	西周早期	集成 5348 文物 1986 年 1 期 16 頁圖 44—45 頁	1981 年陝西長安花園村 15 號墓	陝西省文物管理委員會	
5858	父乙告田卣	10（蓋 4，器 6）	商代後期	集成 5347 三代 13.14.3—4 貞圖上 44 續殷上 83.3—4			羅振玉舊藏；此器、蓋原應非一
5859	婦闔卣	10	商代後期	集成 5349 三代 13.33.1—2 綴遺 12.3.1—2 陶齋 2.36 周金 5.94.1—2 殷存上 41.1—2 續殷上 85.1—2 小校 4.54.6—7 獲古 10 日精華 1.64（蓋） 彙編 6.484 綜覽 263.72		日本東京書道博物館	端方舊藏

序號	器名	字數	時代	著録	出土地	現藏地	備註
5860	婦闟卣	10	商代後期	集成 5350 三代 13. 32. 6—7（13. 33. 3—4 重） 陶齋 2. 37 周金 5. 93. 3—4 續殷上 84. 5—6 小校 4. 54. 8—9			端方舊藏
5861	小臣兒卣	10	商代後期	集成 5351 三代 13. 33. 3 長安 1. 20 擴古 2. 1. 72. 2 綴遺 12. 7. 2 奇觚 6. 13. 1 周金 5. 94. 3 續殷上 84. 4 小校 4. 54. 5			劉喜海、丁筱農舊藏
5862	小臣豐卣	10	西周早期	集成 5352 録遺 269			陳夢家 1948 年 7 月 10 日批註：筒形卣失蓋
5863	寓卣	10	商代後期	集成 5353 録遺 271. 1—2			
5864	[illegible]卣	10	西周早期	集成 5354 三代 13. 33. 6—7 周金 5. 96. 1—2 貞續中 19. 4—20. 1 小校 4. 54. 1—2		故宫博物院	《周金》：程洪溥舊藏
5865	[illegible]卣	10	西周早期	集成 5355 三代 13. 34. 1—2 西清 15. 34 綴遺 11. 26. 1—2 貞松 8. 28. 2—3 青山莊 31 彙編 6. 466 綜覽 280. 185		日本東京根津美術館	清宫舊藏

序號	器名	字數	時代	著録	出土地	現藏地	備註
5866	古伯卣	10	西周早期	集成 5356 録遺 270.1—2		故宫博物院	
5867	憻季遽父卣	10	西周早期	集成 5357 陝青 3.35 綜覽 264.78	1972 年陝西扶風劉家村墓葬	陝西省文物管理委員會	蓋銘未著録
5868	憻季遽父卣	10	西周早期	集成 5358 陝青 3.36	1972 年陝西扶風劉家村墓葬	陝西省文物管理委員會	器銘未著録
5869	守宫卣	10	西周早期	集成 5359 美集録 R.325 彙編 6.482 三代補 325	傳 1929 年河南洛陽馬坡	美國哈佛大學福格美術館	
5870	寍[illegible]作父癸卣	11	商代後期	集成 5360 三代 13.32.4—5 從古 7.28 攈古 2.1.80.3—4 綴遺 13.3.2—3 (26.7 重) 續殷上 84.1—2 小校 5.30.1—2			《從古》:海昌陳氏十三漢鏡齋舊藏;《小校》誤爲尊
5871	媵作父辛卣蓋	11	西周早期	集成 5361 三代 13.34.6 西清 16.20 古文審 4.15 殷存上 41.3			清宫舊藏
5872	𢚔卣	11	商代後期	集成 5362 西清 15.35			
5873	[illegible]渣伯遙卣	11	西周早期	集成 5363 賸稿 29 使華 11 彙編 6.483 三代補 757 綜覽 270.117			

序號	器名	字數	時代	著録	出土地	現藏地	備註
5874	[illegible]洛伯逘卣	11	西周早期	集成 5364 尊古 2.14 出光 242.1056		日本東京出光美術館	
5875	豚卣	11(又重文2)	西周中期	集成 5365 三代 13.34.8 攟古 2.1.81.1 愙齋 8.12.1 綴遺 12.6.2 奇觚 6.12.1(18.5 重) 殷存上 41.4 簠齋二卣 11 小校 4.55.5			陳介祺舊藏;《集成》説明中字數漏"又重文2"
5876	倗卣	11	西周中期	集成 5366 三代 13.34.3—4 懷米上 27 攟古 2.1.59.3—4 愙齋 19.11.3—4 綴遺 12.4.1—2 奇觚 18.4.3—4 周金 5.94.4—95.1 小校 4.55.1—2		故宫博物院	曹載奎舊藏
5877	姲作母乙卣	12	商代後期	集成 5367 博古 10.23 薛氏 30.5—31.1 嘯堂 37.1—2			《集成》目録中誤爲"11"字
5878	[illegible]尹肇家卣	12	西周早期	集成 5368 日精華 1.79(照) 彙編 5.390(摹) 三代補 635(摹)		日本蘆屋某氏	

序號	器名	字數	時代	著録	出土地	現藏地	備註
5879	無仲卣	12	西周早期	集成 5369 三代 13.34.7 從古 13.25 攈古 2.1.72.1 愙齋 19.16.1 綴遺 12.7.1 奇觚 6.12.2 敬吾下 71.3 簠齋二卣 2 續殷上 85.6 小校 4.55.3		上海博物館	陳介祺舊藏
5880	作文考父丁卣	12（蓋10,器2）	西周早期	集成 5370 三代 13.32.2—3 貞續中 19.2—3 善齋 4.32 續殷上 85.3—4 小校 4.54.3—4 善彝 121 巴洛 150a 彙編 6.486 綜覽 269.115		英國巴洛夫人處	
5881	伯卣	12	西周早期	集成 5371 彙編 6.445 布倫戴奇 fig.54		美國舊金山亞洲藝術博物館布倫戴奇藏品	
5882	異卣	12	西周中期	集成 5372	洛陽機瓦廠368號墓	洛陽市博物館	
5883	戲霥卣	13	西周	集成 5373 積古 1.34.4—35.1 攈古 2.2.5.2			
5884	斆罠卣	13（蓋器同銘）	西周早期	近出 600 佳士得（1986,6,5 50） 富士比（1993,6,8 118）			英國倫敦佳士得拍賣行、英國倫敦富士比拍賣行曾見

序號	器名	字數	時代	著録	出土地	現藏地	備註
5885	仜再卣	13	西周中期	近出 601 文物 1998 年 9 期 7—11 頁	河南省平頂山市新華區薛莊鄉北滍村滍陽嶺應國墓地 M84:103	河南省文物研究所	
5886	鷄卣	13(蓋器同銘)	西周早期	近出 602 考古與文物 1990 年 5 期 26—43 頁	1976 年 4 月陝西省長安縣銅網廠	陝西省西安市文物中心	
5887	圉卣	14	西周早期	集成 5374	1975 年北京房山琉璃河 253 號西周燕國墓 M253:4	首都博物館	
5888	子作婦嫡卣	15	商代後期	集成 5375 三代 13.35.5—6		故宫博物院	
5889	虢季子緄卣	15(又重文2)	西周晚期	集成 5376		故宫博物院	失蓋
5890	孝卣	15	商代後期	集成 5377 三代 13.34.5 貞松 8.28.1 山東紀 6.3		故宫博物院	殘存器底;又名"𡢁卣"
5891	小臣𢀛卣	16	商代後期	集成 5378 三代 13.35.4 綴遺 12.8.1 貞續中 20.3			
5892	小臣𢀛卣	16	商代後期	集成 5379 三代 13.35.2—3 攈古 2.2.28.1(蓋) 愙齋 18.2.1—2 續殷上 86.2—3 小校 4.56.2—3 日精華 1.51(蓋) 彙編 5.369		日本東京某氏	吴大澂舊藏

序號	器名	字數	時代	著録	出土地	現藏地	備註
5893	駿卣	16	商代後期	集成 5380 三代 13.36.1—2 從古 7.9 攈古 2.2.39.1—2 綴遺 11.27.1—2 敬吾下 69.1—2 周金 5.93.1—2 續殷上 85.7—86.1 小校 4.57.1—2(3.77.1 重)			夏松如舊藏
5894	寓卣	16	西周中期	集成 5381 三代 13.36.3 積古 5.29.1 攈古 2.2.27.3 愙齋 19.22.1 綴遺 12.23.2 周金 5.92.2(3.110.2 重) 小校 4.56.1		上海博物館	《綴遺》:葉志詵、潘祖蔭舊藏;殘存片銅
5895	縈叔卣	16	西周中期	集成 5382 彙編 5.368		美國火奴魯魯美術學院	
5896	岡刼卣	16	西周早期	集成 5383 布倫戴奇 141.49 考古與文物 1982 年 5 期封底彙編 8.1091		美國舊金山亞洲藝術博物館布倫戴奇藏品	
5897	耳卣	17	西周早期	集成 5384 三代 13.36.6—7 貞補中 11.2—3 泉屋 2.62 海外吉 45 彙編 5.348 綜覽 278.177		日本京都泉屋博古館	又名"寧史卣"

序號	器名	字數	時代	著録	出土地	現藏地	備註
5898	息伯卣蓋	17	西周早期	集成 5385 三代 13.36.4 積古 5.27.2 筠清 5.3 從古 1.5 攈古 2.2.39.3 綴遺 12.6.1 奇觚 18.3.1 敬吾下 67.6 小校 4.57.6			《從古》:海鹽吾氏華館舊藏;《積古》、《筠清》誤作彝,《綴遺》標明卣蓋
5899	息伯卣	17	西周早期	集成 5386 三代 13.36.5 貞松 8.28.4 善齋 4.33 小校 4.57.5 頌續 52		廣州市博物館	劉體智、容庚舊藏;失蓋
5900	員卣	17	西周早期	集成 5387 三代 13.37.1—2 大系録 14.2—3 日精華 1.73 有鄰黄 3 彙編 5.349 綜覽 279.184		日本京都藤井有鄰館	
5901	䪻卣	17	西周早期	集成 5388 三代 13.37.3—4 貞續中 21.1—2 小校 4.57.3—4		上海博物館	
5902	䪻卣	17	西周早期	集成 5389 録遺 272.1—2		故宫博物院	
5903	伯㓝父卣	17	西周早期	集成 5390 學報 1956 年 3 期 122 頁圖 3 學報 1957 年 1 期 79 頁圖 2.5 陝圖 39	1954 年陝西長安普渡村墓葬	陝西省博物館	

序號	器名	字數	時代	著録	出土地	現藏地	備註
5904	䣄卣	17	西周早期	集成 5391 西清 15.30 古文審 4.12 吉文 4.15			
5905	否叔卣	17	西周早期	近出 603 中央研究院歷史語言研究所集刊第七十本第三分(抽印本)762—774 頁			1998 年 3 月,Gisele Croes 公司展覽目録
5906	寡子卣	18	西周中期	集成 5392 三代 13.37.5—6 西清 16.6 攈古上 37 古文審 4.14 恒軒 68(蓋) 愙齋 19.21.3(蓋) 綴遺 12.30.1 奇觚 6.13.2(蓋) 周金 5.92.1(蓋) 貞續中 20.2(器) 小校 4.58.1(蓋) 故宫 24(器) 故圖下上 134(器)		上海博物館(蓋),臺北"故宫博物院"(器)	清宫舊藏,後歸潘祖蔭
5907	伯□作文考父辛卣	19(蓋 3,器 16)	西周早期	集成 5393	1980 年山東滕縣莊里西村	滕縣博物館	

序號	器名	字數	時代	著録	出土地	現藏地	備註
5908	小子省卣	21	商代後期	集成 5394 三代 13.38.3—4 貞松 8.29.1 續殷上 86.4—5 上海 11 彙編 5.284 綜覽 258.26		上海博物館	
5909	宰甫卣	23	商代後期	集成 5395 三代 8.19.1—2 愙齋 11.26 周金 2 補遺 續殷上 48.5—49.1 小校 8.18.1 文物 1986 年 4 期圖版 2.4		山東菏澤市文物展覽館	舊著録均誤爲簋
5910	毓且丁卣	24	商代後期	集成 5396 三代 13.38.5—6 貞補上 34(蓋) 貞續中 22.1—2 小校 4.59.1—2	傳河南洛陽	故宫博物院	《貞補》誤爲尊
5911	巂𠂤作兄癸卣	24	西周早期	集成 5397 考古圖 4.5 博古 9.31—32 薛氏 31.3—32.1 嘯堂 34.1—2	《考古圖》:得於鄴		
5912	同卣	25	西周中期	集成 5398 三代 13.39.1—2 攈古 2.3.37.2(蓋) 愙齋 12.5.1(器) 綴遺 12.24.2—3 周金 5.91.1—2 殷存上 41.5—6 小校 4.60.1—2(8.24.1 重器)		南京博物館	潘祖蔭舊藏;《愙齋》誤爲敦

序號	器名	字數	時代	著録	出土地	現藏地	備註
5913	盂卣	25(蓋3,器22)	西周早期	集成5399 三代13.38.1—2 貞補中11.4—12.1 大系録24.2—3 小校4.58.3—4 雙吉上32 綜覽283.202	《雙吉》:出於陝西	旅順博物館(蓋),故宫博物院(器)	于省吾舊藏;又名"兮公卣"
5914	作册翻卣	26	西周早期	集成5400 三代13.39.3—4 貞松8.29.3—30.1 善齋4.34 大系録4.1—2 小校4.60.3—4 善彝118 綜覽273.143	傳河南洛陽馬坡	上海博物館	劉體智舊藏
5915	六祀𠨘其卣	27	商代後期	集成5414 録遺273.1—2 綜覽264.77	河南安陽	故宫博物院	
5916	壴卣	28	西周早期	集成5401 考古圖4.8(蓋) 博古10.35 薛氏107.1—2 嘯堂38.3—4	《考古圖》:得於河南河清		
5917	遣卣	28	西周早期	集成5402 三代11.34.2—3 奇觚5.13 周金5.90.2—3 簠齋一尊6 貞松7.19 希古5.12.5—13.1 小校5.38.1—2 大系録5.3—4 美集録R.316 彙編4.233 三代補316 弗里爾(1967)P.308 綜覽274.148		美國華盛頓弗里爾美術館	《希古》:潘祖蔭舊藏;《三代》等書多誤爲尊

序號	器名	字數	時代	著録	出土地	現藏地	備註
5918	豐卣	29	西周中期	集成 5403 陝青 2.19 綜覽 285.221	1976 年陝西扶風莊白一號窖藏	陝西周原扶風縣文管所	
5919	商卣	30（又合文 2）	西周早期	集成 5404 陝青 2.4 綜覽 272.131	1976 年陝西扶風莊白一號窖藏	陝西周原扶風縣文管所	
5920	次卣	30	西周中期	集成 5405 三代 13.39.5—6 積古 5.7.1—2 擄古 2.3.59.1—2 愙齋 19.25.1—2 綴遺 12.21.3—22.1 奇觚 6.14.1（蓋） 周金 5.90.1（蓋），2.34.3（器） 小校 4.61.1—2		故宫博物院	《綴遺》：潘祖蔭舊藏；又名"叉卣"
5921	州子卣	31（又合文 1）	西周早期	近出 604 考古與文物 1990 年 5 期 26—43 頁	陝西省西安市文物商店收購	陝西省西安市文物中心	
5922	周乎卣	32（又重文 2）	西周中期	集成 5406 三代 13.40.1—2 寧壽 7.4 藝展 64 故宫 27 故圖下上 136 綜覽 285.219		臺北"故宫博物院"	清宫舊藏

序號	器名	字數	時代	著録	出土地	現藏地	備註
5923	作册睘卣	33（又重文2）	西周早期	集成5407 三代13.40.3—4 筠清2.44.1—2 古文審4.8 攈古2.3.86.2—87.1 愙齋19.22.2—23.1 綴遺12.9.3—4 周金5.89.1—2 大系録5.1—2 小校4.61.3—4 綜覽273.139			《綴遺》：吴式芬、潘祖蔭舊藏
5924	静卣	34（又重文2）	西周中期	集成5408 三代13.41.5 積古5.32.5 攈古3.1.4.1 奇觚17.16.2 周金5.88.2 貞松8.30.4(30.3重) 希古5.14.2 小校4.62.1 大系録28.3(28.2重)			《希古》、《貞松》：王懿榮、劉鶚、徐乃昌舊藏；《西清》15.20有一静卣。劉鶚所藏爲殘存片銅，後經估人補綴成器，並僞刻蓋銘，形制花紋與《西清》有異。補綴成器者，見於《善齋》4.35、《善彝》116、《三代》13.41.3—4、《故圖》下下271，現藏臺北"中央博物院"

序號	器名	字數	時代	著録	出土地	現藏地	備註
5925	二祀𠨘其卣	35（蓋、内底各4，外底31）	商代後期	集成 5412 録遺 274.1—3 鄴三上 32 綜覽 264.76	河南安陽	故宫博物院	章乃器舊藏
5926	貉子卣	36	西周早期	集成 5409 三代 13.40.5—41.1 西清 15.9 古文審 4.18（蓋） 奇觚 6.14.2（蓋） 綴遺 12.11.2—12.1 周金 5.86.1（蓋），88.1（器） 殷存上 42.1（蓋） 希古 5.13.3（蓋） 小校 4.63.1（蓋），3（器） 大系録 234.1—2 山東紀 2.1（器） 皮斯柏 47.22（蓋） 美集録 R.389a 彙編 4.186 三代補 389a 綜覽 283.147		美國米里阿波里斯美術館寄陳皮斯柏氏藏品（蓋），上海博物館（器）	《美集録》：清宫舊藏，原爲一真（《西清》15.9）一僞（15.11），流出宫後，李山農得真蓋僞器，潘祖蔭得真器；《集成》拓片 5409.2 號碼漏掉
5927	啓卣	39	西周早期	集成 5410 文物 1972 年 5 期 6 頁圖 8—9 三代補 902 綜覽 284.215	1969 年山東黄縣歸城小劉莊	山東省博物館	

序號	器名	字數	時代	著録	出土地	現藏地	備註
5928	稆卣	40	西周中期	集成 5411 博古 10.33 薛氏 106.1—2 復齋 18.1(蓋) 嘯堂 38.1—2 積古 5.7.3(蓋) 攈古 3.1.15.1(蓋) 大系録 32			
5929	四祀𠨘其卣	45(蓋、内底各4,外底41)	商代後期	集成 5413 録遺 275.1—3 癡盦 12 綜覽 262.65	河南安陽	故宫博物院	
5930	保卣	46	西周早期	集成 5415 録遺 276.1—2 上海 36 彙編 4.146 綜覽 272.132	1948 年河南洛陽	上海博物館	
5931	召卣	46	西周早期	集成 5416 録遺 277.1—2 上海 38 彙編 4.145 綜覽 276.163		上海博物館	
5932	小子[illegible]卣	48(蓋45,器3)	商代後期	集成 5417 三代 13.42.2—3 綴遺 6.18.2(器) 貞松 8.31.1—2 續殷上 86.6—7 小校 4.54.1(蓋),7.59.8(器) 海外吉 44 白鶴 12 日精華 1.65 彙編 4.150 綜覽 259.35		日本神户白鶴美術館	《綴遺》6.18.2、《小校》7.59.8 誤爲敦

序號	器名	字數	時代	著録	出土地	現藏地	備註
5933	免卣	49	西周中期	集成 5418 三代 13.43.3 綴遺 12.29.1 周金 5.83.1 大系録 80.2 小校 7.48.2 希古 4.3.2			《綴遺》:金蘭坡舊藏
5934	彔戓卣	49	西周中期	集成 5419 三代 11.36.1 貞松 8.32 善齋 4.91 小校 5.38.3 善彝 127 故圖下下 222 彙編 4.139		臺北"中央博物院"	劉體智舊藏;此乃卣之殘底,後補配爲尊
5935	彔戓卣	49	西周中期	集成 5420 三代 13.43.1—2 陶齋 2.39 周金 5.82.1—2 小校 4.65.1—2 大系録 33.2—34.1 日精華 1.76(蓋) 彙編 4.138 綜覽 282.199		美國普林斯頓大學美術博物館 Ch. 戴爾和 D. 卡特藏品	端方、馮恕舊藏
5936	士上卣	50	西周早期	集成 5421 三代 13.44.1—2 貞續中 23.1—2 善齋 4.37 小校 4.65.3—4 善彝 123 大系録 16.1—2 日精華 1.72(器) 彙編 4.132 綜覽 274.150	1929 年河南洛陽馬坡	日本神户白鶴美術館	又名"臣辰卣"

序號	器名	字數	時代	著録	出土地	現藏地	備註
5937	士上卣	50	西周早期	集成 5422 美集録 R. 304 彙編 4. 133 三代補 304		美國哈佛大學福格美術館	又名"臣辰卣"
5938	匡卣	51	西周中期	集成 5423 三代 10. 25. 1 攈古 3. 1. 32 綴遺 18. 21 周金 5. 84. 1(3補遺重) 小校 4. 64. 2 大系録 67(68重)			姚觀光舊藏;因銘中有甫字,曾被誤以爲簠。《綴遺》名之爲尊。《小校》、《大系》、《斷代》等名之爲卣。本書仍入卣類
5939	農卣	51(蓋48,器3)	西周中期	集成 5424 三代 13. 42. 4(蓋) 西清 15. 13 古文審 4. 16 奇觚 6. 15. 2(蓋) 周金 5. 84. 2—3 小校 4. 64. 3—4 彙編 4. 140(蓋)			清宫舊藏,後歸潘祖蔭、李山農
5940	競卣	51	西周中期	集成 5425 三代 13. 44. 3—4 貞補中 12. 2—13. 1 泉屋 2. 63 海外吉 48 彙編 4. 131 綜覽 280. 190		日本京都泉屋博古館	

序號	器名	字數	時代	著録	出土地	現藏地	備註
5941	庚嬴卣	51（又重文2）	西周早期	集成5426 三代13.45.1—2 二百3.1 兩罍6.1 愙齋19.3.2—4.1 綴遺12.25.2—26.1 周金5.18.1—2 小校4.66.1—2 大系録21.3—22.1 美集録R.380 彙編4.129 三代補380 綜覽279.179		美國哈佛大學福格美術館	吴雲舊藏
5942	𩰫卣	55	西周中期	近出605 上海博物館集刊1996年7期45—46頁		上海博物館	
5943	作册益卣	61	西周中期	集成5427 三代13.46.1 攈古2.18 恒軒上64 愙齋19.23.2 綴遺12.31.2 周金5.80.1 大系録13.2 小校4.67.1		上海博物館	潘祖蔭舊藏；又名"作册休卣"
5944	叔趯父卣	62	西周早期	集成5428 考古1979年1期24頁圖3 三代補987 綜覽279.183	1978年河北元氏西張村墓葬	河北省文物研究所	器銘未著録

序號	器名	字數	時代	著録	出土地	現藏地	備註
5945	叔趞父卣	62	西周早期	集成 5429	1978 年河北元氏西張村墓葬	河北省文物研究所	
5946	繁卣	62	西周中期	集成 5430 上海博物館館刊 2 期 24 頁		上海博物館	
5947	高卣	62(又重文 2)	西周早期	集成 5431 博古 11.18 薛氏 106.3 續考 2.17 嘯堂 41.1			
5948	作册魖卣	63	西周早期	集成 5432 斷代(二)111 頁圖 15 録遺 278.1—2	河南洛陽附近	故宫博物院	傅忠謨舊藏
5949	效卣	65(又重文 2)	西周中期	集成 5433 三代 13.46.2—3 長安 1.17 擦古 3.1.66.2—67.1 愙齋 19.4.2—5.1 綴遺 12.12.2—13.1 奇觚 6.15.2—16.1 周金 5.78.1—2 簠齋二卣 1 小校 4.68.1—2 大系録 86.12 彙編 3.101	《擦古》:器出洛陽	上海博物館	劉喜海、陳介祺舊藏

十七、尊

序號	器名	字數	時代	著録	出土地	現藏地	備註
5950	天尊	1	商代後期	集成 5441 美集録 R93 綜覽一圖版觶形尊 1			美國魏格、Klei Jkamp 舊藏
5951	夫尊	1	商代後期或西周早期	集成 5442		故宫博物院	
5952	[illegible]尊	1	商代後期	集成 5443 美集録 R176 皮斯柏 77 頁圖 33 綜覽一圖版觚形尊 21 彙編 8. 1250(觚)		美國米里阿波里斯美術館寄陳皮斯柏藏品	
5953	[illegible]尊	1	商代後期	集成 5444 録遺 189 銅玉 70g 彙編 8. 1273 綜覽一圖版觚形尊 45		《彙編》:日本某氏	日本東京長尾美術館舊藏
5954	何尊	1	商代後期	集成 5445 猷氏圖 19 綜覽一圖版觚形尊 46		英國倫敦不列顛博物館	英國猷氏舊藏
5955	乘尊	1	商代後期	集成 5446 日精華 2. 122 青山莊 13 三代補 644 彙編 8. 1141 綜覽一圖版有肩尊 37	傳出安陽大司空村古墓	日本東京根津美術館	1933 年運到日本
5956	뿌尊	1	商代後期	集成 5447 彙編 8. 1139		日本奈良寧樂美術館	

序號	器名	字數	時代	著録	出土地	現藏地	備註
5957	旅尊	1	商代後期	集成 5448 三代 11.1.1 殷存上 20.2(又下 24.8) 筠清 2.13.1 擴古 1.1.4.2 綴遺 6.2.1			《集成》目録中器名誤爲"放尊";《筠清》、《擴古》稱彝,《綴遺》稱敦
5958	又尊	1	商代後期	集成 5449 録遺 181			
5959	又尊	1	商代後期	集成 5450 録遺 182			
5960	並尊	1	商代後期	集成 5451 録遺 185 文物 1973 年 12 期圖版 6.2	傳出安陽	故宫博物院	
5961	口尊	1	商代後期	集成 5452 三代 11.3.2 愙齋 13.2.1 殷存上 20.7 小校 5.1.2			
5962	[illegible]尊	1	西周早期	集成 5453 文物 1972 年 7 期 6 頁圖 2 陝青 4.136 綜覽一圖版觚形尊 110 高家堡戈國墓 23 頁圖 18.1	1971 年陝西涇陽縣高家堡墓葬		
5963	正鴞尊	1	商代後期	集成 5454 美集録 R3		美國紐約克丁氏	美國盧芹齋舊藏
5964	史尊	1	商代後期	集成 5455 三代 11.1.3			此器應爲觚,《集成》6607 已收,《集成》5455 作尊,誤

序號	器名	字數	時代	著録	出土地	現藏地	備註
5965	史尊	1	商代後期	集成 5456 三代 11.1.4 續殷上 50.7			
5966	史尊	1	商代後期	集成 5457 小校 5.2.4		故宫博物院	此器應爲尊,《集成》6608誤收爲觚
5967	史尊	1	商代後期	集成 5458 懷米上 10 綴遺 17.5.1			曹秋舫舊藏
5968	史尊	1	商代後期	集成 5459 彙編 8.1327 歐精華 1.16 綜覽一圖版觚形尊 31		美國芝加哥美術館	
5969	史尊	1	商代後期	集成 5460 三代 14.14.7 綴遺 17.5.2 小校 5.2.6 貞續中 5.1 彙編 8.1326			《綴遺》:岑鎔、方濬益舊藏;《三代》稱觚
5970	史尊	1	商代後期	集成 5461		故宫博物院	
5971	史尊	1	西周早期	集成 5462 三代 11.1.5 西清 9.6 續殷上 50.8 故圖下上 101		臺北"故宫博物院"	清宫舊藏
5972	册尊	1	商代後期	集成 5463 西清 8.13			清宫舊藏
5973	匍尊	1	商代後期	集成 5464 綜覽一圖版有肩尊 39			

序號	器名	字數	時代	著録	出土地	現藏地	備註
5974	𡗝尊	1	西周中期	集成 5465 三代 11.2.5 貞松 7.2 善齋 4.58 小校 5.1.8 善彝 130 綜覽一圖版觚形尊 129			劉體智舊藏
5975	尊	1	商代後期	集成 5466 積古 1.15.3 攈古 1.1.12.2			
5976	尊	1	商代後期	集成 5467 彙編 9.1534 綜覽一圖版有肩尊 38		日本東京根津美術館	
5977	戈尊	1	商代後期	集成 5468 三代 11.2.3 愙齋 13.6.2 綴遺 17.2.1 殷存上 20.1 小校 5.1.7			
5978	戈尊	1	商代後期	集成 5469 鄴二上 8	傳出安陽		
5979	戈尊	1	商代後期	集成 5470 弗里爾(67)82—83 頁 三代補 528 彙編 9.1531 綜覽一圖版觚形尊 14		美國華盛頓弗里爾美術陳列館	
5980	戈尊	1	商代後期	集成 5471 文叢 3 圖版 7.3	1976 年山西靈石縣旌介村墓葬（M1：5）	山西省博物館	

序號	器名	字數	時代	著録	出土地	現藏地	備註
5981	戈尊	1	西周早期	集成 5472 三代 11.2.1 貞松 7.1.1		旅順博物館	羅振玉舊藏
5982	戈尊	1	西周早期	集成 5473		故宫博物院	
5983	戈尊	1	西周早期	集成 5474 續殷上 50.1			
5984	戈尊	1	西周中期	集成 5475 三代 11.2.2 移林 13 小校 5.1.6			《移林》:李佐賢、丁麟年舊藏
5985	戈尊	1	西周早期或中期	集成 5476 三代 11.2.4 陶續 1.27 續殷上 50.2			端方舊藏
5986	[illegible]鳥形尊	1	商代後期	集成 5477 録遺 183 古器物研究專刊第五本圖版 49 綜覽一圖版鳥獸形尊 9	安陽侯家莊西北崗 1885 號墓	臺北"中央研究院歷史語言研究所"	
5987	獸形銘鳥尊	1	商代後期	集成 5478 美集録 R477 綜覽一圖版鳥獸形尊 8	傳出安陽	《美集録》:美國布恰德寄陳納爾遜美術陳列館	
5988	弔尊	1	西周早期或中期	集成 5479 三代 11.2.6 攈古 1.1.3 愙齋 13.24.1 綴遺 17.18.1 小校 5.2.7			《平安館藏器目》:葉志詵舊藏
5989	[illegible]尊	1	商代後期	集成 5480		上海博物館	
5990	[illegible]尊	1	商代後期	集成 5481 美集録 R19 綜覽一圖版觚形尊 4		《綜覽》:美國薩克勒氏	《美集録》:美國客蘭布羅克美術學院博物館舊藏

序號	器名	字數	時代	著録	出土地	現藏地	備註
5991	[illegible]尊	1	商代後期	集成 5482 美集録 R21 皮斯柏 81 頁圖 35 彙編 9.1623		美國米里阿波里斯美術館寄陳皮斯柏藏品	
5992	丙尊	1	商代後期	集成 5483 三代 11.2.9 西乙 5.22 寶藴 101 貞松 7.1.2 續殷上 50.5 綜覽一圖版觚形尊 27		臺北"故宫博物院"	瀋陽故宫舊藏
5993	丙尊	1	商代後期	集成 5484 三代 11.2.10 殷存上 20.4 尊古 1.28			
5994	丙尊	1	商代後期	集成 5485 三代 11.2.11 綴遺 17.1 殷存上 20.5		上海博物館	《綴遺》:潘季玉舊藏
5995	丙尊	1	商代後期	集成 5486 三代 11.3.4			《三代》拓片倒置
5996	丙尊	1	商代後期	集成 5487		故宫博物院	德國楊寧史舊藏;《集成》目録中誤爲"2"字
5997	[illegible]尊	1	商代後期	集成 5488 西清 9.1			清宫舊藏
5998	[illegible]尊	1	商代後期或西周早期	集成 5489 綜覽一圖版觚形尊 73 彙編 9.1456		美國普林斯頓大學美術館卡特氏藏器	

序號	器名	字數	時代	著録	出土地	現藏地	備註
5999	[illegible]尊	1	西周中期	集成 5490 三代 11.2.8 貞松 7.1 續殷上 50.4 彙編 9.1460 綜覽圖版觚形尊 124		日本東京根津美術館	《貞松》:溥倫舊藏
6000	[illegible]尊	1	商代後期	集成 5491 三代 11.1.9 殷存上 20.3 山東存附 17.2		蘇州市博物館	《羅表》:吴大澂舊藏
6001	酉尊	1	西周早期	集成 5492		故宫博物院	
6002	入尊	1	商代後期	集成 5493		上海博物館	
6003	入尊	1	商代後期	集成 5494 三代 11.3.3 愙齋 13.2.2 殷存上 20.6 小校 5.1.4			
6004	[illegible]尊	1	商代後期	集成 5495 美集録 R16 綜覽一圖版有肩尊 35		《綜覽》:美國紐約大都會美術博物館	美國盧芹齋舊藏
6005	鼎尊	1	西周早期	集成 5496 三代 11.1.8 陶齋 1.6 續殷上 50.6 小校 5.1.1 美集録 R276 歐精華 1.2 扗禁圖版 8.1 彙編 9.1612 綜覽一圖版觚形尊 69	1901 年陕西寶鷄縣鬬鷄臺出土	美國紐約大都會美術博物館	《羅表》:端方、福開森舊藏

序號	器名	字數	時代	著録	出土地	現藏地	備註
6006	凡尊	1	西周早期	集成 5497 考古與文物 1984 年 5 期 11 頁圖 4.6	解放前陝西岐山縣禮村出土		
6007	[illegible]尊	1	商代後期	集成 5498 録遺 184 古器物研究專刊第五本圖版 35	安陽侯家莊西北崗 1400 號大墓	臺北“中央研究院歷史語言研究所”	
6008	[illegible]尊	1	商代後期	集成 5499		故宫博物院	
6009	[illegible]尊	1	商代後期	集成 5500 綜覽一圖版觚形尊 40		日本東京松岡美術館	
6010	宀尊	1	商代後期	集成 5501 美集録 R207 綜覽一圖版有肩尊 42		美國某氏	曾在美國盧芹齋處
6011	[illegible]尊	1	商代後期	集成 5502		故宫博物院	頤和園舊藏
6012	串尊	1	商代後期	集成 5503 西清 8.40			清宫舊藏
6013	串尊	1	西周早期	集成 5504 寧壽 3.30		故宫博物院	清宫舊藏
6014	李尊	1	商代後期	集成 5505 三代 11.5.10			
6015	爻尊	1	商代後期	集成 5506 山東選圖 74 綜覽一圖版觚形尊 25	山東滕縣井亭		
6016	丯尊	1	商代後期	集成 5507 猷氏圖 20 三代補 693 綜覽一圖版有肩尊 41		英國倫敦維多利亞·阿拔博物館	英國猷氏舊藏

序號	器名	字數	時代	著録	出土地	現藏地	備註
6017	尊	1	商代後期	集成5508 文物1965年7期27頁圖1.4 綜覽一圖版觚形尊30	1963年山東蒼山縣東高堯村	臨沂市博物館	
6018	尊	1	商代後期	集成5509 三代11.3.1 恒軒51 綴遺17.17.1 殷存上20.11 周金3.100.3			吴大澂舊藏；《周金》誤作簋
6019	叙尊	1	商代後期	近出606 富士比（1969，11,4　17）			英國倫敦富士比拍賣行曾見
6020	刹尊	1	商代後期	近出607 考古1986年12期1139頁	1975年冬山東省泗水縣張莊公社墓葬	山東省泗水縣文化館	
6021	融尊	1	商代後期	近出608 海岱考古第一輯256—266頁	1986年春山東省青州市蘇埠屯墓葬M8：8	山東省青州市博物館	
6022	□尊	1	商代後期	近出附33 華夏考古1997年2期20頁	1983—1986年河南安陽市劉家莊M9：34	河南安陽市文物工作隊	
6023	□尊	1	商代後期	近出附34 華夏考古1997年2期20頁	1983—1986年河南安陽市劉家莊M21：5	河南安陽市文物工作隊	
6024	且戊尊	2	商代後期	集成5510 三代11.4.5 西甲5.1 貞補上30.3 小校5.4.3		故宫博物院	清宫舊藏

序號	器名	字數	時代	著録	出土地	現藏地	備註
6025	且辛尊	2	西周早期	集成 5511 懷履光(56)111 頁 1 三代補 586 彙編 7.949	1930 年前河南洛陽近郊	加拿大多倫多皇家安大略博物館	
6026	且壬尊	2	西周早期	集成 5512 文物 1965 年 5 期 3 頁圖 6		陝西省博物館	從廢品中回收所得
6027	且癸尊	2	商代後期或西周早期	集成 5513		上海博物館	
6028	鳥且犧尊	2	商代後期	集成 5514 彙編 9.1671		美國米里阿波里斯美術館	
6029	父甲尊	2	西周早期	集成 5515 三代 11.4.6 貞補上 31.1			《貞補》:河南博物館舊藏
6030	父乙尊	2	商代後期	集成 5516		故宫博物院	清宫舊藏;父字經修補,故拓本不清
6031	父乙尊	2	商代後期或西周早期	集成 5517 三代 11.4.7 恒軒上 49 殷存上 21.7 小校 5.4.4		中國歷史博物館	潘祖蔭舊藏
6032	乙父尊	2	商代後期或西周早期	集成 5518 考古 1984 年 9 期 786 頁圖 3.3	1961 年陝西長安縣張家坡村西周墓(M106:5)	考古研究所西安研究室	
6033	父乙尊	2	西周早期	集成 5519 陶齋 1.42 小校 5.4.5			端方、馮恕舊藏

序號	器名	字數	時代	著録	出土地	現藏地	備註
6034	父乙尊	2	西周早期	集成 5520 出光(十五週年)394頁19 中銅132頁圖版16 三代補792 綜覽一圖版觚形尊64		日本東京出光美術館	
6035	父乙尊	2	西周早期或中期	集成 5521 西清 8.1			清宮舊藏
6036	父丙尊	2	商代後期或西周早期	集成 5522 陝青 3.66 綜覽一圖版觚形尊41	1950年陝西扶風縣雲塘村	扶風縣博物館	
6037	父丁尊	2	商代後期或西周早期	集成 5523 西清 8.4		故宫博物院	清宮舊藏
6038	父丁尊	2	西周早期	集成 5524 博古 6.16 薛氏 13 嘯堂 22.2			
6039	父戊尊	2	西周早期	集成 5525 三代 11.4.8 貞補上 31.2 海外吉 69 續殷上 51.10 泉屋 1.19 彙編 7.951 綜覽一圖版觚形尊90		日本京都泉屋博古館	
6040	父己尊	2	商代後期	集成 5526 日精華 2.136 美集録 R206 布倫戴奇(77)139頁圖15 三代補 206(又683)	《美集録》:傳河南省北部	美國舊金山亞洲美術博物館布倫戴奇藏品	日本大阪淺野楳吉氏舊藏

序號	器名	字數	時代	著録	出土地	現藏地	備註
6041	父己尊	2	西周早期	集成 5527 三代 11.4.9 綴遺 17.19.1 殷存上 21.8 小校 5.4.6			《羅表》:潘祖蔭舊藏
6042	父己尊	存 2	西周早期	集成 5528 綜覽一圖版觚形尊 58		美國紐約薩克勒氏	
6043	父辛尊	2	商代後期	集成 5529 三代 11.4.10 續殷下 52.8 故圖下上 100 彙編 7.955 綜覽一圖版觚形尊 12		臺北"故宫博物院"	
6044	父辛尊	2	商代後期	集成 5530 日精華 2.139A 三代補 684 彙編 8.1344 綜覽一圖版觚形尊 47		美國舊金山亞洲美術博物館布倫戴奇藏品	日本東京藺山順吉氏舊藏
6045	父辛尊	2	商代後期	集成 5531 三代 14.36.12 貞補中 19.3 小校 5.5.1		上海博物館	《三代》稱觶,《小校》稱尊
6046	父辛尊	2	西周早期	集成 5532 西甲 5.7 貞續中 5.2		故宫博物院	清宫舊藏
6047	父癸尊	2	西周早期	集成 5533 西清 8.12			清宫舊藏
6048	父癸尊	2	西周早期	集成 5534 文物 1986 年 1 期 44 頁圖 3 考古 1986 年 11 期 977—979 頁	1965 年陕西長安縣灃西大原村	西安市文物管理委員會	

序號	器名	字數	時代	著録	出土地	現藏地	備註
6049	婦好方尊	2	商代後期	集成 5535 婦好墓 54 頁圖 35.1 殷墟圖 47.4 綜覽一圖版有肩尊 43	1976 年安陽殷墟 5 號墓（M5：792）	考古研究所	
6050	婦好鴞尊	2	商代後期	集成 5536 學報 1977 年 2 期 65 頁圖 5.13 婦好墓 52 頁圖 34.5 河南 1.149 殷虚圖 47.6	1976 年安陽殷墟 5 號墓（M5：784）	考古研究所	
6051	婦好鴞尊	2	商代後期	集成 5537 婦好墓 52 頁圖 34.4 殷虚圖 47.5	1976 年安陽殷墟 5 號墓（M5：785）	考古研究所	
6052	司㜏尊	2	商代後期	集成 5538 學報 1977 年 2 期 65 頁圖 5.2 婦好墓 58 頁圖 38.3 河南 1.148 綜覽一圖版有肩尊 30	1976 年安陽殷墟 5 號墓（M5：793）	考古研究所	
6053	司㜏尊	2	商代後期	集成 5539 婦好墓 58 頁圖 38.4 殷虚圖 50.6	1976 年安陽殷墟 5 號墓（M5：867）	考古研究所安陽工作站	
6054	子𦉢尊	2	商代後期	集成 5540 學報 1977 年 2 期 65 頁圖 5.4 婦好墓 60 頁圖 39.16 綜覽一圖版有肩尊 24	1976 年安陽殷墟 5 號墓（M5：318）	考古研究所寄陳中國歷史博物館	

序號	器名	字數	時代	著録	出土地	現藏地	備註
6055	子㬥尊	2	商代後期	集成 5541 婦好墓 60 頁圖 39.7	1976 年安陽殷墟 5 號墓(M5：320)	考古研究所	
6056	子漁尊	2	商代後期	集成 5542 學報 1981 年 4 期 496 頁圖 4.9 殷虚圖 58.2	1976 年安陽小屯村北 18 號墓(M18：13)	考古研究所安陽工作站	
6057	子龏尊	2	商代後期	集成 5543 弗里爾(67)103 頁 彙編 8.1379 三代補 529		美國華盛頓弗里爾美術陳列館	
6058	子廠尊	2	商代後期或西周早期	集成 5544 西清 9.23			清宫舊藏
6059	匿乙尊	2	商代後期	集成 5545 美集録 R180			曾在美國盧芹齋;舊以爲僅有一匿字
6060	乙[illegible]尊	2	商代後期	集成 5546 西乙 5.21 故圖下下 217		臺北"中央博物院"	清宫舊藏;容庚曾疑僞
6061	丁[illegible]尊	2	商代後期	集成 5547 日精華 2.129 三代補 682 寧樂譜 4 彙編 9.1465 綜覽一圖版有肩尊 26 歐遺珠圖版 37		日本奈良寧樂美術館	
6062	丁[illegible]尊	2	商代後期	集成 5548 日精華 2.124 三代補 681 彙編 9.1461			日本淺野楳吉氏舊藏

序號	器名	字數	時代	著録	出土地	現藏地	備註
6063	[illegible]丁尊	2	商代後期	集成 5549 出光(十五週年)394 頁 28 中銅 134 頁 三代補 793 彙編 9.1466 綜覽一圖版有肩尊 25		日本東京出光美術館	
6064	夲丁尊	2	商代後期	集成 5550 綴遺 17.3			陳廣綬舊藏;銘在腹底龜蛇紋中,器形甚大,舊稱玄武尊
6065	[illegible]己尊	2	商代後期	集成 5551		故宫博物院	
6066	[illegible]己尊	2	西周早期	集成 5552 三代 11.4.11 貞松 7.3 小校 5.5.2			劉體智舊藏
6067	己[illegible]尊	2	西周早期	集成 5553 賽爾諾什 170 頁上		法國巴黎賽爾諾什博物館	
6068	天己尊	存 2	西周早期	集成 5554 白鶴吉 6 賸稿 31 綜覽一圖版觚形尊 79	《賸稿》:河南	日本神户白鶴美術館	《集成》目録中誤爲“2”字
6069	辛聿尊	2	商代後期	集成 5555 西清 9.19			清宫舊藏;聿字倒書
6070	戲𦉢尊	2	商代後期	集成 5556 文物 1982 年 9 期 41 頁圖 32	傳出山東費縣	北京市文物工作隊	
6071	[illegible]𣳾尊	2	西周早期	集成 5557 彙編 8.1286 綜覽一圖版觚形尊 11		美國克里夫蘭美術博物館	

序號	器名	字數	時代	著録	出土地	現藏地	備註
6072	[illegible]耳尊	2	商代後期	集成 5558 三代 11.6.1 西清 10.22 貞續中 6.1 續殷上 52.1 故宫 35 期			清宫舊藏
6073	亞醜尊	2	商代後期	集成 5559 三代 11.4.2 愙齋 13.23.2 綴遺 17.4.2 續殷上 51.1 小校 5.3.7 殷存上 28.4			《愙齋》:葉志詵舊藏
6074	亞醜尊	2	商代後期	集成 5560 三代 11.4.3			
6075	亞醜尊	2	商代後期	集成 5561 西甲 5.18 出光(十五週年)394 頁 27 中銅 124 頁 三代補 791		日本東京出光美術館	《西甲》器與出光美術館藏器近似,今作一器處理
6076	亞醜方尊	2	商代後期	集成 5562 故宫 34 期 故圖下上 95		臺北"故宫博物院"	清宫舊藏
6077	亞醜方尊	2	商代後期	集成 5563 貞松 7.3.1—2 續殷上 51.6			《貞松》:劉體智舊藏
6078	亞[illegible]尊	2	商代後期	集成 5564 鄴三上 18 鐃齋 7 綜覽一圖版有肩尊 66	傳出安陽	聯邦德國科隆東洋博物館	

序號	器名	字數	時代	著録	出土地	現藏地	備註
6079	亞黽鴞尊	2（器蓋同銘）	商代後期	集成 5565 三代 11.5.4—5 恒軒上 47 窓齋 13.5.2—3 善齋 4.96 續殷上 52.2 小校 5.6.3—4 善彝 135 安徽金石 1.30.1 美集録 R125、489 歐精華 1.41 尊古 1.29 彙編 8.1002 綜覽一圖版鳥獸形尊 4		美國紐約何母斯氏	王懿榮、劉體智舊藏;2B 爲器底銘文
6080	亞凡尊	2	商代後期	集成 5566 三代 11.5.7 積古 1.9.2 擴古 1.1.37 小校 5.7.1			《羅表》:陳介祺舊藏;《積古》稱鼎
6081	亞□尊	2	商代後期	集成 5567 三代 11.3.9 善齋 4.59 小校 5.3.5 雙古上 13			劉體智、于省吾舊藏
6082	亞□尊	2	商代後期或西周早期	集成 5568 三代 11.3.12		遼寧省博物館	

序號	器名	字數	時代	著録	出土地	現藏地	備註
6083	亞此犧尊	2（器蓋同銘）	西周早期	集成5569 三代11.3.10—11 從古13.18 擦古1.1.38 愙齋13.21.1—2 綴遺17.22 奇觚5.1.1—2 敬吾上42.3 周金5.24.1—2 簠齋一尊2 小校5.3.3—4 山東存附15.6—7 美集録R131 歐遺珠圖版93	傳山東		陳介祺舊藏，後歸美國紐約姚叔來通運公司；《美集録》云蓋後配
6084	亞矣尊	2	商代後期	集成5570 青山莊10 遺寶38 綜覽一圖版有肩尊32	傳出安陽侯家莊西北崗大墓	日本東京根津美術館	
6085	亞[illegible]尊	2	商代後期	集成5571 書道（平凡）1.19C 三代補832 倫敦圖版16.257		美國紐約何母斯氏	
6086	亞奚尊	2	商代後期	集成5572			
6087	㠱册尊	2	商代後期	集成5573		上海博物館	
6088	丫射尊	2	西周早期	集成5574 考古1959年4期188頁圖3.3 綜覽一圖版觚形尊65	洛陽東郊	洛陽市文物工作隊	
6089	牧正尊	2	西周早期	集成5575 陝青3.156	1977年陝西隴縣韋家莊墓葬	寶鷄市博物館	

序號	器名	字數	時代	著録	出土地	現藏地	備註
6090	丏甫尊	2	西周中期	集成 5576 美集録 R279 皮斯柏 79 頁圖 34 彙編 9.1735 綜覽一圖版觚形尊 142	傳 1926 年河南	美國米里阿波里斯美術館皮斯柏藏器	盧芹齋舊藏
6091	鄉宁尊	2	商代後期	集成 5577 美集録 R32 彙編 8.1296	1930 年前後安陽	美國波士頓美術博物館	美國山中商會、Higginson 舊藏
6092	㚔旅尊	2	商代後期	集成 5578 録遺 186			
6093	㚔旅尊	2	商代後期	集成 5579 録遺 187			
6094	[illegible]辰尊	2	商代後期	集成 5580 録遺 188		上海博物館	
6095	[illegible]叔尊	2	西周	集成 5581 三代 11.5.11 殷存上 21.6			
6096	[illegible]戈尊	2	商代後期或西周早期	集成 5582			此器應爲卣,《集成》誤收爲尊
6097	[illegible]尊	2	商代後期	集成 5583		故宫博物院	
6098	[illegible]刀尊	2	商代後期	集成 5584 三代 11.6.3			
6099	羊口尊	2	商代後期或西周早期	集成 5585 文物 1984 年 12 期 34 頁圖 1.5	1982 年河北正定縣新城舖墓葬	正定縣文物保管所	

序號	器名	字數	時代	著録	出土地	現藏地	備註
6100	巫鳥尊	2	西周早期	集成 5586 三代 11.4.12 貞補上 31.3 續殷上 51.12 海外吉 72 小校 5.5.4 泉屋 1.24 彙編 9.1673 綜覽一圖版觚形尊 35		日本京都泉屋博古館	巫或可釋癸
6101	[illegible]鱻尊	2	商代後期	集成 5587 録遺 191 彙編 9.1469			
6102	魚從尊	2	西周早期或中期	集成 5588 三代 11.5.3 善齋 4.62 小校 5.5.7 頌續 60 綜覽一圖版觚形尊 104	《頌續》:洛陽		
6103	魚尊	2	商代後期	集成 5589 文物 1977 年 12 期 24 頁圖 4 綜覽一圖版觚形尊 2	1974 年遼寧喀左縣山灣子村窖藏	遼寧省博物館	
6104	買車尊	2	商代後期	集成 5590 録遺 190		故宫博物院	
6105	用征尊	2	西周早期或中期	集成 5591	傳出陜西寶鷄鬭鷄臺		
6106	作旅尊	2	西周早期	集成 5592 三代 11.6.4 清愛 12 擦古 1.2.30 周金 5.21.3 小校 5.5.8		上海博物館	《清愛》、《周金》:劉喜海、潘祖蔭舊藏

序號	器名	字數	時代	著録	出土地	現藏地	備註
6107	作⿱丫⿰乚乚尊	2	西周中期	集成 5593 三代 11.6.2 貞續中 5.3 善齋 4.63 小校 5.6.2 善彝 129 雙古上 17		故宫博物院	劉體智、于省吾舊藏
6108	作彝尊	2	西周早期	集成 5594 西清 10.20			清宫舊藏
6109	隮息尊	2（又合文 1）	商代後期	集成 5595 考古 1981 年 2 期 117 頁圖 8.2	1979 年河南羅山縣蟒張鄉 6 號墓	信陽地區文物管理委員會	第一字疑爲尊彝二字合文
6110	亞址尊	2	商代後期	近出 609 安陽殷墟郭家莊商代墓葬 80 頁	河南省安陽市殷墟郭家莊 M160：118	中國社會科學院考古研究所	
6111	亞址方尊	2	商代後期	近出 610 安陽殷墟郭家莊商代墓葬 80 頁	河南省安陽市殷墟郭家莊 M160：152	中國社會科學院考古研究所	另有一件形制、紋飾、銘文相同
6112	父乙尊	2	西周早期	近出 611 考古與文物 1990 年 5 期 26—43 頁	陝西省長安縣灃西毛紡廠	陝西省西安市文物中心	
6113	父癸尊	2	西周早期	近出 612 高家堡戈國墓 91 頁	1991 年陝西省涇陽縣興隆鄉高家堡 M4：13	陝西省涇陽縣博物館	
6114	息尊尊	2	商代後期	近出 613 考古學報 1986 年 2 期 161—172 頁	1979—1980 年河南省羅山縣蟒張鄉天湖村墓葬 6：12	河南省羅山縣文化館	

序號	器名	字數	時代	著録	出土地	現藏地	備註
6115	息斤尊	2	商代後期	近出614 考古學報1986年2期161—172頁	1979—1980年河南省羅山縣蟒張鄉天湖村墓葬41：9	河南省羅山縣文化館	
6116	己並尊	2	商代後期	近出附35 文物1985年3期2—5頁	1983年12月山東壽光縣"益都侯城"故址	壽光縣博物館	
6117	己且乙尊	3	商代後期或西周早期	集成5596 三代11.6.5 殷存上21.9			
6118	己且乙尊	3	商代後期或西周早期	集成5597 積古1.18.2 攈古1.2.29 奇觚17.1.3 小校5.7.3			
6119	奄且乙尊	3	商代後期	集成5598 綴遺17.6.1			顧沅舊藏
6120	爵且丙尊	3	西周早期	集成5599 考古1974年5期314頁圖11.2	1974年北京房山縣琉璃河黄土坡50號西周燕國墓(M50：4)	首都博物館	
6121	[illegible]且丁尊	3	商代後期或西周早期	集成5600 三代11.6.6 奇觚5.2.2 殷存上21.10 小校5.7.4			《羅表》:潘祖蔭舊藏
6122	妕且丁尊	3	西周早期	集成5601 三代11.6.7 貞松7.3.4 善齋4.64 續殷上52.4 小校5.7.5 雙古上9			劉體智、于省吾舊藏

序號	器名	字數	時代	著録	出土地	現藏地	備註
6123	[illegible]且丁尊	3	西周早期	集成5602 文物1980年4期42頁圖6.6 陜青3.69	1976年陜西扶風縣雲塘村墓葬（M20：2）	扶風周原文管所	
6124	戈且己尊	3	西周早期	集成5603 陜青4.114	1976年陜西武功縣徐家灣	武功縣文化館	
6125	[illegible]且己尊	3	西周早期	集成5604		上海博物館	
6126	作且庚尊	3	西周早期或中期	集成5605 三代11.6.8 續殷上52.5 尊古1.30 綜覽一圖版觚形尊123			
6127	作且庚尊	3	西周早期或中期	集成5606 美集録R523			
6128	[illegible]且辛尊	3	西周早期	集成5607 三代11.6.9 西清9.3 貞續中6.2 續殷上52.7 故圖下上103		臺北“故宫博物院”	清宫舊藏
6129	且辛[illegible]尊	3	西周早期	集成5608		上海博物館	
6130	象且辛尊	3	西周早期	集成5609		中國歷史博物館	
6131	冀且癸尊	3	商代後期或西周早期	集成5610 寧壽3.8 録遺192		故宫博物院	清宫舊藏
6132	[illegible]且癸尊	3	商代後期或西周早期	集成5611		上海博物館	

序號	器名	字數	時代	著録	出土地	現藏地	備註
6133	亞匕辛尊	3	商代後期	集成 5612 博古 6.10 薛氏 14.2 嘯堂 22 續考古 5.8			《續考古》摹本有誤
6134	咸匕癸尊	3	商代後期或西周早期	集成 5613 博古 6.17 薛氏 15 嘯堂 23			
6135	山父乙尊	3	商代後期	集成 5614 三代 6.11.4 貞松 4.31.1 續殷上 36.7		中國歷史博物館	方尊座，殘，《三代》等誤作簋
6136	乙父尊	3	商代後期	集成 5615 三代 11.7.3 西乙 5.16 寶蘊 102 貞松 7.4.3 續殷上 52.10 故圖下下 215 綜覽一圖版觚形尊 24		臺北"中央博物院"	瀋陽故宫舊藏
6137	舌父乙尊	3	西周早期	集成 5616 中原文物 1986 年 1 期 126 頁	1984 年河南鶴壁市鹿樓鄉辛村		舌字與父乙二字相顛倒。共出同銘觶，未發表拓本
6138	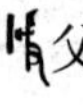父乙尊	3	商代後期	集成 5617 三代 11.7.2 貞松 7.4.1 續殷上 52.8 小校 5.8.2 賸稿 30 美集録 R192 歐精華 1.13 彙編 8.1353 綜覽一圖版觚形尊 17	《賸稿》：河南	美國波士頓美術博物館	

序號	器名	字數	時代	著録	出土地	現藏地	備註
6139	父乙冀尊	3	商代後期或西周早期	集成 5618 綜覽一圖版觚形尊 42			
6140	甫父乙尊	3	西周中期	集成 5619 三代 11.7.1 寧壽 3.15 貞補上 31.4 續殷上 53.1 故宫 10 期 故圖下上 105 綜覽一圖版觶形尊 4		臺北"故宫博物院"	清宫舊藏
6141	冉父乙尊	3	商代後期	集成 5620 三代 11.6.10 攈古 1.2.29 殷存上 21.12 澂秋 24	《攈古録》:見於長安	故宫博物院	陳承裘舊藏
6142	父乙入尊	3	西周早期	集成 5621 三代 11.7.4 西清 9.2 窸齋 13.19.1 綴遺 23.26.2 貞松 9.17.4 殷存上 22.1 小校 5.8.3		上海博物館	清宫舊藏;《綴遺》、《貞松》稱觶
6143	凡父乙尊	3	西周中期	集成 5622 彙編 9.1501 綜覽一圖版觶形尊 32		日本大阪某氏	
6144	奄父乙尊	3	西周早期	集成 5623 三代 11.4.4 寧壽 3.1 續殷上 56.4 故圖下上 104		臺北"故宫博物院"	清宫舊藏

序號	器名	字數	時代	著録	出土地	現藏地	備註
6145	戈父乙尊	3	西周早期	集成 5624 青山莊 19 彙編 9.1555		日本東京根津美術館	
6146	夲乙父尊	3	商代後期或西周早期	集成 5625 彙編 9.1737		日本大阪江口治郎氏	
6147	休父乙尊	3	商代後期	集成 5626 賽爾諾什 170 頁 31		法國巴黎賽爾諾什博物館	
6148	母父丁尊	3	商代後期	集成 5627 三代 11.8.3 攈古 1.2.29 愙齋 13.20.3 綴遺 17.20.1 敬吾上 44.7 清儀 1.9 續殷上 53.4 小校 5.8.7 中銅 128 頁 彙編 8.1189 綜覽一圖版觚形尊 43		日本東京出光美術館	張廷濟舊藏
6149	母父丁尊	3	商代後期	集成 5628 三代 11.8.4 攈古 1.2.39.3 從古 3.11 敬吾上 44.7 愙齋 13.20.3 續殷上 53.3			《羅表》:張廷濟舊藏
6150	父丁𦅫尊	3	商代後期	集成 5629 三代 11.8.7 西乙 5.4 寶蘊 104 貞松 7.5.2 續殷上 73.9 故圖下下 216		臺北"中央博物院"	瀋陽故宫舊藏

序號	器名	字數	時代	著録	出土地	現藏地	備註
6151	尹父丁尊	3	西周早期	集成 5630 三代 11.8.5 敬吾上 45.6 澂秋 28		故宫博物院	陳承裘舊藏;此器在銘文左右都曾加刻僞銘
6152	[illegible]父丁尊	3	商代後期	集成 5631 三代 11.8.1 西清 8.5 貞松 7.5			清宫舊藏
6153	[illegible]父丁尊	3	商代後期	集成 5632 三代 11.8.2 積古 1.15.1 攈古 1.2.28 奇觚 17.2.4			
6154	八父丁尊	3	西周早期或中期	集成 5633 三代 11.8.6 西清 9.5		故宫博物院	清宫舊藏
6155	父丁[illegible]尊	3	商代後期	集成 5634 美集録 R467 録遺 193 彙編 9.1617 蘇黎世 42d 綜覽一圖版觚形尊 23		《綜覽》:瑞士蘇黎世瑞列堡博物館	美國布恰德舊藏
6156	父丁魚尊	3	商代後期	集成 5635 善齋 4.66 續殷上 53.9 小校 5.9.1 善彝 144 故圖下下 386 綜覽一圖版觚形尊 3		臺北"中央博物院"	劉體智舊藏;《善彝》、《故圖》稱觚
6157	奄父丁尊	3	西周早期	集成 5636 三代 11.16.1 貞松 7.8.3 寶蘊 100			瀋陽故宫舊藏

序號	器名	字數	時代	著録	出土地	現藏地	備註
6158	豖父丁尊	3	商代後期	集成 5637 録遺 194			
6159	豖父丁尊	3	商代後期	集成 5638 鐃齋 8 綜覽一圖版觚形尊 19		《綜覽》:日本東京松岡美術館	
6160	父丁尊	3	西周早期	集成 5639 三代 11.7.8 貞松 7.4.4 善齋 4.65 續殷上 53.5 小校 5.8.6 日精華 2.134 彙編 9.1614		日本東京廣田熙氏	劉體智舊藏
6161	天父戊尊	3	商代後期	集成 5640 三代 11.9.1 續殷上 53.10			
6162	父戊尊	3	商代後期	集成 5641 三代 11.9.2 寧壽 3.4 貞續中 6.3 故宫 36 期 故圖下上 98		臺北"故宫博物院"	清宫舊藏
6163	山父戊尊	3	商代後期	集成 5642 三代 11.9.3 續殷上 53.11			
6164	父已尊	3	商代後期	集成 5643 三代 11.9.5 殷存上 22.5			
6165	父已尊	3	西周早期	集成 5644 三代 11.9.4 窓齋 13.20.1 殷存上 22.4 小校 5.9.7 美集録 R269 彙編 8.1306		美國波士頓美術博物館	《羅表》:許煦堂舊藏

序號	器名	字數	時代	著録	出土地	現藏地	備註
6166	遽父己象尊	3（器蓋同銘）	西周早期	集成5645 三代11.10.1—2 貞松7.5.3—4 善齋4.94 小校5.9.5—6 善彝136 歐精華1.35 倫敦圖版23.165 沃森70頁圖5.11		《歐精華》：德國柏林某氏	劉體智舊藏
6167	[illegible]父己尊	存3	商代後期	集成5646 河南1.323	1950年安陽郊區	新鄉市博物館	第一字方框内似有一字，但拓本不清
6168	耒父己尊	3	西周早期	集成5647 三代14.44.2 貞松9.20.4 小校5.9.4		上海博物館	《小校》稱尊，《三代》稱觶
6169	鼎父己尊	3	商代後期	集成5648 三代11.9.8 貞松7.6 海外吉66 續殷上54.3 泉屋1.22 日精華2.133		日本京都泉屋博古館	
6170	鼎父己尊	3	商代後期	集成5649 博古6.10 薛氏14 嘯堂22 續考古5.8			《續考古》摹本誤合兩器銘文爲一
6171	[illegible]父己尊	3	商代後期	集成5650 三代11.9.6 貞補上32.1 續殷上54.1 海外吉68 泉屋1.20 彙編9.1689 綜覽一圖版觚形尊11		日本京都泉屋博古館	

序號	器名	字數	時代	著録	出土地	現藏地	備註
6172	己父尊	3	商代後期	集成 5651 西清 9.41			清宫舊藏
6173	作父己尊	3	西周中期	集成 5652 三代 11.10.3 貞續中 6.4 海外吉 74 泉屋續 175 綜覽一圖版觶形尊 30		日本京都泉屋博古館	
6174	父庚䚟尊	3	西周早期或中期	集成 5653 三代 11.10.4			
6175	父辛尊	3	西周早期或中期	集成 5654		日本東京國立博物館	
6176	奄父辛尊	3	商代後期	集成 5655 三代 14.29.5 (觚) 愙齋 13.20.4 綴遺 17.7 續殷上 56.10 小校 5.10.3 雙吉上 25 貞松 9.7.3	傳出陝西岐山	故宫博物院	于省吾舊藏
6177	𠬝父辛尊	3	西周早期	集成 5656 彙編 8.1362 綜覽一圖版觚形尊 49		日本京都黑川古文化研究所	
6178	毌父辛尊	3	商代後期	集成 5657			
6179	丙父辛尊	3	商代後期	集成 5658 三代 14.27.1 (觚) 小校 5.10.2 美集録 R61 綜覽一圖版觚形尊 7 貞松 9.5.2 續殷下 44.10		美國斯特勞斯氏	盧芹齋舊藏;《集成》説明中缺“時代”項

序號	器名	字數	時代	著録	出土地	現藏地	備註
6180	父辛尊	3	西周早期	集成 5659 學報 1980 年 4 期 468 頁圖 16.9	1976 年陝西長安縣張家坡墓葬（M87：5）	考古研究所西安研究室	
6181	[illegible]父辛尊	3	西周早期	集成 5660 陝圖 21 綜覽一圖版觚形尊 8	1956 年陝西耀縣丁家溝墓葬	陝西省博物館	
6182	父辛尊	3	西周早期	集成 5661		上海博物館	
6183	史父壬尊	3	商代後期	集成 5662 美集録 R466			曾在美國盧芹齋處
6184	舟父壬尊	3	商代後期或西周早期	集成 5663 三代 11.10.7 窓齋 13.18.3 殷存上 22.7 小校 5.11.1			
6185	父壬尊	3	商代後期	集成 5664 三代 11.10.8 積古 1.16.1 攈古 1.2.28 從古 5.10 小校 5.10.5			《羅表》：張相舊藏
6186	[illegible]父癸尊	3	西周早期	集成 5665 陝圖 5 陝青 1.19	1953 年陝西岐山縣禮村	陝西省博物館	
6187	史父癸尊	3	西周早期	集成 5666 美集録 R261		美國紐約費利浦斯氏	
6188	史父癸尊	3	西周早期	集成 5667 彙編 8.1335		荷蘭某氏	《集成》5666、5667 兩器銘文字體相似

序號	器名	字數	時代	著録	出土地	現藏地	備註
6189	[illegible]父癸尊	3	商代後期	集成 5668 三代 11.11.1 博古 6.5 薛氏 14 嘯堂 21 寧壽 3.20 貞續中 7.1 續殷上 55.4			《寧壽》、《三代》銘文拓片與宋代著録之器吻合,今作一器處理。宋器之傳於晚近者罕見
6190	戈父癸尊	3	商代後期	集成 5669 綴遺 17.9.2			
6191	耿父癸尊	3	商代後期	集成 5670 三代 11.11.2 續殷上 55.5			
6192	[illegible]父癸尊	3	商代後期	集成 5671 三代 11.12.3 續殷上 55.1			
6193	[illegible]父癸尊	3	西周早期	集成 5672 薛氏 14.3			
6194	[illegible]父癸尊	3	商代後期	集成 5673 三代 11.11.8 愙齋 13.19.2 綴遺 17.9 殷存上 22.8 小校 5.11.3			
6195	[illegible]父癸尊	3	商代後期	集成 5674		故宫博物院	
6196	爵父癸尊	3	西周早期	集成 5675 筠清 1.3.2 攈古 1.2.27 綴遺 17.12			《筠清》:王味雪舊藏
6197	[illegible]父癸尊	3	西周早期	集成 5676 三代 11.12.1 綴遺 17.10.2 殷存上 22.9 小校 7.13.3			

序號	器名	字數	時代	著録	出土地	現藏地	備註
6198	鳥父癸尊	3	商代後期	集成 5677 三代 11.11.4 殷存上 22.10 小校 5.11.5 上海 8 綜覽一圖版觚形尊 18		上海博物館	《羅表》:潘祖蔭舊藏
6199	黿父癸尊	3	商代後期	集成 5678 三代 11.15.4 續殷上 57.2			
6200	㠱母己尊	3	商代後期或西周早期	集成 5679 西清 8.10 賽爾諸什 80 頁 三代補 738		法國巴黎賽爾諸什博物館	清宫舊藏
6201	司娉癸方尊	3	商代後期	集成 5680 婦好墓 58 頁圖 38.1 殷虚圖 50.1	1976 年安陽殷墟 5 號墓(M5 : 868)	考古研究所	
6202	司娉癸方尊	3	商代後期	集成 5681 婦好墓 58 頁圖 38.2 殷虚圖 50.2	1976 年安陽殷墟 5 號墓(M5 : 806)	考古研究所	
6203	子甗圖尊	3	商代後期或西周早期	集成 5682 西清 10.24		故宫博物院	清宫舊藏;《集成》目録中器名誤爲"子[illegible]圖尊",《西清》僅摹出二字
6204	兄丁尊	3	商代後期或西周早期	集成 5683 美集録 R522 彙編 8.1136		美國紐約某氏	《美集録》:見於盧氏
6205	亞旃竊尊	3	西周早期	集成 5684 文物 1966 年 4 期 3 頁圖 9		湖南省博物館	

序號	器名	字數	時代	著録	出土地	現藏地	備註
6206	亞豈衔尊	3	西周早期	集成 5685 三代 11.5.9 十二契 11 綜覽一圖版觚形尊 60			商承祚舊藏
6207	[illegible]旅婞尊	3	商代後期	集成 5686 布倫戴奇(77)139 頁圖 14		美國舊金山亞洲美術博物館布倫戴奇藏品	
6208	大御尊	3	西周早期	集成 5687 江漢考古 1984 年 3 期 110 頁右下	1965 年湖北武漢市漢陽東城垸	湖北省博物館	
6209	天作從尊	3	西周中期	集成 5688 三代 11.12.7 貞松 7.6.4 善齋 4.68 續殷上 55.8 小校 5.11.8(又 7.14.2) 善彝 124 故圖下下 221 綜覽一圖版觶形尊 29		臺北"中央博物院"	劉體智舊藏
6210	[illegible]册啚尊	3	商代後期或西周早期	集成 5689 美集録 R102 綜覽一圖版有肩尊 47			曾在美國盧芹齋
6211	伯作彝尊	3	西周早期	集成 5690 西清 8.32			清宫舊藏
6212	仲作彝尊	3	西周早期	集成 5691 綴遺 17.16.2 擴古 1.2.31			《羅表》:何澍舊藏

序號	器名	字數	時代	著録	出土地	現藏地	備註
6213	員作旅尊	3	西周中期	集成 5692 三代 11.12.5 貞續中 7.2			
6214	明作旅尊	3	西周中期	集成 5693 三代 11.12.6 窓齋 13.23.5 小校 5.12.1 美集録 R347 彙編 7.903		美國紐約某氏	曾在美國盧芹齋
6215	[illegible]見册尊	3	商代後期	集成 5694 鄴三上 19	傳安陽	故宫博物院	
6216	長隹壺尊	3	西周早期	集成 5695 美集録 R259 彙編 7.901		美國哈佛大學福格美術博物館	Winthrop 舊藏
6217	乂乂正[illegible]尊	3	商代後期	集成 5696 三代 11.13.4 窓齋 13.24.2 綴遺 17.11.7 奇觚 5.2.1 續殷上 50.3 小校 5.3.1			《綴遺》:器見京師;此器在上海博物館,《集成》9790 已收,應爲罍,此誤
6218	右[illegible]君象尊	3	戰國	集成 5697 河北 133	1971 年河北易縣燕下都武陽臺		
6219	作旅彝尊	3	西周早期	集成 5698 西甲 5.17			清宫舊藏
6220	作旅彝尊	3	西周早期	集成 5699 索思比(1984.6 倫敦)34 頁		英國古董商索思比氏	有附耳
6221	作旅彝尊	3	西周中期	集成 5700 三代 11.12.8 綴遺 18.16.2 陶補 5 小校 5.12.8		上海博物館	《綴遺》:沈秉成、端方舊藏

序號	器名	字數	時代	著録	出土地	現藏地	備註
6222	作從單尊	3	西周早期	集成 5701 考古圖 4.14 博古 6.19 薛氏 14 嘯堂 23	《考古圖》:河南河清		《博古》、《薛氏》所摹單字近彝字
6223	作從彝尊	3	西周中期	集成 5702 三代 11.13.1 貞松 7.7.1 善齋 4.76 小校 5.12.7		故宫博物院	劉體智舊藏
6224	作從彝尊	3	西周中期	集成 5703		故宫博物院	
6225	作寶彝尊	3	西周早期	集成 5704 三代 11.13.2 窓齋 13.7.1 周金 5.23.1 小校 5.12.6		故宫博物院	吴大澂舊藏
6226	作寶彝尊	3	西周早期	集成 5705 三代 11.13.3 周金 5.120.2 希古 5.1.1 小校 5.12.5(又 6.81.7)			潘祖蔭舊藏
6227	作寶彝尊	3	西周早期	集成 5706 敬吾上 44.5 周金 5.23.2 小校 5.12.4		故宫博物院	《周金》:四明趙氏舊藏
6228	作寶彝尊	3	西周早期	集成 5707		故宫博物院	
6229	作寶彝尊	3	西周早期	集成 5708			
6230	作寶彝尊	3	西周早期	集成 5709 美集録 R364 綜覽一圖版觚形尊 54		美國波士頓麥克里奥特氏	
6231	作寶彝尊	3	西周早期	集成 5710 文叢 3.45 圖 13	1970 年洛陽東郊塔西	洛陽市博物館	

序號	器名	字數	時代	著録	出土地	現藏地	備註
6232	作寶彝尊	3	西周早期	集成5711 琉璃河西周燕國墓地	1975年北京房山縣琉璃河黄土坡253號墓（M253：2）	首都博物館	
6233	作隮彝尊	3	西周早期	集成5712	傳山東	故宫博物院	楊寧史舊藏
6234	作隮彝尊	3	西周早期或中期	集成5713 文物1986年1期13頁圖27	1981年陝西長安縣灃東花園村墓葬（M17：14）	陝西省文管會	
6235	[illegible]父丁尊	3	西周早期	近出615 文物1998年10期39—40頁	1972年秋河南省洛陽市東郊機車工廠	河南省洛陽市博物館	
6236	豖父丁尊	3	商代後期	近出616 富士比（1975,3,25 149）			英國倫敦富士比拍賣行曾見
6237	[illegible]父己尊	3	商代後期	近出617 文物1986年11期14頁	1985年1月山西省靈石縣旌介村墓葬M1：34	山西省靈石縣文化局	
6238	戈父辛尊	3	西周早期	近出618 考古與文物1990年5期26—43頁	陝西省長安縣馬王鎮新旺村	陝西省西安市文物中心	
6239	入父辛尊	3	商代後期	近出619 歐遺珠圖版36			英國倫敦戴迪野拍賣行曾見
6240	□父癸尊	3	商代後期	近出620 考古1990年10期879—881頁	1988年7月陝西省麟遊縣九成官鎮後坪村	陝西省麟遊縣博物館	
6241	天[illegible]御尊	3	商代後期	近出621 江漢考古1987年3期12頁	1961年8月湖北省漢陽縣東城垸紗帽山遺址	湖北省博物館	

序號	器名	字數	時代	著録	出土地	現藏地	備註
6242	齒受且丁尊	4	商代後期或西周早期	集成 5714 三代 11.13.5 殷存上 33.6 澂秋 25 小校 4.27.1			陳承裘舊藏;《小校》誤作卣
6243	作且丁尊	4	商代後期或西周早期	集成 5715 博古 6.20 薛氏 15 嘯堂 23.1			
6244	子且辛步尊	4	商代後期	集成 5716 三代 11.13.6 從古 13.19 攈古 1.3.22 愙齋 18.7.1 綴遺 17.13.2 奇觚 5.3.3 殷存上 22.11 簠齋一尊 5 小校 5.13.3 彙編 8.1213 綜覽一圖版觚形尊 29		美國聖路易斯市美術博物館	陳介祺舊藏
6245	且辛父丁尊	4	西周早期	集成 5717		故宫博物院	楊寧史舊藏
6246	且辛册尊	4	西周早期	集成 5718		上海博物館	
6247	伯且癸尊	4	西周早期	集成 5719 善齋 4.77 小校 5.13.5		上海博物館	
6248	夲旅父甲尊	4	西周早期	集成 5720 湖南考古輯刊 1.22 圖 4.1	1981 年湖南湘潭縣青山橋鄉老屋村	湖南省博物館	
6249	㐌紨父乙尊	4	商代後期	集成 5721 三代 11.14.1 殷存上 22.2			

序號	器名	字數	時代	著録	出土地	現藏地	備註
6250	[illegible]𣴎父乙尊	4	商代後期	集成 5722 三代 11.14.2 貞補上 32.3			
6251	作父乙[illegible]尊	4	西周早期	集成 5723 三代 11.13.7 奇觚 5.5.1 續殷上 40.4 小校 5.13.7			《奇觚》: 1892 年陸心源購於都市
6252	[illegible]册父乙尊	4	商代後期	集成 5724 博古 6.14 薛氏 15 嘯堂 22			
6253	[illegible]父乙尊	4	西周早期	集成 5725 學報 1959 年 4 期 85 頁圖 14	1959 年安徽屯溪市西郊墓葬(M1:90)		
6254	子父乙步尊	4	商代後期	集成 5726 綜覽一圖版觚形尊 26			
6255	亞離父乙尊	4	西周早期	集成 5727 三代 11.7.6 西乙 5.3 寶蘊 99 貞松 7.7.2 續殷上 53.2 故圖下下 214		臺北"中央博物院"	瀋陽故宫舊藏
6256	亞醜父乙尊	4	商代後期	集成 5728 三代 11.7.7 西乙 5.18 寶蘊 103 貞松 7.4.2 故圖下下 213 綜覽一圖版觚形尊 76		臺北"中央博物院"	瀋陽故宫舊藏;《西乙》失摹父乙二字

序號	器名	字數	時代	著録	出土地	現藏地	備註
6257	豖馬父乙尊	4	商代後期	集成 5729		上海博物館	
6258	亞攴父乙尊	4	商代後期	集成 5730		上海博物館	
6259	㚤鼎父乙尊	4	商代後期	集成 5731 三代 11.14.3 貞松 7.7.3 續殷上 56.5			
6260	作父乙旅尊	4	西周早期	集成 5732 三代 11.13.8 愙齋 13.23.4 綴遺 17.14 續殷上 56.2 小校 5.13.8			《平安館藏器目》：葉志詵舊藏
6261	文父丁㠱尊	4	西周早期	集成 5733 三代 11.14.5 從古 11.9.1 攈古 1.3.62 愙齋 13.21.4 綴遺 14.2.2 續殷上 56.7 小校 5.14.2			《攈古録》、《綴遺》：郭止亭、張辛有舊藏；《集成》5733、5734 現藏日本，《日精華》有圖著録，應爲一兕觥之蓋、器兩銘，《集成》9284 觥已收，此處誤收
6262	文父丁㠱尊	4	西周早期	集成 5734 三代 11.14.6 從古 11.9.2 攈古 1.3.62 愙齋 13.21.3 綴遺 14.2.1 續殷上 56.6 小校 5.14.1			《攈古録》、《綴遺》：郭止亭、張辛有舊藏

序號	器名	字數	時代	著録	出土地	現藏地	備註
6263	亞䤈父丁尊	4	商代後期	集成 5735 三代 11.8.9 殷存上 22.3			《羅表》:王錫棨舊藏
6264	亞獏父丁尊	4	商代後期	集成 5736 録遺 195 美集録 R146 弗里爾(76)圖版 13 彙編 8.995 綜覽一圖版觚形尊 78		美國華盛頓弗里爾美術陳列館	曾在美國盧芹齋
6265	豕馬父丁尊	4	商代後期或西周早期	集成 5737 考古 1984 年 12 期 1132 頁圖 1.4	1982 年安徽潁上縣王崗區鄭家灣		
6266	父丁亯[illegible]尊	4	西周早期	集成 5738	1984 年陝西長安縣灃西墓葬(M163:36)	考古研究所	
6267	[illegible]父戊尊	4	商代後期	集成 5739		上海博物館	
6268	又敎父己尊	4	商代後期	集成 5740 三代 11.14.8 續殷上 57.5 鄴二上 9 冠斝上 32 綜覽一圖版觚形尊 36	傳安陽		
6269	尹舟父己尊	4	商代後期	集成 5741 三代 11.9.7 貞松 7.6.1 續殷上 54.2 美集録 R465 彙編 8.1347 綜覽一圖版觚形尊 77		美國紐約某氏	潘祖蔭、盧芹齋舊藏

序號	器名	字數	時代	著録	出土地	現藏地	備註
6270	亞曩父己尊	4	西周早期	集成 5742 文物 1983 年 11 期 65 頁圖 9	1982 年北京順義縣牛欄山公社金牛大隊東北山坡墓葬	北京市文物工作隊	
6271	[illegible]父己尊	4	西周早期	集成 5743 三代 11.14.7 窸齋 18.8.2 綴遺 17.13.1 奇觚 5.4.1 簠齋一尊 10 續殷上 74.2 小校 5.10.1 雙劍吉上 23			陳介祺、于省吾舊藏
6272	丗父庚尊	4	商代後期或西周早期	集成 5744 三代 11.15.1 窸齋 13.4.3 善齋 4.70 殷存上 23.5 小校 5.14.4			《羅表》:王懿榮、劉鶚、劉體智舊藏
6273	亞父辛尊	4	商代後期	集成 5745 三代 11.10.5 積古 2.22 攈古 1.2.82 善齋 4.67 續殷上 54.5 小校 5.10.4 彙編 8.1062			劉體智舊藏
6274	亞㠱父辛尊	4	西周早期	集成 5746 三代 11.10.6 西清 10.11 貞補上 32.2 續殷上 54.6 藝展 74 故宫 23 期 故圖下上 99 倫敦圖版 6.12 綜覽一圖版觚形尊 59		臺北"故宫博物院"	清宫舊藏

序號	器名	字數	時代	著録	出土地	現藏地	備註
6275	亞鼻父辛尊	4	商代後期	集成 5747 録遺 196 美集録 R147		美國紐約孟台爾·爵克曼氏	曾在美國盧芹齋
6276	[illegible]匍父辛尊	4	商代後期	集成 5748 日精華 2.135 彙編 9.1408 三代補 645 綜覽一圖版觚形尊 20		日本京都川合定治郎	
6277	[illegible]父辛尊	4	商代後期	集成 5749		上海博物館	
6278	車父辛尊	4	西周早期	集成 5750 録遺 198		故宫博物院	
6279	亞天父癸尊	4	商代後期	集成 5751 三代 11.11.3 攈古 1.2.69 愙齋 13.23.1 綴遺 17.8.1 續殷上 55.6 小校 5.11.6		加拿大多倫多皇家安大略博物館	《綴遺》:葉志詵舊藏
6280	尹舟父癸尊	4	西周早期	集成 5752		故宫博物院	
6281	劦册父癸尊	4	商代後期	集成 5753 三代 11.12.2 攈古 1.2.28 殷存上 23.2			《羅表》:程洪溥舊藏
6282	劦册父癸尊	4	商代後期	集成 5754 録遺 197 彙編 9.1451		美國舊金山亞洲美術博物館布倫戴奇藏品	《集成》説明中器名誤爲“劦册父癸尊”

序號	器名	字數	時代	著録	出土地	現藏地	備註
6283	父癸告正尊	4	西周早期	集成 5755 三代 11.15.5 貞松 7.7.4 續殷上 57.1 小校 5.15.3 海外吉 70 泉屋 1.17 彙編 7.829(又 9.1413)		日本京都泉屋博古館	《羅表》:劉鶚舊藏
6284	何父癸尊	4	商代後期	集成 5756 三代 11.15.7 善齋 4.71 小校 5.15.1			劉體智舊藏;此器與《集成》1893 鼎重出,應爲鼎,此誤
6285	何父癸尊	4	商代後期	集成 5757 三代 11.15.8 貞松 7.8.2 善齋 4.72 小校 5.15.2			劉體智舊藏
6286	弓夆父癸尊	4	商代後期	集成 5758 三代 11.15.6 貞松 7.8.1 續殷上 56.11 彙編 9.1738		《彙編》:日本東京某氏	丁樹楨舊藏
6287	作母旅彝尊	4	西周早期	集成 5759 三代 11.16.8 貞松 7.9.2 善齋 4.73 小校 5.15.4 頌續 58 綜覽一圖版觶形尊 39	《頌續》:洛陽	廣州市博物館	劉體智、容庚舊藏

序號	器名	字數	時代	著録	出土地	現藏地	備註
6288	聑[illegible]婦[illegible]尊	4	商代後期	集成5760 文物1978年5期圖版8.5 河南1.352 綜覽一圖版觚形尊34 中原文物1985年1期30頁	1952年河南輝縣褚邱	新鄉市博物館	
6289	子之弄鳥尊	4	春秋後期	集成5761 美集録R427 弗里爾(67)573頁	傳山西太原	美國華盛頓弗里爾美術陳列館	美國華盛頓梅約夫人舊藏
6290	北子作彝尊	4	西周早期	集成5762 西清9.15			清宫舊藏
6291	伯作旅彝尊	4	西周早期	集成5763 三代6.24.6(又11.17.3) 貞松7.9.4 攈古1.3.10			《三代》6.24.6,《攈古》1.3.10稱彝,容庚以爲簋
6292	伯作旅彝尊	4	西周早期或中期	集成5764 三代11.17.2 小校5.12.8		上海博物館	《集成》説明中器名爲"伯作寶彝尊",誤
6293	伯作寶彝尊	4	西周早期	集成5765 三代11.17.4 貞補上33.1 日精華2.154 彙編7.826 綜覽一圖版觚形尊130		《彙編》:日本京都某氏	《日精華》:日本小林忠次郎舊藏
6294	奄作從彝尊	4	西周早期	集成5766 懷履光(56)180頁圖版94 三代補606 彙編7.834	傳1925年河南孟津	加拿大多倫多皇家安大略博物館	

序號	器名	字數	時代	著録	出土地	現藏地	備註
6295	刅尊	4	西周早期	集成 5767 三代 14.52.5 寧壽 3.24 貞松 9.27.1 故宫 8 期 續殷下 62.6 故圖下上 113 綜覽一圖版觶形尊 44		臺北"故宫博物院"	清宫舊藏
6296	登尊	4	西周早期	集成 5768	1971 年河南洛陽市北瑶村南瀍河西岸墓葬	洛陽市博物館	《考古》1972 年 2 期曾發表同銘卣、觚拓本
6297	𣪕由方尊	4	西周早期	集成 5769 上海 35 銅器選 38 三代補 876 彙編 7.828 綜覽一圖版有肩尊 58		上海博物館	
6298	𠟭尊	4	西周早期	集成 5770 尊古 1.33		遼寧省博物館	
6299	作從彝戈尊	4	西周早期或中期	集成 5771 塞利格曼圖 9 三代補 722 彙編 7.835		英國塞利格曼氏	
6300	戈作隮彝尊	4	西周中期	集成 5772 三代 11.18.2			
6301	戈作旅彝尊	4	西周早期	集成 5773 三代 11.18.1 善齋 4.74 小校 5.15.7 頌續 57	《頌續》:洛陽	首都博物館	容庚舊藏

序號	器名	字數	時代	著録	出土地	現藏地	備註
6302	辛作寶彝尊	4	西周早期或中期	集成 5774 三代 11.16.4 貞松 7.8.4 善齋 4.75 小校 5.16.3 頌續 59	《頌續》:洛陽		劉體智舊藏
6303	⿰犭戈尊	4	西周早期	集成 5775 三代 11.17.1 (又 13.6.7) 窸齋 13.14.3 周金 5.22.2 小校 5.15.8 美集録 R340 彙編 7.836 綜覽一圖版觶形尊 36		美國紐約某氏	曾在美國盧芹齋
6304	莫尊	4	西周早期	集成 5776 三代 11.16.5 移林 15 小校 5.16.2			丁麟年舊藏
6305	穽尊	4	西周早期或中期	集成 5777 三代 11.16.6 周金 5.22.1 夢郼上 36 續殷上 57.8 小校 5.16.1 文物 1959 年 11 期 71 頁圖 3	《夢郼》:中州	故宫博物院	羅振玉舊藏
6306	⿱亼月尊	4	西周早期	集成 5778 三代 11.16.7 周金 3.117.6 貞松 7.9.3 希古 5.1.4			《周金》稱彝
6307	米宫尊	4	西周早期	集成 5779	洛陽	上海博物館	李蔭軒舊藏;尊、卣同出
6308	作旅彝尊	4	西周早期	集成 5780		故宫博物院	

序號	器名	字數	時代	著録	出土地	現藏地	備註
6309	作寶障彝尊	4	西周早期	集成5781 三代11.17.8 陶齋1.44 周金5.22.4 小校5.16.5 彙編7.833 綜覽一圖版觚形尊68		日本奈良天理參考館	《羅表》:端方、馮恕舊藏
6310	作寶障彝尊	4	西周早期	集成5782 薛氏15.2			
6311	作寶障彝尊	4	西周早期	集成5783 三代11.17.5 西甲5.25 貞補上32.4 故圖下上115		臺北"故宫博物院"	清宫舊藏
6312	作寶障彝尊	4	西周早期	集成5784 歐精華1.27 美集録R366(又492) 綜覽一圖版觶形尊11		美國費城賓省大學博物館	曾在美國盧芹齋
6313	作寶障彝尊	4	西周早期	集成5785 彙編7.769		日本大阪某氏	
6314	作寶障彝尊	4	西周中期	集成5786 彙編7.831(又838)			
6315	作寶障彝尊	4	西周中期	集成5787 三代11.17.7 貞松7.10.1 希古5.1.3 海外吉76 泉屋1.32 彙編7.830 綜覽一圖版觶形尊22		日本京都泉屋博古館	

序號	器名	字數	時代	著録	出土地	現藏地	備註
6316	作寶隮彝尊	4	西周中期	集成 5788		山東省博物館	丁樹楨舊藏
6317	作寶隮彝尊	4	西周中期	集成 5789 文物 1979 年 11 期 3 頁圖 4.4 陝青 3.24 綜覽一圖版觚形尊 18	1978 年陝西扶風縣齊家村 19 號墓(M19：40)	周原扶風文管所	
6318	作寶尊彝尊	4	西周中期	集成 5790 三代 11.17.6 冠斝上 33			榮厚舊藏
6319	作從隮彝尊	4	西周早期	集成 5791 美集録 R368 彙編 7.837		美國紐約貝克曼氏	
6320	作從彝□尊	4	西周早期	集成 5792 綜覽一圖版觚形尊 126			
6321	亞𡖊父丁尊	4	西周早期	近出 622 文物 1995 年 5 期 7、10 頁	1985 年内蒙古自治區寧城縣甸子鄉小黑石溝村墓葬	内蒙古自治區寧城縣文物管理所	
6322	弜妶父己尊	4	西周早期	近出 623 彙編 886—887 富士比(1984,6,19 21)			英國倫敦富士比拍賣行曾見
6323	伯尊	4	西周早期	近出 624 歐遺珠圖版 91		德國柏林東亞藝術博物館	
6324	作寶尊彝尊	4	西周早期	近出 625 考古與文物 1990 年 5 期 26—43 頁	1965 年陝西省長安縣大原村	陝西省西安市文物中心	

序號	器名	字數	時代	著録	出土地	現藏地	備註
6325	作寶尊彝尊	4	西周早期	近出626 寶鷄弖國墓地(上)179頁	陝西省寶鷄市竹園溝8號墓M8：7	陝西省寶鷄市博物館	
6326	作寶尊彝尊	4	西周中期	近出627 文物1996年7期54—68頁	1964—1972年河南省洛陽市北窑村西龐家溝墓葬M368：3		
6327	作且丁尊	5	西周早期	集成5793 美集録R351 綜覽一圖版觚形尊92		美國蘭登·貝内特寄陳費城美術博物館	
6328	作且戊尊	5	商代後期	集成5794 博古6.7 薛氏16 嘯堂21			
6329	臣辰父乙尊	5	西周早期	集成5795		故宫博物院	
6330	競作父乙尊	5	西周早期或中期	集成5796 三代11.18.4 懷履光(56)123頁1 斷代五圖版6下右 三代補591 彙編7.770 綜覽一圖版觶形尊17	1925或1926年洛陽邙山麓廟溝	加拿大多倫多皇家安大略博物館	1926年冬懷履光在開封所得
6331	季甫父乙尊	5	西周早期	集成5797 三代12.6.2 窓齋14.9.2 殷存上27.4 小校5.17.3		故宫博物院	楊寧史舊藏;《三代》、《窓齋》、《殷存》誤作壺

序號	器名	字數	時代	著録	出土地	現藏地	備註
6332	戈作父丙尊	5	西周早期或中期	集成 5798 三代 11.20.6 綴遺 17.15.2 陶續 1.29 續殷上 58.4 小校 5.17.4			端方舊藏
6333	作旅父丁尊	5	西周中期	集成 5799 三代 11.18.5 陶齋 1.43 續殷上 57.9 小校 5.17.5 支美 16 塞利格曼 A7		英國倫敦不列顛博物館	端方、英國塞利格曼舊藏
6334	干子父戊尊	5	西周早期	集成 5800 琉璃河西周燕國墓地 177 頁彩版三八圖版六六 2	1975 年北京房山縣琉璃河黄土坡 251 號墓 M251：7	首都博物館	
6335	魚父庚尊	5	西周早期	集成 5801 三代 11.18.6 攈古 1.3.23 愙齋 19.5.2 綴遺 17.30.1 奇觚 5.5.3 殷存上 23.4 簠齋一尊 7 海外吉 67 小校 4.35.5(又 5.17.6) 泉屋 1.23 日精華 2.147 彙編 7.776 左 綜覽一圖版觚形尊 109		日本京都泉屋博古館	陳介祺舊藏

序號	器名	字數	時代	著録	出土地	現藏地	備註
6336	父辛尊	5	商代後期	集成 5802 三代 11.18.8 窓齋 13.5.1 綴遺 17.15.1 殷存上 23.7 小校 5.17.7		故宫博物院	《羅表》:許煦堂舊藏
6337	豖馬作父辛尊	5	西周早期	集成 5803 三代 11.15.3 西清 9.40 續殷上 78.9		故宫博物院	清宫舊藏;《續殷》誤作卣
6338	宀作父辛尊	5	西周早期	集成 5804 三代 11.18.7 續殷上 57.10			
6339	册宁父辛尊	5	西周早期	集成 5805 布倫戴奇(77)141 頁圖 45 彙編 9.1438		美國舊金山亞洲美術博物館布倫戴奇藏品	
6340	父壬尊	5	商代後期或西周早期	集成 5806 綴遺 17.7.2 小校 5.11.2		上海博物館	潘祖蔭舊藏;銘文父字鑄造時有缺損
6341	王作母癸尊	5	西周早期	集成 5807 三代 6.28.7 小校 7.24.6			《小校》:葉志詵舊藏;此器容庚稱尊,並云《三代》6.28.8 及《小校》7.24.5 之尊蓋僞,入附録
6342	亢父癸尊	5	商代後期或西周早期	集成 5808		故宫博物院	頤和園舊藏
6343	作龍母尊	5	西周早期	集成 5809 三代 11.19.5 貞松 7.10.2 故宫 17 期 故圖下上 107		臺北"故宫博物院"	清宫舊藏

序號	器名	字數	時代	著録	出土地	現藏地	備註
6344	作彭史從尊	5	西周早期	集成 5810 三代 11.19.6 貞松 7.10.4 小校 5.19.2 綜覽一圖版觚形尊 62		日本京都黑川古文化研究所	劉體智舊藏
6345	兼史尊	5	西周早期	集成 5811 攈古 1.3.50 筠清 2.21 綴遺 18.14.2 小校 5.19.1			《筠清》:姚聖常舊藏
6346	見尊	5	西周早期	集成 5812 美集録 R336 柏景寒 151 頁 彙編 7.775 綜覽一圖版觚形尊 114		美國芝加哥美術館	曾在美國盧芹齋
6347	事伯尊	5	西周中期	集成 5813 三代 11.20.4			
6348	晋尊	5	西周早期或中期	集成 5814 青山莊 36 彙編 7.774 綜覽一圖版觚形尊 135		日本東京根津美術館	
6349	史晋尊	5	西周早期或中期	集成 5815 索思比(1984.6 倫敦)32 頁		美國倫敦古董商索思比	
6350	[illegible]赤尊	5	西周早期	集成 5816 美集録 R289 彙編 7.772 綜覽一圖版觶形尊 6		美國哈佛大學福格美術博物館	Higginson 舊藏

序號	器名	字數	時代	著録	出土地	現藏地	備註
6351	事作小旅尊	5	西周早期	集成 5817 小校 2.36.3 美集録 R345 彙編 7.768 綜覽一圖版觶形尊 137		美國波士頓美術博物館	《集成》2078據《小校》誤作鼎，與此重出
6352	矩尊	5	西周早期	集成 5818 三代 11.20.1 筠清 2.21.1 攈古 1.3.22.2			《筠清》：潘仕成舊藏；《三代》11.20.2 誤盤爲尊
6353	疐尊	5	西周早期	集成 5819 三代 11.20.3 十六 2.21 積古 5.4.1 攈古 1.3.23.3 愙齋 13.14.4 綴遺 17.25.1 奇觚 17.6.1 周金 5.19.1 小校 5.18.4 彙編 7.766		《彙編》：日本東京書道博物館	錢坫舊藏
6354	疐尊	5	西周早期	集成 5820 攈古 1.3.23.4			《羅表》：多慧舊藏
6355	[illegible]尊	5	西周中期	集成 5821 三代 11.19.7 貞松 7.10.3 善齋 4.79 小校 5.19.4 善彝 126 美集録 R298 彙編 7.767		美國火奴魯魯美術學院	劉體智舊藏
6356	臣辰[illegible]父乙尊	5	商代後期	近出 628 考古與文物 1990 年 5 期 25—38 頁		陝西省西安市文物中心	陝西省禮泉縣徵集

序號	器名	字數	時代	著録	出土地	現藏地	備註
6357	作父辛尊	5	西周中期	近出 629 考古 1991 年 10 期 912—917 頁	1965 年山東省黄縣歸城遺址墓葬 M1∶5	山東省煙臺市文物管理委員會	
6358	庚建尊	5	西周早期	近出 630 富士比(1977,3,29 9)			Seligman 舊藏;英國倫敦富士比拍賣行曾見
6359	作且乙尊	6	西周早期	集成 5822 三代 11.20.7 寧壽 3.14 貞松 7.11.1 續殷上 58.3 故宫 14 期 故圖下上 102 彙編 7.691 綜覽一圖版觚形尊 67		臺北"故宫博物院"	清宫舊藏
6360	陵作父乙尊	6	西周中期	集成 5823 文物 1976 年 4 期 55 頁圖 51	1974—1975 年寶鷄市茹家莊 1 號強國墓(M1 乙∶34)	寶鷄市博物館	
6361	作父乙戾尊	6	西周中期	集成 5824 美集録 R238 綜覽一圖版觚形尊 131		美國紐約乃布氏	
6362	衍耳父乙尊	6	西周早期	集成 5825		天津市歷史博物館	
6363	作父丁戾尊	6	西周中期	集成 5826 三代 11.21.3 貞續中 7.4 小校 5.21.1			

序號	器名	字數	時代	著録	出土地	現藏地	備註
6364	柚作父丁尊	6	西周早期	集成 5827 三代 11.21.4 寧壽 3.3		故宫博物院	頤和園舊藏
6365	商作父丁犧尊蓋	6	西周早期	集成 5828 三代 11.21.1 攈古 1.3.51 窓齋 13.7.3 綴遺 17.23.1 奇觚 5.6.2 周金 5.13.2 殷存上 24.2 簠齋一尊 1 小校 5.21.2		中國歷史博物館	《羅表》：劉喜海、陳介祺、陶祖光舊藏，後歸方若
6366	作父丁尊	6	西周早期	集成 5829 尊古 1.32 美集録 R338 彙編 7.693		美國紐約某氏	
6367	作父戊尊	6	西周早期	集成 5830 洛爾 178 頁 美集録 R300 綜覽一圖版觚形尊 81		美國克里夫蘭美術博物館	
6368	作父己[illegible]尊	6	西周中期	集成 5831 三代 11.21.5 寧壽 3.6 貞補上 33.3 故宫 32 期 故圖下上 106 綜覽一圖版觚形尊 132		臺北"故宫博物院"	清宫舊藏
6369	作父庚尊	存 6	西周早期	集成 5832 歐精華 1.19 美集録 R352 三代補 607 彙編 6.609		美國紐約何母斯氏	

序號	器名	字數	時代	著録	出土地	現藏地	備註
6370	魚作父庚尊	6	西周早期	集成 5833 綴遺 17.30.1 日精華 2.155 三代補 649 彙編 6.612(又 7.776 右)		日本京都小川睦之輔氏	《綴遺》:陳介祺舊藏;尊字倒,錯位於魚字下,銘與《集成》5801 接近
6371	作父辛尊	6	西周早期	集成 5834 三代 11.21.8 從古 8.9 攈古 1.3.50 小校 5.21.4			《羅表》:瞿世瑛舊藏
6372	小臣辰父辛尊	6	西周早期	集成 5835 三代 11.21.7 貞補上 33.2			《貞補》:蘋鄉文氏寅齋舊藏
6373	亞子父辛尊	6	商代後期或西周早期	集成 5836 三代 11.19.2 小校 5.18.1			
6374	作父辛尊	6	西周早期	集成 5837 三代 11.21.6 筠清 2.19 攈古 1.3.50 敬吾上 33.2 殷存上 25.4 小校 4.38.2 彙編 6.639			吴榮光、阮元舊藏;《敬吾》稱彝、《小校》稱卣、《彙編》稱鼎
6375	臣辰父癸尊	6	西周早期	集成 5838		上海博物館	
6376	狽日辛尊	6	西周中期	集成 5839 彙編 7.690		美國紐約大都會美術博物館	
6377	亞觀作季尊	6	商代後期	集成 5840 三代 11.20.5 窓齋 13.3.2 小校 5.19.6 善齋 4.80.1 雙古上 14			劉體智、于省吾舊藏

序號	器名	字數	時代	著録	出土地	現藏地	備註
6378	雁公尊	6	西周早期	集成 5841 三代 11.23.5 從古 13.22 攈古 1.3.50 愙齋 19.8.2 綴遺 18.27.1 奇觚 5.7.1 周金 5.16.1 簠齋一尊 3 小校 5.22.2			陳介祺舊藏
6379	作公尊	6	西周早期	集成 5842		上海博物館	
6380	㸚子方尊	6	西周早期	集成 5843 日精華 2.143 白鶴吉 5 白鶴撰 25 三代補 647 彙編 7.686 綜覽一圖版觚形尊 117	洛陽	日本神户白鶴美術館	
6381	伯各尊	6	西周早期	集成 5844 文物 1983 年 2 期 12—13 頁	1981 年陝西寶鷄市竹園溝 7 號強國墓（M7：8）	寶鷄市博物館	
6382	伯貉尊	6	西周早期	集成 5845 三代 11.22.6		遼寧省博物館	
6383	伯矩尊	6	西周早期	集成 5846 三代 11.22.5 綴遺 18.11 周金 5.15.2 貞松 7.11.3 希古 5.2.4 小校 5.22.8（又 7.29.3）			《綴遺》、《羅表》：陳朗亭、顧壽康、徐乃昌舊藏；此器《綜覽》有器形著録，應爲壺，《集成》9568 已著録。

序號	器名	字數	時代	著録	出土地	現藏地	備註
6384	𨼳伯尊	6	西周早期	集成5847 學報1977年2期108頁圖8.16	1972年甘肅靈臺縣白草坡2號墓(M2：4)	甘肅省博物館	
6385	㴁伯尊	6	西周早期	集成5848 文物1972年12期8頁圖14 綜覽一圖版觚形尊87	1967年甘肅靈臺縣白草坡1號墓(M1：16)	甘肅省博物館	《學報》1977年2期所發材料誤卣爲尊
6386	觪伯尊	6	西周早期	集成5849 三代11.22.3 尊古1.34 山東存附4.7 綜覽一圖版觚形尊106			
6387	𧇊伯尊	6	西周早期	集成5850 薛氏101.4			
6388	仲𧳋尊	6	西周早期	集成5851 青山莊37 彙編7.687 綜覽一圖版觶形尊16		日本東京根津美術館	
6389	幷仲犧尊	6(器蓋同銘)	西周早期	集成5852	1984年陝西長安縣灃西墓葬(M163：33)	考古研究所西安研究室	
6390	幷仲犧尊蓋	6	西周早期	集成5853 考古1986年1期25頁圖4	1984年陝西長安縣灃西墓葬(M163：43)	考古研究所	
6391	仲[illegible]尊	6	西周早期	集成5854 筠清1.1.1 攈古2.1.7			吴榮光舊藏

序號	器名	字數	時代	著録	出土地	現藏地	備註
6392	䀌叔尊	6	西周早期	集成 5855 薛氏 101.3			第二字疑爲叔字摹誤,但也可能爲革字
6393	戒叔尊	6	西周早期	集成 5856 三代 11.23.1 愙齋 9.4.2 小校 7.68.3 續殷上 45.6		故宫博物院	《羅表》:周鴻孫舊藏
6394	叔䞣尊	6	西周早期	集成 5857 西清 9.14			清宫舊藏
6395	𢐗季尊	6	西周中期	集成 5858 文物 1983 年 2 期 12—13 頁	1980—1981 年陝西寶鷄市竹園溝強國墓葬(M4:2)	寶鷄市博物館	
6396	井季㚔尊	6	西周中期	集成 5859 三代 11.23.3 寧壽 3.23 貞松 9.28.2 故宫 9 期 藝展 76 故圖下上 110 彙編 7.692 綜覽一圖版觶形尊 24		臺北"故宫博物院"	清宫舊藏
6397	嬴季尊	6	西周早期	集成 5860 三代 11.23.2 筠清 1.2 攈古 1.3.48 綴遺 18.14.1 小校 5.22.4 彙編 7.688		《彙編》:日本奈良天理參考館	《羅表》:李方赤、陳介祺舊藏

序號	器名	字數	時代	著録	出土地	現藏地	備註
6398	員父尊	6	西周早期	集成5861 三代11.23.4 筠清1.3 從古13.23 攈古1.3.49 愙齋19.9.1 綴遺18.12.2 奇觚5.6.3 周金5.16.2(又5.16.3) 夢郼續24 簠齋一尊9 小校5.22.5(又7.70.4)	《分域》:河北易州		《羅表》:陳介祺、李竹朋、丁樹楨、羅振玉舊藏
6399	竟尊	6	西周早期	集成5862		上海博物館	
6400	段金歸尊	6	西周中期	集成5863 三代11.23.6 貞松7.12.1 頌齋14 雙吉上26 小校5.22.3 故圖下下224 綜覽一圖版觶形尊27	《頌齋》:洛陽	臺北"中央博物院"	劉體智、容庚舊藏
6401	傳尊	6	西周中期	集成5864 三代11.23.7 西清10.1 周金5.16.4 貞松7.12.2 希古5.2.3 小校5.22.1			清宫、潘祖蔭舊藏
6402	五伯尊	6	西周早期	近出631 富士比(1971,3,2 58)			英國倫敦富士比拍賣行曾見

序號	器名	字數	時代	著録	出土地	現藏地	備註
6403	即册尊	存6(器底殘缺,僅見銘文6字)	西周早期	近出632 考古1989年1期10—18頁	1986年8月河南省信陽縣浉河港鄉浉河灘	河南省信陽市文物管理委員會	
6404	亞耳且丁尊	7	西周早期	集成5865 三代11.23.8 擦古2.1.5 窸齋13.16.2 綴遺17.16.1 敬吾上44.4 殷存上17.6 小校7.32.3 美集録R264 彙編6.616 綜覽一圖版觚形尊80		美國紐約某氏	《窸齋》、《綴遺》:葉志詵、潘祖蔭、盧芹齋舊藏
6405	作且己[illegible]尊	7	西周早期	集成5866 三代11.24.1 貞松7.12.3			《貞松》:周鴻孫舊藏
6406	竟作且癸尊	7	西周早期	集成5867 三代11.24.2 窸齋13.15.4 小校5.23.3			
6407	史見父甲尊	7	西周早期	集成5868 彙編6.614		日本大阪某氏	
6408	辟東作父乙尊	7	西周早期	集成5869 三代11.24.3 筠清5.4.1 擦古2.1.3 綴遺18.15.2 敬吾上45.3 殷存上24.5(又17.7) 小校7.34.1			葉志詵舊藏

序號	器名	字數	時代	著録	出土地	現藏地	備註
6409	小臣作父乙尊	7	西周中期	集成 5870	1962 年湖北江陵縣萬城墓葬		《文物》1963 年 2 期、《考古》1963 年 4 期有文提及，但未附拓本
6410	禾伯作父乙尊	7	西周早期	集成 5871 三代 11.24.4 殷存上 24.7 小校 5.23.4			《羅表》：劉鶚舊藏
6411	子殷作父丁尊	7	西周早期	集成 5872 小校 5.23.5		上海博物館	
6412	作父丁尊	7	西周早期	集成 5873 三代 11.24.6 殷存上 24.6			
6413	逆作父丁尊	7	西周早期	集成 5874 三代 11.25.1 攈古 2.1.7 綴遺 18.8.2			《綴遺》：端郡王舊藏
6414	作父丁[illegible]尊	7	西周早期	集成 5875 三代 11.25.2 寧壽 3.2		故宫博物院	清宫舊藏
6415	𠈌作父丁尊	7	西周早期	集成 5876 三代 11.25.4 善齋 4.81 貞續中 8.2 續殷上 58.7 小校 5.23.6		故宫博物院	劉體智舊藏
6416	䳔父丁尊	7	西周早期	集成 5877 三代 11.25.5 攈古 2.1.36 續殷上 58.8			《羅表》：蘇州滕氏舊藏
6417	厞作父己尊	7	西周早期	集成 5878 博古 6.23 薛氏 16 嘯堂 24.1			

序號	器名	字數	時代	著録	出土地	現藏地	備註
6418	[illegible]作父己尊	7	西周中期	集成 5879 歐精華 1.24 續殷上 59.2 沃森 70 頁圖 5.1 三代補 608 蘇黎世(75)86 頁 44a 彙編 6.607 綜覽一圖版觚形尊 121		瑞士蘇黎士瑞列堡博物館	舊藏德國巴登;《彙編》以爲現藏德國柏林
6419	魚作父己尊	7	西周早期	集成 5880 三代 11.25.6 二百 3 兩罍 3.12 愙齋 13.6.3 綴遺 17.30.2 奇觚 17.2.3 續殷上 59.1 小校 5.24.2		上海博物館	《綴遺》、《奇觚》:吴雲、李眉生、潘祖蔭舊藏
6420	冶仲父己尊	7	西周中期	集成 5881 白鶴撰 27 銅玉圖 71j 三代補 775 彙編 6.613 綜覽一圖版觶形尊 21		日本神户白鶴美術館	此器舊稱旨仲尊
6421	[illegible]作父辛尊	7	西周早期	集成 5882 三代 11.25.7 貞補上 33.4 泉屋 1.21 海外吉 73 彙編 6.608 綜覽一圖版觚形尊 134		日本京都泉屋博古館	

序號	器名	字數	時代	著録	出土地	現藏地	備註
6422	責作父辛尊	7	西周早期	集成 5883 三代 11.25.8 殷存上 25.5(又 39.2)			
6423	良夨作父辛尊	7	西周早期	集成 5884 文物 1977 年 8 期 16 頁圖 15 綜覽一圖版觚形尊 63	1976 年河南襄縣霍莊村墓葬	河南省博物館	
6424	耆史作父辛尊	7	西周早期	集成 5885		上海博物館	
6425	此作父辛尊	7	西周早期	集成 5886 彙編 6.610		美國普林斯頓大學美術館卡特氏藏器	
6426	詠作日戊尊	7	西周早期	集成 5887 三代 11.26.1 清愛 10 筠清 2.20.1 攈古 2.1.8 綴遺 17.26.1 殷存上 24.8 小校 5.24.5			劉喜海得於都門
6427	㝬作母癸尊	7	商代後期	集成 5888 録遺 201		上海博物館	
6428	卿尊	7	西周早期	集成 5889 三代 11.26.3 攈古 2.1.7 澂秋 26 小校 7.35.3 美集録 R318 彙編 6.611 綜覽一圖版觚形尊 98		美國哈佛大學福格美術博物館	《羅表》:吳式芬、陳承裘舊藏

序號	器名	字數	時代	著録	出土地	現藏地	備註
6429	北伯殁尊	7	西周早期	集成 5890 貞續中 8.1	光緒年間河北淶水縣張家窪		
6430	䰧作且乙尊	8	西周中期	集成 5891 三代 11.26.8 陶續 1.28 續殷上 59.7 雙吉上 24 綜覽一圖版觚形尊 120			端方、于省吾舊藏
6431	猷作且辛尊	8	西周中期	集成 5892 尊古 1.31 綜覽一圖版觚形尊 125	《分域》:洛陽		
6432	輂作匕癸尊	8	商代後期或西周早期	集成 5893		故宫博物院	
6433	亞䣃父乙尊	8	商代後期	集成 5894 積古 1.20 攈古 2.1.36 奇觚 17.4.2			
6434	[illegible]作父乙尊	8	西周早期	集成 5895 彙編 6.562 綜覽一圖版觚形尊 107		日本大阪某氏	
6435	令[illegible]作父乙尊	8	西周中期	集成 5896 歐精華 1.28 三代補 609 彙編 6.561 綜覽一圖版觶形尊 40		法國巴黎王涅克氏	
6436	史伏作父乙尊	8	西周早期	集成 5897 三代 11.27.1 貞松 7.13.2 小校 5.25.2			劉體智舊藏

序號	器名	字數	時代	著録	出土地	現藏地	備註
6437	作父丁冢馬尊	8	西周中期	集成 5898 三代 11.25.3 綴遺 17.26.2 貞補上 22.2 小校 5.24.1 雙古上 12 美集録 R378 綜覽一圖版觶形尊 7		美國紐約費利浦斯氏	于省吾、盧芹齋舊藏
6438	叡作父戊尊	8	西周中期	集成 5899 三代 11.27.4 貞松 7.13.3 善齋 4.83 小校 5.25.4		上海博物館	劉體智舊藏
6439	亯册父己尊	8	西周早期	集成 5900		北京師範學校	
6440	隹作父己尊	8	西周早期	集成 5901 三代 6.41.1 貞補上 22.4 小校 5.25.5 美集録 R266 彙編 6.615 綜覽一圖版觶形尊 14		美國紐約某氏	曾在美國盧芹齋
6441	獸作父庚尊	8	西周中期	集成 5902 美集録 R360、493 彙編 6.556 綜覽一圖版觚形尊 119		美國費城賓省大學博物館	
6442	㪤子作父辛尊	8	西周早期	集成 5903 美集録 R353 彙編 6.558		美國紐約大都會美術博物館	

序號	器名	字數	時代	著録	出土地	現藏地	備註
6443	貍作父癸尊	8	西周中期	集成5904 三代11.27.5 愙齋13.15.3 周金5.130.1 殷存上25.8 小校5.26.4			潘祖蔭舊藏
6444	單曩父癸尊	8	西周早期	集成5905 攈古2.1.20 弗里爾(67)97頁 美集録R357 彙編6.557		美國華盛頓弗里爾美術陳列館	董佑誠舊藏;此器上下殘,僅存中段
6445	𩟄作父癸尊	8	西周早期	集成5906		浙江省博物館	
6446	猒作父癸尊	8	西周中期	集成5907 彙編6.559 綜覽一圖版觚形尊133		美國紐約薩克勒氏	
6447	作垂皇考尊	8	西周早期或中期	集成5908 三代11.28.2 西甲5.24 貞補上34.1		故宫博物院	《貞補》:清宫舊藏,後見於遼東;第一字係刻款
6448	仲子作日乙尊	8	西周早期	集成5909		上海博物館	
6449	子麦作母辛尊	8	西周早期	集成5910 文物1972年12期8頁圖19 學報1977年2期108頁圖8.20 綜覽一圖版觚形尊52	1967年甘肅靈臺縣白草坡1號墓(M1:15)	甘肅省博物館	

序號	器名	字數	時代	著録	出土地	現藏地	備註
6450	亞覃尊	8	商代後期	集成 5911 學報 1979 年 1 期 81 頁圖 58.20 河南 1.201 綜覽一圖版觶形尊 44 殷虚圖 84.10	1972 年安陽殷墟西區墓葬(M93：1)	考古研究所安陽工作站	
6451	㬰季尊	8	西周早期	集成 5912 江漢考古 1981 年 1 期 76 頁圖 1 考古 1984 年 6 期 513 頁圖 5 左	1976 年湖北隨縣安居公社車崗九隊	襄陽地區博物館	
6452	强伯井姬羊尊	8	西周中期	集成 5913 文物 1976 年 4 期 56 頁圖 52 陝青 4.89	1974—1975 年陝西寶鷄市茹家莊 2 號墓(M2：16)	寶鷄市博物館	
6453	虢叔尊	8	西周晚期	集成 5914 三代 11.27.7 積古 5.1.3 攈古 2.1.25 奇觚 17.4.3			
6454	衛尊	8	西周早期	集成 5915 三代 11.28.1 貞松 7.14.2 善齋 4.85 小校 5.26.7 日精華 2.153 彙編 6.555 綜覽一圖版觚形尊 97		日本大阪某氏	劉體智舊藏
6455	戎佩玉尊	8	西周中期	集成 5916 文物 1986 年 1 期 13 頁圖 25	1981 年陝西長安縣灃東花園村墓葬(M15：19)	陝西省文管會	陝西省文管會提供
6456	卲尊	8	西周早期	近出 633 文博 1991 年 2 期 71—74 頁		陝西省韓城市博物館	

序號	器名	字數	時代	著録	出土地	現藏地	備註
6457	盠嗣土幽且辛尊	9	西周早期或中期	集成 5917 三代 11.29.3 貞松 7.15.2 善齋 4.86 續殷上 60.3 小校 5.27.1 善齋 133 綜覽一圖版觚形尊 140		故宫博物院	劉體智舊藏;《集成》图版拓片中器名爲"盠嗣土幽日辛尊",誤;《集成》説明中器名誤爲"盠嗣土幽日辛尊"
6458	對作父乙尊	9	西周早期	集成 5918 三代 11.24.5 貞松 7.13.1 善齋 4.82 小校 5.25.3 善彝 125 綜覽一圖版觶形尊 38		上海博物館	劉體智舊藏
6459	對作父乙尊	9	西周早期	集成 5919 綜覽一圖版觶形尊 35		日本東京國立博物館	
6460	單作父乙尊	9	西周中期	集成 5920			
6461	衺作父丁尊	9	西周早期	集成 5921		故宫博物院	
6462	周免旁父丁尊	8	西周中期	集成 5922 三代 11.29.5 從古 13.20 擦古 2.1.37 窓齋 19.8.1 綴遺 18.9.1 奇觚 5.9.2 殷存上 26.4 簠齋一尊 8 小校 5.28.2 日精華 2.157 彙編 6.512 綜覽一圖版觚形尊 47		日本小川睦之輔氏	陳介祺舊藏

序號	器名	字數	時代	著録	出土地	現藏地	備註
6463	父丁亞㠱尊	9	西周早期	集成 5923 三代 11.27.2 貞續中 8.3 小校 5.28.1 善齋 4.87			劉體智舊藏
6464	父丁亞㠱尊	9	西周早期	集成 5924 三代 11.27.3			
6465	傳作父戊尊	9	西周早期	集成 5925 三代 11.29.6 從古 13.21 擦古 2.1.36 窓齋 19.6.2 綴遺 18.3.1 奇觚 5.9.1 殷存上 26.5 簠齋一尊 4 小校 5.28.3 山東存附 14.2	《擦古録》:傳青州		陳介祺舊藏
6466	亞旛父辛尊	9	商代後期	集成 5926 雙古 1.10 彙編 6.564 綜覽一圖版觚形尊 66 考古與文物 1991 年 1 期 3—13 頁	1927 年陝西寶鷄市金臺區陳倉鄉戴家灣盜掘	日本神户某氏	
6467	㑹作父癸尊	9	西周早期	集成 5927 三代 11.29.7 移林 16 十二雪 11 續殷上 60.7 小校 5.28.5 綜覽一圖版觚形尊 108			丁麟年、孫壯舊藏

序號	器名	字數	時代	著録	出土地	現藏地	備註
6468	[illegible]薛日癸尊	9	西周早期	集成 5928 三代 11.29.8 西清 8.24 綴遺 18.8.1 奇觚 5.10.1 殷存上 40.6 周金 5.12.2 小校 5.28.7(又 5.28.8)			《羅表》:清宫、潘祖蔭舊藏
6469	鼄作母甲尊	9	商代後期或西周早期	集成 5929 寧壽 3.32			清宫舊藏
6470	麃父尊	9	西周中期	集成 5930 文物 1986 年 1 期 13 頁圖 28	1981 年陝西長安縣灃東花園村墓葬(M15:20)	陝西省文管會	
6471	舀尊	9	西周中期	集成 5931 陝青 3.77 文物 1980 年 4 期 42 頁圖 6.7 綜覽一圖版觚形尊 127	1976 年扶風雲塘 13 號墓(M13:18)	周原扶風文管所	
6472	屯尊	9	西周早期或中期	集成 5932 美集録 R376 彙編 6.560 綜覽一圖版觶形尊 34		美國哈佛大學福格美術博物館	
6473	冞兄日壬尊	9	西周早期或中期	集成 5933 西清 9.24 古文審 3.11			清宫舊藏
6474	述兄日乙尊	9	西周早期或中期	集成 5934 貞松 7.15.3 小校 5.29.1 彙編 6.513 綜覽一圖版觶形尊 26		《彙編》:日本奈良天理參考館	劉體智舊藏

序號	器名	字數	時代	著録	出土地	現藏地	備註
6475	者姛方尊	9	商代後期	集成 5935 三代 11.28.3 西清 8.35 貞松 7.15 故宫 2 期 續殷上 60.1 藝展 75 故圖下上 96		臺北“故宫博物院”	清宫舊藏
6476	者姛方尊	9	商代後期	集成 5936		故宫博物院	清宫舊藏
6477	亞若癸尊	9	商代後期	集成 5937 三代 11.26.6 綴遺 10.15.1 小校 5.29.3			《平安館藏器目》: 葉志詵舊藏;《綴遺》以爲卣
6478	亞若癸尊	9	商代後期	集成 5938 三代 11.26.7 愙齋 13.4.1 續殷上 59.5 小校 5.29.2(又 66.1)			《羅表》: 王懿榮舊藏
6479	蔡侯尊	9	春秋後期	集成 5939 蔡侯墓圖版 36.2	1955 年安徽壽縣蔡侯墓(16.2)	安徽省博物館	
6480	季盜尊	9	西周早期	集成 5940 陝青 3.38	1972 年陝西扶風縣劉家村墓葬(豐 M:4)	陝西省文管會	
6481	[illegible]尊	9	西周早期	集成 5941 周金 5.14.2		南京大學歷史系	《集成》9428 已收, 應爲“盉”,此誤
6482	参尊	9	西周中期	集成 5942 三代 11.30.1 貞續中 8.4 小校 5.28.6			

序號	器名	字數	時代	著録	出土地	現藏地	備註
6483	效作且辛尊	10	西周早期	集成 5943 西清 8.38			清宫舊藏;《集成》目録中誤爲"9"字
6484	𨑰作父乙尊	10	西周早期	集成 5944 三代 11.29.4 積古 1.19.3 從古 3.9 攈古 2.1.36 敬吾上 41.1 清儀 1.7 續殷上 60.4 小校 5.27.3			《清儀》:蕭楚翹、張廷濟舊藏;《集成》目録中誤爲"9"字
6485	𢍰者君父乙尊	10	西周早期	集成 5945 録遺 202			《集成》目録中誤爲"9"字
6486	作父癸尊	存 10(又重文 2)	西周早期	集成 5946 歐精華 1.29 美集録 R361 彙編 6.415 綜覽一圖版觶形尊 28		美國波士頓美術博物館	
6487	㦟季遽父尊	10	西周早期	集成 5947 陝青 3.37 綜覽一圖版觚形尊 74	1972 年陝西扶風縣劉家村墓葬(豐 M:3)	陝西省文管會	
6488	公尊	10	西周早期或中期	集成 5948 皮斯柏 84 頁圖 36 銅玉圖 71h 彙編 6.481 綜覽一圖版觶形尊 8		美國米里阿波里斯美術館皮斯柏藏器	
6489	亞覃尊	10	商代後期	集成 5949 學報 1979 年 1 期 81 頁圖 58.21 河南 1.202 殷虚圖 84.9	1972 年安陽殷墟西區墓葬(M93:4)	考古研究所安陽工作站	

序號	器名	字數	時代	著録	出土地	現藏地	備註
6490	引尊	10	西周早期或中期	集成 5950 三代 11.30.2 攈古 2.1.50		故宮博物院	《羅表》:吴式芬舊藏
6491	省史趄且丁尊	11	西周早期	集成 5951		上海博物館	
6492	叀攸諆父甲尊	11	西周早期或中期	集成 5952 韋森 68 頁		瑞典斯德哥爾摩卡爾貝克氏	
6493	犀父己尊	11	西周中期	集成 5953 三代 11.30.6 愙齋 13.17.3 綴遺 18.3.2 殷存上 26.6 小校 5.28.4			《羅表》:丁筱農舊藏
6494	濬伯逘尊	11	西周早期	集成 5954 三代 11.31.1 尊古 1.35 綜覽一圖版觚形尊 88	《分域》:河南濬縣		
6495	倗尊	11	西周中期	集成 5955 三代 11.30.7 攈古 2.1.59 愙齋 13.17.1 綴遺 18.13 周金 5.12.1 小校 5.31.1			《綴遺》:葉志詵舊藏
6496	史酰敖尊	11	西周早期	近出 634 文物 1996 年 7 期 54—68 頁	1964—1972 年河南省洛陽市北窖村西龐家溝墓葬		
6497	鬲作父甲尊	12	西周中期	集成 5956 攈古 2.1.70 綴遺 18.9.2 周金 5.11.3			《攈古録》:姚歐亭舊藏;王國維疑僞

序號	器名	字數	時代	著録	出土地	現藏地	備註
6498	戣父乙尊	12	西周早期	集成 5957 三代 11.31.4 續殷上 61.5			
6499	彃作父庚尊	12(又重文 2)	西周早期或中期	集成 5958 彙編 5.404		美國舊金山亞洲美術博物館布倫戴奇藏品	
6500	守宫父辛鳥尊	12	西周早期或中期	集成 5959 大系録附 1 賸稿 38 美集録 R324 彙編 6.438	1929 年洛陽馬坡	英國費滋威廉博物館	美國盧芹齋、布倫戴奇舊藏
6501	史喪尊	12	西周中期	集成 5960 文物 1980 年 4 期 42 頁圖 6.9 陝青 3.83 綜覽一圖版觶形尊 19	1976 年陝西扶風雲塘村 10 號墓(M10:5)	周原扶風文管所	
6502	伯尊	12	西周早期	集成 5961 三代 11.31.2 貞松 7.16.2			
6503	叔觥方尊	12	西周早期	集成 5962 弗里爾(67)114 頁 三代補 530 彙編 6.441		美國華盛頓弗里爾美術陳列館	
6504	盨仲尊	12	西周早期	集成 5963 三代 11.31.3 綴遺 18.12.1 貞松 7.16.1			《綴遺》:長康舊藏
6505	㲃作父乙方尊	13(又重文 2)	西周早期	集成 5964		故宫博物院	

序號	器名	字數	時代	著録	出土地	現藏地	備註
6506	子作父辛尊	13	商代後期	集成 5965 三代 11.31.5 陶齋 1.45 續殷上 61.1 小校 5.33.3 雙古上 11 綜覽一圖版觚形尊 38			端方、馮恕、于省吾舊藏
6507	員作父壬尊	13	西周中期	集成 5966 三代 11.31.6 綴遺 18.6.1 周金 5.11.1			《周金》:定遠方伯裕舊藏
6508	雞尊	13	西周早期	近出 635 考古與文物 1990 年 5 期 26—43 頁	1976 年 4 月陝西省長安縣銅網廠	陝西省西安市文物中心	
6509	仜爯尊	13	西周中期	近出 636 文物 1998 年 9 期 7—11 頁	河南省平頂山市新華區薛莊鄉北滍村滍陽嶺應國墓地 M84:99	河南省文物研究所	
6510	小子夫父己尊	14(又合文 2)	商代後期	集成 5967 三代 11.31.7 西甲 5.5 續殷上 62.1 故宫 25 期 故圖下上 108 彙編 5.389		臺北"故宫博物院"	清宫舊藏
6511	服方尊	14	西周中期	集成 5968 三代 11.32.1 貞松 7.16.3 故宫 3 期 續殷上 61.7 藝展 78 故圖下上 112 彙編 5.405 綜覽一圖版觚形尊 143		臺北"故宫博物院"	清宫舊藏

序號	器名	字數	時代	著録	出土地	現藏地	備註
6512	伯作蔡姬尊	14	西周中期	集成 5969 三代 11.32.2 攈古 2.2.5 澂秋 27 小校 5.33.2 金匱 167 頁 弗里爾(67)410 頁 彙編 5.401 綜覽一圖版觶形尊 9	《金匱》:陝西西安	美國華盛頓弗里爾美術陳列館	陳承裘、陳仁濤舊藏
6513	黄子魯天尊	14	西周早期或中期	集成 5970		南京大學考古教研室	
6514	執尊	存 14	商代後期	集成 5971 積古 1.21 攈古 2.2.81 奇觚 17.6.2			
6515	作𫊣考尊	存 14	西周中期	集成 5972 美集録 R381		美國波士頓奥斯古氏	H·D·Chapin 舊藏
6516	𣪕父乙尊	15	西周早期	集成 5973 西清 9.17			清宫舊藏
6517	蔡尊	15(又合文 1)	西周早期或中期	集成 5974 麻朔 1.25			曹秋舫舊藏
6518	[illegible]作父乙尊	16	西周早期	集成 5975 三代 11.32.3 西甲 5.4 貞續中 9.1 續殷上 61.8 故宫 33 期 故圖下上 114		臺北"故宫博物院"	清宫舊藏;《西甲》摹本有誤
6519	黄尊	16	西周早期或中期	集成 5976 從古 8.10 攈古 2.2.72 周金 5.9.3(又 3.110) 小校 7.41.3			《羅表》:瞿世瑛舊藏

序號	器名	字數	時代	著録	出土地	現藏地	備註
6520	㣇刧尊	16	西周早期	集成 5977 斷代三 92 頁圖 10 綜覽一圖版觚形尊 61			
6521	復作父乙尊	17	西周早期	集成 5978 考古 1974 年 5 期 314 頁圖 10.1 綜覽一圖版觚形尊 100 琉璃河西周燕國墓地 182 頁圖 107.2	1974 年北京房山縣琉璃河墓葬（M52：11）	首都博物館	
6522	臾尊	17	西周早期	集成 5979 筠清 5.17 從古 7.29 攈古 2.2.62 綴遺 18.10.1 奇觚 5.16.1（又 17.4.1） 敬吾下 22.2 周金 5.9.2 續殷上 62.2 小校 5.34.1			《羅表》：陳均、蔣光煦舊藏
6523	否叔尊	17	西周早期	近出 637 中央研究院歷史語言研究所集刊第七十本第三分（抽印本）762—774 頁			1997 年春在香港，一組同出六件
6524	作文考日己方尊	18（又重文 2）	西周中期	集成 5980 考古 1963 年 8 期 414 頁圖 2.4 陝青 2.121 綜覽一圖版觚形尊 144	1963 年陝西扶風縣齊家村窖藏	陝西省博物館	

序號	器名	字數	時代	著録	出土地	現藏地	備註
6525	欼尊	18	西周中期	集成 5981 三代 11.32.6 西清 8.39 古文審 3.13 貞松 7.17.2 故宫 4 期 藝展 77 故圖下上 111 彙編 5.316 綜覽一圖版觚形尊 96(又 136)		臺北"故宫博物院"	清宫舊藏
6526	東朋尊	19	西周中期	集成 5982 積古 5.3 攈古 2.2.69 綴遺 18.28.2 奇觚 17.6.3 周金 5.8.2			錢塘何氏舊藏
6527	啓作且丁尊	21	西周早期	集成 5983 文物 1972 年 5 期 6 頁圖 11 綜覽一圖版觶形尊 42	1969 年山東黄縣歸城小劉莊	山東省博物館	
6528	能匋尊	23(又合文 1)	西周早期	集成 5984 三代 11.33.1 寧壽 3.29 貞松 7.18.2 希古 5.4.1 善齋 4.90 小校 5.35.3 雙古上 15		故宫博物院	《羅表》:清宫、陶祖光、劉體智、于省吾舊藏

序號	器名	字數	時代	著録	出土地	現藏地	備註
6529	𠾃士卿父戊尊	23	西周早期	集成 5985 三代 11.32.7 貞松 7.18.1 善齋 4.89 小校 5.35.2 善彝 131 故圖下下 223 彙編 5.262 綜覽一圖版觚形尊 86	《貞松》:洛陽	臺北"中央博物院"	劉體智舊藏;《集成》説明中器名爲"鳴士卿父戊尊"
6530	𨼌作父乙尊	24	西周早期	集成 5986 濬縣 13 頁 辛村圖版 14.1;60.1 三代補 858 綜覽一圖版觚形尊 94	1933 年河南濬縣辛村 60 號墓(M60:5)	臺北"中央研究院歷史語言研究所"	
6531	臣衛父辛尊	24	西周早期	集成 5987 江漢考古 1985 年 1 期 103 頁圖 2—3		武漢市文物商店	1974 年武漢市文物商店收集
6532	[illegible]尊	24	西周中期	集成 5988 三代 11.33.2 懷米上 12 綴遺 18.15.1 小校 5.35.4 周金 5.7		上海博物館	《綴遺》:曹秋舫、潘季玉舊藏
6533	作册睘尊	25(又重文 2)	西周早期	集成 5989 三代 11.33.4 攈古 2.3.50 尊古 1.36 冠斝上 34 綜覽一圖版觚形尊 105			黄濬、榮厚舊藏

序號	器名	字數	時代	著録	出土地	現藏地	備註
6534	小臣艅犀尊	26（又合文1）	商代後期	集成5990 三代11.34.1 攈古2.3.46 愙齋13.10.1 綴遺18.2 奇觚5.12 周金5.5 殷存上26.7 小校5.37 山東存附3.3 銅玉37頁圖39 彙編4.240 布倫戴奇（77）139頁圖16 綜覽一圖版鳥獸形尊6	山東壽張縣梁山下	美國舊金山亞洲美術博物館布倫戴奇藏品	鍾養田、曲阜聖公府、潘祖蔭舊藏
6535	作册翻父乙尊	27	西周早期	集成5991 彙編4.246 歐遺珠圖92		英國牛津雅士莫里博物館	英國Ingrom舊藏
6536	遣尊	27（又合文1）	西周早期	集成5992 三代11.35.1 愙齋13.12.2（又19.24.1） 綴遺18.4 奇觚5.13.2 周金5.4.2 簠齋一尊6 小校5.38.3 大系録5 美集録R317 弗里爾（67）405頁 彙編4.232 綜覽一圖版觶形尊3		美國華盛頓弗里爾美術陳列館	陳介祺舊藏

序號	器名	字數	時代	著録	出土地	現藏地	備註
6537	作乎方尊	27（又重文3）	西周中期	集成5993 日精華2.144 三代補648 彙編4.241 綜覽一圖版觚形尊145		日本京都某氏	日本川合定治郎舊藏
6538	次尊	30	西周中期	集成5994 三代11.35.2 積古5.2.1 攈古2.3.58 奇觚17.7.1		故宫博物院	
6539	師艅尊	30（又重文2）	西周早期	集成5995 考古圖4.17 博古6.35 薛氏102 嘯堂26	《考古圖》：得於京兆		
6540	豐作父辛尊	31（又重文2）	西周中期	集成5996 文物1978年3期11頁圖15 陝青2.18 三代補964 綜覽一圖版觶形尊23	1976年陝西扶風縣莊白村1號窖藏（H1：1）	周原扶風文管所	
6541	商尊	29（又合文1）	西周早期	集成5997 文物1978年3期9頁圖7 陝青2.3 三代補959 綜覽一圖版觚形尊115	1976年陝西扶風縣莊白村1號窖藏（H1：11）	周原扶風文管所	《集成》目録中誤爲"31"字
6542	由伯尊	32	西周早期	集成5998 録遺203		故宫博物院	張瑋舊藏

序號	器名	字數	時代	著録	出土地	現藏地	備註
6543	士上尊	存37	西周早期	集成5999 三代11.35.3 日精華2.141 賸稿32 白鶴吉4 白鶴撰18 大系録16	1929年洛陽邙山馬坡	日本神户白鶴美術館	
6544	子黄尊	存34(又合文1)	商代後期或西周早期	集成6000 文物1986年1期45頁圖6	1965年陝西長安縣灃西大原村	西安市文管會	
6545	小子生尊	存40(又合文1)	西周早期	集成6001 西清8.43 古文審3.16			清宫舊藏
6546	作册折尊	42	西周早期	集成6002 陝青2.15	1976年陝西扶風縣莊白村1號窖藏(H1:43)	周原扶風文管所	《集成》目録中誤爲"43"字
6547	保尊	46	西周早期	集成6003 斷代一圖版2 録遺204 綜覽一圖版觚形尊112	洛陽	河南省博物館	
6548	䰧尊	46	西周早期	集成6004 斷代二80頁圖3 録遺205 上海37 彙編4.141 綜覽一圖版觚形尊128		上海博物館	《集成》目録中誤爲"47"字
6549	鼉方尊	存47(又重文2)	西周早期或中期	集成6005 書道(平凡)48 三代補840		美國紐約Sedgwick	

序號	器名	字數	時代	著録	出土地	現藏地	備註
6550	免尊	49	西周中期	集成 6006 三代 11.36.2 寧壽 3.16 積古 5.33.2 攈古 3.1.31 奇觚 17.15.2 綜覽一圖版觶形尊 43		故宫博物院	清宫舊藏
6551	耳尊	52	西周早期或中期	集成 6007 斷代三圖版 7 録遺 206 綜覽一圖版觚形尊 95		故宫博物院	傅忠謨舊藏
6552	臤尊	51(又重文 2)	西周中期	集成 6008 三代 11.36.3 攈古 3.1.34 愙齋 13.12.1 綴遺 18.22 奇觚 17.7.2 周金 5.3.1 大系録 33 小校 5.39.1		上海博物館	《集成》目録中誤爲“53”字
6553	效尊	存 57(又重文 3,合文 3)	西周早期	集成 6009 三代 11.37.1 攈古 3.1.65 大系録 87 海外吉 70 白鶴吉 9 日精華 2.156 彙編 3.100 綜覽一圖版觶形尊 10	洛陽	日本神户白鶴美術館	《羅表》:陳介祺、日本嘉納舊藏
6554	蔡侯尊	92(又重文 3)	春秋後期	集成 6010 蔡侯墓圖版 37 五省圖版 45	1955 年安徽壽縣蔡侯墓(16:1)	中國歷史博物館	

序號	器名	字數	時代	著録	出土地	現藏地	備註
6555	盠駒尊	103（器92，又重文2，蓋11）	西周中期	集成6011 文參1957年4期6頁上 陝圖57 學報1957年2期圖版2左 陝青3.194	1955年陝西郿縣李家村窖藏	中國歷史博物館	
6556	盠駒尊蓋	11	西周中期	集成6012 文參1957年4期6頁右下 陝圖58 學報1957年2期圖版2.2 陝青3.195	1955年陝西郿縣李家村窖藏	陝西省博物館	
6557	盠方尊	105（又重文2）	西周中期	集成6013 文參1957年4期8頁 陝圖56 學報1957年2期圖版3 陝青3.193	1955年陝西郿縣李家村窖藏	陝西省博物館	
6558	㝨尊	119（又合文3）	西周早期	集成6014 文物1976年1期62頁圖1 陝青4.97 三代補901 綜覽一圖版觚形尊83	1963年陝西寶鷄縣賈村	寶鷄市博物館	
6559	麥方尊	164（又重文3）	西周早期	集成6015 西清8.33 大系録20			清宫舊藏

序號	器名	字數	時代	著録	出土地	現藏地	備註
6560	矢令方尊	184（又重文2）	西周早期	集成6016 三代11.38.2 貞松7.19 善齋4.93 大系録3 小校5.42 善彝132 安徽金石1.31 故圖下下225、226 彙編2.13 綜覽一圖版觚形尊116	1929年洛陽邙山馬坡	臺北"中央博物院"	劉體智舊藏

十八、觶

序號	器名	字數	時代	著録	出土地	現藏地	備註
6561	辛觶	1	商代後期	集成 6017 文叢 3.47 圖 1	1976 年山西靈石縣旌介村墓葬	山西省博物館	
6562	癸觶	1	商代後期	集成 6018 三代 14.34.7 貞松 9.12.3 海外吉 82 泉屋 2.93 彙編 7.983 綜覽一圖版觶 12		日本東京泉屋博古館	
6563	癸觶	1	商代後期	集成 6019 三代 14.34.8 貞松 9.12.4			
6564	子觶	1	商代後期	集成 6020		故宮博物院	
6565	子觶	1	西周早期	集成 6021 小校 5.68.8 善齋 5.46			劉體智舊藏
6566	㠱觶	1	商代後期	集成 6022 三代 14.32.5 殷存上 28.7		上海博物館	
6567	㠱觶	1	商代後期	集成 6023 三代 14.49.3 續殷上 48.9			
6568	㠱觶	1	商代後期	集成 6024 三代 14.35.9 貞續中 31.4 續殷下 48.8 小校 5.71.1 故圖下下 457		臺北"中央博物院"	《羅表》:容庚舊藏
6569	夫觶	1	商代後期	集成 6025		故宮博物院	

序號	器名	字數	時代	著録	出土地	現藏地	備註
6570	典觶	1	商代後期	集成6026 文物1964年4期42頁圖2.8 山東選25頁圖67 綜覽一圖版觶35	1957年山東長清縣興復河墓葬	山東省博物館	
6571	文觶	1	商代後期或西周早期	集成6027 文參1958年5期73頁	1951年河南魯山縣倉頭村	河南省博物館	
6572	差觶	1(器蓋同銘,三處有字)	商代後期	集成6028 日精華2.120 三代補642 彙編9.1769 綜覽一圖版觶54		日本東馬三郎氏	明治末年運日,桑名鐵城舊藏;差舊誤作羌字,《綜覽》銘文拓本全
6573	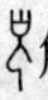觶	1(器蓋同銘)	西周早期	集成6029	洛陽	旅順博物館	
6574	光觶	1	商代後期	集成6030 使華14 三代補759 彙編8.1252	安陽		德國陶德曼舊藏
6575	訛觶	1	西周早期	集成6031 三代14.34.12 貞松9.13.1 善齋5.54 續殷下49.4 小校5.69.3 善彝137 故圖下下395 綜覽一圖版觶103	《貞松》:洛陽	臺北"中央博物院"	劉體智舊藏
6576	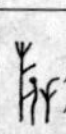觶	1	商代後期	集成6032 文物1965年7期27頁圖1.8	1963年山東蒼山縣層山鄉東高堯村	山東臨沂縣文物收集組	發表時拓本倒置

序號	器名	字數	時代	著録	出土地	現藏地	備註
6577	舌觶	1	商代後期	集成 6033		中國歷史博物館	
6578	鳴觶	1	商代後期	集成 6034 美集録 R185 綜覽一圖版觶 50		美國紐約薩克勒氏	美國客蘭布羅克美術學院博物館舊藏
6579	豐觶	1	商代後期	集成 6035 古器物研究專刊第五本圖版 39 綜覽一圖版觶 6	河南安陽侯家莊西北崗 1768 號墓	臺北"中央研究院歷史語言研究所"	
6580	臣觶蓋	1	商代後期	集成 6036 三代 12.36.9 貞松 8.2.1		中國歷史博物館	方若舊藏;《三代》誤作卣蓋
6581	臣觶	1	商代後期	集成 6037 三代 14.34.2 貞松 9.10.4 小校 5.69.5			《小校》拓本倒置
6582	徙觶	1(器蓋同銘)	商代後期	集成 6038 三代 14.33.11—34.1 從古 7.20 攈古 1.2.61 綴遺 23.13.1 敬吾下 60.1 續殷下 48.2—3 小校 5.70.2			《羅表》:夏之盛舊藏;《敬吾》、《續殷》器蓋銘順序與《三代》相反
6583	艮觶	1	商代後期	集成 6039 録遺 360			
6584	聿觶	1(器蓋同銘)	商代後期	集成 6040 三代 14.33.6—7 窓齋 14.8.1—2 希古 5.16.2 續殷上 63.5—6 小校 4.71.4—5			《希古》:烏程顧氏舊藏;《窓齋》、《續殷》、《小校》稱壺

序號	器名	字數	時代	著録	出土地	現藏地	備註
6585	受觶	1	商代後期	集成 6041 三代 11.2.7 西清 14.33 殷存上 20.10			清宫舊藏;此器舊稱爲尊、爲簋
6586	[illegible]觶	1(器蓋同銘)	商代後期	集成 6042 三代 14.33.9—10 十二雪 14 綜覽一圖版觶 34			孫壯舊藏
6587	娶觶	1	西周早期	集成 6043 三代 14.34.3 貞松 9.15.4 善齋 5.60 小校 5.73.4 頌續 78		廣州市博物館	劉體智、容庚舊藏
6588	鼓觶	1	商代後期	集成 6044 三代 14.33.8			
6589	史觶	1	商代後期	集成 6045 西清 26.16			清宫舊藏
6590	史觶	1	商代後期	集成 6046 攈古 1.1.6 綴遺 23.6.1			
6591	史觶	1	商代後期	集成 6047		上海博物館	
6592	史觶蓋	1	商代後期	集成 6048		英國	
6593	史觶	1	西周早期	集成 6049		故宫博物院	
6594	[illegible]觶	1	商代後期	集成 6050 美集録 R18 綜覽一圖版觶 55		美國紐約貝克曼氏	
6595	[illegible]觶	1	商代後期	集成 6051	傳安陽	故宫博物院	

序號	器名	字數	時代	著録	出土地	現藏地	備註
6596	龠觶	1	商代後期	集成 6052 皮斯柏 87 頁圖 37 美集録 R54 彙編 9.1575 綜覽一圖版觶 11		皮斯柏寄陳米里阿波里斯美術館	曾在美國盧芹齋
6597	戈觶	1	商代後期	集成 6053 三代 14.32.10 愙齋 20.16.1 綴遺 23.11 陶續 2.14 殷存上 26.8 小校 5.67.6 索思比(1984.6 倫敦)54 頁		英國倫敦古董商索思比	《羅表》:潘祖蔭、端方舊藏
6598	戈觶	1	商代後期	集成 6054 三代 14.33.3			
6599	戈觶	1	商代後期	集成 6055 文物 1964 年 4 期 42 頁圖 2.9	1957 年山東長清縣興復河墓葬(25 號)	山東省博物館	
6600	戈觶	1	西周早期	集成 6056 三代 14.33.1 愙齋 20.16.2 續殷下 49.9 小校 5.67.7			
6601	戈觶	1	西周早期	集成 6057 三代 14.33.4 殷存下 26.7		故宫博物院	
6602	戈觶	1	西周早期	集成 6058 三代 14.33.5			

序號	器名	字數	時代	著録	出土地	現藏地	備註
6603	戈觶	1	西周早期	集成 6059 三代 14.32.9 綴遺 23.1.2 貞續中 30.3 希古 5.16.3 續殷下 49.7 彙編 9.1526		故宫博物院	
6604	戈觶	1	西周早期	集成 6060 三代 14.32.11 貞續中 30.4			
6605	戈觶	1	西周早期	集成 6061 三代 14.32.12 貞松 9.10.2 小校 5.67.5			徐乃昌舊藏
6606	戈觶	1	西周早期	集成 6062 博古 16.12 薛氏 42.7 嘯堂 50			
6607	戈觶	1	西周早期	集成 6063 歐精華 1.50 三代補 610 彙編 9.1525 綜覽一圖版觶 105		法國巴黎王涅克氏	
6608	戈觶	1	西周早期	集成 6064	1971 年洛陽北瑶村墓葬	洛陽市文物工作隊	
6609	戈觶	1	西周中期	集成 6065 湖南考古輯刊 1.22 圖 4.5 圖版 8.5	1981 年湘潭縣青山橋鄉老屋村窖藏 (J：2)	湖南省博物館	

序號	器名	字數	時代	著録	出土地	現藏地	備註
6610	戈觶	1	西周中期	集成 6066 善齋 5.52 頌續 76 小校 5.67.8 續殷下 50.2 綜覽一圖版觶 148	洛陽		劉體智舊藏
6611	弜觶	1	商代後期	集成 6067 彙編 8.1350		美國舊金山亞洲美術博物館布倫戴奇藏品	
6612	馬觶	1	西周早期	集成 6068 學報 1980 年 4 期 468 頁圖16.3	1976 年陝西長安縣張家坡墓葬（M28：3)	考古研究所西安研究室	
6613	犧形銘觶	1	商代後期	集成 6069 三代 14.32.6 愙齋 20.11 續殷下 48.1 小校 5.69.4		上海博物館	《羅表》:許煦堂舊藏
6614	萬觶	1	商代後期	集成 6070		故宫博物院	
6615	萬觶	1	西周早期	集成 6071 三代 14.32.8 綜覽一圖版觶 45		日本京都黑川古文化研究所	
6616	鳶觶	1	商代後期	集成 6072 三代 14.32.7 貞松 9.10.3	《貞松》:洛陽		
6617	[illegible]觶	1	商代後期	集成 6073 綴遺 23.7.1			
6618	[illegible]觶	1	商代後期	集成 6074 出光（十五週年)394 頁 13		日本東京出光美術館	
6619	[illegible]觶	1	西周早期	集成 6075 小校 5.67.4			

序號	器名	字數	時代	著録	出土地	現藏地	備註
6620	丙觶	1	西周早期	集成 6076		故宫博物院	
6621	冉觶	1	商代後期	集成 6077 三代 14.34.9 貞松 9.11.3 小校 5.67.2		英國牛津雅士莫里博物館	
6622	冉觶	1	西周早期	集成 6078 貞松 9.11.4 小校 5.67.3 善齋 5.51			劉體智舊藏
6623	冉觶	1	西周早期	集成 6079 美集録 R64		美國梅葉爾氏	
6624	冉觶	1	西周早期	集成 6080		故宫博物院	
6625	冉觶	1	西周中期	集成 6081 湖南考古輯刊 1.22 圖 4.4 圖 5.2	1981 年湘潭縣青山橋鄉老屋村窖藏(J:3)	湖南省博物館	
6626	爻觶	1	西周早期	集成 6082 三代 14.34.10 寧壽 11.3 貞續中 30.2 續殷下 51.1 故宫 36 期 故圖下上 20.3 綜覽一圖版觶 131		臺北"故宫博物院"	清宫舊藏
6627	旬觶	1	商代後期	集成 6083 三代 14.34.11 貞松 9.12.1 小校 5.68.6			
6628	入觶	1	西周早期	集成 6084 美集録 R230 綜覽一圖版觶 109		美國戴維斯氏	

序號	器名	字數	時代	著録	出土地	現藏地	備註
6629	串觶	1	商代後期	集成 6085 三代 14.35.1 綴遺 24.7.2 殷存下 26.9 小校 5.2.8(又 5.69.7)			《羅表》:孫汝梅舊藏
6630	巫觶	1	西周早期	集成 6086 三代 14.34.6 綴遺 24.6.2 奇觚 6.17.1 周金 5.135.3 簠齋二觶 14 希古 5.17.1 貞圖中 1 小校 5.69.8 綜覽一圖版觶 130			陳介祺、羅振玉舊藏
6631	中觶	1	西周早期	集成 6087 考古與文物 1981 年 1 期 6 頁圖 3.5	1980 年陝西寶鷄縣戴家灣	寶鷄市博物館	
6632	仲觶	1	西周早期	集成 6088			
6633	仲觶	1	西周早期	集成 6089		故宫博物院	
6634	京觶	1	西周早期	集成 6090	1979 年山東濟陽縣劉臺子墓葬	山東濟陽縣圖書館	
6635	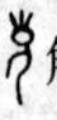觶	1	西周早期	近出 638 富士比(1984,6,19 33)			英國倫敦富士比拍賣行曾見
6636	息觶	1	商代後期	近出 639 中原文物 1988 年 1 期 15—19 頁	1985 年 5 月河南省羅山縣蟒張鄉後李村墓葬 M44:9	河南省羅山縣文物管理委員會	

序號	器名	字數	時代	著録	出土地	現藏地	備註
6637	子觶	1	商代後期	近出 640 考古學報 1991 年 3 期 333—342 頁	1984 年 10—11 月河南省安陽市戚家莊東 269 號墓	河南省安陽市文物工作隊	
6638	戈觶	1	商代後期	近出 641 考古 1988 年 10 期 876—878 頁	1987 年夏河南省安陽市郭家莊墓葬 M1：25	中國社會科學院考古研究所安陽工作隊	
6639	戈觶	1	商代後期	近出 642 富士比(1941,4,4 405)			英國倫敦富士比拍賣行曾見
6640	戈觶	1	西周中期	近出 643 富士比(1976,4,6 8)			英國倫敦富士比拍賣行曾見
6641	融觶	1	商代後期	近出 644 海岱考古第一輯 256—266 頁	1986 年春山東省青州市蘇埠屯墓葬 M8：9	山東省青州市博物館	
6642	夆觶	1	西周早期	近出 645 文物 1996 年 12 期 7—10 頁	1985 年 5 月山東省濟陽縣姜集鄉劉臺子村墓葬 M6：11	山東省文物考古研究所	
6643	遣觶	1	西周早期	近出 646 中央研究院歷史語言研究所集刊第七十本第三分(抽印本)762—774 頁			1997 年春在香港,一組同出六件
6644	𠂹觶	1	商代後期	近出 647 富士比(1978,3,30 6)			英國倫敦富士比拍賣行曾見

序號	器名	字數	時代	著録	出土地	現藏地	備註
6645	[illegible]觶	1	商代後期	近出附36 文物1986年11期14頁	1985年1月山西靈石縣旌介村墓葬M1：19	山西省考古研究所	
6646	且甲觶	2	西周早期	集成6091 三代14.35.10 貞松9.13.3 續殷下51.7 小校5.71.3		故宫博物院	盛昱舊藏
6647	且丙觶	2	西周早期	集成6092 貞松9.13.4			
6648	且丁觶	2	商代後期	集成6093 西清8.3			清宫舊藏
6649	且丁觶	2	西周早期	集成6094 三代14.35.11 貞續中32.1 小校5.71.4			
6650	且辛觶	2	西周早期	集成6095 三代14.35.12		旅順博物館	
6651	且辛觶	2	西周早期	集成6096 善齋5.55 小校5.71.5 故圖下下396 綜覽一圖版觶99		臺北"中央博物院"	劉體智舊藏
6652	父乙觶	2	商代後期	集成6097 文物1964年4期42頁圖2.10 綜覽一圖版觶24	1957年山東長清縣興復河北岸	山東省博物館	
6653	乙父觶	2（器蓋同銘）	商代後期	集成6098 白鶴吉19 三代補781 彙編7.965 綜覽一圖版觶49	安陽	日本神户白鶴美術館	

序號	器名	字數	時代	著録	出土地	現藏地	備註
6654	父乙觶	2	商代後期	集成6099		故宫博物院	
6655	父乙觶	2	西周早期	集成6100 琉璃河西周燕國墓地173頁圖103.1	1974年北京房山縣琉璃河黄土坡墓葬(M50：5)	首都博物館	
6656	父乙觶	2	西周早期	集成6101 西清26.2 積古2.14.5 攈古1.1.25		清宫舊藏	
6657	父丙觶	2	西周早期	集成6102 小校5.71.7			
6658	父丁觶	2	商代後期	集成6103 三代14.36.1			
6659	父丁觶	2	商代後期	集成6104 三代14.36.2 綴遺23.29.2 貞松9.14.1			《羅表》:劉體智舊藏
6660	父丁觶	2	商代後期	集成6105 三代14.36.4 殷存下27.1			《羅表》:丁筱農舊藏
6661	父丁觶	2	商代後期	集成6106 三代14.36.5 殷存下26.12			
6662	父丁觶	2	商代後期	集成6107 長安1.42 綴遺23.29.1	長安		劉喜海舊藏
6663	父丁觶	2	西周早期	集成6108 三代14.36.3			
6664	父丁觶	2	西周早期	集成6109 三代14.36.6 貞續中32.2			
6665	父丁觶	2	西周早期	集成6110 恒軒85		故宫博物院	吴大澂舊藏

序號	器名	字數	時代	著録	出土地	現藏地	備註
6666	父丁觶	2(器蓋同銘)	西周早期	集成 6111		遼寧省博物館	瀋陽故宫舊藏
6667	父丁觶	2	西周早期	集成 6112 十六 1.7 積古 2.13.4 攈古 1.1.25.2			錢坫舊藏
6668	父丁觶	2	西周早期	集成 6113 善齋 5.56 小校 5.71.8			劉體智舊藏
6669	父丁觶	2	西周早期	集成 6114 綜覽一圖版觶 111			
6670	父戊觶	2	商代後期	集成 6115 文物 1974 年 1 期 77 頁圖 5 綜覽一圖版觶 37	1973 年山東鄒縣小西韋村	山東鄒縣文物保管所	
6671	父戊觶	2	西周早期	集成 6116 考古 1984 年 9 期 786 頁圖 3.5	1961 年陝西長安縣張家坡墓葬(M106:7)	考古研究所西安研究室	
6672	父戊觶	2	西周早期	集成 6117 三代 14.36.7 貞松 9.14.2 善齋 5.57 小校 5.72.1			劉體智舊藏
6673	父戊觶	2	西周早期	集成 6118 善齋 5.58 小校 5.57.2 貞松 9.14.3 續殷下 52.3			劉體智舊藏;《貞松》9.14.2 與 9.14.3 誤作一器,今據《小校》分爲二器
6674	父己觶	2	商代後期	集成 6119 三代 14.36.8 貞松 9.14.5		故宫博物院	

序號	器名	字數	時代	著録	出土地	現藏地	備註
6675	父己觶	2	商代後期	集成 6120 三代 14.36.9 貞松 9.14.4 武英 140 續殷下 52.4 小校 5.72.3 故圖下下 399		臺北"中央博物院"	承德避暑山莊舊藏
6676	父己觶	2	西周早期	集成 6121 考古 1963 年 12 期 657 頁圖 9.1	1960 年陝西扶風、岐山縣界墓葬(M8)	陝西省博物館	
6677	父己觶	2	西周早期或中期	集成 6122		上海博物館	
6678	父庚觶	2	西周早期	集成 6123 三代 14.36.10			
6679	父庚觶	2	西周早期	集成 6124 貞松 9.15.1 善齋 5.59 小校 5.72.4		故宫博物院	劉體智舊藏
6680	父辛觶	2	西周早期	集成 6125 三代 14.36.11 西清 26.3 窓齋 20.9.4 綴遺 23.30.1 殷存下 27.2 小校 5.72.7			《綴遺》:清宫、潘祖蔭舊藏
6681	父辛觶	2	西周早期	集成 6126		故宫博物院	
6682	父辛觶	2	西周早期	集成 6127 故圖下上 199 綜覽一圖版觶 62		臺北"故宫博物院"	
6683	父辛觶	2	西周早期	集成 6128 三代 14.37.1 貞續中 32.3 小校 5.72.6			

序號	器名	字數	時代	著録	出土地	現藏地	備註
6684	父辛觶	2	西周早期	集成 6129 三代 14.37.2 貞松 9.15.2		中國歷史博物館	
6685	父癸觶	2	西周早期	集成 6130 三代 14.37.3			
6686	父癸觶	2	西周早期	集成 6131 三代 14.37.4 貞松 9.15.3 續殷下 52.12			商承祚舊藏
6687	父癸觶	2	西周早期	集成 6132			馬衡舊藏
6688	逆父觶	存 2	西周早期	集成 6133 貞補中 20.3			《集成》目録中誤爲“2”字
6689	母戊觶	2	商代後期	集成 6134 三代 14.37.7 善齋 5.61 續殷下 53.3 小校 5.73.3 頌續 74			
6690	丁母觶	2（器蓋同銘）	西周早期	集成 6135 三代 14.37.5—6 西清 26.14 綴遺 23.30.2 周金 5.134.3—4 貞續中 33.1—2 續殷下 53.1—2 小校 5.73.1—2 彙編 8.1192			清宫、方濬益舊藏
6691	子[illegible]觶	2（器蓋同銘）	商代後期	集成 6136	傳安陽大司空村南地	加拿大多倫多皇家安大略博物館	
6692	子彙觶	2	商代後期	集成 6137 三代 14.37.11 殷存下 27.7			

序號	器名	字數	時代	著録	出土地	現藏地	備註
6693	子雧觶	2	商代後期	集成 6138 三代 14.37.12 綴遺 23.14.1			
6694	子刀觶	2	商代後期	集成 6139 三代 14.38.2 愙齋 20.17.1 綴遺 23.3.2 奇觚 6.17.2 簠齋二觶 15 續殷下 53.8 小校 5.73.6			陳介祺舊藏
6695	子弓觶	2	商代後期	集成 6140 三代 14.38.1 西清 26.23 續殷下 53.7 故圖下上 202 綜覽一圖版觶 29		臺北"故宫博物院"	清宫舊藏
6696	婦好觶	2	商代後期	集成 6141 婦好墓 72 頁圖 47.6 殷虚圖 46.4	1976 年安陽殷墟 5 號墓(M5:810)	考古研究所	
6697	婦冬觶	2	商代後期	集成 6142 三代 14.34.4 貞松 9.11.1		故宫博物院	羅振玉舊藏
6698	婦嫡觶	2	西周早期	集成 6143 美集録 R28 綜覽一圖版觶 42		美國麥克阿爾平氏	蓋銘不清,未收
6699	山婦觶	2	商代後期	集成 6144 録遺 363		故宫博物院	楊寧史舊藏
6700	凡婦觶	2	商代後期	集成 6145 三代 14.38.3 殷存下 27.6			

序號	器名	字數	時代	著録	出土地	現藏地	備註
6701	凡婦觶	2	商代後期	集成 6146 三代 14.38.4 殷存下 27.5		旅順博物館	《羅表》:王錫棨舊藏
6702	✻婦觶	2(器蓋同銘)	商代後期	集成 6147 三代 14.38.5—6 續殷下 53.5—6 鄴三下 1 綜覽一圖版觶 27	傳安陽		
6703	婦姦觶	2	商代後期	集成 6148 三代 14.38.8	傳安陽	故宫博物院	
6704	皿女觶	2	商代後期	集成 6149 録遺 365		中國歷史博物館	此器《集成》6874 已收,應爲觚,此誤
6705	雚母觶	2	商代後期	集成 6150 三代 14.38.7 小校 5.73.5 冠斝中 38			榮厚舊藏
6706	戈母觶	2	西周早期	集成 6151 三代 14.37.10 貞松 9.16.3			
6707	𢍰[illegible]觶	2	商代後期	集成 6152 録遺 362			
6708	[illegible]辛觶	2	商代後期	集成 6153		故宫博物院	
6709	戈辛觶	2	商代後期	集成 6154 三代 14.37.9 窸齋 20.16.3 陶齋 3.30 殷存下 27.3 小校 5.73.8		故宫博物院	《羅表》:李佐賢舊藏;後歸馮大可
6710	䎽兕觶	2	商代後期	集成 6155 三代 14.38.9 續殷下 49.2 小校 5.75.5			

序號	器名	字數	時代	著録	出土地	現藏地	備註
6711	亞矣觶	2	商代後期	集成 6156 三代 14.35.6 貞續中 31.2			此器《集成》1429 已收，應爲鼎，《美集録》有圖，此誤
6712	亞[illegible]觶	2	商代後期	集成 6157 三代 14.32.4 善齋 5.48 續殷下 48.10			
6713	亞微觶	2（器蓋同銘）	商代後期	集成 6158 三代 14.35.4—5 十二貯 16 鄴初上 25 續殷下 51.4—5	傳安陽		王辰舊藏
6714	亞醜觶	2	商代後期	集成 6159 三代 14.35.8 貞松 9.13.2 貞圖中 2 續殷下 50.10			羅振玉舊藏
6715	亞醜觶	2	商代後期	集成 6160 學報第二册 172 頁圖版 2.10	1931 年山東益都縣蘇埠屯		
6716	亞[illegible]觶	2	商代後期或西周早期	集成 6161 三代 14.35.7	《孫表》：陝西鳳翔		
6717	亞重觶	2	商代後期	集成 6162 三代 14.35.3 續殷下 49.3			
6718	亞井觶	2	商代後期	集成 6163 録遺 361			
6719	亞[illegible]觶	2（器蓋同銘）	商代後期	集成 6164 弗里爾（67）397 頁 美集録 R132 彙編 8.1075		美國華盛頓弗里爾美術陳列館	曾在美國盧芹齋

序號	器名	字數	時代	著録	出土地	現藏地	備註
6720	亞隻觶蓋	2	商代後期	集成 6165		故宫博物院	冀朝鼎舊藏
6721	[illegible]匍觶	2	西周早期	集成 6166		英國 Ingrom 氏	
6722	夲旅觶	2	西周早期	集成 6167 三代 14.32.1 貞續中 31.1 小校 5.68.3		上海博物館	
6723	史犬觶	2	西周早期	集成 6168 小校 5.75.2			
6724	史農觶	2	西周早期	集成 6169 綴遺 24.18.2 周金 5.133.1 夢郼上 38 小校 5.75.1			《羅表》：劉鶚、王辰、羅振玉舊藏
6725	大丏觶	2	商代後期或西周早期	集成 6170 善齋 5.63 小校 5.74.5			劉體智舊藏；《集成》目録中器名誤爲"大丏觶"；第二字對稱重出
6726	羊册觶	2	西周中期	集成 6171 陝青 2.11 綜覽一圖版觶 118	1976 年陝西扶風縣莊白村窖藏（H1:72）	周原扶風文管所	
6727	册[illegible]觶	2	商代後期	集成 6172 從古 3.24 攈古 1.2.12 愙齋 20.11.2 綴遺 23.23 清儀 1.32.2 續殷下 42.6 小校 5.88.1			張廷濟舊藏
6728	康侯觶	2	西周早期	集成 6173 綜覽一圖版觶 71		英國牛津雅士莫里博物館	英國 Ingrom 舊藏

序號	器名	字數	時代	著録	出土地	現藏地	備註
6729	雁公觶	2	西周早期	集成 6174 攈古 1.1.25 綴遺 24.18.1 敬吾下 59.5 周金 5.133.3 斷代三 68 頁圖 4 綜覽一圖版觶 102			《攈古録》:吴式芬舊藏
6730	伯頙觶	2	西周早期	集成 6175 三代 14.38.10 貞補中 20.1			
6731	冉丁觶	2	商代後期	集成 6176 二百 3 兩罍 2.18 綴遺 23.20.1			吴雲舊藏
6732	冉戊觶	2	商代後期	集成 6177 巖窟上 61 綜覽一圖版觶 23	《巖窟》:山東	故宫博物院	梁上椿舊藏
6733	冉辛觶	2	商代後期	集成 6178 三代 14.37.8 貞松 9.16.2 續殷下 53.11			《貞松》:天津博物院舊藏
6734	冉[illegible]觶	2(器蓋同銘)	商代後期	集成 6179 筠清 1.29 攈古 1.1.26 綴遺 23.13			
6735	爰[illegible]觶	2	商代後期	集成 6180 巴洛 143 頁 三代補 728 綜覽一圖版觶 10		英國阿倫氏或巴洛女士	
6736	冉[illegible]觶	2	商代後期或西周早期	集成 6181 頌續 75			容庚舊藏

序號	器名	字數	時代	著録	出土地	現藏地	備註
6737	弔龜觶	2	商代後期	集成 6182 使華 13 三代補 758 彙編 9. 1664(又 1788)		《彙編》:美國舊金山亞洲美術博物館布倫戴奇藏品	德國陶德曼舊藏;《使華》拓本倒
6738	庚豕觶	2	商代後期	集成 6183 殷虚圖 88.6	1982 年安陽小屯墓葬(M1:26)	考古研究所安陽工作站	
6739	羊冊觶	2	商代後期	集成 6184 文物 1984 年 12 期 34 頁圖 1.6	1982 年河北正定縣新城鋪村墓葬	正定縣文物保管所	
6740	夆羊觶	2	西周早期	集成 6185 美集録 R234 綜覽一圖版觶 115		美國舊金山亞洲美術博物館布倫戴奇藏品	
6741	弓㡭觶	2(器蓋同銘)	西周早期	集成 6186 綜覽一圖版觶 78		瑞典斯德哥爾摩遠東古物館	
6742	敭𡦹觶	2(器蓋同銘)	商代後期	集成 6187 文物 1982 年 9 期 40 頁圖 23	傳山東費縣	北京市文物工作隊	
6743	北單觶	2	商代後期	集成 6188 三代 14. 32. 3 善齋 5. 50 續殷下 49. 6 小校 5. 68. 4 雙古上 36			劉體智、于省吾舊藏
6744	[illegible]舟觶	2	商代後期	集成 6189 三代 14. 32. 2 善齋 5. 49 續殷下 49. 5 小校 5. 68. 7 雙古上 35 彙編 8. 1266 綜覽一圖版觶 51		《彙編》:瑞典	于省吾舊藏

序號	器名	字數	時代	著録	出土地	現藏地	備註
6745	車觶	2	商代後期	集成 6190		故宫博物院	
6746	告田觶	2	商代後期	集成 6191 三代 14.38.11 陶齋 3.31 續殷下 54.3 小校 5.74.6			端方舊藏
6747	告田觶	2	西周中期	集成 6192 三代 14.38.12 窸齋 20.10.2 周金 5.132.4 續殷下 54.4 小校 5.74.7		中國歷史博物館	《窸齋》:王懿榮舊藏
6748	燚作觶	2	西周早期	集成 6193 三代 14.39.1 窸齋 20.19.1 綴遺 24.13.1 周金 5.134.1 小校 5.75.3		上海博物館	《羅表》:許煦堂、潘祖蔭舊藏
6749	作仲觶	2	西周早期	集成 6194 陝青 3.40 綜覽一圖版觶 116	1972 年陝西扶風縣劉家村豐姬墓(M:6)	陝西省文管會	
6750	叔作觶	2	西周早期	集成 6195 三代 14.34.5 綴遺 24.8 殷存下 26.12 小校 5.69.2			《綴遺》:潘祖蔭舊藏
6751	作侯觶	2	西周早期	集成 6196 三代 14.39.3			
6752	作[illegible]觶	2	西周早期	集成 6197 三代 14.39.4 綴遺 24.12.1 周金 5.133.2 殷存下 27.4 小校 5.74.2			《綴遺》:丁筱農舊藏

序號	器名	字數	時代	著録	出土地	現藏地	備註
6753	作旅觶	2	西周早期	集成 6198 三代 14.39.2 貞補中 20.2			
6754	作障觶	2	西周早期	集成 6199 三代 14.39.5 貞續中 32.4 小校 5.72.5			
6755	父癸觶	2	商代後期	近出 649 考古與文物 1989 年 2 期 100 頁	1986 年 2 月陝西省長安縣引鎮孫巖村墓葬		
6756	虫乙觶	2	商代後期	近出 650 考古與文物 1990 年 5 期 25—38 頁	陝西省西安市大白楊庫	陝西省西安市文物中心	
6757	[illegible]癸觶	2	西周早期	近出 651 寶鷄弜國墓地(上)69 頁	陝西省寶鷄市竹園溝 13 號墓 M13：5	陝西省寶鷄市博物館	
6758	亞㝅觶	2	商代後期	近出 652 考古與文物 1996 年 6 期 74—77 頁		河南省南陽市博物館	
6759	婦嫙觶	2	商代後期	近出 653 歐遺珠圖版 33		德國斯圖加特國立民間藝術博物館:林登博物館	
6760	葡戊觶	2	商代後期	近出 654 富士比(1993,6,8 120)			H. Lngram 爵士舊藏:英國倫敦富士比拍賣行曾見

序號	器名	字數	時代	著録	出土地	現藏地	備註
6761	馬豕觶	2	西周早期	近出 655 佳士得(1993,6,7 86)			此族名金文中習見,然作如此草率者係首見,蓋該族沿至西周已呈衰敗氣象; Somerset de Chair 舊藏;英國倫敦佳士得拍賣行曾見
6762	子叏觶	2	西周早期	近出 656 富士比(1978,3,30 16)			英國倫敦富士比拍賣行曾見
6763	女心觶	2	西周早期	近出 657 富士比(1988,6,7 11)			A. Wood 夫人舊藏:英國倫敦富士比拍賣行曾見
6764	亞址觶	2(蓋器同銘)	商代後期	近出 648 安陽殷墟郭家莊商代墓葬 80 頁	河南省安陽市殷墟郭家莊 M160:126	中國社會科學院考古研究所	
6765	史且乙觶	3(器蓋同銘)	商代後期	集成 6200 三代 14.39.8—9 貞圖中 3 續殷下 54.8—9			羅振玉舊藏
6766	且乙吉觶	3	商代後期或西周早期	集成 6201 三代 14.39.7 貞圖中 4 續殷下 54.7			羅振玉舊藏

序號	器名	字數	時代	著録	出土地	現藏地	備註
6767	[illegible]且丙觶	3	商代後期	集成 6202 三代 14. 39. 10 從古 14. 27 擴古 1. 2. 13 窓齋 20. 8. 1 綴遺 23. 25. 2 奇觚 6. 17. 3 簠齋二觶 13 殷存下 27. 9 小校 5. 75. 6			陳介祺舊藏
6768	文且丙觶	3	西周早期	集成 6203 三代 14. 39. 11 殷存下 27. 8 澂秋 42			陳承裘舊藏
6769	[illegible]且丁觶	3	西周早期	集成 6204 三代 14. 39. 12 窓齋 20. 9. 2 綴遺 23. 19. 1 續殷下 54. 10 小校 5. 75. 7		上海博物館	《羅表》: 費念慈舊藏
6770	[illegible]且丁觶	3	商代後期	集成 6205 三代 14. 40. 1 貞補中 20. 4			
6771	[illegible]且丁觶	3	商代後期	集成 6206 三代 14. 40. 2 續殷下 54. 11			
6772	監且丁觶	3	商代後期	集成 6207		上海博物館	
6773	[illegible]且戊觶	3	商代後期	集成 6208 三代 14. 40. 3 窓齋 20. 7. 2 綴遺 23. 25. 1 奇觚 6. 17. 4 簠齋二觶 12 續殷下 54. 12 小校 5. 75. 8		上海博物館	陳介祺舊藏

序號	器名	字數	時代	著録	出土地	現藏地	備註
6774	戈且己觶	3	商代後期或西周早期	集成 6209 三代 14.40.4 貞續中 33.4 小校 5.76.2			
6775	子且己觶	3	商代後期	集成 6210 善齋 5.64 小校 5.76.3 彙編 8.1235			劉體智舊藏
6776	戈且辛觶	3	西周早期	集成 6211		上海博物館	
6777	刄且癸觶	3	商代後期	集成 6212 巖窟上 59	安陽		梁上椿舊藏
6778	征中且觶	3	商代後期	集成 6213 三代 14.49.5			
6779	[illegible]父甲觶	3	西周早期	集成 6214 三代 14.40.6 貞松 9.17.1 續殷下 55.8 善齋 5.65 小校 5.76.4			
6780	[illegible]父甲觶	3(器蓋同銘)	西周早期	集成 6215 三代 14.40.7—8 小校 5.76.6;5.76.5 陶齋 1.3(器) 續殷下 55.6(器) 美集録 R242(器) 彙編 9.1606(器) 綜覽一圖版觶 65(器)	寶鷄	中國歷史博物館(蓋)、美國紐約大都會美術博物館(器)	《羅表》:端方、福開森舊藏;據容庚、陳夢家意見,《集成》將《三代》14.40.7—8 合爲一器

序號	器名	字數	時代	著録	出土地	現藏地	備註
6781	萬父甲觶	3	西周早期	集成 6216 綜覽一圖版觶 126		美國普林斯頓大學美術博物館卡特氏藏器	
6782	大父乙觶	3	西周早期	集成 6217 三代 14.40.9 陶齋 1.10 貞松 9.17.2 小校 5.8.1 椬禁 24.2 美集録 R94 彙編 8.1110 綜覽一圖版觶 82	光緒辛丑(1901)年寶鷄鬬鷄臺	美國紐約大都會美術博物館	端方舊藏
6783	㝬父乙觶	3	商代後期或西周早期	集成 6218 貞松 9.18.2			《羅表》:盛昱、劉體智舊藏;器大如卣
6784	㝬父乙觶	3	西周早期	集成 6219 考古圖 4.35 薛氏 28.3			舊誤作卣
6785	㝬父乙觶	3	西周中期	集成 6220 三代 14.42.6 積古 2.13.2 綴遺 24.3.2 敬吾下 60.4 殷存下 29.6 夢郼上 41 續殷下 56.2 小校 5.79.4 綜覽一圖版觶 120			《羅表》:張廷濟、羅振玉舊藏
6786	妕父乙觶	3	西周早期	集成 6221 三代 14.40.10 清愛 4 攈古 1.2.12 綴遺 23.2.2 小校 5.77.1		故宫博物院	《羅表》:劉喜海、王錫棨舊藏

序號	器名	字數	時代	著録	出土地	現藏地	備註
6787	烖父乙觶	3	西周早期	集成 6222 三代 14.40.11 小校 5.77.3			
6788	父乙觶	3	西周早期	集成 6223 三代 14.40.12			
6789	戉父乙觶	3	商代後期	集成 6224 三代 14.41.1 貞續中 34.1			
6790	㚔父乙觶	3	西周早期	集成 6225 三代 14.41.10			
6791	牧父乙觶	3	商代後期	集成 6226 三代 14.41.3 貞松 9.18.4 武英 139 續殷下 56.4 小校 5.77.4 故圖下下 406 綜覽一圖版觶 2		臺北“中央博物院”	承德避暑山莊舊藏
6792	父乙觶	3	西周早期	集成 6227 三代 14.41.2 貞松 9.18.3 善齋 5.68 續殷下 56.3 小校 5.78.3			劉體智舊藏
6793	父乙觶	3	商代後期	集成 6228 三代 14.41.6 西清 26.24		故宫博物院	頤和園舊藏
6794	受父乙觶	3（器蓋同銘）	商代後期	集成 6229 三代 14.41.4—5			
6795	酰父乙觶	3	西周早期	集成 6230 三代 14.41.7 貞松 9.17.3 善齋 5.66 續殷下 56.6 小校 5.77.2			劉體智舊藏

序號	器名	字數	時代	著録	出土地	現藏地	備註
6796	父乙觶	3	商代後期	集成 6231 三代 14.41.9 筠清 1.28.1 攈古 1.2.12(又 1.2.27) 愙齋 20.6.1 綴遺 23.8 奇觚 18.6.3 續殷下 55.12 小校 5.76.8(又 6.88)			《筠清》、《愙齋》:李方赤、葉志詵舊藏
6797	亞父乙觶	3	西周早期	集成 6232 筠清 1.21 攈古 1.2.11 綴遺 23.10.1 小校 5.71.6			《平安館藏器目》:葉志詵舊藏
6798	父乙觶	3	商代後期	集成 6233		上海博物館	
6799	父乙觶	3	商代後期	集成 6234		上海博物館	
6800	父乙觶	3	西周早期	集成 6235 寶鷄強國墓地 37 頁圖 29.4	1981 年陝西寶鷄市紙坊頭 1 號墓(M1:14)	寶鷄市博物館	《集成》拓片中器銘誤爲"父乙觶"
6801	父乙觶	3	西周早期	集成 6236 江漢考古 1982 年 2 期 45 頁圖 6.5	1977 年湖北黄陂縣魯臺山墓葬(M28:6)	湖北省博物館	
6802	父乙觶	3	商代後期	集成 6237 積古 2.12.4 攈古 1.2.11 小校 5.76.7		故宫博物院	
6803	父乙觶	3(器蓋同銘)	商代後期	集成 6238 上海 21 三代補 869 彙編 9.1616 綜覽一圖版觶 57		上海博物館	

序號	器名	字數	時代	著録	出土地	現藏地	備註
6804	辰父乙觶	3	西周早期	集成 6239 美集録 R267 綜覽一圖版觶 87		美國韓姆林寄陳柏弗羅科學博物館	
6805	寏父乙觶	3	商代後期	集成 6240 三代 14.41.8 貞松 9.4.2			《貞松》稱觚，因未見圖像，暫作觶處理
6806	父乙遽觶	3	西周早期	集成 6241 三代 14.42.3 貞松 9.18.1 貞圖中 5 續殷下 56.7 綜覽一圖版觶 101			羅振玉舊藏
6807	父乙束觶	3	西周早期	集成 6242			
6808	魚父乙觶	3	西周早期	集成 6243 録遺 366		山東省博物館	山東省立圖書館舊藏
6809	奞父乙觶	3	西周早期	集成 6244 三代 14.50.12 綴遺 24.1.2 續殷下 61.11 故圖下上 204		臺北"故宫博物院"	
6810	奞父乙觶	3	商代後期	集成 6245 三代 14.50.11 攈古 1.2.59 綴遺 24.2.1 殷存下 28.9 續殷下 61.12 小校 5.78.6		故宫博物院	《羅表》：吴式芬、潘祖蔭舊藏
6811	父乙寶觶	3	西周早期	集成 6246 三代 14.42.5 冠斝中 39		故宫博物院	榮厚舊藏
6812	父乙飤觶	3（器蓋同銘）	西周早期	集成 6247 三代 14.42.1—2 貞續中 34.2—3 小校 5.78.1—2			

序號	器名	字數	時代	著録	出土地	現藏地	備註
6813	子父丙觶	3	西周早期	集成 6248 三代 14.42.7			
6814	重父丙觶	3	商代後期	集成 6249 三代 14.42.8 綴遺 23.14.2 殷存下 29.5 小校 5.80.2			《羅表》:潘祖蔭舊藏
6815	[illegible]父丙觶	3	西周早期	集成 6250 三代 14.42.12 貞松 9.19.1 善齋 5.69 續殷下 56.8 小校 5.80.1 巴洛 145 頁		英國阿倫或巴洛女士	劉體智舊藏
6816	戈父丙觶	3	商代後期	集成 6251 三代 14.42.9 殷存下 27.11			
6817	戈父丙觶	3	西周早期	集成 6252 三代 14.42.10 恒軒下 84		上海博物館	潘祖蔭舊藏
6818	作父丙觶	3	西周早期	集成 6253 三代 14.43.1 續殷下 56.9			
6819	子父丁觶	3	西周早期	集成 6254 三代 14.43.2 貞續中 34.4			
6820	[illegible]父丁觶	3	商代後期	集成 6255 三代 11.8.8 筠清 1.22.2 擄古 1.3.13 愙齋 13.22.1 綴遺 24.4.2 貞補中 21.2 續殷上 53.8 小校 5.9.2(又 80.6) 美集録 R71		美國舊金山亞洲美術博物館布倫戴奇藏品	《筠清》:葉志詵舊藏;器大且方,舊或稱尊

序號	器名	字數	時代	著録	出土地	現藏地	備註
6821	父丁觶	3	商代後期	集成 6256 賸稿 39	洛陽		吴宜常舊藏
6822	萬父丁觶	3	商代後期	集成 6257		故宫博物院	楊寧史舊藏
6823	雔父丁觶	3	西周早期	集成 6258 三代 14.43.4 貞松 9.20.2 續殷下 57.4 小校 5.80.3			徐乃昌舊藏
6824	亯父丁觶	3	西周早期	集成 6259 三代 14.43.5			
6825	舌父丁觶	3（器蓋同銘）	商代後期	集成 6260 三代 14.43.7—8		故宫博物院	
6826	山父丁觶	3	西周早期	集成 6261 三代 14.43.9 續殷下 57.1			
6827	卒父丁觶	3	西周早期	集成 6262 三代 14.43.6 貞松 9.19.3 貞圖中 6 續殷下 57.2			羅振玉舊藏
6828	爻父丁觶	3	商代後期	集成 6263 山東選 77	1958 年山東滕縣井亭村		《文物》1959 年 12 期 67 頁曾有報導
6829	皀父丁觶	3	商代後期	集成 6264 彙編 9.1729		美國波士頓美術博物館	
6830	父丁觶	3	西周早期	集成 6265 考古 1986 年 3 期 199 頁圖 5.1	1979 年陝西長安縣張家坡墓葬（M2：6）	考古研究所西安研究室	
6831	父丁觶	3（器蓋同銘）	西周早期	集成 6266 綜覽一圖版觶 128		聯邦德國科隆東洋博物館	
6832	父丁觶	3	商代後期	集成 6267		故宫博物院	

序號	器名	字數	時代	著録	出土地	現藏地	備註
6833	冉父丁觶	3	西周早期	集成 6268 索思比(1985.12 倫敦)3		英國倫敦古董商索思比	
6834	奴父戊觶	3	西周早期	集成 6269 三代 14.48.7 貞松 9.23.5 善齋 5.70 續殷下 61.3 小校 5.80.7			
6835	字父己觶	3	商代後期	集成 6270 三代 14.44.1 貞松 9.21.1 善齋 5.73 續殷下 57.8 小校 5.81.7 頌續 77	安陽	廣州市博物館	劉體智、容庚舊藏
6836	丫父己觶	3	商代後期	集成 6271 録遺 367			
6837	史父己觶蓋	3	商代後期	集成 6272		故宫博物院	
6838	兄父己觶	3	西周早期	集成 6273 綜覽一圖版觶 67			
6839	主父己觶	3	商代後期	集成 6274 積古 2.12.3 攈古 1.2.10			
6840	冉父己觶	3	商代後期	集成 6275 三代 14.44.3 攈古 1.2.10 愙齋 20.9.1 綴遺 23.19.2 奇觚 6.18.4 殷存下 27.12 簠齋二觶 8 小校 5.81.1			陳介祺舊藏

序號	器名	字數	時代	著録	出土地	現藏地	備註
6841	[illegible]父己觶	3	西周早期	集成 6276 文叢 3.36 圖 4	1961 年河南鶴壁龐村墓葬		
6842	[illegible]父己觶	3	西周早期	集成 6277			
6843	[illegible]父己觶	3	西周早期	集成 6278 文物 1983 年 2 期 5 頁圖 6	1980—1981 年陝西寶鷄市竹園溝村墓葬(M4：5)	寶鷄市博物館	
6844	[illegible]父己觶	3	商代後期	集成 6279 考古圖 4.37 薛氏 28.5			盧江李氏舊藏
6845	木父己觶	3（器蓋同銘）	商代後期	集成 6280 考古圖 4.36 薛氏 26.3			東平榮氏舊藏;《考古圖》銘文不全
6846	[illegible]父己觶	3	西周早期	集成 6281 三代 14.44.10 陶齋 6.28 續殷下 58.2 小校 5.80.8		日本京都黑川古文化研究所	
6847	忛父己觶	3（器蓋同銘）	商代後期	集成 6282 三代 14.44.7—8 貞松 9.21.3—4 善齋 5.72 續殷下 57.11—12 小校 5.81.5—6 善彝 139 頌續 71 綜覽一圖版觶 76	《頌續》:安陽	英國	劉體智舊藏
6848	己父[illegible]觶	3	商代後期	集成 6283 文物 1984 年 12 期 34 頁圖 1.8	1982 年河北正定縣新城舖村墓葬	正定縣文物保管所	

序號	器名	字數	時代	著録	出土地	現藏地	備註
6849	叙父己觶	3	西周中期	集成 6284 三代 14.44.4 貞松 9.22.2 善齋 5.71 續殷下 58.3 小校 5.82.2		中國歷史博物館	劉體智舊藏
6850	[illegible]父己觶	3	商代後期	集成 6285 三代 14.44.6 貞松 9.21.2 小校 5.81.4			劉體智舊藏
6851	父己[illegible]觶	3	商代後期	集成 6286 三代 14.44.12 西甲 12.1 貞續中 35.1 續殷下 58.5 故圖下上 197 綜覽一圖版解 32		臺北"故宫博物院"	清宫舊藏
6852	[illegible]父己觶	3	商代後期	集成 6287 文物 1986 年 8 期 79 頁圖 19	1958 年安陽大司空村	安陽市博物館	
6853	魯父己觶	3	西周早期	集成 6288 三代 14.44.9 殷存下 28.1		中國歷史博物館	
6854	奄父己觶	3	商代後期	集成 6289 積古 2.14.4 攈古 1.2.59			
6855	黽父己觶	3	西周早期	集成 6290 三代 14.44.5 兩罍 2.10 二百 1 窓齋 20.2.2 綴遺 23.16.2 續殷下 57.7 小校 5.81.8			吴雲舊藏

序號	器名	字數	時代	著録	出土地	現藏地	備註
6856	萬父己觶	3（器蓋同銘）	商代後期	集成 6291		上海博物館	
6857	子父庚觶	3	商代後期	集成 6292 三代 14.45.4 愙齋 20.5.1 綴遺 23.31.2 奇觚 6.19.2 簠齋二觶 9 善齋 5.74 小校 5.82.4			陳介祺舊藏
6858	戈犬父庚觶	3	西周早期	集成 6293 三代 14.45.3 移林 19 小校 5.82.5			丁麟年舊藏
6859	父庚觶	3	商代後期	集成 6294 三代 14.48.8 貞續中 36.4 小校 5.87.4 美集録 R78		美國 Britton	
6860	作父庚觶	3	西周中期	集成 6295 上海 43 三代補 880 彙編 7.915 綜覽一圖版觶 113		上海博物館	
6861	子父辛觶	3	商代後期	集成 6296 三代 14.45.5（又 14.46.1） 小校 5.83.2 續殷下 59.1		南京大學歷史系考古教研室	
6862	立父辛觶	3	商代後期	集成 6297 三代 14.45.6 小校 5.83.6			
6863	矣父辛觶	3	商代後期	集成 6298 三代 14.46.9			

序號	器名	字數	時代	著録	出土地	現藏地	備註
6864	竟父辛觶	3	西周早期	集成 6299 三代 14.45.7 小校 5.83.1 故圖下下 400 綜覽一圖版觶 100		臺北"中央博物院"	
6865	[illegible]父辛觶	3	商代後期	集成 6300 三代 14.46.2 窓齋 20.3.1 綴遺 24.4.1 殷存下 29.10 小校 5.85.1		上海博物館	《羅表》:許煦堂、潘祖蔭舊藏
6866	[illegible]父辛觶	3	商代後期	集成 6301 善齋 5.77 小校 5.84.5 續殷下 58.10 頌續 72	《頌續》:洛陽		劉體智舊藏
6867	[illegible]父辛觶	3	西周早期	集成 6302 貞補中 21.4			萍鄉文氏舊藏
6868	父辛戈觶	3	商代後期	集成 6303 博古 16.11 薛氏 43.1 嘯堂 50.4			
6869	戈父辛觶	3	商代後期	集成 6304 薛氏 43.2			
6870	行父辛觶	3	西周早期	集成 6305 積古 2.14.3 攈古 1.2.11			
6871	父辛[illegible]觶	3	商代後期	集成 6306 三代 14.46.7 續殷下 58.9			

序號	器名	字數	時代	著録	出土地	現藏地	備註
6872	父辛觶	3	西周早期	集成 6307 三代 14.45.8 貞松 9.22.3 善齋 5.75 續殷下 59.8 小校 5.82.6 善彝 140 故圖下下 40.1		臺北"中央博物院"	劉體智舊藏
6873	父辛觶	3	商代後期	集成 6308 三代 14.46.4 殷存下 28.2		上海博物館	《羅表》:王懿榮舊藏
6874	父辛觶	3	西周早期	集成 6309 西清 26.18 綴遺 23.26.1			清宫舊藏
6875	父辛觶	3	西周早期	集成 6310 彙編 9.1508 綜覽一圖版觶 106			
6876	父辛觶	3	商代後期	集成 6311	傳寶鷄鬭鷄臺		
6877	父辛觶	3	西周中期	集成 6312 三代 14.46.5 雙吉上 48 綜覽一圖版觶 123			于省吾舊藏
6878	父辛觶	3	西周早期	集成 6313 三代 14.45.9 貞圖中 7 綜覽一圖版觶 134			羅振玉舊藏

序號	器名	字數	時代	著録	出土地	現藏地	備註
6879	雔父辛觶	3	西周早期	集成 6314 三代 14.46.3 積古 2.7.5 兩罍 2.11 攗古 1.2.65 愙齋 20.2.1 綴遺 23.17.1 續殷下 58.7 小校 5.84.1			吴雲舊藏
6880	羊父辛觶	3	商代後期	集成 6315 三代 14.46.8 攗古 1.2.11 愙齋 20.4.2 綴遺 23.17.2 敬吾下 59.2 續殷下 59.4 小校 5.82.7			《愙齋》:葉志詵舊藏
6881	樹父辛觶	3	西周早期	集成 6316 陝青 3.159 綜覽一圖版觶 38	1977 年陝西隴縣韋家莊墓葬	寶鷄市博物館	
6882	父辛觶	3	西周早期	集成 6317		加拿大多倫多皇家安大略博物館	1929 年前出土
6883	遽父辛觶	3	西周早期	集成 6318 三代 14.45.10 西清 26.5 貞松 9.22.4 續殷下 59.3 故宫 30 期 故圖下上 198		臺北"故宫博物院"	清宫舊藏
6884	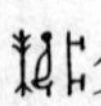父辛觶	3	西周早期	集成 6319 三代 14.46.10 攗古 1.3.13 綴遺 23.15.2 續殷下 58.11		山東省博物館	《攗古録》:吴式芬舊藏

序號	器名	字數	時代	著録	出土地	現藏地	備註
6885	責父辛觶	3	西周早期	集成 6320 三代 14.45.11 從古 14.29 攈古 1.2.58 窓齋 20.9.3 綴遺 23.20.2 奇觚 6.19.4 殷存下 28.4 簠齋二觶 7 善齋 5.76 小校 5.84.2			陳介祺、劉體智舊藏
6886	[illegible]父辛觶	3	西周早期	集成 6321 三代 14.45.12			
6887	[illegible]父壬觶	3	西周早期	集成 6322 三代 14.46.12 殷存下 28.5			《羅表》:陳承裘舊藏
6888	子父癸觶	3	西周早期	集成 6323 文物 1982 年 12 期 53 頁圖 3.4	1980 年湖北隨縣安居鄉羊子山墓葬	隨州市博物館	
6889	重父癸觶	3	商代後期	集成 6324 三代 14.47.1 貞圖中 8 續殷下 60.2			羅振玉舊藏
6890	重父癸觶	3	商代後期	集成 6325 西清 26.22			清宫舊藏
6891	褱父癸觶	3	商代後期	集成 6326 三代 14.48.5 懷米上 27 攈古 1.3.13 窓齋 20.3.2 綴遺 24.5.2 殷存下 29.9 小校 5.87.2			《綴遺》:曹秋舫、潘季玉舊藏
6892	褱父癸觶	3	商代後期	集成 6327 三代 14.48.6			

序號	器名	字數	時代	著録	出土地	現藏地	備註
6893	[illegible]父癸觶	3	商代後期	集成 6328 考古圖 4.34 薛氏 26.2			盧江李氏舊藏
6894	[illegible]父癸觶	3	西周早期	集成 6329 三代 14.47.3 續殷下 60.5			
6895	[illegible]父癸觶	3	西周早期	集成 6330 三代 14.47.2 愙齋 20.3.3 綴遺 23.3.1 奇觚 6.19.3 簠齋二觶 16 善齋 5.80 續殷下 60.9 小校 5.85.5			陳介祺、劉體智舊藏
6896	[illegible]父癸觶	3	西周早期	集成 6331 文物 1972 年 12 期 8 頁圖 8 學報 1977 年 2 期 108 頁圖 8.9	1967 年甘肅靈臺縣白草坡墓葬（M1：21）	甘肅省博物館	
6897	弓父癸觶	3	西周早期	集成 6332 三代 14.47.11 貞松 9.23.4 善齋 5.81 續殷下 60.6 小校 5.85.6			劉體智舊藏
6898	矢父癸觶	3	西周早期	集成 6333 三代 14.47.12 愙齋 20.5.3 殷存下 28.6 小校 5.85.3 山東存附 15.1			許煦堂舊藏

序號	器名	字數	時代	著録	出土地	現藏地	備註
6899	㚸父癸觶	3（器蓋同銘）	西周早期	集成6334 三代14.47.4—5 貞松9.23.2—3 善齋5.82 續殷下60.12—61.1 小校5.85.7—8			劉體智舊藏
6900	㚸父癸觶	3	西周早期	集成6335 三代14.47.6 續殷下61.2			
6901	戈父癸觶	3	西周早期	集成6336 三代14.48.1 從古1.12 小校5.86.1 積古2.11 攈古1.2.39			
6902	史父癸觶	3	西周早期	集成6337 三代14.47.7 貞松9.23.1 小校5.85.4			劉體智舊藏
6903	臤父癸觶	3	商代後期	集成6338 學報1979年1期83頁圖60.18 河南1.235 殷虚圖77.2	1977年河南安陽殷墟西區墓葬（M793：9）	考古研究所安陽工作站	
6904	爰父癸觶	3（器蓋同銘）	商代後期	集成6339 三代14.47.8—9 西甲12.3 故圖下上200 綜覽一圖版觶44		臺北"故宫博物院"	清宫舊藏
6905	[illegible]父癸觶	3	西周早期	集成6340 三代14.48.2 貞續中35.3			
6906	[illegible]父癸觶	3	西周早期	集成6341		故宫博物院	

序號	器名	字數	時代	著録	出土地	現藏地	備註
6907	父癸觶	3	西周早期	集成 6342 文物 1961 年 11 期 5 頁圖 5	1959 年四川彭縣竹瓦街	四川省博物館	
6908	魚父癸觶	3	商代後期	集成 6343 陝圖 4 陝青 1.18 綜覽一圖版觶 84	1953 年陝西岐山縣禮村	中國歷史博物館	
6909	羖父癸觶	3	商代後期	集成 6344 三代 14.47.10 十二貯 17 續殷下 59.11 綜覽一圖版觶 31			王辰舊藏
6910	𡖊母辛觶	3（器蓋同銘）	商代後期	集成 6345 三代 14.48.9—10 貞續中 36.1 小校 5.87.5—6		故宫博物院	
6911	婦亞弜觶	3	商代後期	集成 6346 美集録 R127 彙編 8.1049		美國哈佛大學福格美術博物館	
6912	亞婦觶	3	西周早期	集成 6347		甘肅省博物館	
6913	女朱戈觶	3	西周早期	集成 6348 三代 14.49.6 續殷下 61.7 癡盦 28			李泰棻舊藏
6914	𢍰女子觶	3（蓋 3、器 2）	商代後期	集成 6349 美集録 R471 綜覽一圖版觶 60			曾在美國盧芹齋；陳夢家以爲器銘可疑

序號	器名	字數	時代	著録	出土地	現藏地	備註
6915	作姑彝觶	3（器蓋同銘）	西周早期	集成 6350 三代 14.49.7—8 貞松 9.24.4—5 貞圖中 9 綜覽一圖版觶 133			羅振玉舊藏
6916	子癸壘觶	3（器蓋同銘）	商代後期	集成 6351 三代 14.49.1—2 貞松 9.24.1—2 善齋 5.83 續殷下 61.4—5 小校 5.88.2—3 彙編 8.1240（器） 綜覽一圖版觶 46（器）		《彙編》：Vander Mandele 《彙編》、《綜覽》器銘字印反	劉體智舊藏
6917	彭女𠬝觶	3（蓋 3、器 1）	西周早期	集成 6352 金索 1.25 積古 5.18.2 擴古 1.2.58 小校 5.92.1			《金索》：蔣伯生舊藏
6918	齒兄丁觶	3	商代後期	集成 6353 三代 14.48.11 貞松 9.24.3 貞圖中 10 續殷下 61.6 小校 5.87.7			羅振玉舊藏
6919	兄丁奞觶	3（器蓋同銘）	商代後期	集成 6354 博古 6.21 薛氏 14.6 嘯堂 23.4			舊稱尊
6920	𠦝兄辛觶	3（器蓋同銘）	商代後期	集成 6355		故宫博物院	
6921	亞𠬝觶	3（器 1、蓋 2）	商代後期	集成 6356		故宫博物院	

序號	器名	字數	時代	著録	出土地	現藏地	備註
6922	秉毌戊觶	3	商代後期	集成 6357 三代 14.48.12 寧壽 11.2 貞續中 36.2 續殷下 61.8 故圖下上 201		臺北"故宫博物院"	清宫舊藏;《集成》目録中器名誤爲"秉母戊觶"
6923	[illegible]册亯觶	3	商代後期	集成 6358 克里斯蒂(82.6 倫敦)9 頁		英國倫敦古董商克里斯蒂	
6924	[illegible]省觶	3	商代後期	集成 6359		故宫博物院	
6925	𦥑作衙觶	3	商代後期	集成 6360 三代 14.49.12			
6926	伯作彝觶	3	西周早期	集成 6361 西清 26.19			清宫舊藏
6927	伯作彝觶蓋	3	西周早期	集成 6362 三代 14.49.10 貞松 9.24.6 善齋 5.84 小校 5.87.8		中國歷史博物館	劉體智舊藏
6928	伯作彝觶	3	西周早期	集成 6363 學報 1977 年 2 期 108 頁圖 8.4 綜覽一圖版觶 70	1977 年甘肅靈臺縣白草坡墓葬(M2:6)	甘肅省博物館	
6929	西單𦣞觶	3	商代後期	集成 6364 美集録 R473 綜覽一圖版觶 25		美國紐約杜克氏	

序號	器名	字數	時代	著録	出土地	現藏地	備註
6930	戚作彝觶	3	西周早期	集成 6365 三代 14.49.9 筠清 1.25.1 攈古 1.2.14.1 愙齋 20.15.2 綴遺 24.17.2 奇觚 18.7.1 敬吾下 59.4 周金 5.132.3 小校 5.88.5			《平安館藏器目》：葉志詵舊藏
6931	戚作彝觶	3	西周早期	集成 6366 筠清 1.24.2 攈古 1.2.14.2 從古 8.27 奇觚 18.7.2 敬吾下 43.2 小校 5.88.4 周金 5.21.2（又 3.117.9） 綴遺 18.16.1			《羅表》：瞿世瑛、方濬益舊藏；此器或稱尊。《周金》3.117.9 稱彝
6932	父乙飲觶	3	西周早期	近出 658 富士比（1970，11，17　26）			英國倫敦富士比拍賣行曾見
6933	保父丁觶	3	西周早期	近出 659 高家堡戈國墓 97 頁	1991 年陝西省涇陽縣興隆鄉高家堡 M4：12	陝西省涇陽縣博物館	
6934	戈父己觶	3（蓋器同銘）	西周早期	近出 660 高家堡戈國墓 91 頁	1991 年陝西省涇陽縣興隆鄉高家堡 M4：11	陝西省涇陽縣博物館	
6935	子父辛觶	3	商代後期	近出 661 考古與文物 1996 年 6 期 74—77 頁		河南省南陽市博物館	

序號	器名	字數	時代	著録	出土地	現藏地	備註
6936	鳥父辛觶	3	西周早期	近出 662 考古 1990 年 10 期 879—881 頁	1988 年 7 月陝西省麟遊縣九成官鎮後坪村	陝西省麟遊縣博物館	
6937	䢅父癸觶	3	商代後期	近出 663 華夏考古 1997 年 2 期 17、22 頁	1983—1986 年河南省安陽市劉家莊 M9：36	河南省安陽市文物工作隊	
6938	䢅母己觶蓋	3	西周早期	近出 664 考古與文物 1990 年 5 期 26—43 頁		陝西省西安市文物中心	陝西省西安市大白楊庫曾見
6939	子工觶	3	商代後期	近出 665 華夏考古 1997 年 2 期 17、22 頁	1983—1986 年河南省安陽市劉家莊 M1：20	河南省安陽市文物工作隊	
6940	㐰父乙觶	3	西周早期	近出 666 文物 1988 年 3 期 20—24 頁	1981 年 9 月陝西省寶鷄市西關紙坊頭村墓葬	陝西省寶鷄市博物館	
6941	唐子且乙觶	4	商代後期	集成 6367 三代 14.50.1 積古 2.9.5 從古 6.21 攈古 1.2.64.2 綴遺 24.9.2 周金 5.132.1 小校 5.89.1			《綴遺》、《羅表》：嘉興蔡氏、瞿世瑛、張廷濟舊藏
6942	徙作且丁觶	4	商代後期	集成 6368 彙編 9.1803 綜覽一圖版 342 頁觶 64		丹麥哥本哈根國家博物館民族學部	

序號	器名	字數	時代	著録	出土地	現藏地	備註
6943	且戊觶	4（器 4、底 3）	西周早期	集成 6369 三代 14.50.2—3 貞松 9.25.1—2 善齋 5.89 續殷下 61.9 小校 5.93.8—9 頌續 79 綜覽一圖版 343 買觶 74			劉體智、容庚舊藏
6944	且己觶	4	商代後期	集成 6370 三代 14.50.4 從古 14.26 攈古 1.2.60 愙齋 20.8.2 綴遺 23.22.1 奇觚 6.20.1 殷存下 28.8 小校 5.89.2 簠齋二觶 2	《分域》：傳山東		陳介祺舊藏
6945	亞且辛觶蓋	4	西周早期	集成 6371 三代 14.40.5 貞松 9.16.4 貞圖中 11			羅振玉舊藏；此蓋所屬器類不明，今仍依羅氏説，歸入觶内
6946	雋分父甲觶	4	西周早期	集成 6372 三代 14.52.8 貞補中 22.2 續殷下 62.8 小校 5.92.3			鄒安舊藏
6947	子廠父乙觶	4	西周早期	集成 6373 三代 14.50.7 貞補中 22.1 頌齋 15 小校 5.90.2 故圖下下 397 綜覽一圖版 345 買觶 94		臺北“中央博物院”	容庚舊藏

序號	器名	字數	時代	著録	出土地	現藏地	備註
6948	大父乙觶	4	西周早期	集成 6374 三代 14.50.9 恒軒下 83 愙齋 20.6.2 殷存下 28.11 小校 5.90.1			潘祖蔭舊藏
6949	亞大父乙觶	4	商代後期或西周早期	集成 6375 三代 14.41.11 攈古 1.2.59 愙齋 20.18.2 綴遺 23.10.2 奇觚 6.18.1 殷存下 27.10 簠齋二觶 10 小校 5.78.4		故宫博物院	陳介祺舊藏
6950	亞大父乙觶	4	商代後期或西周早期	集成 6376 十二雪 15			孫壯舊藏
6951	亞矣父乙觶	4（器蓋同銘）	西周早期	集成 6377 美集録 R143（器） 彙編 8.1044 綜覽一圖版 346 頁觶 104（器）		美國舊金山亞洲美術博物館布倫戴奇藏器	曾在美國盧芹齋
6952	亞𧈢父乙觶	4	西周早期	集成 6378 三代 14.41.2 愙齋 20.18.1 續殷下 56.5 小校 5.78.5			《羅表》：許延暄舊藏
6953	亞𩛥父乙觶	4	西周早期	集成 6379 綜覽一圖版 346 頁觶 107			此器《集成》5054.2 誤收爲卣
6954	㢢册父乙觶	4	商代後期	集成 6380 録遺 369		故宫博物院	器殘

序號	器名	字數	時代	著録	出土地	現藏地	備註
6955	庚豕父乙觶	4	商代後期	集成 6381	1982 年安陽小屯 1 號墓	考古所安陽工作站	
6956	鄉宁父乙觶	4	商代後期	集成 6382		故宫博物院	
6957	〓父乙觶	4	商代後期	集成 6383 三代 14.50.10 綴遺 23.18.1 續殷下 62.1 小校 5.89.3			《小校》拓本題跋:徐同柏舊藏
6958	西單父乙觶	4(器蓋同銘)	商代後期	集成 6384 巖窟上 58	1940 年河南安陽	故宫博物院	梁上椿舊藏
6959	耳曰父乙觶	4	商代後期(殷)	集成 6385		故宫博物院	此器與《集成》9871 重出,《鄴二》上 11 器形爲方彝,此誤
6960	葡父乙觶	4	商代後期	集成 6385 三代 13.1.4(卣) 殷存上 22.12(尊) 小校 5.13.6(尊)			舊稱卣或尊,現據中國社會科學院考古研究所藏全形拓,確定爲觶
6961	〓又父乙觶	4	西周早期	集成 6387 考古與文物 1990 年 4 期 22 頁圖 21.2 陝青 3.27		扶風縣博物館	
6962	尹舟父丙觶	4	西周早期	集成 6388 三代 14.42.11 貞松 9.19.2 美集録 R287		美國費城賓省大學博物館	《貞松》:往歲見之津沽

序號	器名	字數	時代	著録	出土地	現藏地	備註
6963	[illegible]父丙觶	4	商代後期	集成 6389 筠清 1.22.1 攈古 1.2.59 綴遺 23.18.2 奇觚 18.6.4 小校 5.90.4			
6964	槑册父丁觶	4	商代後期	集成 6390 録遺 371		故宫博物院	
6965	父丁告田觶	4	西周早期	集成 6391 三代 14.51.2 從古 14.28 攈古 1.2.61 愙齋 20.10.1 綴遺 24.11.2 奇觚 6.20.2 敬吾下 44.5 殷存下 29.2 小校 5.90.6 簠齋二觶 3	《攈古録》: 關中	上海博物館	陳介祺舊藏
6966	母父丁觶	4	西周早期	集成 6392 沃森 70 頁圖 5.2 綜覽一圖版 344 頁觶 83		英國倫敦不列顛博物館	Sedgwick 舊藏
6967	典弜父丁觶	4	商代後期	集成 6393 三代 14.51.5			
6968	[illegible]父丁觶	4	商代後期	集成 6394 三代 14.51.4 續殷下 62.2 小校 5.90.5		上海博物館	
6969	亞丏父丁觶	4	商代後期	集成 6395 三代 14.51.6			
6970	西單父丁觶	4	商代後期	集成 6396 三代 14.43.10 (又 12.2.6 壺) 貞補中 21.1 貞續中 11.2(壺)			

序號	器名	字數	時代	著録	出土地	現藏地	備註
6971	[glyph]父戊觶	4	商代後期或西周早期	集成6397 三代14.43.12 積古2.12.2 擦古1.2.10 續殷下44.2			阮元舊藏;銘文或可釋爲三字,今暫作四字處理
6972	告宁父戊觶	4	商代後期	集成6398 録遺370			
6973	子[glyph]父己觶	4	商代後期	集成6399 三代14.51.8 從古14.30 擦古1.2.60 愙齋20.4.1 綴遺23.28.2 奇觚6.19.1 殷存下29.3 簠齋二觶6 小校5.91.1			陳介祺舊藏
6974	辰[glyph]父己觶	4	商代後期	集成6400 文博1988年5期5頁 中原文物1985年1期30頁 考古1964年11期592頁圖1.2 河南1.327 綜覽一圖版339頁觶40	1950年河南安陽郊區	新鄉市博物館	
6975	父己矢帪觶	4	商代後期	集成6401 綴遺23.5.1 小校5.82.3 續殷下58.1		上海博物館	潘祖蔭舊藏;銘文也可能是三字,今按四字處理
6976	亞㠱父乙觶	4	西周早期	集成6402 文物1983年11期65頁圖13	1982年北京順義縣牛欄山公社金牛大隊墓葬	北京市文物研究所	

序號	器名	字數	時代	著録	出土地	現藏地	備註
6977	亞[illegible]父己觶	4	西周早期	集成 6403 三代 14.45.1 貞續中 35.2 續殷下 57.10			《集成》説明中缺“字數”項
6978	亞[illegible]父己觶	4（器蓋同銘）	商代後期	集成 6404		故宫博物院	《集成》拓片中器名爲“亞卒父己觶”
6979	田[illegible]父己觶	4	西周早期	集成 6405 文物 1964 年 9 期 36 頁圖 5 下左上 綜覽一圖版 344 頁觶 81		天津市歷史博物館	
6980	牧正父己觶	4	西周早期	集成 6406 文物 1961 年 11 期 5 頁圖 6 綜覽一圖版 344 頁觶 90	1959 年四川彭縣竹瓦街	四川省博物館	
6981	[illegible]作父己觶	4（器蓋同銘）	西周中期	集成 6407 三代 14.51.7 西清 26.17 貞松 9.26.1		旅順博物館（器）	《貞松》：清宫、蕭山陸氏舊藏；蓋佚
6982	父己豖馬觶	4	西周早期	集成 6408 三代 14.44.11 貞松 9.22.1 小校 5.82.1			《羅表》：劉體智舊藏
6983	亞若父己觶	4	西周早期	集成 6409 三代 14.45.2 貞補中 21.3 續殷下 57.9 雙吉上 47 綜覽一圖版 348 頁觶 124	洛陽	故宫博物院	于省吾舊藏
6984	子[illegible]父辛觶	4（器蓋同銘）	商代後期	集成 6410		上海博物館	

序號	器名	字數	時代	著録	出土地	現藏地	備註
6985	父辛亞艅觶	4	西周早期	集成 6411 三代 14.46.11 懷米上 28 擴古 1.2.58 愙齋 20.12.2 綴遺 23.11.1 殷存下 28.3 小校 5.84.4			《綴遺》:曹秋舫、潘季玉舊藏
6986	亞[illegible]父辛觶	4	商代後期或西周早期	集成 6412			
6987	亞㱿父辛觶	4	商代後期或西周早期	集成 6413		上海博物館	
6988	亞孳父辛觶	4	西周早期	集成 6414 録遺 368		故宫博物院	
6989	弓䇂父辛觶	4	西周早期	集成 6415			
6990	逆[illegible]父辛觶	4	西周早期	集成 6416 三代 14.51.9 貞松 9.26.2			
6991	介作父辛觶	4	西周早期	集成 6417 三代 14.51.11 愙齋 20.7.1 綴遺 23.27.1 續殷下 35.1 小校 5.91.4			《愙齋》:葉志詵舊藏
6992	穷䆎父辛觶	4	西周早期	集成 6418 三代 14.51.10 愙齋 20.6.3 綴遺 23.21.1 殷存下 29.4 小校 5.91.5		上海博物館	《綴遺》:潘祖蔭舊藏
6993	宁作父辛觶	4	西周早期	集成 6419 小校 5.91.3			

序號	器名	字數	時代	著録	出土地	現藏地	備註
6994	子[illegible]父癸觶	4	商代後期	集成 6420		故宫博物院	
6995	亞食父癸觶	4	西周早期	集成 6421 三代 14.48.4 貞續中 35.4 小校 5.87.1			
6996	尹舟父癸觶	4	商代後期	集成 6422			
6997	齊豖父癸觶	4	商代後期	集成 6423 西清 26.25			清宫舊藏
6998	父癸何觶	4	商代後期	集成 6424 三代 14.52.1 貞松 9.26.3 巖窟上 60 文物 1959 年 11 期 71 頁圖 4 綜覽一圖版 336 頁觶 5	傳安陽	故宫博物院	梁上椿舊藏
6999	[illegible]父癸觶	4	西周早期	集成 6425 三代 14.48.3 善齋 5.78 續殷下 59.12 小校 5.85.2 故圖下下 402		臺北"中央博物院"	劉體智舊藏
7000	[illegible]作父癸觶	4	商代後期	集成 6426 綴遺 23.27.2			
7001	光作母辛觶	4	商代後期	集成 6427 三代 14.52.2 續殷下 62.4		故宫博物院	
7002	婦㾓册觶	4	商代後期	集成 6428 三代 14.54.5 長安 1.40 攈古 1.3.47 綴遺 24.9.1			劉喜海舊藏

序號	器名	字數	時代	著録	出土地	現藏地	備註
7003	冋兄日壬觶	4	商代後期	集成 6429 三代 14.52.3 攈古 1.2.60 愙齋 20.19.3 綴遺 22.19.2 周金 5.132.2 續殷下 62.5 小校 5.91.7			《羅表》:葉志詵舊藏
7004	亞若癸觶	4(蓋 3、器 1)	商代後期	集成 6430 筠清 2.54 攈古 1.2.68 綴遺 23.12.1			《平安館藏器目》:葉志詵舊藏
7005	員觶	4(器蓋同銘)	西周中期	集成 6431 美集録 R326 彙編 7.850		美國舊金山亞洲美術博物館布倫戴奇藏器	曾在美國盧芹齋
7006	員觶	4(器蓋同銘)	西周中期	集成 6432 美集録 R327 彙編 7.851 綜覽一圖版 350 頁觶 144		美國聖路易市美術博物館	美國盧芹齋、戴維斯舊藏
7007	戈罟觶	4	西周早期	集成 6433 三代 14.52.4 愙齋 20.7.3 綴遺 23.4.1 陶續 2.15 小校 5.19.6			潘祖蔭、端方舊藏
7008	季作旅彝觶	4	西周早期或中期	集成 6434 西清 26.20			清宮舊藏
7009	作玐從彝觶	4(器蓋同銘)	商代後期	集成 6435 中國考古學報二 175 頁圖版 2.3;2.6	1931 年山東益都縣蘇埠屯	山東省博物館	山東圖書館舊藏;器銘拓本與過去發表的有差異

序號	器名	字數	時代	著録	出土地	現藏地	備註
7010	逨觶	4	西周早期	集成 6436 三代 14.52.6 從古 8.26 攈古 1.2.60 綴遺 24.17.1 周金 5.131.2 小校 5.93.6			《綴遺》、《羅表》:陳朗亭、瞿世瑛舊藏
7011	未作寶彝觶	4	西周早期	集成 6437 三代 14.52.7 貞松 9.26.4			
7012	作寶隩彝觶	4(器蓋同銘)	西周中期	集成 6438 日精華 2.121(蓋) 三代補 643(蓋) 彙編 7.848—849 綜覽一圖版 350頁觶 42		英國倫敦不列顛博物館	日本横田正治郎舊藏
7013	尹舟父甲觶	4	西周早期	近出 667 富士比(1988,12,13 3)			英國倫敦富士比拍賣行曾見
7014	合册父丁觶	4	商代後期	近出 668 歐遺珠圖版 32		德國科隆東亞藝術博物館	
7015	榮門父辛觶	4(蓋器同銘)	商代後期	近出 669 海岱考古第一輯313—314 頁	1985 年春山東省濰坊市坊子區院上水庫南崖	山東省濰坊市博物館	
7016	亞天父癸觶	4	西周早期	近出 670 富士比(1969,11,4 8)			英國倫敦富士比拍賣行曾見
7017	厚且戊觶	5	西周早期	集成 6439		上海博物館	
7018	亞矣父乙觶	5	西周早期	集成 6440 三代 14.51.1 貞續中 36.5 小校 5.90.3			徐乃昌舊藏

序號	器名	字數	時代	著録	出土地	現藏地	備註
7019	高作父乙觶	5	西周早期	集成 6441 三代 14.52.9 貞松 9.27.2 善齋 5.86 小校 5.92.4 善彝 138 故圖下下 405		臺北"中央博物院"	劉體智舊藏
7020	逋作父乙觶	5	西周早期	集成 6442 三代 14.50.8 貞松 9.25.4			
7021	登串父丁觶	5	商代後期	集成 6443 三代 14.52.10 綴遺 23.16.1 殷存下 30.1 小校 5.93.1			《羅表》:潘祖蔭舊藏
7022	劦册父丁觶	5	西周早期	集成 6444 三代 14.51.3 綴遺 23.24.1 殷存下 29.1 小校 5.84.3			《綴遺》:潘祖蔭舊藏
7023	宁册父丁觶	5	西周早期	集成 6445 善齋 5.87 小校 5.92.8 故圖下下 398 綜覽一圖版 345 頁觶 92		臺北"中央博物院"	劉體智舊藏
7024	聅作父丁觶	5	西周早期	集成 6446 三代 14.52.11 從古 14.32 攈古 1.3.13 愙齋 20.8.4 綴遺 23.21.2 奇觚 6.21.1 殷存下 29.8 簠齋二觶 4 小校 5.92.6			陳介祺舊藏

序號	器名	字數	時代	著録	出土地	現藏地	備註
7025	虘作父丁觶	5	西周早期	集成 6447 三代 14.52.12 從古 14.31 攈古 1.3.47 愙齋 20.8.3 綴遺 24.10.1 奇觚 6.20.3 殷存下 29.7 簠齋二觶 5 小校 5.92.7			陳介祺舊藏
7026	作父辛觶	5	西周早期	集成 6448 三代 11.19.1（尊） 愙齋 13.4.4 殷存上 23.6 小校 5.17.8（又 5.93.3）		上海博物館	潘祖蔭舊藏；《小校》5.93.3 稱觶
7027	𠬝作父癸觶	5	西周早期	集成 6449		上海博物館	
7028	小集母乙觶	5（器 4、蓋 5）	商代後期	集成 6450 考古 1964 年 8 期 384 頁圖 5 殷虚圖 84.5—6 綜覽一圖版 341 頁觶 52	1962 年安陽大司空村墓葬（M53：27）	考古所安陽工作站	
7029	姞亘母觶	5	西周早期	集成 6451 三代 14.53.1 貞松 9.27.4 雙吉上 49		旅順博物館	《羅表》：溥倫、于省吾舊藏
7030	夨王觶	5（器蓋同銘）	西周早期	集成 6452 三代 11.19.3—4（尊） 周金 5.18 小校 5.18.2	《周金》：丁巳陝西鳳翔府	上海博物館	《周金》：南海甘氏舊藏

序號	器名	字數	時代	著録	出土地	現藏地	備註
7031	夌伯觶	5	西周早期	集成 6453 文物 1983 年 2 期 5 頁圖 7 寶鷄㒚國墓地	1980 年陝西寶鷄市竹園溝墓葬(M4：3)	寶鷄市博物館	
7032	伯㦰觶	5	西周中期	集成 6454 文物 1976 年 6 期 58 頁圖 21 陝青 2. 105 綜覽一圖版 350 頁觶 145	1975 年陝西扶風縣莊白村墓葬	扶風縣博物館	又名"伯㦰飲壺"
7033	伯㦰觶	5	西周中期	集成 6455 文物 1976 年 6 期 58 頁圖 22 陝青 2. 106 綜覽一圖版 243 頁觶形尊 45	1975 年陝西扶風縣莊白村墓葬	扶風縣博物館	
7034	伯作姬觶	5(器蓋同銘)	西周中期	集成 6456 三代 12. 6. 8(壺蓋) 積古 5. 10. 1—2 攈古 1. 3. 34. 1—2 愙齋 14. 17. 2(蓋) 周金 5. 58. 2(蓋) 小校 4. 74. 7(蓋)		上海博物館(蓋)	《周金》:嘉興張氏舊藏
7035	井叔觶	5	西周早期	集成 6457	1985 年陝西長安縣灃西張家坡墓葬(M165：4)	考古研究所	
7036	叔偈父觶	5	西周早期	集成 6458		上海博物館	

序號	器名	字數	時代	著録	出土地	現藏地	備註
7037	邑觶	5	西周早期	集成 6459 文物 1964 年 9 期 55 頁圖 4 文物 1972 年 10 期 24 頁圖 13 綜覽一圖版 348 頁觶 125	1963—1964 年洛陽市北窑龐家溝墓葬(M1：5)	洛陽市文物工作隊	
7038	事作小旅彝觶	5	西周早期	集成 6460 西清 9.8 古文審 3.18			清宫舊藏；舊稱尊，《集成》5817 爲另一同銘之尊
7039	亘觶	5	西周中期	集成 6461 三代 14.53.2 從古 11.19 敬吾下 60.5 小校 5.93.5			
7040	義楚觶	5	春秋後期	集成 6462 三代 14.53.3 奇觚 17.36 周金 5.137—138 雙王 19 善齋 5.93 大系録 170 小校 5.98.2 善彝 143 故圖下下 410 彙編 7.797	1888 年江西高安城西四十里清泉市旁漢建成侯墓山下田中	臺北"中央博物院"	鄒凌瀚、張鳴珂、龐澤鑾、鄒安、劉體智舊藏
7041	婦鳳觶	蓋 5，器 3	商代後期	近出 671 考古 1994 年 5 期 394 頁	1991 年 11 月河南省安陽市高樓莊墓葬 M1：4	中國社會科學院考古研究所安陽工作隊	
7042	邑且辛父辛觶	6	商代後期	集成 6463 殷虚圖 77.11	1982 年安陽小屯西地墓葬(GM874.8)	考古所安陽工作站	

序號	器名	字數	時代	著録	出土地	現藏地	備註
7043	亞矣匕辛觶	6	商代後期	集成6464 美集録R142 綜覽一圖版340 頁觶43		美國紐約魏格氏	美國Kleijkamp舊藏
7044	亞聿豕父乙觶	6	西周早期	集成6465 三代14.53.6 貞松9.27.3			
7045	尚作父乙觶	6	西周中期	集成6466 三代14.53.5			
7046	ǂ作父乙觶	6	西周早期	集成6467 三代14.53.4 從古14.33 攈古1.3.46 愙齋20.13.2 綴遺24.10.2 奇觚6.21.2 殷存下29.12 簠齋二觶11 小校5.94.1			陳介祺舊藏
7047	小臣作父乙觶	6(又合文1,器蓋同銘)	西周中期	集成6468	1961年湖北江陵萬城墓葬	湖北省博物館	此拓爲蓋銘。同出器群《考古》1963年4期、《文物》1963年2期曾作報導
7048	雁事作父乙觶	6	西周中期	集成6469 文物1984年12期30頁圖3.5	1982年河南平頂山市滍陽鎮西門外墓葬	平頂山市文物管理委員會	
7049	作父丙觶	6	西周早期	集成6470 三代14.53.7 貞松9.28.1 善齋5.90 續殷下62.12 小校5.94.2 頌續73 綜覽一圖版343 頁觶75	《頌續》:西安		《羅表》:溥倫、容庚舊藏

序號	器名	字數	時代	著録	出土地	現藏地	備註
7050	□作父丁觶	6	西周早期或中期	集成6471 録遺372			此器據《巖窟》上56器形應爲觚,《集成》7280已收,此處據《録遺》誤作觶
7051	作禦父辛觶	6	西周早期	集成6472 三代14.53.9 夢郼上39 續殷下63.2 小校5.93.4			《夢郼》:劉鶚、羅振玉舊藏
7052	作父辛觶	存6	西周中期	集成6473 三代11.22.2(尊) 殷存上25.1 小校5.21.6		上海博物館	
7053	孜作父癸觶	6	商代後期	集成6474 三代14.54.1 夢郼上40 續殷上45.2		旅順博物館	羅振玉舊藏
7054	朕作父癸觶	6	西周早期	集成6475 三代11.22.1(尊) 筠清1.23 從古3.10 攈古1.3.51 愙齋20.14.1 綴遺24.14.2 奇觚17.2.1 敬吾下60.2 殷存上24.3(又下30.2) 清儀1.3 2.1 小校5.21.7		上海博物館	《綴遺》:張廷濟、潘季玉舊藏;《愙齋》舊稱尊,實爲形體較大之觶

序號	器名	字數	時代	著録	出土地	現藏地	備註
7055	北子□觶	6	西周早期	集成 6476 綴遺 24.19.2 小校 2.43.2			《小校》以爲鼎
7056	伯旟觶	6（器蓋同銘）	西周早期	集成 6477 三代 11.22.7—8（尊） 筠清 4.40.5—6 攈古 1.3.49 綴遺 18.17.1—2 窓齋 19.15.1；19.15.3 敬吾下 70.3—4 小校 4.40.5—6 十二居 27		上海博物館（蓋）、旅順博物館（器）	程洪溥、吴式芬、周進舊藏
7057	伯旟觶	6（器蓋同銘）	西周早期	集成 6478 三代 13.18.2（蓋）、13.18.1；13.18.3（器） 窓齋 19.15.2（蓋）；19.15.4（器） 綴遺 12.17.1—2 小校 4.41.2—2 周金 5.103.2（蓋）；5.103.1（器） 美集録 R303（器） 彙編 7.685（器） 綜覽一圖版 346 頁觶 110（器）		《綜覽》：上海博物館（蓋）、美國紐約薩克勒氏（器）	程洪溥、潘祖蔭、盧芹齋、布倫戴奇舊藏；《集成》6477、6478 兩件器，或稱卣，或稱尊，實應爲觶；有的學者誤以爲有三件器。二器形制花紋相同。舊有著録極混亂，今釐訂之
7058	者兒觶	6	西周中期	集成 6479 善齋 5.91 小校 5.94.4 善彝 141 頌續 81	洛陽	廣州市博物館	劉體智、容庚舊藏

序號	器名	字數	時代	著録	出土地	現藏地	備註
7059	[illegible]觶	6（器蓋同銘）	西周早期	集成 6480 三代 14.54.3—4		故宫博物院	《三代》拓本器、蓋銘顛倒
7060	[illegible][illegible]觶	6	西周中期	近出 672 文物 1996 年 7 期 54—68 頁	1964—1972 年河南省洛陽市北窑村西龐家溝墓葬 M418：26		
7061	[illegible][illegible]觶	6	西周中期	近出 673 文物 1996 年 7 期 54—68 頁	1964—1972 年河南省洛陽市北窑村西龐家溝墓葬 M418：27		
7062	[illegible]作且辛觶	7	商代後期或西周早期	集成 6481 三代 14.54.6 懷米上 29 攈古 2.1.49 愙齋 20.13.1 綴遺 24.6.1 殷存下 30.5 小校 5.94.6			曹秋舫舊藏
7063	中作匕己觶	7	西周早期	集成 6482 三代 14.54.2 陶齋 3.29 續殷下 63.3 小校 5.94.3 美集録 R246 柉禁 23.4 彙編 7.717	光緒辛丑年（1901）陝西寶鷄鬭鷄臺	美國紐約大都會美術博物館	《羅表》：端方、福開森舊藏
7064	作父戊觶	7	西周早期	集成 6483		上海博物館	
7065	亞[illegible]作父己觶	7	商代後期	集成 6484 三代 14.53.8 貞續中 37.1 續殷下 63.1		故宫博物院	
7066	子[illegible]觶	7	商代後期	集成 6485 三代 14.54.9 陶續補 9			端方舊藏

序號	器名	字數	時代	著録	出土地	現藏地	備註
7067	叔僡觶	7	西周早期	集成 6486 録遺 373		上海博物館	
7068	征作笭觶	7	西周早期	集成 6487 三代 6. 39. 6（彝） 攈古 2.1.5 小校 5.95.3		上海博物館	《攈古録》：文後山舊藏；此器舊稱彝、敦
7069	冶祮觶	7	西周早期	集成 6488 三代 14.55.1 攈古 2.1.6 綴遺 24.16 敬吾下 43.3 小校 5.95.2			
7070	衡觶	7	西周早期	近出 674 富士比（1972,5,23 1）			英國倫敦富士比拍賣行曾見
7071	鸛作父己觶	7	西周早期	近出 675 寶鷄強國墓地（上）108 頁	陝西省寶鷄市竹園溝 7 號墓 M7：9	陝西省寶鷄市博物館	
7072	其史作且己觶	8	西周早期	集成 6489 琉璃河西周燕國墓地 173 頁圖 103.6	1975 年北京房山縣琉璃河黄土坡墓葬（M253：3）	首都博物館	
7073	旅史遻且辛觶	8	西周早期	集成 6490 貞續中 37.2 小校 5.96.2	《頌續》：洛陽	故宫博物院	《頌續》：合肥李氏舊藏
7074	旅史遻且辛觶	8	西周早期	集成 6491 善齋 5.92 小校 5.96.1 續殷下 63.4 頌續 80 綜覽一圖版 349 頁觶 132	《頌續》：洛陽	廣州市博物館	劉體智、容庚舊藏

序號	器名	字數	時代	著録	出土地	現藏地	備註
7075	凡作父乙觶	8(蓋1、器7)	商代後期或西周早期	集成6492 博古6.8 薛氏16.3 嘯堂21.4			
7076	諫作父丁觶	8	西周早期	集成6493		旅順博物館	
7077	舌仲作父丁觶	8	西周早期或中期	集成6494 西清9.9 猷氏23頁圖25 三代補691		英國倫敦不列顛博物館	
7078	遽仲作父丁觶	8	西周早期	集成6495 三代14.54.7 十六2.15 積古5.18.3 攈古2.1.49 愙齋20.14.2 奇觚18.7.4 周金5.130.2 小校5.94.8		上海博物館	《羅表》:錢坫、阮元、潘祖蔭舊藏
7079	子作父戊觶	8	商代後期	集成6496 三代14.55.2 筠清1.23.1 從古3.23 攈古2.1.24 愙齋20.12.1 綴遺23.5.2 敬吾下43.1 清儀1.10.1 續殷下63.5 小校5.96.3			《羅表》:葉志詵、張廷濟舊藏
7080	甚父戊觶	8(蓋4、器8)	西周早期	集成6497 薛氏17.2 嘯堂96.2			器八字,蓋省作四字,容庚曾疑僞。舊稱尊,今定爲觶。《薛氏》器銘、蓋銘全,《嘯堂》僅録器銘

序號	器名	字數	時代	著録	出土地	現藏地	備註
7081	父己年㝩觶	8	西周早期	集成 6498 録遺 373 美集録 R229 綜覽一圖版 345 頁觶 98 彙編 9.1750		美國西雅圖美術博物館	美國 Thomas D. stimson 舊藏
7082	諫作父己觶	8	西周早期	集成 6499 博古 6.25 薛氏 16.4 嘯堂 24.2			
7083	鼓𩐅作父辛觶	8	西周早期	集成 6500 三代 14.55.3 貞松 9.28.3			《貞松》:周鴻孫舊藏
7084	作父癸觶	8	西周中期	集成 6501 美集録 R359 弗里爾(67)401頁 綜覽一圖版 350 頁觶 141		美國華盛頓弗里爾美術陳列館	
7085	木工册作母甲觶	8	西周早期	集成 6502 三代 14.54.8 從古 14.34 攈古 2.1.6 愙齋 20.15.1 綴遺 24.11.1 奇觚 6.21.3 敬吾下 44.3 周金 5.131.1 殷存下 30.4 簠齋二觶 1 小校 5.95.1			陳介祺舊藏

序號	器名	字數	時代	著録	出土地	現藏地	備註
7086	吕伯觶	8	西周早期	集成 6503 美集録 R472 布倫戴奇(1977)141 頁圖 51 彙編 6. 526(又 634) 綜覽一圖版 350 頁觶 140		美國舊金山亞洲美術博物館布倫戴奇藏器	《彙編》526 以爲伯上有吕字,故全銘定爲八字
7087	朿觶	9(蓋器同銘)	西周早期	近出 676 歐遺珠圖版 90		瑞典斯德哥爾摩遠東古物博物館	
7088	甾作父己觶	9	西周早期	集成 6504		上海博物館	
7089	何作丁辛觶	9	商代後期	集成 6505 博古 16. 14 薛氏 109. 4 嘯堂 50. 6			
7090	郐王烌又觶	10	春秋後期	集成 6506 三代 14. 55. 4 周金 5. 136. 2 奇觚 17. 34. 2 貞圖中 12 大系録 170. 3 小校 5. 98. 1 故圖下下 409	《羅表》:光緒戊子(1888)江西高安西四十里附近	臺北"中央博物院"	《羅表》:鄒凌瀚、羅振玉舊藏
7091	敟觶	10	西周中期	近出 677 富士比(1984,12,11 14)			英國倫敦富士比拍賣行曾見
7092	叀觶	11	西周早期	近出 678 富士比(1973,11,27 12)			Natanael Wessen 舊藏;英國倫敦富士比拍賣行曾見;《殷周金文集成》11. 5952 尊與此同銘

序號	器名	字數	時代	著録	出土地	現藏地	備註
7093	北子觶	12(又重文2、合文1,器蓋同銘)	西周早期或中期	集成6507 三代13.35.1(蓋) 西清9.7 移林17(蓋) 小校4.55.4(蓋)		故宫博物院(蓋)	李宗岱、丁麟年、清宫舊藏;舊稱尊、卣,今僅存蓋
7094	𡯁觶	12	西周早期	集成6508 美集録R313 綜覽一圖版349 頁觶137		美國魯本斯氏	
7095	厝觶	13(器蓋同銘)	西周早期或中期	集成6509 琉璃河西周燕國墓地173頁圖103.4、5	1975年北京房山縣琉璃河黄土坡墓葬(M251:9)	首都博物館	
7096	庶觶	14(又合文1,器蓋同銘)	西周早期或中期	集成6510 琉璃河西周燕國墓地173頁圖103.2、3	1975年北京房山縣琉璃河黄土坡墓葬(M251:8)	首都博物館	
7097	員仲觶	14(器蓋同銘)	西周中期	集成6511 三代12.13.6(壺) 貞補上37.4 大系録67.2 小校4.82.1 雙吉上27 文物1984年6期21頁圖1—2		上海博物館	蓋舊藏北京大學,器爲1956年上海博物館徵集所得;形似卣而小,自稱飲壺,可知用途與觶同,今收入觶内
7098	小臣單觶	21(又合文1)	西周早期	集成6512 三代14.55.5 綴遺24.15 貞松9.29.1 希古5.17.3 大系録1.2 小校5.97 文物1981年9期圖版3.2 綜覽一圖版344 頁觶85		上海博物館	《綴遺》、《貞松》、《文物》:李筌漁、潘祖蔭舊藏

序號	器名	字數	時代	著録	出土地	現藏地	備註
7099	郤王義楚觶	35	春秋後期	集成6513 三代14.55.6 奇觚17.35 周金5.136.1 貞圖中13 大系録170.2 小校5.98.3 故圖下下411	光緒戊子(1888)江西高安西四十里	臺北"中央博物院"	鄒陵瀚、羅振玉舊藏
7100	中觶	36(器蓋同銘)	西周早期	集成6514 博古6.30 薛氏102.2—3 嘯堂1.251—2 大系録7	湖北安州		
7101	萬諆觶	36	西周中期	集成6515 三代11.35.4(尊) 西清8.42 古文審3.14 貞續中9.2		故宫博物院	清宫舊藏
7102	趩觶	67(又合文1)	西周中期	集成6516 三代11.38.1(尊) 恒軒上50 綴遺18.23 攈古3.1.60 窓齋13.11.2 奇觚5.14 周金5.1 大系録85 小校5.41 安徽金石1.30.2 冠斝補2 綜覽一圖版349頁 觶138		上海博物館	葉志詵、費念慈、吴大澂、榮厚舊藏;《集成》目録中誤爲"68"字

十九、觚

序號	器名	字數	時代	著録	出土地	現藏地	備註
7103	且觚	1	商代後期	集成 6520		首都博物館	
7104	母觚	1	商代後期	集成 6521		故宫博物院	
7105	婦觚	1	商代後期	集成 6522 美集録 R29 彙編 8.1187 綜覽一圖版 318 頁觚 26		美國紐約薩克勒氏	曾在美國盧芹齋
7106	媓觚	1	商代後期	集成 6523 美集録 R177 綜覽一圖版 330 頁觚 159		美國紐約魏格氏	Kleijkamp 舊藏
7107	子觚	1	商代後期	集成 6524 考古 1972 年 4 期 29 頁圖 2.1	1969 年山西石樓縣義牒	石樓縣文化館	
7108	子觚	1	商代後期	集成 6525 中原文物 1985 年 1 期 30 頁 考古 1965 年 5 期 255 頁圖 1.2	1952 年河南輝縣褚丘村墓葬	新鄉市博物館	
7109	子觚	1	商代後期	集成 6526 中原文物 1985 年 1 期 30 頁 文博 1988 年 5 期 3 頁	1952 年河南輝縣褚丘村墓葬	新鄉市博物館	
7110	子觚	1	商代後期	集成 6527 寧壽 10.17			清宫舊藏
7111	子觚	1	商代後期	集成 6528 擴古 1.1.16.4	長安		
7112	子觚	1	商代後期	集成 6529 貞續中 27.3			
7113	字觚	1	商代後期	集成 6530		英國倫敦不列顛博物館	卡爾貝克舊藏
7114	団觚	1	商代後期	集成 6531		故宫博物院	

序號	器名	字數	時代	著録	出土地	現藏地	備註
7115	旅觚	1	商代後期	集成 6532 三代 14.13.3 愙齋 21.2.1 奇觚 6.23.2 殷存下 26.11(觶) 小校 5.47.5			吴大澂舊藏
7116	旅觚	1	商代後期	集成 6533 三代 14.13.4 從古 8.25 攈古 1.1.15 綴遺 16.1 敬吾下 62.4 續殷下 39.9 小校 5.68.2(又 7.3.3)	《小校》:陝西寶鷄縣		《綴遺》、《小校》、《羅表》:夏松如、瞿潁山、葉志詵舊藏
7117	旅觚	1	商代後期	集成 6534 文叢 2.14 圖 2.1		北京市文物研究所	
7118	旅觚	1	商代後期	集成 6535 三代 14.13.6 冠斝中 9		北京市文物研究所	榮厚舊藏
7119	旅觚	1	商代後期	集成 6536 文物 1985 年 8 期 83 頁圖 10		首都博物館	
7120	盤觚	1	商代後期	集成 6537 三代 14.13.7			器名暫依舊稱,文爲從旅、從皿之字
7121	㒸觚	1	商代後期	集成 6538		首都博物館	章乃器舊藏
7122	𠔉觚	1	商代後期	集成 6539 文物 1964 年 4 期 42 頁圖 2.6	1957 年山東長清縣興復河北岸	山東省博物館	
7123	𠔉觚	1	商代後期	集成 6540			
7124	𠂇觚	1	商代後期	集成 6541 三代 14.12.5			

序號	器名	字數	時代	著録	出土地	現藏地	備註
7125	觚	1	商代後期	集成 6542 三代 14.12.4			
7126	天觚	1	商代後期	集成 6543 故圖下上 193		臺北"故宫博物院"	下面似有一點,不知是否筆畫,今暫釋天字
7127	天觚	1	商代後期	集成 6544		故宫博物院	
7128	天觚	1	商代後期	集成 6545		濟南市博物館	
7129	屰觚	1	商代後期	集成 6546		上海博物館	
7130	夫觚	1	西周早期	集成 6547		故宫博物院	
7131	夫觚	1	西周早期	集成 6548		故宫博物院	
7132	觚	1	商代後期	集成 6549 三代 14.13.8			
7133	觚	1	商代後期	集成 6550		故宫博物院	
7134	觚	1	商代後期	集成 6551		故宫博物院	
7135	觚	1	商代後期	集成 6552		故宫博物院	
7136	觚	1	商代後期	集成 6553 三代 14.12.6 續殷下 39.5 彙編 8.1106 綜覽一圖版 321 頁觚 70		日本東京某氏	
7137	觚	1	商代後期	集成 6554 録遺 302			
7138	觚	1	商代後期	集成 6555		上海博物館	
7139	觚	1	商代後期	集成 6556		故宫博物院	
7140	参觚	1	商代後期	集成 6557 三代 14.12.7		旅順博物館	
7141	参觚	1	商代後期	集成 6558		中國歷史博物館	
7142	夨觚	1	商代後期	集成 6559		故宫博物院	

序號	器名	字數	時代	著録	出土地	現藏地	備註
7143	觚	1	商代後期	集成 6560 録遺 297		故宫博物院	
7144	奚觚	1	商代後期	集成 6561 博古 15.36 薛氏 39.2 嘯堂 50.2			
7145	僟觚	1	商代後期	集成 6562 癡續 28			李泰棻舊藏
7146	僟觚	1	商代後期	集成 6563 美集録 R503			曾在美國舊金山甘浦斯公司;器甚矮,銘鑄於長方形銅片上,接於觚底,暫作觚處理
7147	僟觚	1	商代後期	集成 6564		故宫博物院	
7148	觚	1	商代後期	集成 6565 三代 14.12.8			
7149	觚	1	商代後期	集成 6566 録遺 299		中國歷史博物館	
7150	觚	1	商代後期	集成 6567		故宫博物院	
7151	重觚	1	商代後期	集成 6568 三代 14.13.11 陶續補 8 小校 5.47.1 支美 18			端方舊藏
7152	重觚	1	商代後期	集成 6569		故宫博物院	
7153	弔觚	1	商代後期	集成 6570 三代 14.17.3 尊古 2.40			

序號	器名	字數	時代	著録	出土地	現藏地	備註
7154	弔觚	1	西周早期	集成 6571 三代 14.17.4 西清 24.7 攈古 1.1.16 愙齋 21.5.3 綴遺 16.26 奇觚 6.24.2 周金 5.117.3 殷存下 24.6 簠齋二觚 5 續殷下 41.3 貞圖上 47 小校 5.48.6			清宮舊藏,後歸朱鈞、陳介祺、羅振玉
7155	巿觚	1	商代後期	集成 6572 録遺 298			
7156	[illegible]觚	1	商代後期	集成 6573			
7157	[illegible]觚	1	商代後期	集成 6574 美集録 R179 綜覽一圖版 332 頁觚 175		美國紐約魏格氏	Kleijkamp 舊藏
7158	[illegible]觚	1	商代後期	集成 6575 美集録 R169		美國派克氏	
7159	役觚	1	商代後期	集成 6576 綜覽一圖版 332 頁觚 179		美國紐約薩克勒氏	
7160	何觚	1	商代後期	集成 6577 懷履光(56)83頁 6	河南安陽郭家灣北地	加拿大多倫多皇家安大略博物館	
7161	牽牲形銘觚	1	商代後期	集成 6578		上海博物館	
7162	竝觚	1	商代後期	集成 6579 中原文物 1985 年 1 期 30 頁圖 2.36		新鄉市博物館	

序號	器名	字數	時代	著録	出土地	現藏地	備註
7163	舌觚	1	商代後期	集成 6580 三代 14.17.9			
7164	舌觚	1	商代後期	集成 6581 三代 14.17.10 尊古 2.41 冠斝中 7			榮厚舊藏
7165	䀠觚	1	商代後期	集成 6582		故宫博物院	
7166	嬰觚	1	商代後期	集成 6583		故宫博物院	
7167	嬰觚	1	商代後期	集成 6584 三代 14.17.5			
7168	[illegible]觚	1	西周早期	集成 6585 三代 14.17.6 十二貯 14 續殷下 39.11			王辰舊藏
7169	耴觚	1	商代後期	集成 6586		故宫博物院	
7170	[illegible]觚	1	商代後期	集成 6587 三代 14.13.9 貞補中 15.3 小校 5.47.6			
7171	左觚	1	商代後期	集成 6588		故宫博物院	
7172	[illegible]觚	1	商代後期	集成 6589 古器物研究專刊第一本圖版 22	河南安陽侯家莊西北岡 1001 號墓（R11003）	臺北“中央研究院歷史語言研究所”	
7173	[illegible]觚	1	商代後期	集成 6590 古器物研究專刊第一本圖版 23	河南安陽侯家莊西北岡 1001 號墓（R11004）	臺北“中央研究院歷史語言研究所”	器殘
7174	[illegible]觚	1	商代後期	集成 6591 三代 14.18.1 從古 1.10 攈古 1.1.16 綴遺 16.27.1 小校 5.49.5			

序號	器名	字數	時代	著録	出土地	現藏地	備註
7175	[illegible]觚	1	商代後期	集成 6592 塞利格曼 48 頁圖 8 三代補 103 頁 721 彙編 9.1693 綜覽一圖版 320 頁觚 52		英國倫敦不列顛博物館	英國塞利格曼舊藏
7176	[illegible]觚	1	商代後期	集成 6593 河北 75	1967 年河北磁縣下七垣	河北省博物館	
7177	[illegible]觚	1	商代後期	集成 6594 文物 1974 年 11 期 94 頁圖 25 河北 76 綜覽一圖版 325 頁觚 108	1967 年河北磁縣下七垣	河北省博物館	
7178	臤觚	1	商代後期	集成 6595 考古 1977 年 5 期 356 頁圖 3.2	1963 年山西永和縣下辛角村墓葬	石樓縣文化館	
7179	臤觚	1	商代後期	集成 6596 文物 1964 年 4 期 42 頁圖 2.7	1957 年山東長清縣興復河北岸	山東省博物館	
7180	[illegible]觚	1	商代後期	集成 6597 美集録 R218 綜覽一圖版 330 頁觚 158	安陽		曾在美國盧芹齋處
7181	寅觚	1	商代後期	集成 6598 上海 20 三代補 147 頁 868 彙編 9.1574 綜覽一圖版 323 頁觚 80		上海博物館	舊稱黄觚

序號	器名	字數	時代	著録	出土地	現藏地	備註
7182	叙觚	1	商代後期	集成 6599 三代 14.14.10 攈古 1.1.14 綴遺 16.2.2 殷存下 24.7			吴式芬舊藏
7183	共觚	1	商代後期	集成 6600		中國歷史博物館	
7184	受觚	1	商代後期	集成 6601 文物 1974 年 11 期 93 頁圖 18 綜覽一圖版 320 頁觚 57	1967 年河北磁縣下七垣	河北省博物館	
7185	受觚	1	商代後期	集成 6602 鄴三上 39	傳安陽		
7186	受觚	1	商代後期	集成 6603		故宫博物院	
7187	㕣觚	1	商代後期	集成 6604 三代 14.15.4 貞松 9.2.1 善齋 5.10 續殷下 40.9 小校 5.50.1			劉體智舊藏
7188	觚	1	商代後期	集成 6605		中國歷史博物館	
7189	秉觚	1	商代後期	集成 6606 三代 14.14.2			
7190	史觚	1	商代後期	集成 6607 三代 14.14.3 (又 11.1.3) 甲骨學第十二號 215 頁圖 1.2		日本湯島斯文會	羅振玉舊藏；此器《集成》5455 尊誤收，與此重出
7191	史觚	1	商代後期	集成 6608 三代 14.14.4 貞補中 15.4 小校 5.2.4			此器現藏故宫，應爲尊，《集成》6608 誤收爲觚

序號	器名	字數	時代	著録	出土地	現藏地	備註
7192	史觚	1	商代後期	集成 6609 三代 14.14.5 殷存下 24.4 小校 5.2.3			
7193	史觚	1	商代後期	集成 6610 三代 14.14.6 貞圖上 51			羅振玉舊藏
7194	史觚	1	商代後期	集成 6611 三代 14.14.8 殷存下 24.2 小校 5.48.3			
7195	史觚	1	商代後期	集成 6612 三代 14.14.9 殷存下 24.5 善齋 5.6 小校 5.48.1—2			《羅表》：劉鶚、劉體智舊藏
7196	史觚	1	商代後期	集成 6613 中國古代青銅器展觀圖版 4.8		日本兵庫縣黑川古文化研究所	
7197	史觚	1	商代後期	集成 6614 三代 11.1.7（尊） 移林 14 小校 5.2.5 美集録 R88 彙編 8.1323 綜覽一圖版 334 頁觚 196		美國華盛頓弗里爾美術陳列館	丁麟年舊藏；形似尊，故《三代》等書誤入尊類
7198	史觚	1	商代後期	集成 6615 韋森 76 頁圖 2 彙編 8.1332		瑞典韋森氏	
7199	史觚	1	商代後期	集成 6616		上海博物館	
7200	史觚	1	商代後期	集成 6617		中國歷史博物館	

序號	器名	字數	時代	著録	出土地	現藏地	備註
7201	史觚	1	商代後期	集成 6618		浙江省博物館	
7202	史觚	1	商代後期	集成 6619 積古 1. 24. 4 (彝) 綴遺 16. 2. 1			
7203	史觚	1	商代後期	集成 6620 兩罍 2. 6 二百 3. 6			吴雲舊藏
7204	史觚	1	商代後期	集成 6621		旅順博物館	
7205	史觚	1	商代後期	集成 6622 小校 5. 47. 8			
7206	史觚	1	商代後期	集成 6623 西清 23. 44			清宫舊藏
7207	册觚	1	商代後期	集成 6624		故宫博物院	
7208	宁觚	1	商代後期	集成 6625 考古 1986 年 8 期 714 頁圖 3	1983 年河南安陽郭家莊墓葬(M1：21)	安陽市博物館	
7209	夲觚	1	商代後期	集成 6626 文物 1982 年 2 期 89 頁圖 2. 3	1967 年河北正定縣新城鋪村	河北正定縣文物保管所	
7210	夲觚	1	商代後期	集成 6627		上海博物館	
7211	[illegible]觚	1	商代後期	集成 6628		故宫博物院	
7212	[illegible]觚	1	商代後期	集成 6629 西清 23. 33			清宫舊藏
7213	[illegible]觚	1	商代後期	集成 6630		上海博物館	
7214	圉觚	1	商代後期	集成 6631 文叢 1. 161 圖 18	1976 年河北趙縣雙廟村洨河東岸墓葬	河北趙縣文物保管所	
7215	步觚	1	商代後期	集成 6632		故宫博物院	

序號	器名	字數	時代	著録	出土地	現藏地	備註
7216	徙觚	1	商代後期	集成 6633 三代 14.15.6 窓齋 21.6.2 殷存下 24.12 續殷下 40.1 小校 5.70.1 弗里爾(67)73頁 綜覽一圖版 326頁觚 118		美國華盛頓弗里爾美術陳列館	
7217	得觚	1	商代後期	集成 6634 録遺 306		故宫博物院	
7218	得觚	1	商代後期	集成 6635 日精華 2.167 三代補 655 彙編 8.1371			日本京都山中次郎氏舊藏
7219	正觚	1	商代後期	集成 6636 三代 14.15.5 善齋 5.3 小校 5.46.2 美集録 R4 彙編 9.1404(尊)	傳安陽	美國火奴魯魯美術學院	劉體智、A. B. Hartman 舊藏
7220	[⿴口止止止止]觚	1	商代後期	集成 6637		故宫博物院	
7221	[止口止]觚	1	商代後期	集成 6638 學報 1981 年 4 期 512 頁圖 15.3 殷墟圖 58.10	1976 年河南安陽小屯殷墟墓葬(M17:5)	考古研究所安陽工作站	
7222	[止口止]觚	1	商代後期	集成 6639		故宫博物院	
7223	遽觚	1	西周早期	集成 6640 善齋 5.8 小校 5.48.8 頌續 68	洛陽(頌續)		劉體智舊藏

序號	器名	字數	時代	著録	出土地	現藏地	備註
7224	遽觚	1	西周早期	集成 6641 善齋 5.9 小校 5.49.1 頌續 69 綜覽一圖版 335 頁觚 207	《頌續》:洛陽		劉體智舊藏
7225	告觚	1	商代後期	集成 6642 三代 14.17.8 頌續 61	《頌續》:安陽		
7226	告觚	1	商代後期	集成 6643 中原文物 1985 年 1 期 30 頁圖 2.39		新鄉市博物館	
7227	𡆥觚	1	商代後期	集成 6644 三代 14.17.11 冠斝中 8			榮厚舊藏
7228	𠙴觚	1	商代後期	集成 6645	1983 年河南安陽大司空村墓葬（M663：50）	考古研究所安陽工作站	
7229	宖觚	1	商代後期	集成 6646		上海博物館	
7230	犬觚	1	商代後期	集成 6647 日精華 2.160 三代補 651 彙編 9.1631			日本京都川合定治郎舊藏
7231	豙觚	1	商代後期	集成 6648		故宫博物院	
7232	豙觚	1	商代後期	集成 6649		故宫博物院	
7233	豰觚	1	商代後期	集成 6650 出光（十五週年）394 頁 24 中銅 120 頁 三代補 790 彙編 9.1626		日本東京出光美術館	

序號	器名	字數	時代	著録	出土地	現藏地	備註
7234	豿觚	1	商代後期	集成 6651 三代 14.15.7 窓齋 21.5.1 續殷下 39.1 尊古 2.42 小校 5.48.7		故宫博物院	《羅表》:許延暄舊藏
7235	圀觚	1	商代後期	集成 6652 三代 14.15.8		旅順博物館	
7236	圀觚	1	商代後期	集成 6653 三代 14.15.9 彙編 8.988			
7237	皛觚	1	商代後期	集成 6654 三代 14.15.1 貞圖上 48 續殷下 39.2			羅振玉舊藏
7238	彖觚	1	商代後期	集成 6655 録遺 326			
7239	羊觚	1	商代後期	集成 6656		上海博物館	
7240	羊觚	1	商代後期	集成 6657 中原文物 1985 年 1 期 30 頁 圖 2.40		新鄉市博物館	
7241	羍觚	1	商代後期	集成 6658 出光(十五週年)394 頁 16		日本東京出光美術館	
7242	莆觚	1	商代後期	集成 6659		故宫博物院	
7243	莆觚	1	商代後期	集成 6660		故宫博物院	
7244	莆觚	1	商代後期	集成 6661		故宫博物院	
7245	敉觚	1	商代後期	集成 6662 録遺 305			
7246	敉觚	1	商代後期	集成 6663		故宫博物院	

序號	器名	字數	時代	著録	出土地	現藏地	備註
7247	觚	1	商代後期	集成6664 三代14.15.11 西乙11.17 寶蘊108 貞松9.3.1 故圖下下382		臺北“中央博物院”	瀋陽故宮舊藏
7248	觚	1	商代後期	集成6665 録遺313			
7249	鹿觚	1	商代後期	集成6666		上海博物館	
7250	象觚	1	商代後期	集成6667 考古1986年12期1070頁圖8右下	1983年河南安陽薛家莊墓葬(M3:26)	考古研究所安陽工作站	
7251	獸形銘觚	1	商代後期	集成6668		故宮博物院	
7252	獸面形銘觚	1	商代後期	集成6669		上海博物館	
7253	獸觚	1	商代後期	集成6670 三代14.17.2 甲骨學十二期201頁1.6D		日本湯島斯文會	
7254	獸觚	1	商代後期	集成6671 録遺295			
7255	鳥觚	1	商代後期	集成6672 三代14.15.12			
7256	鳥觚	1	商代後期	集成6673 録遺309			
7257	鳥觚	1	商代後期	集成6674 三代補537 彙編9.1665		美國聖路易市美術博物館	
7258	鳥觚	1	商代後期	集成6675		故宮博物院	
7259	鳶觚	1	商代後期	集成6676 録遺310		上海博物館	

序號	器名	字數	時代	著録	出土地	現藏地	備註
7260	鳶觚	1	商代後期	集成 6677 録遺 311 日精華 2.168 三代補 685 彙編 9.1682 綜覽一圖版 325 觚 105			日本京都川合定治郎舊藏
7261	鳶觚	1	商代後期	集成 6678		故宫博物院	
7262	隹觚	1	商代後期	集成 6679 懷履光(56)99頁 9 三代補 585	河南安陽	加拿大多倫多皇家安大略博物館	
7263	萬觚	1	商代後期	集成 6680 金索金 1.24			張啓周得之德州市上
7264	奄觚	1	商代後期	集成 6681 三代 14.21.6 殷存下 25.3 小校 5.50.8			《小校》:葉赤達舊藏
7265	觚	1	商代後期	集成 6682		故宫博物院	
7266	魚觚	1	商代後期	集成 6683		遼寧省博物館	
7267	魚觚	1	商代後期	集成 6684 三代 14.16.1			
7268	弁觚	1	商代後期	集成 6685 三代 14.15.2 貞圖上 50 續殷下 39.3			羅振玉舊藏
7269	弁觚	1	商代後期	集成 6686		故宫博物院	
7270	戈觚	1	商代後期	集成 6687 三代 14.16.8			
7271	戈觚	1	商代後期	集成 6688 美集録 R45 綜覽一圖版 330頁觚 156		美國梅葉爾氏	

序號	器名	字數	時代	著録	出土地	現藏地	備註
7272	戈觚	1	商代後期	集成 6689 美集録 R47		美國司丹佛大學美術陳列館	美國 Leventritt 舊藏
7273	戈觚	1	商代後期	集成 6690 日精華 2.174 三代補 656 彙編 9.1538			日本京都川合定治郎舊藏
7274	戈觚	1	商代後期	集成 6691 彙編 9.1522	傳 1925 年前汝南	加拿大多倫多皇家安大略博物館	
7275	戈觚	1	商代後期	集成 6692 彙編 9.1524	傳 1925 年前汝南	加拿大多倫多皇家安大略博物館	
7276	戈觚	1	商代後期	集成 6693		中國歷史博物館	
7277	戈觚	1	商代後期	集成 6694		故宫博物院	
7278	戈觚	1	商代後期	集成 6695		上海博物館	
7279	戈觚	1	商代後期	集成 6696		上海博物館	
7280	戈觚	1	商代後期	集成 6697		上海博物館	
7281	𢦏觚	1	商代後期	集成 6698 積古 2.11.2 攈古 1.1.15.3 敬吾下 64.1 小校 5.46.5	傳寶鷄		《羅表》:吴侃叔、阮元舊藏
7282	𢦏觚	1	商代後期	集成 6699 攈古 1.1.15.2		上海博物館	《羅表》:蔣生沐舊藏
7283	戕觚	1	商代後期	集成 6700 學報 1979 年 1 期 81 頁圖 58.7 河南 1.212 綜覽一圖版 327 頁觚 128	1979 年河南安陽殷墟西區墓葬(M271：8)	考古研究所安陽工作站	

序號	器名	字數	時代	著録	出土地	現藏地	備註
7284	⿰戈又觚	1	商代後期	集成 6701 學報 1981 年 4 期 496 頁圖 4.2	1977 年河南安陽殷墟墓葬(M18:7)	考古研究所安陽工作站	
7285	⿰戈⿰又又觚	1	商代後期	集成 6702 學報 1981 年 4 期 496 頁圖 4.5 殷墟圖 58.4	1977 年河南安陽殷墟墓葬(M18:8)	考古研究所安陽工作站	
7286	⿰戈大觚	1	商代後期	集成 6703 學報 1981 年 4 期 496 頁圖 4.4 殷墟圖 58.3	1977 年河南安陽殷墟墓葬(M18:18)	考古研究所安陽工作站	
7287	⿰戈大觚	1	商代後期	集成 6704 學報 1981 年 4 期 496 頁圖 4.3	1977 年河南安陽殷墟墓葬(M18:19)	考古研究所安陽工作站	
7288	⿰戈卂觚	1	商代後期	集成 6705 巖窟上 50	1942 年河南安陽		梁上椿舊藏
7289	⿰戈⿰大中觚	1	商代後期	集成 6706 三代 14.12.9 貞圖上 49			羅振玉舊藏
7290	⿰戈⿰大中觚	1	商代後期	集成 6707 文物 1965 年 7 期 27 頁圖 1.2 綜覽一圖版 324 頁觚 95	1963 年山東蒼山縣東高堯村	山東臨沂地區文物管理委員會	
7291	⿰戈⿰大中觚	1	商代後期	集成 6708 文物 1965 年 7 期 27 頁圖 1.3 綜覽一圖版 324 頁觚 95	1963 年山東蒼山縣東高堯村	山東臨沂地區文物管理委員會	
7292	⿰⿰𠂤大或觚	1	商代後期	集成 6709 三代 14.13.1—2 愙齋 21.2.2 綴遺 16.11.2 殷存下 24.10—11 小校 5.46.4			《羅表》:潘祖蔭舊藏;《三代》、《殷存》把去鏽斑前後之兩種拓本誤定作兩器

序號	器名	字數	時代	著録	出土地	現藏地	備註
7293	[illegible]觚	1	商代後期	集成 6710 三代 14.16.9 尊古 2.43			
7294	戓觚	1	商代後期	集成 6711 録遺 319		故宫博物院	
7295	戓觚	1	商代後期	集成 6712 録遺 320			
7296	戓觚	1	商代後期	集成 6713 美集録 R42 盧氏(40)圖 6 圖版 5 中 綜覽一圖版 327 頁觚 132			曾在美國盧芹齋
7297	戓觚	1	商代後期	集成 6714 美集録 R43 中國圖符 14 盧氏(40)圖版 5.6		美國紐約康恩氏	曾在美國盧芹齋
7298	戓觚	1	商代後期	集成 6715 上海 19 三代補 867 彙編 9.1543 綜覽一圖版 328 頁觚 133		上海博物館	
7299	鈦觚	1	商代後期	集成 6716 録遺 304 巴洛 144 頁 三代補 731		英國阿倫或巴洛女士	
7300	戣觚	1	商代後期	集成 6717		中國歷史博物館	
7301	伐觚	1	商代後期	集成 6718 三代 14.16.10 録遺 312			

序號	器名	字數	時代	著録	出土地	現藏地	備註
7302	[illegible]觚	1	商代後期	集成 6719 綜覽一圖版 329 頁觚 149			
7303	[illegible]觚	1	商代後期	集成 6720 三代 14.15.10 貞松 9.1.2 希古 5.15.2 續殷下 40.4 小校 5.45.4			《貞松》:徐乃昌舊藏
7304	[illegible]觚	1	商代後期	集成 6721		新鄉市博物館	
7305	庚觚	1	商代後期	集成 6722 三代 14.18.6 窓齋 21.6.1 綴遺 16.9.2 續殷下 40.3 小校 5.48.4		故宫博物院	《窓齋》:葉志詵舊藏
7306	[illegible]觚	1	西周早期	集成 6723 三代 14.16.11			舊釋射
7307	鼎觚	1	商代後期	集成 6724		故宫博物院	
7308	[illegible]觚	1	商代後期	集成 6725		上海博物館	
7309	[illegible]觚	1	商代後期	集成 6726		上海博物館	
7310	[illegible]觚	1	商代後期	集成 6727 三代 14.17.12 鄴初上 22	傳安陽		
7311	[illegible]觚	1	商代後期	集成 6728 三代 14.16.2 綴遺 16.3 貞續中 27.1			方濬益舊藏
7312	[illegible]觚	1	商代後期	集成 6729 三代 14.16.3			
7313	[illegible]觚	1	商代後期	集成 6730 三代 14.16.4			

序號	器名	字數	時代	著録	出土地	現藏地	備註
7314	[illegible]觚	1	商代後期	集成 6731 三代 14.16.5 冠斝中 6			榮厚舊藏
7315	[illegible]觚	1	商代後期	集成 6732		故宫博物院	
7316	[illegible]觚	1	商代後期	集成 6733		故宫博物院	《集成》6732、6733 兩器銘文在器表
7317	[illegible]觚	存 1	商代後期	集成 6734 中原文物 1985 年 1 期 30 頁圖 2.38		新鄉市博物館	銘文不止一字,因字泐不清,暫作一字計
7318	[illegible]觚	1	商代後期	集成 6735 古器物研究專刊第一本圖版 25 綜覽一圖版 321 頁觚 63	河南安陽侯家莊西北崗墓葬(M 1400：2)	臺北"中央研究院歷史語言研究所"	
7319	[illegible]觚	1	商代後期	集成 6736 古器物研究專刊第一本圖版 37	河南安陽侯家莊西北崗墓葬(M1400)	臺北"中央研究院歷史語言研究所"	
7320	[illegible]觚	1	商代後期	集成 6737 録遺 294 古器物研究專刊第一本圖版 26	河南安陽侯家莊西北崗墓葬(M 1400：3)	臺北"中央研究院歷史語言研究所"	
7321	[illegible]觚	1	商代後期	集成 6738			
7322	[illegible]觚	1	商代後期	集成 6739 三代 14.16.6			
7323	章觚	1	商代後期	集成 6740 三代 14.21.10		故宫博物院	
7324	竹觚	1	商代後期	集成 6741			
7325	木觚	1	商代後期	集成 6742 博古 15.29 薛氏 39.3 嘯堂 49			

序號	器名	字數	時代	著録	出土地	現藏地	備註
7326	木觚	1	商代後期	集成 6743 寧壽 10.22		故宫博物院	清宫舊藏
7327	束觚	1	商代後期	集成 6744 學報 1979 年 1 期 27 頁圖 58.9 河南 1.255	1976 年河南安陽殷墟西區墓葬(M1116:1)	考古研究所安陽工作站	
7328	[illegible]觚	1	商代後期	集成 6745 三代 14.16.7		旅順博物館	
7329	臣觚	1	商代後期	集成 6746	山東鄒縣南關窑場	鄒縣文物保管所	
7330	串觚	1	商代後期	集成 6747 西甲 11.23			清宫舊藏
7331	串觚	1	商代後期	集成 6748 西清 23.34			清宫舊藏
7332	車觚	1	商代後期	集成 6749 鄴三上 38 録遺 307 綜覽一圖版 331 頁觚 165	傳安陽		銘文在器表
7333	車觚	1	商代後期	集成 6750 三代 14.14.1			
7334	車觚	1	商代後期	集成 6751 美集録 R156		美國馬薩氏	
7335	車觚	1	商代後期	集成 6752		故宫博物院	
7336	[illegible]觚	1	商代後期	集成 6753 録遺 296		故宫博物院	
7337	[illegible]觚	1	商代後期	集成 6754		上海博物館	
7338	[illegible]觚	1	商代後期	集成 6755		上海博物館	
7339	[illegible]觚	1	商代後期	集成 6756		上海博物館	
7340	[illegible]觚	1	商代後期	集成 6757 美集録 R77		美國聖路易市美術博物館	

序號	器名	字數	時代	著録	出土地	現藏地	備註
7341	觚	1	商代後期	集成 6758		中國歷史博物館	
7342	觚	1	商代後期	集成 6759 彙編 9.1608		加拿大多倫多皇家安大略博物館	
7343	觚	1	商代後期	集成 6760		故宫博物院	
7344	觚	1	商代後期	集成 6761 三代 14.19.1			《三代》拓本倒置
7345	觚	1	商代後期	集成 6762 西甲 11.18		故宫博物院	頤和園舊藏
7346	觚	1	商代後期	集成 6763		故宫博物院	
7347	觚	1	商代後期	集成 6764		故宫博物院	
7348	觚	1	商代後期	集成 6765 三代 14.18.8 愙齋 21.5.2 綴遺 16.10.1 奇觚 6.24.1 周金 5.117.4 簠齋二觚 6 續殷下 40.10 小校 5.45.2			陳介祺舊藏
7349	觚	1	商代後期	集成 6766			瑞典卡爾貝克氏舊藏
7350	觚	1	商代後期	集成 6767 三代 14.18.9 貞松 9.1.3 善齋 5.4 續殷下 40.11 小校 5.45.1 頌續 64			溥倫舊藏
7351	觚	1	商代後期	集成 6768		故宫博物院	
7352	觚	1	西周早期	集成 6769		故宫博物院	

序號	器名	字數	時代	著録	出土地	現藏地	備註
7353	[illegible]觚	1	西周早期	集成 6770 歐精華 1.56 三代補 611 彙編 9.1462 綜覽一圖版 332 頁觚 181		《綜覽》:法國巴黎賽爾諾什博物館	巴黎王涅克氏舊藏
7354	[illegible]觚	1	西周早期	集成 6771 賽爾諾什 104 頁 三代補 739 彙編 9.1457		法國巴黎賽爾諾什博物館	
7355	[illegible]觚	1	西周早期	集成 6772 蘇黎世(75)77 頁 彙編 9.1463		瑞士蘇黎世瑞列堡博物館	
7356	㬎觚	1	商代後期	集成 6773 婦好墓 60 頁圖 39.1	1976 年河南安陽殷墟 5 號墓(M5:613)	考古研究所安陽工作站	
7357	㬎觚	1	商代後期	集成 6774 婦好墓 60 頁圖 39.3 綜覽一圖版 322 頁觚 75	1976 年河南安陽殷墟 5 號墓(M5:607)	考古研究所	同人所作觚共十器,稱某者六器,稱子某者四器,形制紋飾基本相同
7358	㬎觚	1	商代後期	集成 6775 婦好墓 60 圖 39.2	1976 年河南安陽殷墟 5 號墓(M5:616)	考古研究所安陽工作站	
7359	㬎觚	1	商代後期	集成 6776	1976 年河南安陽殷墟 5 號墓(M5:635)	考古研究所安陽工作站	
7360	㬎觚	1	商代後期	集成 6777 殷墟圖 51.5	1976 年河南安陽殷墟 5 號墓(M5:624)	考古研究所安陽工作站	
7361	[illegible]觚	1	商代後期	集成 6778 録遺 315			

序號	器名	字數	時代	著録	出土地	現藏地	備註
7362	[illegible]觚	1	商代後期	集成 6779 三代 14.22.8		故宫博物院	
7363	敿觚	1	商代後期	集成 6780 綜覽一圖版 323 頁觚 79	傳安陽		瑞典卡爾貝克氏舊藏;銘文在器表
7364	敿觚	1	商代後期	集成 6781 鄴三上 40	傳安陽		
7365	敿觚	1	商代後期	集成 6782 録遺 308 出光(十五週年)394 頁 17 綜覽一圖版 322 頁觚 78		日本東京出光美術館	
7366	雫觚	1	商代後期	集成 6783 録遺 318			
7367	[illegible]觚	1	商代後期	集成 6784 三代 14.16.12 澂秋 38 貞松 9.11.2 (觶) 續殷下 40.8			陳承裘舊藏
7368	亢觚	1	商代後期	集成 6785		英國 Ingrom 氏	
7369	秉觚	1	商代後期	集成 6786	1983 年河南安陽大司空村墓葬(M663:53)	考古研究所安陽工作站	
7370	[illegible]觚	1	商代後期	集成 6787 善齋 5.1 小校 5.47.3 續殷下 50.6 (觶)			劉體智舊藏

序號	器名	字數	時代	著録	出土地	現藏地	備註
7371	觚	1	商代後期	集成 6788 三代 14.17.7 貞松 9.1.1 續殷下 40.12 小校 5.45.5			《羅表》:徐乃昌舊藏
7372	觚	1	商代後期	集成 6789 三代 14.18.2 窓齋 21.5.4 續殷下 39.12 小校 5.49.2			
7373	觚	1	商代後期	集成 6790		故宫博物院	
7374	觚	1	商代後期	集成 6791		故宫博物院	
7375	觚	1	商代後期	集成 6792		遼寧省博物館	
7376	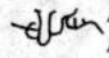觚	1	商代後期	集成 6793 綴遺 16.5			
7377	觚	1	西周早期	集成 6794 陝圖 115		陝西省博物館	
7378	觚	1	商代後期	集成 6795 三代 14.18.7		旅順博物館	
7379	觚	1	商代後期	集成 6796		中國歷史博物館	
7380	觚	1	商代後期	集成 6797 美集録 R171 彙編 9. 1721 (鼎)		美國紐約薩克勒氏	曾在美國盧芹齋
7381	觚	1	商代後期	集成 6798 山東選 76	山東滕縣井亭	山東省博物館	
7382	觚	1	商代後期或西周早期	集成 6799 三代 14.18.4 西乙 11.11 寶藴 109 貞松 9.2.2 續殷下 40.7 故圖下下 381		臺北"中央博物院"	瀋陽故宫舊藏

序號	器名	字數	時代	著録	出土地	現藏地	備註
7383	觚	1	商代後期	集成6800 古器物研究專刊第一本圖版34 綜覽一圖版319頁觚34	河南安陽侯家莊西北崗墓葬(M1550：40：3)	臺北"中央研究院歷史語言研究所"	
7384	觚	1	商代後期	集成6801 美集録R509			曾在美國羅比爾處
7385	丨觚	1	商代後期	集成6802 古器物研究專刊第一本圖版33 綜覽一圖版325頁觚106	河南安陽侯家莊西北崗墓葬(M2046：9)	臺北"中央研究院歷史語言研究所"	
7386	乀觚	1	商代後期	集成6803 善齋5.5 小校5.45.8			劉體智舊藏
7387	觚	1	商代後期	集成6804		故宫博物院	
7388	□已觚	1	商代後期或西周早期	集成6805	北京順義牛欄山	北京市文物研究所	
7389	婦觚	1	商代後期	集成6857 婦好墓79頁圖52.9	1976年河南安陽殷墟5號墓(M5：618)	考古研究所安陽工作站	
7390	婦觚	1	商代後期	集成6858 婦好墓79頁圖52.10	1976年河南安陽殷墟5號墓(M5：633)	考古研究所安陽工作站	
7391	婦觚	1	商代後期	集成6866	1976年河南安陽殷墟5號墓(M5：647)	考古研究所安陽工作站	
7392	天觚	1	商代後期	近出679 考古與文物1996年6期74—77頁		河南省南陽市博物館	
7393	天觚	1	商代後期	近出680 海岱考古第一輯320—324頁		山東省濟南市博物館	

序號	器名	字數	時代	著録	出土地	現藏地	備註
7394	戉觚	1	商代後期	近出681 安陽殷墟郭家莊商代墓葬38頁	河南省安陽市殷墟郭家莊M220：4	中國社會科學院考古研究所	
7395	旽觚	1	商代後期	近出682 富士比(1968,5,28 30)			英國倫敦富士比拍賣行曾見
7396	旅觚	1	商代後期	近出683 文物1985年8期82—84頁		北京首都博物館	
7397	倗觚	1	商代後期	近出684 海岱考古第一輯320—324頁		山東省濟南市博物館	
7398	倗觚	1	商代後期	近出685 佳士得(1988,6,6 28)			英國倫敦佳士得拍賣行曾見
7399	印觚	1	商代後期	近出686 富士比(1982,6 15 110)			英國倫敦富士比拍賣行曾見
7400	守觚	1	商代後期	近出687 富士比(1974,12,2 5)			英國倫敦富士比拍賣行曾見
7401	敿觚	1	商代後期	近出688 佳士得(1993,67 85)			Somerset de Chair舊藏;英國倫敦佳士得拍賣行曾見
7402	爰觚	1	商代後期	近出689 考古學報1991年3期333—342頁	1984年10—11月河南省安陽市戚家莊東269號墓	河南省安陽市文物工作隊	
7403	爰觚	1	商代後期	近出690 考古學報1991年3期333—342頁	1984年10—11月河南省安陽市戚家莊東269號墓	河南省安陽市文物工作隊	

序號	器名	字數	時代	著録	出土地	現藏地	備註
7404	正觚	1	商代後期	近出691 富士比（1977，12,13 7）			英國倫敦富士比拍賣行曾見
7405	正觚	1	商代後期	近出692 佳士得（紐約1986，12，2 311）			英國倫敦佳士得拍賣行曾見
7406	徙觚	1	商代後期	近出693 富士比(1969,5,13 15)			英國倫敦富士比拍賣行曾見
7407	念觚	1	商代後期	近出694 富士比(1958,6,24 89)			英國倫敦富士比拍賣行曾見
7408	子觚	1	商代後期	近出695 富士比（1977，12,13 208）			英國倫敦富士比拍賣行曾見
7409	囝觚	1	商代後期	近出696 富士比（1973，11,16 10）			英國倫敦富士比拍賣行曾見
7410	媵觚	1	商代後期	近出697 中原文物1998年2期111—113頁		河南省鄭州大學文博學院	
7411	羊觚	1	商代後期	近出698 考古1991年10期903—907頁	1986年底河南省安陽市郭莊村北墓葬M6：26	河南省安陽市文物工作隊	
7412	羞觚	1	商代後期	近出699 富士比(1975,7 8 5)			英國倫敦富士比拍賣行曾見
7413	集觚	1	商代後期	近出700 富士比(1978,3 30 20)			英國倫敦富士比拍賣行曾見

序號	器名	字數	時代	著録	出土地	現藏地	備註
7414	融觚	1	商代後期	近出701 海岱考古第一輯256—266頁	1986年春山東省青州市蘇埠屯墓葬M8：3	山東省青州市博物館	
7415	融觚	1	商代後期	近出702 海岱考古第一輯256—266頁	1986年春山東省青州市蘇埠屯墓葬M8：2	山東省青州市博物館	
7416	觚	1	商代後期	近出703 富士比(1970,7,14 47)			英國倫敦富士比拍賣行曾見
7417	襄觚	1	商代後期	近出704 歐遺珠圖版25		德國科隆東亞藝術博物館	
7418	古觚	1	商代後期	近出705 考古1988年10期867—868頁	1983年6—10河南省安陽市大司空村墓葬M663：50	中國社會科學院考古研究所安陽工作隊	
7419	秉觚	1	商代後期	近出706 考古1988年10期867—868頁	1983年6—10河南省安陽市大司空村墓葬M663：53	中國社會科學院考古研究所安陽工作隊	
7420	弓觚	1	商代後期	近出707 富士比(1970,11,17 32)			英國倫敦富士比拍賣行曾見
7421	宁觚	1	商代後期	近出708 華夏考古1997年2期17—18頁	1983—1986年河南省安陽市劉家莊M2：1	河南省安陽市文物工作隊	
7422	戈觚	1	商代後期	近出709 富士比(1973,11,27 7)			英國倫敦富士比拍賣行曾見

序號	器名	字數	時代	著録	出土地	現藏地	備註
7423	戈觚	1	商代後期	近出 710 中原文物 1988 年 1 期 15—19 頁	1985 年 5 月河南省羅山縣蟒張鄉後李村墓葬 M43：1	河南省羅山縣文物管理委員會	
7424	戈觚	1	商代後期	近出 711 考古學報 1986 年 2 期 161—172 頁	1979—1980 年河南省羅山縣蟒張鄉天湖村墓葬 27：1	河南省羅山縣文化館	
7425	丙觚	1	商代後期	近出 712 文物 1986 年 11 期 14 頁	1985 年 1 月山西省靈石縣旌介村墓葬 M2：30	山西省靈石縣文化局	
7426	丙觚	1	商代後期	近出 713 文物 1986 年 11 期 14 頁	1985 年 1 月山西省靈石縣旌介村墓葬 M2：29	山西省靈石縣文化局	
7427	且辛觚	2	商代後期	集成 6806 兩罍 2.2 二百 1 小校 5.51.2		蘇州市博物館	吴雲舊藏
7428	且辛觚	2	西周早期	集成 6807 懷履光（56）111 頁 3 三代補 588 彙編 7.961	傳 1930 年前後洛陽近郊	加拿大多倫多皇家安大略博物館	
7429	且辛觚	2	西周早期	集成 6808 懷履光（56）111 頁 4 三代補 589 彙編 7.960	傳 1930 年前後洛陽近郊	加拿大多倫多皇家安大略博物館	

序號	器名	字數	時代	著録	出土地	現藏地	備註
7430	且壬觚	2	商代後期	集成6809 三代14.19.7 貞補中16.2 海外吉78 泉屋2.89 彙編7.958		日本京都泉屋博古館	
7431	父乙觚	2	商代後期	集成6810 出光(十五週年)394頁23		日本東京出光美術館	
7432	父乙觚	2	商代後期	集成6811 三代14.19.8 從古5.8			《從古》:嘉興葛氏珠谿草堂舊藏
7433	父丙觚	2	商代後期	集成6812		中國歷史博物館	羅伯昭舊藏
7434	父己觚	2	商代後期	集成6813 三代14.19.9 殷存下25.1 小校5.4.8(尊)			
7435	己父觚	2	商代後期	集成6814 三代14.19.10 恒軒下86 綴遺16.21.2 善齋5.16 續殷下52.5(觶) 小校5.51.4 頌續62	《頌續》:西安		吴大澂舊藏
7436	父己觚	2	商代後期	集成6815		故宫博物院	
7437	父庚觚	2	商代後期	集成6816 博古15.32 薛氏40.2 嘯堂49			
7438	父癸觚	2	西周早期	集成6817 小校5.51.4			

序號	器名	字數	時代	著録	出土地	現藏地	備註
7439	甲戈觚	2	商代後期	集成 6818 博古 15.30 薛氏 39.5 嘯堂 49			
7440	[illegible]乙觚	2	商代後期	集成 6819 三代 14.19.11 西清 24.11 貞松 9.34			清宫舊藏
7441	[illegible]乙觚	2	商代後期	集成 6820 三代 14.20.1 攈古 1.1.45 續殷下 41.7			吴式芬舊藏
7442	乙正觚	2	商代後期	集成 6821 三代 14.20.2			
7443	乙正觚	2	商代後期	集成 6822 三代 14.20.3		上海博物館	
7444	乙参觚	2	商代後期	集成 6823		上海博物館	
7445	乙息觚	2	商代後期	集成 6824 中原文物 1981 年4 期7 頁圖4.1 學報 1986 年 2 期 173 頁圖 22.12	1980 年河南羅山縣蟒張後李（天湖村)墓葬(M8：4)	信陽地區文物管理委員會	
7446	戈乙觚	2	商代後期	集成 6825		故宫博物院	
7447	乙戈觚	2	商代後期	集成 6826 彙編 9.1549	1932 年前安陽	加拿大多倫多皇家安大略博物館	
7448	乙[illegible]觚	2	商代後期	集成 6827 博古 7.3 薛氏 101.2 嘯堂 24.4			舊稱尊

序號	器名	字數	時代	著録	出土地	現藏地	備註
7449	[illegible]乙觚	2	商代後期	集成 6828 三代 14.19.12 貞松 9.3.3 小校 5.51.9			徐乃昌舊藏
7450	乙中觚	2	商代後期	集成 6829 綜覽一圖版 325 頁觚 109		MOA 美術館(綜覽)	
7451	丁[illegible]觚	2	商代後期	集成 6830 日精華 2.165 三代補 653 彙編 9.1478	傳安陽	日本東京長尾美術館	
7452	丁入觚	2	商代後期	集成 6831 綜覽一圖版 327 頁觚 122		丹麥哥本哈根國家博物館民族學部	
7453	丁入觚	2	商代後期	集成 6832 殷墟圖 73.14	1975 年河南安陽殷墟西區墓葬(M355：3)	考古研究所安陽工作站	
7454	弔丁觚	2	商代後期或西周早期	集成 6833 三代 14.20.4			
7455	戊木觚	2	商代後期	集成 6834 三代 14.20.5			
7456	羊己觚	2	商代後期	集成 6835 三代 14.20.7 窓齋 21.4.3 殷存下 25.4 小校 5.52.3			
7457	丯己觚	2	商代後期	集成 6836 三代 14.20.6			
7458	己聿觚	2	商代後期	集成 6837		上海博物館	

序號	器名	字數	時代	著録	出土地	現藏地	備註
7459	庚戶觚	2	商代後期	集成 6838 三代 14. 35. 2 (觶) 貞續中 31. 3 (觶) 希古 5. 16. 1			《希古》:吴大澂舊藏;《三代》、《貞續》誤作觶,《希古》稱觚,今據北京圖書館全形拓,確定爲觚
7460	辛戈觚	2	商代後期	集成 6839		上海博物館	
7461	癸重觚	2	商代後期	集成 6840 三代 14. 20. 11 西清 23. 25 貞補中 16. 3 續殷下 41. 10 故宫 11 期 故圖下上 187 綜覽一圖版 335 頁觚 206		臺北"故宫博物院"	清宫舊藏
7462	癸觚	2	商代後期	集成 6841 美集録 R79 柏景寒 149 頁 綜覽一圖版 329 頁觚 150		美國芝加哥美術館	
7463	癸觚	2	商代後期	集成 6842 録遺 336		故宫博物院	德人楊寧史舊藏
7464	癸觚	2	商代後期	集成 6843 考古圖 5. 14 薛氏 42. 1			《考古圖》:新平張氏舊藏;舊稱癸舉,《薛氏》奪第二字
7465	己□觚	2	商代後期	集成 6844 三代 14. 20. 10 綴遺 16. 15. 2 殷存下 25. 2 小校 5. 52. 2		上海博物館	《羅表》:潘祖蔭舊藏

序號	器名	字數	時代	著録	出土地	現藏地	備註
7466	叔己觚	2	商代後期	集成 6845 中國歷史博物館館刊 1982 年 4 期 95 頁左		中國歷史博物館	
7467	叔己觚	2	商代後期	集成 6846 中國歷史博物館館刊 1982 年 4 期 95 頁左		中國歷史博物館	
7468	婦好觚	2	商代後期	集成 6847 學報 1977 年 2 期 65 頁圖 5.11 婦好墓 79 頁圖 52.2 河南 1.168	1976 年河南安陽殷墟 5 號墓(M5：601)	考古研究所	
7469	婦好觚	2	商代後期	集成 6848 婦好墓 79 頁圖 52.3	1976 年河南安陽殷墟 5 號墓(M5：602)	考古研究所	
7470	婦好觚	2	商代後期	集成 6849 學報 1977 年 2 期 65 頁圖 5.12 婦好墓 79 頁圖 52.1 河南 1.169	1976 年河南安陽殷墟 5 號墓(M5：603)	考古研究所借陳中國歷史博物館	
7471	婦好觚	2	商代後期	集成 6850 婦好墓 79 頁圖 52.5	1976 年河南安陽殷墟 5 號墓(M5：604)	考古研究所安陽工作站	
7472	婦好觚	2	商代後期	集成 6851 婦好墓 76 頁圖 50.1 殷墟圖 48.7 綜覽一圖版 322 頁觚 77	1976 年河南安陽殷墟 5 號墓(M5：605)	考古研究所安陽工作站	
7473	婦好觚	2	商代後期	集成 6852 婦好墓 79 頁圖 52.4	1976 年河南安陽殷墟 5 號墓(M5：611)	考古研究所安陽工作站	

序號	器名	字數	時代	著録	出土地	現藏地	備註
7474	婦好觚	2	商代後期	集成 6853 婦好墓 79 頁圖 52.6 河南 1.167 綜覽一圖版 323 頁觚 87	1976 年河南安陽殷墟 5 號墓(M5：621)	考古研究所借陳中國歷史博物館	
7475	婦好觚	2	商代後期	集成 6854 婦好墓 79 頁圖 52.8 殷墟圖 48.4	1976 年河南安陽殷墟 5 號墓(M5：639)	考古研究所安陽工作站	
7476	婦好觚	2	商代後期	集成 6855 殷墟圖 48.5	1976 年河南安陽殷墟 5 號墓(M5：640)	考古研究所安陽工作站	
7477	婦好觚	2	商代後期	集成 6856 婦好墓 79 頁圖 52.7	1976 年河南安陽殷墟 5 號墓(M5：642)	考古研究所安陽工作站	
7478	婦好觚	2	商代後期	集成 6859 婦好墓 79 頁圖 52.11 綜覽一圖版 322 頁觚 73	1976 年河南安陽殷墟 5 號墓(M5：629)	考古研究所	
7479	婦好觚	2	商代後期	集成 6860 婦好墓 78 頁圖 51.1 殷墟圖 48.6	1976 年河南安陽殷墟 5 號墓(M5：827)	考古研究所安陽工作站	
7480	婦好觚	2	商代後期	集成 6861 婦好墓 79 頁圖 52.12	1976 年河南安陽殷墟 5 號墓(M5：648)	考古研究所安陽工作站	
7481	婦好觚	2	商代後期	集成 6862 婦好墓 78 頁圖 51.2 殷墟圖 48.8	1976 年河南安陽殷墟 5 號墓(M5：650)	考古研究所安陽工作站	
7482	婦好觚	2	商代後期	集成 6863 婦好墓 79 頁圖 52.13	1976 年河南安陽殷墟 5 號墓(M5：644)	考古研究所安陽工作站	

序號	器名	字數	時代	著録	出土地	現藏地	備註
7483	婦好觚	2	商代後期	集成 6864	1976 年河南安陽殷墟 5 號墓(M5：634)	考古研究所安陽工作站	
7484	婦好觚	2	商代後期	集成 6865	1976 年河南安陽殷墟 5 號墓(M5：641)	考古研究所安陽工作站	婦好組觚從拓本看,有的僅銘一婦字,因係同人同出之器,故編排在一起
7485	婦好觚	2	商代後期	集成 6867		美國巴拉德氏	曾在美國盧芹齋處
7486	婦[illegible]觚	2	商代後期或西周早期	集成 6868 三代 14.27.11			
7487	婦[illegible]觚	2	商代後期或西周早期	集成 6869 攈古 1.2.40.2			
7488	婦鳥觚	2	商代後期	集成 6870 録遺 327			
7489	婦田觚	2	商代後期	集成 6871 三代 14.21.8		遼寧省博物館	
7490	宜女觚	2	商代後期	集成 6872 録遺 323			
7491	宜女觚	2	商代後期	集成 6873		故宫博物院	
7492	女盄觚	2	商代後期	集成 6874 録遺 365		中國歷史博物館	此器《集成》6149 誤收爲觶
7493	母戊觚	2	商代後期	集成 6875		上海博物館	
7494	魚母觚	2	商代後期	集成 6876 彙編 9.1645 綜覽一圖版 324 頁觚 92		日本東京某氏	

序號	器名	字數	時代	著録	出土地	現藏地	備註
7495	魚母觚	2	商代後期	集成 6877 西清 23.42 善齋 5.21 小校 5.51.7			清宫舊藏,後歸劉體智
7496	射女觚	2	商代後期	集成 6878		濟南市博物館	
7497	朕女觚	2	商代後期	集成 6879 録遺 334			
7498	司娉觚	2	商代後期	集成 6880 婦好墓 80 頁圖 53.1 殷墟圖 50.5 綜覽一圖版 323 頁觚 83	1976 年河南安陽殷墟 5 號墓(M5:625)	考古研究所安陽工作站	
7499	司娉觚	2	商代後期	集成 6881 婦好墓 81 頁圖 54.1	1976 年河南安陽殷墟 5 號墓(M5:612)	考古研究所安陽工作站	
7500	司娉觚	2	商代後期	集成 6882	1976 年河南安陽殷墟 5 號墓(M5:606)	考古研究所安陽工作站	
7501	司娉觚	2	商代後期	集成 6883 婦好墓 81 頁圖 54.6	1976 年河南安陽殷墟 5 號墓(M5:628)	考古研究所安陽工作站	
7502	司娉觚	2	商代後期	集成 6884 婦好墓 81 頁圖 54.4	1976 年河南安陽殷墟 5 號墓(M5:631)	考古研究所安陽工作站	
7503	司娉觚	2	商代後期	集成 6885 婦好墓 81 圖 54.5	1976 年河南安陽殷墟 5 號墓(M5:614)	考古研究所安陽工作站	
7504	司娉觚	2	商代後期	集成 6886 婦好墓 81 頁圖 54.2	1976 年河南安陽殷墟 5 號墓(M5:617)	考古研究所安陽工作站	
7505	司娉觚	2	商代後期	集成 6887 婦好墓 81 頁圖 54.3	1976 年河南安陽殷墟 5 號墓(M5:615)	考古研究所安陽工作站	

序號	器名	字數	時代	著録	出土地	現藏地	備註
7506	司㜏觚	2	商代後期	集成 6888	1976 年河南安陽殷墟 5 號墓(M5：632)	考古研究所安陽工作站	
7507	司㜏觚	2	商代後期	集成 6889	1976 年河南安陽殷墟 5 號墓(M5：649)	考古研究所安陽工作站	
7508	司[illegible]觚	2	商代後期	集成 6890		故宫博物院	
7509	子㬝觚	2	商代後期	集成 6891 婦好墓 60 頁圖 39.4	1976 年河南安陽殷墟 5 號墓(M5：610)	考古研究所安陽工作站	
7510	子㬝觚	2	商代後期	集成 6892 婦好墓 60 頁圖 39.5	1976 年河南安陽殷墟 5 號墓(M5：622)	考古研究所安陽工作站	
7511	子㬝觚	2	商代後期	集成 6893	1976 年河南安陽殷墟 5 號墓(M5：620)	考古研究所安陽工作站	
7512	子㒸觚	2	商代後期	集成 6894 三代 14.21.2 西清 24.19 貞補中 16.4 續殷下 42.1 故宫 9 期 故圖下上 189		臺北“故宫博物院”	清宫舊藏
7513	子㒸觚	2	商代後期	集成 6895		上海博物館	
7514	子妥觚	2	商代後期	集成 6896		中國歷史博物館	羅伯昭舊藏
7515	子[illegible]觚	2	商代後期	集成 6897		故宫博物院	德人楊寧史舊藏
7516	子[illegible]觚	2	商代後期	集成 6898		故宫博物院	
7517	子[illegible]觚	2	商代後期	集成 6899 三代 14.21.3		遼寧省博物館	
7518	子[illegible]觚	2	商代後期	集成 6900 美集録 R119 彙編 8.1219		美國哈佛大學福格美術博物館	Higginson 舊藏

序號	器名	字數	時代	著録	出土地	現藏地	備註
7519	子觚	2	商代後期	集成 6901 美集録 R120		美國哈佛大學福格美術博物館	Higginson 舊藏
7520	子觚	2	商代後期	集成 6902 三代 14.21.5			
7521	子觚	2	商代後期	集成 6903 殷墟圖 73.2	1979 年河南安陽殷墟西區墓葬（M2508：3）	考古研究所安陽工作站	
7522	子觚	2	商代後期	集成 6904 美集録 R117d 彙編 8.1211		美國紐約薩克勒氏	曾在美國羅比爾處
7523	子觚	2	商代後期	集成 6905		上海博物館	
7524	子觚	2	商代後期	集成 6906 録遺 341			
7525	子觚	2	商代後期	集成 6907		故宫博物院	
7526	子蝠觚	2	商代後期	集成 6908 青山莊 21 彙編 8.1208		日本東京根津美術館	
7527	子保觚	2	商代後期	集成 6909 文物 1972 年 5 期 3 頁圖 2 綜覽一圖版 328 頁觚 138	1971 年山東鄒縣化肥廠	鄒縣文物保管所	
7528	子觚	2	商代後期	集成 6910		故宫博物院	銘文在器表
7529	子觚	2	商代後期	集成 6911 三代 14.21.4 十二居 29—30 續殷下 42.2 蘇黎世（75）80 頁 彙編 8.1241		瑞士蘇黎世瑞列堡博物館	周進舊藏
7530	子光觚	2	商代後期	集成 6912		上海博物館	

序號	器名	字數	時代	著録	出土地	現藏地	備註
7531	子雨觚	2	商代後期	集成 6913 美集録 R115		美國郝克斯氏	
7532	鼻子觚	2	商代後期	集成 6914		上海博物館	
7533	[illegible]未觚	2	商代後期	集成 6915		故宫博物院	
7534	[illegible]觚	2	商代後期	集成 6916		故宫博物院	
7535	[illegible]觚	2	商代後期	集成 6917		故宫博物院	
7536	㠱虘觚	2	商代後期	集成 6918 文物 1982 年 9 期 40 頁圖 21（又圖 19）	傳山東費縣	北京市文物研究所	1981 年北京市文物工作隊從廢銅中揀選而得
7537	㠱虘觚	2	商代後期	集成 6919	傳山東費縣	北京市文物研究所	1981 年北京市文物工作隊從廢銅中揀選而得
7538	樂文觚	2	商代後期	集成 6920 三代 14.23.6			
7539	[illegible]觚	2	商代後期	集成 6921 三代 14.21.7 貞松 9.2.4 武英 135 續殷下 42.9 小校 5.50.2 故圖下下 383 綜覽一圖版 323 頁觚 88		臺北"中央博物院"	承德避暑山莊舊藏
7540	見爻觚	2	商代後期	集成 6922 綴遺 16.16.1			
7541	丯玐觚	2	商代後期	集成 6923 彙編 8.1308		美國聖路易市美術博物館	
7542	交觚	2	商代後期	集成 6924		北京師範學院歷史系	

序號	器名	字數	時代	著録	出土地	現藏地	備註
7543	[illegible]觚	2	商代後期	集成 6925 懷履光(56)99頁 6 三代補 582 彙編 8. 1271	河南安陽郭家灣北地	加拿大多倫多皇家安大略博物館	
7544	䜌[illegible]觚	2	商代後期	集成 6926 彙編 8. 1280		日本東京某氏	
7545	[illegible]觚	2	商代後期	集成 6927 三代 14. 31. 10 鄴二上 23 綜覽一圖版 320 頁觚 51	傳安陽		
7546	聑[illegible]觚	2	商代後期	集成 6928 録遺 325			
7547	[illegible]聑觚	2	商代後期	集成 6929		故宫博物院	
7548	聑髭觚	2	商代後期	集成 6930 録遺 324			
7549	弜耳觚	2	商代後期	集成 6931		遼寧省博物館	
7550	聑竹觚	2	商代後期	集成 6932 三代 14. 22. 10 鄴初上 24 綜覽一圖版 325 頁觚 107	傳安陽		
7551	朋[illegible]觚	2	商代後期	集成 6933 三代 14. 22. 2 貞松 9. 3. 2 善齋 5. 20 續殷下 39. 10 小校 5. 52. 5		中國歷史博物館	劉體智舊藏
7552	受[illegible]觚	2	商代後期	集成 6934		故宫博物院	
7553	受[illegible]觚	2	商代後期	集成 6935		故宫博物院	

序號	器名	字數	時代	著録	出土地	現藏地	備註
7554	寽川觚	2	商代後期	集成 6936		故宫博物院	
7555	永[illegible]觚	2	商代後期	集成 6937		上海博物館	
7556	叉穻觚	2	商代後期	集成 6938 三代 14.23.2			
7557	叉穻觚	2	商代後期	集成 6939 三代 14.23.3			
7558	[illegible]龏觚	2	商代後期	集成 6940 録遺 339 古器物研究專刊第一本圖版 27	河南安陽侯家莊西北崗墓葬(M 1795：10)	臺北"中央研究院歷史語言研究所"	
7559	[illegible]觚	2	商代後期	集成 6941		上海博物館	
7560	正[illegible]觚	2	商代後期	集成 6942		上海博物館	
7561	[illegible]㪉觚	2	商代後期	集成 6943		故宫博物院	《集成》説明中字數誤爲"3"
7562	[illegible]觚	2	商代後期	集成 6944 三代 14.17.1 殷存下 24.1 小校 5.45.6		故宫博物院	《羅表》:潘祖蔭舊藏
7563	亞獸形銘觚	2	商代後期	集成 6945		中國歷史博物館	
7564	亞其觚	2	商代後期	集成 6946 學報 1977 年 2 期 66 頁圖 6.8 婦好墓 84 頁圖 56.2 河南 1.166 綜覽一圖版 322 頁觚 74	1976 年河南安陽殷墟 5 號墓(M5：630)	考古研究所借陳中國歷史博物館	

序號	器名	字數	時代	著録	出土地	現藏地	備註
7565	亞其觚	2	商代後期	集成 6947 考古與文物 1985 年 4 期 55 頁圖 3.4	1976 年河南安陽殷墟 5 號墓(M5：820)	考古研究所	
7566	亞其觚	2	商代後期	集成 6948 婦好墓 83 頁圖 55.1	1976 年河南安陽殷墟 5 號墓(M5：643)	考古研究所安陽工作站	
7567	亞其觚	2	商代後期	集成 6949 婦好墓 84 頁圖 56.3	1976 年河南安陽殷墟 5 號墓(M5：627)	考古研究所安陽工作站	
7568	亞其觚	2	商代後期	集成 6950 婦好墓 84 頁圖 56.1	1976 年河南安陽殷墟 5 號墓(M5：626)	考古研究所安陽工作站	
7569	亞其觚	2	商代後期	集成 6951 婦好墓 83 頁圖 55.2 殷墟圖 51.2	1976 年河南安陽殷墟 5 號墓(M5：637)	考古研究所安陽工作站	
7570	亞其觚	2	商代後期	集成 6952	1976 年河南安陽殷墟 5 號墓(M5：646)	考古研究所安陽工作站	
7571	亞其觚	2	商代後期	集成 6953 文物 1986 年 8 期 75 頁圖 16		安陽市博物館	1952 年群衆捐獻
7572	亞其觚	2	商代後期	集成 6954 録遺 316 考古 1979 年 2 期 167 頁圖 1.2		北京大學考古學系標本陳列室	
7573	亞其觚	2	商代後期	集成 6955		故宫博物院	
7574	亞弜觚	2	商代後期	集成 6956 美集録 R502		美國郝克斯氏	

序號	器名	字數	時代	著録	出土地	現藏地	備註
7575	亞弜觚	2	商代後期	集成 6957 三代 11.5.6 (尊) 彙編 8.1045 積古 5.1 擦古 11.38 愙齋 13.7.2 金索首 2 殷存上 21.3 小校 5.6.5		山東曲阜縣文物管理委員會	清高宗欽頒曲阜孔廟十器之一;舊稱尊,器形介於尊觚之間
7576	亞弜觚	2	商代後期	集成 6958		故宫博物院	
7577	亞矣觚	2	商代後期	集成 6959 三代 14.19.2 擦古 1.1.44 愙齋 21.6.3 綴遺 16.9.1 殷存下 24.9 貞補中 16.1 小校 5.50.7		上海博物館	《綴遺》:潘祖蔭舊藏
7578	亞矣觚	2	商代後期	集成 6960 三代 14.19.3 筠清 2.50.1 泉屋 2.90 海外吉 77 彙編 8.1033 綜覽一圖版 330 頁觚 152		日本京都泉屋博古館	
7579	亞矣觚	2	商代後期	集成 6961 三代 14.19.4			
7580	亞矣觚	2	商代後期	集成 6962 三代 14.19.5			
7581	亞矣觚	2	商代後期	集成 6963 故圖下上 190		臺北"故宫博物院"	
7582	亞矣觚	2	商代後期	集成 6964		上海博物館	

序號	器名	字數	時代	著録	出土地	現藏地	備註
7583	亞矣觚	2	商代後期	集成 6965 懷履光(1956)41 頁 2 三代補 563 綜覽一圖版 323 頁觚 82	1930 年前河南安陽大司空村南地	加拿大多倫多皇家安大略博物館	
7584	亞矣觚	2	商代後期	集成 6966 懷履光(1956)41 頁 1 三代補 562	傳 1930 年河南安陽大司空村南地	加拿大多倫多皇家安大略博物館	
7585	亞覿觚	2	商代後期	集成 6967 三代 14.19.6 貞續中 27.4			
7586	亞覿觚	2	商代後期	集成 6968 寧壽 10.19		故宫博物院	清宫舊藏
7587	亞覿觚	2	商代後期	集成 6969		上海博物館	
7588	亞覿方觚	2	商代後期	集成 6970 三代 11.4.4 (尊) 貞松 7.2.2 武英 134 續殷上 51.3 小校 5.3.8 故圖下下 379 綜覽一圖版 334 頁觚 197		臺北"中央博物院"	承德避暑山莊舊藏;舊稱尊
7589	亞竟觚	2	商代後期	集成 6971 賽爾諾什 108 頁 三代補 740		法國巴黎賽爾諾什博物館	
7590	亞告觚	2	商代後期	集成 6972 三代 14.18.11 善齋 5.14 小校 5.50.6			劉體智舊藏;《集成》1410 鼎銘與此重出,據《善齋》圖乃觚,鼎誤收

序號	器名	字數	時代	著録	出土地	現藏地	備註
7591	亞敹觚	2	商代後期	集成 6973 三代 14.23.5			
7592	亞□觚	2	商代後期	集成 6974		故宫博物院	
7593	亞□觚	2	商代後期	集成 6975		故宫博物院	
7594	□亞觚	2	商代後期	集成 6976 彙編 8.1093(彝) 綜覽一圖版 328 頁觚 139		美國紐約薩克勒氏	
7595	非亞觚	2	商代後期	集成 6977		故宫博物院	
7596	非亞觚	2	商代後期	集成 6978		中國歷史博物館	
7597	北亞觚	2	商代後期	集成 6979		上海博物館	
7598	雔亞觚	2	商代後期	集成 6980 巖窟上 53 綜覽一圖版 319 頁觚 43		故宫博物院	《巖窟》:1929 年出土;梁上椿舊藏;銘文在器表
7599	亞隻觚	2	商代後期	集成 6981		故宫博物院	
7600	亞隻觚	2	商代後期	集成 6982 美集録 R126	傳安陽大司空村		曾在美國 Bliss 與盧芹齋處
7601	亞豕觚	2	商代後期	集成 6983 三代 14.21.9			録遺 352
7602	亞奚觚	2	商代後期	集成 6984		故宫博物院	
7603	关亞觚	2	商代後期	集成 6985		中國歷史博物館	
7604	亞㝬觚	2	商代後期	集成 6986 美集録 R134 綜覽一圖版 331 頁觚 170		美國紐約杜克氏	曾在美國盧芹齋處
7605	耳亞觚	2	商代後期	集成 6987		故宫博物院	
7606	亞弔觚	2	商代後期	集成 6988 彙編 8.1053		美國紐約薩克勒氏	

序號	器名	字數	時代	著録	出土地	現藏地	備註
7607	亞西觚	2	商代後期	集成 6989 三代 14.18.10 十二貯 15 續殷下 41.1		旅順博物館	王辰舊藏
7608	亞西觚	2	商代後期	集成 6990		吉林省博物館	
7609	亞盉觚	2	商代後期	集成 6991 殷墟圖 62.10	1963 年河南安陽苗圃北地墓葬(M 172：4)	考古研究所安陽工作站	
7610	亞觚	2	商代後期	集成 6992 三代 14.18.2 陶齋 6.27 小校 5.70.4			端方舊藏
7611	工册觚	2	商代後期	集成 6993		上海博物館	
7612	庴册觚	2	商代後期	集成 6994 文叢 1.158 圖 5	河北正定縣新城鋪	正定縣文物保管所	
7613	刊册觚	2	商代後期	集成 6995		故宫博物院	
7614	系保觚	2	商代後期	集成 6996		故宫博物院	
7616	何馬觚	2	商代後期	集成 6997		故宫博物院	
7616	何馬觚	2	商代後期	集成 6998 學報 1955 年 9 期 49 頁圖 19 河南 1.306 綜覽一圖版 325 頁觚 110	1953 年河南安陽大司空村墓葬(M 267：2)	中國歷史博物館	
7617	尹舟觚	2	商代後期	集成 6999 博古 15.33 薛氏 40.3 嘯堂 49			
7618	夲旅觚	2	商代後期	集成 7000 録遺 300			
7619	夲旅觚	2	商代後期	集成 7001		故宫博物院	

序號	器名	字數	時代	著録	出土地	現藏地	備註
7620	夲旅觚	2	商代後期	集成 7002 録遺 301		故宫博物院	
7621	鄉宁觚	2	商代後期	集成 7003 三代 14.13.10 鄴初上 23 美集録 R34 中國圖符 43 彙編 8.1289	傳安陽	美國納爾遜美術陳列館	
7622	宁鄉觚	2	商代後期	集成 7004 日精華 2.166 三代補 654 彙編 8.1293		《日精華》：日本白鶴美術館；《彙編》：美國布倫戴奇	
7623	告宁觚	2	商代後期	集成 7005 三代 14.22.3 貞圖上 54 綜覽一圖版 331 頁觚 169			羅振玉舊藏
7624	告宁觚	2	商代後期	集成 7006 學報 1979 年 1 期 81 頁圖 58.13 河南 1.242 殷墟圖 73.6	1969 年河南安陽殷墟西區墓葬(M907：1)	考古研究所安陽工作站	
7625	矢宁觚	2	商代後期	集成 7007 懷履光(56)41 頁 3 三代補 564 彙編 9.1548	1933 年前河南安陽	加拿大多倫多皇家安大略博物館	
7626	矢宁觚	2	商代後期	集成 7008 懷履光(56)41 頁 4 三代補 565 彙編 9.1583	1933 年前河南安陽	加拿大多倫多皇家安大略博物館	
7627	宁戈觚	2	商代後期	集成 7009 美集録 R50			曾在美國盧芹齋

序號	器名	字數	時代	著録	出土地	現藏地	備註
7628	美宁觚	2	商代後期	集成 7010		故宮博物院	
7629	宁朋觚	2	商代後期	集成 7011 三代 14.22.4			
7630	田免觚	2	商代後期	集成 7012		故宮博物院	
7631	田告觚	2	商代後期	集成 7013		故宮博物院	
7632	南單觚	2	商代後期	集成 7014 綴遺 16.11.1 小校 5.52.4		上海博物館	潘祖蔭舊藏
7633	西單觚	2	商代後期	集成 7015 美集録 R468		美國紐約薩克勒氏	曾在美國盧芹齋
7634	西單觚	2	商代後期	集成 7016 荷比 48 頁 美集録 R73 彙編 9.1708 綜覽一圖版 326 頁觚 116		美國紐約明肯郝夫氏	曾在美國盧芹齋
7635	北單觚	2	商代後期	集成 7017 鄴三上 43	傳安陽		
7636	單光觚	2	商代後期	集成 7018 録遺 303		故宮博物院	
7637	甗徙觚	2	商代後期	集成 7019 三代 14.22.1 貞圖上 53 續殷下 41.6			羅振玉舊藏
7638	甗奞觚	2	商代後期	集成 7020		故宮博物院	
7639	▆甗觚	2	商代後期	集成 7021		故宮博物院	
7640	㫃▆觚	2	商代後期	集成 7022 三代 14.13.5		旅順博物館	
7641	無終觚	2	商代後期	集成 7023		上海博物館	
7642	無終觚	2	商代後期	集成 7024		故宮博物院	

序號	器名	字數	時代	著録	出土地	現藏地	備註
7643	毌得觚	2	商代後期	集成 7025 美集録 R9 布倫戴奇（77）圖 23 彙編 8.1373		美國舊金山亞洲美術博物館布倫戴奇藏器	《彙編》以爲藏福格美術博物館
7644	毌得觚	2	商代後期	集成 7026 雙古 1.34 美集録 R10 中國圖符 42 弗里爾（67）62頁 彙編 8.1375 綜覽一圖版 323 頁觚 84		美國華盛頓弗里爾美術博物館	于省吾舊藏
7645	來毌觚	2	商代後期	集成 7027		上海博物館	
7646	來毌觚	2	商代後期	集成 7028 小校 5.47.7			
7647	秉毌觚	2	商代後期	集成 7029		故宫博物院	
7648	[illegible]觚	2	商代後期	集成 7030 三代 14.18.3 續殷 40.6			
7649	壺觚	2	商代後期	集成 7031		故宫博物院	
7650	[illegible]刀觚	2	商代後期	集成 7032 三代 14.23.4			
7651	[illegible][illegible]戈觚	2	商代後期	集成 7033 録遺 338		故宫博物院	
7652	戈酉觚	2	商代後期	集成 7034		中國歷史博物館	
7653	戕虎觚	2	商代後期	集成 7035 綜覽一圖版 318 頁觚 22		美國普林斯頓大學美術博物館卡特藏器	

序號	器名	字數	時代	著録	出土地	現藏地	備註
7654	卜[illegible]觚	2	商代後期	集成 7036		上海博物館	
7655	倗舟觚	2	商代後期	集成 7037 録遺 314		中國歷史博物館	
7656	倗舟觚	2	商代後期	集成 7038		中國歷史博物館	
7657	倗舟觚	2	商代後期	集成 7039		上海博物館	
7658	車涉觚	2	商代後期	集成 7040 美集録 R160 弗里爾(67)67頁 彙編 9.1597		美國華盛頓弗里爾美術陳列館	曾在盧芹齋
7659	車觚	2	商代後期	集成 7041		故宫博物院	
7660	亦車觚	2	商代後期	集成 7042 博古 15.31 薛氏 40.1 嘯堂 49			
7661	亦車觚	2	商代後期	集成 7043 綴遺 16.17.1			
7662	亦車觚	2	商代後期	集成 7044 三代補 821 書道(平凡)14		英國倫敦 Sedgwick 氏	
7663	亦車觚	2	商代後期	集成 7045 巖窟上 49 綜覽一圖版 326頁觚 120	1942 年河南安陽		
7664	夨車觚	2	商代後期	集成 7046 録遺 321			
7665	夨車觚	2	商代後期	集成 7047		旅順博物館	
7666	買車觚	2	商代後期	集成 7048 録遺 331		故宫博物院	

序號	器名	字數	時代	著録	出土地	現藏地	備註
7667	弔車觚	2	商代後期	集成 7049 録遺 330 美集録 R161 中國圖符 28 三代補 161（又823） 彙編 9.1594		美國火奴魯魯美術學院	
7668	[illegible][illegible]觚	2	商代後期	集成 7050 録遺 333			
7669	弔[illegible]觚	2	商代後期	集成 7051 彙編 9.1397		新加坡國立博物館	
7670	[illegible]禾觚	2	商代後期	集成 7052 録遺 317			
7671	齒木觚	2	商代後期	集成 7053 三代 14.18.5 續殷下 40.5 小校 5.45.3			盛昱舊藏
7672	目[illegible]觚	2	商代後期	集成 7054 録遺 335			
7673	[illegible]豖觚	2	商代後期	集成 7055		故宫博物院	
7674	鳥[illegible]觚	2	商代後期	集成 7056 學報 1981 年 4 期 496 頁圖 4.1	1976 年河南安陽殷墟墓葬(M18：16)	考古研究所安陽工作站	
7675	魚從觚	2	西周早期	集成 7057 三代 14.21.11 貞續中 28.2 善齋 5.22 小校 5.52.6 頌續 70 綜覽一圖版 334 頁觚 199	《頌續》:洛陽		劉體智舊藏
7676	弔龜觚	2	商代後期	集成 7058 三代 14.21.12 貞圖 52 上 續殷下 42.4		遼寧省博物館	羅振玉舊藏

序號	器名	字數	時代	著録	出土地	現藏地	備註
7677	弔龜觚	2	商代後期	集成 7059		中國歷史博物館	
7678	弔龜觚	2	商代後期	集成 7060		故宫博物院	
7679	[illegible][illegible]觚	2	商代後期	集成 7061 録遺 332		故宫博物院	
7680	[illegible]鱻觚	2	商代後期	集成 7062 録遺 328			
7681	[illegible]鱻觚	2	商代後期	集成 7063 録遺 329		故宫博物院	
7682	[illegible][illegible]觚	2	商代後期	集成 7064		故宫博物院	
7683	[illegible][illegible]觚	2	西周早期	集成 7065 澂秋 39 續殷下 45.8			陳承裘舊藏
7684	[illegible]吴觚	2	商代後期	集成 7066 三代 14.13.12 西乙 11.13 寶藴 107 貞松 9.2.3 續殷下 39.7 故圖下下 384		臺北"中央博物院"	瀋陽故宫舊藏
7685	[illegible]免觚	2	商代後期	集成 7067 學報 1979 年 1 期 83 頁圖 60.2 河南 1.207 綜覽一圖版 326 頁觚 111 殷墟圖 73.8	1974 年河南安陽殷墟西區墓葬(M198:3)	考古研究所安陽工作站	
7686	弓[illegible]觚	2	商代後期	集成 7068 考古 1986 年 2 期 120 頁圖 17.2	1982 年河南安陽苗圃北地墓葬(M54:3)	考古研究所安陽工作站	
7687	刀[illegible]觚	2	商代後期	集成 7069		上海博物館	

序號	器名	字數	時代	著録	出土地	現藏地	備註
7688	[illegible]觚	2	商代後期或西周早期	集成 7070 中原文物 1985 年 1 期 30 頁圖 2.41		新鄉市博物館	
7689	隮息觚	2（又合文 1）	商代後期	集成 7071 考古 1981 年 2 期 117 頁圖 8.3	1979 年河南羅山縣蟒張後李（天湖村）6 號墓（M6：7）	信陽地區文物管理委員會	
7690	祖丁觚	2	商代後期	近出 714 富士比(1970,2,10 17)			英國倫敦富士比拍賣行曾見
7691	父癸觚	2	西周早期	近出 715 高家堡戈國墓 97 頁	1991 年陝西省涇陽縣興隆鄉高家堡 M4：10	陝西省涇陽縣博物館	
7692	大辛觚	2	西周早期	近出 716 富士比(1971,5,18 22)			英國倫敦富士比拍賣行曾見
7693	亞址觚	2	商代後期	近出 717 安陽殷墟郭家莊商代墓葬 101 頁	河南省安陽市殷墟郭家莊 M160：112	中國社會科學院考古研究所	
7694	亞址觚	2	商代後期	近出 718 安陽殷墟郭家莊商代墓葬 101 頁	河南省安陽市殷墟郭家莊 M160：113	中國社會科學院考古研究所	
7695	亞址觚	2	商代後期	近出 719 安陽殷墟郭家莊商代墓葬 101 頁	河南省安陽市殷墟郭家莊 M160：114	中國社會科學院考古研究所	
7696	亞址觚	2	商代後期	近出 720 安陽殷墟郭家莊商代墓葬 101 頁	河南省安陽市殷墟郭家莊 M160：116	中國社會科學院考古研究所	
7697	亞址觚	2	商代後期	近出 721 安陽殷墟郭家莊商代墓葬 101 頁	河南省安陽市殷墟郭家莊 M160：133	中國社會科學院考古研究所	

序號	器名	字數	時代	著録	出土地	現藏地	備註
7698	亞址觚	2	商代後期	近出 722 安陽殷墟郭家莊商代墓葬 101 頁	河南省安陽市殷墟郭家莊 M160：166	中國社會科學院考古研究所	
7699	亞址觚	2	商代後期	近出 723 安陽殷墟郭家莊商代墓葬 101 頁	河南省安陽市殷墟郭家莊 M160：139	中國社會科學院考古研究所	
7700	亞址觚	2	商代後期	近出 724 安陽殷墟郭家莊商代墓葬 101 頁	河南省安陽市殷墟郭家莊 M160：171	中國社會科學院考古研究所	
7701	亞址觚	2	商代後期	近出 725 安陽殷墟郭家莊商代墓葬 101 頁	河南省安陽市殷墟郭家莊 M160：170	中國社會科學院考古研究所	
7702	亞址觚	2	商代後期	近出 726 安陽殷墟郭家莊商代墓葬 101 頁	河南省安陽市殷墟郭家莊 M160：150	中國社會科學院考古研究所	
7703	亞雔觚	2	商代後期	近出 727 考古學報 1986 年 2 期 161—172 頁	1979—1980 年河南省羅山縣蟒張鄉天湖村墓葬M11：5	河南省羅山縣文化館	
7704	亞䰧觚	2	商代後期	近出 728 《海岱考古》第一輯 256—266 頁	1986 年春山東省青州市蘇埠屯墓葬 M7：6	山東省青州市博物館	
7705	亞隻觚	2	商代後期	近出 729 富士比（1984,12,11 4）			英國倫敦富士比拍賣行曾見
7706	亞酉觚	2	商代後期	近出 730 佳士得（1981,12,16 313）			英國倫敦佳士得拍賣行曾見
7707	子癸觚	2	商代後期	近出 731 富士比(1972,3,14 15)			英國倫敦富士比拍賣行曾見

序號	器名	字數	時代	著録	出土地	現藏地	備註
7708	龔子觚	2	商代後期	近出 732 富士比（1993,12,7 10）			英國倫敦富士比拍賣行曾見
7709	右宲觚	2	商代後期	近出 733 富士比（1970,11,17 41）			英國倫敦富士比拍賣行曾見
7710	册衛觚	2	商代後期	近出 734 考古 1991 年 2 期 132—134 頁	1987 年 8—12 月河南省安陽市梅園莊南地墓葬 M92：1	河南省安陽市文物工作隊	
7711	息尊觚	2	商代後期	近出 735 考古學報 1986 年 2 期 161—172 頁	1979—1980 年河南省羅山縣蟒張鄉天湖村墓葬 M6：7	河南省羅山縣文化館	
7712	息母觚	2	商代後期	近出 736 考古學報 1986 年 2 期 161—172 頁	1979—1980 年河南省羅山縣蟒張鄉天湖村墓葬 M28：7	河南省羅山縣文化館	
7713	息乙觚	2	商代後期	近出 737 考古學報 1986 年 2 期 161—172 頁	1979—1980 年河南省羅山縣蟒張鄉天湖村墓葬 M8：5	河南省羅山縣文化館	
7714	㢑册觚	2	商代後期	近出 738 富士比（1976,4,6 4）			英國倫敦富士比拍賣行曾見
7715	𢓊田觚	2	商代後期	近出 739 文物 1986 年 8 期 76—80 頁	1969 年 7 月河南省安陽市豫北紡織廠	河南省安陽市博物館	
7716	西單觚	2	商代後期	近出 740 考古 1991 年 2 期 132—134 頁	1987 年 8—12 月河南省安陽市梅園莊南地墓葬 M20：2	河南省安陽市文物工作隊	

序號	器名	字數	時代	著録	出土地	現藏地	備註
7717	[illegible]田觚	2	商代後期	近出741 考古1993年10期883—896頁	1991年河南省安陽市後岡墓葬M33:3	中國社會科學院考古研究所安陽工作隊	
7718	己並觚	2	商代後期	近出附37 文物1985年3期2—5頁	1983年12月山東壽光縣“益都侯城”故址	山東壽光縣博物館	同出一件
7719	[illegible]且甲觚	3	商代後期	集成7072		故宫博物院	《集成》説明中字數誤爲“2”
7720	黽且乙觚	3	商代後期	集成7073 三代14.24.1 從古3.18 攈古1.2.41 愙齋21.4.2 綴遺17.6.2 敬吾下57.2 清儀1.11 續殷下43.2 小校5.53.3		上海博物館	張廷濟舊藏
7721	家且乙觚	3	商代後期	集成7074		故宫博物院	《集成》説明中字數誤爲“2”
7722	乙且[illegible]觚	3	商代後期	集成7075		故宫博物院	
7723	[illegible]且丙觚	3	商代後期	集成7076 録遺342		故宫博物院	
7724	[illegible]且丁觚	3	商代後期	集成7077 博古15.22 薛氏41.1 嘯堂48			
7725	戈且丁觚	3	商代後期	集成7078 美集録R470 綜覽一圖版322頁觚72		美國芝加哥美術館	

序號	器名	字數	時代	著録	出土地	現藏地	備註
7726	[illegible]己且觚	3	商代後期	集成 7079 貞續中 28.3 善齋 5.34 小校 5.60.4			劉體智舊藏
7727	[illegible]且己觚	3	商代後期	集成 7080 三代 14.24.2			
7728	山且庚觚	3	商代後期	集成 7081 三代 14.24.3 綴遺 16.17.2 敬吾下 62.5 續殷下 43.4			
7729	子且辛觚	3	商代後期	集成 7082		上海博物館	
7730	戈且辛觚	3	商代後期	集成 7083 小校 5.54.2 録遺 343			
7731	且癸[illegible]觚	3	商代後期	集成 7084 韋森(69)80 頁圖 2 彙編 9.1483		瑞典韋森氏	
7732	子且癸觚	3	商代後期	集成 7085 彙編 8.1239 綜覽一圖版 332 頁觚 180		日本奈良寧樂美術館	《集成》4901 誤收爲卣
7733	得父乙觚	3	商代後期	集成 7086 三代 14.24.4		故宫博物院	
7734	敄父乙觚	3	商代後期	集成 7087 三代 14.24.5 貞圖上 56 續殷下 42.8			羅振玉舊藏
7735	鳥父乙觚	3	商代後期	集成 7088 三代 14.24.6 西清 24.20 續殷下 43.5		故宫博物院	清宫舊藏

序號	器名	字數	時代	著録	出土地	現藏地	備註
7736	大絲父乙觚	3	商代後期	集成 7089 三代 14.24.7 貞續中 28.4 續殷下 43.10			《羅表》:清宫舊藏
7737	父乙觚	3	商代後期	集成 7090 三代 14.24.8			
7738	父乙豙觚	3	商代後期	集成 7091 三代 14.24.9 愙齋 21.4.1 綴遺 16.13.2 奇觚 6.24.4 簠齋二觚 4 續殷下 43.6 小校 5.54.6			陳介祺舊藏
7739	뻃父乙觚	3	商代後期	集成 7092 三代 14.24.10 夢郼續 27 續殷下 43.9		遼寧省博物館	羅振玉舊藏
7740	뻃父乙觚	3	商代後期	集成 7093 三代 14.24.11 敬吾下 57.6 殷存下 26.2			
7741	뻃父乙觚	3	商代後期	集成 7094 西清 23.21			清宫舊藏
7742	奄父乙觚	3	商代後期	集成 7095 三代 14.28.12 從古 5.9 攈古 1.12.83 綴遺 16.23.2 小校 5.55.1			《羅表》、《小校》:張廷濟、葉志詵舊藏
7743	奄父乙觚	3	商代後期	集成 7096 三代 14.29.1			
7744	亞父乙觚	3	商代後期	集成 7097 博古 15.28 薛氏 40.5 嘯堂 28			亞字可能是誤摹,暫釋亞

序號	器名	字數	時代	著録	出土地	現藏地	備註
7745	[illegible]父乙觚	3	商代後期	集成 7098 西清 23.37			清宫舊藏
7746	父乙盂觚	3	商代後期	集成 7099 貞松 9.4.1 善齋 5.5 小校 5.54.5 續殷下 43.7			《羅表》:劉鶚、劉體智舊藏
7747	[illegible]父乙觚	3	商代後期	集成 7100 陝圖 3 陝青 1.16	1953 年陝西岐山縣禮村	陝西省博物館	
7748	作父乙觚	3	西周早期	集成 7101 考古 1959 年 4 期 188 頁圖 3.5 綜覽一圖版 333 頁觚 190	洛陽東郊		
7749	史父丙觚	3	西周早期	集成 7102 陝圖 19 文物 1956 年 11 期封底里 綜覽一圖版 333 頁觚 185	1956 年陝西耀縣丁家溝墓葬	陝西省博物館	
7750	子父丙觚	3	西周早期	集成 7103 三代 14.24.2 小校 5.55.2			
7751	敹父丙觚	3	商代後期	集成 7104		故宫博物院	《集成》4937 誤收爲卣
7752	亞父丁觚	3	西周早期	集成 7105		故宫博物院	
7753	父丁史觚	3	商代後期	集成 7106 三代 14.21.1 寧壽 10.24 續殷下 41.4			清宫舊藏
7754	文父丁觚	3	商代後期	集成 7107 三代 14.25.5 貞松 9.4.4			

序號	器名	字數	時代	著録	出土地	現藏地	備註
7755	[illegible]父丁觚	3	西周早期	集成 7108 彙編 8.1274		美國紐約薩克勒氏	
7756	冀父丁觚	3	商代後期	集成 7109 三代 14.25.10 窸齋 21.7.3 綴遺 16.24.1 殷存下 26.3 小校 5.57.1		上海博物館	《羅表》:潘祖蔭舊藏
7757	[illegible]父丁觚	3	西周早期	集成 7110		上海博物館	
7758	[illegible]父丁觚	3	西周早期	集成 7111 文物 1965 年 5 期 3 頁圖 4		陝西省博物館	
7759	[illegible]父丁觚	3	商代後期	集成 7112		故宫博物院	
7760	[illegible]父丁觚	3	西周早期	集成 7113		陝西扶風縣博物館	
7761	[illegible]父丁觚	3	西周早期	集成 7114 三代 14.25.3 積古 1.22.1(彝) 擴古 1.2.7(彝) 綴遺 16.4.1			
7762	山父丁觚	3	商代後期	集成 7115 三代 14.25.3 貞補中 17.3 貞圖上 58			羅振玉舊藏
7763	山父丁觚	3	商代後期	集成 7116 三代 14.25.4 懷米上 13 擴古 1.2.41 綴遺 16.18.1 殷存下 25.5 續殷下 44.1			《羅表》:曹秋舫、費念慈舊藏

序號	器名	字數	時代	著録	出土地	現藏地	備註
7764	山父丁觚	3	商代後期	集成 7117 日精華 2.140 三代補 646 彙編 9.1712			日本京都川合定治郎舊藏;舊稱尊
7765	鳶父丁觚	3	商代後期	集成 7118 三代 14.25.1 貞補中 17.2 貞圖上 57 續殷下 43.11			羅振玉舊藏
7766	魯父丁觚	3	商代後期	集成 7119		美國某氏	
7767	木父丁觚	3	西周早期	集成 7120 三代 14.25.6 貞松 9.4.3 善齋 5.27 續殷下 43.12 小校 5.56.3			劉體智舊藏
7768	粪父戊觚	3	商代後期	集成 7121 三代 14.25.12 從古 3.19 愙齋 21.7.2 綴遺 16.24.2 敬吾下 57.1 清儀 1.10.2 續殷下 44.3 小校 5.57.3			張廷濟舊藏
7769	臽父戊觚	3	商代後期	集成 7122 三代 14.25.11 敬吾下 5.73 殷存下 25.6		故宫博物院	
7770	叙父戊觚	3	商代後期	集成 7123 録遺 345			
7771	子父己觚	3	商代後期	集成 7124		故宫博物院	

序號	器名	字數	時代	著録	出土地	現藏地	備註
7772	亞父己觚	3	西周早期	集成 7125 文物 1983 年 11 期 67 頁圖 21	1982 年北京順義縣牛欄山公社金牛大隊墓葬	北京市文物研究所	
7773	亞父己觚	3	商代後期	集成 7126		故宫博物院	
7774	㓝父己觚	3	商代後期	集成 7127 三代 14.26.3 愙齋 21.8.2 綴遺 16.19.2 續殷下 44.6 小校 5.58.2			葉志詵舊藏
7775	㓝父己觚	3	西周早期	集成 7128 考古 1984 年 9 期 786 頁圖 3.6	1961 年陝西長安縣張家坡墓葬(M 106：4)	考古研究所西安研究室	
7776	入父己觚	3	商代後期	集成 7129 三代 14.26.6 貞補中 17.4 武英 137 續殷下 44.4 小校 5.58.3 故圖下下 388		臺北"中央博物院"	承德避暑山莊舊藏
7777	𠬝父己觚	3	西周早期	集成 7130 三代 14.26.1 愙齋 21.8.1 殷存下 25.7 小校 5.58.1		故宫博物院	《羅表》:潘祖蔭舊藏
7778	叙父己觚	3	商代後期	集成 7131 三代 14.23.10 貞補中 17.1 善齋 5.17 小校 5.51.6 美集録 R524			劉體智舊藏,後曾在美國盧芹齋;《集成》中 B 爲照片,"己"字比拓本清晰,可補拓本之不足

序號	器名	字數	時代	著録	出土地	現藏地	備註
7779	舌父己觚	3	商代後期	集成 7132 三代 14.26.4 冠斝中 12			榮厚舊藏
7780	婁父己觚	3	商代後期	集成 7133 三代 14.26.2 續殷下 44.7			
7781	雔父己觚	3	商代後期	集成 7134 三代 14.26.8 移林 18 小校 7.12.1 (彝)			丁麟年舊藏
7782	戈父己觚	3	西周早期	集成 7135 三代 14.26.5 貞松 9.5.1			
7783	丰父己觚	3	商代後期	集成 7136 美集録 R202		美國派克氏	
7784	糞父庚觚	3	商代後期	集成 7137 三代 14.26.9 小校 5.58.5		故宫博物院	
7785	子庚父觚	3	商代後期	集成 7138 三代 14.27.8 愙齋 21.3.1 綴遺 16.22.1 綴遺下 44.9 小校 5.59.6 出光(十五週年)394 頁 18 綜覽一圖版 328 頁觚 135		日本東京出光美術館	吴大澂舊藏
7786	父庚觚	3	西周早期	集成 7139 彙編 8.1129 綜覽一圖版 335 頁觚 201			

序號	器名	字數	時代	著録	出土地	現藏地	備註
7787	冀父辛觚	3	商代後期	集成 7140 三代 14.29.6 貞松 9.8.4 續殷下 45.1			溥倫舊藏
7788	父辛[illegible]觚	3	商代後期	集成 7141 鄴三上 44 録遺 349	傳安陽	故宫博物院	
7789	父辛竝觚	3	商代後期	集成 7142 録遺 348		上海博物館	
7790	[illegible]父辛觚	3	西周早期	集成 7143 三代 14.26.10 貞松 9.5.3 小校 5.59.1			劉體智舊藏
7791	戾父辛觚	3	商代後期	集成 7144 三代 14.26.12 貞補中 18.1 善齋 5.31 小校 5.59.2 續殷下 59.5(觶)			劉體智舊藏
7792	□父辛觚	3	西周早期	集成 7145 貞松 9.6.1 善齋 5.30 續殷下 11.11 小校 5.58.8 善彝 147			劉體智舊藏
7793	梡父辛觚	3	商代後期	集成 7146 三代 14.27.3 尊古 2.44 綜覽一圖版 334 頁觚 200		故宫博物院	
7794	弔父辛觚	3	商代後期	集成 7147 三代 14.27.2 西清 24.6 貞松 9.5.4			《貞松》:清宫舊藏,後歸徐乃昌

序號	器名	字數	時代	著録	出土地	現藏地	備註
7795	[illegible]父辛觚	3	西周早期	集成 7148 小校 5.58.6		上海博物館	
7796	[illegible]父辛觚	3	西周早期	集成 7149 小校 5.58.7		上海博物館	
7797	梚父辛觚	3	商代後期	集成 7150 美集録 R469 綜覽一圖版 334 頁觚 194		美國杜克氏	
7798	[illegible]父辛觚	3	商代後期	集成 7151 兩罍 2.4 二百 1 綴遺 16.20.1			吴雲舊藏
7799	辛父啟觚	3	商代後期	集成 7152 彙編 8.1367 綜覽一圖版 329 頁觚 144			
7800	奄父癸觚	3	西周早期	集成 7153 三代 14.29.9 西乙 11.9 寶蘊 110 貞松 9.7.4 續殷下 46.2 綜覽一圖版 334 頁觚 193			瀋陽故宫舊藏
7801	隻父癸觚	3	商代後期	集成 7154 録遺 350			
7802	戈父癸觚	3	商代後期	集成 7155 三代 14.27.4 善齋 5.32 小校 5.59.3			劉體智舊藏;容庚曾疑僞
7803	禾父癸觚	3	商代後期	集成 7156		故宫博物院	
7804	行父癸觚	3	西周早期	集成 7157		旅順博物館	
7805	子父癸觚	3	商代後期	集成 7158 三代 14.27.7 續殷下 45.5			

序號	器名	字數	時代	著録	出土地	現藏地	備註
7806	父癸觚	3	商代後期	集成 7159 三代 14.27.5 積古 2.15.2(角) 攈古 1.2.40(又 1.2.14 角) 從古 3.21 愙齋 20.5.2(觶) 綴遺 16.19.1 清儀 1.11 續殷下 60.1(觶) 小校 5.59.5(又 6.81.4 角)			張廷濟舊藏
7807	乙觚	3	商代後期	集成 7160		中國歷史博物館	
7808	舌戊觚	3	商代後期	集成 7161 三代 14.22.7 鄴二上 22 冠斝中 10	傳安陽		榮厚舊藏
7809	己鄉宁觚	3	商代後期	集成 7162 三代 14.20.9 貞圖上 55 續殷下 41.8			羅振玉舊藏
7810	辛鄉宁觚	3	商代後期	集成 7163 鄴三上 41 録遺 353 綜覽一圖版 329 頁觚 147	傳安陽		
7811	甲母觚	3	商代後期	集成 7164 懷履光(56)40 頁 8 三代補 559 彙編 8.1191	傳 1933 年前河南安陽	加拿大多倫多皇家安大略博物館	

序號	器名	字數	時代	著録	出土地	現藏地	備註
7812	甲母觚	3	商代後期	集成 7165 陝青 3.186 考古與文物 1984 年 1 期 55 頁圖 2.8 綜覽一圖版 326 頁觚 2	1978 年陝西鳳翔縣董家莊官帽頭	鳳翔縣文化館	
7813	魚母乙觚	3	商代後期	集成 7166 寧樂譜 9		日本奈良寧樂美術館	
7814	[illegible]啚册觚	3	商代後期	集成 7167 美集録 R103 彙編 9.1448		美國波士頓美術博物館霍布金斯藏器	
7815	[illegible]啚册觚	3	商代後期	集成 7168 美集録 R104 彙編 9.1447 綜覽一圖版 331 頁觚 172		美國波士頓美術博物館霍布金斯藏器	
7816	[illegible]啚册觚	3	商代後期	集成 7169		上海博物館	
7817	[illegible]啚觚	3	商代後期	集成 7170		上海博物館	
7818	婦嫋觚	3	商代後期	集成 7171 博古 15.25.1 薛氏 41.3 嘯堂 48.4			
7819	婦㝑觚	3	商代後期	集成 7172 博古 15.25.2 薛氏 41.4 嘯堂 48.5			
7820	子蝠㝑觚	3	商代後期	集成 7173 三代 14.27.9 西清 24.15 故宫 31 期 故圖下上 188		臺北"故宫博物院"	清宫舊藏
7821	子蝠㝑觚	3	商代後期	集成 7174 西清 24.16		故宫博物院	頤和園舊藏

序號	器名	字數	時代	著録	出土地	現藏地	備註
7822	子[illegible]丁觚	3	商代後期	集成 7175		故宫博物院	
7823	允册丁觚	3	商代後期	集成 7176		首都博物館	
7824	戣㢊册觚	3	商代後期	集成 7177 録遺 355			
7825	亞爾觚	3	商代後期	集成 7178		故宫博物院	
7826	亞卩觚	3	商代後期	集成 7179 博古 15.35 薛氏 40.4 嘯堂 50			
7827	褱亞次觚	3	商代後期	集成 7180 三代 14.23.9 窓齋 21.7.1 尊古 2.45 續殷下 42.5 小校 5.53.2 綜覽一圖版 326 頁觚 115			
7828	亞木守觚	3	商代後期	集成 7181 美集録 R149 綜覽一圖版 327 頁觚 127		美國戴維斯氏	曾在盧芹齋
7829	亞丁𠃨觚	3	商代後期	集成 7182 録遺 322		故宫博物院	
7830	亞[illegible]乙觚	3	商代後期	集成 7183		中國歷史博物館	
7831	亞[illegible]亢觚	3	商代後期	集成 7184		故宫博物院	
7832	亞豈䢅觚	3	西周早期	集成 7185 三代 14.22.5 十二契 14 續殷下 43.1			商承祚舊藏

序號	器名	字數	時代	著録	出土地	現藏地	備註
7833	亞㞢衎觚	3	西周早期	集成 7186 三代 14.22.6 十二契 15 續殷下 42.12 綜覽一圖版 332 頁觚 182			商承祚舊藏
7834	◆衢自觚	3	商代後期	集成 7187 綴遺 16.4.2			潘祖蔭舊藏
7835	◇ 箭 斝 方觚	3	商代後期	集成 7188 綜覽一圖版 330 頁觚 153 歐遺珠圖版 30	傳安陽	德國科隆東亞博物館	
7836	弓日囝觚	3	商代後期	集成 7189 文物 1986 年 2 期 38 頁圖 4 右	1976 年浙江安吉縣三官鄉周家灣	安吉縣博物館	
7837	弓日囝觚	3	商代後期	集成 7190 文物 1986 年 2 期 38 頁圖 4 左	1976 年浙江安吉縣三官鄉周家灣	安吉縣博物館	
7838	南單冓觚	3	商代後期	集成 7191 綜覽一圖版 320 頁觚 53 歐遺珠圖版 27		丹麥哥本哈根美術博物館	
7839	西單光觚	3	商代後期	集成 7192 録遺 337			
7840	西單己觚	3	商代後期	集成 7193 三代 14.20.8 貞續中 28.1 善齋 5.19 續殷下 41.9 小校 5.52.1 頌續 63			劉體智舊藏
7841	西單𠙵觚	3	商代後期	集成 7194		故宫博物院	西單二字在圈足内,另一字在圈足外部

序號	器名	字數	時代	著録	出土地	現藏地	備註
7842	北單戈觚	3	商代後期	集成 7195 學報 1951 年 5 期圖版 45.4 河南 1.273 綜覽一圖版 319 頁觚 32	1950 年河南安陽武官村大墓(E9)	中國歷史博物館	
7843	[illegible]串妹觚	3		集成 7196 三代 14.23.7			
7844	[illegible]串妹觚	3	商代後期	集成 7197 三代 14.23.8			
7845	丁[illegible][illegible]觚	3	西周早期	集成 7198 三代 14.22.11 十二居 29 續殷下 42.11 綜覽一圖版 330 頁觚 162		上海博物館	周進舊藏
7846	丁[illegible][illegible]觚	3	西周早期	集成 7199 三代 14.22.12			
7847	丁[illegible][illegible]觚	3	西周早期	集成 7200 三代 14.23.1 善齋 5.33 續殷下 42.10 小校 5.60.1			劉體智舊藏
7848	羊𠷎車觚	3	商代後期	集成 7201 録遺 351 沃森 70 頁圖 5.14			
7849	耒觚	3	商代後期	集成 7202 綜覽一圖版 321 頁觚 69			
7850	冬臣單觚	3	商代後期	集成 7203 巖窟上 54	1942 年河南安陽	故宫博物院	
7851	米宫彝觚	3	西周早期	集成 7204	洛陽	上海博物館	
7852	[illegible]作彝觚	3	西周早期	集成 7205 三代 14.28.1			

序號	器名	字數	時代	著録	出土地	現藏地	備註
7853	[illegible]作彝觚	3	西周早期	集成 7206 三代 14.28.2			
7854	作從彝觚	3	西周早期	集成 7207 三代 14.28.3 貞松 9.6.3			《羅表》:劉體智舊藏
7855	作從彝觚	3	西周早期	集成 7208 三代 14.28.4 貞松 9.6.4			劉體智舊藏
7856	作從彝觚	3	西周早期	集成 7209 彙編 7.914 綜覽一圖版 332 頁觚 183		美國普林斯頓大學美術博物館卡特藏器	
7857	羊[illegible]父觚	存 3	西周早期	集成 7210 綜覽一圖版 325 頁觚 102			
7858	息父乙觚	3	商代後期	近出 742 中原文物 1988 年 1 期 15—19 頁	1985 年 5 月河南省羅山縣蟒張鄉後李村墓葬 M44：11	河南省羅山縣文物管理委員會	
7859	卩父戊觚	3	商代後期	近出 743 富士比(1947,3,25 79)			英國倫敦富士比拍賣行曾見
7860	旅止[illegible]觚	3	商代後期	近出 744 考古 1998 年 10 期 41 頁	1995 年河南省安陽市郭家莊東南 26 號墓 M26：16	中國社會科學院考古研究所安陽工作隊	
7861	束父壬觚	3	商代後期	近出 745 富士比(1977,7,5 21)			英國倫敦富士比拍賣行曾見
7862	大父癸觚	3	商代後期	近出 746 富士比(1946,6 7 91)			英國倫敦富士比拍賣行曾見

序號	器名	字數	時代	著録	出土地	現藏地	備註
7863	史母癸觚	3	商代後期	近出 747 考古 1986 年 12 期 1139 頁	1975 年冬山東省泗水縣張莊公社墓葬	山東省泗水縣文化館	
7864	亞豕馬觚	3	商代後期	近出 748 富士比(1973,6,26 2)			L. Hambleton 小姐舊藏;1935,1936 年倫敦國際中國藝術展:20;英國倫敦富士比拍賣行曾見
7865	亞木守觚	3	商代後期	近出 749 佳士得(1981,12,16 314)			英國倫敦佳士得拍賣行曾見
7866	亞干示觚	3	商代後期	近出 750 富士比(1965,11,1 45)			A. Holman 爵士舊藏;英國倫敦富士比拍賣行曾見
7867	且丁父乙觚	4	商代後期	集成 7211 西清 24.13		故宫博物院	清宫舊藏
7868	且丁父乙觚	4	商代後期	集成 7212 三代 14.28.5 貞松 9.7.2 續殷下 45.10 小校 5.60.3			劉體智舊藏
7869	奄獻且丁觚	4	商代後期	集成 7213 攈古 2.1.16 綴遺 16.25.1 敬吾下 64.3 續殷下 46.8 小校 7.36.3			

序號	器名	字數	時代	著録	出土地	現藏地	備註
7870	且戊觚	4	商代後期	集成 7214 三代 14.28.6 攈古 1.2.40 愙齋 21.3.2 奇觚 6.24.3 敬吾下 44.2 簠齋二觚 3 殷存下 25.9 善齋 5.41 小校 5.64.1			陳介祺、劉體智舊藏;容庚曾定僞,此器左側有僞刻二字,右側四字不僞
7871	大中且己觚	4	商代後期	集成 7215 學報 1979 年 1 期 81 頁圖 58.2 河南 1.253 綜覽一圖版 324 頁觚 90	1970 年河南安陽殷墟西區墓葬(M1080:3)	考古研究所安陽工作站	
7872	且辛戊觚	4	商代後期	集成 7216 三代 14.28.7 西清 23.23 貞補中 18.2 故宫 34 期 故圖下上 185		臺北"故宫博物院"	清宫舊藏
7873	且壬刀觚	4	商代後期	集成 7217 西清 24.3			清宫舊藏
7874	弔龜且癸觚	4	商代後期	集成 7218 三代 14.50.5 美集録 R86 西清 23.46 續殷下 61.10		美國魏格氏	清宫舊藏

序號	器名	字數	時代	著録	出土地	現藏地	備註
7875	亞𠔸匕己觚	4	西周早期	集成 7219 三代 14.27.10 陶齋 1.8 續殷下 45.6 小校 5.62.3 美集録 R247 柉禁 18.2 彙編 8.1098 綜覽一圖版 327 頁觚 129	1901 年陝西寶鷄鬭鷄臺	美國紐約大都會美術博物館	《羅表》:端方、福開森舊藏
7876	女子匕丁觚	4	商代後期	集成 7220 録遺 199(尊) 巖窟上 19		故宫博物院	梁上椿舊藏
7877	父甲丁觚	4	商代後期	集成 7221 殷虚圖 77.9	1978 年河南安陽殷墟西區墓葬(M1572∶1)	考古研究所安陽工作站	
7878	册㝬父甲觚	4	商代後期	集成 7222 三代 14.28.9 擵古 1.3.35 綴遺 16.28.1 續殷下 45.11			《羅表》:吳江凌氏舊藏
7879	父乙𦩻虎觚	3	商代後期	集成 7223 銅玉圖 80(1)d			
7880	册疋父乙觚	4	商代後期	集成 7224 三代 14.28.10 綴遺 16.21.1 殷存下 25.10		上海博物館	
7881	羍旅父乙觚	4	西周早期	集成 7225 文物 1978 年 3 期 17 頁圖 34 陝青 2.6 三代補 962 綜覽一圖版 335 頁觚 203	1976 年陝西扶風縣莊白 1 號窖藏	周原扶風文物保管所	

序號	器名	字數	時代	著録	出土地	現藏地	備註
7882	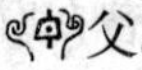父乙觚	4	商代後期	集成 7226 録遺 344		故宫博物院	
7883	膚册父乙觚	4	商代後期	集成 7227 録遺 345			
7884	亞鳥父丁觚	4	商代後期	集成 7228 三代 14.25.7 貞松 9.20.1(觶)		故宫博物院	
7885	子父丁觚	4	商代後期	集成 7229 博古 15.23 薛氏 41.2 嘯堂 48			
7886	亞龥父丁觚	4	商代後期	集成 7230 三代 14.25.9 懷米上 15 攈古 1.3.46 愙齋 20.17.2(觶) 綴遺 16.7.2 殷存下 25.11 小校 5.56.5(又 5.80.5)		上海博物館	曹秋舫舊藏;《集成》説明中器號誤爲"7330"
7887	亞獏父丁觚	4	商代後期	集成 7231 巖窟上 51	1940 年河南安陽		梁上椿舊藏
7888	亞父丁觚	4	西周早期	集成 7232 三代 14.25.8 從古 14.35 攈古 1.3.35 愙齋 20.17.3(觶) 綴遺 16.8.1 奇觚 6.25.2 簠齋二觚 2 續殷下 57.6 小校 5.80.4			陳介祺舊藏

序號	器名	字數	時代	著録	出土地	現藏地	備註
7889	力册父丁觚	4	商代後期	集成 7233 美集録 R106 中國圖符 27 皮斯柏 74 頁圖 31 彙編 9.1450 綜覽一圖版 329 頁觚 140		美國米里阿波里斯美術館皮斯柏藏器	曾在盧芹齋
7890	省作父丁觚	4	西周早期	集成 7234 三代 14.29.2 從古 3.20 擴古 1.2.83 窓齋 21.10.1 綴遺 16.18.2 清儀 1.12 續殷下 46.1 小校 5.61.1			張廷濟舊藏
7891	作父丁㠱觚	4	西周早期	集成 7235 三代 14.29.3 寧壽 10.12 貞續中 29.3 故圖下上 186 綜覽一圖版 333 頁觚 186		臺北"故宫博物院"	清宫舊藏
7892	尹舟父丁觚	4	商代後期	集成 7236 綜覽一圖版 321 頁觚 64			
7893	宀戔父丁觚	4	商代後期	集成 7237 美集録 R253		美國克來肥斯氏	
7894	〢卒父戊觚	4	商代後期	集成 7238 録遺 346			
7895	亞古父己觚	4	商代後期	集成 7239 鄴三上 42 綜覽一圖版 331 頁觚 171	傳安陽		

序號	器名	字數	時代	著録	出土地	現藏地	備註
7896	大册父己觚	4	商代後期	集成 7240 學報 1979 年 1 期 83 頁圖 60.15 河南 1.238 綜覽一圖版 328 頁觚 136 殷虚圖 77.4	1977 年河南安陽殷墟西區墓葬(M856：1)	考古研究所安陽工作站	
7897	亞矣父己觚	4	西周早期	集成 7241 河北 68 綜覽一圖版 333 頁觚 187	1965 年河北邢臺市		
7898	辰[illegible]父己觚	4	商代後期	集成 7242 中原文物 1985 年 1 期 30 頁		新鄉市博物館	
7899	亞㫃父己觚	4	西周早期	集成 7243 三代 14.26.7 續殷下 44.5 録遺 347 綜覽一圖版 334 頁觚 198 歐遺珠圖版 26		德國科隆東亞博物館	銘文在圈足内壁,《録遺》置於足外花紋間,係拓工美化加工所致
7900	戊未父己觚	4	商代後期	集成 7244 三代 14.29.4 寧壽 10.13 殷存下 26.1			清宫舊藏
7901	㚔旅父辛觚	4	西周早期	集成 7245 三代 14.26.11 殷存下 25.8		故宫博物院	
7902	㚔旅父辛觚	4	西周早期	集成 7246		故宫博物院	
7903	父辛册觚	4	商代後期	集成 7247 寧壽 10.25			清宫舊藏
7904	亞宁父癸觚	4	商代後期	集成 7248 寧壽 10.21			清宫舊藏

序號	器名	字數	時代	著録	出土地	現藏地	備註
7905	父癸夲偁觚	4	商代後期	集成 7249 日精華 2.159 三代補 650 彙編 9.1739 綜覽一圖版 329 頁觚 143			日本大阪江口治郎氏
7906	何父癸觚	4	商代後期	集成 7250 三代 14.29.7 貞松 9.8.2 善齋 5.36 小校 5.62.1 出光(十五週年)395 頁 40 右 綜覽一圖版 320 頁觚 58		日本東京出光美術館	劉體智舊藏
7907	何父癸觚	4	商代後期	集成 7251 三代 14.29.8 貞松 9.8.1 善齋 5.37 小校 5.62.2 出光(十五週年)395 頁 40 左 綜覽一圖版 320 頁觚 58		日本東京出光美術館	劉體智舊藏
7908	母辛亞觚	4	西周中期	集成 7252 學報 1957 年 1 期 79 頁圖 2.3 五省圖版 32.1 陝圖 40 綜覽一圖版 333 頁觚 188	1954 年陝西長安縣斗門鎮普渡村墓葬	陝西省博物館	《綜覽》拓本倒
7909	乙亳戈册觚	4	商代後期	集成 7253 小校 5.62.4			

序號	器名	字數	時代	著録	出土地	現藏地	備註
7910	聑髭婦𡚁觚	4	商代後期	集成7254 録遺356 文物1980年12期91頁圖4 綜覽一圖版328頁觚137		中國歷史博物館	
7911	糸子ㄖ刀觚	4	商代後期	集成7255			
7912	子𠃊册木觚	4	商代後期	集成7256 美集録R525			曾在美國盧芹齋
7913	戈𦊱作𢍜觚	4	西周早期	集成7257 三代14.29.10 懷米上14 擴古1.2.83 綴遺16.16.2 敬吾下64.2 續殷下62.7(又54.2觶)			曹秋舫舊藏
7914	登作障彝觚	4	西周早期	集成7258 考古1972年2期36頁圖2.2	1971年洛陽北瑶村墓葬	洛陽市文物工作隊	
7915	◆作從彝觚	4	西周早期	集成7259 三代14.29.12 窓齋21.10.2 綴遺16.29.2 周金5.117.1 續殷下46.3 小校5.62.6			潘祖蔭舊藏
7916	作𠃬從彝觚	4	商代後期	集成7260		山東省博物館	
7917	羊建父丁觚	4	商代後期	近出751 富士比(1972,3,14 9)			英國倫敦富士比拍賣行曾見

序號	器名	字數	時代	著録	出土地	現藏地	備註
7918	,‘冊父庚觚	4	商代後期	近出 752 富士比(1965,5,11 101)			英國倫敦富士比拍賣行曾見
7919	共冃父庚觚	4	商代後期	近出 753 富士比(1975,3,25 148)			英國倫敦富士比拍賣行曾見
7920	用遣母觚	4	西周早期	近出 754 史語研集刊第七十本第三分(抽印本)762—774頁			1997年春在香港,一組同出六件
7921	典作且乙觚	5	西周早期	集成 7261 録遺 357		故宫博物院	
7922	亳戈册父乙觚	5	商代後期	集成 7262 録遺 358		故宫博物院	
7923	庚豕父乙觚	5	商代後期	集成 7263 殷墟圖 88.4	1982年河南安陽小屯墓葬(82M1:19)	考古研究所安陽工作站	
7924	父乙莫觚	5	商代後期	集成 7264 三代 14.28.11 貞松 9.9.1 善齋 5.35 續殷下 45.12 小校 5.60.5 善彝 145 故圖下下 385		臺北"中央博物院"	劉體智舊藏
7925	[illegible]作父乙觚	5	商代後期	集成 7265		上海博物館	
7926	膚册父庚正觚	5	商代後期	集成 7266 三代 14.30.2 冠斝中 13		故宫博物院	榮厚舊藏
7927	臣辰父辛觚	5	西周早期	集成 7267		上海博物館	

序號	器名	字數	時代	著録	出土地	現藏地	備註
7928	臣辰父辛觚	5	西周早期	集成 7268		上海博物館	
7929	末册父辛觚	5	商代後期	集成 7269 西清 23.40			清宮舊藏；容庚誤以爲僞
7930	子木觚	5	商代後期	集成 7270 三代 14.30.1 續殷下 42.3 澂秋 41		北京師範學院歷史系	陳承裘舊藏
7931	亞登兄日庚觚	5	商代後期	集成 7271 西清 24.4		故宫博物院	清宮舊藏
7932	叔作母觚	5	西周早期	集成 7272		故宫博物院	
7933	單光觚	5	西周早期	集成 7273 考古圖 4.10 薛氏 111.6	河南河清		
7934	扶册作從彝觚	5	商代後期或西周早期	集成 7274 攈古 1.3.64 綴遺 16.15.1			
7935	買王眔觚	5	西周早期	集成 7275 三代 14.30.7 貞續中 3 善齋 5.38（又 5.39） 小校 5.62.7			劉體智舊藏
7936	買王眔觚	5	西周早期	集成 7276 貞續中 30.1 小校 5.63.2（又 5.63.3）			劉體智舊藏
7937	亞辛觚	5		集成 7277 歐精華 1.53 美集録 R139 續殷下 45.9 彙編 8.1080		美國紐約何母斯氏	

序號	器名	字數	時代	著録	出土地	現藏地	備註
7938	賁引觚	5	西周早期	集成 7278 頌續 67 綜覽一圖版 333 頁觚 184	《頌續》:陝西	廣州市博物館	容庚舊藏
7939	否觚	5	西周早期	近出 755 中央研究院歷史語言研究所集刊第七十本第三分(抽印本)762—774 頁			1997 年春在香港,一組同出六件
7940	史見觚	6	西周早期	集成 7279 歐精華 1.52 續殷下 62.11 美集録 R335 綜覽一圖版 33 頁觚 189		美國畢德威爾氏	
7941	㠯作父丁觚	6	西周早期	集成 7280 巖窟上 56 綜覽一圖版 334 頁觚 192	傳 1943 年河南安陽		梁上椿舊藏;《集成》6471 據《録遺》誤收此器爲觶
7942	隶父庚觚	6	商代後期	集成 7281	1983 年河南安陽大司空村墓葬(M646:12)	考古研究所安陽工作站	
7943	隶父庚觚	6	商代後期	集成 7282	1983 年河南安陽大司空墓葬(M646:13)	考古研究所安陽工作站	
7944	作父辛亞矣觚	6	西周早期	集成 7283 文參 1957 年 11 期 67 頁圖 2	1956 年河南上蔡田莊村墓葬(上田 M3)	河南省博物館	
7945	作父辛觚	6	西周早期	集成 7284 小校 5.56.5 周金 5.115.1 巖窟上 52	《巖窟》陝西長安	故宫博物院	梁上椿舊藏;銘文四行十二字,前兩行六字僞刻

序號	器名	字數	時代	著録	出土地	現藏地	備註
7946	亞夫觚	6	西周早期	集成 7285 三代 14.30.4 貞補中 18.4 續殷下 46.4			《貞補》:孫壯舊藏;亞夫二字不清晰
7947	亞夫觚	6	西周早期	集成 7286 三代 14.30.3 貞補中 18.3 續殷下 46.5			《貞補》:孫壯舊藏
7948	婦[illegible]觚	6	商代後期	集成 7287 三代 14.30.6 從古 3.22 擴古 1.3.65 愙齋 21.9.1 綴遺 16.30.1 周金 5.116.2 清儀 1.33 小校 5.63.4			張廷濟舊藏
7949	亞[illegible]觚	6	商代後期	集成 7288 三代 14.30.5 西清 24.22 貞補中 19.1 續殷下 47.2 故圖下上 184		臺北"故宫博物院"	清宫舊藏
7950	子不觚	6	商代後期	近出 756 考古與文物 1996 年 6 期 74—77 頁		河南省南陽市博物館	
7951	作且己觚	7	西周早期	集成 7289 三代 14.31.7 貞補中 19.2 續殷下 46.11 雙吉上 46 小校 5.65.2 綜覽一圖版 324 頁觚 100	《雙吉》:洛陽	上海博物館	劉體智、于省吾舊藏

序號	器名	字數	時代	著録	出土地	現藏地	備註
7952	亞作父乙觚	7	西周早期	集成 7290 三代 14.31.1 陶齋 6.26 殷存下 26.4 續殷下 46.9 小校 5.94.7(觶)			端方舊藏
7953	亞作父乙觚	7	西周早期	集成 7291 三代 14.31.2 奇觚 6.25.1 殷存下 29.11(觶) 小校 5.64.2			《羅表》:潘祖蔭舊藏
7954	卿作父乙觚	7	西周早期	集成 7292 三代 14.30.9 攈古 2.1.16 綴遺 16.31.2 澂秋 40 小校 5.65.3			陳承裘舊藏
7955	亞窶父丁觚	7	商代後期	集成 7293 中原文物 1998 年 2 期 111—113 頁		鄭州大學文博學院	
7956	䖒作父戊觚	7	西周早期	集成 7294 三代 14.31.4 貞松 9.9.2 善齋 5.42 小校 5.64.4 善彝 149 故圖下下 387 綜覽一圖版 333 頁觚 191		臺北"中央博物院"	劉體智舊藏
7957	䖒作父戊觚	7	西周早期	集成 7295 三代 14.31.5 貞松 9.9.3 善齋 5.43 小校 5.64.3			劉體智舊藏

序號	器名	字數	時代	著録	出土地	現藏地	備註
7958	天子耶觚	7	西周早期	集成 7296 三代 14.31.3 攈古 2.1.17 綴遺 16.27.2 窸齋 21.9.2 奇觚 6.25.3 周金 5.116.1 殷存下 26.5 簠齋二觚 1 小校 5.65.4			陳介祺舊藏
7959	䧹作母癸觚	7	商代後期	集成 7297		上海博物館	
7960	䧹作母癸觚	7	商代後期	集成 7298		上海博物館	
7961	𡉚丏觚	7	西周早期	集成 7299 小校 5.66.3 癡盦 21 録遺 359 綜覽一圖版 335 頁觚 208			李泰棻舊藏
7962	皿合觚	7	西周早期	集成 7300 三代 14.30.8 奇觚 5.5.2(尊) 善齋 5.44 續殷下 58.5(尊) 小校 5.65.1			劉體智舊藏
7963	䀠作且癸觚	8	西周早期	集成 7301 三代 14.31.8 奇觚 6.25.4 夢郼上 42 續殷下 46.10		旅順博物館	羅振玉舊藏
7964	或父己觚	8	商代後期	集成 7302		故宫博物院	
7965	友敦父癸觚	8	商代後期	集成 7303 綜覽一圖版 320 頁觚 48			

序號	器名	字數	時代	著録	出土地	現藏地	備註
7966	效作乙公觚	8	西周早期	集成 7304 三代 14.31.6 周金 5.115.2 貞松 9.9.4 續殷下 47.1 小校 5.65.6			《貞松》:劉鶚舊藏
7967	趞作日癸觚	8	西周早期	集成 7305 善齋 5.45 續殷下 63.3 小校 5.66.4 善彝 146 頌續 65 綜覽一圖版 327 頁觚 131	《頌續》:洛陽	廣州市博物館	劉體智、容庚舊藏
7968	羗向觚	8	商代後期	集成 7306 學報 1979 年 1 期 81 頁圖 58.8 河南 1.208 綜覽一圖版 322 頁觚 71	1974 年河南安陽殷墟西區墓葬(M 216：1)	考古研究所安陽工作站	
7969	無[illegible]觚	8	商代後期	近出 757 考古與文物 1998 年 4 期 95—96 頁		山東省濟南市博物館	1980 年山東省桓臺縣村民捐獻
7970	[illegible]作父丁觚	9	商代後期或西周早期	集成 7307 綴遺 16.29.1			
7971	亞若癸觚	9	商代後期	集成 7308 綴遺 16.8.2			
7972	亞若癸方觚	9	商代後期	集成 7309 西清 23.26			清宫舊藏
7973	貝父乙觚	10	西周早期	集成 7310 西清 23.45 攈古 2.1.64 綴遺 16.28.1 敬吾下 57			《西清》摹本與《綴遺》等略有出入,暫作一器處理

序號	器名	字數	時代	著録	出土地	現藏地	備註
7974	爯妸觚	12	商代後期	集成 7311 懷履光(56)150頁 B 三代補 604 彙編 6.448 綜覽一圖版 327頁觚 126	河南輝縣	加拿大多倫多皇家安大略博物館	
7975	晨觚	12	西周早期	近出 758 考古 1989 年 1 期 10—18 頁	1986 年 8 月河南省信陽縣浉河港鄉浉河灘	河南省信陽市文物管理委員會	
7976	梟婦觚	存 13	商代後期	集成 7312 三代 14.31.9 長安 1.31 擄古 2.1.85 綴遺 16.31.1 殷存下 26.6		旅順博物館	《羅表》:劉喜海、王錫棨舊藏

二十、爵、角

序號	器名	字數	時代	著録	出土地	現藏地	備註
7977	子爵	1	商代後期	集成 7313 三代 15.1.2 綴遺 19.14.2 愙齋 21.13.4 殷存下 2.7 小校 6.7.3 善齋 6.1 韋森 PL25		瑞典斯德哥爾摩韋森氏	潘季玉、劉體智舊藏
7978	子爵	1	商代後期	集成 7314 三代 15.1.1 綴遺 19.14.3 愙齋 21.13.3 攈古 1.1.11.1 殷存下 2.8 小校 6.7.2 奇觚 7.1.1 故圖下下 357	傳光緒二十七年（1901）陝西寶鷄縣	臺北“中央博物院”	原北平歷史博物館藏國學文廟器
7979	子爵	1	商代後期	集成 7315 學報 1979 年 1 期 83 頁圖 60：16 河南 1.237	1977 年河南安陽市殷墟西區 M856	考古研究所安陽工作站	
7980	子爵	1	商代後期或西周早期	集成 7316 三代 15.1.3			
7981	子爵	1	商代後期或西周早期	集成 7317		上海博物館	
7982	子爵	1	商代後期或西周早期	集成 7318 彙編 8.1202		美國舊金山亞洲藝術博物館布倫戴奇藏品	
7983	子爵	1	西周早期	集成 7319		遼寧省博物館	

序號	器名	字數	時代	著録	出土地	現藏地	備註
7984	子爵	1	西周早期	集成 7320 中銅 106 頁		日本東京出光美術館	
7985	囝爵	1	西周早期	集成 7321 三代 15.1.4 綴遺 19.15.2 愙齋 22.12.2 攈古 1.1.11.2 奇觚 7.5.2 周金 5.128.4 殷存下 2.6 簠齋 2 爵 44 雙古上 43 小校 6.7.4		故宫博物院	葉東卿、陳介祺、于省吾舊藏
7986	[illegible]爵	1	商代後期或西周早期	集成 7322 録遺 413			
7987	天爵	1	商代後期	集成 7323 學報 1979 年 1 期 83 頁圖 60：4 河南 1.227	1976 年河南安陽市殷墟西區 M692	考古研究所安陽工作站	
7988	天爵	1	商代後期	集成 7324 文叢 3 圖版 8：3	1976 年山西靈石縣旌介村墓葬	山西省考古研究所	
7989	天爵	1	商代後期或西周早期	集成 7325 三代 15.2.1		中國歷史博物館	
7990	天爵	1	商代後期或西周早期	集成 7326		上海博物館	
7991	天爵	1	西周早期	集成 7327 學報 1980 年 4 期 468 頁圖 16：1	1967 年陝西長安縣張家坡 M16	考古研究所西安研究室	

序號	器名	字數	時代	著録	出土地	現藏地	備註
7992	大爵	1	西周早期	集成 7328 文物 1986 年 4 期圖版 3		襄陽地區博物館	襄陽地區文史館舊藏
7993	大爵	1	商代後期或西周早期	集成 7329 三代 15.2.5			
7994	[illegible]爵	1	商代後期或西周早期	集成 7330		上海博物館	
7995	[illegible]爵	1	商代後期	集成 7331 文物 1964 年 4 期 42 頁圖 2：1	1957 年山東長清縣興復河	山東省博物館	
7996	[illegible]爵	1	商代後期或西周早期	集成 7332		中國歷史博物館	
7997	[illegible]爵	1	商代後期或西周早期	集成 7333		故宫博物院	
7998	[illegible]爵	1	商代後期	集成 7334		上海博物館	
7999	[illegible]爵	1	商代後期	集成 7335 三代 15.2.3		故宫博物院	
8000	[illegible]爵	1	商代後期	集成 7336 録遺 408 美集録 R96			
8001	屰爵	1	商代後期	集成 7337		故宫博物院	
8002	屰爵	1	商代後期	集成 7338		故宫博物院	
8003	逆爵	1	商代後期	集成 7339 弗里爾（1967）141 頁		美國華盛頓弗里爾美術博物館	
8004	夫爵	1	西周早期	集成 7340		故宫博物院	
8005	夫爵	1	西周早期	集成 7341		故宫博物院	
8006	[illegible]爵	1	商代後期	集成 7342		遼寧省博物館	

序號	器名	字數	時代	著録	出土地	現藏地	備註
8007	爵	1	商代後期	集成 7343		上海博物館	
8008	爵	1	商代後期或西周早期	集成 7344		故宫博物院	
8009	爵	1	商代後期	集成 7345 三代 15.99 恒軒下 79 愙齋 22.4 陶齋 3.23 續殷下 1.3 小校 6.4.3		日本兵庫縣黑川古文化研究所	端方舊藏
8010	爵	1	商代後期	集成 7346 考古圖 5.6 博古 14.33 嘯堂 46 薛氏 33.5			開封劉伯玉舊藏
8011	爵	1	商代後期	集成 7347 三代 15.2.4 從古 6.17 綴遺 19.15.1 續殷下 1.12		上海博物館	陳承修舊藏
8012	爵	1	商代後期或西周早期	集成 7348 彙編 8.1251 薩克勒(1987)16		美國紐約薩克勒氏	
8013	爵	1	商代後期	集成 7349 彙編 8.1249 薩克勒(1987)21		美國紐約薩克勒氏	
8014	爵	1	商代後期	集成 7350		故宫博物院	
8015	爵	1	商代後期	集成 7351		故宫博物院	
8016	爵	1	商代後期	集成 7352 録遺 383			

序號	器名	字數	時代	著録	出土地	現藏地	備註
8017	□爵	1	西周早期	集成 7353 三代 15.9.8 貞補中 23.1 小校 6.10.5 頌齋 12.2 故圖下下 358	1938 年河南洛陽市郊墓葬	臺北"中央博物院"	容庚舊藏
8018	光爵	1	商代後期	集成 7354 巖窟上 26 録遺 394	1940 年河南安陽		梁上椿舊藏
8019	𢧵爵	1	西周早期	集成 7355 三代 15.9.10 貞松 9.32.2 善齋 6.13(又 6.14 重出) 小校 6.10.4 續殷下 1.11	河南洛陽市		劉體智舊藏
8020	𢧵爵	1	西周早期	集成 7356 三代 15.10.1 貞松 9.32.1 小校 6.10.3	河南洛陽市		劉體智舊藏
8021	見爵	1	商代後期	集成 7357		河南安陽市博物館	
8022	見爵	1	商代後期	集成 7358 綜覽 167 頁爵 52 薩克勒(1987)189 頁		美國紐約薩克勒氏	
8023	□爵	1	商代後期	集成 7359 冠斝中 19			榮厚舊藏
8024	□爵	1	商代後期	集成 7360		上海博物館	
8025	□爵	1	商代後期	集成 7361 陜青 1.94	1974 年陜西綏德縣後任家溝墓葬	綏德縣文化館	
8026	□爵	1	商代後期	集成 7362		故宫博物院	
8027	□爵	1	商代後期	集成 7363		上海博物館	

序號	器名	字數	時代	著録	出土地	現藏地	備註
8028	爵	1	商代後期	集成 7364 學報 1979 年 1 期 83 頁圖 60：8 河南 1.222	1976 年河南安陽市殷墟西區墓葬	考古研究所安陽工作站	
8029	重爵	1	商代後期	集成 7365 三代 15.2.12 續殷下 2.4			
8030	重爵	1	商代後期	集成 7366 三代 15.3.1 從古 7.14 攈古 1.1.34.3 綴遺 19.23.1 殷存下 3.8 小校 6.7.7			
8031	重爵	1	商代後期	集成 7367 三代 15.3.2 綴遺 19.23.2 愙齋 22.5.4 殷存下 3.9 小校 6.7.6		上海博物館	潘祖蔭舊藏
8032	爵	1	商代後期	集成 7368		故宫博物院	
8033	爵	1	商代後期	集成 7369 三代 15.3.3 綴遺 19.24.1 貞補中 23.2 續殷下 2.2		上海博物館	周鴻孫舊藏
8034	何爵	1	商代後期	集成 7370 懷履光(1956)83 頁圖 5	傳河南安陽市郊郭家灣北地	加拿大多倫多安大略博物館	懷履光氏舊藏
8035	何爵	1	商代後期	集成 7371		上海博物館	
8036	何爵	1	商代後期	集成 7372		上海博物館	
8037	匽爵	1	商代後期	集成 7373 録遺 398		故宫博物院	

序號	器名	字數	時代	著録	出土地	現藏地	備註
8038	匿爵	1	商代後期	集成 7374		中國歷史博物館	
8039	匿爵	1	商代後期	集成 7375		故宫博物院	
8040	匿爵	1	商代後期	集成 7376		故宫博物院	
8041	匿爵	1	商代後期	集成 7377		故宫博物院	
8042	克爵	1	商代後期	集成 7378		故宫博物院	
8043	克爵	1	商代後期	集成 7379 三代 15.13.6 貞圖中 16 續殷下 4.9		故宫博物院	羅振玉舊藏
8044	克爵	1	商代後期	集成 7380 中原文物 1985 年 1 期 30 頁圖 2：29		河南新鄉市博物館	
8045	爵	1	商代後期	集成 7381		故宫博物院	
8046	爵	1	商代後期	集成 7382 三代 15.10.4			
8047	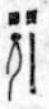爵	1	商代後期	集成 7383		故宫博物院	
8048	爵	1	商代後期	集成 7384		故宫博物院	
8049	爵	1	商代後期	集成 7385 録遺 409			
8050	休爵	1	商代後期或西周早期	集成 7386 薛氏 34.4 嘯堂 96.4			
8051	弜爵	1	商代後期	集成 7387 考古 1981 年 2 期 118 頁圖 10：2	1979 年河南羅山縣蟒張公社天湖大隊	羅山縣文化館	
8052	姍爵	1	商代後期	集成 7388 文物 1965 年 7 期 27 頁圖 1：1	1963 年山東蒼山縣東堯村	臨沂縣博物館	

序號	器名	字數	時代	著録	出土地	現藏地	備註
8053	爵	1	商代後期	集成 7389		上海博物館	
8054	爵	1	商代後期	集成 7390 録遺 404			
8055	兇爵	1	商代後期	集成 7391		故宫博物院	
8056	兇爵	1	商代後期	集成 7392		上海博物館	
8057	兇爵	1	商代後期	集成 7393		河南安陽市博物館	
8058	兇爵	1	商代後期或西周早期	集成 7394		故宫博物院	
8059	兇爵	1	商代後期	集成 7395 三代 15.11.2 攈古 1.1.37.1 續殷下 3.9		遼寧省博物館	吴式芬舊藏
8060	兇爵	1	商代後期	集成 7396 愙齋 23.7.2 續殷下 3.8 小校 6.8.1			李山農舊藏
8061	爵	1	商代後期	集成 7397 美集録 R239 皮斯栢 Fig18 綜覽 178 頁爵 165 彙編 8.1178		美國米里阿波里斯美術館	美國皮斯栢氏舊藏
8062	爵	1	商代後期	集成 7398 三代 15.2.6 續殷下 3.6			
8063	[illegible]爵	1	商代後期	集成 7399		故宫博物院	
8064	爵	1	商代後期	集成 7400 録遺 416 鄴二上 27	傳河南安陽市	故宫博物院	

序號	器名	字數	時代	著録	出土地	現藏地	備註
8065	並爵	1	商代後期	集成 7401 三代 15.1.5 愙齋 23.7.1 殷存下 2.9 小校 6.7.5			李山農、溥倫舊藏
8066	爵	1	商代後期或西周早期	集成 7402 録遺 389 彙編 8.1304 薩克勒(1987)181 頁		美國紐約薩克勒氏	
8067	爵	1	商代後期或西周早期	集成 7403			
8068	爵	1	商代後期	集成 7404 文物 1972 年 5 期 4 頁圖 4	1971 年山東鄒縣化肥廠墓葬	鄒縣文物保管所	
8069	爵	1	商代後期	集成 7405 三代 15.2.2 綴遺 19.16.1 貞松 9.31.3			
8070	保爵	1	或西周早期	集成 7406 三代 15.2.11			
8071	爵	1	商代後期	集成 7407		故宫博物院	
8072	卿爵	1	商代後期	集成 7408 三代 15.310 綴遺 19.11.2 攈古 1.1.11.4 續殷下 3.12			吴式芬舊藏
8073	女爵	1	商代後期	集成 7409 古器物研究專刊第二本圖版 44 録遺 405	1934—1935 年河南安陽市侯家莊 M1795	臺北"中央研究院歷史語言研究所"	

序號	器名	字數	時代	著録	出土地	現藏地	備註
8074	女爵	1	商代後期	集成 7410 古器物研究專刊第二本圖版 43 録遺 406	1934—1935 年河南安陽市侯家莊 M1795	臺北"中央研究院歷史語言研究所"	
8075	女爵	1	商代後期	集成 7411 婦好墓圖 58：10	1976 年河南安陽市殷墟婦好墓	考古研究所	
8076	女爵	1	商代後期	集成 7412 窓齋 22.8.2 小校 6.9.5			潘祖蔭舊藏
8077	[illegible]爵	1	商代後期	集成 7413 中國古代青銅器展觀(1979)14 彙編 8.1186		日本兵庫縣黑川古文化研究所	
8078	[illegible]爵	1	商代後期或西周早期	集成 7414 三代 15.10.2 窓齋 22.23.2 奇觚 7.3 續殷下 7.12 小校 6.10.1			陳介祺舊藏
8079	[illegible]爵	1	商代後期或西周早期	集成 7415 三代 15.10.3 陶齋 3.24 小校 6.10.2 續殷下 2.1			端方舊藏
8080	[illegible]爵	1	商代後期	集成 7416		上海博物館	
8081	[illegible]爵	1	商代後期	集成 7417		上海博物館	
8082	[illegible]爵	1	商代後期或西周早期	集成 7418 三代 15.2.8		故宫博物院	
8083	[illegible]爵	1	商代後期或西周早期	集成 7419 三代 15.2.9 貞補中 23.4 續殷下 3.4		故宫博物院	溥倫舊藏

序號	器名	字數	時代	著録	出土地	現藏地	備註
8084

戠角 | 1 | 商代後期或西周早期 | 集成7420
三代15.2.10
綴遺26.17.2
窓齋23.5.3
續殷下3.3
小校6.13.3(又6.78.7重出) | | 中國歷史博物館 | 李山農、金蘭坡舊藏 |
8085	斿爵	1	商代後期	集成7421 三代15.3.5 貞松9.3.2 善齋6.3 續殷下2.5 小校6.6.6		故宫博物院	劉體智舊藏
8086	斿爵	1	商代後期	集成7422 三代15.3.4 殷存下3.1		遼寧省博物館	
8087	斿爵	1	商代後期	集成7423 巖窟上38	1941年河南安陽市郊		梁上椿舊藏
8088	肇爵	1	商代後期	集成7424 三代15.3.7 殷存下3.2			
8089	旅爵	1	商代後期	集成7425 三代15.3.6 貞松9.31.1 善齋6.4 續殷下2.6 小校6.5.5			劉體智舊藏
8090	旅爵	1	商代後期	集成7426		上海博物館	
8091	旅爵	1	商代後期	集成7427		故宫博物館	
8092	奄爵	1	商代後期或西周早期	集成7428 三代15.32.4 綴遺19.16.2 窓齋22.15.2 奇觚7.8.2 殷存下8.8 小校6.13.1			陳介祺、潘祖蔭舊藏

序號	器名	字數	時代	著録	出土地	現藏地	備註
8093	豖爵	1	商代後期	集成 7429 三代 15.12.3		故宫博物院	
8094	豖爵	1	商代後期	集成 7430		故宫博物院	
8095	豖爵	1	商代後期	集成 7431 彙編 8.1117		加拿大多倫多安大略博物館	
8096	孛爵	1	商代後期	集成 7432 三代 15.37.11 十二貯 20			王辰舊藏
8097	孛爵	1	商代後期	集成 7433 三代 15.38.1 十二貯 18 文物 1982 年 9 期 25 頁圖 1		首都博物館	王辰舊藏
8098	𡈼爵	1	商代後期或西周早期	集成 7434 三代 15.2.7			
8099	又爵	1	商代後期	集成 7435 三代 15.7.1			
8100	敎爵	1	商代後期	集成 7436		上海博物館	
8101	守爵	1	商代後期	集成 7437 文叢 1.158 頁圖 2	1976 年河北藁城縣前西關遺址	石家莊地區文物保管所	
8102	守爵	1	商代後期	集成 7438 文物 1985 年 8 期 83 頁圖 8		首都博物館	
8103	得爵	1	商代後期	集成 7439 彙編 8.1376		澳大利亞國立維多利亞美術館	
8104	聿爵	1	商代後期	集成 7440		上海博物館	
8105	聿爵	1	商代後期	集成 7441		故宫博物院	
8106	聿爵	1	商代後期	集成 7442 三代 15.7.2			

序號	器名	字數	時代	著録	出土地	現藏地	備註
8107	聿爵	1	商代後期	集成 7443 三代 15.7.4			
8108	聿爵	1	西周早期	集成 7444 三代 15.7.3 寶鼎 86 頁			荷蘭萬孝臣氏舊藏
8109	史爵	1	商代後期	集成 7445 三代 15.7.5 從古 7.15 攈古 1.1.8.1 綴遺 19.9.1 續殷下 4.8			
8110	史爵	1	商代後期	集成 7446 三代 15.7.6 小校 6.8.7 貞續下 1.3			劉體智舊藏
8111	史爵	1	商代後期	集成 7447		濟南市博物館	
8112	史爵	1	商代後期或西周早期	集成 7448		蘇州市博物館	
8113	史爵	1	商代後期或西周早期	集成 7449			
8114	史爵	1	商代後期或西周早期	集成 7450		故宫博物院	
8115	叙爵	1	商代後期	集成 7451 三代 15.7.7(又 15.7.8 重出)			
8116	叙爵	1	商代後期	集成 7452			
8117	[illegible]爵	1	商代後期	集成 7453 三代 15.7.9		日本兵庫縣黑川古文化研究所	
8118	[illegible]爵	1	商代後期	集成 7454		故宫博物院	

序號	器名	字數	時代	著録	出土地	現藏地	備註
8119	啓爵	1	商代後期	集成 7455 文物 1974 年 11 期 93 頁圖 12 河北 73	1966 年河北磁縣下七垣村墓葬	河北省博物館	
8120	[illegible]爵	1	商代後期	集成 7456 西甲 11.4			清宫舊藏
8121	[illegible]爵	1	商代後期	集成 7457 三代 15.8.2 愙齋 23.8.1 敬吾下 53 續殷下 4.6 小校 6.11.3			李山農舊藏
8122	[illegible]爵	1	商代後期	集成 7458		上海博物館	
8123	爰爵	1	商代後期	集成 7459 三代 15.8.3 貞松 9.30.4		遼寧省博物館	
8124	受爵	1	商代後期	集成 7460 三代 15.8.4			
8125	興爵	1	商代後期	集成 7461	河南安陽市	故宫博物院	
8126	興爵	1	商代後期	集成 7462 三代 15.8.5 善齋 6.15 續殷下 4.11 小校 6.9.7		故宫博物院	劉體智舊藏
8127	興爵	1	商代後期	集成 7463		故宫博物院	
8128	興爵	1	西周早期	集成 7464 美集録 R8			美國紐約魏格氏舊藏
8129	[illegible]爵	1	商代後期	集成 7465 美集録 R26h 彙編 8.1383			美國紐約盧芹齋舊藏
8130	[illegible]爵	1	商代後期	集成 7466 録遺 376 古器物研究專刊第二本圖版 46	1934—1935 年河南安陽市侯家莊 M2006	臺北“中央研究院歷史語言研究所”	

序號	器名	字數	時代	著録	出土地	現藏地	備註
8131	爵	1	商代後期	集成7467 録遺386 彙編8.1389		新加坡國立博物館	
8132	爵	1	商代後期	集成7468			
8133	爵	1	商代後期或西周早期	集成7469 彙編9.1776			
8134	爵	1	殷或西周早期	集成7470 三代15.8.11			
8135	爵	1	商代後期	集成7471 三代15.8.8 鄴初上26	傳河南安陽市	故宫博物院	
8136	爵	1	商代後期	集成7472 巖窟上32 美集録R510	1940年河南濬縣		美國羅比爾氏舊藏
8137	步爵	1	商代後期或西周早期	集成7473		故宫博物院	
8138	步爵	1	商代後期	集成7474 三代15.9.3 貞松9.30.3 善齋6.5 續殷下4.12 小校6.8.2			劉體智舊藏
8139	徙爵	1	商代後期	集成7475 文物1975年2期89頁圖4 河南1.341	1968年河南温縣小南張村墓葬	河南省博物館	
8140	爵	1	商代後期	集成7476 學報1955年9期48頁圖18 河南1.310	1953年河南安陽市大司空村墓葬	中國歷史博物館	

序號	器名	字數	時代	著録	出土地	現藏地	備註
8141	[illegible]角	1	商代後期	集成 7477 三代 16.42.3 愙齋 21.14.2 續殷下 8.6 小校 6.82.2		故宫博物院	
8142	犇爵	1	商代後期	集成 7478		上海博物館	
8143	[illegible]爵	1	商代後期	集成 7479		上海博物館	
8144	正爵	1	商代後期	集成 7480		故宫博物院	
8145	正爵	1	商代後期或西周早期	集成 7481		故宫博物院	
8146	正爵	1	商代後期	集成 7482		故宫博物院	
8147	正爵	1	西周早期	集成 7483 中銅 112 頁		日本東京出光美術館	
8148	正爵	1	商代後期	集成 7484 彙編 9.1402 綜覽 171 頁爵 97 薩克勒(1987)197 頁		美國紐約藏克勒氏	美國卡特氏藏品,曾寄陳普林斯頓大學美術博物館
8149	[illegible]爵	1	商代後期	集成 7485 古器物研究專刊第二本圖版 41	1934—1935 年河南安陽市侯家莊 M1768	臺北"中央研究院歷史語言研究所"	
8150	[illegible]爵	1	商代後期	集成 7486 古器物研究專刊第二本圖版 42	1934—1935 年河南安陽市侯家莊 M1769	臺北"中央研究院歷史語言研究所"	
8151	[illegible]爵	1	商代後期	集成 7487		故宫博物院	
8152	[illegible]爵	1	商代後期	集成 7488 彙編 9.1406 薩克勒(1987)187 頁		美國紐約薩克勒氏	
8153	[illegible]爵	1	商代後期	集成 7489 録遺 417		故宫博物院	

序號	器名	字數	時代	著録	出土地	現藏地	備註
8154	䟒爵	1	商代後期	集成 7490		上海博物館	
8155	䟒爵	1	商代後期或西周早期	集成 7491 三代 15.9.2			
8156	䟒爵	1	西周早期	集成 7492 三代 15.9.1 貞補中 22.3 十二式 14 續殷下 8.2		故宫博物院	孫秋帆舊藏
8157	目爵	1	商代後期或西周早期	集成 7493		中國歷史博物館	
8158	目爵	1	西周早期	集成 7494 文物 1980 年 4 期 43 頁圖 8：5 陝青 3.67	1976 年陝西扶風縣雲塘村 M20	周原扶風縣文物管理所	
8159	㔾尊	1	商代後期或西周早期	集成 7495 三代 15.15.3 綴遺 19.12.1 殷存下 4.6			丁小農舊藏
8160	叟爵	1	商代後期或西周早期	集成 7496		旅順博物館	
8161	叟爵	1	商代後期	集成 7497		首都博物館	
8162	叟爵	1	商代後期	集成 7498 河南 1.318	1974 年河南安陽市軋鋼廠墓葬	考古研究所安陽工作站	
8163	叟爵	1	西周早期	集成 7499 善齋 6.47 小校 6.31.2			劉體智舊藏
8164	槑爵	1	商代後期	集成 7500		上海博物館	
8165	舌爵	1	商代後期	集成 7501 鄴二上 28 賸稿 41	河南安陽市	故宫博物院	安陽古物保存會舊藏

序號	器名	字數	時代	著録	出土地	現藏地	備註
8166	舌爵	1	商代後期	集成 7502 綜覽 173 頁爵 105			
8167	舌爵	1	商代後期	集成 7503 三代 15.13.8			
8168	舌爵	1	商代後期	集成 7504 三代 15.13.9			
8169	耳爵	1	商代後期	集成 7505		故宫博物院	
8170	爵	1	商代後期或西周早期	集成 7506 録遺 400(銘倒)			
8171	爵	1	商代後期	集成 7507 巖窟上 29	1938 年河南洛陽市	故宫博物院	梁上椿舊藏
8172	虎爵	1	商代後期	集成 7508 冠斝中 14 綜覽 168 頁爵 67		遼寧省博物館	榮厚舊藏
8173	象爵	1	商代後期	集成 7509		河南安陽市博物館	
8174	羊爵	1	商代後期	集成 7510		河南安陽市博物館	
8175	羊爵	1	商代後期	集成 7511		中國歷史博物館	
8176	羊爵	1	商代後期或西周早期	集成 7512 三代 15.3.12 攈古 1.1.10.4 綴遺 19.5 敬吾下 52.2 殷存下 1.2			
8177	羊爵	1	商代後期	集成 7513 三代 15.4.1 攈古 1.1.10.3 綴遺 19.4.2 殷存下 1.1 小校 6.4.5			朱善旂舊藏

序號	器名	字數	時代	著録	出土地	現藏地	備註
8178	䍙爵	1	商代後期	集成 7514 録遺 399		故宫博物院	
8179	䍙爵	1	商代後期	集成 7515 殷青圖 62：3	河南安陽市郊墓葬	考古研究所安陽工作站	
8180	宰爵	1	商代後期	集成 7516 三代 15.12.2 鄴二上 25	傳河南安陽市		
8181	豖爵	1	商代後期	集成 7517 三代 15.4.2 續殷下 1.4			
8182	豖爵	1	商代後期或西周早期	集成 7518		故宫博物院	
8183	豖爵	1	商代後期或西周早期	集成 7519		故宫博物院	
8184	豖爵	1	商代後期或西周早期	集成 7520		故宫博物院	
8185	爵	1	商代後期	集成 7521 冠斝中 24 録遺 403			榮厚舊藏
8186	爵	1	商代後期或西周早期	集成 7522 三代 15.4.3 從古 7.16 敬吾下 63.5 殷存下 2.3 小校 6.5.3			葉東卿舊藏
8187	犬爵	1	商代後期或西周早期	集成 7523		北京市文物研究所	

序號	器名	字數	時代	著録	出土地	現藏地	備註
8188	犬爵	1	西周早期	集成 7524 三代 15.4.4 窓齋 22.4.2 殷存下 1.7 小校 6.5.2			潘祖蔭舊藏
8189	犬爵	1	商代後期	集成 7525		上海博物館	
8190	犬爵	1	商代後期	集成 7526 阿倫、巴羅 144 頁 B4	傳河南安陽市	英國巴羅女士	
8191	剢爵	1	商代後期	集成 7527 三代 15.4.5 殷存下 2.1 貞圖中 15 續殷下 1.9			羅振玉舊藏
8192	剢爵	1	商代後期	集成 7528 三代 15.4.6 善齋 6.10 小校 6.5.4 故圖下下 354		臺北"中央博物院"	劉體智舊藏
8193	家爵	1	商代後期	集成 7529		上海博物院	
8194	爵	1	商代後期	集成 7530		故宫博物院	
8195	豙爵	1	商代後期	集成 7531 三人 15.4.7 積古 2.3 攈古 1.1.27.3 殷存下 3.12		中國歷史博物館	
8196	龍爵	1	商代後期	集成 7532 三代 15.5.3 殷存下 5.3			

序號	器名	字數	時代	著録	出土地	現藏地	備註
8197	龍爵	1	西周早期	集成 7533 三代 15.5.1 從古 14.20 攗古 1.1.8.3 愙齋 22.12.4 綴遺 19.2.1 奇觚 7.2 殷存下 4.9 簠齋 2 爵 38 善齋 6.11 小校 6.3.4 善彝 151 銅器選 36		上海博物館	陳介祺、劉體智舊藏
8198	龍爵	1	西周早期	集成 7534 三代 15.5.2 筠清 2.48.3 從古 14.19 攗古 1.1.8.2 愙齋 22.12.3 綴遺 19.1.2 奇觚 7.3 殷存下 4.10 簠齋 2 爵 39 小校 6.3.3			陳介祺舊藏
8199	龜爵	1	商代後期	集成 7535 巖窟上 48	1943 年河南安陽市		梁上椿舊藏
8200	黽爵	1	商代後期或西周早期	集成 7536 三代 15.6.9 小校 6.3.7			
8201	魚爵	1	商代後期	集成 7537 三代 15.6.1 愙齋 23.6.1 殷存下 1.6 小校 6.5.7		故宮博物院	潘祖蔭舊藏

序號	器名	字數	時代	著録	出土地	現藏地	備註
8202	魚爵	1	商代後期	集成 7538 考古與文物 1984 年 1 期 55 頁圖 2：7 陝青 3.187	1978 年陝西鳳翔縣董家莊	鳳翔縣雍城文物管理所	
8203	魚爵	1	商代後期或西周早期	集成 7539 三代 15.6.3			
8204	魚爵	1	殷或西周早期	三代 15.6.2			
8205	魚爵	1	商代後期或西周早期	集成 7541 三代 15.5.5 貞松 9.30.1 續殷下 1.8			蕭山陸氏慎齋舊藏
8206	魚爵	1	商代後期或西周早期	集成 7542 三代 15.5.6 愙齋 23.21.2 殷存下 1.4 小校 6.5.6		上海博物館	吴大澂舊藏
8207	魚爵	1	西周早期	集成 7543 三代 15.5.4 從古 14.21 愙齋 22.13.2 攈古 1.1.9.1 綴遺 19.3 殷存下 1.2 簠齋 2 爵 41 奇觚 7.7 小校 6.5.5 泉屋 2.82	《攈古録》：與伯魚鼎敦同出易州	日本京都泉屋博古館	陳介祺舊藏
8208	魚爵	1	商代後期	集成 7544			
8209	魚爵	1	西周早期	集成 7545		遼寧省博物館	
8210	𢍚爵	1	商代後期	集成 7546 三代 15.6.4			

序號	器名	字數	時代	著録	出土地	現藏地	備註
8211	彜爵	1	商代後期	集成 7547 三代 15.6.5			
8212	彜爵	1	商代後期	集成 7548 三代 15.6.6 甲骨學 12 號 225 頁圖 17D		日本湯島斯文會	
8213	彜爵	1	商代後期	集成 7549		故宫博物院	
8214	萬爵	1	商代後期	集成 7550 綜覽 177 頁爵 157			
8215	萬爵	1	商代後期	集成 7551 冠斝中 18			榮厚舊藏
8216	萬爵	1	商代後期	集成 7552 三代 15.6.7 愙齋 23.6.2 敬吾下 55.1 殷存下 1.8 小校 6.3.8			潘祖蔭舊藏
8217	萬爵	1	商代後期	集成 7553 三代 15.6.8		吉林省博物館	
8218	爵	1	商代後期	集成 7554 三代 15.6.10 綴遺 19.2.2 陶續 2.9 殷存下 4.8 小校 6.34.2			潘祖蔭、端方舊藏
8219	爵	1	商代後期或西周早期	集成 7555 三代 15.6.11 殷存下 4.7 小校 6.4.1			潘祖蔭舊藏
8220	爵	1	商代後期	集成 7556 三代 15.12.5			
8221	爵	1	商代後期	集成 7557		中國歷史博物館	

序號	器名	字數	時代	著録	出土地	現藏地	備註
8222	爵	1	商代後期	集成 7558		故宫博物院	
8223	朩爵	1	商代後期	集成 7559 三代 15.12.6 移林 24 綴遺 19.13.2 殷存下 2.4 小校 6.9.6			丁麟年、劉鶚、孫春山舊藏
8224	朩爵	1	商代後期	集成 7560 三代 15.12.7 冠斝中 17		故宫博物院	榮厚舊藏
8225	朩爵	1	商代後期	集成 7561 三代 15.12.8 冠斝中 16		上海博物館	榮厚舊藏
8226	朩爵	1	商代後期	集成 7562		故宫博物院	
8227	爵	1	商代後期	集成 7563 學報 1951 年圖版 45：6 河南 1.268	1950 年河南安陽市武官村大墓陪葬墓	中國歷史博物館	
8228	爵	1	商代後期	集成 7564 學報 1951 年 5 期圖版 45：7 河南 1.269	1950 年河南安陽市武官村大墓陪葬墓	中國歷史博物館	
8229	爵	1	商代後期	集成 7565		日本東京國立博物館	
8230	爵	1	商代後期或西周早期	集成 7566 三代 15.14.4			
8231	爵	1	商代後期	集成 7567 美集録 R512(新附)			美國 Komor 舊藏
8232	爵	1	商代後期	集成 7568		上海博物館	
8233	鳥爵	1	商代後期	集成 7569		上海博物館	

序號	器名	字數	時代	著録	出土地	現藏地	備註
8234	鳥爵	1	商代後期	集成 7570 三代 15.4.8 貞圖中 14 續殷下 1.1 貞松 9.29.2			羅振玉舊藏
8235	鳥爵	1	商代後期	集成 7571 三代 15.4.9 貞松 9.29.3			潘祖蔭舊藏
8236	鳥爵	1	商代後期	集成 7572 三代 15.4.10 攈古 1.1.9.4 愙齋 22.13.1 綴遺 19.4 奇觚 7.6.2 殷存下 2.2 簠齋 2 爵 40 小校 6.4.2			許印林、陳介祺舊藏
8237	鳶爵	1	商代後期	集成 7573 巖窟上 33 鄴三上 46 録遺 384	傳 1938 年河南安陽市	上海博物館	梁上椿舊藏
8238	鳶爵	1	商代後期	集成 7574 巖窟上 34 鄴三上 47 録遺 385	傳 1938 年河南安陽市	上海博物館	梁上椿舊藏
8239	册爵	1	商代後期	集成 7575 三代 15.8.7 貞補中 22.4 泉屋 2.78 日精華 3.221		日本京都泉屋博物館	
8240	册爵	1	西周早期	集成 7576 美集録 R99 彙編 9.1440			美國紐約盧芹齋舊藏；《美集録》銘倒

序號	器名	字數	時代	著録	出土地	現藏地	備註
8241	册爵	1	西周早期	集成 7577 美集録 R100			美國紐約盧芹齋舊藏
8242	册爵	1	西周早期	集成 7578 尊古 2.50			
8243	告爵	1	商代後期	集成 7579		故宫博物院	
8244	[illegible]爵	1	商代後期	集成 7580		上海博物館	
8245	[illegible]爵	1	商代後期	集成 7581 三代 15.9.4 攈古 1.1.8.4 綴遺 19.11.1 續殷下 7.7			吴式芬舊藏
8246	[illegible]爵	1	商代後期	集成 7582		上海博物館	
8247	[illegible]爵	1	商代後期	集成 7583		上海博物館	
8248	[illegible]爵	1	商代後期	集成 7584 三代 15.9.5 冠斝中 15		上海博物館	榮厚舊藏
8249	[illegible]爵	1	商代後期	集成 7585		中國歷史博物館	《集成》説明中缺“字數”項
8250	[illegible]爵	1	商代後期	集成 7586		故宫博物院	
8251	[illegible]爵	1	商代後期	集成 7587 古器物研究專刊第二本圖版 40 録遺 375	1934—1935 年河南安陽市侯家莊 M1400	臺北“中央研究院歷史語言研究所”	
8252	邑爵	1	商代後期或西周早期	集成 7588 三代 15.9.7 窓齋 23.7.3 敬吾下 55.3 殷存下 4.1 小校 6.31.5			李山農舊藏
8253	邑爵	1	商代後期或西周早期	集成 7589 三代 15.9.6 殷存下 4.2			

序號	器名	字數	時代	著録	出土地	現藏地	備註
8254	酉爵	1	商代後期	集成 7590 陝圖 18	1956 年陝西耀縣西門外丁家溝	陝西省博物館	
8255	酉爵	1	商代後期	集成 7591 文物 1985 年 10 期 38 頁圖 13	1972 年安徽潁上縣趙集王拐村	阜陽地區博物館	
8256	爵	1	西周早期	集成 7592 考古 1962 年 1 期 7 頁圖 10	1957 年湖北蘄春縣毛家嘴村遺址	湖北省博物館	
8257	爵	1	西周早期	集成 7593		武漢市文物商店	
8258	爵	1	商代後期	集成 7594 三代 15.10.7		故宫博物館	
8259	爵	1	商代後期	集成 7595		故宫博物院	
8260	爵	1	商代後期	集成 7586		故宫博物院	
8261	爵	1	商代後期	集成 7587		故宫博物院	
8262	爵	1	商代後期或西周早期	集成 7598 三代 15.10.5		故宫博物院	
8263	爵	1	西周早期	集成 7599 三代 15.10.6 殷存下 1.9 貞續下 2.2 善齋 6.6 小校 6.1.1 山東存坿 17.3			劉體智舊藏
8264	爵	1	商代後期	集成 7600 文物 1986 年 8 期 75 頁圖 15		安陽市博物館	
8265	爵	1	商代後期或西周早期	集成 7601		故宫博物院	

序號	器名	字數	時代	著録	出土地	現藏地	備註
8266	爵	1	商代後期或西周早期	集成 7602		故宮博物院	
8267	爵	1	商代後期	集成 7603 三代 15.10.8 陶齋 3.25 續殷下 8.8 小校 6.1.5			端方舊藏
8268	皿爵	1	商代後期或西周早期	集成 7604 三代 15.10.9			
8269	皿爵	1	商代後期	集成 7605		遼寧省博物館	
8270	盃爵	1	商代後期	集成 7606 録遺 401 古器物研究專刊第二本圖版 27	1934—1935 年河南安陽市侯家莊 M1550	臺北"中央研究院歷史語言研究所"	
8271	爵	1	商代後期	集成 7607 録遺 402		遼寧省博物館	
8272	爵	1	商代後期	集成 7608 三代 15.3.11 殷存下 1.3 小校 6.3.1			
8273	刀爵	1	商代後期	集成 7609 三代 15.10.10 貞松 9.30.2 皇儲 5 頁 Fig17		瑞典斯德哥爾摩遠東古物館	
8274	刀爵	1	商代後期	集成 7610 美集録 R232			美國沃森氏舊藏
8275	爵	1	商代後期	集成 7611 文物 1986 年 8 期 79 頁圖 16		安陽市博物館	
8276	爵	1	商代後期	集成 7612 録遺 414		故宮博物院	

序號	器名	字數	時代	著録	出土地	現藏地	備註
8277	糿爵	1	商代後期	集成 7613		上海博物館	
8278	糿爵	1	商代後期	集成 7614		上海博物館	
8279	戈爵	1	商代後期	集成 7615 三代 15.10.11 貞續下 1.1 續殷下 4.2		故宫博物院	
8280	戈爵	1	商代後期	集成 7616 敬吾下 62.7 續殷下 4.1		故宫博物院	
8281	戈爵	1	商代後期	集成 7617		故宫博物院	
8282	戈爵	1	商代後期	集成 7618		故宫博物院	
8283	戈爵	1	商代後期	集成 7619			
8284	戈爵	1	商代後期	集成 7620 三代 15.10.12 積古 2.10 擴古 1.1.7.4			陳介祺舊藏
8285	戈爵	1	商代後期	集成 7621 三代 15.11.1 從古 14.18 綴遺 19.10.1 小校 6.6.1			
8286	戈爵	1	商代後期	集成 7622		故宫博物院	
8287	戈爵	1	商代後期	集成 7623		上海博物院	
8288	戈爵	1	商代後期	集成 7624 彙編 9.1523		臺北某私人處	
8289	戈爵	1	商代後期	集成 7625		上海博物館	
8290	戈爵	1	商代後期或西周早期	集成 7626 三代 15.11.7 窓齋 22.8.1 殷存下 2.11 小校 6.6.2			潘祖蔭舊藏

序號	器名	字數	時代	著録	出土地	現藏地	備註
8291	戈爵	1	商代後期或西周早期	集成 7627 三代 15.11.8 殷存下 2.12			
8292	戈爵	1	西周早期	集成 7628		故宫博物院	
8293	戈爵	1	西周早期	集成 7629		故宫博物館	
8294	戈爵	1	西周早期	集成 7630		故宫博物院	
8295	戈爵	1	西周早期	集成 7631		故宫博物院	
8296	矢爵	1	商代後期或西周早期	集成 7632		故宫博物院	
8297	矢爵	1	商代後期	集成 7633 古器物研究專刊第二本圖版 26	1934—1935 年河南安陽市侯家莊 M1001	臺北"中央研究院歷史語言研究所"	
8298	射爵	1	商代後期或西周早期	集成 7634 三代 15.11.6 殷存下 2.12		蘇州市博物館	
8299	揄爵	1	商代後期	集成 7635		故宫博物院	
8300	揄爵	1	商代後期	集成 7636		故宫博物院	
8301	眣爵	1	商代後期	集成 7637		故宫博物院	
8302	戜爵	1	商代後期	集成 7638		故宫博物院	
8303	戜爵	1		集成 7639 美集録 R41		美國紐約康恩氏	《集成》説明中缺"字數"項
8304	戜爵	1	商代後期	集成 7640 彙編 9.1541		美國紐約大都會美術博物館	
8305	咸爵	1	商代後期	集成 7641 三代 15.11.3			
8306	戊爵	1	商代後期	集成 7642 博古 14.22 薛氏 34.1 嘯堂 45.1			

序號	器名	字數	時代	著録	出土地	現藏地	備註
8307	中爵	1	商代後期或西周早期	集成 7643 三代 15.11.4			
8308	中爵	1	商代後期或西周早期	集成 7644 三代 15.11.5 綴遺 19.13.1 周金 5.129.1 貞補中 23.3 續殷下 7.5 小校 6.9.3			
8309	旐爵	1	商代後期或西周早期	集成 7645 三代 15.12.4			
8310	旟爵	1	商代後期	集成 7646 美集録 R76		美國火奴魯魯美術學院	
8311	旟爵	1	商代後期	集成 7647 美集録 R75		美國韓姆林氏藏器寄陳柏弗羅科學博物館	
8312	單爵	1	西周早期	集成 7648 考古圖 5.8 薛氏 34.5	《考古圖》:得於洛陽		開封劉伯玉舊藏
8313	爵	1	商代後期或西周早期	集成 7649 三代 15.11.9 窓齋 22.3.2 殷存下 1.11 小校 6.6.3		故宫博物院	許延暄舊藏
8314	貯爵	1	商代後期	集成 7650 録遺 415			
8315	貯爵	1	商代後期	集成 7651			
8316	爵	1	商代後期或西周早期	集成 7652 録遺 397			

序號	器名	字數	時代	著録	出土地	現藏地	備註
8317	山爵	1	西周早期	集成 7653	1976 年陝西長安縣張家坡 M87	考古研究所西安研究室	
8318	山爵	1	西周早期	集成 7654 學報 1980 年 4 期 468 頁圖 16：6	1976 年陝西長安縣張家坡 M87	考古研究所西安研究室	
8319	[illegible]爵	1	商代後期	集成 7655 三代 15.12.11			
8320	[illegible]爵	1	商代後期	集成 7656 美集録 R58		美國客蘭布羅克美術學院博物館	
8321	[illegible]爵	1	商代後期	集成 7657 三代 15.13.2 澂秋 45 續殷下 7.3		故宫博物院	陳承裘舊藏
8322	[illegible]爵	1	商代後期	集成 7658 學報 1979 年 1 期 83 頁圖 60：13 河南 1.229	1976 年河南安陽市殷墟西區 M697	考古研究所安陽工作站	
8323	[illegible]爵	1	商代後期	集成 7659 文物 1986 年 11 期 7 頁圖 11：6	1985 年山西靈石縣旌介村 M1	山西省考古研究所	
8324	[illegible]爵	1	商代後期	集成 7660 文物 1986 年 11 期 7 頁圖 11：6	1985 年山西靈石縣旌介村 M1	山西省考古研究所	
8325	[illegible]爵	1	商代後期或西周早期	集成 7661 三代 15.12.9 擴古 1.1.10.2 綴遺 19.7.1 愙齋 22.11.4 簠齋 2 爵 42 奇觚 7.5.1 小校 5.2.6 周金 3.128.3			陳介祺舊藏

序號	器名	字數	時代	著録	出土地	現藏地	備註
8326	[illegible]爵	1	商代後期	集成 7662 三代 15.13.1 陶齋 3.10 續殷下 7.1 小校 6.2.5			端方舊藏
8327	[illegible]爵	1	商代後期	集成 7663 鄴三上 45	傳河南安陽市		
8328	[illegible]爵	1	商代後期	集成 7664 美集録 R462		美國紐約杜克氏	
8329	[illegible]爵	1	商代後期	集成 7665 文物 1983 年 7 期 93 頁圖 6		陝西盩厔縣文化館	《集成》説明中現藏地“陝西盩厔縣”誤爲“盩厔”
8330	[illegible]爵	1	商代後期或西周早期	集成 7666 三代 15.12.10 擴古 1.1.10.1 綴遺 19.7.2			張廷濟舊藏
8331	[illegible]爵	1	西周早期	集成 7667 學報 1980 年 4 期 468 頁圖 16：2	1976 年陝西長安縣張家坡 M80	考古研究所西安研究室	
8332	甲爵	1	商代後期或西周早期	集成 7668 小校 6.8.3			
8333	庚爵	1	商代後期或西周早期	集成 7669 三代 15.13.3 續殷下 5.4			
8334	脣爵	1	商代後期	集成 7670		山東濟南市博物館	

序號	器名	字數	時代	著録	出土地	現藏地	備註
8335	辛爵	1	商代後期	集成 7671 三代 15.13.4 貞續下 2.1 善齋 6.12 續殷下 5.5 小校 6.8.5 薩克勒(1987)199 頁		美國紐約薩克勒氏	劉體智舊藏
8336	辛爵	1	商代後期或西周早期	集成 7672 薛氏 34.3			廬公裔家舊藏
8337	癸爵	1	商代後期或西周早期	集成 7673 三代 15.13.5 續殷下 5.6 小校 6.8.6			
8338	[illegible]爵	1	商代後期	集成 7674 學報 1981 年 4 期 512 頁圖 15：2	1976 年河南安陽市殷墟 M17	考古研究所安陽工作站	
8339	[illegible]爵	1	商代後期	集成 7675 古器物研究專刊第二本圖版 28	1934—1935 年河南安陽市侯家莊 M1550	臺北“中央研究院歷史語言研究所”	
8340	[illegible]爵	1	商代後期	集成 7676 日精華 3.125 綜覽 167 頁爵 49 彙編 9.1777			日本大阪江口治郎氏舊藏
8341	[illegible]爵	1	商代後期	集成 7677 懷履光(1956)PL41 彙編 9.1778		加拿大多倫多皇家安大略博物館	懷履光舊藏
8342	[illegible]爵	1	商代後期	集成 7678 西清 23.3			清宫舊藏

序號	器名	字數	時代	著録	出土地	現藏地	備註
8343	□爵	1	商代後期	集成 7679 文叢 5.118 頁圖 3	1978 年河北靈壽縣西木佛村墓葬	正定縣文物保管所	
8344	□爵	1	商代後期	集成 7680		故宫博物院	
8345	□爵	1	商代後期	集成 7681 三代 15.14.10 移林 22 殷存下 3.4 善齋 6.7 小校 6.1.4			劉鶚、丁麟年、劉體智舊藏
8346	□爵	1	商代後期	集成 7682 考古圖 5.10			睢陽王仲至舊藏
8347	□爵	1	商代後期	集成 7683 三代 15.15.1			
8348	□爵	1	商代後期或西周早期	集成 7684 三代 15.14.11 殷存下 3.5 小校 6.1.3			
8349	□爵	1	商代後期	集成 7685		故宫博物院	
8350	□爵	1	西周早期	集成 7686		故宫博物院	
8351	□爵	1	西周早期	集成 7687 三代 15.15.2 綴遺 19.8 殷存下 3.6			潘祖蔭舊藏
8352	□爵	1	商代後期	集成 7688		濟南市博物館	
8353	□爵	1	商代後期或西周早期	集成 7689 三代 15.15.6 窸齋 23.8 續殷下 6.6 小校 6.1.6		上海博物館	李山農舊藏
8354	□爵	1	商代後期或西周早期	集成 7690		故宫博物院	

序號	器名	字數	時代	著録	出土地	現藏地	備註
8355	爵	1	商代後期或西周早期	集成 7691 三代 15.15.7 小校 6.1.7			
8356	爵	1	商代後期或西周早期	集成 7692 三代 15.15.5 愙齋 22.12.1 奇觚 7.4.2 殷存下 4.5 小校 6.2.1			陳介祺舊藏
8357	爵	1	西周早期	集成 7693 三代 15.15.4 愙齋 22.11.3 綴遺 19.8.2 奇觚 7.4.1 周金 5.128.2 殷存下 4.4 簠齋 2 爵 43 善齋 6.9 小校 6.1.8			陳介祺、劉體智舊藏
8358	爵	1	西周早期	集成 7694 續殷下 6.5		遼寧省博物館	
8359	爵	1	西周早期	集成 7695 美集録 R250		美國克里夫蘭美術博物館	
8360	爵	1	商代後期或西周早期	集成 7696 録遺 388			
8361	爵	1	商代後期或西周早期	集成 7697 三代 15.15.8 求古上 36 頁 綴遺 19.6（銘倒） 敬吾下 62.6 續殷下 7.4 小校 6.11.1			陳經舊藏

序號	器名	字數	時代	著録	出土地	現藏地	備註
8362	爵	1	西周早期	集成7698		故宫博物院	
8363	爵	1	商代後期	集成7699 中原文物 1985 年 1 期 30 頁圖 2 : 30		河南新鄉市博物館	
8364	田爵	1	商代後期	集成7700 三代15.13.7 貞續下1.2 小校6.8.9			
8365	爵	1	商代後期或西周早期	集成7701 録遺407		故宫博物院	
8366	爵	1	商代後期或西周早期	集成7702 三代15.14.2 續殷下8.5			
8367	爵	1	商代後期或西周早期	集成7703 録遺396			
8368	爵	1	商代後期	集成7704 三代15.13.10 窸齋23.15.4 綴遺19.6.1 殷存下5.4 小校6.3.5		故宫博物院	潘祖蔭舊藏
8369	爵	1	商代後期	集成7705 三代15.14.1 窸齋23.15.3 殷存下5.5 小校6.3.6			潘祖蔭舊藏
8370	爵	1	商代後期或西周早期	集成7706 三代15.14.3 貞松9.31.4 小校6.2.3			

序號	器名	字數	時代	著録	出土地	現藏地	備註
8371	爵	1	商代後期	集成 7707 博古 14.28 薛氏 34.2 嘯堂 46.1			
8372	爵	1	商代後期或西周早期	集成 7708 三代 15.14.6 攈古 1.1.9.2 綴遺 19.5.2 續殷下 7.9			吴式芬舊藏;《集成》説明中"著録"項"攈古"漏"攈"字
8373	爵	1	商代後期或西周早期	集成 7709 三代 15.14.5 殷存下 4.3		故宫博物院	
8374	爵	1	商代後期或西周早期	集成 7710 三代 15.14.7 殷存下 3.10			李佐賢舊藏
8375	爵	1	商代後期或西周早期	集成 7711 三代 15.14.8 殷存下 3.11			李佐賢、溥倫舊藏
8376	爵	1	商代後期或西周早期	集成 7712 三代 15.14.9 小校 6.10.7 續殷下 6.8		故宫博物院	
8377	爵	1	商代後期或西周早期	集成 7713 録遺 393(銘倒)			《集成》説明中"著録"項"録遺 393"誤爲"録遺 39.3"
8378	串爵	1	商代後期	集成 7714		故宫博物院	
8379	串爵	1	商代後期	集成 7715 録遺 377 古器物研究專刊第二本圖版 36	1934—1935 年河南安陽市侯家莊 M1049	臺北"中央研究院歷史語言研究所"	

序號	器名	字數	時代	著録	出土地	現藏地	備註
8380	中爵	1	商代後期	集成 7716 録遺 378 古器物研究專刊第二本圖版 35	1934—1935 年河南安陽市侯家莊 M1032	臺北"中央研究院歷史語言研究所"	
8381	⊗爵	1	商代後期或西周早期	集成 7717 録遺 379			
8382	䘸爵	1	商代後期	集成 7718 巖窟上 30	傳 1939 年河南安陽市		梁上椿舊藏
8383	䘸爵	1	商代後期	集成 7719			英國倫敦塞奇威克氏舊藏
8384	□爵	1	商代後期或西周早期	集成 7720 録遺 380			
8385	□爵	1	商代後期或西周早期	集成 7721 録遺 381			
8386	□爵	1	商代後期或西周早期	集成 7722 録遺 387			
8387	□爵	1	商代後期或西周早期	集成 7723 三代 15.15.9			
8388	□爵	1	商代後期	集成 7724 三代 15.15.10 愙齋 22.7 周金 5.129.2 殷存下 4.11 小校 6.9.8			李佐賢、吴大澂舊藏
8389	禾爵	1	商代後期	集成 7725 中原文物 1985 年 1 期 30 頁圖 2：48		新鄉市博物館	

序號	器名	字數	時代	著録	出土地	現藏地	備註
8390	來爵	1	商代後期或西周早期	集成 7726 録遺 410			
8391	爵	1	商代後期或西周早期	集成 7727		遼寧省博物館	
8392	爵	1	西周早期	集成 7728 琉璃河西周燕國墓地 170 頁圖 101.4	北京琉璃河黄土坡村 M251：4	首都博物館	
8393	爵	1	西周早期	集成 7729 三代 15.15.11 冠斝中 20			榮厚舊藏
8394	爵	1	商代後期	集成 7730		故宫博物院	
8395	爵	1	商代後期	集成 7731		故宫博物院	
8396	爵	1	商代後期	集成 7732 中原文物 1985 年 1 期 30 頁圖 2：53		新鄉市博物館	
8397	爵	1	西周早期	集成 7733 三代 15.15.2			
8398	爵	1	商代後期	集成 7734 貞松 9.32.4 善齋 6.17 續殷下 5.3 小校 6.6.4		故宫博物院	劉體智舊藏
8399	弜爵	1	商代後期或西周早期	集成 7735 録遺 395		故宫博物院	
8400	木爵	1	商代後期	集成 7736 古器物研究專刊第二本圖版 47	1934—1935 年河南安陽市侯家莊 M2020	臺北"中央研究院歷史語言研究所"	

序號	器名	字數	時代	著録	出土地	現藏地	備註
8401	困爵	1	西周早期	集成 7737 琉璃河西周燕國墓地 168 頁	北京琉璃河黄土坡村 M253：7	首都博物館	
8402	困爵	1	西周早期	集成 7738 琉璃河西周燕國墓地 169 頁	北京琉璃河黄土坡村 M253：6	首都博物館	
8403	爵	1	商代後期	集成 7739	1983 年河南安陽市郊大司空村墓葬	考古研究所安陽工作站	
8404	爵	1	商代後期	集成 7740	1983 年河南安陽市郊大司空村墓葬	考古研究所安陽工作站	
8405	爵	1	商代後期	集成 7741 中原文物 1985 年 1 期 30 頁 2：47		河南新鄉市博物館	
8406	析爵	1	商代後期或西周早期	集成 7742		故宫博物院	
8407	爵	1	商代後期	集成 7743 綜覽 176 頁爵 147 彙編 9.1723		日本某私人處	
8408	爵	1	商代後期	集成 7744		故宫博物院	
8409	爵	1	商代後期	集成 7745 博古 14.35 薛氏 33.3 嘯堂 47.2			
8410	爵	1	商代後期	集成 7746 學報 1951 年 5 册圖版 45：13	1950 年河南安陽市殷墟洹南小墓	中國歷史博物館	

序號	器名	字數	時代	著録	出土地	現藏地	備註
8411	◇爵	1	商代後期	集成 7747 中原文物 1986 年 3 期 119 頁圖 2：2		安陽市博物館	
8412	◇爵	1	商代後期	集成 7748		上海博物館	
8413	⋈爵	1	西周早期	集成 7749 善齋 6.16 小校 6.9.9		故宫博物院	劉體智舊藏
8414	⋈爵	1	西周中期	集成 7750 陝青 2.79	1976 年陝西扶風縣莊白一號窖藏	周原扶風縣文物管理所	
8415	[illegible]爵	1	商代後期	集成 7751 考古 1981 年 2 期 117 頁圖 8：4	1979 年河南羅山縣蟒張村 M6	羅山縣文化館	
8416	∫爵	1	商代後期	集成 7752		故宫博物院	
8417	ⓞ爵	1	商代後期	集成 7753		故宫博物院	
8418	ⓞ爵	1	商代後期	集成 7754		故宫博物院	
8419	㇄爵	1	商代後期	集成 7755		上海博物館	
8420	⊠角	1	商代後期	集成 7756		故宫博物院	
8421	⊠爵	1	商代後期	集成 7757		故宫博物院	
8422	⊠爵	1	商代後期	集成 7758		上海博物館	
8423	[illegible]爵	1	商代後期	集成 7759		故宫博物院	
8424	⋈爵	1	商代後期	集成 7760		上海博物館	
8425	⋈爵	1	商代後期	集成 7761		上海博物館	
8426	⋈爵	1	商代後期	集成 7762		上海博物館	
8427	⋈爵	1	商代後期	集成 7763		北京師範學院歷史系	
8428	⋈爵	1	商代後期	集成 7764 學報 1979 年 1 期 83 頁圖 60：14 河南 1.214	1975 年河南安陽市殷墟西區小墓	考古研究所安陽工作站	

序號	器名	字數	時代	著録	出土地	現藏地	備註
8429	[illegible]爵	1	商代後期或西周早期	集成 7765		故宫博物院	
8430	[illegible]爵	1	商代後期或西周早期	集成 7766		故宫博物院	
8431	[illegible]爵	1	商代後期	集成 7767		故宫博物院	
8432	[illegible]爵	1	商代後期	集成 7768		故宫博物院	
8433	[illegible]爵	1	商代後期或西周早期	集成 7769		故宫博物院	
8434	沙爵	1	商代後期	集成 7770		上海博物館	
8435	中爵	1	商代後期	集成 7771 續殷下 7.6			
8436	弜爵	1	商代後期	近出 759 考古學報 1986 年 2 期 161—172 頁	1979—1980 年河南省羅山縣蟒張鄉天湖村墓葬 M5：4	河南省羅山縣文化館	
8437	戈大爵	1	商代後期	近出 760 佳士得（1981,7,15 211）			英國倫敦佳士得拍賣行曾見
8438	須爵	1	西周早期	近出 761 佳士得（1981,7,15 9）			英國倫敦佳士得拍賣行曾見
8439	企爵	1	商代後期	近出 762 考古與文物 1996 年 6 期 74—77 頁		河南省南陽市博物館	
8440	切爵	1	商代後期	近出 763 富士比（1977,3,29 172）			英國倫敦富士比拍賣行曾見

序號	器名	字數	時代	著録	出土地	現藏地	備註
8441	夲爵	1	商代後期	近出 764 富士比(1994,6,7 1)			Carson 夫婦舊藏;英國倫敦富士比拍賣行曾見
8442	旅爵	1	商代後期	近出 765 考古與文物 1996 年 6 期 74—77 頁		河南省南陽市博物館	
8443	目爵	1	西周早期	近出 766 富士比(1972,5,23 9)			英國倫敦富士比拍賣行曾見
8444	臤爵	1	西周中期	近出 767 考古與文物 1990 年 5 期 26—43 頁	1980 年陝西省長安縣馬王鎮三大隊	陝西省西安市文物中心	
8445	執爵	1	西周早期	近出 768 富士比(1958,6,24 88)			英國倫敦富士比拍賣行曾見
8446	涉爵	1	商代後期	近出 769 考古學報 1986 年 2 期 161—172 頁	1979—1980 年河南省羅山縣蟒張鄉天湖村墓葬 M23:4	河南省羅山縣文化館	
8447	[illegible]爵	1	西周早期	近出 770 富士比(1984,12,11 11)			英國倫敦富士比拍賣行曾見
8448	象爵	1	商代後期	近出 771 考古 1986 年 12 期 1068 頁	1983 年河南省安陽市薛家莊墓葬 M3:27	中國社會科學院考古研究所安陽工作隊	
8449	融爵	1	商代後期	近出 772 海岱考古第一輯 256—266 頁	1986 年春山東省青州市蘇埠屯墓葬 M8:6	山東省青州市博物館	另有三件與該器同銘

序號	器名	字數	時代	著録	出土地	現藏地	備註
8450	秉爵	1	商代後期	近出 773 考古 1988 年 10 期 867—868 頁	1983 年 6—10 月河南省安陽市大司空村墓葬 M663：49	中國社會科學院考古研究所安陽工作隊	
8451	爵	1	商代後期	近出 774 考古 1991 年 2 期 132—134 頁	1987 年 8—12 月河南省安陽市梅園莊南地墓葬 M59：1	河南省安陽市文物工作隊	
8452	戈爵	1	西周早期	近出 775 歐遺珠圖版 89		德國柏林東方藝術博物館	
8453	戜爵	1	商代後期	近出 776 考古 1993 年 10 期 883—896 頁	1991 年河南省安陽市後岡墓葬 M21：3	中國社會科學院考古研究所安陽工作隊	
8454	瘠爵	1	商代後期	近出 777 海岱考古第一輯 320—324 頁		山東省濟南市博物館	
8455	个爵	1	商代後期	近出 778 考古與文物 1997 年 1 期 75 頁	1980 年 11 月河南省偃師縣山化鄉忠義村	河南省偃師商城博物館	
8456	个爵	1	商代後期	近出 779 考古學報 1992 年 3 期 354—356 頁	1960 年秋河北武安縣趙窑村墓葬 M10：4	河北省文物研究所	
8457	子爵	1	商代後期	近出 780 富士比(1983,6,21 88)			英國倫敦富士比拍賣行曾見

序號	器名	字數	時代	著録	出土地	現藏地	備註
8458	子爵	1	商代後期	近出781 考古1994年1期94頁	1991年10月山東省滕州市級索鎮第十一中學校園内	山東省滕州市博物館	
8459	囝爵	1	商代後期	近出782 富士比(1973,11,16 11)			英國倫敦富士比拍賣行曾見
8460	史爵	1	商代後期	近出783 海岱考古第一輯320—324頁		山東省濟南市博物館	
8461	息爵	1	商代後期	近出784 考古學報1986年2期161—172頁	1979—1980年河南省羅山縣蟒張鄉天湖村墓葬M11：2	河南省羅山縣文化館	
8462	息爵	1	商代後期	近出785 考古學報1986年2期161—172頁	1979—1980年河南省羅山縣蟒張鄉天湖村墓葬M28：6	河南省羅山縣文化館	
8463	息爵	1	商代後期	近出786 考古學報1986年2期161—172頁	1979—1980年河南省羅山縣蟒張鄉天湖村墓葬M6：5	河南省羅山縣文化館	
8464	戱方爵	1	商代後期	近出787 考古1993年10期883—896頁	1991年河南省安陽市後岡墓葬M9：10	中國社會科學院考古研究所安陽工作隊	
8465	戱方爵	1	商代後期	近出788 考古1993年10期883—896頁	1991年河南省安陽市後岡墓葬M9：4	中國社會科學院考古研究所安陽工作隊	

序號	器名	字數	時代	著録	出土地	現藏地	備註
8466	戱爵	1	商代後期	近出 789 考古 1993 年 10 期 883—896 頁	1991 年河南省安陽市後岡墓葬 M9：11	中國社會科學院考古研究所安陽工作隊	
8467	生爵	1	西周早期	近出 790 富士比（1984，12，11 22）			英國倫敦富士比拍賣行曾見
8468	亇爵	1	商代後期	近出 791 海岱考古第一輯 320—324 頁		山東省濟南市博物館	
8469	壬爵	1	西周早期	近出 792 富士比（1970，7，14 90）			英國倫敦富士比拍賣行曾見
8470	宁爵	1	商代後期	近出 793 考古學報 1986 年 2 期 161—172 頁	1979—1980 年河南省羅山縣蟒張鄉天湖村墓葬 M15：3	河南省羅山縣文化館	
8471	春爵	1	西周早期	近出 794 富士比（1970，5，12 12）			英國倫敦富士比拍賣行曾見
8472	亯爵	1	西周早期	近出 795 富士比（1973，11，16 9）			英國倫敦富士比拍賣行曾見
8473	[illegible]爵	1	商代後期	近出 796 富士比（1970，12，15 15）			英國倫敦富士比拍賣行曾見
8474	[illegible]爵	1	西周早期	近出 797 寶鷄強國墓地（上）179 頁	陝西省寶鷄市竹園溝 8 號墓 M8：3	陝西省寶鷄市博物館	
8475	入爵	1	商代後期	近出 798 海岱考古第一輯 320—324 頁		山東省濟南市博物館	

序號	器名	字數	時代	著録	出土地	現藏地	備註
8476	[illegible]爵	1	商代後期	近出799 富士比(1975,7,8 13)			英國倫敦富士比拍賣行曾見
8477	[illegible]爵	1	商代後期	近出800 海岱考古第一輯320—324頁		山東省濟南市博物館	
8478	[illegible]爵	1	商代後期	近出801 文物1986年11期14頁	1985年1月山西省靈石縣旌介村墓葬M2:35	山西省靈石縣文化局	
8479	[illegible]爵	1	商代後期	近出802 文物1986年11期14頁	1985年1月山西省靈石縣旌介村墓葬M2:42	山西省靈石縣文化局	
8480	[illegible]爵	1	商代後期	近出803 富士比(1991,12,10 8)			英國倫敦富士比拍賣行曾見
8481	[illegible]爵	1	西周早期	近出804 富士比(1988,12,13 5)			英國倫敦富士比拍賣行曾見
8482	卝爵	1	西周早期	近出805 富士比(1977,3,29 168)			F. Luboshez舊藏;英國倫敦富士比拍賣行曾見
8483	羊爵	1	商代後期	近出附38 考古1991年10期903—907頁	1986年底河南安陽市郭家村北墓葬	河南安陽市文物工作隊	同出兩件,形制、大小、花紋、銘文相同
8484	息爵	1	商代後期	近出附39 考古學報1986年2期161—172頁	1979—1980年河南羅山縣蟒張鄉天湖村墓葬	河南信陽地區文管會	
8485	爰爵	1	商代後期	近出附40 考古學報1991年3期333—342頁	1984年10—11月河南安陽市戚家莊東269號墓	河南安陽市文物工作隊	同出兩件,形制、大小、銘文相同

序號	器名	字數	時代	著録	出土地	現藏地	備註
8486	[illegible]爵	1	商代後期	近出附 41 海岱考古第一輯 320—324 頁		山東濟南市博物館	
8487	◇爵	1	商代後期	近出附 42 中原文物 1985 年 1 期 26—31 頁		河南新鄉市博物館	
8488	亞矣爵	2	商代後期	集成 7772 三代 15.16.2 貞圖中 26			羅振玉舊藏
8489	亞矣爵	2	商代後期	集成 7773 冠斝中 29		上海博物館	榮厚舊藏
8490	亞矣爵	2	商代後期	集成 7774 三代 15.16.3 美集録 R507			美國紐約羅比爾舊藏
8491	亞矣爵	2	商代後期	集成 7775 三代 15.16.6			
8492	亞矣爵	2	商代後期	集成 7776 鄴二上 26		故宫博物院	
8493	亞矣角	2	商代後期	集成 7777 録遺 382		故宫博物院	
8494	亞矣爵	2	商代後期或西周早期	集成 7778 三代 15.16.7		上海博物館	
8495	亞矣爵	2	商代後期或西周早期	集成 7779 三代 15.16.8			
8496	亞矣爵	2	商代後期	集成 7780 三代 15.16.4 貞圖中 27		考古研究所藏	羅振玉舊藏
8497	亞矣爵	2	商代後期	集成 7781 三代 15.16.5 貞圖中 28			羅振玉舊藏

序號	器名	字數	時代	著録	出土地	現藏地	備註
8498	亞矣爵	2	西周早期	集成 7782 三代 15.16.1 攈古 1.1.9.3 殷存下 3.7 小校 6.11.2			潘祖蔭舊藏
8499	亞醜爵	2	商代後期	集成 7783 文物 1972 年 8 期 21 頁圖 7：3	1966 年山東益都縣蘇埠屯 M1	山東省博物館	
8500	亞醜爵	2（鋬内底内各 2 字）	商代後期	集成 7784 三代 15.40.2 續殷下 2.11（鋬内）			吴曉亭舊藏
8501	亞醜爵	2（鋬内底内各 2 字）	商代後期	集成 7785 三代 15.40.1			
8502	亞醜爵	2	商代後期	集成 7786 三代 15.17.1 愙齋 22.4.1 綴遺 24.29.1（作觴） 陶續 2.11 續殷下 2.7（又 2.8.2.9 重出）			端方舊藏
8503	亞醜爵	2	西周早期	集成 7787 續殷下 2.12			
8504	亞子爵	2	商代後期或西周早期	集成 7788 録遺 412			
8505	亞爵	2	商代後期	集成 7789		故宫博物院	
8506	亞鐖爵	2	商代後期	集成 7790		故宫博物院	
8507	亞鐖爵	2	商代後期	集成 7791 文物 1986 年 11 期 7 頁圖 11：4	1985 年山西靈石縣旌介村 M1	山西省考古研究所	

序號	器名	字數	時代	著録	出土地	現藏地	備註
8508	亞[illegible]爵	2	商代後期	集成 7792 文物 1986 年 11 期 7 頁圖 11：5	1985 年山西靈石縣旌介村 M1	山西省考古研究所	
8509	亞[illegible]角	2	商代後期	集成 7793 三代 16.41.4 積古 2.15.3 攈古 1.2.15.1 綜覽 192 頁角 23		日本東京某氏	
8510	亞[illegible]角	2	商代後期	集成 7794 三代 16.42.1 愙齋 23.8.4 殷存下 22.4 善齋 7.56 續殷下 3.11 小校 6.78.4 善彝 164 故圖下下 375		臺北“中央博物院”	李山農、溥倫、劉體智舊藏
8511	亞[illegible]爵	2	商代後期	集成 7795 三代 15.33.1		故宫博物院	
8512	亞[illegible]爵	2	商代後期	集成 7796 銅玉 Fig70 綜覽 169 頁爵 78			
8513	亞[illegible]角	2	西周早期	集成 7797 三代 16.42.4 西清 26.46 陶續 2.12 續殷下 38.1 賸稿 43 小校 6.78.3 美集録 R133 歐精華 1.65	傳河南	美國紐約大都會美術博物館	清宫舊藏後歸劉鶚、端方；《集成》説明中字數誤爲 1，應爲 2
8514	亞[illegible]爵	2	商代後期	集成 7798		上海博物館	
8515	亞[illegible]爵	2	商代後期	集成 7799		上海博物館	

序號	器名	字數	時代	著録	出土地	現藏地	備註
8516	亞盥爵	2	商代後期	集成 7800 殷青圖 62：11	1963 年河南安陽市殷墟苗圃北地 M172	考古研究所安陽工作站	
8517	亞羖爵	2	商代後期	集成 7801 中原文物 1985 年 1 期 30 頁圖 2：28	河南安陽市	新鄉市博物館	
8518	亞獸爵	2	商代後期	集成 7802	傳河南安陽市	故宫博物院	
8519	亞獸爵	2	商代後期或西周早期	集成 7803		故宫博物院	
8520	亞獸爵	2	商代後期或西周早期	集成 7804 録遺 432			
8521	亞獸爵	2	商代後期或西周早期	集成 7805 録遺 466			
8522	亞獸爵	2	商代後期	集成 7806 綜覽 173 頁爵 107		日本奈良天理参考館	
8523	亞獸爵	2	商代後期	集成 7807		故宫博物院	
8524	亞爵	2	商代後期	集成 7808 三代 15.33.4 陶續 1.11 續殷下 1.5 美集録 R135		美國紐約大都會美術博物館	端方舊藏
8525	亞鳥爵	2	商代後期	集成 7809		故宫博物院	
8526	亞雔爵	2	商代後期	集成 7810		中國歷史博物館	
8527	亞隻爵	2	商代後期	集成 7811 彙編 8.1001		英國倫敦不列顛博物館	

序號	器名	字數	時代	著録	出土地	現藏地	備註
8528	亞隻爵	2	商代後期	集成 7812 日精華 3.216 彙編 8.1000	傳河南安陽市郊		日本京都川合定治郎舊藏
8529	亞隻爵	2	商代後期	集成 7813 綜覽 175 頁爵 127		日本東京根津美術館	
8530	亞[illegible]爵	2	商代後期或西周早期	集成 7814 綴遺 19.30.2 續殷下 20.2 山東存坿 8.2	乾隆末年於壽張縣梁山		黄小松舊藏
8531	亞夂爵	2	商代後期	集成 7815 三代 15.33.5 貞松 9.39.3 綴遺 19.12.2			
8532	亞[illegible]爵	2	商代後期或西周早期	集成 7816 録遺 391			
8533	亞沚爵	2	商代後期或西周早期	集成 7817 三代 15.8.9 續殷下 7.10 小校 6.11.4			
8534	正沚爵	2	商代後期或西周早期	集成 7818 三代 15.18.10			
8535	亞弜爵	2	商代後期	集成 7819 彙編 8.1046		美國華盛頓西雅圖美術博物館	
8536	亞弜爵	2	商代後期	集成 7820 荷比 93 頁 PL9 彙編 8.1047		荷蘭某私人處	
8537	亞弜爵	2	商代後期	集成 7821 三代 15.33.2 貞圖中 25 貞續下 7 續殷下 21.2		中國歷史博物館	羅振玉舊藏

序號	器名	字數	時代	著録	出土地	現藏地	備註
8538	亞舟爵	2	商代後期	集成 7822		故宫博物院	
8539	亞舟爵	2	商代後期	集成 7823 三代 15.33.3 柯爾 31 頁			英國倫敦柯爾氏舊藏
8540	亞聘爵	2	西周早期	集成 7824 三代 15.17.4 攈古 1.2.26.1 綴遺 19.29.2 周金 5.127.3 小校 6.12.2			朱善旂舊藏
8541	亞[illegible]爵	2	商代後期	集成 7825 三代 15.26.7 貞松 9.35.2 海外吉 84 泉屋 2.76		日本京都泉屋博古館	
8542	亞[illegible]爵	2	商代後期	集成 7826 續殷下 18.2			
8543	亞戈爵	2	商代後期	集成 7827 三代 15.17.3 貞圖中 17 續殷下 4.5		旅順博物館	羅振玉舊藏
8544	亞[illegible]爵	2	商代後期	集成 7828		中國歷史博物館	中國科學院圖書館舊藏
8545	亞[illegible]爵	2	商代後期或西周早期	集成 7829		故宫博物院	
8546	亞[illegible]爵	2	西周早期	集成 7830 録遺 462		故宫博物院	
8547	亞其爵	2	商代後期	集成 7831 録遺 461			
8548	亞其爵	2	商代後期	集成 7832			
8549	亞其爵	2	商代後期	集成 7833		故宫博物院	
8550	亞其爵	2	商代後期	集成 7834 上海 17		上海博物館	

序號	器名	字數	時代	著録	出土地	現藏地	備註
8551	亞其爵	2	商代後期	集成 7835 婦好墓 84 頁圖 56：4	1976 年河南安陽市殷墟婦好墓	考古研究所	
8552	亞其爵	2	商代後期	集成 7836 婦好墓 84 頁圖 56：5	1976 年河南安陽市殷墟婦好墓	考古研究所	
8553	亞其爵	2	商代後期	集成 7837 婦好墓 84 頁圖 56：6	1976 年河南安陽市殷墟婦好墓	考古研究所	
8554	亞其爵	2	商代後期	集成 7838 婦好墓 84 頁圖 56：7	1976 年河南安陽市殷墟婦好墓	考古研究所	
8555	亞其爵	2	商代後期	集成 7839 婦好墓 84 頁圖 56：9	1976 年河南安陽市殷墟婦好墓	考古研究所	
8556	亞其爵	2	商代後期	集成 7840 婦好墓 84 頁圖 56：8	1976 年河南安陽市殷墟婦好墓	考古研究所	
8557	亞其爵	2	商代後期	集成 7841 婦好墓 87 頁圖 57：2	1976 年河南安陽市殷墟婦好墓	考古研究所	
8558	亞其爵	2	商代後期	集成 7842	1976 年河南安陽市殷墟婦好墓	考古研究所	
8559	亞其爵	2	商代後期	集成 7843	1976 年河南安陽市殷墟婦好墓	考古研究所	
8560	亞辛爵	2	商代後期	集成 7844 彙編 8. 1058		美國聖路易市美術博物館	
8561	且甲爵	2	商代後期	集成 7845 三代 15. 17. 6 冠斝中 30		上海博物館	榮厚舊藏

序號	器名	字數	時代	著録	出土地	現藏地	備註
8562	且甲爵	2	商代後期	集成 7846 三代 15.17.5			
8563	且乙爵	2	商代後期	集成 7847 三代 15.17.7 從古 14.3 攈古 1.1.32.2 窓齋 22.20.3 綴遺 20.7.1 奇觚 7.11.1 殷存下 5.8 簠齋 2 爵 12 雙吉上 33 小校 6.13.6			陳介祺、于省吾舊藏
8564	且乙爵	2	商代後期	集成 7848 三代 15.17.8 窓齋 23.19.4 殷存下 5.6 小校 6.13.4			吴大澂舊藏
8565	且乙爵	2	商代後期或西周早期	集成 7849 三代 15.18.2 殷存下 5.7			
8566	且乙爵	2	西周早期	集成 7850 三代 15.18.1 貞松 9.33.1 善齋 6.20 續殷下 8.9 小校 6.13.5			劉體智舊藏
8567	且乙爵	2	西周早期	集成 7851 博古 14.15 薛氏 35.4 嘯堂 44.1			
8568	且丁爵	2	商代後期	集成 7852 續殷下 8.11			

序號	器名	字數	時代	著録	出土地	現藏地	備註
8569	且丁爵	2	商代後期	集成 7853 小校 6.13.7 貞續下 2.3 彙編 7.946 薩克勒(1987)203 頁		美國紐約薩克勒氏	
8570	且戊爵	2	商代後期或西周早期	集成 7854 三代 15.18.4 愙齋 22.6.2 殷存下 5.9 小校 6.14.2			王懿榮舊藏
8571	且戊爵	2	商代後期或西周早期	集成 7855 三代 15.18.6 貞補中 24.1			原河南博物館舊藏
8572	且戊爵	2	商代後期或西周早期	集成 7856 三代 15.18.5 貞續下 2.4 小校 6.14.1			
8573	且己爵	2	商代後期或西周早期	集成 7857		上海博物館	《集成》説明和目録中器名均誤爲"且已爵"
8574	且己爵	2	商代後期	集成 7858 博古 14.18 薛氏 35.5 嘯堂 44.4			《集成》説明和目録中器名均誤爲"且已爵"
8575	且庚爵	2	商代後期	集成 7859 三代 15.18.7 貞松 9.33.2 小校 6.14.3			徐乃昌舊藏
8576	且庚爵	2	商代後期	集成 7860 考古 1985 年 7 期 665 頁圖 2:6	河南臨汝縣李樓村	臨汝縣博物館	

序號	器名	字數	時代	著録	出土地	現藏地	備註
8577	且庚爵	2	商代後期或西周早期	集成 7861		遼寧省博物館	
8578	且辛爵	2	商代後期	集成 7862 學報 1979 年 1 期 83 頁圖 60：17 河南 1.234	1977 年河南安陽市殷墟西區 M793	考古研究所安陽工作站	
8579	且辛爵	2	商代後期	集成 7863		陝西扶風縣博物館	
8580	且辛爵	2	西周早期	集成 7864		故宫博物院	
8581	且辛爵	2	西周早期	集成 7865 懷履光（1956）111 頁圖 5	傳 1930 年以前河南洛陽市郊	加拿大多倫多皇家安大略博物館	懷履光舊藏
8582	且辛爵	2	西周早期	集成 7866 三代 15.18.8 攈古 1.1.32.1 窸齋 22.20.4 綴遺 20.13.1 奇觚 7.12 簠齋 2 爵 13 殷存下 5 雙吉上 34 續殷下 9.6 尊古 2.49 小校 6.14.4		故宫博物院	陳介祺、于省吾舊藏
8583	且辛爵	2	西周早期	集成 7867 文叢 3.45 頁圖 16		洛陽市文物工作隊	
8584	且壬爵	2	商代後期	集成 7868 善齋 6.21 續殷下 9.7 小校 6.14.5			劉體智舊藏

序號	器名	字數	時代	著録	出土地	現藏地	備註
8585	且癸爵	2	商代後期	集成7869 彙編7.945		加拿大多倫多皇家安大略博物館	
8586	且癸爵	2	商代後期	集成7870 三代15.19.3 貞續下3.1 續殷下9.9 貞圖中18			羅振玉舊藏
8587	且癸爵	2	商代後期或西周早期	集成7871 三代15.19.1 殷存下5.11			潘祖蔭舊藏
8588	且癸爵	2	西周早期	集成7872 三代15.19.2 貞松9.33.3 澂秋46 續殷下9.8		故宫博物院	陳承裘舊藏
8589	父甲角	2	商代後期	集成7873 三代16.42.2 貞松10.23 小校6.78.7 美集録R212		美國魯本斯氏	劉體智舊藏;或以爲銘乃後刻
8590	父甲爵	2	商代後期	集成7874 文物1977年4期69頁圖13:2	1975年山東膠縣西庵村墓葬	山東濰坊市博物館	
8591	父甲爵	2	商代後期	集成7875 三代15.19.4 貞續下3.2			
8592	父甲爵	2	商代後期或西周早期	集成7876 三代15.19.5 綴遺20.6.1 奇觚7.13.1 殷存下5.12(下6.1重出) 小校6.14.7			潘祖蔭舊藏

序號	器名	字數	時代	著録	出土地	現藏地	備註
8593	父甲爵	2	商代後期或西周早期	集成7877 三代15.19.6 愙齋22.17.2 綴遺20.6.2 奇觚7.13.2 簠齋2爵18 殷存下6.2 小校6.14.8			陳介祺舊藏
8594	父甲爵	2	西周早期	集成7878		故宫博物院	
8595	父甲爵	2	西周早期	集成7879		故宫博物院	
8596	父乙爵	2	商代後期	集成7880 三代16.39.2 綴遺22.20.1 陶續2.10 夢郼上49			唐白甫、端方、羅振玉舊藏；柱及身有僞銘五字
8597	父乙爵	2	商代後期或西周早期	集成7881	1926年河南洛陽市邙山苗溝	加拿大多倫皇家安大略博物館	懷履光舊藏
8598	父乙爵	2	商代後期或西周早期	集成7882 彙編7.938		美國舊金山亞洲藝術博物館布倫戴奇藏品	
8599	父乙爵	2	商代後期或西周早期	集成7883 三代15.19.10 殷存下6.7			
8600	父乙爵	2	商代後期或西周早期	集成7884 三代15.19.9 續殷下10.2			
8601	父乙爵	2	商代後期	集成7885 三代15.19.8 攈古1.1.30.1 愙齋23.11.1 移林24 殷存下6.5 小校6.15.4		故宫博物院	瞿穎山、李山農、丁麟年舊藏

序號	器名	字數	時代	著録	出土地	現藏地	備註
8602	父乙爵	2	商代後期	集成 7886		黑龍江省博物館	故宫博物院舊藏
8603	父乙爵	2	商代後期或西周早期	集成 7887 續殷下 6.4			
8604	父乙爵	2	商代後期或西周早期	集成 7888		故宫博物院	
8605	父乙爵	2	商代後期或西周早期	集成 7889			
8606	父乙爵	2	商代後期	集成 7890 博古 14.7 薛氏 34.6 嘯堂 42.4			
8607	父乙爵	2	商代後期	集成 7891 博古 14.9 薛氏 34.7 嘯堂 43.2			
8608	父乙爵	2	商代後期	集成 7892 博古 14.10 薛氏 34.8 嘯堂 43.3			
8609	父乙爵	2	商代後期	集成 7893 博古 14.11 薛氏 35.1 嘯堂 43.4			
8610	父乙爵	2	商代後期	集成 7894 博古 14.12 薛氏 35.2 嘯堂 43.5			
8611	父乙爵	2	商代後期	集成 7895 博古 14.13 薛氏 35.3 嘯堂 43.6			

序號	器名	字數	時代	著録	出土地	現藏地	備註
8612	父乙爵	2	西周早期	集成 7896 三代 15.19.11 從古 8.18 愙齋 23.10.2 殷存下 6.6 十二補 3 小校 6.15.3 冠斝中 28			張致和、李山農、榮厚舊藏
8613	父乙爵	2	西周早期	集成 7897 三代 15.19.7 殷存下 6.3 續殷下 9.12 小校 6.15.1			
8614	父乙爵	2	西周早期	集成 7898 琉璃河西周燕國墓地 167 頁	1973 年北京房山縣琉璃河黄土坡村 M52：9	首都博物館	
8615	父乙爵	2	西周早期	集成 7899 考古與文物 1982 年 2 期 8 頁圖 2：4	1974 年陝西岐山縣張家場村	岐山縣博物館	
8616	父乙爵	2	西周早期	集成 7900 美集録 R214			美國紐約魏格氏舊藏
8617	父丙爵	2	西周早期	集成 7901 三代 15.20.1 愙齋 22.9.3 綴遺 20.8.1 續殷下 10.9 小校 6.15.6			潘祖蔭舊藏

序號	器名	字數	時代	著録	出土地	現藏地	備註
8618	父丁爵	2	商代後期	集成 7902 三代 15.21.2 從古 14.7 攈古 1.1.29.3 愙齋 22.17 綴遺 20.11.2 奇觚 7.17.1 簠齋 2 爵 27 殷存下 7.2 雙吉上 37 尊古 3.2 小校 6.17.5			陳介祺、于省吾舊藏
8619	父丁爵	2	商代後期或西周早期	集成 7903		故宫博物館	
8620	父丁爵	2	商代後期或西周早期	集成 7904 三代 15.20.2 從古 14.6 愙齋 22.16.3 攈古 1.1.29.2 續遺 20.11.1 奇觚 7.16.2 簠齋 2 爵 26 殷存下 6.9 小校 6.16.5			陳介祺舊藏
8621	父丁爵	2	商代後期或西周早期	集成 7905 三代 15.20.3（又 15.20.7 重出） 從古 6.16 愙齋 22.10.2 續殷下 11.3 小校 6.15.7			張廷濟、潘祖蔭舊藏

序號	器名	字數	時代	著録	出土地	現藏地	備註
8622	父丁爵	2	商代後期	集成 7906 三代 15.20.6 從古 7.10 攈古 1.1.29.1 愙齋 23.11.4 綴遺 20.10.2 殷存下 7.3 小校 6.17.2 冠斝中 26 續殷下 10.11			李山農、瞿潁山、夏睫巢、榮厚舊藏
8623	父丁爵	2	商代後期或西周早期	集成 7907 三代 15.20.5 愙齋 22.16.4 奇觚 7.16.1 殷存下 7.1 簠齋 2 爵 25 小校 6.16.2			陳介祺舊藏
8624	父丁爵	2	商代後期或西周早期	集成 7908 三代 15.21.1 愙齋 23.22.3 殷存下 6.10 小校 6.16.8			吴大澂舊藏
8625	父丁爵	2	商代後期或西周早期	集成 7909 三代 15.20.9 綴遺 20.8.2 貞續下 3.3			梁山舟舊藏
8626	父丁爵	2	商代後期或西周早期	集成 7910 三代 15.21.3 愙齋 23.19.2 殷存下 6.11 小校 6.17.1			吴大澂舊藏
8627	父丁爵	2	商代後期或西周早期	集成 7911 中原文物 1985 年 1 期 30 頁圖 2：43		河南新鄉市博物館	

序號	器名	字數	時代	著録	出土地	現藏地	備註
8628	父丁爵	2	商代後期或西周早期	集成 7912			
8629	父丁爵	2	商代後期或西周早期	集成 7913			
8630	父丁爵	2	商代後期或西周早期	集成 7914		故宫博物院	
8631	父丁爵	2	商代後期或西周早期	集成 7915 復齋 7.1 積古 2.6 攈古 1.1.28.3			
8632	父丁爵	2	商代後期或西周早期	集成 7916 三代 15.20.8 貞松 9.33.4			
8633	父丁爵	2	西周早期	集成 7917 善齋 6.23 小校 6.17.3 續殷下 11.4 故圖下下 367		臺北"中央博物院"	劉體智舊藏
8634	父丁爵	2	西周早期	集成 7918 善齋 6.24 小校 6.16.3 續殷下 11.1			劉體智舊藏
8635	父丁爵	2	西周早期	集成 7919 考古 1984 年 12 期 1132 頁圖 1：1	1982 年安徽潁上縣鄭家灣村	潁上縣文化局文物工作組	
8636	父丁爵	2	西周早期	集成 7920 學報 1980 年 4 期 468 頁圖 16：7	1976 年陝西長安縣張家坡 M58	考古研究所西安研究室	

序號	器名	字數	時代	著録	出土地	現藏地	備註
8637	父丁爵	2	西周早期	集成 7921 陝青 3.13	1960 年陝西扶風縣齊家村墓葬	陝西省博物館	
8638	父丁爵	2	西周早期	集成 7922 考古 1963 年 12 期 657 頁圖 9：2	1960 年陝西扶風縣白家村墓葬	陝西省博物館	
8639	父丁爵	2	西周早期	集成 7923 江漢考古 1982 年 2 期 45 頁圖 6：4	1978 年湖北黄陂縣魯臺山	孝感地區博物館	
8640	父丁爵	2	西周早期	集成 7924 三代 15.20.4 貞續下 3.4 小校 6.16.1		故宫博物院	
8641	父丁爵	2	西周早期	集成 7925		南京大學歷史系考古教研室	
8642	父丁爵	2	西周早期	集成 7926		南京大學歷史系考古研究室	
8643	父戊爵	2	商代後期	集成 7927 巖窟上 36	1931 年河南安陽市		梁上椿舊藏
8644	父戊爵	2	商代後期	集成 7928		故宫博物院	《集成》目録中器名誤爲“公戊爵”
8645	父戊爵	2	商代後期	集成 7929 三代 15.21.5 貞松 9.34.1 續殷下 11.10			
8646	父戊爵	2	商代後期或西周早期	集成 7930 三代 15.21.4 綴遺 20.12.1 貞續下 4.1 續殷下 11.9 小校 6.17.6			

序號	器名	字數	時代	著録	出土地	現藏地	備註
8647	父戊爵	2	西周早期	集成 7931 歐精華 1.60 彙編 7.940		法國巴黎某私人處	
8648	父己爵	2	商代後期	集成 7932 録遺 418		故宫博物院	
8649	父己爵	2	商代後期	集成 7933 三代 15.22.2 殷存下 7.4			
8650	父己爵	2	商代後期	集成 7934 三代 15.21.6 窸齋 23.19.1 續殷下 12.2 小校 6.18.1			潘祖蔭、吴大澂舊藏
8651	父己爵	2	商代後期	集成 7935 美集録 R517			美國 Komor 舊藏
8652	父己角	2	商代後期	集成 7936		故宫博物館	
8653	父己爵	2	商代後期	集成 7937 貞松 9.34.3 小校 6.18.4 善齋 6.28 續殷下 12.1			劉體智舊藏
8654	父己爵	2	商代後期	集成 7938 三代 15.22.3 貞補中 24			原河南博物館舊藏
8655	父己爵	2	商代後期或西周早期	集成 7939 三代 15.22.4 小校 6.18.3 貞續下 4.2		上海博物館	劉體智舊藏
8656	父己爵	2	商代後期或西周早期	集成 7940 三代 15.21.7			
8657	父己爵	2	商代後期或西周早期	集成 7941 彙編 7.935		加拿大多倫多皇家安大略博物館	

序號	器名	字數	時代	著録	出土地	現藏地	備註
8658	父己爵	2	商代後期	集成 7942 陝圖 111		陝西省博物館	
8659	父己爵	2	西周早期	集成 7943		故宫博物院	
8660	父己爵	2	西周早期	集成 7944 三代 15.22.1 貞松 9.34.2 善齋 6.27 續殷下 12.3 小校 6.17.7			溥倫、劉體智舊藏
8661	父己爵	2	西周早期	集成 7945 三代 15.21.8 善齋 6.26 小校 6.17.8 續殷 12.4			劉體智舊藏
8662	父己爵	2	西周早期	集成 7946		故宫博物院	
8663	父己爵	2	西周早期	集成 7947		遼寧省博物館	
8664	父庚爵	2	商代後期	集成 7948		故宫博物院	
8665	父庚爵	2	商代後期或西周早期	集成 7949 三代 16.16.7 貞續下 13.4 小校 6.50.4			
8666	父庚爵	2	商代後期或西周早期	集成 7950		故宫博物院	
8667	父庚爵	2	西周早期	集成 7951 博古 14.31 薛氏 35.1 嘯堂 46.1			
8668	父辛爵	2	商代後期	集成 7952 三代 15.22.8 攈古 1.1.30.4 夢郼 29 續殷下 13.11			羅振玉舊藏

序號	器名	字數	時代	著録	出土地	現藏地	備註
8669	父辛爵	2	商代後期	集成 7953 中原文物 1984 年 4 期 22 頁圖 2	1982 年河南武陟縣龍睡村	武陟縣博物館	
8670	父辛爵	2	商代後期	集成 7954 三代 15.23.4 夢郼 28 續殷下 13.3			羅振玉舊藏
8671	父辛爵	2	商代後期	集成 7955 三代 15.23.3 二百 11 兩罍 1.17 窓齋 22.9.4(又 23.17.1 重出) 綴遺 20.14.1 續殷下 12.12 小校 6.18.7(又 6.18.8 重出)			吴雲、潘祖蔭舊藏
8672	父辛爵	2	商代後期	集成 7956 三代 15.22.6 綴遺 20.13.2 殷存下 7.6			潘祖蔭舊藏
8673	父辛爵	2	商代後期	集成 7957 三代 15.22.5 續殷下 13.1		故宫博物院	溥倫舊藏
8674	父辛爵	2	商代後期或西周早期	集成 7958 續殷下 13.12		上海博物館	
8675	父辛爵	2	商代後期	集成 7959 陝圖 110		陝西省博物館	
8676	父辛爵	2	商代後期或西周早期	集成 7960 三代 15.22.7 從古 3.14 窓齋 22.10.1 綴遺 20.14.2 續殷下 13.2 小校 6.19.1			張廷濟舊藏

序號	器名	字數	時代	著録	出土地	現藏地	備註
8677	父辛爵	2	商代後期或西周早期	集成 7961 三代 15.23.1 貞松 9.34.4			
8678	父辛爵	2	商代後期	集成 7962 三代 15.23.6 窓齋 23.18.1 續殷下 14.3 小校 6.20.1		故宫博物院	吴大澂舊藏
8679	父辛爵	2	商代後期	集成 7963		故宫博物院	
8680	父辛爵	2	商代後期或西周早期	集成 7964		上海博物館	
8681	父辛爵	2	商代後期或西周早期	集成 7965 復齋 8.4 積古 2.7.1 攈古 1.1.30.2			《集成》説明著録中"積古"誤爲"積吉"
8682	父辛爵	2	西周早期	集成 7966 琉璃河西周燕國墓地 167 頁	1973—1974 年北京房山縣琉璃河墓地 M251：5	首都博物館	
8683	父辛爵	2	西周早期	集成 7967 攈古 1.1.31.1 續殷下 13.8			吴式芬舊藏
8684	父辛爵	2	西周早期	集成 7968 文叢 3.45 頁圖 15		洛陽市博物館	
8685	父辛爵	2	西周早期	集成 7969 考古 1986 年 3 期 199 頁圖 5：2	1979—1981 年陝西長安縣張家坡村 M2	考古研究所西安研究室	
8686	父辛爵	2	西周早期	集成 7970		故宫博物院	

序號	器名	字數	時代	著録	出土地	現藏地	備註
8687	父壬爵	2	商代後期或西周早期	集成 7971 三代 15.23.7 愙齋 23.14.1 殷存下 7.8 小校 6.20.5			劉鶚、李山農舊藏
8688	父壬爵	2	商代後期或西周早期	集成 7972 三代 15.24.1 殷存下 7.7 續殷下 14.5 小校 6.20.4		上海博物館	潘祖蔭舊藏
8689	父壬爵	2	商代後期	集成 7973 博古 14.30 薛氏 35.8 嘯堂 46.3			
8690	父壬爵	2	西周早期	集成 7974 三代 15.23.9 殷存下 7.9 貞圖中 20			
8691	父壬爵	2	西周早期	集成 7975 三代 15.23.8 海外吉 87 貞補中 24.3 泉屋 2.83		日本京都泉屋博古館	
8692	父癸爵	2	商代後期	集成 7976 三代 15.24.10 金索金 1.15			
8693	父癸爵	2	商代後期	集成 7977 三代 15.24.5 從古 8.20 愙齋 23.15.1 殷存下 7.10 小校 6.21.1			李山農、瞿穎山舊藏

序號	器名	字數	時代	著録	出土地	現藏地	備註
8694	父癸爵	2	商代後期	集成 7978 三代 15.24.8 清愛 20 恒軒下 77 攈古 1.1.28.1 愙齋 23.18.2 綴遺 20.15.2 敬吾下 63.4 殷存下 7.11 小校 6.21.2(又 6.21.4 重出)			劉喜海、吴大澂舊藏
8695	父癸爵	2	商代後期	集成 7979 善齋 6.31 小校 6.21.3 貞松 9.35.1			劉體智舊藏
8696	父癸爵	2	商代後期或西周早期	集成 7980 三代 15.24.4			
8697	父癸爵	2	商代後期	集成 7981 三代 15.24.2 貞續下 4.3 貞圖中 21 續殷下 14.9			羅振玉舊藏
8698	父癸爵	2	商代後期或西周早期	集成 7982 三代 15.24.3 貞補中 24.4			
8699	父癸爵	2	商代後期或西周早期	集成 7983 三代 15.24.9 綴遺 20.15.1 續殷下 14.7			陳朗亭舊藏
8700	父癸爵	2	商代後期或西周早期	集成 7984 三代 15.24.7			

序號	器名	字數	時代	著録	出土地	現藏地	備註
8701	父癸爵	2	商代後期或西周早期	集成 7985		中國歷史博物館	
8702	父癸爵	2	西周早期	集成 7986 巖窟上 66	河南洛陽	故宫博物院	梁上椿舊藏
8703	父癸爵	2	西周早期	集成 7987 濬縣 18 辛村圖版 56：2	1933 年河南濬縣辛村墓葬	臺北"中央研究院歷史語言研究所"	
8704	父癸爵	2	西周早期	集成 7988 西甲 11.2			清宫舊藏
8705	父癸爵	2	西周早期	集成 7989 博古 14.32 薛氏 36.2 嘯堂 46.5			
8706	父癸爵	2	西周早期	集成 7990		故宫博物院	
8707	父□爵	2	西周早期	集成 7991 美集録 R257		美國堪斯市納爾遜美術陳列館	此器爲一鉛爵
8708	母己爵	2	商代後期	集成 7992 殷青圖 91：2	1959 年河南安陽市殷墟後崗祭祀坑	考古研究所安陽工作站	
8709	母己爵	2	商代後期或西周早期	集成 7993 録遺 445			
8710	母己爵	2	西周早期	集成 7994		遼寧省博物館	瀋陽故宫舊藏
8711	母癸爵	2	西周早期	集成 7995		故宫博物院	
8712	母癸爵	2	西周早期	集成 7996 三代 15.25.1 續殷下 15.10 小校 6.221		中國歷史博物館	

序號	器名	字數	時代	著録	出土地	現藏地	備註
8713	母癸爵	2	西周早期	集成 7997 三代 15.25.2 續殷下 15.9 小校 6.22.2		故宫博物院	
8714	匕癸爵	2	商代後期	集成 7998		上海博物館	
8715	▼甲爵	2	商代後期或西周早期	集成 7999 三代 15.25.3 貞圖中 22 續殷下 17.2		故宫博物院	羅振玉舊藏
8716	甲虫爵	2	商代後期或西周早期	集成 8000 三代 15.25.4 貞補中 25 海外吉 85 泉屋 2.77		日本京都泉屋博古館	
8717	[illegible]甲爵	2	商代後期	集成 8001 鄴三上 48	傳河南安陽市		
8718	甲㝁爵	2	商代後期或西周早期	集成 8002 三代 15.25.5 窓齋 22.22.4 殷存下 8.12 小校 6.22.3			許延暄舊藏
8719	癸乙爵	2	商代後期或西周早期	集成 8003 三代 15.25.6 貞松 9.35.4(銘倒)			
8720	何乙爵	2	商代後期或西周早期	集成 8004 三代 15.26.4 窓齋 22.6.1 綴遺 19.21.2 續殷下 18.6 小校 6.22.7			
8721	[illegible]乙爵	2	商代後期或西周早期	集成 8005 三代 15.26.3 續殷下 17.6			

序號	器名	字數	時代	著録	出土地	現藏地	備註
8722	[illegible]乙爵	2	商代後期或西周早期	集成 8006 三代 15.26.2 續殷下 17.7			
8723	乙[illegible]爵	2	商代後期	集成 8007 三代 15.25.7			
8724	乙[illegible]爵	2	商代後期	集成 8008		故宫博物院	
8725	[illegible]乙爵	2	商代後期或西周早期	集成 8009 三代 15.25.8 綴遺 20.3.1 小校 6.22.4			
8726	[illegible]乙爵	2	商代後期	集成 8010 三代 15.25.9 窸齋 23.21.4 奇觚 7.10.2 殷存下 9.2 小校 6.22.5(又 6.22.6 重出)		上海博物館	吴大澂、潘祖蔭舊藏
8727	[illegible]乙爵	2	商代後期或西周早期	集成 8011 三代 15.26.1 攈古 1.1.33.2 綴遺 20.2.1 續殷下 16.12			吴式芬舊藏
8728	守乙爵	2	商代後期	集成 8012 學報 1951 年 5 期圖版 45:9 河南 1.277	1950 年河南安陽市武官村大墓陪葬墓	中國歷史博物館	
8729	[illegible]乙爵	2	商代後期	集成 8013 學報 1979 年 1 期圖 58:6 河南 1.211	1975 年河南安陽市殷墟西區 M271	考古研究所安陽工作站	
8730	戈乙爵	2	商代後期	集成 8014 懷履光(1956)83 頁圖 7 彙編 9.1528	傳河南安陽市郊郭家灣北地	加拿大多倫多皇家安大略博物館	懷履光舊藏

序號	器名	字數	時代	著録	出土地	現藏地	備註
8731	[illegible]丙爵	2	商代後期或西周早期	集成 8015 三代 15.25.6 窓齋 23.5.1 綴遺 20.3.2 殷存下 9.3 小校 6.24.1			潘祖蔭舊藏
8732	牧丙爵	2	商代後期	集成 8016	1969 年河南安陽市豫北紡織廠	安陽市博物館	
8733	山丁爵	2	商代後期	集成 8017 三代 15.26.8 從古 14.10 攈古 1.1.33.1 窓齋 22.33.3 綴遺 20.1.2 奇觚 7.9.1 簠齋 2 爵 14 小校 6.24.2			陳介祺舊藏
8734	丁羞爵	2	商代後期	集成 8018 三代 15.26.9 貞續下 4.4			
8735	丁[illegible]爵	2	商代後期或西周早期	集成 8019 薛氏 36.3			
8736	丁[illegible]爵	2	商代後期或西周早期	集成 8020 三代 15.26.10 窓齋 22.7.4 綴遺 20.4.1 奇觚 7.9.2 殷存下 9.4 簠齋 2 爵 16 小校 6.24.3			陳介祺舊藏
8737	[illegible]丁爵	2	商代後期	集成 8021		中國歷史博物館	
8738	[illegible]丁爵	2	商代後期	集成 8022		上海博物館	

序號	器名	字數	時代	著録	出土地	現藏地	備註
8739	[illegible]丁爵	2	商代後期	集成 8023		故宫博物院	
8740	[illegible]丁爵	2	商代後期	集成 8024		故宫博物院	
8741	丁[illegible]爵	2	商代後期或西周早期	集成 8025 録遺 427			
8742	丁戈爵	2	商代後期或西周早期	集成 8026			
8743	屰丁爵	2	商代後期或西周早期	集成 8027			
8744	丁[illegible]爵	2	商代後期	集成 8028 美集録 R198			美國紐約魏格氏舊藏
8745	[illegible]戊爵	2	商代後期	集成 8029 三代 15.29.1			
8746	己並爵	2	商代後期	集成 8030 三代 15.27.4 貞續下 6.1 善齋 6.40 續殷下 19.6 小校 6.24.5			劉體智舊藏
8747	[illegible]己爵	2	商代後期	集成 8031 文物 1985 年 10 期 38 頁圖 14	1972 年安徽潁上縣趙集王拐村	阜陽地區博物館	
8748	[illegible]己爵	2	商代後期	集成 8032 文物 1985 年 10 期 38 頁圖 12	1972 年安徽潁上縣王崗鄭小莊墓葬	阜陽地區博物館	
8749	戈己爵	2	西周早期	集成 8033		故宫博物院	
8750	己戋爵	2	商代後期或西周早期	集成 8034 録遺 443			
8751	[illegible]己爵	2	商代後期	集成 8035 巖窟上 37	1931 年河南安陽市		梁上椿舊藏

序號	器名	字數	時代	著録	出土地	現藏地	備註
8752	己[illegible]爵	2	商代後期	集成 8036 三代 15.27.5 鄴初上 27 續殷下 9.1		中國歷史博物館	
8753	己入爵	2	商代後期或西周早期	集成 8037 貞續下 7.4			
8754	己入爵	2	西周早期	集成 8038 考古圖 5.2 博古 14.26.1 薛氏 35.6 嘯堂 45.4	得於壽陽紫金山		廬江李伯時舊藏
8755	己耒爵	2	西周早期	集成 8039 博古 14.26.2 薛氏 35.7 嘯堂 35.7			
8756	[illegible]己爵	2	商代後期	集成 8040 三代 15.27.6 貞松 9.35.3 善齋 6.41 續殷下 17.10 小校 6.25.3			劉體智舊藏
8757	己[illegible]爵	2	商代後期或西周早期	集成 8041 三代 15.27.2 窓齋 23.16.1 綴遺 20.15.1 殷存下 9.5 小校 6.244			潘祖蔭舊藏
8758	㠱己爵	2	西周早期	集成 8042 博古 14.23 薛氏 38.6 嘯堂 45.6			

序號	器名	字數	時代	著録	出土地	現藏地	備註
8759	己重爵	2	商代後期或西周早期	集成 8043 三代 15.27.3 愙齋 23.13.1 續殷下 18.7 小校 6.24.6			李山農舊藏
8760	己爵	2	商代後期	集成 8044		上海博物館	
8761	己爵	2	商代後期	集成 8045 三代 15.27.7 陶齋 3.21 小校 6.25.2 續殷下 20.12		故宫博物院	端方舊藏
8762	作己爵	2	西周早期	集成 8046		故宫博物院	
8763	庚爵	2	商代後期或西周早期	集成 8047 三代 15.27.8 積古 2.8.2 攈古 1.1.31.3 殷存下 9.9			
8764	庚爵	2	商代後期或西周早期	集成 8048 三代 15.38.4 貞松 9.37.3 小校 6.34.1			徐乃昌舊藏
8765	庚子爵	2	商代後期或西周早期	集成 8049 三代 15.31.6			
8766	萬庚爵	2	商代後期	集成 8050 録遺 442 鄴三上 49		故宫博物院	
8767	羊庚爵	2	商代後期	集成 8051		上海博物館	
8768	辛戈爵	2	商代後期	集成 8052 彙編 9.1551		加拿大多倫多皇家安大略博物館	
8769	辛戈爵	2	商代後期	集成 8053 彙編 9.1552		加拿大多倫多皇家安大略博物館	

序號	器名	字數	時代	著録	出土地	現藏地	備註
8770	戈辛爵	2	商代後期	集成 8054		故宫博物院	
8771	尤辛爵	2	商代後期	集成 8055 三代 15.23.2 貞圖中 19			羅振玉舊藏
8772	辛[illegible]爵	2	商代後期	集成 8056		故宫博物院	
8773	[illegible]辛爵	2	商代後期	集成 8057 三代 15.27.9 愙齋 23.4.4 殷存下 9.6 小校 6.25.5			潘祖蔭舊藏
8774	□辛爵	2	西周早期	集成 8058		故宫博物院	
8775	癸屰爵	2	商代後期	集成 8059 三代 15.27.10 十二貯 24 續殷下 17.5(銘倒)			王辰舊藏
8776	癸[illegible]爵	2	商代後期	集成 8060 三代 15.28.1 貞松 9.36.1			
8777	癸[illegible]爵	2	商代後期	集成 8061 三代 15.28.2			
8778	[illegible]癸爵	2	商代後期	集成 8062 三代 15.28.4 從古 3.17 攈古 1.1.33.4 愙齋 23.4.3 綴遺 20.4.2 清儀 1.3 續殷下 17.8 小校 6.26.1			張廷濟、吴式芬舊藏
8779	[illegible]癸爵	2	商代後期	集成 8063 三代 15.28.3			

序號	器名	字數	時代	著録	出土地	現藏地	備註
8780	[illegible]癸爵	2	商代後期	集成 8064 博古 14.34 薛氏 36.4 嘯堂 47.1			
8781	史癸爵	2	商代後期	集成 8065 中銅 116 頁		日本東京出光美術館	
8782	[illegible]癸爵	2	西周早期	集成 8066 三代 15.28.5 貞續下 9.1 善齋 6.42 續殷下 17.4 小校 6.26.2 頌續 87		廣州市博物館	劉體智、容庚舊藏
8783	[illegible]癸爵	2	商代後期	集成 8067 三代 15.28.6 冠斝中 27			榮厚舊藏
8784	癸[illegible]爵	2	商代後期	集成 8068			
8785	鼉癸爵	2	商代後期	集成 8069		中國歷史博物館	
8786	[illegible]癸爵	2	商代後期	集成 8070 美集録 R211		美國斯坦福大學美術陳列館	
8787	子癸爵	2	商代後期	集成 8071		上海博物館	
8788	子[illegible]爵	2	商代後期或西周早期	集成 8072 三代 15.29.6 綴遺 19.22.2 殷存下 8.4		故宫博物院	潘祖蔭舊藏
8789	子[illegible]爵	2	商代後期或西周早期	集成 8073 三代 15.30.8 奇觚 7.8.1 殷存下 8.2 小校 6.29.1			

序號	器名	字數	時代	著録	出土地	現藏地	備註
8790	子爵	2	商代後期	集成 8074 三代 15.31.1 窓齋 22.14.4 綴遺 19.22.1 奇觚 7.10.3 殷存下 8.3 簠齋 2 爵 8 小校 6.28.3 雙古上 42			陳介祺、于省吾舊藏
8791	子爵	2	商代後期或西周早期	集成 8075 三代 15.31.4 從古 1.9 攈古 1.1.35.3 綴遺 19.19.2 敬吾下 62.3 續殷下 16.7(又下 16.8 重出) 小校 6.26.3		故宫博物院	姚六榆、金蘭坡、文後山舊藏
8792	子爵	2	商代後期	集成 8076 三代 15.29.7 頌續 92	河南安陽市		容庚舊藏
8793	子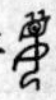爵	2	商代後期	集成 8077 三代 15.29.8	河南安陽市		
8794	子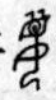爵	2	商代後期	集成 8078 三代 15.29.9 尊古 2.48	河南安陽市		
8795	子爵	2	商代後期	集成 8079 三代 15.29.10 冠斝中 21	河南安陽市	上海博物館	榮厚舊藏
8796	子爵	2	商代後期	集成 8080 三代 15.29.11 冠斝中 23	河南安陽市		榮厚舊藏
8797	子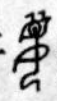爵	2	商代後期	集成 8081 三代 15.30.1 冠斝中 22	河南安陽市	上海博物館	榮厚舊藏

序號	器名	字數	時代	著録	出土地	現藏地	備註
8798	子[illegible]爵	2	商代後期	集成 8082 三代 15.30.2 貞圖中 23	河南安陽市		羅振玉舊藏
8799	子[illegible]爵	2	商代後期	集成 8083 三代 15.30.3	河南安陽市	中國歷史博物館	
8800	子每爵	2	商代後期或西周早期	集成 8084 三代 15.31.5			
8801	子守爵	2	商代後期或西周早期	集成 8085 三代 15.28.8 續殷下 16.1			
8802	子[illegible]爵	2	商代後期或西周早期	集成 8086 三代 15.30.7 殷存下 8.1 小校 6.29.2			徐乃昌舊藏
8803	子[illegible]爵	2	商代後期	集成 8087 殷青圖 73：1	1979 年河南安陽市殷墟西區 M2508	考古研究所安陽工作站	
8804	子[illegible]爵	2	商代後期	集成 8088 美集録 R118 彙編 8.1212		美國波斯頓美術博物館	
8805	子[illegible]爵	2	商代後期	集成 8089 録遺 430			
8806	子[illegible]爵	2	商代後期	集成 8090 巖窟上 31 美集録 R117 録遺 431	1941 年河南安陽市	美國芝加哥泰生氏	梁上椿舊藏
8807	子蝠爵	2	商代後期	集成 8091 三代 15.29.2 窓齋 23.6.4 小校 6.29.4 貞圖中 24 續殷下 16.2(又 16.4 重出)		上海博物館	李山農、羅振玉舊藏

序號	器名	字數	時代	著録	出土地	現藏地	備註
8808	子蝠爵	2	商代後期	集成 8092 三代 15.29.3 綴遺 19.19 殷存下 7.12		故宫博物院	潘祖蔭舊藏
8809	子蝠爵	2	商代後期	集成 8093 三代 15.29.4 攈古 1.1.34.1 續殷下 16.6			
8810	子蝠爵	2	商代後期	集成 8094 三代 15.29.5 續殷下 16.3			
8811	子蝠爵	2	商代後期	集成 8095 録遺 425			《集成》第 13 册 P228 拓片漏器名“子蝠爵”
8812	子蝠爵	2	商代後期	集成 8096 美集録 R121			美國紐約魏格氏舊藏
8813	子蝠爵	2	商代後期或西周早期	集成 8097 續殷下 16.5			
8814	子□爵	2	商代後期	集成 8098 美集録 R112		美國匹兹堡大學美術系	
8815	子□爵	2	商代後期	集成 8099 懷履光(1956)40 頁圖 2 彙編 8.1206		加拿大多倫多皇家安大略博物館	
8816	子龍爵	2	商代後期	集成 8100		上海博物館	
8817	子□爵	2	商代後期	集成 8101 懷履光(1956)40 頁圖又 彙編 8.1205	河南安陽市大司空村南地	加拿大多倫多皇家安大略博物館	懷履光舊藏
8818	子□爵	2	商代後期或西周早期	集成 8102 録遺 436			

序號	器名	字數	時代	著録	出土地	現藏地	備註
8819	子鼎爵	2	商代後期	集成 8103 中國歷史博物館館刊 1982 年 4 期 95 頁(上)		中國歷史博物館	
8820	子鼎爵	2	商代後期	集成 8104 中國歷史博物館館刊 1982 年 4 期 95 頁(下)		中國歷史博物館	
8821	子系爵	2	商代後期	集成 8105 三代 15.30.4 小校 6.27.1 頌續 83		廣州市博物館	容庚舊藏
8822	子系爵	2	商代後期	集成 8106 三代 15.30.5 續殷下 15.11	河南安陽市		
8823	子系爵	2	商代後期	集成 8107		故宫博物館	
8824	子禾爵	2	商代後期或西周早期	集成 8108 三代 15.30.6			
8825	子禾爵	2	商代後期	集成 8109		故宫博物院	
8826	子爵	2	商代後期	集成 8110 三代 15.31.2 懷米上 16 攈古 1.1.34.2 愙齋 21.13.1 綴遺 19.21 續殷 15.12 小校 6.29.5			曹秋舫、潘李玉舊藏
8827	子爵	2	商代後期	集成 8111 考古 1986 年 8 期 715 頁圖 6	1983 年河南安陽市供電局小工廠墓葬	安陽市博物館	

序號	器名	字數	時代	著録	出土地	現藏地	備註
8828	子丁爵	2	商代後期	集成 8112 三代 15.31.3 從古 14.9 攈古 1.1.35.1 愙齋 22.14.3 綴遺 19.20.1 奇觚 7.1.2 殷存下 8.5 簠齋 2 爵 15 小校 6.28.2			陳介祺舊藏
8829	子雨爵	2	商代後期	集成 8113 三代 15.28.9			
8830	子雨爵	2	商代後期	集成 8114 三代 15.28.10			
8831	子襲爵	2	商代後期	集成 8115 三代 15.29.1 貞續下 6.2 小校 6.28.4			
8832	子刀爵	2	商代後期	集成 8116 文物 1984 年 12 期 34 頁圖 1：2	傳 1940 年前河北正定縣新城鎮	正定縣文物保管所	
8833	子□爵	2	商代後期	集成 8117		故宫博物院	
8834	子□爵	2	商代後期	集成 8118		上海博物館	
8835	□子爵	2	商代後期或西周早期	集成 8119 三代 15.31.7			
8836	□子爵	2	商代後期	集成 8120 考古 1984 年 5 期 426 頁圖 2	1983 年河南舞陽縣吴城北高村遺址	舞陽縣文化館	《集成》説明現藏地中"舞陽縣文化館",誤爲"舞陽縣文物館"
8837	□子爵	2	商代後期	集成 8121 中原文物 1985 年 1 期 30 頁圖 2：49		新鄉市博物館	

序號	器名	字數	時代	著録	出土地	現藏地	備註
8838	婦好爵	2	商代後期	集成 8122 婦好墓 88 頁圖 58：1	1976 年河南安陽市殷墟婦好墓	考古研究所安陽工作站	
8839	婦好爵	2	商代後期	集成 8123 婦好墓 88 頁圖 58：2	1976 年河南安陽市殷墟婦好墓	考古研究所	
8840	婦好爵	2	商代後期	集成 8124 婦好墓 88 頁圖 58：3	1976 年河南安陽市殷墟婦好墓	考古研究所	
8841	婦好爵	2	商代後期	集成 8125 婦好墓 88 頁圖 58：4	1976 年河南安陽市殷墟婦好墓	考古研究所	
8842	婦好爵	2	商代後期	集成 8126 婦好墓 88 頁圖 58：5	1976 年河南安陽市殷墟婦好墓	考古研究所	
8843	婦好爵	2	商代後期	集成 8127 婦好墓 88 頁圖 58：6	1976 年河南安陽市殷墟婦好墓	考古研究所	
8844	婦好爵	2	商代後期	集成 8128 婦好墓 88 頁圖 58：7	1976 年河南安陽市殷墟婦好墓	考古研究所	
8845	婦好爵	2	商代後期	集成 8129 婦好墓 88 頁圖 58：8	1976 年河南安陽市殷墟婦好墓	考古研究所	
8846	婦好爵	2	商代後期	集成 8130 婦好墓 88 頁圖 58：7	1976 年河南安陽市殷墟婦好墓	考古研究所	
8847	婦好爵	2	商代後期	集成 8131	1976 年河南安陽市殷墟婦好墓	考古研究所	
8848	婦[illegible]爵	2	商代後期	集成 8132		故宫博物院	
8849	女[illegible]爵	2	商代後期	集成 8133		故宫博物院	

序號	器名	字數	時代	著録	出土地	現藏地	備註
8850	[illegible]每爵	2	商代後期	集成 8134 三代 15.25.9 攈古 1.1.35.4 愙齋 23.5.4 綴遺 19.17.1 敬吾下 62.4 殷存下 17.9 小校 6.35：3 (6.35.4 重出)		故宫博物院	程木庵、潘祖蔭舊藏
8851	[illegible]婦爵	2	商代後期或西周早期	集成 8135 三代 15.38.10 綴遺 22.4.1 貞松 9.38			
8852	甲婦爵	2	商代後期	集成 8136		上海博物館	
8853	遣妊爵	2	商代後期或西周早期	集成 8137 三代 16.25.2 從古 8.22 綴遺 22.27.2 周金 5.127.2 殷存下 17.6 小校 6.34.5 録遺 459		故宫博物館	瞿穎山舊藏
8854	[illegible]每爵	2	商代後期	集成 8138 三代 15.39.4 冠斝中 32			榮厚舊藏
8855	□女爵	2	商代後期	集成 8139		上海博物館	
8856	葡[illegible]爵	2	商代後期	集成 8140 三代 15.31.8 攀古下 28 恒軒 81 綴遺 19.25.1 殷存下 8.9 小校 6.30.2		上海博物館	潘祖蔭舊藏
8857	敎天爵	2	商代後期	集成 8141 美集録 R506			美國羅比爾氏舊藏

序號	器名	字數	時代	著録	出土地	現藏地	備註
8858	戈天爵	2	商代後期	集成 8142 三代 15.32.1 殷存下 8.10			
8859	[illegible]天爵	2	商代後期或西周早期	集成 8143		故宫博物院	
8860	[illegible]天爵	2	商代後期	集成 8144 三代 15.32.2 善齋 6.37 續殷下 18.4 小校 6.29.8			劉體智舊藏
8861	竹天爵	2	西周早期	集成 8145 三代 15.32.3 貞松 9.37.1 善齋 6.39 續殷上 18.8 小校 6.30.1			劉體智舊藏
8862	天[illegible]爵	2	商代後期	集成 8146 三代 15.32.10 殷存下 8.7(銘倒)			
8863	[illegible]屰爵	2	商代後期	集成 8147 三代 15.31.8 從古 7.31.1(銘倒) 攈古 1.1.34.4 綴遺 19.20.2(銘倒) 窓齋 23.6.3 殷存下 8.6 小校 6.27.2(銘倒)		故宫博物院	李山農舊藏

序號	器名	字數	時代	著録	出土地	現藏地	備註
8864	[illegible]爵	2	商代後期	集成 8148 三代 15.32.9 貞松 9.37.2 善齋 6.36 小校 6.28.1			劉體智舊藏
8865	[illegible]爵	2	西周早期	集成 8149 三代 15.32.5 貞續下 5.4 善齋 6.18 小校 6.29.7			劉體智舊藏
8866	[illegible]行爵	2	西周早期	集成 8150 三代 15.32.6 移林 25 小校 6.29.6			丁麟年舊藏
8867	何[illegible]爵	2	西周早期	集成 8151 三代 15.32.7 貞續下 5.3 善齋 6.43 續殷下 18.11 小校 6.30.3		上海博物館	劉體智舊藏
8868	[illegible]何爵	2	商代後期	集成 8152		上海博物館	
8869	天[illegible]爵	2	商代後期	集成 8153		上海博物館	
8870	[illegible]爵	2	商代後期	集成 8154 學報 1979 年 1 期 83 頁圖 60：3 河南 1.206 殷青圖 73.9	1974 年河南安陽市殷墟西區 M198	考古研究所安陽工作站	
8871	[illegible]爵	2	商代後期	集成 8155		故宫博物院	
8872	[illegible]爵	2	商代後期	集成 8156		故宫博物院	
8873	耳[illegible]爵	2	商代後期	集成 8157 彙編 9.1423 綜覽 169 頁爵 74		美國克里夫蘭美術博物館	

序號	器名	字數	時代	著録	出土地	現藏地	備註
8874	屰祉爵	2	商代後期	集成 8158 中原文物 1985 年 1 期 30 頁圖 2：27		河南新鄉市博物館	
8875	□爵	2	商代後期	集成 8159 三代 15.35.5 小校 6.25.6 頌續 91	河南洛陽		容庚舊藏
8876	□册爵	2	西周早期	集成 8160 三代 16.25.10 貞續下 16.1 小校 6.59.5		日本兵庫縣黑川古文化研究所	劉體智舊藏
8877	光父爵	2	西周早期	集成 8161 三代 15.37.7 貞松 9.36.3 小校 6.21.5 善齋 6.33 續殷下 15.4			劉體智舊藏
8878	光父爵	2	西周早期	集成 8162 三代 15.37.8 貞松 9.36.2 小校 6.21.6 善齋 6.32 善圖 159 續殷下 15.5 故圖下下 371		臺北"中央博物院"	劉體智舊藏
8879	單光爵	2	商代後期或西周早期	集成 8163 録遺 446			
8880	□何爵	2	商代後期或西周早期	集成 8164			
8881	□◇爵	2	商代後期或西周早期	集成 8165 録遺 440			

序號	器名	字數	時代	著録	出土地	現藏地	備註
8882	◇[illegible]爵	2	商代後期	集成 8166 學報 1979 年 1 期 81 頁圖 58：3 河南 1.252	1970 年河南安陽市殷墟西區 M1080	考古研究所安陽工作站	
8883	鬻叡爵	2	商代後期	集成 8167 文物 1982 年 9 期 39 頁圖 15（右）	傳山東費縣	北京市文物研究所	1981 年北京文物工作隊從廢銅中揀選
8884	鬻叡爵	2	商代後期	集成 8168 文物 1982 年 9 期 39 頁圖 15（左）	傳山東費縣	北京市文物研究所	1981 年北京文物工作隊從廢銅中揀選
8885	鬻叡爵	2	商代後期	集成 8169	傳山東費縣	北京市文物研究所	1981 年北京文物工作隊從廢銅中揀選
8886	保[illegible]爵	2	商代後期	集成 8170 三代 15.28.7		旅順博物館	
8887	保[illegible]爵	2	商代後期	集成 8171		故宫博物院	
8888	珥[illegible]爵	2	商代後期	集成 8172		故宫博物院	
8889	[illegible]爵	2	商代後期或西周早期	集成 8173 録遺 433			
8890	[illegible]爵	2	商代後期	集成 8174 殷青圖 73：11	1982 年河南安陽市殷墟西區 M875	考古研究所安陽工作站	
8891	鄉宁爵	2	商代後期	集成 8175 録遺 444 綜覽 174 頁爵 123		日本東京松崗美術館	
8892	鄉宁爵	2	商代後期	集成 8176 三代 15.3.9 續殷下 3.1			

序號	器名	字數	時代	著録	出土地	現藏地	備註
8893	鄉宁爵	2	商代後期	集成 8177 日精華 3.222 彙編 8.1295	傳河南安陽市	日本大阪細見良氏	
8894	北單爵	2	商代後期	集成 8178 三代 15.3.8		故宫博物院	
8895	[illegible]旅爵	2	商代後期	集成 8179 録遺 411		故宫博物院	
8896	單並爵	2	商代後期	集成 8180		故宫博物院	
8897	◇並爵	2	商代後期	集成 8181		中國歷史博物館	
8898	木並爵	2	商代後期	集成 8182 文物 1986 年 8 期 75 頁圖 17	傳河南安陽市	安陽市博物館	
8899	◆[illegible]爵	2	商代後期或西周早期	集成 8183			
8900	[illegible]日爵	2	西周早期	集成 8184 薩克勒(1987)184 頁		美國紐約薩克勒氏	
8901	[illegible]□尊	2	商代後期	集成 8185 學報 1951 年第五册圖版 45:8	1950 年河南安陽市殷墟武官村大墓陪葬墓	中國歷史博物館	
8902	中得爵	2	商代後期	集成 8186 美集録 R11 綜覽 169 頁爵 77		美國舊金山亞洲美術博物館	
8903	中得爵	2	商代後期	集成 8187 美集録 R12		美國舊金山亞洲美術博物館布倫戴奇藏品	
8904	尹獸爵	2	商代後期	集成 8188 巖窟上 47	1942 年河南安陽市		梁上椿舊藏

序號	器名	字數	時代	著録	出土地	現藏地	備註
8905	蚑[illegible]爵	2	商代後期	集成 8189 三代 15.36.2 愙齋 22.13.3 綴遺 22.10.1 奇觚 7.27.2 殷存下 10.4 小校 6.30.5 山東存坿 14.3	山東益都縣		陳介祺舊藏
8906	[illegible]𣪠爵	2	商代後期或西周早期	集成 8190 三代 15.36.3 貞松 9.39.2 續殷下 19.11			
8907	[illegible]爵	2	商代後期	集成 8191 三代 15.35.8 懷米上 17 攈古 1.2.26.3 愙齋 21.13.2 綴遺 21.9.2 敬吾下 61.1 殷存下 9.8 小校 6.31.3 布倫戴奇 Fig24		美國舊金山亞洲美術博物館布倫戴奇藏品	曹秋舫、潘祖蔭舊藏
8908	[illegible]爵	2	商代後期	集成 8192 三代 15.36.1 殷存下 9.9			
8909	史史爵	2	商代後期	集成 8193 中國古代青銅器展觀 15		日本兵庫縣黑川古文化研究所	
8910	禾又爵	2	商代後期或西周早期	集成 8194 三代 15.8.1			
8911	羖又爵	2	商代後期	集成 8195		上海博物館	
8912	羖又爵	2	商代後期	集成 8196 三代 15.38.11			

序號	器名	字數	時代	著録	出土地	現藏地	備註
8913	𢆶戣爵	2	商代後期	集成 8197 文叢 5.120 圖 1	1978 年陝西西安市東郊袁家崖村墓葬	西安半坡博物館	
8914	叉侖爵	2	商代後期或西周早期	集成 8198 三代 15.35.7			
8915	共枏爵	2	商代後期	集成 8199 學報 1979 年 1 期圖 58：19 河南 1.204	1973 年河南安陽市殷墟西區 M152	考古研究所安陽工作站	
8916	㚇正爵	2	商代後期	集成 8200 三代 15.36.5 鄴二上 31	河南安陽市		
8917	正卬爵	2	西周早期	集成 8201 小校 6.30.4 美集録 R182			美國盧芹齋舊藏
8918	中𣏟爵	2	商代後期或西周早期	集成 8202 録遺 429			
8919	工𡌶爵	2	商代後期或西周早期	集成 8203		故宫博物院	
8920	鳳甗爵	2	商代後期	集成 8204 三代 15.36.4 續殷下 7.11			
8921	耶亼爵	2	商代後期	集成 8205 三代 15.38.8 尊古 2.47			
8922	耶亼爵	2	商代後期	集成 8206 三代 15.38.9			
8923	亼耳爵	2	商代後期	集成 8207 録遺 435			

序號	器名	字數	時代	著録	出土地	現藏地	備註
8924	戊爵	2	商代後期	集成 8208 三代 15.34.3 冠斝中 25		上海博物館	榮厚舊藏
8925	戊木爵	2	商代後期	集成 8209 三代 15.34.4 金索金 1.14—15 綴遺 19.26.2 貞續下 6.4			馮雲鵬舊藏
8926	獸宁爵	2	商代後期	集成 8210		故宫博物院	
8927	獸册爵	2	商代後期	集成 8211		中國歷史博物館	
8928	獸册爵	2	商代後期	集成 8212		中國歷史博物館	
8929	冢爵	2	商代後期	集成 8213 三代 15.34.5 從古 5.7 綴遺 19.28.2 敬吾下 63.7 小校 6.32.1 海外吉 86 泉屋 2.81		日本京都泉屋博古館	金蘭坡、張讓木舊藏
8930	冢爵	2	商代後期	集成 8214 三代 15.34.6 貞續下 7.3			
8931	獸射爵	2	商代後期	集成 8215		上海博物館	
8932	羊爵	2	商代後期	集成 8216		遼寧博物館	
8933	羊爵	2	商代後期	集成 8217 三代 15.35.1 攈古 1.1.36.1 窸齋 22.5.1 綴遺 19.28.1 續殷下 7.8 小校 6.31.6			葉東卿舊藏

序號	器名	字數	時代	著録	出土地	現藏地	備註
8934	羊爵	2	商代後期	集成 8218		上海博物館	
8935	羊日爵	2	商代後期	集成 8219 文物 1984 年 12 期 34 頁圖 1：9	1982 年河北正定縣新城鋪村	正定縣文物保管所	
8936	羊日爵	2	商代後期	集成 8220 文物 1984 年 12 期 34 頁圖 1：10	1982 年河北正定縣新城鋪村	正定縣文物保管所	
8937	鳥爵	2	商代後期	集成 8221 三代 15.36.6 貞圖中 29			羅振玉舊藏
8938	鳥豕爵	2	商代後期	集成 8222 三代 15.36.7 十二貯 23 續殷下 20.3			王辰舊藏
8939	龍爵	2	商代後期或西周早期	集成 8223 録遺 426			
8940	黽爵	2	商代後期	集成 8224 三代 15.37.1 貞續下 5.1 小校 6.32.3 頌齋 18 續殷下 20.1 故圖下下 356		臺北"中央博物院"	商承祚、容庚舊藏
8941	黽爵	2	商代後期	集成 8225 三代 15.36.9			
8942	黽爵	2	商代後期	集成 8226 三代 15.37.3			
8943	黽爵	2	商代後期	集成 8227 三代 15.36.8 綴遺 22.13.2 殷存下 9.1 小校 6.32.2			潘祖蔭舊藏

序號	器名	字數	時代	著録	出土地	現藏地	備註
8944	𠂤龜爵	2	商代後期	集成 8228 三代 15.37.2 貞續下 5.2 小校 6.33.1 頌齋下 17 續殷下 19.12 故圖下下 355		臺北"中央博物院"	容庚舊藏
8945	𠂤洍爵	2	西周早期	集成 8229 三代 15.37.4			
8946	𠂤洍爵	2	西周早期	集成 8230 三代 15.37.5			
8947	𠂤洍爵	2	西周早期	集成 8231 三代 15.37.6		故宮博物院	
8948	戈𠂤爵	2	商代後期	集成 8232 録遺 423		故宮博物院	
8949	𠂤戈爵	2	商代後期	集成 8233 彙編 9.1547	傳河南安陽市	加拿大多倫多皇家安大略博物館	
8950	𠂤戈爵	2	商代後期	集成 8234 三代 15.34.2 貞續下 6.3 續殷下 19.10		故宮博物院	
8951	家戈爵	2	商代後期	集成 8235 三代 15.34.1 攈古 1.1.36.3 綴遺 19.29.1 續殷下 20.5		故宮博物院	吴式芬舊藏
8952	守戈爵	2	商代後期	集成 8236 録遺 420 古器物研究專刊第二本圖版 25	1934—1935 年河南安陽市侯家莊 M1001	臺北"中央研究院歷史語言研究所"	
8953	戈父爵	2	西周早期	集成 8237		新鄉市博物館	
8954	𠂤刀爵	2	商代後期	集成 8238		故宮博物院	

序號	器名	字數	時代	著録	出土地	現藏地	備註
8955	戎刀爵	2	商代後期	集成 8239 三代 16.27.1 從古 14.17 攈古 1.2.17.3 愙齋 22.13.4 綴遺 20.17.1 奇觚 7.27.1 殷存下 9.12 簠齋 2 爵 9 小校 6.36.6			陳介祺舊藏
8956	×葡爵	2	商代後期	集成 8240 美集録 R52		美國舊金山亞洲美術博物館布倫戴奇藏品	
8957	葡[illegible]爵	2	商代後期	集成 8241 綜覽 174 頁爵 122 彙編 9.1581		日本神户白鶴美術館	
8958	[illegible]葡爵	2	商代後期或西周早期	集成 8242 三代 15.39.6 貞松 9.38.3			
8959	矢宁爵	2	商代後期	集成 8243 録遺 392			
8960	矢宁爵	2	商代後期	集成 8244 善齋 6.44 小校 6.31.4 雙吉 31			劉體智、于省吾舊藏
8961	[illegible][illegible]爵	2	商代後期	集成 8245 三代 15.39.1 攈古 1.1.33.3 綴遺 19.25.2 續殷下 18.3 小校 6.23.2			徐乃昌、程木庵舊藏

序號	器名	字數	時代	著録	出土地	現藏地	備註
8962	丫射爵	2	西周早期	集成 8246 考古 1959 年 4 期 188 頁圖 3：4	河南洛陽市東郊墓葬	洛陽市文物工作隊	
8963	刀口爵	2	商代後期	集成 8247 三代 15.38.6 綴遺 20.22.2 殷存下 8.11			
8964	[illegible][illegible]爵	2	商代後期或西周早期	集成 8248 三代 15.38.5 綴遺 22.11.1 殷存下 17.7 小校 6.33.2			潘祖蔭舊藏
8965	秉[illegible]爵	2	商代後期	集成 8249		故宮博物院	
8966	車買爵	2	商代後期	集成 8250 録遺 421			
8967	車買爵	2	商代後期	集成 8251 録遺 422			
8968	貝車爵	2	商代後期	集成 8252 蘇黎世(1975)97 頁 51 彙編 9.1511		瑞士蘇黎世瑞列堡博物館	
8969	叔車爵	2	商代後期	集成 8253 美集録 R461 彙編 9.1595		美國夏威夷火奴魯魯美術學院	
8970	工[illegible]爵	2	商代後期或西周早期	集成 8254		上海博物館	
8971	廙册爵	2	商代後期	集成 8255 殷存下 9.10			
8972	廙册爵	2	商代後期	集成 8256 文叢 1.158 圖 3	1976 年河北正定縣新城鋪村	正定縣文物保管所	
8973	西單爵	2	商代後期	集成 8257		日本東京國立博物館	

序號	器名	字數	時代	著録	出土地	現藏地	備註
8974	西單爵	2	商代後期或西周早期	集成 8258			
8975	西單爵	2	商代後期	集成 8259 美集録 R74 彙編 9.1706 綜覽 171 頁爵 94	傳 1940 年河南安陽市	美國博特蘭美術博物館	
8976	□□爵	2	商代後期	集成 8260 三代 15.35.2			
8977	□□爵	2	西周早期	集成 8261 考古與文物 1984 年 1 期 55 頁圖 2：5 陝青 3.185	1978 年陝西鳳翔縣化原村	鳳翔縣雍城文物管理所	
8978	戊□爵	2	商代後期	集成 8262		遼寧省博物館	
8979	□□爵	2	商代後期	集成 8263 三代 15.39.5 奇觚 7.7.3 續殷下 18.9 小校 6.33.3			潘祖蔭舊藏
8980	告宁爵	2	商代後期	集成 8264 録遺 437			
8981	告宁爵	2	商代後期	集成 8265 學報 1977 年 1 期 81 頁圖 58：11 河南 1.257	1970 年河南安陽市殷墟西區 M1118	考古研究所安陽工作站	
8982	告□爵	2	商代後期	集成 8266		故宫博物院	
8983	耳□爵	2	商代後期	集成 8267		故宫博物院	
8984	耳□爵	2	商代後期	集成 8268			

序號	器名	字數	時代	著録	出土地	現藏地	備註
8985	耳𠆢爵	2	商代後期	集成 8269 善齋 6.48 小校 6.33.4 阿倫、巴羅 143 頁	傳河南安陽市	英國巴羅女士	劉體智舊藏
8986	𠆢爵	2	商代後期	集成 8270 續殷下 19.9		故宫博物院	
8987	𠆢ㄱ爵	2	商代後期	集成 8271			
8988	[illegible]□爵	2	商代後期	集成 8272 婦好墓 57 頁圖 37：8	1976 年河南安陽市殷墟婦好墓	考古研究所	
8989	木[illegible]爵	2	商代後期	集成 8273 懷履光(1956)99 頁圖 8 彙編 9.1751	傳河南安陽市郭家灣北地	加拿大多倫多皇家安大略博物館	懷履光舊藏
8990	[illegible]啓爵	2	商代後期	集成 8274		故宫博物院	
8991	[illegible][illegible]爵	2	商代後期	集成 8275		故宫博物院	
8992	[illegible][illegible]爵	2	商代後期	集成 8276		故宫博物院	
8993	[illegible][illegible]爵	2	商代後期	集成 8277 彙編 9.1690		加拿大多倫多皇家安大略博物館	
8994	[illegible][illegible]爵	2	商代後期	集成 8278 彙編 9.1717 薩克勒(1987)195 頁		美國紐約薩克勒氏	
8995	[illegible][illegible]爵	2	商代後期	集成 8279 鄴二上 30		河南安陽市	
8996	[illegible]册爵	2	商代後期	集成 8280		故宫博物院	

序號	器名	字數	時代	著録	出土地	現藏地	備註
8997	□隼爵	2	商代後期	集成 8281 三代 15.12.1 愙齋 23.7.4(銘倒) 移林 23 殷存下 1.12 小校 6.78.2(誤作角)			李山農、劉鶚、丁麟年舊藏
8998	册劦爵	2	商代後期	集成 8282 三代 15.8.6 殷存下 4.12 小校 6.2.4(又 6.78.1 重出作角)			劉鶚舊藏
8999	鬲雀爵	2	商代後期	集成 8283 録遺 441 美集録 R225		美國匹兹堡大學美術系	
9000	束泉爵	2	商代後期	集成 8284 婦好墓 60 頁圖 39：12	1976 年河南安陽市殷墟婦好墓	考古研究所	
9001	束泉爵	2	商代後期	集成 8285 學報 1979 年 2 期 65 頁圖 5：3 婦好墓 60 頁圖 39：13	1976 年河南安陽市殷墟婦好墓	考古研究所	
9002	束泉爵	2	商代後期	集成 8286 婦好墓 60 頁圖 39：15	1976 年河南安陽市殷墟婦好墓	考古研究所	
9003	束泉爵	2	商代後期	集成 8287 婦好墓 60 頁圖 39：8	1976 年河南安陽市殷墟婦好墓	考古研究所	
9004	束泉爵	2	商代後期	集成 8288 婦好墓 60 頁圖 39：9	1976 年河南安陽市殷墟婦好墓	考古研究所	

序號	器名	字數	時代	著録	出土地	現藏地	備註
9005	東泉爵	2	商代後期	集成 8289 婦好墓 60 頁圖 39：10	1976 年河南安陽市殷墟婦好墓	考古研究所	
9006	東泉爵	2	商代後期	集成 8290 婦好墓 60 頁圖 39：11	1976 年河南安陽市殷墟婦好墓	考古研究所	
9007	東泉爵	2	商代後期	集成 8291 婦好墓 60 頁圖 39：14	1976 年河南省安陽市殷墟婦好墓	考古研究所	
9008	東泉爵	2	商代後期	集成 8292	1976 年河南省安陽市殷墟婦好墓	考古研究所	
9009	小且爵	2	商代後期	集成 8293 河北 70	1965 年河北滿城縣要莊		
9010	且甲爵	2	西周早期	集成 8294 三代 15.38.7 清愛 16 攈古 1.1.36.2 攈 23.23 綴遺 19.31.2 續殷下 9.10 小校 6.14.6		上海博物館	劉喜海、吴大澂舊藏
9011	寢出爵	2	商代後期	集成 8295 殷青圖 62.6	1980 年河南安陽市大司空村 M539	考古研究所工作站	
9012	寢8爵	2	商代後期	集成 8296 三代 15.35.4 貞松 9.36.4			
9013	辰□爵	2	商代後期或西周早期	集成 8297 三代 15.39.3 殷存下 10.3			
9014	[illegible]父爵	2	西周早期	集成 8298 善齋 6.34 小校 6.21.8		故宫博物院	劉體智舊藏

序號	器名	字數	時代	著録	出土地	現藏地	備註
9015	伯冋爵	2	西周早期	集成8299 陝圖38 五省圖版32	1954年陝西長安縣普渡村墓葬	陝西省博物館	
9016	伯作爵	2	西周早期	集成8300 學報1977年2期108頁圖8：8	1967年甘肅靈臺縣白草坡村墓葬	甘肅省博物館	
9017	□作爵	2	西周早期	集成8301		故宫博物院	
9018	□作爵	2	西周早期	集成8302		故宫博物院	
9019	作彝爵	2	西周早期	集成8303 陝青3.4	1974年陝西岐山縣賀家村	陝西省文物管理委員會	
9020	作從爵	2	西周早期	集成8304		故宫博物院	
9021	作寶爵	2	西周早期	集成8305 三代15.39.7 愙齋23.9.2 周金5.128.1 小校6.34.6			李山農舊藏
9022	作隮爵	2	西周早期	集成8306 三代15.39.8 貞續下8		日本神户白鶴美術館	
9023	遽從角	2（蓋器同銘）	西周早期	集成8307 三代16.42.5—6 貞松10.23.4—5 善齋7.58 小校6.79.5—6 善彝166 尊古3.10 美集録R186		美國紐約大都會美術博物館	溥倫、劉體智舊藏
9024	遽從角	2	西周早期	集成8308 三代16.42.7—8 貞松10.23.2—3 善齋7.57 小校6.79.3—4 善彝165 尊古3.11			劉體智舊藏

序號	器名	字數	時代	著録	出土地	現藏地	備註
9025	妝王爵	2	商代後期	集成 8309		中國歷史博物館	
9026	康侯爵	2	西周早期	集成 8310 三代 15.38.3 貞松 9.38.2		中國歷史博物館	
9027	祖丁爵	2	西周早期	近出 806 考古與文物 1990 年 5 期 26—43 頁	陝西省長安縣灃西鄉	陝西省西安市文物中心	
9028	祖辛爵	2	商代後期	近出 807 富士比（1965,10,19 61）			英國倫敦富士比拍賣行曾見
9029	父乙爵	2	商代後期	近出 808 考古學報 1986 年 2 期 161—172 頁	1979—1980 年河南省羅山縣蟒張鄉天湖村墓葬 M41：6	河南省羅山縣文化館	
9030	父乙爵	2	西周早期	近出 809 歐遺珠圖版 88			英國倫敦埃斯肯納齊拍賣行曾見
9031	父己爵	2	西周早期	近出 810 高家堡戈國墓 74 頁	1991 年陝西省涇陽縣興隆鄉高家堡 M4：2	陝西省涇陽縣博物館	
9032	父己爵	2	西周早期	近出 811 佳士得（1988,12,1 137）			英國倫敦佳士得拍賣行曾見
9033	父己爵	2	西周早期	近出 812 考古 1997 年 7 期 66 頁	1994 年 4 月山東省青州市于家莊	山東省青州市博物館	
9034	父己爵	2	西周中期	近出 813 考古 1989 年 6 期 524—525 頁	1983—1986 年陝西省長安縣張家坡村墓葬 M183：13	中國社會科學院考古研究所灃西發掘隊	

序號	器名	字數	時代	著録	出土地	現藏地	備註
9035	母乙爵	2	商代後期	近出 814 考古 1986 年 12 期 1139 頁	1975 年冬山東省泗水縣張莊公社墓葬	山東省泗水縣文化館	
9036	母癸爵	2	商代後期	近出 815 考古 1986 年 12 期 1139 頁	1975 年冬山東省泗水縣張莊公社墓葬	山東省泗水縣文化館	
9037	母己爵	2	西周早期	近出 816 琉璃河西周燕國墓地 170 頁	1973—1977 年北京房山縣琉璃河 M65：7	北京市文物研究所	
9038	乙𠦪爵	2	商代後期	近出 817 富士比(1971,5,18 23)			英國倫敦富士比拍賣行曾見
9039	戈乙爵	2	商代後期	近出 818 佳士得(1990,12,10 4)			英國倫敦佳士得拍賣行曾見
9040	豕乙爵	2	商代後期	近出 819 佳士得(1987,12,10 4)			英國倫敦佳士得拍賣行曾見
9041	豖乙爵	2	商代後期	近出 820 中原文物 1988 年 1 期 15—19 頁	1985 年 5 月河南省羅山縣蟒張鄉後李村墓葬 M44：7	河南省羅山縣文物管理委員會	
9042	天乙爵	2	西周早期	近出 821 高家堡戈國墓 74 頁	1991 年陝西省涇陽縣興隆鄉高家堡 M4：1	陝西省涇陽縣博物館	
9043	息己爵	2	商代後期	近出 822 考古學報 1986 年 2 期 161—172 頁	1979—1980 年河南省羅山縣蟒張鄉天湖村墓葬 M12：4	河南省羅山縣文化館	

序號	器名	字數	時代	著録	出土地	現藏地	備註
9044	息庚爵	2	商代後期	近出 823 中原文物 1988 年 1 期 15—19 頁	1985 年 5 月河南省羅山縣蟒張鄉後李村墓葬 M45：5	河南省羅山縣文物管理委員會	
9045	息辛爵	2	商代後期	近出 824 考古學報 1986 年 2 期 161—172 頁	1979—1980 年河南省羅山縣蟒張鄉天湖村墓葬 M8：3	河南省羅山縣文化館	
9046	息辛爵	2	商代後期	近出 825 考古學報 1986 年 2 期 161—172 頁	1979—1980 年河南省羅山縣蟒張鄉天湖村墓葬 M8：2	河南省羅山縣文化館	
9047	𩰪癸爵	2	商代後期	近出 826 富士比（1974，12，2 3）			Natanaél Wessén 舊藏；英國倫敦富士比拍賣行曾見
9048	亞醜爵	2	商代後期	近出 827 海岱考古第一輯 256—266 頁	1986 年春山東省青州市蘇埠屯墓葬 M7：7	山東省青州市博物館	
9049	亞告爵	2	商代後期	近出 828 富士比（1973，3，15 415）			英國倫敦富士比拍賣行曾見
9050	亞臼爵	2	商代後期	近出 829 富士比（1984，12，11 26）			英國倫敦富士比拍賣行曾見
9051	亞受爵	2	西周早期	近出 830 富士比（1973，3，15 418）			英國倫敦富士比拍賣行曾見

序號	器名	字數	時代	著録	出土地	現藏地	備註
9052	𬼀亞爵	2	西周早期	近出 831 富士比(1987,6,9 6)			英國倫敦富士比拍賣行曾見
9053	亞址角	2	商代後期	近出 832 安陽殷墟郭家莊商代墓葬 101 頁	河南省安陽市殷墟郭家莊 M160：144	中國社會科學院考古研究所	
9054	亞址角	2	商代後期	近出 833 安陽殷墟郭家莊商代墓葬 101 頁	河南省安陽市殷墟郭家莊 M160：153	中國社會科學院考古研究所	
9055	亞址角	2	商代後期	近出 834 安陽殷墟郭家莊商代墓葬 101 頁	河南省安陽市殷墟郭家莊 M160：151	中國社會科學院考古研究所	
9056	亞址角	2	商代後期	近出 835 安陽殷墟郭家莊商代墓葬 101 頁	河南省安陽市殷墟郭家莊 M160：146	中國社會科學院考古研究所	
9057	亞址角	2	商代後期	近出 836 安陽殷墟郭家莊商代墓葬 101 頁	河南省安陽市殷墟郭家莊 M160：145	中國社會科學院考古研究所	
9058	亞址角	2	商代後期	近出 837 安陽殷墟郭家莊商代墓葬 101 頁	河南省安陽市殷墟郭家莊 M160：142	中國社會科學院考古研究所	
9059	亞址角	2	商代後期	近出 838 安陽殷墟郭家莊商代墓葬 101 頁	河南省安陽市殷墟郭家莊 M160：143	中國社會科學院考古研究所	
9060	亞址角	2	商代後期	近出 839 安陽殷墟郭家莊商代墓葬 101 頁	河南省安陽市殷墟郭家莊 M160：141	中國社會科學院考古研究所	
9061	亞址角	2	商代後期	近出 840 安陽殷墟郭家莊商代墓葬 101 頁	河南省安陽市殷墟郭家莊 M160：125	中國社會科學院考古研究所	
9062	亞址角	2	商代後期	近出 841 安陽殷墟郭家莊商代墓葬 101 頁	河南省安陽市殷墟郭家莊 M160：124	中國社會科學院考古研究所	

序號	器名	字數	時代	著録	出土地	現藏地	備註
9063	亞矣爵	2	商代後期	近出 842 富士比(1973,6,26 3)			英國東方瓷器學會 1951 年早期中國青銅器展鑒;英國倫敦富士比拍賣行曾見
9064	子義爵	2	商代後期	近出 843 文物 1992 年 4 期 94—95 頁	1984 年 10 月山東省平陰縣洪範鄉臧莊墓葬	山東省平陰縣博物館籌建處	
9065	子工爵	2	商代後期	近出 844 華夏考古 1997 年 2 期 17—18 頁	1983—1986 年河南省安陽市劉家莊 M1∶19	河南省安陽市文物工作隊	
9066	子口爵	2	西周早期	近出 845 富士比(1990,6,12 9)			英國倫敦富士比拍賣行曾見
9067	尹舟爵	2	商代後期	近出 846 考古與文物 1990 年 5 期 25—38 頁	陝西省長安縣灃西鄉馬王村	陝西省西安市文物中心	
9068	倗舟爵	2	商代後期	近出 847 富士比(1977,12 13 212)			英國倫敦富士比拍賣行曾見
9069	倗舟爵	2	商代後期	近出 848 富士比(1979,12,11 33)			P. G. Remar-gue舊藏;英國倫敦富士比拍賣行曾見
9070	兄冊爵	2	商代後期	近出 849 安陽殷墟郭家莊商代墓葬 38 頁	河南省安陽市殷墟郭家莊 M50∶24	中國社會科學院考古研究所	

序號	器名	字數	時代	著録	出土地	現藏地	備註
9071	用遣爵	2	西周早期	近出 850 史語所集刊第七十本第三分(抽印本)762—774頁			1997年春在香港發現,一組同出六件
9072	用遣爵	2	西周早期	近出 851 史語所集刊第七十本第三分(抽印本)762—774頁			
9073	寢出爵	2	商代後期	近出 852 考古 1992年6期510—514頁	1980年冬河南省安陽市大司空村墓葬	中國社會科學院考古研究所安陽工作隊	
9074	寢印爵	2	商代後期	近出 853 考古 1989年7期592—593頁	1986年秋河南省安陽市大司空村墓葬 M25：16	中國社會科學院考古研究所安陽工作隊	
9075	寢印爵	2	商代後期	近出 854 考古 1989年7期592—593頁	1986年秋河南省安陽市大司空村墓葬 M29：5	中國社會科學院考古研究所安陽工作隊	
9076	寢印爵	2	商代後期	近出 855 考古 1989年7期592—593頁	1986年秋河南省安陽市大司空村墓葬 M29：1	中國社會科學院考古研究所安陽工作隊	
9077	寢印爵	2	商代後期	近出 856 考古 1989年7期592—593頁	1986年秋河南省安陽市大司空村墓葬 M25：14	中國社會科學院考古研究所安陽工作隊	
9078	榮門爵	2	商代後期	近出 857 海岱考古第一輯313—314頁	1985年春山東省濰坊市坊子區院上水庫南崖	山東省濰坊市博物館	

序號	器名	字數	時代	著録	出土地	現藏地	備註
9079	家肇爵	2	商代後期	近出 858 考古學報 1986 年 2 期 161—172 頁	1979—1980 年河南省羅山縣蟒張鄉天湖村墓葬 28∶5	河南省羅山縣文化館	
9080	葡戊爵	2	商代後期	近出 859 考古與文物 1996 年 6 期 74—77 頁		河南省南陽市博物館	
9081	[illegible]右爵	2	商代後期	近出 860 海岱考古第一輯 305—306 頁	1980—1982 年山東省昌樂縣東圈	山東省昌樂縣文物管理所	
9082	耳竹爵	2	商代後期	近出 861 富士比(1980,4,15 25)			英國倫敦富士比拍賣行曾見
9083	册[illegible]爵	2	商代後期	近出 862 富士比(1972,3,14 3)			Lodge 夫婦舊藏;英國倫敦富士比拍賣行曾見
9084	皿[illegible]爵	2	商代後期	近出 863 富士比(1976,7,6 1)			英國倫敦富士比拍賣行曾見
9085	車犬爵	2	商代後期	近出 864 富士比(1978,7,11 6)			英國倫敦富士比拍賣行曾見
9086	縈仲爵	2	西周早期	近出 865 文物 1996 年 7 期 54—68 頁	1964—1972 年河南省洛陽市北窑村西龐家溝墓葬 M299∶2		
9087	己並爵	2	商代後期	近出附 43 文物 1985 年 3 期 2—5 頁	1983 年 12 月山東壽光縣“益都侯城”故址	山東壽光縣博物館	同出五件,形制相同

序號	器名	字數	時代	著録	出土地	現藏地	備註
9088	巫口爵	2	商代後期	近出附44 考古1992年12期1142頁	1981年河南正陽縣傅寨鄉伍莊村		
9089	祖戊爵	2	商代後期	近出附45 考古與文物1998年4期96頁		山東濟南市博物館	1980年山東桓臺縣村民捐獻
9090	亼乙爵	2	商代後期	近出附46 華夏考古1995年1期8頁	1986—1992年河南安陽市墓葬M13：1	河南安陽市文物工作隊	
9091	父辛爵	2	商代後期	近出附47 中原文物1984年1期95頁	河南南陽市十里廟遺址	河南南陽市博物館	
9092	父癸爵	2	商代後期	近出附48 中國文物報1989年19期3版	1989年2月山西長子縣南鮑村	山西長治市博物館	
9093	典正爵	2	商代後期	近出附49 中原文物1985年1期26—31頁		河南新鄉市博物館	
9094	[illegible]且乙爵	3	商代後期或西周早期	集成8311 三代16.1.1 愙齋23.17.2 殷存下17.10 小校6.60.6		上海博物館	吴大澂舊藏
9095	尧且乙爵	3	西周早期	集成8312 三代16.1.2 續殷下22.5 冠斝中35		故宫博物院	榮厚舊藏
9096	[illegible]且乙爵	3	商代後期或西周早期	集成8313 三代16.1.3 貞松10.1			

序號	器名	字數	時代	著録	出土地	現藏地	備註
9097	𠆤且乙爵	3	商代後期或西周早期	集成 8314 彙編 9.1482b		澳大利亞某氏	
9098	豕且乙爵	3	商代後期或西周早期	集成 8315		故宫博物院	
9099	𠆢且乙爵	3	商代後期	集成 8316		故宫博物院	
9100	𠆢且乙爵	3	商代後期	集成 8317		故宫博物院	
9101	□且乙爵	3	商代後期或西周早期	集成 8318 貞續下 9.2			
9102	⊢且丙爵	3	商代後期	集成 8319 考古 1982 年 2 期 210 頁圖 2：3	1967 年湖北鄂城縣碧石村	鄂城縣博物館	
9103	𠆢且丙爵	3	西周早期	集成 8320 陝青 3.166	1963 年陝西隴縣南村墓葬	隴縣文化館	
9104	𠆤且丙爵	3	商代後期或西周早期	集成 8321 三代 16.1.4 續殷下 22.6 小校 6.35.5			
9105	車且丁爵	3	商代後期或西周早期	集成 8322 三代 16.1.5 窓齋 2.5.3 殷存下 9.11 小校 6.36.1			潘祖蔭舊藏
9106	亞且丁爵	3	商代後期或西周早期	集成 8323 三代 16.1.6 貞續下 9.4 小校 6.36.3		故宫博物院	

序號	器名	字數	時代	著録	出土地	現藏地	備註
9107	山且丁爵	3	西周早期	集成 8324 三代 16.2.1 窓齋 23.22 殷存下 10.5 小校 6.36.1			吴大澂得自西安
9108	[illegible]且丁爵	3	西周早期	集成 8325 湖南輯刊 1.22 頁圖 4：2.3	1981 年湖南湘潭縣青山橋老屋村窖藏	湖南省博物館	
9109	[illegible]且丁爵	3	商代後期或西周早期	集成 8326		故宫博物院	
9110	册且丁角	3	商代後期	集成 8327 日精華 3.212 彙編 9.1454 綜覽 190 頁角 9		日本東京程琦氏	
9111	叔且丁爵	3	商代後期或西周早期	集成 8328 續殷下 22.8		故宫博物院	柱有僞刻銘一字
9112	戈且戊爵	3	商代後期	集成 8329 三代 16.2.3 攈古 1.2.17.4 綴遺 20.23.2 續殷下 22.10		上海博物館	
9113	奴且戊爵	3	商代後期	集成 8330 三代 5.18.3(缺柱上銘) 續殷下 8.12，下 6.9(柱銘)		故宫博物院	
9114	叡戊觥爵	3	西周早期	集成 8331 三代 16.25.5 貞松 10.14.4 善齋 7.31 小校 6.60.3 續殷下 22.12 善彝 158	傳河南洛陽市	故宫博物院	劉體智舊藏

序號	器名	字數	時代	著録	出土地	現藏地	備註
9115	叡戊䚷爵	3	西周早期	集成 8332 三代 16.25.6 貞松 10.14.3 善齋 7.30 續殷下 22.11 小校 6.20.2	傳河南洛陽市		劉體智舊藏
9116	丫且己爵	3	商代後期或西周早期	集成 8333 三代 16.2.4 綴遺 21.12.1 殷存下 10.9 小校 6.36.7			丁小農舊藏
9117	丫且己爵	3	商代後期或西周早期	集成 8334 三代 16.2.5 窸齋 23.16.2 綴遺 21.11.2 殷存下 10.8			潘祖蔭舊藏
9118	戈且己爵	3	西周早期	集成 8335 美集録 R51 彙編 9.1562		美國舊金山亞洲藝術博物館布倫戴奇藏品	
9119	叙且己爵	3	商代後期或西周早期	集成 8336 三代 16.2.6 貞續下 10.3 善齋 6.50 續殷下 6.11,上9.4 小校 6.36.5			劉體智舊藏
9120	㠱且己角	3	商代後期	集成 8337 三代 16.43.1 懷米上 18 攈古 1.3.14 窸齋 21.17 綴遺 26.18.2 敬吾下 56.1 貞續下 11.1 殷存下 22,10 小校 6.79.7			曹舫舊藏

序號	器名	字數	時代	著録	出土地	現藏地	備註
9121	入且己爵	3	商代後期或西周早期	集成 8338 三代 16.2.7 貞補中 25			原河南博物館舊藏
9122	[illegible]且己爵	3	西周早期	集成 8339 善齋 6.51 小校 6.36.6 故圖下下 359		臺北"中央博物院"	劉體智舊藏
9123	[illegible]且己爵	3	西周早期	集成 8340			
9124	[illegible]且庚爵	3	商代後期或西周早期	集成 8341 三代 16.2.9 從古 14.5 擴古 1.2.25.3 窓齋 22.11.1 綴遺 22.20.2 奇觚 7.12.1 殷存下 10.7 簠齋 2 爵 11 小校 6.37.1			陳介祺舊藏
9125	[illegible]且庚角	3	西周早期	集成 8342 彙編 9.1482a			
9126	子且辛爵	3	商代後期	集成 8343 三代 16.2.10		旅順博物館	
9127	姍且辛爵	3	商代後期	集成 8344		上海博物館	
9128	齊且辛爵	3	西周早期	集成 8345 三代 16.3.1 貞松 10.1.2 善齋 6.53 續殷下 23.2 小校 6.37.2		故宫博物院	劉體智舊藏
9129	弗且辛爵	3	西周早期	集成 8346 學報 1954 年第八册圖版 13 陝圖 7	1951 年陝西長安縣普渡村墓葬	陝西省博物館	

序號	器名	字數	時代	著録	出土地	現藏地	備註
9130	弗且辛爵	3	西周早期	集成 8347 陕圖 8	1951 年陕西長安縣普渡村墓葬	陕西省博物館	
9131	且辛爵	3	西周早期	集成 8348 三代 16.32. 貞續下 11.2 小校 6.37.3			
9132	戈且辛爵	3	商代後期或西周早期	集成 8349		故宫博物院	
9133	木且辛爵	3	西周早期	集成 8350 文叢 3.45 圖 17	1970 年河南洛陽市東郊塔西村	洛陽市博物館	
9134	且辛爵	3	商代後期	集成 8351		故宫博物院	
9135	且辛爵	3	商代後期	集成 8352 録遺 447			
9136	且辛爵	3	商代後期	集成 8353 巖窟上 42	1931 年河南安陽市		梁上椿舊藏
9137	日且壬爵	3	商代後期	集成 8354		故宫博物院	
9138	奴且壬爵	3	西周早期	集成 8355 録遺 448			
9139	山且壬爵	3	商代後期或西周早期	集成 8356 三代 16.3.3 綴遺 20.26.1 殷存下 10.10 小校 6.37.4			劉鶚舊藏
9140	且壬爵	3	西周早期	集成 8357 陕青 3.168	1973 年陕西隴縣黄花峪墓葬	隴縣文化館	
9141	尧且癸爵	3	商代後期或西周早期	集成 8358 三代 16.3.6 愙齋 22.14.2 綴遺 21.22.2 殷存下 10.11 小校 6.37.6			陳介祺、潘祖蔭舊藏

序號	器名	字數	時代	著録	出土地	現藏地	備註
9142	兇且癸爵	3	商代後期	集成 8359		上海博物館	
9143	[illegible]且癸爵	3	商代後期	集成 8360		上海博物館	
9144	[illegible]且癸角	3	商代後期	集成 8361 三代 16.43.2 清愛 13 攈古 1.2.14.4 綴遺 26.20.2 敬吾下 65.3 殷存下 11.1 小校 6.37.5			劉喜海舊藏
9145	[illegible]且癸角	3	商代後期	集成 8362 小校 6.79.8			
9146	鳥且癸爵	3	商代後期	集成 8363 考古 1985 年 9 期 854 頁圖 4：3	1981 年甘肅慶陽縣温泉西莊韓家灘村墓葬	慶陽地區博物館	
9147	[illegible]且癸爵	3	西周早期	集成 8364 録遺 449		故宫博物院	
9148	[illegible]且癸爵	3	商代後期或西周早期	集成 8365 三代 16.3.4			
9149	[illegible]且癸爵	3	商代後期或西周早期	集成 8366 三代 16.3.7 綴遺 21.7.2 續殷下 23.3			
9150	□且癸爵	3	商代後期或西周早期	集成 8367 三代 16.3.5 積古 2.9.3 攈古 1.2.25.2 殷存下 10.12			阮元舊藏
9151	田父甲爵	3	商代後期	集成 8368 三代 16.3.8 貞松 10.1 董盦 5	1918 年山東長清縣崮山驛		

序號	器名	字數	時代	著録	出土地	現藏地	備註
9152	車父甲爵	3	商代後期或西周早期	集成 8369 三代 16.3.9 綴遺 21.17.2 殷存下 11.2			方濬益舊藏
9153	車父甲爵	3	西周早期	集成 8370 貞松 10.2.1 善齋 6.54 續殷下 23.4 小校 6.37.7 善彝 157 故圖下下 360		臺北"中央博物院"	劉體智舊藏
9154	車父甲爵	3	商代後期或西周早期	集成 8371		故宫博物院	
9155	陸父甲角	3	商代後期或西周早期	集成 8372 三代 16.43.3 窸齋 21.14.1 綴遺 26.23.2 殷存下 22.7 小校 16.43.3		上海博物館	《集成》目録中器名誤爲"陸父甲爵"
9156	萬父甲爵	3	西周早期	集成 8373		旅順博物館	
9157	啓父甲爵	3	商代後期	集成 8374		上海博物館	
9158	啓父甲爵	3	商代後期	集成 8375		上海博物館	
9159	天父乙爵	3	商代後期	集成 8376		上海博物館	
9160	父乙爵	3	西周早期	集成 8377 三代 16.3.10			
9161	父乙爵	3	商代後期或西周早期	集成 8378 三代 16.3.11 續殷下 23.8		蘇州市博物館	
9162	㠱父乙角	3	商代後期	集成 8379 三代 16.43.4 貞續下 18.4			

序號	器名	字數	時代	著録	出土地	現藏地	備註
9163	㠱父乙角	3	商代後期	集成 8380 三代 16.43.5 綴遺 26.18.1 小校 6.80.4			金蘭坡舊藏
9164	㠱父乙角	3	商代後期	集成 8381 綜覽 191 頁角 16		法國巴黎某氏	
9165	㠱父乙角	3	西周早期	集成 8382		故宫博物院	
9166	子父乙爵	3	商代後期	集成 8383 三代 16.44.1 西甲 12.15. 殷存下 11.4			清宫舊藏
9167	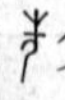父乙爵	3	商代後期或西周早期	集成 8384 三代 16.4.1 貞續下 12.1 小校 6.39.2		故宫博物院	
9168	父乙爵	3	西周早期	集成 8385 巖窟上 41	1939 年河南洛陽市		梁上椿舊藏
9169	父乙爵	3	西周早期	集成 8386		故宫博物院	
9170	父乙爵	3	西周早期	集成 8387 美集録 R463 彙編 8.1263		美國夏威夷火奴魯魯美術學院	
9171	父乙爵	3	西周早期	集成 8388 美集録 R464		美國夏威夷火奴魯魯美術學院	
9172	兇父乙爵	3	商代後期或西周早期	集成 8389 三代 16.4.10 從古 6.18 綴遺 21.22.1 小校 6.39.1			張廷濟舊藏
9173	父乙爵	3	商代後期	集成 8390 三代 16.5.3			

序號	器名	字數	時代	著録	出土地	現藏地	備註
9174	父乙爵	3	商代後期或西周早期	集成 8391 三代 16.5.4 攈古 1.2.17.2 綴遺 20.24.2 殷存下 11.10			
9175	父乙爵	3	商代後期或西周早期	集成 8392 三代 16.5.5 殷存下 11.9			
9176	父乙爵	3	西周中期	集成 8393 文物 1976 年 6 期 59 頁圖 24 陝青 2.96	1975 年陝西扶風縣白家村墓葬	扶風縣博物館	
9177	奴父乙爵	3	商代後期或西周早期	集成 8394 彙編 9.1415		日本東京某氏	
9178	奄父乙爵	3	西周早期	集成 8395 愙齋 23.10.4 陶齋 3.15 小校 6.41.1 續殷下 33.9			李山農、端方舊藏
9179	奄父乙角	3	商代後期	集成 8396 三代 16.45.4 西甲 12.16 從古 11.16 續殷下 33.8 小校 6.80.3 善齋 7.59 雙古上 33 善彝 162 巖窟上 25	傳河南		清宫舊藏,後歸金蘭坡、劉體智、梁上椿、于省吾;《西甲》著録爲有蓋角,其他各書著録時蓋已失
9180	虓父乙爵	3	商代後期或西周早期	集成 8397		故宫博物院	
9181	父乙爵	3	商代後期或西周早期	集成 8398		中國歷史博物館	

序號	器名	字數	時代	著録	出土地	現藏地	備註
9182	鳧父乙爵	3	商代後期或西周早期	集成 8399		故宫博物院	
9183	魚父乙爵	3	商代後期	集成 8400 寶鼎（1952）88 頁 彙編 9.1643			荷蘭萬孝臣氏舊藏
9184	魚父乙爵	3	商代後期或西周早期	集成 8401 録遺 450			
9185	魚父乙爵	3	商代後期或西周早期	集成 8402		蘇州市博物館	
9186	魚父乙爵	3	西周早期	集成 8403 考古 1984 年 6 期 513 頁圖 5（右）	1975 年湖北隨縣羊子山	隨州市博物館	
9187	亞父乙爵	3	西周早期	集成 8404 三代 16.4.7 窓齋 23.10.3 綴遺 21.14.2 殷存下 11.5 續殷下 24.4 小校 6.40.3		故宫博物院	李山農、金蘭坡舊藏
9188	亞父乙爵	3	商代後期或西周早期	集成 8405 三代 16.4.8 窓齋 23.10.1 殷存下 11.6 小校 6.40.1			李山農舊藏
9189	亞父乙爵	3	商代後期	集成 8406 三代 16.4.9 陶齋 3.20 續殷下 23.11 小校 6.39.6			端方舊藏

序號	器名	字數	時代	著録	出土地	現藏地	備註
9190	戈父乙爵	3	商代後期或西周早期	集成 8407		故宫博物院	
9191	戈父乙爵	3	商代後期或西周早期	集成 8408 三代 16.4.2 貞松 10.3.3 續殷下 4.4；下 10.4			容庚舊藏
9192	戈父乙爵	3	商代後期或西周早期	集成 8409 三代 16.4.3			
9193	戈父乙爵	3	商代後期	集成 8410 三代 16.4.4 續殷下 23.7			
9194	戈父乙爵	3	商代後期	集成 8411 三代 16.4.5 綴遺 20.24 殷存下 11.3 小校 6.38.5			
9195	庴父乙爵	3	商代後期	集成 8412 三代 16.6.4 貞松 10.3 故宫 30 期 故圖下上 183		臺北“故宫博物院”	
9196	[illegible]父乙爵	3	商代後期	集成 8413 三代 16.6.5 續殷下 23.9		故宫博物院	
9197	中父乙爵	3	商代後期或西周早期	集成 8414 三代 16.4.11 續殷下 23.10			
9198	酉父乙爵	3	商代後期或西周早期	集成 8415 三代 16.5.1 貞續下 11.4 小校 6.38.2			

序號	器名	字數	時代	著録	出土地	現藏地	備註
9199	弜父乙爵	3	商代後期	集成 8416 三代 16.5.2 貞松 10.2.2 善齋 6.56 小校 6.39.4			劉體智舊藏
9200	入父乙爵	3	商代後期或西周早期	集成 8417 三代 16.5.7 貞續下 11.3 小校 6.38.4			
9201	冟父乙爵	3	商代後期	集成 8418		上海博物館	
9202	鼎父乙爵	3	西周早期	集成 8419 三代 16.5.8 貞松 10.2.4 善齋 6.55 小校 6.38.1 故圖下下 362		臺北"中央博物院"	劉體智舊藏
9203	鼎父乙爵	3	西周早期	集成 8420		故宫博物院	
9204	鼎父乙爵	3	商代後期	集成 8421		上海博物館	
9205	鼎父乙爵	3	商代後期	集成 8422		上海博物館	
9206	[illegible]父乙爵	3	西周早期	集成 8423 巖窟上 35 彙編 9.1744	1940 年河南洛陽市	日本大阪某氏	梁上椿舊藏
9207	爵父乙爵	3	商代後期	集成 8424 博古 14.8 薛氏 36.6 嘯堂 43.1			
9208	[illegible]父乙爵	3	商代後期或西周早期	集成 8425		上海博物館	
9209	[illegible]父乙爵	3	西周早期	集成 8426 湖南輯刊 1 期 22 頁圖 4：6.7	1981 年湖南湘潭縣青山橋老屋村窖藏	湖南省博物館	

序號	器名	字數	時代	著録	出土地	現藏地	備註
9210	[illegible]父乙爵	3	商代後期	集成 8427 三代 16.6.7 貞松 10.3.4 續殷下 23.6			
9211	[illegible]父乙爵	3	商代後期或西周早期	集成 8428 三代 16.61 殷存下 11.8			
9212	耒父乙爵	3	西周早期	集成 8429 三代 16.6.2 貞松 10.2.3			
9213	舟父乙爵	3	商代後期或西周早期	集成 8430		上海博物館	
9214	作父乙爵	3	西周早期	集成 8431 三代 16.6.3 貞補中 25.3			原河南博物館舊藏
9215	作父乙爵	3	西周早期	集成 8432 續殷下 24.1			
9216	□父乙爵	3	商代後期或西周早期	集成 8433 三代 16.6.6			
9217	□父乙爵	3	商代後期	集成 8434 美集録 R249		美國波士頓美術博物館	美國霍布金斯舊藏
9218	□父乙爵	3	商代後期	集成 8435 美集録 R208		美國哈佛大學福格美術博物館	
9219	[illegible]父丙爵	3	商代後期或西周早期	集成 8436		故宫博物院	

序號	器名	字數	時代	著録	出土地	現藏地	備註
9220	魚父丙爵	3	商代後期	集成 8437 三代 16.6.8 筠清 1.10 從古 14.11 攈古 1.2.24.4 愙齋 22.18.1 綴遺 21.2.1 奇觚 7.15.1 殷存下 11.12 簠齋 2 爵 22 雙古上 35 小校 6.41.3			龔自珍、陳介祺、于省吾舊藏
9221	重父丙爵	3	商代後期	集成 8438 三代 16.6.9 攈古 1.2.63.1 綴遺 22.8.1 敬吾下 60.8 續殷下 24.5 小校 6.41.4			吴式芬舊藏
9222	鼎父丙爵	3	商代後期或西周早期	集成 8439 三代 16.7.2 貞松 10.3.1（誤作父乙） 續殷下 12.8（缺柱銘） 小校 6.37.8			溥倫舊藏
9223	[illegible]父丙爵	3	商代後期或西周早期	集成 8440		上海博物館	
9224	子父丁爵	3	商代後期或西周早期	集成 8441		上海博物館	
9225	子父丁爵	3	商代後期	集成 8442 三代 16.7.3 貞松 10.5.2 貞圖中 30			羅振玉舊藏

序號	器名	字數	時代	著録	出土地	現藏地	備註
9226	子父丁爵	3	商代後期	集成 8443 三代 16.7.4 筠清 1.10.2 從古 14.8 攈古 1.2.62.3 愙齋 22.16.2 綴遺 21.19.1 奇觚 7.18.2 殷存下 18.6 簠齋 2 爵 24 雙吉上 36 小校 6.43.2(又 6.38.6)重出			陳介祺、于省吾舊藏;《集成》目録中器名誤爲"子父丁爵"
9227	父丁爵	3	西周早期	集成 8444		故宫博物院	
9228	父丁爵	3	商代後期	集成 8445 考古圖 5.3 薛氏 37.5	得於新鄭		宋代盧江李伯時舊藏
9229	父丁爵	3	西周早期	集成 8446 三代 16.11.6 貞松 10.5.3			
9230	父丁爵	3	西周早期	集成 8447 三代 16.7.5 貞松 10.6.3 善齋 6.67 續殷下 24.10 小校 6.44.5			劉體智舊藏
9231	父丁爵	3	商代後期	集成 8448 三代 16.7.6 愙齋 23.5.2 綴遺 20.21.1 殷存下 12.1 小校 6.43.7			潘祖蔭舊藏
9232	父丁爵	3	商代後期	集成 8449 善齋 6.59 小校 6.43.6 續殷下 25.4			劉體智舊藏

序號	器名	字數	時代	著録	出土地	現藏地	備註
9233	旅父丁爵	3	商代後期或西周早期	集成 8450 彙編 9.1319			
9234	家父丁爵	3	西周早期	集成 8451 三代 16.8.3 善齋 7.40 續殷下 26.6 小校 6.63.3 頌續 86	傳洛陽	廣州市博物館	劉體智、容庚舊藏
9235	鄉父丁爵	3	西周早期	集成 8452 文叢 5.123 圖 2	1978 年陝西長安縣河迪村墓葬	陝西省文物管理委員會	
9236	史父丁爵	3	商代後期	集成 8453		濟南市博物館	
9237	守父丁爵	3	西周早期	集成 8454 博古 14.20.1 薛氏 4.7.1 嘯堂 44.5			
9238	父丁爵	3	西周早期	集成 8455 三代 16.10.1 續殷下 26.1			
9239	父丁爵	3	西周早期	集成 8456		故宮博物院	
9240	父丁爵	3	商代後期或西周早期	集成 8457 攈古 1.2.17.1 綴遺 20.31.2			曹秋舫舊藏
9241	父丁爵	3	商代後期	集成 8458		故宮博物院	
9242	黿父丁爵	3	西周早期	集成 8459 學報 1977 年 2 期 108 頁圖 8：1	1967 年甘肅靈臺縣白草坡村墓葬	甘肅省博物館	
9243	魚父丁爵	3	商代後期	集成 8460 三代 16.8.2 綴遺 21.2 殷存下 12.2		上海博物館	潘祖蔭舊藏

序號	器名	字數	時代	著録	出土地	現藏地	備註
9244	魚父丁爵	3	西周早期	集成 8461 三代 16.8.1			
9245	朩父丁爵	3	商代後期	集成 8462		遼寧省博物館	
9246	[illegible]父丁爵	3	商代後期或西周早期	集成 8463 三代 16.8.4 貞松 10.6.1		旅順博物館	
9247	刹父丁爵	3	商代後期	集成 8464 三代 16.8.5 陶續 2.8 夢郼上 44 續殷下 26.2			端方、羅振玉舊藏
9248	⿺辶戔父丁爵	3	商代後期	集成 8465 三代 16.8.6 貞圖中 31		上海博物館	羅振玉舊藏
9249	叙父丁爵	3	商代後期或西周早期	集成 8466 三代 16.9.1 綴遺 20.22.1 殷存下 12.7 小校 6.429			潘祖蔭舊藏
9250	戈父丁爵	3	商代後期	集成 8467 録遺 451		故宫博物院	
9251	戈父丁爵	3	商代後期或西周早期	集成 8468			
9252	戈父丁爵	3	商代後期	集成 8469		故宫博物院	
9253	戈父丁爵	3	商代後期或西周早期	集成 8470 攈古 1.2.18.1 筠清 1.13.2 綴遺 20.23.1 續殷下 26.9			葉東卿舊藏

序號	器名	字數	時代	著録	出土地	現藏地	備註
9254	✢父丁爵	3	商代後期	集成 8471 三代 16.9.3（又 16.9.4 重出） 小校 6.42.8 善齋 6.61 續殷下 24.7		故宫博物院	劉體智舊藏；《集成》第 14 册 8471 器名漏“✢”字
9255	⌖父丁爵	3	商代後期或西周早期	集成 8472 彙編 8.1029	傳 1927 年前河南洛陽市	加拿大多倫多皇家安大略博物館	
9256	㇋父丁爵	3	商代後期或西周早期	集成 8473		故宫博物院	
9257	皿父丁爵	3	商代後期或西周早期	集成 8474 三代 16.9.5 貞松 10.7.1			
9258	皿父丁爵	3	商代後期或西周早期	集成 8475		旅順博物館	
9259	禾父丁爵	3	西周早期	集成 8476 三代 16.9.2 貞松 10.6.2 善齋 6.66 續殷下 25.11 小校 6.43.5			劉體智舊藏
9260	木父丁爵	3	商代後期	集成 8477 三代 16.10.9 攈古 1.2.26.4 恒軒下 72 綴遺 20.27.1 敬吾下 52.3 殷存下 12.6 小校 6.43.1 續殷下 15.7			吴大澂舊藏

序號	器名	字數	時代	著録	出土地	現藏地	備註
9261	弗父丁爵	3	西周早期	集成 8478 考古 1978 年 5 期 292 頁圖 4：4 陝青 4. 13 寶鷄強國墓地 137 頁	1976 年陝西寶鷄市渭濱區竹園溝墓葬 BZM1：251	寶鷄市渭濱區文化館	
9262	[illegible]父丁爵	3	西周早期	集成 8479		故宫博物院	
9263	[illegible]父丁爵	3	商代後期	集成 8480 三代 16. 9. 8 貞松 10. 4. 3 小校 6. 44. 7			徐乃昌舊藏
9264	[illegible]父丁爵	3	商代後期	集成 8481 三代 16. 9. 7 善齋 6. 60 續殷下 26. 5 小校 6. 41. 8		故宫博物院	劉體智舊藏
9265	[illegible]父丁爵	3	西周早期	集成 8482 三代 16. 9. 6 愙齋 22. 10. 4 綴遺 21. 10. 2 奇觚 7. 18. 1 殷存下 12. 8 小校 6. 42. 2			陳介祺舊藏
9266	[illegible]父丁爵	3	商代後期	集成 8483 愙齋 23. 16. 3 續殷下 26. 4 小校 6. 41. 7			
9267	[illegible]父丁爵	3	西周早期	集成 8484 美集録 R65			美國紐約羅比爾氏舊藏
9268	[illegible]父丁爵	3	西周早期	集成 8485 文物 1981 年 12 期 88 頁圖 2	1979 年陝西寶鷄縣強家莊墓葬	寶鷄市博物館	

序號	器名	字數	時代	著録	出土地	現藏地	備註
9269	□父丁爵	3	西周早期	集成 8486 續殷下 5. 11（鋬）；下 11. 6（柱）		故宫博物院	
9270	□父丁爵	3	西周早期	集成 8487 三代 16. 11. 5 貞松 10. 6. 4 善齋 6. 65 續殷下 26. 3 小校 6. 42. 1			劉體智舊藏
9271	□父丁爵	3	商代後期或西周早期	集成 8488 小校 6. 41. 5		故宫博物院	
9272	□父丁爵	3	西周早期	集成 8489 攈古 1. 2. 18. 4 綴遺 20. 29. 1 續殷下 25. 6			
9273	□父丁爵	3	商代後期	集成 8490 博古 14. 20. 2 續考 3. 5 薛氏 37. 2 嘯堂 44. 6			
9274	□父丁爵	3	商代後期	集成 8491 三代 16. 11. 3 貞松 10. 7. 3 善齋 6. 64 續殷下 25. 7 小校 6. 42. 4			劉體智舊藏
9275	□父丁爵	3	商代後期或西周早期	集成 8492		故宫博物院	

序號	器名	字數	時代	著録	出土地	現藏地	備註
9276	[illegible]父丁爵	3	西周早期	集成 8493 三代 16.11.4 貞松 10.7.2 善齋 6.63 小校 6.42.5 日精華 3.234 續殷下 25.3(又 25.9 重出)		日本京都藤井有鄰館	劉體智舊藏
9277	[illegible]父丁爵	3	西周早期	集成 8494 善齋 6.62 小校 6.42.6 續殷下 10.10(鋬)			劉體智舊藏
9278	[illegible]父丁爵	3	商代後期或西周早期	集成 8495 三代 16.11.1 綴遺 21.13.2 殷存下 12.10 小校 6.42.7			劉鶚舊藏
9279	[illegible]父丁爵	3	西周早期	集成 8496 美集録 R256			美國布拉馬氏;此器爲鉛爵
9280	系父丁爵	3	商代後期或西周早期	集成 8497 續殷下 24.12		故宫博物院	陳承裘舊藏
9281	[illegible]父丁爵	3	商代後期或西周早期	集成 8498 彙編 9.1763		美國波士頓美術博物館	
9282	[illegible]父丁爵	3	商代後期或西周早期	集成 8499 三代 16.10.2 貞續下 12.3 小校 6.44.4			
9283	[illegible]父丁爵	3	商代後期或西周早期	集成 8500 三代 16.10.5 殷存下 12.9			

序號	器名	字數	時代	著録	出土地	現藏地	備註
9284	[illegible]父丁爵	3	商代後期	集成 8501 三代 16.10.8 貞松 10.4.2 善齋 6.69 續殷下 25.10 小校 6.43.8 善彝 152 故圖下下 366		臺北"中央博物院"	劉體智舊藏
9285	㠯父丁爵	3	商代後期或西周早期	集成 8502 三代 16.10.10 殷存下 12.5 小校 6.44.2			潘祖蔭舊藏
9286	[illegible]父丁爵	3	商代後期	集成 8503 三代 16.10.11 澂秋 47 殷存下 12.4 續殷下 24.11 小校 6.44.3		故宫博物院	陳承裘舊藏
9287	[illegible]父丁爵	3	西周早期	集成 8504 三代 16.11.2 窸齋 23.11.2 殷存下 12.11 小校 6.41.6			
9288	爻父丁爵	3	商代後期或西周早期	集成 8505		上海博物館	
9289	車父丁爵	3	商代後期或西周早期	集成 8506 三代 16.10.6 貞松 10.4.1 續殷下 24.9			

序號	器名	字數	時代	著録	出土地	現藏地	備註
9290	㑹父丁爵	3	商代後期或西周早期	集成 8507 三代 16.10.7 窓齋 22.18.2 綴遺 21.16.2 奇觚 7.17.2 殷存下 12.3 簠齋 2 爵 23 小校 6.44.6 日精華 3.226			陳介祺舊藏,後歸日本小川睦之輔
9291	豐父丁爵	3	商代後期	集成 8508 續殷下 25.5		中國歷史博物館	
9292	父丁彝爵	3	商代後期	集成 8509 中原文物 1986 年 3 期 119 頁圖 2：1		安陽市博物館	
9293	□父丁爵	3	商代後期或西周早期	集成 8510			
9294	□父丁爵	3	商代後期	集成 8511		英國某氏	
9295	作父丁爵	3	西周早期	集成 8512 貞松 10.4.4			
9296	子父戊爵	3	西周早期	集成 8513 三代 16.11.7 綴遺 21.20.2 貞續下 12.4 續殷下 27.4		故宫博物院	方濬益舊藏
9297	子父戊爵	3	西周早期	集成 8514 三代 16.11.8 綴遺 21.21.1 殷存下 13.7		故宫博物院	潘祖蔭舊藏
9298	子父戊爵	3	西周早期	集成 8515		故宫博物院	
9299	子父戊爵	3	西周早期	集成 8516		故宫博物院	

序號	器名	字數	時代	著録	出土地	現藏地	備註
9300	冀父戊角	3	商代後期或西周早期	集成8517 三代16.44.6 攈古1.3.17.1 愙齋21.17.2 綴遺26.19.1 奇觚6.6.2(誤作卣) 敬吾下65.2 殷存下23.1 小校6.46.2(又4.19.7誤作卣)		上海博物館	葉東卿、潘祖蔭舊藏
9301	奄父戊角	3	商代後期或西周早期	集成8518 三代16.45.3 金索金1.27 筠清2.53 攈古1.1.27.2 綴遺26.20.1 敬吾下65.4 小校6.80.2(又6.13.2重出)		上海博物館	葉東卿、潘祖蔭舊藏;除《綴遺》《集成》外,各書均缺"父戊"二字
9302	父戊角	3	西周早期	集成8519 三代16.44.5 貞松10.24.1 續殷下27.1 尊古3.9			溥倫舊藏
9303	屰父戊爵	3	商代後期	集成8520 録遺452 寧樂譜(1969)8		日本奈良寧樂美術館	
9304	父戊爵	3	商代後期	集成8521 三代16.11.10 攈古1.2.63.3 綴遺21.25.2 愙齋23.12. 殷存下13.6 小校6.46.1			袁理堂、李山農舊藏

序號	器名	字數	時代	著録	出土地	現藏地	備註
9305	㞢父戊爵	3	商代後期	集成 8522 三代 16.11.9 愙齋 22.11.2 綴遺 21.1.1 奇觚 7.20.1 殷存下 13.4 小校 6.45.4			陳介祺舊藏
9306	叙父戊爵	3	商代後期或西周早期	集成 8523		故宫博物院	
9307	叙父戊爵	3	商代後期或西周早期	集成 8524		故宫博物院	
9308	房父戊爵	3	商代後期或西周早期	集成 8525 三代 16.12.4 貞續下 13.1 小校 6.45.6		故宫博物院	
9309	[illegible]父戊爵	3	商代後期或西周早期	集成 8526 三代 16.11.11 綴遺 21.5.1 殷存下 13.5		上海博物館	潘祖蔭舊藏
9310	[illegible]父戊爵	3	商代後期	集成 8527 三代 16.12.1 長安 1.36 愙齋 22.18.4 攈古 1.2.63.4 綴遺 21.16.1 奇觚 7.19.1 殷存下 13.8(又下 18.7 重出) 簠齋 2 爵 28 小校 6.45.5			劉喜海、陳介祺舊藏

序號	器名	字數	時代	著録	出土地	現藏地	備註
9311	卋父戊爵	3	西周早期	集成 8528 三代 16.12.3 攈古 1.2.64.1 綴遺 21.30.2 陶齋 3.9 續殷下 11.12(鋬)			端方舊藏
9312	[illegible]父戊爵	3	商代後期	集成 8529 彙編 8.1359		加拿大多倫多皇家安大略博物館	
9313	父戊口爵	3	西周早期	集成 8530 博古 14.17 薛氏 36.7 嘯堂 44.3			
9314	[illegible]父戊角	3	商代後期	集成 8531 金匱 157 下	傳河南安陽市		香港陳仁濤舊藏
9315	[illegible]父戊爵	3	商代後期	集成 8532 三代 16.12.6 恒軒下 74 綴遺 21.10.1 殷存下 13.9 續殷下 27.3		故宫博物院	吴大澂舊藏
9316	[illegible]父戊爵	3	商代後期	集成 8533 文物 1982 年 9 期 84 頁圖 1	1979 年湖北襄樊市	襄樊市文物管理處	
9317	爻父戊爵	3	西周早期	集成 8534		故宫博物院	
9318	[illegible]父戊爵	3	商代後期	集成 8535 三代 16.12.5 綴遺 20.20.1 殷存下 13.3 小校 6.45.8		中國歷史博物館	潘祖蔭舊藏
9319	子父己爵	3	商代後期	集成 8536		上海博物館	

序號	器名	字數	時代	著録	出土地	現藏地	備註
9320	父己爵	3	商代後期	集成 8537 三代 16.12.7 積古 2.7.2 攈古 1.2.22.3 綴遺 21.19.2			
9321	父己爵	3	商代後期或西周早期	集成 8538 三代 16.12.8 小校 6.47.2		故宫博物院	
9322	㠱父己爵	3	商代後期	集成 8539 三代 16.13.1 攈古 1.3.18 窓齋 22.22.3 綴遺 22.3.2 奇觚 7.21.1 殷存下 20.6 簠齋 2 爵 5 小校 6.49.7			陳介祺舊藏
9323	㠱父己爵	3	商代後期	集成 8540 三代 16.13.2 陶齋 3.16 續殷下 28.1 小校 6.49.6 獲古 21 彙編 8.1153		美國堪薩斯納爾遜美術陳列館	端方舊藏
9324	父己爵	3	商代後期	集成 8541 三代 16.13.3 貞補中 26.1 續殷下 28.4 十二雪 16			羅振玉、孫壯舊藏
9325	父己爵	3	商代後期或西周早期	集成 8542 三代 16.13.4 貞松 10.8.4			
9326	父己爵	3	商代後期或西周早期	集成 8543 三代 16.16.6 貞松 10.8.3			

序號	器名	字數	時代	著録	出土地	現藏地	備註
9327	□父己爵	3	西周早期	集成 8544 續殷下 28.9		故宫博物院	
9328	若父己爵	3	商代後期或西周早期	集成 8545 三代 16.14.6			
9329	□父己爵	3	商代後期	集成 8546 冠斝中 31			榮厚舊藏
9330	□父己爵	3	商代後期	集成 8547 三代 16.13.5 貞松 10.8.1 武英 132 續殷下 27.5 小校 6.47.4			承德避暑山莊舊藏
9331	□父己爵	3	商代後期	集成 8548		故宫博物院	
9332	啓父己爵	3	西周早期	集成 8549			
9333	□父己爵	3	商代後期	集成 8550 貞松下 13.3 續殷下 27.11			
9334	□父己爵	3	西周早期	集成 8551 考古與文物 1982 年 2 期 12 頁圖 8：右	1980 年陝西扶風縣法門寺李家村	周原博物館	
9335	舌父己爵	3	商代後期	集成 8552 三代 16.15.4 冠斝中 33		上海博物館	榮厚舊藏
9336	舌父己爵	3	商代後期	集成 8553 中原文物 1985 年 1 期 30 頁圖 2：50		河南新鄉市博物館	
9337	□父己爵	3	商代後期	集成 8554 三代 16.16.2 攈古 1.2.22 綴遺 21.9.1			吴式芬舊藏

序號	器名	字數	時代	著録	出土地	現藏地	備註
9338	戈父己爵	3	商代後期或西周早期	集成 8555 三代 16.15.1 從古 7.32 攈古 1.2.18.2 小校 6.47.1			蔡鹿賓舊藏
9339	戈父己爵	3	商代後期	集成 8556		上海博物館	
9340	戈父己爵	3	商代後期或西周早期	集成 8557 三代 16.15.3 貞松 10.9.4			
9341	戈父己爵	3	商代後期或西周早期	集成 8558		故宫博物院	
9342	戈父己爵	3	西周早期	集成 8559 三代 16.15.2 貞松 10.9.3 善齋 7.2 續殷下 28.7 小校 6.46.8			劉體智舊藏
9343	戈父己爵	3	西周早期	集成 8560	1971 年河南洛陽市北瑶村	洛陽市博物館	
9344	叙父己爵	3	商代後期	集成 8561 彙編 8.1356 綜覽 176 頁爵 144		日本某氏	
9345	舟父己爵	3	商代後期或西周早期	集成 8562 薛氏 38.1			
9346	刿父己爵	3	商代後期	集成 8563 三代 16.13.6 筠清 1.15.2 攈古 1.2.65.1 綴遺 21.3.1 善齋 7.3 小校 6.47.3 續殷下 27.9			姚聖常、劉體智舊藏

序號	器名	字數	時代	著録	出土地	現藏地	備註
9347	萬父己爵	3	商代後期	集成 8564 巖窟下 27	1939 年河南安陽市	故宫博物院	梁上椿舊藏
9348	萬父己爵	3	商代後期或西周早期	集成 8565 三代 16.13.7 續殷下 27.6			
9349	鼎父己爵	3	商代後期或西周早期	集成 8566		故宫博物院	
9350	[illegible]父己爵	3	商代後期或西周早期	集成 8567 三代 16.16.1 積古 2.7.6 攈古 1.1.7.2 綴遺 19.31.1 殷存下 5.1			
9351	冉父己爵	3	西周早期	集成 8568		故宫博物院	
9352	冉父己爵	3	商代後期	集成 8569		故宫博物院	
9353	冉父己爵	3	商代後期或西周早期	集成 8570 三代 16.14.3 殷存下 13.12			
9354	冉父己爵	3	商代後期	集成 8571 考古 1982 年 2 期 210 頁圖 2：2	1975 年湖北鄂城縣沙窩公社五家灣村	鄂城縣博物館	
9355	[illegible]父己爵	3	商代後期	集成 8572 三代 16.14.2 移林 27 殷存下 13.10 小校 6.46.4			丁麟年舊藏

序號	器名	字數	時代	著録	出土地	現藏地	備註
9356	[illegible]父己爵	3	西周早期	集成 8573 三代 16.14.1 長安 1.39 擦古 1.2.23.4 窓齋 22.19.1 綴遺 21.6.1(21.6.2 重出) 奇觚 7.20.2 殷存下 13.11 簠齋 2 爵 29 善齋 7.4 續殷下 28.8 小校 6.46.5			劉喜海、陳介祺、劉體智舊藏
9357	[illegible]父己爵	3	西周早期	集成 8574 琉璃河西周燕國墓地 167 頁	1973—1974 年北京琉璃河黄土坡村墓葬 M50：7	首都博物館	
9358	[illegible]父己爵	3	商代後期或西周早期	集成 8575 三代 16.16.3 筠清 1.29.1 擦古 1.2.27.3 窓齋 22.24.2 綴遺 21.14.1 奇觚 18.6 殷存下 14.2 小校 6.46.6			葉東卿、潘祖蔭舊藏
9359	[illegible]父己爵	3	西周早期	集成 8576 三代 16.14.4 貞松 10.8.2 善齋 7.5 小校 6.47.5			劉體智舊藏
9360	[illegible]父己爵	3	商代後期	集成 8577 三代 16.14.5 貞松 10.7.4 貞圖中 32			羅振玉舊藏

序號	器名	字數	時代	著録	出土地	現藏地	備註
9361	U父己爵	3	商代後期	集成 8578 三代 16.15.5 貞松 10.9.2 善齋 7.1 續殷下 27.7 小校 6.46.7			劉體智舊藏;《集成》目録中器名誤爲:U父已爵"
9362	[illegible]父己爵	3	西周早期	集成 8579 三代 16.15.6 貞續下 13.2 歐精華 1.59 美集録 R194		美國波士頓美術博物館	
9363	[illegible]父己爵	3	商代後期或西周早期	集成 8580 三代 16.15.7 筠清 1.16.1 攈古 1.2.23.1 綴遺 20.30.1 殷存下 14.1			
9364	[illegible]父己爵	3	西周早期	集成 8581 三代 16.15.8 貞松 10.9.1 小校 6.49.3			徐乃昌舊藏
9365	[illegible]父己爵	3	商代後期或西周早期	集成 8582 三代 16.15.9 窓齋 23.12.3 續殷下 28.6 小校 6.46.3			李山農舊藏
9366	父己册角	3	西周早期	集成 8583 三代 16.44.7 貞松 10.24.2 善齋 7.61 續殷下 28.3 小校 6.81.4(又 6.49.2 重出) 善彝 163 故圖下下 377		臺北"中央博物院"	劉體智舊藏

序號	器名	字數	時代	著録	出土地	現藏地	備註
9367	子父庚爵	3	商代後期	集成 8584 三代 16.16.8 攈古 1.2.19.1 愙齋 22.15.4 綴遺 21.20.1 奇觚 7.21.2 殷存下 14.5 簠齋 2 爵 30 雙吉上 40 尊古 3.4		故宫博物院	陳介祺、于省吾舊藏
9368	父庚爵	3	商代後期	集成 8585 三代 16.16.9 愙齋 23.13.2 陶齋 3.18 殷存下 14.3 小校 6.50.1 夢郼上 45			李山農、端方、羅振玉舊藏
9369	父庚爵	3	商代後期	集成 8586 三代 16.16.10 愙齋 23.13.3 殷存下 14.4 小校 6.50.2		故宫博物院	李山農舊藏
9370	乘父庚爵	3	商代後期	集成 8587 寧壽 10.2			清宫舊藏
9371	奄父庚爵	3	西周早期	集成 8588		故宫博物院	
9372	奄父庚角	3	商代後期或西周時期	集成 8589		上海博物館	
9373	乙父庚爵	3	商代後期或西周早期	集成 8590 小校 6.50.5		故宫博物院	

序號	器名	字數	時代	著録	出土地	現藏地	備註
9374	父庚爵	3	商代後期	集成8591 三代16.17.1 善齋7.6 續殷下6.2(柱);下12.10(鋬) 小校6.49.8			劉體智舊藏
9375	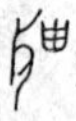父庚爵	3	商代後期	集成8592 三代16.17.2			
9376	子父辛爵	3	商代後期	集成8593 文叢2.15圖4		北京市文物研究所	
9377	子父辛爵	3	商代後期	集成8594 三代16.17.3 貞松10.10.3 善齋7.7 續殷下29.12 小校6.52.4 善彝150 故圖下下369		臺北"中央博物院"	劉體智舊藏
9378	子父辛爵	3	商代後期或西周早期	集成8595		中國歷史博物館	
9379	子父辛爵	3	西周早期	集成8596 三代16.7.4 善齋7.8 貞松10.10.4 續殷下29.4 小校6.52.5			劉體智舊藏
9380	囝父辛爵	3	商代後期	集成8597 三代16.17.5 攈古下29 恒軒下75 窓齋22.8.4 綴遺21.18.1 殷存下14.9 小校6.52.6			潘祖蔭舊藏

序號	器名	字數	時代	著録	出土地	現藏地	備註
9381	大父辛爵	3	商代後期	集成 8598		故宮博物院	
9382	屰父辛爵	3	商代後期	集成 8599 録遺 453			
9383	[illegible]父辛爵	3	商代後期	集成 8600 鄴二上 32 續殷下 29.8	河南安陽市		
9384	[illegible]父辛爵	3	商代後期	集成 8601 學報 1979 年 1 期 81 頁圖 58：5 河南 1.260	1970 年河南安陽市殷墟西區 M1125	考古研究所安陽工作站	
9385	[illegible]父辛爵	3	商代後期或西周早期	集成 8602 薛氏 38.2			
9386	戈父辛爵	3	商代後期	集成 8603 三代 16.17.8 善齋 7.15 續殷下 13.4（柱）；下 3.2（鋬） 小校 6.54.4			劉體智舊藏
9387	[illegible]父辛爵	3	商代後期或西周早期	集成 8604 三代 16.17.6 貞松 10.10.1 小校 6.52.7			劉體智舊藏
9388	[illegible]父辛爵	3	商代後期或西周早期	集成 8605		故宮博物院	
9389	矢父辛爵	3	西周早期	集成 8606 文物 1977 年 8 期 15 頁圖 5	1976 年河南襄縣丁營公社霍莊村	河南省博物館	
9390	[illegible]父辛爵	3	商代後期或西周早期	集成 8607 録遺 455		故宮博物院	

序號	器名	字數	時代	著録	出土地	現藏地	備註
9391	𥹪父辛角	3	商代後期	集成 8608 録遺 478		上海博物館	
9392	賁父辛爵	3	商代後期或西周早期	集成 8609 三代 16.19.2 窓齋 22.21.1 綴遺 21.28.2 殷存下 15.3 小校 6.53.4			潘祖蔭舊藏
9393	賁父辛爵	3	商代後期或西周早期	集成 8610 三代 16.19.3 綴遺 21.29.1 殷存下 15.1			潘祖蔭舊藏
9394	賁父辛爵	3	商代後期或西周早期	集成 8611 三代 16.19.4 窓齋 22.9.1 綴遺 21.29.2 殷存下 19.2 小校 6.53.3			潘祖蔭舊藏
9395	賁父辛爵	3	商代後期或西周早期	集成 8612 綴遺 21.30.1 攈古 1.2.67.3 小校 6.53.2			吴式芬舊藏
9396	臤父辛爵	3	西周早期	集成 8613 陝青 1.17		陝西省博物館	
9397	㽙父辛爵	3	西周早期	集成 8614 三代 16.17.11 貞松 10.11.2 善齋 7.14 續殷下 28.10 小校 6.54.1		故宫博物院	劉體智舊藏

序號	器名	字數	時代	著録	出土地	現藏地	備註
9398	史父辛爵	3	商代後期	集成 8615 三代 16.18.1 清愛 20 攈古 1.2.24.2 綴遺 20.29.2 善齋 7.13 續殷下 29.11 小校 6.53.6			劉喜海、劉體智舊藏
9399	興父辛爵	3	商代後期或西周早期	集成 8616 三代 16.18.9 積古 2.9.1 攈古 1.2.20.2 殷存下 14.6		上海博物館	阮元舊藏
9400	豖父辛爵	3	商代後期或西周早期	集成 8617 攈古 1.2.20.3 綴遺 21.1.2		故宫博物院	
9401	䀠父辛爵	3	商代後期	集成 8618 三代 16.20.6 貞松 10.11.3 善齋 7.10 續殷下 29.2 小校 6.32.3			劉體智舊藏
9402	萬父辛爵	3	商代後期或西周早期	集成 8619		故宫博物院	
9403	𥎦父辛爵	3	商代後期或西周早期	集成 8620 三代 16.20.2 攈古 1.2.65.3 綴遺 21.17.1 續殷下 29.10		上海博物館	《綴遺》:器見蘇州
9404	赤父辛爵	3	商代後期或西周早期	集成 8621 三代 16.19.5 貞松 10.11.1 小校 6.53.5			徐乃昌舊藏
9405	䜌父辛爵	3	西周早期	集成 8622		故宫博物院	

序號	器名	字數	時代	著録	出土地	現藏地	備註
9406	酉父辛爵	3	西周早期	集成 8623 三代 16.18.7 從古 14.13 擦古 1.2.19.4 窸齋 22.19.2 綴遺 21.5.2 奇觚 7.22.1 殷存下 14.9 簠齋 2 爵 31 小校 6.51.2			陳介祺舊藏
9407	[illegible]父辛爵	3	西周早期	集成 8624 考古 1959 年 4 期 188 頁圖 3：1	河南洛陽市東郊鐵路局鋼鐵廠墓葬	洛陽市文物工作隊	
9408	皿父辛爵	3	商代後期或西周早期	集成 8625 擦古 1.2.24.1 綴遺 20.19.1			
9409	[illegible]父辛爵	3	商代後期	集成 8626 三代 16.18.8 小校 6.51.1 續殷下 29.7			
9410	畐父辛爵	3	商代後期	集成 8627 三代 16.18.6 從古 3.15 擦古 1.2.20.1 窸齋 22.6.4 綴遺 26.23.1 清儀 1.4 續殷下 30.4 小校 6.50.6		故宫博物院	張廷濟舊藏
9411	畐父辛爵	3	商代後期	集成 8628 三代 13.51.6（誤作斝） 續殷下 30.3（下 66.2）		上海博物館	
9412	臺父辛爵	3	西周早期	集成 8629 陝青 3.174	解放後陝西汧陽縣	汧陽縣文化館	

序號	器名	字數	時代	著録	出土地	現藏地	備註
9413	中父辛爵	3	商代後期	集成 8630 三代 16.18.2 愙齋 23.13.4 十二補 4 續殷下 30.10 小校 6.54.3		故宫博物院	李山農、張致和舊藏
9414	亞父辛爵	3	商代後期	集成 8631 三代 15.23.5 續殷下 14.4		遼寧省博物館	
9415	亞父辛爵	3	商代後期或西周早期	集成 8632			
9416	木父辛爵	3	商代後期或西周早期	集成 8633 三代 16.17.7 愙齋 23.20.2 綴遺 20.26.2 敬吾下 63.8 殷存下 14.10 小校 6.53.7			吴大澂舊藏
9417	木父辛爵	3	商代後期或西周早期	集成 8634 三代 16.20.5 貞松 10.11.4			
9418	父辛爵	3	西周早期	集成 8635 三代 16.20.3 貞松 10.12.1 善齋 7.16 小校 6.54.6 續殷下 8.4(鋬); 下 14.1(柱)		故宫博物院	劉體智舊藏
9419	父辛爵	3	商代後期或西周早期	集成 8636 三代 16.20.9 愙齋 22.7.2 小校 6.53.1 續殷下 29.9			潘祖蔭、陳介祺、王錫棨舊藏

序號	器名	字數	時代	著録	出土地	現藏地	備註
9420	椃父辛爵	3	商代後期或西周早期	集成 8637			
9421	鼎父辛爵	3	商代後期	集成 8638 三代 16.18.3 愙齋 23.20.1 殷存下 15.6 小校 6.52.8		故宫博物院	吴大澂舊藏
9422	鼎父辛爵	3	商代後期或西周早期	集成 8639		故宫博物院	
9423	鼎父辛爵	3	西周早期	集成 8640 三代 16.19.1 貞圖中 33 續殷下 12.11（鋬）			羅振玉舊藏
9424	册父辛爵	3	商代後期	集成 8641		故宫博物院	
9425	[illegible]父辛爵	3	商代後期或西周早期	集成 8642		故宫博物院	
9426	[illegible]父辛爵	3	商代後期或西周早期	集成 8643 三代 16.20.1 愙齋 22.18.3 綴遺 21.13.1 奇觚 7.22.2 殷存下 14.7 簠齋 2 爵 32 小校 6.54.2			陳介祺舊藏
9427	[illegible]父辛爵	3	商代後期	集成 8644 三代 16.18.4 小校 6.51.4 續殷下 30.8		故宫博物院	

序號	器名	字數	時代	著録	出土地	現藏地	備註
9428	冈父辛爵	3	商代後期	集成 8645 三代 16.20.4 貞松 10.12.2 善齋 7.9 續殷下 30.9 小校 6.51.7			劉體智舊藏
9429	夰父辛爵	3	商代後期或西周早期	集成 8646 小校 6.51.3		上海博物館	
9430	夰父辛爵	3	商代後期或西周早期	集成 8647 小校 6.51.5		上海博物館	
9431	夰父辛爵	3	商代後期或西周早期	集成 8648 三代 16.18.5			
9432	丏父辛爵	3	西周早期	集成 8649 三代 16.20.8 綴遺 21.7.1 殷存下 15.4 續殷下 29.5			
9433	丏父辛爵	3	商代後期	集成 8650 三代 16.17.10 貞松 10.12.3 善齋 7.12 續殷下 29.1 小校 6.52.2			劉體智舊藏;《集成》目録中器名誤爲"丏父苦爵"
9434	丏父辛爵	3	商代後期或西周早期	集成 8651 彙編 9.1491		新加坡國立博物館	
9435	丏父辛爵	3	西周早期	集成 8652 三代 16.17.9 貞續下 14.1 善齋 7.11 續殷下 30.6 小校 6.52.1		故宫博物院	劉體智舊藏

序號	器名	字數	時代	著録	出土地	現藏地	備註
9436	ᗜ父辛爵	3	西周早期	集成 8653 小校 6.51.8 續殷下 30.7			
9437	几父辛爵	3	商代後期	集成 8654 三代 16.20.7 攈古 1.1.30.3 殷存下 14.11 敬吾下 52.1 續殷下 13.7(又 13.10 重出) 小校 6.19.2		上海博物館	吴式芬舊藏
9438	几父辛爵	3	商代後期或西周早期	集成 8655		上海博物館	
9439	戈父辛爵	3	商代後期	集成 8656 文物 1982 年 12 期 53 頁圖 3：3	1980 年湖北隨縣羊子山墓葬	隨州市博物館	
9440	戈父辛爵	3	商代後期或西周早期	集成 8657 彙編 9.1561		美國紐約某氏	
9441	永父辛爵	3	商代後期或西周早期	集成 8658 録遺 454 小校 6.54.5			
9442	作父辛爵	3	西周早期	集成 8659 美集録 R285			美國紐約侯希蘭氏
9443	作父辛爵	3	西周早期	集成 8660 小校 6.53.8			
9444	〇父辛爵	3	商代後期或西周早期	集成 8661		故宫博物院	《集成》説明中器名誤爲“口父辛爵”
9445	子父壬爵	3	商代後期	集成 8662 博古 14.24.2 薛氏 37.3 嘯堂 45.3			

序號	器名	字數	時代	著録	出土地	現藏地	備註
9446	木父壬爵	3	商代後期或西周早期	集成 8663 攈古 1.2.24.3 簠清 1.17.2 綴遺 20.27.2 小校 6.9.2(柱)			吴式芬舊藏
9447	[illegible]父壬爵	3	西周早期	集成 8664		上海博物館	
9448	[illegible]父壬爵	3	西周早期	集成 8665 三代 16.21.1 攈古下 30 恒軒下 76 窓齋下 22.24.1 綴遺 21.15.2 殷存下 15.7 小校 6.55.2		故宫博物院	潘祖蔭舊藏
9449	子父癸爵	3	商代後期	集成 8666 積古 2.5.3 攈古 1.2.20.4 十六 1.11			錢坫舊藏
9450	子父癸爵	3	西周早期	集成 8667 三代 16.21.6 貞補中 26.3			原河南博物館舊藏
9451	天父癸爵	3	商代後期或西周早期	集成 8668 三代 16.21.3 窓齋 22.15.3 綴遺 20.25.1 奇觚 7.25.2 殷存下 16.11 簠齋 2 爵 34 小校 6.56.7			陳介祺舊藏
9452	[illegible]父癸爵	3	西周早期	集成 8669 彙編 8.1113			
9453	[illegible]父癸爵	3	西周早期	集成 8670 三代 16.24.3			

序號	器名	字數	時代	著録	出土地	現藏地	備註
9454	父癸爵	3	西周早期	集成 8671 美集録 R312		美國斯坦福大學美術陳列館	
9455	父癸爵	3	商代後期或西周早期	集成 8672 愙齋 23.15.2			
9456	父癸爵	3	商代後期	集成 8673 三代 16.23.9 録遺 458 貞松 10.12.4 貞續下 14.4 善齋 7.28 續殷下 31.2 小校 6.58.2		故宫博物院	劉體智舊藏
9457	父癸爵	3	商代後期	集成 8674 三代 16.24.1 恒軒下 78 綴遺 22.4.2 殷存下 21.1 夢郼上 47			吴大澂、羅振玉舊藏
9458	父癸爵	3	商代後期	集成 8675 三代 16.24.2 貞圖中 27.1 海外吉 83 泉屋 1.75		日本京都泉屋博古館	
9459	父癸爵	3	西周早期	集成 8676 三代 16.23.8 夢郼上 48			羅振玉舊藏
9460	父癸爵	3	商代後期或西周早期	集成 8677 攈古 1.2.22.1 綴遺 20.31.1			吕堯仙舊藏
9461	父癸爵	3	商代後期或西周早期	集成 8678 三代 16.21.4 殷存下 16.12			

序號	器名	字數	時代	著録	出土地	現藏地	備註
9462	父癸爵	3	西周早期	集成 8679 三代 16.21.5 貞松 10.13.1 善齋 7.20 續殷下 31.6 小校 6.56.8			劉體智舊藏
9463	兕父癸爵	3	商代後期	集成 8680			
9464	父癸爵	3	商代後期	集成 8681 録遺 456			
9465	旅父癸爵	3	商代後期或西周早期	集成 8682		上海博物館	
9466	旅父癸爵	3	商代後期或西周早期	集成 8683		上海博物館	
9467	母父癸爵	3	西周早期	集成 8684		上海博物館	
9468	父癸爵	3	商代後期或西周早期	集成 8685 三代 16.22.3 小校 6.55.5			
9469	奺父癸爵	3	商代後期	集成 8686 三代 16.22.8(又 15.24.6 重出) 貞續下 15.3 善齋 7.22 小校 6.56.1 續殷下 6.10(柱);下 14.11(鋬)			劉體智舊藏
9470	奺父癸爵	3	商代後期或西周早期	集成 8687		故宫博物院	
9471	耒父癸爵	3	商代後期	集成 8688 續殷下 14.6(鋬)		故宫博物院	

序號	器名	字數	時代	著録	出土地	現藏地	備註
9472	耒父癸爵	3	商代後期	集成 8689		故宮博物院	
9473	徙父癸爵	3	商代後期	集成 8690 三代 16.31.3 攈古 1.3.19.3 愙齋 22.17.3 綴遺 22.5.2 奇觚 7.25.1 殷存下 19.6 簠齋 2 爵 33 小校 6.65.3			陳介祺舊藏
9474	[illegible]父癸爵	3	西周早期	集成 8691 三代 16.22.7 筠清 1.18.1 攈古 1.2.21.3 綴遺 21.8.2 殷存下 16.9			葉東卿舊藏
9475	獸父癸爵	3	西周早期	集成 8692 三代 16.31.4 從古 14.14.1 攈古 1.3.17.3 愙齋 22.14.1 綴遺 22.10.2 奇觚 7.26.1 殷存下 19.7 簠齋 2 爵 4 小校 6.65.7		故宮博物院	陳介祺舊藏
9476	奄父癸爵	3	商代後期	集成 8693 三代 16.30.5 積古 2.7.3 攈古 1.2.61.4			
9477	鳥父癸爵	3	商代後期	集成 8694 三代 16.21.8 西清 23.2 愙齋 23.14.3 殷存下 16.2 小校 6.56.3			清宮舊藏

序號	器名	字數	時代	著録	出土地	現藏地	備註
9478	鳥父癸爵	3	商代後期	集成 8695 三代 16.21.9 長安 1.37 攈古 1.2.21.4 愙齋 22.20.1 綴遺 21.3.2 奇觚 7.24.1 殷存下 16.3 簠齋 2 爵 36 善齋 7.23 小校 6.56.2 故圖下下 370		臺北"中央博物院"	劉喜海、陳介祺、劉體智舊藏
9479	集父癸爵	3	西周早期	集成 8696 三代 16.21.10 筠清 1.19.1 攈古 1.2.21.3 愙齋 22.19.3 綴遺 21.4.1 奇觚 7.23.2 殷存下 16.5 簠齋 2 爵 37.1 小校 6.56.6 巖窟上 43	陝西	上海博物館	李方赤、陳介祺舊藏
9480	隻父癸爵	3	商代後期	集成 8697 三代 16.22.1 愙齋 22.19.4 奇觚 7.23.1 殷存下 16.4 雙吉上 41 小校 6.56.3 尊古 3.5			陳介祺、于省吾舊藏

序號	器名	字數	時代	著録	出土地	現藏地	備註
9481	雔父癸爵	3	商代後期	集成 8698 三代 16.22.2 長安 1.38 攈古 1.2.66.1 愙齋 22.20.2 綴遺 21.4.2 奇觚 7.24.2 敬吾下 61 殷存下 17.3 簠齋 2 爵 35 小校 6.56.4			劉喜海、陳介祺舊藏
9482	戈父癸爵	3	商代後期	集成 8699 小校 6.55.8 善齋 7.21 續殷下 31.3			劉體智舊藏
9483	戈父癸爵	3	商代後期	集成 8700 三代 16.22.4 夢續 30			羅振玉舊藏
9484	矢父癸爵	3	商代後期或西周早期	集成 8701 三代 16.22.5 綴遺 20.21.2 殷存下 15.10			
9485	矢父癸爵	3	商代後期或西周早期	集成 8702 三代 16.22.6			
9486	弓父癸爵	3	西周早期	集成 8703		故宫博物院	
9487	父癸爵	3	商代後期	集成 8704 綜覽 172 頁爵 99			
9488	父癸爵	3	商代後期或西周早期	集成 8705 三代 16.23.5 貞松 10.13.4			
9489	父癸爵	3	商代後期或西周早期	集成 8706 三代 16.23.6 貞松 10.13.3			

序號	器名	字數	時代	著録	出土地	現藏地	備註
9490	父癸爵	3	商代後期或西周早期	集成 8707 三代 16.24.4 貞補中 26.4			《貞補》:見之遼東估人手
9491	父癸爵	3	商代後期	集成 8708 綴遺 20.28.1			金蘭坡舊藏;《集成》目録器名誤爲“父癸爵”
9492	父癸爵	3	商代後期	集成 8709 河北 67	1958 年河北臨城縣		
9493	父癸爵	3	商代後期	集成 8710		上海博物館	
9494	木父癸爵	3	商代後期	集成 8711 續殷下 32.4		故宫博物院	
9495	父癸爵	3	商代後期	集成 8712 三代 16.24.8 殷存下 16.8 小校 6.57.8			劉鶚舊藏
9496	父癸爵	3	商代後期	集成 8713 三代 16.24.7 愙齋 23.14.2 小校 6.57.5			李山農舊藏
9497	父癸爵	3	商代後期	集成 8714 三代 16.24.6 愙齋 22.8.3 綴遺 21.12.2 陶齋 3.12 殷存下 16.10 夢郼上 46 續殷下 31.5 小校 6.57.4			潘祖蔭、端方、羅振玉舊藏
9498	父癸爵	3	商代後期	集成 8715 三代 16.24.5 貞松 10.13.2 續殷下 32.1 善齋 7.24 小校 6.57.3			劉體智舊藏

序號	器名	字數	時代	著録	出土地	現藏地	備註
9499	穷父癸爵	3	西周早期	集成 8716 三代 16.23.7 貞續下 15.1 善齋 7.25 續殷下 31.10 小校 6.57.6			劉體智舊藏
9500	[illegible]父癸爵	3	商代後期	集成 8717 三代 16.23.1 綴遺 21.15.1 殷存下 16.7 小校 6.55.6(又 6.81.6 重出)			金蘭坡、劉鶚舊藏
9501	[illegible]父癸爵	3	商代後期	集成 8718 三代 16.22.10 寧壽 10.3 貞補中 26.2 續殷下 31.9 故宫 28 期			清宫舊藏
9502	[illegible]父癸爵	3	商代後期或西周早期	集成 8719 三代 16.22.9 殷存下 16.6			
9503	罒父癸爵	3	西周早期	集成 8720 録遺 457		上海博物館	
9504	罒父癸爵	3	西周早期	集成 8721		上海博物館	
9505	[illegible]父癸爵	3	商代後期	集成 8722 美集録 R210 續殷下 32.3		美國華爾特美術陳列館	
9506	[illegible]父癸爵	3	商代後期	集成 8723 文物 1977 年 4 期 69 頁圖 13:1	1975 年山東膠縣西庵村墓葬	山東濰坊市博物館	
9507	[illegible]父癸爵	3	商代後期	集成 8724 三代 16.23.4 殷存下 17.1 善齋 7.26 續殷下 31.1 小校 6.57.7			劉鶚、劉體智舊藏

序號	器名	字數	時代	著録	出土地	現藏地	備註
9508	[illegible]父癸爵	3	商代後期	集成 8725			
9509	[illegible]父癸爵	3	商代後期	集成 8726 三代 16.23.2 殷存下 17.2 貞圖中 34 續殷下 30.11			羅振玉舊藏
9510	[illegible]父癸爵	3	商代後期	集成 8727 三代 16.23.3 小校 6.55.7			
9511	[illegible]父癸爵	3	西周早期	集成 8728 小校 6.55.3 續殷下 31.7		故宫博物院	
9512	[illegible]父癸爵	3	商代後期或西周早期	集成 8729		故宫博物院	
9513	父癸□爵	3	商代後期	集成 8730 復齋 9.1			
9514	[illegible]父□爵	3	商代後期	集成 8731 美集録 R55			美國畢得威爾氏舊藏
9515	□父□爵	3	商代後期	集成 8732		河南安陽市博物館	
9516	[illegible]父□爵	3	西周早期	集成 8733		遼寧省博物館	
9517	戈母乙爵	3	商代後期	集成 8734 文參 1957 年 11 期 67 頁圖 4(右)	1956 年河南上蔡縣田莊村墓葬		
9518	[illegible]匕乙爵	3	商代後期	集成 8735 三代 16.24.9 攈古 1.2.25.4 綴遺 20.18.2 殷存下 17.4 續殷下 32.5			吴式芬舊藏
9519	並匕乙爵	3	商代後期	集成 8736		故宫博物院	

序號	器名	字數	時代	著録	出土地	現藏地	備註
9520	匕丙▮爵	3	商代後期	集成 8737 考古圖 5.5 薛氏 38.3			新平張舜民舊藏
9521	𠀀母己爵	3	商代後期	集成 8738		上海博物館	
9522	𠬝匕己爵	3	西周早期	集成 8739 三代 16.24.10 愙齋 23.12.4 陶齋 3.17 殷存下 19.8 小校 6.58.4 綜覽 182 頁爵 209 中國古代青銅器展觀 18		日本兵庫縣黑川古文化研究所	李山農、端方舊藏
9523	奄母庚爵	3	商代後期或西周早期	集成 8740 三代 16.32.1 貞松 10.14.2 小校 6.58.5			徐乃昌舊藏
9524	𠬝匕辛爵	3	西周早期	集成 8741 三代 16.25.1 從古 6.19 綴遺 20.16.2 殷存下 17.5 小校 6.59.1			張吉石舊藏
9525	㡯兄癸爵	3	商代後期或西周早期	集成 8742 録遺 460			
9526	司㚸母爵	3	商代後期	集成 8743 婦好墓 81 頁圖 54：7	1976 年河南安陽市殷墟婦好墓	考古研究所安陽工作站	
9527	司㚸母爵	3	商代後期	集成 8744 婦好墓 81 頁圖 54：11	1976 年河南安陽市殷墟婦好墓	考古研究所安陽工作站	

序號	器名	字數	時代	著録	出土地	現藏地	備註
9528	司㚸母爵	3	商代後期	集成 8745 婦好墓 81 頁圖 54：8	1976 年河南安陽市殷墟婦好墓	考古研究所安陽工作站	
9529	司㚸母爵	3	商代後期	集成 8746 婦好墓 81 頁圖 54：9	1976 年河南安陽市殷墟婦好墓	考古研究所安陽工作站	
9530	司㚸母爵	3	商代後期	集成 8747 婦好墓 81 頁圖 54：14	1976 年河南安陽市殷墟婦好墓	考古研究所安陽工作站	
9531	司㚸母爵	3	商代後期	集成 8748 婦好墓 81 頁圖 54：12	1976 年河南安陽市殷墟婦好墓	考古研究所安陽工作站	
9532	司㚸母爵	3	商代後期	集成 8749 婦好墓 81 頁圖 54：13	1976 年河南安陽市殷墟婦好墓	考古研究所安陽工作站	
9533	司㚸母爵	3	商代後期	集成 8750 婦好墓 81 頁圖 54：10	1976 年河南安陽市殷墟婦好墓	考古研究所安陽工作站	
9534	司㚸母爵	3	商代後期	集成 8751	1976 年河南安陽市殷墟婦好墓	考古研究所安陽工作站	
9535	□子妥爵	3	商代後期	集成 8752 録遺 434			
9536	齊婞□爵	3	商代後期	集成 8753 美集録 R81			美國紐約乃布氏
9537	齊婞□爵	3	商代後期	集成 8754 美集録 R82 彙編 9.1621		美國哈佛大學福格美術博物館	美國肖希舊藏
9538	婦𠈌爵	3	商代後期	集成 8755 古器物研究專刊第二本圖版 16	1936 年河南安陽市郊小屯村 M238	臺北“中央研究院歷史語言研究所”	此器銘應爲 2 字

序號	器名	字數	時代	著録	出土地	現藏地	備註
9539	子[illegible]女爵	3	商代後期	集成 8756 學報 1981 年 4 期 496 頁圖 4：12	1977 年河南安陽市小屯村 M18	考古研究所安陽工作站	
9540	子[illegible]女爵	3	商代後期	集成 8757 學報 1981 年 4 期 496 頁圖 4：10	1977 年河南安陽市小屯村 M18	考古研究所安陽工作站	
9541	子[illegible]女爵	3	商代後期	集成 8758 學報 1981 年 4 期 496 頁圖 4：11	1977 年河南安陽市小屯村 M18	考古研究所安陽工作站	
9542	子[illegible]女爵	3	商代後期	集成 8759 學報 1981 年 4 期 496 頁圖 4：13	1977 年河南安陽市小屯村 M18	考古研究所安陽工作站	
9543	子[illegible]單爵	3	商代後期	集成 8760 中原文物 1985 年 1 期 30 頁圖 2：52		河南新鄉市博物館	
9544	子[illegible][illegible]爵	3	商代後期	集成 8761 録遺 463		故宫博物院	
9545	[illegible]子[illegible]爵	3	商代後期	集成 8762 考古 1986 年 2 期 120 頁圖 17	1982 年河南安陽市苗圃北地 M54	考古研究所安陽工作站	
9546	子[illegible]萬爵	3	商代後期	集成 8763		故宫博物院	
9547	子[illegible]萬爵	3	商代後期	集成 8764		故宫博物院	
9548	子[illegible]鄉爵	3	商代後期	集成 8765 中原文物 1985 年 1 期 30 頁圖 2：54		河南新鄉市博物館	
9549	子[illegible]爰爵	3	商代後期或西周早期	集成 8766 三代 16.25.8 貞松 10.15.1			

序號	器名	字數	時代	著録	出土地	現藏地	備註
9550	子亯京爵	3	商代後期或西周早期	集成 8767 三代 15.35.3 筠清 1.30.1 攈古 1.2.27.1 綴遺 19.27.2 續殷下 16.11			葉東卿舊藏
9551	子[illegible]爵	3	商代後期或西周早期	集成 8768		上海博物館	此器銘應為 2 字
9552	[illegible]保爵	3	商代後期	集成 8769 同 1.284	1957 年河南安陽市高樓莊墓葬	河南省文物研究所	
9553	[illegible]保爵	3	商代後期	集成 8770 考古 1963 年 4 期 216 頁圖 5	1957 年河南安陽市高樓莊墓葬	河南省文物研究所	
9554	㠱亞𠱾爵	3	商代後期	集成 8771 文物 1964 年 4 期 42 頁圖 2：5	1957 年山東長清縣興復河	山東省博物館	
9555	㠱亞𠱾爵	3	商代後期	集成 8772 文物 1964 年 4 期 42 頁圖 2：3	1957 年山東長清縣興復河	山東省博物館	
9556	㠱亞𠱾爵	3	商代後期	集成 8773 文物 1964 年 4 期 42 頁圖 2：4	1957 年山東長清縣興復河	山東省博物館	
9557	㠱亞𠱾爵	3	商代後期	集成 8774 文物 1964 年 4 期 42 頁圖 2：5 山東選 71	1957 年山東長清縣興復河	山東省博物館	考古研究所拓
9558	亞父[illegible]爵	3	商代後期	集成 8775 考古與文物 1986 年 5 期 18 頁圖 6：2	1982 年陝西淳化縣夕陽鄉黑豆嘴村墓葬	淳化縣文化館	
9559	亞父[illegible]爵	3	商代後期	集成 8776 録遺 439(銘倒)		故宫博物院	

序號	器名	字數	時代	著録	出土地	現藏地	備註
9560	亞寠[illegible]爵	3	商代後期	集成 8777 録遺 438			
9561	亞女[illegible]爵	3	商代後期	集成 8778 録遺 428 續殷下 15.8		上海博物館	
9562	亞乙𢆶爵	3	商代後期	集成 8779 三代 15.26.5 攈古 1.2.16.1 窓齋 23.9.4 綴遺 19.30.1 陶齋.313 夢郼上 43 續殷下 21.7 小校 6.23.1		故宫博物院	李山農、金蘭坡、端方、羅振玉舊藏
9563	亞册舟爵	3	商代後期	集成 8780		中國歷史博物館	
9564	亞[illegible]爵	3	商代後期	集成 8781 頌續 94 小校 6.35.1 續殷下 21.1			明義士、容庚舊藏
9565	亞[illegible]舟爵	3	商代後期	集成 8782 三代 16.26.3 積古 2.3.2 攈古 1.2.15.4 續殷下 32.9 山東存坿 8.3	《山東存坿》:乾隆末年出土於壽張縣梁山		黄小松舊藏
9566	亞豈衜爵	3	商代後期	集成 8783 三代 15.33.6 十二契 16			商承祚舊藏
9567	亞豈衜爵	3	商代後期	集成 8784 三代 15.33.7 十二契 17 續殷下 21.6			商承祚舊藏

序號	器名	字數	時代	著録	出土地	現藏地	備註
9568	亞[illegible][illegible]爵	3	商代後期	集成 8785 彙編 8.1081		加拿大多倫多皇家安大略博物館	
9569	亞[illegible][illegible]爵	3	商代後期	集成 8786			
9570	㚸亞宁爵	3	商代後期	集成 8787 三代 16.32.7 窸齋 23.17.3 續殷下 32.8 小校 6.66.4		蘇州市博物館	吴大澂舊藏
9571	[illegible]亞正爵	3	商代後期	集成 8788 鄴二上 29	河南安陽	故宫博物院	
9572	[illegible][illegible]乙爵	3	商代後期	集成 8789		上海博物館	
9573	[illegible]丁乙爵	3	商代後期	集成 8790 録遺 468			
9574	册丁酉爵	3	商代後期	集成 8791 三代 16.25.3 貞松 10.15.2		上海博物館	
9575	𤔲工丁爵	3	西周早期	集成 8792 三代 16.25.4 貞補中 27.2 續殷下 33.6 小校 6.59.4 頌續 93	傳河南濬縣		容庚舊藏
9576	丁[illegible][illegible]爵	3	商代後期或西周早期	集成 8793 三代 15.37.9 續殷下 33.5			
9577	丁[illegible][illegible]爵	3	商代後期或西周早期	集成 8794 三代 6.15.37.10 續殷下 33.4			
9578	何[illegible]戊爵	3	商代後期	集成 8795 三代 15.35.6 貞續下 8.2			

序號	器名	字數	時代	著録	出土地	現藏地	備註
9579	羊己坆爵	3	商代後期	集成 8796 三代 16.25.7 小校 6.25.1 頌續 82 巖窟上 39 續殷下 20.7(銘倒,又下 32.12 重出)	傳 1941 年河南安陽市	故宮博物院	梁上椿、容庚舊藏
9580	辛鄉宁爵	3	商代後期	集成 8797		故宮博物院	
9581	辛秉爵	3	商代後期	集成 8798 博古 14.29 薛氏 37.4 嘯堂 46.2			
9582	乘[illegible]辛爵	3	商代後期	集成 8799 小校 6.59.2		故宮博物院	
9583	日辛共爵	3	商代後期	集成 8800 學報 1979 年 1 期圖 58:14 河南 1.239	1969 年河南安陽市殷墟西區 M907	考古研究所安陽工作站	
9584	宁未口爵	3	商代後期	集成 8801		上海博物館	
9585	[illegible]人貝爵	3	商代後期	集成 8802 殷青圖 77:10	1978 年河南安陽市殷墟西區 M1572	考古研究所安陽工作站	
9586	宗[illegible]人爵	3	商代後期或西周早期	集成 8803		上海博物館	
9587	羊貝車爵	3	商代後期	集成 8804 録遺 464			
9588	[illegible][illegible]耒爵	3	商代後期或西周早期	集成 8805 録遺 465			

序號	器名	字數	時代	著録	出土地	現藏地	備註
9589	北單戈爵	3	商代後期	集成 8806 學報 1951 年第五册圖版 45：3 河南 1.272	1950 年河南安陽市武官村大墓陪葬墓	中國歷史博物館	
9590	北單戈爵	3	商代後期	集成 8807 三代 15.38.2 貞松 9.39.1			
9591	西單𠚤爵	3	商代後期	集成 8808 三代 15.39.2 貞松 9.37.4 續殷下 8.1		故宫博物院	溥倫舊藏
9592	戈涉𢆶爵	3	商代後期	集成 8809		故宫博物院	
9593	[illegible]且[illegible]爵	3	商代後期或西周早期	集成 8810 三代 16.32.8 貞松 10.18.1			
9594	[illegible]且[illegible]爵	3	商代後期或西周早期	集成 8811 三代 16.32.9 愙齋 23.22.1 小校 6.60.7			吴大澂舊藏
9595	[illegible]且[illegible]爵	3	商代後期或西周早期	集成 8812 博古 14.17 薛氏 38.4 嘯堂 44.2			
9596	[illegible]夫[illegible]爵	3	商代後期	集成 8813		河南安陽市博物館	
9597	[illegible][illegible]葡爵	3	商代後期	集成 8814 録遺 424 綜覽 174 頁爵 121	傳河南安陽市		
9598	[illegible][illegible][illegible]爵	3	商代後期	集成 8815 美集録 R224			美國華盛頓梅約舊藏

序號	器名	字數	時代	著録	出土地	現藏地	備註
9599	長隹壺爵	3	西周早期	集成 8816 三代 18.19.8 貞續下 8.5 海外吉 90 白鶴撰 20 綜覽 192 頁角 25		日本神户白鶴美術館	
9600	長隹壺爵	3	西周早期	集成 8817 三代 18.20.1—2 善齋 7.62 貞續下 8.3—4 續殷上 63.13.下 20.11 善彝 161 美集録 R258 歐精華 1.64			劉體智舊藏;美國紐約穆爾氏舊藏
9601	員作旅爵	3	西周早期	集成 8818		故宫博物院	
9602	員作旅爵	3	西周早期	集成 8819 續殷下 33.3		故宫博物院	
9603	盂作旅爵	3	西周中期	集成 8820 陕青 2.78	1976 年陕西扶風縣莊白一號窖藏	周原博物館	
9604	弓[illegible]羊爵	3	商代後期	集成 8821 録遺 390		故宫博物院	
9605	爵寶彝爵	3	西周早期	集成 8822 三代 16.26.5 愙齋 23.9.1 陶齋 3.8 續殷下 8.7(杜) 小校 6.59.7 中國古代青銅器展觀 19		日本兵庫縣黑川古文化研究所	李山農、端方舊藏
9606	爵寶彝爵	3	西周早期	集成 8823		中國歷史博物館	
9607	仲作公爵	3	西周中期	集成 8824 録遺 467			

序號	器名	字數	時代	著録	出土地	現藏地	備註
9608	作乙公爵	3	西周早期	集成 8825 三代 16.26.1 長安 1.34 攈古 1.2.15.2 愙齋 22.10.3 綴遺 22.26.2 奇觚 7.28.1 周金 5.127.1 簠齋 2 爵 17 善齋 7.29 續殷下 33.2 小校 6.59.3			劉喜海、陳介祺、劉體智舊藏
9609	𦉢子寶爵	3	西周早期	集成 8826 小校 6.66.2 善齋 7.33			劉體智舊藏
9610	𦉢子寶爵	3	西周早期	集成 8827 小校 6.66.3 善齋 7.34			劉體智舊藏
9611	則作寶爵	3	西周中期	集成 8828 陝青 3.82	1976 年陝西扶風縣雲塘村 10 號墓	周原博物館	
9612	右作彝爵	3	西周早期	集成 8829 三代 16.26.4 愙齋 22.23.4 綴遺 22.23.2 續殷下 32.6 小校 6.59.6			顧子嘉、陳朗亭舊藏
9613	[illegible]作彝爵	3	西周早期	集成 8830 三代 16.27.2 雙吉上 44			于省吾舊藏
9614	[illegible]作彝爵	3	西周早期	集成 8831		故宫博物院	
9615	夰作車爵	3	西周早期	集成 8832 三代 16.26.2 貞松 10.15.3 續殷下 5.9(鋬) 下 21.8(柱)			馮恕、羅振玉舊藏

序號	器名	字數	時代	著録	出土地	現藏地	備註
9616	作從彝爵	3	西周早期	集成8833		中國歷史博物館	
9617	旅止𠬞爵	3	商代後期	近出866 考古1998年10期41頁	1995年河南省安陽市郭家莊東南26號墓M26：18	中國社會科學院考古研究所安陽工作隊	
9618	旅止𠬞爵	3	商代後期	近出867 考古1998年10期41頁	1995年河南省安陽市郭家莊東南26號墓M26：19	中國社會科學院考古研究所安陽工作隊	
9619	羊祖己爵	3	西周早期	近出868 文博1991年2期71—74頁		陝西省韓城市博物館	
9620	戈父乙爵	3	商代後期	近出869 考古與文物1990年5期25—38頁		陝西省西安市文物商店	
9621	宁父乙爵	3	商代後期	近出870 華夏考古1997年2期17—18頁	1983—1986年河南省安陽市劉家莊M2：2	河南省安陽市文物工作隊	
9622	亣父乙爵	3（柱1鋬2）	西周早期	近出871 富士比（1985,12,10　6）			英國倫敦富士比拍賣行曾見
9623	奞父乙角	3	商代後期	近出872 富士比（紐約1989,5,31　21）			英國倫敦富士比拍賣行曾見
9624	𠬞父丙爵	3	西周中期	近出873 富士比(1976,4,6　11）			英國倫敦富士比拍賣行曾見
9625	史父丁爵	3	商代後期	近出874 海岱考古第一輯320—324頁		山東省濟南市博物館	

序號	器名	字數	時代	著録	出土地	現藏地	備註
9626	入父丁爵	3	西周早期	近出 875 考古與文物 1990 年 5 期 26—43 頁	陝西省長安縣澧西鄉	陝西省西安市文物中心	
9627	冀父丁爵	3（柱 2 鋬 1）	西周早期	近出 876 富士比（1971，11，16 1）			英國倫敦富士比拍賣行曾見
9628	伐父丁爵	3	商代後期	近出 877 富士比（紐約 1986，12，3 21）			英國倫敦富士比拍賣行曾見
9629	伐父丁爵	3	西周早期	近出 878 富士比（1966，2 14 147）			英國倫敦富士比拍賣行曾見
9630	亞父己爵	3	西周早期	近出 879 文物 1983 年 11 期 64—67 頁	1982 年 6 月北京順義縣金牛村	北京市文物工作隊	同出兩件，器形、銘文、紋飾皆同，此其一
9631	我父己爵	3	西周早期	近出 880 富士比（1970，7，14 50）			英國倫敦富士比拍賣行曾見
9632	左父辛爵	3	商代後期	近出 881 富士比（1973，11，27 11）			Natanaél Wessén 舊藏；英國倫敦富士比拍賣行曾見
9633	魚父辛爵	3	西周早期	近出 882 富士比（1974，12，2 8）			曾在美國紐約大都會博物館展出；英國倫敦富士比拍賣行曾見
9634	魚父辛爵	3	西周早期	近出 883 富士比（1974，12 2 8）			曾在美國紐約大都會博物館展出；英國倫敦富士比拍賣行曾見

序號	器名	字數	時代	著録	出土地	現藏地	備註
9635	[illegible]父癸爵	3	西周早期	近出 884 寶鷄弓魚國墓地(上)69 頁	陝西省寶鷄市竹園溝 13 號墓 M13：6	陝西省寶鷄市博物館	
9636	[illegible]父癸爵	3	西周早期	近出 885 富士比(1976,4,6 3)			R. C. Farish 舊藏;英國倫敦富士比拍賣行曾見
9637	穷父癸爵	3	商代後期	近出 886 富士比(1975,3,25 147)			英國倫敦富士比拍賣行曾見
9638	㠱父癸爵	3	商代後期	近出 887 華夏考古 1997 年 2 期 17—18 頁	1983—1986 年河南省安陽市劉家莊 M9：54	河南省安陽市文物工作隊	
9639	叔父癸爵	3	商代後期	近出 888 文物 1992 年 3 期 93—95 頁	1984 年 10 月山東省新泰市府前街墓葬	山東省新泰市博物館	
9640	剢父癸爵	3	商代後期	近出 889 文物 1990 年 7 期 36—37 頁	1973 年 6 月山東省兗州縣嵫山區李宫村	山東省兗州縣博物館	
9641	息父□爵	3	商代後期	近出 890 考古學報 1986 年 2 期 161—172 頁	1979—1980 年河南省羅山縣蟒張鄉天湖村墓葬 M12：3	河南省羅山縣方化館	
9642	魚父□爵	3	商代後期	近出 891 考古與文物 1996 年 6 期 74—77 頁		河南省南陽市博物館	

序號	器名	字數	時代	著録	出土地	現藏地	備註
9643	奄父□爵	3	商代後期	近出 892 考古 1991 年 2 期 132—134 頁	1987 年 8—12 月河南省安陽市梅園莊南地墓葬 M92：2	河南省安陽市文物工作隊	
9644	並母戊爵	3	商代後期	近出 893 考古與文物 1994 年 3 期 38 頁	1980 年 4 月陝西省岐山縣蔡家坡	陝西省岐山縣博物館	
9645	□田辛爵	3	商代後期	近出 894 考古 1993 年 10 期 883—896 頁	1991 年河南省安陽市後岡墓葬 M33：12	中國社會科學院考古研究所安陽工作隊	
9646	亞夫魃爵	3	商代後期	近出 895 考古與文物 1996 年 6 期 74—77 頁		河南省南陽市博物館	
9647	◇葡斝爵	3	商代後期	近出 896 歐遺珠圖版 19		德國科隆東亞藝術博物館	
9648	父丙□爵	3	商代後期	近出附 50 文物 1986 年 8 期 76—80 頁	1969 年 7 月河南安陽市豫北紡織廠	河南安陽市博物館	
9649	爻父乙角	3	西周	近出附 51 考古與文物 1991 年 1 期 3—13 頁	1927 年陝西寶鷄市金臺區陳倉鄉戴家灣盜掘		
9650	來己父爵	3	西周	近出附 52 文博 1987 年 3 期 82—83 頁	1986 年 7 月甘肅隴縣牙科鄉梁甫村		
9651	作□□爵	3	西周早期	近出附 53 文博 1996 年 4 期 86 頁		陝西三原縣博物館	二十世紀五十年代陝西三原縣博物館徵集

序號	器名	字數	時代	著録	出土地	現藏地	備註
9652	〓心爵	3	西周早期	近出附54 中原文物1985年1期31頁		河南新鄉市博物館	
9653	唐子且乙爵	4	商代後期	集成8834 三代16.27.3 殷存下17.12			
9654	唐子且乙爵	4	商代後期	集成8835 三代16.27.4 窓齋23.19.3 綴遺22.26.1 奇觚7.26.2 殷存下17.11 小校6.60.5			吴大澂舊藏
9655	唐子且乙爵	4	商代後期	集成8836 三代16.27.5 貞松10.15.4		故宫博物院	
9656	〓丁且乙角	4	商代後期	集成8837 三代16.45.1 貞松10.24.3 日精華2.210 綜覽190頁角10 薩克勒(1987)209頁		美國紐約薩克勒氏	日本京都下間豐吉氏舊藏
9657	〓作且丁爵	4	商代後期或西周早期	集成8838 三代16.27.6 殷存下10.6		故宫博物院	
9658	〓旅且丁爵	4	商代後期或西周早期	集成8839 三代16.1.7 貞續下9.3 小校6.36.4		上海博物館	
9659	爵𦔻〓且丁爵	4	商代後期	集成8840 三代16.2.2 貞續下10.1 小校6.35.6		上海博物館	此器銘應爲5字

序號	器名	字數	時代	著録	出土地	現藏地	備註
9660	[illegible]◇且戊爵	4	商代後期或西周早期	集成 8841		故宫博物院	
9661	中佣且己爵	4	商代後期	集成 8842		故宫博物院	
9662	弓[illegible]且己爵	4	商代後期	集成 8843 三代 16.27.7 十二式 12 續殷下 33.7 冠斝中 34			孫秋帆、榮厚舊藏
9663	亞[illegible]且己爵	4	西周早期	集成 8844 三代 16.2.8 貞續下 10.2 善齋 6.52 續殷下 23.1 小校 6.36.8			劉體智舊藏
9664	[illegible]且辛爵	4	西周早期	集成 8845 録遺 469			《集成》説明器名誤爲"且己爵"
9665	[illegible]作且辛爵	4	商代後期或西周早期	集成 8846		上海博物館	
9666	且辛父己爵	4	商代後期或西周早期	集成 8847			
9667	典竹且癸角	4	西周早期	集成 8848 三代 16.45.2 陶齋 1.12 小校 6.82.1 美集録 R107 歐精華 1.6		美國紐約大都會美術博物館	端方舊藏
9668	[illegible]佣父甲爵	4	商代後期或西周早期	集成 8849 擄古 1.3.20.3 綴遺 22.6.1		故宫博物院	文後山舊藏

序號	器名	字數	時代	著録	出土地	現藏地	備註
9669	亞獸父甲爵	4	商代後期	集成 8850 三代 16.12.2		加拿大多倫多皇家安大略博物館	
9670	册父甲爵	4	西周早期	集成 8851		故宫博物院	
9671	亞父乙爵	4	商代後期	集成 8852 三代 16.5.6 貞續下 12.2 頌齋 19 續殷下 24.3 小校 6.40.4 故圖下下 361	傳河南安陽市	臺北“中央博物院”	容庚舊藏
9672	亞父乙爵	4	商代後期或西周早期	集成 8853 續殷下 23.12		故宫博物院	
9673	亞父乙爵	4	商代後期	集成 8854 三代 16.28.2 貞松 10.16.3 善齋 6.58 小校 6.40.2 頌續 90		故宫博物院	劉體智、容庚舊藏
9674	亞父乙爵	4	西周早期	集成 8855 考古 1984 年 9 期 786 頁圖 3：4	1961 年陝西長安縣張家坡村 M106	考古研究所西安研究室	
9675	亞父乙角	4（蓋 2 器 4）	西周早期	集成 8856	1977 年陝西隴縣韋家莊	寶鷄市博物館	
9676	父乙殳角	4	商代後期	集成 8857 三代 16.46.63 窓齋 21.16.3 擴古 1.3.15.1 綴遺 26.24.2 奇觚 6.22.2 殷存下 22.11 小校 6.82.3 日精華 3.211 彙編 9.1759			陳介祺舊藏；日本京都小川睦之輔氏舊藏

序號	器名	字數	時代	著録	出土地	現藏地	備註
9677	亞聿父乙爵	4	商代後期	集成 8858 巖窟上 45	1942 年河南安陽市		梁上椿舊藏
9678	亞戈父乙爵	4	商代後期或西周早期	集成 8859 三代 16.4.6 攈古 1.2.63.2 綴遺 21.24.1 殷存下 11.7			
9679	亞□父乙爵	4	商代後期或西周早期	集成 8860		上海博物館	
9680	子刀父乙爵	4	商代後期	集成 8861 三代 16.28.1 愙齋 22.16.1 綴遺 21.23.2 奇觚 7.14.1 殷存下 18.2 簠齋 2 爵 19 小校 6.61.2			陳介祺舊藏
9681	乎子父乙爵	4	西周早期	集成 8862	1980 年山東滕縣莊里西村	滕縣博物館	
9682	乎子父乙爵	4	西周早期	集成 8863	1980 年山東滕縣莊里西村	滕縣博物館	
9683	大棘父乙爵	4	商代後期或西周早期	集成 8864 積古 2.10.2 攈古 1.3.19.2			
9684	庚豖父乙爵	4	商代後期	集成 8865 殷青圖 88：5	1982 年河南安陽市小屯村墓葬	考古研究所安陽工作站	
9685	豖山父乙爵	4	商代後期或西周早期	集成 8866		上海博物館	

序號	器名	字數	時代	著録	出土地	現藏地	備註
9686	[illegible]犬父乙爵	4	商代後期	集成 8867 三代 16.28.7 貞松 10.16.1 續殷下 33.11		南京大學歷史系考古教研室	
9687	[illegible]萬父乙爵	4	西周早期	集成 8868		故宫博物院	
9688	[illegible]父乙爵	4	西周早期	集成 8869		故宫博物院	
9689	[illegible]尹父乙爵	4	商代後期	集成 8870		故宫博物院	
9690	秉[illegible]父乙爵	4	商代後期	集成 8871 三代 16.28.4 貞松 10.16.2			
9691	[illegible]佣父乙爵	4	商代後期或西周早期	集成 8872 攈古 1.3.18.3 綴遺 22.7.1			葉東卿舊藏
9692	[illegible]父乙爵	4	商代後期	集成 8873 三代 16.28.3 恒軒 70 綴遺 21.27.1 善齋 7.36 續殷下 33.10 小校 6.61.3			吴大澂、徐乃昌、劉體智舊藏
9693	陸册父乙角	4	商代後期	集成 8874 三代 16.45.5 清愛 12 筠清 1.9.1 攈古 1.2.62.2 愙齋 21.16.4 綴遺 26.24.1 奇觚 6.22.1 敬吾下 65.5 殷存下 22.8 雙吉上 45 小校 6.61.1			劉喜海、陳介祺、于省吾舊藏

序號	器名	字數	時代	著録	出土地	現藏地	備註
9694	廟毌父乙爵	4	商代後期	集成 8875 巖窟上 28	1942 年河南安陽市	中國歷史博物館	梁上椿舊藏
9695	旟作父乙爵	4	西周早期	集成 8876 三代 16.27.8 貞續下 16.2 續殷下 34.1		故宫博物院	
9696	慺作父乙爵	4	西周早期	集成 8877 三代 16.28.5 綴遺 22.11.1 殷存下 18.5 小校 6.61.5			潘祖蔭舊藏;《綴遺》多出鋬内二字
9697	慺作父乙爵	4	西周早期	集成 8878 三代 16.28.6 長安 1.33 攈古 1.2.62.1 愙齋 23.4.2 綴遺 22.12.2 奇觚 7.14.2 殷存下 18.4 簠齋 2 爵 20 小校 6.62.1			劉喜海、陳介祺舊藏
9698	雨作父乙爵	4	西周早期	集成 8879		上海博物館	
9699	鄉作父乙爵	4	西周早期	集成 8880 三代 16.28.8 愙齋 23.3.2 綴遺 22.18.2 殷存下 18.3 小校 6.62.2		故宫博物院	潘祖蔭舊藏
9700	作父乙彝爵	4	西周早期	集成 8881 三代 16.28.9 貞松 10.16.4 善齋 7.35 續殷下 34.2 小校 6.62.3			劉體智舊藏

序號	器名	字數	時代	著録	出土地	現藏地	備註
9701	亞醜父丙角	4(蓋器同銘)	商代後期	集成 8882 三代 18.20.3—4 西清 26.47 窸齋 23.9.4 貞補中 29.1—2 續殷下 69.1—2 (下 24.6 重出) 善齋 7.60 尊古 3.1 小校 6.80.5—6 殷存下 22.6			清宫、溥倫、劉體智舊藏
9702	肩册父丙爵	4	西周早期	集成 8883 三代 16.34.3 貞續下 17.4 善齋 7.48 小校 6.67.7		上海博物館	劉體智舊藏
9703	西單父丙爵	4	商代後期或西周早期	集成 8884 三代 16.7.1 從古 14.12.1 攈古 1.2.62.4 窸齋 22.17.4 綴遺 21.8.1 奇觚 7.15.2 殷存下 11.11 簠齋 2 爵 21 小校 6.41.2			陳介祺舊藏
9704	鼬作父丙爵	4	西周早期	集成 8885 金匱 17.22(162頁)	河南洛陽市		香港陳仁濤舊藏
9705	鼬作父丙爵	4	西周早期	集成 8886 金匱 17.23(162頁)	河南洛陽市		香港陳仁濤舊藏

序號	器名	字數	時代	著録	出土地	現藏地	備註
9706	亞并父丁爵	4	西周早期	集成 8887 三代 15.17.3（缺“父丁”二字） 善齋 6.70 小校 6.45.3			劉體智舊藏
9707	亞魚父丁爵	4	商代後期	集成 8888 考古 1986 年 8 期 708 頁圖 6：5	1984 年河南安陽市殷墟西區 M1713	考古研究所安陽工作站	
9708	亞魚父丁爵	4	商代後期	集成 8889 考古 1986 年 8 期 708 頁圖 6：6	1984 年河南安陽市殷墟西區 M1713	考古研究所安陽工作站	
9709	亞父丁爵	4	商代後期或西周早期	集成 8890 三代 16.10.3 西清 23.1 殷存下 20.3			清宫舊藏
9710	亞弜父丁角	4	商代後期或西周早期	集成 8891 三代 16.44.2 貞松 10.23.6 小校 6.81.2 安徽金石 1.38.2			安徽歙縣程氏舊藏；《小校》、《安徽金石》有蓋銘，疑僞刻，不用
9711	亞弜父丁角	4	商代後期或西周早期	集成 8892 三代 16.44.3			
9712	亞旐父丁角蓋	4	西周早期	集成 8893 三代 16.44.4 夢鄣上 50 殷存下 22.9 續殷下 38.2 小校 6.81.3		旅順博物館	劉鶚、羅振玉舊藏
9713	亞獏父丁角	4	商代後期	集成 8894 美集録 R146b 綜覽 191 頁角 14			

序號	器名	字數	時代	著録	出土地	現藏地	備註
9714	亞獏父丁爵	4	商代後期	集成 8895 綜覽 179 頁爵 176			
9715	∀[illegible]父丁爵	4	商代後期	集成 8896		故宫博物院	
9716	[illegible]旅父丁爵	4	西周早期	集成 8897			
9717	己並父丁爵	4	商代後期	集成 8898 中原文物 1985 年 1 期 30 頁圖 2：13 河南 1.330	傳 1952 年河南安陽市	河南新鄉市博物館	
9718	己並父丁爵	4	商代後期	集成 8899 中原文物 1985 年 1 期 29 頁圖 2：45	河南新鄉市博物館		
9719	己並父丁爵	4	商代後期	集成 8900 中原文物 1985 年 1 期 30 頁圖 2：46		河南新鄉市博物館	
9720	戈[illegible]父丁爵	4	商代後期或西周早期	集成 8901 三代 16.31.6 擴古 1.2.65.2 綴遺 20.17.2 殷存下 10.1		遼寧省博物館	吴式芬舊藏
9721	尹舟父丁爵	4	商代後期	集成 8902 三代 16.8.8 貞松 10.5.1 善齋 6.68 續殷下 25.2 小校 6.43.3 故圖下下 364		臺北"中央博物院"	劉體智舊藏
9722	田告父丁爵	4	商代後期或西周早期	集成 8903		故宫博物院	

序號	器名	字數	時代	著録	出土地	現藏地	備註
9723	射獸父丁爵	4	商代後期	集成 8904 三代 16.10.4 陶齋 3.19 續殷下 25.12 小校 6.43.4		日本兵庫縣黑川古文化研究所	端方舊藏
9724	朩[illegible]父丁爵	4	西周早期	集成 8905 陝青 4.164	1972 年陝西盩厔縣竹峪村	咸陽地區文物管理委員會	
9725	[illegible][illegible]父丁爵	4	西周早期	集成 8906 三代 16.29.1 頌齋 21 貞補中 25.4 續殷下 26.7 小校 6.63.2 故圖下下 365		臺北"中央博物院"	容庚舊藏
9726	脣册父丁爵	4	商代後期	集成 8907 三代 16.29.2 綴遺 21.21.2 貞續下 17.1			
9727	[illegible]册父丁爵	4	西周早期	集成 8908 三代 16.29.3 貞松 10.17.1 善齋 7.37 續殷下 34.3 小校 6.62.6 美集録 R248		美國紐約奥爾勃來特美術陳列館	劉體智舊藏
9728	困册父丁爵	4	商代後期或西周早期	集成 8909 三代 16.29.5 貞續下 16.4			
9729	壬册父丁爵	4	商代後期或西周早期	集成 8910 録遺 470			
9730	壬册父丁爵	4	商代後期或西周早期	集成 8911 小校 6.62.5			

序號	器名	字數	時代	著録	出土地	現藏地	備註
9731	册劦父丁角	4	西周早期	集成 8912 文物 1972 年 12 期 8 頁圖 10 學報 1977 年 2 期 108 頁圖 8：2	1967 年甘肅靈台縣白草坡村墓葬	甘肅省博物館	《集成》目録中器名誤爲“册劦父丁爵”
9732	□册父丁爵	4	商代後期	集成 8913		故宫博物院	
9733	宁戈父丁爵	4	商代後期或西周早期	集成 8914 三代 16.8.7 筠清 1.14 攈古 1.2.18.3 綴遺 21.25.1 殷存下 13.1 續殷下 26.10			葉東卿舊藏
9734	[illegible]庚父丁爵	4	商代後期	集成 8915 文物 1974 年 1 期 77 頁圖 4	1973 年山東鄒縣小西韋村	鄒縣文物保管所	
9735	瘐作父丁爵	4	西周早期	集成 8916 文物 1978 年 3 期 17 頁圖 33 陝青 2.42	1976 年陝西扶風縣莊白一號窖藏	周原博物館	
9736	瘐作父丁爵	4	西周中期	集成 8917 陝青 2.43	1976 年陝西扶風縣莊白一號窖藏	陝西周原博物館	
9737	[illegible]矢父戊爵	4	商代後期或西周早期	集成 8918 三代 16.29.6 綴遺 21.26.1			陳朗亭舊藏；《集成》説明中器名誤爲“[illegible]矢父戊爵”
9738	[illegible]矢父戊爵	4	商代後期或西周早期	集成 8919 三代 16.29.7 積古 2.9.2 窸齋 22.9.2 從古 1.7 攈古 1.2.66.2 小校 6.63.6		上海博物館	張廷濟、潘祖蔭舊藏；《集成》説明中器名誤爲“[illegible]矢父戊爵”

序號	器名	字數	時代	著録	出土地	現藏地	備註
9739	[illegible]父戊爵	4	商代後期或西周早期	集成 8920			
9740	車犬父戊爵	4	西周早期	集成 8921		上海博物館	
9741	車犬父戊爵	4	西周早期	集成 8922		上海博物館	
9742	[illegible]作父戊角	4	商代後期	集成 8923 金匱 157 頁上		傳河南安陽市	香港陳仁濤舊藏
9743	加作父戊爵	4	西周早期	集成 8924 三代 16.29.8 綴遺 22.15.1 殷存下 18.8 小校 6.63.6	關中		吴大澂舊藏
9744	加作父戊爵	4	西周早期	集成 8925 三代 16.29.9 綴遺 22.15.2 殷存下 18.9 小校 6.64.1	關中		吴大澂舊藏
9745	亞止父己爵	4	商代後期或西周早期	集成 8926 三代 16.16.5 窸齋 23.12.2 殷存下 19.1 小校 6.49.5			李山農舊藏
9746	亞[illegible]父己角	4	商代後期	集成 8927 日精華 3.213 彙編 8.1072 綜覽 190 頁角 11			日本長尾美術館舊藏
9747	亞若父己爵	4	商代後期或西周早期	集成 8928 三代 16.14.7			
9748	[illegible]葡父己爵	4	商代後期	集成 8929 復齋 8.3 積古 2.6 攈古 1.3.20.1			

序號	器名	字數	時代	著録	出土地	現藏地	備註
9749	[illegible]父己爵	4	商代後期	集成 8930		故宫博物院	
9750	[illegible]旅父己爵	4	商代後期或西周早期	集成 8931		故宫博物院	
9751	[illegible]旅父己爵	4	西周早期	集成 8932 攟古 1.2.23.1 長安 1.35 綴遺 20.25 賽爾諾什 27		法國巴黎賽爾諾什博物館	劉喜海舊藏
9752	尹舟父己爵	4	西周早期	集成 8933 三代 16.16.4 殷存下 18.10 澂秋 48 小校 6.47.6		故宫博物院	陳承裘舊藏
9753	北[illegible]父己爵	4	西周早期	集成 8934 文叢 3.36 頁圖 5	1961 年河南鶴壁市龐村墓葬	河南省博物館	
9754	守册父己爵	4	西周早期	集成 8935 三代 16.30.1 積古 2.5.5 攟古 1.2.64.4 小校 6.72.2		上海博物館	王少吕舊藏
9755	守册父己爵	4	西周早期	集成 8936 綴遺 22.3.1			
9756	[illegible]單父己爵	4	商代後期	集成 8937		中國歷史博物館	
9757	[illegible]倗父己爵	4	西周早期	集成 8938 善齋 7.42 續殷下 34.7 小校 6.64.2 善彝 154 故圖下下 368		臺北"中央博物院"	劉體智舊藏

序號	器名	字數	時代	著録	出土地	現藏地	備註
9758	弓[illegible]父庚爵	4	西周早期	集成 8939 三代 16.30.2 十二式 13 續殷下 34.9			孫秋帆舊藏
9759	北單□父庚爵	4	商代後期或西周早期	集成 8940		故宫博物院	此器銘應爲 5 字
9760	亞[illegible]父辛爵	4	西周早期	集成 8941 三代 16.19.7 貞續下 14.2 善齋 7.18 續殷下 30.2 小校 6.55.1		上海博物館	劉體智舊藏
9761	亞[illegible]父辛爵	4	西周早期	集成 8942 三代 16.19.8 貞續下 14.3 善齋 7.17 續殷下 30.1 小校 6.54.7		上海博物館	劉體智舊藏
9762	亞[illegible]父辛爵	4	商代後期	集成 8943 三代 16.19.6 綴遺 22.1.2 殷存下 15.2			丁小農舊藏
9763	大丁父辛爵	4	西周早期	集成 8944 美集録 R193			美國紐約何姆斯氏舊藏
9764	[illegible]丁父辛爵	4	西周早期	集成 8945 續殷下 13.5（柱）		故宫博物院	
9765	子[illegible]父辛爵	4	西周早期	集成 8946 三代 16.30.3 綴遺 22.9.2 貞續下 16.3 續殷下 35.2			方濬益舊藏
9766	[illegible]册父辛爵	4	西周早期	集成 8947		上海博物館	

序號	器名	字數	時代	著録	出土地	現藏地	備註
9767	册父辛爵	4	西周早期	集成 8948		上海博物館	
9768	黽父辛爵	4	商代後期或西周早期	集成 8949			
9769	黽父辛爵	4	商代後期或西周早期	集成 8950			
9770	興父辛爵	4	商代後期	集成 8951 癡盦 27			李泰棻舊藏
9771	作父辛爵	4	西周早期	集成 8952 陝青 3.42	1972 年陝西扶風縣劉家村墓葬	陝西省文物管理委員會	
9772	亞鹿父壬爵	4	西周早期	集成 8953 三代 16.21.2 殷存下 15.8			
9773	刀子父壬爵	4	商代後期	集成 8954 録遺 472		遼寧旅順博物館	
9774	亞父癸爵	4	西周早期	集成 8955 巖窟上 44 貞續下 15.2 善齋 7.27 小校 6.58.1 頌續 85 續殷下 31.4	1931 年河南安陽市		梁上椿、劉體智、容庚舊藏
9775	大棘父癸爵	4	商代後期	集成 8956 三代 16.30.6 貞松 10.17.4 續殷下 35.5			
9776	何父癸爵	4	商代後期	集成 8957		故宫博物院	
9777	何父癸爵	4	商代後期	集成 8958		故宫博物院	

序號	器名	字數	時代	著録	出土地	現藏地	備註
9778	何父癸爵	4	商代後期	集成 8959 小校 6.65.2		故宫博物院	
9779	禾子父癸爵	4	西周早期	集成 8960 文物 1983 年 2 期 8 頁圖 19 寶鷄弓魚國墓地 158 頁	1980 年陝西寶鷄市竹園溝村墓葬	寶鷄市博物館	
9780	子父癸爵	4	商代後期	集成 8961		上海博物館	
9781	北西父癸爵	4	商代後期	集成 8962 三代 16.21.7 續殷下 31.12		故宫博物院	
9782	鄉宁父癸爵	4	西周早期	集成 8963 三代 16.30.4 貞松 10.14.1 美集録 R37		美國紐約魏格氏	周鴻孫舊藏
9783	屰目父癸爵	4	西周早期	集成 8964 三代 16.30.7 積古 2.8.3 攈古 1.2.66.3 殷存下 19.3			
9784	屰目父癸爵	4	西周早期	集成 8965 三代 16.31.2 筠清 1.18.2 從古 8.21 攈古 1.2.66.4 窸齋 23.14.4 陶齋 3.11 殷存下 19.5 小校 6.65.1			瞿潁山、徐問渠、端方、李山農舊藏
9785	屰目父癸爵	4	西周早期	集成 8966 三代 16.31.1 殷存下 19.4			吴大澂舊藏
9786	尹舟父癸爵	4	商代後期	集成 8967 録遺 473			

序號	器名	字數	時代	著録	出土地	現藏地	備註
9787	[illegible]鼻父癸爵	4	商代後期	集成 8968 三代 16.31.5 十二貯 25 續殷下 35.4			王辰舊藏
9788	旅父癸爵	4	商代後期	集成 8969		上海博物館	
9789	父癸爵	4	商代後期	集成 8970		上海博物館	
9790	父癸爵	4	西周早期	集成 8971 考古 1984 年 5 期 414 頁圖 11:3—4	1981—1983 年北京琉璃河黄土坡墓葬	考古研究所	
9791	庚父癸爵	4	商代後期	集成 8972 三代 16.30.9 陶齋 3.14 小校 6.65.4			端方舊藏
9792	俳父癸爵	4	商代後期或西周早期	集成 8973 三代 16.31.7 從古 5.6 窸齋 22.6.3 綴遺 22.6.2 敬吾下 63.2 續殷下 35.6 小校 6.65.5			張廷濟舊藏
9793	□册父癸爵	4	西周早期	集成 8974 三代 16.35.6 貞松 10.19.1 善齋 7.50 續殷下 31.8 小校 6.68.6 頌續 89		廣州市博物館	劉體智、容庚舊藏

序號	器名	字數	時代	著録	出土地	現藏地	備註
9794	□册父癸爵	4	西周早期	集成 8975 三代 16.35.7 貞松 10.19.2 善齋 7.49 小校 6.68.5 頌續 88		廣州市博物館	劉體智、容庚舊藏
9795	伯作父癸爵	4	西周早期	集成 8976 三代 16.30.8 貞松 10.17.3			
9796	蠚逐母癸爵	4	商代後期或西周早期	集成 8977 三代 16.31.8 續殷下 35.7		上海博物館	《集成》第 14 册 8977 拓片中器名誤爲"蠚遂母癸爵"
9797	舌作妣丁爵	4	西周早期	集成 8978 録遺 475		故宫博物院	
9798	舌作妣丁爵	4	西周早期	集成 8979 録遺 474			
9799	[illegible]作[illegible]女角	4	西周早期	集成 8980 貞松 10.24.4 續殷下 38.6		故宫博物院	
9800	亞□兄丁爵	4	西周早期	集成 8981 塞利格曼 Fig5 彙編 8.1087		英國倫敦不列顛博物館	
9801	耳[illegible]婦[illegible]爵	4	商代後期	集成 8982 中原文物 1985 年 1 期 30 頁 文物 1978 年 5 期 95 頁圖 7 河南 1.351	1952 年河南輝縣褚邱	新鄉市博物館	
9802	耳[illegible]婦[illegible]爵	4	商代後期	集成 8983 中原文物 1985 年 1 期 30 頁 文物 1978 年 5 期 95 頁圖 6 河南 1.350	1952 年河南輝縣褚邱	新鄉市博物館	

序號	器名	字數	時代	著録	出土地	現藏地	備註
9803	珥[illegible]婦[illegible]角	4（蓋 4 鋬 2）	商代後期	集成 8984 中原文物 1985 年 1 期 30 頁 文博 1988 年 5 期 5 頁 文物 1978 年 5 期圖版 7：1 河南 1.349	1952 年河南輝縣褚邱	新鄉市博物館	
9804	[illegible][illegible]作寶爵	4	西周早期	集成 8985 三代 16.32.3 從古 11.15 綴遺 21.28.1 巖窟上 40	傳 1941 年河南安陽市		梁上椿舊藏
9805	[illegible]馬作彝爵	4	西周早期	集成 8986 三代 16.32.4 貞補中 27.3		上海博物館	
9806	子[illegible]乙酉爵	4	商代後期	集成 8987 三代 16.32.5 從古 14.4 攈古 1.2.67.2 愙齋 22.15.1 綴遺 21.23.1 奇觚 7.2 殷存下 19.9 簠齋 2 爵 10 小校 6.66.6			陳介祺舊藏
9807	[illegible]作[illegible]子爵	4	西周早期	集成 8988 博古 14.24.1 薛氏 38.5 嘯堂 45.2			
9808	戈𠭯作厥爵	4	西周早期	集成 8989			

序號	器名	字數	時代	著録	出土地	現藏地	備註
9809	戈𦉍作厥爵	4	西周早期	集成8990 三代16.32.2 恒軒下80 愙齋23.18.4 綴遺21.24.2 殷存下17.8 續殷下32.10(鋬);下4.3(柱)小校6.66.1	《愙齋》:得自關中三原		吴大澂舊藏
9810	過伯作彝爵	4	西周早期	集成8991 三代16.32.6 愙齋22.23.3 貞松9.38 續殷下35.8 小校4.66.5			潘祖蔭舊藏
9811	女嬣祖丁角	4	商代後期	近出897 富士比(1986,6,10 50)			英國倫敦富士比拍賣行曾見
9812	亞[illegible]父乙爵	4	西周早期	近出898 考古1984年9期785頁	1961—1962年陝西省長安縣張家坡村墓葬	中國社會科學院考古研究所灃西發掘隊	
9813	亞示父乙爵	4	西周早期	近出899 文物1996年7期54—68頁	1964—1972年河南省洛陽市北窖村西龐家溝墓葬		
9814	[illegible]天父己爵	4	商代後期	近出900 考古1991年2期132—134頁	1987年8—12月河南省安陽市梅園莊南地墓葬M30:1	中國社會科學院考古研究所安陽工作隊	
9815	麇癸爵	4(柱2鋬2)	西周中期	近出901 富士比(1972,11,14 222)			英國倫敦富士比拍賣行曾見;“父己”疑僞刻

序號	器名	字數	時代	著録	出土地	現藏地	備註
9816	亯册父庚角	4	商代後期	近出902 富士比(1968,12,10 34)			英國倫敦富士比拍賣行曾見
9817	⌣丯父辛爵	4(柱2鋬2)	西周早期	近出903 富士比(1967,5,16 40)			英國倫敦富士比拍賣行曾見
9818	伯豐爵	4	西周中期	近出904 文物1996年7期54—68頁	1964—1972年河南省洛陽市北窖村西龐家溝墓葬M368:4		
9819	聚父丁爵	4	商代後期	近出附55 歐遺珠圖版20		英國格拉斯哥美術博物館:巴萊爾氏藏品	
9820	㠯且乙爵	5	西周早期	集成8992 三代16.33.1 十二鏡8 小校6.66.7			張效彬舊藏;《集成》目録中字數誤爲“4”
9821	ᗜ且丁父乙爵	5	商代後期	集成8993 三代16.33.2 綴遺22.5.1 殷存下19.10			
9822	臣辰𢆶父乙爵	5	西周早期	集成8994 三代16.33.5 貞松10.18.3 善齋7.46 小校6.67.5 善彝156 故圖下下372	河南洛陽馬坡	臺北“中央博物院”	劉體智舊藏
9823	臣辰𢆶父乙爵	5	西周早期	集成8995 三代16.33.6 貞續下17.3 小校6.67.4	河南洛陽馬坡	上海博物館	劉體智舊藏

序號	器名	字數	時代	著録	出土地	現藏地	備註
9824	臣辰[illegible]父乙爵	5	西周早期	集成 8996 三代 16.33.7 貞續下 17.2 小校 6.67.3	河南洛陽馬坡	上海博物館	劉體智舊藏
9825	臣辰[illegible]父乙爵	5	西周早期	集成 8997 三代 16.33.8 貞松 10.18.2 善齋 7.47 小校 6.67.6	河南洛陽馬坡		劉體智舊藏
9826	臣父乙爵	5	西周早期	集成 8998 三代 16.33.9 貞松 10.18.4 善齋 7.45 小校 6.67.2 善彝 160		故宫博物院	劉體智舊藏
9827	臣父乙爵	5	西周早期	集成 8999 三代 16.34.1 綴遺 22.19.1 殷存下 20.1 小校 6.67.1		中國歷史博物館	潘祖蔭舊藏
9828	亞矣父乙爵	5	西周早期	集成 9000 三代 16.33.3 攀古下 31 恒軒 71 愙齋 22.22.2 綴遺 22.22.2 殷存下 20.2 小校 6.66.8	河南洛陽市馬坡	上海博物館	潘祖蔭舊藏
9829	亞矣父乙爵	5	西周早期	集成 9001 三代 16.33.4 愙齋 22.7.1 奇觚 7.10 殷存下 18.1 小校 6.61.4(又 6.34.7 重出)			李佐賢舊藏

序號	器名	字數	時代	著録	出土地	現藏地	備註
9830	亞矣父乙爵	5	西周早期	集成 9002		上海博物館	
9831	執父乙爵	5	西周早期	集成 9003		故宫博物院	
9832	作父乙爵	5	西周早期	集成 9004		中國歷史博物館	
9833	弓[illegible]羊父丁爵	5	西周早期	集成 9005 三代 16.29.4 貞松 10.17.2 善齋 7.38 續殷下 26.8 小校 6.45.1 頌續 84		廣州市博物館	劉體智、容庚舊藏
9834	羊[illegible]馬父丁爵	5	西周早期	集成 9006 三代 16.34.2 筠清 1.13.1 攈古 1.3.20.4 綴遺 22.13.1 殷存下 20.4			葉東卿舊藏
9835	亞父丁爵	5	商代後期	集成 9007 復齋 7.2 積古 2.6 攈古 1.3.20			
9836	亞共父丁角	5(蓋器同銘)	商代後期	集成 9008 三代 16.46.1—2 筠清 1.26 攈古 1.3.14.1—2 綴遺 26.22.2—1 續殷下 38.3(蓋);下 24.8(器) 小校 6.85.6 尊古 3.8 彙編 8.1067		美國舊金山亞洲藝術博物館布倫戴奇藏品	潘仕成舊藏

序號	器名	字數	時代	著録	出土地	現藏地	備註
9837	𢦏父丁爵	5	西周早期	集成 9009 三代 16.34.4 冠斝中 36		故宫博物院	榮厚舊藏
9838	亞向父戊爵	5	商代後期或西周早期	集成 9010 録遺 471		故宫博物院	
9839	亞父戊爵	5	西周早期	集成 9011 善齋 7.41 小校 6.63.4			劉體智舊藏
9840	舟父戊爵	5	西周早期	集成 9012 三代 16.34.5 金索金 1.17.1 從古 14.15 愙齋 23.2.2 擫古 1.3.16.2 綴遺 22.16.1 殷存下 20.5 簠齋 2 爵 6 雙吉上 38 小校 6.68.1 山東存坿 15.4	《金索》:山東長山縣	故宫博物院	謝龍門、陳介祺、于省吾舊藏
9841	舟父戊爵	5	西周早期	集成 9013 三代 16.35.1 金索金 1.17.2 從古 14.16 愙齋 23.2.1 擫古 1.3.16.1 綴遺 22.16.2 奇觚 7.19.2 簠齋 2 爵 7 小校 6.67.8 雙吉上 39 山東存坿 15.3	《金索》:山東長山縣	故宫博物院	謝龍門、陳介祺、于省吾舊藏
9842	啓宁父戊爵	5	商代後期	集成 9014 録遺 476			

序號	器名	字數	時代	著録	出土地	現藏地	備註
9843	亞[illegible]父己爵	5	商代後期	集成 9015 文參 1957 年 11 期 67 頁圖 4 右	1956 年河南上蔡縣田莊村	河南省博物館	
9844	亞[illegible]父辛爵	5	西周早期	集成 9016 弗里爾（1967）145 頁 彙編 7.823		美國西雅圖美術博物館	
9845	守宫父辛爵	5	西周早期	集成 9017 小校 6.68.3		故宫博物院	
9846	守宫父辛爵	5	西周早期	集成 9018 小校 6.68.4 續殷下 35.8			
9847	弓夵羊父辛爵	5	商代後期或西周早期	集成 9019			
9848	[illegible]父辛爵	5	西周早期	集成 9020 文物 1986 年 1 期 15 頁圖 39	1981 年陝西長安縣斗門鎮花園村墓葬	陝西省文物管理委員會	
9849	作父辛爵	5	商代後期或西周早期	集成 9021 三代 16.35.3 貞補中 27.4			河南博物館舊藏
9850	子工父癸爵	5	商代後期	集成 9022 復齋 30.1 積古 5.16.1 攈古 1.3.15.4 綴遺 22.9.1 奇觚 18.5			《復齋》:器在今秘書省
9851	[illegible]父癸爵	5	商代後期	集成 9023 三代 16.35.5			
9852	戱父癸爵	5	西周早期	集成 9024 考古與文物 1984 年 1 期 55 頁圖 2：3 陝青 3.180	1968 年陝西鳳翔縣丁家河	寶鷄市博物館	

序號	器名	字數	時代	著録	出土地	現藏地	備註
9853	亞丁父癸爵	5	西周早期	集成 9025 愙齋 22.21.2 綴遺 22.2.1 殷存下 20.8 小校 6.68.7			潘祖蔭舊藏;此器銘應爲6字
9854	亞□父癸爵	5	西周早期	集成 9026 三代 16.35.4 貞續下 18.1		故宫博物院	此器銘應爲6字
9855	妊爵	5	西周早期	集成 9027	1981 年山東滕縣莊里西村	滕縣博物館	
9856	妊爵	5	西周早期	集成 9028	1981 年山東滕縣莊里西村	滕縣博物館	
9857	黽婦爵	5	商代後期或西周早期	集成 9029 三代 16.36.6 愙齋 23.20.3 奇觚 7.29.2 周金 5.123.3 續殷下 36.3(又下 63.8;下 63.10 重出) 小校 6.69.8			吴大澂舊藏
9858	黽婦爵	5	商代後期或西周早期	集成 9030 三代 16.36.7 愙齋 23.20.4 周金 5.123.4 續殷下 36.4(又下 63.9 重出) 小校 6.69.7			吴大澂舊藏
9859	立爵	5	西周早期	集成 9031 三代 16.37.4 貞松 10.19.4 小校 6.69.3			劉體智舊藏

序號	器名	字數	時代	著録	出土地	現藏地	備註
9860	㽙爵	5	西周早期	集成 9032 三代 16.36.1 攈古 1.3.18.2 愙齋 23.3.2 綴遺 22.28.2 奇觚 7.28.2 周金 5.125.3 簠齋 2 爵 2 小校 6.69.2		故宫博物院	陳介祺舊藏
9861	剛爵	5	西周早期	集成 9033 三代 16.36.4 愙齋 23.21.3 周金 5.125.4 續殷下 36.2 小校 6.69.4		故宫博物院	吴大澂舊藏
9862	癸魖爵	5	西周早期	集成 9034 三代 16.35.2 攈古 1.3.17.2 愙齋 23.4.1 綴遺 22.18.1 奇觚 7.30.1 殷存下 20.7 簠齋 2 爵 3 小校 6.68.2			陳介祺舊藏
9863	伯[illegible]爵	5	西周早期	集成 9035 三代 16.36.2 筠清 2.48 攈古 1.3.15.2 綴遺 22.25.2 奇觚 7.29 周金 5.126.1 小校 6.69.5		上海博物館	潘祖蔭舊藏
9864	伯限爵	5	西周早期	集成 9036 三代 16.36.3 貞松 10.20.1			
9865	叔[illegible]爵	5	西周早期	集成 9037		故宫博物院	

序號	器名	字數	時代	著録	出土地	現藏地	備註
9866	[illegible]隻爵	5	西周早期	集成 9038 三代 16.37.3 窸齋 22.21.4 攈古 1.3.44.2 綴遺 22.25.1 續殷上 43.8 小校 6.69.6		故宫博物院	潘祖蔭舊藏
9867	□苜爵	5	西周早期	集成 9039 三代 16.37.2		旅順博物館	
9868	[illegible]父爵	5	西周早期	集成 9040 三代 16.36.5 窸齋 23.18.3 攈古 1.3.15.3 綴遺 22.24.1 周金 5.125.1 殷存下 21.2 小校 6.69.1			吴大澂舊藏
9869	史啚爵	5	西周早期	集成 9041 美集録 R373			美國紐約盧芹齋舊藏
9870	作丮障彝角	5（器 2、蓋 5）	西周早期	集成 9042 西清 26.44			清宫舊藏;《集成》目録中器名誤爲“作丮彝角”
9871	叙爵	5（柱 4 鋬 1）	商代後期	近出 905 考古與文物 1990 年 4 期 17—21 頁			陝西省寶鷄市公安局收繳
9872	鄉爵	5	商代後期	近出 906 富士比（1977,12,13　236）			荷蘭 H. E. Smeets 舊藏;英國倫敦富士比拍賣行曾見
9873	[illegible]宁II爵	5	商代後期	近出 907 富士比(1975,7,8　11)			英國倫敦富士比拍賣行曾見

序號	器名	字數	時代	著録	出土地	現藏地	備註
9874	爷宁II爵	5	商代後期	近出908 富士比(1977,7,5 22)			英國倫敦富士比拍賣行曾見
9875	□□爵	5	西周	近出附56 文物1994年1期16、19頁	1992年10月16日山西曲沃縣曲村鎮北趙村天馬—曲村遺址	山西省考古研究所	
9876	剌且乙爵	6	西周早期	集成9043 三代16.37.5 貞續下18.3 小校6.70.1		故宫博物院	
9877	剌且乙爵	6	西周早期	集成9044 三代16.37.6 貞續下18.2 小校6.70.2		故宫博物院	
9878	[illegible]且丁爵	6	西周早期	集成9045 三代16.37.7 攀古下26 恒軒下73 筠清2.51 愙齋23.3.1 攈古1.3.48.2 綴遺22.21.2 奇觚7.11.2 周金5.124.3 殷存下21.4 小校6.70.3			潘祖蔭舊藏
9879	遠且辛爵	6	西周早期	集成9046 三代16.37.8 長安1.32 愙齋23.3.4 攈古1.3.48.1 綴遺22.21.1 奇觚7.29.3 周金5.124.4 殷存下21.3 小校6.70.4 簠齋2爵45			劉喜海、陳介祺舊藏

序號	器名	字數	時代	著録	出土地	現藏地	備註
9880	[illegible]庚且辛爵	6	西周早期	集成 9047 三代 16.38.1 貞松 10.20.2 善齋 7.51 續殷下 36.1 小校 6.70.5 善彝 153		故宫博物院	劉體智舊藏
9881	雁事父乙爵	6	西周早期	集成 9048 文物 1984 年 12 期 30 頁圖 3：4	1982 年河南平頂山市郊滍陽鎮西門外	平頂山市文物管理委員會	
9882	子册父乙爵	6	商代後期	集成 9049 冠斝中 37			榮厚舊藏
9883	貝隹易父乙爵	6	商代後期	集成 9050 三代 16.39.3—4 從古 7.12 擴古 2.1.6.4 綴遺 22.14.1—2 敬吾下 61.1—2 續殷下 19.1 小校 6.71.1—2			夏睫巢舊藏
9884	貝隹易父乙爵	6	商代後期	集成 9051 三代 16.39.5—6 綴遺 22.14.2 貞續中 28.1—2 十二舊 5			方若舊藏
9885	作甫丁爵	6	西周早期	集成 9052 三代 16.38.2 殷存下 21.5		旅順博物館	
9886	獸父戊爵	6	西周早期	集成 9053 三代 16.38.3 十六 2.17 積古 5.16.2 擴古 1.3.47.3 奇觚 18.6 殷存下 21.6 小校 6.71.2		上海博物館	錢坫、潘祖蔭舊藏

序號	器名	字數	時代	著録	出土地	現藏地	備註
9887	獸父戊爵	6	西周早期	集成 9054 三代 16.38.4 綴遺 22.20.2 貞松 10.20.3 小校 6.71.4			潘祖蔭舊藏
9888	糸子刀父己爵	6	商代後期	集成 9055 懷履光(1956)99頁圖7		加拿大多倫多皇家安大略博物館	
9889	[illegible]父庚爵	6	商代後期	集成 9056	1983年河南安陽市大司空村墓葬	考古研究所安陽工作站	
9890	[illegible]父庚爵	6	商代後期	集成 9057	1983年河南安陽市大司空村墓葬	考古研究所安陽工作站	
9891	[illegible]�父庚爵	6	西周早期	集成 9058 三代 16.39.7 金索金 1.16 愙齋 23.21.1 殷存下 21.7 小校 6.71.4			馮雲鵬、吴大澂舊藏
9892	[illegible]父庚爵	6	西周早期	集成 9059 三代 16.38.5 積古 5.16.4 攈古 1.3.47.4 周金 5.124.2 殷存下 22.1			阮元舊藏
9893	木羊册父辛爵	6	西周中期	集成 9060 陝青 2.23	1976年陝西扶風縣莊白一號窖藏	周原博物館	
9894	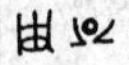 [illegible][illegible]父癸爵	6	西周早期	集成 9061	1987年陝西長安縣張家坡村墓葬	考古研究所西安研究室	
9895	㑌父癸爵	6	西周早期	集成 9062		中國歷史博物館	

序號	器名	字數	時代	著録	出土地	現藏地	備註
9896	史[illegible]角	6（蓋器同銘）	西周早期	集成 9063 文物 1972 年 6 期 25 頁圖 2 陝青 1.156	1966 年陝西岐山縣賀家村	陝西省博物館	
9897	亥爵	6	西周早期	近出 909 考古 1990 年 10 期 879—881 頁	1988 年 7 月陝西省麟遊縣九成官鎮後坪村	陝西省麟遊縣博物館	
9898	婦[illegible]角	存 6	商代後期	近出 910 富士比（1994，12,6　2）			英國倫敦富士比拍賣行曾見
9899	册弜且乙角	7（鋬 2 器 5）	商代後期	集成 9064 博古 16.16 薛氏 110.1 嘯堂 51.1—2			
9900	效且戊爵	7	西周早期	集成 9065 陝青 3.78	1976 年陝西扶風縣雲塘村 M13	周原博物館	
9901	[illegible]且己爵	7	西周早期	集成 9066 三代 16.39.1 貞補中 28.3 續殷下 36.8			
9902	牆父乙爵	7	西周中期	集成 9067 陝青 2.25	1976 年陝西扶風縣莊白一號窖藏	周原博物館	
9903	牆父乙爵	7	西周中期	集成 9068 文物 1976 年 3 期 17 頁圖 30 陝青 2.26	1976 年陝西扶風縣莊白一號窖藏	周原博物館	
9904	作父乙爵	7	西周早期	集成 9069		中國歷史博物館	
9905	瘐父丁爵	7	西周中期	集成 9070 文物 1978 年 3 期 10 頁圖 12 陝青 2.41	1976 年陝西扶風縣莊白一號窖藏	周原博物館	

序號	器名	字數	時代	著録	出土地	現藏地	備註
9906	小車父丁爵	7	西周早期	集成 9071 三代 16.37.1 貞松 10.19.3 日精華 3.235 綜覽 183 頁爵 218		日本京都藤井有隣館	
9907	[illegible]册父丁爵	7	商代後期	集成 9072 三代 16.40.3 貞補中 28.4 續殷下 33.1 尊古 3.3		故宮博物院	
9908	[illegible]作父己爵	7	西周早期	集成 9073		上海博物館	
9909	[illegible]衔天父庚爵	7	商代後期	集成 9074		故宮博物院	
9910	亞㠱矣母癸爵	7	商代後期	集成 9075 巖窟上 46	1941 年河南安陽市	故宮博物院	梁上椿舊藏
9911	攸作上父爵	7	西周早期	集成 9076 録遺 477 善齋 7.52 小校 6.73.1			劉體智舊藏
9912	作厥父爵	7	西周早期	集成 9077 三代 16.39.8 清愛 20 攀古下 32 恒軒 82 擴古 2.1.25 愙齋 22.21.3 綴遺 22.22.2 敬吾下 61.3 周金 5.124.1 續殷下 36.9			劉喜海、潘祖蔭舊藏

序號	器名	字數	時代	著録	出土地	現藏地	備註
9913	父辛爵	7	西周早期	近出911 中國文物報1991年31期3版		陝西省咸陽市博物館	
9914	羉父丁角	8	西周早期	集成9078 博古14.6 薛氏39.1 嘯堂47.4			
9915	達父已爵	8	西周早期	集成9079 續殷下36.7			
9916	豐父辛爵	8	西周中期	集成9080 陝青2.20	1976年陝西扶風縣莊白一號窖藏	周原博物館	
9917	豐父辛爵	8	西周中期	集成9081 文物1978年3期17頁圖32 陝青2.21	1976年陝西扶風縣莊白一號窖藏	周原博物館	
9918	豐父辛爵	8	西周中期	集成9082 陝青2.22	1976年陝西扶風縣莊白一號窖藏	周原博物館	
9919	[illegible]大父辛爵	8	西周早期	集成9083 三代16.40.4 貞松10.21.1 續殷下37.1		故宫博物院	
9920	友翄父癸爵	8	商代後期	集成9084 三代16.38.6 十二貯22 續殷下36.5		故宫博物院	王辰舊藏
9921	友翄父癸爵	8	商代後期	集成9085 三代16.38.7 十二貯20 續殷下36.6		故宫博物院	王辰舊藏

序號	器名	字數	時代	著録	出土地	現藏地	備註
9922	美爵	8	西周早期	集成 9086 三代 16.40.1 攈古 2.1.24.4 愙齋 22.2.2 周金 5.123.1 小校 6.73.3 日精華 3.236(A)			曹秋舫、陳介祺舊藏,後歸日本小川睦之輔
9923	美爵	8	西周早期	集成 9087 三代 16.40.2 愙齋 22.2.1 綴遺 22.27.1 周金 5.123.2 小校 6.73.2 日精華 3.236(B)			陳介祺舊藏,後歸日本小川睦之輔
9924	史宛爵	8	西周早期	近出 912 文物 1996 年 7 期 54—68 頁	1964—1972 年河南省洛陽市北窖村西龐家溝墓葬		
9925	子父乙爵	9(器、蓋同銘)	商代後期	集成 9088 三代 18.20.6—7 積古 5.20.1—2 愙齋 21.11.1—2 攈古 2.1.35.3—4 綴遺 22.29.2—3 殷存下 32.1—2 小校 5.43 周金 5.71.1—2 布倫戴奇 139 頁 Fig25 彙編 6.514		美國舊金山亞洲藝術博物館布倫戴奇藏品	阮元、潘祖蔭舊藏

序號	器名	字數	時代	著録	出土地	現藏地	備註
9926	鮴父辛爵	9	西周早期	集成 9089 三代 16.40.6 攈古 2.1.35 愙齋 6.3 綴遺 4.8 奇觚 5.16 周金 5.12 善齋 7.53 小校 6.76.1		故宫博物院	劉體智舊藏
9927	者婤爵	9	商代後期	集成 9090 三代 16.40.5 從古 2.12 清儀 1.27 筠清 1.19.2 古文審 4.20 攈古 2.1.68 愙齋 21.18 綴遺 24.30 賸稿 43 周金 5.122 獨笑 2.11 續殷下 38.8 小校 6.73.4 歐精華 1.63	河南		張廷濟舊藏，後歸美國底特律市某私人
9928	索諆爵	9	西周早期	集成 9091 三代 16.46.5 愙齋 21.17.3 綴遺 26.26.1 周金 5.119.2 殷存下 23.2 小校 6.82.4 上海 42		上海博物館	潘祖蔭舊藏

序號	器名	字數	時代	著録	出土地	現藏地	備註
9929	婦闟爵	9（蓋器同銘）	商代後期	集成 9092 三代 18.21.1—2 從古 14.36.1—2 攈古 2.1.70.2—2.1.71.1 愙齋 21.10.3—4 綴遺 22.30.1—2 奇觚 6.26.1—2 周金 5.70.1—2 簠齋 2 觥 1 小校 5.44.1—2 弗里爾（1967）PL2758 頁		美國弗里爾美術陳列館	陳介祺舊藏；此器除《集成》外，各書均誤爲兕觥
9930	婦闟爵	9	商代後期	集成 9093 日精華 3.230 彙編 6.477 綜覽 188 頁爵 266		日本東京出光美術館	日本東京鹽原又策氏舊藏
9931	朢父甲爵	10	西周早期	集成 9094 三代 16.40.7 愙齋 22.22.1 綴遺 22.22.1 周金 5.121.2 殷存下 22.2 續殷下 37.2 小校 6.76.2		上海博物館	潘祖蔭舊藏
9932	吕仲僕爵	10	西周早期	集成 9095 三代 16.40.8 周金 5 補 貞松 10.21.2			

序號	器名	字數	時代	著録	出土地	現藏地	備註
9933	魯侯爵	10	西周早期	集成 9096 三代 16.46.6 積古 7.12.3 從古 12.4 攈古 2.1.49.4 綴遺 26.28.2 奇觚 18.8.1 敬吾下 56.4 周金 5.118.2 癡盦 2.25 小校 6.82.5 大系録 225.1 山東存魯 1.2		故宫博物院	郭承勳、方維祺、李泰棻舊藏
9934	盟□鑰[illegible]爵	11	西周早期	集成 9097 三代 16.41.1 貞松 10.22.1		日本京都泉屋博古館	
9935	姛[illegible]爵	12	商代後期	集成 9098 彙編 6.436 綜覽 183 頁爵 214		日本東京書道博物館	
9936	晨角	12(蓋器同銘)	西周早期	近出 913 考古 1989 年 1 期 10—18 頁	1986 年 8 月河南省信陽縣溮河港鄉溮河灘	河南省信陽市文物管理委員會	
9937	晨角	12(蓋器同銘)	西周早期	近出 914 考古 1989 年 1 期 10—18 頁	1986 年 8 月河南省信陽縣溮河港鄉溮河灘	河南省信陽市文物管理委員會	
9938	征作父辛角	13	西周早期	集成 9099 三代 16.46.7 筠清 5.6.1 攈古 2.1.80.2 愙齋 21.18.1 綴遺 26.25 敬吾下 63.1 周金 5.118.1 續殷下 38.7 小校 6.83.1		上海博物館	葉東卿、潘祖蔭舊藏

序號	器名	字數	時代	著録	出土地	現藏地	備註
9939	戲作父癸角	13	商代後期	集成 9100 三代 16.47.1 殷存下 23.3		上海博物館	潘祖蔭舊藏
9940	寧魚爵	12	商代後期	集成 9101 考古 1986 年 8 期 708 頁圖 6：3—4	1984 年河南安陽市殷墟西區 M1713	考古研究所安陽工作站	《集成》説明和目録中字數均誤爲“14”；另説明中漏器名、器號
9941	匍亞作父癸角	16（蓋器同銘）	商代後期	集成 9102 三代 16.47.2—4 筠清 2.51.2—3 攈古 2.2.26.1—2 愙齋 21.16.1—2 綴遺 26.27.1—2 敬吾下 66.1—3 殷存下 22.3—23.4—5 續殷下 1 小校 6.83.2—4 弗里爾（1967）PL26 綜覽 190 頁角 7		美國華盛頓弗里爾美術館	孫星衍、葉東卿、潘祖蔭舊藏
9942	御正良爵	20	西周早期	集成 9103 三代 16.41.2 貞松 10.22.2 善齋 7.55 小校 6.77.4 善彝 155 尊古 3.6 安徽金石 1.37 雙古上 32 山東存附 8.1		中國歷史博物館	劉體智、于省吾舊藏

序號	器名	字數	時代	著録	出土地	現藏地	備註
9943	盉爵	21	西周早期	集成 9104 三代 16.41.3 攈古 2.3.3 愙齋 22.3.1 綴遺 22.29.1 奇觚 7.30.2 周金 5.121 簠齋 2 爵 1 小校 6.77.2 日精華 3.227			王味雪、陳介祺、毛叔美舊藏，後歸日本京都小川睦之輔
9944	宰椃角	31（鋬 2 口 30）	商代後期	集成 9105 三代 16.48.1—2 十六 1.9.1 積古 2.16.2—3 從古 14.24.1—2 攈古 2.3.80.2—3 愙齋 21.15.1—2 奇觚 6.23.1—2 敬吾下 54.2—3 殷存下 23.6；下 9.10 小校 6.83.5—6 海外吉 91 泉屋 2.86		日本京都泉屋博古館	錢坫、阮元、陳介祺舊藏

二十一、斝

序號	器名	字數	時代	著録	出土地	現藏地	備註
9945	斝	1	商代後期	集成 9106 美集録 R167 皮斯柏 Fig12		美國米里阿波里斯美術館皮斯柏藏品	
9946	斝	1	商代後期	集成 9107 三代 13.47.5			
9947	斝	1	商代後期	集成 9108 三代 13.47.2 長安 1.30 綴遺 24.22.2 殷存下 30.6 美集録 R175		美國火奴魯魯美術學院	劉喜海舊藏
9948	斝	1	商代後期	集成 9109 三代 13.47.3			
9949	斝	1	商代後期	集成 9110 古器物研究專刊第三本插圖 16	河南安陽市侯家莊西北崗 M1400	臺北“中央研究院歷史語言研究所”	銘文係用鈷60透視顯現
9950	斝	1	商代後期	集成 9111 三代 13.47.7 愙齋 21.12.3 綴遺 24.27.2 小校 6.84.2			潘祖蔭舊藏
9951	斝	1	商代後期	集成 9112 録遺 280 彙編 8.1265		澳大利亞國立維多利亞美術館	
9952	奚斝	1	商代後期	集成 9113 三代 13.47.4		旅順博物館	
9953	匿斝	1	商代後期	集成 9114 録遺 282 美集録 R457.488 薩克勒(1987)171 頁		美國紐約薩克勒氏	美國甘浦斯舊藏

序號	器名	字數	時代	著録	出土地	現藏地	備註
9954	匿斝	1	商代後期	集成 9115 考古 1986 年 9 期 835 頁		清華大學圖書館	
9955	何斝	1	商代後期	集成 9116 録遺 285		故宫博物院	
9956	何斝	1	商代後期	集成 9117 懷履光(1956)83 頁	傳河南安陽郭家灣北地	加拿大多倫多皇家安大略博物館	
9957	斝	1	商代後期	集成 9118 三代 13.47.8 愙齋 7.14.2 綴遺 24.23.1 希古 5.18.2 小校 7.54.4		上海博物館	潘祖蔭舊藏
9958	並斝	1	商代後期	集成 9119 三代 13.47.1 綴遺 24.23.2 殷存下 30.7			潘祖蔭舊藏
9959	北斝	1	商代後期	集成 9120 美集録 R178			
9960	斝	1	商代後期	集成 9121 美集録 R174 彙編 8.1305		美國舊金山亞洲藝術博物館布倫戴奇藏品	
9961	臣斝	1	商代後期	集成 9122 綜覽 196 頁斝 56		瑞典斯德哥爾摩遠東古物館	
9962	嬰斝	1	商代後期	集成 9123 美集録 R226 彙編 9.1418		美國波士頓美術博物館	
9963	聿斝	1	商代後期	集成 9124 三代 13.48.2		遼寧省博物館	
9964	史斝	1	商代後期	集成 9125		故宫博物院	

序號	器名	字數	時代	著録	出土地	現藏地	備註
9965	爰斝	1	商代後期	集成 9126 日精華 3.243 中銅 98 頁 出光 395 頁	傳河南安陽殷墟大墓	日本東京出光美術館	日本神户廣海二三郎氏舊藏
9966	其斝	1	商代後期	集成 9127 婦好墓 84 頁圖 56.10	1976 年河南安陽市殷墟婦好墓	考古研究所安陽工作站	
9967	興斝	1	商代後期	集成 9128 美集録 R6 皮斯柏 Fig17		美國米里阿波里斯美術館皮斯柏藏品	
9968	興斝	1	商代後期	集成 9129 薩克勒（1987）165 頁		美國紐約薩克勒氏	
9969	𠂤斝	1	商代後期	集成 9130 彙編 9.1400 薩克勒（1987）159 頁		美國紐約薩克勒氏	
9970	𠂤斝	1	商代後期	集成 9131 西清 23.7			清宫舊藏
9971	䀠斝	1	商代後期	集成 9132 中原文物 1985 年 1 期 30 頁圖 2：14 河南 1.329	1952 年河南安陽市	新鄉市博物館	
9972	徙斝	1	商代後期	集成 9133 文物 1975 年 2 期 89 頁圖 3 河南 1.338	1968 年河南温縣小南張村	河南省博物館	
9973	奞斝	1	商代後期	集成 9134 綴遺 24.24.1 沃森 70 頁圖 5：9			
9974	鳥斝	1	商代後期	集成 9135 三代 13.48.1 續殷下 64.7			

序號	器名	字數	時代	著録	出土地	現藏地	備註
9975	庴斝	1	商代後期	集成 9136 録遺 279		中國歷史博物館	
9976	[illegible]斝	1	商代後期	集成 9137 日精華 3.240 彙編 9.1615		日本奈良寧樂美術館	
9977	[illegible]斝	1	商代後期	集成 9138 布倫戴奇 Fig105 彙編 9.1624		美國舊金山亞洲藝術博物館布倫戴奇藏品	
9978	[illegible]斝	1	商代後期	集成 9139 彙編 9.1515 薩克勒（1987）167 頁		美國紐約薩克勒氏	
9979	戈斝	1	商代後期	集成 9140 中原文物 1985 年 1 期 30 頁圖 2:24	1952 年河南輝縣褚邱村	新鄉市博物館	
9980	[illegible]斝	1	商代後期	集成 9141 美集録 R458 洛爾（1968）177 頁 No31		美國奥爾勃來特美術陳列館	美國布恰德氏舊藏
9981	葡斝	1	商代後期	集成 9142 日精華 3.241 彙編 9.1577	傳安陽		日本京都川合定治郎舊藏
9982	亞斝	1	商代後期	集成 9143 殷青圖 62:2	1980 年河南安陽市大司空村 M529	考古研究所安陽工作站	
9983	斝	1	商代後期	集成 9144 鄴三上 35 鐃齋 19	傳河南安陽	聯邦德國科隆東洋博物館	
9984	[illegible]斝	1	商代後期	集成 9145 美集録 R459 綜覽 196 頁斝 53			美國羅比爾氏舊藏

序號	器名	字數	時代	著録	出土地	現藏地	備註
9985	[illegible]斝	1	商代後期	集成 9146 録遺 284 美集録 R187 柏景寒 148.1		美國芝加哥美術館	
9986	册方斝	1	商代後期	集成 9147		故宫博物院	
9987	⊛斝	1	商代後期	集成 9148 美集録 R22			美國魏格氏舊藏
9988	◇斝	1	商代後期	集成 9149 中原文物 1985 年 1 期 30 頁圖 2：31		新鄉市博物館	
9989	串斝	1	商代後期	集成 9150 三代 13.48.4 西清 23.5 續殷下 64.6		故宫博物院	清宫舊藏
9990	[illegible]斝	1	商代後期	集成 9151 録遺 283 彙編 9.1570			美國布倫戴奇氏舊藏
9991	戊斝	1	商代後期	集成 9152 三代 2.3.8 續殷上 4.10 美集録 R233 歐精華 1.66 弗里爾（1967）124 頁		美國華盛頓弗里爾美術博物館	《三代》、《續殷》皆誤作鼎
9992	戊斝	1	商代後期	集成 9153 北圖 167			
9993	癸斝	1	商代後期	集成 9154 薛氏 42.1			
9994	[illegible]斝	1	商代後期	集成 9155 三代 13.48.3		遼寧省博物館	

序號	器名	字數	時代	著録	出土地	現藏地	備註
9995	爰斝	1	商代後期	近出 915 考古學報 1991 年 3 期 333—342 頁	1984 年 10—11 月河南省安陽市戚家莊東 269 號墓	河南省安陽市文物工作隊	
9996	[illegible]斝	1	商代後期	近出 916 富士比(紐約 1989,5,31 20)			英國倫敦富士比拍賣行曾見
9997	亞矣斝	2	商代後期	集成 9156 三代 13.47.6 澂秋 43 貞松 8.33.2 薩克勒(1987)163 頁		美國紐約薩克勒氏	陳承裘舊藏
9998	亞矣斝	2	商代後期	集成 9157 青山莊 9 彙編 8.1036 綜覽 197 頁斝 62		日本東京根津美術館	河南安陽市侯家莊西北崗大墓
9999	亞矣斝	2	商代後期	集成 9158 布倫戴奇 Fig26		美國舊金山亞洲藝術博物館布倫戴奇藏品	
10000	亞醜斝	2	商代後期	集成 9159 寧壽 10.6		故宫博物院	
10001	亞西斝	2	商代後期	集成 9160 録遺 281		故宫博物院	《集成》説明中字數項中漏"2"字
10002	亞殸斝	2	商代後期	集成 9161 美集録 R145 彙編 8.1064		美國哈佛大學福格美術博物館	
10003	亞[illegible]斝	2	商代後期	集成 9162 三代 13.52.6 續殷下 64.4 彙編 8.1096		美國波士頓美術館	

序號	器名	字數	時代	著録	出土地	現藏地	備註
10004	亞其斝	2	商代後期	集成 9163 婦好墓 84 頁圖 56：11	1976 年河南安陽市殷墟婦好墓	考古研究所安陽工作站	
10005	亞獏斝	2	商代後期	集成 9164 巖窟上 24	1940 年河南安陽		梁上椿舊藏
10006	且戊斝	2	商代後期	集成 9165 西甲 11.12			清宮舊藏
10007	且己斝	2	商代後期	集成 9166		武陟縣博物館	河南武陟縣寧郭鄉揀選
10008	父乙斝	2	商代後期	集成 9167		故宫博物院	
10009	父己斝	2	商代後期	集成 9168 學報 1979 年 1 期圖 61：1 河南 1.205	1974 年河南安陽市殷墟西區 M198	考古研究所安陽工作站	
10010	父庚斝	2	商代後期	集成 9169 三代 13.48.7		旅順博物館	
10011	父辛斝	2	商代後期	集成 9170 薛氏 42.3	政和丙申(1116)歲，北海縣民道經臨朐，見岸圮，得之		
10012	父癸斝	2	商代後期	集成 9171 三代 13.48.6 綴遺 24.25.1 殷存下 30.8		上海博物館	潘祖蔭、方濬益舊藏
10013	子蝠斝	2（蓋器同銘）	商代後期	集成 9172 布倫戴奇 139 頁 Fig28 彙編 8.1210		美國舊金山亞洲藝術博物館布倫戴奇藏品	
10014	子䍙斝	2	商代後期	集成 9173 三代 13.49.6			
10015	子漁斝	2	商代後期	集成 9174 學報 1981 年 4 期 496 頁圖 4：8	1976 年河南安陽市小屯村 M18	考古研究所安陽工作站	

序號	器名	字數	時代	著録	出土地	現藏地	備註
10016	㠱𠘧斝	2	商代後期	集成 9175 三代 13.52.2 貞松 8.36.2 續殷下 64.2 故宫 12 期 故圖下上 180		臺北"故宫博物院"	清宫舊藏
10017	㠱戲斝	2	商代後期	集成 9176 文物 1982 年 9 期 40 頁圖 24	傳山東費縣	北京市文物研究所	1981 年北京文物研究所從廢銅中揀選
10018	女亞斝	2	商代後期	集成 9177 綜覽 198 頁斝 72	傳河南安陽		
10019	婦好斝	2	商代後期	集成 9178 婦好墓 72 頁圖 47：2	1976 年河南安陽市殷墟婦好墓	考古研究所安陽工作站	
10020	婦好斝	2	商代後期	集成 9179 婦好墓 72 頁圖 47：3	1976 年河南安陽市殷墟婦好墓	中國歷史博物館	考古研究所拓
10021	婦好斝	2	商代後期	集成 9180 婦好墓 72 頁圖 47：1	1976 年河南安陽市殷墟婦好墓	考古研究所安陽工作站	
10022	婦好斝	2	商代後期	集成 9181 婦好墓 72 頁圖 47：8	1976 年河南安陽市殷墟婦好墓	考古研究所安陽工作站	
10023	酉乙斝	2	商代後期	集成 9182 彙編 9.1604		美國達謀學院	
10024	酉乙斝	2	商代後期	集成 9183 彙編 9.1605 綜覽 194 頁斝 21		美國聖路易市美術博物館	

序號	器名	字數	時代	著録	出土地	現藏地	備註
10025	酋乙斝	2（蓋器同銘）	商代後期	集成 9184 三代 13.49.1—2 貞松 8.33.3—4 希古 5.18.3—4 山東存坿 16.3—4 小校 2.9.1—2	傳山東		日本齋藤氏舊藏
10026	[illegible]乙斝	2	商代後期	集成 9185 三代 13.48.8 從古 14.23.2 攈古 1.1.45.4 窓齋 21.12.2 綴遺 24.28.1 奇觚 7.31.1 敬吾下 58.2 殷存下 30.9 簠齋二斝 2 小校 6.84.4			陳介祺舊藏
10027	乙魚斝	2	商代後期	集成 9186 彙編 9.1641		美國米里阿波里斯美術館皮斯柏藏品	
10028	庚戈斝	2	商代後期	集成 9187		故宫博物院	
10029	辛[illegible]斝	2	商代後期	集成 9188 薛氏 42.2			
10030	[illegible][illegible]斝	2	商代後期	集成 9189 懷履光（1956）99頁圖 4	傳河南安陽市郭家灣北地	加拿大多倫多皇家安大略博物館	
10031	[illegible]田斝	2	商代後期	集成 9190 三代 13.49.4 殷存下 30.10 澂秋 44 日精華 3.242		日本京都藤井有鄰館	陳承裘舊藏

序號	器名	字數	時代	著録	出土地	現藏地	備註
10032	佳[illegible]斝	2	西周早期	集成 9191 三代 13.49.3 陶齋 1.9 續殷下 64.1 小校 6.84.6 美集録 R168 歐精華 1.8	光緒辛丑（1901）陝西寶鷄鬬鷄臺	美國紐約大都會美術博物館	端方舊藏
10033	佳[illegible]斝	2	西周早期	集成 9192 三代 13.49.5			
10034	弔龜斝	2	商代後期	集成 9193 三代 13.49.8			
10035	[illegible]斝	2	西周早期	集成 9194 三代 13.49.7 續殷下 66.1 十二居 28		遼寧旅順博物館	周季木舊藏
10036	鄉宁斝	2	商代後期	集成 9195 美集録 R31 弗里爾（1967）137 頁		美國華盛頓弗里爾美術博物館	
10037	買車斝	2	商代後期	集成 9196		故宫博物院	
10038	車[illegible]斝	2	商代後期	集成 9197 美集録 R456 彙編 9.1598		美國堪薩斯納爾遜美術博物館	
10039	廌册斝	2	商代後期	集成 9198		故宫博物院	
10040	冕册斝	2	商代後期	集成 9199		故宫博物院	
10041	西單斝	2	商代後期	集成 9200 三代 13.48.5 貞松 8.33.1 希古 5.18.1 善齋 7.63 小校 6.84.3 續殷下 64.3 善彝 167		中國歷史博物館	劉體智舊藏

序號	器名	字數	時代	著録	出土地	現藏地	備註
10042	祖己斝	2	商代後期	近出917 文物1989年12期91—92頁	1981年5月河南省武陟縣寧郭村	河南省武陟縣博物館	
10043	祖□斝	2	西周早期	近出918 富士比（1980,12,16 411A）			英國倫敦富士比拍賣行曾見
10044	亞址方斝	2	商代後期	近出919 安陽殷墟郭家莊商代墓葬80頁	河南省安陽市殷墟郭家莊M160：111	中國社會科學院考古研究所	
10045	亞址方斝	2	商代後期	近出920 安陽殷墟郭家莊商代墓葬80頁	河南省安陽市殷墟郭家莊M160：173	中國社會科學院考古研究所	
10046	亞菐斝	2（柱1鋬1）	商代後期	近出921 考古1992年6期510—514頁	1980年冬河南省安陽市大司空村墓葬	中國社會科學院考古研究所安陽工作隊	
10047	子□斝	2	商代後期	近出922 東南文化1991年2期269頁		江蘇省南京博物院	
10048	夲旅斝	2	商代後期	近出923 富士比(1986,6,10 49)			英國倫敦富士比拍賣行曾見
10049	爻且丁斝	3	商代後期	集成9201 三代13.50.4 從古7.18.1 攈古1.2.41.4 綴遺24.24.2 敬吾下56.1 續殷下65.2 小校6.84.7			瞿穎山舊藏
10050	且丁斝	3	商代後期	集成9202 三代13.50.3 貞松8.34.1 續殷下65.1		上海博物館	

序號	器名	字數	時代	著録	出土地	現藏地	備註
10051	丫且己斝	3		集成 9203 三代 13.50.5 貞松 8.34.2 善齋 7.64 續殷下 65.3 小校 6.85.1		中國歷史博物館	劉體智舊藏
10052	豙父甲斝	3	商代後期	集成 9204 三代 13.50.6 綴遺 23.28.1 貞松 8.34.5			
10053	田父甲斝	3(蓋器同銘)	商代後期	集成 9205 三代 13.50.7—8 貞松 8.34.3—4 董盦 4 日精華 3.247 彙編 9.1700 綜覽 201 頁斝 106	傳 1918 年山東長清		日本大孤齋藤悦藏氏舊藏
10054	朮父乙斝	3	西周早期	集成 9206 美集録 R203			美國魯本斯氏舊藏
10055	夰父乙斝	3	西周早期	集成 9207 三代 13.50.2 續殷下 65.5		故宫博物院	
10056	夰父乙斝	3	商代後期	集成 9208 三代 13.51.1 綴遺 24.25.2 貞松 8.35.1 續殷下 65.4 小校 6.85.2		日本東京出光美術館	徐乃昌舊藏
10057	奄父乙斝	3	商代後期	集成 9209 三代 15.52.3 西清 23.10 窓齋 21.11.3 綴遺 24.26.1 殷存下 31.1(又上 16.5 重出) 小校 6.85.3		上海博物館	清宫舊藏,後歸潘祖蔭

序號	器名	字數	時代	著録	出土地	現藏地	備註
10058	山父乙斝	3	商代後期	集成 9210 三代 13.51.2 殷存下 30.11		故宫博物院	此器爲僞銘
10059	作父乙斝	3	西周早期	集成 9211		上海博物館	
10060	單父丁斝	3	商代後期	集成 9212 西甲 11.11			清宫舊藏
10061	聿父戊斝	3	商代後期	集成 9213 三代 13.51.4 寧壽 10.7 貞補中 13.2 故宫 21 册		故宫博物院	清宫舊藏
10062	保父己斝	3	商代後期	集成 9214 三代 13.51.5 貞松 8.35.3 續殷下 65.7			《集成》説明中器名作"保父已斝",誤
10063	[illegible]父己斝	3	商代後期	集成 9215 薛氏 42.6			《集成》説明中器名作"[illegible]父乙斝",誤
10064	[illegible]父辛斝	3	商代後期	集成 9216 薛氏 42.4	政和丙申歲(1116)北海縣民道經臨朐,見岸圮得之		
10065	[illegible]父辛斝	3	商代後期	集成 9217 薛氏 42.5	政和丙申歲(1116)北海縣民道經臨朐,見岸圮得之		
10066	㚔父辛斝	3	西周早期	集成 9218 文物 1972 年 12 期 8 頁圖 11 學報 1977 年 2 期 108 頁圖 8:10	1967 年甘肅靈臺縣白草坡村	甘肅省博物館	

序號	器名	字數	時代	著録	出土地	現藏地	備註
10067	𠦪父癸斝	3	商代後期	集成 9219 三代 13.51.6 綴遺 24.26.2 奇觚 7.32.2 殷存下 31.2			丁筱農舊藏
10068	冎父癸斝	3	商代後期	集成 9220 三代 13.51.7 西乙 11.3 寶藴 114 貞松 8.35.4 續殷下 65.8 故圖下下 351		臺北"故宫博物院"	瀋陽故宫舊藏
10069	ᗐ父□斝	3	商代後期	集成 9221 三代 13.52.1 西乙 11.4 寶藴 115 貞松 8.36.1 續殷下 65.6 故圖下下 352		臺北"故宫博物院"	瀋陽故宫舊藏
10070	司㝹母斝	3	商代後期	集成 9222 婦好墓 58 頁圖 38：8	1976 年河南安陽市殷墟婦好墓	考古研究所安陽工作站	
10071	司㝹母斝	3	商代後期	集成 9223 婦好墓 58 頁圖 38：7	1976 年河南安陽市殷墟婦好墓	考古研究所安陽工作站	
10072	子束泉斝	3	商代後期	集成 9224 婦好墓 60 頁圖 39：6	1976 年河南安陽市殷墟婦好墓	考古研究所安陽工作站	
10073	亞豈衔斝	3	商代後期	集成 9225 三代 13.50.1 十二契 13 續殷下 64.10		遼寧旅順博物館	商承祚舊藏
10074	証ᗜ䵼斝	3	商代後期	集成 9226		故宫博物院	

序號	器名	字數	時代	著録	出土地	現藏地	備註
10075	匕田丫罍	3	商代後期	集成 9227 賸稿 44 綜覽 199 頁罍 87	河南安陽市薛家莊	浙江省博物館	
10076	亞㝬址圓罍	3	商代後期	近出 924 安陽殷墟郭家莊商代墓葬 83 頁	河南省安陽市殷墟郭家莊 M160：174	中國社會科學院考古研究所	
10077	亞邙其罍	3	商代後期	近出 925 文物 1992 年 6 期 72 頁	1991 年 11 月陝西省岐山縣北郭鄉樊村	陝西省岐山縣博物館	
10078	夋父乙罍	3	西周早期	近出 926 考古與文物 1991 年 1 期 3—13 頁	1927 年陝西省寶鷄市金臺區陳倉鄉戴家灣盜掘		
10079	父癸罍	3	西周早期	近出 927 富士比(1986,6,10　45)			英國倫敦富士比拍賣行曾見
10080	亞弜父丁罍	4	商代後期	集成 9228 三代 13.51.3 貞松 8.35.2 小校 6.81.1			
10081	矢宁父丁罍	4	西周早期	集成 9229 博古 15.9 薛氏 109.4 嘯堂 48.1			
10082	西單父丁罍	4	西周早期	集成 9230 綜覽 201 頁罍 100			
10083	作父戊罍	4	商代後期	集成 9231 録遺 287		故宫博物院	
10084	山父辛罍	4	商代後期	集成 9232		故宫博物院	

序號	器名	字數	時代	著録	出土地	現藏地	備註
10085	何父癸罍	4	商代後期	集成 9233 三代 13.52.4 貞松 8.36.3			清宫舊藏
10086	亞□馬豕罍	4	商代後期	集成 9234 荷比 17 頁 彙編 8.1020 綜覽 196 頁罍 50		荷蘭某氏	
10087	□目作彝罍	4	商代後期	集成 9235 三代 11.41.3 殷存下 31.6			此器《三代》誤作罍,今據考古所藏全形拓訂正
10088	□作尊彝罍	4	西周早期	集成 9236	1971 年河南洛陽市北瑶村墓葬	洛陽博物館	
10089	光作從彝罍	4	商代後期	集成 9237 三代 13.52.5 貞續中 24.1			
10090	辛亞鳥□罍	5	商代後期	集成 9238 録遺 286 北圖 168			
10091	蕼罍	5	商代後期	集成 9239 三代 13.52.7 貞松 8.36.4 雙吉上 31 希古 3.2.1			王錫棨、于省吾舊藏
10092	□父丁罍	6	商代後期或西周早期	集成 9240		上海博物館	
10093	劦闢父丁罍	6	西周早期	集成 9241 三代 13.52.8 貞補中 14.1 尊古 3.12 冠斝上 38			榮厚舊藏

序號	器名	字數	時代	著録	出土地	現藏地	備註
10094	宁狽父丁斝	6	西周早期	集成 9242 三代 13.53.1 從古 14.22.1 攈古 2.1.17.4 愙齋 21.12.1 綴遺 24.27.1 奇觚 7.31.2 敬吾下 58.3 殷存下 31.4 簠齋 2 斝 1 小校 6.85.8 雙吉上 30		故宫博物院	陳介祺、于省吾舊藏
10095	黽作婦姑斝	6	西周早期	集成 9243 三代 13.53.4 貞松 8.37.1 希古 5.19.1			潘祖蔭舊藏
10096	□作康公斝	7	西周早期	集成 9244 學報 1956 年 1 期 94 頁圖 6	傳 1933 年河南濬縣		
10097	亞㠱㫃母癸斝	7	商代後期	集成 9245 鄴三上 36 録遺 288		上海博物館	
10098	婦闒日癸斝	10	商代後期	集成 9246 三代 13.53.5 周金 5.30.1 貞續中 24.2 小校 4.78.3			
10099	婦闒日癸斝	10	商代後期	集成 9247 善齋 6.68 小校 6.87.3		南京市博物館	
10100	折斝	10(蓋器同銘)	西周早期	集成 9248 文物 1978 年 3 期 9 頁圖 8(蓋銘未著録)	1976 年陝西扶風縣莊白村窖藏	周原博物館	

序號	器名	字數	時代	著録	出土地	現藏地	備註
10101	小臣邑斝	26	商代後期	集成 9249 三代 13.53.6 陶齋 3.32 續殷下 66.5 小校 6.87.3 十二貯 12 山東存紀 7.2 冠斝上 39 彙編 5.253		美國聖路易市美術博物館	端方、王辰、榮厚舊藏

二十二、兕觥

序號	器名	字數	時代	著録	出土地	現藏地	備註
10102	觥	1	商代後期	集成 9250 薩克勒（1987）168 頁 Fig8.2		美國印第安那波里斯美術博物館	
10103	婦觥	1（蓋器同銘）	商代後期	集成 9251 美集録 R27 盧氏(1940)圖版 13：17 綜覽 372 頁匜 40			盧芹齋舊藏
10104	觥	1	西周早期	集成 9252 美集録 R278a、b 歐精華 2.147 彙編 9.1733 綜覽 376 頁匜 44	傳 1926 年河南	美國紐約大都會美術博物館	
10105	觥蓋	1	商代後期	近出 928 考古 1993 年 10 期 883—896 頁	1991 年河南省安陽市後岡墓葬 M9：1	中國社會科學院考古研究所安陽工作隊	
10106	亞若觥蓋	2	商代後期	集成 9253 三代 17.22.4 攈古 1.1.44.3 愙齋 16.19.2 小校 9.55.2		故宫博物院	葉東卿舊藏
10107	觥	2	商代後期	集成 9254 美集録 R201b 彙編 9.1741		美國哈佛大學福格美術博物館	
10108	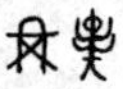觥	2	商代後期	集成 9255 西清 32.13			清宫舊藏
10109	貯觥	2	商代後期	集成 9256 西清 32.3			清宫舊藏
10110	告田觥	2	商代後期	集成 9257 歐精華 2.147 綜覽 373 頁匜 21 歐遺珠圖版 95		丹麥哥本哈根國立民族學博物館	

序號	器名	字數	時代	著録	出土地	現藏地	備註
10111	宁矢觚	2	商代後期	集成9258 柯爾（1939）38頁Fig12 彙編9.1580 綜覽374頁匜29			英國柯爾舊藏;《集成》説明中器名爲“矢宁觚”
10112	[illegible]旅觚	2	商代後期	集成9259 美集録R155a、b 皮斯柏Fig39 彙編8.1317 綜覽371頁匜2		美國米里阿波里斯博物館皮斯柏藏品	《集成》説明中字數誤爲“1”
10113	婦好觚	2	商代後期	集成9260 婦好墓圖34：7	1976年河南安陽市殷墟婦好墓	考古研究所	
10114	婦好觚	2	商代後期	集成9261 婦好墓圖34：8	1976年河南安陽市殷墟婦好墓	考古研究所	
10115	[illegible]觚	2（蓋器同銘）	商代後期	集成9262 美集録R195a、b 彙編9.1585 綜覽371頁匜7		美國華盛頓弗里爾美術博物館	
10116	[illegible]己觚	2（蓋器同銘）	商代後期	集成9263 美集録R62a、b 彙編9.1492		美國哈佛大學福格美術博物館	
10117	庚[illegible]觚蓋	2	商代後期	集成9264		故宫博物院	
10118	癸萬觚	2	西周早期	集成9265 美集録R200b 彙編9.1660			
10119	告田觚	2	西周早期	近出929 考古與文物1991年1期3—13頁	1927年陝西省寶鷄市金臺區陳倉鄉戴家灣盜掘		
10120	羊父甲觚	3（蓋器同銘）	商代後期	集成9266 綜覽374頁匜34			陳仁濤舊藏

序號	器名	字數	時代	著録	出土地	現藏地	備註
10121	黿父乙觶	3（蓋器同銘）	商代後期	集成 9267.1—2 三代 17.24.1—2 小校 9.55.4			《集成》9267.2 與 4924.1 卣重出，器類不明；9267.1 與 4924.2 卣重出，器類不明
10122	[illegible]父乙觶	3（蓋器同銘）	商代後期	集成 9268 上海 15 彙編 8.1111 綜覽 375 頁匜 38		上海博物館	
10123	冀父乙觶	3（蓋器同銘）	商代後期	集成 9269 西甲 14.33			清宫舊藏
10124	冀父乙觶	3	商代後期	集成 9270 三代 17.23.3 貞松 10.31 殷存下 34.7 續殷下 76.1			潘祖蔭舊藏
10125	山父乙觶	3	商代後期	集成 9271 西清 32.10			清宫舊藏
10126	豖父乙觶	3	商代後期	集成 9272 鏡齋 2.16 綜覽 374 匜 35		德國科隆東洋博物館	德國艾克氏舊藏；《集成》説明缺"字數 3"
10127	光父乙觶	3	西周早期	集成 9273 布倫戴奇 Fig30 彙編 8.1255		美國舊金山亞洲藝術博物館布倫戴奇藏品	
10128	父丁障觶	3	西周早期	集成 9274 三代 17.23.4			
10129	天父丁觶	3	西周早期	集成 9275 續考 2.8			王師文得於太原盂縣

序號	器名	字數	時代	著録	出土地	現藏地	備註
10130	竟父戊觚	3（蓋器同銘）	商代後期	集成 9276 三代 17.23.5—6 貞松 10.31 小校 9.56.1 美集録 R84 布倫戴奇 Fig32 彙編 8.1283 綜覽 375 頁匜 37		美國舊金山亞洲藝術博物館布倫戴奇藏品	徐乃昌舊藏
10131	[illegible]父庚觚	3	西周早期	集成 9277 美集録 R189 歐精華 2.148 綜覽 376 頁匜 42	傳 1928 年河南	美國紐約大都會美術博物館	
10132	[illegible]父辛觚	3	商代後期或西周早期	集成 9278 三代 17.23.7			《集成》目録中器名作“戎父辛觚”
10133	奄父癸觚	3	商代後期	集成 9279 三代 17.24.3 積古 2.22 從古 1.20 攈古 1.2.82.3 殷存上 16.8			阮元舊藏
10134	司母辛觚	3（蓋器同銘）	商代後期	集成 9280 婦好墓 37 頁圖 25：5—6	1976 年河南安陽市殷墟婦好墓	考古研究所	
10135	司母辛觚	3（蓋器同銘）	商代後期	集成 9281 婦好墓 37 頁圖 25：3—4	1976 年河南安陽市殷墟婦好墓	考古研究所	
10136	王子耶觚	3	西周早期	集成 9282 綴遺 14.3.1			
10137	冊劦冈觚	3（蓋器同銘）	商代後期	集成 9283 三代 17.23.1—2 筠清 4.51.1—2 攈古 1.1.43.4—3 愙齋 16.18.2—19.1 綴遺 14.1.2—3 奇觚 8.29.2—1 殷存下 34.5—6 小校 9.55.3—4			葉東卿、潘祖蔭舊藏

序號	器名	字數	時代	著録	出土地	現藏地	備註
10138	bos文父丁觶	4	商代後期	集成 9284 三代 11.14.5—6 從古 11.9.1—2 攈古 1.3.62 愙齋 13.21.3—4 綴遺 14.2.1—2 續殷上 56.7—6 小校 5.14.1—2 日精華 3.263 彙編 8.1150		美國普林斯頓大學美術博物館卡特氏藏品	郭承勳、日本藤田德次郎舊藏;《集成》5733、5734 依《三代》誤收爲尊,今據《日精華》圖像訂正
10139	爵孒父癸觶	4	西周早期	集成 9285 博古 20.29 薛氏 113.4 嘯堂 71.3			
10140	殷作寶彝觶	4	西周早期	集成 9286 博古 20.25 薛氏 47.1—2 嘯堂 71.1—2			
10141	王之女叡觶	4(蓋器同銘)	西周早期	集成 9287 西清 32.9			清宫舊藏
10142	責弘觶	5(蓋器同銘)	商代後期	集成 9288 三代 17.24.5—6 陶齋 3.35 周金 5.71.3—4 續殷下 76.3.4 小校 9.56.5—6 上海 16 彙編 7.778 綜覽 375 頁匜 39		上海博物館	端方舊藏
10143	壴父丁觶	6(蓋器同銘)	西周早期	集成 9289 三代 11.21.2 殷存上 24.1;上 36.9 美集録 R328ab 彙編 7.694		美國哈佛大學福格博物館	陳介祺、吴大澂舊藏;《集成》5209 卣與 9289.2 重出,據《美集録》A662 圖應爲觶

序號	器名	字數	時代	著録	出土地	現藏地	備註
10144	父辛觶	6	西周早期	集成 9290 三代 18.20.5 西清 32.14 故宫 39 期 故圖下上 166 綜覽 376 頁匜 46		臺北"故宫博物院"	清宫舊藏
10145	作母戊觶蓋	6	商代後期	集成 9291 考古 1978 年 1 期 72 頁圖 2 河南 1.377	1975 年河南林縣下莊	林縣文化館	
10146	兄觶	7	商代後期	近出 930 安陽殷墟郭家莊商代墓葬 38 頁	河南省安陽市殷墟郭家莊 M53：4	中國社會科學院考古研究所	
10147	匽父辛觶	8（蓋器同銘）	西周早期	集成 9292 三代 12.26.3—4 筠清 4.47.1—2 攈古 2.1.29.2—3 愙齋 16.28.1—2 綴遺 14.5.1—2 奇觚 5.8 敬吾下 28.2—3 殷存下 34.9—35.1 彙編 6.566 綜覽 375 頁匜 40		美國華盛頓弗里爾美術博物館	素夢蟾、潘祖蔭舊藏
10148	㫃觶	8（蓋器同銘）	西周早期	集成 9293 日精華 3.265 彙編 6.565 綜覽 374 頁匜 32		日本京都泉屋博古館	

序號	器名	字數	時代	著録	出土地	現藏地	備註
10149	者女觥	9(蓋器同銘)	商代後期	集成 9294 三代 17.27.1—2 積古 7.24.1—2 攈古 2.1.76.2—3 愙齋 16.27.2—3 綴遺 14.4.1—2 奇觚 18.27.1—2 陶齋 3.34.1 周金 5.73.1—2 續殷下 77.1—2 小校 9.57.3—4			潘祖蔭、端方舊藏;《集成》917 甗與此器重出,據《陶齋》器形應爲觥
10150	者女觥	9(蓋器同銘)	商代後期	集成 9295 三代 17.26.6—7 攈古 2.1.75.2—76.1 綴遺 12.2.1—2 周金 5.72.1—2 小校 9.58.1 日精華 3.262 彙編 6.567 綜覽 374 頁匜 33		日本東京出光美術館	吳式芬舊藏
10151	𨘔父乙觥	10(蓋器同銘)	西周早期	集成 9296 三代 17.28.1—2 筠清 4.46 攈古 2.1.42.3—4 綴遺 14.4.3—4 奇觚 8.34.2 小校 5.27.2			
10152	守宮觥	10(蓋器同銘)	西周早期	集成 9297 倫敦 PL8(253) 綜覽 376 頁匜 41	傳河南	英國費滋威廉博物館	

序號	器名	字數	時代	著録	出土地	現藏地	備註
10153	仲子觥	12（蓋器同銘）	商代後期或西周早期	集成9298 三代18.21.3—4 續殷下69.5—6 日精華3.264 布倫戴奇Fig31 彙編6.443 綜覽375頁匜36		美國舊金山亞洲藝術博物館布倫戴奇藏品	日本原富太郎氏舊藏
10154	般觥	14	西周早期	集成9299 西清32.11			清宫舊藏
10155	𤔲駿觥蓋	16	西周早期	集成9300 文物1972年7期11頁圖7 陝青3.95	1966年陝西扶風縣上康村	扶風縣博物館	
10156	文嫊己觥	18	商代後期	集成9301 博古20.34 薛氏115.2 嘯堂72.1			
10157	文考日己觥	18（又重文2，蓋器同銘）	西周中期	集成9302 考古1963年8期414頁圖2：1 陝青2.122	1963年陝西扶風縣齊家村窖藏	陝西省博物館	
10158	作册折觥	42（蓋器同銘）	西周早期	集成9303 文物1978年3期10頁圖10 陝青2.14	1976年陝西扶風縣莊白村窖藏	周原博物館	

二十三、盉

序號	器名	字數	時代	著録	出土地	現藏地	備註
10159	㠱盉	1	西周早期	集成 9304 青山莊 34		日本東京根津美術館	
10160	[illegible]盉	1（蓋器同銘）	商代後期	集成 9305 三代 14.1.1—2 寧壽 12.42 貞松 8.37.3—4 續殷下 70.2—3 故宫 27 期 藝展 66 故圖下上 175		臺北"故宫博物院"	清宫舊藏
10161	[illegible]盉	1	商代後期	集成 9306 洛爾（1968）Fig11		美國紐約洛爾氏	
10162	[illegible]盉	1	商代後期	集成 9307 考古圖 2.8 薛氏 45.4	《考古圖》：得於京兆		河南文潞公舊藏
10163	[illegible]盉	1	西周晚期	集成 9308 考古 1963 年 8 期 415 頁圖 2：3 陝青 2.125	1963 年陝西扶風縣齊家村窖藏	陝西省博物館	
10164	[illegible]盉	1	西周早期	集成 9309 綜覽 211 頁盉 61		英國倫敦不列顛博物館	
10165	黿盉	1（蓋器同銘）	商代後期	集成 9310 三代 14.1.9—10 貞松 8.38.4—5 武英 125 小校 4.71.6 故圖下下 344		臺北"中央博物院"	
10166	魚盉	1（蓋器同銘）	西周早期	集成 9311		中國歷史博物館	
10167	[illegible]盉	1（蓋器同銘）	商代後期	集成 9312 西清 31.44			清宫舊藏
10168	个盉	1	商代後期	集成 9313		上海博物館	

序號	器名	字數	時代	著録	出土地	現藏地	備註
10169	盉	1（蓋器同銘）	西周早期	集成 9314 塞利格曼 44 頁 Fig3 沃森 70 頁 Fig7 彙編 9. 1514		英國不列顛博物館 塞利格曼藏品	
10170	左盉	1	商代後期	集成 9315 青山莊 2 日精華 1. 1 綜覽 204 頁盉 14	河南安陽市侯家莊西北崗 M1001	日本東京根津美術館	
10171	中盉	1	商代後期	集成 9316 青山莊 5 綜覽 203 頁盉 12	河南安陽市侯家莊西北崗 M1001	日本東京根津美術館	
10172	右盉	1	商代後期	集成 9317 青山莊 7 日精華 1. 2 綜覽 204 頁盉 13	河南安陽市侯家莊西北崗 M1001	日本東京根津美術館	
10173	甲盉	1	商代後期	集成 9318		上海博物館	
10174	盉	1	商代後期	集成 9319 三代 14. 1. 7 貞續中 24. 3			
10175	盉	1（蓋器同銘）	西周早期	集成 9320 三代 14. 1. 5—6			
10176	盉	1	商代後期	集成 9321 三代 14. 1. 4 移林 20			
10177	盉	1	商代後期	集成 9322 三代 14. 1. 3 西乙 14. 25 寶蘊 88 貞松 8. 37. 2 續殷下 70. 1 故圖下下 342		臺北"中央博物院"	瀋陽故宫舊藏
10178	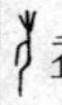盉	1	商代後期	近出 931 歐遺珠圖版 53		德國慕尼黑國立民間藝術博物館	

序號	器名	字數	時代	著録	出土地	現藏地	備註
10179	夆盉	1	西周早期	近出932 文物1996年12月7—10頁	1985年5月山東省濟陽縣姜集鄉劉臺子村墓葬M6：13	山東省文物考古研究所	
10180	□盉	1	西周	近出附57 文物1995年5期7、10頁	1985年内蒙古寧城縣甸子鄉小黑石溝村墓葬	内蒙古赤峰市博物館	
10181	亞醜盉	2	商代後期	集成9323 三代14.1.8 綴遺14.19.1 敬吾下27.3 殷存32.3 小校9.44.5			金蘭坡舊藏
10182	亞醜盉	2（蓋器同銘）	商代後期	集成9324 小校9.44.7—8 貞松8.38.1—2 善齋9.22.1—2 續殷下70.4—5			劉體智舊藏
10183	亞獸盉	2	西周早期	集成9325		故宫博物院	
10184	亞豈盉	2（蓋器同銘）	商代後期	集成9326 文物1964年4期49頁圖2—3		中國歷史博物館	
10185	𦉼𢽍盉	2	商代後期	集成9327 文物1982年9期42頁圖36	傳山東費縣	北京市文物研究所	1981年北京市文物研究所從廢銅中揀選出
10186	♦單盉	2	西周中期	集成9328 考古與文物1980年4期22頁圖21：4 陝青3.85	1958年陝西扶風縣雲塘村	扶風縣博物館	

序號	器名	字數	時代	著録	出土地	現藏地	備註
10187	[illegible]乙盉	2	西周早期	集成 9329 日精華 3.249 彙編 9.1476 綜覽 206 頁盉 31		日本京都藤井有隣館	
10188	[illegible][illegible]盉	2（蓋器同銘）	商代後期	集成 9330 録遺 289.1—2 彙編 9.1468		美國舊金山亞洲藝術博物館布倫戴奇藏品	
10189	魚從盉	2	西周早期	集成 9331 三代 14.2.4 貞續中 24.4 善齋 9.23 小校 9.45.3 頌續 55 綜覽 209 頁盉 47		故宫博物院	劉體智、容庚舊藏
10190	子蝠盉	2	西周早期	集成 9332 三代 14.2.1 西清 31.42 美集録 R470 綜覽 204 頁盉 18			清宫舊藏，後歸美國紐約羅比爾
10191	婦好盉	2	商代後期	集成 9333 婦好墓圖 47：7	1976 年河南安陽市殷墟婦好墓	考古研究所	
10192	婦好盉	2	商代後期	集成 9334 婦好墓圖 47：4	1976 年河南安陽市殷墟婦好墓	考古研究所	
10193	婦好盉	2	商代後期	集成 9335 婦好墓圖 47：5 河南 1.160	1976 年河南安陽市殷墟婦好墓	考古研究所	
10194	亞址盉	2	商代後期	近出 933 安陽殷墟郭家莊商代墓葬 80 頁	河南省安陽市殷墟郭家莊 M160：74	中國社會科學院考古研究所	

序號	器名	字數	時代	著録	出土地	現藏地	備註
10195	作彝盉	2	西周早期	近出934 考古與文物1991年1期3—13頁	1927年陝西省寶鷄市金臺區陳倉鄉戴家灣盜掘		
10196	作且辛盉	3（蓋器同銘）	西周早期	集成9336 綜覽209頁盉49		英國倫敦不列顛博物館	
10197	子且辛盉	3	西周早期	集成9337 歐精華2.141 猷氏56 彙編8.1238 綜覽206頁盉27		英國倫敦不列顛博物館	
10198	子父乙盉	3（蓋器同銘）	商代後期	集成9338 三代14.2.5—6 陶齋1.7.1 續殷下70.7—8 小校9.45.5—6 美集録R110ab 彙編8.1222 綜覽207頁盉35		美國紐約大都會美術博物館	端方舊藏
10199	子父乙盉	3	商代後期	集成9339 蘇黎世54		瑞士蘇黎世博物館	
10200	子父乙盉	3（蓋器同銘）	西周早期	集成9340 彙編8.1223		新加坡國立博物館	
10201	子父乙盉	3（蓋器同銘）	西周早期	集成9341 彙編8.1224			
10202	奄父乙盉	3（蓋器同銘）	西周早期	集成9342 西甲14.23		故宮博物院	清宮舊藏
10203	戉父乙盉	3（蓋器同銘）	商代後期或西周早期	集成9343 三代14.3.1—2 西甲14.24 殷存下13.2 貞松8.39.1—2 美集録R237a、b 布倫戴奇Fig29 彙編8.1179		美國舊金山亞洲藝術博物館布倫戴奇藏品	清宮舊藏，後歸王錫棨

序號	器名	字數	時代	著録	出土地	現藏地	備註
10204	冊父乙盉	3（蓋器同銘）	商代後期	集成 9344 彙編 9.1396		美國聖路易市美術博物館	
10205	丙父乙盉	3（蓋器同銘）	西周早期	集成 9345 三代 14.3.3—4 殷存上 31.2—3 貞松 8.39.3—4 海外吉 119 泉屋 2.99 彙編 9.1493 綜覽 207 頁盉 38		日本京都泉屋博古館	
10206	中父乙盉	3（蓋器同銘）	商代後期	集成 9346 彙編 9.1745		美國舊金山亞洲藝術博物館布倫戴奇藏品	
10207	父乙亞盉	3（蓋器同銘）	西周早期	集成 9347 三代 14.3.5—6 長安 1.27 攈古 1.2.38.2—3 小校 9.45.7—8			劉喜海舊藏
10208	父乙飤盉	3	西周早期	集成 9348 善齋 9.24 善彝 109 續殷下 70.9 小校 9.46.1 綜覽 207 頁盉 37		臺北"故宫博物院"	劉體智舊藏
10209	子父丁盉	3（蓋器同銘）	商代後期	集成 9349 三代 14.4.8—9 西乙 14.24 寶蘊 89 貞松 8.40.2—3 續殷下 70.10—11 故圖下下 343 綜覽 207 頁盉 33		臺北"故宫博物院"	清宫舊藏

序號	器名	字數	時代	著録	出土地	現藏地	備註
10210	[illegible]父丁盉	3	商代後期或西周早期	集成9350 三代14.4.1 續殷下72.1(又上53.7重出)		故宫博物院	《三代》4.4.2乃僞刻,不録
10211	[illegible]父丁盉	3(蓋器同銘)	商代後期	集成9351		故宫博物院	
10212	[illegible]父丁盉	3	商代後期	集成9352 三代14.4.5 善齋9.25 貞續中25.2 續殷下72.3 小校9.46.2			劉體智舊藏
10213	[illegible]父丁盉	3(蓋器同銘)	西周早期	集成9353 博古19.30 薛氏46.4—5			
10214	奄父戊盉	3(蓋器同銘)	商代後期	集成9354 三代14.6.5—6 積古1.17.3—4 攈古1.2.69 窓齋14.22.3—4 奇觚17.3 殷存上23.1 續殷下72.4—5 小校9.46.4—5		故宫博物院	
10215	戈父戊盉	3	西周早期	集成9355 高家堡戈國墓 文物1972年7期6頁圖4 陝青4.144	1971年陝西涇陽縣高家堡	陝西省博物館	
10216	[illegible]父戊盉	3	商代後期或西周早期	集成9356 三代14.5.1 筠清4.45 攈古1.2.38.1 綴遺14.24.1 殷存下32.7 小校9.46.3			劉喜海舊藏

序號	器名	字數	時代	著録	出土地	現藏地	備註
10217	父戊盉	3	商代後期或西周早期	集成 9357 彙編 9.1607		美國波士頓美術博物館	
10218	父己盉	3	西周早期	集成 9358 陝青 3.158	1977 年陝西隴縣韋家莊墓葬	寶鷄市博物館	
10219	奄父癸盉	3	商代後期	集成 9359 綴遺 14.21 小校 9.46.7			潘祖蔭舊藏
10220	父癸盉	3	商代後期	集成 9360 博古 19.32 薛氏 46.6			
10221	史父癸盉	3（蓋器同銘）	西周早期	集成 9361 美集録 R443a、R260b 皮斯柏 Fig48 彙編 8.1333 綜覽 208 頁盉 39		美國米里阿波里斯博物館皮斯柏藏品	
10222	爵父癸盉	3（蓋器同銘）	西周早期	集成 9362		故宫博物院	
10223	父癸盉	3	商代後期	集成 9363 美集録 R255b 彙編 9.1509		美國哈佛大學福格美術博物館	
10224	父癸盉	3	西周早期	集成 9364 三代 14.5.6 寧壽 12.39 貞續中 25.3 故圖下上 174		臺北"故宫博物院"	清宫舊藏
10225	父癸盉	3（蓋器同銘）	商代後期	集成 9365 西甲 14.25			清宫舊藏

序號	器名	字數	時代	著録	出土地	現藏地	備註
10226	亞[illegible]母盉	3（蓋 3 器 1）	商代後期	集成 9366 三代 14.2.2—3 愙齋 22.8.2 綴遺 14.20.1—2 殷存下 324—5 小校 9.44.4；9.44.6（又 5.7.2 重出）			潘祖蔭舊藏
10227	員作盉	3（蓋器同銘）	西周早期	集成 9367 三代 14.5.10 貞續中 25.4 録遺 291.1—2			
10228	[illegible]作彝盉	3	西周早期	集成 9368 三代 14.5.7 善齋 9.26 貞松 8.14.2 小校 9.47.1		故宫博物院	劉體智舊藏
10229	伯彭作盉	3	西周早期	集成 9369 三代 14.5.11 續殷下 71.4			
10230	盍父丁盉	3	西周早期	近出 935 考古與文物 1993 年 5 期 8 頁	1988 年 9 月陝西省延長縣安溝鄉岔口村	陝西省延長縣文物管理委員會	
10231	𢦚父丁盉	3（蓋器同銘）	西周早期	近出 936 考古 1990 年 10 期 879—881 頁	1988 年 7 月陝西省麟遊縣九成官鎮後坪村	陝西省麟遊縣博物館	
10232	丯父辛盉	3	西周早期	近出 937 琉璃河西周燕國墓地 196 頁	1973—1977 年北京房山縣琉璃河 M253：10	北京市文物研究所	

序號	器名	字數	時代	著録	出土地	現藏地	備註
10233	葡□父乙盉	4（蓋器同銘）	商代後期	集成 9370 三代 14.6.1—2 奇觚 5.4.2 貞補中 14.4—5 善齋 9.27 續殷下 71.7—8 小校 9.47.4—5			羅振玉、劉體智舊藏
10234	亞□父乙盉	4（蓋器同銘）	西周早期	集成 9371 琉璃河西周燕國墓地 194 頁圖 111b.3、4	1975 年北京房山縣琉璃河黄土坡村 M251：1	首都博物館	
10235	□父乙盉	4（蓋 1 器 3）	西周早期	集成 9372 彙編 8.1125 寧樂譜 10 綜覽 206 頁盉 30		日本奈良寧樂美術館	
10236	亞⿰酉兌父丁盉	4	商代後期	集成 9373 三代 14.4.10 綴遺 14.19.2 貞續中 25.1 續殷下 70.12 小校 3.53.5 日精華 3.252 彙編 8.1009			
10237	亞獏父丁盉	4（蓋器同銘）	商代後期	集成 9374 綜覽 206 頁盉 29		英國倫敦不列顛博物館	
10238	亞得父丁盉	4（蓋器同銘）	商代後期	集成 9375		英國倫敦不列顛博物館	
10239	戈宁父丁盉	4（蓋器同銘）	商代後期	集成 9376 三代 14.4.6—7 寧壽 12.41 貞松 8.39.5—8.40.1 續殷下 71.1—2 故宫 10 期 故圖下上 173 綜覽 207 頁盉 36		臺北“故宫博物院”	《集成》目録中器名誤爲“戈寧父丁盉”

序號	器名	字數	時代	著録	出土地	現藏地	備註
10240	豥册父丁盉	4（蓋器同銘）	商代後期	集成 9377		故宫博物院	
10241	亞[illegible]父己盉	4（蓋器同銘）	商代後期	集成 9378 三代 14.5.2—3 綴遺 14.21.1—2 殷存下 32.8—9 小校 6.49.4			
10242	亞[illegible]父辛盉	4	商代後期	集成 9379 三代 14.5.5 從古 16.6 攈古 1.2.81.2 愙齋 14.24.2 綴遺 14.20.3 奇觚 6.32.1 殷存下 32.10（又上 9.3 重出） 簠齋 3 盉 3 小校 9.46.7		故宫博物院	陳介祺舊藏
10243	臣辰[illegible]册盉	4	西周早期	集成 9380 懷履光（1956）P140.2 彙編 9.1431 綜覽 211 頁盉 65	傳 1929 年河南洛陽馬坡	加拿大多倫多皇家安大略博物館	懷履光舊藏
10244	戈罟作厥盉	4（蓋器同銘）	西周早期	集成 9381 三代 14.6.7—8 貞松 8.41.3—4 續殷下 72.8—9 十二尊 17 尊古 3.13			溥倫、黄濬舊藏
10245	[illegible]作宗彝盉	4	西周早期	集成 9382 美集録 R301a 彙編 7.825		美國舊金山亞洲藝術博物館布倫戴奇藏品	

序號	器名	字數	時代	著録	出土地	現藏地	備註
10246	丫作從彝盉	4	西周早期	集成 9383 三代 14.7.3 貞松 8.41.5 貞圖上 46 續殷下 73.3			羅振玉舊藏
10247	作[illegible]從彝盉	4（蓋器同銘）	西周早期	集成 9384		山東省博物館	原山東省圖書館舊藏
10248	此作寶彝盉	4（蓋器同銘）	西周早期	集成 9385 三代 14.7.1—2 貞補中 15 善齋 9.28 續殷下 72.10 小校 9.48.3—4 山東存紂 16		故宫博物院	劉體智舊藏
10249	[illegible][illegible]般盉	4	西周早期	集成 9386		上海博物館	
10250	子✦父甲盉	5（蓋器同銘）	商代後期	集成 9387 三代 14.7.4 積古 2.21.3 筠清 2.10—11 攈古 1.3.33 從古 9.3 綴遺 1.3.2—3 敬吾下 27 續殷下 71.5—6			瞿潁山舊藏
10251	宁未父乙盉	5（蓋器同銘）	西周早期	集成 9388 三代 14.7.5—6 愙齋 14.22.1—2 綴遺 14.23.3—4 奇觚 6.32.2—3 殷存下 32.11—12 小校 9.48.78		上海博物館	潘祖蔭舊藏
10252	北單戈父丁盉	5	商代後期	集成 9389 薛氏 19.6 續考 4.8			趙承規舊藏

序號	器名	字數	時代	著録	出土地	現藏地	備註
10253	嗸子父戊盉	5（蓋器同銘）	西周早期	集成9390 三代14.7.7—8 善齋9.30 續殷下73.1—2 小校9.49.1—2 頌續54 綜覽209頁盉48			劉體智、容庚舊藏
10254	嗸子父戊盉	5（蓋器同銘）	西周早期	集成9391 冠斝補5 綜覽208頁盉46			榮厚舊藏
10255	臣辰父癸盉	5	西周早期	集成9392 三代14.8.1 善齋9.34 貞續中26 小校9.49.3 故圖下下346 綜覽208頁盉44		臺北"中央博物院"	劉體智舊藏
10256	作公丹鎣	5	西周早期	集成9393 三代14.8.6 貞松8.42.3 武英126 小校9.49.3 故圖下下345		臺北"中央博物院"	
10257	亞夫盉	5（蓋2器3）	西周早期	集成9394 三代14.5.8—9 貞補中14.2—3			
10258	麫父盉	5（蓋器同銘）	西周中期	集成9395 文物1976年6期59頁圖26.27 陝青2.108	1975年陝西扶風縣莊白村	扶風縣博物館	
10259	單光盉	5（蓋器同銘）	西周早期	集成9396 考古圖4.12 博古19.33 薛氏153.1—2			廬江李伯時舊藏

序號	器名	字數	時代	著録	出土地	現藏地	備註
10260	公盉	5	西周早期	集成 9397 文物 1986 年 1 期 15 頁圖 36	1981 年陝西長安縣斗門鎮花園村 M17	陝西省文物管理委員提會	
10261	伯矩盉	5	西周早期	集成 9398			
10262	伯春盉	5	西周中期	集成 9399 三代 14.8.5 二百 3.8 兩罍 7.16—17 愙齋 14.23.1 綴遺 14.28.2 周金 5.67.1 小校 9.48.6 美集録 R374			吴雲、費念慈、程洪溥、徐乃昌舊藏
10263	伯定盉	5（蓋器同銘）	西周中期	集成 9400 三代 14.8.2 西清 31.38 貞松 8.42.1—2 故宮 4 期 故圖下上 178		臺北"故宮博物院"	清宮舊藏
10264	師轉鋬	5（蓋器同銘）	西周中期	集成 9401 韋森 PL5;PL30 綜覽 209 頁盉 50	傳河南濬縣	瑞典韋森氏	
10265	子彈盉	5（蓋器同銘）	西周早期	近出 938 高家堡戈國墓 91 頁	1991 年陝西省涇陽縣興隆鄉高家堡 M4：18	陝西省涇陽縣博物館	
10266	鄉父乙盉	6	西周早期	集成 9402 三代 14.8.6 綴遺 14.24.2 殷存下 33.1			潘祖蔭舊藏
10267	亞鳥父丁盉	6（蓋器同銘）	商代後期	集成 9403 三代 14.6.3—4 積古 2.21.1—2 擴古 1.3.61 陶齋 3.33 續殷下 71.9—10 小校 9.48.1—2		故宮博物院	梁山舟、馮恕舊藏

序號	器名	字數	時代	著録	出土地	現藏地	備註
10268	戈[illegible]父丁盉	6（蓋器同銘）	商代後期	集成 9404 三代 14.8.8—9 攈古 2.1.14.3—4 綴遺 14.22.3—4 愙齋 14.21.4—5 奇觚 6.33.1—2 殷存下 33.2—3 簠齋 3 盉 1 海外吉 118 小校 9.49.7—8 泉屋 2.98 日精華 2.98 彙編 7.681 綜覽 205 頁盉 23		日本京都泉屋博古館	陳介祺舊藏
10269	中父丁盉	6（蓋 6 器 5）	商代後期	集成 9405 三代 14.9.1—2 從古 7.22 攈古 1.3.61.3—4 綴遺 14.23.1—2 小校 9.50.5—6（又 7.24.2 重出）			夏睫巢舊藏
10270	僕父己盉	6	西周早期	集成 9406 文物 1972 年 12 期 8 頁圖 16 學報 1977 年 2 期 108 頁圖 8.12 綜覽 208 頁盉 43	1967 年甘肅靈臺縣白草坡村墓葬	甘肅省博物館	
10271	吴盉	6	西周早期	集成 9407 三代 14.8.4 續殷下 72.12			

序號	器名	字數	時代	著録	出土地	現藏地	備註
10272	魯侯盉蓋	6	西周早期	集成 9408 三代 6.37.3 綴遺 18.28.1 周金 3.115.2 貞補上 22.1 小校 9.50.2		旅順博物館	
10273	㺇伯鎣	6(蓋器同銘)	西周早期	集成 9409	1975 年陝西寶鷄市茹家莊㺇國墓葬	寶鷄市博物館	
10274	仲自父盉	6	西周中期	集成 9410 西清 31.39			清宫舊藏
10275	𢅞王盉	6	西周中期	集成 9411 三代 14.9.3 長安 1.28 攈古上 48 恒軒 92 擦古 1.3.60.4 綴遺 14.27.1 周金 5.65.3 小校 9.50.4 彙編 7.682		美國舊金山亞洲藝術博物館布倫戴奇藏品	劉喜海、潘祖蔭舊藏
10276	伯矩盉蓋	6	西周早期	集成 9412 三代 14.9.4 西清 31.37 綴遺 14.25.2 奇觚 6.33.3 周金 5.66.2 小校 9.50.3(又 4.41.6 重出)			清宫舊藏,後歸丁彦臣
10277	伯寶盉	6	西周晚期	集成 9413 三代 14.9.5 窓齋 14.23.3 周金 5.66.1 小校 9.49.6 雙吉上 29	《雙吉》:出於易州	故宫博物院	陳介祺舊藏

序號	器名	字數	時代	著録	出土地	現藏地	備註
10278	隮伯盉	6(蓋6 鋬3)	西周早期	集成9414 學報1977年2期108頁圖8:7、15	1967年甘肅靈臺縣白草坡村墓葬	甘肅省博物館	
10279	獸宮盉	6	西周中期	近出939 文物1998年9期7—11頁	河南省平頂山市新華區薛莊鄉北滍村滍陽嶺應國墓地M84:28	河南省文物研究所	
10280	亞[illegible]盉	7	商代後期	集成9415 美集録R98 彙編7.683 綜覽204頁盉17		美國紐約大都會美術博物館	
10281	畲父盉	7	西周中期	集成9416			
10282	伯䢅盉	7	西周早期	集成9417		遼寧省博物館	
10283	伯䢅盉蓋	7	西周早期	集成9418 録遺292		故宫博物院	
10284	季贏霝德盉	7	西周中期	集成9419 美集録R390 彙編6.605		美國紐約大都會美術博物館	
10285	鑄客盉	7(蓋器同銘)	戰國	集成9420	安徽壽縣朱家集李三孤堆墓葬	故宫博物院	葉公綽舊藏
10286	[illegible]父乙盉	8	商代後期	集成9421 三代14.9.6 綴遺14.25.1 殷存下33.3 續殷下73.6 小校9.51.2(又4.76.7重出)		故宫博物院	潘祖蔭舊藏

序號	器名	字數	時代	著録	出土地	現藏地	備註
10287	[illegible]父乙盉	8（蓋器同銘）	商代後期	集成 9422 西清 31.33			清宫舊藏；《集成》説明中器號誤爲 8422
10288	□作父戊盉	8	西周早期	集成 9423 寧壽 12.40			清宫舊藏
10289	[illegible]遥盉	8（蓋器同銘）	西周早期	集成 9424 美集録 R314 彙編 6.552		美國紐約大都會美術博物館	
10290	伯百父鎣	8	西周中期	集成 9425 學報 1962 年 1 期圖版 24：1 張家坡圖版 16 下		陝西省博物館	
10291	楚叔之孫途盉	8	春秋後期	集成 9426 文物 1984 年 5 期 17 頁圖 5	1980 年江蘇吴縣楓橋公社何山 M1	吴縣文物管理委員會	
10292	樛大盉	8	戰國後期	近出 940 考古與文物 1989 年 6 期 104 頁	1974 年春陝西省咸陽市渭城區窑店鎮黄家溝	陝西省咸陽市博物館	
10293	伯[illegible]盉	9（蓋 9 器 3）	西周中期	集成 9427		故宫博物院	
10294	[illegible]盉	9	西周早期	集成 9428 周金 5.12.4		南京大學歷史系考古教研室	此器《周金》稱尊，《集成》5941 誤收爲尊，今據器形訂正爲盉
10295	[illegible]父盉	9（又重文 1，蓋器同銘）	西周中期	集成 9429		故宫博物院	

序號	器名	字數	時代	著録	出土地	現藏地	備註
10296	伯寍盨	10(蓋器同銘)	西周早期	集成 9430 三代 14.9.7—8 從古 11.31 攈古 2.1.55 綴遺 14.20.1—2 周金 5.63—64 殷存下 33.5—6 善齋 9.31 小校 9.52.1—2 頌續 56 山東存坿 7.3—4 彙編 6.480.1—2	傳山東梁山		鍾養田、李宗岱、丁樹楨、溥倫、劉體智、容庚舊藏
10297	甲盨	11(蓋器同銘)	西周早期	集成 9431 三代 14.10.1—2 西清 31.36 攈古 2.1.63 周金 5.63.2 小校 9.51.3—4 美集録 R344a、b		美國賀費氏	清宫舊藏,後歸奕誌
10298	飤子盨	12	西周中期	集成 9432 三代 14.10.3 貞續中 26.2			
10299	遣盨	12	西周中期	集成 9433 三代 10.30.6 美集録 R519 彙編 6.437			
10300	[illegible]君盨	存 12	西周中期	集成 9434 三代 14.10.4 攈古 2.2.20 綴遺 14.33 周金 5.62.2(又 2.54.2 重出) 彙編 6.454			吴式芬舊藏;《集成》目録中字數爲"12"

序號	器名	字數	時代	著録	出土地	現藏地	備註
10301	吴王夫差盉	12	春秋後期	近出 941 上海博物館集刊 1996 年第 7 期 18—20 頁		上海博物館	香港何鴻章先生出資捐贈
10302	伯衛父盉	13(又重文 2)	西周早期	集成 9435 善齋 9.32 小校 9.53 善彝 108 故圖下下 347		臺北"中央博物院"	劉體智舊藏
10303	𠂇盉	14(蓋器同銘)	西周中期	集成 9436 三代 14.10.5—6 日精華 3.253			日本廣池二三郎舊藏
10304	伯庸父盉	14(又重文 1)	西周晚期	集成 9437 學報 1962 年 1 期圖版 24:2 張家坡圖版 14 上	1961 年陝西長安縣張家坡村窖藏	陝西省博物館	
10305	王盉	14	西周晚期	集成 9438 文物 1977 年 8 期 5 頁圖 11	1976 年陝西臨潼縣靈口村窖藏	臨潼縣博物館	
10306	亞曩侯父乙盉	15(蓋器同銘)	商代後期	集成 9439 三代 14.10.7—8 窸齋 16.19.3—16.20.1 綴遺 14.26.3—4 周金 5.69.3—2 殷存下 33.7—8 小校 9.52.4—5(又 5.33.1 重出)			潘祖蔭舊藏
10307	伯角父盉	15(又重文 2)	西周中期	集成 9440 攈古 2.2.54.1 筠清 4.39 奇觚 18.23 綴遺 14.30.2			張子絜舊藏

序號	器名	字數	時代	著録	出土地	現藏地	備註
10308	白王盉	15(又重文2)	西周中期	集成9441 考古圖5.20 薛氏153.3			河南文潞公得於京兆
10309	毳盉	16	西周中期	集成9442 貞續中26			
10310	季良父盉	16(又重文2)	西周晚期	集成9443 三代14.11.1 西清31.35 恒軒下93 愙齋14.23.1 綴遺14.29.1 周金5.26.1 小校9.53.2 布倫戴奇Fig61 彙編5.330		美國舊金山亞洲藝術博物館布倫戴奇藏品	清宫舊藏,後歸吴大澂
10311	季老或盉	16(又重文2)	西周中期	集成9444 録遺616 綜覽211頁盉62		英國倫敦不列顛博物館	
10312	黄子盉	16	春秋	集成9445 考古1984年4期319頁圖20:6	河南光山縣寶相寺上崗磚瓦廠墓葬	信陽地區文物管理委員會	
10313	嘉仲盉	17(又重文2)	戰國前期	集成9446 博古19.37 薛氏154			
10314	王仲皇父盉	17(又重文2)	西周晚期	集成9447 三代14.11.2—3 攈古2.2.75.3—4 綴遺14.31.1—2 周金5.61.3—4		故宫博物院	葉東卿、潘祖蔭舊藏;此疑僞
10315	十一年盉	19(又合文1)	戰國前期	集成9448 文字編123頁	1977年河北平川縣中山王墓	河北省文物研究所	

序號	器名	字數	時代	著録	出土地	現藏地	備註
10316	卅五年盉	20	戰國	集成 9449 彙編 5.302		美國舊金山亞洲藝術博物館布倫戴奇藏品	
10317	十二年盉	21（又合文2）	戰國前期	集成 9450 文字編 123 頁	1977 年河北平川縣中山王墓	河北省文物研究所	《集成》目録器號誤爲“9440”
10318	麥盉	30	西周早期	集成 9451 三代 14.11.4—5 西清 31.31 綴遺 14.29.2 貞松 8.42—43 周金 5.61.1 希古 5.19 小校 9.54.1—2 海外吉 121 泉屋 2.101 大系録 21 彙編 4.221		日本京都泉屋博古館	清宫舊藏，後歸李山農
10319	長陵盉	41	戰國後期	集成 9452 文物 1972 年 6 期 24 頁圖 9		上海博物館	1966 年上海博物館收集品
10320	克盉	43（蓋器同銘）	西周早期	近出 942 考古 1990 年 1 期 25—30 頁	1986 年 10—11 月北京房山區琉璃河墓葬 M1193：167	北京市文物研究所琉璃河考古隊	
10321	匍盉	44	西周早期	近出 943 文物 1998 年 4 期 88—91 頁	1988 年 11 月河南省平頂山市應國墓地	河南省文物研究所	
10322	義盉蓋	49（又重文 2、合文 1）	西周中期	集成 9453 考古 1986 年 11 期 978 頁圖 1：3	陝西長安縣灃西大原村 M304	考古研究所	

序號	器名	字數	時代	著録	出土地	現藏地	備註
10323	士上盉	54(蓋50器4)	西周早期	集成9454 三代14.12.2 貞松8.43 小校9.54.3 大系録15 善齋9.33 善彝107 美集録R305a、b 彙編4.135	傳1929年河南洛陽市馬坡	美國華盛頓弗里爾美術博物館	劉體智舊藏
10324	長甶盉	54(又重文2)	西周中期	集成9455 文參1955年2期128頁 學報1957年1期79頁圖2：6 五省28 陝圖31頁圖36	1954年陝西長安縣斗門鎮普渡村墓葬	中國歷史博物館	
10325	裘衛盉	118(又合文2、重文12)	西周中期	集成9456 文物1976年5期37頁圖14 陝青1.172	1975年陝西岐山縣董家村一號窖藏	岐山縣博物館	

二十四、壺

序號	器名	字數	時代	著録	出土地	現藏地	備註
10326	壺	1	西周早期	集成 9457		上海博物館	《集成》目録 9457—9465 號器的字數皆誤爲"11"
10327	先壺	1	商代後期	集成 9458 三代 12.11.1 貞松 7.22.3 希古 5.4.2 續殷上 63.2			
10328	嬰壺	1	商代後期	集成 9459		故宫博物院	
10329	嬰壺	1	商代後期	集成 9460		上海博物館	
10330	耳壺	1	商代後期	集成 9461 録遺 218			
10331	[illegible]壺	1	商代後期	集成 9462 録遺 216			
10332	[illegible]壺	1	商代後期	集成 9463 録遺 217 綜覽 299 頁壺 30	河南安陽市侯家莊西北崗 1708 號墓	臺北"中央研究院歷史語言研究所"	
10333	壺	1	商代後期	集成 9464 文物 1986 年 8 期 75 頁圖 14		安陽市博物館	
10334	興壺	1	商代後期	集成 9465 録遺 220 美集録 R5 綜覽 298 頁壺 23			
10335	興壺	1	商代後期	集成 9466 録遺 219 美集録 R7			
10336	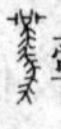壺	1	商代後期	集成 9467 三代 12.1.4 續殷上 63.1			
10337	赫壺	1	商代後期	集成 9468		故宫博物院	

序號	器名	字數	時代	著録	出土地	現藏地	備註
10338	秝壺	1	西周中期	集成 9469 考古與文物 1984 年 1 期 66 頁圖 1：1	1967 年陝西長安縣馬王村窖藏	長安縣文化館	
10339	秝壺	1	西周中期	集成 9470 考古與文物 1984 年 1 期 66 頁圖 1：2	1967 年陝西長安縣馬王村窖藏	長安縣文化館	
10340	[illegible]壺	1	商代後期	集成 9471 美集録 R478 彙編 9.1495 綜覽 299 頁壺 33		美國博特蘭美術博物館	
10341	戈壺	1	商代後期	集成 9472 彙編 9.1529 綜覽 299 頁壺 31		美國普林斯頓大學美術博物館卡特氏藏品	
10342	弓壺	1	商代後期	集成 9473 博古 12.9.2 薛氏 32.2 嘯堂 41.2			
10343	[illegible]壺	1	商代後期	集成 9474		故宫博物院	德國人楊寧史舊藏
10344	[illegible]壺	1	商代後期	集成 9475		故宫博物院	
10345	褱壺	1	戰國後期	集成 9476 武英 153			河北承德避暑山莊舊藏
10346	滕方壺	1	戰國	集成 9477 文物 1978 年 3 期 89 頁圖 2.3	1977 年北京市永定門外砂子口墓葬	首都博物館	
10347	[illegible]壺	1	商代後期	近出 944 富士比(1984,6,19 8)			Oeder 舊藏；英國倫敦富士比拍賣行曾見

序號	器名	字數	時代	著録	出土地	現藏地	備註
10348	子壺	1	西周早期	近出945 佳士得(1989,6,2 99)			英國倫敦佳士得拍賣行曾見
10349	亞[illegible]壺	2	商代後期	集成9478 三代12.1.8 綴遺5.13.2 貞松7.23.2 續殷上63.7 小校4.71.9 彙編8.1055			盛昱舊藏
10350	亞弜壺	2	商代後期	集成9479 三代12.1.6			
10351	[illegible]旅壺	2	商代後期	集成9480 美集録R158 布倫戴奇Fig17 彙編8.1318		美國舊金山亞洲藝術博物館布倫戴奇藏品	
10352	鄉宁壺	2	商代後期	集成9481 三代12.1.5 貞松7.22.4 善齋4.42 續殷上63.3 小校4.71.1 善彝101 綜覽298頁壺24			劉體智舊藏
10353	鄉宁壺	2	商代後期	集成9482 日精華1.32 綜覽300頁壺43		日本神户白鶴美術館	
10354	宁tt壺	2	西周早期	集成9483 三代12.1.3 西清10.15		故宫博物院	
10355	丁𠬝壺	2	商代後期	集成9484 綜覽299頁壺32		日本東京松岡美術館	
10356	子龍壺	2	商代後期	集成9485		英國	

序號	器名	字數	時代	著録	出土地	現藏地	備註
10357	婦好壺	2	商代後期	集成9486 婦好墓圖34：9	1976年河南安陽市殷墟婦好墓	考古研究所	
10358	婦好壺	2	商代後期	集成9487 婦好墓圖34：6	1976年河南安陽市殷墟婦好墓	考古研究所	
10359	心守壺	2	商代後期	集成9488 文叢1.159頁圖8下	1976年河北藁城縣前西關遺址	河北石家莊地區文物保管所	
10360	天犬壺	2	商代後期	集成9489		上海博物館	
10361	史斿壺	2	商代後期	集成9490		上海博物館	《集成》説明中器名作"史旅壺",誤
10362	盟商壺	2	商代後期	集成9491		上海博物館	
10363	叔姜壺	存2	西周中期	集成9492 三代12.2.5			《集成》目録中字數誤爲"2"
10364	父己壺	2	商代後期	集成9493 西清19.1			清宫舊藏
10365	之壺	2	春秋晚期	集成9494 考古1982年2期143頁圖3：6	1975年湖北隨縣均川劉家崖	隨州市博物館	
10366	李瘓壺	2	戰國後期	集成9495 雙吉上28		故宫博物院	于省吾舊藏
10367	公乘方壺	2	戰國後期	集成9496 美集録R432 歐精華3.204		美國波士頓美術博物館	
10368	朿旲壺	2	戰國	集成9497 三代12.2.4 武英122 貞續中11.1		臺北"故宫博物院"	河北承德避暑山莊舊藏
10369	五斗方壺	2	戰國	集成9498 沃森PL58		英國牛津東方美術博物館	

序號	器名	字數	時代	著録	出土地	現藏地	備註
10370	左冶壺蓋	2	戰國	集成 9499 文物 1982 年 3 期 91 頁圖 5	1966 年河北容城縣晾馬臺西北陽村	容城縣文物保管所	
10371	宁戈壺	2（蓋器同銘）	西周晚期	近出 946 考古與文物 1990 年 5 期 26—43 頁	陝西省長安縣馬王鎮新旺村	陝西省西安市文物中心	
10372	葡[illegible]壺	2	商代後期	近出 947 富士比（1982,6,15 108）			英國倫敦富士比拍賣行曾見
10373	禺父丁壺	3	西周早期	近出 948 歐遺珠圖版 48			英國倫敦戴迪野拍賣行曾見
10374	子父乙壺	3	商代後期	集成 9500 三代 12.2.7 貞補上 36.1 故宮 33 期 故圖下上 142		臺北"故宮博物院"	
10375	[illegible]父乙壺	3	西周早期	集成 9501 文物 1983 年 2 期 5 頁圖 9 寶鷄弖國墓地 151 頁圖 117.1、2	1980 年陝西寶鷄市郊竹園溝墓葬	寶鷄市博物館	
10376	史父丁壺蓋	3	西周早期	集成 9502		故宮博物院	《集成》4941 卣與此器重出，據故宮藏器應爲壺
10377	𣪘父丁壺	3	西周早期	集成 9503 美集録 R263 歐精華 2.137 彙編 9.1650 綜覽 301 頁壺 57		美國波士頓美術博物館	
10378	酉父己壺	3	西周早期	集成 9504 三代 12.3.3			

序號	器名	字數	時代	著録	出土地	現藏地	備註
10379	𠬝父辛壺	3	商代後期	集成 9505 三代 12.3.4 擴古 1.2.39.2 綴遺 13.1.1			
10380	魚父癸壺	3	西周早期	集成 9506 三代 12.3.5 攀古下 20 恒軒上 52 窓齋 13.20.2 綴遺 13.2.1 殷存上 27.3 小校 5.11.4		上海博物館	潘祖蔭舊藏
10381	㠱兄辛壺	3（蓋器同銘）	商代後期	集成 9507		上海博物館	
10382	北單戈壺	3	商代後期	集成 9508 日精華 1.33 彙編 8.1313 綜覽 298 頁壺 20	傳河南安陽市郊殷墟墓葬	日本淺野楳吉舊藏	
10383	婦好正壺	3（蓋器同銘）	商代後期	集成 9509 日精華 2.118 録遺 256.1—2 彙編 8.1194 綜覽 298 頁壺 18			日本東京程琦氏舊藏
10384	司㝃母方壺	3	商代後期	集成 9510 婦好墓圖 38.5 河南 1.151	1976 年河南安陽市殷墟婦好墓	考古研究所	
10385	司㝃母方壺	3	商代後期	集成 9511 婦好墓圖 38.6	1976 年河南安陽市殷墟婦好墓	考古研究所	
10386	叔作寶壺	3（蓋器同銘）	西周早期	集成 9512 猷氏 Fig27 綜覽 302 頁壺 58		英國倫敦不列顛博物館	
10387	公鑄壺	3	春秋	集成 9513 文物 1984 年 9 期 5 頁圖 7 左	1977 年山東沂水縣劉家店子村墓葬	山東省文物考古研究所	

序號	器名	字數	時代	著録	出土地	現藏地	備註
10388	公子裹壺	3（又合文1）	戰國	集成9514 三代12.5.6 十二尊11			黄濬舊藏
10389	下官壺	3	戰國後期	集成9515 三代18.19.2 愙齋25.4.2 綴遺28.14			
10390	[illegible]斿子壺	3（又合文1）	戰國	集成9516 尊古2.33		故宫博物院	《集成》目録中器名作“[illegible]游子壺”
10391	上白羽壺	3	戰國後期	集成9517 文物1980年9期17頁圖5	1978年河南泌陽縣官莊村墓葬	駐馬店地區文物管理委員會	
10392	才作壺	3（蓋器同銘）	西周早期	集成9518 三代12.13.6—7 貞圖上41 綜覽303頁壺69			羅振玉舊藏
10393	作旅壺	3	西周早期	集成9519 日精華3.290 白鶴撰21 綜覽301頁壺56	傳河南洛陽市	日本神户白鶴美術館	
10394	作旅彝壺	3	西周早期	集成9520 三代12.4.1 愙齋14.9.1 小校4.72.5			
10395	作從彝壺	3	西周早期	集成9521 三代12.3.8 貞松7.23.4 小校4.72.6			劉體智舊藏
10396	刀父己壺	3	西周早期	近出949 寶鷄強國墓地（上）69頁	陝西省寶鷄市竹園溝13號墓M13：24	陝西省寶鷄市博物館	
10397	爵父癸壺	3	西周早期	近出950 富士比（1975，12,9　7）			英國倫敦富士比拍賣行曾見

序號	器名	字數	時代	著録	出土地	現藏地	備註
10398	宁戈父乙壺蓋	4	西周早期	集成 9522 三代 12.3.2 西清 8.17 愙齋 13.3 綴遺 23.4 敬吾上 44.6 殷存上 27.2 小校 4.72.1			清宫舊藏,後歸金蘭坡
10399	宁戈父乙壺蓋	4	西周早期	集成 9523		故宫博物院	
10400	[illegible][illegible]父丁壺	4	商代後期	集成 9524 録遺 221			
10401	辰作父己壺	4	西周早期	集成 9525 三代 12.4.2 貞松 7.24.1 十二式 11 續殷上 64.3 小校 4.72.7		旅順博物館	孫政舊藏
10402	臣辰▲册壺	4(蓋器同銘)	西周早期	集成 9526 三代 12.6.5—6 貞松 7.26.1—2 小校 4.76.1—2			劉體智舊藏
10403	考母壺	4(蓋器同銘)	西周早期	集成 9527 文物 1972 年 10 期 23 頁圖 11.12	1964 年河南洛陽市龐家溝 M410	洛陽博物館	
10404	伯作寶壺	4(蓋器同銘)	西周早期	集成 9528 學報 1962 年 1 期圖 13 右下 張家坡圖版 26:12	1962 年陝西長安縣張家坡窖藏	考古研究所	
10405	伯作寶壺	4	西周早期	集成 9529 學報 1962 年 1 期圖 13 右上	1961 年陝西長安縣張家坡窖藏	考古研究所	

序號	器名	字數	時代	著録	出土地	現藏地	備註
10406	吏從作壺	4	西周早期	集成 9530 美集録 R375 歐精華 2. 139		美國克里夫蘭美術博物館	
10407	[illegible]作寶彝壺	4(蓋器同銘)	西周早期	集成 9531 積古 2. 1. 3—2 攈古 1. 3. 34 續殷上 64. 6—7 泉屋 43 海外吉 105 彙編 7. 847		日本京都泉屋博古館	
10408	[illegible]作寶彝壺	4	西周早期	集成 9532 三代 12. 5. 3 西清 19. 13 貞松 7. 25. 2 續殷上 64. 5			清宫舊藏,後歸王錫棨
10409	夾作彝壺	4(蓋器同銘)	西周早期	集成 9533 三代 12. 4. 7—8 善齋 4. 45 貞續中 11. 3—4 續殷上 64. 1—22 小校 4. 73. 1—2			劉體智舊藏
10410	員作旅壺	4(蓋器同銘)	西周早期	集成 9534 三代 12. 4. 3—4 貞松 7. 24. 3—4 續殷上 64. 8—9 善齋 4. 44 小校 4. 74. 1—2			劉體智舊藏
10411	皆作隮壺	4(蓋器同銘)	西周中期	集成 9535 三代 12. 4. 5—6 綴遺 13. 4 周金 5. 59 貞松 7. 24. 4—25. 1 希古 5. 5. 1 小校 4. 73. 3—4 歐精華 2. 133 彙編 7. 846		德國柏林國立博物館東洋美術部	潘祖蔭舊藏

序號	器名	字數	時代	著録	出土地	現藏地	備註
10412	[illegible]作寶壺	4	西周中期	集成 9536 三代 12.5.1 貞松 7.24.2 希古 5.4.3 小校 4.74.4			潘祖蔭舊藏
10413	趙君壺	4	戰國	集成 9537 三代 12.5.5 貞松 7.25.4 小校 4.74.5 武英 90 故圖下下 329		臺北"中央博物院"	河北承德避暑山莊舊藏
10414	左斿子壺	4(又合文1)	戰國	集成 9538		上海博物館	
10415	左斿子壺	4(又合文1)	戰國	集成 9539		上海博物館	
10416	己斿子壺	4(又合文1)	戰國	集成 9540		故宫博物院	
10417	己斿子壺	4(又合文1)	戰國	集成 9541		故宫博物院	
10418	[illegible]君壺	4	戰國	集成 9542 三代 12.6.1 貞補上 36.2 善齋 4.46 小校 4.74.6 故圖下下 290		臺北"中央博物院"	劉體智舊藏
10419	徝宫右自壺	4	戰國	集成 9543	傳河南洛陽市		
10420	薛侯壺	4	春秋前期	近出 951 考古學報 1991 年 4 期 467—478 頁	1978 年 10—11 月山東省滕州市薛國故城墓葬 M3:9	山東省濟寧市文物管理局	
10421	亞繞壺	5	商代後期	集成 9544 西清 18.1			

序號	器名	字數	時代	著録	出土地	現藏地	備註
10422	亞□壺	5	西周早期	集成 9545 三代 12.5.4 陶齋 3.4 續殷上 64.4 小校 4.74.3			端方舊藏
10423	册刕亼父丁壺	5	西周早期	集成 9546 文物 1976 年 6 期 65 頁圖 23 陝青 3.33	1975 年陝西扶風縣召李村 M1	扶風縣博物館	《集成》5158 與此重出，據《陝青》圖應爲壺
10424	工册天父己壺	5	商代後期	集成 9547 西清 8.9			清宫舊藏
10425	作父己壺	5	西周早期	集成 9548 西清 8.23			清宫舊藏
10426	膚册父庚壺	5	西周早期	集成 9549		上海博物館	
10427	鼎壺	5	西周早期	集成 9550 録遺 200		故宫博物院	
10428	王七祀壺蓋	5	西周早期	集成 9551 希古 5.5.2 彙編 7.781			陳承裘舊藏
10429	天姬壺	5	西周中期	集成 9552 三代 12.7.2 攀古上 24 恒軒上 53 愙齋 14.20.2 綴遺 13.5 周金 5.59.1 小校 4.74.8		故宫博物院	潘祖蔭舊藏
10430	楷侯壺	5	西周中期	集成 9553 西甲 8.45 録遺 223			清宫舊藏
10431	舟伯壺蓋	5	西周早期	集成 9554 三代 12.6.7		故宫博物院	

序號	器名	字數	時代	著録	出土地	現藏地	備註
10432	𤔲嫣壺	4	西周中期	集成 9555 三代 12.6.4		故宮博物院	
10433	嬗妊壺	5（蓋器同銘）	西周早期	集成 9556 三代 12.7.1（蓋） 積古 5.9.3—4 攈古 1.3.33.3—4 周金 5.57.1—2 小校 4.75.1—2 冠斝中 1			榮厚舊藏
10434	攸姬壺	5	西周早期	集成 9557 博古 12.12 薛氏 32.4 嘯堂 42.1			
10435	雃子䏌壺	5	戰國前期	集成 9558 筠清 2.22 攈古 1.3.24 善齋 4.47.1 小校 4.75.4			劉體智舊藏
10436	子𦤎逅子壺	5	戰國	集成 9559 三代 12.7.3 懷米下 30 攈古 1.3.35 綴遺 13.31 敬吾下 30.1 周金 5.58.1 小校 4.75.5			曹秋舫舊藏
10437	子𦤎逅子壺	5	戰國	集成 9560			
10438	左使車工壺	5	戰國前期	集成 9561 文字編 127 頁	1977 年河北平山縣中山王墓	河北省文物研究所	

序號	器名	字數	時代	著録	出土地	現藏地	備註
10439	左使車工壺	5	戰國前期	集成9562 文字編127頁	1961年河北平山縣中山王墓	河北省文物研究所	
10440	右冶尹壺	5	戰國前期	集成9563 文物1982年3期91頁圖2—4	1966年河北容城縣晾馬臺西北陽村	容城縣文化館	
10441	君子壺	5	春秋後期	近出952 文物季刊1997年1期103—104頁	1993年3月山西省稷山縣城關鎮下廉城村	山西省稷山縣博物館	
10442	康伯壺蓋	5	西周早期	近出953 文物1995年11期72—73頁	1972年3月河南省洛陽市北窑村西周貴族墓地M701		
10443	能溪壺	5	西周早期	近出954 文物1986年8期69—71頁	1980—1981年山東省黄縣莊頭村墓葬		
10444	應伯方壺	5	西周晚期	近出附58 華夏考古1992年3期93—95頁	1986年以來河南平頂山市郊薛莊鄉北滍村滍陽嶺墓葬M95：77	河南省文物研究所	
10445	作母尊彝壺	5	商代後期	近出附59 歐遺珠圖版47		瑞典斯德哥爾摩遠東古物博物館	
10446	恒作且辛壺	6	西周早期	集成9564 録遺224			
10447	亞文父乙壺	6	商代後期	集成9565		上海博物館	

序號	器名	字數	時代	著録	出土地	現藏地	備註
10448	阝己父乙壺	存6	商代後期	集成 9566 三代 12.8.4 貞補上 36.3 小校 4.76.8			潘祖蔭舊藏;《集成》目録中字數爲"6"
10449	伯矩壺	6	西周早期	集成 9567 三代 13.17.5(蓋)、8(器) 西清 8.31 貞松 8.21.1(蓋)、4(器) 希古 5.10.2(蓋)、11.1(器) 周金 5.14.1—2 小校 5.23.1—2 歐精華 2.134 美集録 R302 弗里爾(1967)416 頁 彙編 7.711 綜覽 300 頁壺 44		美國華盛頓弗里爾美術博物館	清宫舊藏,後歸李山農
10450	伯矩壺	6	西周早期	集成 9568 三代 11.22.5 綴遺 18.11.1 貞松 7.11.3 希古 5.2.4 周金 5.15.2 小校 5.22.8(又7.29.3) 彙編 7.712 綜覽 300 頁壺 45			陳朗亭、顧壽康、徐乃昌舊藏;《集成》第 11 册 5846 將此器誤入尊類,現據《綜覽》器形訂正
10451	伯侄方壺	6	西周晚期	集成 9569 二百 3.5 兩罍 3.17 綴遺 13.7.1			吴雲舊藏

序號	器名	字數	時代	著録	出土地	現藏地	備註
10452	伯濼父壺	6	西周中期	集成 9570 三代 12.7.7 貞續中 12.1 十二貯 11		故宫博物院	王辰舊藏
10453	孟戠父壺	6	西周中期	集成 9571 三代 12.8.1 西清 19.16 貞松 7.26.3 希古 5.5.5 貞圖上 42 綜覽 302 頁壺 67		中國歷史博物館	王蘭畦舊藏
10454	鬴仲多壺	6	西周晚期	集成 9572 三代 12.7.6 恒軒上 54 綴遺 13.8 奇觚 6.28.1 周金 5.56.2 小校 4.76.4			費念慈、吴大澂舊藏
10455	蔡侯方壺	6	春秋後期	集成 9573 蔡侯墓圖版 34：1	1955 年安徽壽縣蔡侯墓	安徽省博物館	
10456	蔡侯方壺	6	春秋後期	集成 9574 蔡侯墓圖版 34：2	1955 年安徽壽縣蔡侯墓	安徽省博物館	
10457	鄭右□方壺	6	戰國後期	集成 9575 三代 12.8.2—3 貞松 7.27.2 貞圖上 43		考古研究所藏	羅振玉舊藏
10458	秦公壺	6	西周晚期	近出 955 中國文物報 1994 年 42 期 3 版			1994 年夏美國紐約拉利行（《James Lally》圖 54）曾見

序號	器名	字數	時代	著録	出土地	現藏地	備註
10459	秦公壺	6	西周晚期	近出 956 中國文物報 1994 年 42 期 3 版			1994 年夏美國紐約拉利行（《James Lally》圖 54）曾見
10460	右治尹壺	6	戰國後期	近出 957 考古 1993 年 3 期 236 頁	1981 年河北容城縣晾馬臺鄉南陽村東周燕國遺址		銘文分佈在口沿、鋪首、蓋沿等處
10461	[illegible]作父己壺	7	商代後期	集成 9576 三代 12.8.5 貞續中 12.2			
10462	叡作父辛壺	7	西周早期	集成 9577 三代 12.9.3 恒軒上 48 愙齋 13.16.1 綴遺 18.1.2 殷存上 25.2 小校 5.25.6		上海博物館	吴大澂舊藏
10463	□父壺	7	西周早期	集成 9578 三代 12.8.6 二百 1.10 兩罍 2.21 愙齋 14.18.5 綴遺 13.2.2 殷存上 27.5 小校 4.76.5			吴雲舊藏
10464	魯侯壺	7	西周晚期	集成 9579 三代 12.8.7 攈古 2.1.15.1 周金 5.56.1 小校 4.76.6 山東存魯 2.1			

序號	器名	字數	時代	著録	出土地	現藏地	備註
10465	鑄大□壺	7	戰國前期	集成 9580 美集録 R484 彙編 6.633		美國堪薩斯納爾遜美術陳列館	
10466	曾侯乙壺	7	戰國前期	集成 9581	1978 年湖北隨縣曾侯乙墓	湖北省博物館	
10467	曾侯乙壺	7	戰國前期	集成 9582	1978 年湖北隨縣曾侯乙墓	湖北省博物館	
10468	韓氏私官方壺	7	戰國	集成 9583		故宫博物院	
10469	鬼作父丙壺	8	西周中期	集成 9584 録遺 225 彙編 6.632			
10470	内伯壺	8（蓋器同銘）	西周中期	集成 9585 三代 12.9.1—2 陶齋 3.1 周金 5.55.1—2 海外吉 106 小校 4.77.1—2 日精華 4.296 彙編 6.576			端方、日本細川氏舊藏
10471	棓侯壺	8（蓋器同銘）	西周晚期	集成 9586		中國歷史博物館	故宫博物院舊藏
10472	棓侯壺	8（器蓋同銘）	西周晚期	集成 9587 彙編 6.577		美國舊金山亞洲藝術博物館布倫戴奇藏品	
10473	右走馬嘉壺	8	春秋前期	集成 9588 三代 12.9.4 貞松 7.27.3 周金 5.55.3 小校 4.77.2		蘇州市博物館	
10474	[illegible]客之官壺	8	戰國	集成 9589 録遺 227.1—3		故宫博物院	

序號	器名	字數	時代	著録	出土地	現藏地	備註
10475	�宮左自方壺	8	戰國	集成 9590	傳河南洛陽市金村		
10476	徝宮左自方壺	8	戰國	集成 9591 三代 12.16.1—2 小校 4.84.2 善齋任器 8			劉體智舊藏
10477	虢季壺	8	西周晚期	近出 958 三門峽虢國墓上册 63 頁	河南省三門峽市虢國墓地 M2001：90	河南省三門峽市文物工作隊	
10478	虢季壺	8	西周晚期	近出 959 三門峽虢國墓上册 65 頁	河南省三門峽市虢國墓地 M2001：92	河南省三門峽市文物工作隊	
10479	奪作父丁壺	9	西周早期	集成 9592 日精華 4.289 白鶴撰 22 綜覽 301 頁壺 55		日本神户白鶴美術館	
10480	奪作父丁壺	9（器蓋同銘）	西周早期	集成 9593 録遺 226.1—2			
10481	歸𡚬進壺	9（蓋器同銘）	西周早期	集成 9594 文物 1986 年 1 期 14 頁圖32.33	1980 年陝西長安縣花園村墓葬	陝西省文物管理委員會	
10482	歸𡚬進壺	9	西周早期	集成 9595 文物 1986 年 1 期 13 頁圖29.30	1980 年陝西長安縣花園村墓葬	陝西省文物管理委員會	
10483	内公壺	9	西周晚期	集成 9596 三代 12.9.5 愙齋 14.15.1 綴遺 13.18.2 周金 5.53.2 小校 4.78.1		故宫博物院	

序號	器名	字數	時代	著録	出土地	現藏地	備註
10484	内公壺	9	西周早期	集成 9597 三代 12.9.6 西清 19.4 貞松 7.28.1 故宫 7 期 故圖下上 146		臺北"故宫博物院"	清宫舊藏
10485	内公壺	9	西周晚期	集成 9598 三代 12.9.7 西清 19.5		故宫博物院	
10486	伯魚父壺	9（蓋器同銘）	西周晚期	集成 9599 美集録 R409a、b 録遺 229 皮斯柏 Fig15 彙編 6.524 綜覽 305 頁壺 85		美國米里阿波里斯美術館皮斯柏藏品	
10487	伯魯父壺	9（蓋器同銘）	西周晚期	集成 9600			《美集録》：此器見於巴黎
10488	㝬車父壺	9（蓋器同銘）	西周晚期	集成 9601 文物 1977 年 8 期 5 頁圖 9：13	1976 年陝西臨潼縣零口村	臨潼縣博物館	
10489	㝬車父壺	9（蓋器同銘）	西周晚期	集成 9602 文物 1977 年 8 期 5 頁圖 10：12	1976 年陝西臨潼縣零口村	臨潼縣博物館	
10490	子叔壺	9（蓋器同銘）	春秋前期	集成 9603 三代 12.10.4—5 貞補上 36.4—37.1 日精華 4.298 彙編 6.523 綜覽 307 頁壺 103			日本大阪江口治郎舊藏
10491	子叔壺	9	西周晚期	集成 9604 録遺 228		旅順博物館	

序號	器名	字數	時代	著録	出土地	現藏地	備註
10492	雍工壺	9	戰國後期	集成9605 考古與文物1983年6期4頁圖2			陝西咸陽市博物館
10493	緻客君扁壺	9	戰國	集成9606 三代18.15.1—3 攈古2.1.44.2—4 窓齋14.21.1—3 綴遺26.16 奇觚11.10.2—4 周金5.35.1—3 簠齋二鉼1 小校9.101.1 尊古2.39.2		中國歷史博物館	陳介祺舊藏
10494	永用析涅壺	9	戰國	集成9607 文物1984年6期25頁圖8	1981年山西文水縣上賢村	山西省博物館	
10495	楊姞壺	9(蓋器同銘)	西周晚期	近出960 文物1994年8期5—20頁	1993年9月11日山西省曲沃縣曲村鎮北趙村天馬——曲村遺址M63：81	山西省考古研究所	
10496	伯山父壺蓋	10	西周中期	集成9608 筠清3.5.1 攈古2.1.50.2 綴遺13.3.1 奇觚17.5.3 周金5.52.2		浙江省博物館	
10497	成伯邦父壺	10	西周晚期	集成9609 小校4.78.5 善齋4.48			劉體智舊藏
10498	吕季姜壺	11(又合文2，器蓋同銘)	西周中期	集成9610 文物1982年10期43頁圖左	1943年陝西長安縣西南鎬京故墟		

序號	器名	字數	時代	著録	出土地	現藏地	備註
10499	吕季姜壺	11(又重文2,器蓋同銘)	西周晚期	集成9611 文物1982年10期43頁圖右	1943年陕西長安縣西南鎬京故墟		
10500	大作父乙壺	11(又重文2)	西周中期	集成9612 積古5.14.3 攈古2.1.84 奇觚18.10			
10501	伯多壺	11	西周晚期	集成9613 三代12.10.3 西清19.9 綴遺13.17.1 貞松7.28.2 希古5.6.1 小校4.79.2		上海博物館	潘祖蔭舊藏
10502	孟上父壺	11(蓋1器10)	西周晚期	集成9614 三代12.11.1—2 綴遺13.12.1 奇觚6.28.2 周金5.53.1 殷存上27.1 小校4.78.4;5.1.3 彙編6.487			潘祖蔭舊藏
10503	宬伯𩓬生壺	11	西周晚期	集成9615 三代12.11.3 貞松7.28.3 善齋4.49.1 小校4.79.1 巖窟上64	河南	故宫博物院	劉體智、王辰、梁上椿舊藏
10504	春成侯壺	11	戰國	集成9616 三代18.19.3 貞松11.9.1 貞圖中40			羅振玉舊藏

序號	器名	字數	時代	著録	出土地	現藏地	備註
10505	重金扁壺	11	戰國	集成 9617 三代 11.43.2 陶齋 5.1 周金 5.30 小校 4.70.2		美國	端方舊藏
10506	㝃壺	12(又重文2 蓋器同銘)	西周中期	集成 9618 甲 文物 1966 年 1 期 57 頁圖 2	1955 年河南泌陽前梁河村	河南省博物館	《集成》拓片應爲"河南省博物館提供"誤爲"湖南省博物館提供"
10507	㝃壺	12(又重文2 蓋器同銘)	西周中期	集成 9618 乙 文物 1966 年 1 期 57 頁圖 5	1955 年河南泌陽前河梁村	河南省博物館	
10508	伯庶父壺	12(蓋器同銘)	西周晚期	集成 9619 三代 12.11.4—5 西甲 8.40 貞補上 37.2 故宫 13 期 故圖下上 145 綜覽 304 頁壺 83		臺北"故宫博物院"	
10509	伯濼父壺蓋	12	西周晚期	集成 9620		上海博物館	
10510	成周邦父壺	12	西周	集成 9621 人文雜誌 1983 年 4 期封三:2	1982 年陝西淠陽縣崔家頭村	寶鷄市博物館	
10511	鄧孟壺蓋	12(又重文2)	西周晚期	集成 9622 三代 12.13.5 綴遺 14.17.2 陶齋 3.3.1 周金 5.47.2 小校 4.82.2 夢續 25		旅順博物館	端方、羅振玉舊藏

序號	器名	字數	時代	著録	出土地	現藏地	備註
10512	王伯姜壺	12	西周晚期	集成 9623 三代 12.11.6 周金 5.52.1 小校 4.79.3 陶續 2.6.1 布倫戴奇 Fig57		美國舊金山亞洲藝術博物館布倫戴奇藏品	端方舊藏
10513	王伯姜壺	12	西周晚期	集成 9624 美集録 R412 彙編 6.446 綜覽 306 頁壺 96		美國舊金山亞洲藝術博物館布倫戴奇藏品	
10514	盗叔壺	12	春秋後期	集成 9625 考古 1982 年 2 期 145 頁圖 6：3	1980 年湖北隨縣均川劉家崖後山包墓葬	隨州市博物館	
10515	盗叔壺	12	春秋後期	集成 9626 考古 1982 年 2 期 145 頁圖 6：4	1980 年湖北隨縣均川劉家崖後山包墓葬	隨州市博物館	考古研究所拓
10516	□侯壺	存 12	西周中期	集成 9627 三代 12.12.1 貞松 7.29.1 武英 105 小校 4.80.1 故圖下下 283 綜覽 306 頁壺 95		臺北"中央博物院"	河北承德避暑山莊舊藏;《集成》目録中字數爲"12"
10517	曾仲斿父方壺	12（蓋器同銘）	春秋前期	集成 9628 文物 1972 年 1 期圖版 6	1969 年湖北京山蘇家壠	湖北省博物館	
10518	曾仲斿父方壺	12	春秋前期	集成 9629	1969 年湖北京山蘇家壠	湖北省博物館	
10519	番叔壺	12	春秋後期	近出 961 考古 1989 年 1 期 21 頁	1986 年 6 月河南省信陽縣五星鄉平西村墓葬	河南省信陽市文物管理委員會	

序號	器名	字數	時代	著録	出土地	現藏地	備註
10520	晋侯㸚馬圓壺	12	西周晚期	近出 962 文物 1995 年 7 期 6—23 頁	1994 年 5—10 月山西省曲沃縣曲村鎮北趙村天馬—曲村遺址 M92：4	山西省考古研究所	
10521	吕王壺	13	西周晚期	集成 9630 三代 12.12.2 窓齋 14.16.1 周金 5.51.2 小校 4.80.2			
10522	鄭楙叔賓父壺	13（又重文 2）	西周晚期	集成 9631 三代 12.51.1 攈古下 21 恒軒上 55 窓齋 14.14.1 綴遺 13.18.1 周金 5.50.2 小校 4.83.1 大系録 203			潘祖蔭舊藏
10523	己侯壺	13	春秋前期	集成 9632 考古 1983 年 4 期 291 頁 文物 1983 年 12 期 8 頁圖 3	1974 年山東萊陽縣中荆公社前河前村	煙臺市博物館	
10524	㬂侯壺	13（蓋器同銘）	春秋前期	集成 9633 文物 1972 年 5 期 10 頁圖 18（蓋銘未録）	1963 年山東肥城縣小王莊	山東省博物館	
10525	㬂侯壺	13（蓋器同銘）	春秋前期	集成 9634 文物 1972 年 5 期 10 頁圖 19（器銘未録）	1963 年山東肥城縣小王莊	山東省博物館	
10526	眉敖壺	13（又重文 2）	西周晚期	集成 9635 青山莊 29 彙编 5.391		日本東京根津美術館	

序號	器名	字數	時代	著録	出土地	現藏地	備註
10527	黄君孟壺	13（又重文2）	春秋前期	集成9636 考古1984年4期311頁圖12：3	1983年河南光山縣寶相寺上官崗磚瓦廠	信陽地區文物管理委員會	
10528	樊夫人龍嬴壺	13	春秋前期	集成9637 文物1981年1期13頁圖15	1978年河南信陽平橋南山嘴	信陽地區文物管理委員會	
10529	華母壺	13	春秋前期	集成9638 録遺230		清華大學圖書館	
10530	邛君婦龢壺	13（又重文1）	春秋	集成9639 三代12.1.3;1—4 筠清4.44 攈古2.1.75 綴遺13.20 奇觚18.9.2 大系録187			
10531	東周左自壺	13	戰國	集成9640 三代12.12.3 善齋4.50 小校4.79.4 故圖下下284		臺北"中央博物院"	劉體智舊藏
10532	彭伯壺	13（又重文2，蓋器同銘）	春秋前期	近出963 文物1997年12期58—60頁	1974年11月南陽市博物館在廢品公司收購站得一銅壺蓋	河南省南陽市博物館	
10533	彭伯壺	13（又重文2，蓋器同銘）	春秋前期	近出964 文物1997年12期58—60頁		河南省南陽市博物館	1974年2月河南省南陽市西關煤場曾見

序號	器名	字數	時代	著録	出土地	現藏地	備註
10534	𤔲良父壺	14(又重文2)	西周晚期	集成9641 三代12.15.2 懷米2.17 筠清4.42.1 擄古2.2.19 綴遺13.11.2 奇觚18.11.2 周金5.51.1 小校4.83.2			曹秋舫、潘祖蔭舊藏
10535	仲南父壺	14(又重文2)	西周晚期	集成9642 文物1976年5期41頁圖21 陝青1.177	1975年陝西岐山縣董家村窖藏	岐山縣博物館	
10536	仲南父壺	14(又重文2、蓋器同銘)	西周晚期	集成9643 陝青1.178	1975年陝西岐山縣董家村窖藏	岐山縣博物館	
10537	内大子白壺蓋	14	西周晚期	集成9644 西甲8.41 西拾17			清宫舊藏
10538	内大子白壺	14(蓋器同銘)	西周晚期	集成9645 三代12.13.7—14.1 貞松7.29.2—30.1 武英103.1—2 小校4.81.1—2 故宫下下282 彙編5.406 綜覽306頁壺93		臺北“中央博物院”	河北承德避暑山莊舊藏
10539	保侃母壺	14(蓋器同銘)	西周晚期	集成9646 三代12.12.4 貞松7.30.2 録遺231.1—2		故宫博物院	
10540	𢓊宫左自方壺	14(又合文1)	戰國	集成9647	河南洛陽市郊金村	旅順博物館	

序號	器名	字數	時代	著録	出土地	現藏地	備註
10541	四升刣客方壺	14	戰國	集成 9648	河南洛陽市郊金村	故宫博物院	
10542	四升刣客方壺	14(又合文 1)	戰國	集成 9649 三代 12.14.3—4 十二尊 13 尊古 2.34.1	河南洛陽市郊金村		黄濬舊藏
10543	四升刣客方壺	14(又合文 1)	戰國	集成 9650 日精華 5.399 金村 17 戰國式 117	河南洛陽市郊金村	日本京都大學人文科學研究所	
10544	曩仲壺	14(蓋器同銘)	西周早期	近出 965 文物 1984 年 6 期 21—23 頁		上海博物館	
10545	矩叔壺	15(又重文 2)	西周晚期	集成 9651 三代 12.17.3 攈古 2.2.55.1 澂秋 31		故宫博物院	陳承裘舊藏
10546	矩叔壺	15(又重文 2)	西周晚期	集成 9652 三代 12.17.2 攈古 2.2.54.4 澂秋 30 小校 4.85.4		故宫博物院	陳承裘舊藏
10547	史僕壺	15(又重文 2)	西周晚期	集成 9653 三代 12.16.4 攈古 2.2.54.3 窓齋 14.14.2 綴遺 13.10.2 周金 5.49.3 小校 4.85.2(4.85.3 重出)			葉東卿舊藏

序號	器名	字數	時代	著録	出土地	現藏地	備註
10548	史僕壺蓋	15（又重文2）	西周晚期	集成9654 三代12.17.1 積古5.14.2 兩罍7.7 攈古2.2.54.2 奇觚18.10.3 周金5.49.2		南京博物院	阮元、吴雲舊藏
10549	虢季氏子組壺	15（又重文2）	西周晚期	集成9655 三代12.16.3 兩罍7.5.1 愙齋14.10.1 綴遺13.19.1 雙王17 周金5.50.1 小校4.85.1		美國	吴雲、李眉生、鄒安舊藏
10550	伯公父壺蓋	15（又重文2）	西周晚期	集成9656 文物1978年11期9頁圖14 陝青3.92	1976年陝西扶風縣雲塘村窖藏	周原博物館	
10551	侯母壺	15（蓋器同銘）	春秋前期	集成9657 曲阜魯國故城147頁圖93：4.5	山東曲阜魯國故城M48	曲阜縣文物管理委員會	
10552	鄝季壺	15（蓋13器15）	春秋	集成9658	1975年河南羅山縣高店村	信陽地區文物管理委員會	
10553	齊良壺	15	春秋	集成9659 三代12.14.5 綴遺28.4 貞松7.31.1 山東存齊24.1			
10554	𢓊宫左自方壺	15（又合文1）	戰國	集成9660 三代12.15.3—5 善齋任器6 小校4.84.1—3			劉體智舊藏

序號	器名	字數	時代	著録	出土地	現藏地	備註
10555	卅六年扁壺	15	戰國後期	近出966 文物1986年4期21頁	1981年6月湖北省隨州市環城磚瓦廠墓葬	湖北省隨州市博物館	
10556	蘇匍壺	15(又重文2)	西周中期	近出967 考古與文物1993年5期8頁	1988年9月陝西省延長縣安溝鄉岔口村	陝西省延長縣文物管理委員會	
10557	大師小子師望壺	16(又重文2、合文1)	西周中期	集成9661 三代12.17.4 愙齋14.17.1 綴遺13.11.1 周金5.47.1 小校4.86.1 雙古上20		英國倫敦不列顛博物館	于省吾舊藏
10558	交君子𠬝壺	16	西周晚期	集成9662 善齋4.51 小校4.83.3 善彝102 彙編5.374			劉體智舊藏
10559	黄子壺	16	春秋前期	集成9663 考古1984年4期圖20：3	1983年河南光山縣寶相寺上官崗磚瓦廠墓葬	信陽地區文物管理委員會	
10560	黄子壺	16	春秋前期	集成9664	1983年河南光山縣寶相寺上官崗磚瓦廠墓葬	信陽地區文物管理委員會	
10561	十四年方壺	16	戰國前期	集成9665 文字編123頁	1977年河北平山縣中山王墓	河北省文物研究所	
10562	十四年方壺	16	戰國前期	集成9666 文字編123頁	1977年河北平山縣中山王墓	河北省文物研究所	河北省文物研究所提供

序號	器名	字數	時代	著録	出土地	現藏地	備註
10563	晋叔家父壺	16(又重文2)	西周晚期	近出968 文物1995年7期6—23頁	1994年5—10月山西省曲沃縣曲村鎮北趙村天馬—曲村遺址M93：31	山西省考古研究所	另有一件同銘
10564	中伯壺蓋	17(又重文2)	西周中期	集成9667 三代12.18.2 從古13.27 擴古2.2.77.2 愙齋14.18.1 綴遺13.10.1 奇觚6.29 敬吾下31 周金5.48.1 簠齋2壺1 小校4.86.3			陳介祺舊藏
10565	中伯壺	17(又重文2)	西周中期	集成9668 三代12.18.1 擴古2.2.77.1 綴遺13.9.1 周金5.48.2 小校4.86.4 彙編5.318 綜覽301頁壺51		美國紐約薩克勒氏	
10566	楖氏車父壺	17(又重文2)	西周中期	集成9669 文物1972年6期33頁圖9 陝青3.124	1960年陝西扶風縣莊白召陳村	陝西省博物館	
10567	番壺	存17(又重文2)	西周晚期	集成9670 愙齋14.15.2 綴遺13.12.2 敬吾下29.1 周金5.46.2 小校4.86.2			葉東卿舊藏；《集成》目録中字數爲“17”

序號	器名	字數	時代	著録	出土地	現藏地	備註
10568	兮熬壺	17(又重文2,蓋器同銘)	西周晚期	集成9671 筠清4.42.2—43.1 攈古2.2.76.1—2 奇觚18.11			素夢蟾舊藏
10569	仲自父壺	17	西周晚期	集成9672 三代12.14.2 西清19.21 貞補上38			清宫舊藏
10570	寺工師初壺	17	戰國	集成9673 考古與文物1983年6期5頁圖5		陝西咸陽市博物館	
10571	十年右使壺	18(又重文3)	戰國前期	集成9674 文字編128頁	1977年河北平山縣中山王墓	河北省文物研究所	
10572	十三年壺	18	戰國前期	集成9675 文字編128頁	1977年河北平山縣中山王墓	河北省文物研究所	
10573	殷句壺	19(又重文2)	西周中期	集成9676 三代12.18.4 貞松7.31 武英99 小校4.88.1 故圖下下281 彙編5.319 綜覽300頁壺47		臺北"中央博物院"	河北承德避暑山莊舊藏
10574	黽壺蓋	存19	西周晚期	集成9677 考古1963年12期681頁圖3		湖南省博物院	《集成》目録中字數爲"19"

序號	器名	字數	時代	著録	出土地	現藏地	備註
10575	趙孟庎壺	19	春秋後期	集成9678 賸稿20 柯爾12 甲骨學12期169頁圖5	傳河南輝縣	英國倫敦不列顛博物館	英國柯爾兄弟舊藏
10576	趙孟庎壺	19	春秋後期	集成9679 甲骨學12期169頁圖6	傳河南輝縣	英國倫敦不列顛博物館	英國柯爾兄弟舊藏
10577	匽君壺	19	春秋	集成9680 三代12.18.3 西清19.10 故宫27期 故圖下上150 彙編5.320		臺北"故宫博物院"	清宫舊藏
10578	復公仲壺	19	春秋	集成9681		中國歷史博物館	
10579	𡰥氏扁壺	19	戰國	集成9682 文物1964年7期13頁圖2		上海博物館	
10580	十年扁壺	19	戰國前期	集成9683 文字編123頁	1977年河北平山縣中山王墓	河北省文物研究所	
10581	十一年壺	19(又重文2)	戰國前期	集成9684 文字編128頁	1977年河北平山縣中山王墓	河北省文物研究所	
10582	十二年扁壺	19(又合文2)	戰國前期	集成9685 文字編123頁	1977年河北平山縣中山王墓	河北省文物研究所	
10583	十三年壺	19(又合文1)	戰國前期	集成9686 文字編122頁	1977年河北平山縣中山王墓	河北省文物研究所	

序號	器名	字數	時代	著録	出土地	現藏地	備註
10584	杞伯每氏壺蓋	19（又重文1）	春秋前期	集成9687 三代12.19.1—2 筠清3.3—4.1 從古8.12.1—2 綴遺25.6.2—7.1 攈古2.3.7.1—2 敬吾下31.2 周金5.45.3 大系録234下 小校4.87.2 山東存杞6.1			瞿世瑛舊藏
10585	杞伯每氏壺	20（又重文2）	春秋前期	集成9688 三代12.19.3 窓齋14.12.2 周金5.46.1 善齋4.52 小校4.87.1 大系録234上 山東存杞6.2			李宗岱、盛昱、劉體智舊藏
10586	吕行壺	21	西周早期	集成9689 西清19.8 大系録11.3			清宫舊藏
10587	周爹壺	21（又重文2、蓋器同銘）	西周中期	集成9690 三代12.22.1 西甲5.22.1 積古5.11.1—2 攈古2.3.6.1—2 奇觚18.12.2 周金5.45.1 小校4.88.2 故宫25期 故圖下上147 彙編5.277 綜覽301頁壺52		臺北“故宫博物院”	清宫舊藏

序號	器名	字數	時代	著録	出土地	現藏地	備註
10588	周㚖壺	21(又重文2、蓋器同銘)	西周中期	集成 9691 三代 12.20.3—4 西清 19.11 窓齋 14.16.2 綴遺 13.6.1 奇觚 6.30.1 周金 5.45.2 貞補上 38.2—39.1 希古 5.6.3 善齋 4.53 小校 4.88.3			清宫舊藏,後歸丁彦臣、劉體智
10589	三年壺	21(又合文2)	戰國前期	集成 9692 文字編 122 頁	1977 年河北平山縣中山王墓	河北省文物研究所	
10590	十三年壺	21(又合文2)	戰國前期	集成 9693	1977 年河北平山縣中山王墓	河北省文物研究所	
10591	虞嗣寇壺	22(又重文2,器蓋同銘)	西周晚期	集成 9694 三代 12.21.2—2 窓齋 14.9.3 擴古 2.3.30—31 綴遺 13.13.2—14.1 周金 5.43.1—44.2 小校 4.89.2—90.1 大系録 285		故宫博物院(蓋)	吴式芬、丁麟年舊藏
10592	虞嗣寇壺	22(又重文2,蓋器同銘)	西周晚期	集成 9695 三代 12.22.1—2 擴古 2.3.32—33 周金 5.44.1—43.2 小校 4.89.1—90.2 大系録 286		故宫博物院(蓋)	吴式芬、丁麟年舊藏

序號	器名	字數	時代	著録	出土地	現藏地	備註
10593	虞侯政壺	22(又重文2)	春秋	集成9696 文物1980年1期46頁圖2	1979年山西省文物商店收購	山西省博物館	
10594	楖車父壺	25(又重文2)	西周中期	集成9697 文物1972年6期33頁圖8 陝青3.123	1960年陝西扶風縣莊白召陳村	陝西省博物館	
10595	宗婦郜嬰壺	25(蓋器同銘)	春秋	集成9698 三代12.23.1—2 愙齋14.18.2—19.1 綴遺13.15 周金5.41.1—2 小校4.91.1—2 大系録154.1—2		南京博物院	
10596	宗婦郜嬰壺	25(蓋器同銘)	春秋	集成9699 三代12.23.3—4 愙齋14.19.2—20.1 綴遺13.16.1—2 周金5.42.1—2 小校4.91.3—4 大系録154.3—4		南京博物院	
10597	陞喜壺	25	戰國前期	集成9700 文物1961年2期45頁		山西省博物館	
10598	晋侯斷壺	25	西周晚期	近出969 文物1994年1期16、19頁	1992年10月16日山西省曲沃縣曲村鎮北趙村天馬—曲村遺址M8：26	山西省考古研究所	
10599	蔡公子壺	27(又重文2)	西周晚期	集成9701 三代12.24.4		故宫博物院	馮恕舊藏

序號	器名	字數	時代	著録	出土地	現藏地	備註
10600	伯壺蓋	28	西周中期	集成 9702	1984 年陝西灃西	考古研究所	
10601	陳璋方壺	29	戰國後期	集成 9703 三代 12.24.1—3 歐精華 3.213 山東存齊22.3—5 美集録 R433h 大系録 261 彙編 4.225		美國費城賓省大學博物館	陳介祺舊藏
10602	㠱公壺	29	春秋	集成 9704 薛氏 116.2 大系録 236.1			
10603	蔡公子湯叔壺	29（又重文 2）	春秋後期	近出 970 中國文字新廿二期（抽印本）151—164 頁			1989 年某收藏家私有；1990 年 10—12 月香港市政局及香港東方陶瓷學會聯合舉辦中國古代與鄂爾多斯青銅器展覽展出；曾見於《青銅器聚英》圖 33
10604	番匊生壺	30（又重文 2）	西周中期	集成 9705 三代 12.24.5 貞松 7.32.1 希古 5.7 小校 4.92.1 尊古 2.30 大系録 130 布倫戴奇 Fig56 彙編 4.217 綜覽 303 頁壺 77		美國舊金山亞洲藝術博物館布倫戴奇藏品	黄濬舊藏

序號	器名	字數	時代	著録	出土地	現藏地	備註
10605	孫叔師父壺	30(又重文1)	春秋	集成9706 青山莊39 日精華4.301 彙編4.216		日本東京根津美術館	
10606	安邑下官壺	33	戰國後期	集成9707 文物1975年6期72頁圖5.6 度量衡附録2	陝西咸陽塔兒坡	咸陽市博物館	
10607	冶仲考父壺	35(又重文2)	春秋前期	集成9708 考古圖4.53.2 博古12.14.2 薛氏108.2 嘯堂41.3			郭伯時舊藏
10608	公子土折壺	37(又重文2)	春秋後期	集成9709 文物1972年5期圖版5:2	1963年山東臨朐縣楊善村	山東省博物館	
10609	曾姬無卹壺	39	戰國	集成9710 三代12.25.1 善齋4.56 小校4.92.2 善彝105 故圖下下286左 彙編4.168 大系録181.1	1932年安徽壽縣朱家集李三孤堆墓葬	臺北"中央博物院"	劉體智舊藏
10610	曾姬無卹壺	39	戰國	集成9711 三代12.25.2 善齋4.54 小校4.92.3 善彝104 大系録181.2 故圖下下286右 彙編4.169	1932年安徽壽縣朱家集李三孤堆墓葬	臺北"中央博物院"	劉體智舊藏

序號	器名	字數	時代	著録	出土地	現藏地	備註
10611	曾伯陭壺	39(又重文2、蓋器同銘)	春秋	集成9712 三代12.26.1—12.27.2 貞松7.32.2—33 故宫5期 山東存曾3—4 大系録208 故宫下上144		臺北"故宫博物院"	清宫舊藏
10612	晋侯𩁹馬壺	39(又重文2)	西周晚期	近出971 文物1995年7期6—23頁	1994年5—10月山西省曲沃縣曲村鎮北趙村天馬—曲村遺址M33	山西省考古研究所	
10613	晋侯𩁹馬壺蓋	39(又重文2,蓋器同銘)	西周晚期	近出972 文物1995年7期6—23頁	1994年5—10月山西省曲沃縣曲村鎮北趙村天馬—曲村遺址M91:57	山西省考古研究所	
10614	殳季良父壺	40(又重文2)	西周晚期	集成9713 三代12.28.2 筠清4.41.1—2 攈古3.1.17.1—2 愙齋14.13.1 綴遺13.14.2 奇觚18.13.2 周金5.40.2 小校4.93.2		上海博物館	素夢蟾、潘祖蔭舊藏
10615	史懋壺	41	西周中期	集成9714 三代12.28.1 從古1.6.1 攈古3.1.18 愙齋14.13.2 綴遺13.7.2 周金5.40 小校4.93.1 大系録80.3		上海博物館	

序號	器名	字數	時代	著録	出土地	現藏地	備註
10616	杕氏壺	41	春秋後期	集成 9715 三代 12.27.3—5 貞松 7.34 歐精華 3.207 大系録 266		德國柏林國立博物館東洋美術部	《集成》第 15 册 P258 漏器名"杕氏壺"
10617	洍其壺	43(又重文 2 蓋 8 器 37)	西周中期	集成 9716 陝圖 70 彙編 4.178	1949 年前陝西岐山縣任家村	陝西省博物館	
10618	洍其壺	43(又重文 2,蓋 8 器 37)	西周中期	集成 9717 美集録 R485 布倫戴奇 Fig59 彙編 4.177	1949 年前陝西岐山縣任家村	美國舊金山亞洲藝術博物館布倫戴奇藏品	盧芹齋舊藏
10619	鼪史𡱁壺	44(又重文 2)	西周晚期	集成 9718	陝西藍田縣栗峪村	藍田縣博物館	
10620	令狐君嗣子壺	46(又重文 3)	戰國後期	集成 9719 三代 12.29.1—3 大系録 278 賸稿 21 彙編 4.147	河南洛陽金村	加拿大多倫多皇家安大略博物館	
10621	令狐君嗣子壺	46(又重文 3)	戰國後期	集成 9720 三代 12.28.3—5 美集録 R430 彙編 4.148	河南洛陽金村	中國歷史博物館	原流散美國紐約,1948 年歸清華大學
10622	幾父壺	55(又重文 2)	西周中期	集成 9721 齊家村 3 陝青 2.134	1960 年陝西扶風縣齊家村	陝西省博物館	
10623	幾父壺	55(又重文 2)	西周中期	集成 9722 齊家村 4 陝青 2.135 文物 1961 年 7 期 60 頁	1960 年陝西扶風縣齊家村	陝西省博物館	

序號	器名	字數	時代	著録	出土地	現藏地	備註
10624	十三年㾓壺	56(蓋器同銘)	西周中期	集成9723 文物1978年3期10頁圖13 陝青2.30	1976年陝西扶風縣莊白村白家莊窖藏	周原博物館	
10625	十三年㾓壺	56(蓋器同銘)	西周中期	集成9724 陝青2.29	1976年陝西扶風縣莊白村白家莊窖藏	周原博物館	
10626	伯克壺	56(又重文2)	西周晚期	集成9725 考古圖4.40 博古6.32 薛氏103 嘯堂25.3 大系録93.1	《考古圖》:得於岐山		王仲至舊藏
10627	三年㾓壺	60	西周中期	集成9726 文物1978年3期11頁圖16 陝青2.31	1976年陝西扶風縣莊白村白家莊窖藏	周原博物館	
10628	三年㾓壺	60	西周中期	集成9727 陝青2.32	1976年陝西扶風縣莊白村白家莊窖藏	周原博物館	
10629	曶壺蓋	100(又重文2)	西周中期	集成9728 三代12.29.4—5 貞補上39.2—40.1—2 小校4.94.2 善齋5.57 尊古2.31 善彝103 故圖下下278 大系録84 彙編3.45		臺北"中央博物院"	劉體智舊藏

序號	器名	字數	時代	著録	出土地	現藏地	備註
10630	洹子孟姜壺	存135字	春秋	集成9729 三代12.33.1—2 兩罍4.2.1—4.3.2 筠清2.24.2—26.1 窓齋14.2.1—3.1 從古10.17.1—20.2 攈古3.3.23.1—24.2 周金5.37.1 綴遺13.22.1—23.1 小校4.100.1—2 大系録256 彙編2.24		中國歷史博物館	阮元、吴雲舊藏
10631	洹子孟姜壺	143	春秋	集成9730 三代12.34.1—2—35.1 兩罍5.2.1—5.3.1 筠清2.37.1—39.1 懷米下16 從古10.25.1—28.1 窓齋14.4.2—5.2 攈古3.3.26.1—27.1 綴遺13.27.1—28.2 周金5.36.1 奇觚18.16.2—17.2 彙編2.23 上海75 小校4.101.1—2 大系録255		上海博物館	吴雲、曹秋舫舊藏

序號	器名	字數	時代	著録	出土地	現藏地	備註
10632	頌壺	149(又重文2)	西周晚期	集成9731 三代12.30.1—12.31.2 貞松7.34.3—37.2 小校4.98—99 武英88.2—91 大系録57 故圖下下280		臺北"中央博物院"	河北承德避暑山莊舊藏
10633	頌壺蓋	149(又重文1)	西周晚期 12.32.1—2	集成9732 三代12.32.1—2 攈古3.3.1.1—3.1 從古11.12.1—14.1 積古5.12.1—14.2 愙齋4.10.2—121 奇觚18.14.2—16.1 周金5.391—4 小校4.97 大系録56			《集成》目録中字數爲"150";趙之琛、錢水西、莫遠湖舊藏
10634	庚壺	存170(又重文2)	春秋後期	集成9733 西甲16.9 録遺232.1—2 大系録250 故圖上上151 故宫季刊16卷3期		臺北"故宫博物院"	清宫舊藏;《集成》目録中字數爲"173"
10635	好蚉壺	199(又重文5)	戰國後期	集成9734 文物1979年1期12頁圖14	1977年河北平山縣中山王墓	河北省文物研究所	
10636	中山王譻方壺	447(又重文2)	戰國後期	集成9735 文物1979年1期19—22頁圖21—24	1977年河北平山縣中山王墓	河北省文物研究所	

二十五、罍

序號	器名	字數	時代	著録	出土地	現藏地	備註
10637	並罍	1	商代後期	集成 9736		故宫博物院	
10638	𦣞罍	1	西周早期	集成 9737 西清 12.4			清宫舊藏
10639	[illegible]罍	1	商代後期	集成 9738 日精華 1.21 白鶴撰 14 綜覽 290 頁罍 18		日本神户白鶴美術館	《集成》説明和目録中器名誤"毌罍"
10640	何罍	1	商代後期	集成 9739 懷履光(1956)83 頁 4	傳河南安陽市郭家灣北地	加拿大多倫多皇家安大略博物館	懷履光舊藏
10641	史方罍	1	西周早期	集成 9740 文物 1977 年 12 期 29 頁圖 19	1974 年遼寧喀左縣山灣子窖藏	朝陽地區博物館	
10642	[illegible]罍	1	商代後期	集成 9741 録遺 207			《集成》目録中器名誤爲"[illegible]鐖"
10643	得罍	1(蓋器同銘)	商代後期	集成 9742 三代 11.39.1—2 貞松 7.21.1—2 希古 5.8.1 小校 4.69.1—2	傳河南洛陽		
10644	㚔罍	1	商代後期	集成 9743 寧樂譜 5 綜覽 290 頁罍 15		日本奈良寧樂美術館	
10645	[illegible]罍	1	商代後期	集成 9744		故宫博物院	
10646	[illegible]罍	1	商代後期	集成 9745		故宫博物院	
10647	[illegible]罍	1	商代後期	集成 9746		故宫博物院	
10648	鳶罍	1	商代後期	集成 9747 美集録 R480	傳河南安陽市	美國紐約納爾遜美術陳列館布恰德藏品	
10649	[illegible]罍	1	商代後期	集成 9748		上海博物館	

序號	器名	字數	時代	著録	出土地	現藏地	備註
10650	[illegible]罍	1	商代後期	集成 9749 三代 11.39.3 鄴二上 37			
10651	貯罍	1	商代後期	集成 9750		故宫博物院	
10652	[illegible]罍	1	商代後期	集成 9751		故宫博物院	
10653	戈罍	1	商代後期	集成 9752 三代 11.39.7 愙齋 13.6.1 殷存上 19.4 續殷下 67.1 小校 5.1.5			
10654	戈罍	1	商代後期	集成 9753			
10655	戈罍	1	西周早期	集成 9754 綜覽 294 頁罍 60		日本奈良寧樂美術館	
10656	戈罍	1（兩耳内同銘）	商代後期	集成 9755		故宫博物院	
10657	[illegible]罍	1	商代後期	集成 9756 三代 11.39.8 攈古 1.1.13.1 綴遺 26.3		上海博物館	瞿中溶舊藏
10658	[illegible]罍	1	西周早期	集成 9757 文物 1974 年 11 期 89 頁圖 23 陝青 3.96	1972 年陝西扶風縣北橋村	扶風縣博物館	
10659	耒罍	1	西周中期	集成 9758 考古與文物 1984 年 1 期 66 頁圖 1：3	1967 年陝西長安縣馬王村窖藏	長安縣文化館	
10660	周罍	1	西周早期	集成 9759 陝青 4.39	1970 年陝西寶鷄市茹家莊	寶鷄市博物館	
10661	[illegible]罍	1（蓋器同銘）	西周早期	集成 9760 美集録 R283a、b 歐精華 47 綜覽 292 頁罍 38		美國聖路易市美術博物館	

序號	器名	字數	時代	著録	出土地	現藏地	備註
10662	爰罍	1	商代後期	近出973 考古學報1991年3期333—342頁	1984年10—11月河南省安陽市戚家莊東269號墓	河南省安陽市文物工作隊	
10663	融罍	1	商代後期	近出974 海岱考古第一輯256—266頁	1986年春山東省青州市蘇埠屯墓葬M8:10	山東省青州市博物館	
10664	武方罍	1	商代後期	近出975 歐遺珠圖版51		德國柏林東亞藝術博物館	
10665	鳶方罍	1（蓋器同銘）	商代後期	近出976 歐遺珠圖版50		德國慕尼黑國立民間藝術博物館	
10666	丙罍	1	商代後期	近出977 文物1986年11期14頁	1985年1月山西省靈石縣旌介村墓葬M2:45	山西省靈石縣文化局	
10667	丙罍	1	商代後期	近出附60 文物1986年11期14頁	1985年1月山西靈石縣旌介村墓葬M1:32	山西省考古研究所	
10668	亞矣罍	2	西周早期	集成9761 三代11.40.2 貞松7.21	傳河南洛陽		
10669	亞矣罍	2（兩耳同銘）	商代後期	集成9762 三代11.3.7—8 冠斝上31			榮厚舊藏
10670	亞醜罍	2	商代後期	集成9763 三代11.4.1 懷米上8 攈古1.2.69.4 綴遺26.1 敬吾上42.1 殷存上20.12 小校5.3.6			曹秋舫舊藏

序號	器名	字數	時代	著録	出土地	現藏地	備註
10671	亞醜罍	2	商代後期	集成 9764 善彝 106 續殷下 76.3 綜覽 291 頁罍 32			劉體智舊藏
10672	亞醜罍	2（蓋器同銘）	商代後期	集成 9765 日精華 1.19 録遺 208.1—2 彙編 8.1005 綜覽 292 頁罍 34		日本某氏	
10673	亞醜罍	2	商代後期	集成 9766		山東濟南市博物館	
10674	亞醜罍	2（蓋器同銘）	商代後期	集成 9767 三代 11.39.4—5 西清 12.6 澂秋 29 貞松 7.2.3—4 美集録 R136 皮斯柏 Fig47		美國米里阿波里斯博物館皮斯柏藏品	清宫舊藏，後歸陳承裘
10675	亞旁罍	2	西周早期	集成 9768 三代 12.1.9 續殷上 63.8 歐精華 2.130 美集録 R130			英國塞利格曼、美國盧芹齋舊藏
10676	亞止罍	2	商代後期	集成 9769 考古圖 4.44 薛氏 33.1	聞此器在洹水之濱亶甲墓傍得之考古圖		李伯時舊藏
10677	㠱觑罍	2	商代後期	集成 9770 文物 1982 年 9 期 42 頁圖 35	傳 1981 年山東費縣	北京市文物研究所	1981 年北京市文物工作隊從廢銅中揀選出
10678	登弁罍	2	商代後期	集成 9771	遼寧喀左縣小波汰溝墓葬	遼寧省博物館	

序號	器名	字數	時代	著録	出土地	現藏地	備註
10679	羖又罍	2	商代後期	集成 9772 青山莊 12 日精華 1.13 倫敦 PL15.240 彙編 8.1366 綜覽 289 頁罍 8		日本東京根津美術館	
10680	冑甲罍	2	商代後期	集成 9773 文物 1963 年 3 期 45 頁圖 2：6 陝青 1.131	陝西武功縣游鳳鎮霽霑村	武功縣文化館	
10681	𠂤[illegible]方罍	2	商代後期	集成 9774 日精華 1.15 彙編 8.1351			
10682	[illegible]得罍	2（蓋器同銘）	商代後期	集成 9775 日精華 1.16 白鶴撰 13 彙編 8.1374 綜覽 290 頁罍		日本神户白鶴美術館	
10683	車[illegible]罍	2	商代後期	集成 9776 録遺 209.1		故宫博物院	録遺器銘僞，不録
10684	田告罍	2	西周早期	集成 9777 三代 11.40.4 貞松 7.21.4 續殷下 67.5		旅順博物館	
10685	父癸罍	2	西周早期	集成 9778 西拾 14 綜覽 293 頁罍 51			清宫舊藏

序號	器名	字數	時代	著録	出土地	現藏地	備註
10686	癸丁罍	2	商代後期	集成 9779 三代 11.40.3 綴遺 26.3.2 陶續下 7 周金 5.32.2 殷存下 31.5 海外吉 36 泉屋續 172 日精華 1.25		日本京都泉屋博古館	端方、潘祖蔭舊藏
10687	母鼓罍	2（蓋器同銘）	商代後期	集成 9780 文物 1964 年 9 期 55 頁圖 2—3	1964 年河南洛陽市北窰龐家溝村	洛陽市文物工作隊	
10688	婦好方罍	2	商代後期	集成 9781 婦好墓圖 35：4—5	1976 年河南安陽市殷墟婦好墓	考古研究所	
10689	婦好方罍	2	商代後期	集成 9782 婦好墓圖 35：7—8	1976 年河南安陽市殷墟婦好墓	考古研究所	
10690	户姦罍	2	商代後期	集成 9783 美集録 R483 録遺 419			美國紐約杜克氏舊藏
10691	子[illegible]罍	2	西周早期	集成 9784 懷履光(1956)40 頁 5—6 綜覽 296 頁罍形小壺 3		加拿大多倫多皇家安大略博物館	
10692	亞址罍	2	商代後期	近出 978 安陽殷墟郭家莊商代墓葬 80 頁	河南省安陽市殷墟郭家莊 M160：140	中國社會科學院考古研究所	
10693	亞醜罍	2（蓋器同銘）	商代後期	近出 979 海岱考古第一輯 320—324 頁		山東省濟南市博物館	
10694	子媚罍	2	西周早期	近出 980 富士比（1985，12,10　19）			英國倫敦富士比拍賣行曾見

序號	器名	字數	時代	著録	出土地	現藏地	備註
10695	婦妀罍	2	西周早期	近出 981 寶鷄強國墓地(上)113 頁	陝西省寶鷄市竹園溝 7 號墓 M7：332	陝西省寶鷄市博物館	
10696	田父甲罍	3	商代後期	集成 9785 三代 11.40.5—6 貞續中 10.1—2			
10697	[illegible]父乙罍	3	商代後期	集成 9786 三代 11.40.7 續殷下 67.6			
10698	[illegible]父丁罍	3	西周早期	集成 9787 三代 11.40.8 貞續中 10.3 海外吉 37 續殷下 67.7 尊古 2.27 日精華 1.23 泉屋續 173 綜覽 291 頁罍 27		日本京都泉屋博古館	
10699	[illegible]父已罍	3	商代後期	集成 9788 三代 11.41.1 貞續中 10 續殷下 67.8		故宫博物院	
10700	[illegible]父已罍	3	西周早期	集成 9789		北京師範學院歷史系	
10701	疋[illegible]又罍	3	商代後期或西周早期	集成 9790 三代 11.13.4 窓齋 13.24.2 綴遺 17.11.1 奇觚 5.2 續殷上 50.3 小校 5.3.1		上海博物館	此器各家著録均稱尊,《集成》5696 亦誤收入尊類,現據上博器形訂正爲罍
10702	魚罍	存 3	西周早期	集成 9791	1955 年遼寧喀左縣小轉山	遼寧省博物館	河北省博物館舊藏;《集成》目録中字數爲"3"

序號	器名	字數	時代	著録	出土地	現藏地	備註
10703	𩰫見册罍	3	商代後期	集成 9792 録遺 213		故宫博物院	
10704	史作彝方罍	3	西周早期	近出 982 富士比（1973，11,16 6）			英國倫敦富士比拍賣行曾見
10705	亞[illegible][illegible]罍	4	商代後期	集成 9793 三代 11.18.3 懷米上 9 攈古 1.3.21.3 綴遺 26.2.1 敬吾上 42.2 續殷上 55.9 小校 5.13.2 上海 13 彙編 8.1016 綜覽 291 頁罍 25		上海博物館	
10706	亞𠂤玄婦罍	4（蓋 2、兩耳各 2）	商代後期	集成 9794 三代 12.2.1—3 西清 19.14 陶續下 5 續殷上 63.11—12 小校 4.73.5—7 日精華 1.20 彙編 9.1674 綜覽 290 頁罍 11		日本兵庫縣黑川古文化研究所	清宫舊藏，後歸端方
10707	[illegible]侜父乙方罍	4	西周早期	集成 9795 文叢 2.23 頁圖 6 陝青 3.28	1961 年陝西扶風縣張黄村	陝西省博物館	
10708	豖馬父乙罍	4	商代後期	集成 9796 録遺 211 彙編 8.1173		日本奈良寧樂美術館	
10709	豖馬父丁罍	4	商代後期	集成 9797 日精華 1.27 録遺 212 彙編 8.1174 綜覽 290 頁罍 20	傳河南安陽市殷墟墓葬	日本奈良寧樂美術館	

序號	器名	字數	時代	著録	出土地	現藏地	備註
10710	子天父丁罍	4	商代後期	集成 9798		上海博物館	
10711	川子父丁罍	4（兩耳各2）	商代後期	集成 9799		河南武陟縣博物館	
10712	何龠父癸罍	4	西周早期	集成 9800 三代 11.41.2 貞松 7.22.2 善齋 3.41 續殷下 67.9 小校 4.72.8			劉體智舊藏
10713	考母作㷸罍	4	西周早期	集成 9801	1964 年河南洛陽龐家溝 M410	洛陽市文物工作隊	
10714	竟作彝罍	4	西周早期	集成 9802 録遺 214			
10715	作員從彝罍	4（蓋器同銘）	西周早期	集成 9803		上海博物館	
10716	作員從彝罍	4（蓋器同銘）	西周早期	集成 9804		故宫博物院	
10717	父丁罍	4	商代後期	近出 983 文物 1989 年 12 期 91—92 頁	河南省武陟縣寧郭村	河南省武陟縣博物館	
10718	𠂹藺父戊罍	4	西周早期	近出 984 高家堡戈國墓 91 頁	1991 年陝西省涇陽縣興隆鄉高家堡 M4：3	陝西省涇陽縣博物館	
10719	工敟父己罍	4	西周早期	近出 985 考古 1984 年 5 期 413—414 頁 中國文物報 1988 年 4 月 29 日 2 版	1981—1983 年北京琉璃河西周燕國墓地 M1043：1	北京市文物研究所琉璃河考古隊	
10720	作且戊罍	5	西周早期	集成 9805		上海博物館	

序號	器名	字數	時代	著録	出土地	現藏地	備註
10721	㠱且辛罍	5	商代後期	集成 9806 文物 1964 年 4 期 45 頁圖 10	1957 年山東長清縣興復河	山東省博物館	
10722	羖父丁罍	5	商代後期	集成 9807 三代 11.41.4 殷存下 31.7			
10723	朋父庚罍	5	商代後期或西周早期	集成 9808	遼寧朝陽地區小波汰溝墓葬	朝陽地區博物館	
10724	大史罍	5	西周早期	集成 9809 三代 11.19.8 懷米下 10 攈古 1.3.24.1 愙齋 13.17.2 綴遺 26.8.1 周金 5.19 小校 5.18.7			曹秋舫、潘季玉舊藏
10725	[illegible][illegible]父丁罍	6	西周早期	集成 9810 考古 1973 年 4 期 226 頁圖 3：3	1973 年遼寧喀左縣北洞村	喀左縣博物館	
10726	[illegible]父丁罍	6（蓋器同銘）	西周早期	集成 9811 上海 41 彙編 7.710 綜覽 292 頁罍 41		上海博物館	
10727	[illegible]父己罍	6	商代後期	集成 9812 尊古 2.29 歐精華 1.46			
10728	伯罍	6	西周早期	集成 9813 日精華 1.26 彙編 7.709		日本東京長尾美術館	
10729	爯父丁罍	7	西周早期	集成 9814 三代 11.41.5			

序號	器名	字數	時代	著録	出土地	現藏地	備註
10730	中父乙罍	8（蓋器同銘）	西周早期	集成 9815 三代 11.41.6—7 綴遺 26.5.1—2 奇觚 6.30.2 續殷下 68.3 貞補上 34.3；34.1			
10731	陵父日乙罍	9	西周早期	集成 9816 文物 1978 年 3 期 10 頁圖 11 陝青 2.5	1976 年陝西扶風縣莊白村窖藏	扶風縣博物館	
10732	趞父戊罍	9	西周早期	集成 9817 三代 3.17.3 愙齋 6.13 周金 5.31.3 小校 2.49.5	傳陝西		沈衛舊藏
10733	者姛罍	9（蓋器同銘）	商代後期	集成 9818 三代 11.42.1—2		故宫博物院	
10734	者姛罍	9	商代後期	集成 9819 三代 11.42.3			
10735	婦闗罍蓋	10	商代後期	集成 9820 三代 5.8.7 周金 5.30.2 小校 4.78.1 殷存上 9.11		廣東省博物館	各書誤作甗，現據廣東省博物館藏品訂正爲罍
10736	王罍	11	商代後期	集成 9821 三代 11.30.4 懷米上 7 筠清 2.18 攈古 2.2.27.1 綴遺 26.6 小校 5.31.3			曹秋舫舊藏
10737	蘇罍	12（又重文 2）	西周中期	集成 9822 學報 1957 年 1 期 79 頁圖 2：1 五省圖版 33 陝圖 37 頁圖 41	1954 年陝西長安縣普渡村墓葬	陝西省博物館	

序號	器名	字數	時代	著録	出土地	現藏地	備註
10738	乃孫罍	17	商代後期	集成 9823		故宫博物院	
10739	淊御事罍	17(又重文2)	西周中期	集成 9824 陶齋 3.7 小校 4.70.3		故宫博物院	馮恕舊藏
10740	淊御事罍	17(又重文2)	西周中期	集成 9825 三代 11.43.3 綴遺 26.9.2 周金 5.26.1			潘祖蔭舊藏
10741	卅四年工師文罍	17	戰國	近出附 61 中國文物報 1995 年 27 期 3 版	傳甘肅西河縣		1993 年 8 月陝西西安市公安局收繳
10742	對罍	23(又重文2)	西周中期	集成 9826 陝青 3.189 考古與文物 1984 年 1 期 55 頁圖 2:2	1973 年陝西省鳳翔縣勸讀村	鳳翔縣雍城文物管理所	
10743	季姛𩰫罍	24(又重文 2、合文 1)	西周中期	集成 9827		中國歷史博物館	
10744	𦿔兒罍	26(又重文2)	春秋後期	近出 985 考古與文物 1988 年 3 期 75—76 頁	湖北省穀城縣墓葬	湖北省穀城縣文化館	
10745	克罍	43	西周早期	近出 986 考古 1990 年 1 期 25—30 頁	1986 年 10—11 月北京房山區琉璃河墓葬 M1193:168	北京市文物研究所琉璃河考古隊	

二十六、方彝

序號	器名	字數	時代	著録	出土地	現藏地	備註
10746	[illegible]方彝	1	商代後期	集成9828 録遺504 沃森70頁13 綜覽251頁方彝18		英國倫敦不列顛博物館	
10747	[illegible]方彝	1	商代後期	集成9829		中國歷史博物館	《集成》4778卣誤收，與此重出
10748	並方彝	1	商代後期	集成9830 三代6.1.1 白鶴20 綜覽249頁方彝8		日本神户白鶴美術館	
10749	又方彝	1	商代後期	集成9831 古器物研究專刊第五本 綜覽252頁方彝32	河南安陽市西北岡M1022	臺北"中央研究院歷史語言研究所"	
10750	聿方彝	1（蓋器同銘）	商代後期	集成9832 美集録R222a、b	傳1942年河南安陽市		美國紐約康恩氏舊藏
10751	史方彝	1	商代後期	集成9833 日精華4.276 白鶴撰10 綜覽250頁方彝12		日本神户白鶴美術館	
10752	目方彝	1	商代後期	集成9834 弗里爾P204 彙編9.1414 綜覽249頁方彝7		美國華盛頓弗里爾美術博物館	
10753	耳方彝	1（蓋器同銘）	商代後期	集成9835 綜覽253頁方彝33			

序號	器名	字數	時代	著録	出土地	現藏地	備註
10754	鳶方彝	1	商代後期	集成 9836 韋森 PL14,15 彙編 9.1681 綜覽 252 頁方彝 24 歐遺珠圖版 41		瑞典斯德哥爾摩遠東古物館 韋森氏藏品	
10755	鼎方彝	1	商代後期	集成 9837 上海 14 銅器選 18		上海博物館	
10756	車方彝	1(蓋器同銘)	商代後期	集成 9838 巖窟上 20 録遺 505.1—2		故宫博物院	
10757	朷方彝	1	商代後期	集成 9839 三代 4.6.3 續殷 534.5		故宫博物院	此器《集成》10490 收入“類别不明之器”,現據故宫藏器訂正
10758	戈方彝	1	商代後期	集成 9840 三代 6.2.10		旅順博物館	
10759	戈方彝	1(蓋器同銘)	商代後期	集成 9841 薩克勒(1987)PL79		美國紐約薩克勒氏	
10760	叔方彝	1(蓋器同銘)	西周早期	集成 9842 西甲 6.31 故圖下上 119		臺北“故宫博物院”	清宫舊藏
10761	[illegible]方彝	1	商代後期	集成 9843 鐃齋 2 録遺 503 綜覽 253 頁方彝 34		德國科隆東洋博物館	德國艾克氏舊藏
10762	[illegible]方彝	1(蓋器同銘)	商代後期	集成 9844 賸稿圖 34 歐精華 1.44 美集録 R277a、b		美國紐約大都會美術博物館	美國紐約何母斯舊藏

序號	器名	字數	時代	著録	出土地	現藏地	備註
10763	鼎方彝	1（蓋器同銘）	商代後期	近出988 富士比(1990,6,12　7)			英國倫敦富士比拍賣行曾見
10764	旝方彝	1	商代後期	近出989 歐遺珠圖版44		瑞士蘇黎世利特堡博物館	
10765	㚔方彝	1	商代後期	近出990 歐遺珠圖版43 富士比（1989,12,12　8）			英國倫敦富士比拍賣行曾見
10766	爰方彝	1（蓋器同銘）	商代後期	近出附62 考古學報1991年3期333—342頁	1984年10—11月河南安陽市戚家莊東269號墓	河南安陽市文物工作隊	
10767	亞矣方彝	2（蓋器同銘）	商代後期	集成9845 三代11.3.5—6 殷存上21.1—2 小校5.4.1—2 美集録R140		加拿大多倫多皇家安大略博物館	潘祖蔭舊藏
10768	亞舟方彝	2	商代後期	集成9846 沃森70頁15			
10769	亞啓方彝	2（蓋器同銘）	商代後期	集成9847 學報1977年2期65頁圖5.15 婦好墓圖37.1—2 河南1.145	1976年河南安陽殷墟婦好墓	中國歷史博物館	
10770	亞醜方彝	2（蓋器同銘）	商代後期	集成9848 三代6.6.8 弗里爾（1967）210頁 彙編8.1004 綜覽253頁方彝39		美國華盛頓弗里爾美術博物館	
10771	亞醜方彝	2	商代後期	集成9849 西清14.2			清宫舊藏

序號	器名	字數	時代	著録	出土地	現藏地	備註
10772	亞觥方彝	2	商代後期	集成 9850 三代 6.6.9 西清 14.3 貞松 4.26.4 故宫 31 期 故圖下上 118		臺北“故宫博物院”	清宫舊藏
10773	亞獸方彝	2（蓋器同銘）	商代後期	集成 9851 綜覽 251 頁方彝 17 薩克勒(1987)78		美國紐約薩克勒氏	
10774	亞羲方彝	2	商代後期	集成 9852		故宫博物院	頤和園舊藏
10775	亞又方彝	2	商代後期	集成 9853 三代 6.9.6 鄴初上 15 續殷上 36.4 柯爾 42 頁 綜覽 252 頁方彝 27			英國柯爾氏舊藏
10776	亞弜方彝	2	商代後期	集成 9854 鄴二上 12 使華 8 綜覽 250 頁方彝 13	傳河南安陽		德國陶德曼氏舊藏
10777	方彝	2	商代後期	集成 9855 猷氏 Fig21 綜覽 752 頁方彝 31			英國猷氏舊藏
10778	鄉宁方彝	2	商代後期	集成 9856 日精華 4.277 綜覽 249 頁	傳河南殷墓	美國舊金山亞洲藝術博物館布倫戴奇藏品	日本神户白鶴美術館舊藏
10779	鄉宁方彝	2	商代後期	集成 9857 美集録 R33 皮斯柏 Fig45 綜覽 250 頁方彝 11		美國米里阿波里斯美術館皮斯柏藏品	

序號	器名	字數	時代	著録	出土地	現藏地	備註
10780	鄉宁方彝	2（蓋器同銘）	商代後期	集成9858 鄴三上21 綜覽249頁方彝6		美國舊金山亞洲藝術博物館布倫戴奇藏品	
10781	㢊辰方彝	2（蓋器同銘）	西周早期	集成9859 西清14.19			清宫舊藏
10782	角彳方彝	2	商代後期	集成9860 薛氏18.2			
10783	婦好方彝	2	商代後期	集成9861 學報1977年2期65頁圖5.15 婦好墓圖34.3	1976年河南安陽殷墟婦好墓	考古研究所	
10784	婦好方彝	2	商代後期	集成9862 學報1977年2期65頁圖5.8 考古1977年3期153頁圖3.3 婦好墓圖34.1 河南1.144 殷墟青銅器圖46.7	1976年河南安陽市殷墟婦好墓	考古研究所	
10785	婦好方彝	2	商代後期	集成9863 婦好墓圖34.2 殷墟青銅器圖46.1	1976年河南安陽市殷墟婦好墓	考古研究所	
10786	婦好方彝	2	商代後期	集成9864	1976年河南安陽市殷墟婦好墓	考古研究所	
10787	子蝠方彝	2（蓋器同銘）	西周早期	集成9865 三代11.5.1—2 愙齋13.19.4 殷存上21.4—5 小校5.5.5—6 美集録R122 綜覽253頁方彝35		美國哈佛大學福格美術館	潘祖蔭舊藏

序號	器名	字數	時代	著録	出土地	現藏地	備註
10788	亞矣方彝	2	商代後期	近出 991 富士比(1971,3,2 50)			英國倫敦富士比拍賣行曾見
10789	秝方彝	2	商代後期	近出 992 富士比(1970,11,17 25) 歐遺珠圖版 42			英國倫敦富士比拍賣行、英國倫敦埃斯肯納齊拍賣行曾見
10790	[illegible]父乙方彝	3(蓋器同銘)	西周早期	集成 9866 彙編 8.1128 綜覽 253 頁方彝 36		美國聖路易市美術博物館	
10791	[illegible]父庚方彝	3	商代後期	集成 9867		上海博物館	
10792	北單戈方彝	3	商代後期	集成 9868 薩克勒(1987)77		美國紐約薩克勒氏	
10793	[illegible][illegible]耒方彝	3	商代後期	集成 9869 美集録 R227 歐精華 1.42			美國紐約穆爾氏舊藏
10794	子廟圖方彝	3	商代後期	集成 9870 故圖下下 241		臺北"中央博物院"	
10795	旅止[illegible]方彝	3	商代後期	近出 993 考古 1998 年 10 期 40 頁	1995 年河南省安陽市郭家莊東南 26 號墓 M26:35	中國社會科學院考古研究所安陽工作隊	
10796	聑曰父乙方彝	4	商代後期	集成 9871 鄴二上 11			
10797	豕馬父丁方彝	4	商代後期	集成 9872 録遺 506			

序號	器名	字數	時代	著録	出土地	現藏地	備註
10798	母[illegible][illegible]帚方彝	4(蓋器同銘)	商代後期	集成 9873 三代 11.16.2 筠清 2.23.1—2 攈古 12.76.1—2 窓齋 13.15.1—2 綴遺 17.20.2—3 殷存上 23.3 續殷上 57.3—4 小校 5.15.5—6 敬吾下 38 周金 3 補 綜覽 252 頁方彝 28		美國紐約索思比拍賣行	
10799	[illegible]癸乙[illegible]方彝	4	商代後期	集成 9874 鄴三上 22 綜覽 2249 頁方彝 2			
10800	王生女叙方彝	4(蓋器同銘)	商代後期	近出 994 故宫青銅器 96 頁		故宫博物院	吴秀源先生捐贈
10801	井叔方彝	5(蓋器同銘)	西周早期	集成 9875 文物 1990 年 7 期 32—33 頁	陝西長安縣張家坡 M170	考古研究所	
10802	伯豐方彝	5(蓋器同銘)	西周早期	集成 9876 美集録 R322、323			美國紐約伏克氏
10803	册𦓤且癸方彝	6	商代後期	集成 9877		上海博物館	
10804	[illegible]宖父戊方彝	6	商代後期	集成 9878 録遺 507		上海博物館	
10805	[illegible]宖父戊方彝	6	商代後期	集成 9879 録遺 508		上海博物館	

序號	器名	字數	時代	著録	出土地	現藏地	備註
10806	𠬝子方彝	6（蓋器同銘）	西周中期	集成 9880 三代 6. 36. 4（器） 海外銅 26 美集録 R332 藝展 247 頁 PL5 上右 柏景寒 151 頁下	傳河南洛陽	美國芝加哥美術館	美國柏景寒氏舊藏
10807	𠬝子方彝	6（蓋器同銘）	西周中期	集成 9881 青山莊 18 綜覽 254 頁方彝 42		日本東京根津美術館	
10808	仲追父方彝	6	西周中期	集成 9882 三代 6. 35. 8 貞松 4. 42. 4			張廣建舊藏
10809	[illegible]方彝蓋	8	商代後期	集成 9883 湖南省文物圖録圖版 6 湖南省博物館 19	1922 年湖南桃源縣漆家河	湖南省博物館	
10810	匽父辛方彝	8	西周中期	集成 9884 三代 6. 41. 5 懷米上 11 攈古 2. 1、25. 3 綴遺 17. 24. 1			曹秋舫舊藏
10811	匽父辛方彝	8	西周中期	集成 9885 三代 6. 41. 3—4 長安 1. 13 攈古 2. 1. 25. 4—26. 1 愙齋 19. 16. 2—3 綴遺 17. 24. 2—3 殷存上 25. 6—7 小校 5. 25. 7—8 海外吉 96 泉屋 1. 27 日精華 4. 281		日本京都泉屋博古館	

序號	器名	字數	時代	著録	出土地	現藏地	備註
10812	亞若癸方彝	10(蓋器同銘)	商代後期	集成9886 蘇黎世 Fig24 彙編 8. 1028 綜覽 252 頁方彝29		瑞士蘇黎世瑞列堡博物館	
10813	亞若癸方彝	10(蓋器同銘)	商代後期	集成9887 三代 11. 26. 4—5 西清 13. 4 愙齋 13. 3. 3;13. 4. 2 綴遺 16. 8 續殷上 59. 4;59. 6 小校 5. 29. 5—6 美集録 R137a—b		美國舊金山亞洲藝術博物館布倫戴奇藏品	潘祖蔭舊藏
10814	叔䲔方彝	12(蓋器同銘)	西周早期	集成9888 文物 1962 年 1 期 56 頁 文叢(三)45 頁圖 18	河南洛陽馬坡	洛陽市博物館	
10815	𢾊䣙方彝	12(又重文2)	西周早期	集成9889 録遺 509 布倫戴奇 Fig46		美國舊金山亞洲藝術博物館布倫戴奇藏品	
10816	企方彝蓋	12	西周早期	近出 995 考古 1989 年 1 期 10—18 頁	1986 年 8 月河南省信陽縣浉河港鄉浉河灘	河南省信陽市文物管理委員會	
10817	𠃧父癸方彝蓋	17	商代後期	集成9890 三代 11. 32. 4 從古 6. 13 攈古 2. 2. 61. 2 愙齋 13. 13 綴遺 17. 27 敬吾上 46 周金 5. 9. 1 小校 5. 34. 4			張廷濟舊藏

序號	器名	字數	時代	著録	出土地	現藏地	備註
10818	文考日已方彝	18(又重文2)(蓋器同銘)	西周中期	集成9891 考古1963年8期414頁圖2.2 陝青2.120	1963年陝西扶風縣齊家村窖藏	扶風縣博物館	
10819	[illegible]方彝	31(蓋器同銘)	西周早期	集成9892 美集録R284(器) 録遺510.1—2 綜覽309頁方壺8		美國波士頓博物館	
10820	井侯方彝	35(又重文2)(蓋器同銘)	西周早期	集成9893 西清13.10 大系録20			清宫舊藏
10821	戍鈴方彝	37(又合文1)	商代後期	集成9894 博古圖8.15 薛氏22.2 嘯堂28			《集成》目録和説明中器名誤爲“戊鈴方彝”
10822	折方彝	42(蓋器同銘)	西周早期	集成9895 陝青2.16	1976年陝西扶風縣莊白一號窖藏	周原博物館	
10823	齊生魯方彝蓋	46(又重文2)	西周	集成9896 考古與文物1984年5期12頁圖5.1	1981年陝西岐山縣流龍嘴村	岐山縣博物館	
10824	師遽方彝	66(蓋器同銘)	西周中期	集成9897 三代11.37.2—3 愙齋13.9 綴遺18.24 周金3.103.1—2 大系録70 小校5.39.3 上海58		上海博物館	丁燮柔舊藏

序號	器名	字數	時代	著録	出土地	現藏地	備註
10825	吴方彝蓋	101（又合文1）	西周中期	集成9898 三代6.56.1 積古5.34 攈古3.2.20 窸齋13.8 綴遺18.29 奇觚5.19.1（又17.16.1重出） 周金3.101.1 大系録58 小校7.51.2		上海博物館	
10826	盠方彝	106（又合文1）（蓋器同銘）	西周中期	集成9899 學報1957年2期圖版6—7 陝圖54 陝青3.196	1956年陝西郿縣李村窖藏	中國歷史博物館	
10827	盠方彝	106（又合文1）（蓋器同銘）	西周中期	集成9900 學報1957年2期圖版4 陝圖55 陝青3.197	1956年陝西郿縣李村窖藏	陝西省博物館	
10828	夨令方彝	185（又重文2，蓋器同銘）	西周早期	集成9901 三代6.56.2—57 貞松4.48 大系録2—3 小校7.53 賸稿36甲乙 美集録R315（蓋） 歐精華1.10—11 弗里爾（1967）Fig22	傳1922年河南洛陽馬坡	美國華盛頓弗里爾美術博物館	

二十七、勺

序號	器名	字數	時代	著録	出土地	現藏地	備註
10829	子勺	1	商代後期	集成 9902 懷履光(1956)40 頁圖 7	傳河南安陽大司空村	加拿大多倫多皇家安大略博物館	懷履光購於開封
10830	[illegible]勺	1	商代後期	集成 9903 三代 18.26.4 貞圖中 44 小校 9.99.1			羅振玉舊藏
10831	又勺	1	商代後期	集成 9904 古器物研究專刊第五本圖版 4 録遺 523	河南安陽西北岡 M1400	臺北"中央研究院歷史語言研究所"	
10832	鳶勺	1	商代後期	集成 9905 巖窟上 65			梁上椿舊藏
10833	[illegible]勺	1	商代後期	集成 9906		中國歷史博物館	
10834	[illegible]勺	1	商代後期	集成 9907 録遺 524			
10835	冊勺	1	商代後期	集成 9908		故宫博物院	
10836	[illegible]勺	2	商代後期	集成 9909		上海博物館	
10837	亞弜勺	2	商代後期	集成 9910 三代 18.27.4 十二契 29 續殷下 78.3 雙吉上 50	傳河南安陽		商承祚、于省吾舊藏
10838	亞舟勺	2	商代後期	集成 9911 鏡齋(1944)15 綜覽 354 頁斗 23 歐遺珠圖版 54		巴黎基美博物館	德國艾克氏、德國科隆東洋博物館舊藏;《歐遺珠》定此器爲"斗"
10839	亞其勺	2	商代後期	集成 9912		故宫博物院	

序號	器名	字數	時代	著録	出土地	現藏地	備註
10840	聑[illegible]勺	2	商代後期	集成 9913 三代 18.27.3 鄴初上 32 頌續 96 衡齋上 7			梁上椿、容庚舊藏
10841	𢍰子勺	2	商代後期	集成 9914 録遺 525			
10842	責弘勺	2	商代後期	集成 9915 三代 17.24.7 續殷下 76 上海 16 彙編下 76		上海博物館	
10843	婦好勺	2	商代後期	集成 9916 學報 1977 年 2 期 65 頁圖 5.6 婦好墓圖 60.1 河南 1.170 下左	1976 年河南安陽殷墟婦好墓	考古研究所	
10844	婦好勺	2	商代後期	集成 9917 婦好墓圖 60.2	1976 年河南安陽市殷墟婦好墓	考古研究所	
10845	婦好勺	2	商代後期	集成 9918 婦好墓圖 60.3	1976 年河南安陽市殷墟婦好墓	考古研究所	
10846	婦好勺	2	商代後期	集成 9919 婦好墓圖 60.4	1976 年河南安陽市殷墟婦好墓	考古研究所	
10847	婦好勺	2	商代後期	集成 9920 婦好墓圖 60.5	1976 年河南安陽市殷墟婦好墓	考古研究所	
10848	婦好勺	2	商代後期	集成 9921 婦好墓圖 60.6	1976 年河南安陽市殷墟婦好墓	考古研究所	
10849	婦好勺	2	商代後期	集成 9922 婦好墓圖 60.7	1976 年河南安陽市殷墟婦好墓	考古研究所	

序號	器名	字數	時代	著録	出土地	現藏地	備註
10850	婦好勺	2	商代後期	集成 9923 婦好墓圖 60.8 河南 1.170 右	1976 年河南安陽市殷墟婦好墓	考古研究所	
10851	左使車勺	5	戰國後期	集成 9924	1977 年河北平山縣中山王墓	河北省文物研究所	
10852	左使車勺	5	戰國後期	集成 9925 文字編 129 頁	1977 年河北平山縣中山王墓	河北省文物研究所	
10853	左使車勺	5	戰國後期	集成 9926 文字編 129 頁	1977 年河北平山縣中山王墓	河北省文物研究所	
10854	曾侯乙勺	7	戰國前期	集成 9927	1978 年湖北隨縣曾侯乙墓	湖北省博物館	
10855	曾侯乙勺	7	戰國前期	集成 9928	1978 年湖北隨縣曾侯乙墓	湖北省博物館	
10856	曾侯乙勺	7	戰國前期	集成 9929	1978 年湖北隨縣曾侯乙墓	湖北省博物館	
10857	曾侯乙勺	7	戰國前期	集成 9930	1978 年湖北隨縣曾侯乙墓	湖北省博物館	
10858	秦苛膽勺	7	戰國後期	集成 9931 三代 18.27.5 十二尊 27 楚器 2 小校 9.99.5	1933 年安徽壽縣朱家集墓葬	中國歷史博物館	原北平圖書館舊藏
10859	秦苛膽勺	7	戰國	集成 9932 三代 18.27.6 雙吉上 5 十二尊 28 大系録 184 小校 9.99.4 頌續 97	1933 年安徽壽縣朱家集墓葬	中國歷史博物館	于省吾、容庚、原北平圖書館舊藏

序號	器名	字數	時代	著録	出土地	現藏地	備註
10860	十三年勺	8	戰國後期	集成 9933	1977 年河北平山縣中山王墓	河北省文物研究所	
10861	十三年勺	8	戰國後期	集成 9934	1977 年河北平山縣中山王墓	河北省文物研究所	
10862	伯公父勺	14	西周晚期	集成 9935 文物 1978 年 11 期 9 頁圖 13 右 陝青 3.93 右	1976 年陝西扶風縣雲塘村窖藏	周原博物館	
10863	伯公父勺	14	西周晚期	集成 9936 文物 1978 年 11 期 9 頁圖 13 左 陝青 3.93 左	1976 年陝西扶風縣雲塘村窖藏	周原博物館	

二十八、梧

序號	器名	字數	時代	著録	出土地	現藏地	備註
10864	甘斿子梧	2（又合文1）	戰國後期	集成9937 海外吉圖126 周漢遺寶圖43	傳河南洛陽		日本東京細川護立氏舊藏
10865	沃都梧	2	戰國後期	集成9938 録遺526		中國歷史博物館	
10866	脩武府梧	3（耳、底同銘）	戰國後期	集成9939 文物1975年6期74頁圖11	陝西咸陽塔兒坡	咸陽市博物館	
10867	冢十六梧	4	戰國後期	集成9940 三代18.26.3 陶齋5.3.1 小校9.103.4			端方舊藏
10868	邢叔梧	6	西周中期	近出1048 文物1990年7期32—33頁	1984—1985年陝西省長安縣張家坡邢叔家族墓地M165	陝西省考古研究所	
10869	丁之十耳梧	9	戰國後期	近出1047 文物1997年6期20—21頁	1992年山東省臨淄市商王村M1：112—②	山東省臨淄市博物館	

二十九、甗

序號	器名	字數	時代	著録	出土地	現藏地	備註
10870	[illegible]甗	1（蓋器同銘）	商代後期	集成 9941 録遺 515.1—2		故宫博物院	《集成》3002將此器誤收爲簋，現據故宫藏器訂正
10871	[illegible]甗	1	商代後期	集成 9942 學報 1979 年 1 期 83 頁圖 60.11 殷墟青銅器圖 73.15	1969—1977 年河南安陽殷墟西區墓葬（M355）	考古研究所安陽工作站	
10872	矦甗	1	商代後期	集成 9943 三代 18.19.4 鄴初上 30			
10873	車甗	1	商代後期	集成 9944		故宫博物院	
10874	[illegible]甗	1	商代後期	集成 9945		上海博物館	
10875	戈甗	1	商代後期	集成 9946 布倫戴奇 Fig13 彙編 9.1535		美國舊金山亞洲藝術博物館布倫戴奇藏品	
10876	爯甗	1	商代後期	集成 9947 考古 1976 年 1 期 93 頁圖 5.6 陝青 1.23	1973 年陝西岐山縣賀家村一號墓	陝西省博物館	
10877	右甗	1	西周早期	近出 1028 高家堡戈國墓 91 頁	1991 年陝西省涇陽縣興隆鄉高家堡 M4：8	陝西省涇陽縣博物館	
10878	亞矣甗	2	商代後期	集成 9948 青山莊 11 日精華 1.5	傳河南安陽西北岡大墓	日本東京根津美術館	
10879	[illegible]興甗	2	商代後期	集成 9949 三代 18.19.5 雙吉上 22	傳河南安陽		于省吾舊藏

序號	器名	字數	時代	著録	出土地	現藏地	備註
10880	戈[illegible]瓿	2	商代後期	集成 9950 學報 1979 年 1 期 83 頁圖 60.7	1969—1977 年河南安陽殷墟西區墓葬(M613)	考古研究所安陽工作站	
10881	弔龜瓿	2	商代後期	集成 9951 癡庵 23			李泰棻舊藏
10882	婦好瓿	2	商代後期	集成 9952 婦好墓圖 35.2 學報 1977 年 2 期 65 頁圖 5.16 考古 1977 年 3 期 153 頁圖 3.1 殷虚青銅器圖 47.3	1976 年河南安陽殷墟婦好墓	考古研究所	
10883	婦好瓿	2	商代後期	集成 9953 婦好墓圖 35.3	1976 年河南安陽殷墟婦好墓	中國歷史博物館	
10884	癸[illegible]瓿	2	商代後期	集成 9954		故宫博物院	
10885	羖又瓿	2	商代後期	集成 9955 美集録 R500 賽爾諾什 154 頁		法國巴黎賽爾諾什博物館	
10886	亞[illegible][illegible]瓿	3	商代後期	集成 9956 三代 18.19.6 冠斝中 4			榮厚舊藏;《集成》第 16 册此器器名誤寫成 2 字
10887	[illegible]父戊瓿	3	商代後期	集成 9957 録遺 518		故宫博物館	
10888	亞車邑瓿	3	商代後期	集成 9958 録遺 210		中國歷史博物館	

三十、鑘

序號	器名	字數	時代	著録	出土地	現藏地	備註
10889	亞鳥𠬝鑘	3	春秋	集成 9959 三代 11.39.6 貞松 9.16.1 善齋 4.39 續殷下 67.2 小校 4.69.5 頌續 49			劉體智、容庚舊藏
10890	昶伯鑘	3	西周晚期	集成 9960 考古 1965 年 7 期 371 頁圖 1.1	1964 年河南桐柏縣月河鄉左莊	桐柏縣文化館	
10891	曾伯文鑘	12	春秋前期	集成 9961 文物 1973 年 5 期 22 頁圖 3	1970—1972 年湖北隨縣熊家老灣	湖北省博物館	
10892	善夫吉父鑘	13(又重文2)(蓋器同銘)	西周晚期	集成 9962 古文字研究(十)263 頁圖 9.2—3			程潛舊藏
10893	黄君孟鑘	13(又重文2)	春秋前期	集成 9963 考古 1984 年 4 期 311 頁圖12.4	1983 年河南光山縣寶相寺上官崗墓葬	信陽地區文物管理委員會	
10894	仲義父鑘	14(又重文2)(蓋器同銘)	西周晚期	集成 9964 三代 18.15.5—7 周金 5.28.1 貞松 11.6.1—2 小校 9.100.6 上海 59 彙編 5.370	陝西扶風法門寺任村	上海博物館	潘祖蔭舊藏
10895	仲義父鑘	14(又重文2)(蓋器同銘)	西周晚期	集成 9965 三代 18.16.1—3 綴遺 26.15.1—2 周金 5.29.1—2 貞松 11.6.4—7.1 小校 9.100.4—5		上海博物館	潘祖蔭舊藏

序號	器名	字數	時代	著録	出土地	現藏地	備註
10896	黄子鐳	15	春秋前期	集成 9966 考古 1984 年 4 期 320 頁圖 21.4	1983 年河南光山縣竇相寺上官崗墓葬	信陽地區文物管理委員會	
10897	伯㚸父鐳	16(又重文 2)	西周晚期	集成 9967 三代 18.16.6—7 積古 4.25 擦古 2.2.58			錢塘馬履泰舊藏
10898	伯㚸父鐳	16(又重文 2)	西周晚期	集成 9968 三代 18.16.4—5 綴遺 26.13 周金 5.27 貞松 11.7			顧子嘉、鄒安舊藏
10899	䢅鐳	16(又重文 1)	西周晚期	集成 9969 三代 18.22.1—2 貞松 11.5 希古 4.17			《貞松》: 近與䢅中無龍鬲等同出土
10900	䢅鐳	16(又重文 1)	西周晚期	集成 9970 三代 18.22.3—4 貞松 11.6 希古 4.18			《貞松》: 近與䢅中無龍鬲等同出土
10901	番伯鐳	18(又重文 2)	西周晚期	集成 9971 周金 5.25		上海博物館	
10902	𠂤朋鐳	19	西周晚期	集成 9972 三代 11.43.4 彙編 5.317			清宫舊藏
10903	鄭義伯鐳	32(器與口沿同銘)	春秋	集成 9973 文物 1966 年 5 期 71 頁		故宫博物院	《集成》説明中字數誤爲"29"
10904	伯亞臣鐳	34	春秋	集成 9974 文物 1980 年 1 期 47 頁圖 2	1975 年河南潢川縣文化館在油崗鄉修築磨磐山水庫大壩時發現	信陽地區文物管理委員會	《集成》第 16 册 9974 圖版漏器名
10905	墜璋鐳	40	戰國	集成 9975 考古 1988 年 3 期 258 頁圖 1.259 頁圖 2	1982 年江蘇淮陰盱眙縣穆店鄉南窑莊窖藏	南京博物院	

三十一、瓶

序號	器名	字數	時代	著録	出土地	現藏地	備註
10906	蔡侯瓶	5	春秋後期	集成9976 蔡侯墓圖版33.3 五省圖版53.1	1955年安徽壽縣蔡侯墓	安徽省博物館	
10907	土匀瓶	6	戰國後期	集成9977 文物1981年8期88頁圖2		山西省博物館	
10908	魏公瓶	8	戰國	集成9978		故宫博物院	
10909	𨻰公孫𦛗父瓶	20	春秋前期	集成9979 山西出土文物65	1974年山西聞喜縣上郭村	山西省博物館	
10910	孟𣪘瓶	存20(又重文2)	春秋	集成9980 三代18.14.3 寧壽3.18 故宫14期 故圖下上163		臺北"故宫博物院"	清宫舊藏;《集成》目録中字數爲"20"
10911	樂大嗣徒瓶	20(又重文2)	春秋	集成9981 考古圖4.30 博古10.37 薛氏107 嘯堂39			開封劉伯玉舊藏
10912	喪史賓瓶	24(又重文1)	戰國	集成9982 三代18.14.2 積古5.15.1 攈古2.3.39.1 奇觚18.19.1 周金5.34.1 小校9.101.4			阮元、吴式芬舊藏

三十二、罐

序號	器名	字數	時代	著録	出土地	現藏地	備註
10913	共罐	1	商代後期	集成9983 學報1979年1期81頁圖58.18 殷虚青銅器圖77.6	河南安陽殷墟西區M152	考古研究所安陽工作站	
10914	亞矣罐	2	商代後期	集成9984 三代18.26.2		旅順博物館	
10915	婦好罐	2	商代後期	集成9985 婦好墓圖62.4 殷墟青銅器圖49.5	1976年河南安陽殷墟婦好墓	考古研究所	
10916	仲作旅罐蓋	4	西周早期	集成9986 三代18.19.7 貞圖中38		旅順博物館	羅振玉舊藏
10917	梁姬罐	5	西周晚期	近出1046 三門峽虢國墓上册254頁	河南省三門峽市虢國墓地M2012：92	河南省三門峽市文物工作隊	
10918	黄子罐	16	春秋前期	集成9987 考古1984年4期320頁圖21.1	1983年河南光山縣寶相寺上官崗磚瓦廠墓葬	信陽地區文物管理委員會	《集成》目録中字數誤爲“14”

三十三、缶

序號	器名	字數	時代	著録	出土地	現藏地	備註
10919	倗缶	3（蓋器同銘）	春秋後期	近出 1029 淅川下寺春秋楚墓 225 頁	1990 年河南省淅川縣下寺 M3：6	河南省文物研究所	
10920	倗缶	3	春秋後期	近出 1030 淅川下寺春秋楚墓 225 頁	1990 年河南省淅川縣下寺 M3：5	河南省文物研究所	
10921	倗缶	4（蓋器同銘）	春秋後期	近出 1031 淅川下寺春秋楚墓 71 頁	1990 年河南省淅川縣下寺 M1：51	河南省文物研究所	
10922	倗缶	4（蓋器同銘）	春秋後期	近出 1032 淅川下寺春秋楚墓 71 頁	1990 年河南省淅川縣下寺 M1：54	河南省文物研究所	《殷周金文集成》第 16 册 9988 器僅收器銘
10923	倗缶	4	春秋後期	集成 9988 淅川下寺春秋楚墓 71 頁 考古 1981 年 2 期 122 頁圖 3.3	1978 年河南淅川縣下寺一號墓 M1：54	河南省文物研究所	
10924	陳缶蓋	存 4	戰國前期	近出 1033 江漢考古 1990 年 1 期 12 頁	1987 年 3 月湖北省枝江縣問安鎮關廟山墓葬	湖北省枝江縣博物館	
10925	楚高缶	5	戰國	集成 9989 山東選圖 114	1954 年山東泰安縣東更道村	山東省博物館	
10926	楚高缶	5	戰國	集成 9990 山東選圖 115	1954 年山東泰安縣東更道村	山東省博物館	
10927	蔡侯朱缶	5	春秋	集成 9991 文物 1962 年 11 期 58 頁	1958 年湖北宜城縣安樂坨墓葬	湖北省博物館	

序號	器名	字數	時代	著録	出土地	現藏地	備註
10928	蔡侯▢缶	6(蓋、口沿同銘)	春秋後期	集成9992 學報1956年2期 蔡侯墓圖版34.6—35.1 五省圖版48	1955年安徽壽縣蔡侯墓	安徽省博物館	
10929	蔡侯▢缶	6(蓋、口沿同銘)	春秋後期	集成9993 學報1956年2期 蔡侯墓圖版34.5(口沿) 五省圖版49.1(蓋)	1955年安徽壽縣蔡侯墓	安徽省博物館	
10930	蔡侯▢缶	6	春秋後期	集成9994 學報1956年2期95頁 蔡侯墓圖版34.4 五省圖版49.2	1955年安徽壽縣蔡侯墓	安徽省博物館	
10931	邷子賓缶	6	春秋	集成9995 江漢考古1985年3期61頁	1983年湖北穀城縣禹山廟嘴	湖北穀城縣博物館	
10932	曾子缶	6	春秋	集成9996 周金5.32.1			
10933	廿七年▢	6	戰國	集成9997 三代18.15.4 貞松11.8 寶蘊95 故圖下下262		臺北"故宫博物院"	瀋陽故宫舊藏
10934	倗子倗缶	6	春秋後期	近出1034 淅川下寺春秋楚墓134頁	1990年河南省淅川縣下寺M2:60	河南省文物研究所	
10935	倗子倗缶	6	春秋後期	近出1035 淅川下寺春秋楚墓134頁	1990年河南省淅川縣下寺M2:61	河南省文物研究所	

序號	器名	字數	時代	著録	出土地	現藏地	備註
10936	曾侯乙缶	7	戰國前期	集成 9998	1978 年湖北隨縣曾侯乙墓	湖北省博物館	
10937	曾侯乙缶	7	戰國前期	集成 9999	1978 年湖北隨縣曾侯乙墓	湖北省博物館	
10938	曾侯乙冰缶	7	戰國前期	集成 10000	1978 年湖北隨縣曾侯乙墓	湖北省博物館	
10939	蔡公子缶	9	戰國	集成 10001 江漢考古 1985 年 1 期 15 頁	1972 年湖北襄陽縣蔡坡墓葬	湖北省博物館	
10940	鑄客缶	9	戰國後期	集成 10002 三代 11.43.1 十二尊 23 小校 4.70.1 楚器 1	1933 年安徽壽縣朱家集	故宮博物院	原北平圖書館舊藏
10941	鑄客缶	9（蓋器同銘）	戰國後期	集成 10003 録遺 215.1—2	1933 年安徽壽縣朱家集		
10942	蔡侯𪒠缶	10	春秋後期	集成 10004 學報 1956 年 2 期 95 頁 蔡侯墓圖版 36.1	1955 年安徽壽縣蔡侯墓	安徽省博物館	
10943	鄬子倗缶	10（蓋器同銘）	春秋後期	近出 1036 淅川下寺春秋楚墓 130—132 頁	1990 年河南省淅川縣下寺 M2：51	河南省文物研究所	
10944	鄬子倗缶	10（蓋器同銘）	春秋後期	近出 1037 淅川下寺春秋楚墓 132 頁	1990 年河南省淅川縣下寺 M2：55	河南省文物研究所	
10945	孟縢姬缶	22	春秋	集成 10005 淅川下寺春秋楚墓 68 頁 考古 1981 年 2 期 122 頁圖 3.5	1978 年河南淅川縣下寺一號墓 M1：72	河南省文物研究所	

序號	器名	字數	時代	著録	出土地	現藏地	備註
10946	孟縢姬缶	22（蓋器同銘）	春秋後期	近出1038 淅川下寺春秋楚墓69頁	1990年河南省淅川縣下寺M1：72	河南省文物研究所	《集成》第16册10005器僅收蓋銘
10947	孟縢姬缶	22（蓋器同銘）	春秋後期	近出1039 淅川下寺春秋楚墓69頁	1990年河南省淅川縣下寺M1：60	河南省文物研究所	器已殘
10948	晋侯喜父鑑（殘底）	25（又重文2）	西周晚期	近出1060 文物1995年7期6—23頁	1994年5—10月山西省曲沃縣曲村鎮北趙村天馬—曲村遺址M91：169	山西省考古研究所	
10949	嬴𦣞不䍃	26	春秋後期	近出1040 第二届國際中國古文字學研討會論文集續編282頁		美國華盛頓沙可樂美術館（館藏編號：S1987.277）	
10950	邳伯缶	27（又重文2）	戰國前期	集成10006 學報1963年2期60頁圖1	1954年山東嶧縣	山東省博物館	
10951	邳伯缶	27（又重文2）	戰國前期	集成10007 學報1963年2期61頁圖2	1954年山東嶧縣	山東省博物館	
10952	徐𩒨君之孫缶	29（又重文2）	春秋後期	近出1041 東南文化1988年3、4期21—35頁 文物1989年12期53—56頁	1983年夏江蘇省丹徒縣大港鎮背山頂墓葬	江蘇省丹徒考古隊	
10953	欒書缶	48	春秋	集成10008 録遺514.1—3		中國歷史博物館	容庚舊藏；《集成》目録中字數誤爲"40"

序號	器名	字數	時代	著録	出土地	現藏地	備註
10954	鄭臧公之孫缶	50	春秋後期	近出附71 考古1991年9期783—792頁	1988年10—11月湖北襄樊市郊余崗村團山墓葬M1：7	湖北襄樊市博物館	
10955	鄭臧公之孫缶	50	春秋後期	近出1042 考古1991年9期783—792頁	1988年10—11月湖北省襄樊市郊余崗村團臺墓葬M1：6	湖北省襄樊市博物館	

三十四、盤

序號	器名	字數	時代	著録	出土地	現藏地	備註
10956	車盤	1	商代後期	集成 10009		故宫博物院	
10957	⊛盤	1	商代後期	集成 10010 録遺 479 鏡齋 54a—b 綜覽 369 頁盤 13		德國科隆東洋博物館	德國艾克氏舊藏
10958	[illegible]盤	1	西周早期	集成 10011 録遺 480		故宫博物院	《集成》時代誤爲"殷"
10959	葡盤	1	商代後期	集成 10012 録遺 481		故宫博物院	
10960	[illegible]盤	1	商代後期	集成 10013 録遺 482			
10961	[illegible]盤	1	商代後期	集成 10014 中國歷史博物館館刊 1982 年 4 期 93 頁右下	傳河南安陽	中國歷史博物館	
10962	[illegible]盤	1	商代後期	集成 10015 從古 1.19			
10963	[illegible]盤	1	商代後期	集成 10016 續殷下 74.3 美集録 R520 綜覽 360 頁盤 26		美國紐約薩克勒氏	
10964	舟盤	1	商代後期	集成 10017 使華 17 日精華 1.84	傳河南安陽		日本京都太田貞造氏舊藏
10965	魚盤	1	西周早期	集成 10018 三代 17.1.1 善齋 9.45 續殷上 32.3 小校 9.68.2			劉體智舊藏
10966	[illegible]盤	1	西周早期	集成 10019 三代 17.1.2 陶齋 3.39 續殷下 74.1 小校 9.68.1			端方舊藏，後歸美國紐約魏格氏

序號	器名	字數	時代	著録	出土地	現藏地	備註
10967	宁盤	1	西周早期	集成 10020 考古 1963 年 8 期 414 頁圖二.3 文物 1963 年 9 期 65 頁圖 5 陝青 2.124	1963 年陝西扶風縣齊家村墓葬	陝西省博物館	
10968	夆盤	1	西周早期	近出 996 文物 1996 年 12 月 7—10 頁	1985 年 5 月山東省濟陽縣姜集鄉劉臺子村墓葬 M6：14	山東省文物考古研究所	
10969	亞矣盤	2	商代後期	集成 10021		故宫博物院	
10970	亞矣盤	2	商代後期	集成 10022 三代 17.1.3 奇觚 8.7 續殷下 74.2 小校 9.68.5 彙編 8.1031		故宫博物院	丁紱臣舊藏
10971	亞矣盤	2	商代後期	集成 10023 鄴二上 36	傳河南安陽		
10972	父甲盤	2	商代後期	集成 10024 中原文物 1985 年 1 期 30 頁圖二.26		河南新鄉市博物館	
10973	父辛盤	2	西周早期	集成 10025 三代 17.1.41 貞續下 19			
10974	父辛盤	2	西周早期	近出 997 寶鷄強國墓地(上)69 頁	陝西省寶鷄市竹園溝 13 號墓 M13：25	陝西省寶鷄市博物館	
10975	丁[illegible]盤	2（内外底同銘）	商代後期	集成 10026 三代 17.1.5—6 窓齋 16.2.1—2 周金 4.19.2—3 小校 9.68.7—8 續殷下 74.5		上海博物館	

序號	器名	字數	時代	著録	出土地	現藏地	備註
10976	子刀盤	2	商代後期	集成 10027 三代 17.1.7 寧壽 13.1 貞續下 19.2 續殷下 74.4		故宫博物院	清宫舊藏
10977	婦好盤	2	商代後期	集成 10028 婦好墓圖 22 殷虚青銅器圖 49.4	1976 年河南安陽殷墟婦好墓	考古研究所	
10978	⿱宀帚妣盤	2	商代後期	集成 10029 美集録 R215 録遺 483 布倫戴布 Fig20		美國舊金山亞洲藝術博物館布倫戴奇藏品	
10979	册盤	2	西周早期	集成 10030 彙編 9.1419 綜覽 361 頁盤 33			
10980	鼓⿱宀帚盤	2	商代後期	集成 10031 近出 999 殷虚青銅器圖 62.7 考古 1992 年 6 期 510—514 頁	河南安陽殷墟 M539：20	考古研究所安陽工作站	
10981	◇交盤	2	商代後期	集成 10032 弗里爾（1967）Fig5 彙編 9.1719		美國華盛頓弗里爾美術博物館	
10982	⿱◇◇旅盤	2	商代後期	集成 10033 日精華 1.85 彙編 8.1316	傳河南安陽	美國舊金山亞洲藝術博物館布倫戴奇藏品	日本神户廣海二三郎氏舊藏
10983	×[illegible]盤	2	商代後期	集成 10034 美集録 R479			美國紐約羅比爾氏舊藏
10984	鯀舌盤	2	商代後期	集成 10035 録遺 485			

序號	器名	字數	時代	著録	出土地	現藏地	備註
10985	魚從盤	2	西周早期	集成 10036 三代 17.1.8 善齋 9.46.2 貞續下 19 小校 9.68.9 頌齋 46	傳河南洛陽		劉體智、容庚舊藏
10986	遽從盤	2	西周早期	集成 10037		故宫博物院	
10987	亞址盤	2	商代後期	近出 998 安陽殷墟郭家莊商代墓葬 80 頁	河南省安陽市殷墟郭家莊 M160：97	中國社會科學院考古研究所	
10988	作彝盤	2	西周	近出附 63 考古與文物 1991 年 1 期 3—13 頁	1927 年陝西寶鷄市金臺區陳倉鄉戴家灣盗掘		
10989	□□盤	存 2	春秋	近出附 64 考古 1993 年 1 期 74、85 頁	1983 年河南確山縣竹溝鎮	河南確山縣文物管理所	
10990	巽父甲盤	3	西周早期	集成 10038 西甲 15.5 積古 1.25 攗古 1.3.12.1			清宫舊藏;《西甲》摹録不全
10991	父乙盤	3	商代後期	集成 10039 三代 17.2.1 愙齋 16.2.4 殷存下 34.2 小校 9.69.1		故宫博物院	
10992	奄父乙盤	3	商代後期	集成 10040 美集録 R481、R495			美國舊金山甘浦斯公司舊藏;《集成》説明中字數誤爲“2”
10993	弜阝父丁盤	3	商代後期	集成 10041			

序號	器名	字數	時代	著録	出土地	現藏地	備註
10994	[illegible]父戊盤	3	商代後期	集成 10042 三代 17.2.3 綴遺 7.1 殷存下 34 山東存坿 17.1 綜覽 362 頁盤 36		英國倫敦不列顛博物館	丁筱農、潘祖蔭舊藏
10995	[illegible]父已盤	3	西周早期	集成 10043 三代 17.2.4 貞松 10.25.1 善齋 9.49.2 續殷下 74.8 小校 9.69.3 善彝 93		故宫博物院	劉體智舊藏
10996	鳥父辛盤	3	商代後期	集成 10044 薛氏 47.5			
10997	亞㠱妃盤	3	西周早期	集成 10045 琉璃河西周燕國墓地 197 頁圖 113b 考古 1974 年 5 期 314 頁圖11.1	北京房山縣琉璃河黄土坡村 M54: 28	首都博物館	
10998	[illegible]典斮盤	3	商代後期	集成 10046 書道(平凡社)20		美國舊金山亞洲藝術博物館布倫戴奇藏品	
10999	北單戈盤	3	商代後期	集成 10047 鄴三下 8.2 録遺 484		故宫博物院	
11000	季作寶盤	3	西周早期	集成 10048 文物 1983 年 2 期 5 頁圖 8 寶鷄弜國墓地 151 頁圖 117.3	1980 年陝西寶鷄市竹園溝墓葬	寶鷄市博物館	
11001	作從彝盤	3	西周早期	集成 10049 彙編 7.853 綜覽 363 頁盤 46	傳 1926 年河南洛陽邙山苗溝	加拿大多倫多皇家安大略博物館	懷履光舊藏

序號	器名	字數	時代	著録	出土地	現藏地	備註
11002	作從彝盤	3	西周早期	集成 10050 録遺 486		故宫博物院	馮恕舊藏
11003	豆册父丁盤	4	商代後期	集成 10051 三代 17.2.7 善齋 9.50 貞續下 19.4 續殷下 74.6 小校 9.69.4 懷履光（1956）140 頁 6	傳 1931 年河南洛陽馬坡		劉體智、懷履光舊藏
11004	戠作父戊盤	4	西周早期	集成 10052 録遺 488		故宫博物院	
11005	臣辰先册盤	4	西周早期	集成 10053 懷履光（1956）140 頁 1 彙編 9.1433 綜覽 360 頁盤 28	傳 1929 年河南洛陽馬坡	加拿大多倫多皇家安大略博物館	懷履光得於開封
11006	大保盤	4	西周早期	集成 10054 韋森 PL16;37a 綜覽 360 頁盤 25		瑞典斯德哥爾摩遠東古物館韋森氏藏品	
11007	轉作寶艦盤	4	西周早期	集成 10055 三代 17.2.6 冠斝上 49 彙編 7.856			榮厚舊藏
11008	尌中作盤	4	西周早期	集成 10056 彙編 7.852	傳 1923 年河南孟津	加拿大多倫多皇家安大略博物館	
11009	作[illegible]從彝盤	4	西周早期	集成 10057 三代 17.2.5 彙編 7.855			
11010	永寶用享盤	4	春秋	集成 10058 考古 1983 年 8 期 702 頁圖 1	1975 年河南桐柏縣鐘鼓堂村墓葬	桐柏縣文化館	

序號	器名	字數	時代	著録	出土地	現藏地	備註
11011	倗盤	4	春秋後期	近出 1000 淅川下寺春秋楚墓 136 頁	1990 年河南省淅川縣下寺 M2：52	河南省文物研究所	
11012	曆盤	5	西周早期	集成 10059 三代 17.3.2 窸齋 16.3.1 綴遺 7.5.1 周金 4.18.4 小校 9.69.5		上海博物館	吳大澂舊藏
11013	矩盤	5	西周早期	集成 10060 三代 11.20.2 錡清 2.21 從古 7.26 攈古 1.3.22.1 綴遺 7.3 周金 4.19 小校 9.69（又 5.18.3 重出）			夏松如、潘德畬舊藏；《三代》、《小校》、《錡清》等誤作尊
11014	吏從盤	5	西周早期	集成 10061 史語所集刊 51 本 1 分册 巴黎、布魯塞爾所見中國銅器選録圖 5		法國巴黎基美博物館	
11015	公盤	5	西周早期	集成 10062 文物 1986 年 1 期 14 頁圖 34	1980 年陝西長安縣花園村墓葬	陝西省文物管理委員會	
11016	強伯盤	5	西周中期	集成 10063 文物 1976 年 4 期 55 頁圖 46 寶鷄強國墓地 308 頁圖 15.3	1974 年陝西寶鷄市茹家莊墓葬	寶鷄市博物館	
11017	大□盤	5	西周晚期	近出附 65 考古 1986 年 4 期 366—367 頁	1976 年 12 月山東平邑縣蔡莊村墓葬	山東平邑縣文化館	

序號	器名	字數	時代	著録	出土地	現藏地	備註
11018	𢐗伯盤	6	西周早期	集成 10064 文物 1976 年 4 期 55 頁圖 47 陝青 4.60 寶鷄𢐗國墓地 308 頁圖 15.6	1974 年陝西寶鷄市茹家莊墓葬	寶鷄市博物館	
11019	令盤	6	西周早期	集成 10065		上海博物館	
11020	吴盤	6	西周早期	集成 10066 三代 17.3.1			
11021	延盤	6	西周早期	集成 10067 三代 6.37.2 貞補上 21 歐精華 2.150 彙編 6.696 綜覽 360 頁盤 24 歐遺珠圖版 96		英國倫敦不列顛博物館	英國倫敦猷氏舊藏
11022	𦃃父盤	6	西周早期	集成 10068 三代 17.3.3 從古 16.14.1 攈古 1.3.602 愙齋 16.17.1 奇觚 8.8.1 敬吾上 4.2 周金 4.18.2 簠齋三盤 6 小校 9.69.7 美集録 R337 歐精華 2.152 彙編 7.718		美國波士頓美術博物館	陳介祺舊藏
11023	𤇈子盤	6	西周早期	集成 10069 彙編 7.719	傳河南洛陽	日本福岡九洲大學	
11024	單子白盤	6	西周早期	集成 10070			
11025	宗仲盤	6	西周晚期	集成 10071 考古 1979 年 2 期 120 頁圖 5.3	1974 年陝西藍田縣指甲灣	藍田縣文化館	

序號	器名	字數	時代	著録	出土地	現藏地	備註
11026	蔡侯盤	6	春秋後期	集成 10072 蔡侯墓圖版 33.2	1955 年安徽壽縣蔡侯墓	安徽省博物館	
11027	猷宫盤	6	西周中期	近出 1001 文物 1998 年 9 期 7—11 頁	河南省平頂山市新華區薛莊鄉北滍村滍陽嶺應國墓地 M84：50	河南省文物研究所	
11028	伯矩盤	7	西周早期	集成 10073 文物特刊 5 期 琉璃河西周燕國墓地	北京房山縣琉璃河黄土坡村墓葬 M251：2	首都博物館	
11029	伯雍父盤	7	西周中期	集成 10074 文物 1976 年 6 期 59 頁圖 29 陝青 2.107	1975 年陝西扶風縣莊白村白家莊	扶風縣博物館	
11030	畓父盤	7	西周早期	集成 10075 三代 17.3.4 積古 8.1.3 清愛 6 攈古 2.3.13.1 愙齋 16.3.2 周金 4.18.1 善齋 9.51.2 小校 9.69.8 雙古上 26			劉喜海、劉體智、于省吾舊藏
11031	季嬴霝德盤	7	西周中期	集成 10076		上海博物館	《集成》第 16 册拓片圖版器名“季”誤爲“李”
11032	曾侯乙盤	7	戰國前期	集成 10077	1978 年湖北隨縣曾侯乙墓	湖北省博物館	
11033	遙盤	8	西周早期	集成 10078 録遺 490 彙編 6.578 綜覽 361 頁盤 34			

序號	器名	字數	時代	著録	出土地	現藏地	備註
11034	伯百父盤	8	西周晚期	集成 10079 學報 1962 年 1 期 11 頁、圖版 18.1 張家坡圖版 31.1	1961 年陝西長安縣張家坡村墓葬	陝西省博物館	
11035	虢季盤	8	西周晚期	近出 1002 三門峽虢國墓上册 66 頁	河南省三門峽市虢國墓地 M2001：99	河南省三門峽市文物工作隊	
11036	穌甫人盤	9	西周晚期	集成 10080 三代 17.4.1 綴遺 7.6 周金 4.17.4 貞松 10.25 小校 9.70.1		上海博物館	潘祖蔭舊藏
11037	曩伯庭父盤	9	春秋	集成 10081 黄縣曩器 50 頁圖 7	1951 年山東黄縣南埠村	山東省博物館	
11038	樊夫人龍嬴盤	9	春秋前期	集成 10082 文物 1981 年 1 期 13 頁圖 13	1978 年河南信陽平橋南山嘴墓葬	信陽地區文物管理委員會	
11039	虢宫父盤	9	西周晚期	近出 1003 三門峽虢國墓上册 486 頁	河南省三門峽市虢國墓地 M2008	河南省三門峽市文物工作隊	
11040	京隮仲盤	10	西周早期	集成 10083 三代 17.4.2 筠清 5.7.1 攈古 2.1.52.4 愙齋 13.10.2 敬吾上 1.3 續殷下 74.9 小校 9.70.2			程木庵舊藏
11041	北子宋盤	10	西周早期	集成 10084 攈古 2.1.53.1			江蘇陽湖吕堯僊舊藏

序號	器名	字數	時代	著録	出土地	現藏地	備註
11042	[illegible][illegible]盤	10(又重文2)	西周晚期	集成10085 三代17.5.1 貞續下20.1			
11043	魯伯厚父盤	10	春秋	集成10086 三代17.4.3 懷米下21 筠清4.29.1 攈古2.1.53.2 愙齋16.16.1 綴遺7.21.1 周金4.17.3 大系録227 小校9.70.3 山東存魯4		故宫博物院	曹秋舫舊藏
11044	魯伯者父盤	10	春秋	集成10087 曲阜魯國故城108頁圖68.3	1977年山東曲阜魯國故城墓葬	曲阜市文物管理委員會	
11045	虢嫚□盤	存10(又重文2)	春秋前期	集成10088 上村嶺39頁圖36.1	1975年河南陜縣上村嶺墓葬	中國歷史博物館	
11046	工𢉅大叔盤	10	春秋後期	近出1004 東南文化1991年1期204—211頁	1988年1月1日江蘇省六合縣程橋中學	江蘇省南京市博物館	
11047	應伯盤	10	西周晚期	近出附66 華夏考古1992年3期93—95頁	1986年以來河南平頂山市郊薛莊鄉北滍村滍陽嶺墓葬M95:83	河南省文物研究所	
11048	自作盤	11(又重文1)	西周晚期	集成10089 綴遺7.5		北京師範學院歷史系	阮元舊藏
11049	鄭伯盤	11(又重文2)	春秋前期	集成10090 上海66 彙編6.417		上海博物館	

序號	器名	字數	時代	著録	出土地	現藏地	備註
11050	真盤	12(又重文2)	西周早期	集成10091 文物1982年1期88頁圖7	1975年陝西臨潼縣南羅村墓葬	臨潼縣博物館	
11051	晨盤	12(又重文2)	西周晚期	集成10092 考古與文物1984年5期12頁圖5.2	解放前陝西扶風縣黄堆村	扶風縣博物館	
11052	史頌盤	12(又重文1)	西周晚期	集成10093 三代17.6.4 從古5.15 擴古2.2.8 愙齋16.12 綴遺7.7.1 清儀1.47 敬吾上4 周金4.16.2 大系録44.3 小校9.70.7			張廷濟舊藏
11053	衵盤	12(又重文2)	西周晚期	集成10094 三代17.8.1		廣東省博物館	羅振玉舊藏
11054	京叔盤	12(又重文1)	西周晚期	集成10095 三代17.4.4 山東存邿3		中國歷史博物館	
11055	筍侯盤	12	西周晚期	集成10096 學報1962年1期圖版18.2 張家坡圖版31.2	1961年陝西長安縣張家坡村窖藏	陝西省博物館	
11056	曾仲盤	12(又重文1)	西周晚期	集成10097 積古8.1 擴古2.1.84 奇觚18.24			江都秦敦甫舊藏
11057	廝金氏孫盤	12(又重文2)	春秋前期	集成10098 上村嶺圖24.2	1957年河南陝縣上村嶺墓葬	中國歷史博物館	

序號	器名	字數	時代	著録	出土地	現藏地	備註
11058	徐王義楚盤	12	春秋	集成10099 文物1980年8期13頁圖1	1979年江西靖安縣水口公社李家村興山南坡窖藏	江西省博物館	
11059	楚王酓肯盤	12	戰國後期	集成10100 三代17.5.2—17.6.1	1933年安徽壽縣朱家集墓葬		
11060	仲𠭯臣盤	13	西周早期	集成10101 三代17.6.3 攈古上53 恒軒下87 愙齋16.16.2 綴遺7.3.2 周金4.17.2 續殷下75.1 小校9.70.5			崇樸山、潘祖蔭舊藏
11061	中友父盤	13(又重文2)	西周晚期	集成10102 文物1961年7期齊家村圖13 陝青2.153	1960年陝西扶風縣齊家村	陝西省博物館	
11062	伯駟父盤	13(又重文2)	西周晚期	集成10103 考古1965年11期543頁圖2.4	1965年山東鄒縣七家峪	鄒縣文物保管所	
11063	黄君孟盤	13(又重文1)	春秋前期	集成10104 考古1984年4期311頁圖12.5	1983年河南光山縣寶相寺上官崗磚瓦廠墓葬	信陽地區文物管理委員會	
11064	陶子盤	14	西周早期	集成10105 三代17.7.1 從古16.13 攈古2.2.9 綴遺7.2.1 奇觚8.8 周金4.17.1 簠齋三盤4 小校9.70.6			陳介祺舊藏

序號	器名	字數	時代	著録	出土地	現藏地	備註
11065	才盤	14	西周中期	集成 10106 三代 17.7.2 日精華 2.91 彙編 6.407 綜覽 369 頁盤 50		日本東京出光美術館	
11066	叔五父盤	14（又重文 2）	西周中期	集成 10107 三代 17.8.2 西甲 15.4		故宫博物院	清宫舊藏
11067	伯考父盤	14（又重文 2）	西周晚期	集成 10108 文物 1965 年 7 期 22 頁圖 8		陝西省博物館	
11068	鄧季寬車盤	14（又重文 1）	春秋	集成 10109 中原文物 1981 年 4 期 20 頁圖 4	1975 年河南羅山縣高店村墓葬	信陽地區文物管理委員會	
11069	德盤	15（又重文 2）	西周中期	集成 10110 三代 17.9.3 奇觚 8.9 周金 4.14 善齋 9.55.2 小校 9.73.3		上海博物館	劉體智、盛昱舊藏
11070	師奐父盤	15（又重文 2）	西周晚期	集成 10111 三代 17.9.2 西乙 15.3 寶蘊 78 貞松 10.2 故圖下下 415		臺北"故宫博物院"	瀋陽故宫舊藏
11071	伯碩夁盤	15	西周晚期	集成 10112 江漢考古 1985 年 1 期 104 頁圖 2	1975 年湖北浠水縣朱店村	浠水縣博物館	
11072	魯伯愈父盤	15	西周晚期	集成 10113 三代 17.7.3 周金 4.13.2 貞松 10.25.4 希古 5.20.2 山東存魯 12.1（又 12.2 重出）			

序號	器名	字數	時代	著録	出土地	現藏地	備註
11073	魯伯愈父盤	15	西周晚期	集成 10114 奇觚 8.9 小校 9.71.1 希古 5.21.1 山東存魯 13.1		上海博物館	潘祖蔭舊藏
11074	魯伯愈父盤	15	西周晚期	集成 10115 攈古 2.2.15 綴遺 7.22 小校 9.71.2			
11075	魯嗣徒仲齊盤	15	春秋前期	集成 10116 曲阜魯國故城 150 頁圖 96 左	1977 年山東曲阜魯故城墓葬	曲阜市文物管理委員會	
11076	齊侯盤	15(又重文 2)	春秋	集成 10117 博古 21.12.2 薛氏 165.1—2 嘯堂 73.3	薛氏引《古器物銘》:政和丙申歲皆安丘縣民發地得之		
11077	鄀冶妊盤	15(又重文 1)	春秋	集成 10118 三代 17.9.1 貞松 10.27.1 希古 5.21.2 小校 9.73.1			劉鶚舊藏
11078	毳盤	16	西周中期	集成 10119 三代 17.8.3 貞松 10.26.3 善齋 9.53.2 小校 9.72.3		上海博物館	劉體智舊藏
11079	周棘生盤	存 16(又重文 2)	西周晚期	集成 10120 三代 17.6.2 寶蘊 79 貞松 10.28 故圖下下 414		臺北"故宫博物院"	瀋陽故宫舊藏;《集成》目録中字數爲"16"
11080	鄧伯吉射盤	16(又重文 1)	春秋	集成 10121		中國歷史博物館	

序號	器名	字數	時代	著録	出土地	現藏地	備註
11081	黄子盤	16	春秋前期	集成 10122 考古 1984 年 4 期 319 頁圖20.5	1983 年河南光山縣寶相寺上官崗磚瓦廠墓葬	信陽地區文物管理委員會	
11082	齊侯作孟姬盤	16	春秋	集成 10123 擴古 2.2.30 綴遺 7.26 周金 4.15			瞿木夫舊藏
11083	魯正叔盤	16(又重文2)	春秋	集成 10124 博古 21.15 薛氏 164.1 嘯堂 74.1			
11084	楚季咩盤	16(又重文2)	春秋	集成 10125 三代 17.10.3			
11085	取膚盤	16(又重文2)	春秋	集成 10126 三代 17.10.1 擴古 2.2.65.2 愙齋 16.12.2 綴遺 7.4.1 奇觚 8.10.1 周金 4.13 簠齋二盤 3 小校 9.74.1 山東存魯 20.1 善齋 9.56			陳介祺、劉體智舊藏
11086	殷穀盤	17(又重文2)	西周中期	集成 10127 三代 17.12.1 綴遺 7.13 奇觚 8.11.1 周金 4 補 小校 9.74.2 彙編 5.306		故宫博物院	許延暄舊藏;《集成》爲初拓本,缺一"止"字
11087	殷穀盤	17(又重文2)	西周中期	集成 10128 三代 17.12.2 貞松 10.28.2 尊古 3.20.2		故宫博物院	

序號	器名	字數	時代	著録	出土地	現藏地	備註
11088	伯侯父盤	17	西周晚期	集成 10129 積古 8.1—2 攈古 2.2.52.2 録遺 491		故宫博物院	清宫舊藏
11089	昶伯庸盤	17	西周晚期	集成 10130 考古 1965 年 7 期 371 頁圖 1、2	1964 年河南桐柏縣月河公社左莊	桐柏縣文化館	
11090	干氏叔子盤	17(又重文 2)	春秋前期	集成 10131 三代 17.11.2 攈古 2.2.74 敬吾上 2 周金 4.12 山東存坿 9	道光二十五年(1845)五月出鄒縣紀王城(山東存)		
11091	□□單盤	17(又重文 1)	春秋前期	集成 10132 文物 1980 年 1 期 52 頁圖 5	1972 年河南羅山縣龍埂村窖藏	信陽地區文物管理委員會	信陽地區文物管理委員會提供
11092	子□伯盤	17(又重文 2)	西周	近出附 67 考古 1984 年 6 期 510—511 頁	1975—1976 年湖北隨縣周家崗墓葬	湖北隨州市博物館	
11093	薛侯盤	18(又重文 2)	西周晚期	集成 10133 三代 17.13.2 清愛 5 筠清 3.53.1 攈古 2.2.85 綴遺 7.22.2 敬吾上 2.1 陶齋 3.38.1 周金 4.11.2 大系録 212.2 小校 9.74.3 山東存薛 1 美集録 R413 獲古 40			劉喜海、端方舊藏,後歸美國紐約山中商會
11094	□仲盤	18(又重文 2)	西周晚期	集成 10134	湖北天門縣	荆州地區博物館	

序號	器名	字數	時代	著録	出土地	現藏地	備註
11095	尋仲盤	18(又重文2)	春秋前期	集成10135 文物1983年12期3頁圖12	1981年山東臨朐縣嵩山鄉泉頭村墓葬	臨朐縣文化館	
11096	番君伯𪔹盤	18	春秋	集成10136 文物1979年9期92頁圖8	1978年河南潢川縣彭店鄉劉砦村	潢川縣文化館	
11097	中子化盤	19	春秋	集成10137 三代17.13.1 筠清4.28 攈古2.2.74.1 綴遺7.10 大系録182			
11098	曾師季䡅盤	19	春秋	集成10138 薛氏165.3 續考4.11.2			
11099	番□伯者君盤	19(又重文1)	春秋前期	集成10139 三代17.13.3 貞松10.29.1 周金4.12.2 希古5.21.3 小校9.75.1		上海博物館	潘祖蔭舊藏
11100	番□伯者君盤	20	春秋前期	集成10140 文物1980年1期43頁圖5	1977年河南信陽吴家店鄉墳扒村	信陽地區文物管理委員會	
11101	句它盤	20(又重文2)	西周晚期	集成10141 綴遺7.2.2 録遺492	《綴遺》:此與太保鼎敦諸器同出山東壽張		丁筱農舊藏
11102	齊叔姬盤	20(又重文2)	西周晚期	集成10142 録遺493 海岱考古1989年1期323—324頁		山東濟南市博物館	

序號	器名	字數	時代	著録	出土地	現藏地	備註
11103	般仲𠂇盤	20(又重文2)	春秋	集成10143 積古8.2 攈古2.3.13 録遺494 天津師範院學報1979年3期封裹		天津師範學院歷史系	吴式芬舊藏
11104	曹公盤	20(又重文2)	春秋	集成10144 中原文物1981年2期59頁圖2	1973年河南淮陽縣李莊	淮陽縣太昊陵保管所	
11105	毛叔盤	21(又重文2)	春秋前期	集成10145 三代17.11.1 西甲15.3		故宫博物院	清宫舊藏
11106	黄韋俞父盤	21(又重文2)	春秋	集成10146 三代17.13.4 綴遺7.24 周金4.10 貞續下20 大系録187.4			方濬益、潘十峰、孟惟寅舊藏
11107	齊縈姬盤	21(又重文2)	春秋	集成10147 西清32.37 録遺495		故宫博物院	清宫舊藏
11108	楚嬴盤	22(又重文2)	西周晚期	集成10148 殷周時代44		英國不列顛博物館	《集成》目録中字數誤爲"21"
11109	囂伯盤	23(又重文1)	西周晚期	集成10149 三代17.15.1 貞松10.29 日精華4.334 彙編5.254		日本京都藤井有隣館	
11110	鄧子與盤	23	春秋後期	近出1005中國文物報1992年40期3版 江漢考古1993年4期91頁	1988年秋湖北省鐘祥市文集鎮墓葬	湖北省荆州地區博物館	

序號	器名	字數	時代	著録	出土地	現藏地	備註
11111	[illegible]右盤	24(又重文2)	春秋	集成 10150 文物 1982 年 12 期 52 頁圖 2	1979 年湖北隨縣安居鄉加屆村墓葬	隨州市博物館	
11112	齊大宰歸父盤	24	春秋	集成 10151 三代 17.14.1 筠清 4.30.2 從古 16.11.1—2 攈古 2.3.29.2 窸齋 16.14.2—15.1 綴遺 7.25.1 奇觚 8.12.1—13.1 敬吾上 3.2 簠齋三盤 2 善齋 9.57.2 大系録 238 小校 9.75.3 善彝 94 山東存齊 5—6 周金 4.10.1 彙編 5.264		上海市博物館	陳介祺、劉體智舊藏
11113	宗婦鄁嫛盤	25	西周晚期	集成 10152 三代 17.15.2 恒軒下 88 窸齋 16.18 綴遺 17.11.1 周金 4.9(又 2.38.1;2.38.3 重出作鼎) 大系録 153.4 小校 9.76.1		上海博物館	吴大澂舊藏
11114	□孫奎母盤	25	春秋	集成 10153		故宫博物院	
11115	魯少嗣冠盤	25	春秋	集成 10154 文物 1964 年 7 期 18 頁圖 11		上海博物館	此器銘應如《集成》説明中器名作“魯少嗣寇盤”

序號	器名	字數	時代	著録	出土地	現藏地	備註
11116	晋侯喜父盤	25(又重文2)	西周晚期	近出1006 文物1995年7期6—23頁	1994年5—10月山西省曲沃縣曲村鎮北趙村天馬—曲村遺址M92:6	山西省考古研究所	
11117	湯叔盤	27(又重文2)	西周晚期	集成10155 小校9.76.3 録遺496		故宫博物院	章乃器舊藏
11118	□□盤	27(又重文2)	春秋晚期	近出附68 文物春秋1993年2期27頁	1980年4月河北懷來縣北辛堡鄉甘子堡村墓葬		
11119	曾子伯沓盤	28	春秋	集成10156		河南桐柏縣文化館	
11120	陳侯盤	29	春秋	集成10157			
11121	楚王酓忎盤	29	戰國後期	集成10158 三代17.16.1—3 十二尊24 楚器圖8.2 大系録補一	1933年安徽壽縣朱家集墓葬	故宫博物院	原北平圖書館舊藏
11122	齊侯盤	30(又重文4)	春秋後期	集成10159 三代17.16.4 奇觚8.14 周金4.7 齊侯5 大系録253 小校9.78.1 山東存齊3 美集録R423 彙編4.197	齊侯四器之一,傳光緒十九年(1893)出於易縣	美國紐約大都會美術博物館	盛昱舊藏
11123	子仲姜盤	30(又重文2)	春秋前期	近出1007		上海博物館	葉肇夫先生捐贈

序號	器名	字數	時代	著録	出土地	現藏地	備註
11124	鄬仲姬丹盤	32(又重文2)	春秋後期	近出1008 淅川下寺春秋楚墓229頁	1990年河南省淅川縣下寺M3:1	河南省文物研究所	
11125	伯戔盤	32(又重文2)	春秋	集成10160 考古圖6.2 薛氏164.2 大系録186.1	《考古圖》:得於河内太行山石室中		
11126	免盤	33	西周中期	集成10161 三代14.12.1 積古7.17.1 攈古2.3.74.2 敬吾上3 周金4.6.3 大系録80 小校9.77.2 綜覽362頁盤43			何天衢舊藏,後歸德國柏林民俗博物館;諸書多誤此爲盉
11127	黄大子伯克盤	33(又合文1)	春秋前期	集成10162 筠清4.31.1 攈古2.3.83.1 綴遺7.23.1 敬吾上2.3 周金4.6.2 大系録187 小校9.76.4			葉東卿舊藏
11128	夆叔盤	34(又重文2)	春秋前期	集成10163 三代17.17.1 貞松10.30.1 貞圖中35 山東存邿9.2	山東滕縣	旅順博物館	羅振玉舊藏
11129	圅皇父盤	37(又重文2)	西周晚期	集成10164 録遺497 陝圖65	傳1933年陝西扶風縣康家村	陝西省博物館	

序號	器名	字數	時代	著録	出土地	現藏地	備註
11130	者尚余卑盤	37（又重文2）	春秋	集成10165 三代17.17.2 西清32.34 窸齋16.26.2 綴遺7.27.1 周金4.6.1 小校9.78.2			清宫舊藏，後歸潘祖蔭
11131	邿公萁盤	42（又重文3）	春秋後期	近出1009 文物1998年9期223頁	1995年3—6月山東省長清縣僊人臺遺址M5：46	山東大學歷史文化學院考古系	
11132	鮮盤	43（又合文1）	西周中期	集成10166 彙編4.156			據不列顛博物館提供資料證實，此器是簋，“彙編”誤作盤，兹暫附於此
11133	𢑥伯盤	54（又重文2）	西周晚期	集成10167 江漢考古1985年1期104頁圖3	1975年湖北浠水縣朱店村	浠水縣博物館	
11134	守宫盤	62（又重文2）	西周中期	集成10168 大系録81 斷代六圖版四 録遺498 綜覽363頁盤49		英國劍橋費茨威廉博物館	
11135	吕服余盤	65（又重文2）	西周中期	集成10169 文物1986年4期1頁		西安市文物管理委員會	西安市文物商店收購

序號	器名	字數	時代	著録	出土地	現藏地	備註
11136	走馬休盤	89(又重文2)	西周中期	集成10170 三代17.18.1 周金3.27.1 貞松10.30.2—31.1 希古5.22 大系録143 小校9.79.2		南京博物院	潘祖蔭舊藏
11137	蔡侯盤	92(又重文3)	春秋後期	集成10171 蔡侯墓圖版38 五省圖版50	1955年安徽壽縣墓葬	安徽省博物館	
11138	寰盤	101(又重文2)	西周晚期	集成10172 三代17.18.2 積古8.9.2—10.1 攈古3.2.22—23.1 大系録117 小校9.81.1		故宫博物院	阮元舊藏
11139	虢季子白盤	106(又重文4,合文1)	西周晚期	集成10173 三代17.19.1—20.1 從古10.31—35 攈古3.2.37—39 愙齋16.9—10 綴遺7.14—17 奇觚8.15—17 周金4.3 大系録88 小校9.82 彙編3.38	清道光年間(1840)陝西寶鷄虢川司	中國歷史博物館	初爲徐燮鈞所得,後歸劉銘傳,運至合肥。1949年劉肅曾捐獻給國家,藏故宫博物院;《集成》目録中字數爲“104”

序號	器名	字數	時代	著録	出土地	現藏地	備註
11140	兮甲盤	129（又重文4）	西周晚期	集成10174 三代17.20.1 攈古3.2.67—68.2 愙齋16.13.2—14.1 綴遺7.7.2—8.1 奇觚8.19.1—2 周金4.2.1—2 簠齋三盤1 大系録134 小校9.84 彙編2.25			此器宋代出土，見于《紹興内府古器評》。元代李順父持歸鮮于樞（見《研北雜志》），後入保定官庫，再後爲陳介祺所得
11141	史墻盤	276（又重文5，合文3）	西周中期	集成10175 文物1978年3期14頁圖21；15頁圖22 學報1978年2期140頁圖1 陝青2.24	1976年陝西扶風縣莊白一號窖藏	周原博物館	
11142	散氏盤	349（又合文1）	西周晚期	集成10176 三代17.21—22 積古8.3—5 攈古3.3.37—40 愙齋16.4—6 奇觚8.21—23 周金4.1 故宫1期 小校9.86.1—2 故圖下上210 大系録127 彙編2.5	傳乾隆初年（1736）陝西鳳翔	臺北"故宫博物院"	器先藏揚州徐氏、洪氏，乾隆年間入内府，咸豐初復流入嵩文仲處

三十五、匜

序號	器名	字數	時代	著録	出土地	現藏地	備註
11143	[illegible]匜	1	西周晚期	集成 10177 三代 17. 22. 2 周金 4. 32. 2 殷存下 34. 4 希古 5. 23. 1 小校 9. 55. 1			潘祖蔭舊藏
11144	册[illegible]匜	3	西周晚期	集成 10178 陝圖 121		陝西省博物館	
11145	季姬匜	4	西周晚期	集成 10179 考古圖 6. 5. 2 博古 21. 6. 2 嘯堂 73 薛氏 114. 1			河南文潞公舊藏
11146	叔匜	4	西周晚期	集成 10180 薛氏 113. 3			
11147	倗匜	4	春秋後期	近出 1010 淅川下寺春秋楚墓 136 頁	1990 年河南淅川縣下寺 M2：53	河南省文物研究所	
11148	隻叔匜	5（蓋器同銘）	西周晚期	集成 10181 三代 17. 24. 8—25. 1 西乙 14. 41 寶藴 81 貞松 10. 32. 3—4 故圖下下 431		臺北"中央博物院"	瀋陽故宫舊藏
11149	宗仲匜	6	西周晚期	集成 10182 考古 1979 年 2 期 120 頁圖 5. 4	1974 年陝西藍田縣指甲灣	陝西省博物館	
11150	姞□母匜	6	西周晚期	集成 10183 考古 1974 年 1 期 4 頁圖 6	1973 年陝西長安縣馬王村	西安市文物管理委員會	
11151	作子□匜	存 6	西周晚期	集成 10184 三代 17. 25. 4		中國歷史博物館	

序號	器名	字數	時代	著録	出土地	現藏地	備註
11152	孟皇父匜	6	西周晚期	集成 10185 博古 20.37.2 薛氏 114.2 嘯堂 71			
11153	作吴姬匜	6	西周晚期	集成 10186 三代 17.25.3 貞松 10.33 希古 5.23.2		上海博物館	
11154	魯士商叡匜	6	西周晚期	集成 10187		旅順博物館	
11155	鄓湯伯匜	6	春秋前期	集成 10188			
11156	蔡侯匜	6	春秋後期	集成 10189 蔡侯墓圖版 35.2 五省圖版 52.1	1955 年安徽壽縣蔡侯墓	安徽省博物館	
11157	王子[illegible]匜	6	戰國	集成 10190 三代 17.25.2 寧壽 12.67 貞松 10.32 故宫 8 期 藝展 87 故圖下上 228 彙編 7.722		臺北"故宫博物院"	清宫舊藏
11158	作父乙匜	7	西周中期	集成 10191 三代 17.25.5 殷存下 34			《集成》説明中字數誤爲"6"
11159	作中姬匜	7	西周中期	集成 10192 三代 17.24.4 綴遺 14.7 愙齋 16.20 小校 9.56.9			潘祖蔭舊藏
11160	散伯匜	7	西周晚期	集成 10193 周金 4 補			鄒安舊藏
11161	虘[illegible]丘匜	7	春秋	集成 10194		上海博物館	

序號	器名	字數	時代	著録	出土地	現藏地	備註
11162	蔡侯匜	7	西周晚期	集成 10195 三代 17.25.6 積古 7.24 攈古 2.1.16 綴遺 14.6 周金 4.31 小校 9.56.8		上海博物館	阮元舊藏
11163	蔡子匜	7	春秋	集成 10196 三代 17.26.1 貞松 10.33.2 十二雪 17		故宫博物院	孫壯舊藏
11164	曾侯乙匜	7	戰國前期	集成 10197	1978 年湖北隨縣曾侯乙墓	湖北省博物館	
11165	曾侯乙匜	7	戰國前期	集成 10198	1978 年湖北隨縣曾侯乙墓	湖北省博物館	
11166	鑄客匜	7	戰國後期	集成 10199 三代 17.26.2 十二寶 16 小校 9.57.1 安徽金石 1.38.2	1933 年安徽壽縣朱家集墓葬	天津市歷史博物館	方焕經舊藏
11167	滕大宰得匜	7	春秋後期	近出 1011 文物 1998 年 8 期 88 頁—89 頁		香港中文大學文物館	
11168	伯庶父匜	8	西周晚期	集成 10200 三代 17.26.5 攈古 2.1.30 綴遺 14.34.1			
11169	匽伯聖匜	8	西周晚期	集成 10201 録遺 499		故宫博物院	
11170	[illegible]匜	存 8	西周晚期	集成 10202 三代 17.27.4 積古 5.24 綴遺 7.82 攈古 2.1.43.1 周金 3.113 小校 9.53.2			陳秋堂、吕堯僊、盛昱、潘祖蔭舊藏;《集成》目録中字數爲"8"

序號	器名	字數	時代	著録	出土地	現藏地	備註
11171	叔□父匜	8	西周晚期	集成 10203 三代 17.27.3 貞松 10.33.3 周金 4.31 善齋 9.36 小校 9.57.3 頌續 47			劉體智、鄒安、容庚舊藏
11172	仲原父匜	8	西周晚期	近出 1012 文物 1996 年 7 期 54—68 頁	1964—1972 年河南省洛陽市北窑村西龐家溝墓葬		
11173	鄭義伯匜	9	西周晚期	集成 10204 三代 17.28.3 西清 32.4 貞松 10.33 故宫 5 期 大系録 199.4 故圖下上 220 彙編 6.527		臺北"故宫博物院"	清宫舊藏
11174	穌甫人匜	9	西周晚期	集成 10205 三代 17.29.1 窓齋 16.25 綴遺 14.8.1 奇觚 8.30 簠齋三匜 5 周金 4.30.4 大系録 280.3 小校 9.59.1 日精華 4.337 彙編 6.528			陳介祺舊藏

序號	器名	字數	時代	著録	出土地	現藏地	備註
11175	甫人父匜	9	西周晚期	集成 10206 三代 17.29.4 懷米下 11 攈古 2.1.55.3 綴遺 14.7.2 周金 4.30.3 大系録 280.4 小校 9.59.4			曹秋舫舊藏
11176	曾子白父匜	9	春秋前期	集成 10207 三代 17.28.4 貞松 10.34 希古 5.23.3 山東存曾 5.4			
11177	鄍湯伯匜	9	春秋前期	集成 10208 三代 17.28.4 攈古 2.1.42			吴式芬舊藏
11178	樊夫人龍嬴匜	9	春秋前期	集成 10209 文物 1981 年 1 期 13 頁圖 14	1978 年河南信陽平橋南山嘴墓葬	信陽地區文物管理委員會	
11179	鑄子獡匜	9	春秋	集成 10210		山東省博物館	山東省圖書館舊藏
11180	㠱伯庭父匜	9	春秋	集成 10211 黄縣㠱器 56 頁	1951 年山東黄縣南埠村	山東省博物館	
11181	工䖒季生匜	9	春秋後期	集成 10212 文物 1988 年 9 期 96 頁	江蘇盱眙縣舊舖鄉	盱眙縣文化館	
11182	寒戊匜	10	西周晚期	集成 10213 薛氏 114.4			

序號	器名	字數	時代	著録	出土地	現藏地	備註
11183	黄仲匜	10	西周晚期	集成 10214 三代 17.29.5 從古 16.16.1 攈古 2.1.55.4 愙齋 16.24.1 綴遺 14.6.2 奇觚 8.30.1 周金 4.30.2 簠齋三匜 4 小校 9.59.5			陳介祺舊藏
11184	弭伯匜	11（又重文 2）	西周中期	集成 10215 考古圖 6.4 博古 21.4 薛氏 114.3 嘯堂 72.4（又 96.1）	陝西藍田		劉原父舊藏
11185	召樂父匜	11	西周晚期	集成 10216 三代 17.29.6 周金 4.30.1 貞松 10.34.2 希古 5.23.4 小校 9.59.6		旅順博物館	
11186	叔黑𦣞匜	11	春秋	集成 10217 三代 17.30.2 貞松 10.34.3 希古 5.24			吴大澂舊藏

序號	器名	字數	時代	著録	出土地	現藏地	備註
11187	周窀匜	12(又重文1)	西周晚期	集成 10218 三代 17.30.3 從古 16.15.1 攈古 2.1.85.1 愙齋 16.21.2 綴遺 14.9.1 奇觚 8.31.1 敬吾下 28.1 周金 4.28.1 簠齋三匜 3 小校 9.60.1	《攈古》: 青州	上海博物館	陳介祺、潘祖蔭舊藏
11188	叔穀匜	12	西周晚期	集成 10219 日精華 4.340 美集録 R504 彙編 6.450		美國聖路易市戴維斯氏	日本京都川合氏舊藏
11189	史頌匜	12(又重文2)	西周晚期	集成 10220 三代 17.31.2 攈古 2.2.11.1 愙齋 16.25.2 綴遺 14.11.2 周金 4.27.3 澂秋 53 大系録 44 小校 9.61.1 雙吉上 21		日本松岡美術館	陳承裘、于省吾舊藏
11190	尋伯匜	存 12	西周晚期	集成 10221		上海博物館	《集成》目録中字數誤爲"12"
11191	魯伯匜	12	春秋前期	集成 10222		故宫博物院	
11192	虢金氏孫匜	12(又重文2)	春秋前期	集成 10223 上村嶺 30 頁圖 24.1	1957 年河南陝縣上村嶺墓葬	中國歷史博物館	
11193	中友父匜	13(又重文2)	西周中期	集成 10224 齊家村圖 12 陝青 2.152 下	1960 年陝西扶風縣齊家村	陝西省博物館	

序號	器名	字數	時代	著録	出土地	現藏地	備註
11194	亟皇父匜	13（又重文1）	西周晚期	集成10225 三代17.31.3 攈古2.2.10.3 愙齋16.26.1 綴遺14.11.1 奇觚8.31.2 周金4.27.2 大系録128 小校9.60.2			陳介祺舊藏
11195	伯吉父匜	13（又重文2）	西周晚期	集成10226 録遺500			
11196	埒鈥生匜	13	西周晚期	集成10227 考古1987年5期412—413頁 文物1986年4期15—20頁	1977年湖北棗陽縣資山	襄陽地區博物館	
11197	鄧公匜	13	春秋	集成10228		中國歷史博物館	
11198	匽公匜	13	春秋	集成10229 三代17.31.1 懷米下12 筠清4.50.1 攈古2.1.84.3 綴遺14.13.2 周金4.28.2 善齋9.38 尊古3.17 小校9.59.7 善彝96 大系録266.2 故圖下下429		臺北"中央博物院"	曹秋舫、劉體智舊藏
11199	黄君孟匜	13	春秋前期	集成10230 考古1984年4期312頁圖12.6	1983年河南光山縣寶相寺上官崗墓葬	信陽地區文物管理委員會	

序號	器名	字數	時代	著録	出土地	現藏地	備註
11200	伯正父匜	14	西周晚期	集成 10231 三代 17.32.3 長安 1.29 攈古 2.2.33.1 綴遺 14.12.2 周金 4.27.1 小校 9.61.4			劉喜海舊藏
11201	筍侯匜	14(又重文2)	春秋前期	集成 10232 山西出土文物圖 66	1974 年山西聞喜縣上郭村	山西省博物館	
11202	齊侯子行匜	14	春秋前期	集成 10233 文物 1983 年 12 期 3 頁圖 11	1981 年山東臨朐縣嵩山鄉泉頭村墓葬	臨朐縣文化館	
11203	鄝季寬車匜	14	春秋	集成 10234 中原文物 1981 年 4 期 20 頁圖 5	1975 年河南羅山縣高店村墓葬	信陽地區文物管理委員會	
11204	奚□單匜	14(又重文2)	春秋	集成 10235 文物 1980 年 1 期 52 頁圖 4	1972 年河南羅山縣高店村	信陽地區文物管理委員會	
11205	鼄□匜	14	春秋	集成 10236		山東臨沂縣文化館	
11206	昶伯匜	15(又重文2)	西周晚期	集成 10237 三代 17.34.1 攈古 2.2.55.2 窓齋 16.22.1 綴遺 14.12.1 陶續 2.16 周金 4.25.1 小校 9.62.4			袁理堂、潘祖蔭、端方舊藏
11207	仲姞義母匜	15(又重文2)	西周晚期	集成 10238 考古圖 6.6 博古 20.35 薛氏 115.3 嘯堂 72			廬江李伯時舊藏

序號	器名	字數	時代	著録	出土地	現藏地	備註
11208	叔高父匜	15(又重文2)	西周晚期	集成 10239 三代 17.34.3 貞松 10.38.2 希古 5.25.2			劉體智舊藏
11209	鼻孟姜匜	15	西周晚期	集成 10240 三代 17.32.2 愙齋 16.23.2 綴遺 14.16.1 周金 4.26.2 簠齋三匜 6 小校 9.61.3		上海博物館	陳介祺舊藏
11210	嗣馬南叔匜	15(又重文2)	西周晚期	集成 10241 山東選 49 頁圖 108 上	山東莒縣東前集	山東省博物館	
11211	齊侯匜	15(又重文1)	春秋	集成 10242 薛氏 116.1			
11212	吕仲生匜	15	西周晚期	集成 10243 擴古 2.2.20.2			直隸通州李氏藏
11213	魯伯愈父匜	15	西周晚期	集成 10244 三代 17.32.1 金索金 1.56 綴遺 14.15.1 貞松 10.35.1 希古 5.24.3 小校 9.61.2 山東存魯 13		上海博物館	馮雲鵬、吴大澂舊藏
11214	夢子匜	存 15	春秋	集成 10245 三代 17.31.4 貞松 10.35		旅順博物館	《集成》目録中字數爲"15"
11215	戈伯匜	15(又重文2)	春秋	集成 10246 三代 17.34.4 貞松 10.38 希古 5.25.1 安徽金石1.38.3			

序號	器名	字數	時代	著録	出土地	現藏地	備註
11216	鄭伯匜	15(又重文2)	西周晚期	近出1013 中原文物1990年1期104頁	1985年3月河南省永城縣陳集鄉	河南省永城縣文物管理委員會	
11217	□伯匜	15	西周晚期	近出附69 三門峽虢國墓上册339頁	河南三門峽市虢國墓地M2011:165	河南三門峽市文物工作隊	
11218	龕匜	16	西周中期	集成10247 三代17.33.3 貞續中26 善齋9.26 小校9.62.2 善彝98		故宫博物院	劉體智舊藏
11219	叔□父匜	16(又重文2)	西周晚期	集成10248 三代17.33.1 貞松10.38.1 録遺501 彙編5.333			
11220	衪仲無龍匜	16(又重文2)	西周晚期	集成10249	1975年河南桐柏縣新莊	桐柏縣文化館	
11221	伯𣏟匜	16(又重文2)	西周晚期	集成10250 考古1965年7期371頁圖1.3	1964年河南桐柏縣月河鄉右莊	南陽市博物館	
11222	𠂤𠁁匜	16	西周晚期	集成10251 三代17.33.2 貞松10.36.2 周金4.26.1 善齋9.39 小校9.62.1 善圖97			劉體智舊藏
11223	貯子己父匜	16(又重文2)	西周晚期	集成10252 山西出土文物圖67	1974年山西聞喜縣上郭村	山西省博物館	

序號	器名	字數	時代	著録	出土地	現藏地	備註
11224	取膚匜	16（又重文2）	春秋	集成10253 三代17.34.5 攈古2.2.66.1 愙齋16.22.2 綴遺14.10.1 奇觚8.32.1 周金4.24.2 簠齋三匜2 小校9.63.1 山東存魯20		故宫博物院	陳介祺舊藏
11225	黄子匜	16	春秋前期	集成10254	1983年河南光山縣寶相寺上官崗磚瓦廠墓葬	信陽地區文物管理委員會	
11226	杞伯每氏匜	16	春秋	集成10255 三代17.30.1 周金4.25.2 貞松10.36 希古5.24.2 大系録234	山東新泰縣	故宫博物院	
11227	樊君匜	16（又重文2蓋器同銘）	春秋	集成10256 考古1963年12期680頁圖2.4—5	傳湖南長沙市郊楊家山墓葬	湖南省博物館	
11228	八年匜	16	戰國後期	集成10257	1977年河北平山縣中山王墓	河北省文物研究所	
11229	番仲[illegible]匜	17（又重文1）	春秋	集成10258 三代17.35.1 周金4.23.2 貞松10.39.1 希古5.26.1 小校9.63.2		上海博物館	王懿榮、劉鶚、鄒安舊藏
11230	番伯酓匜	17	春秋	集成10259 文物1980年1期43頁圖3	1974年河南信陽長台關鄉彭崗村墓葬	信陽地區文物管理委員會	

序號	器名	字數	時代	著録	出土地	現藏地	備註
11231	作嗣□匜	存17	春秋	集成10260 博古20.31 薛氏114.4—115.1 嘯堂71.5			《集成》目録中字數爲"17"
11232	曩甫人匜	18(又重文2)	春秋前期	集成10261 三代17.35.4 貞松10.40.1 希古5.27.1 小校9.64.1 山東存紀6 彙編5.304			
11233	有伯君黄生匜	18(又重文2)	西周晚期	集成10262 三代17.36.2 綴遺14.14.2 奇觚8.32.2 希古5.28.1		上海博物館	潘祖蔭舊藏
11234	薛侯匜	18(又重文2)	春秋	集成10263 三代17.36.1 愙齋16.21 周金4.24.1 大系録212 小校9.63.4 山東存薛1			
11235	無疆匜	19(又重文2)	春秋	集成10264 善齋9.42 小校9.64.2 善彝95 故圖下下430 彙編5.294		臺北"中央博物院"	劉體智舊藏
11236	田季加匜	19(又重文2、唇底同銘)	西周晚期	集成10265 薛氏117.2—3			
11237	尋仲匜	19(又重文2)	春秋前期	集成10266 文物1983年12期3頁圖10	1981年山東臨朐縣嵩山鄉泉頭村墓葬	臨朐縣文化館	

序號	器名	字數	時代	著録	出土地	現藏地	備註
11238	虘伯元匜	19	春秋	集成 10267 三代 17.35.2 西清 32.5 故宫 3 期 貞松 10.39.2 大系録 205 藝展 84 故圖下上 221 彙編 5.231		臺北“故宫博物院”	清宫舊藏
11239	番□伯者君匜	19(又重文1)	春秋前期	集成 10268 文物 1980 年 1 期 44 頁圖 6	1977 年河南信陽吴家店鄉墳扒村	信陽地區文物管理委員會	
11240	𪆫伯匜	19(又重文2)	春秋前期	近出 1014 中原文物 1992 年 2 期 114—115 頁 考古 1993 年 1 期 74、85 頁	1983 年河南省確山縣竹溝鎮	河南省確山縣文物管理所	
11241	番□伯者君匜	20	春秋前期	集成 10269 三代 17.35.3 貞松 10.40 希古 5.26.2 小校 9.63.3		上海博物館	潘祖蔭舊藏;《集成》目録中字數爲“19”
11242	叔男父匜	20(又重文2)	西周晚期	集成 10270 三代 17.38.1 恒軒下 90 綴遺 14.13.1 周金 4.23.1 小校 9.64.3 巖窟上 63		故宫博物院	沈仲復、吴大澂、徐乃昌舊藏
11243	叔男父匜	20	春秋後期	近出 1015 富士比(1990,12,11 77)			T. Hayashi M. R. Koechlin 舊藏;英國倫敦富士比拍賣行曾見

序號	器名	字數	時代	著録	出土地	現藏地	備註
11244	叔良父匜	20(又重文2)	西周晚期	近出1016 考古1984年2期156頁	1980年河南省臨汝縣朝川	河南省臨汝縣文化館	
11245	番匋□匜	20	西周晚期	集成10271 三代17.36.3 貞松10.41 希古5.27.2		遼寧省博物館	王錫榮舊藏
11246	齊侯匜	20(又重文2)	春秋前期	集成10272 三代17.37.2 懷米下16 筠清4.48.1 兩罍7.22 攈古2.3.15 愙齋16.23 綴遺14.14.1 奇觚18.26 周金4.22.2 小校9.64.4 山東存齊4 上海67 銅器選51		上海博物館	曹秋舫、吴雲舊藏
11247	楚嬴匜	21	春秋前期	集成10273 三代17.37.1 貞補中29		英國倫敦不列顛博物館	
11248	晉侯對匜	21	西周晚期	近出1017 上海博物館集刊1996年7期38—41頁	1991—1992年山西省曲沃縣曲村鎮北趙村晉侯墓地	上海博物館	1992年後購於香港古玩街
11249	大師子大孟姜匜	23(又重文2)	春秋	集成10274 録遺502			
11250	卵公之子匜	23	春秋後期	近出1018 東南文化1991年1期204—211頁	1988年1月1日江蘇省六合縣程橋中學	江蘇省南京市博物館	

序號	器名	字數	時代	著録	出土地	現藏地	備註
11251	魯嗣徒仲齊匜	25（又重文2）	春秋	集成10275 曲阜魯國故城圖96右	1977年山東曲阜墓葬	曲阜市文物管理委員會	
11252	塞公孫𥂴父匜	27（又重文2）	春秋前期	集成10276 文物1972年3期66頁圖2	1969年湖北枝江縣百里洲王家崗村	湖北省博物館	
11253	以鄧匜	27（又重文2）	春秋後期	近出1019 淅川下寺春秋楚墓16頁	1990年河南省淅川縣下寺M8：5	河南省文物研究所	
11254	魯大嗣徒子仲伯匜	28（又重文2）	春秋前期	集成10277 三代17.39.2 愙齋16.27 綴遺14.15.1 奇觚8.33.1 周金4.21 大系録225 小校9.65.3 山東存魯14			馮雲鵬舊藏
11255	浮公之孫公父宅匜	28（又重文1）	春秋	集成10278 三代17.38.2 寧壽12.51 貞松10.41.2 故宮15期 故圖下上222 彙編4.227		臺北“故宮博物院”	清宮舊藏
11256	𧆞子匜	29（又重文1）	春秋前期	集成10279 三代17.39.1 攈古2.3.60.1 愙齋16.24.2 綴遺14.18.1 奇觚8.34.1 周金4.21.1 簠齋三匜1 大系録204.2 小校9.65.2		故宮博物院	李佐賢、陳介祺舊藏

序號	器名	字數	時代	著録	出土地	現藏地	備註
11257	慶叔匜	30（又重文4）	春秋	集成10280 薛氏116—117 大系録236			
11258	鄭大内史叔上匜	31（又重文2）	西周晚期	集成10281 三代17.40.1 筠清4.49 攈古2.3.75 綴遺14.17 大系録202 小校9.66.1		故宫博物院	《集成》時代誤爲"春秋"
11259	鄬仲姬丹匜	32（又重文2）	春秋後期	近出1020 淅川下寺春秋楚墓229頁	1990年河南省淅川縣下寺M3：2	河南省文物研究所	
11260	夆叔匜	34（又重文2）	春秋前期	集成10282 三代17.40.2 貞松10.42.1 希古5.28.2 善齋9.43 小校9.66.2 尊古3.18 善彝99甲二 安徽金石1.39 山東存邿10			溥倫、劉體智舊藏
11261	齊侯匜	34	春秋後期	集成10283 三代4.14.2 綴遺28.2 奇觚6.38.2 周金4補 齊侯5 大系録253 小校9.65.1 山東存齊3 美集録R424 彙編4.198	傳河北易縣	美國紐約大都會美術博物館	盛昱舊藏

序號	器名	字數	時代	著録	出土地	現藏地	備註
11262	柬姬匜	35（又重文2）	春秋後期	近出1021 淅川下寺春秋楚墓36頁	1990年河南省淅川縣下寺M7：1	河南省文物研究所	
11263	蔡叔季之孫貫匜	36（又重文2）	春秋	集成10284 河北94下	1957年河北懷來縣甘子堡	河北省博物館	
11264	𠑇匜	154（又合文3，器蓋聯銘）	西周晚期	集成10285 文物1976年5期42頁圖24 陝青1.207	1975年陝西岐山縣董家村窖藏	岐山縣博物館	

三十六、鑑

序號	器名	字數	時代	著録	出土地	現藏地	備註
11265	[illegible]女射鑑	3	商代後期	集成 10286 三代 18.24.4 西清 31.61 周金 4.42 貞松 11.1.2 續殷下 78.2 小校 9.103.1		山東省博物館	清宫舊藏
11266	大右鑑	3(左右唇同銘)	戰國後期	集成 10287 三代 18.25.1—2 小校 9.102.4—5	1933 年安徽壽縣朱家集	中國歷史博物館	
11267	智君子鑑	6	春秋後期	集成 10288 美集録 R428 録遺 520 弗里爾(1946)圖 30 彙編 7.724	1938 年河南輝縣	美國華盛頓弗里爾美術博物館	
11268	智君子鑑	6	春秋後期	集成 10289 美集録 R429 録遺 519 皮斯柏 Fig55 彙編 7.725	1938 年河南輝縣	美國米里阿波里斯美術館皮斯柏藏品	
11269	蔡侯[illegible]鑑	6	春秋後期	集成 10290 蔡侯墓圖版 34.3 五省圖版 52.2	1955 年安徽壽縣蔡侯墓	安徽省博物館	同出方鑑兩件,其一殘破
11270	曾侯乙鑑	7(蓋器同銘)	戰國前期	集成 10292	1978 年湖北隨縣曾侯乙墓	湖北省博物館	
11271	鑄客鑑	9	戰國後期	集成 10293 三代 18.25.5 小校 9.102.2 楚展 6	1933 年安徽壽縣朱家集墓葬	安徽省博物館	
11272	吴王夫差鑑	12	春秋後期	集成 10294 録遺 521			

序號	器名	字數	時代	著録	出土地	現藏地	備註
11273	吴王夫差鑑	13	春秋後期	集成 10295		故宫博物院	《集成》目録中字數爲“12”
11274	吴王夫差鑑	13	春秋後期	集成 10296 三代 18.24.5 周金 4.41.1 貞松 11.4 大系録 155.3	傳光緒年間山西		
11275	郪陵君鑑	30	戰國後期	集成 10297 文物 1980 年 8 期 30 頁圖 1 左	1973 年江蘇無錫前洲鄉高瀆灣	南京博物院	
11276	吴王光鑑	52	春秋後期	集成 10298 學報 1956 年 1 期圖版 8 蔡侯墓圖版 39 五省圖版 51	1955 年安徽壽縣蔡侯墓	安徽省博物館	
11277	吴王光鑑	52	春秋後期	集成 10299 蔡侯墓圖版 40	1955 年安徽壽縣蔡侯墓	安徽省博物館	

三十七、盂、盞盂

序號	器名	字數	時代	著録	出土地	現藏地	備註
11278	[illegible]盂	1	商代後期	集成 10300 三代 6.1.6 愙齋 16.2 殷存下 35 小校 9.68.4 薩克勒(1987)97			
11279	好盂	1	商代後期	集成 10301 婦好墓圖 62.5	1976 年河南安陽殷墟婦好墓	考古研究所	
11280	寝小室盂	4	商代後期	集成 10302 古器物研究專刊第五本圖版 9	河南安陽西北岡 M1400	臺北"中央研究院歷史語言研究所"	
11281	匽侯盂	5（蓋器同銘）	西周早期	集成 10303 美集録 R513 斷代(二)102 頁圖 10 左			
11282	匽侯盂	5（蓋器同銘）	西周早期	集成 10304 美集録 R514 斷代(二)102 頁圖 10 右			
11283	匽侯盂	5	西周早期	集成 10305 文參 1955 年 8 期圖版 7 録遺 511 五省圖版 20	1955 年遼寧凌源縣海島營子村	中國歷史博物館	
11284	虢叔盂	5	西周中期	集成 10306 三代 18.21.1 綴遺 28.2.2 貞松 11.2.3		山東省博物館	丁樹楨、丁麟年舊藏
11285	虢叔盂	5	西周中期	集成 10307 三代 18.12.2 綴遺 28.2.1 貞松 11.2.2 周金 4.40.2 希古 5.29			丁樹楨、丁麟年舊藏

序號	器名	字數	時代	著録	出土地	現藏地	備註
11286	大賓盞	5	戰國後期	集成 4634 小校 2.38.2 安徽金石 1.8.2	1933 年安徽壽縣朱家集李三孤堆墓葬	故宫博物院	
11287	逑盂	6	西周早期	集成 10308 美集録 R166 弗里爾 25	傳陝西岐山縣		美國華盛頓弗里爾美術博物館
11288	毁于盞	6	春秋後期	集成 4636 江漢考古 1983 年 1 期 75 頁圖 2：右	1976 年湖北隨縣鰱魚嘴義地崗	湖北省博物館	《集成》目録中器名爲“貽于盞”
11289	[illegible]盂	7	西周早期	集成 10309 美集録 R165		美國陀里多美術博物館	
11290	嚻盂	7	春秋後期	近出 1023 考古 1996 年 9 期 4 頁	1994 年春山東省海陽縣磐石店鎮嘴子前村墓葬 M4：73	山東省海陽縣博物館	
11291	王盂	8	西周早期	近出 1024 考古與文物 1998 年 1 期 76—78 頁	1994 年 12 月 17 日陝西省扶風縣法門鎮莊白村	陝西省周原縣博物館	
11292	皇考武君盂	存 10	西周	近出附 70 考古與文物 1991 年 1 期 3—13 頁	1927 年陝西寶鷄市金台區陳倉鄉戴家灣盗掘		
11293	滋盂	12（又重文 2）	西周中期	集成 10310 中原文物 1982 年 4 期 64 頁圖 2		河南省文物商店	
11294	庶盂	12	西周中期	集成 10311 三代 5.28.4 綴遺 28.1.2 貞續上 26.2			沈仲復舊藏

序號	器名	字數	時代	著録	出土地	現藏地	備註
11295	伯盂	14（又重文2）	西周早期	集成10312 三代18.12.3 西甲16.1 銅器選35 斷代（二）100頁圖7		故宫博物院	清宫舊藏
11296	□作父丁盂	存14	西周中期	集成10313 文物1965年7期22頁圖7	傳陝西岐山	陝西省博物館	《集成》目録中字數爲“14”
11297	伯公父盂	14（又重文1）	西周晚期	集成10314 三代18.12.4 擴古2.2.13 綴遺28.1 周金4.40.1			金蘭坡舊藏
11298	善夫吉父盂	14（又重文2）	西周晚期	集成10315 考古1959年11期634頁圖2	解放前陝西岐山縣青化鎮	岐山縣博物館	
11299	魯大嗣徒元盂	15	春秋	集成10316 録遺512	山東曲阜林前村	山東省博物館	齊魯大學國學研究所舊藏
11300	伯索史盂	15（又重文2）	春秋前期	集成10317 考古圖6.9 博古21.29 嘯堂74 薛氏166.2			宋王仲至舊藏
11301	王子申盞	17	春秋	集成4643 三代18.12.5（誤作盂） 積古7.26 兩罍8.1 愙齋17.19 綴遺28.3 奇觚18.23.2 周金3.169 小校9.99.6 大系録182			阮元、吴雲舊藏

序號	器名	字數	時代	著録	出土地	現藏地	備註
11302	齊侯盂	24(又重文2)	春秋後期	集成10318 文物1977年3期圖版3.2	1959年河南孟津縣邙山坡上灰坑	洛陽市博物館	
11303	要君盂	24(又重文2)	春秋	集成10319 録遺513		故宫博物院	孫詒讓得於河南項城;《集成》現藏地誤爲"浙江省博物館"
11304	[illegible]桐盂	29	春秋	集成10320 周金4.39.2 大系録165			《集成》説明中字數誤爲"39"
11305	趞趙盂	49	西周中期	集成10321 考古1977年1期圖版9.2	1967年陝西長安縣新旺村窖藏	西安市文物管理委員會	
11306	永盂	121(又重文2)	西周中期	集成10322 文物1972年1期62頁圖3	1969年陝西藍田縣湖濱鎮	西安市文物管理委員會	《集成》目録中字數爲"123"
11307	楚王酓審盞盂	6	春秋後期	近出1022 佳士得(1986,6,5 54) 中國文物報1990年21期3版			英國倫敦佳士得拍賣行曾見
11308	息兒盞盂	8(蓋器同銘)	春秋後期	近出1025 文物1993年1期4頁	1986年9—12月湖南岳陽縣筻口鎮蓮塘村凰形嘴山墓葬M1:6	湖南岳陽市文物工作隊	
11309	□子敞盞盂	29(又重文2,蓋器同銘)	春秋後期	近出1026 江漢考古1993年3期42頁	1990年4月湖北省襄陽縣朱坡鄉徐莊村	湖北省襄陽縣文物管理處	

三十八、盆

序號	器名	字數	時代	著録	出土地	現藏地	備註
11310	□盆	1	春秋前期	集成 10323 文參 1954 年 3 期 62 頁左上;5 期 40 頁右上 録遺 516	1953 年河南郟縣太僕鄉窖藏	河南省博物館	
11311	微痶盆	4	西周中期	集成 10324 文物 1978 年 3 期 17 頁圖 29 陝青 2.49	1976 年陝西扶風縣莊白一號窖藏	周原博物館	
11312	微痶盆	4	西周中期	集成 10325 陝青 2.50	1976 年陝西扶風縣莊白一號窖藏	周原博物館	
11313	嗣料盆蓋	4	春秋	集成 10326 三代 18.19.1 貞松 11.18.2 頌齋 9 小校 9.100.3 故圖下下 428		臺北"中央博物院"	容庚舊藏
11314	嗣料盆	5	春秋	集成 10327 陶續補 10			
11315	八年鳥柱盆	10	戰國後期	集成 10328 文字編 123 頁	1977 年河北平山縣中山王墓	河北省文物研究所	
11316	樊君盆	11(蓋器同銘)	春秋前期	集成 10329 文物 1981 年 1 期 13 頁圖 11—12	1978 年河南信陽五星鄉平西村南山嘴墓葬	河南省博物館	
11317	鄎子行盆	11(蓋器同銘)	春秋	集成 10330 江漢考古 1980 年 2 期圖版 1	1975 年湖北隨縣涓陽鄉鰱魚嘴村	湖北省博物館	
11318	子叔嬴内君盆	12	春秋	集成 10331 三代 18.13 周金 4.37 夢郼上 51 小校 9.95.5			羅振玉舊藏

序號	器名	字數	時代	著録	出土地	現藏地	備註
11319	曾孟嬶諫盆	12(蓋器同銘)	春秋	集成10332 江漢考古1980年1期73頁圖3	清光緒年間湖北襄陽縣太平店宋家棚墓葬	襄樊市文物管理處	
11320	十年盆	12	戰國後期	集成10333	1977年河北省平山縣中山王墓	河北省文物研究所	
11321	杞伯每氏盆	5(又重文2)	春秋前期	集成10334 三代18.18.2 攈古2.2.51 綴遺28.10.2 周金4.37.3 大系録234	山東新泰縣		
11322	子諆盆	15(蓋器同銘)	春秋	集成10335 文物1980年1期50頁圖14—15	河南潢川縣上油崗鄉老李店村磨盤山墓葬	信陽地區文物管理委員會	
11323	曾大保盆	19(又重文2)	春秋	集成10336 三代18.13.1 雙王15 貞松11.8.1 大系録211 善齋9.59 小校9.100.2 善彝100 頌續48 山東存曾11.3			劉體智、容庚舊藏
11324	鄝子宿車盆	19	春秋	集成10337 中原文物1981年4期19頁圖3	1975年河南羅山縣高店村墓葬	信陽地區文物管理委員會	
11325	黄大子伯克盆	27(又重文2)	春秋	集成10338 文物1984年9期5頁圖7右	1977年山東沂水縣劉家店子村墓葬	山東省文物考古研究所	

序號	器名	字數	時代	著録	出土地	現藏地	備註
11326	□子季□盆	28(又重文2)	春秋	集成 10339 攈古 2.3.72 綴遺 28.5.2 周金 4.39.1			程木庵舊藏
11327	彭子仲盆	29(又重文2)	春秋	集成 10340 考古 1963 年 12 期 680 頁圖 2.3		湖南省博物館	
11328	邛仲之孫伯戔盆	30(又重文 2 蓋 14 字,器 30 字)	春秋	集成 10341 考古圖 5.21 薛氏 166.3—167.1 大系録 186.2—3	《考古圖》:得於河内太行石室中		
11329	晉公盆	存 145	春秋	集成 10342 三代 18.13.3—18.14.1 筠清 3.15.2—16.2 從古 8.14—15 攈古 3.3.28—29 綴遺 28.6.1—7 周金 4.36.1—2 小校 9.96.1—2 大系録 268			瞿世瑛舊藏;《集成》目録中字數爲"145"

三十九、量器

序號	器名	字數	時代	著録	出土地	現藏地	備註
11330	戲佫量	2	戰國	集成 10362 文物 1965 年 5 期 3 頁圖 2		陝西省博物館	
11331	王量	3	戰國	集成 10364 度量衡 94	1957 年安徽淮南市	淮南市博物館	
11332	斛半[illegible]量	3	戰國	集成 10365 三代 18.27.2 衡齋上 9 貞松 11.11		中國歷史博物館	
11333	右里敀鎐量	4	戰國後期	近出 1050 考古 1996 年 4 期 25—25 頁	1992 年 4 月山東省臨淄市臨淄區梧臺鄉東齊家莊窖藏		
11334	衛量	4	春秋	集成 10369 三代 18.27.1 尊古 3.28			
11335	齊宫鄉量	5	戰國後期	近出 1051 考古 1996 年 4 期 24—25 頁	1992 年 3 月山東省臨淄市臨淄區永流鄉劉家莊灰坑		
11336	齊宫鄉量	5	戰國後期	近出 1052 考古 1996 年 4 期 24—25 頁	1992 年 3 月山東省臨淄市臨淄區永流鄉劉家莊灰坑		
11337	郢大府量	7	戰國	集成 10370 度量衡 93 文物 1978 年 5 期 96 頁圖 2—3	1976 年安徽鳳臺	安徽阜陽地區展覽館	

序號	器名	字數	時代	著録	出土地	現藏地	備註
11338	陞純釜	34	戰國	集成 10371 三代 18.23.1 窓齋 24.3 綴遺 28.17.1 奇觚 6.35.1 簠齋 3.26.2 周金 6.122.2 大系録 262.1 小校 9.104.1 齊量 17.19 山東存齊 21 度量衡 79	清咸豐七年(1857)山東膠縣靈山衛古城	上海博物館	陳介祺舊藏
11339	商鞅量	34(又合文 1,附有秦始皇廿六年詔銘 40 字)	戰國	集成 10372 周金 6.124.1 大系録 291.2—292.1 小校 11.19.2 度量衡 81		上海博物館	
11340	郾客問量	56(又合文 3)	戰國	集成 10373 江漢考古 1987 年 2 期封三		湖南省博物館	
11341	子禾子釜	108	戰國	集成 10374 三代 18.23.2 窓齋 24.1 綴遺 28.18.1 奇觚 6.35.2—36.1 周金 6.122.1 簠齋 3 區 26.1 大系録 261.2 小校 9.104.2 山東存齊 20.3 齊量 7.9 度量衡 78	清咸豐七年(1857)山東膠縣靈山衛古城	上海博物館	陳介祺舊藏

四十、衡器

序號	器名	字數	時代	著録	出土地	現藏地	備註
11342	王衡桿	1	戰國	集成 10375 度量衡 164.1	傳安徽壽縣	中國歷史博物館	
11343	王衡桿	1	戰國	集成 10376 度量衡 164.2	傳安徽壽縣	中國歷史博物館	
11344	□都環權	2	戰國	集成 10377		中國歷史博物館	
11345	□益環權	2	戰國	集成 10378 楚展圖 61 度量衡 159 湖南省文物圖録 35	1945 年湖南長沙市近郊	湖南省博物館	
11346	分白尚砝碼	3	戰國後期	近出 1049 考古 1994 年 8 期 683 頁	1990 年 10—12 月湖南沅陵縣太常鄉窰頭村墓葬 M1016：15	湖南沅陵縣文物管理所	
11347	臤子環權	4（又合文 1）	戰國後期	集成 10379 録遺 538 度量衡 160	1933 年安徽壽縣朱家集	重慶市博物館	
11348	公芻權	4	戰國後期	集成 10380 三代 18.33.1 尊古 3.36 貞續下 24			
11349	[illegible][illegible]權	4	春秋	集成 10381 三代 18.32.5 貞松 11.12.2 貞圖中 43 度量衡 154		旅順博物館	羅振玉舊藏
11350	三侯權	6	戰國	集成 10382 録遺 539 度量衡 157		中國歷史博物館	

序號	器名	字數	時代	著録	出土地	現藏地	備註
11351	右伯君權	6	春秋	集成 10383 三代 18.32.6 貞松 11.13.1 度量衡 153		中國歷史博物館	
11352	高奴禾石權	16	戰國	集成 10384 文物 1964 年 9 期 43—44 頁圖 2—3	1964 年陝西西安市阿房宮遺址	陝西省博物館	
11353	司馬成公權	29(又合文 2)	戰國	集成 10385 録遺 540 度量衡 156		中國歷史博物館	故宫博物院舊藏

四十一、雜器

序號	器名	字數	時代	著録	出土地	現藏地	備註
11354	王子嬰次盧	7	春秋後期	集成 10386 三代 18.24.1 貞松 11.3.2 大系録 203 新鄭彝器 130	河南新鄭縣	中國歷史博物館	
11355	曾侯乙盧	7	戰國前期	集成 10387	1978 年湖北隨縣曾侯乙墓	湖北省博物館	
11356	鑄客盧	7	戰國後期	集成 10388 三代 17.3.5 十二遐 10	1933 年安徽壽縣朱家集	上海博物館	葉恭綽舊藏
11357	鑄客盧	8	戰國後期	集成 10389 彙編 583	1933 年安徽壽縣朱家集	美國紐約	
11358	郐王盧	9	春秋後期	集成 10390 文物 1984 年 1 期 16 頁圖 14	1981 年浙江紹興市坡塘鄉獅子山西麓墓葬	紹興市文物管理委員會	
11359	郐令尹者旨智盧	18	春秋	集成 10391 文物 1980 年 8 期圖 2—4	1979 年江西靖安縣李家村	江西省博物館	
11360	史箕	1	商代後期	集成 10392 三代 18.30.5 續殷下 79.1 鄴初上 31			
11361	尹箕	1	商代後期	近出 1054 考古學報 1986 年 2 期 161—172 頁	1979—1980 年河南羅山縣蟒張鄉天湖村墓葬 M1：16	河南省羅山縣文化館	
11362	亞矣箕	2	商代後期	集成 10393 三代 18.30.6			
11363	婦好箕	2	商代後期	集成 10394 婦好墓圖 61.1	1976 年河南安陽殷墟婦好墓	考古研究所	

序號	器名	字數	時代	著録	出土地	現藏地	備註
11364	[illegible]册斦簠	3	商代後期	集成 10395		故宫博物院	
11365	左緐簠	3	戰國後期	集成 10396 文字編 124 頁	1977 年河北平山縣中山王墓	河北省文物研究所	
11366	旅止[illegible]簠	3	商代後期	近出 1055 考古 1998 年 10 期 41 頁	1995 年河南省安陽市郭家莊東南 26 號墓 M26：24	中國社會科學院考古研究所安陽工作隊	
11367	右使車簠	7	戰國後期	集成 10397 文字編 124 頁	1977 年河北平山縣中山王墓	河北省文物研究所	《文字編》將此與上合爲一件
11368	曾侯乙簠	7	戰國前期	集成 10398	1978 年湖北隨縣曾侯乙墓	湖北省博物館	
11369	曾侯乙簠	7	戰國前期	集成 10399	1978 年湖北隨縣曾侯乙墓	湖北省博物館	
11370	楚王燈	2	戰國後期	集成 10400		故宫博物院	
11371	左九燈	2	戰國後期	集成 10401		故宫博物院	
11372	十年燈座	22（又合文 3）	戰國後期	集成 10402 文字編 125 頁	1977 年河北平山縣中山王墓	河北省文物研究所	
11373	王帶鈎	1	戰國	集成 10403 考古 1964 年 3 期 134 頁圖 26.1	山西長治縣分水嶺 M49	山西省考古研究所	
11374	公□帶鈎	2	戰國	集成 10404 三代 18.32.3 夢續 37			羅振玉舊藏
11375	仲[illegible]帶鈎	2	戰國	集成 10405		中國歷史博物館	
11376	[illegible]王長□帶鈎	4	戰國	集成 10406 十二契 34			商承祚舊藏

序號	器名	字數	時代	著録	出土地	現藏地	備註
11377	鳥書箴銘帶鈎	33	戰國	集成 10407 薛氏 1 嘯堂 69			
11378	王鋪首	1	戰國後期	集成 10408	1977 年河北平山縣中山王墓	河北省文物研究所	
11379	雍鋪首	1	戰國後期	集成 10409	1977 年河北平山縣中山王墓	河北省文物研究所	
11380	左工鋪首	3	戰國後期	集成 10410	1977 年河北平山縣中山王墓	河北省文物研究所	
11381	左工鋪首	3	戰國後期	集成 10411	1977 年河北平山縣中山王墓	河北省文物研究所	
11382	左工鋪首	3	戰國後期	集成 10412	1977 年河北平山縣中山王墓	河北省文物研究所	
11383	左使車鋪首	8	戰國後期	集成 10413	1977 年河北平山縣中山王墓	河北省文物研究所	
11384	從睘小器	2	戰國	集成 10414 三代 18.41.4 貞松 11.18.3			
11385	□睘小器	2	戰國	集成 10415 三代 18.41.5 貞松 11.18.2			
11386	辛[illegible]睘小器	3	戰國	集成 10416 三代 18.40.3 貞松 11.19.4		故宫博物院	
11387	辛[illegible]睘小器	3	戰國	集成 10417		中國歷史博物館	
11388	辛[illegible]睘小器	3	戰國	集成 10418 三代 18.42.3		上海博物館	

序號	器名	字數	時代	著録	出土地	現藏地	備註
11389	辛[illegible]罠小器	3	戰國	集成 10419		中國歷史博物館	
11390	□氏罠小器	3	戰國	集成 10420 三代 18.42.1		上海博物館	
11391	□氏罠小器	3	戰國	集成 10421		上海博物館	
11392	坐罠小器	3	戰國	集成 10422 三代 18.40.2 貞松 11.19.2			
11393	方金罠小器	3	戰國	集成 10423 三代 18.42.6 貞松 11.19.1			
11394	[illegible]□罠小器	3	戰國	集成 10424		中國歷史博物館	
11395	垩□罠小器	3	戰國	集成 10425		上海博物館	
11396	朩□罠小器	3	戰國	集成 10426		中國歷史博物館	
11397	武[illegible]罠小器	3	戰國	集成 10427			
11398	[illegible]銍罠小器	3	戰國	集成 10428 衡齋 23		故宫博物院	
11399	□□罠小器	3	戰國	集成 10429 三代 18.41.2（又 18.41.3 重出） 貞松 11.19.3		旅順博物館	
11400	□□罠小器	3	戰國	集成 10430		中國歷史博物館	
11401	□□罠小器	3	戰國	集成 10431 三代 18.42.2		上海博物館	
11402	少圂罠小器	4	戰國	集成 10432 三代 18.40.4		故宫博物院	

序號	器名	字數	時代	著録	出土地	現藏地	備註
11403	豊王□睘小器	4	戰國	集成 10433 三代 18.42.4 周金 6.143 小校 9.109.5			
11404	卝[illegible]城睘小器	4	戰國	集成 10434 三代 18.42.5		上海博物館	
11405	東□睘小器	4	戰國	集成 10435 三代 18.41.1 夢續 38		旅順博物館	羅振玉舊藏
11406	□□睘小器	4	戰國	集成 10436		上海博物館	
11407	□□睘小器	4	戰國	集成 10437		上海博物館	
11408	大府之器銅牛	4	戰國後期	集成 10438 文物 1959 年 4 期 1 頁	1956 年安徽壽縣丘家花園	安徽省博物館	
11409	曾侯乙銅鶴	7	戰國前期	集成 10439	1978 年湖北隨縣曾侯乙墓	湖北省博物館	
11410	十四兩銀俑	9(又合文 2)	戰國	集成 10440 金村 33 頁圖 18.1 周漢遺寶圖版 42	傳河南洛陽金村		日本細川護立家舊藏
11411	十四年銅牛	12	戰國後期	集成 10441 文字編 124 頁	1977 年河北平山縣中山王墓	河北省文物研究所	
11412	十四年銅犀	12	戰國後期	集成 10442 文字編 124 頁	1977 年河北平山縣中山王墓	河北省文物研究所	
11413	十四年銅虎	12	戰國後期	集成 10443 文字編 124 頁		河北省文物研究所	

序號	器名	字數	時代	著録	出土地	現藏地	備註
11414	十四年雙翼神獸	12	戰國後期	集成 10444 文字編 129 頁	1977 年河北平山縣中山王墓	河北省文物研究所	
11415	十四年雙翼神獸	12	戰國後期	集成 10445 文字編 125 頁	1977 年河北平山縣中山王墓	河北省文物研究所	
11416	十四年雙翼神獸	13	戰國後期	集成 10446 文字編 125 頁	1977 年河北平山縣中山王墓	河北省文物研究所	
11417	十四年雙翼神獸	13	戰國後期	集成 10447 文字編 129 頁	1977 年河北平山縣中山王墓	河北省文物研究所	
11418	コ山形器	1	戰國後期	集成 10448	1977 年河北平山縣中山王墓	河北省文物研究所	
11419	川山形器	1	戰國後期	集成 10449	1977 年河北平山縣中山王墓	河北省文物研究所	
11420	十左使車山形器	6	戰國後期	集成 10450	1977 年河北平山縣中山王墓	河北省文物研究所	《集成》説明中字數缺
11421	十左使車山形器	6	戰國後期	集成 10451	1977 年河北平山縣中山王墓	河北省文物研究所	
11422	右佐[illegible]錐形器	3	戰國	集成 10452		中國歷史博物館	
11423	廿四年錐形器	10	戰國	集成 10453 夢續 39			羅振玉舊藏;此器與《集成》11902 重出
11424	公圜鈎形器	1	戰國	集成 10454			

序號	器名	字數	時代	著録	出土地	現藏地	備註
11425	曾侯乙鈎形器	7	戰國前期	集成 10455	1978 年湖北隨縣曾侯乙墓	湖北省博物館	
11426	旿室門鉄	4	戰國後期	集成 10456			
11427	右□[illegible]□圜器	4	戰國	集成 10457 録遺 542			
11428	少府銀圜器	5	戰國	集成 10458 三代 18.39.3 貞松 11.14.2 衡齋上 10		故宫博物院	
11429	大攻肴圜器	10	戰國	集成 10459		上海博物館	
11430	睘□鍵	2	戰國	集成 10460 録遺 541			
11431	洵城都小器	2	戰國	集成 10461 三代 18.38.1 夢郼上 55			羅振玉舊藏; 此銘應爲 3 字
11432	[illegible][illegible]連珠飾	2	戰國	集成 10462			
11433	[illegible]作□三足器	3	西周	集成 10463		上海博物館	
11434	□[illegible]保三桶器	2	西周	集成 10464 録遺 536			
11435	壽元杖首	2	春秋前期	近出 1053 考古學報 1991 年 4 期 467—478 頁	1978 年 10—12 月山東省滕州市薛國故城墓葬	山東省濟寧市文物管理局	
11436	三年杖首	9	戰國	集成 10465 三代 18.31.2 十二雙 6 衡齋下 1		故宫博物院	于省吾舊藏
11437	左鍾肴銅器	3	戰國	集成 10466 三代 20.60.3			

序號	器名	字數	時代	著録	出土地	現藏地	備註
11438	左殘件	1	戰國	集成 10467		中國歷史博物館	
11439	□殘片	存1	商代後期	近出附96 安陽殷墟郭家莊商代墓葬113頁	河南安陽殷墟郭家莊M160：5	中國社會科學院考古研究所	
11440	上五銅條	2	戰國後期	集成 10468 考古 1974 年 1 期20頁圖4.5	1962 年陝西咸陽長陵車站	陝西省博物館	
11441	三十銅構件	2	戰國後期	集成 10469 考古 1975 年 2 期111頁圖3	陝西長安縣小蘇村	長安縣博物館	
11442	王上框架	2	戰國後期	集成 10470	1977 年河北平山縣中山王墓	河北省文物研究所	
11443	君王上框架	3	戰國後期	集成 10471 文字編126頁	1977 年河北平山縣中山王墓	河北省文物研究所	
11444	十四年帳架	7	戰國後期	集成 10472 文字編126頁	1977 年河北平山縣中山王墓	河北省文物研究所	
11445	十四年帳橛	10	戰國後期	集成 10473 文字編126頁	1977 年河北平山縣中山王墓	河北省文物研究所	
11446	十四年帳橛	11	戰國後期	集成 10474 文字編126頁	1977 年河北平山縣中山王墓	河北省文物研究所	
11447	十四年帳橛	11	戰國後期	集成 10475 文字編126頁	1977 年河北平山縣中山王墓	河北省文物研究所	
11448	亞辛共殘銅片	5	商代後期	集成 10476 學報 1979 年 1 期81頁圖58.15	1969—1977年河南安陽殷墟西區墓葬M907	考古研究所安陽工作站	

序號	器名	字數	時代	著録	出土地	現藏地	備註
11449	十四年鳳方案	12	戰國後期	集成 10477 文字編 125 頁	1977 年河北平山縣中山王墓	河北省文物研究所	
11450	工舟	1	戰國後期	近出 1045 考古學報 1993 年 1 期 68 頁	1973—1975 年山東省煙臺市長島縣墓葬	山東省長島縣博物館	
11451	獥斗	1	西周早期	近出 1027 文物 1997 年 12 期 29—33 頁	1996 年 4 月湖北省蘄春縣達城鄉新屋灣	湖北省蘄春縣博物館	
11452	宁□鍑	2	商代後期	近出 1043 考古 1998 年 10 期 38—40 頁	1995 年河南省安陽市郭家莊東南 26 號墓 M26：28	中國社會科學院考古研究所安陽工作隊	
11453	鄭㪣盒	2	戰國後期	近出 1044 文物 1997 年 6 期 16—17 頁	1992 年山東省臨淄市商王村 M1：20—②	山東省淄博市博物館	
11454	集脰鎬	6	戰國後期	集成 10291 三代 18.26.1 小校 9.102.1 安徽金石 1.41	1933 年安徽壽縣朱家集墓葬	安徽省博物館	
11455	㓞工鋻	2	西周早期	集成 10363 三代 18.24.3			
11456	右里𩣡鋻	4	戰國	集成 10366 奇觚 6.38.1 簠齋 3 雜器35.2 衡齋上 8 周金 3.168.1 文物 1964 年 7 期 42 頁圖 2 度量衡 89	傳山東臨淄	中國歷史博物館	陳介祺舊藏

序號	器名	字數	時代	著録	出土地	現藏地	備註
11457	右里[illegible]鎣	4	戰國	集成10367 三代18.24.2 奇觚6.37.2 簠齋3雜器35.1	傳山東臨淄	中國歷史博物館	陳介祺舊藏
11458	兆域圖銅版	178	戰國後期	集成10478 文物1979年1期23頁圖25;24頁圖26 文字編97—98頁119—120頁	1977年河北平山縣中山王墓	河北省文物研究所	
11459	[illegible]旅箙形器	2	商代後期	集成10343 録遺535			
11460	亞矣卯形器	2	商代後期	集成10344 日精華1.4 薩克勒(1987)Fig128	傳河南安陽西北岡	日本京都藤井有隣館	
11461	司母辛方形器	3	商代後期	集成10345 婦好墓圖25.7	1976年河南安陽殷墟婦好墓	考古研究所安陽工作站	
11462	司粤母器蓋	3	商代後期	集成10346 古器物研究專刊第五本圖版50	1936年河南安陽殷墟墓葬	臺北"中央研究院歷史語言研究所"	
11463	王作[illegible]弄器蓋	4	商代後期	集成10347 考古1976年4期264頁圖2 殷虚青銅器圖88.7	1975年河南安陽殷墟	考古研究所安陽工作站	

序號	器名	字數	時代	著録	出土地	現藏地	備註
11464	左關之鍁	4	戰國	集成 10368 三代 18.17.1 愙齋 24.5.1 綴遺 28.21.1 奇觚 6.37.1 簠齋 3.27.1 周金 6.123.1 善齋 12.1.2 大系録 262.2 小校 9.103.8 善彝 168.2 山東存齊 22.1 度量衡 80	清咸豐七年(1857)山東膠縣靈山衛古城	上海博物館	陳介祺、劉體智舊藏
11465	哀成叔鍁	5	春秋後期	集成 4650 文物 1981 年 7 期 65 頁圖 3	1966 年河南洛陽市玻璃廠墓葬	洛陽博物館	
11466	曾侯乙過濾器	5	戰國前期	集成 10348	1978 年湖北隨縣曾侯乙墓	湖北省博物館	
11467	左使車筒形器	5	戰國後期	集成 10349 文字編 124 頁	1977 年河北平山縣中山王墓	河北省文物研究所	
11468	厡氏音鑰	6	西周晚期	集成 10350 三代 18.17.2 貞松 11.3 貞圖中 39		旅順博物館	羅振玉舊藏
11469	亞㠱侯殘圜器	9	西周早期	集成 10351		旅順博物館	

序號	器名	字數	時代	著録	出土地	現藏地	備註
11470	史孔和	9	春秋	集成 10352 三代 14.9.9 從古 16.7.1 攈古 2.1.62.3 愙齋 14.24.1 綴遺 14.32 奇觚 6.34.1 周金 5.65 小校 9.52.3 簠齋 3 奩 3		中國歷史博物館	陳介祺舊藏，後歸故宫博物院
11471	廿五年盌	存 9	戰國後期	集成 10353 文物 1966 年 1 期 9 頁圖 3		陜西省博物館	《集成》目録中字數爲“9”
11472	𤦡圜形器	10	戰國前期	集成 10354 文物 1984 年 1 期圖 11	1981 年浙江紹興獅子山墓葬	浙江省文物考古研究所	
11473	黄子器座	11	春秋前期	集成 10355 考古 1984 年 4 期 320 頁圖 21.2	1983 年河南光山縣寶相寺上官崗磚瓦廠	信陽地區文物管理委員會	
11474	蔡大史鈉	18	春秋	集成 10356 江漢考古 1983 年 2 期圖版 8.3		武漢市文物商店	
11475	邵宫和	19（又重文 1）	戰國後期	集成 10357 三代 14.11.4 陶齋 5.2 小校 9.53.3 尊古 3.14 鐃齋（1943）P57a、b 58a 彙編 5.314			端方舊藏
11476	十年銅盒	19（又合文 1）	戰國後期	集成 10358	1977 年河北平山縣中山王墓	河北省文物研究所	

序號	器名	字數	時代	著録	出土地	現藏地	備註
11477	十二年銅盒	21(又合文1)	戰國後期	集成10359	1977年河北平山縣中山王墓	河北省文物研究所	
11478	䙴圜器	44	西周早期	集成10360 三代13.42.3 貞松8.31.4 澂秋50 大系録81.2 周金5補		中國歷史博物館	陳承裘舊藏,後歸故宫博物院
11479	國差罎	50(又合文1,重文2)	春秋	集成10361 三代18.17.3—18.18.1 西乙16.9 金索金1.63 積古8.10 攈古3.1.44—45 綴遺28.12 奇觚18.21—22 寶蘊91 大系録239 山東存齊6 故圖下下261 彙編4.128		臺北"故宫博物院"	瀋陽故宫舊藏

四十二、類别不明之器

序號	器名	字數	時代	著録	出土地	現藏地	備註
11480	競器	1	西周早期	集成 10479 三代 6.1.10 貞松 4.25.1 續殷上 66.1			《貞松》:長白寶氏舊藏,今歸日本某氏
11481	𡞋器	1	商代後期	集成 10480 録遺 612			
11482	妥器	1	商代後期	集成 10481 三代 6.4.9			
11483	叔器	1	商代後期	集成 10482 三代 6.4.10 周金 3.116.6 續殷上 32.2			
11484	豖器	1	商代後期	集成 10483 録遺 613			
11485	羊器	1	商代後期	集成 10484 三代 6.2.1 貞續上 28.2			
11486	鼻器	1	商代後期	集成 10485 三代 6.2.11 續殷上 32.5			
11487	龍器	1	商代後期	集成 10486 三代 6.2.2			
11488	斿器	1	商代後期	集成 10487 三代 6.1.3 積古 1.23.3 攈古 1.1.4.3 殷存上 14.4			
11489	衒器	1	商代後期	集成 10488 録遺 611			
11490	戈器	1	商代後期	集成 10489 三代 6.2.9 攈古 1.1.5.1 殷存上 14.7			

序號	器名	字數	時代	著録	出土地	現藏地	備註
11491	扨器	1	商代後期	集成 10490 三代 6.4.3 續殷上 34.5		故宫博物院	《集成》9839已收,此器乃方彝,此處誤收
11492	器	1	商代後期	集成 10491 三代 6.4.7 殷存上 14.2			
11493	↑器	1	商代後期	集成 10492 三代 6.4.12 擴古 1.1.5.3 殷存上 14.3			
11494	需器	1	商代後期	集成 10493 三代 6.4.2 貞松 4.27.3	傳河南彰德府		
11495	器	1	商代後期	集成 10494 三代 6.5.10			
11496	單器	1	商代後期	集成 10495 三代 6.2.5 積古 1.24.3 擴古 1.1.5.4 綴遺 23.7.2			
11497	器	1	商代後期	集成 10496 三代 6.2.6			
11498	入器蓋	1	商代後期	近出 1056 考古學報 1991年3期333—342頁	1984年10—11月河南省安陽市戚家莊東269號墓	河南省安陽市文物工作隊	
11499	亞馘器	2	商代後期	集成 10497 三代 6.6.7 從古 1.14.1 綴遺 17.4.1 小校 7.6.2		考古研究所	《集成》目録中字數誤爲"1"
11500	亞弜器	2	商代後期	集成 10498 三代 6.9.5			

序號	器名	字數	時代	著録	出土地	現藏地	備註
11501	父辛器	2	商代後期	集成 10499 三代 6.7.5 積古 1.23.2			
11502	父辛器	2	商代後期	集成 10500 三代 6.7.6 攈古 1.1.23.3 續殷上 35.6			
11503	父癸器	2	西周早期	集成 10501 三代 6.7.7 小校 7.7.7			
11504	鄉宁器	2	商代後期	集成 10502 三代 6.1.8 續殷上 33.5			
11505	鄉宁器	2	商代後期	集成 10503 三代 6.1.9			
11506	[illegible]器	2	商代後期	集成 10504 三代 6.10.5 續殷上 35.11			
11507	[illegible]俞器	2	商代後期	集成 10505 三代 6.9.8			
11508	[illegible]俞器	2	商代後期	集成 10506 三代 6.9.7			
11509	聑罾器	2	商代後期	集成 10507 三代 6.10.6			
11510	尹舟器	2	商代後期	集成 10508 三代 6.3.5 貞松 4.22.2			
11511	乙戈器	2	商代後期	集成 10509 三代 6.18.3 貞補上 19.1	傳河南洛陽		
11512	戈中器	2	商代後期	集成 10510 三代 6.18.2 貞補上 19.2 小校 7.8.5	傳河南洛陽		

序號	器名	字數	時代	著録	出土地	現藏地	備註
11513	[illegible]羊器	2	商代後期	集成 10511 三代 6.8.6 筠清 2.12.2 攈古 1.1.23.1 綴遺 6.5.2 敬吾下 32 殷存上 15.3 小校 7.8.6 山東存坿 1			
11514	[illegible]辛器	2	商代後期	集成 10512 三代 6.8.3 貞松 4.28.4			
11515	子[illegible]器	2	商代後期	集成 10513 三代 6.9.3			
11516	子妻器	2	商代後期	集成 10514 三代 6.9.2			
11517	[illegible]子器	2	商代後期	集成 10515 録遺 609			
11518	作敗器	2	西周中期	近出 1057 文物 1996 年 7 期 54—68 頁	1964—1972 年河南省洛陽市北窑村西龐家溝墓葬 M359：1		
11519	奄父乙器	3	商代後期	集成 10516 三代 6.20.5 殷存上 16.4			
11520	[illegible]父乙器	3	商代後期	集成 10517 三代 6.12.2 小校 7.9.3			
11521	子父丁器	3	商代後期	集成 10518 三代 6.13.4 殷存上 15.9			

序號	器名	字數	時代	著録	出土地	現藏地	備註
11522	[illegible]父丁器	3	商代後期	集成 10519 三代 6.13.7 貞松 4.32.1 小校 7.10.4			承德避暑山莊舊藏,後歸劉體智
11523	㠱父丁器	3	商代後期	集成 10520 三代 6.14.7 殷存上 17.2 小校 7.11.4			
11524	亞父辛器	3	商代後期	集成 10521 三代 6.16.8 愙齋 7.17.2 殷存上 15.10 小校 7.12.8			
11525	家父辛器	3	商代後期	集成 10522 録遺 615			
11526	□父辛器	3	商代後期	集成 10523 三代 6.16.6 殷存上 15.12 小校 7.12.6			劉鶚舊藏
11527	[illegible]父癸器	3	商代後期	集成 10524 三代 6.17.5 貞補上 19.4			
11528	[illegible]父癸器	3	西周早期	集成 10525 三代 6.17.6 從古 1.13.1 小校 7.13.1			
11529	册亯[illegible]器	3	商代後期	集成 10526 録遺 614			
11530	作隮彝器	3	西周早期	集成 10527 三代 6.19.6 貞補上 20.1			
11531	作寶彝器	3	西周早期	集成 10528 三代 6.19.1 貞松 4.33.3			

序號	器名	字數	時代	著録	出土地	現藏地	備註
11532	作寶彝器	3	西周早期	集成 10529 三代 6.19.4 貞松 4.33.4 希古 4.1.2			
11533	作旅彝器	3	西周早期	集成 10530 三代 6.19.7 積古 5.23.1 擴古 1.2.7.1 奇觚 17.8.2 小校 7.18.6			
11534	作旅彝器	3	西周早期	集成 10531 三代 6.19.8 小校 7.18.7			
11535	米祖乙器蓋	3	西周早期	近出 1058 文物 1990 年 11 期 58 頁	1984 年 4 月河北興隆縣小東區鄉小河南省村	河北興隆縣文物管理所	
11536	[illegible][illegible]父乙器	4	商代後期	集成 10532 三代 6.20.6 貞松 4.34.2 續殷上 40.5			馬衡舊藏
11537	赫妶父乙器	4	西周早期	集成 10533 三代 6.20.4 筠清 2.9.1 清愛 9.1 擴古 1.2.56 綴遺 6.21.1 小校 7.19.1			劉喜海、何竟山舊藏
11538	戠作父乙器	4	西周早期	集成 10534 三代 6.21.3 貞續上 31.1			

序號	器名	字數	時代	著録	出土地	現藏地	備註
11539	亞𠂤父丁器	4	商代後期	集成 10535 三代 6.14.3 積古 1.23.1 攈古 1.3.11.3 愙齋 7.17.2 續殷上 37.10 小校 7.11.3			潘祖蔭舊藏;《集成》第 16 册拓片圖版器名"𠂤"字誤作"鳥"
11540	田告父丁器	4	商代後期	集成 10536 三代 6.21.1 續殷上 40.6			
11541	康丁器	4	商代後期	集成 10537 三代 6.22.4 攈古 1.2.57.1 愙齋 8.8.3 綴遺 17.23.2 敬吾下 38.4 殷存上 16.8 小校 7.20.8			葉東卿舊藏
11542	光作從彝器	4	西周早期	集成 10538 三代 6.24.8 續殷上 42.1			
11543	作狽寶彝器	4	西周早期	集成 10539 三代 6.23.3 貞松 4.36.4			
11544	伯作旅彝器	4	西周早期	集成 10540 三代 6.24.5 積古 5.23 攈古 1.2.53.3			《集成》説明中器名誤作"伯作寶彝器"
11545	伯作旅彝器	4	西周早期	集成 10541 三代 6.24.7 貞補上 20.3			劉鶚舊藏

序號	器名	字數	時代	著録	出土地	現藏地	備註
11546	叔作寶彝器	4	西周早期	集成 10542 三代 6.23.8 積古 1.29.3 攈古 1.2.54.3 綴遺 17.25.2 敬吾上 44.1 周金 3.116.4 小校 5.16.4			
11547	卲作寶彝器	4	西周早期	集成 10543 三代 6.24.2 貞松 5.3.3			
11548	宵作旅彝器	4（蓋器同銘）	西周早期	集成 10544 三代 6.24.3—4 筠清 5.21.1—2 攈古 1.2.52.1—2			
11549	伯魚器	5	西周早期	集成 10545 三代 6.28.3 攈古 1.3.12.2			
11550	䑹伯器	5	西周早期	集成 10546 三代 6.29.3 貞松 4.39.4			
11551	叔器	5	西周早期	集成 10547 三代 6.28.6 周金 3.116.3			
11552	叔器	5	西周早期	集成 10548 三代 6.28.5 攈古 1.3.10.1 周金 5.20.1 小校 5.18.6			
11553	農姬器	5	西周早期	集成 10549 三代 6.29.6			
11554	[illegible]禾器	5	西周早期	集成 10550 三代 6.29.7 積古 5.30.3 攈古 1.3.8.4			

序號	器名	字數	時代	著録	出土地	現藏地	備註
11555	从器	5	西周早期	集成 10551 三代 6.30.2 貞松 4.41.1 小校 7.26.3			
11556	凡器	5	西周早期	集成 10552 三代 6.30.4 敬吾下 32.4 小校 7.27.6			
11557	矣器	5	西周早期	集成 10553 三代 6.30.7			
11558	衔作父乙器	6	西周早期	集成 10554 三代 6.32.1 貞松 4.41			
11559	子作父乙器	6	西周早期	集成 10555 三代 6.33.1 貞續上 32.1 續殷上 44.4			
11560	[illegible]作父丁器	6	西周早期	集成 10556 三代 6.33.6 貞松 4.42.2 續殷上 44.6 小校 7.67.2			溥倫舊藏
11561	作父丁器	6	西周早期	集成 10557 三代 6.33.5			
11562	壽作父戊器	6	西周早期	集成 10558 三代 6.33.7 貞補上 21.2 續殷上 44.8			丁樹楨舊藏
11563	其侯亞矣父己器	6	商代後期	集成 10559 三代 6.27.5 貞松 4.38 續殷上 43.2 小校 7.24.4			

序號	器名	字數	時代	著録	出土地	現藏地	備註
11564	[illegible]作父辛器	6	西周早期	集成 10560 三代 6.34.5 攈古 1.3.44.3 殷存上 17.3			
11565	[illegible]作父辛器	6	西周早期	集成 10561 三代 6.34.6 攈古 1.3.45.4 續殷上 45.1			
11566	女母作婦己器	6	商代後期	集成 10562 三代 6.35.1	傳陝西鳳翔		
11567	伯亯父器	6	西周早期	集成 10563 三代 6.35.4 貞松 5.9.2 小校 7.71.3			劉鶚舊藏
11568	伯丙器	6	西周早期	集成 10564 三代 6.35.6 周金 3.114.8 小校 7.29.6			潘祖蔭、王懿榮舊藏
11569	師高器	6	西周早期	集成 10565 三代 6.36.7 貞補上 24			此應入簋類
11570	俞伯器	6	西周早期	集成 10566 三代 6.38.2			
11571	向器	6	西周早期	集成 10567 三代 6.37.5 積古 5.31.2 奇觚 17.13.1 攈古 2.1.21.3			
11572	山御作父乙器	7	西周早期	集成 10568 三代 6.38.4 殷存上 17.5			

序號	器名	字數	時代	著録	出土地	現藏地	備註
11573	作父戊器	7	西周早期	集成 10569 三代 6.39.1 從古 6.22.1 敬吾下 33.7 續殷上 46.1 小校 7.34.5			張讓木舊藏
11574	作父戊器	7	商代後期	集成 10570 三代 6.39.3 貞補上 22.3 續殷上 44.7			
11575	堇伯器	7	西周早期	集成 10571 三代 6.39.5 從古 7.6.1 攈古 2.1.22.2 敬吾上 45.2 小校 7.38.1			
11576	作父丁器	8	西周早期	集成 10572 三代 6.40.6			
11577	田作父己器	8	西周早期	集成 10573 三代 6.41.2 積古 5.25.2 攈古 2.1.23.4 窓齋 19.7.2 奇觚 17.12.3 小校 7.36.4			
11578	耳作父癸器	8	西周早期	集成 10574 三代 6.42.1 積古 1.28.1 攈古 2.1.23.2			
11579	趨子作父庚器	9	西周早期	集成 10575 三代 6.43.5 貞補上 23 續殷上 47.4			

序號	器名	字數	時代	著録	出土地	現藏地	備註
11580	庚姬器	9	西周早期	集成 10576 三代 6.44.2 積古 5.26.2 攈古 2.1.59.1 奇觚 17.12 周金 3.112.2 小校 7.38.2			
11581	鑄客器	9	戰國後期	集成 10577 三代 18.25.3 小校 9.109.7	1933 年安徽壽縣朱家集墓葬		
11582	鑄客器	9	戰國後期	集成 10578 三代 18.25.4 小校 9.102.3	1933 年安徽壽縣朱家集墓葬		
11583	谷器器	9	戰國	集成 10579 三代 11.42.4—5 從古 16.17.1 攈古 2.1.37.2—3 窓齋 14.17.1—2 綴遺 26.10.2 奇觚 6.31 周金 5.31.1—2 簠齋 2 窓 1 小校 4.69.6—7			陳介祺舊藏
11584	初吉殘片	存 11（又重文 2）	西周晚期	近出 1059 文物 1993 年 3 期 11、12 頁	1992 年 4—6 月山西省曲沃、翼城兩縣境内的天馬—曲村 M1：051	山西省考古研究所	
11585	保攸母器	12	西周早期	集成 10580 三代 6.45.5			
11586	幵作父辛器	21（又合文 1）	西周早期	集成 10581 三代 6.49.4 攈古 2.3.10.1 綴遺 18.5			

序號	器名	字數	時代	著録	出土地	現藏地	備註
11587	伊器	25	西周	集成 10582 薛氏 21.4			
11588	匽侯載器	32	戰國	集成 10583 筠清 5.8 攈古 2.3.66 大系録 266.3			

四十三、戈戟

序號	器名	字數	時代	著録	出土地	現藏地	備註
11589	□戈	1	商代後期	集成 10591		故宫博物院	
11590	□戈	1	商代後期	集成 10592		故宫博物院	
11591	□戈	1	商代後期	集成 10593		故宫博物院	
11592	□戈	1	商代後期	集成 10594		故宫博物院	
11593	□戈	1	商代後期	集成 10595		故宫博物院	
11594	□戈	1	商代後期	集成 10596		故宫博物院	
11595	□戈	1	商代後期	集成 10597		故宫博物院	
11596	□戈	1	商代後期	集成 10598		故宫博物院	
11597	□戈	1	商代後期	集成 10599		故宫博物院	
11598	□戈	1	商代後期	集成 10600		故宫博物院	
11599	□戈	1	商代後期	集成 10601 古文字研究 10 輯 267 頁圖14.2		湖南省博物館	
11600	□戈	1	商代後期	集成 10602			
11601	□戈	1	商代後期	集成 10603 三代 19.10.3—4			
11602	□戈	1	商代後期	集成 10604 侯家莊第五本圖版 136.7	侯家莊 1004 號墓(R6774.29)	臺北"中央研究院歷史語言研究所"	同出同銘者 70 件,較完好者 51 件,《集成》收 7 件
11603	□戈	1	商代後期	集成 10605 侯家莊第五本圖版 136.1	侯家莊 1004 號墓(R6774.37)	臺北"中央研究院歷史語言研究所"	
11604	□戈	1	商代後期	集成 10606 侯家莊第五本圖版 136.2	侯家莊 1004 號墓(R6774.3)	臺北"中央研究院歷史語言研究所"	
11605	□戈	1	商代後期	集成 10607 侯家莊第五本圖版 136.3	侯家莊 1004 號墓(R6774.31)	臺北"中央研究院歷史語言研究所"	

序號	器名	字數	時代	著録	出土地	現藏地	備註
11606	□戈	1	商代後期	集成 10608 侯家莊第五本圖版 136.4	侯家莊 1004 號墓（R6774.1）	臺北"中央研究院博物館歷史語言研究所"	
11607	□戈	1	商代後期	集成 10609 侯家莊第五本圖版 136.5	侯家莊 1004 號墓（R6774.8）	臺北"中央研究院歷史語言研究所"	
11608	□戈	1	商代後期	集成 10610 録遺 543 侯家莊第五本圖版 136.6	侯家莊 1004 號墓（R6774.6）	臺北"中央研究院歷史語言研究所"	
11609	□戈	1	商代後期	集成 10611 學報第 4 册圖版 26.54	1949 年安陽小屯 E16		
11610	□戈	1	商代後期	集成 10612 韋森 54		瑞典韋森氏	
11611	□戈	1	商代後期	集成 10613		清華大學圖書館	
11612	□戈	1	商代後期	集成 10614 彙編 8.1245		美國舊金山亞洲美術博物館布倫戴奇藏品	
11613	□戈	1	商代後期	集成 10615 學報 1979 年 1 期 83 頁圖60.20	1969—1977 年殷墟西區 727 號墓	考古研究所安陽工作站	
11614	□戈	1	商代後期	集成 10616 文物 1981 年 8 期 50 頁圖 8	1975 年山西石樓義牒褚家峪	吕梁地區文物工作室	
11615	□戈	1	商代後期	集成 10617		上海博物館	
11616	□戈	1	商代後期	集成 10618		上海博物館	
11617	□戈	1	商代後期	集成 10619 續殷下 83.1—2			

序號	器名	字數	時代	著録	出土地	現藏地	備註
11618	□戈	1	商代後期	集成 10620 巖窟下 21			1939 年出土;梁上椿舊藏
11619	□戈	1	商代後期	集成 10621		安陽市博物館	
11620	□戈	1	商代後期	集成 10622 中原文物 1985 年 2 期 101 頁圖 3.5	安陽	河南安陽市博物館	河南安陽市博物館歷年來徵集的同銘戈共有三件
11621	□戈	1	商代後期	集成 10623 侯家莊第二本圖版 248.7;又 250.5(摹本)	侯家莊 1001 號墓(R6825)	臺北"中央研究院歷史語言研究所"	
11622	□戈	1	商代後期	集成 10624 彙編 8.1247	傳 1934 年以前安陽	加拿大多倫多皇家安大略博物館	
11623	□戈	1	商代後期	集成 10625 彙編 8.1246	傳 1934 年以前安陽	加拿大多倫多皇家安大略博物館	
11624	□戈	1	商代後期	集成 10626	傳 1934 年以前安陽	加拿大多倫多皇家安大略博物館	
11625	□戈	1	商代後期	集成 10627 癡盦 47			李泰棻舊藏
11626	天戈	1	商代後期	集成 10628 文物 1982 年 9 期 50 頁圖 5		長治市博物館	1973—1976 年山西長子縣廢品中揀選
11627	天戈	1	商代後期	集成 10629 三代 19.12.3		旅順博物館	
11628	天戈	1	商代後期	集成 10630		故宫博物院	
11629	天戈	1	商代後期	集成 10631 貞補中 31.3			羅振玉舊藏

序號	器名	字數	時代	著録	出土地	現藏地	備註
11630	屰戈	1	商代後期	集成 10632 殷墟 30.2 安陽遺寶 21.2 歐精華 7.81	安陽	《安陽遺寶》:法國巴黎埃德加·古特曼氏	
11631	屰戈	1	商代後期	集成 10633		中國歷史博物館	
11632	屰戈	1	商代後期	集成 10634 鄴初上 44	安陽		此器和《集成》10632 或是一件戈之兩面?《集成》暫作二件處理
11633	[illegible]戈	1	商代後期	集成 10635 録遺 548.1—2		故宫博物院	
11634	[illegible]戈	1	商代後期	集成 10636 綴遺 29.16.1 續殷下 80.9			瞿木夫舊藏;《綴遺》名“子瞿”
11635	[illegible]戈	1	商代後期	集成 10637 三代 19.6.4 善齋 10.74 小校 10.84.1 續殷下 81.3			
11636	[illegible]戈	1	商代後期	集成 10638 鄴二下 15 巖窟下 8 書道(河出)142	陝西(巖窟)	中國歷史博物館	梁上椿舊藏
11637	立戈	1	商代後期	集成 10639 鄴二下 14	安陽	故宫博物院	
11638	𠑹戈	1	商代後期	集成 10640 鄴二下 9 金匱 47 頁上右	安陽	中國歷史博物館	
11639	[illegible]戈	1	商代後期	集成 10641 彙編 8.1248		美國布根博物館	

序號	器名	字數	時代	著録	出土地	現藏地	備註
11640	戈	1	商代後期	集成 10642 考古 1972 年 4 期 29 頁圖 2.2	1969 年山西石樓縣義牒	石樓縣文化館	
11641	戈	1	商代後期	集成 10643 河北 69	1954 年河北邢臺市曹演莊	河北省博物館	
11642	戈	1	商代後期	集成 10644		故宫博物院	
11643	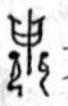戈	1	商代後期	集成 10645 懷履光 55 頁	傳安陽大司空村南地	加拿大多倫多皇家安大略博物館	
11644	戈	1	商代後期	集成 10646 三代 19.9.4 續殷下 90.2		上海博物館	
11645	[illegible]戈	1	商代後期	集成 10647 三代 19.14.3 鄴初上 42	安陽	故宫博物院	
11646	[illegible]戈	1	商代後期	集成 10648 續殷下 80.5		中國歷史博物館	
11647	徺戈	1	商代後期	集成 10649		故宫博物院	
11648	徺戈	1	商代後期	集成 10650		中國歷史博物館	
11649	戈	1	商代後期	集成 10651		故宫博物院	
11650	戈	1	商代後期	集成 10652 録遺 549			此銘應為 2 字
11651	斿戈	1	商代後期	集成 10653 録遺 554			
11652	奞戈	1	商代後期	集成 10654 三代 19.15.1		旅順博物館	
11653	豢戈	1	商代後期	集成 10655 善齋 10.69 小校 10.83.2		上海博物館	劉體智舊藏

序號	器名	字數	時代	著録	出土地	現藏地	備註
11654	夲戈	1	商代後期	集成 10656 巖窟下 4 續殷下 84.3	1934 年安陽	故宫博物院	梁上椿舊藏
11655	夲戈	1	商代後期	集成 10657 續殷下 84.2			
11656	夲戈	1	商代後期	集成 10658 三代 19.13.2 續殷下 85.2 十二貯 26.1 鄴初下 1	安陽	遼寧省博物館	王辰舊藏;《十二貯》云:同坑出土者凡六器
11657	夲戈	1	商代後期	集成 10659 續殷下 84.4			
11658	夲戈	1	商代後期	集成 10660 三代 19.13.1 續殷 85.1 十二貯 27.1 鄴初下 2 書道(平凡)23 上左	安陽		王辰舊藏
11659	夲戈	1	商代後期	集成 10661		中國歷史博物館	
11660	夲戈	1	商代後期	集成 10662		故宫博物院	
11661	夲戈	1	商代後期	集成 10663		故宫博物院	
11662	夲戈	1	商代後期	集成 10664 續殷下 84.1		故宫博物院	
11663	臣戈	1	商代後期	集成 10665		故宫博物院	
11664	臣戈	1	商代後期	集成 10666 文物 1980 年 12 期 89 頁圖 1	1978 年河南中牟縣大莊村墓葬	河南省博物館	
11665	臣戈	1	商代後期	集成 10667 陝青 1.10	1972 年陝西岐山縣京當窖藏	岐山縣文化館	

序號	器名	字數	時代	著録	出土地	現藏地	備註
11666	戈	1	商代後期	集成 10668 三代 19.8.3 貞松 11.21.1 貞圖中 53 小校 10.83.4		旅順博物館	羅振玉、劉體智舊藏
11667	戈	1	商代後期	集成 10669		故宫博物院	
11668	戈	1	商代後期	集成 10670 巖窟下 12	1939 年安陽	中國歷史博物館	
11669	耳戈	1	商代後期	集成 10671 録遺 552		故宫博物院	
11670	耳戈	1	商代後期	集成 10672 録遺 551		故宫博物院	
11671	嬰戈	1	商代後期	集成 10673		故宫博物院	
11672	嬰戈	1	商代後期	集成 10674 三代 19.4.2—1 小校 10.86.1—2 頌續 126 續殷下 80.1—2	《頌續》:安陽	廣州市博物館	容庚舊藏
11673	嬰戈	1	商代後期	集成 10675 三代 19.4.3—4 小校 10.86.4—3 頌續 127		廣州市博物館	容庚舊藏
11674	嬰戈	1	商代後期	集成 10676		故宫博物院	
11675	嬰戈	1	商代後期	集成 10677		故宫博物院	
11676	畧戈	1	商代後期	集成 10678 録遺 559			
11677	豖戈	1	商代後期	集成 10679 録遺 558			
11678	戈	1	商代後期	集成 10680			
11679	戈	1	商代後期	集成 10681 癡盦 55			李泰棻舊藏
11680	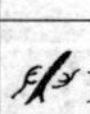戈	1	商代後期	集成 10682		故宫博物院	
11681	戈	1	商代後期	集成 10683		故宫博物院	

序號	器名	字數	時代	著録	出土地	現藏地	備註
11682	爰戈	1	商代後期	集成 10684 巖窟下 30	1943 年安陽		梁上椿舊藏
11683	戈	1	商代後期	集成 10685 三代 19.3.1—2 攈古 1.3.37.3—4 奇觚 10.32 綴遺 29.12.3—4 周金 6.70.2—3 續殷下 82.4—5 小校 10.81.3—4		故宫博物院	《攈古録》、《周金》:吕堯僊、陳介祺舊藏
11684	戈	1	商代後期	集成 10686 三代 19.5.3—4 雙吉下 2 續殷下 82.6—7	《雙吉》:安陽		于省吾舊藏
11685	戈	1	商代後期	集成 10687		上海博物館	
11686	戈	1	商代後期	集成 10688 三代 19.9.3 貞補中 31.2 續殷下 82.3		故宫博物院	
11687	正戈	1	商代後期	集成 10689			
11688	戈	1	商代後期	集成 10690 三代 19.8.1 貞松 11.20.1 貞圖中 52 續殷下 81.7 小校 10.83.3		旅順博物館	羅振玉舊藏
11689	戈	1	商代後期	集成 10691 三代 19.7.9—10 續殷下 81.4—5		上海博物館	
11690	戈	1	商代後期	集成 10692		故宫博物院	
11691	子戈	1	商代後期	集成 10693		故宫博物院	
11692	子戈	1	商代後期	集成 10694		故宫博物院	
11693	子戈	1	商代後期	集成 10695			

序號	器名	字數	時代	著録	出土地	現藏地	備註
11694	子戈	1	商代後期	集成 10696 懷履光 40 頁 3 三代補 R556	傳安陽大司空村南地	加拿大多倫多皇家安大略博物館	
11695	萬戈	1	商代後期	集成 10697 懷履光 40 頁 9 三代補 R560	傳安陽大司空村南地	加拿大多倫多皇家安大略博物館	
11696	萬戈	1	商代後期	集成 10698 書道(平凡)23 中 三代補 R838		法國巴黎基美博物館	
11697	萬戈	1	商代後期	集成 10699		中國歷史博物館	
11698	萬戈	1	商代後期	集成 10700 三代 19.3.3—4 鄴初上 48	安陽		
11699	萬戈	1	商代後期	集成 10701		故宫博物院	
11700	戈	1	商代後期	集成 10702 三代 19.7.1—2 鄴初上 46	安陽	故宫博物院	
11701	戈	1	商代後期	集成 10703 癡盦 49			李泰棻舊藏
11702	戈	1	商代後期	集成 10704 三代 19.7.3 鄴初上 47 續殷下 81.11	安陽	故宫博物院	
11703	戈	1	商代後期	集成 10705		故宫博物院	
11704	戈	1	商代後期	集成 10706		山西省博物館	
11705	戈	1	商代後期	集成 10707		故宫博物院	
11706	戈	1	商代後期	集成 10708 録遺 547		故宫博物院	
11707	戈	1	商代後期	集成 10709		中國歷史博物館	

序號	器名	字數	時代	著録	出土地	現藏地	備註
11708	戈	1	商代後期	集成 10710 文物 1981 年 8 期 50 頁圖 6	1975 年山西石樓縣義牒褚家峪	吕梁地區文物工作室	
11709	鳥戈	1	商代後期	集成 10711 古文字研究 10 輯 268 頁圖15. 1		湖南省博物館	
11710	戈	1	商代後期	集成 10712 録遺 553			
11711	羊戈	1	商代後期	集成 10713 録遺 561 巖窟下 25	1939 年安陽		梁上椿舊藏
11712	戈	1	商代後期	集成 10714 學報 1979 年 1 期 83 頁圖 60. 5	1969—1977 年安陽殷墟西區 692 號墓	考古研究所安陽工作站	
11713	戈	1	商代後期	集成 10715			
11714	宁戈	1	商代後期	集成 10716 巖窟下 13		故宫博物院	
11715	戈	1	商代後期	集成 10717 續殷下 81. 8			
11716	戈	1	商代後期	集成 10718			
11717	戈	1	商代後期	集成 10719 中原文物 1985 年 2 期 101 頁圖 3. 3		安陽市博物館	
11718	貯戈	1	商代後期	集成 10720 學報 1986 年 2 期 173 頁圖 22. 21	1979—1980 年河南羅山縣蟒張鄉天湖村 11 號墓	信陽地區文物管理委員會	
11719	戈	1	商代後期	集成 10721 録遺 544 巖窟下 5 寶鼎 XL III	《巖窟》: 1940 年安陽	荷蘭萬孝臣氏	梁上椿舊藏
11720	戈	1	商代後期	集成 10722		中國歷史博物館	

序號	器名	字數	時代	著録	出土地	現藏地	備註
11721	息戈	1	商代後期	集成 10723 學報 1986 年 2 期 173 頁圖 22.10	1979—1980 年河南羅山縣蟒張鄉天湖村 9 號墓	信陽地區文物管理委員會	
11722	息戈	1	商代後期	集成 10724 學報 1986 年 2 期 173 頁圖 22.6	1979—1980 年河南羅山縣蟒張鄉天湖村 9 號墓	信陽地區文物管理委員會	
11723	[illegible]戈	1	商代後期	集成 10725		故宫博物院	
11724	‼戈	1	商代後期	集成 10726		故宫博物院	
11725	州戈	1	商代後期	集成 10727 三代 19.2.1—2 安陽遺寶 20.2 殷墟 29.3	安陽	旅順博物館	
11726	葡戈	1	商代後期	集成 10728 三代 19.5.2—1 鄴初上 49 書道(平凡)22 下左	安陽	旅順博物館	
11727	戈戈	1	商代後期	集成 10729		上海博物館	
11728	戈戈	1	商代後期	集成 10730		上海博物館	
11729	戈戈	1	商代後期	集成 10731 文叢 2 輯 21 頁圖 25		北京市文物研究所	
11730	戈戈	1	商代後期	集成 10732 冠斝中 51			榮厚舊藏
11731	戈戈	1	商代後期	集成 10733 三代 19.8.2 貞松 11.20.2			
11732	戈戈	1	春秋前期	集成 10734 虢國墓 41 頁圖 38	1957 年河南陝縣上村嶺 1747 號墓	中國歷史博物館	
11733	[illegible]戈	1	商代後期	集成 10735		上海博物館	

序號	器名	字數	時代	著録	出土地	現藏地	備註
11734	戈	1	商代後期	集成 10736		故宫博物院	冀朝鼎捐獻
11735	戈	1	商代後期	集成 10737 善齋 10.43 小校 10.64.3—4		上海博物館	劉體智舊藏
11736	田戈	1	商代後期	集成 10738 三代 19.8.4 雙吉下 6	安陽		
11737	田戈	1	商代後期	集成 10739 三代 19.9.1 雙吉下 7	安陽		
11738	田戈	1	商代後期	集成 10740		故宫博物院	
11739	戈	1	商代後期	集成 10741 三代 19.6.1		旅順博物館	
11740	戈	1	商代後期	集成 10742		故宫博物院	
11741	戈	1	商代後期	集成 10743 文物 1981 年 8 期 50 頁圖 7	1975 年山西石樓縣義牒褚家峪	吕梁地區文物工作室	
11742	戈	1	商代後期	集成 10744 三代 19.6.2		旅順博物館	
11743	戈	1	商代後期	集成 10745 文物 1973 年 7 期 5 頁圖 1 下			
11744	戈	1	商代後期	集成 10746		故宫博物院	
11745	舟戈	1	商代後期	集成 10747		故宫博物院	
11746	舟戈	1	商代後期	集成 10748 學報 5 册(1951 年)圖版 45.11	1950 年安陽武官村大墓	中國歷史博物館	
11747	戈	1	商代後期	集成 10749		故宫博物院	
11748	戈	1	商代後期	集成 10750 續殷下 81.1—2			
11749	戈	1	商代後期	集成 10751			

序號	器名	字數	時代	著録	出土地	現藏地	備註
11750	[illegible]戈	1	商代後期	集成 10752 續殷下 80.7 巖窟下 28	安陽	故宫博物院	
11751	[illegible]戈	1	商代後期	集成 10753		故宫博物院	
11752	[illegible]戈	1	商代後期	集成 10754 彙編 9.1695		加拿大多倫多皇家安大略博物館	
11753	羖戈	1	商代後期	集成 10755		故宫博物院	
11754	羖戈	1	商代後期	集成 10756 學報 5 册(1951 年)圖版 45.12	1950 年安陽武官村大墓	中國歷史博物館	
11755	羖戈	1	商代後期	集成 10757			
11756	甗戈	1	商代後期	集成 10758		故宫博物院	
11757	[illegible]戈	1	商代後期	集成 10759			
11758	[illegible]戈	1	商代後期	集成 10760		故宫博物院	
11759	[illegible]戈	1	商代後期	集成 10761		清華大學圖書館	
11760	未戈	1	商代後期	集成 10762 續殷下 81.9 彙編 9.1753			
11761	聿戈	1	商代後期	集成 10763 三代 19.7.7—8 續殷下 82.8—9			
11762	秉戈	1	商代後期	集成 10764 三代 19.14.1			
11763	册戈	1	商代後期	集成 10765 巖窟下 32	1939 年安陽	故宫博物院	梁上椿舊藏
11764	册戈	1	商代後期	集成 10766		故宫博物院	
11765	[illegible]戈	1	商代後期	集成 10767 録遺 555		清華大學圖書館	
11766	[illegible]戈	1	商代後期	集成 10768 録遺 557		故宫博物院	

序號	器名	字數	時代	著録	出土地	現藏地	備註
11767	戈	1	商代後期	集成 10769		遼寧省博物館	
11768	戈	1	商代後期	集成 10770 鄴初上 45	安陽	上海博物館	
11769	戈	1	商代後期	集成 10771		上海博物館	
11770	戈	1	商代後期	集成 10772 雙吉下 8	西安		
11771	矢戈	1	商代後期	集成 10773 三代 19.10.1—2			
11772	戈	1	商代後期	集成 10774 文物 1981 年 8 期圖版 4.8	1977 年湖北隨縣淅河	襄陽地區博物館	
11773	戈	1	商代後期	集成 10775 考古與文物 1986 年 1 期 5 頁圖 9.1	甘肅崇信縣于家灣 3 號墓	甘肅省文物工作隊	
11774	戈	1	商代後期	集成 10776 雙吉下 3	安陽	故宫博物院	
11775	戈	1	商代後期	集成 10777 續殷下 81.6			
11776	戈	1	商代後期	集成 10778 續殷下 80.8			
11777	中戈	1	商代後期	集成 10779		上海博物館	
11778	史戈	1	商代後期	集成 10780 三代 19.9.2 雙吉下 5 續殷下 80.3		故宫博物院	
11779	戈	1	西周早期	集成 10781 古文字研究 10 輯 268 頁圖 15.2		湖南省博物館	
11780	戈	1	西周早期	集成 10782 雙吉下 27	河南	故宫博物院	

序號	器名	字數	時代	著録	出土地	現藏地	備註
11781	𠂔戈	1	西周早期	集成 10783 三代 19.25.2 貞松 11.21.2 善齋 10.9 小校 10.10.2		上海博物館	羅振玉、劉體智舊藏
11782	𠂔戈	1	西周早期	集成 10784 三代 19.21.2 貞圖中 54		旅順博物館	羅振玉舊藏
11783	[illegible]戈	1	西周早期	集成 10785 文物 1982 年 2 期 50 頁圖 4.2	1974 年陝西隴縣曹家灣 2 號墓	寶鷄市博物館	
11784	[illegible]戈	1	西周早期	集成 10786 考古 1976 年 4 期 251 頁圖 6.1	1975 年北京昌平白浮龍山養鹿場 2 號墓	北京市文物研究所	
11785	[illegible]戈	1	西周早期	集成 10787		中國歷史博物館	
11786	[illegible]戈	1	西周早期	集成 10788 三代 19.26.1 續殷下 90.1 雙吉下 16		故宫博物院	于省吾舊藏
11787	戕戈	1	西周早期	集成 10789		中國歷史博物館	
11788	五戈	1	西周早期	集成 10790	陝西武功	武功縣文化館	
11789	射戈	1	西周早期	集成 10791	陝西武功	武功縣文化館	
11790	射戟	1	西周早期	集成 10792 三代 19.24.2 善齋 10.41 小校 10.62.2		上海博物館	劉體智舊藏
11791	侯戟	1	西周早期	集成 10793 三代 19.24.1 頌齋 33 小校 10.61.2 故圖下下 495	《頌齋》:河南濬縣	臺北"中央博物院"	容庚舊藏

序號	器名	字數	時代	著録	出土地	現藏地	備註
11792	侯戟	1	西周早期	集成 10794 三代 19.23.2 雙吉下 26	《雙吉》:河南濬縣		于省吾舊藏;《雙吉》:出於河南,同出土者計有四器形制相同,一歸善齋;一歸商君錫永;一歸容君希白,此器歸于省吾
11793	侯戟	1	西周早期	集成 10795 三代 19.22.2 續殷下 90.3 善齋 10.40 小校 10.62.1	《雙吉》:河南濬縣	上海博物館	劉體智舊藏
11794	侯戟	1	西周早期	集成 10796 三代 19.23.1 十二絜 32	《雙吉》:河南濬縣		商承祚舊藏
11795	侯戟	1	西周早期	集成 10797		中國歷史博物館	
11796	侯戟	1	西周早期	集成 10798		中國歷史博物館	
11797	侯戟	1	西周早期	集成 10799		故宫博物院	
11798	侯戟	1	西周早期	集成 10800 辛村圖版 21.2;又 66.1 濬縣 29	1932 年河南濬縣辛村 2 號墓		
11799	侯戟	1	西周早期	集成 10801 懷履光 171 頁 3		加拿大多倫多皇家安大略博物館	
11800	侖戟	1	西周早期	集成 10802 懷履光 170 頁上又 171 頁中		加拿大多倫多皇家安大略博物館	

序號	器名	字數	時代	著録	出土地	現藏地	備註
11801	[illegible]戟	1	西周早期	集成 10803 濬縣 28 辛村圖版 67.1	1932 年河南濬縣辛村 2 號墓	臺北"中央研究院歷史語言研究所"	《辛村》:在此墓中由發掘所得與此戟同形同銘的另有 2 柄
11802	[illegible]戟	1	西周早期	集成 10804 文物 1972 年 10 期 24 頁圖 15	1964 年河南洛陽龐家溝 139 號墓	洛陽市博物館	
11803	[illegible]戟	1	西周早期	集成 10805 三代 19.22.1 貞松 11.22.2			《貞松》:璜川吴氏舊藏
11804	[illegible]戟	1	西周早期	集成 10806 考古 1976 年 4 期 251 頁圖 6.4	1975 年北京昌平白浮龍山養鹿場 2 號墓	北京市文物研究所	
11805	[illegible]戟	1	西周早期	集成 10807 考古 1976 年 4 期 251 頁圖 5.5;又 252 頁圖 7.8	1975 年北京昌平白浮龍山養鹿場 2 號墓	北京市文物研究所	
11806	京戈	1	春秋前期	集成 10808 文物 1983 年 12 期 10 頁圖 6	1973 年春山東濰縣望留公社麓台村	濰坊市博物館	
11807	元戈	1	春秋前期	集成 10809 文物 1959 年 1 期 15 頁號國墓 35 頁圖 31	1957 年河南陝縣上村嶺 1721 號墓	中國歷史博物館	
11808	元戈	1	春秋	集成 10810 綴遺 30.6.2			
11809	[illegible]戈	1	春秋後期	集成 10811 三代 19.28.1 綴遺 30.24.2 奇觚 10.6.2 周金 6.55.2 簠齋 4 小校 10.9.2			陳介祺舊藏

序號	器名	字數	時代	著録	出土地	現藏地	備註
11810	利戈	1	春秋後期	集成 10812		山東省博物館	山東圖書館舊藏
11811	公戈	1	春秋	集成 10813			
11812	武戈	存 1	春秋	集成 10814			《集成》目録中字數爲"1"
11813	武戈	1	春秋	集成 10815		故宫博物院	
11814	陸戈	1	戰國	集成 10816		北京師範學院歷史系	
11815	薛戈	1	春秋	集成 10817 三代 19.27.2 貞松 11.22.3			羅振玉舊藏
11816	鵙戈	1	春秋後期	集成 10818 三代 19.26.3 貞松 11.22.1 考古 1962 年 5 期 266 頁圖 2		遼寧省博物館	《貞松》：璜川吴氏舊藏
11817	用戈	1	春秋後期	集成 10819 三代 19.26.2 頌續 128 燕京學報 16 期圖 18 中山學報 1964 年 1 期圖 38	《頌續》：1933 年山西汾陽縣		容庚舊藏
11818	箞戈	1	春秋	集成 10820		故宫博物院	
11819	戈	1	春秋	集成 10821 江漢考古 1983 年 2 期 11 頁圖 16	1972—1973 年湖北襄陽山灣 2 號墓	湖北省博物館	
11820	舛戈	1	春秋	集成 10822		故宫博物院	
11821	梁戈	1	春秋	集成 10823 文物 1986 年 3 期 40 頁圖 24	1980 年山東濰縣治渾街張家莊墓葬	濰坊市博物館	

序號	器名	字數	時代	著録	出土地	現藏地	備註
11822	亜戈	1	戰國前期	集成 10824 三代 19.27.1 綴遺 30.20.1 奇觚 10.6.1 周金 6.56.1 簠齋 4			陳介祺舊藏
11823	行戈	1	戰國前期	集成 10825			
11824	右戈	1	戰國後期	集成 10826 三代 20.1.2			
11825	涉戈	1	戰國後期	集成 10827 三代 20.1.1 貞松 12.1.1		故宫博物院	羅振玉、武進陶氏涉園舊藏
11826	鄆戈	1	戰國後期	集成 10828 録遺 571 巖窟下 59	《巖窟》:山東歷城附近		
11827	郚戈	1	戰國	集成 10829 文物 1979 年 4 期 25 頁圖 1	山東臨沂	臨沂地區文物組	
11828	大戈	1	春秋後期	近出 1061 文物 1987 年 11 期 93—95 頁		北京市文物工作隊	北京市文物工作隊揀選品
11829	戈	1	商代後期	近出 1062 安陽殷墟郭家莊商代墓葬 38 頁	河南省安陽市殷墟郭家莊 M38：2	中國社會科學院考古研究所	
11830	丩戈	1	商代後期	近出 1063 文物 1992 年 11 期 87—91 頁		山東省濟寧市博物館	1980 年秋山東省濟寧市廢品回收公司揀選
11831	鳥戈	1	商代後期	近出 1064 文物 1995 年 7 期 73 頁	1991 年元月山東省沂水縣柴山鄉信家莊	山東省沂水縣博物館	
11832	吹戈	1	商代後期	近出 1065 考古 1994 年 9 期 859 頁		山東省濟南市博物館	

序號	器名	字數	時代	著録	出土地	現藏地	備註
11833	戈	1	商代後期	近出 1066 考古 1994 年 9 期 859 頁		山東省濟南市博物館	
11834	息戈	1	商代後期	近出 1067 中原文物 1988 年 1 期 15—19 頁	1985 年 5 月河南省羅山縣蟒張鄉後李村墓葬 M43：4	河南省羅山縣文物管理委員會	
11835	戕戈	1	商代後期	近出 1068 歐遺珠圖版 67			英國倫敦埃斯肯納齊拍賣行曾見
11836	龟戈	1	商代後期	近出 1069 歐遺珠圖版 68			英國倫敦埃斯肯納齊拍賣行曾見
11837	萬戈	1	商代後期	近出 1070 富士比(1973,3,15 425)			英國倫敦富士比拍賣行曾見
11838	戈	1	商代後期	近出 1071 富士比(1993,12,7 15)			英國倫敦富士比拍賣行曾見
11839	眉戈	1	商代後期	近出 1072 富士比(1972,2,29 88)			1934 年曾在法國 l'Or angerie 博物館展出；英國倫敦富士比拍賣行曾見
11840	車戟	1	西周晚期	近出 1073 文博 1991 年 2 期 71—74 頁	1984 年秋陝西省韓城縣東范村	陝西省韓城市博物館	
11841	云戈	1	西周早期	近出 1074 文物 1996 年 7 期 54—68 頁	1964—1972 年河南省洛陽市北窑村西龐家溝墓葬 M203：15		

序號	器名	字數	時代	著録	出土地	現藏地	備註
11842	亓戈	1	西周早期	近出 1075 文物 1996 年 7 期 54—68 頁	1964—1972 年河南省洛陽市北窑村西龐家溝墓葬 M210：23		
11843	亓戈	1	西周早期	近出 1076 文物 1996 年 7 期 54—68 頁	1964—1972 年河南省洛陽市北窑村西龐家溝墓葬 M210：25		
11844	宀戈	1	西周早期	近出 1077 文物 1996 年 7 期 54—68 頁	1964—1972 年河南省洛陽市北窑村西龐家溝墓葬 M5：32		
11845	朿戈	1	西周早期	近出 1078 文物 1996 年 7 期 54—68 頁	1964—1972 年河南省洛陽市北窑村西龐家溝墓葬 M5：13		
11846	[illegible]戈	1	西周早期	近出 1079 考古 1990 年 1 期 25—30 頁	1986 年 10—11 月北京房山區琉璃河墓葬 M1193：104	北京市文物研究所琉璃河考古隊	
11847	[illegible]戈	1	西周早期	近出 1080 考古與文物 1986 年 1 期 3—5 頁	甘肅省崇信縣于家灣村墓葬 M3：1	甘肅省文物工作隊	銘倒
11848	鳥戈	1	西周早期	近出 1081 考古與文物 1991 年 5 期 3 頁	1984 年 3 月陝西省隴縣東南鄉低溝村墓葬		
11849	車戈	1	西周早期	近出 1082 考古與文物 1993 年 3 期 31 頁	1991 年 8 月 27 日陝西省扶風縣上宋鄉曹衛村		

序號	器名	字數	時代	著録	出土地	現藏地	備註
11850	左戈	1	戰國前期	近出 1083 考古 1994 年 9 期 858—860 頁		山東省濟南市博物館	
11851	左戈	1	戰國前期	近出 1084 考古 1994 年 9 期 858—860 頁		山東省濟南市博物館	
11852	蒙戈	1	戰國後期	近出 1085 東南文化 1991 年 2 期 258—261 頁		安徽臨泉縣博物館	1974 年 3 月安徽臨泉縣城關廢品收購站揀選
11853	蒙戈	1	戰國後期	近出 1086 考古 1983 年 9 期 849 頁		山東省沂水縣文物管理站	
11854	爰戈	1	商代後期	近出附 72 考古學報 1991 年 3 期 333—342 頁	1984 年 10—11 月河南安陽市戚家莊東 269 號墓	河南安陽市文物工作隊	同出十件，形制、大小、花紋及銘文基本相同
11855	克戈	1	商代後期	近出附 73 中原文物 1985 年 1 期 26—31 頁		河南新鄉市博物館	
11856	皇戈	1	商代後期	近出附 74 中原文物 1985 年 1 期 26—31 頁		河南新鄉市博物館	
11857	亞矣戈	2	商代後期	集成 10830		故宫博物院	
11858	亞矣戈	2	商代後期	集成 10831 録遺 545 巖窟下 29	《巖窟》：1939 年安陽	故宫博物院	梁上椿舊藏
11859	亞矣戈	2	商代後期	集成 10832		故宫博物院	
11860	亞矣戈	2	商代後期	集成 10833 巖窟下 9	1940 年安陽	故宫博物院	
11861	亞矣戈	2	商代後期	集成 10834		上海博物館	
11862	亞矣戈	2	商代後期	集成 10835 殷周青銅器 19		日本奈良天理参考館	

序號	器名	字數	時代	著録	出土地	現藏地	備註
11863	亞矣戈	2	商代後期	集成 10836		旅順博物館	
11864	亞[illegible]戈	2	商代後期	集成 10837 鄴二下 16	安陽		
11865	亞[illegible]戈	2	商代後期	集成 10838 巖窟下 26	1939 年安陽	故宫博物院	
11866	亞䶊戈	2	商代後期	集成 10839			
11867	亞犬戈	2	商代後期	集成 10840		故宫博物院	
11868	亞[illegible]戈	2	商代後期	集成 10841		清華大學圖書館	
11869	[illegible]亞戈	2	商代後期	集成 10842		故宫博物院	
11870	亞受戈	2	商代後期	集成 10843		上海博物館	
11871	亞[illegible]戈	2	商代後期	集成 10844 文物 1972 年 8 期 21 頁圖 7.2 和 4	1965—1966 年山東益都蘇埠屯 1 號墓	山東省博物館	
11872	亞啟戈	2	商代後期	集成 10845 鄴二下 11 冠斝中 52	安陽		榮厚舊藏
11873	木刀戈	2	商代後期	集成 10846		上海博物館	
11874	[illegible][illegible]戈	2	商代後期	集成 10847 考古與文物 1983 年 3 期 111 頁圖 1.4 和 5 中原文物 1986 年 2 期 44 頁圖 2.1 和 2	近年河南寶豐縣前瑩村商代遺址	寶豐縣文化館	
11875	[illegible][illegible]戈	2	商代後期	集成 10848 巖窟下 18	1939 年安陽	故宫博物院	梁上椿舊藏
11876	[illegible][illegible]戈	2	商代後期	集成 10849 巖窟下 16	1939 年安陽	故宫博物院	梁上椿舊藏
11877	[illegible]天戈	2	商代後期	集成 10850		上海博物館	

序號	器名	字數	時代	著録	出土地	現藏地	備註
11878	竝幵戈	2	商代後期	集成 10851 文物 1976 年 2 期 94 頁圖 1	1970 年山西石樓縣蕭家塌	石樓縣文化館	
11879	子賁戈	2	商代後期	集成 10852 巖窟下 17	安陽	故宫博物院	
11880	子[illegible]戈	2	商代後期	集成 10853 中原文物 1985 年 2 期 101 頁圖 3.2	安陽	安陽市博物館	
11881	子[illegible]戈	2	商代後期	集成 10854		中國歷史博物館	
11882	子[illegible]戈	2	商代後期	集成 10855		清華大學圖書館	
11883	己戈戈	2	商代後期	集成 10856 學報 5 册圖版 45.14	河南安陽四盤磨 4 號墓	中國歷史博物館	
11884	馬戈	2	商代後期	集成 10857 三代 19.11.1—2 積古 2.25.1—2 金索 84.1—2 周金 6.72.1—2 攈古 1.1.48.3—4 續殷下 83.7—8			阮元、葉志詵舊藏
11885	馬戈	2	商代後期	集成 10858 奇觚 18.31.2—3			
11886	告戈	2	商代後期	集成 10859 三代 19.11.3—4 積古 8.18.5 金索 84.3—4 攈古 1.1.48.1—2 奇觚 10.34.1—2 周金 6.72.3—4 簠齋 4 續殷下 83.4—5		故宫博物院	《金索》、《攈古録》：黄小松、劉喜海、陳介祺舊藏；《奇觚》誤爲矛

序號	器名	字數	時代	著録	出土地	現藏地	備註
11887	[illegible]虎戈	2	商代後期	集成 10860 録遺 546 鄴二下 17	安陽	故宫博物院	此銘爲巴蜀符號
11888	[illegible][illegible]戈	2	商代後期	集成 10861		故宫博物院	
11889	弔龜戈	2	商代後期	集成 10862 三代 19.15.2 雙吉下 4 續殷下 83.6	《雙吉》:安陽		
11890	亦車戈	2	商代後期	集成 10863 巖窟下 22	1939 年安陽	故宫博物院	
11891	亦車戈	2	西周早期	集成 10864 三代 19.25.1 貞松 23.1 貞圖中 55			羅振玉舊藏
11892	亦車戈	2	商代後期	集成 10865 巖窟下 33	1939 年安陽		梁上椿舊藏
11893	車斁戈	2	商代後期	集成 10866		中國歷史博物館	
11894	[illegible][illegible]戈	2	商代後期	集成 10867 續殷下 82.1—2			
11895	乘毌戈	2	商代後期	集成 10868 彙編 9.1748		加拿大多倫多皇家安大略博物館	此器 1933 年以前出土
11896	聑酉戈	2	商代後期	集成 10869 鄴二下 13 金匱 47 頁上左	安陽		
11897	秉毌戈	2	商代後期	集成 10870		故宫博物院	
11898	聑毌戈	2	商代後期	集成 10871		故宫博物院	
11899	伐甗戈	2	商代後期	集成 10872		上海博物館	

序號	器名	字數	時代	著録	出土地	現藏地	備註
11900	伐甗戈	2	商代後期	集成 10873 三代 19.1.1—2 雙吉下 1 鄴初上 50 續殷下 82.10—11 書道(平凡)23下	《雙吉》:安陽	旅順博物館	于省吾舊藏
11901	左右戈	2	商代後期	集成 10874		故宫博物院	
11902	史册戈	2	商代後期	集成 10875		故宫博物院	德人楊寧史舊藏
11903	亳册戈	2	商代後期	集成 10876		故宫博物院	
11904	[illegible]戈	2	商代後期	集成 10877 三代 19.12.1—2 攈古 1.1.47.3—4 綴遺 29.15.3—4 奇觚 10.35.1—2 周金 6.73.2—3 簠齋 4 小校 10.65.1—2			陳介祺舊藏
11905	⿱亼日弓戈	2	商代後期	集成 10878		故宫博物院	
11906	鼎劦戈	2	商代後期	集成 10879 録遺 560			
11907	西[illegible]戈	2	商代後期	集成 10880 三代 19.14.2 鄴二下 12	安陽		
11908	冬刃戈	2	商代後期	集成 10881 文物 1975 年 2 期 84 頁圖 7 陝青 1.86	1965 年陝西綏德馬頭村	陝西省博物館	
11909	成周戈	2	西周早期	集成 10882 辛村圖版 63.2 濬縣 25	1933 年河南濬縣辛村 42 號墓	臺北“中央研究院歷史語言研究所”	

序號	器名	字數	時代	著録	出土地	現藏地	備註
11910	成周戈	2	西周早期	集成 10883 三代 19.28.3 貞補中 32.1		上海博物館	《貞補》:萍鄉文氏舊藏
11911	成周戈	2	西周早期	集成 10884 三代 19.28.2 貞補中 32.2 頌齋 32 小校 10.13.3 故圖下下 492		臺北"中央博物院"	容庚舊藏
11912	新邑戈	2	西周早期	集成 10885 考古與文物 1984 年 5 期 11 頁圖 4.4	1981 年陝西岐山縣祝家港村	扶風縣博物館	
11913	伯夨戟	2	西周早期	集成 10886 濬縣 30 辛村圖版 63.3	1932 年河南濬縣辛村 8 號墓	臺北"中央研究院歷史語言研究所"	
11914	匽侯戈	2	西周早期	集成 10887 考古 1984 年 5 期 413 頁圖 10.1 和 2	1981—1983 年北京房山縣琉璃河 1029 號墓	琉璃河考古隊	
11915	榮子戈	2	西周早期	集成 10888 巖窟下 47	1939 年河南開封附近	中國歷史博物館	梁上椿舊藏
11916	夨仲戈	2	西周早期	集成 10889 文物 1982 年 2 期 50 頁圖 4.1 陝青 3.151	1974 年陝西隴縣曹家灣 6 號墓	寶鷄市博物館	
11917	[illegible]戈	2	春秋	集成 10890 三代 19.31.1 周金 6.61.2 夢郼續 31 小校 10.13.2			羅振玉舊藏
11918	元用戈	2	春秋前期	集成 10891		故宮博物院	
11919	大[illegible]戈	2	春秋	集成 10892			
11920	監戈	2	春秋	集成 10893 小校 10.22.1		上海博物館	劉體智舊藏

序號	器名	字數	時代	著録	出土地	現藏地	備註
11921	監戈	2	春秋	集成 10894		故宫博物院	
11922	伯祈戈	2	春秋	集成 10895 三代 19.31.3 奇觚 10.9.1 周金 6.48.2 小校 10.18.1			陳介祺舊藏
11923	鄘戈	2	春秋	集成 10896			
11924	鄘戈	2	春秋後期	集成 10897		故宫博物院	
11925	[illegible]子戈	2	春秋後期	集成 10898 三代 19.31.2 綴遺 30.16.2 貞松 11.24.2			潘祖蔭、羅振玉舊藏
11926	是䎽戈	2	春秋後期	集成 10899		故宫博物院	或以内上二字爲僞
11927	武城戈	2	春秋後期	集成 10900 貞續下 22.1			羅振玉舊藏
11928	黄戈	2	春秋後期	集成 10901 奇觚 10.8.1 周金 6.54.2 小校 10.20.3—4			《奇觚》:陳介祺舊藏
11929	郏戈	2	春秋後期	集成 10902 三代 19.29.1 夢郼中 5			劉鶚、羅振玉舊藏
11930	□陽戈	2	春秋後期	集成 10903		旅順博物館	
11931	□子戈	2	春秋後期	集成 10904 三代 20.3.1 夢郼中 15			羅振玉舊藏
11932	□子戈	2	春秋後期	集成 10905 三代 20.3.2 貞松 12.1.3		故宫博物院	羅振玉舊藏

序號	器名	字數	時代	著録	出土地	現藏地	備註
11933	中都戈	2	春秋	集成 10906 三代 19.29.2 貞松 11.24.1 善齋 10.19 小校 10.14.3		上海博物館	《羅表》:丁樹楨、溥倫舊藏
11934	鄒戈	2	春秋	集成 10907		故宫博物院	
11935	武陽戈	1	戰國	集成 10908		上海博物館	
11936	[illegible]戈	2	戰國	集成 10909 三代 20.3.3 貞松 12.1.2			《貞松》:璜川吴氏舊藏
11937	玄翏戈	2	戰國前期	集成 10910 録遺 563 燕京學報 17 期圖 25 中山學報 1964 年 1 期圖 33	《中山學報》:河北曲陽		《燕京學報》:陶祖光舊藏
11938	玄翏戈	存 2	戰國前期	集成 10911 貞松 11.23.2 貞圖中 56 燕京學報 16 期圖 19 中山學報 1964 年 1 期圖 34	《燕京學報》:山西		羅振玉舊藏;《集成》目録中字數爲"2"
11939	[illegible]鳥戈	2	戰國前期	集成 10912 録遺 556		故宫博物院	
11940	盧用戈	2	戰國	集成 10913 學報 1959 年 1 期圖版 11.1 湖南考古輯刊(1)圖版 13.9 古文字研究 10 輯 270 頁圖 19	1954 年湖南長沙某工區 1 號墓	湖南省博物館	

序號	器名	字數	時代	著録	出土地	現藏地	備註
11941	長邦戈	2	戰國	集成 10914 湖南考古輯刊(1)90 頁圖 2.3 古文字研究 10 輯 272 頁圖23.2 和 3		湖南省博物館	
11942	長邦戈	2	戰國	集成 10915 考古 1977 年 1 期 63 頁圖 3.4 古文字研究 10 輯 272 頁圖23.1	1974 年湖南長沙識字嶺 1 號墓	湖南省博物館	
11943	陽𣏟戈	2	戰國前期	集成 10916 録遺 562			
11944	钀鏄戈	2	戰國前期	集成 10917 善齋 10.17 小校 10.19.3 安徽金石 16.2	《安徽金石》: 安徽壽縣	上海博物館	劉體智舊藏
11945	建陽戈	2	戰國	集成 10918		故宫博物院	
11946	吳庫戈	2	戰國	集成 10919 學報 1957 年 1 期 114 頁圖 9 左	1954—1955 年山西長治分水嶺 14 號墓	山西省博物館	
11947	晉陽戈	2	戰國	集成 10920 善齋 10.20 小校 10.14.2		上海博物館	劉體智舊藏
11948	晉陽戈	2	戰國	集成 10921			
11949	酸棗戈	2	戰國	集成 10922		故宫博物院	
11950	阿武戈	2	戰國	集成 10923 攈古 1.1.46.4			《攈古録》: 山東曲阜顏氏舊藏
11951	墜生戈	2	戰國	集成 10924 江漢考古 1983 年 3 期 27 頁圖 2	1982 年湖北大冶縣西畈公社胡彦貴村	大冶縣博物館	

序號	器名	字數	時代	著録	出土地	現藏地	備註
11952	平陸戈	2	戰國	集成 10925 薛氏 168.1			《古器物銘》云:藏淄川民間
11953	平陸戈	2	戰國	集成 10926		故宫博物院	
11954	屯留戈	2	戰國	集成 10927 文物 1983 年 9 期 67 頁圖 4	1977 年遼寧建昌縣石佛公社湯土溝大隊西北山	朝陽市博物館	
11955	武安戈	2	戰國	集成 10928 湖南考古輯刊(1)圖版 14.3 古文字研究 10 輯 273 頁圖 27		湖南省博物館	
11956	閼輿戈	2	戰國	集成 10929 山西出土文物 117	1976 年山西臨縣窑頭村	山西省博物館	
11957	左稟戈	2	戰國	集成 10930		故宫博物院	
11958	左軍戈	2	戰國	集成 10931		故宫博物院	
11959	渾左戈	2	戰國	集成 10932			潘祖蔭舊藏
11960	右庫戈	2	戰國	集成 10933 三代 20.4.2		旅順博物館	
11961	江魚戈	2	戰國	集成 10934 學報 1978 年 2 期 238 頁圖 32	1974 年廣西平樂縣銀山嶺 4 號墓	廣西僮族自治區博物館	
11962	漆垣戈	2	戰國	集成 10935		遼寧省博物館	
11963	吾宜戈	2	戰國後期	集成 10936 三代 20.5.1 綴遺 30.29.2 奇觚 10.7.1 周金 6.49.2 簠齋 4 小校 10.18.3			陳介祺舊藏;《奇觚》云:吾字刀法不穩決爲後人加鐫者
11964	寡都戈	2	戰國	集成 10937		上海博物館	

序號	器名	字數	時代	著録	出土地	現藏地	備註
11965	成固戈	2	戰國	集成 10938		故宫博物院	
11966	成固戈	2	戰國後期	集成 10939 頌齋 34			容庚舊藏
11967	成固戈	2	戰國	集成 10940		故宫博物院	
11968	冶瘍戈	2	戰國後期	集成 10941 三代 20.5.2 奇觚 10.8.2 周金 6.48.1 善齋 10.15 小校 10.19.1		上海博物館	《奇觚》:陳介祺舊藏
11969	郾王戈	存 2	戰國後期	集成 10942 三代 19.43.2 彙編 6.580a		美國波斯頓美術博物館	《集成》目録中字數爲“2”
11970	守陽戈	2	戰國後期	集成 10943 三代 19.30.1 周金 6.50.1 夢郼中 4 小校 10.14.1			羅振玉舊藏
11971	右卯戈	2	戰國後期	集成 10944 三代 20.4.1 綴遺 30.9.1 奇觚 10.7.2 周金 6.49.1 簠齋 4 小校 10.17.2			陳介祺舊藏
11972	陽右戈	2	戰國後期	集成 10945 三代 10.2.2			
11973	莒公戈	2	春秋前期	近出 1087 文物 1984 年 9 期 4—5 頁	1977 年冬山東省沂水縣劉家店子村墓葬 M1：147	山東省沂水縣文物管理站	

序號	器名	字數	時代	著録	出土地	現藏地	備註
11974	□紊戈	2	春秋後期	近出 1088 考古 1988 年 5 期 468 頁	1984 年秋山東省淄博市淄川區羅村鎮南韓村墓葬 M10：2	山東省淄博市博物館	
11975	鄉宁戈	2	商代後期	近出 1089 安陽殷墟郭家莊商代墓葬 38 頁	河南省安陽市殷墟郭家莊 M135：5	中國社會科學院考古研究所	
11976	亞[illegible]戈	2	商代後期	近出 1090 海岱考古第一輯 320—324 頁		山東省濟南市博物館	
11977	車虤戈	2	商代後期	近出 1091 文物季刊 1999 年 2 期 89 頁	傳自山西省洪洞縣淹底鄉楊岳村	山西省博物館	
11978	索需戈	2	商代後期	近出 1092 中原文物 1986 年 2 期 44 頁	河南省寶豐縣文化館		
11979	子龔戈	2	商代後期	近出 1093 中原文物 1991 年 1 期 100 頁		河南省新鄉市博物館	
11980	[illegible]乙戈	2	西周早期	近出 1094 文物 1996 年 7 期 54—68 頁	1964—1972 年河南省洛陽市北窑村西龐家溝墓葬 M163：3		
11981	□公戈	2	西周早期	近出 1095 文物 1996 年 7 期 54—68 頁	1964—1972 河南省洛陽市北窑村西龐家溝墓葬 M347：13		
11982	父辛戈	2	西周早期	近出 1096 琉璃河西周燕國墓地 204 頁	1973—1977 年北京房山縣琉璃河 M251：26	北京市文物研究所	

序號	器名	字數	時代	著録	出土地	現藏地	備註
11983	成周戈	2	西周早期	近出 1097 考古 1990 年 1 期 25—30 頁	1986 年 10—11 月北京房山區琉璃河墓葬 M1193：48	北京市文物研究所琉璃河考古隊	
11984	成周戈	2	西周早期	近出 1098 考古 1990 年 1 期 25—30 頁	1986 年 10—11 月北京房山區琉璃河墓葬 M1193：62	北京市文物研究所琉璃河考古隊	
11985	大武戈	2	戰國後期	近出 1099 中國文物報 1994 年 50 期 3 版		湖北省沙市博物館	1994 年 10 月湖北省沙市市公安局打擊文物走私工作中收繳
11986	黄城戟	2	春秋後期	近出 1100 太原晋國趙卿墓 99、100 頁	山西省太原市南郊金勝村 M251：702	山西省太原市文物管理委員會	
11987	黄戟	2	戰國後期	近出 1101 考古 1994 年 9 期 860 頁		山東省濟南市博物館	
11988	柏人戈	2	戰國後期	近出 1102 文物 1988 年 3 期 51—53 頁	1984 年河北臨城縣東柏暢村窖藏	河北臨城縣文物保管所	
11989	高望戈	2	戰國後期	近出 1103 文物 1999 年 4 期 87—88 頁		河北正定縣文物保管所	河北正定縣牛家莊村徵集
11990	右建戈	2	戰國後期	近出 1104 考古 1994 年 9 期 858—860 頁		山東省濟南市博物館	
11991	盧氏戈	2	戰國後期	近出 1105 東南文化 1991 年 2 期 258—261 頁		安徽阜陽地區博物館	1973 年安徽阜陽縣廢品倉庫揀選

序號	器名	字數	時代	著録	出土地	現藏地	備註
11992	右造戟	2	戰國後期	近出 1106 東南文化 1991 年 2 期 258—261 頁	1987 年安徽臨泉縣韓樓鄉老邵莊泉河北岸墓葬	安徽臨泉縣博物館	
11993	蔡侯戈	2	戰國前期	近出 1107 考古 1994 年 2 期 175 頁	1983 年湖北省隨州市西郊擂鼓墩墓葬 M13：14	湖北省隨州市博物館	
11994	公戈	2	戰國前期	近出 1108 考古 1994 年 9 期 858—860 頁		山東省濟南市博物館	
11995	敉亞又戈	3	商代後期	集成 10946 三代 19.15.3—4 十二貯 28.4 續殷下 85.4 小校 10.88.1—2		旅順博物館	王辰舊藏
11996	敉亞又戈	3	商代後期	集成 10947 三代 19.16.1—2 十二貯 28.5 續殷下 85.8 小校 10.87.2—3		旅順博物館	王辰舊藏
11997	敉亞又戈	3	商代後期	集成 10948 三代 19.16.3—4 十二貯 28.2 續殷下 85.3		旅順博物館	王辰舊藏
11998	敉亞又戈	3	商代後期	集成 10949 三代 19.17.3—4 十二貯 28.1 續殷下 85.5		旅順博物館	王辰舊藏
11999	敉亞又戈	3	商代後期	集成 10950 三代 19.17.1—2 十二貯 28.6 續殷下 85.7			王辰舊藏

序號	器名	字數	時代	著録	出土地	現藏地	備註
12000	敉亞又戈	3	商代後期	集成 10951 三代 19.18.1—2 十二貯 28.3 續殷下 85.6			王辰舊藏
12001	螽見册戈	3	商代後期	集成 10952			
12002	匽侯戟	3	西周早期	集成 10953 考古 1974 年 5 期 314 頁圖11.4	1974 年北京房山縣琉璃河黄土坡 50 號墓	北京市文物研究所	此銘應爲4字
12003	太保戈	3	西周早期	集成 10954 考古與文物 1982 年 1 期 80 頁圖 1 文革第 1 輯 88 頁	河南洛陽北窑龐家溝 161 號墓	洛陽市博物館	
12004	吕自戈	3（又重文 1）	西周早期	集成 10955		故宫博物院	
12005	交車戈	3	西周	集成 10956			
12006	子車戈	3	西周	集成 10957		上海博物館	
12007	子昜戈	3	春秋	集成 10958 山東選 50 頁圖 109 右 文物 1986 年 3 期 40 頁圖 22	1956 年山東濰坊市	濰坊市博物館	
12008	欒左庫戈	3	春秋前期	集成 10959 三代 19.33.1 積古 8.17.4 金索 110.5 攈古 1.2.43.1 周金 6.43.2 小校 10.28.1			阮元、葉志詵舊藏
12009	欒左庫戈	3	春秋前期	集成 10960 綴遺 30.17.1		上海博物館	潘祖蔭舊藏

序號	器名	字數	時代	著録	出土地	現藏地	備註
12010	高子戈	3	春秋前期	集成 10961 考古 1984 年 9 期 815 頁圖 1	1970 年山東淄博市臨淄區敬仲公社白兔丘村	臨淄區文物管理所	
12011	莯造戈	3	春秋	集成 10962 三代 19.29.3 綴遺 30.26.2 奇觚 10.9.2 周金 6.42.2	《綴遺》:器出齊地		陳介祺舊藏
12012	陳散戈	3	春秋後期	集成 10963 三代 19.30.2 綴遺 30.21.2 奇觚 10.13.2 周金 6.47.2 簠齋 4 小校 10.20.1			陳介祺舊藏
12013	陳□戈	3	春秋後期	集成 10964 三代 19.33.2 奇觚 10.11.1 周金 6.40.2 小校 10.23.2 山東存齊 25.4			《奇觚》:陳介祺舊藏
12014	攻□戈	3	春秋後期	集成 10965		旅順博物館	
12015	武城戈	3	春秋後期	集成 10966 文物 1983 年 12 期 10 頁圖 4	1973 年山東濰縣望留公社麓台村	濰坊市博物館	
12016	武城戟	3	春秋	集成 10967			
12017	左之造戈	3	春秋	集成 10968 冠斝中 54			榮厚舊藏
12018	郧右庢戈	3	春秋	集成 10969 考古 1983 年 2 期 188 頁圖 3	傳山東臨沂縣西鄉	臨沂地區文物店	

序號	器名	字數	時代	著録	出土地	現藏地	備註
12019	□翏戈	存3	春秋	集成10970 三代19.37.4 貞松11.25.2			《貞松》:松江程氏舊藏;《集成》目録中字數爲"3"
12020	左徒戈	3	春秋	集成10971 文物1985年10期30頁	1983年山東莒南縣小窑	山東省博物館	
12021	高密戈	3	春秋	集成10972 陶齋3.44 周金6.45.2			端方舊藏
12022	芮公戈	3	春秋	集成10973 積古8.17.2 攈古1.2.42.2			《積古》、《攈古》:翁樹培舊藏
12023	間右庫戈	3	戰國前期	集成10974		故宫博物院	
12024	作灃右戈	3	戰國前期	集成10975 三代19.31.4 綴遺30.19.2 奇觚10.10.1 周金9.39.2 簠齋4 山東存齊26.1			陳介祺舊藏;此銘又釋爲"亡鹽右戈"
12025	作灃右戈	3	戰國前期	集成10976 奇觚10.10.2 周金6.40.1			《周金》:劉氏舊藏
12026	鄦公戈	3	戰國前期	集成10977	湖北江陵雨臺山	荆州地區博物館	
12027	右濯戈	3	戰國前期	集成10978 三代19.32.4			
12028	佫晉戈	3	戰國前期	集成10979 周金6.46.1		故宫博物院	河間龐氏舊藏
12029	帀行還戈	3	戰國前期	集成10980 三代19.32.1 貞松11.25.1 貞圖中57			羅振玉舊藏

序號	器名	字數	時代	著録	出土地	現藏地	備註
12030	曾侯郕戈	3	戰國前期	集成 10981	1978 年湖北隨縣擂鼓墩曾侯乙墓	湖北省博物館	
12031	皇宫左戈	3	戰國前期	集成 10982 奇觚 10.12.2 周金 6.42.1			
12032	皇宫左戈	3	戰國前期	集成 10983 三代 20.7.2 綴遺 30.8.2 奇觚 10.12.1 周金 6.41.2 簠齋 4 小校 10.26.2			陳介祺舊藏
12033	皇宫左戈	3	戰國前期	集成 10984 雙吉下 28			于省吾舊藏
12034	辛宫左戈	3	戰國前期	集成 10985			
12035	中陽戈	3	戰國	集成 10986		中國歷史博物館	
12036	臣十三戈	3	戰國	集成 10987		故宫博物院	
12037	左庫戈	3	戰國	集成 10988 擴古 1.2.43.2			程木庵舊藏
12038	齊□造戈	3	戰國	集成 10989 録遺 572		故宫博物院	
12039	鄭武庫戈	3	戰國	集成 10990 三代 19.32.2 奇觚 10.14.1 周金 6.54.1 小校 10.28.2			《奇觚》:陳介祺舊藏
12040	鄭武庫戈	3	戰國	集成 10991 文物 1972 年 10 期 39 頁圖 19	1971 年河南新鄭縣白廟范村窖藏	河南省博物館	
12041	鄭生庫戈	3	戰國	集成 10992 文叢 10 期 94 頁圖 14	1982 年湖南溆浦縣馬田坪 41 號墓	湖南省博物館	

序號	器名	字數	時代	著録	出土地	現藏地	備註
12042	鄭生庫戈	3	戰國	集成 10993 文物 1972 年 10 期 39 頁圖 20	1971 年河南新鄭縣白廟范村窖藏	河南省博物館	
12043	鄭左庫戈	3	戰國	集成 10994 文物 1960 年 3 期 27 頁圖 28 下 湖南省文物圖録圖版 22.3 湖南考古輯刊 (1)90 頁圖 2.1 古文字研究 10 輯 271 頁圖 20 右	1959 年湖南長沙柳家大山 11 號墓	湖南省博物館	
12044	鄭右庫戈	3	戰國	集成 10995 文物 1972 年 10 期 39 頁圖 17	1971 年河南新鄭縣白廟范村窖藏	河南省博物館	
12045	邯鄲上戈	3	戰國	集成 10996 考古 1962 年 12 期 624 頁圖 16 學報 1974 年 1 期 25 頁圖 5	1957 或 1959 年河北省邯鄲百家村 3 號墓	河北省博物館	
12046	郄右戈	3	戰國	集成 10997 考古 1984 年 4 期 351 頁圖 1.1	1975 年山東臨沭	臨沭縣文化館	
12047	甘城右戈	3	戰國後期	集成 10998 善齋 10.23 小校 10.26.1		上海博物館	
12048	大公戈	3	戰國後期	集成 10999 雙吉下 17		故宫博物院	于省吾舊藏
12049	孟右人戈	3	戰國後期	集成 11000		鄒縣文物管理所	
12050	平阿左戈	3	戰國後期	集成 11001 攈古 1.2.42.3 綴遺 30.7.2 周金 6.44.1 小校 10.25.1 (25.2 重)			《攈古録》、《周金》:陳扶雅、錢塘何氏舊藏

序號	器名	字數	時代	著録	出土地	現藏地	備註
12051	虞之戟	3	戰國後期	集成 11002 學報 1957 年 1 期 114 頁圖 9 中	1954—1955 年山西長治分水嶺 14 號墓	山西省博物館	
12052	職作戈	存 3	戰國	集成 11003 奇觚 10.22.2 周金 6.21.2			《奇觚》:潘祖蔭舊藏;《集成》目録中字數作“3”
12053	郾王喜戈	存 3	戰國後期	集成 11004 考古 1962 年 1 期 19 頁圖 13.2	1958 年河北易縣燕下都	中國歷史博物館	《集成》目録中字數作“3”
12054	郾王喜戈	存 3	戰國後期	集成 11005			《集成》目録中字數作“3”
12055	梟之造戈	3	戰國後期	集成 11006		故宫博物院	
12056	䋣右戈	3	戰國後期	集成 11007 癡盦 58	與壽州楚器同時出土		李泰棻舊藏
12057	蜀西工戈	3	戰國後期	集成 11008 湖南考古輯刊(1)圖版 13.5 古文字研究 10 輯 271 頁圖 21	《古文字研究》:傳長沙近郊	湖南省博物館	
12058	蜀西工戈	3	戰國後期	集成 11009 三代 20.2.1 小校 10.15.1			劉體智舊藏
12059	大保戟	3	西周早期	近出 1109 中原文物 1995 年 2 期 56 頁	1931 年河南省浚縣辛村	美國華盛頓弗里爾美術館	
12060	攻反戈	3	春秋後期	近出 1110 文物 1992 年 11 期 87—91 頁		山東省濟寧市博物館	1980 年秋山東省濟寧市廢品回收公司揀選
12061	侯散戈	3	春秋後期	近出 1111 考古 1999 年 2 期 89—90 頁	1986 年 5 月山東省臨朐縣冶源鎮灣頭河村	山東省臨朐縣文物局	

序號	器名	字數	時代	著録	出土地	現藏地	備註
12062	保晉戈	3	西周早期	近出1112 文物1992年5期95頁	1972年山東省成武縣小臺	山東省成武縣文物管理所	
12063	毛伯戈	3	西周早期	近出1113 文物1996年7期54—68頁	1964—1972年河南省洛陽市北窑村西龐家溝墓葬M333：6		
12064	柴矢右戈	3	戰國後期	近出1114 文物1994年3期52頁	1977年7月山東省新泰市翟鎮崖頭沙岸邊		
12065	武陽戈	3	戰國後期	近出1115 考古1988年7期617—620頁		山西省博物館	山西省太原市電解銅廠揀選
12066	郕右司戈	3	戰國後期	近出1116 考古1990年2期171頁	1970年山東省臨沭縣五山頭村	山東省臨沭縣文物管理所	
12067	郜氏左戈	3	戰國後期	近出1117 中國文物報1992年23期3版	山東省郯城縣馬陵山大尚莊村		
12068	陞冢壟戈	3	戰國後期	近出1118 歐遺珠圖版144		德國漢堡藝術與工業博物館	
12069	鎗队戈	3	戰國前期	近出1119 文物1993年4期94頁		山東省乳山縣文物管理所	
12070	周右庫戈	3	戰國前期	近出1120 華夏考古1991年3期30—31頁	1987年3月河南省登封縣告成鄉八方村	河南省文物研究所	

序號	器名	字數	時代	著録	出土地	現藏地	備註
12071	無鹽右戈	3	戰國前期	近出1121 考古1994年9期858—860頁		山東省濟南市博物館	
12072	中戈	3	戰國	近出附75 文物1983年8期72頁	湖北省江陵縣紀南城	湖北荊州市博物館	
12073	亞啟戈	4	商代後期	集成11010 三代19.19.1—2 續殷下83.9			
12074	匽侯戟	4	西周早期	集成11011 考古1984年5期414頁圖11.5	1981—1983年北京琉璃河1029號墓	琉璃河考古隊	
12075	皿自戈	4	西周早期	集成11012 三代19.35.2 綴遺30.12.2 奇觚10.13.1 周金6.32.1 簠齋4			陳介祺舊藏
12076	□元用戈	4	春秋前期	集成11013 考古1981年4期299頁圖2.1	1978年甘肅靈臺縣景家莊周家坪1號墓	靈臺縣文化館	
12077	豐伯戈	4	西周早期	集成11014 考古與文物1983年6期69頁圖1.2	1964年洛陽北瑶龐家溝215號墓	洛陽市文物工作隊	
12078	王羡之戈	4	春秋	集成11015 三代19.36.1		旅順博物館	
12079	□司馬戈	存4	春秋	集成11016 三代20.6.2 夢郼中6 山東存邾15.3			羅振玉舊藏;《集成》目録中字數爲“4”

序號	器名	字數	時代	著録	出土地	現藏地	備註
12080	平陽左庫戈	4	春秋	集成 11017		上海博物館	
12081	滕侯昃戈	存 4	春秋後期	集成 11018		上海博物館	《集成》目録中字數爲“4”
12082	雍之田戈	4	春秋	集成 11019 録遺 565			
12083	高平戈	4	春秋	集成 11020			
12084	子孏□戈	4	春秋後期	集成 11021 三代 19.35.3 綴遺 30.20.2 奇觚 10.16.2 周金 6.33.2 簠齋 4 小校 10.37.1—2			陳介祺舊藏
12085	鄗左庫戈	4	春秋後期	集成 11022			
12086	高密戈	4	春秋	集成 11023 三代 19.35.1 綴遺 30.19.1 奇觚 10.16.1 周金 6.32.2 簠齋 4			陳介祺舊藏
12087	武城戈	4	春秋後期	集成 11024 文物 1983 年 12 期 9 頁圖 2	1973 年山東濰縣望留公社麓台村	濰坊市博物館	
12088	武城戈	4	春秋後期	集成 11025		山東省博物館	山東省圖書館舊藏
12089	邜君戈	4	春秋後期	集成 11026 考古 1973 年 3 期 156 頁圖 8	1971 年湖北江陵拍馬山 10 號墓	荆州地區博物館	
12090	郳戈	4	春秋後期	集成 11027 考古 1980 年 5 期圖版 3.11	1975 年湖北江陵雨臺山 133 號墓	荆州地區博物館	

序號	器名	字數	時代	著録	出土地	現藏地	備註
12091	自作用戈	4	春秋後期	集成 11028 三代 19.37.2 貞松 11.26.2 燕京學報 16 期圖 15 中山學報 1964 年 1 期圖 35			
12092	攻敔王光戈	存 4	春秋後期	集成 11029 録遺 564 攈古 1.2.85.1 周金 6.18.1—2			《攈古録》: 瞿木夫舊藏;《集成》目録中字數爲"4"
12093	□之用戈	存的	春秋	集成 11030 三代 19.37.3 周金 6.60.1 夢郼中 9 小校 10.30.1 燕京學報 16 期圖 14 中山學報 1964 年 1 期圖 36		旅順博物館	羅振玉舊藏
12094	陳戈	4	戰國	集成 11031 巖窟下 52	1940 年山東濟南附近		梁上椿舊藏
12095	吁戈	4	春秋後期	集成 11032 巖窟下 54	1942 年山東		梁上椿舊藏
12096	陳貝散戈	4	戰國	集成 11033 三代 19.34.2 綴遺 30.22.1 奇觚 10.15.1 周金 6.30.1 簠齋 4 貞圖中 59 小校 10.34.1—2 山東存齊 25.1		旅順博物館	陳介祺、羅振玉舊藏

序號	器名	字數	時代	著録	出土地	現藏地	備註
12097	陳𠂢造戈	4	春秋後期	集成 11034 三代 19.33.3 貞松 11.26.1 貞圖中 58			羅振玉舊藏
12098	墜余戈	4	戰國	集成 11035 筠清 5.33.1 綴遺 30.23.2 攈古 1.2.84.3 小校 10.34.4			《綴遺》、《攈古録》:潘祖蔭、吴式芬舊藏
12099	墜窒散戈	4	戰國	集成 11036 三代 19.34.1 筠清 5.32 攈古 1.2.84.2 綴遺 30.23.1 小校 10.34.2 山東存齊 25.3 巖窟下 45	《巖窟》:山東		梁上椿舊藏
12100	墜豫車戈	4	戰國	集成 11037		上海博物館	
12101	陳子戈	4	戰國	集成 11038 三代 20.10.2 雙吉下 29	《雙吉》:陝西鳳翔	中國歷史博物館	于省吾舊藏
12102	邯鄲上庫戈	4	戰國前期	集成 11039 癡盦 59	綏遠	故宫博物院	
12103	叔孫𣪘戈	4	戰國前期	集成 11040 三代 19.37.1		中國歷史博物館	
12104	平阿左戈	4	戰國前期	集成 11041 善齋 10.28 小校 10.31.1			劉體智舊藏
12105	郙之新都戈	4	戰國前期	集成 11042 録遺 566 古文字研究 10 輯 272 頁圖 24 湖南考古輯刊 (1)圖版 13.4	《湖南考古輯刊》:長沙近郊	湖南省博物館	

序號	器名	字數	時代	著録	出土地	現藏地	備註
12106	周旚戈	4	戰國前期	集成 11043 考古 1980 年 5 期圖版 3.10	1975 年湖北江陵雨臺山 100 號墓	荊州地區博物館	
12107	盩[illegible]戈	4	戰國前期	集成 11044			
12108	鄦之造戈	4	戰國前期	集成 11045 文物 1980 年 1 期圖版 9.2 下 文物 1982 年 4 期 47 頁圖 3 江漢考古 1982 年 1 期圖版 4 下	1977 年湖北當陽趙家湖金家山 45 號墓	宜昌地區博物館	
12109	敔之造戟	4	戰國前期	集成 11046 積古 8.16.3 金索 94.4 攈古 1.2.85.2 奇觚 18.31.1 周金 6.29.2 小校 10.36.2			《積古》:吴槎客舊藏
12110	旚作□戈	4	戰國前期	集成 11047 曾侯乙墓 256 頁圖 150.2	1978 年湖北隨縣擂鼓墩曾侯乙墓	湖北省博物館	
12111	邺君戈	4	戰國前期	集成 11048 曾侯乙墓 283 頁圖 174.2	1978 年湖北隨縣擂鼓墩曾侯乙墓	湖北省博物館	
12112	仕斤徒戈	4	戰國前期	集成 11049 三代 20.7.1 攈古 1.2.84.4 綴遺 30.6.1 奇觚 10.17.1 周金 6.33.1 簠齋 4			陳介祺舊藏
12113	仕斤徒戈	4	戰國早期	集成 11050 寶鼎齋 162 彙編 7.866 三代補 R714		荷蘭萬孝臣氏	

序號	器名	字數	時代	著録	出土地	現藏地	備註
12114	大亜公戟	4	戰國	集成 11051		遼寧省博物館	
12115	宜鑄戈	4	戰國	集成 11052 文物 1981 年 11 期 57 頁圖 4.7	1976 年河南洛陽 62 號糧窖	洛陽市博物館	
12116	武陽右庫戈	4	戰國	集成 11053		故宫博物院	
12117	上黨武庫戈	4	戰國	集成 11054 夢郼下 22 文物 1974 年 6 期 16 頁圖 8			羅振玉舊藏
12118	信陰君庫戈	4	戰國	集成 11055		天津市歷史博物館	
12119	平陸左戟	4	戰國	集成 11056 三代 20.9.2 奇觚 10.18.1 周金 6.36.1 小校 10.32.1		旅順博物館	《奇觚》:陳介祺舊藏
12120	郾侯右宫戈	4	戰國	集成 11057			
12121	郾王詈戈	4	戰國後期	集成 11058 周金 6.37.2			鄒安舊藏
12122	作御司馬戈	存 4	戰國後期	集成 11059 三代 19.34.3 夢郼中 7			羅振玉舊藏;《集成》目録中字數爲"4"
12123	都之造戈	4	戰國後期	集成 11060	武漢市卓刀泉華師二附中操場	武漢市文物管理委員會	
12124	車大夫長畫戈	4	戰國後期	集成 11061 三代 19.36.2 奇觚 10.28.1 周金 6.34.2 小校 10.35.3—36.1			《奇觚》:陳介祺舊藏;此器或爲戟

序號	器名	字數	時代	著録	出土地	現藏地	備註
12125	陵右戟	4	戰國後期	集成 11062 三代 20.8.1 綴遺 30.24.1 奇觚 10.14.3 周金 6.34.1 簠齋 4 小校 10.33.1			陳介祺舊藏
12126	大武戈	4	戰國後期	集成 11063 文物 1963 年 1 期 65 頁圖 3 考古 1963 年 3 期 153 頁圖 1	1960 年湖北荊門車橋大壩墓葬	荆州地區博物館	
12127	伯戈	4	西周早期	近出 1122 文物 1996 年 7 期 54—68 頁	1964—1972 年河南省洛陽市北窑村西龐家溝墓葬 M17：9		
12128	僕戈	4	西周早期	近出 1123 琉璃河西周燕國墓地 208 頁	1973—1977 年北京房山縣琉璃河M105：26	北京市文物研究所	
12129	翏公戈	4	春秋後期	近出 1124 考古 1991 年 9 期 783—792 頁	1988 年 10—11 月湖北省襄樊市郊余崗村團山墓葬 M4：4	湖北省襄樊市博物館	
12130	塞之王戟	4	春秋前期	近出 1125 文物 1993 年 8 期 71 頁		臺灣王振華古越閣	
12131	匽侯戟	4	西周早期	近出 1126 琉璃河西周燕國墓地 203 頁	1973—1977 年北京房山縣琉璃河M52：22	北京市文物研究所	

序號	器名	字數	時代	著録	出土地	現藏地	備註
12132	郾侯舞戟	4	西周早期	近出1127 考古1990年1期25—30頁	1986年10—11月北京房山區琉璃河墓葬M1193:32	北京市文物研究所	
12133	吴叔徒戈	4	春秋前期	近出1128 文物1988年3期37—38頁	1986年山西省侯馬市上馬村墓葬M1284:14	山西省考古研究所侯馬工作站	
12134	莒戟	4	春秋前期	近出1129 文物1998年11期94頁		山東省蒙陰縣圖書館七十年代收藏	
12135	淳于左造戈	4	春秋前期	近出1130 中國文物報1990年8期3版	山東省新泰市	山東省新泰市博物館	
12136	𪇴雚戟	4	戰國後期	近出1131 文物1994年4期52頁	1991年山東省平陰縣洪范鎮	私人收藏	
12137	徒戟	4	戰國後期	近出1132 考古1994年9期860頁		山東省濟南市博物館	
12138	嶒戈	4	西周中期	近出1133 中國文物報1994年20期3版	1993年春河南省洛寧縣	中國人民革命軍事博物館	
12139	仲陽戈	4	戰國後期	近出1134 文物1987年8期63—64頁	1983年9月内蒙古自治區烏蘭察布盟清水河縣拐子上古城	内蒙古自治區烏蘭察布盟文物工作站	
12140	平阿左戈	4	戰國後期	近出1135 文物1991年10期32頁	1983年山東省沂水縣富官莊鄉黄泥溝村	山東省沂水縣博物館	

序號	器名	字數	時代	著録	出土地	現藏地	備註
12141	陭氏戈	4	戰國後期	近出 1136 文物 1999 年 4 期 87 頁		河北正定縣文物保管所	河北正定縣牛家莊村徵集
12142	陳𩀨戈	4	戰國前期	近出 1137 考古與文物 1991 年 2 期 109 頁	1978 年 10 月山東省新泰縣放城鄉南澇波村	山東省新泰市博物館	
12143	汶陽戟	4	戰國前期	近出 1138 文物 1993 年 4 期 94 頁		山東省乳山縣文物管理所	
12144	陳[illegible]戈	4	戰國前期	近出 1139 文物 1993 年 4 期 94 頁		山東省乳山縣文物管理所	
12145	子備璋戈	4	戰國前期	近出 1140 考古 1994 年 9 期 858—860 頁		山東省濟南市博物館	
12146	□□戈	4	戰國前期	近出 1141 考古 1994 年 9 期 858—860 頁		山東省濟南市博物館	
12147	陳□車戈	4	戰國前期	近出 1142 考古與文物 1989 年 2 期 84 頁		山西省博物館	
12148	車大夫長畫戈	4（又合文 1）	戰國前期	近出 1143 考古與文物 1993 年 5 期 13 頁		四川省西昌市文物管理所	
12149	以鄧戟	4	春秋後期	近出 1144 淅川下寺春秋楚墓 20 頁	1990 年河南省淅川縣下寺 M8：62	河南省文物研究所	
12150	□□□□戈	4	春秋	近出附 76 中原文物 1992 年 2 期 87—90 頁	河南南陽市西關汽車發動機廠	河南南陽市博物館	

序號	器名	字數	時代	著録	出土地	現藏地	備註
12151	大官戈	4	戰國	近出附77 中國文物報1995年17期1版	1994年11月湖南衡陽市酃陽漁場	湖南衡陽市文物工作隊	
12152	楚公豙戈	5	西周晚期	集成11064 文物1959年12期60頁 文物1960年8、9期79頁 湖南省文物圖録圖版21.1		湖南省博物館	
12153	盄滭侯戈	5	春秋前期	集成11065 三代19.40.1 貞松11.28.2			羅振玉舊藏;《集成》第17册11065圖版漏器名
12154	卑作之元戈	5	春秋前期	集成11066		蘇州市博物館	
12155	盜叔之行戈	5	春秋前期	集成11067 考古1982年2期145頁圖7	1980年湖北隨縣劉家崖墓葬	隨州市博物館	
12156	戉少鉤庫戈	5	春秋	集成11068		故宫博物院	
12157	事孫□丘戈	5	春秋	集成11069 三代19.42.1 貞松11.28.3		遼寧省博物館	陳介祺舊藏
12158	曹右庢戈	5	春秋	集成11070		遼寧省博物館	
12159	□用戈	5	春秋	集成11071 文物1982年9期26頁圖5		北京市文物研究所	
12160	子可期戈	5	春秋後期	集成11072 燕京學報16期圖17 巖窟下41	安徽壽縣		梁上椿舊藏

序號	器名	字數	時代	著録	出土地	現藏地	備註
12161	闖丘爲鵑造戈	5	春秋後期	集成 11073 三代 19.38.3 貞松 11.27.2 貞圖中 60 山東存莒 3.2 考古 1962 年 5 期 266 頁圖 3		旅順博物館	
12162	郲州戈	5	春秋後期	集成 11074		天津市歷史博物館	
12163	右買戈	5	春秋後期	集成 11075 三代 20.12.1 移林 28 貞松 12.2.3		山東省博物館	丁麟年舊藏
12164	□子戈	5	春秋後期	集成 11076 三代 20.11.2 夢郼中 8 小校 10.40.1			《羅表》：劉鶚、羅振玉舊藏
12165	滕侯耆戈	5	春秋後期	集成 11077 三代 19.39.3 澂秋 54 貞松 11.27.1 山東存滕 2.3—4		故宫博物院	陳承裘、羅振玉舊藏
12166	滕侯耆戈	5	春秋後期	集成 11078 巖窟下 43 銘文選 2.808	1942 年安徽壽縣城北	故宫博物院	梁上椿舊藏
12167	滕侯昊戈	5	春秋後期	集成 11079 考古 1984 年 4 期 337 頁圖 11	1980 年山東滕縣西寺院村	滕縣博物館	
12168	□子戈	5	春秋後期	集成 11080 三代 20.11.1		旅順博物館	
12169	墜侯因資戈	5	戰國	集成 11081 三代 20.13.1 山東存齊 20.2			

序號	器名	字數	時代	著録	出土地	現藏地	備註
12170	塦亓子戈	5	戰國	集成 11082 三代 19.39.2 綴遺 30.21.1 奇觚 10.18.2 周金 6.28.2 簠齋 4 小校 10.39.1—2		故宫博物院	陳介祺舊藏
12171	塦御寇戈	5	戰國	集成 11083 貞松 11.27.3		上海博物館	
12172	陳子戈	5	春秋後期	集成 11084 三代 20.12.2 貞松 12.2.1 小校 10.39.3		旅順博物館	羅振玉舊藏
12173	亳庢戈	5	春秋後期	集成 11085 三代 19.41.2 攈古 1.3.37.1 綴遺 30.9.2 貞松 12.3.1			《攈古録》:李璋煜舊藏
12174	塦子翼戈	5	戰國	集成 11086 三代 19.41.1 貞松 11.28.1			
12175	塦子翼戈	5	戰國	集成 11087 三代 20.10.1 周金 6.26.2 小校 10.39.4 山東存齊 25.2			鄒安舊藏
12176	君子友與戟	5	春秋後期	集成 11088 三代 20.15.1 貞松 12.4.1 考古 1973 年 6 期 378 頁圖 1.4		中國歷史博物館	

序號	器名	字數	時代	著録	出土地	現藏地	備註
12177	羊子戈	5	春秋後期	集成 11089 三代 19.40.2 積古 8.15.2 金索 89 攈古 1.3.36.4 奇觚 10.20.1 周金 6.26.1 小校 10.41.1 山東存魯21.2—3	《積古》:山東曲阜	上海博物館	曲阜顔氏、陳介祺舊藏
12178	羊子戈	5	春秋後期	集成 11090		清華大學圖書館	
12179	蔡戈	5	春秋後期	集成 11091 山彪鎮 25 頁;又圖版 24.1	1935 年河南汲縣山彪鎮 1 號墓	臺北"中央研究院歷史語言研究所"	
12180	敚戟	5	戰國前期	集成 11092 學報 1981 年 4 期 534 頁圖13.4 湖南考古輯刊(1)90 頁圖 2.8 古文字研究 10 輯 276 頁圖 34 湖南省博物館 64	1978 年湖南益陽赫山廟 4 號墓	湖南省博物館	
12181	雍王戈	5	戰國	集成 11093 録遺 575		故宫博物院	
12182	曾侯邸戈	5	戰國前期	集成 11094 曾侯乙墓 257 頁圖 151.1	1978 年湖北隨縣擂鼓墩曾侯乙墓	湖北省博物館	
12183	曾侯邸戈	5	戰國前期	集成 11095 曾侯乙墓 256 頁圖 150.3	1978 年湖北隨縣擂鼓墩曾侯乙墓	湖北省博物館	
12184	曾侯邸雙戈戟	5	戰國前期	集成 11096 曾侯乙墓 282 頁圖 173	1978 年湖北隨縣擂鼓墩曾侯乙墓	湖北省博物館	

序號	器名	字數	時代	著録	出土地	現藏地	備註
12185	曾侯郕雙戈戟	5	戰國前期	集成11097 曾侯乙墓281頁圖172	1978年湖北隨縣擂鼓墩曾侯乙墓	湖北省博物館	
12186	曾侯郕雙戈戟	5(又各重1)	戰國前期	集成11098 曾侯乙墓276頁圖166	1978年湖北隨縣擂鼓墩曾侯乙墓	湖北省博物館	
12187	□公戈	5	戰國前期	集成11099 文物1972年4期46頁圖16又40頁圖4中	1965年山西長治分水嶺126號墓	山西省考古研究所晋東南工作站	
12188	子朋之用戈	5	戰國前期	集成11100 録遺567 燕京學報23期圖1 中山學報1964年1期圖29	《燕京學報》、《中山學報》:1935年安徽壽縣	上海博物館	
12189	平阿右戈	5	戰國前期	集成11101 三代19.39.1			
12190	武王戈	5	戰國後期	集成11102 録遺573			
12191	武王戈	5	戰國後期	集成11103 湖南考古輯刊(1)90頁圖2.7 古文字研究10輯273頁圖28下		湖南省博物館	
12192	武王戈	5	戰國後期	集成11104 湖南考古輯刊(1)圖版14.5古文字研究10輯273頁圖28中		湖南省博物館	
12193	子泉聾戟	5	戰國	集成11105 三代20.9.1 貞松12.2.2 小校10.62.3		中國歷史博物館	
12194	少府戈	5	戰國	集成11106		故宫博物院	

序號	器名	字數	時代	著録	出土地	現藏地	備註
12195	作用戈	5	戰國	集成 11107 文物 1986 年 3 期 40 頁圖 28		濰坊市博物館	
12196	□□御戈	5（又合文 1）	戰國	集成 11108 文物 1986 年 3 期 40 頁圖 25 和 26		濰坊市博物館	
12197	郾王右庫戈	5	戰國後期	集成 11109			
12198	王職戈	存 5	戰國後期	集成 11110 三代 20.17.4 貞松 12.5.1			羅振玉舊藏；《集成》目録中字數爲"5"
12199	左行議率戈	5	戰國後期	集成 11111 河北 143	1970 年河北易縣燕下都北瀋村	河北省博物館	
12200	宜無戟	5	戰國後期	集成 11112 五省圖版 61 學報 1957 年 1 期 114 頁圖 9 右	1954—1955 年山西長治分水嶺 14 號墓	山西省考古研究所晉東南工作站	
12201	犢共叟戟	5	戰國後期	集成 11113 録遺 574 考古 1962 年 1 期 19 頁圖 13.4	1958 年河北易縣燕下都	中國歷史博物館	
12202	以鄧戟	5	春秋後期	近出 1145 淅川下寺春秋楚墓 20 頁	1990 年河南省淅川縣下寺 M8：48	河南省文物研究所	
12203	㹞城戟	5	春秋後期	近出 1146 太原晉國趙卿墓 98、100 頁	山西省太原市南郊金勝村 M251：657	山西省太原市文物管理委員會	
12204	索魚王戈	5	春秋後期	近出 1147 文物 1996 年 2 期 92 頁	1986 年河北涿鹿縣礬山鎮五堡村	河北涿鹿縣文物保管所	

序號	器名	字數	時代	著録	出土地	現藏地	備註
12205	趙朔之御戈	5	春秋後期	近出1148 太原晉國趙卿墓93、100頁	山西省太原市南郊金勝村M251：658	山西省太原市文物管理委員會	
12206	㝅戈	5	戰國前期	近出1149 考古1994年9期858—860頁		山東省濟南市博物館	
12207	平阿戟	5	戰國後期	近出1150 考古1994年9期860頁		山東省濟南市博物館	
12208	平阿戈	5	戰國前期	近出1151 考古1994年9期858—860頁		山東省濟南市博物館	
12209	武王戈	5	戰國後期	近出1152 文物1998年5期93頁	1993年春湖南懷化市中方鄉恭園坡羅溪	湖南懷化地區博物館	
12210	膚丘子戟	5	戰國後期	近出1153 考古1994年9期860頁		山東省濟南市博物館	
12211	鄝子妝戈	5	春秋後期	近出1154 淅川下寺春秋楚墓45頁	1990年河南省淅川縣下寺M36：19	河南省文物研究所	
12212	黄季佗戈	5	春秋	近出附78 中國文物報1988年9月9日1版	1988年6月河南光山縣城關鎮墓葬	河南信陽地區文管會	

序號	器名	字數	時代	著録	出土地	現藏地	備註
12213	亞若癸戈	6(又合文1)	商代後期	集成11114 三代19.18.3—4 積古2.25.3—4 從古3.34 攈古2.1.18.3—4 敬吾下84.1—2 周金6.71.1—2 清儀1.14.1—2 續殷下83.11—12 小校10.65.3—4			潘毅堂、張廷濟舊藏;《金索》83.1—2和此同銘,但銘文方向相反
12214	且乙戈	6	商代後期	集成11115 三代19.19.3 貞松11.29.1 善齋10.77—78 續殷下86.1 小校10.88.3—4 安徽金石16.1		上海博物館	
12215	虢太子元徒戈	6	春秋前期	集成11116 考古通訊1957年4期6頁圖2 文物1959年1期15頁 虢圖墓28頁圖23.2	1956—1957年河南三門峽上村嶺1052號墓	中國歷史博物館	
12216	虢太子元徒戈	6	春秋前期	集成11117 考古通訊1957年4期6頁圖2 考古1963年10期563頁 虢圖墓28頁圖23 銘文選2.911	1956—1957年河南三門峽上村嶺1052號墓	中國歷史博物館	

序號	器名	字數	時代	著録	出土地	現藏地	備註
12217	宫氏白子戈	6	春秋前期	集成11118 文物1959年1期15頁 虢國墓33頁圖28.1	1956—1957年河南三門峽上村嶺1705號墓	中國歷史博物館	
12218	宫氏白子戈	6	春秋前期	集成11119 考古通訊1958年11期72頁圖2.4 虢國墓33頁圖28.2	1956—1957年河南三門峽上村嶺1705號墓	中國歷史博物館	
12219	曹公子沱戈	6(又合文1)	春秋前期	集成11120 銘文選2.782		山東省博物館	
12220	曾侯戈	6	春秋前期	集成11121 江漢考古1983年3期圖版7.5和6又圖版8	1982年湖北棗陽縣趙湖	棗陽縣文化館	
12221	王子安戈	6	春秋後期	集成11122 考古1980年1期38頁圖7.1		山東省博物館	1973年滕縣城郊供銷社廢品收購站揀選
12222	滕侯昊戈	6	春秋後期	集成11123 三代20.13.3 貞松12.3.3 澂秋下55 山東存滕3.1—2 銘文選2.806	《澂秋》:此與滕侯耆戈並出山左	中國歷史博物館	陳承裘、故宫博物院舊藏
12223	辜于公戈	6	春秋後期	集成11124		故宫博物院	
12224	辜于公戈	6	春秋後期	集成11125 三代20.14.1 貞松12.3 雙吉下30 山東存鑄5.2		故宫博物院	于省吾舊藏

序號	器名	字數	時代	著録	出土地	現藏地	備註
12225	塦子皮戈	6	戰國	集成 11126 録遺 568 巖窟下 51	《巖窟》:1943 年山東汶上	故宫博物院	梁上椿舊藏
12226	塦胎戈	6	戰國	集成 11127 文叢 7 期 79 頁圖 1		青州市博物館	
12227	塦卿聖孟戈	6	戰國	集成 11128			
12228	塦侯因資戈	6	戰國	集成 11129 奇觚 10.23.2			潘祖蔭舊藏
12229	子禾子左戟	6	戰國	集成 11130			
12230	司馬望戈	6	春秋	集成 11131 周金 6.24.2 小校 10.43.2			《周金》:項城袁氏、鄒安舊藏
12231	宋公得戈	6	春秋後期	集成 11132 中山學報 1964 年 1 期圖 27 書道(平凡) 1.103 銘文選 2.796	《中山學報》:壽縣		
12232	宋公緣戈	6	春秋後期	集成 11133 燕京學報 23 期圖 3 雙古上 43 中山學報 1964 年 1 期圖 26 上海 86 三代補 R842 銘文選 2.793	《燕京學報》、《中山學報》:1936 年壽縣	中國歷史博物館	于省吾舊藏,後歸上海博物館
12233	無伯彪戈	6	春秋後期	集成 11134 雙古上 46			于省吾舊藏
12234	陰晋左庫戈	6	春秋後期	集成 11135 周金 6.29.1 小校 10.43.1			《周金》:海寧陳氏舊藏

序號	器名	字數	時代	著録	出土地	現藏地	備註
12235	蔡□戈	6	春秋後期	集成11136 燕京學報17期圖26 中山學報1964年1期86頁			《燕京學報》:許懋齋舊藏
12236	蔡□戈	6	春秋後期	集成11137 學報1959年1期圖版10.6 湖南考古輯刊(1)圖版14.1	1952—1956年湖南長沙絲營170號墓	湖南省博物館	
12237	蔡□戈	6	春秋後期	集成11138 中山學報1964年1期圖31		上海博物館	
12238	□之用玄翏戈	6	春秋後期	集成11139 三代19.38.2			
12239	蔡侯𪈛戈	6	春秋後期	集成11140 三代19.45.2 周金6.23.2 貞松11.29.2 安徽金石16.4			《周金》:黟縣黄氏、《貞松》:松江程氏舊藏
12240	蔡侯𪈛戈	6	春秋後期	集成11141 文參1955年8期31頁圖2 五省圖版57.3 蔡侯墓圖版41	1955年安徽壽縣西門蔡侯墓	安徽省博物館	
12241	蔡侯𪈛戈	6	春秋後期	集成11142 文物1986年3期45頁圖5和圖6	1980年安徽霍山縣南岳上元街十八塔小山頭墓葬	霍山縣文物組	
12242	蔡侯産戈	6	春秋後期	集成11143		故宫博物院	

序號	器名	字數	時代	著録	出土地	現藏地	備註
12243	蔡侯産戈	6	春秋後期	集成 11144 考古圖 6.12 薛氏 1.1 燕京學報 16 期圖 3 中山學報 1964 年 1 期圖 22	《考古圖》:安徽壽陽紫金山		《薛氏》:李伯時舊藏;舊名“夏琱戈”,實誤,可能是“蔡侯産之用戈”六字,故暫名“蔡侯産戈”
12244	蔡公子果戈	6	春秋後期	集成 11145 三代 19.38.1			
12245	蔡公子果戈	6	春秋後期	集成 11146 三代 19.46.2 周金 6.21.1 貞松 11.30.1 安徽金石 16.5.1			《周金》:程文龍,《貞松》:松江程氏舊藏
12246	蔡公子果戈	6	春秋後期	集成 11147 文物 1964 年 7 期 33 頁圖 1 銘文選 2.600		上海博物館	
12247	蔡公子加戈	6	春秋	集成 11148 上海 87 銘文選 2.601		上海博物館	
12248	蔡加子戈	6	春秋	集成 11149 雙古上 47 巖窟下 42	《巖窟》:1942 年安徽壽縣		于省吾、梁上椿舊藏
12249	蔡侯□戟	6	春秋後期	集成 11150 學報 1982 年 2 期 233 頁圖 4.1	1980 年安徽舒城縣孔集九里墩墓葬	舒城縣文物組	

序號	器名	字數	時代	著録	出土地	現藏地	備註
12250	攻敔王光戈	6	春秋後期	集成 11151 三代 19.43.3—4 燕京學報 17 期圖 24 十二雙 4 雙古上 44 中山學報 1964 年 1 期圖 18	《燕京學報》:洛陽金村	故宫博物院	于省吾舊藏
12251	楚王孫漁戈	6	春秋後期	集成 11152 銘文選 2.645	1949 年湖北江陵新民泗場長湖邊	湖北省博物館	
12252	楚王孫漁戈	6	春秋後期	集成 11153 文物 1963 年 3 期 47 頁 中山學報 1964 年 1 期圖 20	1949 年湖北江陵新民泗場長湖邊	中國歷史博物館	湖北省博物館;兩件楚王孫漁戈或爲雙戈戟
12253	成陽辛城里戈	6	春秋後期	集成 11154 三代 19.44.2 貞松 11.31.1 雙吉下 19 巖窟下 53	《巖窟》:山東		于省吾、梁上椿舊藏
12254	成陽辛城里戈	6	春秋後期	集成 11155		故宫博物院	
12255	平陽高馬里戈	6	春秋後期	集成 11156 三代 19.44.1 綴遺 30.8.1 奇觚 10.19.2 簠齋 4			陳介祺舊藏
12256	□君戈	6	春秋後期	集成 11157 録遺 576			
12257	平阿左戟	6	戰國	集成 11158 文物 1979 年 4 期 25 頁圖 3	1977 年山東蒙陰縣高都公社唐家峪	山東臨沂地區文物組	

序號	器名	字數	時代	著録	出土地	現藏地	備註
12258	□令長□戈	6	戰國	集成 11159 考古通訊 1957 年 2 期 4 頁圖 3	1956 年四川成都北郊洪家包西漢墓	四川省博物館	
12259	即墨華戈	6	戰國	集成 11160		故宫博物院	
12260	新弨戟	6	戰國	集成 11161 文物 1962 年 11 期 58 頁又 65 頁 2 中山學報 1964 年 1 期圖 32	1955 年湖北南漳某地	襄陽地區博物館	
12261	王子□戈	6	戰國	集成 11162 三代 20.14.2 貞松 11.31.2		遼寧省博物館	
12262	蔡𩔈戈	6	春秋	集成 11163		中國歷史博物館	
12263	𩔈作造戈	6	戰國前期	集成 11164 三代 19.47.2 貞圖中 61		旅順博物館	羅振玉舊藏
12264	□戈	6	戰國前期	集成 11165 輝縣圖版 89.3	1950—1952 年河南輝縣趙固村 1 號墓	中國歷史博物館	
12265	□戈	6	戰國前期	集成 11166 輝縣圖版 89.1	1950—1952 年河南輝縣趙固村 1 號墓	中國歷史博物館	
12266	曾侯乙戈	6	戰國前期	集成 11167 文物 1979 年 7 期 9 頁圖 9 曾侯乙墓 258 頁圖 152.3 銘文選 2.704	1978 年湖北隨縣擂鼓墩曾侯乙墓	湖北省博物館	
12267	曾侯乙戈	6	戰國前期	集成 11168 曾侯乙墓 257 頁圖 151.2	1978 年湖北隨縣擂鼓墩曾侯乙墓	湖北省博物館	

序號	器名	字數	時代	著録	出土地	現藏地	備註
12268	曾侯乙戈	6	戰國前期	集成 11169 曾侯乙墓 258 頁圖 152.2	1978 年湖北隨縣擂鼓墩曾侯乙墓	湖北省博物館	
12269	曾侯乙戈	6	戰國前期	集成 11170 曾侯乙墓 258 頁圖 152.1	1978 年湖北隨縣擂鼓墩曾侯乙墓	湖北省博物館	
12270	曾侯乙戈	6	戰國前期	集成 11171 隨縣曾侯乙墓 73 曾侯乙墓 256 頁圖 150.1	1978 年湖北隨縣擂鼓墩曾侯乙墓	湖北省博物館	
12271	曾侯乙三戈戟	6（又各重 2）	戰國後期	集成 11172 文物 1979 年 7 期圖版 9.4 隨縣曾侯乙墓 76 曾侯乙墓 270 頁圖 160	1978 年湖北隨縣擂鼓墩曾侯乙墓	湖北省博物館	
12272	曾侯乙三戈戟	6（又各重 2）	戰國前期	集成 11173 曾侯乙墓 267 頁圖 157	1978 年湖北隨縣擂鼓墩曾侯乙墓	湖北省博物館	
12273	曾侯郕戈	6	戰國前期	集成 11174 曾侯乙墓 257 頁圖 151.3	1978 年湖北隨縣擂鼓墩曾侯乙墓	湖北省博物館	
12274	曾侯郕雙戈戟	6	戰國前期	集成 11175 曾侯乙墓 280 頁圖 170	1978 年湖北隨縣擂鼓墩曾侯乙墓	湖北省博物館	
12275	曾侯郕雙戈戟	6（又各重 1）	戰國前期	集成 11176 隨縣曾侯乙墓 77（僅下面之戈） 曾侯乙墓 274 頁圖 164	1978 年湖北隨縣擂鼓墩曾侯乙墓	湖北省博物館	

序號	器名	字數	時代	著録	出土地	現藏地	備註
12276	曾侯郕雙戈戟	6（又各重1）	戰國前期	集成11177 曾侯乙墓273頁圖163	1978年湖北隨縣擂鼓墩曾侯乙墓	湖北省博物館	
12277	曾侯逷雙戈戟	6（又各重1）	戰國前期	集成11178 曾侯乙墓279頁圖169	1978年湖北隨縣擂鼓墩曾侯乙墓	湖北省博物館	
12278	曾侯逷雙戈戟	6（又各重1）	戰國前期	集成11179 曾侯乙墓277頁圖167	1978年湖北隨縣擂鼓墩曾侯乙墓	湖北省博物館	
12279	曾侯逷三戈戟	6（又各重2）	戰國前期	集成11180 曾侯乙墓266頁圖156	1978年湖北隨縣擂鼓墩曾侯乙墓	湖北省博物館	
12280	曾侯逷三戈戟	6（又重文2）	戰國早期	集成11181 文物1979年7期圖版9.1 隨縣曾侯乙墓74 曾侯乙墓271頁圖161	1978年湖北隨縣擂鼓墩曾侯乙墓	湖北省博物館	
12281	朝歌右庫戈	6（又合1）	戰國前期	集成11182 三代19.46.1 貞松11.32.2			
12282	谷𡰥造戟	6	戰國後期	集成11183 三代20.8.2 綴遺30.10.3 奇觚10.17.2 周金6.22.2 簠齋4 小校10.38.3			陳介祺舊藏
12283	郾侯脮戈	存6	戰國後期	集成11184 三代19.46.3 貞松11.33.1			羅振玉舊藏；《集成》目録中字數爲“6”
12284	郾侯軍戈	存6	戰國後期	集成11185		中國歷史博物館	《集成》目録中字數爲“6”

序號	器名	字數	時代	著録	出土地	現藏地	備註
12285	郾侯䡍戈	6	戰國後期	集成 11186	河北容城	容城縣文化館	
12286	郾王職戈	6	戰國後期	集成 11187 三代 19.43.1 綴遺 30.28.1 奇觚 10.22.1 周金 6.21.1 簠齋 4			陳介祺舊藏
12287	郾王職戈	6	戰國後期	集成 11188 三代 20.16.1 銘文選 2.876		上海博物館	
12288	郾王職戈	6	戰國後期	集成 11189 文物 1982 年 8 期 46 頁圖 15	1973 年河北易縣燕下都 23 號遺址	河北省文物研究所	
12289	郾王職戈	6	戰國後期	集成 11190 三代 19.42.2 貞松 11.32.1 彙編 7.732	《貞松》:同光間易州出土	美國波斯頓美術博物館	
12290	郾王職戈	6	戰國後期	集成 11191 巖窟下 46	1937 年河北易縣		梁上椿舊藏;《巖窟》:同出一對,録其一
12291	郾王戎人戈	存 6	戰國後期	集成 11192			《集成》目録中字數爲“6”
12292	郾王詈戈	6	戰國後期	集成 11193 文物 1982 年 8 期圖版 8.11	1973 年河北易縣燕下都 23 號遺址	河北省文物研究所	
12293	郾王詈戈	6	戰國後期	集成 11194 文物 1982 年 8 期 44 頁圖 2	1973 年河北易縣燕下都 23 號遺址	河北省文物研究所	
12294	郾王喜戈	6	戰國後期	集成 11195 文物 1982 年 8 期圖版 8.12	1973 年河北易縣燕下都 23 號遺址	河北省文物研究所	
12295	郾王戈	存 6	戰國	集成 11196		上海博物館	《集成》目録中字數爲“6”

序號	器名	字數	時代	著録	出土地	現藏地	備註
12296	□年寺工讋戈	存6(又重文2)	戰國後期	集成11197		故宫博物院	《集成》目録中字數爲“6”
12297	蔡侯産戈	6	春秋後期	近出1155 文物1999年7期33—34頁	1997年6月安徽新安鎮城西窑廠M5:3	安徽六安市文物管理所	
12298	黄季佗父戈	6	春秋後期	近出1156 考古1989年1期29—30頁	1988年6月河南省光山縣城關鎮磚瓦廠墓葬	河南省光山縣文物管理委員會	
12299	淳于公戈	6	春秋前期	近出1157 中國文物報1990年8期3版	1987年9月山東省新泰市鍋爐檢驗所	山東省新泰市博物館	
12300	王孫誥戟	6	春秋後期	近出1158 淅川下寺春秋楚墓187頁	1990年河南省淅川縣下寺M2:84	河南省文物研究所	
12301	王孫誥戟	6	春秋後期	近出1159 淅川下寺春秋楚墓186頁	1990年河南省淅川縣下寺M2:72	河南省文物研究所	
12302	王子午戟	6	春秋後期	近出1160 淅川下寺春秋楚墓187頁、188頁	1990年河南省淅川縣下寺M2:94	河南省文物研究所	
12303	王子午戟	6	春秋後期	近出1161 淅川下寺春秋楚墓187—189頁	1990年河南省淅川縣下寺M2:74	河南省文物研究所	
12304	郚陽上庫戈	6	戰國前期	近出附79 中原文物1988年3期10頁	河南宜陽縣韓城鄉宜陽故城		
12305	楚屈叔佗戈	7	春秋前期	集成11198		湖南省博物館	

序號	器名	字數	時代	著録	出土地	現藏地	備註
12306	黄君孟戈	7	春秋	集成 11199 考古 1984 年 4 期 311 頁圖 12.1;又 312 頁圖 13.3	1983 年河南光山縣寶相寺上官崗墓葬	信陽地區文物管理委員會	
12307	衛公孫吕戈	7	春秋前期	集成 11200 三代 19.48.2 積古 8.13.1 金索 110.2 攈古 2.1.18.1 綴遺 30.17.2 周金 6.19.1 小校 10.45.1			《攈古録》:阮元、陳介祺,《周金》:何溱舊藏
12308	□□伯戈	7	春秋前期	集成 11201 考古 1975 年 4 期 223 頁圖 3.2	1973 年湖北棗陽段營墓葬	湖北省博物館	
12309	郢侯戈	7	春秋前期	集成 11202 三代 19.48.1 貞松 11.33.2			
12310	内大成戈	7	春秋後期	集成 11203 綴遺 30.11.2 奇觚 10.5.2 周金 6.13.2 簠齋 4 小校 10.46.3			陳介祺舊藏
12311	宋公差戈	7	春秋後期	集成 11204 銘文選 2.790		上海博物館	
12312	滕司徒戈	7	春秋後期	集成 11205 録遺 577		山東省博物館	

序號	器名	字數	時代	著録	出土地	現藏地	備註
12313	郳大司馬戈	7	春秋後期	集成 11206 三代 20.19.2 積古 8.16.1 金索 90.1 攈古 2.1.30.3 周金 6.14.2 山東存郳 15.2 銘文選 2.832		遼寧省博物館	《積古》:黄小松舊藏
12314	王子孜戈	7	春秋後期	集成 11207 文物 1962 年 4、5 期 5 頁圖 1—3 中山學報 1964 年 1 期圖 16	1961 年山西萬榮賈家崖	山西省博物館	
12315	王子孜戈	7	春秋後期	集成 11208 山西出土文物 70	1961 年山西萬榮賈家崖	山西省博物館	
12316	郢公穌曹戈	7	春秋後期	集成 11209			
12317	羊角戈	7	戰國前期	集成 11210 三代 19.45.1 貞松 11.30.2 雙吉下 18		旅順博物館	羅振玉、于省吾舊藏
12318	工城戈	7	戰國前期	集成 11211 文叢 7 期 79 頁圖 2		青州市博物館	
12319	周王叚戈	7	戰國前期	集成 11212 賸稿 49 山彪鎮圖版 24.4	1935 年河南汲縣山彪鎮 1 號墓	臺北"中央研究院歷史語言研究所"	河南古物保管委員會舊藏
12320	涑鄂戈	7	戰國前期	集成 11213 十二契 31			商承祚舊藏
12321	肵君戟	7	戰國前期	集成 11214 曾侯乙墓 283 頁圖 174.3	1978 年湖北隨縣擂鼓墩曾侯乙墓	湖北省博物館	

序號	器名	字數	時代	著録	出土地	現藏地	備註
12322	二十七年晋戈	7(又合1)	戰國前期	集成 11215 考古 1986 年 8 期 759 頁圖 2 和圖 1		彭陽縣文物站	1983 年寧夏彭陽縣紅河鄉徵集
12323	二十九年戈	7	戰國前期	集成 11216 周漢遺寶圖版 55 下		日本東京書道博物館	
12324	郾侯戈	7	戰國後期	集成 11217		上海博物館	
12325	郾侯𢦏戈	7	戰國後期	集成 11218		故宫博物院	
12326	郾侯𢦏戈	7	戰國後期	集成 11219 考古 1962 年 1 期 19 頁圖 13.3	1958 年河北易縣燕下都	中國歷史博物館	
12327	郾侯𢦏戈	7	戰國後期	集成 11220 綴遺 30.27.1 周金 6.19.2 銘文選 2.87.3		上海博物館	《綴遺》、潘祖蔭、《周金》:吴大澂舊藏
12328	郾侯職戈	7	戰國後期	集成 11221 文物 1982 年 8 期 44 頁圖 4	1973 年河北易縣燕下都 23 號遺址	河北省文物研究所	
12329	郾侯職戈	7	戰國後期	集成 11222 河北 139	1965 年河北滿城	河北省博物館	
12330	郾侯職戈	7	戰國後期	集成 11223 三代 20.17.6 貞松 12.4.3 貞圖中 67			羅振玉舊藏
12331	郾王職戈	7	戰國後期	集成 11224 銘文選 2.875		旅順博物館	
12332	郾王職戈	7	戰國後期	集成 11225 文物 1982 年 8 期 45 頁圖 7	1973 年河北易縣燕下都 23 號遺址	河北省文物研究所	
12333	郾王職戈	7	戰國後期	集成 11226		故宫博物院	
12334	郾王職戈	7	戰國後期	集成 11227 三代 20.15.2 雙吉下 33	光緒年間出於河北易州	故宫博物院	于省吾舊藏

序號	器名	字數	時代	著録	出土地	現藏地	備註
12335	郾王職戈	7	戰國後期	集成 11228 三代 20.17.7 貞松 12.4.4 貞圖中 68 小校 10.44.4			羅振玉、劉體智舊藏
12336	郾王職戈	7	戰國後期	集成 11229 河北 137	1958 年河北容城	河北省博物館	
12337	郾王職戈	7	戰國後期	集成 11230 三代 20.17.2 綴遺 30.28.2 奇觚 10.21.1 周金 6.20.2 簠齋 4			陳介祺舊藏
12338	郾王職戈	7	戰國後期	集成 11231 三代 20.17.5 小校 10.44.2			劉體智舊藏
12339	郾王職戈	7	戰國後期	集成 11232 文物 1982 年 8 期 45 頁圖 8	1973 年河北易縣燕下都 23 號遺址	河北省文物研究所	
12340	郾王職戈	7	戰國後期	集成 11233 三代 20.16.2 綴遺 30.29.1 奇觚 10.21.2 周金 6.20.3 簠齋 4			陳介祺舊藏
12341	郾王職戈	7	戰國後期	集成 11234 三代 20.17.3 小校 10.44.1			劉體智舊藏
12342	郾王職戈	7	戰國後期	集成 11235 考古 1962 年 1 期 19 頁圖 13.1	1958 年河北易縣燕下都	中國歷史博物館	
12343	郾王職戈	7	戰國後期	集成 11236 考古 1973 年 4 期 244 頁圖 2 遼寧省博 15	1967 年遼寧北票東官營子	遼寧省博物館	

序號	器名	字數	時代	著録	出土地	現藏地	備註
12344	郾王戎人戈	7	戰國後期	集成 11237 文物 1982 年 8 期圖版 8.10	1973 年河北易縣燕下都 23 號遺址	河北省文物研究所	
12345	郾王戎人戈	7	戰國後期	集成 11238 銘文選 2.877		上海博物館	
12346	郾王戎人戈	7	戰國後期	集成 11239			
12347	郾王詈戈	7	戰國後期	集成 11240 文物 1982 年 8 期圖版 8.9	1973 年河北易縣燕下都 23 號遺址	河北省文物研究所	
12348	郾王詈戈	7	戰國後期	集成 11241 文物 1982 年 8 期圖版 8.4	1973 年河北易縣燕下都 23 號遺址	河北省文物研究所	
12349	郾王詈戈	7	戰國後期	集成 11242 文物 1982 年 8 期圖版 8.6	1973 年河北易縣燕下都 23 號遺址	河北省文物研究所	
12350	郾王詈戈	存 7	戰國後期	集成 11243 三代 19.50.2 攈古 2.1.86 綴遺 30.14.1 小校 10.53.2—54.1		上海博物館	《攈古録》:葉志詵,《綴遺》:潘祖蔭舊藏;《集成》目録中字數爲“7”;《三代》缺背面銘文
12351	郾王詈戈	存 7	戰國後期	集成 11244			《集成》目録中字數爲“7”
12352	郾王詈戈	7	戰國後期	集成 11245 三代 20.17.1 貞松 12.4.2 貞圖中 69			羅振玉舊藏
12353	郾王喜戈	7	戰國後期	集成 11246 三代 20.18.1 夢郼 12		旅順博物館	羅振玉舊藏

序號	器名	字數	時代	著録	出土地	現藏地	備註
12354	郾王喜戈	7	戰國後期	集成11247 三代20.18.2 夢郼中11 小校10.43.4		旅順博物館	羅振玉、劉體智舊藏
12355	郾王喜戈	7	戰國後期	集成11248 綴遺30.27.2		上海博物館	潘祖蔭舊藏
12356	郾王喜戈	7	戰國後期	集成11249 文物1982年8期圖版8.7	1973年河北易縣燕下都23號遺址	河北省文物研究所	
12357	二年寺工讋戈	7(又重2)	戰國後期	集成11250 陶齋5.37 周金6.11			端方舊藏
12358	塦眭戟	7	戰國後期	集成11251 録遺578 考古1973年6期373頁圖2.3			
12359	吉用戈	7	春秋後期	近出1162 江漢考古1996年3期28頁	1994年8月湖南常德市德山墓	湖南常德市文物處	
12360	薛比戈	7	春秋前期	近出1163 考古學報1991年4期467—478頁	1978年10—12月山東省滕州市薛國故城墓葬M2:21	山東省濟寧市文物管理局	
12361	郭公子戈	7	春秋前期	近出1164 考古學報1991年4期467—478頁	1978年10—12月山東省滕州市薛國故城墓葬M2:27	山東省濟寧市文物管理局	
12362	鄭戈	7	戰國後期	近出1165 文物1986年3期27頁		山西省博物館	1983年底山西省太原市電解銅廠揀選品

序號	器名	字數	時代	著録	出土地	現藏地	備註
12363	郾王詈戈	7	戰國後期	近出1166 歐遺珠圖版177		瑞典斯德哥爾摩遠東古物博物館	
12364	南君旟邔戈	7	春秋後期	近出1167 江陵九店東周墓228頁	湖北省江陵九店M168：7	湖北省文物考古研究所	
12365	廩丘戈	7	戰國後期	近出附80 文物1987年8期63—64頁	1983年9月内蒙古烏蘭察布盟清水河縣拐子上古城	内蒙古烏蘭察布盟文物工作站	
12366	郾王職戈	7	戰國後期	近出附81 文物春秋1993年3期89頁	河北文安縣發現	河北廊坊市文物管理所	
12367	邛季之孫戈	存8	春秋前期	集成11252 三代19.51.1—2 貞松11.34.1—2		遼寧省博物館	《貞松》：璜川吴氏舊藏；《集成》目録中字數爲“8”
12368	□子戈	8	春秋前期	集成11253	湖北荆州五三農場	荆州地區博物館	
12369	曾仲之孫戈	8	春秋前期	集成11254 江漢考古1980年1期72頁圖1 銘文選2.697	1976年湖北隨縣涢陽鰱魚嘴	襄陽地區博物館	
12370	吴王光戈	8	春秋後期	集成11255 周金6.17.1—2 燕京學報16期圖13 銘文選2.541		上海博物館	《周金》、松江金氏、《燕京學報》：順德鄧氏舊藏
12371	吴王光戈	8	春秋後期	集成11256 綴遺30.14.2—15.1 周金6.16.1—2 燕京學報16期圖12			《周金》：瞿木夫舊藏

序號	器名	字數	時代	著録	出土地	現藏地	備註
12372	吴王光戈	8	春秋後期	集成11257 攈古2.1.31.1 周金6.15.1—2 燕京學報16期圖11			《周金》:何嘉祥舊藏
12373	攻敔戟	8	春秋後期	集成11258 文物1986年3期44頁圖2和4	1980年安徽霍山縣南岳上元街十八塔小山頭墓葬	霍山縣文物組	
12374	是立事歲戈	8	春秋後期	集成11259 三代19.49.2 貞圖中62 山東存齊22.2		旅順博物館	羅振玉舊藏
12375	陳侯因資戈	8	戰國	集成11260 三代20.13.2 綴遺30.25 奇觚10.23.1 周金6.133 山東存齊20.1 銘文選2.867			《周金》名"陳侯刀";《山東存》云"勹陽右僞刻"
12376	番仲戈	8	春秋後期	集成11261 文物1980年1期圖版9.2 文物1982年4期47頁圖4 江漢考古1982年1期圖版4上 銘文選2.622	1977年湖北當陽趙家湖金家山43號墓	宜昌地區博物館	
12377	翏金戈	8	春秋後期	集成11262 文物1982年9期26頁圖6		首都博物館	
12378	邗王是埜戈	8	春秋	集成11263 録遺569 銘文選2.536		故宫博物院	

序號	器名	字數	時代	著録	出土地	現藏地	備註
12379	十八年鄉左庫戈	存8	春秋	集成 11264 奇觚 10.26.2 周金 6.28.3 小校 10.47.3			《奇觚》:陳介祺舊藏;《集成》目録中字數爲"8"
12380	虎句丘君戈	8	戰國	集成 11265 山彪鎮 57 頁圖 25	1935 年河南輝縣琉璃閣 80 號墓	臺北"中央研究院歷史語言研究所"	
12381	四年右庫戈	8	戰國	集成 11266		故宫博物院	
12382	單端討戈	8	戰國前期	集成 11267 湖南考古輯刊(1)93 頁圖 3.4 又 33 頁圖 2.6	1980 年湖南長沙五里牌墓葬	長沙市博物館	
12383	庚寅戈	8	戰國前期	集成 11268 三代 19.49.1 積古 8.17.3 金索 90.2 從古 9.7 攈古 2.1.30.4 周金 6.18.3 小校 10.48.1			《金索》、黄小松、《攈古録》:瞿穎山舊藏
12384	十四年州戈	8	戰國前期	集成 11269 三代 19.47.1 貞松 11.33.3 善齋 10.32 小校 10.47.2		上海博物館	劉體智舊藏
12385	非釪戈	8	戰國前期	集成 11270 三代 20.19.3 周金 6.14.1 夢郼中 16			《周金》:餘杭褚氏、羅振玉舊藏
12386	七年戈	8	戰國後期	集成 11271 三代 20.20.1 貞松 12.5			

序號	器名	字數	時代	著録	出土地	現藏地	備註
12387	郾侯脮戈	8	戰國後期	集成 11272 三代 19.50.1 小校 10.46.1 彙編 6.580		美國波斯頓美術博物館	劉體智舊藏
12388	郾王戎人戈	8	戰國後期	集成 11273 文物 1982 年 8 期圖版 8.3	1973 年河北易縣燕下都 23 號遺址	河北省文物研究所	
12389	郾王戎人戈	8	戰國後期	集成 11274 文物 1982 年 8 期圖版 8.5	1973 年河北易縣燕下都 23 號遺址	河北省文物研究所	
12390	郾王戎人戈	8	戰國後期	集成 11275 小校 10.46.2			劉體智舊藏
12391	郾王戎人戈	8	戰國後期	集成 11276 文物 1982 年 8 期圖版 8.8	1973 年河北易縣燕下都 23 號遺址	河北省文物研究所	
12392	郾王喜戈	8	戰國後期	集成 11277		旅順博物館	
12393	郾王喜戈	8	戰國後期	集成 11278 文物 1982 年 8 期 45 頁圖 10	1973 年河北易縣燕下都 23 號遺址	河北省文物研究所	
12394	大良造鞅戟	存 8	戰國後期	集成 11279 三代 20.21.1—2 貞松 12.6.1—2 銘文選 2.922			《貞松》:桐鄉馮氏舊藏;《集成》目録中字數爲"8"
12395	郚左戟	8	戰國前期	近出 1168 文物 1995 年 7 期 77 頁	1987 年春山東省棲霞縣唐家泊鎮石門口村墓葬	山東省棲霞縣文物管理處	
12396	恿公戈	9	春秋前期	集成 11280		衡陽市博物館	
12397	宋公差戈	9	春秋後期	集成 11281 文物 1981 年 8 期 55 頁圖 6		北京市文物研究所	
12398	徐王之子戈	9	春秋後期	集成 11282 録遺 570 銘文選 2.576		故宫博物院	

序號	器名	字數	時代	著録	出土地	現藏地	備註
12399	九年戈	9	戰國後期	集成 11283 學報 1959 年 1 期圖版 11.2 古文字研究 10 輯 274 頁圖 29 湖南考古輯刊(1)圖版 14.6	1955 年湖南長沙楊家大山 36 號墓	湖南省博物館	
12400	嗇夫戈	9	戰國後期	集成 11284		中國歷史博物館	
12401	相公子矰戈	9	戰國	集成 11285 綴遺 30.15.2			陸直之舊藏
12402	不降戈	9	戰國	集成 11286	1988 年山東莒縣劉家苗蔣村	莒縣博物館	
12403	三年上郡高戈	存 9	戰國	集成 11287		遼寧省博物館	《集成》目録中字數爲"9"
12404	九年京令戈	存 9	戰國後期	近出 1169 中國文物報 1998 年 75 期 3 版		加拿大多倫多市安大略皇家博物館	加拿大傳教士明義士捐贈品
12405	堇子戈	存 9	戰國前期	近出附 82 文物 1987 年 11 期 28 頁		山東棗莊市文物管理站	1983 年 12 月山東棗莊市文物管理站從市物資回收公司倉庫揀選
12406	攻敔王夫差戈	10	春秋後期	集成 11288 考古 1963 年 4 期 205 頁圖 1.2 考古 1965 年 9 期 467 頁圖 1	1959 年安徽淮南市蔡家崗趙家孤堆 2 號墓	安徽省博物館	

序號	器名	字數	時代	著録	出土地	現藏地	備註
12407	宋公差戈	10	春秋後期	集成 11289 三代 19.52.2 攈古 2.1.57.1 綴遺 30.18.1 奇觚 10.24.1 周金 6.10.1 小校 10.50.1	《綴遺》:山東濟寧		《攈古録》、《綴遺》、《奇觚》:汪孟慈、方濬益、陳介祺舊藏
12408	子孔戈	10	戰國前期	集成 11290 考古通訊 1958 年 11 期 75 頁圖 4.2	1957 年河南陝縣後川 2040 號墓	中國歷史博物館	
12409	十年邙令差戈	存 10(又合 1)	戰國	集成 11291		蘇州市博物館	《集成》目録中字數爲"10"
12410	二年右貫府戈	10	戰國後期	集成 11292 考古 1975 年 4 期 234 頁圖 10.1 河北 142	1965 年河北易縣燕下都 44 號墓	河北省文物研究所	
12411	三年蒲子戈	存 10(又合 1)	戰國	集成 11293 學報 1974 年 1 期 29 頁圖 8.3	1958 年河北易縣燕下都	中國歷史博物館	《集成》目録中字數爲"10"
12412	丞相觸戈	存 10	戰國	集成 11294 貞續下 22.2—3 文物 1964 年 2 期 50 頁圖 2			
12413	楚境尹戈	10(又合文 1)	戰國後期	近出 1170 考古 1995 年 1 期 76 頁	1990 年 7 月江蘇省連雲港市海州區錦屏鎮陶灣村墓葬 M:3		
12414	廿七年泌陽戈	10	戰國中期	近出 1171 文物 1993 年 8 期 71 頁		臺灣王振華古越閣	

序號	器名	字數	時代	著録	出土地	現藏地	備註
12415	芒陽守令戈	10	戰國後期	近出1172 東南文化1991年2期258—261頁		安徽阜陽地區博物館	1967年安徽太和縣廢品公司倉庫揀選
12416	章子戈	11	春秋前期	集成11295		湖北省文物商店	
12417	王五年上郡疾戈	11	戰國	集成11296 人文雜誌1960年3期圖1		陝西省博物館	
12418	王六年上郡守疾戈	存11	戰國	集成11297 癡盦61 巖窟下58	《巖窟》:傳陝西		李泰棻、梁上椿舊藏;《集成》目録中字數爲"11";《癡盦》録有背面銘文,字迹不清,故未收入。
12419	二年州句戈	11(又合文1)	戰國	集成11298		故宫博物院	
12420	二十三年郚令戈	11(又合1)	戰國	集成11299 學報1974年1期33頁圖10 古文字研究10輯272頁圖25 湖南考古輯刊(1)圖版13.6		中國歷史博物館	
12421	褱戈	存11	戰國	集成11300			《集成》目録中字數爲"11"
12422	二十三年□丘戈	存11(又合1)	戰國	集成11301 學報1974年1期36頁圖12.1		故宫博物院	《集成》目録中字數爲"11"

序號	器名	字數	時代	著録	出土地	現藏地	備註
12423	二十九年高都令戈	11(又合1)	戰國	集成11302 貞松11.34.3 周金6.9.2 小校10.52.2 彙編6.468			《周金》:羅振玉、端方舊藏
12424	二十九年高都令戈	11(又合1)	戰國	集成11303 藝術類征3.24			
12425	郾王職戈	11	戰國後期	集成11304 文物1982年8期圖版8.1和2	1973年河北易縣燕下都23號遺址	河北省文物研究所	
12426	郾王詈戈	11	戰國後期	集成11305 文物1982年8期46頁圖20	1973年河北易縣燕下都23號遺址	河北省文物研究所	
12427	二十一年啟封令癕戈	11(又重2合1)	戰國	集成11306 中國文物報1989年10期2版 考古1980年5期479頁圖1.4下	1974年遼寧新金縣後元臺漢墓	旅順博物館	
12428	九年戈	存11	戰國	集成11307 湖南考古輯刊(1)圖版14.4		湖南省博物館	
12429	四年相邦吕戈	11	戰國	集成11308 文參1958年10期73頁左上 考古1959年9期457頁圖3 湖南省文物圖録圖版60	1957年湖南長沙左家塘1號墓	中國歷史博物館	
12430	五年琱□戈	11(又合文1)	戰國後期	近出1173 考古學報1986年3期350頁	1984年秋湖南古丈縣白鶴灣墓葬M28:4	湖南古丈縣文物部門	

序號	器名	字數	時代	著録	出土地	現藏地	備註
12431	卜淦□高戈	11	春秋前期	近出 1174 考古與文物 1990 年 3 期 65—66 頁	1987 年 4 月陝西省隴縣邊家莊墓葬		
12432	周王孫戈	12	春秋前期	集成 11309 文物 1980 年 1 期 37 頁圖 6 和 7	1979 年湖北隨縣城郊李氏梁墓葬	隨州市博物館	
12433	越王者旨於賜戈	12	春秋後期	集成 11310 考古 1963 年 4 期 209 頁圖 4 中山學報 1964 年 1 期圖 7	1959 年安徽淮南市蔡家崗趙家孤堆 2 號墓	安徽省博物館	
12434	越王者旨於賜戈	12	春秋後期	集成 11311 考古 1963 年 4 期 208 頁圖 3	1959 年安徽淮南市蔡家崗趙家孤堆 2 號墓	安徽省博物館	
12435	三十三年業令戈	12(又合 1)	戰國前期	集成 11312 三代 20.23.1 奇觚 10.27.1 周金 6.7.1 簠齋 4 小校 10.52.3			陳介祺舊藏
12436	九年戈丘令癰戈	12(又合 1)	戰國前期	集成 11313 三代 20.22.1—2 貞松 12.7.1—2			
12437	二年皇陽令戈	12(又合 1)	戰國	集成 11314 文參 1954 年 11 期 154 頁圖 1	1954 年四川成都羊子山墓葬	四川省博物館	
12438	二年皇陽令戈	12(又合 1)	戰國	集成 11315		上海博物館	
12439	四年令韓誰戈	12(又合 1)	戰國後期	集成 11316 録遺 579		中國歷史博物館	

序號	器名	字數	時代	著録	出土地	現藏地	備註
12440	三年修餘令韓誰戈	12(又合1)	戰國後期	集成11317 三代20.25.1 貞松12.7.3 貞圖中70 小校10.54.5 彙編6.420			《貞松》:羅振玉舊藏
12441	三年修餘令韓誰戈	12(又合1)	戰國後期	集成11318		故宮博物院	
12442	三年修餘令韓誰戈	12(又合1)	戰國後期	集成11319 貞松12.8.1 小校10.54.3		上海博物館	
12443	六年□令戈	12	戰國	集成11320 河北102	1972年河北邯鄲	河北省博物館	
12444	三十四年頓丘戈	12	戰國	集成11321 考古1973年3期156頁圖9上 學報1974年1期32頁圖9	1971年湖北江陵拍馬山5號墓	湖北省博物館	
12445	七年俞氏戈	12(又合1)	戰國	集成11322 學報1974年1期14頁圖1.2		故宮博物院	
12446	八年兹氏令吴庶戈	12(又合1)	戰國	集成11323 學報1974年1期27頁圖6.2	内蒙古		
12447	二十五年戈	12(又合1)	戰國	集成11324 江漢考古1982年2期封3圖11	1977年湖北黄陂魯臺山12號墓	湖北省博物館	
12448	九年將軍戈	12	戰國後期	集成11325 文物1982年8期44頁圖3	1973年河北易縣燕下都23號遺址	河北省文物研究所	
12449	九年將軍戈	12	戰國後期	集成11326 文物1982年8期16頁圖16	1973年河北易縣燕下都23號遺址	河北省文物研究所	

序號	器名	字數	時代	著録	出土地	現藏地	備註
12450	六年格氏令戈	12(又合1)	戰國	集成11327 古文字研究10輯273頁圖26 湖南考古輯刊(1)圖版14.2		湖南省博物館	
12451	王二年鄭令戈	12(又合1)	戰國	集成11328 文物1972年10期39頁圖22	1971年河南新鄭縣白廟范村窖藏	河南省博物館	
12452	王何戈	12(又合1)	戰國	集成11329 山西出土文物118 文物1994年4期	1976年山西臨縣窑頭村	山西省考古研究所	
12453	三十三年大梁戈	12	戰國	集成11330 考古1977年5期357頁圖3上	1974年湖南衡陽白沙洲唐家山2號墓	衡陽市博物館	
12454	二十二年臨汾守戈	12	戰國後期	集成11331 考古1978年1期65頁圖3	1976年江西遂川縣東頭瑙	江西省博物館	
12455	十四年屬邦戈	12	戰國	集成11332 考古1962年8期105頁圖2 考古1975年4期206頁圖2右	1962年廣州東郊羅岡4號墓	廣州市文物管理委員會	
12456	六年陽城令戈	12	戰國後期	近出1175 華夏考古1991年3期30—31頁	1987年3月河南省登封縣告成鄉八方村	河南省文物研究所	
12457	廿四年晋□戈	12	戰國後期	近出1176 東南文化1991年2期258—261頁	1986年安徽臨泉縣縣城西郊墓葬	安徽臨泉縣博物館	

序號	器名	字數	時代	著録	出土地	現藏地	備註
12458	十八年莆坂令戈	12(又合文1)	戰國後期	近出1177 考古1989年1期84頁	1986年4月山西省芮城縣大禹渡鄉成村	山西省芮城縣博物館	
12459	㪉𠂤伯戈	13	西周早期	集成11333 濬縣26 辛村圖版63.1	1932—1933年河南濬縣辛村42號墓	臺北"中央研究院歷史語言研究所"	
12460	□鏞用戈	13	春秋前期	集成11334 奇觚10.24.2 周金6.9.1		上海博物館	《奇觚》:陳介祺舊藏
12461	四年邘令戈	13(又合1)	戰國	集成11335 奇觚10.27.2 周金6.6.1 小校10.54.2			《奇觚》:陳介祺舊藏
12462	六年鄭令韓熙戈	13(又合2)	戰國前期	集成11336 三代19.52.1 考古1973年6期372頁圖1.3			
12463	六年令戈	13(又合1)	戰國前期	集成11337		上海博物館	
12464	三年瞚令戈	13(又合1)	戰國	集成11338	1979年河北隆化採集	隆化縣博物館	
12465	十三年戈	13(又合1)	戰國	集成11339 河北144	1970年河北易縣燕下都北瀋村	河北省博物館	
12466	四年戈	13	戰國後期	集成11340			
12467	四年咎奴蓸令戈	13(又合1)	戰國後期	集成11341 三代20.25.2			
12468	二十一年相邦冉戈	13(又重1)	戰國後期	集成11342 三代20.23.2—20.24.1 雙吉下32 小校10.51.1—2		中國歷史博物館	于省吾舊藏,後歸故宫博物院

序號	器名	字數	時代	著録	出土地	現藏地	備註
12469	□肓令司馬戈	13(又合2)	戰國後期	集成 11343 録遺 580 學報 1974 年 1 期 35 頁圖 11			
12470	八年肓令戈	13(又合1)	戰國	集成 11344 文物 1983 年 9 期 67 頁圖 3.1	1979 年遼寧建昌縣玲瓏塔後杖子	朝陽市博物館	
12471	八年新城大令戈	13(又合1)	戰國	集成 11345 録遺 581 巖窟下 57	《巖窟》:1942 年安徽壽縣		梁上椿舊藏
12472	梁伯戈	14	春秋前期	集成 11346 三代 19.53.1—2 攈古 2.2.12.3—4 綴遺 30.13.1—2 奇觚 10.25.2—26.1 周金 6.7.2—8.1 簠齋 4 貞圖中 63—64 小校 10.55.1—2		故宫博物院	陳介祺、羅振玉舊藏
12473	十三年□陽令戈	存 14(又合 1)	戰國前期	集成 11347 三代 20.20.2 周金 6.6.2 夢郼中 17 小校 10.55.3		旅順博物館	羅振玉舊藏;《集成》目録中字數爲"14"
12474	五年龏令思戈	14(又合1)	戰國	集成 11348		故宫博物院	
12475	五年龏令思戈	14(又合1)	戰國	集成 11349 學報 1974 年 1 期 29 頁圖 8.2			
12476	郾王詈戈	14	戰國後期	集成 11350 三代 19.52.3—4 陶續 2.21 周金 6.8.2—3			端方舊藏

序號	器名	字數	時代	著録	出土地	現藏地	備註
12477	十六年喜令戈	14(又合2)	戰國後期	集成11351 三代20.27.2 貞松12.10.1 雙吉下34		故宫博物館	《貞松》:丁樹楨舊藏
12478	六年□□令戈	14	戰國後期	近出1178 江陵九店東周墓234頁	湖北省江陵九店M253:10	湖北省文物考古研究所	
12479	十一年佫茖戈	14(又合文2)	戰國後期	近出1179 考古1991年5期413—414頁	1986年8月河南省安陽市伊川縣城關鄉南府店		
12480	宜安戈	14(又合文1)	戰國後期	近出1180 文物1994年4期83、85頁 山西省出土文物118頁	1975年冬山西省臨縣永紅鄉窑村窑頭古城	山西省考古研究所	《殷周金文集成》第17册11329已收,失收"宜安"二字
12481	七年大梁司寇綬戈	14(又合文2)	戰國後期	近出1581 東南文化1991年2期258—261頁	1958年安徽臨泉縣楊橋區	安徽阜陽地區博物館	
12482	秦子戈	15	春秋前期	集成11352		故宫博物院	
12483	秦子戈	15	春秋前期	集成11353 三代19.53.3 擵古2.2.35.4 奇觚10.28.2 周金6.4.2 簠齋4 小校10.56.2			《擵古録》:金蘭坡、陳介祺舊藏
12484	三年□陶令戈	15(又合1)	戰國	集成11354 三代20.24.2 貞松12.8.2 貞圖中65		旅順博物館	羅振玉舊藏
12485	十二年趙令戈	15(又合2)	戰國前期	集成11355 巖窟下56	傳河北邯鄲		梁上椿舊藏

序號	器名	字數	時代	著録	出土地	現藏地	備註
12486	二十四年邮陰令戈	15	戰國後期	集成 11356 三代 20.26.1 積古 9.5.2 金索 96 攈古 2.2.21.3 周金 6.5.1 小校 10.56.1			《積古》、《攈古録》:桂馥、葉志詵舊藏
12487	王三年鄭令戈	15	戰國	集成 11357 文物 1972 年 10 期 40 頁圖 26 考古 1973 年 6 期 375 頁圖 5.1	1971 年河南新鄭縣白廟范村窖藏	河南省博物館	
12488	郳陵公戈	15	戰國	集成 11358 江漢考古 1983 年 2 期圖版 8.4 右		武漢市文物商店	
12489	二十年相邦冉戈	15	戰國	集成 11359 湖南考古輯刊 (1)圖版 14.13	1971 年湖南岳陽城陵矶	湖南省博物館	
12490	元年郚令戈	15(又合 1)	戰國後期	集成 11360 録遺 582			
12491	四年相邦樛斿戈	15	戰國後期	集成 11361 三代 20.26.2—27.1 貞松 12.9.1 雙吉下 31			于省吾舊藏
12492	二年上郡守戈	存 15	戰國後期	集成 11362			《集成》目録中字數爲"15"
12493	□年上郡守戈	15(又重 1)	戰國	集成 11363		故宫博物院	
12494	七年相邦吕不韋戟	15	戰國後期	近出 1182 中國文物報 1988 年9 期3 版	1979 年 9 月陝西省西安市秦始皇陵兵馬俑坑	中國人民革命軍事博物館	

序號	器名	字數	時代	著録	出土地	現藏地	備註
12495	廿八年戈	15(又合文1)	戰國前期	近出1183 江陵九店東周墓234頁	湖北省江陵九店M412：5	湖北省文物考古研究所	
12496	二年戈	16(又合1)	春秋後期	集成11364 三代20.28.1 攈古2.2.67.1—2 奇觚10.29.1 周金6.4.1 簠齋4 小校10.57.2			陳介祺舊藏
12497	曾大攻尹戈	16	春秋	集成11365 文物1980年1期37頁圖8 銘文選2.693	1979年湖北隨縣城郊季氏梁墓葬	隨州市博物館	
12498	十七年邢令戈	16(又合1)	鄆國前期	集成11366 文物1982年9期圖版5.7		北京市文物研究所	
12499	六年漢中守戈	16	戰國後期	集成11367		荆州地區博物館	
12500	二十六年蜀守武戈	16	戰國	集成11368 文物1974年5期78頁圖46又74頁圖25 文物1976年7期84頁圖3	1972年四川涪陵小田溪3號墓	四川省博物館	
12501	三年上郡守戈	存16	戰國	集成11369 録遺583		上海博物館	
12502	四十年上郡守起戈	存16(又合1)	戰國後期	集成11370		中國歷史博物館	故宫博物院舊藏
12503	廿年相邦藺相如戈	16	戰國後期	近出1184 文物1998年5期91頁	1981年6月吉林長白朝鮮族自治縣八道溝鎮葫蘆套村	吉林長白朝鮮族自治縣文物管理所	

序號	器名	字數	時代	著録	出土地	現藏地	備註
12504	廿二年戈 、	16	戰國晚期	近出附 83 中原文物 1984 年 2 期 16 頁	1982 年河南郾城縣		
12505	十七年鄭令戈	17(又合 2)	戰國	集成 11371 文物 1972 年 10 期圖版 4.1	1971 年河南新鄭縣白廟范村窖藏	河南省博物館	
12506	二十年鄭令戈	17(又合 1)	戰國	集成 11372 文物 1982 年 10 期圖版 5.4	1971 年河南新鄭縣白廟范村窖藏	河南省博物館	
12507	二十一年鄭令戈	17(又合 2)	戰國	集成 11373 文物 1972 年 10 期 34 頁圖 30 考古 1973 年 6 期 375 頁圖 6	1971 年河南新鄭縣白廟范村窖藏	河南省博物館	
12508	二十七年上守趞戈	17	戰國	集成 11374		故宫博物院	
12509	王三年馬雍令戈	17(又合 1)	戰國	集成 11375 陶齋 5.38			端方舊藏
12510	十八年戈	17	戰國	集成 11376 湖南考古輯刊(1)88 頁圖 1.5 古文字研究 10 輯 274 頁圖 30		湖南省博物館	
12511	十四年武城令戈	存 17	戰國	集成 11377 學報 1974 年 1 期 36 頁圖 12.2		中國歷史博物館	陳紫蓬舊藏
12512	上郡武庫戈	17	戰國	集成 11378 河北 145	1957 年河北易縣燕下都百福村	河北省博物館	
12513	十七年丞相啟狀戈	17(又重 2)	戰國	集成 11379 文物 1986 年 3 期 43 頁圖 2		天津市歷史博物館	1982 年從薊縣運往天津的廢銅中揀選

序號	器名	字數	時代	著録	出土地	現藏地	備註
12514	五年相邦吕不韋戈	17	戰國後期	集成 11380 善齋 10.35—36 小校 10.58.1—2			劉體智舊藏
12515	三十八年上郡戈	17	戰國後期	近出 1185 文物 1998 年 10 期 78—79 頁	1989 年山西省高平市北城區鳳和村	山西省高平市博物館	
12516	十一年戈	17(又合文 2)	戰國前期	近出 1186 江陵九店東周墓 228 頁	湖北省江陵九店 M411：4	湖北省文物考古研究所	
12517	五年相邦戟	17	戰國後期	近出 1187 考古與文物 1983 年 4 期 62 頁	陝西省西安市秦始皇陵兵馬俑坑 I 邊洞中		
12518	廿三年相邦邙皮戈	17(又合文 1)	戰國後期	近出 1188 文物季刊 1992 年 3 期 67 頁		山西省博物館	山西省離石縣徵集
12519	楚王酓璋戈	18	戰國前期	集成 11381 燕京學報 23 期圖 2 雙古上 45 中山學報 1964 年 1 期圖 21 銘文選 2.657	《燕京學報》、《中山學報》：洛陽	故宫博物院	于省吾舊藏
12520	十七年彘令戈	18(又合 1)	戰國後期	集成 11382 善齋 10.39 小校 10.59.5 考古 1973 年 6 期 373 頁圖 2.2			劉體智舊藏
12521	郾侯軍作戎戈	18	戰國後期	集成 11383 三代 19.54.1—2 夢郼中 13			羅振玉舊藏
12522	四年鄭令戈	18(又合 2)	戰國	集成 11384 文物 1972 年 10 期圖版 4.5 考古 1973 年 6 期 375 頁圖 5.2	1971 年河南新鄭縣白廟范村窖藏	河南省博物館	

序號	器名	字數	時代	著録	出土地	現藏地	備註
12523	五年鄭令戈	18(又合2)	戰國	集成11385 文物1972年10期圖版5.2 考古1973年6期375頁圖5.3	1971年河南新鄭縣白廟范村窖藏	河南省博物館	
12524	八年鄭令戈	18(又合2)	戰國	集成11386 文物1972年10期圖版5.3	1971年河南新鄭縣白廟范村窖藏	河南省博物館	
12525	十四年鄭令戈	18(又合1)	戰國	集成11387 文物1972年10期40頁圖27	1971年河南新鄭縣白廟范村窖藏	河南省博物館	
12526	十五年鄭令戈	18(又合1)	戰國	集成11388 文物1972年10期40頁圖28	1971年河南新鄭縣白廟范村窖藏	河南省博物館	
12527	十六年鄭令戈	18(又合1)	戰國	集成11389 文物1972年10期40頁圖29	1971年河南新鄭縣白廟范村窖藏	河南省博物館	
12528	□年邦府戈	存18	戰國後期	集成11390		故宫博物院	《集成》目録中字數爲"18"
12529	二十九年相邦趙戈	18(又合1)	戰國後期	集成11391 貞松12.10.2 小校10.57.1 安徽金石16.6.1 學報1974年1期23頁圖4.2			《貞松》:溧陽濮氏舊藏
12530	元年丞相斯戈	18	戰國後期	近出1189 考古與文物1983年3期22頁	1975年遼寧寬甸縣小掛房窖藏	遼寧省博物館	
12531	十六年宁壽令戟	18(又合文1)	戰國後期	近出1190 文物季刊1992年4期69—70頁	1986年8月山西省高平縣永録鄉鋪上村	山西省高平縣博物館	

序號	器名	字數	時代	著録	出土地	現藏地	備註
12532	二年邢令戈	18(又合文1)	戰國後期	近出1191 文物1988年3期51—53頁	1984年河北臨城縣東柏暢村窖藏	河北臨城縣文物保管所	
12533	大兄日乙戈	19	商代後期	集成11392 三代19.21.1 周金6.86.2 夢郼中3 續殷下86.2 小校10.90.1 書道27(平凡) 遼寧省博5下銘文選1.21	《觀堂集林》:器出易州;《夢郼》、《金文叢考》:説出保定	遼寧省博物館	羅振玉舊藏
12534	楚屈叔佗戈	存19	春秋前期	集成11393 三代19.55.1—2 貞松11.35—36 小校10.60.1—2 安徽金石16.5.2			劉體智舊藏;又名"楚王戈";《集成》目録中字數爲"19"
12535	十三年相邦義戈	19	戰國	集成11394 録遺584 文物1964年2期49頁圖1			
12536	八年相邦吕不韋戈	19	戰國後期	集成11395 文物1979年12期17頁圖1		寶鷄市博物館	
12537	五年相邦吕不韋戈	19	戰國後期	集成11396 三代20.28.2—29.1 奇觚10.29.2—30 周金6.1 簠齋4善齋10.37—38 小校10.59.1—2		中國歷史博物館	陳介祺舊藏,後歸上海博物館
12538	六年鄭令戈	19(又合1)	戰國	集成11397 文物1972年10期圖版5.6	1971年河南新鄭縣白廟范村窖藏	河南省博物館	

序號	器名	字數	時代	著録	出土地	現藏地	備註
12539	四十年上郡守戈	19(又合文1)	戰國後期	近出1192 考古1992年8期757頁	1985年遼寧遼陽市老城東郊沙坨子村	遼寧遼陽博物館	
12540	三十一年鄭令戈	20(又合1)	戰國	集成11398 文物1972年10期圖版4.4	1971年河南新鄭縣白廟范村窖藏	河南省博物館	
12541	二年上郡守冰戈	20	戰國後期	集成11399 文物1982年11期75頁	1979年内蒙古准格爾旗納林公社	准格爾旗文化館	
12542	平周戈	20	戰國後期	近出1193 文物1987年8期61	1984年秋山西省屯留縣某工地	山西省考古研究所	
12543	囂仲之子伯剌戈	21	春秋前期	集成11400	江蘇江寧陶吴中學校園内	南京博物館	
12544	六年上郡守閒戈	21	戰國後期	近出1194 華夏考古1991年3期30—31頁	1987年3月河南省登封縣告成鄉八方村	河南省文物研究所	
12545	大且日已戈	22	商代後期	集成11401 三代19.20.1 周金6.68.1 夢鄣中1 續殷下87.2 小校10.89.1 書道160(河出) 遼寧省博5上銘 文選1.19	《觀堂集林》:器出易州;《夢鄣》、《金文叢考》:説出保定	遼寧省博物館	羅振玉舊藏
12546	杕里瘟戈	22(又合1)	戰國後期	集成11402 雙吉下20 文物1959年7期50頁圖1	《雙吉》:河北真定	故宫博物院	于省吾舊藏
12547	十年洱陽令戟	22(又合文1)	戰國後期	近出1195 文物1990年7期39—40頁	1981年山東省莒縣	山東省莒縣博物館	

序號	器名	字數	時代	著録	出土地	現藏地	備註
12548	六年襄城令戈	22(又合文2)	戰國後期	近出1196 第三届國際中國古文字研討會論文集422頁		香港某私人處	
12549	倗戈	22	春秋後期	近出1197 淅川下寺春秋楚墓188頁	1990年河南省淅川縣下寺M2：82	河南省文物研究所	
12550	廿五年上郡守周戈	23	戰國後期	近出1198 華夏考古1991年3期30—31頁	1987年3月河南省登封縣告成鄉八方村	河南省文物研究所	
12551	九年相邦吕不韋戟	23	戰國後期	近出1199 考古1991年1期16—17頁 文物1992年11期93—94頁	1987年9月四川省青川縣白河鄉	四川省青川縣文化館	
12552	且日乙戈	24	商代後期	集成11403 三代19.20.2 周金6.69 夢郼中2 續殷下87.1 小校10.89.2 書道26(平凡) 遼寧省博5中 銘文選1.20	《觀堂集林》：器出易州；《夢郼》、《金文叢考》：説出保定	遼寧省博物館	羅振玉舊藏
12553	十二年上郡守壽戈	存24(又重2)	戰國	集成11404 文物1977年5期35頁圖9、圖12、圖版3.1和5	1975年内蒙古准格爾旗瓦爾吐溝墓葬	内蒙古社會科學院歷史研究所	
12554	十五年上郡守壽戈	存25	戰國後期	集成11405	近年内蒙古自治區伊克昭盟		
12555	二十五年上郡守廟戈	25	戰國後期	集成11406 周漢遺寶圖版55上	朝鮮樂浪郡遺址		朝鮮平壤中學舊藏

序號	器名	字數	時代	著録	出土地	現藏地	備註
12556	廿七年安陽令戈	26	戰國後期	近出 1200 考古 1988 年 7 期 617—620 頁		山西省博物館	山西省太原市電解銅廠揀選
12557	十五年上郡守壽戈	28	戰國後期	近出 1201 考古 1990 年 6 期 550—551 頁	1985 年内蒙古自治區伊克昭盟金霍洛旗紅慶河鄉哈什拉村牛家渠	内蒙古自治區伊盟文物站	
12558	□侯戈	存 70	春秋後期	集成 11407 考古 1963 年 4 期 207 頁圖 2	1959 年安徽淮南市蔡家崗趙家孤堆 2 號墓	安徽省博物館	

四十四、矛

序號	器名	字數	時代	著録	出土地	現藏地	備註
12559	人矛	1	商代後期	集成 11411		故宫博物院	
12560	元矛	1	西周晚期	集成 11412 虢國墓 35 頁圖 30	1956—1957 年河南三門峽市上村嶺虢國墓地(M1711∶14)	中國歷史博物館	
12561	[illegible]矛	1(正反面同銘)	商代後期	集成 11413 三代 20.31.3—4 雙吉下 37 貞續下 21 續殷下 88.7—8 小校 10.70.1—2	《雙吉》:傳出河南		于省吾舊藏;《雙吉》:同出三器,另兩器歸明義士
12562	夰矛	1	商代後期	集成 11414 三代 20.32.3		故宫博物院	
12563	夰矛	1	商代後期	集成 11415 三代 20.32.2		故宫博物院	
12564	夰矛	1	商代後期	集成 11416		故宫博物院	
12565	夰矛	1	商代後期	集成 11417		故宫博物院	
12566	夰矛	1	商代後期	集成 11418		故宫博物院	
12567	夰矛	1	商代後期	集成 11419 懷履光(1956)41 頁圖 7 三代補 80 頁 568	1934 年前安陽出土	加拿大多倫多皇家安大略博物館	懷履光舊藏
12568	夰矛	1	商代後期	集成 11420 懷履光(1956)89 頁 2	1934 年前安陽	加拿大多倫多皇家安大略博物館	懷履光舊藏
12569	夰矛	1(正反面同銘)	商代後期	集成 11421 鄴二下 18 殷墟圖版 28.1	傳出安陽		
12570	夰矛	1	商代後期	集成 11422		故宫博物院	

序號	器名	字數	時代	著録	出土地	現藏地	備註
12571	交矛	1	商代後期	集成 11423 學報 1979 年 1 期 83 頁圖 60.6	1969—1977 年安陽殷墟西區 374 號墓(M374：7)	考古研究所安陽工作站	
12572	竟矛	1	春秋至戰國	集成 11424		中國歷史博物館	形似戟刺
12573	息矛	1	商代後期	集成 11425 學報 1986 年 2 期 172 頁圖 21.3	1979—1980 年河南羅山縣蟒張鄉天湖村墓葬(M9：10)	信陽地區文管會	
12574	丙矛	1	商代後期	集成 11426 文物 1986 年 11 期 14 頁圖 31.3 圖版 4.6	1985 年山西靈石縣旌介村 2 號墓(M2：5)		
12575	公矛	1	戰國	集成 11427		故宫博物院	
12576	公矛	1	戰國	集成 11428		上海博物館	
12577	武矛	1	戰國	集成 11429		故宫博物院	
12578	枸矛	1	戰國	集成 11430 三代 20.32.4 貞松 12.12.2 貞圖中 71		旅順博物館	羅振玉舊藏
12579	西矛	1	戰國	集成 11431		故宫博物院	
12580	五矛	1	戰國	集成 11432 考古 1986 年 3 期 215 頁圖 6.9；216 頁圖 7.6	1983 年廣東羅定縣背夫山墓葬(M1：56)	廣東省博物館	
12581	李矛	1	商代後期	近出 1202 歐遺珠圖版 72		德國斯圖加特國立民間藝術博物館林登博物館	

序號	器名	字數	時代	著録	出土地	現藏地	備註
12582	葉矛	1	戰國後期	近出 1203 東南文化 1991 年 2 期 258—261 頁		安徽臨泉縣博物館	1972 年安徽臨泉縣城關廢品收購站揀選
12583	亞矣矛	2	商代後期	集成 11433		中國歷史博物館	
12584	亞矣矛	2	商代後期	集成 11434		中國歷史博物館	
12585	亞矣矛	2	商代後期	集成 11435		故宫博物院	
12586	亞矣矛	2	商代後期	集成 11436		故宫博物院	
12587	亞矣矛	2	商代後期	集成 11437		故宫博物院	
12588	亞䖒矛	2	商代後期	集成 11438 三代 20.29.2 貞松 12.11.1 雙吉下 38 續殷下 88.2 山東存下 13.1	山東益都蘇埠屯		于省吾舊藏
12589	亞䖒矛	2	商代後期	集成 11439 三代 20.30.1 善齋 10.45 續殷下 88.1 山東存下 13.2	《山東存》：1930 年山東益都蘇埠屯		劉體智舊藏
12590	亞䖒矛	2	商代後期	集成 11440 三代 20.30.2 貞松 12.12.1 續殷下 88.6 山東存下 13.6	《山東存》：1930 年山東益都蘇埠屯		
12591	亞䖒矛	2	商代後期	集成 11441 三代 20.31.1 續殷下 88.4 小校 10.69.4 山東存下 13.4	《山東存》：1930 年山東益都蘇埠屯		

序號	器名	字數	時代	著録	出土地	現藏地	備註
12592	亞𩰤矛	2	商代後期	集成 11442 續殷下 88.5 山東存下 13.5	《山東存》:1930 年山東益都蘇埠屯	上海博物館	
12593	亞𩰤矛	2	商代後期	集成 11443 三代 20.31.2 貞松 12.11.2 續殷下 88.3 山東存下 13.3	《山東存》:1930 年山東益都蘇埠屯		
12594	亞㠱矛	2	商代後期	集成 11444		蘇州市博物館	
12595	北單矛	2	商代後期	集成 11445		中國歷史博物館	
12596	北單矛	2	商代後期	集成 11446		中國歷史博物館	
12597	亦車矛	2	商代後期	集成 11447 巖窟下 61	1939 年安陽出土		梁上椿舊藏;同出同銘矛三件
12598	亦車矛	2	商代後期	集成 11448 癡盦 40		故宫博物院	李泰棻舊藏
12599	倗舟矛	2	商代後期	集成 11449 鄴三下 14	傳出安陽		銅柄玉矛
12600	康侯矛	2	西周早期	集成 11450 斷代(六)圖版 8 右			
12601	戉王矛	2(又重文 1)	春秋後期	集成 11451 楚展圖 78 中山大學學報 1964 年 1 期鳥書考圖 2 古文字研究 10.269 圖 16.1	湖南長沙市	湖南省博物館	
12602	寺工矛	2	戰國後期	集成 11452		故宫博物院	

序號	器名	字數	時代	著録	出土地	現藏地	備註
12603	寺工矛	2	戰國後期	集成 11453 考古與文物 1983 年 4 期 61 頁圖 3.2	陝西臨潼秦始皇陵兵馬俑坑	秦始皇陵兵馬俑博物館	秦俑坑出土寺工矛若干，此其一
12604	少府矛	2	戰國後期	集成 11454 湖南考古輯刊 2 集 51 頁圖 23.1	1978 年湖南漵浦縣馬田坪秦墓出土	湖南省博物館	
12605	右宫矛	2	戰國	集成 11455 三代 20.33.1 周金 6.86.4 夢郼中 23		旅順博物館	意園、羅振玉舊藏
12606	右軍矛	2	戰國	集成 11456		中國歷史博物館	
12607	生庫矛	2	戰國	集成 11457 學報 1974 年 1 期 14 頁圖 1.1		故宫博物院	
12608	左庫矛	2	戰國	集成 11458		故宫博物館	
12609	乇庫矛	2	戰國	集成 11459		旅順博物館	
12610	泒陽矛	2	戰國	集成 11460		故宫博物院	
12611	孱陵矛	2	戰國	集成 11461 學報 1978 年 2 期 246 頁圖 38.2	1974 年廣西平樂縣採集（採 7）	廣西僮族自治區博物館	
12612	孱陵矛	2	戰國	集成 11462		上海博物館	
12613	陽周矛	2	戰國	集成 11463		故宫博物院	
12614	陽周矛	2	戰國	集成 11464		故宫博物院	
12615	平周矛	2	戰國	集成 11465		故宫博物院	原刻武字，後被刮磨掉
12616	平周矛	2	戰國	集成 11466 癡盦 44			李泰棻舊藏
12617	平周矛	2	戰國	集成 11467		中國歷史博物館	方若舊藏
12618	武戳矛	2	戰國	集成 11468		故宫博物院	

序號	器名	字數	時代	著録	出土地	現藏地	備註
12619	武敢矛	2	戰國	集成 11469 三代 20.33.4 長安 1.43 綴遺 29.19.2 奇觚 10.36.1 周金 6.85.3 簠齋四古兵器 小校 10.71.2			劉喜海、陳介祺舊藏
12620	不降矛	2	戰國	集成 11470 周金 6.86.3			常熟翁氏舊藏
12621	平陽矛	2	戰國	集成 11471 周金 6.86.5			吴興周氏舊藏
12622	詔使矛	2	戰國後期	集成 11472 善齋 10.47 小校 10.70.4		上海博物館	劉體智舊藏
12623	高奴矛	2	戰國	集成 11473 三代 20.33.5 奇觚 10.35.3 簠齋四古兵器 小校 10.71.4			陳介祺舊藏
12624	宜章矛	2	戰國	集成 11474 學報 1959 年 1 期圖版 13.1 古文字研究 10.269 圖 17	1955 年湖南長沙市左家公山 21 號墓	湖南省博物館	
12625	長矛	2	戰國	集成 11475 學報 1959 年 1 期圖版 11.5	1952 年湖南長沙市黄泥坑 87 號墓	湖南省博物館	
12626	鬲矛	2	戰國	集成 11476 三代 20.33.2 貞松 12.13.1		遼寧省博物館	
12627	睘矛	2	戰國	集成 11477 三代 20.33.3 夢郼續 32			羅振玉舊藏

序號	器名	字數	時代	著録	出土地	現藏地	備註
12628	日矛	2	西周	集成 11478 三代 20.34.1—2		旅順博物館	
12629	倗舟矛	2	商代後期	近出 1204 富士比(1965,5,11 130)			英國倫敦富士比拍賣行曾見
12630	武都矛	2	戰國後期	近出 1205 文物 1987 年 8 期 63—64 頁	1983 年 9 月内蒙古自治區烏蘭察布盟清水河縣拐子上古城		
12631	少府矛	2	戰國後期	近出 1206 湖南考古輯刊 1984 年 2 期 50—51 頁	1979 年湖南溆浦縣馬田坪墓葬	湖南省博物館	
12632	郾王矛	存 2	戰國後期	集成 11479 三代 20.40.1 周金 6.84.1			
12633	郾王職矛	存 3	戰國	集成 11480 三代 20.39.2 奇觚 10.37.3 周金 6.83.4			《奇觚》:陳介祺舊藏
12634	郾王右矛	存 3	戰國	集成 11481		蘇州市博物館	
12635	郾王喜矛	存 3	戰國	集成 11482 三代 20.39.4			溥倫舊藏
12636	郾王職矛	存 3	戰國	集成 11483 善齋 10.50 小校 10.73.3			
12637	郾右軍矛	3	戰國	集成 11484 録遺 585			
12638	鄭右庫矛	3	戰國後期	集成 11485 文物 1972 年 10 期 39 頁圖 18	1971 年河南新鄭縣鄭韓故城	河南省博物館	

序號	器名	字數	時代	著録	出土地	現藏地	備註
12639	辛邑矛	3	商代後期	集成 11486 考古與文物 1980 年 2 期 16 頁圖 3	1975 年陝西渭南縣陽郭鄉南堡村墓葬	渭南縣圖書館	
12640	右急矛	3	戰國	集成 11487 三代 20.34.3 貞松 12.13.3		遼寧省博物館	《貞松》:潢川吴氏舊藏
12641	安右矛	3	戰國	集成 11488 三代 20.35.3 綴遺 29.19.1 奇觚 10.36.2 周金 6.85.2 簠齋四古兵器 小校 10.72.5			陳介祺舊藏
12642	安右矛	3	戰國	集成 11489 三代 20.35.4 綴遺 29.18 奇觚 10.36.3 周金 6.85.1 簠齋四古兵器 小校 10.72.6			陳介祺舊藏
12643	安右矛	3	戰國	集成 11490	柯昌泗拓本跋:己未年直隸遂城故墟出土		柯昌泗舊藏
12644	行儀鏷矛	3	戰國	集成 11491 三代 20.34.4 貞松 12.13.2		遼寧省博物館	《貞松》:潢川吴氏舊藏;《集成》説明和目録中器名爲"行議鏷矛";或以爲銘文後刻
12645	高望矛	3	戰國	集成 11492		故宫博物院	
12646	高望矛	3	戰國	集成 11493		故宫博物院	

序號	器名	字數	時代	著録	出土地	現藏地	備註
12647	中陽矛	3	戰國後期	集成 11494		中國歷史博物館	
12648	故陸睘矛	3	戰國	集成 11495 攈古 1.2.44			
12649	非矛	存 3	春秋後期	集成 11496 學報 1976 年 2 期 179 頁圖 10	1973 年江西南昌東郊賢士湖畔西漢墓(M14：2)	江西省博物館	
12650	郾王詈矛	4	戰國後期	集成 11497		中國歷史博物館	
12651	郾王戎人矛	4	戰國後期	集成 11498 三代 20.36.1 貞松 12.14.1 貞圖中 72		旅順博物館	羅振玉舊藏
12652	格氏矛	4	戰國	集成 11499 三代 20.35.1 貞松 12.13.4		故宫博物院	
12653	上黨武庫矛	4	戰國後期	集成 11500 考古 1973 年 6 期 374 頁圖 4.3	河北易縣	中國歷史博物館	
12654	上郡矛	4	戰國	集成 11501 古文字研究 10.269 圖17.3—4 湖南考古輯刊 1 集圖版 13.3		湖南省博物館	
12655	櫟陽武當矛	4	戰國	集成 11502		故宫博物院	
12656	右洀州還矛	4	春秋	集成 11503 河北 92	1966 年河北雄縣	河北省博物館	
12657	東周矛	4	戰國	集成 11504			
12658	東周矛	4	戰國	集成 11505 三代 20.35.2 夢郼續 33			羅振玉舊藏

序號	器名	字數	時代	著録	出土地	現藏地	備註
12659	武都矛	4	戰國	集成 11506 雙吉下 39		故宫博物院	于省吾舊藏
12660	倗矛	4	春秋後期	近出 1207 淅川下寺春秋楚墓 190 頁	1990 年河南省淅川縣下寺 M2：88	河南省文物研究所	
12661	鄭生庫矛	5	戰國	集成 11507 文物 1972 年 10 期 39 頁圖 21	1971 年河南新鄭縣鄭韓故城	河南省博物館	此器爲戟刺
12662	廿二年左郛矛	5	戰國	集成 11508 三代 20.36.2			
12663	廣衍矛	存 5	戰國後期	集成 11509 文物 1977 年 5 期圖版 3.3	1975 年内蒙古自治區准格爾旗上塔墓地東北	内蒙古社會科學院歷史研究所	
12664	少明矛	存 5	戰國	集成 11510		故宫博物院	
12665	戉王者旨於睗矛	6	戰國前期	集成 11511 燕京學報 17 期鳥書考補正補圖 10 大系考釋補録 2 中山大學學報 1964 年 1 期鳥書考圖 4 周漢 54 書道(平凡)105 三代補 844		日本永青文庫	日本東京細川護立氏舊藏;銘文錯金
12666	戉王矛	6	戰國前期	集成 11512 銘文選 557		上海博物館	
12667	郾侯牽矛	6	戰國	集成 11513 三代 20.36.3 貞松 12.14.2			
12668	郾王職矛	6	戰國後期	集成 11514 三代 20.39.3			

序號	器名	字數	時代	著録	出土地	現藏地	備註
12669	郾王職矛	6	戰國後期	集成 11515 奇觚 10.37.2 小校 10.73.1			《奇觚》:陳介祺舊藏
12670	郾王職矛	6	戰國後期	集成 11516 三代 20.38.1 貞松 12.14.4 周金 6.83.3		遼寧省博物館	《周金》:陳介祺舊藏
12671	郾王職矛	6	戰國後期	集成 11517 三代 20.38.2 善齋 10.51 小校 10.73.2			《集成》説明中字數爲"7"
12672	郾王職矛	6	戰國後期	集成 11518		故宫博物院	《集成》説明中字數爲"7"
12673	郾王職矛	6	戰國後期	集成 11519		上海博物館	
12674	郾王職矛	6	戰國後期	集成 11520		旅順博物館	
12675	郾王職矛	6	戰國後期	集成 11521			
12676	郾王喜矛	6	戰國後期	集成 11522		旅順博物館	
12677	郾王喜矛	6	戰國後期	集成 11523 河北 141	1966 年河北保定市	河北省博物館	
12678	郾王詈矛	存 6	戰國後期	集成 11524 河北 138	1957 年河北易縣燕下都	河北省博物館	
12679	郾王戎人矛	存 6	戰國後期	集成 11525 三代 20.37.3 奇觚 10.38.1 周金 6.83.2 小校 10.74.3			陳介祺舊藏
12680	郾王喜矛	6	戰國後期	近出 1208 文物 1988 年 3 期 51—53 頁	1984 年河北臨城縣東柏暢村窖藏	河北臨城縣文物保管所	
12681	越王者旨於賜矛	6	戰國前期	近出 1209 考古 1989 年 5 期 414—415 頁	1988 年 1 月河南省洛陽市啤酒廠墓葬	河南省洛陽市文物工作隊	

序號	器名	字數	時代	著録	出土地	現藏地	備註
12682	郾王職矛	7	戰國後期	集成 11526 三代 20.37.4 綴遺 29.21.1 奇觚 10.37.1 周金 6.83.1 簠齋四古兵器 小校 10.73.4		故宫博物院	陳介祺舊藏
12683	郾王職矛	7	戰國後期	集成 11527			
12684	郾王喜矛	7	戰國後期	集成 11528 三代 20.36.4 貞松 12.15.2		遼寧省博物館	
12685	郾王喜矛	7	戰國後期	集成 11529 貞松 12.15.1			
12686	郾王詈矛	7	戰國後期	集成 11530 三代 20.38.4 貞松 12.14.3			《貞松》:方若舊藏
12687	郾王戎人矛	7(正反面同銘)	戰國後期	集成 11531		故宫博物院	
12688	少府矛	7	戰國	集成 11532 河北 147	1966 年河北易縣燕下都西沈村	河北省博物館	
12689	武庫矛	7	戰國後期	集成 11533		上海博物館	
12690	吴王夫差矛	8	戰國後期	集成 11534 江漢考古 1984 年 1 期封面 中國美術全集工藝美術編 5 青銅器(下)46—47	1983 年湖北江陵馬山 5 號墓	湖北省博物館	銘文錯金

序號	器名	字數	時代	著録	出土地	現藏地	備註
12691	戉王州句矛	8	戰國前期	集成 11535 沃森 76 頁圖 8 中山大學學報 1964 年 1 期鳥書考圖 10 書道(平凡)104 三代補 843		英國倫敦不列顛博物館	英國威廉·沃森舊藏;銘文嵌金
12692	郾王戎人矛	8	戰國後期	集成 11536		旅順博物館	
12693	郾王戎人矛	8	戰國後期	集成 11537 三代 20.37.2 貞松 12.15.3 善齋 10.52 小校 10.74.1		上海博物館	
12694	郾王戎人矛	8	戰國後期	集成 11538		中國歷史博物館	
12695	郾王戎人矛	8	戰國後期	集成 11539	傳出河北易縣燕下都	中國歷史博物館	
12696	郾王詈矛	8	戰國後期	集成 11540 三代 20.38.3 貞松 12.15.4		旅順博物館	
12697	不降矛	8	戰國	集成 11541 三代 20.40.2 攈古 2.1.31 綴遺 29.20.2 奇觚 10.38.2 周金 6.82.2 簠齋四古兵器			陳介祺舊藏
12698	平都矛	8	戰國	集成 11542		遼寧省博物館	
12699	工盧矛	8	春秋前期	近出 1210 東南文化 1988 年 3、4 期 21—35 頁	1984 年 5 月江蘇省丹徒縣北山頂墓葬 M : 79	江蘇省丹徒考古隊	

序號	器名	字數	時代	著録	出土地	現藏地	備註
12700	郾王戎人矛	9	戰國後期	集成 11543 三代 20.37.1 貞松 12.16.1 澂秋 56.1			陳承裘舊藏
12701	元年矛	10	戰國後期	近出 1211 文物 1987 年 11 期 88 頁		山東省濟南市博物館	1983 年山東省濟南市博物館揀選品
12702	寺工矛	11	戰國後期	近出 1212 文物 1989 年 6 期 73—74 頁		1988 年初北京市文物商店	
12703	戉王大子矛	12	戰國前期	集成 11544 銘文選 2.561		上海博物館	
12704	七年邦司寇矛	14(又合文 1)	戰國後期	集成 11545 三代 20.40.6 貞補中 33.2		中國歷史博物館	方若舊藏
12705	七年宅陽令矛	15(又合文 1)	戰國	集成 11546 小校 10.74.5	《小校》:關中	上海博物館	
12706	秦子矛	15	春秋	集成 11547 三代 20.40.3—4 貞松 12.17.1—2			容庚舊藏
12707	廿年寺工矛	15	戰國後期	集成 11548 湖南考古輯刊 2 集 28 頁圖 4	1978 年湖南岳陽市郊七里山東風湖畔	岳陽市文物管理所	
12708	四年吕不韋矛	15	戰國後期	近出 1213 文物 1987 年 8 期 63—64 頁	1983 年 9 月内蒙古自治區烏蘭察布盟清水河縣拐子上古城	内蒙古自治區烏蘭察布盟文物工作站	
12709	廿年矛	15	戰國後期	近出 1214 湖南考古輯刊 1984 年 2 期 28 頁	1978 年湖南岳陽市郊東風湖畔	湖南岳陽市文物管理所	

序號	器名	字數	時代	著録	出土地	現藏地	備註
12710	十二年邦司寇矛	16(又合文1)	戰國	集成11549 三代20.41.1 筠清5.41.1 攈古2.2.36 周金6.82.1 小校10.74.6			《木庵藏器目》:程洪溥舊藏
12711	十三年少府矛	16	戰國	集成11550 文物1984年10期60頁圖2		中國歷史博物館	故宫博物院舊藏
12712	九年鄭令矛	17(又合文1)	戰國	集成11551 文物1972年10期40頁圖24	1971年河南新鄭縣鄭韓故城(T1:33)	河南省博物館	
12713	元年鄭令矛	18(又合文2)	戰國	集成11552 文物1972年10期圖版5.5	1971年河南新鄭縣鄭韓故城(T1:63)	河南省博物館	
12714	五年鄭令矛	18(又合文2)	戰國	集成11553 三代20.40.5 貞松12.16.2		故宫博物院	《貞松》:丁樹楨舊藏
12715	七年鄭令矛	18(又合文2)	戰國後期	集成11554 文物1972年10期圖版4.3	1971年河南新鄭縣鄭韓故城(T1:30)	河南省博物館	
12716	卅二年鄭令矛	18(又合文2)	戰國後期	集成11555 文物1972年10期圖版4.6	1971年河南新鄭縣鄭韓故城(T1:50)	河南省博物館	
12717	元年春平侯矛	18(又合文1)	戰國後期	集成11556 周金6.80.1		上海博物館	
12718	五年春平侯矛	18(又合文1)	戰國後期	集成11557 周金6.80.3		上海博物館	
12719	十七年春平侯矛	18(又合文1)	戰國後期	集成11558 三代20.41.2		旅順博物館	

序號	器名	字數	時代	著録	出土地	現藏地	備註
12720	三年吕不韋矛	18	戰國後期	近出1215 文物1987年8期63—64頁	1983年9月内蒙古烏蘭察布盟清水河縣拐子上古城	内蒙古自治區烏蘭察布盟文物工作站	
12721	十九年塚子矛	18	戰國晚期	近出附84 中原文物1992年3期66頁			1985年河南新鄭縣車站鄉付莊村徵集
12722	三年鄭令矛	19(又合文1)	戰國後期	集成11559 文物1972年10期39頁圖23	1971年河南新鄭縣鄭韓故城(T1：68)	河南省博物館	
12723	卅四年鄭令矛	19(又合文2)	戰國後期	集成11560 文物1972年10期圖版4.2	1971年河南新鄭縣鄭韓故城(T1：60)	河南省博物館	
12724	閔令趙狽子	19(又合文2)	戰國	集成11561		遼寧省博物館	
12725	六年安陽令矛	20(又合文2)	戰國	集成11562 陶續2.25(劍) 周金6.91(劍) 考古1973年6期374頁圖3.3		故宫博物院	舊均稱劍,自名戟刺,《集成》戟刺收入矛内,故列于此
12726	二年鄭令矛	20(又合文2)	戰國後期	集成11563 文物1972年10期圖版5.1	1971年河南新鄭縣鄭韓故城(T1：64)	河南省博物館	
12727	四年雍令矛	21(又合文1)	戰國	集成11564 考古1973年6期374頁圖4.4 學報1974年1期14頁圖1.3		中國歷史博物館	
12728	廿三年司寇矛	22(又合文1)	戰國	集成11565		上海博物館	

序號	器名	字數	時代	著録	出土地	現藏地	備註
12729	三年相邦呂不韋矛	22	戰國後期	近出1216 考古1996年3期86頁	1993年4月遼寧撫順市順城區李石寨鎮河東村	遼寧撫順市博物館	
12730	中央勇矛	存28	春秋戰國	集成11566 三代20.41.3—4 貞松12.17.3—4 善齋10.53 小校10.75.4—5		上海博物館	
12731	曾侯郕殳	6	戰國前期	集成11567 江漢考古1980年2期封裏 曾侯乙墓292頁圖178.1	1978年湖北隨縣曾侯乙墓(N290)	湖北省博物館	《文物》1979年7期發掘簡報與《隨縣曾侯乙墓》曾提及,出土七件一套,三件同銘

四十五、劍、鈹

序號	器名	字數	時代	著録	出土地	現藏地	備註
12732	刀劍	1	戰國	集成 11568 考古 1983 年 9 期 849 頁圖 1.3—4		山東沂水市博物館	
12733	五劍	1	戰國	集成 11569 三代 20.42.3 奇觚 10.1.1 周金 6.104.2			《奇觚》：陳介祺舊藏；後歸徐乃昌
12734	鄭劍	1	戰國後期	近出 1217 江漢考古 1991 年 1 期 53—55 頁	1975 年 3 月湖北省枝江縣馬店鎮楊家壋	湖北省枝江縣博物館	
12735	蒙劍	1	戰國	近出附 85 東南文化 1991 年 2 期 258—261 頁		安徽阜陽地區博物館	1974 年 6 月安徽潁上縣廢品倉庫揀選
12736	戉王劍	2	春秋戰國	集成 11570 三代 20.48.3 貞續下 23.1—2 雙吉下 36 小校 10.99.3 頌續圖 129 燕京學報 16 期鳥書考圖 8 中山大學學報 1964 年 1 期鳥書考圖 1	《頌續》：陝西	廣州市博物館	容庚、于省吾舊藏；劍格正反面越王二字四見
12737	戉王劍	2（劍身兩面對銘）	春秋戰國	集成 11571 考古 1984 年 8 期 762 頁	1976 年浙江鄞縣甲村鄉郊家埭	浙江省博物館	
12738	豐伯劍	2	西周早期	集成 11572 中國古都研究 192 頁圖 9	1964 年河南洛陽北窑 215 號墓（M215 : 55）	洛陽市文物工作隊	

序號	器名	字數	時代	著録	出土地	現藏地	備註
12739	豐伯劍	2	西周早期	集成 11573 考古與文物 1983 年6期69頁圖2	1964 年河南洛陽北窑 215 號墓(M215：54)	洛陽市文物工作隊	
12740	洛都劍	2	戰國	集成 11574		故宫博物院	
12741	工劍	2	春秋	集成 11575 録遺 587			
12742	隹玄劍	2	戰國後期	近出 1218 湖南考古輯刊 1988年4期25—26頁	1985 年 8 月湖南桃源縣三汉巷鄉三元村墓葬	湖南桃源縣文化局	
12743	大攻肴劍	3	戰國	集成 11576 小校 10.96.1			
12744	大攻肴鈹	3	戰國	集成 11577 三代 20.43.1 貞松 12.18.1 彙編 7.922			
12745	𨚕子劍	4	春秋後期	集成 11578		上海博物館	
12746	余王劍	存4	春秋後期	集成 11579	《集成》目録中字數爲“4”	中國歷史博物館	
12747	从金劍	4	春秋	集成 11580 三代 20.43.2 善齋 11.4 小校 10.96.3		上海博物館	
12748	高陽劍	4	戰國	集成 11581 周金 6.102.2			
12749	繁濠之金劍	4	戰國	集成 11582 考古 1980 年 6 期490頁圖3	1974 年洛陽市西工區凱旋路北出土	洛陽市文物工作隊	
12750	郾王喜劍	存4	戰國後期	集成 11583			
12751	郾王喜劍	存4	戰國後期	集成 11584			
12752	郾王喜鈹	存4	戰國後期	集成 11585 三代 20.39.1		旅順博物館	又名“郾王喜矛”

序號	器名	字數	時代	著録	出土地	現藏地	備註
12753	耳劍	4		近出1219 考古與文物1989年6期28頁		内蒙古自治區和林格爾縣文物保護管理所	1986年8—11月内蒙古自治區和林格爾縣土城子鄉土城子村
12754	王作□君劍	存4	戰國後期	近出附86 湖南考古輯刊1988年4期183頁	1963年前湖南湘潭縣易俗河一中校内墓葬	湖南省博物館	
12755	吉爲劍	5(又重文5)	戰國	集成11586 文叢3.84圖23.3	1976年陝西鳳翔縣八旗屯C區9號墓	鳳翔雍城考古隊	銘文錯金,左右對銘
12756	蔡侯産劍	存5	春秋後期	集成11587		英國洛貝脱氏	
12757	韓鍾劍	5	春秋戰國	集成11588 古文字研究5.95圖2 山西出土文物91	1952年山西垣曲縣譚家鄉譚家村	山西省博物館	
12758	富奠劍	5	戰國	集成11589 録遺589		故宫博物院	德人楊寧史舊藏
12759	鄭武庫劍	5	戰國	集成11590 三代18.31.1 陶齋5.30			端方舊藏;《三代》不明器形,泛稱銅器
12760	陞劍	5	戰國	集成11591 録遺588			
12761	高陽劍首	5	戰國	集成11592 彙編7.794		美國卡特氏	
12762	先劍	存5	戰國	集成11593 貞松12.18.2			羅振玉舊藏;《集成》説明中字數爲"5";錯金銘文

序號	器名	字數	時代	著録	出土地	現藏地	備註
12763	戉王句戔之子劍	6（又重文2）	春秋後期	集成11594 録遺593.1—2 金匱36頁 中山大學學報1964年1期鳥書考圖8	《金匱》:壽縣		陳仁濤、黄濬舊藏
12764	戉王句戔之子劍	6（又重文2）	春秋後期	集成11595		美國哈佛大學福格美術博物館	黄濬舊藏;失劍首。1945年入藏福格美術博物館
12765	戉王者旨於睗劍	6（又重文2）	戰國前期	集成11596 録遺592			陳夢家拓本題跋:傅大卣舊藏;銘文嵌松石
12766	戉王者旨於睗劍	6（又重文2）	戰國前期	集成11597		故宫博物院	德人楊寧史舊藏
12767	戉王者旨於睗劍	6（又重文2）	戰國前期	集成11598 燕京學報23期鳥書三考圖4越王劍一乙 中山大學學報1964年1期鳥書考圖5	傳出壽縣		黄濬舊藏
12768	戉王者旨於睗劍	6（又重文2）	戰國前期	集成11599 上海92 銘文選2.555		上海博物館	
12769	戉王者旨於睗劍	6（又重文2）	戰國前期	集成11600 燕京學報23期鳥書三考圖5越王劍二乙 中山大學學報1964年1期鳥書考圖6 録遺594	傳出壽縣	中國歷史博物館	

序號	器名	字數	時代	著録	出土地	現藏地	備註
12770	蔡侯劍	存6	春秋後期	集成11601 三代20.43.5 奇觚10.2.1(上段) 周金6.107.2(上段) 夢郼中19(下段)			陳介祺、羅振玉舊藏;器殘,並裂爲上下兩段,《三代》所收全
12771	蔡侯産劍	6	戰國前期	集成11602 考古1963年4期圖版4.2	1958—1959年安徽淮南市蔡家崗趙家孤堆2號墓	安徽省博物館	
12772	蔡侯産劍	6	戰國前期	集成11603 考古1963年4期圖版4.3	1958—1959年安徽淮南市蔡家崗趙家孤堆2號墓	安徽省博物館	
12773	蔡侯産劍	6	戰國前期	集成11604 考古1963年4期圖版4.1	1958—1959年安徽淮南市蔡家崗趙家孤堆2號墓	安徽省博物館	
12774	蔡公子從劍	6(又重文6)	戰國前期	集成11605 安徽金石16.6.2 盧氏(1940)55 書道107 三代補845	安徽壽縣	《書道》:美國芝加哥某氏	
12775	郾王喜劍	6	戰國後期	集成11606 三代20.45.2 小校10.98.3		旅順博物館	
12776	郾王喜劍	6	戰國後期	集成11607			
12777	滕之不忓劍	6	春秋	集成11608 三代20.44.1 貞松12.18.3 小校10.97.2 山東存滕3			《貞松》:溧陽濮氏舊藏

序號	器名	字數	時代	著録	出土地	現藏地	備註
12778	险平劍	6	戰國	集成 11609 陶齋 5.32 周金 6.99.1 彙編 7.726			端方舊藏
12779	命劍	6	春秋戰國	集成 11610 三代 20.43.4 貞圖中 73			羅振玉舊藏
12780	越王者旨於賜劍	6	戰國前期	近出附 87 文物 1996 年 4 期 4 頁		浙江省博物館	
12781	鄅王劍	7	春秋	集成 11611 中原文物 1981 年 4 期 27 頁圖 5.7	1978 年河南固始縣磚瓦廠白獅地	信陽地區文管會	
12782	郾王喜劍	7	戰國後期	集成 11612 三代 20.44.2		遼寧省博物館	
12783	郾王喜劍	7	戰國後期	集成 11613 三代 20.44.3 貞松 12.19.1			《羅表》:丁樹楨舊藏
12784	郾王喜劍	7	戰國後期	集成 11614 三代 20.45.1 善齋 11.6 小校 10.98.2		上海博物館	劉體智舊藏
12785	郾王喜劍	7	戰國後期	集成 11615 小校 10.98.4			
12786	郾王喜劍	7	戰國後期	集成 11616 河北 140	1964 年河北易縣	河北省博物館	
12787	郾王喜劍	7	戰國後期	集成 11617			
12788	皛劍	7	戰國	集成 11618 録遺 591 善齋 11.10 小校 10.100.4		上海博物館	劉體智舊藏

序號	器名	字數	時代	著録	出土地	現藏地	備註
12789	四年建信君劍	存7(又合文1)	戰國	集成11619		上海博物館	《集成》説明中器名作"四年建信君鈹"
12790	攻敔王光劍	8	春秋後期	集成11620 文物1972年4期圖版2.2 三代補892	1964年山西原平縣峙峪村墓葬	山西省博物館	
12791	郞王鳩淺劍	8	春秋戰國	集成11621 文物1966年5期圖版1.2—3;1973年6期圖版1 三代補859	1965年湖北江陵縣望山1號墓	湖北省博物館	
12792	郞王州句劍	8(又重文6)	戰國前期	集成11622 三代20.48.6—7 貞松12.23.3—4 周金6.105.3—4(又106.1—2) 燕京學報16期鳥書考圖6乙 中山大學報1964年1期鳥書考圖11	陝西		《貞松》:王懿榮、陶祖光舊藏
12793	戉王州句劍	8(又重文6)	戰國前期	集成11623 中山大學學報1964年1期鳥書考圖14 録遺598 書道108 三代補846		美國哈佛大學福格美術博物館	美國紐約温士洛氏舊藏;《書道》以爲藏巴黎

序號	器名	字數	時代	著録	出土地	現藏地	備註
12794	戉王州句劍	8(又重文6)	戰國前期	集成11624 燕京學報17期鳥書考補正圖23 中山大學學報1964年1期鳥書考圖13 書道109 三代補847		美國哈佛大學福格美術博物館	美國紐約温士洛氏
12795	戉王州句劍	8	戰國前期	集成11625 文物1973年9期圖版2.1;2.3	1973年湖北江陵藤店1號墓	荆州地區博物館	
12796	戉王州句劍	8(又重文6)	戰國前期	集成11626		浙江省博物館	章乃器舊藏
12797	戉王州句劍	8(又重文6)	戰國前期	集成11627 三代20.48.4—5 善齋11.8 小校10.99.1—2 燕京學報17期鳥書考補正圖22 中山大學學報1964年1期鳥書考圖15 故圖下下497		臺北"中央博物院"	劉體智舊藏;《故圖》未發表全部銘文拓本,部份銘文與《三代》相近,暫作一器處理
12798	戉王州句劍	8(又重文6)	戰國前期	集成11628 燕京學報16期鳥書考圖7;17期鳥書考補正補圖7乙 中山大學學報1964年1期鳥書考圖12		巴黎賽爾諾什博物館	法國巴黎M. Jacques Orcel舊藏

序號	器名	字數	時代	著録	出土地	現藏地	備註
12799	戉王州句劍	8（又重文6）	戰國前期	集成11629 金匱37頁初4.06—07	1936年湖南長沙市小吴門外		蔡季襄、卡爾貝克、陳仁濤舊藏
12800	戉王州句劍	8（又重文2）	戰國前期	集成11630 銘文選2.559		上海博物館	
12801	戉王州句劍	8（又重文6）	戰國前期	集成11631 湖南考古輯刊1.88圖1.4	1977年湖南益陽市赫山廟42號墓	湖南省博物館	
12802	戉王州句劍	8（又重文6）	戰國前期	集成11632 中國考古學會第三次年會論文集218頁圖7	1980年湖北秭歸縣香溪鎮	秭歸屈原紀念館	
12803	右庫劍	8	戰國	集成11633 録遺590 善齋11.7 小校10.99.4		上海博物館	
12804	郾王職劍	8	戰國後期	集成11634 考古與文物1983年2期20頁圖1	1977年陝西洛川縣土基鄉嚴莊村	陝西省博物館	
12805	相邦鈹	存8	戰國後期	集成11635 河北135	1960年河北易縣燕下都東古城	湖北省博物館	
12806	敔王夫差劍	8	春秋後期	近出1220 文物1992年3期23—25頁	1991年8月河南省洛陽市5408廠基建工地墓葬	河南省洛陽市文物工作隊	
12807	燕王職劍	8	戰國後期	近出1221 考古1998年6期33頁	1997年7月山東省淄博市臨淄區齊都鎮龍貫村	山東省齊國故城遺址博物館	

序號	器名	字數	時代	著録	出土地	現藏地	備註
12808	越王州句劍	8	春秋後期	近出1222 江漢考古1990年4期5頁	1987年12月湖北省荆門市東寶區子陵村墓葬	湖北省荆門市博物館	
12809	越王州句劍	8	春秋後期	近出1223 文物1993年4期18—20頁		臺灣王振華古越閣	
12810	北子之子劍	存8	戰國前期	近出1224 文博1996年4期88頁		陝西省三原縣博物館	
12811	越王州勾劍	8	春秋	近出附88 中國文物報1988年4月22日2版	1987年11月湖北荆門市子陵崗墓葬	湖北荆門市博物館	
12812	越王者旨於賜劍	8	戰國前期	近出附89 中國文物報1988年11月11日2版	1988年9月湖北江陵縣官坪村墓葬	湖北江陵縣文物局	
12813	攻敔王劍	10	春秋後期	集成11636 三代20.46.1 積古10.3.4 攈古2.1.57 綴遺29.6.2 奇觚10.3.1 周金6.95.2—96.1 大系録155 小校10.100.1 彙編6.490		《彙編》:美國哈佛大學福格美術博物館	《積古》《綴遺》、《攈古録》:黄小松、陳介祺、許印林舊藏;郭沫若定爲吴王諸樊劍
12814	攻敔王夫差劍	10	春秋後期	集成11637 雙古上41		中國歷史博物館	于省吾舊藏,後歸故宫博物院
12815	攻敔王夫差劍	10	春秋後期	集成11638 文物1976年11期圖版4.4	1949年河南輝縣琉璃閣戰國墓盗掘	輝縣百泉文物保管所	

序號	器名	字數	時代	著録	出土地	現藏地	備註
12816	攻敔王夫差劍	10	春秋後期	集成 11639 文物 1976 年 11 期圖版 4.1	1976 年湖北襄陽縣蔡坡 12 號墓	湖北省博物館	此劍出於戰國楚墓
12817	吴季子之子逞劍	10	春秋後期	集成 11640 積古 8.20 攈古 2.1.57 綴遺 29.9 中山大學學報 1964 年 1 期鳥書考圖 19			孫承澤舊藏
12818	戉王劍	10(又重文2)	戰國前期	集成 11641		上海博物館	銘文錯金
12819	戉王劍	10(又重文2)	戰國前期	集成 11642	1935 年湖南長沙市南門外楚墓		瑞典卡爾貝克氏舊藏;銘文錯金
12820	郾王職劍	10	戰國後期	集成 11643 録遺 595		故宫博物院	
12821	吴王夫差劍	10	春秋後期	近出 1225 文物 1993 年 4 期 18—20 頁		臺灣王振華古越閣	
12822	吴王夫差劍	10	春秋後期	近出 1226 文物 1993 年 8 期 72 頁	1991 年 4 月山東省鄒縣城關鎮朱山莊村	山東省鄒縣文物保管所	
12823	工𠭯太祖鈹	10	春秋後期	近出 1230 保利藏金 253—254 頁		北京保利藝術博物館	
12824	戉王劍	11(又重文11)	戰國前期	集成 11644		故宫博物院	
12825	戉王劍	11(又重文11)	戰國前期	集成 11645 善齋 11.11 小校 10.101.3		上海博物館	劉體智舊藏;又名“卯劍”;銘錯銀
12826	戉王劍	11(又重文11)	戰國前期	集成 11646		上海博物館	銘錯銀

序號	器名	字數	時代	著録	出土地	現藏地	備註
12827	戉王劍	11(又重文11)	戰國前期	集成11647		上海博物館	
12828	戉王劍	11(又重文11)	戰國前期	集成11648		中國歷史博物館	
12829	戉王劍	11(又重文11)	戰國前期	集成11649 河南文博通訊1980年1期35頁圖3	1979年河南淮陽縣大朱村平糧臺徵集(淮徵2)	河南文物研究所	錯銀鳥篆
12830	戉王劍	11(又重文11)	戰國前期	集成11650 河南文博通訊1980年1期35頁圖4	1979年河南淮陽縣大朱村平糧臺徵集(淮徵1)	河南文物研究所	錯銀鳥篆
12831	鵙公劍	11	春秋後期	集成11651 三代20.43.3(下段)、20.45.3(上段) 貞松12.19.2(上段) 貞圖中74(上段) 考古1962年5期266頁圖1A		吉林大學歷史系陳列室(上段)、山東省博物館(下段)	羅振玉舊藏(上段):劍已殘,作上下二段,《三代》誤將此器分爲二器
12832	廿九年高都令劍	11(又合文1)	戰國後期	集成11652 陶齋5.29		端方舊藏	
12833	廿九年高都令劍	11(又合文1)	戰國後期	集成11653 録遺596			
12834	叔趙父禹	11	西周中晚期	集成11719 考古與文物1982年4期106頁圖1.3;2.1	1981年陝西扶風縣南陽鄉溝原村灰坑	扶風縣博物館	
12835	攻敔王光劍	12	春秋後期	集成11654 文物1982年5期59頁	1978年前安徽南陵縣三里、何灣兩鄉交界處小山頭	南陵縣文化館	

序號	器名	字數	時代	著録	出土地	現藏地	備註
12836	先自劍	12	戰國	集成 11655 奇觚 10.4.1 周金 6.105.1 録遺 597			陳介祺舊藏
12837	𨦫劍	12	戰國	集成 11656 善齋 11.9 小校 10.100.3 金匱 38 頁 初 4.14 故圖下下 496		臺北"中央博物院"	劉體智舊藏
12838	七年劍	存 12(又合文 1)	戰國後期	集成 11657 學報 1974 年 1 期 36 頁圖 12.4		中國歷史博物館	
12839	十七年寺工鈹	13	戰國後期	集成 11658 文物 1982 年 3 期 12 頁圖 2—4	1979—1981 年陝西秦始皇陵 1 號兵馬俑坑	秦始皇陵兵馬俑博物館	秦俑坑出鈹十餘器,此其一
12840	楚王酓章劍	存 13	戰國前期	集成 11659 三代 20.45.4 壽縣一圖 1 楚器 9 十二尊 28	安徽壽縣朱家集	故宫博物院	《楚器》:國立北平圖書館舊藏
12841	元年劍	14(又合文 1)	戰國	集成 11660 三代 20.47.1 貞松 12.20.2			羅振玉舊藏
12842	三年鈹	14(又合文 2)	戰國	集成 11661 學報 1974 年 1 期 28 頁圖 7		北京大學考古學系陳列室	
12843	五年相邦春平侯劍	存 14(又合文 1)	戰國	集成 11662		清華大學圖書館	《集成》目録中字數爲"14"

序號	器名	字數	時代	著録	出土地	現藏地	備註
12844	虡公劍	14（面背各7）	春秋後期	集成11663 貞松12.19.3 燕京學報16期 鳥書考圖9 中山大學學報1964年1期鳥書考圖28		遼寧省博物館	《貞松》：璜川吴氏舊藏，《鳥書考》：後歸奉天楊氏；又名“莾公劍”；銘文錯金
12845	戉王劍	14（又重文5）	戰國	集成11664 河南文博通訊1980年1期35頁圖2	1979年河南淮陽縣大朱村平糧臺墓葬（M4：2）	河南文物研究所	錯銀鳥篆
12846	工盧王劍	16	春秋後期	集成11665 文物1983年12期12頁圖2	1983年山東沂水縣諸葛鄉略疃村墓葬	沂水縣文物管理站	
12847	攻敔王光劍	16	春秋後期	集成11666 文物1986年2期64頁圖2	1974年安徽廬江縣湯池鄉邊崗	安徽省博物館	
12848	戉王劍	16（又重文2）	春秋戰國	集成11667		故宫博物院	
12849	徐王義楚之元子劍	16	春秋後期	集成11668 江漢考古1985年1期15頁拓片二3	1973年湖北襄陽縣蔡坡4號墓（M4：25）	襄樊市博物館	《集成》第18册11668説明中器名誤爲“徐王義楚之子元劍”，此器出戰國前期楚墓
12850	王立事鈹	16（又合文1）	戰國	集成11669 河北101	1960年河北磁縣白陽城	河北省博物館	
12851	守相杜波鈹	存16（又合文1）	戰國後期	集成11670 三代20.47.2—3 貞松12.21.1—2		旅順博物館	羅振玉舊藏
12852	六年安平守鈹	16（又合文1）	戰國	集成11671 銘文選2.897		上海博物館	

序號	器名	字數	時代	著録	出土地	現藏地	備註
12853	七年劍	17（又合文1）	戰國後期	集成11672 學報1974年1期36頁圖12.3		中國歷史博物館	
12854	王立事劍	17（又合文2）	戰國	集成11673 録遺599 癡盦68			李泰棻舊藏
12855	王立事鈹	17（又合文2）	戰國	集成11674 周金6.91.2			
12856	三年馬師鈹	17（又合文2）	戰國	集成11675		上海博物館	
12857	十二年邦司寇劍	存17（又合文1）	戰國後期	集成11676 學報1974年1期29頁圖8.1		北京大學考古學系陳列室	
12858	曹𦨶冰尋劍	17	戰國前期	近出1228 文物1998年6期91頁	1982年6月湖北省襄樊市襄陽縣余崗鄉陸寨村山灣與蔡坡墓地	湖北省文物考古研究所	
12859	四年郯相鈹	17	戰國後期	近出1231 考古與文物1989年3期20—21頁	1983年8月—1984年6月陝西省朔縣趙家口		
12860	八年相邦劍	18（又重文1）	戰國後期	集成11677 三代20.46.2 貞松12.21.4		旅順博物館	羅振玉舊藏
12861	八年相邦劍	18（又合文1）	戰國後期	集成11678 小校10.102.2		旅順博物館	
12862	八年相邦鈹	18（又合文1）	戰國後期	集成11679 三代20.46.3 貞松12.21.3 夢郼續35			羅振玉舊藏
12863	八年相邦鈹	18（又合文1）	戰國後期	集成11680 周金6.92.2		故宮博物院	餘杭褚氏舊藏

序號	器名	字數	時代	著録	出土地	現藏地	備註
12864	八年相邦鈹	18(又合文1)	戰國後期	集成11681 周金6補遺		上海博物館	黄縣丁氏舊藏,後歸周氏夢坡室
12865	二年春平侯鈹	18(又合文1)	戰國後期	集成11682 周金6.92.1		故宫博物院	
12866	三年春平侯鈹	18(又合文1)	戰國後期	集成11683 學報1974年1期21頁圖2.1		上海博物館	
12867	十七年春平侯劍	18(又合文1)	戰國後期	集成11684 學報1974年1期22頁圖3			
12868	十年鈹	18(又合文3)	戰國	集成11685 考古1985年5期477頁圖2左476頁圖1.1;1.3	1966年後山東莒南縣路鎮鄉出土	棗莊市博物館	
12869	五年邦司寇劍	19(又合文1)	戰國	集成11686	傳出河北三河縣馬起乏村	故宫博物院	
12870	三年相邦建信君鈹	19(又合文1)	戰國後期	集成11687		故宫博物院	
12871	相邦春平侯鈹	19(又合文1)	戰國後期	集成11688		故宫博物院	
12872	十七年相邦春平侯鈹	19(又合文1)	戰國後期	集成11689		故宫博物院	
12873	十七年相邦春平侯鈹	19(又合文1)	戰國後期	集成11690 學報1974年1期21頁圖2.6		上海博物館	
12874	十五年春平侯劍	19(又合文1)	戰國後期	集成11691 録遺600		上海博物館	《集成》目録中器名爲"十五年春平侯鈹"

序號	器名	字數	時代	著録	出土地	現藏地	備註
12875	戉王劍	19(又合文7)	戰國前期	集成 11692 金匱 38 頁	壽縣		陳仁濤舊藏
12876	卅三年鄭令劍	19(又合文2)	戰國後期	集成 11693 文物 1972 年 10 期 40 頁圖 25	1971 年河南新鄭縣鄭韓故城(T1:54)	河南省博物館	
12877	十九年陳授鈹	19	戰國後期	近出 1232 東南文化 1991 年 2 期 258—261 頁	傳安徽太和縣趙廟	私人收藏	
12878	四年相邦春平侯鈹	19	戰國後期	近出 1233 考古與文物 1989 年 3 期 20—21 頁	1983 年 8 月—1984 年 6 月陝西省朔縣趙家口		
12879	四年春平相邦鈹	20(又合文1)	戰國後期	集成 11694 貞松 12.22.1 小校 10.103.3			
12880	四年建信君鈹	20(又合文1)	戰國後期	集成 11695		考古研究所	陳夢家舊藏
12881	少虡劍	20	春秋後期	集成 11696 録遺 601	山西李峪村	故宫博物院	于省吾舊藏
12882	少虡劍	20	春秋後期	集成 11697 貞松 12.20.1 尊古 4.43 大系録 279 左 書道 106 盧氏(1924)圖版 50 戰國式圖版 25.2	山西李峪村	《戰國式》:美國華盛頓弗里爾美術博物館	法國巴黎王涅克氏舊藏
12883	少虡劍	存 10	春秋後期	集成 11698 大系録 279 右 倫敦圖 389 戰國式圖版 25.1	山西李峪村	法國巴黎基美博物館	法國巴黎王涅克氏舊藏

序號	器名	字數	時代	著録	出土地	現藏地	備註
12884	少虡劍	存14	春秋後期	近出1227 文物季刊1998年1期8—9頁	1991年8月15日—9月5日山西省原平市劉莊村塔崗梁	山西省原平市博物館	
12885	元年相邦建信君鈹	20	戰國後期	近出附90 海岱考古第一輯324—325頁		山東濟南市博物館	
12886	十七年春平侯劍	21	戰國後期	集成11699 陶齋5.33 録遺602		故宫博物院	端方舊藏
12887	十五年守相杜波劍	22(又合文1)	戰國後期	集成11700		中國歷史博物館	
12888	十五年守相杜波鈹	22(又合文2)	戰國後期	集成11701 三代20.47.4—5 貞松12.22.4—5		旅順博物館	羅振玉舊藏
12889	十五年守相杜波鈹	22(又合文2)	戰國後期	集成11702 河北136	1964年河北承德市	河北省博物館	
12890	戉王劍	22(又重文10)	戰國前期	集成11703 文物1962年12期51頁圖2—4 中山大學學報1964年1期鳥書考圖9 銘文選2.558		上海博物館	銘文鳥書錯金;又名"越王其北古劍"
12891	戉王劍	22(又重文2)	春秋戰國	集成11704	1974年湖北江陵張家山墓葬	荆州地區博物館	
12892	郾王喜劍	22(又合文1)	戰國後期	集成11705		旅順博物館	
12893	卅年塚子韓担鈹	22	戰國後期	近出1234 文物1992年4期81頁	1972年河南省長葛縣官亭鄉孟寨村		

序號	器名	字數	時代	著録	出土地	現藏地	備註
12894	八年相邦劍	23(又合文1)	戰國後期	集成11706 小校10.104.1—2		旅順博物館	
12895	四年春平侯鈹	23(又合文1)	戰國後期	集成11707、 考古1973年6期圖版5.2 中國文物報1989年5期3版	1970年大連市莊河縣雲花鄉九如村北山頭東側山下	旅順博物館	
12896	十七年春平侯鈹	23(又合文1)	戰國後期	集成11708 善齋11.17 小校10.105.1—2		故宫博物院	
12897	十五年春平侯劍	存23(又合文1)	戰國後期	集成11709 貞松12.23.1—2			羅振玉舊藏
12898	十八年相邦劍	存24(又合文1)	戰國後期	集成11710 學報1974年1期23頁圖41			
12899	十三年鈹	24	戰國後期	集成11711 三代20.48.1—2 貞松12.22.2—3		旅順博物館	羅振玉舊藏
12900	七年相邦鈹	24(又合文1)	戰國後期	集成11712 考古1982年6期666頁圖2	1977年吉林集安縣陽岔鄉高臺子	集安縣文物保管所	
12901	十七年春平侯鈹	24(又合文1)	戰國後期	集成11713 學報1974年1期21頁圖2.2		上海博物館	
12902	十七年春平侯劍	24(又合文1)	戰國後期	集成11714 學報1974年1期21頁圖2.4		上海博物館	此器或以爲僞
12903	十七年春平侯鈹	24(又合文1)	戰國後期	集成11715 學報1974年1期21頁圖2.5		上海博物館	

序號	器名	字數	時代	著録	出土地	現藏地	備註
12904	十七年春平侯劍	24(又合文1)	戰國後期	集成11716 學報1974年1期21頁圖2.3		中國歷史博物館	
12905	工吴王弟季子劍	24	春秋後期	近出1229 文物1990年2期77—78頁	1985年8月山西省榆社縣北三角坪	山西省榆社縣博物館	
12906	十六年守相鈹	24(又合文1)	戰國後期	近出1235 歐遺珠圖版178		瑞典斯德哥爾摩遠東古物博物館	
12907	十八年相邦平國君鈹	24(又合文1)	戰國後期	近出1236 考古1991年1期57—63頁		加拿大多倫多市安大略皇家博物館	
12908	十八年建信君鈹	25(又合文1)	戰國後期	集成11717		中國歷史博物館	
12909	十七年相邦春平侯鈹	25(又合文1)	戰國後期	近出1237 考古1991年1期57—63頁		加拿大多倫多市安大略皇家博物館	
12910	姑發腎反劍	33(又重文1、合文1)	春秋後期	集成11718 考古1963年4期205頁圖1.1	1958—1959年安徽淮南市蔡家崗趙家孤堆戰國墓	安徽省博物館	

四十六、雜兵

序號	器名	字數	時代	著録	出土地	現藏地	備註
12911	乘鉞	1	商代後期	集成 11720 三代 19.7.4—5 鄴初下 9	安陽		《三代》誤作戈
12912	何鉞	1	商代後期	集成 11721 三代 19.7.6 鄴初下 8	安陽		《三代》誤作戈
12913	何鉞	1	商代後期	集成 11722		中國歷史博物館	
12914	伐鉞	1	商代後期	集成 11723 薩克勒(1987) 454 頁圖 82.1		美國哈佛大學福格美術博物館	
12915	[illegible]鉞	1	商代後期	集成 11724		故宫博物院	
12916	宏鉞	1	商代後期	集成 11725 録遺 603			
12917	兮鉞	1	商代後期	集成 11726		上海博物館	
12918	[illegible]鉞	1	商代後期	集成 11727 蘇黎世(1975) 117 頁 65 歐遺珠圖版 63		瑞士蘇黎世瑞列堡博物館	
12919	正鉞	1	商代後期	集成 11728 薩克勒(1987) 161 頁圖 5.2		美國弗里爾美術博物館薩克勒藏器	
12920	戈鉞	1	商代後期	集成 11729 賓鼎 140 頁圖版 35		荷蘭萬孝臣氏	
12921	[illegible] 鉞	1(又重文 1)	商代後期	集成 11730 彙編 8.1349		澳大利亞國立維多利亞博物館	
12922	羞鉞	1	商代後期	集成 11731 金文編 990 頁		故宫博物院	楊寧史舊藏

序號	器名	字數	時代	著録	出土地	現藏地	備註
12923	鄉鉞	1	商代後期	集成 11732 文物 1975 年 2 期 85 頁圖 9 陝青 1.88	1965 年陝西綏德義合鄉墕頭村窖藏	陝西省博物館	
12924	幸鉞	1	商代後期	集成 11733 綴遺 29.1.1 周金 6.117			
12925	册鉞	1	商代後期	集成 11734 巖窟下 3	傳 1941 年安陽出土		梁上椿舊藏
12926	田鉞	1	商代後期	集成 11735 巖窟下 2	傳 1940 年安陽出土		梁上椿舊藏
12927	家鉞	1	商代後期	集成 11736 癡盦 33			李泰棻舊藏
12928	鬳鉞	1	商代後期	集成 11737 癡盦 34			李泰棻舊藏
12929	寅鉞	1	商代後期	集成 11738 高本漢(1952)24 圖版 4a		瑞典斯德哥爾摩遠東古物館	
12930	盂鉞	1	商代後期	近出 1245 富士比(1975,7,8 7)			英國倫敦富士比拍賣行曾見
12931	兮鉞	1	商代後期	近出 1246 歐遺珠圖版 66			英國倫敦富士比拍賣行曾見
12932	狽鉞	1	商代後期	近出 1247 歐遺珠圖版 61		法國巴黎基美博物館	
12933	婦好鉞	2	商代後期	集成 11739 學報 1977 年 2 期 65 頁圖 5.7 婦好墓 94 頁圖 62.3；106 頁圖 66 彩版 13.1	1976 年安陽殷墟 5 號墓(M5：799)	考古研究所借陳中國歷史博物館	

序號	器名	字數	時代	著録	出土地	現藏地	備註
12934	婦好鉞	2	商代後期	集成 11740 婦好墓 94 頁圖 62.1 彩版 13.2	1976 年安陽殷墟 5 號墓（M5：800）	考古研究所	
12935	司娉鉞	2	商代後期	集成 11741 彙編 8.1195 書道 22.1 三代補 134 頁 835		美國布倫戴奇氏	《彙編》稱彝
12936	亞啟鉞	2	商代後期	集成 11742 婦好墓 57 頁圖 37.3	1976 年安陽殷墟 5 號墓（M5：1156）	考古研究所借陳中國歷史博物館	同出同銘鉞兩件，另一件銘文鏽蝕不清
12937	亞醜鉞	2（又重文 6）	商代後期	集成 11743 文化大革命期間出土文物第一輯圖版 123	1965—1966 年山東益都蘇埠屯 1 號墓（M1：2）	山東省博物館	
12938	亞矣鉞	2	商代後期	集成 11744 海外銅 82 彙編 8.1032		美國納爾遜美術陳列館	
12939	亞矣鉞	2	商代後期	集成 11745 懷履光（1956）58 頁圖版 22A—A59 頁 22B	1930 年安陽大司空村南地出土	加拿大多倫多皇家安大略博物館	
12940	亞矣鉞	2	商代後期	集成 11746 韋森 137 頁圖版 52		瑞典斯德哥爾摩遠東古物館	瑞典韋森氏舊藏
12941	亞父鉞	2	商代後期	集成 11747 鄴三下 11	傳出安陽		
12942	亞父鉞	2	商代後期	集成 11748 皇儲（1948）138 頁圖 301 圖版 102.2		瑞典斯德哥爾摩遠東古物館	瑞典皇儲阿道夫舊藏
12943	亞父鉞	2	商代後期	集成 11749 癡盦 35		中國歷史博物館	李泰棻舊藏

序號	器名	字數	時代	著録	出土地	現藏地	備註
12944	冚父鉞	2	商代後期	集成 11750 鄴三下 12 巖窟下 1 殷墟圖版 27. 1	傳出安陽		梁上椿舊藏
12945	韓子鉞	2（兩面同銘）	商代後期	集成 11751			故宫博物院
12946	子[illegible]鉞	2（兩面同銘）	商代後期	集成 11752			曾在美國盧芹齋
12947	伐甗鉞	2	商代後期	集成 11753 鄴二下 19 倫敦圖版 18 圖 263 書道 22 三代補 134 頁 836 薩克勒 455 頁圖 82. 2	傳出安陽	美國納爾遜美術陳列館	
12948	山鉞	2（正反面同銘）	商代後期	集成 11754			故宫博物院
12949	令敎鉞	2	西周早期	近出 1248 高家堡戈國墓 97 頁	1991 年陝西省涇陽縣興隆鄉高家堡 M4：14	陝西省涇陽縣博物館	
12950	[illegible]鉞	2（又重文 1）	商代後期	集成 11755 録遺 604		故宫博物院	楊寧史舊藏
12951	兇父乙鉞	3	商代後期	集成 11756 高本漢（1952）24 圖版 5 三代補 101 頁 700 歐遺珠圖版 59		瑞典斯德哥摩遠東古物館	
12952	取子鉞	9	西周	集成 11757	1980 年山東鄒縣城前鄉小彦村	鄒縣文管所	

序號	器名	字數	時代	著録	出土地	現藏地	備註
12953	中山侯鉞	16	戰國後期	集成 11758 文物編 99 頁(拓)、130 頁(摹)	1977 年河北平山縣中山王墓(車馬坑:6)	河北省文物研究所	
12954	庚斧	1	商代後期	集成 11759 綴遺 29.2.1			方濬益舊藏
12955	王斧	1	西周	集成 11760 三代 20.49.5 雙吉下 43			于省吾舊藏
12956	⊢斧	1	戰國	集成 11761 考古 1962 年 7 期 354 頁圖 1.7	1959 年江西清江縣田家村墓葬	江西省博物館	
12957	𡗓斧	1	商代後期	集成 11762			
12958	𡗓斧	1	商代後期	集成 11763			
12959	𠂤斧	1	商代後期	集成 11764		故宫博物院	
12960	𠂤斧	1	商代後期	集成 11765 塞利格曼 14A20		英國	
12961	征斧	1	商代後期	集成 11766 鄴三下 13	傳出安陽		
12962	毌斧	1	商代後期	集成 11767			
12963	〆斧	1	西周早期	集成 11768 三代 20.49.6 貞松 12.31.2 小校 10.107.1		旅順博物館	羅振玉舊藏
12964	丌斧	1	春秋	集成 11769 考古 1983 年 8 期 691 頁圖 14.1	遼寧建平縣夏家店上層文化遺物	朝陽地區博物館	
12965	个斧	1	商代後期	集成 11770 三代 20.50.1 小校 10.107.3			
12966	↓斧	1	商代後期	集成 11771		故宫博物院	

序號	器名	字數	時代	著録	出土地	現藏地	備註
12967	巾斧	1	西周早期	集成11772 三代20.50.2 貞補下42.2 頌齋35 小校10.107.4 故圖下下491		臺北"中央博物院"	
12968	乇斧	1	西周	集成11773 學報1980年3期圖版6.3	1954年福建光澤洋塘鄉油家壟		
12969	羊斧	1	商代後期	近出1239 考古學報1987年1期113頁	1984年9月—12月河南省安陽商代後期殷墟墓葬	中國社會科學院考古研究所安陽工作隊	
12970	�斧	1	西周早期	近出1240 考古與文物1994年3期39頁		陝西省岐山縣博物館	
12971	王斧	1	戰國後期	近出1241 考古學報1995年4期444頁	1987年11—12月湖北省紀南城新橋村墓葬	湖北省文物考古研究所	
12972	豐王斧	2	西周	集成11774 三代20.49.3 周金6.113.1 夢郼中25 小校10.107.5	《夢郼》:易州		羅振玉舊藏
12973	亞矣斧	2(兩側同銘)	商代後期	集成11775 三代20.49.2—3 十二貯30		旅順博物館	王辰舊藏
12974	亞矣斧	2	商代後期	集成11776 海外銅83 三代補130頁839		美國納爾遜美術陳列館	

序號	器名	字數	時代	著録	出土地	現藏地	備註
12975	亞醜斧	2	商代後期	集成 11777		山東省博物館	山東圖書館舊藏
12976	康侯斧	2	西周早期	集成 11778 三代 20.51.1 雙吉下 41 衡齋上 50	河南濬縣	中國歷史博物館	于省吾舊藏，後歸故宫博物院
12977	康侯斧	2	西周早期	集成 11779 三代 20.51.2 雙吉下 42 衡齋上 49	濬縣	故宫博物院	于省吾舊藏
12978	中草斧	2	商代後期	集成 11780		故宫博物院	
12979	弔龜斧	2(正反面同銘)	商代後期	集成 11781 三代 20.50.3 鄴初下 11.2 殷墟圖版 25.9 塞利格曼圖版 14A21	傳出安陽	英國塞利格曼	
12980	弔龜斧	2	商代後期	集成 11782 鄴初下 11.1	傳出安陽		
12981	戉虎斧	2	商代後期	集成 11783 懷履光(1956)57 頁圖版 21	河南安陽大司空村	加拿大多倫多皇家安大略博物館	
12982	右廩鐵斧範	2	戰國	集成 11784 考古通訊 1956 年 1 期 33 頁圖 5 河北 98	1953 年河北興隆縣大副將溝	河北省博物館	
12983	天亼斧	2	西周早期	近出 1242 考古與文物 1996 年 3 期 17 頁	1993 年 5 月陝西省扶風縣飛鳳山墓葬	陝西省扶風縣博物館	
12984	太子車斧	4	西周晚期	近出 1243 三門峽虢國墓上册 344 頁	河南省三門峽市虢國墓地 M2011：	河南省三門峽市文物工作隊	

序號	器名	字數	時代	著録	出土地	現藏地	備註
12985	𣪘嗣土斧	7	西周	集成 11785 小校 9.93.1—2		上海博物館	
12986	吕大叔斧	8	春秋	集成 11786 三代 20.52.1 陶齋 3.49 周金 6.109.2 小校 10.108.2			端方舊藏
12987	吕大叔斧	8	春秋	集成 11787 三代 20.51.4 攈古 1.56 綴遺 29.2.2 小校 10.108.3			潘祖蔭舊藏
12988	郘大叔斧	12	春秋	集成 11788 三代 20.51.3 綴遺 29.3 奇觚 10.39.1 周金 6.109.1 小校 10.108.4		上海博物館	潘祖蔭舊藏
12989	廿四年莒陽斧	12	秦王政廿四年	近出 1244 文物 1998 年 12 期 25 頁	1994 年 12 月山東省沂南縣磚埠鎮任家莊	山東省沂南縣文物管理所	或以爲漢代器
12990	子錛	1	商代後期	集成 11789 中原文物 1985 年 1 期 30 頁圖 2.33		新鄉市博物館	
12991	𠕁錛	1	商代後期	集成 11790 學報 1979 年 1 期 81 頁圖 58.16	1969—1977 年安陽殷墟西區 907 號墓(M907：5)	考古研究所安陽工作站	
12992	己錛	1	商代後期	集成 11791 文物 1985 年 3 期 7 頁圖 26.1	1983 年山東壽光縣益都侯城故址	壽光縣博物館	

序號	器名	字數	時代	著録	出土地	現藏地	備註
12993	己鏟	1	商代後期	集成 11792 文物 1985 年 3 期 7 頁圖 26.2	1983 年山東壽光縣益都侯城故址	壽光縣博物館	
12994	何鏟	1	商代後期	集成 11793			
12995	亞矣鏟	2	商代後期	集成 11794 巖窟下 62 甲	1939 年安陽出土		梁上椿舊藏
12996	亞矣鏟	2	商代後期或西周早期	集成 11795		中國歷史博物館	
12997	亞醜鏟	2	商代後期	集成 11796		山東省博物館	
12998	亞醜鏟	2	商代後期	集成 11797 文物 1972 年 8 期 21 頁圖 7.1	1965—1966 年山東益都蘇埠屯 1 號墓(M1：23)	山東省博物館	
12999	戈鑿	1	商代後期	集成 11798		故宫博物院	
13000	S鑿	1	春秋前期	集成 11799 考古 1986 年 4 期 340 頁圖 4	1972 年陝西鳳翔縣横水供銷社收購		
13001	公鑿	1	戰國後期	集成 11800	1977 年河北平山縣中山王墓(M6：127)	河北省文物研究所	
13002	亞矣鑿	2	商代後期	集成 11801		故宫博物院	
13003	右廩鐵鑿範	2(又重文 2)	戰國	集成 11802 考古通訊 1956 年 1 期 33 頁圖 6 收穫圖版 50.1	1953 年河北興隆縣大副將溝	中國歷史博物館	
13004	[illegible]刀	1	商代後期	集成 11803 三代 18.28.5 雙吉下 40 鄴初下 7 十二契 33 續殷下 78.6	安陽		于省吾、商承祚舊藏

序號	器名	字數	時代	著録	出土地	現藏地	備註
13005	豙刀	1	商代後期	集成 11804			
13006	乘刀	1	商代後期	集成 11805		故宫博物院	
13007	宁刀	1	商代後期	集成 11806			
13008	[illegible]刀	2	商代後期	集成 11807 文物 1964 年 4 期 44 頁圖 6—7	1957 年山東長清縣興復河北岸	山東省博物館	
13009	己刀	1	商代後期	集成 11808 文物 1985 年 3 期 6 頁圖 22;5 頁圖 16;7 頁圖 23.3	1983 年山東省壽光縣益都侯城故址	壽光縣博物館	
13010	苣刀	1	西周	集成 11809 善齋 11.38 小校 10.111.5			
13011	亞弜刀	2	商代後期	集成 11810		故宫博物院	
13012	亞弜刀	3	商代後期	集成 11811 懷履光(1956)64 頁圖版 27.7		加拿大多倫多皇家安大略博物館	
13013	康侯刀	2	西周早期	集成 11812 尊古 4.14 弗里爾(1946)94 頁 47 斷代(一)164 頁;(六)圖版 8 左 三代補 78 頁 536		美國華盛頓弗里爾美術博物館	黄濬舊藏
13014	康侯刀	2	西周早期	近出 1238 中原文物 1995 年 2 期 56 頁	1931 年河南省浚縣辛村	美國華盛頓弗里爾美術博物館	
13015	亞矣刀	2	商代後期	集成 11813		上海博物館	
13016	左使車工刀	5	戰國後期	集成 11814	1977 年河北平山縣中山王墓(西庫 38)	河北省文物研究所	

序號	器名	字數	時代	著録	出土地	現藏地	備註
13017	齊城右造刀	8	戰國後期	集成 11815 三代 20.19.1 貞補中 33.1 周金 6.133.2			金山程氏舊藏;羅振玉稱戟,鄒安稱刀,根據全形拓,從鄒氏稱刀
13018	傒仲𪑋子削	6	春秋前期	集成 11816 文物 1980 年 1 期 44 頁圖 8	1979 年河南信陽縣墳扒村墓葬	信陽地區文管會	
13019	王刮刀	1	戰國前期	集成 11817 考古 1963 年 4 期 205 頁圖 1.4	1958—1959 年安徽淮南市蔡家崗趙家孤堆墓葬	安徽省博物館	
13020	王刮刀	1	戰國前期	集成 11818 考古 1963 年 4 期 205 頁圖 1.3	1958—1959 年安徽淮南市蔡家崗趙家孤堆墓葬	安徽省博物館	此類器舊稱匕首
13021	王刮刀	1	戰國後期	集成 11819 文物 1966 年 5 期 50 頁圖 22	1965 年湖北江陵縣望山 1 號墓	湖北省博物館	
13022	角刮刀	1	戰國	集成 11820 小校 10.112.5			
13023	公銼刀	1	戰國後期	集成 11821	1977 年河北平山縣中山王墓地(M6:143)	河北省文物研究所	
13024	左使錘	1	戰國後期	集成 11822 文字編 126 頁	1977 年河北平山縣中山王墓(東庫 40)	河北省文物研究所	《集成》説明中字數誤爲"7"
13025	↑鐮	1	商代後期	集成 11823 文物 1957 年 12 期 60 頁	1954 年山東濟南市大辛莊採集	山東省博物館	
13026	牛鐮	1	春秋	集成 11824 二百 4 農器 1 兩罍 8.15			吴雲舊藏

序號	器名	字數	時代	著録	出土地	現藏地	備註
13027	嫪鐮	2	春秋戰國	集成 11825			考古研究所藏猗文閣拓本
13028	层肴鐮	2	戰國	集成 11826 文物 1959 年 7 期 54 頁圖 16	河北易縣	上海博物館	毓康舊藏;《集成》説明中字數誤爲"1"
13029	右廩鐵鐮範	2(又重文 2)	戰國	集成 11827 考古通訊 1956 年 1 期 32 頁圖 3 收穫圖版 50.3 河北 100	1953 年河北興隆縣大副將溝	中國歷史博物館	
13030	豕鏟	1	商代後期	集成 11828		清華圖書館	此與《集成》1116 鼎重出,據清華圖書館器形應爲鼎
13031	田鏟	1	西周	集成 11829 文物 1982 年 9 期 26 頁圖 4			北京市選揀文物
13032	中山鏟	2	戰國	集成 11830 周金 6.126.1			
13033	亞矣耜	2	商代後期	集成 11831 鄴初下 5	傳出安陽		
13034	右廩鐵钁範	2	戰國	集成 11832 考古通訊 1956 年 1 期 33 頁圖 4	1953 年河北興隆縣大副將溝	中國歷史博物館	
13035	右廩鐵钁範	2	戰國	集成 11833	1953 年河北興隆縣大副將溝	中國歷史博物館	
13036	𠭥鶴嘴斧形器	1	西周早期	集成 11834		故宮博物院	

序號	器名	字數	時代	著録	出土地	現藏地	備註
13037	侯鶴嘴斧形器	1	西周早期	集成 11835 善齋 10.44 小校 10.67			侯字外加框飾,舊誤稱爲戈
13038	皇宫右鶴嘴斧形器	3	戰國	集成 11836		歐洲某地	
13039	八年邦右庫兵器	8	戰國	集成 11837			
13040	衛師盾飾	3	西周早期	集成 11838 尊古 4.45			
13041	衛師盾飾	3	西周早期	集成 11839		故宫博物院	
13042	五銅泡	1	西周	集成 11840 考古與文物 1984 年 5 期 10 頁圖 2.2	1956 年陝西岐山縣賀家村	岐山縣博物館	
13043	矢銅泡	1	西周早期	集成 11841 陝青 3.154	1979 年陝西隴縣梁甫村	隴縣文化館	
13044	㚇銅泡	1(又重文 1)	西周早期	集成 11842 考古 1978 年 5 期 292 頁圖 4.2 寶鷄弜國墓地	1976 年陝西寶鷄市竹園溝 1 號墓(M1:115)	寶鷄市博物館	器内壁與銅泡口沿有同樣銘文
13045	干銅泡	1	西周	集成 11843		中國歷史博物館	
13046	莫銅泡	1	西周早期	集成 11844		上海博物館	
13047	豐銅泡	1	西周早期	集成 11845 三代 18.34.2 奇觚 11.28.1 周金 6.130.2 善齋 28.2 簠齋三雜器 4 小校 9.108.4			陳介祺舊藏
13048	豐銅泡	1	西周早期	集成 11846 小校 9.108.3			
13049	豐銅泡	1	西周早期	集成 11847		中國歷史博物館	方若舊藏

序號	器名	字數	時代	著録	出土地	現藏地	備註
13050	豐王銅泡	2	西周早期	集成 11848 三代 18.33.2—3 奇觚 11.27.3 簠齋三雜器 3 周金 6.130.1 善齋 28.1 小校 9.108.5		陳介祺舊藏	
13051	豐王銅泡	2	西周早期	集成 11849 三代 18.34.1		吉林大學歷史系陳列室	
13052	豐王銅泡	2	西周早期	集成 11850			
13053	夨笴銅泡	2	西周早期	集成 11851 三代 18.34.3 周金 6.131.1 夢郼上 54 小校 9.108.6		吉林大學歷史系陳列室	羅振玉舊藏;此器拓本舊皆倒置
13054	亞矣銅泡	2	商代後期	集成 11852 三代 18.39.3 鄴二下 7.2	傳出安陽		
13055	亞矣銅泡	2	商代後期	集成 11853 三代 18.39.4 鄴二下 7.1	傳出安陽		
13056	匽侯銅泡	2	西周早期	集成 11854 琉璃河西周燕國墓地 考古 1974 年 5 期 314 頁圖 11.3	1973—1974 年北京房山縣琉璃河 52 號墓(M52:40)	北京市文物研究所	
13057	中次銅泡	2	戰國後期	集成 11855 考古 1974 年 3 期 176 頁圖 5.1	1972 年河南洛陽市中州路戰國車馬坑(19:71)	洛陽市文物工作隊	
13058	中次銅泡	2	戰國後期	集成 11856 考古 1974 年 3 期 176 頁圖 5.2	1972 年洛陽市中州路戰國車馬坑(19:72)	洛陽市文物工作隊	

序號	器名	字數	時代	著録	出土地	現藏地	備註
13059	日毛銅泡	2	西周	集成 11857 考古與文物 1984 年 1 期 61 頁圖 16	1972 年陜西鳳翔縣長青鄉汧河東岸(鳳 277)	鳳翔縣文化館	
13060	諆鍚	2	西周早期	近出 1251 琉璃河西周燕國墓地 212 頁	1973—1977 年北京房山縣琉璃河 M253 : 39	北京市文物研究所	
13061	衛師銅泡	3	西周早期	集成 11858 濬縣圖版 69. 2	1932—1933 年河南濬縣辛村 72 號墓(M72 : 1)	臺北"歷史語言研究所"	
13062	衛師銅泡	3	西周早期	集成 11859 濬縣圖版 25. 1; 69. 1	1932—1933 年河南濬縣辛村 68 號墓(M68 : 2)	臺北"歷史語言研究所"	
13063	匽侯舞鍚	4	西周早期	集成 11860 琉璃河西周燕國墓地 212 頁 考古 1990 年 1 期 25—30 頁 近出 1252	1973—1977 年北京房山縣琉璃河 M252 : 4	北京市文物研究所	《集成》云藏首都博物館
13064	郾侯舞鍚	4	西周早期	近出 1253 考古 1990 年 1 期 25—30 頁	1986 年 10—11 月北京房山區琉璃河墓葬	北京市文物研究所琉璃河考古隊	
13065	匽侯銅泡	4	西周早期	集成 11861 考古 1984 年 5 期 414 頁圖 11. 6	1981—1983 年北京房山縣琉璃河 1029 號墓(M1029 : 36)	北京市文物研究所	

序號	器名	字數	時代	著録	出土地	現藏地	備註
13066	師紿銅泡	8	戰國後期	集成 11862 考古 1985 年 5 期 476 頁圖 1.4; 477 頁圖 2 中	1979 年山東棗莊市劉莊東南小河東岸山坡下墓葬	棗莊市博物館	
13067	私庫嗇夫鑲金銀泡飾	11(又合文 1)	戰國後期	集成 11863 文字編 121 頁	1977 年河北平山縣中山王墓(M1 北盜洞 40)	河北省文物研究所	
13068	私庫嗇夫鑲金銀泡飾	11(又合文 1)	戰國後期	集成 11864 文字編 121 頁	1977 年河北平山縣中山王墓(M1 主室盜洞 42)	河北省文物研究所	
13069	私庫嗇夫鑲金銀泡飾	11(又合文 1)	戰國後期	集成 11865 文字編 121 頁	1977 年河北平山縣中山王墓(M1 主室盜洞 43)	河北省文物研究所	
13070	先弓形器	1(又重文 1)	商代後期	集成 11866		故宫博物院	
13071	𠂤弓形器	1(又重文 1)	商代後期	集成 11867		故宫博物院	
13072	哭弓形器	1	商代後期	集成 11868 考古 1973 年 3 期 183 頁圖 4.2		故宫博物院	
13073	雋弓形器	1	商代後期	集成 11869 録遺 257			
13074	盂弓形器	1(又重文 1)	商代後期	集成 11870 録遺 528 考古 1973 年 3 期 183 頁圖 4.1	傳出安陽	故宫博物院	
13075	析弓形器	1(又重文 1)	商代後期	集成 11871			
13076	𠂇亞弓形器	2(又重文 2)	商代後期	集成 11872			

序號	器名	字數	時代	著録	出土地	現藏地	備註
13077	[illegible]亞弓形器	2（又重文2）	商代後期	集成11873		故宫博物院	
13078	甲胄	1	商代後期	集成11874 侯家莊第五本138頁圖52.6	安陽侯家莊1004號大墓	臺北“歷史語言研究所”	
13079	甲胄	1	商代後期	集成11875 侯家莊第五本138頁圖52.7	安陽侯家莊1004號大墓	臺北“歷史語言研究所”	
13080	甲胄	1	商代後期	集成11876 侯家莊第五本138頁圖52.8	安陽侯家莊1004號大墓	臺北“歷史語言研究所”	
13081	正胄	1	商代後期	集成11877 侯家莊第五本137頁圖51.9	安陽侯家莊1004號大墓	臺北“歷史語言研究所”	
13082	鼎胄	1	商代後期	集成11878 侯家莊第五本137頁圖51.8	安陽侯家莊1004號大墓	臺北“歷史語言研究所”	
13083	㕛胄	1	商代後期	集成11879 侯家莊第五本137頁圖51.11	安陽侯家莊1004號大墓	臺北“歷史語言研究所”	
13084	合胄	1	商代後期	集成11880 侯家莊第五本137頁圖51.3	安陽侯家莊1004號大墓	臺北“歷史語言研究所”	同銘者八器，著録五器
13085	合胄	1	商代後期	集成11881 侯家莊第五本137頁圖51.4	安陽侯家莊1004號大墓	臺北“歷史語言研究所”	
13086	合胄	1	商代後期	集成11882 侯家莊第五本137頁圖51.5	安陽侯家莊1004號大墓	臺北“歷史語言研究所”	
13087	合胄	1	商代後期	集成11883 侯家莊第五本137頁圖51.6	安陽侯家莊1004號大墓	臺北“歷史語言研究所”	

序號	器名	字數	時代	著録	出土地	現藏地	備註
13088	合胄	1	商代後期	集成 11884 侯家莊第五本 137 頁圖 51.7	安陽侯家莊 1004 號大墓	臺北"歷史語言研究所"	
13089	貯胄	1	商代後期	集成 11885 侯家莊第五本 137 頁圖 51.2 圖版 134	安陽侯家莊 1004 號大墓	臺北"歷史語言研究所"	
13090	貯胄	1	商代後期	集成 11886 侯家莊第五本 137 頁圖 51.1	安陽侯家莊 1004 號大墓	臺北"歷史語言研究所"	
13091	[illegible]胄	1	商代後期	集成 11887 侯家莊第五本 137 頁圖 51.10	安陽侯家莊 1004 號大墓	臺北"歷史語言研究所"	
13092	面胄	1	商代後期	集成 11888 侯家莊第五本 137 頁圖 51.12	安陽侯家莊 1004 號大墓	臺北"歷史語言研究所"	
13093	旋胄	1	商代後期	集成 11889 侯家莊第五本 137 頁圖 51.13	安陽侯家莊 1004 號大墓	臺北"歷史語言研究所"	
13094	舟胄	1	商代後期	集成 11890 侯家莊第五本 138 頁圖 52.12	安陽侯家莊 1004 號大墓	臺北"歷史語言研究所"	
13095	卜胄	1	商代後期	集成 11891 侯家莊第五本 138 頁圖 52.9	安陽侯家莊 1004 號大墓	臺北"歷史語言研究所"	
13096	↑胄	1	商代後期	集成 11892 侯家莊第五本 138 頁圖 52.1	安陽侯家莊 1004 號大墓	臺北"歷史語言研究所"	
13097	一胄	1	商代後期	集成 11893 侯家莊第五本 138 頁圖 52.10	安陽侯家莊 1004 號大墓	臺北"歷史語言研究所"	同銘者八器
13098	二胄	1	商代後期	集成 11894 侯家莊第五本 138 頁圖 52.11	安陽侯家莊 1004 號大墓	臺北"歷史語言研究所"	同銘者九器

序號	器名	字數	時代	著録	出土地	現藏地	備註
13099	五胄	1	商代後期	集成 11895 侯家莊第五本138頁圖52.2	安陽侯家莊1004號大墓	臺北“歷史語言研究所”	
13100	五胄	1	商代後期	集成 11896 侯家莊第五本138頁圖52.3	安陽侯家莊1004號大墓	臺北“歷史語言研究所”	
13101	五胄	1	商代後期	集成 11897 侯家莊第五本138頁圖52.4	安陽侯家莊1004號大墓	臺北“歷史語言研究所”	
13102	五胄	1	商代後期	集成 11898 侯家莊第五本138頁圖52.5	安陽侯家莊1004號大墓	臺北“歷史語言研究所”	
13103	八胄	1	商代後期	集成 11899 侯家莊第五本138頁圖52.13	安陽侯家莊1004號大墓	臺北“歷史語言研究所”	
13104	雩十命銅牌	3	戰國	集成 11990 三代 18.34.4 衡齋上 26			黄濬舊藏;《衡齋》稱符
13105	皮氏銅牌	4	戰國	集成 11901 三代 18.38.3 夢郼上 56			羅振玉舊藏
13106	廿四年銅梃	9	戰國	集成 11902 三代 20.60.2 夢郼續 39			羅振玉舊藏;此與《集成》10453 重出
13107	𩏂鐓	1	商代後期	集成 11903 録遺 608		故宫博物院	楊寧史舊藏
13108	[illegible]鐓	1	戰國	集成 11904			此銘見於大良造鞅戈鐓
13109	[illegible]鐓	1	戰國	集成 11905 三代 20.59.1 貞松 12.29.1 貞圖中 76			羅振玉舊藏

序號	器名	字數	時代	著録	出土地	現藏地	備註
13110	中府鐓	2	戰國	集成 11906 三代 20.59.2 貞續下 23.3 貞圖中 77			羅振玉舊藏
13111	梁𠬝庫鐓	3	戰國	集成 11907 三代 20.59.3 貞松 12.29.2 貞圖中 78		吉林大學歷史系陳列室	羅振玉舊藏
13112	右宭鐓	3	戰國	集成 11908 三代 20.59.4 攈古 1.2.44.2（剌） 綴遺 29.24.3（干首） 簠齋四古兵器			陳介祺舊藏
13113	庚都司馬鐓	4	戰國	集成 11909		故宫博物院	
13114	大司馬鐓	6	戰國	集成 11910 彙編 7.733		美國聖路易市博物館	
13115	大良造鞅鐓	13	戰國	集成 11911 三代 20.60.1 雙吉下 50 衡齋下 3	《雙吉》:洛陽	故宫博物院	于省吾舊藏
13116	十九年大良造鞅鐓	14	戰國後期	近出 1249 塔兒坡秦墓 134 頁 考古與文物 1996 年 5 期 4 頁	陝西省咸陽市東郊渭陽鄉塔兒坡村	陝西省咸陽市文物考古研究所	
13117	幸干首	1	商代後期	集成 11912 録遺 606			
13118	𠂔干首	1	商代後期	集成 11913		故宫博物院	
13119	南干首	1	西周晚期	近出 1250 考古 1987 年 8 期 745 頁	1965 年春河南省洛陽市北窑村墓葬		

序號	器名	字數	時代	著録	出土地	現藏地	備註
13120	耶七府距末	3	戰國	集成 11914 衡齋下 4			黄濬舊藏
13121	悍距末	8	戰國	集成 11915 三代 20.58.2 積古 8.21 金索金 2.102 擴古 2.1.31 窓齋 24.7 周金 6.120.1 小校 10.114.7	《金索》:曲阜		《積古》、《貞松》:顔運生、程木庵舊藏
13122	廿年距末	12	戰國	集成 11916 三代 20.58.3 貞松 12.30.1 衡齋下 5	1926 年易州	故宫博物院	《衡齋》:武進陶氏舊藏;後歸于省吾,金錯文
13123	上距末	存 18	戰國	集成 11917 三代 20.58.4 貞松 12.30.2			
13124	丞廣弩牙	2	戰國後期	集成 11918 文物 1980 年 9 期 94 頁圖 3	1978 年寶鷄鳳嶺閣鄉建河墓葬	寶鷄市博物館	
13125	右攻肴弩牙	3	戰國	集成 11919 貞續下 23.4			羅振玉舊藏
13126	右攻肴弩牙	3	戰國	集成 11920 三代 20.58.1 貞松 12.28.3			《貞松》:東武王氏舊藏
13127	右攻肴弩牙	3	戰國	集成 11921			
13128	右攻肴弩牙	3	戰國	集成 11922			
13129	左攻肴弩牙	3	戰國	集成 11923 三代 20.57.6 貞松 12.28.2 貞圖中 79		旅順博物館	羅振玉舊藏

序號	器名	字數	時代	著録	出土地	現藏地	備註
13130	左攻肴弩牙	3	戰國	集成 11924 三代 20.57.7 周金 6.119.3 夢郼續 34 小校 10.114.6		旅順博物館	羅振玉舊藏
13131	左周弩牙	3	戰國	集成 11925			
13132	左周弩牙	3	戰國	集成 11926 貞松 12.28.1 小校 10.114.5			《貞松》:陳介祺舊藏
13133	左周弩牙	3	戰國	集成 11927			
13134	左周弩牙	3	戰國	集成 11928			
13135	右昜攻肴弩牙	4	戰國	集成 11929			
13136	右昜宫弩牙	5	戰國	集成 11930 貞續下 24.1			
13137	八年五大夫弩機	10(又合文1)	戰國後期	集成 11931 三代 20.57.5 貞松 12.27.3			《貞松》:東武王氏舊藏
13138	公鏃	1	戰國	集成 11932 三代 20.52.2 貞松 12.24.1		旅順博物館	羅振玉舊藏
13139	公鏃	1	戰國後期	集成 11933 考古 1965 年 1 期 15 頁圖 6.2	天津市南郊葛莊戰國遺址採集的隨葬品		
13140	上鏃	1	戰國	集成 11934		旅順博物館	
13141	左鏃	1	戰國	集成 11935 三代 20.52.4 貞松 12.24.4		旅順博物館	
13142	左鏃	1	戰國	集成 11936		中國歷史博物館	

序號	器名	字數	時代	著録	出土地	現藏地	備註
13143	右鏃	1	戰國	集成 11937 綴遺 29.21.2 小校 10.113.1			文後山舊藏
13144	右鏃	1	戰國	集成 11938		中國歷史博物館	
13145	右鏃	1	戰國	集成 11939 金索金 2.106.3 綴遺 29.22.1			葉志詵舊藏
13146	空鏃	1	戰國	集成 11940 三代 20.52.3 夢郼中 24.2	《夢郼》:易州	旅順博物館	羅振玉舊藏
13147	昜鏃	1	戰國	集成 11941		旅順博物館	
13148	商丘鏃	1	戰國	集成 11942 小校 10.114.3		旅順博物館	此銘應爲2字
13149	右旱鏃	2(又合文1)	戰國	集成 11943 三代 20.54.7 貞松 12.26.1 夢郼續 36.1			羅振玉舊藏
13150	右旱鏃	2(又合文1)	戰國	集成 11944 三代 20.54.8 貞松 12.25.6 夢郼續 36.2			羅振玉舊藏
13151	右旱鏃	2(又合文2、重文2)	戰國	集成 11945 三代 20.55.1 貞松 12.26.4—5			羅振玉舊藏
13152	右旱鏃	2(又合文2、重文2)	戰國	集成 11946 三代 20.55.2			
13153	右旱鏃	2(又合文1)	戰國	集成 11947 三代 20.55.3 善齋 11.46 小校 10.113.4			劉體智舊藏

序號	器名	字數	時代	著録	出土地	現藏地	備註
13154	右𠱿鏃	2（又合文1）	戰國	集成 11948 三代 20.55.4 貞松 12.26.3 夢郼中 24.1	《夢郼》:易州		羅振玉舊藏
13155	右𠱿鏃	2（又合文1）	戰國	集成 11949 三代 20.55.5 貞松 12.26.1			羅振玉舊藏
13156	右𠱿鏃	2（又合文1）	戰國	集成 11950 三代 20.55.6			
13157	右𠱿鏃	2（又合文1）	戰國	集成 11951 三代 20.55.7			
13158	右𠱿鏃	2（又合文1）	戰國	集成 11952 三代 20.55.8			
13159	右𠱿鏃	2（又合文1）	戰國	集成 11953 三代 20.56.1			
13160	右𠱿鏃	2（又合文1）	戰國	集成 11954 三代 20.56.2			
13161	右𠱿鏃	2（又合文1）	戰國	集成 11955 三代 20.56.3 夢郼續 36.2			羅振玉舊藏
13162	右𠱿鏃	2（又合文1）	戰國	集成 11956 三代 20.56.4 善齋 11.43 小校 10.113.5		上海博物館	劉體智舊藏
13163	右𠱿鏃	2（又合文1）	戰國	集成 11957 三代 20.56.5 善齋 11.41 小校 10.113.6		上海博物館	劉體智舊藏
13164	右𠱿鏃	2（又合文1）	戰國	集成 11958 三代 20.56.6 善齋 11.45 小校 10.113.3		上海博物館	劉體智舊藏

序號	器名	字數	時代	著録	出土地	現藏地	備註
13165	右𤰇鏃	2（又合文1）	戰國	集成 11959 三代 20.56.7 貞松 12.26.2 小校 10.113.2			
13166	右𤰇鏃	2（又合文1）	戰國	集成 11960 三代 20.56.8 善齋 11.42 小校 10.113.7		上海博物館	劉體智舊藏
13167	右𤰇鏃	2（又合文1）	戰國	集成 11961 三代 20.57.1 善齋 11.44 小校 10.113.8		上海博物館	劉體智舊藏
13168	右𤰇鏃	2（又合文1）	戰國	集成 11962 雙吉下 51.2	綏遠		于省吾舊藏
13169	右𤰇鏃	2（又合文1）	戰國	集成 11963			
13170	右𤰇鏃	2（又合文1）	戰國	集成 11964		中國歷史博物館	方若舊藏
13171	右𤰇鏃	2（又合文1）	戰國	集成 11965		故宫博物院	
13172	右𤰇鏃	2（又合文1）	戰國	集成 11966		故宫博物院	
13173	右𤰇鏃	2（又合文1）	戰國	集成 11967		故宫博物院	
13174	右𤰇鏃	2（又合文1）	戰國	集成 11968			
13175	右𤰇鏃	2（又合文1）	戰國	集成 11969			
13176	右𤰇鏃	2（又合文1）	戰國	集成 11970			
13177	右𤰇鏃	2（又合文1）	戰國	集成 11971		上海博物館	

序號	器名	字數	時代	著録	出土地	現藏地	備註
13178	右𣅀鏃	2（又合文1）	戰國	集成11972			
13179	右𣅀鏃	2（又合文1）	戰國	集成11973			
13180	左𣅀鏃	2（又合文1）	戰國	集成11974 三代20.53.6 貞松12.24.4		旅順博物館	羅振玉舊藏
13181	左𣅀鏃	2（又合文1）	戰國	集成11975 三代20.53.7 貞松12.25.2			羅振玉舊藏
13182	左𣅀鏃	2（又合文1）	戰國	集成11976 三代20.53.8 貞松12.25.3			羅振玉舊藏
13183	左𣅀鏃	2（又合文1）	戰國	集成11977 三代20.54.1 貞松12.25.1		旅順博物館	羅振玉舊藏
13184	左𣅀鏃	2（又合文1）	戰國	集成11978 三代20.54.2		旅順博物館	羅振玉舊藏
13185	左𣅀鏃	2（又合文1）	戰國	集成11979 三代20.54.3 貞松12.25.5 小校10.114.1			羅振玉舊藏
13186	左𣅀鏃	2（又合文1）	戰國	集成11980 三代20.54.4 貞松12.25.4 小校10.113.9			羅振玉舊藏
13187	左𣅀鏃	2（又合文1）	戰國	集成11981 三代20.54.5			羅振玉舊藏
13188	左𣅀鏃	2（又合文1）	戰國	集成11982 三代20.54.6 善齋11.40 小校10.113.10		上海博物館	
13189	左𣅀鏃	2（又合文1）	戰國	集成11983			

序號	器名	字數	時代	著録	出土地	現藏地	備註
13190	左旦鏃	2（又合文1）	戰國	集成11984			
13191	左旦鏃	2（又合文1）	戰國	集成11985		中國歷史博物館	
13192	罡仕鏃	2（又合文1）	戰國	集成11986		旅順博物館	
13193	不降雙鋒鏃	2	戰國	集成11987 小校10.114.2			
13194	亱北鏃	2（又合文1）	戰國	集成11988 三代20.52.5 夢郼中24.6	易州	旅順博物館	羅振玉舊藏
13195	亱北鏃	2（又合文1）	戰國	集成11989 三代20.53.1 夢郼中24.5	易州	旅順博物館	羅振玉舊藏
13196	亱北鏃	2（又合文1）	戰國	集成11990 三代20.53.2	易州	旅順博物館	羅振玉舊藏
13197	亱北鏃	2（又合文1）	戰國	集成11991 三代20.53.3 夢郼中24.4	易州	旅順博物館	羅振玉舊藏
13198	亱北鏃	2（又合文1）	戰國	集成11992 三代20.53.4 貞松12.24.3	易州	旅順博物館	羅振玉舊藏
13199	亱北鏃	2（又合文1）	戰國	集成11993 三代20.53.5 夢郼中24.3	易州	旅順博物館	羅振玉舊藏
13200	右鏃	3	戰國	集成11994		故宫博物院	
13201	老公鏃	4	戰國	集成11995 雙吉下51.1	河南		于省吾舊藏
13202	廿一年旦鏃	5（又合文1）	戰國	集成11996		中國歷史博物館	李漢民舊藏；《集成》目録中字數爲"6"
13203	郘公鏃	9	戰國	集成11997 録遺607			
13204	悍矢形器	4	戰國	集成11998			

四十七、車馬器

序號	器名	字數	時代	著録	出土地	現藏地	備註
13205	虎形銘軏足飾	1	西周早期	集成 11999 學報 1977 年 2 期 108 頁圖 8.11	1967 年甘肅靈臺縣西屯鄉白草坡 1 號墓(M1：67)	甘肅省博物館	
13206	車車飾	1	商代後期	集成 12000		故宫博物院	
13207	車合頁	1	西周	集成 12001 懷履光(1956)169 頁 C		加拿大多倫多皇家安大略博物館	
13208	之合頁	1	西周	集成 12002 懷履光(1956)169 頁 B		加拿大多倫多皇家安大略博物館	
13209	㠯車飾	1	商代後期	集成 12003 録遺 529			
13210	左蓋弓帽	1	戰國	集成 12004 三代 20.57.2 貞松 12.27.1			羅振玉舊藏;《三代》所收的矢括器,實爲車蓋弓帽之誤
13211	左蓋弓帽	1	戰國	集成 12005 三代 20.57.3 貞松 12.26.6			羅振玉舊藏
13212	左蓋弓帽	1	戰國	集成 12006 貞松 12.27.2			羅振玉舊藏
13213	侯車鑾鈴	1	西周	集成 12007 三代 18.37.1 頌續 124	《頌續》:河南濬縣辛村		
13214	侯車鑾鈴	1	西周	集成 12008 三代 18.37.2 尊古 4.38 頌續 125	《頌續》:河南濬縣辛村		
13215	子車鑾鈴	1	西周	集成 12009 三代 18.37.3 冠斝中 45 左			榮厚舊藏

序號	器名	字數	時代	著録	出土地	現藏地	備註
13216	子車鑾鈴	1	西周	集成 12010 三代 18.37.4 冠斝中 45 右			榮厚舊藏
13217	旅車鑾鈴	1	西周早期	集成 12011		首都博物館	周肇祥舊藏
13218	倗史車鑾鈴	2	西周	集成 12012 三代 18.37.5 貞松 11.15.3			《貞松》:四明趙氏寶松閣舊藏
13219	左宫車軎	2	戰國	集成 12013 三代 18.35.3 小校 9.105.6			
13220	左宫車軎	2	戰國	集成 12014 三代 18.35.4 小校 9.105.7			
13221	下宫車軎	2	戰國	集成 12015 三代 18.35.2 貞松 11.16.1 貞圖中 47			羅振玉舊藏
13222	右庫車軎	2	戰國	集成 12016 泉屋 3.147 彙編 7.973		日本京都泉屋博古館	
13223	册𠂤車器	2	商代後期	集成 12017 三代 18.30.4			
13224	西年車器	2	春秋	集成 12018 尊古 4.37 録遺 532			
13225	右駿車器	2	戰國	集成 12019 録遺 531			銘文錯金
13226	康侯車鑾鈴	2	西周早期	集成 12020 録遺 530			
13227	夫人零件	2	戰國後期	集成 12021 考古 1974 年 1 期 20 頁圖 4.9	1962 年陝西咸陽市長陵車站南	陝西省博物館	

序號	器名	字數	時代	著録	出土地	現藏地	備註
13228	楚尚車轄	2	戰國後期	集成 12022 古文字研究 10.279 圖 38.3 湖南考古輯刊 1 集圖版 14.12	湖南長沙	湖南省博物館	《古文字研究》所摹似爲三字
13229	太保車轄	2	西周早期	近出 1257 文物 1996 年 7 期 54—68 頁	1964—1972 年河南省洛陽市北窑村西龐家溝墓葬		
13230	陳[illegible]車轄	3	戰國	集成 12023 三代 18.36.2 周金 6.131.3 夢郼上 53 小校 9.106.4			
13231	陳[illegible]車轄	3	戰國	集成 12024 三代 18.36.3 周金 6.131.2 貞松 11.16.2 貞圖中 48 小校 9.106.3			羅振玉舊藏
13232	君軴鈃車轄	3	戰國前期	集成 12025 曾侯乙墓 321 頁圖 197.4	1978 年湖北隨縣曾侯乙墓(N157)	湖北省博物館	湖北省博物館提供
13233	公大后車轄	3	戰國後期	集成 12026 考古 1974 年 1 期 20 頁圖 4.14	1962—1963 年陝西秦都咸陽故城	陝西省博物館	
13234	晋公車轄	4	春秋	集成 12027 賸稿 48 下 巖窟下 52 左 録遺 533	1927 年河南輝縣附近	上海博物館	梁上椿舊藏
13235	晋公車轄	4	春秋	集成 12028 賸稿 48 上 巖窟下 52 右 録遺 534	1927 年河南輝縣附近	上海博物館	梁上椿舊藏

序號	器名	字數	時代	著録	出土地	現藏地	備註
13236	矢作車鑾鈴	4	西周中期	集成12029 三代18.37.6 貞松11.15.4		故宫博物院	
13237	嫚妊車輨	5	春秋	集成12030 三代18.36.1 夢鄣上52 小校9.106.1 周金6.139.1		旅順博物館	羅振玉舊藏
13238	齊司馬車器	5	戰國	集成12031			
13239	十七年蓋弓帽	6(又合文1,重文1)	戰國	集成12032 三代20.57.4 十二舊8		中國歷史博物館	方若舊藏;又名"十年矢括"
13240	[illegible]工銀節約	6	戰國	集成12033 文物1980年7期2頁圖2.4 考古1982年5期521頁圖10.6	1979年内蒙古自治區准格爾旗西溝畔2號墓	内蒙古自治區文物工作隊	
13241	[illegible]工銀節約	6	戰國	集成12034 文物1980年7期2頁圖2.6 考古1982年5期521頁圖10.1	1979年内蒙古自治區准格爾旗西溝畔2號墓	内蒙古自治區文物工作隊	
13242	[illegible]工銀節約	6	戰國	集成12035 文物1980年7期2頁圖2.7 考古1982年5期521頁圖10.3	1979年内蒙古自治區准格爾旗西溝畔2號墓	内蒙古自治區文物工作隊	
13243	[illegible]工銀節約	存6	戰國	集成12036 文物1980年7期2頁圖2.2	1979年内蒙古自治區准格爾旗西溝畔2號墓	内蒙古自治區文物工作隊	

序號	器名	字數	時代	著録	出土地	現藏地	備註
13244	⿱日⿱刀乂工銀節約	7	戰國	集成12037 文物1980年7期2頁圖2.3 考古1982年5期521頁圖10.4	1979年内蒙古自治區准格爾旗西溝畔2號墓	内蒙古自治區文物工作隊	
13245	⿱日⿱刀乂工銀節約	7	戰國	集成12038 文物1980年7期2頁圖2.5 考古1982年5期521頁圖10.5	1979年内蒙古自治區准格爾旗西溝畔2號墓	内蒙古自治區文物工作隊	
13246	少府銀節約	7	戰國	集成12039 文物1980年7期2頁圖2.1 考古1982年5期521頁圖10.2	1979年内蒙古自治區准格爾旗西溝畔2號墓	内蒙古自治區文物工作隊	
13247	陳共車飾	7	戰國後期	集成12040		故宫博物院	
13248	上造但車轄	10	戰國後期	集成12041 文物1966年1期9頁圖9	1959年西安市西郊三橋後圍寨村	陝西省博物館	此器可能是秦王政廿一年物
13249	私庫嗇夫車轄	10(又合文1)	戰國後期	集成12042	1977年河北平山縣中山王墓(2號車馬坑43之一)	河北省文物研究所	
13250	私庫嗇夫車轄	10(又合文1)	戰國後期	集成12043	1977年河北平山縣中山王墓(2號車馬坑43之二)	河北省文物研究所	
13251	私庫嗇夫衡飾	10(又合文1)	戰國後期	集成12044	1977年河北平山縣中山王墓(2號車馬坑72之一)	河北省文物研究所	

序號	器名	字數	時代	著録	出土地	現藏地	備註
13252	私庫嗇夫衡飾	10(又合文1)	戰國後期	集成12045 文字編126頁	1977年河北平山縣中山王墓(2號車馬坑72之一)	河北省文物研究所	
13253	私庫嗇夫蓋杠接管	10(又合文1)	戰國後期	集成12046	1977年河北平山縣中山王墓(2號車馬坑59之一)	河北省文物研究所	
13254	私庫嗇夫蓋杠接管	10(又合文1)	戰國後期	集成12047	1977年河北平山縣中山王墓(2號車馬坑59之二)	河北省文物研究所	
13255	私庫嗇夫蓋杠接管	10(又合文1)	戰國後期	集成12048	1977年河北平山縣中山王墓(2號車馬坑59之三)	河北省文物研究所	
13256	私庫嗇夫蓋杠接管	10(又合文1)	戰國後期	集成12049	1977年河北平山縣中山王墓(2號車馬坑59之四)	河北省文物研究所	
13257	私庫嗇夫蓋杠接管	10(又合文1)	戰國後期	集成12050	1977年河北平山縣中山王墓(2號車馬坑99之一)	河北省文物研究所	
13258	私庫嗇夫蓋杠接管	10(又合文1)	戰國後期	集成12051	1977年河北平山縣中山王墓(2號車馬坑99之二)	河北省文物研究所	

序號	器名	字數	時代	著録	出土地	現藏地	備註
13259	私庫嗇夫蓋杠接管	10(又合文1)	戰國後期	集成12052	1977年河北平山縣中山王墓(2號車馬坑99之三)	河北省文物研究所	
13260	私庫嗇夫蓋杠接管	10(又合文1)	戰國後期	集成12053	1977年河北平山縣中山王墓(2號車馬坑99之四)	河北省文物研究所	
13261	左使車嗇夫帳桿母扣	13(又重文1)	戰國後期	集成12054 文字編131頁	1977年河北平山縣中山王墓(C30之一)	河北省文物研究所	
13262	左使車嗇夫帳桿母扣	13	戰國後期	集成12055 文字編131頁	1977年河北平山縣中山王墓(C30之三)	河北省文物研究所	
13263	左使車嗇夫帳桿母扣	13	戰國後期	集成12056 文字編131頁	1977年河北平山縣中山王墓(1號車馬坑30之四)	河北省文物研究所	
13264	左使車嗇夫帳桿母扣	13	戰國後期	集成12057 文字編131頁	1977年河北平山縣中山王墓(1號車馬坑30之五)	河北省文物研究所	
13265	左使車嗇夫帳桿母扣	13	戰國後期	集成12058 文字編131頁	1977年河北平山縣中山王墓(1號車馬坑30之七)	河北省文物研究所	

序號	器名	字數	時代	著録	出土地	現藏地	備註
13266	左使車嗇夫帳桿母扣	13（又重文1）	戰國後期	集成12059 文字編132頁	1977年河北平山縣中山王墓（1號車馬坑30之八）	河北省文物研究所	《集成》說明中字數爲"10（又重文1）"
13267	左使車嗇夫帳桿母扣	13（又重文1）	戰國後期	集成12060 文字編132頁	1977年河北平山縣中山王墓（C30之十）	河北省文物研究所	
13268	左使車嗇夫帳桿母扣	13	戰國後期	集成12061 文字編134頁	1977年河北平山縣中山王墓（C32之一）	河北省文物研究所	
13269	左使車嗇夫帳桿母扣	13	戰國後期	集成12062 文字編134頁	1977年河北平山縣中山王墓（C32之三）	河北省文物研究所	
13270	左使車嗇夫帳桿母扣	13（又重文1）	戰國後期	集成12063 文字編134頁	1977年河北平山縣中山王墓（C32之五）	河北省文物研究所	
13271	王二年成算令車轄	15（又合文1）	戰國	近出附94 中原文物1992年2期87—90頁		河南南陽市博物館	河南南陽地區廢品公司揀選
13272	卅□年王右庫工師車轄	15（又合文1）	戰國	近出附95 中原文物1992年2期87—90頁		河南南陽市博物館	河南南陽地區廢品公司揀選
13273	𠘧馬鑾鈴	1	商代後期	集成12064 三代18.37.7			
13274	右馬銜	1	西周	集成12065 三代18.38.1 貞松11.17.1 貞圖中49		旅順博物館	羅振玉舊藏

序號	器名	字數	時代	著録	出土地	現藏地	備註
13275	□叔馬銜	存1	西周	集成12066 三代18.38.2 貞松11.17.2 貞圖中50			羅振玉舊藏;《集成》目録中字數爲“1”
13276	右企馬銜	2	戰國	集成12067 巖窟下68	1940年安徽壽縣		梁上椿舊藏;《集成》目録中字數爲“1”
13277	左宫馬銜	存3	戰國	集成12068 河北148左	1958年河北安新縣	河北省文物研究所	
13278	左宫馬銜	存3	戰國	集成12069 河北148右	1958年河北安新縣	河北省文物研究所	
13279	周當盧	1	西周早期	集成12070			
13280	南當盧	1	西周早期	集成12071		中國歷史博物館	
13281	南當盧	1	西周早期	集成12072		故宫博物院	
13282	南當盧	1	西周早期	集成12073		故宫博物院	
13283	田當盧	1	西周早期	集成12074 濬縣圖版88.2	1932—1933年河南濬縣辛村38號墓(M38:2乙)	臺北“歷史語言研究所”	
13284	[illegible]當盧	1	西周早期	集成12075 濬縣圖版94.6	1932—1933年河南濬縣辛村38號墓(M38:2甲)	臺北“歷史語言研究所”	
13285	矢當盧	1	西周早期	集成12076 三代18.40.1		上海博物館	
13286	矢當盧	1	西周早期	集成12077 𢐗鷄臺249頁圖110.1	陝西寶鷄𢐗鷄臺溝東區B3墓葬	中國歷史博物館	同出二器
13287	矢當盧	1	西周早期	集成12078 文物1982年2期53頁圖13	1974年陝西寶鷄縣靈龍村1號墓(M1:2)	寶鷄市博物館	

序號	器名	字數	時代	著録	出土地	現藏地	備註
13288	夨當盧	1	西周早期	集成12079 文物1982年2期51頁圖5.1	1974年陜西隴縣曹家灣西周墓（M2：11）	寶鷄市博物館	
13289	夨當盧	1	西周早期	集成12080 文物1982年2期51頁圖5.2	1974年陜西隴縣曹家灣西周墓（M2：12）	寶鷄市博物館	
13290	夨當盧	1（又重文1）	西周早期	集成12081 文物1982年2期51頁圖5.3	1974年陜西隴縣曹家灣西周墓（M2：13）	寶鷄市博物館	
13291	日當盧	1	西周早期	集成12082	陜西寶鷄賈村鄉靈龍村（IA6.372）	寶鷄市博物館	
13292	獸當盧	1	西周早期	近出1258 文物1996年7期54—68頁	1964—1972年河南省洛陽市北窑村西龐家溝墓葬M17：14		另有一件同銘
13293	盧當盧	1	西周	近出附91 考古與文物1991年5期11頁		陜西寶鷄市博物館	
13294	夨丁當盧	2	西周早期	集成12083	陜西寶鷄賈村鄉靈龍村（IA6.26）	寶鷄市博物館	
13295	夨丁當盧	2	西周早期	集成12084	陜西寶鷄賈村鄉靈龍村（IA6.28）	寶鷄市博物館	
13296	⿱癶土日當盧	2	西周早期	集成12085	陜西寶鷄賈村鄉靈龍村（IA6.371）	寶鷄市博物館	

序號	器名	字數	時代	著録	出土地	現藏地	備註
13297	日毛當盧	2	西周	近出附92 考古與文物 1984年1期61頁	1972年陝西鳳翔縣長青村	陝西鳳翔縣文化館	同出三件
13298	盧當盧	3	西周	近出附93 考古與文物 1991年5期11頁		陝西寶鷄市博物館	

四十八、符節

序號	器名	字數	時代	著録	出土地	現藏地	備註
13299	節節	1	戰國	集成12086 周金6.129.1 小校9.105.1			鄒安舊藏
13300	𠅠盧符	存1	戰國	集成12087 貞松11.12.1 海外吉127		日本京都泉屋博古館	器存其半，錯金六字，可看清者僅一字
13301	麐屃節	2	戰國	集成12088 周金6.129.2 小校9.105.2			鄒安舊藏
13302	𤞞節	2	戰國	集成12089		中國歷史博物館	方若舊藏
13303	齊節大夫馬節	6（又合文1）	戰國	集成12090 三代18.31.5 貞圖中45			羅振玉舊藏
13304	騎傳馬節	4	戰國	集成12091 三代18.31.3 衡齋上25 周金6.127.2		中國歷史博物館	《衡齋》：南皮張氏舊藏；後歸故宫博物院
13305	亡縱熊節	4	戰國	集成12092 三代18.31.4			
13306	采者節	4	戰國	集成12093			任氏爵齋舊藏
13307	王命虎符	4（又重文1）	戰國	集成12094		湖南省博物館	
13308	王命虎符	4（又重文1）	戰國	集成12095 尊古4.47		故宫博物院	
13309	王命虎符	4	戰國	集成12096 録遺537		中國歷史博物館	故宫博物院舊藏
13310	王命車駐虎節	4	戰國後期	近出1254 故宫文物月刊1991年94期108頁	1983年廣州象崗南越王墓	廣東省博物館	

序號	器名	字數	時代	著録	出土地	現藏地	備註
13311	王命龍節	8（又重文1）	戰國	集成12097 三代18.36.4—5 積古10.6 綴遺29.25 奇觚11.7 小校9.106.5—6		上海博物館	吴大澂舊藏
13312	王命龍節	8（又重文1）	戰國	集成12098 金索金2.103			吴門陸貫夫舊藏
13313	王命龍節	8（又重文1）	戰國	集成12099 陶續2.19 周金6.127.3—4			端方舊藏
13314	王命龍節	8（又重文1）	戰國後期	集成12100 文物1960年8—9期81頁 古文字研究10.279圖版38.4 湖南省文物圖録圖版51.2 湖南考古輯刊1集圖版14.9	1946年湖南長沙市東郊黄泥坑墓葬	湖南省博物館	《集成》第18册12100圖版漏器名"王命龍節"
13315	王命龍節	8（又重文1）	戰國	集成12101 尊古4.46 衡齋上24		故宫博物院	
13316	王命龍節	8（又合文1）	戰國	集成12102			
13317	雁節	存8	戰國	集成12103 三代18.31.6			
13318	雁節	8（又合文1）	戰國	集成12104 三代18.31.7		中國歷史博物館	方若舊藏
13319	鷹節	12（又合文1）	戰國	集成12105 三代18.32.1 小校9.105.3 周金6.126.2		故宫博物院	羅振玉舊藏
13320	鷹節	12（又合文1）	戰國	集成12106 善齋13.1 小校9.105.4			

序號	器名	字數	時代	著録	出土地	現藏地	備註
13321	辟大夫虎符	10(又合文1)	戰國	集成12107		故宫博物院	陶祖光、羅振玉舊藏
13322	陽陵虎符	12	秦	近出1255 秦金石刻辭一卷 秦金文録四十後 秦銅器銘文編年集釋106頁	傳山東嶧縣	中國歷史博物館	
13323	櫟陽虎符	12	秦	近出1256 富士比(1941,4,24 320之一)			吴大澂(Wu Tacheng)舊藏;英國倫敦富士比拍賣行曾見;傳世秦虎符有陽陵、南郡、新郪、杜四種,此櫟陽虎符爲新發現之第五種
13324	新郪虎符	38(又合文1)	戰國後期	集成12108 秦金1.41 大系録292.2 小校14.90.1—4		《羅表》:日本某氏	
13325	杜虎符	40	戰國後期	集成12109 文物1979年9期圖版8.1	1973年陜西西安市郊區山門口鄉北沉村	陜西省博物館	
13326	噩君啟車節	144(又合文4)	戰國	集成12110 文參1958年4期7頁(二)、9頁圖2 文物精華第二集16頁左、50頁左 考古1963年8期圖版8右	1957年安徽壽縣丘家花園	中國歷史博物館	銘文錯金

序號	器名	字數	時代	著録	出土地	現藏地	備註
13327	鄂君啟車節	144（又合文4）	戰國	集成12111 文參1958年4期(三)、9頁圖2 考古1963年8期圖版8右	1957年安徽壽縣丘家花園	安徽省博物館	銘文錯金
13328	鄂君啟車節	144（又合文4）	戰國	集成12112 文參1958年4期(四)	1957年安徽壽縣丘家花園	安徽省博物館	銘文錯金
13329	鄂君啟舟節	161（又重文1，合文1）	戰國	集成12113 文參1958年4期7頁(一)、9頁圖1 考古1963年8期圖版8左 文物精華第二集16頁右、50頁右	1957年安徽壽縣丘家花園	中國歷史博物館	銘文錯金

本書引用書刊及簡稱表

二畫

十二　十二家吉金圖録　2冊　商承祚　1935年影印本

十六　十六長樂堂古器款識考　4卷　清·錢坫　1796年

十鐘　陳氏舊藏十鐘(泉屋清賞別集)　[日]濱田耕作　1922年

二百　二百蘭亭齋收藏金石記　4卷　清·吴雲　1856年

人文雜誌　陝西省社會科學學會聯合會　陝西省社會科學院

三畫

三代　三代吉金文存　20卷　羅振玉　1937年

三代補　三代吉金文存補　1冊　周法高　1980年

三代秦漢遺物上的銘刻　[日]中村不折　1934年

三門峽虢國墓　2冊　河南省文物考古研究所三門峽文物工作隊編　文物出版社　1999年

大系　兩周金文辭大系圖録考釋　8冊　郭沫若　1932—1935年　《集成》用1958年科學出版社重印本

小校　小校經閣金文拓本　18卷　劉體智　1935年

上海　上海博物館藏青銅器　上海博物館　上海人民美術出版社　1964年

上海博物館集刊　上海博物館編　上海古籍出版社　1981年以來

上村嶺(虢國墓)　上村嶺虢國墓地　1冊　中國科學院考古研究所　1959年

山東存　山東金文集存(先秦編)　1冊　曾毅公　1940年

山東選　山東文物選集　1冊　山東省文物管理處、山東省博物館　1956年

山西　山西出土文物　山西省文物工作委員會編　1980年

山彪鎮　山彪鎮與琉璃閣　1冊　郭寶鈞　1959年

工藝　支那工藝圖鑒·金工編　3冊　日本帝國工藝會　1921年

山左　山左金石志　阮元　畢沅　24卷　清嘉慶二年(1797)小琅嬛仙館刊本

四畫

文參　文物參考資料　1954—1958年

文物　國家文物局主辦　1959年以來

文物精華　文物出版社

文物季刊　國家文物局主辦　1989年以來

文物春秋　河北省文物局主辦　1989年以來

文叢　文物資料叢刊　國家文物局主辦　文物出版社　1977年以來

文物天地　文物出版社　1981年以來
文物特刊　文物出版社　1975年以來
文革　文化大革命期間出土文物(第一輯)　北京人民出版社　1972年
文字編　中山王𠫑器文字編　1册　張守中　1981年
文博　陝西省文物事業管理局主辦　陝西人民出版社　1984年以來
五省　五省出土重要文物展覽圖録　1册　文物出版社　1958年
中國美術全集(工藝美術編·青銅器)(上)(下)　中國美術全集編委會　1985—1986年
中國古都研究　1册　中國古都研究會編　1989年
中山學報　中山大學學報　廣州中山大學
中原文物　河南省博物館編　1977年以來
中國考古學會第三次年會論文集　中國社會科學院考古研究所編　1981年
中國考古學報(原名田野考古學報)　原中央研究院歷史語言研究所編
中國文物報　國家文物局主辦　1987年以來
中國文字　臺北"中央研究院"編
中國古代史學的發展　[日]貝塚茂樹　1967年
中國古代美術史　O. Siven, Histoive des arts Anciens de La chine, 1929.
中國古代青銅器及佛教藝術展覽　Exhibition of Ancient Chinese Bronzes and Buddhist Art. Yamanaka and Company, New York, 1938.
中國上古叙述語法　W. A. C. H. Dobson, Early Archaic Chinese, A Descriptive Grammer, 1962.
中國古代青銅器展觀　1册　[日]黑川古文化研究所　1979年
中國圖符　早期中國符號及文獻遺迹及推測　Florance Waterbury, Early Chinese Symbols and literature, Vestiges and Speculations. E. Weyhe, New York, 1942.
太原晋國趙卿墓　1册　山西省考古研究所、太原市文物管理委員會編　文物出版社　1996年
分域　金文分域編　4册　柯昌濟　1930年
分域補　金石分域補編　14卷　柯昌濟　1934年
日精華　日本蒐儲支那古銅精華　6册　梅原末治　1959—1962年
中國銅器綜録　文物出版社　1977年以來
中銅　中國古銅器　1册　[日]杉村勇造　1966年
中國歷史博物館館刊　中國歷史博物館　1979年以來
巴布選　巴黎、布魯塞爾所見中國銅器選録(《臺北"中央研究院歷史語言研究所"集刊》第五十一本　第一分)　張光裕　1979年
巴洛(阿倫、巴羅)　阿倫先生及巴羅女士所藏中國陶瓷、青銅器及玉器　Michael Sullivan, Chinese Ceramics, Bronzes and Jades in the Collection of Sir Alan and Lady Barlow, London, 1963.
支銅　支那古銅器集　[日]田島志一　1910年
支美(支古)　支那古美術圖譜　2册　[日]大村西崖　1932年
木庵藏器目　1卷　清·程振甲撰　商務印書館據靈鶼閣叢書本影印　收入《叢書集成·初編》1936年
内蒙古文物與考古　内蒙古自治區考古學會、内蒙古自治區文物工作隊等　1981年以來

五畫
古籀拾遺　3卷　清・孫詒讓　1888年
古籀餘論　3卷　清・孫詒讓　1903年
古文字研究　中華書局　1979年以來
古器物研究專刊　殷虛出土青銅器之研究　李濟　萬家保　1966—1972年
古文審　8卷　清・劉心源　1881年
古氏道夫　古氏道夫阿道夫所藏中國古物選輯　N. Palmgren, Seleted Chinese Antiquities from the Collection of Gustaf Adolf, Crown Prince of Sweden, 1948, Stockholm.
出光　開館十五週年紀念展圖録　1册　出光美術館　1981年
布倫戴奇　[美]阿華里・布魯底斯所藏古代中國青銅器 D' Argence, Rene—Yuon Lefebvre, Bronze Vessels of Ancient China in the Avery Brundage Collection. Asian Art Museum of San Francisco, 1977.
弗里爾(1946)　中國銅器圖説 J. E. Lodge, A. G. Wenley and J. A. PoPe, A Descriptive and Illustrative Calalogue of Chinese Bronzes, Acquired during the Administration of John Elleroon Lodge, Washington, 1946.
弗里爾(1967)　弗里爾的中國青銅器 I　J. H. Pope, R. J. Gettens, J. Gahill and N. Barnard, The Freer Chinese Bronzes, Vol I, Washington, 1967.
白鶴吉　白鶴吉金集　1册　[日]梅原末治　1937年
白鶴撰　白鶴吉金撰集　1册　[日]梅原末治　1941年
世界美術全集　[日]新規矩男等編　平凡社出版　1952—1954年
史語所集刊　臺北"中央研究院歷史語言研究所"集刊　臺北"中央研究院"編　1928年以來
皮斯柏　皮斯柏所藏中國青銅器圖録　B. Karlgren, A Catalogue of the Chinese Bronzes in the Alfred F. Pillsbury Collection, University of Minnesota, 1950.
石泉書屋藏器目　1卷　清・李佐賢撰　商務印書館據靈鶼閣叢書本影印　收入《叢書集成・初編》　1936年
古器物銘　古器物銘釋　商承祚　中山大學油印本　1927年
平山館藏器目　清・葉志詵撰　商務印書館據靈鶼閣叢書本影印　收入《叢書集成・初編》　1936年
北平圖　北平圖書館館刊　北平圖書館編
北京圖　北京圖書館藏青銅器銘文拓本選編　北京圖書館金石組　1985年
甲骨學(第十二號)　日本甲骨學會　1980年
甲編　殷虛文字甲編　董作賓　1948年
甲骨文録　孫海波　1938年

六畫
安陽遺寶　河南安陽遺寶　[日]梅原末治　1940年
安徽金石　安徽通志金石古物考稿　18册　徐乃昌　1936年
安陽殷墟郭家莊商代墓葬　1册　中國社會科學院考古研究所編　中國大百科出版社　1998年
考古通訊　中國社會科學院考古研究所編　1955—1958年
考古　中國社會科學院考古研究所編　1959年以來

考古與文物　陝西省考古研究所編　陝西人民出版社　1980 年以來
考古圖　10 卷　宋·吕大臨　元祐七年(1092)　《集成》用明程士莊泊如齋刻本　北京圖書館
考古所藏拓題跋　中國社會科學院考古研究所圖書室藏拓題跋
考古學集刊　中國社會科學院考古研究所　1981 年以來
江漢考古　湖北省文物考古研究所編　1980 年以來
江西文物　江西省文物考古研究所編　1989 年以來
江陵九店東周墓　1 册　湖北省文物考古研究所編　科學出版社　1995 年
江蘇省出土文物選集　南京博物院　1963 年
收穫　新中國的考古收穫　1 册　中國社會科學院考古研究所　文物出版社　1961 年
西清　西清古鑑　40 卷　清·梁詩正等　乾隆二十年(1755)《集成》用武英殿刊本
西清金文真僞存佚表　容庚《燕京學報》第五期　1929 年
西甲　西清續鑑甲編　20 卷　清·王傑等　乾隆五十八年(1793)　《集成》用宣統二年(1910)涵芬樓石印寧壽宮寫本
西乙　西清續鑑乙編　20 卷　清·王傑等　乾隆五十八年(1793)　《集成》用 1931 年北平古物陳列所石印本
西拾　西清彝器拾遺　1 册　容庚　1940 年
西周早期青銅容器 Thomas Lawton, A Group of Early Western Chou Period Bronze Vessels, Ars orientalis, X(1975), 111—121.
先秦古器圖　宋·劉原父　嘉祐八年(1063)
曲阜魯國故城　1 册　山東省文物考古研究所、山東省博物館、濟寧地區文物組、曲阜縣文管會　1982 年
吉志(志存)　吉金志存　4 卷　清·李光庭　咸豐九年(1859)　自刻本
吉文　吉金文録　4 卷　清·吴闓生　1933 年
吉金文選　雙劍誃吉金文選　2 卷　于省吾　1933 年
有鄰　有鄰館精華　[日]藤井善助　1932 年

七畫

形態學　古銅器形態之考古學的研究　1 册　[日]梅原末治　1940 年
卣與觥　J. Trübner, You and Kong. Zur Typologie der Chinesischen Bronen. Leipzig, 1929.
佚存　殷契佚存　2 册　商承祚　1933 年
删訂泉屋清賞　1 册　[日]濱田青陵　梅原末治　1934 年
希古　希古樓金石萃編　10 卷　劉承幹　1933 年
近出　近出殷周金文集録　4 册　劉雨　盧岩　中華書局　2002 年
求古　求古精舍金石圖初集　4 卷　清·陳經　1813 年
辛村　濬縣辛村　郭寶鈞　1 册　1964 年
克里斯蒂(1982.6 倫敦) Early Chinese Ceramics, Bronzes and Works of Art (Christie), London, June 1982.
沃森　古代中國青銅器 W. Watson, Ancient Chinese Bronzes, London, 1962.
社會科學戰線　吉林省社會科學院、吉林省哲學社會科學會聯合會

八畫

京都大學人文科學研究所藏甲骨文字·圖版之部　2 册　［日］貝塚茂樹　1959 年

河北　河北出土文物選集　1980 年

河南(一)　河南出土商周青銅器(一)　1981 年

兩罍　兩罍軒彝器圖釋　12 卷　附兩罍軒藏器目　1 卷　清·吴雲　同治十一年(1870)　自刻本

奇觚　奇觚室吉金文述　20 卷　清·劉心源　光緒二十八年(1902)　石刻本

長安　長安獲古編　2 卷　清·劉喜海　道光末年(1850)《集成》用清光緒三十一年(1905)劉鶚補刻器名本

周金　周金文存　6 卷　鄒安　1916 年　廣倉學宭石印本

周漢遺寶　［日］原田淑人　日本帝室博物館版　1932 年

金索　金石索　12 卷　清·馮雲鵬　馮雲鵷　道光四年(1824)邃古齋刻本

金村　洛陽金村古墓聚英　［日］梅原末治　1942 年

金文通釋　1—45 輯　［日］白川静　1962—1975 年

金文集　4 册　［日］白川静　1963 年

金匱　金匱論古初集　陳仁濤　1952 年

金匱綜　金匱論古綜合刊　饒宗頤　1955 年

金文編　容庚編著　張振林　馬國權摹補　1985 年

金石録　30 卷　宋·趙明誠撰

金石書畫　東南日報特種副刊　1943—1946 年

金文叢考　郭沫若　1932 年　日本影印手稿本

東南文化　南京博物館編　1985 年以來

東觀餘論　2 卷附録 1 卷　宋·黄伯思撰

使華　使華訪古録 Gustav Ecke(艾克), Frühe Chinesische Bronzen aus der Sammlung Oskar Trautmann, 1939, Peiping.

武英　武英殿彝器圖録　2 册　容庚　1934 年

柉禁　柉禁之考古學的考察　［日］梅原末治　1933 年

青山莊　青山莊清賞·古銅器編　［日］梅原末治　1942 年

佳士得(克里斯蒂)　Christies, London　英國倫敦佳士得拍賣行檔案

述林　籀高述林　10 卷　孫詒讓　1916 年

九畫

美集録　美帝國主義劫掠的我國殷周青銅器集録　1 册　陳夢家　1963 年

冠斝　冠斝樓吉金圖　4 册　榮厚　1947 年

故圖　故宫銅器圖録　2 册　臺北"故宫、中央博物院聯合管理處"　1958 年

故宫季刊　臺北故宫博物院

故宫青銅器　1 册　故宫博物院編　紫禁城出版社　1999 年

故宫　45 册　故宫博物院　1929—1940 年

故宫文物月刊　臺北故宫博物院編　1983 年以來

陝青　陝西出土商周青銅器(一)——(四)　陝西省考古研究所、陝西省文物管理委員會、陝西省

博物館　1979—1984 年
陝圖　陝西省博物館、陝西省文物管理委員會藏青銅器圖釋　1960 年
貞松　貞松堂集古遺文　16 卷　羅振玉　1930 年石印本
貞補　貞松堂集古遺文補遺　3 卷　羅振玉　1931 年
貞續　貞松堂集古遺文續編　3 卷　羅振玉　1934 年
貞圖　貞松堂吉金圖　3 卷　羅振玉　1935 年影印本
保利藏金　1 册　保利藏金編輯委員會編　嶺南美術出版社　1999 年
泉屋　泉屋清賞　4 册　[日]濱田耕作　1919 年
泉屋新　泉屋清賞新收編　[日]梅原末治　1961 年
侯家莊　梁思永未完稿　高去尋　董作賓等輯補　1951—1970 年
洛陽　洛陽故城古墓考　[加]懷履光　W. C. White, Tombs of Old Lo—Yang, Shanghai, 1934.
洛爾　中國青銅時代的禮器　Loehr, Ritual Vessels of Bronze Age China, New York, 1968.
恒軒　恒軒所見所藏吉金録　2 卷　清・吴大澂　光緒十一年(1885)自刻本
柏景寒　柏景寒所藏中國銅器圖録 C. F. Kclley and Ch´en Meng—Chia(陳夢家), Chinese Bronzes from the Backingham Collection. The Arf Institute of Chicago, 1946.
陝西通志　清・沈青崖等　雍正十三年(1735)刊本
陝西金石志　武樹善　1934 年
韋森(1969)　中國古代吉金　Chinese Bronzes The Natanael Wessen Collection. Bernhard Karlgren. Jan Wlrgin. 1969.
皇儲　Nils Palmgren: selected Chinese Antiquities from the Collection of Gustalf Adolf, Crown Prince of Sweden. 1948, Stockholm.
柯爾　柯爾中國銅器集　W. Perceval Yetts, the cull Chinese Bronzes. Courtauld Institute of Art, London, 1939.
柏林　柏林博物館中國青銅器　O. Kümmel, Chinesische Bronzen aus der Abteilung für ostasiatische Kunst an den Staatlichen Museum Berlin, Berlin, 1928.
帝博(帝室)　帝室博物館鑑賞録・古銅器　東京帝室博物館　1906 年
度量衡　中國古代度量衡圖集　1 册　國家計量總局編　文物出版社　1981 年

十畫

海外吉(海外)　海外吉金圖録　3 册　容庚　1935 年
海外銅　海外中國銅器圖録(第一集)　2 册　陳夢家　1946 年
海岱考古　第一輯　張學海主編　山東大學出版社　1989 年
殷墟　[日]梅原末治　1964 年
殷契粹編　郭沫若　1937 年
殷虚書契前編　8 卷　羅振玉　1913 年
殷虚書契後編　2 卷　羅振玉　1916 年
殷虚書契續編　6 卷　羅振玉　1933 年
殷周青銅器　東京天理教館　1971 年
殷金文　稿本殷金文考釋　[日]赤塚忠　1959 年
殷虚　殷虚卜辭　明義士　1917 年

殷青　殷虚青銅器　1 册　中國社會科學院考古研究所編著　1985 年
殷存　殷文存　2 卷　羅振玉　1917 年
殷周時代　中國銅器上之殷周時代　B. Karlgren, Yin and Chou in Chinese Bronzes, Bulletin of the Musenm of Far Eastern Antiquities, No. 8, 1936.
書道(平凡)　書道全集平凡社　第一卷　[日]尾上八郎等編　1965 年
書道(河出)　書道全集　河出書房　1956 年
秦金　秦漢金文録　7 卷　容庚　1931 年
秦金石刻辭　3 卷　羅振玉　1914 年
秦銅器銘文編年集釋　1 册　王輝編著　三秦出版社　1990 年
高家堡戈國墓　1 册　陝西省考古研究所編　三秦出版社　1995 年
移林　移林館吉金圖識　清・丁麟年　宣統二年(1910)　《集成》用 1941 年孫海波東雅堂重印本
索思比(1984.6 倫敦)　Fine Chinese Ceramics and Works of Art (Sotheby), London, June 1984.
索思比(1985.12 倫敦)　Fine Chinese Ceramics Bronzes and Works of Art (Sotheby), London, December 1985.
高本漢(1936)　B. Karlgren, Yin and Chou in Chinese Bronzes, Bulletin of the Museum of Far Eastern Antiquties, No. 8, 1936.
高本漢(1949)　遠東博物館的若干青銅器　B. Karlgren (高本漢), Some Bronzes in the Museum of Far Eastern Antiquities, Bulletin of the Museum of Far Eastern Antiquities, No. 21, 1949.
高本漢(1952)　遠東博物館新收的若干青銅器　B. Karlgren (高本漢), Some New Bronzes in the Museum of Far Eastern Antiquities, Bulletin of the Museum of Far Eastern Autiquities, No. 24, 1952.
高本漢(1958)　偉新所藏青銅器　B. Karlgren (高本漢), Bronzes in the Wess' en Collection, Bulletin of the Museum of Far Eastern Antiquities, No. 30, 1958.
陳侯　陳侯四器考釋　徐中舒　1933 年
陶齋　陶齋吉金録　8 卷　清・端方　光緒三十四年(1908)　石印本
陶補　陶齋吉金録補
陶續　陶齋吉金續録　2 卷　清・端方　宣統元年(1909)　石印本
荷比　荷蘭及比利時私人所藏亞洲藝術品　H. F. E. Visser, Asiatic Art in private Collections of Holland and Belgium. Amsterdam. 1947.
倫敦　中國藝術品國際展覽會紀念圖録 The Chinese Exhibition, A Commemorative Catalogue of the International Exhibition of Chinese Art. Royal Academy of Arts, London, November 1935—March 1936.
富士比(索思比)　Sotheby's, London　英國倫敦富士比拍賣行檔案
通考(商周)　商周彝器通考　容庚　1941 年　哈佛燕京學社鉛印本
通論　殷周青銅器通論　容庚　張維持　科學出版社　1958 年
唐蘭藏拓題跋　唐蘭先生藏拓題跋
哥本哈根裝飾美術館所藏中國美術品選輯録　A. Leth, Catalogue of Selected Objeects of Chinese Art in the Museum of Decorative Art, Copenhagen, 1959.

十一畫

基建　全國基本建設工程中出土文物展覽圖録　2 册　1955 年

婦好墓　殷墟婦好墓　中國社會科學院考古研究所　1980 年

清愛　清愛堂家藏鐘鼎彝器款識法帖　1 卷　清・劉喜海　道光十八年(1838)　《集成》用光緒三年(1877)尹彭壽補刻本

清儀　清儀閣所藏古器物文　10 卷　清・張廷濟　1925 年涵芬樓石印本

從古　從古堂款識學　16 卷　清・徐同柏　光緒十二年(1886)　《集成》用光緒三十二年(1906)蒙學報館石印本

張家坡　長安張家坡西周銅器群　1 册　中國社會科學院考古研究所　1965 年

張藏　張叔未解元所藏金石文字　1 册　清・張廷濟　1884 年

商拾　商周文拾遺　3 卷　清・吴東發　1803 年前

淅川下寺春秋楚墓　1 册　河南省文物考古研究所、河南省丹江庫區考古發掘隊、淅川縣博物館編　文物出版社　1991 年

琉璃河西周燕國墓地　1 册　北京市文物研究所編　文物出版社　1995 年

黄縣㠱器　1 册　王獻唐　1960 年

國學季刊　北京大學國學季刊　北京大學國學季刊編輯委員會　1923—1952 年

華夏考古　河南省文物考古研究所編　華夏考古雜誌社　1987 年以來

第二届國際中國古文字學研討會論文集續編　香港中文大學中文系編　1995 年

第三届國際中國古文字學研討會論文集　香港中文大學中文系、中國文化研究所編　1997 年

十二畫

善彝　善齋彝器圖録　3 册　容庚　1936 年影印本

善齋　善齋吉金録　28 册　劉體智　1934 年

尊古　尊古齋所見吉金圖　4 卷　黄濬　1936 年

湖南省文物圖録　1 册　湖南省博物館　1964 年

湖南省博物館　湖南省博物館　1983 年

湖南考古輯刊　湖南省博物館、湖南考古學會編　嶽麓書社　1982 年以來

集録　殷周金文集録　四川大學歷史研究所編　四川人民出版社　1986 年

集成　殷周金文集成　18 册　中國社會科學院考古研究所編　中華書局　1984—1994 年

集古録跋尾　韡華閣集古録跋尾　柯昌濟　1935 年鉛印本

塔兒坡秦墓　1 册　陝西省咸陽市文物考古研究所編　三秦出版社　1998 年

博古　博古圖録　30 卷　宋・王黼等　宣和五年(1123)　《集成》用明嘉靖七年(1528)蔣暘翻刻元至大重修本　考古研究所藏

復齋　鐘鼎款識　宋・王厚之(復齋)　乾道二年(1166)後編成　《集成》用清嘉慶七年(1802)阮元刻本

敬吾　敬吾心室彝器款識　2 册　清・朱善旂　光緒三十四年(1908)　朱之溱石印本

疏要　僞作先秦彝器銘文疏要　[澳]張光裕　1974 年

董盦　董盦吉金圖　1 册　1924 年

董作賓先生全集　董作賓先生全集編輯委員會　1977 年

麻朔　金文麻朔疏證　2 册　吴其昌　1936 年

黑川古文化研究所要覽　黑川古文化研究所編

貯厂　北平王氏貯厂藏器　2 册　王辰

曾侯乙墓　湖南省博物館　1989 年

十三畫

楚録　安徽省博物館籌備處所藏楚器圖録(第一、二集)　1953 年

楚器圖録　安徽省博物館　1954 年

楚展　楚文物展覽圖録　中國歷史博物館　1954 年

楚器　楚器圖釋　2 卷　劉節　1935 年

猷氏　猷氏集古録　[英]葉慈　1929 年　W. P. Yetts, The George Eumorfopoulos Collection. Ernest Benn, London, 1929.

遠東　布魯斯特林所藏遠東銅器　B. Karlgren, Bronzes in the Hellström Collection, Bulletin of the Museum of Far Eastern Antiquities, No. 20, 1948.

頌齋　頌齋吉金圖録　容庚　1933 年

頌續　頌齋吉金續録　2 册　容庚　1938 年

筠清　筠清館金文　5 卷　清・吴榮光　道光二十二年(1842)　《集成》用宜都楊氏重刻本

彙編　中日歐美澳紐所見所拓所摹金文彙編　10 册　[澳]巴納　張光裕編　1978 年

愙齋藏器目　清・吴大澂　商務印書館據靈鶼閣叢書本影印　收入《叢書集成・初編》　1936 年

愙齋　愙齋集古録　26 册　清・吴大澂　1919 年　涵芬樓初版石印本

愙賸　愙齋集古録釋文賸稿　2 册　清・吴大澂　1919 年

新中國考古發現和研究　中國社會科學院考古研究所

新鄭　新鄭彝器　2 册　孫海波　1937 年

新修泉屋清賞　2 册　[日]梅原末治　1971 年

夢郼　夢郼草堂吉金圖　3 卷　羅振玉　1917 年

夢續　夢郼草堂吉金圖續編　1 卷　羅振玉　1917 年

夢坡　夢坡室獲古叢編　12 卷　鄒壽祺　1927 年

聖路易　中國早期銅器在聖路易市美術館　J. Edward Kidder, Jr. Early Chinese Bronzes in the City Art Museum of St. Louis. Washington University, St. Louis, 1956.

塞利格曼　塞利格曼所藏中國藝術　S. H. Hansfora, The Seligman Collection of Oriental Art, Vol. 1, London, 1957.

十四畫

綴遺　綴遺齋彝器款識考釋　30 卷　清・方濬益　1935 年涵芬樓石印本

綴稿　綴遺齋彝器款識考釋稿本　清・方濬益(容庚校輯)

齊家村　扶風齊家村青銅器群　陝西省博物館　1963 年

齊量　1 册　上海博物館　1959 年

齊侯　齊侯四器考釋　福開森　1928 年

銅玉　殷周青銅器和玉　[日]水野清一　1959 年

銅器選　中國古青銅器選　1 册　文物出版社　1976 年

蔡侯墓　壽縣蔡侯墓出土遺物　安徽省文物管理委員會、安徽省博物館　科學出版社　1956 年

寧壽　寧壽鑑古　16 卷　清・乾隆敕編　成書於乾隆十六年(1749)——四十六年(1781)之間《集成》用 1913 年涵芬樓石印寧壽宮寫本
寧樂譜　1 册　[日]中村準佑　1969 年
綜述　殷虚卜辭綜述　陳夢家　1956 年
綜覽　殷周時代青銅器之研究・殷周青銅器綜覽一　2 册　[日]林巳奈夫　1984 年
隨縣曾侯乙墓　1 册　湖南省博物館　1980 年
廣西出土文物　1 册　廣西僮族自治區文物管理委員會　1978 年
廣川書跋　10 卷　宋・董逌撰　《集成》用光緒十三年(1887)刻本
壽縣　壽縣所出青銅器考略　唐蘭　國學季刊四卷(1 號抽印本)　1934 年
摭續　殷契摭佚續編　李亞農　1950 年

十五畫

瀓秋　瀓秋館吉金圖　2 册　孫壯　1931 年
銘文選　商周青銅器銘文選　3 册　上海博物館商周青銅器銘文選編寫編　1986—1987 年
歐遺珠　歐洲所藏中國青銅器遺珠　1 册　李學勤　艾蘭著　文物出版社　1995 年
歐精華　歐米蒐儲支那銅器精華　6 册　[日]梅原末治　1933 年
澳銅選　澳大利亞見中國銅器選(《屈萬里先生七秩榮慶論文集》抽印本)　張光裕　1978 年
選青閣藏器目　清・王錫棨撰　商務印書館據靈鶼閣叢書本影印　收入《叢書集成・初編》1936 年
輝縣　輝縣發掘報告　中國科學院考古研究所　1956 年
遼寧　遼寧省博物館　1983 年
學報　考古學報　中國社會科學院考古研究所編　科學出版社　1953 年以來
遺寶　河南安陽遺寶　1 册　[日]梅原末治　1940 年

十六畫

録遺　商周金文録遺　于省吾　科學出版社　1957 年
濬縣　濬縣彝器　2 册　孫海波　1938 年
鄴初　鄴中片羽初集　2 册　黄濬　1935 年
鄴二　鄴中片羽二集　2 册　黄濬　1937 年
鄴三　鄴中片羽三集　2 册　黄濬　1942 年
積古　積古齋鐘鼎彝器款識　10 卷　清・阮元　嘉慶九年(1804)自刻本
積微　積微居小學金石論叢　楊樹達　科學出版社　1955 年
積微居金文説　楊樹達　科學出版社　1959 年
衡齋　衡齋金石識小録　2 卷　黄濬　1935 年
燕京學報　燕京學報編輯委員會　第 16 期《鳥書考》1934 年　第 17 期《鳥書考補正》1935 年　第 23 期《鳥書三考》1938 年
盧氏(1924)　中國古代青銅器　Tch' ou TO—yi, Bronzes Antiques deia chine Appartenant a C. T. Loo et Cie, Paris, 1924.
盧氏(1939)　中國青銅器展覽　An Exhibition of Chinese Bronzes. C. T. Loo and Company, New York, 1939.

盧氏(1940)　古代中國青銅禮器展覽圖録　An Exhibition of Ancient Chinese Ritual Bronzes. Loaned C. T. Loo and Company, Detvoit.
盧氏(1941)　中國藝術展覽　Exhibition of Chinese Art C. T. Loo and Company, New York, 1941.
薛氏　歷代鐘鼎彝器款識法帖　20 卷　宋・薛尚功　紹興十四年(1144)石刻本　《集成》用 1935 年于省吾影印崇禎六年(1633)朱謀垔刻本
薛氏宋石刻殘本　徐中舒　"中央研究院歷史語言研究所"集刊
嘯堂　嘯堂集古録　2 卷　宋・王俅　淳熙三年(1176)刻本　《集成》用 1922 年涵芬樓《續古逸叢書》影印淳熙本
戰國　戰國文字通論　何琳儀　中華書局　1989 年
戰國式　戰國式銅器的研究　[日]梅原末治　1936 年
辨僞録　商周秦漢青銅器辨僞録　1 册　羅福頤　1981 年
獲古　獲古圖録　[日]大村西崖　1923 年
獨笑　獨笑齋金石文字考　5 卷　鄭業斆　1927 年

十七畫

賸稿　河南吉金圖志賸稿　1 册　孫海波　1939 年
薩克勒(1987)　Shang Rltual Bronzes in the Arthur M. Sackler Collections New York.
賽爾諾什　Elisseeff, Vadime(葉理夫), Bronzes archaiques Chinois au Musee Cernuschi (Archaic Chinese Bronzes), Vol. I – Tomel, Paris. L' Asiatheque, 1977.
龜甲獸骨文字　2 卷　林泰輔　1917 年

十八畫

簠齋　簠齋吉金録　8 卷　鄧實　1918 年
簠齋藏器目　清・陳介祺撰　商務印書館據靈鶼閣叢書本影印　收入《叢書集成・初編》 1936 年
雙吉　雙劍誃吉金圖録　2 卷　于省吾　1934 年
雙虞壺齋藏器目　1 卷　清・吴式芬撰　商務印書館據靈鶼閣叢書本影印　收入《叢書集成・初編》 1936 年
雙古　雙劍誃古器物圖録　2 卷　于省吾　1940 年
斷代　西周銅器斷代(一)——(六)　陳夢家　考古學報 9—16 册　1955—1956 年
雙王　雙王鉨齋金石圖録　鄒安　1916 年
藝展　參加倫敦中國藝術國際展覽會出品圖説　商務印書館　1936 年
藝術類徵　鄒安　1916 年

十九畫

癡盦　癡盦藏金　1 册　李泰棻　1940 年
癡續　癡盦藏金續集　1 册　李泰棻　1941 年
攀古　攀古樓彝器款識　2 卷　清・潘祖蔭　《集成》用同治十一年(1872)滂喜齋自刻王懿榮手寫本
攗古　攗古録金文　3 卷　清・吴式芬　《集成》用光緒二十一年(1895)吴氏家刻本

懷米　懷米山房吉金圖　2卷　清·曹載奎　道光十九年(1839)自刻本
懷米山房藏器目　1卷　清·曹載奎撰　商務印書館據靈鶼閣叢書本影印　收入《叢書集成·初編》1936年
懷履光(1956)　古代中國青銅文化　W. C. White, Bronze Culture of Ancient China, 1956, Toronto.
蘇黎世　Brinker. Helmut, Bronzen Aus Dem Alten China, Museum Rietberg Zurich, 1975—1976.
羅表　三代秦漢金文著録表　20卷　羅福頤　1933年

二十畫
寶楚　寶楚齋藏器圖釋　1卷　方焕經　1934年
寶蘊　寶蘊樓彝器圖録　2册　容庚　1929年
寶鷄𢐗國墓地　2册　盧連成　胡智生編　文物出版社　1988年
寶鼎　寶鼎齋三代銅器圖録 Willem Van Heusden(萬孝臣), Ancient Chinese Bronzes of the Shang and Chou Dynasties, an Ⅲ ustrated Catalogue of the Van Heusden Collection With a Historical Introduction, 1952, Tokyo.
鏡齋　鏡齋吉金録　Ⅰ、Ⅱ Gustav Ecke(艾克), Sammlung lochow, Chinesische Bronzen Ⅰ、Ⅱ, Peiping1943, 1944.
釋銘　商周彝器釋銘　6卷　清·吕調陽　1894年

二十一畫
續殷　續殷文存　2卷　王辰　1935年
續考　續考古圖　5卷　宋·趙九成　紹興三十二年(1162)年後　《集成》用清光緒十三年(1887)歸安陸氏十萬卷樓叢書刻本

二十三畫
巖窟　巖窟吉金圖録　2册　梁上椿　1943年

二十四畫
鬭雞臺　鬭雞臺溝東區墓葬　國立北平研究院史學研究所　1948年
觀堂　觀堂集林　22卷　王國維　1921年

《殷周金文集成》校記

表 1、器物重出

器號	器名	正	誤	備註
448	史鬲	據《美集録》A42 圖,應爲鼎	與 1084 史鼎重出	
582	叏子旅鬲	器藏上博,應爲鼎	與 2320 鼎重出	
612	伯□子鬲		612(綴遺 27.31.1)是 630(猗文閣拓本)的摹本,重出	
630	番伯□孫鬲		此與 612 重出,612 是此器的摹本	
843	亞㠱父己甗		與 1868 鼎重出	此處沿襲《三代》錯誤,二器皆無圖,無法肯定爲何類器
917	諸女甗	據《陶齋》圖應爲觥	與 9294.1 觥重出	
1084	史鼎	據《美集録》A42 圖,器形應爲鼎	與 448 鬲重出	
1116	㒸鼎	據清華大學圖書館藏器應爲鼎	與 11828 鏟重出	
1375	㽙册鼎	未見器形,據考古所藏陳夢家收集的英國拓片,鼎的可能性大些	與 3108 簋(彙編 9.1420)重出	
1410	亞告鼎	據《善齋》5.14 圖應是觚	與 6972 觚重出	
1429	亞矣鼎	據《美集録》圖應爲鼎	與 6156 觶重出	
1843	亞獏父丁鼎	據故宫藏器應爲卣	與 5413.1 四祀𠨘其卣蓋重出	
1868	亞㠱父己鼎		與 843 甗重出	此處沿襲《三代》錯誤,二器皆無圖像著録,無法肯定爲何類器

器號	器名	正	誤	備註
1893	何父癸鼎	據《善齋》2.39 圖應爲鼎	與5756 尊重出	
1908	彭女彝鼎	據《雙古》8 圖應爲卣	與5110 卣重出	
2078	事作小旅鼎	據器形應爲尊	與5817 尊重出	
2181	作公障彝鼎	據《美集録》圖形應爲卣	與5219 卣重出	
2320	昝子旅作父戊鼎	器藏上博,應爲鼎	與582 鬲重出	
2364	亞父庚且辛鼎	據上博藏器應爲簋	與3683 簋重出	
3002.1–2	𠦪簋	據故宫藏器應爲瓿	與9941 瓿重出	
3108	𦊫册簋	未見器形,據《彙編》9.1420,估計鼎的可能性大些	與1375 鼎(考古所藏陳夢家收集的英國拓片)重出	
3331	亞䣪父辛簋		與5085.2 卣重出	此處沿襲了《三代》12.55.6 卣與7.3.8 簋重出的錯誤。因無器形可查,無法確定器類
3434	𦣻父辛簋	據《博古》8.9 應爲簋	與5171 卣重出	
3683	不亞保且辛簋	據上博藏器應爲簋	與2364 鼎重出	
4778	𢓊卣	據歷博藏器應爲方彝	與9829 方彝重出	
4823.1	𠔿乙卣		與4823.2 拓本重出	《三代》12.40.10—11 蓋、器銘文不重,應用《三代》12.40.11 替换4823.2 的拓本
4869	𡿨戈卣		與5582 尊重出	因無器形可查,無法確定器類
4901	子且癸卣	據《綜覽》332 頁觚180 記寧樂美術館藏器器形,應爲觚	與7085 觚重出	

器號	器名	正	誤	備註
4924	奞父乙卣		4924.1 奞父乙卣與 9267.2 觥重出;4924.2 與 9267.1 重出	此處沿襲了《三代》13.2.1－2 與 17.24.1－2 重出的錯誤。因無器形可查,無法確定器類
4937	牧父丙卣	據故宫藏器應爲觚	與 7104 觚重出	
4941	史父丁卣	據故宫藏器應爲壺	與 9502 壺重出	
5054.2	亞艅父乙卣	據《綜覽》107 圖應爲觶	與 6379 觶重出	
5085.2	亞䤈父辛卣		與 3331 簋重出	此處沿襲了《三代》12.55.6 卣與 7.3.8 簋重出的錯誤。因無器形可查,無法確定器類
5110	彭女彝卣	據《雙古》28 圖應爲卣	與 1908 鼎重出	
5158	册劦竹父丁卣	據《陝青》3.33 圖應爲壺	與 9546 壺重出	
5171	䨭作父辛卣	據《博古》8.9 應爲簋	與 3434 簋重出	
5206	亞矢望父乙卣		此器與 9565 壺重出	
5209	𧻚作父丁卣	據《美集録》A662 圖應爲觥	與 9289 觥重出	
5219	作公隮彝卣	據《美集録》圖形應爲卣	與 2181 鼎重出	
5413.1	四祀𠨘其卣	據故宫藏器應爲卣	與 1843 亞獏父丁鼎重出	
5455	史尊	據日本《甲骨學》十二號圖形應爲觚	與 6607 觚重出	
5457	史尊	據故宫藏器應爲尊	與 6608 觚重出	
5582	[illegible]戈尊		與 4869 卣重出	因無器形可查,無法確定器類
5696	双疋[illegible]尊	據上博藏器應爲罍	與 9790 罍重出	
5733	文父丁䨭尊	據《日精華》3.263 圖應爲觥	與 9284 觥重出	

器號	器名	正	誤	備註
5734	文父丁䚄尊	據《日精華》3.263 圖應爲觥	與 9284 觥重出	
5756	何父癸尊	據《善齋》2.39 圖應爲鼎	與 1893 鼎重出	
5817	事作小旅尊	據《美集録》圖應爲尊	與 2078 鼎重出	
5846	伯矩尊	據《綜覽》300 頁圖應爲壺	與 9568 壺重出	
5941	[illegible]尊	據南京大學歷史系藏器應爲盉	與 9428 盉重出	
6149	女皿觶	據歷博藏器應爲觚	與 6874 觚重出	
6156	亞矣觶	據《美集録》圖應爲鼎	與 1429 鼎重出	
6379	亞艅父乙觶	據《綜覽》107 圖應爲觶	與 5054.2 卣重出	
6385	葡父乙觶	據故宫藏器應爲觶	與 9871 方彝重出	
6471	[illegible]作父丁觶	據《巖窟》上 56 圖應爲觚	與 7280 觚重出	
6607	史觚	據《巖窟》上 56 圖應爲觚	與 5455 尊重出	
6608	史觚	據故宫藏器應爲尊	與 5457 尊重出	
6874	女皿觚	據歷博藏器應爲觚	與 6149 觶重出	
6972	亞告觚	據《善齋》5.14 圖應爲觚	與 1410 鼎重出	
7085	子且癸觚	據《綜覽》332 頁觚 180 記寧樂美術館藏器應爲觚	與 4901 卣重出	
7104	敄父丙觚	據故宫藏器應爲觚	與 4937 卣重出	
7280	[illegible]作父丁觚	應爲觚	6471 據《録遺》誤收此器爲觶	
9267	奞父乙觥		9267.2 奞父乙觥與 4924.1 卣重出;9267.1 與 4924.2 重出	此處沿襲了《三代》13.2.1－2 與 17.24.1－2 重出的錯誤。因無器形可查,無法確定器類

器號	器名	正	誤	備註
9284	䵼文父丁觥	據《日精華》3.263 圖應爲觥	與5733、5734 尊重出,且誤分爲二	
9289	𦘒父丁觥	據《美集録》A662 圖應爲觥	與5209 卣重出	
9294.1	者女觥	據《陶齋》圖應爲觥	與917 甗重出	
9428	[illegible]盉	據南京大學歷史系藏器應爲盉	與5941 尊重出	
9502	史父丁壺蓋	據故宫藏器應爲壺	與4941 卣重出	
9546	册劦[illegible]父丁壺	據《陜青》3.33 圖應爲壺	與5158 卣重出	
9565	亞㸚乙壺	此器與5206 卣重出		
9568	伯矩壺	據《綜覽》300 頁圖應爲壺	與5846 尊重出	
9790	疋[illegible]又罍	據上博藏器應爲罍	與5696 尊重出	
9829	𢕌方彝	據歷博藏器應爲方彝	與4778 卣重出	
9839	㓞方彝	據故宫藏器應爲方彝	與10490 器重出	
9871	耳曰父乙方彝	據故宫藏器應爲觶	與6385 觶與重出	
9941.1-2	隮瓿	據故宫藏器應爲瓿	與3002.1-2 簋重出	
10453	廿四年錐形器		此器與11902 銅梃重出	
10490	㓞器	據故宫藏器應爲方彝	與9839 方彝重出	
11828	豖鏟	據清華大學圖書館藏器應爲鼎	與1116 鼎重出	
11902	廿四年銅梃		此與10453 錐形器重出	

表2、疑僞器及巴蜀器

疑僞器

器號	器名	備註
3623	不[illegible]簋	此器現藏故宫,是僞器
9210	山父乙斝	據故宫藏器定僞
9447	王仲皇父盉	據故宫藏器定僞
11458	左庫矛	疑僞
11491	行儀鍨矛	銘疑僞刻
11673	王立事劍	銘仿 11674 鈹僞作
11691	十五年春平侯劍	銘僞刻
11705	郾王喜劍	疑僞

巴蜀器

器號	器名	不當録入
10692	[illegible]戈	巴蜀符號器
10860	[illegible]虎戈	巴蜀符號器
11575	工劍	巴蜀符號器

表3、器名錯誤

器號	正	誤
42	楚公冢鐘;	楚公象鐘
43	楚公冢鐘;	楚公象鐘
44	楚公冢鐘;	楚公象鐘
45	楚公冢鐘;	楚公象鐘
86	鼄大宰鐘	邾大宰鐘
87	鼄叔之伯鐘	邾叔之伯鐘
106	楚公逆鎛	楚公逆鐘
149	鼄公牼鐘	邾公牼鐘
150	鼄公牼鐘	邾公牼鐘
151	鼄公牼鐘	邾公牼鐘
152	鼄公牼鐘	邾公牼鐘
245	鼄公華鐘	邾公華鐘
395	[illegible][illegible]鐃	漏[illegible]字
396	[illegible][illegible]鐃	漏[illegible]字
397	[illegible][illegible]鐃	漏[illegible]字
455	亞[illegible]鬲	亞[illegible]鬲
474	[illegible]父乙鬲	龏父乙鬲
478	倲父丙鬲	重父丙鬲
508	丁[illegible]作彝鬲	丁作彝鬲
528	[illegible]鬲	[illegible]鬲
529	雩人守鬲	雯人守鬲
596	郳始鬲	郳伯鬲
633	塱肇家鬲	説明中器名“擧肇家鬲”; 目録中器名“舉肇家鬲”
710	仲勘鬲	仲斯鬲
731	鄭師□父鬲	鄭師蒦父鬲
790	李甗	夲甗
792	宁章甗	寧章甗

器號	正	誤
804	米甗	米甗
817	亯父己甗	亯父巳甗
819	見父己甗	見作父巳甗
887	[illegible]弗生甗	漏"甗"字
934	[illegible]作寶甗	[illegible]甗
947	敶公子叔邍父甗	陳公子叔邍父甗
1008	㹜鼎	㹜鼎
1117	夒鼎	夓鼎
1118	夒鼎	夓鼎
1242	[illegible]方鼎	[illegible]方鼎
1325	婦好鼎	婦好墓
1327	婦好鼎	婦好墓
1329	婦好鼎	婦好墓
1330	婦好鼎	婦好墓
1331	婦好鼎	婦好墓
1333	婦好鼎	婦好墓
1335	婦好鼎	婦好墓
1415	亞夒鼎	亞夓鼎
1481	交鼎鼎	文鼎鼎
1563	祺父乙鼎	祺父乙鼎
1618	未父己鼎	未父己鼎
1697	子父皁鼎	子皁鼎
1737	冊[illegible]宅鼎	[illegible]冊宅鼎
1752	[illegible]聑鼎	十聑鼎
1794	作寶彝方鼎	作寶鼎方鼎
1797	作[illegible]彝方鼎	作从彝方鼎
1800	長舍鼎	長倉鼎
1830	[illegible]父乙鼎	[illegible]父丁鼎
1834	耳衡父乙鼎	耳衡父已鼎

器號	正	誤
1889	[illegible]父辛鼎	[illegible]父辛鼎
2034	亞伯禾鼎	亞白禾鼎
2104	上[illegible]床鼎	上[illegible]鼎
2280	[illegible]鼎	[illegible]鼎
2298	鑄客爲集脰鼎	鑄容爲集脰鼎
2322	作父辛方鼎	作文辛方鼎
2392	叔姬作陽伯鼎	叔姬鼎
2407	伯[illegible]鼎	漏“鼎”字
2437	[illegible]虎鼎	[illegible]虎鼎
2442	仲宧父鼎	仲宦父鼎
2444	伯[illegible]鼎	伯[illegible]
2445	伯[illegible]鼎	伯[illegible]
2446	伯[illegible]鼎	伯[illegible]
2450	曾子伯誩鼎	漏“伯”字
2487	伯[illegible]父鼎	伯[illegible]鼎
2667	鄭伯士叔皇父鼎	鄭伯氏叔皇父鼎
2730	厚趠方鼎	原趠方鼎
2838	曶鼎	舀鼎
3199	[illegible]父辛簋	[illegible]父己簋
3347	女[illegible]作簋	女女作簋
3382	邵作寶彝簋	卲作寶彝簋
3645	[illegible]作且癸簋	作且癸簋
3716	辨作文父己簋	辨作文公己簋
3821	湋伯簋	湋伯簋
3853	叔向父簋	叔向公簋
3871	夨王簋蓋	矢王簋蓋
3891	井□叔安父簋	井□叔安父殷
3892	師旲父簋	師旲父殷

器號	正	誤
3914	大自事良父簋蓋	大自事良父簋
3942	叔德簋	叔德殷
3943	伯[illegible]簋	伯[illegible]殷
3946	中伯簋	中伯殷
3947	中伯簋	中伯殷
3949	季魯簋	季魯殷
3969	仲殷父簋	仲殷父殷
3972	虢季氏子緮簋	虢季氏子緮殷
4014	穌公子簋	穌公子殷
4081	宗婦鄁嫛簋	宗婦鄁嫛簋蓋
4124	尌仲簋蓋	仲簋蓋
4126	[illegible]季簋	[illegible]季簋蓋
4146	鯀簋(殘底)	鯀簋殘底簋
4300	作册夨令簋	作册矢令簋
4301	作册夨令簋	作册矢令簋
4353	夨賸盨	矢賸盨
4411	[illegible][illegible]盨	[illegible][illegible]盨
4413	[illegible]季獻盨	[illegible]季獻盨
4616	鄦子妝簠	鄦爲子妝簠蓋
4632	曾伯霥簠	曾伯霥簠
4676	鑄客豆	鑄克豆
4729	[illegible]卣	冈卣
4928	[illegible]父乙卣	[illegible]父乙卣
4958	受父己卣	受父卣
5158	册劦竹父丁卣	劦册竹父丁卣
5190	㽙卣蓋	㽙卣
5192	[illegible][illegible]卣蓋	[illegible][illegible]卣
5197	狽作寶隮彝卣蓋	狽作寶隮彝卣

器號	正	誤
5448	放尊	放尊
5682	子[广+瓦]圖尊	子軓圖尊
5764	伯作旅彝尊	伯作寶彝尊
5882	□作父辛尊	□作父辛奮
5917	盩嗣土幽且辛尊	盩嗣土幽曰辛尊
5985	[口+烏+攵]士卿父戊尊	鳴士卿父戊尊
6170	大丏觶	大丏觶
6235	□父乙觶	父乙□觶
6328	□父癸觶	□父癸觶
6357	秉毌戊觶	秉母戊觶
6404	亞[大+龜]父己觶	亞卒父己觶
6554	□觚	□觚
6582	朋觚	鄉觚
6836	丰己觚	丰己觚
7036	卜□觚	卜□觚
7383	□爵	□爵
7720	□爵	□爵
7928	父戊爵	公戊爵
8154	□□爵	□□爵
8156	□□爵	□□爵
8263	□□爵	□□爵
8342	□且庚角	□且庚爵
8372	陸父甲角	陸父甲爵
8374	啟父甲爵	启父甲爵
8443	子父丁爵	子父丁爵
8471	□父丁爵	漏"□"字
8578	□父己爵	□父巳爵
8650	□父辛爵	□父苦爵

器號	正	誤
8661	□父辛爵	口父辛爵
8669	[illegible]父癸爵	[illegible]父癸爵
8670	[illegible]父癸爵	[illegible]父癸爵
8708	[illegible]父癸爵	⊥父癸爵
8845	[illegible]且辛爵	[illegible]且己爵
8912	册劦父丁角	册劦父丁爵
8918	[illegible]矢父戊爵	[illegible]矢父戊爵
8919	[illegible]矢父戊爵	[illegible]矢父戊爵
8920	[illegible]矢父戊爵	[illegible]矢父戊爵
8927	亞[illegible]父己角	亞[illegible]父己爵
8977	㠱逐母癸爵	㠱遂母癸爵
9042	作[illegible]障彝角	作[illegible]彝角
9137	[illegible]斝	[illegible]斝
9138	[illegible]斝	[illegible]斝
9215	[illegible]父己斝	[illegible]父乙斝
9258	宁矢觥	矢宁觥
9278	[illegible]父辛觥	戎父辛觥
9376	戈宁父丁盉	戈寧父丁盉
9490	史放壺	史旅壺
9516	[illegible]斿子壺	[illegible]游子壺
9738	[illegible]罍	母罍
9741	[illegible]罍	[illegible]皦
9894	戍鈴方彝	戌鈴方彝
9956	亞[illegible][illegible]瓿	亞[illegible]瓿
10076	季嬴霝德盤	李嬴霝德盤
10154	魯少嗣寇盤	魯少嗣冠盤
10535	亞[illegible]父丁器	亞鳥丫父丁器
10540	伯作旅彝器	伯作寶彝器

器號	正	誤
11600	戉王者旨於賜劍	邚王者旨於賜劍
11605	蔡公子從劍	蔡公子永劍
11619	四年建信君鈹	四年建信君劍
11668	徐王義楚之元子劍	徐王義楚子元劍
11691	十五年春平侯劍	十五年春平侯鈹
11916	廿年距末	卅年距末

表4、字數錯誤

器號	器名	正	誤
42	楚公豪鐘	目録中字數12	13
50	鼄君鐘	説明字數存16	16
67	兮仲鐘	説明及目録中字數存19	27
588	叔皇父鬲	説明中字數8	7
600	己侯鬲	目録中字數存8	8
601	宋眉父鬲	目録中字數存8	8
662	虢季氏子緻鬲	説明中字數13(又重文2)	13
		目録中字數13	12
690	魯伯愈父鬲	目録中字數14	15
739	孟辛父鬲	目録中字數18	19
740	孟辛父鬲	目録中字數18	19
746	仲枏父鬲	目録中字數37	36
747	仲枏父鬲	目録中字數37	36
748	仲枏父鬲	目録中字數35	36
749	仲枏父鬲	説明中字數36(又重文2,合文1)	35(又重文2,合文1)
750	仲枏父鬲	目録中字數35	36
751	仲枏父鬲	目録中字數37	36
752	仲枏父鬲	目録中字數37	36
754	尹姞鬲	目録中字數64	65
806	且丁旅甗	説明及目録中字數4	3
838	子父乙甗	目録中字數4	3
864	中甗	目録中字數存4	4
936	王后中鑄甗	説明中字數13(頸部11 腹部2)	14
		目録中字數13 頸部11 腹部2	14
947	陳公子叔邍父甗	説明字數37(又重文1)	36(又重文2)
		目録中字數37	36
980	魚鼎匕	目録中字數存36	36
1351	尹臾鼎	目録中字數存2	2

器號	器名	正	誤
1870	亞獸父己鼎	目録中字數4	3
1871	亞旃父己鼎	目録中字數4	3
1872	亞[illegible]父己鼎	目録中字數4	3
2043	戲伯鼎	目録中字數存5	5
2107	寧女方鼎	目録中字數存5	5
2230	□子鼎	目録中字數存6	6
2242	垣上官鼎	説明中字數6	5
2258	[illegible]父癸鼎	説明中字數存7(又合文1)	7(又合文1)
		目録中字數存7	7
2285	子陜□之孫鼎	目録中字數存7	7
2309	□廣鼎	目録中字數存7	7
2398	[illegible]鼎	目録中字數存9	9
2399	言鼎	目録中字數存9	9
2427	亞窶鼎	目録中字數存10	10
2428	□子每[illegible]鼎	目録中字數存10	10
2429	鬳攵仲鼎	目録中字數存10	10
2430	殘隮鼎	目録中字數存10	10
2478	鎬鼎	目録中字數存12	12
2484	舟鼎	目録中字數存12	存13
2500	伯鹿父鼎	目録中字數存13	13
2501	嗣工殘鼎	目録中字數存13	13
2502	圓君鼎	目録中字數存13	13
2519	君季鼎	目録中字數存14	14
2528	弄□仲方鼎	目録中字數存14	14
2613	玿方鼎	目録中字數18	19
2612	玿方鼎	目録中字數19	18
2641	郳□白鼎	目録中字數存17	20
2758	作册大方鼎	目録中字數41	40
2759	作册大方鼎	目録中字數40	41

器號	器名	正	誤
2810	噩侯鼎	目録中字數存79	79
3416	作旅簋	目録中字數4	5
3470	畢簋	目録中字數存5	5
3690	伯簋	説明中字數9(又重文2)	9
3718	伯簋	説明中字數10(又重文2)	10
3722	彝伯簋	説明中字數10(又重文2)	10
3726	友父簋	説明中字數10(又重文2)	10
3727	友父簋	説明中字數10(又重文2)	10
3826	叵匕戥簋	目録中字數存14	14
3845	妊[illegible]每簋	説明中字數14(又重文2)	12(又重文2)
3856	伯家父簋	目録中字數14	15
3857	伯家父簋	目録中字數14	15
3858	鄧公簋	目録中字數15	14
3859	辛叔皇父簋	説明字數14(又重文2)	14
		目録中字數14	15
3860	雁侯簋	目録中字數14	15
3864	伯簋	目録中字數存15	15
3884	栿車父簋	説明中字數15(又重文2)	重文2
3885	栿車父簋	目録中字數存7	15
3900	杞伯每[illegible]簋蓋	目録中字數14	15
3922	叔䝨父簋	説明中字數16(又重文2)	16
3953	辰在寅簋	目録中字數存18	18
4054	曾大保簋	目録中字數存20	23
4146	緐簋(殘底)	目録中字數存36	36
4365	立盨	説明中字數9(又重文2)	9
4379	陳姬小公子盨	説明中字數10(又重文1)	10
4382	伯車父盨	目録中字數12	11
4384	伯公父盨蓋	説明中字數11(又重文2)	11
4395	伯大師盨	説明中字數12	2

器號	器名	正	誤
4406	爲甫人盨	目録中字數存 13	13
4432	曼龔父盨	目録中字數 20	21
4449	杜伯盨	目録中字數 29	30
4466	鬲比盨	目録中字數存 121	121
4469	塱盨	目録中字數 151	154
4534	[illegible]仲簠	説明中字數 12(又重文 2)	12
4544	叔[illegible]父簠蓋	目録中字數存 13	13
4572	季宫父簠	説明中字數 18(又重文 2)	18
4622	叔朕簠	目録中字數存 28	存 23
4680	鑄客豆	目録中字數 9	10
4695	郪陵君王子申豆	目録中字數 30	53
4805	亞伐卣	目録中字數 2	存 1
4933	亞父乙卣	目録中字數存 3	3
5001	妥母辛卣	説明中字數 3(蓋 2 器 3)	蓋 2 器 3
5011	[illegible]卣	説明中字數 3(蓋 2 器 3)	蓋 2 器 3
5100	亞㚅皇旛卣	説明中字數 4(蓋 3 器 4)	蓋 3 器 4
5101	戉葡卣	説明中字數 4(蓋器各 2,字不同)	蓋器各 2,字不同
5111	𢑚母彝卣	説明字數 3	4
		目録中字數 3	4
5145	[illegible]且己父己卣	説明中字數 4(蓋器各 4,字有差異)	蓋器各 4,字有差異
5244	正父卣	説明中字數 6(蓋 5 器 6)	蓋 5 器 6
5252	買王卣	説明中字數 6(蓋 5 器 6)	蓋 5 器 6
5254	𠫑卣	目録中字數存 6	6
5259	卿卣	説明中字數 7(蓋 6 器 7)	蓋 6 器 7
5306	乃子卣	目録中字數存 7	7
5312	鈇作父戊卣	説明中字數 8(蓋 1 器 7)	器 7 蓋 1
5327	伯[illegible]卣	説明中字數 8(蓋 8 器 9)	蓋 8 器 9
5347	父乙告田卣	説明中字數 10(蓋 4 器 6)	蓋 4 器 6
5365	豚卣	説明中字數 11(又重文 2)	11

器號	器名	正	誤
5367	寏作母乙卣	目録中字數 12	11
5370	作文考父丁卣	説明中字數 12(蓋 10 器 2)	蓋 10 器 2
5376	虢季子�卣	説明中字數 15(又重文 2)	15
5393	伯口作文考父辛卣	説明中字數 19(蓋 3 器 16)	蓋 3 器 16
5399	盂卣	説明中字數 25(蓋 3 器 22)	蓋 3 器 22
5487	[illegible]尊	目録中字數 1	2
5554	天已尊	目録中字數存 2	2
5832	作父庚尊	目録中字數存 6	6
5943	效作且辛尊	目録中字數 10	9
5944	遡作父乙尊	目録中字數 10	9
5945	弃者君父乙尊	目録中字數 10	9
5997	商尊	目録中字數 29	31
6002	作册折尊	目録中字數 42	43
6004	矍尊	目録中字數 46	47
6008	臤尊	目録中字數 51	53
6133	逆父觶	目録中字數存 2	2
6516	趩觶	目録中字數 67	68
6943	丨丨斆觚	説明中字數 2	3
7072	[illegible]且甲觚	説明中字數 3	2
7074	家且乙觚	説明中字數 3	2
7797	亞[illegible]角	説明中字數 2	1
8992	[illegible]且乙爵	目録中字數 5	4
9101	寙魚爵	説明中字數 12	14
		目録中字數 12	14
9160	亞西斝	説明中字數 2	漏 2
9259	[illegible]旅觥	説明中字數 2	1
9434	[illegible]君盉	目録中字數存 12	12
9437	伯庸父盉	説明中字數 14(又重文 1)	14
9457	[illegible]壺	目録中字數 1	11

器號	器名	正	誤
9458	先壺	目録中字數 1	11
9459	嬰壺	目録中字數 1	11
9460	嬰壺	目録中字數 1	11
9461	耳壺	目録中字數 1	11
9462	[illegible]壺	目録中字數 1	11
9463	[illegible]壺	目録中字數 1	11
9464	[illegible]壺	目録中字數 1	11
9465	興壺	目録中字數 1	11
9492	叔姜壺	目録中字數存 2	2
9566	[illegible]父乙壺	目録中字數存 6	6
9627	□侯壺	目録中字數存 12	12
9670	番壺	目録中字數存 17	17
9677	黽壺蓋	目録中字數存 19	19
9729	洹子孟姜壺	目録中字數存 135	135
9732	頌壺蓋	目録中字數 149	150
9733	庚壺	目録中字數存 170	173
9791	魚罍	目録中字數存 3	3
9909	[illegible]勺	説明中字數 1	2
9973	鄭義伯鐳	説明中字數 32	29
9980	孟戴瓶	目録中字數存 20	20
9987	黄子罐	目録中字數 16	14
10008	樂書缶	目録中字數 48	40
10040	奄父乙盤	説明中字數 3	2
10107	叔五父盤	説明中字數 14（又重文 2）	14
10110	德盤	説明中字數 15（又重文 2）	15
10120	周棘生盤	目録中字數存 16	16
10148	楚嬴盤	目録中字數 22	21
10173	虢季子白盤	目録中字數 106	104

器號	器名	正	誤
10191	作父乙匜	說明中字數 7	6
10202	[illegible]匜	目録中字數存 8	8
10221	尋伯匜	目録中字數存 12	12
10245	夢子匜	目録中字數存 15	15
10260	作嗣□匜	目録中字數存 17	17
10269	番□伯者君匜	目録中字數 20	19
10295	吳王夫差鑑	目録中字數 13	12
10313	□作父丁盂	目録中字數存 14	14
10320	[illegible]桐盂	說明中字數 29	39
10322	永盂	目録中字數 121	123
10342	晉公盆	目録中字數存 145	145
10353	廿五年盤	目録中字數存 9	9
10450	[illegible]左使車山形器	說明中字數 6	漏 6
10497	亞[illegible]器	目録中字數 2	1
10814	武戈	目録中字數存 1	1
10911	玄翏戈	目録中字數存 2	2
10942	郾王戈	目録中字數存 2	2
10970	□翏戈	目録中字數存 3	3
11003	職作戈	目録中字數存 3	3
11004	郾王喜戈	目録中字數存 3	3
11005	郾王喜戈	目録中字數存 3	3
11016	□司馬戈	目録中字數存 4	4
11018	滕侯昃戈	目録中字數存 4	4
11029	攻敔王光戈	目録中字數存 4	4
11059	作御司馬戈	目録中字數存 4	4
11110	王職戈	目録中字數存 5	5
11184	郾侯脮戈	目録中字數存 6	6
11185	郾侯奪戈	目録中字數存 6	6

器號	器名	正	誤
11192	郾侯戎人戈	目録中字數存6	6
11196	郾王戈	目録中字數存6	6
11197	□年寺王嚳戈	目録中字數存6	6
11243	郾王詈戈	目録中字數存7	7
11244	郾王詈戈	目録中字數存7	7
11252	邛季之孫戈	目録中字數存8	8
11264	十八年鄉左庫戈	目録中字數存8	8
11294	丞相觸戈	目録中字數存10	10
11279	大良造鞅戟	目録中字數存8	8
11287	三年上郡高戈	目録中字數存9	9
11291	十年邙令差戈	目録中字數存10	10
11293	三年蒲子戈	目録中字數存10	10
11297	王六年上郡守疾戈	目録中字數存11	11
11300	褏戈	目録中字數存11	11
11301	二十三年□丘戈	目録中字數存11	11
11347	十三年□陽令戈	目録中字數存14	14
11362	二年上郡守戈	目録中字數存15	15
11369	三年上郡守戈	目録中字數存16	16
11370	四十年上郡守起戈	目録中字數存16	16
11390	□年邦府戈	目録中字數存18	18
11393	楚屈叔佗戈	目録中字數存19	19
11404	十二年上郡守壽戈	目録中字數存24	24
11405	十五年上郡守壽戈	目録中字數存25	25
11407	□侯戈	目録中字數存70	70
11517	郾王職矛	説明中字數6	7
11518	郾王職矛	目録中字數7	6
11579	余王劍	目録中字數存4	4
11593	先劍	目録中字數5	存5

器號	器名	正	誤
11662	五年相邦春平侯劍	目録中字數存14	14
11822	左使鍾	目録中字數7	1
11826	层肴鐮	説明中字數2	1
11858	衛師銅泡	目録中字數3	2
11859	衛師銅泡	目録中字數3	2
11860	匽侯銅泡	目録中字數4	2
11861	匽侯銅泡	目録中字數4	2
11862	師給銅泡	目録中字數8	2
11996	廿一年㫷鐓	目録中字數5	6
12059	左使車嗇夫帳桿母扣	説明中字數13（又重文1）	10（又重文1）
12066	叔馬銜	目録中字數存1	1
12067	右企馬銜	目録中字數2	1
2308	王鼎	説明及目録中字數4	7

表 5、時代錯誤

器號	器名	正	誤
42	楚公豖鐘	西周晚期	西周中晚期
43	楚公豖鐘	西周晚期	西周中晚期
44	楚公豖鐘	西周晚期	西周中晚期
45	楚公豖鐘	西周晚期	西周中晚期
879	作且己甗	西周早期	西周中期
944	作册般甗	商代晚期	西周早期
2753	鄀公諴鼎	西周晚期	春秋早期
3858	鄧公簋	西周早期	西周晚期
4154	仲枏父簋	西周晚期	西周晚期或春秋早期
4853	魚從卣	西周早期	殷
5075	采作父丁卣	西周早期	殷
5286	竟作父辛卣蓋	西周早期	殷
10011	[illegible]盤	西周早期	殷
10281	鄭大内史叔上匜	西周晚期	春秋
10294	吴王夫差鑑	春秋後期	春秋
10295	吴王夫差鑑	春秋後期	春秋
10296	吴王夫差鑑	春秋後期	春秋
10400	楚王燈	戰國後期	戰國

表 6、説明漏項

漏字數項

器號	器名	補	漏
6403	亞[illegible]父己觶	字數:4	漏字數項
7585	[illegible]爵	字數:1	漏字數項
7639	戒爵	字數:1	漏字數項
9272	豙父乙觥	字數:3	漏字數項

漏時代項

器號	器名	補	漏
1548	[illegible]父乙鼎	時代:商代後期	時代項
4095	食生走馬谷簋	時代:春秋前期	時代項
4306	此簋	時代:西周晚期	時代項
5658	[illegible]父辛尊	時代:商代後期	時代項
10473	十四年帳橛	時代:戰國後期	時代項
12094	王命虎符	時代:戰國	時代項

漏出土項

器號	器名	補	漏
826	[illegible]母癸甗	出土:1927 年陝西寶鷄市金臺區陳倉鄉戴家港盜掘	出土項
1231	[illegible]鼎	出土:1927 年陝西寶鷄市金臺區陳倉鄉戴家港盜掘	出土項
1242	[illegible]方鼎	出土:1927 年陝西寶鷄市金臺區陳倉鄉戴家灣盜掘	出土項
3421	秉册毌父乙簋	出土:1927 年陝西寶鷄市金臺區陳倉鄉戴家灣盜掘	出土項
4083	宗婦鄁嬰簋	出土:光緒間陝西鄠縣	出土項
5319	[illegible]高卣	出土:1927 年陝西寶鷄市金臺區陳倉鄉戴家灣盜掘	出土項

器號	器名	補	漏
5926	亞旐父辛尊	出土:1927 年陝西寶鷄市金臺區陳倉鄉戴家灣盗掘	出土項
7966	父辛爵	出土:1973—1974 年北京房山縣琉璃河墓地 M251:5	出土項

漏現藏項

器號	器名	補	漏
35	媘鐘	現藏:故宫博物院	現藏項
146	士父鐘	現藏:湖南省博物館	現藏項
149	鼄公牼鐘	現藏:故宫博物院;	現藏項
186	余贎逐兒鐘	現藏:上海博物館	現藏項
734	番君酟伯鬲	現藏:故宫博物院	現藏項
871	夨伯甗	現藏:新鄉市博物館	現藏項
1078	史鼎	現藏:故宫博物院	現藏項
2348	作長鼎	現藏:上海博物館	現藏項
3948	臣卿簋	現藏:丹麥哥本哈根國立博物館	現藏項
7293	亞𠭯父丁觚	現藏:鄭州大學文博學院	現藏項
10086	魯伯厚父盤	現藏:故宫博物院	現藏項

漏拓片項

器號	器名	補	漏
1448	戈宁鼎	拓片:三代	拓片項
4736	⿰车攵卣	拓片:考古研究所藏	拓片項
5002	兄丁卣	拓片:考古研究所藏	拓片項
5006	劦册竹卣	拓片:考古研究所藏	拓片項
5142	眲子弓箙卣	拓片:考古研究所藏	拓片項
5265	且丁父癸卣	拓片:考古研究所藏	拓片項

其他漏項

器號	器名	補	漏
120	者沪鎛	流傳:1978 年江蘇蘇州市陳侃如捐獻	流傳項
132	者沪鐘	所收集十三鐘銘文之摹本兩件:其一爲郭沫若所作,載《考古學報》1958 年 2 期,其二爲李棪齋作,載《金匱考古綜合刊》第一期	説明項
4817	亞㠱卣	著録:未見	著録項

表7、説明錯誤

漏字數項

器號	器名	正	誤
5	天尹鐘	傳世僅一件,現藏上博,另一件拓本僅見考古所藏拓本	“説明”稱有“七件
49	戱狄鐘	《大系》認爲本鐘與35 戱鐘銘文相連	
108	雁侯見工鐘	收的兩枚雁侯見工鐘(107—108)合爲全銘	
168	厲氏鐘	三代1.34.3	三代134.3
246—259	瘐鐘	現藏:扶風縣周原文物管理所	扶風縣
		拓片:扶風縣周原文物管理所提供	扶風縣
302	曾侯乙鐘(中一5)	原備註“銅掛件銘19字未收”	漏“未收”二字
495	[illegible]季作鬲	著録:“博古19.15”、“薛氏157.2”	拓片:博古19.15”、“薛氏157.2”
734	番君酟伯鬲	拓片:考古研究所拓	考古研究所藏
1241	[illegible]鼎	時代	春秋
1722	伯作鼎		著録項中“陝青4.33”誤入出土項
1777	作旅鼎	現藏:陝西周原扶風文物管理所	漏一“物”字
1865	亞[illegible]父己鼎		説明中缺“時代”兩字、字數“4”
1901	[illegible]作父癸鼎	德國陶德曼舊藏	德囚陶德曼舊藏
1906	司母㠯康方鼎	拓片	抨片
2037	䤈鼎	著録	考録
2062	作寶隮彝方鼎	著録“江漢考古”	“漢漢考古”
2074	或鼎	出土項:“……莊白村墓葬……”	“……莊白家村墓葬……”
2279	仲義昌鼎	著録	目録
2284	喬夫人鼎	備註:文化大革命期間出土文物	漏一“命”
2289	王子[illegible]鼎	拓片:戰國式	1.戰中式(蓋)
2337	伯六[illegible]方鼎	著録“美集録R358”拓片	“美集録R538”抨片

器號	器名	正	誤
2355	洛叔之行鼎	時代	春秋
2430	殘隮鼎	字數	寫數
2444	伯氏鼎	拓片:考古研究所藏猗文閣拓片	漏"猗"字
2459	交鼎	字數	册數
2510	屯鼎		第四册 9115 頁右下頁多出數字 25'20 =500,
2725	歸娥方鼎	著録:文物 1986 年 1 期	《文物》1985 年 8 期
2726	歸娥方鼎	著録:文物 1986 年 1 期	《文物》1985 年 8 期
2791	伯姜鼎	著録:文物 1986 年 1 期	《文物》1985 年 8 期
3505	亞㠱吴作父乙簋	著録:故宫 10	故圖 10
3799	歸叔山父簋	時代:西周晚期	西同晚期
3884	楙車父簋		説明中缺字數"15",另缺"時代"二字
3885	楙車父簋		缺"時代"二字
4264	格伯簋	著録中"攈古"	漏"攈"字
4480	射南簠		説明序號旁多出數字"4"
4484	劉伯簠		説明序號旁多出數字"4"
4513	鑄客簠		説明序號旁多出數字"4"
4677	鑄客豆	現藏:故宫博物院	中國歷史博物館
4682	周生豆	現藏:寶鷄縣圖書館	寶鷄縣圖博館
4810	亞醜卣	字數	數字
5100	亞𠬪皇旛卣	現藏:遂川縣博物館	遂川縣
		拓片:遂川縣博物館提供	遂川縣
5742	亞㠱父己尊	出土:"……牛欄山公社……"	"……牛欄公社……"
5796	競作父乙尊	著録:圖版觶形尊 17	圖版觶形尊尊 17
5825	衍耳父乙尊	現藏:天津市歷史博物館	天津市歷史博物饋
5860	嬴季尊	拓片	抑片

器號	器名	正	誤
5899	䖒作父戊尊	備註:劉體智舊藏	劉劃智舊藏
5996	豐作父辛尊	出土:“……莊白村……”	“……莊白家村……”
5997	商尊	出土:“……莊白村……”	“……莊白家村……”
6001	小子生尊	流傳	清宫
6002	作册折尊	出土:“……莊白村……”	“……莊白家村……”
6017	辛觶	出土:山西靈石縣	省西靈石縣
6018	癸觶	拓片	抨片
6036	㕓觶蓋	現藏	見藏
6171	羊册觶	出土:“……莊白村……”	“……莊白家村……”
6339	爰父癸觶	流傳	清傳
6454	伯䧹觶	出土:“……莊白村……”	“……莊白家村……”
6455	伯䧹觶	説明中出土:“……莊白村……”	“……莊白家村……”
6469	雁事作父乙觶	現藏	出藏
6613	史觚	現藏:“研究所”	“……究研所……”
6714	戜觚	著録:美集録	美集
6744	束觚	現藏	出藏
6873	㝉女觚	現藏:故宫博物院	故宫博物館
6953	亞其觚	流傳:捐獻	損獻
7225	𠦪旅父乙觚	出土:“……莊白 1 號……”	“……莊白家 1 號……”
7230	亞䤈父丁觚	器號 7230	7330
7443	丰爵	拓片:三代	三
7653	山爵	著録:未見	未録
7665	爵	現藏:陝西盩厔	陝西盭厔
7708	爵	著録:攈古	漏“攈”字
7862	且辛爵	現藏:考古研究所	考研究所
7965	父辛爵	著録:積古	積吉
7998	匕癸爵	現藏	在藏
8120	子爵	現藏:舞陽縣文化館	舞陽縣文物館

器號	器名	正	誤
8492	[illegible]父丁爵	拓片:考古研究所拓	考古研究以拓
8908	[illegible]册父丁爵	著録:美集録	美集銘
8962	北西父癸爵	時代	時揚
9101	寧魚爵		説明中漏器名、器號"9101 寧魚爵"
9263	丙己觥	現藏:美國	帝國
9408	魯侯盉蓋		説明中有兩處拓片項
9422	[illegible]父乙盉	器號 9422	8422
9450	十二年盉	器號 9450	9440
9506	魚父癸壺	拓片	抨片
9511	司粤母方壺	拓片	拓先
9543	征宮右自壺	著録	秀録
9563	右冶尹壺	時代	戰代
9618 甲	而壺	拓片:河南省博物館提供	湖南省博物館提供
9783	户姦罍	拓片	抨片
9813	伯罍	著録	布録
		拓片	抨片
10068	緩父盤	著録:敬吾	敬語
10089	自作盤	阮元舊藏	院元舊藏
10319	要君盂	現藏:故宮博物院	浙江省博物館

表8、補充著録

器號	器名	補著録
120	者沪鎛	《文物》1992年2期96頁
146	士父鐘	《文物》1991年5期86—87頁
190	沵其鐘	《歐洲所藏中國青銅器遺珠》圖114
468	史秦鬲	《歐洲所藏中國青銅器遺珠》圖82
490	麥作彝鬲	《琉璃河西周燕國墓地》161頁圖95.2
514	夨伯鬲	《文物》1988年3期20—24頁;《寶鷄強國墓地》37頁圖9.1
515	夨伯鬲	《文物》1988年3期20—24頁;《寶鷄強國墓地》37頁圖9.2
521	微仲鬲	《寶鷄強國墓地》上152頁圖118.1
689	伯矩鬲	《琉璃河西周燕國墓地》160頁圖94e
729	仲生父鬲	《考古》1985年4期349頁
746	仲枏父鬲	《考古與文物》1990年5期26—43頁
807	戈父甲甗	《琉璃河西周燕國墓地》164頁圖97c
826	[illegible]母癸甗	《考古與文物》1991年1期3—13頁
871	夨伯甗	《文物》1986年3期93頁;《中原文物》1985年1期30—34頁
935	圉甗	《琉璃河西周燕國墓地》166頁圖98e
1094	嬰鼎	《歐洲所藏中國青銅器遺珠》圖6
1231	[illegible]鼎	《考古與文物》1991年1期
1242	[illegible]方鼎	《考古與文物》1991年1期3—22頁
1265	父己方鼎	《文博》1988年3期3頁;《中原文物》1985年1期26－29頁
1279	父癸鼎	《琉璃河西周燕國墓地》117頁圖77.3
1474	[illegible]鼎	《文博》1988年3期3—4頁;《中原文物》1985年1期26—29頁
1809	秉父辛鼎	《寶鷄強國墓地》上60頁圖47.4
1836	宁羊父丙鼎	《琉璃河西周燕國墓地》115頁圖75c.4
1904	聑[illegible]婦[illegible]鼎	《中原文物》1985年1期30頁
2035	亞㠱矣鼎	《琉璃河西周燕國墓地》112頁圖74c
2053	叔作寶隮彝鼎	《琉璃河西周燕國墓地》127頁圖83b.3

器號	器名	補著録
2166	戩史鼎	《琉璃河西周燕國墓地》120 頁圖 79.2
2248	亞[illegible]作父乙鼎	《琉璃河西周燕國墓地》117 頁圖 76c
2255	珥作父辛鼎	《琉璃河西周燕國墓地》119 頁圖 78b.3
2357	楚叔之孫倗鼎	《淅川下寺春秋楚墓》56 頁圖 45
2505	圉方鼎	《琉璃河西周燕國墓地》110 頁圖 73d
2507	復鼎	《琉璃河西周燕國墓地》102 頁圖 71b
2529	仲爯父鼎	《中原文物》1992 年 2 期 87 頁
2577	十七年平陰鼎蓋	《考古》1985 年 7 期 633 頁
2691	戈叔朕鼎	《歐洲所藏中國青銅器遺珠》圖 115
2703	堇鼎	《琉璃河西周燕國墓地》106 頁圖 72d
2739	塱方鼎	《考古與文物》1991 年 1 期
2811	王子午鼎	《淅川下寺春秋楚墓》124 頁圖 101
2911	甲簋	《考古與文物》1991 年 1 期
2938	兒簋	《寶鷄強國墓地》上 288 頁圖 199.5
2939	兒簋	《寶鷄強國墓地》上 288 頁圖 199.4
2940	兒簋	《寶鷄強國墓地》上 288 頁圖 199.6
2958	史簋	《歐洲所藏中國青銅器遺珠》圖 16
3072	子[illegible]簋	《文博》1990 年 3 期 15 頁
3228	敦女微簋	《歐洲所藏中國青銅器遺珠》圖 14
3288	伯作彝簋	《寶鷄強國墓地》上 298 頁圖 207.3
3345	聑[illegible]婦媡鼎	《中原文物》1985 年 1 期 30 頁
3378	戜作旅簋	《文物》1986 年 8 期 60—61 頁
3398	宜陽右倉簋	《文物》1987 年 11 期 93—95 頁
3421	秉毌父乙簋	《考古與文物》1991 年 1 期
3527	強伯簋	《寶鷄強國墓地》上 29 頁圖 21.2
3538	伯丂庚簋	《琉璃河西周燕國墓地》147 頁圖 90b.3
3539	伯丂庚簋	《琉璃河西周燕國墓地》147 頁圖 90b.4
3540	伯作乙公簋	《琉璃河西周燕國墓地》140 頁圖 87e
3626	[illegible]簋	《琉璃河西周燕國墓地》144 頁圖 88b

器號	器名	補著録
3627	[illegible]簋	《琉璃河西周燕國墓地》146 頁圖 89b
3766	伯幾父簋	《文博》1987 年 4 期 9—10 頁
3825	圉簋	《琉璃河西周燕國墓地》151 頁圖 91b
3906	攸簋	《琉璃河西周燕國墓地》126 頁圖 86d
3948	臣卿簋	《歐洲所藏中國青銅器遺珠》圖 87
3984	陽飤生簋蓋	《文物》1986 年 4 期 15—20 頁;《考古》1987 年 5 期 412—413 頁
4058	叔噩父簋	《歐洲所藏中國青銅器遺珠》圖 107
4072	孟姬㴝簋	《考古》1987 年 5 期 412—413 頁;《文物》1986 年 4 期 15—20 頁
4101	生史簋	《文物》1986 年 8 期 60—61 頁
4471	倗之簠	《淅川下寺春秋楚墓》66 頁圖 55.3、4
4501	王孫霝簠	《江漢考古》1986 年 2 期 93—94 頁;《考古學報》1988 年 4 期 495—496 頁;《文物》1986 年 4 期 10—11 頁
4610	鄱公彭宇簠	《中原文物》1992 年 2 期 87—90 頁
4685	康生豆	《考古》1988 年 7 期 616—617 頁
4854	戈⋈卣	《高家堡戈國墓》23 頁圖 18.5、6
5035	作寶彝卣	《琉璃河西周燕國墓地》191 頁圖 110b
5195	單子卣	《琉璃河西周燕國墓地》183 頁圖 108a
5231	伯各卣	《寶鷄𢐗國墓地》上 113 頁圖 90.1、2
5261	鮰作且乙卣	《寶鷄𢐗國墓地》上 308 頁圖 215.4、5
5312	飫作父戊卣	《高家堡戈國墓》23 頁圖 18.2、3
5319	[illegible]高卣	《考古與文物》1991 年 1 期 3—13 頁
5374	圉卣	《琉璃河西周燕國墓地》187 頁圖 109b
5453	[illegible]尊	《高家堡戈國墓》23 頁圖 18.1
5534	父癸尊	《考古》1986 年 11 期 977—979 頁
5547	丁[illegible]尊	《歐洲所藏中國青銅器遺珠》圖 37
5569	亞此犧尊	《歐洲所藏中國青銅器遺珠》圖 93
5599	爵且丙尊	《琉璃河西周燕國墓地》174 頁圖 104a.2

器號	器名	補著録
5711	作寶彝尊	《琉璃河西周燕國墓地》180 頁圖 106c
5760	耴[illegible]婦[illegible]尊	《中原文物》1985 年 1 期 30 頁
5800	干子父戊尊	《琉璃河西周燕國墓地》177 頁圖 105c
5823	陵倣父乙尊	《寶鷄𢐗國墓地》上 298 頁圖 207.5
5844	伯各尊	《文物》1983 年 2 期 12—13 頁;《寶鷄𢐗國墓地》上 108 頁圖 85.5
5858	𢐗季尊	《文物》1983 年 2 期 12—13 頁;《寶鷄𢐗國墓地》上 150 頁圖 116.3
5926	亞旛父辛尊	《考古與文物》1991 年 1 期 3—13 頁
5978	復作父乙尊	《琉璃河西周燕國墓地》187 頁圖 107.2
5991	作册䎘父乙尊	《歐洲所藏中國青銅器遺珠》圖 92
6100	父乙觶	《琉璃河西周燕國墓地》173 頁圖 103.1
6235	[illegible]父乙觶	《寶鷄𢐗國墓地》上 37 頁圖 29.4
6278	[illegible]父己觶	《寶鷄𢐗國墓地》上 151 頁圖 117.4
6400	辰[illegible]父己觶	《文博》1988 年 5 期 5 頁;《中原文物》1985 年 1 期 30 頁
6453	夌伯觶	《寶鷄𢐗國墓地》上 150 頁圖 116.4、5
6489	其史作且己觶	《琉璃河西周燕國墓地》173 頁圖 103.6
6509	盾觶	《琉璃河西周燕國墓地》178 頁圖 103.4,5
6510	庶觶	《琉璃河西周燕國墓地》178 頁圖 103.2,3
6525	子觚	《中原文物》1985 年 1 期 30 頁
6526	子觚	《中原文物》1985 年 1 期 30 頁;《文博》1988 年 5 期 3 頁
7188	◇匍卒方觚	《歐洲所藏中國青銅器遺珠》圖 30
7191	南單冓觚	《歐洲所藏中國青銅器遺珠》圖 27
7242	辰[illegible]父己觚	《中原文物》1985 年 1 期 30 頁
7243	亞放父己觚	《歐洲所藏中國青銅器遺珠》圖 26
7293	亞𡨦父丁觚	《中原文物》1998 年 2 期 111—113 頁
7728	[illegible]爵	《琉璃河西周燕國墓地》170 頁圖 101.4
7737	困爵	《琉璃河西周燕國墓地》168 頁圖 99.6
7738	困爵	《琉璃河西周燕國墓地》169 頁圖 100.2

器號	器名	補著録
7741	[illegible]爵	《中原文物》1985 年 1 期 30 頁
7898	父乙爵	《琉璃河西周燕國墓地》168 頁圖 99.4
7966	父辛爵	《琉璃河西周燕國墓地》170 頁圖 101.2
8478	弗父丁爵	《寶雞𢐗國墓地》上 134 頁圖 106.1
8574	[illegible]父己爵	《琉璃河西周燕國墓地》168 頁圖 99.2
8982	聑[illegible]婦[illegible]爵	《中原文物》1985 年 1 期 30 頁;《文博》1988 年 5 期 5 頁
8983	聑[illegible]婦[illegible]爵	《中原文物》1985 年 1 期 30 頁;《文博》1988 年 5 期 5 頁
8984	聑[illegible]婦[illegible]爵	《中原文物》1985 年 1 期 30 頁;《文博》1988 年 5 期 5 頁
9257	告田觥	《歐洲所藏中國青銅器遺珠》圖 95
9355	戈父戊盉	《高家堡戈國墓》23 頁圖 18.4
9371	亞[illegible]父乙盉	《琉璃河西周燕國墓地》194 頁圖 111b.3、4
9409	𢐗伯鎣	《寶雞𢐗國墓地》上 308 頁圖 215.1、2
9632	己侯壺	《考古》1983 年 4 期 291 頁
9875	丼叔方彝	《文物》1990 年 7 期 32—33 頁
9911	亞舟勺	《歐洲所藏中國青銅器遺珠》圖 54
9988	倗缶	《淅川下寺春秋楚墓》71 頁圖 60.1、2
10005	孟縢姬缶	《淅川下寺春秋楚墓》69 頁圖 58.3、4
10045	亞矣妃盤	《琉璃河西周燕國墓地》197 頁圖 113b
10048	季作寶盤	《寶雞𢐗國墓地》上 151 頁圖 117.3
10063	𢐗伯盤	《寶雞𢐗國墓地》上 308 頁圖 215.3
10064	𢐗伯盤	《寶雞𢐗國墓地》上 308 頁圖 215.6
10067	延盤	《歐洲所藏中國青銅器遺珠》圖 96
10073	伯矩盤	《琉璃河西周燕國墓地》197 頁圖 114b
10142	齊叔姬盤	《海岱考古》1989 年 1 期 323—324 頁圖 4
10169	吕服余盤	《文物》1986 年 4 期 1 頁
10212	工盧季生匜	《文物》1988 年 9 期 96 頁
10227	埒飤生匜	《文物》1986 年 4 期 15—20 頁;《考古》1987 年 5 期 412—413 頁
11306	二十一年啟封令癕戈	《中國文物報》1989 年 10 期 2 版

器號	器名	補著録
11707	四年春平侯鈹	《中國文物報》1989 年 5 期 3 版
11727	[illegible]鉞	《歐洲所藏中國青銅器遺珠》圖 63
11756	兇父乙鉞	《歐洲所藏中國青銅器遺珠》圖 59
11842	㠱銅泡	《寶鷄強國墓地》上 134 頁圖 106.2
11854	匽侯銅泡	《琉璃河西周燕國墓地》212 頁圖 128.1
11860	匽侯銅泡	《琉璃河西周燕國墓地》212 頁圖 128.3

表9、拓片問題

器號	器名	正	誤
901	仲西父甗	圖版拓片器號 901	902
902	弜作父乙甗	圖版拓片器號 902	901
2556	小臣𢓊鼎	圖版中拓片序號 2556B	2656B
2775	小臣夌鼎		圖版拓片中漏“對揚王休用作季妘寶尊彝”十一字
4272	朢簋		拓本部分僅録蓋銘,漏掉器銘
4810	亞醜卣	圖版拓片器號 4810	漏器號 4810
5409	貉子卣	圖版拓片號碼 5409.2	漏 5409.2
8095	子蝠爵	圖版拓片器名子蝠爵	漏器名“子蝠爵”
9715	杕氏壺	圖版拓片器名杕氏壺	漏器名“杕氏壺”
9974	伯亞臣鐳	圖版拓片伯亞臣鐳	漏器名“伯亞臣鐳”
11065	郾準侯戈	圖版拓片器名郾準侯戈	漏器名“郾準侯戈”
12100	王命龍節	圖版拓片器名王命龍節	漏器名“王命龍節”

後　記

《商周金文總著録表》是在王國維《宋代金文著録表》《國朝金文著録表》、羅福頤《三代秦漢金文著録表》、周法高《三代吉金文存著録表》、孫稚雛《金文著録簡目》、中國社會科學院考古所《殷周金文集成・説明》、劉雨、盧岩《近出殷周金文集録・説明》的基礎上編輯而成，共收進了到二十世紀末爲止的古今中外先秦金文資料13329件。

本書的編撰工作是在劉雨主持下進行的，參加具體工作的有沈丁、盧岩、王文亮三位，初稿由沈丁完成。書後所附《〈殷周金文集成〉校記》中的對重、辨僞是根據劉雨的筆記由盧岩和沈丁合作完成的，《集成》的其餘錯漏訛誤則是沈丁和盧岩查對《集成》原書時發現的，全書的表格設置和電腦製作設計是王文亮完成的。

著録表的編輯工作譬如積薪，工作是通過一代一代積累完成的。因此，在本書就要截稿的時候，我們特别懷念前輩學者王國維、羅振玉、容庚、羅福頤四位先生，我們也感謝周法高、孫稚雛和中國社會科學院考古所“金文集成編輯小組”同仁們所作的卓越工作。可以説没有他們的努力，也不可能有這本《商周金文總著録表》的完成。本書的出版得到中華書局領導的大力支持，古籍整理和學術著作一部主任顧青和編輯李聰慧、閻晋魯也爲書稿的出版付出了辛勤的勞動。本書編者在此向以上各位前輩與同仁致以崇高的敬意。

編　者
2002年8月